새로운 구약 이해

New Understanding the Old Testament

신학을 한다는 것은 하나님에 대하여 더 자세히,
더 객관적으로 알아본다는 것이다.
그래서 신학을 한다 함은
하나님에 대한 앎이 체계화된다는 뜻이기도 하다.
그런데, "우리의 신학함이
우리의 신앙을 더 성숙하고 감사하는 신앙에로 인도하지 않는다면,
우리의 신학함이
우리를 더 열정적인 헌신자로 이끌어
 그분의 교회를 세우는데 도움이 안 된다면,
우리의 신학함이
우리를 더욱 겸손하고 충성된 인격자로 세워가지 못한다면…
그 신학함은 무슨 의미가 있다는 말인가?!"

"우리의 신학함이
우리를 더 겸허하게 인도하고,
하나님이 사랑하신 세상을 더 사랑하게 하고,
주님께서 몸버려 희생하며 구원하실 인간을 더 사랑하고
소중히 여기는 곳으로 인도하게 되기를 소원하면서."

새로운 구약 이해

김호남
Dr. Honam Kim

북코리아

추천사

이 책은 호주 시드니 신학대학 한국신학부의 학장으로 수고하는 김호남 박사가 오랫동안 연구하여 마침내 결실을 보게 된 구약 안내서입니다. 저자는 시드니 대학의 히브리어 및 성서학과에서 저명한 히브리어 구약 학자인 이안 영(Ian Young) 밑에서 고대 근동 언어와 구약학을 공부하고 철학 박사를 취득한 탁월한 학자인 동시에 시드니 샬롬 교회를 섬기는 현역 목회자이기도 합니다. 본서를 처음 받아보게 되었을 때 학문과 목회라는 두 가지 영역에서 사역하는 저자가 어떻게 균형 잡힌 구약 개론을 전개하고 있을까 하여 무척 궁금하였고, 그러기에 더더욱 깊은 관심을 갖고 읽게 되었습니다. 그리고 추천자는 이 점에서 저자가 자신의 목적을 충분히 성취했다고 믿게 되었습니다.

호주라는 어마어마한 대륙을 여행하려고 계획을 세우는 사람처럼, 우리는 어떻게 살펴보아야 구약이라는 광활하고 광대한 대륙을 가장 효율적으로 전체를 조감할 수 있을까? 비행기를 타고 볼 수도 있고, 도보로 걸어 다니면서 살펴볼 수도 있을 것입니다. 아니면 기차나 자동차로 다니면서 여행할 수도 있습니다. 어느 경우든 '좋은 안내자'가 필요합니다. 요즈음 말로 좋은 내비게이션이 절대로 필요할 것입니다. 그렇지 않으면 길을 잃어버리거나 아니면 한두 군데만 집중적으로 보고 그것을 전체라고 잘못 생각할 수 있을지도 모릅니다. 그러므로 여행을 떠나기 전에 대륙 전체를 조명할 수 있는 전망대가 필요할 것입니다. 전망대 위에서 지도를 펴놓고 전후좌우를 둘러보며(개관) 머릿속에 큰 그림을 입력하는 일입니다. 그 후에 지도를 들고, 혹은 내비게이션의 안내를 따라 한 지역 한 지역을 차근차근 방문하고 그곳 사정과 문화와 전통을 돈에 익히는 것입니다. 이것이 성경을 연구하고 익혀가는 과정입니다.

달리 말해 구약이라는 세계 속으로 들어가 그 세계의 광대함과 아름다움과 황홀함과 기상천외의 지형을 만끽하고 누리기 위해서는 오래된 지도나 내비게이션보다는 최근에 업데이트한 내비게이션이나 지도가 적당할 것입니다. 본서는 이런 의미에서 최근에 업데이트한 구약 개론서라 할 수 있습니다. 책의 제목을 『새로운 구약 이해』라고 정한 것도 바로 이것을 염두에 두었다고 생각이 됩니다.

본서는 현재 한글 성경의 구약 목차에 따라 구약 성경 안으로 독자들을 친절하게 안내하고 있습니다. 오경에서 역사서로, 시가서에서 선지서에 이르기까지 개별적인 책들에 대한 서론과 구조, 각 책들이 지니고 있는 신학적 논점들과 주요 내용 강해를 일관성 있고 균형 있게 기술하고 있습니다. 저자는 최근까지 거둬진 학문적 열매들을 매우 조심스럽고 균형 있게 선별하여 사용하고 있습니다. 그의 판단은 세밀하고 조심스러우며 신학적으로나 학문적으로 어느 한쪽으로 치우치지 않으려고 애를 쓰고 있는 흔적이 역력합니다. 서문에서도 밝히고 있듯이, 저자는 본서를 통해 학문성과 경건의 조화와 균형을 이루고 싶다는 의중을 드러내고 있기 때문입니다.

사실 구약 입문서라고는 하였지만 이 책의 부피와 내용을 고려할 때 결코 가벼운 안내서는 아닙니다. 치열한 학문적 논쟁과 이슈들을 일목요연하게 보여주면서 저자 나름대로 균형 있는 판단을 내리기도 하고, 초보자를 염두에 두고 쓴 글처럼 자세하게 부연 설명하는 수고도 잊지 않고 있으며, 부록에서 보여주듯이 구약 해석을 위한 최근 동향의 학문적 논의도 자세하게 기술하고 있습니다. 간혹 변증적이거나 논쟁적인 경우가 있을 경우라도 독자들의 안목을 넓혀주려는 저자의 목회적 배려가 있다는 사실을 알게 됩니다.

본서는 복음주의적 입장에서 기술한 구약 개론서이면서도 현대의 학문적 결과들에 대해서도 열린 마음으로 대화하려는 진솔한 정직성을 담고 있는 책입니다. 신학교와 신학대학원에서 구약학 개론서로 사용하기에 적합한 책인 동시에 구약 성경을 좀 더 자세하게 알고 싶어 하는 평신도들에게도 좋은 안내자 역할을 하리라 믿어 의심치 않습니다. 나의 간절한 바람은 본서가 교단들의 담장들을 넘어 성경을 사랑하고 그 뜻을 알고 싶어 하는 신실한 신학생들과 목회자들과 일반 교우들의 책꽂이에서 사랑을 받는 것입니다.

2012년 11월

류호준 목사(백석대학교 신학대학원장, 구약학)

추천사

저자 김호남 박사는 본교를 졸업하고 고(故) 이근삼 박사의 추천으로 일찍이 1992년도에 호주 시드니로 유학하여 시드니선교신학대학원을 거쳐 호주 시드니 대학교의 '히브리어 및 성서학과'에서 주로 우가릿, 히브리어, 아카디언 등 고대 근동어와 구약의 시편을 비교하며 유대인 보수주의 학자들의 지도 아래서 학위(Ph.D)를 받은 재원이다. 그의 논문지도교수였던 이언 영(Ian Young) 박사는 히브리어 발달사의 세계적 권위자이고, 학과장인 고(故) 알란 크라운(Allen Crown) 박사는 세계 3대 사마리아어 권위자 중 하나로 알려진 분이다. 또한 논문의 부주임교수였던 닥터 노엘 윅스(Dr. Noel Wicks) 교수는 호주 개혁주의를 이끌고 있는 분으로 미국의 웨스트민스터 출신의 구약학계의 원로이다.

2000년도 학위를 받은 후 귀국하여 교수사역을 하기로 예정되었으나, 아쉽게도 당시 한국의 IMF 사태로 인해 호주에 잔류하여 목회사역을 하게 되었다. 시드니 샬롬교회를 개척하여 섬기던 중 09-10년에는 2년간 대양주한인예수교 장로회의 총회장을 역임하기도 했고, 뜻있는 동료목사들과 함께 "시드니 목양신학연구소"를 설립, 목회자들의 재교육과 교회를 깨우기 위한 세미나 및 연례 포럼인 '시드니신학포럼'을 개최하여 호주 목회자들의 영성과 업데이트된 신학 지식을 나누는 일에 헌신하기도 했다. 그러던 중 호주사회의 점증하는 한국교회의 영향력을 감안한 호주 정부가 다문화정책의 일환으로 시드니신학대학(Sydney College of Divinity)내에 한국 신학부(The Korean School of Theology)를 출범시켰고, 저자 김박사가 2010년 7월에 초대 학장으로 선임되어 오늘까지 비약적인 발전을 이루고 있다. 현재 호주의 중요 도시인 멜버른(Melbourne)과 브리즈번(Brisbane)까지 분교를 두면서 운영되고 있으며 현재 4명의 박사학위 소지자와 11명의 파트타임 교수들이 함께 학교를 섬기고 있다.

이번에 출판한 책『새로운 구약 이해』는 저자가 한국의 후학들의 구약 이해를 돕기 위해 지난 10년의 연구와 강의 결과를 모은 것이다. 700페이지의 방대한 분량으로 창세기부터 마지막 소선지서에 이르기까지 집중력을 잃지 않고 구약 각권의 신학적 주제들과 논쟁점들 그리고 각권의 내용을 소상히 설명한 본서가 한국 구약학계의 학문적 역량을 한 단계 더 향상시키는데 기여하게 되기를 바라마지 않는다.

2012년 11월
고려신학대학원장 김순성(Th.D)

저자 서문

"헛되고 헛되며 헛되고 헛되니 모든 것이 헛도도다"하며 하나님 없는 삶의 허무를 노래했던 전도서의 구절로 책의 서문을 연다. 10년의 약속이 이루어지는 기분이다. 학위를 받고 한 숨을 돌린 후, 한국 신학계에 어떤 형식으로든 보답을 해야겠다는 부담이 있었는데, 이제야 그 작은 약속의 짐을 내려놓으며 감사함으로 인사를 건넨다.

필자가 신학공부를 시작할 때만 하여도 한국에는 이렇다 할 신학교재가 많이 없었다. 거의 대부분의 교재가 번역된 교재였거나 노 교수님들의 빛바랜 강의안에서 나온 것이었다. 그러나 이제는 상황이 많이 달라졌다. 신학의 깊은 영역에서 한국인 학자들의 역작들이 나타나고 있고 눈여겨보아야 할 글들도 속속 발표되고 있는 실정이다.

이 책은 구약을 공부하려는 학생들에게 기본적이고 유용한 길잡이 역할을 하기 위해 집필되었다. 어떤 책은 너무 전문적이고 장황해서 학생들로 쉽게 흥미를 잃게 하고, 또 어떤 책은 너무 간략해서 구약 각 권의 내용을 제대로 다루지 못한 가벼움이 있다. 그리고 어떤 책은 너무 비평주의 입장에서 성경을 파헤쳐버리고, 또 어떤 책은 학문성이 결여된 채로 조직신학적 신앙고백만 요구하는 것 같은 책들이 있다. 이런 한국 신학계의 현실을 멀리서 바라보며, 그리 방대하지 않으면서도 구약 각 권의 주제와 신학적 논쟁점들을 적절히 잘 소개할 수 있는 그런 입문서가 있으면 좋겠다고 생각했다. 지난 시대의 보수와 진보로 나뉘어 서로 경원시하던 학문적 분위기를 극복하고, 무의미한 타협이 아니라 상호 간에 업적을 존중하며 서로를 활용할 수 있는 학문성과 경건함이 함께 있는 구약 입문서를 집필하는 것이 본서의 목표이다.

진보진영에는 계시로서의 성경에 대한 존경심을 갖고 연구에 임하기를, 그리고 보수진영에는 보다 치열한 정신으로 학문성을 추구하는 구약 연구의 경향성이 진전되기를 기대하면서 본서를 집필했다. 물론 구약을 배우는 학생들에게는 본서가 앞으로의 연구를 위한 기본적인 가이드라인이 되도록 준비하였다. 본서는 현재까지 연구되고 발굴된 최근의 학문적 경향성과 업적을 기초로 집필하였으며 이것은 물론 최종적인 결론이 될 수는 없다. 그리고 본서는 호주 교육성이 자랑하는 '문지방 개념', 즉 어떤 학문 영역에 있어서 최소한 기대되는 지식과 기능이 보장되도록 하는 것이 본서의 기본적인 집필 기준 중의 하나이다.

이 작은 결실을 맺기까지 기도하며 지원해 주신 많은 분들께 감사드린다. 특별히 못난 사람을 위해 오랫동안 기도하며 기다려준 샬롬교회 모든 교우들에게도 진심으로 감사드리며, 함께 동역하는 시드니 신학대학의 D. 스피드 학장님(Prof. D. Speed)과 모든 한국 신학부의 동료 교수님들께도 감사를 전한다. 이 작은 책이 구약을 통하여 하나님께 더 가까이 나아가려는 모든 학생들과 성도들에게 도움이 되기를 기대한다.

2012년 11월
시드니 에핑의 망월재에서
저자 김호남

차례

제1부

구약이란 무엇인가?

제1장
이 책의 목적과 방향

구약에 대한 본격적인 연구에 들어가기 전에 우선 '개론학 혹은 서론학(introduction)'에 대한 이야기를 먼저 해두어야겠다. 모든 학문 영역에는 나름대로의 역사와 깊이가 있다. 특별히 구약 신학은 그 역사가 장구하고 연구 영역의 폭이 넓고 깊다. 그래서 그런 방대한 신학을 구체적으로 연구함에 앞서 그 학문에 대한 전반적이고 기본적인 지식을 갖추도록 하는 것이 소위 '개론학'이다. 그러므로 본격적이고 세밀한 구약 연구에 앞서 본서의 역할은 구약에 대한 개론적 지식을 파악하는 일이다. 기본적이면서도 중요한 내용 전달과 전체적인 흐름과 윤곽을 파악하는 일이 본서의 목표임을 밝혀 둔다. E. J. 영 박사가 지적한 대로 '서론' 혹은 '개론'이라는 용어의 영어 'Introduction'은 '안으로 인도하여 들이다' 혹은 '소개하다'라는 뜻의 라틴어 'introducere'에서 파생되었다.[1] 이런 영어나 라틴어의 어원을 가지고 본서의 성격을 설명하는 것도 의미가 있겠지만, 한국어/한자어의 '서론(序論)', 혹은 '개론(槪論)'이라는 용어로도 얼마든지 본서의 특징을 설명할 수 있다고 여겨진다. 개론학이란 그러므로 어떤 학문에 대한 개략적인 윤곽을 제시하는 것이다.

---

1 Young, E. J., *An Introduction to the Old Testament*(London, The Tyndale Press, 1949). 『구약개론』, 오병세, 홍반식 공역(서울,개혁주의출판사, 2012), p.19. 영 박사는 이 부분을 설명하면서 독일어로는 "Einleitung과 Einfuhrurng" 등으로 그리고 간혹은 영어의 "Isagogics"라는 단어와 같은 의미라고 설명했다.

그러므로 다른 개론서들과 같이 본서는 구약을 공부하려는 학도들에게 구약 각 권이 가지는 신학적 논쟁점과 주요 내용들에 대한 기본적이고도 핵심적인 정보를 제공하게 될 것이다. 독자들은 본서를 통해 구약 각 권에 대한 이해 및 구약학의 전반에 대한 기본적인 '이해'와 신뢰할 만한 '해석 방법론'을 갖게 될 것이다. 이것은 본서의 집필 목적이기도 하다.

일반적으로 구약에 대한 개론서들은 그 책의 저자가 누구이며, 저작 시기가 언제이고, 그 사본들은 어떤 것이 있으며, 시대적 배경은 언제인지, 또 그것의 문학적 구조는 어떠하다는 서론적 지식들을 너무 장황하게 기록함으로써 본문의 핵심 주제를 가능한 빨리 파악하려는 독자들의 흥미를 잃어버리게 하는 경우가 종종 있다. 또 어떤 경우는 본문의 내용을 주석이나 강해집처럼 너무 세세하게 기록하느라 해당 성경이 가지는 신학적 중요성이나 전체적 논쟁점이 무엇인지 파악하는데 애매하게 만들곤 한다.

거듭 언급하지만, 본서는 구약신학의 초보 학도들을 위해 집필되었다. 모든 학문이 비슷하겠지만, 처음 그 학문을 접하는 학도들에게는 전체적 윤곽을 파악하게 하는 일과 주요한 신학적 논쟁의 주제가 무엇인지, 그리고 핵심적 메시지가 어떤 것인지를 효과적으로 파악하게 하는 것이 더 중요한 일이다. 그런 다음에 기본적인 가이드라인을 참고삼아 어떤 한 부분을 더 심층적으로 연구할 수 있는 것이다.

또 한 가지, 본서의 방향성에 대하여 언급해야겠다. 그것은 본서가 본격적인 신학 논쟁을 위해 집필되지 않았다는 것이다. 구약의 영역에서 일반적으로 다루어져 왔던 학문적 논쟁들을 객관적으로 소개하고 더 깊은 연구를 위한 지침을 제공하려는 것이다. 그럼에도 불구하고 필자가 가지는 복음주의적이며 개혁주의적 시각 자체를 완전히 무시할 수는 없음도 밝힌다. 그러나 앞선 우리 한국교회의 선배 신학자들이 해왔던 것처럼 다른 전통에 속한 신학적 연구 경향 자체를 인정하지 않고, 완전히 백안시하는 자세에서는 벗어나려고 애를 썼다. 아니 그리하여야 한다고 생각된다. 즉, 서구 비평학계의 이론과 방법론들을 비판적으로 수용하며 역사적 정통 교회가 물려받은 신앙을 더 공고히 하는 방향에서, 그리고 한국 신학자의 입장에서 본서가 집필되었음도 밝힌다. 이런 필자의 입장은 양측에서 모두 반대를 받을 수 있겠으나 그럼에도 불구하고 이런 자세는 보다 학문적인 토론을 통한 상호적인 발전을 위해 꼭 필요한 자세일 것이다. 보수적인 학자들에게는 보다 진지한 학문성의 제고를 요청하고, 비평주의 진영의 학자들에게는 구약이 가지는 계시로서의 가치에 분명한 기초를 가진 신학방법론을 촉구하는 데 도움이 되기를 바란다.

이 점에 있어서 본서는 웨스트민스터 신학교의 T. 롱맨과 R. B. 딜러드 교수가 천명했던 입장에 동의한다.[2] 그래서 기본적인 이해를 위해서 여기서는 비평학적인 연구의 내용들에 대하여 간략한 설명도 덧붙일 것이다. 신학이 우리의 신앙을 바르게 세우고 교회를 세우는데 기여해야 하는 것이 대명제이지만, 신학이란 어차피 진리에 대한 인간(죄성을 가지고 있는 인간)의 견해들이기 때문이다. 내용이나 동기도 모르고 무조건 어떤 학문적인 업적을 폄훼하는 것은 정당한 자세가 아니다. 모든 인간의 업적은 거기에 적당한 수준의 '공(功)'과 '과(過)'가 함께 존재함을 우리는 안다. 그것을 추종하기 위해서가 아니라, 객관적으로 평가하고 또한 우리의 입장을 보다 공고히 하기 위해서 적절한 수위로 비평학적인 방법론의 도움도 받을 수 있어야 할 것이다.

본서의 특징은 먼저, 구약 각 권의 서론에서 각 권의 저자, 연대, 배경, 문제점, 구조 등을 간략이 논했으며, 그 후에 곧 바로 각 권이 가지는 즈된 신학적 주제나 논쟁점들을 설명하였다. 그리고 각 권 속에 꼭 숙지해야 하는 주요 내용들을 간략히 다루었다. 본서가 추구하는 설명의 기준은 호주의 대학과 고등교육에서 권장하는 'Threshold Concept'(각 학과목에 대한 최소한의 이해와 지식을 갖추도록 하는 기준)에 부합하도록 준비했다.

그리고 본격적인 구약 신학을 연구하려는 학생들을 위해 필요한 구약 연구의 주요 주제들을 부록에서 다루었는데, 이는 구약 본문에 바로 접근하도록 하기 위함이다. 이 부분은 아직도 많이 증보되어야 할 부분이긴 하지만 구약학에 관심이 있는 학도들에게는 본문 연구와 더불어 꼭 필요한 주제들이라 생각한다. 물론 초학자들을 위해 도표나 지도 자료도 최대한 많이 첨부하여 이해를 돕도록 배려했다.

---

2   Dillard R. B. & LongmanIII. T., *An Introduction to the Old Testament*(Grand Rapids, Zondervan, 1994). 『최신 구약개론』, 박철현 역(서울, 크리스천다이제스트, 2010), p.15. 그들의 견해 중 앞부분만은 좀 길게 인용해 본다. "우선 이 개론서는 본문에 대해서 프로테스탄트적이고 복음주의적인 접근방법을 채택하고 있다. 이러한 신학적인 성향은 여러 가지 비평학적인 문제들을 논의할 때 특히 분명하게 드러날 것이다. 그러나 성경에 대한 복음주의적 교리가 모든 해석학적이고 주석적인 문제들을 다 해결해 주지 않으며, 또한 이런 태도가 우리로 하여금 역사 비평학의 전통으로부터 어떤 것을 배우는 데 방해하는 것은 아니다. 우리 개론서는 복음주의적인 진영과 더불어 비평학적인 학자들이 수고해서 얻은 결실들에도 의존하고 있는 경우들을 많이 보여주게 될 것이다. 지금까지 복음주의 학자들과 비평학자들의 사이를 갈라놓은 많은 문제들은 과거와 마찬가지로 지금도 여전히 논란의 대상이 되고 있다. 그러나 이제 우리는 상호간에 감사한 마음을 가질 수 있는 상호대화와 상호존경의 새로운 시대에 진입하고 있는 것으로 생각된다. 이 개론서는 비평학적인 연구들이 잘 준비해서 내린 결론들과 많은 경우 의견을 달리하게 될 것이다. 그러나 우리는 미움을 가지고 그렇게 하는 것이 아니라 존경심을 가지고 그렇게 할 것이다. 우리는 또한 복음주의 학자들이 때로는 오직 학계에서 환영을 받기 위한 일념으로 무비판적으로 비복음주의 학계의 흐름을 따라가는 것을 비판한 건드리(R. H. Gundry)의 지적에 동의 한다. 우리는 이런 유혹에 빠지지 않기 위해 최선을 다 할 것이다."

구약은 기독교 경전을 구성하고 있는 양대 계시 중 한 부분이며, 양으로 본다면 성경 전체의 2/3를 차지하고 있는 하나님의 계시이다. '구약'이란 말은 '새로운 약속'을 의미하는 '신약'에 상응하는 '옛 약속' 이라는 명칭이며, 구약은 또한 유일신을 섬기는 3대 종교(기독교, 천주교, 유태교)가 공통으로 사용하는 경전이기도 하며, 한 권의 책, 혹은 한 권으로 된 하나님 말씀의 모음집이기도 하다. 구약은 온 우주의 기원에 관한 기사에서 시작해서 인류의 구원을 위한 창조주 하나님의 구원의 섭리를 보여주고 있는데, 특별히 하나님의 아들 예수그리스도를 통한 구원의 전 과정 중, 주님께서 오시기 전까지의 정황을 보여주는 중요한 하나님의 말씀의 모음집이다. 구약은 살아계신 신이신 하나님의 자기 계시의 목록이며, 그분이 창조한 가장 걸작품인 인간에 대한 지침서이다. 피조물인 인간이 그 창조의 목적에 부합하게 살아가는데 가장 필요한 설명서라는 말이다. 마치 우리가 어떤 새로운 전자제품을 구입했을 때, 그것의 사용방식과 효용에 대한 제품설명서를 잘 참고하여야 그 물건을 효과적으로 쓸 수 있는 것과 같은 의미이다. 그것에 더하여 구약은 인간의 영혼과 구원에 대한 하나님의 구원의 계획이 제시된 특별한 책이다. 그러므로 구약은 이런 각도에서 읽어야 한다.

구약은 또한 그런 종교적인 가치 외에도 인류의 고귀한 '문학 작품'이며, '가장 신뢰할 만한 역사의 기록물'일 뿐 아니라, 인간에게 창조주와 그분에 관하여 알려주는 '신학의 보고'이기도 하다. 이런 중요성을 가진 구약이 때때로 그 중요성이 간과되고 단지 신약이나 기독교 신앙의 부수적인 참고물 정도로 인식되는 것은 잘못된 현상이며 슬픈 현실이다. 그렇다면 이제 구약이 등한시 여겨졌던 몇 가지 이유들을 살펴보며, 왜 신자들이 구약을 소중히 여겨야 하는지를 생각해 보도록 하겠다.

1. 구약이 등한시 여겨졌던 이유들

이 주제에 대하여 호주의 구약학자 그레이엄 골즈워디(G. Goldsworthy)는 그 이유들을 아래와 같이 정리 한다[3]. 첫째로, 사람들은 구약을 시대적으로 구시대의 유물이거나, 신약의 배경 혹은 보조 자료 정도로만 인식하고 있었기 때문이다. 구시대의 유물이란 말은 구약이 배경으로 하고 있는 시점이 현대와는 너무나 먼 원시시대의 이야기이며, 또한 대부분의 구약 독자들이 살고 있는 문화권과는 상이한 문화적, 역사적 배경이 구약을 이해하는 데 방해가 되고 있다는 뜻이다. 두 번째 이유는 현대주의자, 인본주의자 혹은 보수주의자들까지도 쉽게 받아들이기 어려운 '피하고 싶은 내용들이 많기' 때문이다(예를 들면, 여리고 주민이나 가나안 족속에 대한 무차별 살해, 저주, 근친통간, 일부다처, 억압적 율법, 고압적 선민사상 등). 현대의 인본주의 문화권에서 교육받은 독자들(초신자들)은 이런 부분을 받아들이기 어려워한다. 세 번째 이유는 구약은 양이 너무 많고, 내용이 지루하며(율법, 예언 등), 또 복잡해서 구약 전체의 구조가 쉽게 들어오지 않는다는 이유들 때문에 구약이 등한시 여겨져 왔다고 볼 수 있다.

그럼에도 불구하고, 신실하고 성숙한 성도들은 언제나 구약을 하나님의 계시로 받아들이며 사랑한다. 구약은 신에 대한 인간의 신 의식(神意識)의 발달사(發達史)를 보여 주는 책이 아니라, 인간과 세상을 향하신 하나님의 자기 계시의 한 부분이며 과정이다.[4] 그것이 단순히 과거의 일을 다루고 있기 때문에 고리타분하다고 평하는 것은 사려 깊지 못한 행위이며, 또한 신약의 보조자료 정도로 생각하는 것은 계시의 과정을 진화론적으로 잘못 이해하는 태도이며, 성경의 권위와 영감이라는 것을 배려하지 못하는 상태라 하겠다. 구약은 신약에 종속적이거나 보조적인 것이 아니다. 그 관계는 '상호 보

---

3   Goldsworthy G., *Gospel & Kingdom*(Sydney, Lancer Book, 1992), pp. 12~13.

4   ibid., p. 18. He said "Basically, the Old Testament is not the history of man's developing thoughts about God, but the whole Bible presents itself as the unfolding process of God's dealings with man and of his own self~disclosure to man."

완적'이라 할 수 있다.

또한 내용 중의 일부를 하나님의 구원 계시의 전체적 관점에서 보지 않는다면, 인간적으로는 이해되지 않는 부분이 많을 수 있으며, 또한 극단적 세대주의라는 관점에서조차도 쉽게 이해되지 않는 부분이 많을 수밖에 없다. 그러므로 구약은 항상 하나님의 구속사의 전체적 계획이란 관점에서 읽어야 하고, 또 당시의 문화와 정황 속에서 일하시는 하나님의 계시의 점진적 발전(A progressive development of God's revelation)이라는 관점에서 읽어야 한다. 구약의 내용 중에 지루하게 보이거나 재미없게 전개되는 부분이 있는 것은 사실이지만, 우리가 익숙하게 알고 있는 주일학교 어린이들을 위한 성경이야기들의 대부분이 구약의 기사들임을 볼 때 구약이 그리 재미없는 내용으로 꽉 채워진 책만은 아님을 알 수 있다. 구약에는 재미있는 기사나 사건뿐 아니라, 인생사의 깊은 고뇌와 애환이 적나라하게 그려져 있으며, 삶의 현실을 지혜롭게 인도하는 탁월한 금언들이 즐비하게 나타나 있고, 사랑과 희열, 감동과 찬사 등이 농축된 시의 형태로 강력하게 우리의 영혼을 뒤흔드는 초월적인 감동의 그 무엇이 있다. 구약에는 영웅담과 성공적인 이야기만 있는 것이 아니라, 한 민족의 실패와 좌절, 절망과 죄악상이 낱낱이 그려져 있으며, 결국은 모든 것이 종합하여 인간에게 '메시아를 통한 구원의 소망'을 노래하는 주제로 모아지고 있는 놀라운 말씀의 기록들인 것이다.

2. 기독교인에게 있어서의 신약과 구약의 의미

기독교인에게 있어서 신약과 구약은 똑같은 무게와 의미로 받아들여진다. 일부의 오해에도 불구하고 그것은 사실이다. 신약이 구원받는 새로운 길인 예수그리스도를 향한 '믿음'을 강조하고 있다면, 구약은 많은 예전과 율법과 사건들을 통해 메시아로 오신 예수의 사역을 예언하고 있기 때문이다. 그러므로 신약의 구원사건은 구약의 예언에 기초하여 설명되고 권위를 가지며, 구약의 예언은 신약의 이루어진 실제 사건을 통해 진리임이 선포되는 것이다. 구약의 약속에 근거하지 않는 신약의 사건은 근거가 없는 신화 같은 이야기가 되고, 신약의 증명이 없는 구약은 여전히 몽학 선생격인 생명 없는 율법 조문에 지나지 않게 되는 것이다. 구약은 오실 메시아이신 예수그리스도를 지향하며 예언하였고, 신약은 구약의 약속대로 오신 메시아이신 예수그리스도의 구원 사역이 일어났음을 증거하고 있다. 그러므로 신약이 증거하고 있는 메시아의 구원사역이란 구약의 예언에 비추어서 확증되는 것이다. 그러므로 구약의 예언이 없다면 신약의 구원사건은 확인될 수 없는 하나의 사건에 불과한 것이 될 뻔하였다. 신약의 사건들이 복음이 되는 것은 그것을 구약에서 미리 예언해 놓았기 때문이다. 또한 그와 똑같이 신약에서 증거하고 있는 복음의 빛 아래서 구약의 많은 율법과 예언과 사건과 성문서의 역사들이 해석되도록 되어 있는 것이다. 그러므로 신약과 구약은 동일한 하나님의 구원 계시이며 그 내용에 있어서 상호보완적인 것이다.

구약을 읽을 때 느끼는 어려움은 그 내용과 정황이 우리가 살고 있는 시대와 문화적 정황과 사뭇 다른 시공간의 일이라는 점일 것이다. 우리가 신약에 있는 사도 바울의 서신들을 읽을 때는 그다지 심각한 문화적 차이를 못 느끼는 데 반해, 구약의 사건들을 읽을 때, 우리는 많은 문화적 간격을 느끼게 된다. 그것은 구약이 다루고 있는 무대가 참으로 오래 전 시대의 일이며, 또한 문화적으로도 지금은 완전히 사멸되어 버린 '고대 근동'의 문화적 전통 위에서 기록된 내용이기 때문이다. 하나님이 그 계시를 기록함에 있어 왜 당대의 문화와 평범한 사람들의 성품과 배경 등을 그대로 사용했는가 하는 문제는 다음에 다루기로 하겠다. 여기서 우리가 관심을 두고 있는 것은 현대의 신자들이 구약을 읽을 때 그 시간적, 문화적 간격을 염두에 두고 하나님의 계시의 요점들을 파악해 나가야 한다는 점이다.

두 번째로 염두에 두어야 하는 것은 구약의 사건들이 오순절 이후에 세워진 교회 문화 이전 시대의 것이라는 점이다. 이것은 우리가 신약을 읽을 때에 느끼는 신약교회의 동질감 같은 것을 염두에 두어서는 안 된다는 것이다. 구약은 전 십자가 시대(Pre-Cross era)와 전 교회의 시대(Pre-Church era)의 산물이다. 그러므로 우리는 고대 근동에 대한 적절한 이해가 필요하며 또한 하나님의 구원 계시의 점진성이라는 관점에서 구약을 읽고 이해하도록 힘써야 한다. 이런 부분에 대한 무지 때문에 역사적으로 기독교회는 성경해석에 있어서 많은 알레고리적인 해석과 신비주의적 영해 등의 도전에 직면하여 어려움을 겪곤 했던 것이다.

다른 말로 하자면, 구약의 기사들 중에는 신약시대에는 폐기된 것으로 여겨지는 소위 '의식법'에 관한 내용들을 유의하며 읽어야 한다는 것이다. 만약 누군가 구약에서 지키라고 한 절기나 율례들을 왜 지금은 안 지키느냐고 묻는다면, 그런 자세는 구약 읽기가 신약의 십자가 시대 이후에 어떻게 달라졌는가를 인지하지 못한 결과라 할 것이다. 그러므로 구약을 교회 문화 이전의 산물임을 인식하며 읽어야 하는데, 구약은 과학을 위한 책도 아니고, 역사 기록을 위한 책도 아니라 온전히 인간의 구원을 위한 책임을 감안할 때, 인류의 구원을 위해 하나님께서 어떻게 당신의 구원 계시를 점진적으로 열어 보여 주셨는가를 생각하며 읽어야 한다는 것이다. 그 점에서 구약의 일부 율례들은 십자가 사역을 통해 중지되고 십자가를 통하여 다 해결되었음을 이해하며 구약을 읽으면 많은 도움이 될 것이다. **복에 관한 이해도 그렇다.** 구약이 적시하고 있는 복의 개념 중에는 신약의 복과는 사뭇 다른 '현세적' 복의 개념이 많이 나온다. 그래서 혹자는 성경에도 그런 물질적 복을 강조하고 있다고 과도히 주장하는 우를 범하기도 한다. 구약에서 보여주고 있는 복에 대한 현세적 개념은 신약의 신령한 복에 대한 초보적 이해이며, 아직 완전한 구원 계시가 드러나지 않은 상태의 성도들을 위한 '교육적 배려 차원의 복'이지 그것이 예수그리스도를 통하여 교회와 성도들에게 주시려는 인간의 삶을 이 땅에서와 영원까지 풍성하게 하는 '성숙되고 신령한 복'은 아님을 구약을 읽는 성도들은 숙지해야 할 것이다.

3. 구약을 어떻게 읽을 것인가?

이제 구약이 기독교 신앙에 얼마나 중요한가? 하는 부분이 정리되었을 것이다. 그렇다면 이제 구약을 어떻게 읽고 연구해야 하는지의 문제를 살펴보도록 하자. 앞에서도 언급했듯이 구약은 하나님의 계시이며, 인간 삶의 지침서이며, 또한 구원의 경륜이 들어있다 하였다. 이런 구약을 읽는 두 가지 기본적인 자세가 있는데 첫째는 그것을 영감된 신의 계시로 받아 읽어야 한다는 것이다. 여기서 성경의 영감설에 대한 논의는 하지 않겠다. 그것을 다루는 해석학에 관한 많은 책들이 있기 때문이다. 두 번째 자세는 그것을 인간의 오래된 문학유산으로서 읽어야 한다. 신의 계시와 그에 대한 인간의 반응이 적절히 섞여 문학적으로 표현된 인류의 위대한 문학유산인 성경의 문헌들을 그런 차원에서도 읽을 수 있는 준비와 자세가 필요함을 강조해 둔다.

특별히 이런 두 가지 자세를 균형 있게 잘 견지하기 위해 몇 가지 제안을 하고자 한다. 가장 먼저 강조할 자세는 성경을 '문맥 속에서' 읽는 훈련이 되기를 기대한다. 여기서 문맥 속에서란 단순히 문학적 문맥만 의미하는 것이 아니라, 역사적 맥락과 배경 속에서 함께 본문을 이해하도록 노력해야 한다는 뜻이다. 그러려면 먼저 역사에 대한 적절하고 바른 관점을 가지는 것이 필요하다. 아시다시피, 역사(History)와 역사 기록(Historiography)은 차이가 있다. 역사가 단순히 일어났던 일이라면 역사 기록은 그런 사건들에 대한 관점을 가진 해석이라 할 수 있다.[5] 이런 점에서 소위 '미니멀리스트'들의 회의적인 태도[6]를 경계하며 해석에 임해야 할 것이다. 그들은 주로 성경은 역사성이 없는 것이기 때문에 성경의 기록들은 '최소한'의 한계에서 받아야 하는데 그것도 분명한 성경 외적인 증거들에 의해서 지지받을 때에만 역사적 사실로 인정하는 입장인데 이런 입장은 주의해야 한다. 이런 부정적인 견해와 성경의 기본 목적이 인간의 세속 역사를 기술하는 데 있지 않음을 인식하면서, 그럼에도 불구하고 성경은 분명한 역사성을 내포하고 있다. 성경이 역사를 기술할 때는 그것은 선별되고 해석되어진 역사라는 점을 인식하며 읽어야 한다는 말이다. 그렇다고 그것이 진실이 아니라는 뜻은 아니다.

또 한 가지 지적해 두어야 할 읽기의 자세는 성경은 원본에 있어서 무오한 하나님의 말씀이지만, 지금 우리가 받아 사용하고 있는 성경 사본은 무오하지 않다. 그것이 하나님의 말씀이 아니라는 뜻이 아니라, 사본의 전승은 인간의 실수와 오류들을 인정하고 있기 때문이다.[7] 이런 점에서 학도들은 사려 깊은 마음으로 본문을 고찰해야 한다. 상실된 원문에서 필사하여 전수되어 오고 있는 사본들을 나름대로 정리하여 원본에 가깝게 복원되었고, 그 중심 주제나 사상 및 표현에 있어서 거의 원본에 가깝기 때문에 신뢰할 수 있지만, 사본은 사본이다. 그래서 학생들은 우리가 사용하는 성경을 문학적으로 잘 분석하고 세심하게 대조하면서 그렇게 찾아진 진리를 타협 없이 하나님의 말씀으로 선포할 수 있기를 기대한다. 어떤 일군의 학자들처럼 단순히 비평학계의 인정을 받거나, 혹은 논쟁하는 것 자체가 싫어서 성경의 하나님 말씀됨을 보류하거나 미루는 그런 중간적인 태도를 경계한다. 그런 사뭇 골치 아파 보이는 점들에 대한 논쟁을 '이것은 교회가 정경으로 받은 것이니까' 하는 소위 정경론적 입장이나, 혹은 '이것은 우리에게 인격적으로 감화를 끼치는 한에 있어서' 하나님의 달씀이 되는 신정통주의 입장

---

5 이점에 있어서 G. Van Groningen은 그의 책 *Messianic Revelatior in the Old Testament*(『구약의 메시아 사상』, 유재원, 류호준 역, 서울, CLC, 1997), p.68에서 "성경은 다양한 문학장르로 구성되어 있다. 다양한 경험들이 탁월한 기자적 필체로 기록되었다. 그 반면에 기록의 상당한 부분은 묘사되고, 평가되고, 해석된 역사적 사건들에 대한 자료, 다양한 형태의 법에 대한 자료들, 선지자적 언명들, 설교조의 훈계들, 대화식의 토론들, 찬양들 그리고 기도들로 구성되어 있다"고 지적하며 성경 기록의 해석된 역사성을 설명하고 있다.

6 Whitelam K. W., *The Invention of Ancient Israel: The Silencing of Palestinian History*(London, Routledge, 1969), p.69. 여기서 그는 성경 역사의 종언을 선포하기도 했다. 참고, Dillard R. B. & LongmanⅢ. T. op. cit., p.23.에서 재인용.

7 Archer Jr. G. L. *A Survey of Old Testament Introduction*(Chicago, Moody Press, 1994)(『구약총론』, 김정우, 김은호 역, 서울, CLC, 2002), pp.28~32. 원본의 무오성과 사본들의 오류 가능성에 대한 저자의 통찰력 있는 설명을 참고하기 바란다.

도 경계해야 한다. G. L. 아처 교수의 지적대로 "이런 신정통주의 신학자들은 성경 기록의 진실성에 대한 합리주의적 고등비평의 공격을 옆으로 돌리고 초자연에 대한 과학적 반박 앞에서 기독교 메시지의 의미를 살리려고 노력하다가 계시 자체의 성격에 대한 역설적 견해로 빠지고 말았다"[8]는 그의 평가는 많은 생각을 하게 한다. 성경은 인간이 인정한다고 성경이 되고 안 되고 하는 것이 아니다. 그러므로 구약을 연구하는 학도는 이런 점에서 균형 잡힌 시각 즉, 사본의 전승에는 오류의 가능성이 있으므로 사려 깊게 살펴보아야 한다는 관점과 그럼에도 불구하고 파악된 하나님의 진리의 말씀은 영원한 진리라는 사이에게 긴장을 놓지 말아야 한다는 뜻이다.

마지막으로 지적해 두고 싶은 자세는 구약을 가능한 한 신약을 조명하면서 함께 읽는 것이다. 뒤에 언급될 '언약과 메시아 예언'의 항목을 참고하면 좋겠다. 구약은 하나님의 언약이며, 메시아를 통한 인간 구원의 주제를 견지하고 있기 때문에 그 하나님의 약속이 어떻게 성취되고 있는가를 함께 볼 수 있기 때문이다. 이렇게 훈련될 수 있다면 구약을 연구하는 일은 하나님의 인간을 향한 구원 계획의 장엄함과 아름다움을 거룩한 기쁨으로 함께 즐길 수 있을 것이라 말할 수 있다.

---

8   Ibid., pp.41~43.

30 새로운 구약 이해

제3장
구약의 구분

이미 언급하였지만 구약은 3대 종교에서 공통으로 쓰고 있는 그들의 경전이다. 하지만 그 내용에 있어서는 기독교와 유대교가 같고, 천주교는 7권의 외경을 첨가하고 있으며, 구분에 있어서는 또 기독교와 천주교가 같은 구분을 가지고 있다.

1. 개신교의 구분(39권)

| 모세오경 | 역사서 | 시가서 | 선지서 | |
			대선지서	소선지서
창세기 출애굽기 레위기 민수기 신명기	여호수아 사사기 사무엘상하 열왕기상하 역대기상하 에스라 느헤미야 에스더	욥기 시편 잠언 전도서 아가	이사야 예레미야 예레미야애가 에스겔 다니엘	호세아, 요엘 아모스 오바댜 요나, 미가 나훔, 하박국 스바냐 학개, 스가랴 말라기

* 개신교, 천주교, 유대교에서 공히 공통되는 구분은 구약의 첫 다섯 권인 '오경'에 관해서이다.

* 개신교의 역사서는 이스라엘이라는 **'신정국가'**의 설립과 부흥, 그리고 쇠락과 회복

이라는 관점에서 배열되었으며, 이스라엘의 전 역사가 어떻게 시작되고 자라고 멸망하였다가 또 어떻게 회복되고 있는 지를 한 눈에 볼 수 있도록 배열되어있는 특징이 있다.

* 또한 개신교의 시가서 역시 독자들이 읽기에 편하도록 동일한 문학 형식으로 기록된 말씀들로 편제되어있는데, 이는 유대교의 구약 구분과는 사뭇 다른 것이다.
* 기독교에서의 선지서의 대·소의 구분은 예언의 내용이나 질이 아니라 예언의 분량에 따라 구분한 것이다.
* 예레미야 애가는 성격상 시가서에 속하지만 편의상 선지서로 소개되는 것이 보통이다.

2. 유대교의 구분

토라(율법서) 5권	나비임(선지서)		커투비임(성문서) 9권
	전선지서 4권/	후선지서 4권	
창세기 출애굽기 레위기 민수기 신명기	여호수아 사사기 사무엘상하 열왕기상하	이사야 예레미야 에스겔 12소선지서	시편, 욥기, 잠언, 룻기, 아가, 전도서, 예레미야, 애가, 에스더(다니엘, 에스라, 느헤미야, 역대상하)

* **유대교** 성경인 '**타나크**(Tanak)'는 22권으로 분류되어 있지만 내용은 개신교의 것과 같고, 이는 토라, 나비임, 커투빔의 머리글자를 모은 것이다.
* 유대교의 구분에서 삼, 왕, 대 등은 원래 한 권인 것을 기독교에서 상하권으로 나누었다.
* 유대교의 선지서는 전선지서 4권, 후선지서 4권으로 형성되어 있고, 전선지서는 이스라엘의 역사에 관한 것인데, 유대인들은 하나님께서 역사를 통하여서도 말씀하신다고 믿기 때문이다.
* 또한 12소선지서도 유대교에서는 한 권으로 되었다. 책 이름은 '테레 아사르' 즉 '열둘'이라는 뜻이다. 소선지서 12권을 한 권으로 엮은 것은 후기 선지서를 전기 선지서 4권과 대칭 짝이 되도록 하기 위한 것으로 여겨진다.
* 성문서는 세 그룹으로 나눠지는데 '진리의 책(애매트)', '절기를 위한 오축' 그리고 '거

룩한 역사문서'이며, 이 거룩한 역사문서에 나오는 다니엘·에스라·느헤미야·역대기 상하 등은 한 권으로 분류되지만 각 권을 따로 읽도록 되어 있다.

* 성문서의 첫 그룹은 '진리의 책'인 시편, 욥기, 잠언인데 그 세 권의 히브리어 첫 글자를 모으면 역시 히브리어로 '진리'를 나타내는 '애매트'가 되어 그렇게 불리는 것이다.

* 성문서의 두 번째 그룹은 유대인의 다섯 국가적 절기에 읽히는 '다섯 두루마리'인데 한자어로 '오축'이라 불린다. 각각은 유월절(아가), 맥추절(룻기), 장막절(전도서), 나팔절(애가), 부림절(에스더)이다. 그리고 이스라엘의 거룩한 역사문서가 성문서의 마지막 부분을 형성하고 있는데, 그래서 오경 5권, 선지서 8권, 성문서 9권 도합 22권이 되며, 이는 히브리어 알파벳 숫자가 22개인 것과 연결되고 있다.

* 원칙적으로 유대교와 개신교의 구약은 같은 내용이며, 구분만 달리 할 뿐이다.

* **유대인들은 저자가 선지자인지 아닌지를 정경성의 기준으로** 삼는다.

3. 가톨릭의 구분[9]

가톨릭의 성서는 본질적으로 개신교의 것과 같이 구분되어 있으며, 내용에 있어서 소위 '외경'이라 분류되는 책들이 '정경' 안에 함께 제본되어 있는 것이 특징이다. 그러나 그런 책들은 '외경'이라고 분명히 지칭되어 따로 배치되어 있음도 밝힌다.

오경	역사서	선지서	시가서
창세기 출애굽기 레위기 민수기 신명기	여호수아 사사기, 룻 사무엘상하 열왕기상하 역대기상하 에스라 느헤미야 에스더 (첨가부분) **토비트** **유디트**	이사야 예레미야 예레미야 애가 **바룩** 에스겔 다니엘 (세 아이의 노래, 벨과 용의 이야기, 수산나의 이야기) 12소선지서 **마카베오 상하**	욥기 시편 잠언 전도서 아가 **지혜서** **집회서**

---

9   참고: 천주교에서는 7권의 외경이 그들의 경전에 더해진다.
　　*그 외에 에스더와 다니엘서에 상기( )안의 내용들이 개신교의 것에 더 첨가되어 나타나있다.
　　*천주교에서도 다른 외경서에 나오는 '므낫세의 기도'는 경전으로 인정하지 않고 있다.

앞의 도표 안에 볼드체로 되어 있는 책들이 소위 '외경'에 속하는 책들이다. 특별히 다니엘서 안에 있는 세 가지 다른 이야기들은 별도의 책으로 분류되지 않고 다니엘서 안에 함께 있어 혼돈하기 쉽다.

제2부

오경

오경이란 '다섯 권의 경전'이란 뜻이며, 구약성경의 처음 다섯 권을 의미한다. 오경에 대한 히브리어 명칭은 '토라~תורה'인데 토라는 '야라~ירה'(던지다, 가르치다)'라는 히브리어 동사에서 온 명사이다. 오경이란 말의 영어는 Pentateuch(팬터튜크)인데 이는 헬라어를 라틴어로 옮긴 것에 대한 번역이며 뜻은 '다섯 권의 책'이란 말이다. 우리의 오경이란 말도 그런 전통위에 서 있다. 토라는 일반적으로 '율법'이라는 말로 알려져 있는데 유대인 사회에서 '토라'는 단순히 율법이라고 하기보다 좀 더 광범위하게 사용된다. 그 것은 지시, 교훈, 교리, 습관, 행동, 율법 등 많은 뜻을 나타내는 말로서 이스라엘 백성의 종교적, 국민적 생활의 지침이 되는 필요한 교훈이라고 이해하면 된다. 유대인들은 이 토라를 제1등급의 하나님의 말씀으로 여기고 있다. 원래 하나였던 히브리인의 토라는 다섯 권의 두루마리에 나누어 기록되었는데, 내용상의 차이도 그 원인 중의 하나이겠지만, 그 당시의 가죽 두루마리 하나에 넣을 수 있는 대략 비슷한 분량으로 5등분된 것이다.[1] 토라가 맨 처음 '팬터튜크'로 불린 것은 교부 오리겐의 제 4복음서 주석에서였다. 이런 이름은 아마도 이집트의 알렉산드리아에 있던 헬레니즘적인 유대인들이 사용하던 용어에서 나온 것일 가능성이 높다. 그들은 아마 탈무드에서 토라를 부를 때 사용하던 이름인 '다섯 개의 율법'이라는 이름에 상응하는 이름으로서 이 이름을 사용한 것 같고 라틴어 권에서는 교부 터툴리안이 말시온 이단들과 논쟁하면서 이 '팬터튜크'라는 이름을 사용했다고 알려져 있다.[2]

구약의 다른 곳에서는 오경을 '율법'(수1:7, 8:34, 스10:3, 대하14:4), '그 율법의 책들'(수8:34), '모세의 율법책'(수8:31, 10:31, 23:6, 왕하14:6, 느8:1), '하나님의 율법책'(수24:26), '여호와의 율법책'(대하17:9), '모세의 율법'(왕상2:3) 등으로 불리며, 신약에서는 '율법의 책'(갈3:10), '모세의 책'(막12:26), '주님의 율법'(눅2:23), '모세의 율법'(눅2:22) 그리고 '그 율법'(마12:5) 등으로 불리운다. 그리고 토라는 오경에만 적용되는 것이 아니라 좀 더 광범위 하게 구약 전체를 말할 때도 사용된다(요10:34, 고전14:21).

전통적으로 오경은 창세기, 출애굽기, 레위기, 민수기, 신명기 등의 다섯 권으로 되어 있는 모세의 저작품으로 알려져 있다. 오경은 모세가 하나님의 성령으로 영감을 받

---

1   Fohrer G., *Introduction to the Old Testament* Tr. by D. Green(London, SPCK, 1986), p.103.

2   Harrison R. K., *Introduction to the Old Testament*(Grand Rapids, Eerdmans, 1969). 『구약서론(중)』, 류호준, 박철현, 노항규 공역(서울, 크리스천다이제스트, 2007), p.11. 여기서 해리슨은 팬터튜크를 헬라어 πέντε펜테(5)와 τεύχος튜코스(scroll)의 합성어라고 설명하고 있다.

아 기록한 것인데, 모세가 하나님의 영감을 어떻게 받았고, 그때까지 구전으로 전수된 모든 자료들을 어떤 방식으로 종합하고 완성해서 오늘의 본문 형식에 이르게 되었는지에 대하여는 부록 2장에 있는 '구약 연구사와 오경의 문서설 비평'이라는 항목에서 좀 더 자세히 다루기로 하겠고, 여기서는 개략적인 윤곽만 제시하도록 하겠다. 엄밀한 의미에서 오경/토라의 저자는 익명이라고 말하는 것이 옳겠다. 구약의 첫 다섯 권의 책을 모세가 썼다는 직접적이고 명백한 증거가 없기 때문이다. 하지만, 우리는 모세와 토라 간에 많은 상관관계가 있음을 이 책을 호칭하는 성경의 여러 부분에서 살펴보았다. 그리고 예수님과 초대교회의 많은 증거들도 모세와 토라를 연결시키고 있다.

그런 많은 성경 내의 증거들과 초대 교회의 증거물들이 모세가 이 율법서의 유일한 기록자임을 방증하고 있지만, 보수주의 학자들 가운데서도 오경 안에 모세의 것이 아닌 부분들(non~Mosaic elements)이 있다는 것을 인정해 왔다. 예를 들면 모세의 장례식 기사라든지 갈대아 우르라는 도시의 명칭에 관한 언급이나 민12:3절의 자신의 온유함에 대하여 기록하고 있는 부분 등. 물론 아주 적은 부분이긴 하지만 그럼에도 불구하고 그런 부분이 존재한다는 점 때문에 여러 보수주의 학자들은 '**본질적 모세 저작설**(the essential authorship of Moses)'이라는 용어를 사용하기를 선호한다. 이는 모세가 오경의 저자라는 사실을 강조하면서도 후대의 정경상의 증보 부분들이 존재할 가능성을 열어 놓고 있다는 웨스트민스터 신학교의 딜러드나 롱맨의 견해에 공감하는 바가 크다.[3]

오경은 그 내용에 있어서 천지의 창조부터 하나님께서 한 민족을 선택하시고, 모세 때까지 한 국가로 형성해가는 과정을 기록한 책이다. 거기에는 하나님의 백성이 지켜야 될 율례와 거룩한 백성들이 만드는 공동체인 사회적 규약, 그리고 그 백성의 하나님과의 초기의 역사들이 기록되어 있는 중요한 말씀집이다.

오경의 또 다른 특징이 있다면 각 권의 책 제목이 그 책에 처음 나오는 히브리어 단어를 따서 제목으로 삼았다는 점이다. A. 바이저가 지적한 바와 같이 오경은 우주적인 배경 속에서 땅의 창조를 서술한 이후에, 이스라엘이 하나의 백성으로 존재하게 되는 과정을 기술하고 있으며, 또한 히브리인들이 약속의 땅으로 들어가기 직전까지의 근본적이고, 중요한 전승들을 제공해 주고 있다.[4]

오경은 시간적으로 볼 때 크게 세 부분으로 나누어 볼 수 있다. 창조에서 시작해서

---

3   Dillard R. B. & LongmanⅢ. T., op. cit., pp.39~40. 참고로 이들은 모두, 보수주의 구약학계의 거목이라 할 수 있는 E. J. Young 교수의 제자들이다.

4   Weiser A., *The Old Testament: Its Formation & Development*(New York, 1961), p.70.

아브라함의 선택과 출애굽기 10장까지 시내산에 이르기까지의 이스라엘이 하나의 민족으로 성장하는 여정, 그리고 시내산 계시와 율법 수여(이스라엘 민족의 정체성), 그리고 이 시내산에서부터 가나안 접경 지역인 모압평지로의 이동이라는 세 범주로 나눌 수 있다.

오경이 하나님으로부터 모세에게 주어진 권위 있는 계시이며, 신앙과 윤리의 규범으로 확립되었던 시기는 최소한 에스라 시대 이전이라는 점은 재론의 여지가 없다. 모세가 오경 전체의 저자이며 율법의 중재자라는 견해는 에스라 시대 이후로 유대교, 이슬람교, 기독교, 가톨릭교의 공통적인 전통이다. 집회서의 편집자나 필로, 죠세프스 그리고 미쉬나와 탈무드 등의 저자들은 모세가 토라(오경)의 저자임을 의심 없이 받아들이고 있다.5 이와 관련하여 제기된 단 한 가지 문제는 오직 모세가 자신의 죽음을 기술했다는 점인데 탈무드는 여호수아가 토라 중 마지막 여덟 구절을 기록했다고 지적하고 있다. 오경이 모세의 저작이라는 전통은 너무나도 확고하게 서 있었기 때문에 최소한 일부의 유대인들에게 있어서는 이 전통을 거부하는 것은 곧 자신을 스스로 낙원에서 추방시키는 것으로 여겨질 만큼 확실한 것이었다.6

필자가 보기에 오경은 초기에서부터 초보적이고 거친 형태이긴 하지만 독자적인 문학 형식을 갖고 있었고, 여호수아 시대의 말기쯤부터 현재 모습의 근간을 갖게 되어 진 것이라 보인다. 이런 견해는 앞서 진술한대로 '본질적 모세 저작설'을 지지하는 것인데 그와 더불어 오경이 저술될 때, 그 당시에 존재 했었을 것으로 여겨지는 여러 단편적 자료들이 사용되었을 가능성7 또한 열어 놓아야 한다고 여겨지는데 이는 다음 장에서 다루게 될 '톨레도트 문구' 등에서도 짐작할 수 있는 일이다. 그러나 모세가 오경의 저자라는 전통적인 이해가 그때까지 있어 왔던 여러 자료나 전승을 폭넓게 활용했을 것이라는 견해와 충돌하거나 갈등을 일으키는 것은 아니라고 여겨진다. 또한 결정적으로 어떤 반대 증거가 확인되기 전까지는 적어도 그렇게 받아들여도 좋겠다. 그런 것이 시대를 내려오면서 히브리어 원본이 바벨로니아와 이집트 시절을 거치면서 또 여러 서기관들의 필사와 증보의 과정을 거치면서 현대의 문장형식을 갖추게 된 것이라 보는 것은 별 무리가 없어 보인다.

---

5   *Philo, Vita Mosis*, III, 39; *Josephus, AJ*, IV, 8, 48; *Mishnah, Pirqe Ab*, I,1; *Talmud, Bab, Bath*, 14b.

6   Westphal, A., *Les sources du Pentateuque*(1988), I. P., 25, 재인용 Harrison, R. K., op. cit., p.497.

7   Young, E. J., op. cit., p.42. 대표적 보수주의 학자인 영 박사도 오경의 저자가 기존의 기록 문헌들을 활용했을 가능성을 배제하지 않았다.

오경은 전체적으로 볼 때 다섯 권으로 된 단일 저자의 저작물임이 분명하다. 거기에는 하나의 주제 하에 일관되게 기술된 다양한 방면의 요소들이 존재한다. 오경은 하나님이 어떻게 자신을 피조세계에 계시하셨으며, 피조세계가 어떻게 창조되었으며, 인간이 창조주와 어떤 관계를 맺고 있는지를 보여주는 유일한 문서이다. 그것은 또한 선민 이스라엘을 통한 인류의 구원이 어떻게 시작되게 되었는지를 보여주는 최초의 문서기도 하다. 그런 오경이 유대인들과 기독교인들 사이에서 하나님의 말씀으로 여겨지는 것은 당연한 일이며 이 일을 위한 모세의 중재자로서의 역할도 당연한 것으로 받아들일 수 있겠다. 이점에 있어서 트리니티 신학교의 G. L. 아처 교수는 "저자가 이 책을 만드는 데 사용한 자료들은 의심할 여지없이 5, 6세기 전의 것으로써 야곱이 애굽에 오기 전의 것이었을 것이다. 그럼에도 불구하고 모세는 성령의 지배를 받은 편집자(A Spirit~guided Compiler)로서, 또한 구전과 기록된 형태로써의 그의 조상들로부터 그에게 넘어 온 기존 자료의 해석자로서 일을 하였다"[8] 고 정리하고 있다.

신학적인 입장에서 볼 때 오경 연구는 구약의 다른 연구들의 발판이 되어 왔다고 해도 과언이 아니다. 오경에 대한 연구는 A.D. 8세기의 유대인 학자 이븐 에즈라가 한 예리한 질문(대체로 모세의 것으로 간주되어지는 책들 전부를 모세가 다 기록했을까?)에서 시작되었다고 보이는데, 이런 질문이 나중에 시편의 다윗 저작설이나 솔로몬의 잠언 저작설 그리고 이사야 여러 저자설 등으로 발전되어 왔다. 그런 질문은 16, 17세기의 칼빈, 루터, 스피노자 등에 의해서도 제기되어 왔다. 어쨌건 오경에 대한 이런 비평적 연구는 문서설뿐 아니라, 종교사학파의 가설과 양식 비평 등의 구약 연구에 많은 영향을 미쳐온 것이 사실이다. 그러니까 본문 자체의 뜻이 무엇인가에 집착하는 본문 비평(하등 비평)과 더불어 오경의 범위, 문헌적 토대 그리고 오경의 집필 목적 등에 대한 연구가 지속적으로 이어져왔다. 그러므로 오경을 연구하는 학도들은 본문이 가지고 있는 종교적 영적 의미를 파악하는 데 노력할 뿐 아니라, 지난 역사 동안 발전되고 논의 되어 온 여러 연구 방법론 등도 자세히 살펴보는 지혜가 필요한 것이다.

---

8   Archer Jr. G. L., *A Survey of Old Testament Introduction.* 『구약총론』, 김정우, 김은호 공역, 서울, CLC, 2002, P.252.

제1장
창세기

1. 서론과 구조

1) 창세기 서론

창세기의 명칭은 히브리어로 버레이쉬이트인데 뜻은 '처음에, 태초에'라는 뜻이다. 유대인들은 오경의 각 책의 명칭을 그 책의 맨 첫 글자로 제목을 정하였다. 알렉산드리아의 교부 오리겐은 히브리 성경을 헬라어로 번역하였을 때 히브리어의 음역을 따서 '브레이시드'라고 했던 것을, 헬라어 번역본인 LXX(70인역, 셉투아진트)경에서는 그 명칭을 '게네시스'라 했다. 이 말은 '기원, 계보, 세대'라는 뜻인데 창세기의 주요 내용에서 따온 명칭이라 하겠고, 그 헬라어 역본을 기준하여 라틴어나 영어, 그리고 한국어의 '창세기'라는 제목이 붙여졌다.

구약이 신약의 기반이 되는 것같이, 창세기는 오경의 기반이 되고 전체 구약을 열어가는 현관 같은 역할을 하고 있다고 말할 수 있다. 그렇다면 창세기를 잘 이해하는 것은 구약은 물론 성경의 전체적 구조, 목적, 방향을 이해하는 하나의 '키(Key)'를 가지는 것과 같다고 할 것이다. 창세기는 우주와 만물의 기원에서 시작하여, 인간의 창조 기사와 인간의 범죄, 타락, 심판과 회복이라는 구조를 가지고 전개되며, 창서기 12장을 분기점으로 하여 한 사람을 선택하여 부르시고 보호해 가시는 거룩한 역사가 시작되고 있음을 보여준다. 그 한 사람, 아브라함을 통하여 이스라엘이 생성되고 있다. 창세기는 하나님을 대항한 인간의 반역의 기원과 결과를 보여주고 있고, 또한 그 죄악으로부터 인류를 구원하시려는 하나님의 세밀한 구원 계획이 시작되고 있음을 또한 보여주고 있다. 우리는 창세기의 원시 역사시대와 모세의 기록 역사시대 사이에 알 수 없는 긴 시간이 있음을 인정한다. 이 창세기의 첫 부분에는 인류를 당황하게 해 온 많은 중요한 질문들이 간결하면서도 아름다운 필체로 기술되어 있다. 이 부분의 기술 목적이 역사적 자료를 남기거나 과학적 탐구 결과를 남기는 것이 아니기 때문에 창세의 기원과 과정에 대한 개략적인 정보만을 제공하고 있다. 그러나 이런 정보나 자료만으로도 우리는 창조주 하나님이 계시고 우리가 피조물이며 또한 구원이 필요한 존재라는 것은 충분히 인식할 수 있다.

창세기와 오경의 기원에 대한 지난 수 세기 동안 학자들의 연구는 주로 창세기의 창조 기사와 바벨론을 비롯한 고대 근동의 문헌들이 상호 유사한 내용들을 공유한다고 보고, 창세기와 그런 문서들의 유사성과 차이점들을 비교하면서 논쟁을 벌여 왔는데, 처음에는 창세기나 오경의 독특성을 무시하고 그것의 기원을 바벨론이나 근동의 문서에서 유래했다는 주장이 우세했다. 그러나 최근에는 창세기의 내용이 그런 고대 근동의 문헌에서 유래한 것이 아니라는 쪽으로 가닥을 잡아가고 있고, 그런 창세기 기록의 독특성은 그 주된 차이점이 이스라엘의 유일신 사상에 근거한다고 인식하게 되었다.[9]

엄격한 의미에서 창세기를 비롯한 오경은 익명의 저자의 것이다. 왜냐하면 오경 안에서 모세의 저작에 대한 직접적인 증거가 없기 때문이다. 하지만 초기 유대교의 자료와 기독교의 전통에서 그리고 필로와 죠세프스 미쉬나와 탈무드 등에서 그의 저작을 인정하고 있고 앞에서 언급한 대로 학계는 본질적으로 오경을 모세의 저작으로 받아들이고 있다. 모세가 오경을 기록하면서 그 이전부터 전해 오던 구전이나 단편적 자료들을 참고했을 가능성도 있음을 인정한다. 하지만 우리는 그것들에 대한 어떠한 구체적인 자료를 갖고 있지 않으며, 창세기의 3/4이상이 족장이라 불리는 아브라함, 이삭 야곱의 생애에 관련된 것은 애굽의 높은 지위에 있었던 요셉이 자기 민족에 대한 사랑이 강하였고, 그를 통하여 주요한 역사적 사료들이 수집, 정리 보관되어 내려왔을 가능성은 다분히 있다고 보고 있다. 하지만 우리는 창세기를 그 원본에 있어서, 성령의 감동을 받은 모세가 하나님의 초자연적인 계시의 밝혀주시는 조명하에 지나간 역사들을 기

---

9   House P. R., 『구약신학』, 장세훈 역(서울, 기독교문서선교회, 2001), p.106. 이런 입장에 동조하는 학
    자들은 Wenham G. J.와 Westermann. C. 등이 있다.

록하였음을 받아들인다.[10]

그래서 자유주의 학자들이 주장하는 오경의 집필자와 시기가 포로 후기의 서기관들에 의해서라는 주장에 대해서 의심한다. 왜냐하면 포로기 전인 요시아 왕의 개혁이 성전에서 발견된 율법 책에서 시작되었기 때문인데, 이 사실은 율법책 (토라, 오경)이 이미 포로기 전에 이스라엘 사회에 있었던 것임을 반증하는 것이기 때문이다. 코넬리우스 반틸 박사의 주장대로, 성경의 권위는 과학적 실험을 통해 이루어지는 것이 아니다.

창세기의 저작에 관한 문제 못지않게 창세기에는 지구의 연대나 시간 계산에 관한 근본적인 질문이 있다. 우주의 기원에 관하여 과거의 학자들은 바벨론의 에누마 엘리쉬 설화 혹은 고대 근동의 다른 여러 설화들에 근거하여 창세기의 창조기사가 기록되었다고 보았었는데, 현대의 여러 학자들은 그런 의견에 반대한다. 오직 성경에서만 신이신 하나님께서 무에서(ex nihilo) 창조하셨다고 진술하고 있기 때문이다. 에누마 엘리쉬 설화나 다른 고대 설화들 그리고 현대의 소위 빅뱅이론들은 창세기의 창조 기사보다 더욱 상식과 합리적 이해에 배치된다는 것이다. 예를 들면 에누마 엘리쉬는 어떤 설명되지 아니한 힘에 의해 한 쌍의 창조신들이 발생한 선재하는 물질들을 가지고 우주를 창조했음을 가정한다. 그 어떤 설명되지 아니한 힘이나, 선재하는 어떤 물질 등이 사실 더 믿기 어려운 가설이란 점이다. 물질적인 우주가 무에서 창조되었다거나 무에서 출현했다는 결론은 논리적으로는 불가능하며 무신론자들을 전적인 불합리 가운데 두게 하는 것이다. 왜냐하면 불신 세계나 이교 문화에는 물질이 존재하지 않았던 시간이 없었기 때문이다. 이점을 스프로울은 "현대적 관점은 성경적 관점보다 훨씬 더 신비적이다. 그것이 제시하는 바는 무가 무언가를 창조했다는 것이다. 이보다 더 해서 무가 모든 것을 창조했다는 것이고 실제의 위업이었던 것이다"고 예리하게 지적하고 있다.[11]

창세기의 서두는 6일 동안에 벌어진 8가지 신적 행위로 구성된 창조 기사로 시작된다. 창조 기사에서 생각해야 될 점들은 '날'에 대한 히브리어의 해석과 창조론과 진화론에 대한 몇 가지 해석들[12] 그리고 하나님의 형상을 따라 지음 받은 인간과 하나님 주권

---

10 Harrison R. K. op. cit.,에서 이 점을 다음과 같이 설명하고 있다. "대체적으로 오경이 모세의 것이라고 말할 때는 오경의 내용들이 역사적으로 사실이라는 것과 오경이 하나님의 영감을 받은 모세에 의해서 만들어졌다는 것을 의미한다." 한글 번역은 류호준외 역, 『구약서론2』(서울, 크리스천다이제스트, 2007), p.68에서 인용했음.

11 Sproul R.C., *The Holiness of God*(Wheaton, III: Tyndale, 1985), p.21.

12 참고, 창세기의 '날', '창조론과 진화론'에 대하여는 다음의 책들을 참고하라. Archer Jr. G. L., op. cit.,

과 능력에 관해서인데, 특별히 창세기가 세상의 기원에 대한 분명한 선언과 인간의 구원에 관한 책임을 명심하며 읽어가기를 권한다. 창조의 최고의 목적과 가치로서의 인간 창조와 자신의 일을 마치신 후 인간으로 하여금 당신의 안식으로 초청하시는 창조주 하나님에 대한 깊은 이해가 요청된다는 뜻이다.

2) 창세기의 구조

일반적으로 창세기는 크게 두 부분으로 나누어진다.
- 1~11장 ▶ 창조와 타락
- 12~50장 ▶ 선택된 족장들의 삶

2. 창세기의 신학적 논점들

1) 창세기 이해를 위한 '키'로서의 '톨레도트'

창세기의 구조, 목적 등을 효과적으로 이해하려면 반복해서 사용되는 특별한 하나의 히브리어 단어(תולדות 톨레도트)에 대한 바른 이해가 필요하다. 이 단어는 한국어 성경에는 적어도 몇 가지의 조금씩 다른 뉘앙스의 말로 번역이 되었는데 그 뜻은 '…의 내력이니', '족보가 이러하니라' 등이다.[13] 이는 히브리어의 풍성함도 있겠지만 그 단어의 용도에 따른 정확한 번역을 기하기 위해 의역하는 과정의 고심이 보인다는 뜻도 된다. 우선 창세기에 나타나는 톨레도트의 용례를 보자.
- 2:4   이것이 천지가 창조될 때에 하늘과 땅의 내력이니,
- 5:1   이것은 아담의 계보를 적은 책이니라.
- 6:9   이것이 노아의 족보니라.

---

pp. 225~278을 참고하라. 그리고 Wolf H. M., *An Introduction to the Old Testament Pentateuch*, 엄성옥 역, 『오경개론』(서울, 도서출판 은성, 2002), pp. 119~126을 참고하라.

13 톨레도트란 단어의 번역에 관하여 한글 개역판에서는 "대략", "약전", "계보", "사적", "후예", "세계"라고 다양하게 번역하고 있는 반면에 새롭게 개정된 개역개정판에서는 위에서 보듯이 "내력은 이러하니라", "족보는 이러하니라"하고 단순히 번역하고 있다. 영어판에서도 NIV에서는 "account of"라고 단순히 번역하고 있는 반면에 NRSV에서는 "generations of", "List of the descendants", "story of" 등으로 번역하고 있다. NASB에서는 "the records of generations", "Account of", "records of descendants"라는 표현을 쓰고 있다.

- 10:1 　노아의 아들 셈, 함, 야벳의 족보는 이러하니라.
- 11:10 　셈의 족보는 이러하니라.
- 11:27 　데라의 족보는 이러하니라.
- 25:12 　이스마엘의 족보는 이러하고,
- 25:19 　이삭의 족보는 이러하니라.
- 36:1 　에돔의 족보는 이러하니라 .
- 37:2 　야곱의 족보는 이러하니라.

위 구절들에서 보듯이 첫 번째 경우를 제외하고는 그 표현이 다음에 나올 내용들에 대한 제목처럼 보인다. 하지만 사실은 그렇지 않다. 예를 들면 이것은 "야곱의 족보니라" 그래놓고는 그 밑의 내용은 거의 요셉에 관한 기사이기 때문이다. 물론 창세기 25:12절처럼 이스마엘의 족보가 실제로 그의 자녀들의 이름들을 거명하며 그의 죽음 기사까지 간 경우도 있다. 그래서 톨레도트의 창세기에서의 용례는 어떤 경우에는 앞 단락에서 나온 내용을 정리하는 '결어 구실'을 하고 있으며,[14] 또한 다음에 전개될 내용에 대한 '참고 사항적 역할'[15]을 하고 있는 것으로 여겨진다. 즉, 톨레도트의 용례는 한 저자가 어떤 내용을 설명해 가다가, 처음엔 전체의 그림을 대략적으로 보여주고 그 다음에 가서 앞의 내용을 정리하고 다음 부분으로 넘어갈 때 그 앞의 부분에 대한 결론적 평을 하고 그에 대하여 좀 더 자세히 설명하거나 그와 연관된 내용을 기술할 때 사용되는 문장 전환의 표식어나 이정표 같은 역할을 하는 것임을 알 수 있다.[16]

고전적인 문서설을 주장하는 학자들은 창세기를 J, E, P문서들의 연속된 이야기를 합성하기 위해 다양한 편집과정을 거쳐 결합된 결과물이라고 보고, 반면에 전승사적 해석을 지지하는 학자들은 창세기를 다양한 전통에 속한 부족들의 문서가 후대에 편집 결합된 것으로 본다. 그러나 그런 방식보다는 창세기의 형성이 그 이야기의 배경이 되고 있는 고대 근동 지역의 성경 외의 다양한 문헌 활동, 작품들과 비교함으로써 창세기의 역사성과 진정성을 확보하는 것이 훨씬 더 효과적이라고 생각한다. 특별히 지금 우리가 논의하고 있는 '톨레도트'라는 특별한 단어의 용례만 보아도 그렇다.

14　박종칠, 『구속사적 성경해석』(서울, 성광출판사, 1986), p.142.

15　대부분의 학자들은 톨레도트의 이 기능을 더 지지한다고 여겨진다. 예를 들면, Aalders G. C., *A Short Introduction to the Pentateuch*(London, Tyndale, 1949), p.44와 Moeller W. E., *Grundriss fur Alltestamentliche Einletiung*(Berlin, Evangelische Verlagsanstalt, 1958), p.15. Archer G. L., op. cit., p.254. Harrison R.K의 op. cit., p. 75 등을 참고하라.

16　박종칠, op. cit., p.143.

문서설이나 전승사적 해석을 추구하는 학자들은 이 톨레도트의 해석에 상당히 당황한다. 그래서 그들은 이 용어를 제사장 문서(P)의 한 특징으로 간주하기도 하고, 또는 그 다음 이야기를 위한 서론격의 제목이라고 주장하기도 한다. 하지만 이는 상당히 왜곡된 해석이며, 최근에 발전하고 있는 고대 근동의 고고학과 문헌학의 성취를 고의적으로 간과하는 태도이다. 왜냐하면 앞에서 언급된 엘더스나 뮐러의 지적처럼 창세기 1장이 제사장 문서(P)에 속한다면, 창세기 2장은 그들의 표현대로라면 여호와 문서(J)라고 보기 때문에 톨레도트를 단순히 제사장 문서의 특징이라고 보는 그들 스스로의 모순을 보여주고 있기 때문이다.

고대 근동에서 사용된 설형문자는 쐐기꼴로 되어 있으며 이는 진흙에 문자를 새겨넣기에 적절한 도구와 방식이었다. 그래서 고대 근동에서 발굴된 많은 문헌은 이런 진흙 토판에 기록된 것인데, 알려진 대로 진흙 토판은 작은 파편 같은 크기에서부터 큰 기둥형태의 토판까지 다양하다. 그러나 일반적인 토판 대체로 크기가 제한되어 있다. 왜냐하면 진흙 토판이 크게 되면 무겁고 깨지기 쉽기 때문이다. 토판에 새겨진 여러 문헌들의 종류는 계약서, 편지, 공문서, 족보 등 다양하다. 토판의 문헌 양식은 대체로 비슷해서 앞에는 제목이 나오고, 그 다음에는 문서의 내용이 나오며 마지막에는 작성자와 비고란 즉, 일자, 신분, 토판 발송자의 도장, 인장 등이 나온다. 만약 내용이 한 개의 토판에 다 기록할 수 없을 때는 맛소라 본문 기록법에서 보는 것과 같이 앞의 토판 마지막에 다음 토판의 첫 몇 글자를 기록해서 서로 연결되어 혼돈 없이 읽도록 하였다. 중요한 것은 이런 고대 근동의 문헌에서는 하나의 이야기의 결론이 거의 다음 새 단락의 서두에 등장한다는 것이며, 이것이 창세기의 톨레도트의 용법과 일치하고 있다는 사실이다. 만약 그런 문서설이나 전승사 학파에 속한 학자들이 지지하는 대로 톨레도트가 어떤 한 단락의 서론이나 제목 역할 혹은 그 단락의 시조격인 중요한 주인공에 대한 지칭이라면, 창세기의 가장 두드러진 인물인 아브라함의 계보라는 구절이 없는 것은 모순이다.[17]

창세기 5:1절 "이것은 아담의 계보를 적은 책이니라"는 문구에서 나오는 톨레도트는 히브리어 '세페르/책'이라는 단어와 함께 쓰인 경우인데, 이 표현은 그 본문이 이미 기록된 형식을 갖추어 책으로서의 기능을 하고 있음을 시사하고 있다.[18]

---

17 톨레도트에 대한 고대 문헌의 용법에 관하여는 Harrison R. K의 구약서론 II, pp.69~75를 참고하라.

18 Gordon C. H., *Christianity Today*, IV, no.4(1959), p.133.

이 톨레도트의 기능은 창세기가 하나의 **통일된 저작물**임을 강력히 보여주는 증거[19]가 되는데 창세기가 여러 단편 문서들의 조각이거나 편집물이 아니라, 한 저자가 의도를 가지고 차분히 기록해 내려간 저작물인 것이며, 그것이 톨레도트의 사용으로 잘 구분되고 정리되어 있다는 것이다. 첫 톨레도트의 역할은 세계창조에 이어 세상의 역사를 연결하는 기능이며, 이 역사는 두 가지 유형의 계보가 보여주고 있는 것처럼 특별한 가계의 계보와 일반적 계보 모두를 포함하는 역사라는 것이다. 그런 가운데서 하나님의 선민을 향한 관심이라는 바탕에서 창조와 세계 역사를 이해시키려고 기록된 것이 창세기인 것이다.

또한 이 톨레도트를 통하여 우리는 하나님의 **주권적 선택작업**을 보게 된다. 아담 자손의 계보에서 우리는 '셋'의 선택을 보고, 노아, 데라의 사적에서 우리는 아브라함을 선택하시는 하나님을 만나게 되며, 이삭의 톨레도트에서 우리는 야곱을 선택하시는 주권적 하나님의 구원사역을 만나게 된다. 그러므로 창세기에 사용된 히브리어 톨레도트는 내용 단위로 전환되는 표식어이며 이것을 효과적으로 이용하면 창서기 전체의 윤곽과 구조를 쉽게 파악하게 된다.

또한 이 톨레도트는 창세기를 인도해 가는 지도나 표지판 같은 기능을 하고 있으며, 창세기를 전체적 시각으로 봐야 한다는 것을 보여 주고 있다. 다시 말해, 창세기를 읽어가다가 톨레도트가 나오는 부분을 만나면 그 앞과 뒤의 내용이 상호 다른 것임을 짐작해야 된다는 뜻이다. 예를 들면 창세기 제1장에서 인간의 창조에 대한 기사가 나오는데 2장에서 또 인간 창조에 대한 기사가 나온다. 그 사이에 첫 번째 톨레도트가 나오는데 그것은 앞의 인간 창조 기사는 대략적이며, 나중의 기사는 보다 자세한 기사임을 알 수 있다. 어떤 무지한 이단자들의 주장처럼 이 두 기사가 각기 다른 종류의 다른 인간에 대한 기사가 아니라는 말이다. 톨레도트를 알면 창세기의 내용을 좀 더 체계적으로 이해하게 된다. 네덜란드의 그로솨이더 교수가 지적했듯이 성경의 뜻을 알려면 계시 전체를 먼저 보고 그 흐름 속에서 각 부분의 특수한 뜻을 확립해야 한다는 것을 말하고 있다.

2) 창세기 1~11장에 대한 특별한 이해: '구속사적 구조틀'의 전형에 대하여

---

19 Archer G. L., op. cit., p.253에서 그는 톨레도트가 창서기의 단일 저자권을 지지하는 두 가지 증거 중의 하나라고 주장한다.

앞에서도 언급했듯이 창세기는 구약을 인도해가는 현관 같은 역할을 한다. 그 중에서도 창세기 1~11장은 창세기뿐 아니라 성경의 다른 부분과는 확연히 다른 내용을 포함하고 있다.[20] 이 부분은 구약을 해석하는 하나의 반복되는 해석의 틀(Pattern)을 보여주는 모범 본문 역할을 하고 있다. 이 부분을 자세히 연구하면서 우리는 성경해석에 있어서 중요한 하나의 도구를 갖게 될 것인데 그것이 바로 '열쇠'라고 지칭된 "구속사적인 구조틀(The Framework of Redemptive History)"이다.[21] 하나님의 형상을 온 인격 가운데 입고 하나님의 축복의지 속에서 창조된 인간은 창세기 3장에서 보듯이 금단의 열매를 먹어 타락의 길을 걷게 되고, 그 후 창세기 11장의 바벨탑 사건에 이르기까지 인간의 타락의 결과와 영향력들이 온 인류에 미쳤음을 읽게 된다. 창세기 1~11장에 기록된 기사들을 자세히 살펴보면 이것이 인간의 원시역사에 대한 것이며 거기에는 하나의 패턴이 있음을 알게 된다. 학자들은 이 부분에서 4~5개의 사건과 기사를 찾아내고 각각의 사건들을 몇 가지 방식으로 도식화했다.[22] C. 베스터만이 찾아낸 5가지 주요 사건들은 인간의 타락 사건(창3장), 가인의 범죄(창4장), 그리고 하나님의 아들들(창6장), 노아의 홍수사건(창7장) 그리고 바벨탑 사건(창11장)이다. 베스터만에 의하면 각각의 사건들은 다시 세 가지 방식으로 정형화할 수 있는데 그것은 각각의 사건들은 '죄 - 말씀 - 심판'이라는 도식으로 반복되고 있다는 것이다. 각각의 사건에는 '죄'와 그 죄에 대한 하나님의 '말씀의 간섭'이 있고, 그 다음에 '심판'이 집행된다는 것이다.[23] 한편 G. 폰 라드는 '죄 - 말씀 - 완화 - 심판'이라는 구조로 분석하고 있다. 그는 심판이 있기 전에 그 심판을 '완화'시키는 구절이 포함된다고 하였다.[24] 그러면서 폰 라드는 이런 기사들을 '죄의 확산'과 '은혜의 확산'이라는 개념으로 정리하고 도식화하였는데 이 개념은 틴데일 주석의 저자인 D. 키드너에 의해서 지지받기도 했다.[25] 그러나 일련의 사건들과 그 사건들을 해석하는

---

20   Gowan D. E., *Genesis1~11*(Grand Rapids, Eerdmans, 1988), p.1.

21   Renn S. D., *The Covenantal framework of scripture*(Sydney, SMBC press, 1993)와 Clines D. J. A., *The Theme of the Pentateuch JSOTSup*(Sheffield, JSOT press, 1992), p.61~77를 참고하라.

22   Westermann C., *Genesis: A commentary*, tr. by Scullian J. J.(Augsburg, Fortress, 1986), p.47.

23   Clines D. J. A., op. cit., p.62.

24   ibid., p.63. 이 도식화와 더불어 D. Clines 자신은 창세기 1~11장의 구조를 "A creation-Uncreation-Re,Creation"이라는 개념으로 이해해야 한다고 강조하고 있다. 왜냐하면 베스터만의 구조분석은 '홍수 기사'를 간과하는 것이며, 홍수이야기가 이 부분에서가장 긴 기사이며 또한 노아언약의 중요성은 창조 기사를 기억하게 해 주는 역할을 하기 때문에 홍수기사를 창조기사와 같은 맥락에서 분류해야 된다는 것이다. ibid,. pp.73~76.

25   Kidner D., *Genesis Tyndale O.T. Commentaries*(London, Tyndale press, 1967), p.13.

방식은 학자들에 따라 약간의 차이점을 보이고 있지만 대략 다음과 같이 정리될 수 있으며 이 방식을 우리는 '구속사적 구조틀' 혹은 '구속사적 해석양식'이라 부른다. 여기서 필자는 베스터만의 5대 사건 중 세 번째 사건은 제외하고, 아래의 네 가지 사건을 다음의 네 가지 개념으로 정리한다.

	창조(언약적축복)	타락(죄)	심판	구원
아담사건	모든 사건에 전제 됨 (창1:26~28)	3:6	3:22~24	3:21,24
가인사건		4:8	4:11~12,16	4,15
노아사건		6:5이하	7:6~24	6:18~21
바벨탑사건		11:4	11:8	11:26~27

이 양식 구조를 좀 더 자세히 설명하면 다음과 같다.

하나님은 첫 인간인 아담과 하와에게 축복하시며 언약을 만드셨다(창1:26~28, 창2:16~17). 그런데 아담과 하와가 사탄의 유혹에 넘어가 하나님의 금령을 어기고 범죄하였다. 그래서 그들은 하나님의 심판을 받게 되는데, 그 심판의 와중에서 하나님은 그들에게 가죽 옷을 지어 입히시며 당신의 심판을 완화하시고 인류의 구원을 향한 조그만 씨를 남겨 두신다. 뿐만 아니라 그 심판의 와중에서 하나님은 '여인의 후손'으로 오실 메시아에 대한 원시 복음(3:15 a proto~evangel)[26]을 주시고 아벨이 죽은 후에 '셋'이라는 아들을 주셔서 당신의 구원의 서광을 이어 가셨다. 이 첫 사건의 구조를 살펴보면 아담과 하와를 향한 하나님의 축복과 언약 선언에서 시작해서 인간의 반역과 죄(불순종)가 등장하고 그 인간의 죄에 대한 하나님의 심판이 집행된다. 그 심판의 집행을 전후하여 인간을 완전히 진멸해 버리지 아니하시는 하나님의 은혜가 드러난다는 것이며, 이 구조는 계속 반복되고 있다.

창세기 1~11장의 두 번째 기사인 가인이 동생 아벨을 죽이는 범죄를 하였을 시에도 하나님은 그를 심판(창4:11~12)하셨으며, 그 심판 직전에 하나님은 가인과 대화를 나누는데, 그 대화를 통해 가인의 죄가 분명한 것임을 보이고 또 그 심판의 와중에서도 창세기 4:15절에서 보듯이 "가인을 죽이는 자는 벌을 칠 배나 받으리라 하시고 가인에게 표를 주사 그를 만나는 모든 사람에게서 죽임을 면하게 하시니라" 하셨다. 창세기의 기사를 보면 에덴에서 바벨까지 인간의 죄가 점증하고 있음을 보이는데 인간의 죄는 하나님의 완전한 진노를 동반하여 홍수로 쓸어버리는 심판을 부를 만큼 커지고 있다. 처음 단순한 것 같이 보이는 '불순종'에서 형제를 '살인'하는 자리로, 그리고 '무자비한 살

---

26   Goldsworthy G., op. cit., p.55.

해 행위'와 '탐욕과 부패', '폭력'으로, '인간성의 완전한 말살'로 나아가고 있다.[27] 가인의 범죄에 대한 하나님의 용서나 보호는 얼핏 이해하기 어려운 것처럼 보이지만, 점증하는 죄와 원한의 악한 고리를 끊으시려는 하나님의 의도를 이해하면 그리 어려운 난제는 아니다. 그런 심판 속에서도 범죄한 가인을 끝끝내는 파멸시키지 않으시며 여호와 앞을 떠나 에덴 동편 놋 땅에 거하게 하심으로 그를 보호해 가시는 구조가 반복된다.

노아의 홍수 때에도 인간들은 범죄하였고(창6:5), 하나님은 땅위에 사람 지으셨음을 한탄하시며 근심하시고 인간에 대한 심판을 결심하신다(창6:6~7). D. 클라인스의 지적대로 인간의 죄악은 점점 더 악하여만 갔고 하나님의 인간 창조에 대한 새로운 계획을 청구하는 것 같았다. 물론 이 부분에서의 하나님의 '한탄'이나 '근심' 등은 하나님의 행위를 인간적 방식으로 묘사한 소위 '신인동형동성론(神人同形同性論)'적 표현이다. 창세기 1~11장의 여러 사건들에서 보이듯 인간의 범죄와 반역에 대한 하나님의 사랑과 인내가 홍수 사건에서 만큼은 예외이다. 홍수는 이 세상의 반역적인 인간의 죄에 대한 하나님의 심판의 절정이다. 그러므로 우리는 홍수 심판 사건을 창조기사의 조명하에서 읽을 필요가 있다. 그런 면에서 클라인스 교수가 한 본문의 구조 파악은 도움이 될 것이다. 그는 창세기의 이 부분을 '창조 - 비창조 - 재창조'의 구도로 이해하고 있음은 앞의 각주에서 밝힌바 있다. 홍수 심판은 사실 창조의 과정이 뒤로 물러나는 것이며 창조사건에 역행하는 것이다. 그러나 홍수 후의 기사는 창조 기사와 평행을 이루며 새로운 시작을 알리고 있다.[28] 인간의 점증하는 패역한 죄에 대하여 하나님은 물로 심판하셨다. 그러나 그 심각한 홍수 심판의 와중에서도 하나님은 노아의 여덟 가족을 살리셔서, 인류 구원의 '씨'를 이어가셨으며, 이런 구조는 앞의 두 사건과도 같은 패턴을 갖고 있음을 알 수 있다.

홍수 이후 널리 퍼진 노아의 후손들은 또다시 하나님의 창조 질서를 거스르는 **바벨탑 사건**을 일으키게 된다. 여기서 바벨탑 사건이 하나님의 창조 질서를 거스른다는 말은 "생육하고 번성하여 땅에 충만하라"(창1:28, 창9:1, 7)는 말씀에 역행하여 "지면에 흩어짐을 면하자"(창11:4)라고 말한 바벨탑의 동기가 하나님 보시기에 악한 것이라는 뜻이

---

27 Clines, op. cit., p.65.
28 홍수기사가 창조기사와 평행을 이루는 것은 9:1, 7절의 번성하라는 구절, 9:6절의 하나님의 형상으로 만들어졌다는 구절, 그리고 날과 계절의 순환을 재확립하시는 명령(8:22)등이 앞의 창조기사와 병행귀를 이루고 있기 때문이다.

다. 그래서 하나님은 언어를 혼잡케 하여 서로 소통할 수 없게 하는 심판을 벌로 내리신다. 그 결과 바벨탑을 중심으로 모였던 인류는 바벨탑을 쌓을 수가 없게 되고, 원래 하나님의 계획대로 흩어지게 된다. 다시 말하자면 언어의 혼잡을 통하여 된 이 '흩어짐'은 분명한 하나님의 심판이며 동시에 일종의 은혜이기도하다.[29] 창세기 1~11장의 기사에서 가장 긴 내용의 홍수 기사가 일종의 클라이맥스 같은 역할을 한다면, 바벨탑 기사는 전체의 기사를 종료하는 기능을 한다고 보아도 무방하다. 그런데, 그런 심판 후에 다른 샘플 본문에서 보듯이 여기서는 하나님의 은혜 베푸심이나 '구원의 씨' 같은 부분이 생략된 듯 보인다. 흩으신 후에 바로 창세기에서 네 번째로 나오는 족보기사가 나오는데 이 족보는 앞의 세 가지 족보 (창4, 5, 10장)와는 확연히 다른 신학적 의도를 가진 족보라 할 수 있다. 신약에서 마태의 족보와 누가의 족보 기술이 다른 것처럼 부분에서의 족보는 이제 '원시 역사'에서 '거룩한 구원의 역사'로 이어지는 연결점 역할을 하고 있다. 그 흩으시는 심판 후에 셈의 후예인 데라를 의도적으로 등장시키시고 그의 족보까지 상술하고 있다. 왜 이것을 의도적이라 하는가 하면 셈의 아들은 다섯 명이고(창10:22) 그 중에서도 세 번째 아들인 아르박삿을 셈의 후예로 잡고 셈의 9대손인 데라(아브라함의 아버지)를 창세기 11:24~27절 사이에서 언급하고 있다. 이것은 이제 곧 이어 나올 구원의 역사와 이스라엘의 역사의 주인공이 될 아브라함 이야기의 도입부 구실을 하게 하는 것이다.[30] 모든 인류를 다 흩으시는 중에 한 사람, 아브라함을 불러 '구원의 역사'의 조상으로 삼으시려는 하나님의 계획을 이 데라의 족보를 통해 볼 수 있겠다.

앞의 다른 세 기사에서는 모두 심판 후에 은혜의 씨를 남겨 두셨는데, 창세기 11장에서는 하나님이 인간을 향하신 관계의 방향을 전향적으로 바꾸시는 모습을 읽어낼 수 있어야 한다. 이제까지 하나님은 모든 인류를 상대하여 통치하셨지만, 이제는 한 사람, 즉 아브라함을 통하여 '언약'을 맺고 그를 통하여 많은 인류 중에서 구원의 이야기를 이어가실 것임과 그런 하나님의 구원계획의 서론적 도입부를 창세기 11장 하반부의 데라 족보를 통해 읽을 수 있다면 창세기 읽기의 절반은 성공한 것이라 하겠다.

즉, 창조 - 타락 - 심판 - 구속(은혜)이라는 구조 속에서 창세기 1~11장의 기사들이 전개되고 있으며, 이것은 또한 여타의 다른 구약 속 기사들을 이해할 때도 동일하게 요구되는 해석의 틀이며 패턴인 것이다. 그 가운데 놓치지 말아야 하는 포인트가 바로 '하

---

29 Gowan D. E., op. cit., p.120. 그는 이 부분을 "The scattering si ambiguous, just as God's action is a mixture of grace and judgment."라고 적확하게 묘사하고 있다.

30 Dillard R. B. & LongmanⅢ. T. op. cit., p.53.

나님의 주권'과 '약속에 신실하심'이다. 아브라함의 부인 사건이나, 이삭의 우유부단한 우물 사건, 그리고 야곱의 약삭빠른 행보에 대한 이해 등 모두가 이런 구도 속에서 이해한다면 그것이 확장되어 구속의 핵심으로써의 예수그리스도의 십자가 사역을 이해하는 일은 그리 어려운 일은 아닐 것이다.

3. 창세기의 주요 내용 강해

창세기 1~11장까지의 서론적 정황은 우리에게 창조 이래로 역사 이전 인간의 사회가 창조주 하나님과 어떤 관계에 있었는지를 보여주고 있다. 그 이후, 창세기 12장부터는 하나님께서 한 사람을 불러 선택하시고, 그를 통하여 한 민족을 선민으로 구별하는 거룩한 역사의 시원에 관한 특별한 이야기가 기록되어 있다. 우리는 그런 시대의 이야기를 흔히 '족장시대'로 분류하는데 이 시기는 믿음의 조상인 아브라함에서 시작하여 이삭과 야곱을 거쳐 그의 4대손인 요셉까지 이어지고 있다. 그렇다면 이제 창세기의 주요 부분에 대한 메시지들을 살펴보겠다. 이미 언급했지만, 창세기는 여러 가지 주요한 신학적 사고들이 씨앗의 형태로 나타나고 있으며, 그런 이유로 창세기가 전체 성경의 서론격임을 간접적으로 논증해 주고 있다.

1) 인간의 믿음과 하나님의 주권에 관하여(창12~21장)

예를 들면 **12장 이후**에 지속적으로 관심의 초점이 되고 있는 것은 '믿음과 구원'이라는 부분에서의 '하나님의 주권성'이다. 아브라함을 부르시고 그의 여러 가지 약점과 부족함에도 불구하고 그를 믿음의 조상으로 세우시는 하나님의 주도성에 관해서 먼저 살펴봐야 한다. 아브라함은 하나님께로부터 '자손과 땅'에 대한 약속을 받고 또한 하나님의 특별한 보호의 약속까지 받았다. 그럼에도 불구하고 12장과 20장에서 자기 아내 사라를 누이라 속여 이방 땅에서 생명을 부지한다. 그리고 아브라함은 하나님과 대화하면서 하나님에 대한 자신의 믿음을 인증받기도 하고(창15장), 하나님과 언약을 체결하기도 한다(창15장) 그러나, 그의 생애를 돌아보면 신앙적 성숙함(창13장의 롯에게 우선 선택권을 주는 것 등)을 드러내다가도 또 인간적 치부(여종을 통해 이스마엘을 낳는 사건 등)를 드러내는 삶이 반복되는 것처럼 기술되고 있다. 그러다가 결국은 창세기 22장을 통해 독자(獨子) 이삭을 바치는 순종의 행위를 통해 하나님의 큰 복(창22:17)을 받게 된다. 이런 일련의 아브라함의 인생을 통하여 일어난 일들을 볼 때, 우선 하나님은 당신의 부르심에 후회가 없으시며 (롬11:29), 또한 당신의 부르심에 대하여 신실하고 열심히(사9:7) 일을 이루시는 주권적인 하나님임을 알게 된다. 즉, 인간의 뛰어남이 아니라 하나님의 은혜로 우리가 우리의 인생을 성공적으로 경영하게 되며 또한 믿음생활을 하게 된다는 단순하고도 명백한 진리에 이르게 되는 것이다.

그러므로 이 족장들의 기사를 가르치거나 묵상할 때 아브라함 개인의 뛰어남이나 이삭, 야곱 자신의 출중함도 물론 묵상해야 되겠지만, 그들의 인간적인 연약함을 수용하시면서 그들을 믿음으로 반응하도록 인내하시며 키워가셔서 마침내 당신이 원하시는 믿음의 자리에 이르도록 하시는 하나님의 주도성을 더 깊이 되새기면 좋겠다. 인간의 성숙한 믿음이란 그런 하나님의 신실하심에 대한 적절하고 정직한 반응인 것이다. 그렇다고 이 말이 인간의 노력이나 헌신을 가볍게 여기라는 뜻은 아니다. 아브라함이 자손의 약속을 얻기 위하여 처음엔 다메섹의 엘리에셀을 양자로 삼음으로써 '양자'를 통하여 하나님의 약속을 확인하려 했고, 그 다음에는 여종 하갈을 통하여 낳은 이스마엘을 통하여 자손의 약속이 이루어짐을 기대하였다. 그러나 하나님은 마침내 부인인 사라를 통하여 '이삭'을 주심으로 당신의 약속을 이루어 가신다. 이런 일련의 과정을 통하여 아브라함의 노력도 비하되어서는 안 되며 또한 동시에 하나님의 신실하심을 가벼이 강조해도 안 된다. 선진들이 증거했던 것처럼 완전한 하나님의 뜻과 완전한 인간의 헌신이 더해져 위대한 믿음의 꿈들이 이루어지고 있음을 숙지하며 묵상하면 좋겠다.

2) 신앙에 있어서 믿음과 순종의 관계에 대하여(창22장)

그 다음에는 22장을 중심으로 펼쳐지는 아들 이삭을 바치는 사건이다. 이 사건을 통하여 아브라함은 비로소 하나님의 인정을 받게 되는데 "그에게 아무 일도 하지 말라 네가 네 아들 네 독자까지도 내게 아끼지 아니하였으니 내가 이제야 네가 하나님을 경외하는 줄을 아노라"(창22:12), 또 "내가 나를 가르쳐 맹세하노니 네가 이같이 행하여 네 아들 네 독자도 아끼지 아니하였은즉 내가 네게 큰 복을 주고 네 씨가 크게 번성하여 하늘의 별과 같고 바닷가의 모래와 같게 하리니 네 씨가 그 대적의 성문을 차지하리라"(창 22:16). 어떤 이들은 이 표현 때문에, 믿음으로 구원 얻는 진리에 혼동을 갖게 되기도 한다. 하나님은 아브라함이 이렇게 행함으로 순종하는 것을 보고서야 그의 신앙을 인정해 주시는 분이신가? 하나님은 아들을 바치는 정도의 큰 헌신을 해야 복을 주시는가 하는 문제다. 하지만 이 사건은 믿음으로 구원 얻는 것과는 별개의 강조점을 가지고 있다. 하나님은 이 사건을 통하여 아브라함을 시험(창22:1)하고 계신다. 처음부터 아브라함의 마음을 떠 보려는 계획을 가지고 요구하고 질문하신 것이지, 아브라함이 어떤 특별한 순종이나 행함을 보고서 복을 주시고 인정해 주신 것은 아니란 말이다. 한국어에서 '시험'이란 단어는 몇 가지 다른 의미가 있다는 것은 이미 알려진 일이다. 예를 들면, '누구누구가 시험에 들었다'라고 하는 것은 유혹에 걸려들었다는 뜻이고, 누군가를 시험한다는 것은 테스트해서 진위 여부를 가리겠다는 뜻이며, 약간 다른 뉘앙스이긴 하지만 시험을 통과하고 있다는 의미는 엄격한 훈련 과정을 통과하고 있다는 뜻으로 통용된다. 그런 의미에서 본문은 두 번째의 의미 즉, 아브라함의 하나님을 향한 선의를 테스트 해보겠다는 의미이기 때문에 이를 통하여 복을 얻고 영생을 얻는 차원의 문제는 이미 아닌 것을 알 수 있다. 아브라함은 이미 복을 얻었고 그것을 다시 강조하는 차원에서 '큰 복'으로 표현되고 있을 뿐이다. 그리고 이삭을 바치는 사건을 통하여 우리는 아브라함의 부활신앙을 엿보게 된다. 22:5절에서 아브라함은 종들에게 이렇게 말하고 있다. "너희는 나귀와 함께 여기서 기다리라 내가 아이와 함께 저기 가서 예배하고 우리가 너희에게로 돌아오리라." 이 구절은 여러 가지로 해석이 가능하다. 종들이 동요할까봐 그런 표현을 사용했다고 하기도 하고, 아브라함의 부활 신앙을 표출하고 있다고 주장하기도 한다. 그는 이미 아들을 바치라는 명령을 받았고, 그렇게 하기로 결심을 한 상태에서 주저 없이 그 일을 결행하고 있다. 그러므로 그가 예배하고 돌아올 때는 혼자여야 하고, 당연히 일인칭 단수 즉, '우리가' 돌아오는 것이 아니라 '내가' 돌아오리라고 해야 말이 된다. 그러나 그는 여기서 '우리가'라는 표현을 쓰고 있다. 깊이 생각해야 될 부분이다. 히브리어의 일인칭 단수와 복수는 엄연히 구별되어 있으며, 이 부분의 본문은 비교적 잘 보존된 부분이기 때문이다.

3) 아내의 장례 속에서 땅의 기초를 마련하고 있는 아브라함: 하나님의 약속을 이루는 삶(창23장)

다음에 우리가 주목하려는 장면은 창세기 23장의 사건인데, 이는 아브라함의 아내 사라가 죽고 그녀를 장사하기 위해 아브라함이 헷 족속의 에브론에게 사라를 위한 매장지를 구하는 장면이다. 이것은 단순히 아내의 매장지를 구하는 것이 아니라 자신에게 언약하신 땅에 대한 축복의 약속이 아내의 죽음을 통해 구체화되고 있음을 보여주는 것이며, 그래서 아브라함은 몇 번에 걸쳐 사정을 하면서 '준가'를 주고 마므레 땅을 소유하게 된다. 당시의 법은 이방인에게 잠깐 거처할 땅은 주었지만 땅을 영구히 소유할 수 없게 되어 있었다. 아브라함의 때로부터 거의 4천 년이나 지난 오늘날 한국에서도 외국인들이 한국의 부동산을 취득할 수 있는 허가는 최근에 생긴 변화임을 감안할 때, 옛 시절 자기 땅에 대한 집착과 텃세가 어느 정도였는지를 짐작하는 것은 그리 어려운 일이 아니다. 그런 일종의 텃세를 짐작하게 하는 것이 창세기 23:6절과 11절 등에서 보듯이 "우리 중에서 자기 묘실에 당신의 죽은 자 장사함을 금할 자가 없으리이다"(창23:6), "내 주여 그리 마시고 내 말을 들으소서 내가 그 밭을 당신에게 드리고 그 속의 굴도 내가 당신에게 드리오니 당신의 죽은 자를 장사하소서"(창23:11)라고 하면서 공짜로 땅을 매장지로 사용하도록 허락하는 헷 족속의 사람이나 에브론의 의도를 알게 된다. 처음에 그들은 분명히 그 땅을 아브라함에게 법적으로 양도할 의사가 없었음이 분명하다. 그러나 아브라함의 의도적인 접근 즉 장례라는 일을 통하여 그들에게 땅을 양도하도록 접근하고 있는 것이다. 분명히 아브라함은 깊은 슬픔 속에 있었을 것이고, 지나간 긴 세월들 동안 자신과 함께 삶의 희로애락을 겪어 온 한 여인의 죽음 앞에 많이 힘든 시간을 보내고 있었을 것이다. 그는 "슬퍼하며 애통해 하다가" 문득 하나님의 약속을 기억하게 되고, 자신에게 닥친 이 슬픔이 인간 모두에게 공통적으로 동정을 받을 만한 일임을 깨닫게 된다. 그리하여 그는 그 슬픔 속에서 일하실 하나님을 인하여 매장지를 구하게 되고, 소유권 이전 절차 없이 그냥 매장지를 주려는 토착민들을 인간적으로 설득하여 마침내 당대의 상인들이 매긴 가격을 정당히 지불하고 가나안의 한 모퉁이 조그만 땅을 자기 소유로 매입하게 된다.

성경의 많은 이야기들 중에 남성 중심의 사회에서 한 여인의 죽음과 장례식에 대하여 이렇게 길게 성경 한 장 전체를 할애한 경우는 여기가 전무후무하다. 즉 이 기사가 신앙의 역사에 그렇게 중요한 이야기를 하고 있다는 말이 된다. 하나님이 약속하셨던 두 가지 중에서 한 가지, 아들을 얻는 일은 이미 몇 십 년 전에 기적같이 이루어졌다. 그러나 약속의 땅을 얻는 일은 결코 쉬운 일이 아니었다. 왜냐하면 당시의 풍습이 그것을 허용하고 있지 않았기 때문이다. 그래서 이 기사는 중요하다. 하나님께서 하신 약속은 반드시 이루어진다. 그리고 그 소중한 열매는 인간의 가장 아픈 고통 속에서 맺힌다는 것이다. 달콤한 열매는 결코 눈에 잘 띄는 기둥 둥치 같은 곳에 맺히지 않으며, 손쉽게 딸 수 있는 곳에 열리지 않는다. 가장 달콤한 열매는 가지의 가장 먼 끝에 아슬아슬하게 맺히는 것이다.

아브라함이 구입한 땅은 조그만 부분이었지만, 세월이 많이 흐른 후 요셉은 아버지 야곱의 매장지로 이 땅에 아버지의 시신을 운구하였으며, 모세 또한 젖과 꿀이 흐르는 가나안 복지의 최종 종착점을 이 땅으로 삼았던 것은 결코 우연이 아니다. 하나님의 약속을 받은 사람은 자신에게 일어나는 모든 일을 자세히 살펴 하나님의 축복과 연결시켜 이해할 수 있어야 한다는 말이다.

4) 이삭과 르호봇 사건(창25~26장)

아브라함이 100세에 얻은 아들 이삭이 기독교 신앙에서 차지하는 의미는 상당히 중요한데도 사실은 아버지 아브라함이나 아들 야곱에 비해 덜 강조되는 듯한 느낌을 지울 수 없다. 이삭은 아버지나 아들 야곱에 비하여 상당히 온화하고 넉넉한 모습으로 그려지고 있다. 아들 야곱은 문자 그대로 파란만장한 삶을 살아온 성공한 사람의 모델로, 아버지 아브라함은 많은 우여곡절 끝에 마침내 믿음의 조상이 되는 인상적인 삶을 보여 주었다. 그런 아브라함과 야곱에 비해 이삭의 삶에 대한 기사는 짧고, 별 클라이맥스 같은 것이 없어 밋밋해 보인다. 그러나 하나님은 이런 밋밋해 보이는 이삭의 삶이야말로 현대 신앙인들이 회복해야 될 전형적인 신자의 모습이라고 말하고 있다. 우선 이삭의 인생을 한 번 정리해 보자.

이삭은 40세에 리브가를 아내로 맞이하였고, 결혼 후 20년 동안 자식이 없다가 간절히 기도하여(창25:21) 쌍둥이 아들을 낳았다. 아브라함이 175세에 임종했으니, 그는 손자인 에서와 야곱이 열다섯 살이 되었을 때 죽었다는 말이 된다. 아들 에서는 40세에 헷 족속의 딸들과 결혼해서 이삭과 리브가의 근심거리가 되었다(창26:34~35). 나중에 야곱이 밧단아람에서 일가를 이루고 고향으로 돌아와서 한참 동안을 이삭은 손자들과 함께 살았다. 그리고 이삭은 기럇아르바의 마므레 지역에서 180세에 임종한다. 성경은 이 지역을 '헤브론'이라고 증언하고 있다(창35:27).

이삭은 37세쯤에 어머니를 여의고, 40세에 결혼해서 60세에 쌍둥이를 낳고, 75세에 아버지의 장례를 치르고, 나머지 거의 105년 가까이를 아버지가 유업으로 남기신 땅을 지키며 두 아들들의 다툼과 갈라짐을 목격하며 살아왔던 것이다.

앞에서도 언급했지만, 이삭의 삶은 화려한 삶이 아니다. 역경을 뚫고 무언가를 이루어내는 영웅적 삶이 아니라, 소박하고 밋밋한 삶이다. 하지만, 하나님은 바로 그런 이삭의 삶을 통하여 믿음의 계보를 이어가시기를 기뻐하셨음을 꼭 강조하고 싶다. 아브라함이 아무리 위대해도 이삭이 없었다면, 아니 이삭이 대를 잇지 못했다면, 그리고 이삭이 실패하는 삶을 살았다면 아브라함은 우리 기억에 남아 있지 못했을 것이다. 야곱을 통하여 이스라엘의 열두지파가 생기지도 않았을 것이다. 이 소중한 이삭의 삶을 관통하는 두 가지 삶의 원칙이 있는데 하나는 세대를 이어주는 연결점 역할을 하는 것이다.[31] 우리는 너무 조급하고, 영웅적인 결과를 만들어 내는 데 목마르다. 그러나 이삭은 우리를 통하여 '그 자리에 그냥 머물러 있으라, 하나님이 있게 하신 그 상황 가운데서 화평을 이루라, 그리고 소중한 신앙의 유산을 흐르게 하라'는 메시지를 주고 있는 것이다. 아무도 알아주지 않아도 우리가 믿음으로 자신의 자리를 굳게 지키며 하나님의 은혜를 경배하는 것! 그것이 신앙이고, 축복이라그 이야기하고 있는 것이다.

또한 이삭의 그런 삶을 가능하게 했던 것은 그의 '르호봇 정신'이다. 이삭은 주변의 블레셋 사람들로부터 시기와 질투를 많이 받으며 불안정한 이민생활을 했었다. 그가 우물을 파면 지역의 원주민들이 우물을 막았고, 그가 농사하여 많은 소출을 얻어 유족하게 되자 그 지역의 지도자 아비멜렉은 그를 쫓아내었다(창26:12~16). 그래서 그는 사람들을 피해 넓은 평원 지역을 두고 골짜기 지역으로 들어간다. 그곳에서 우물을 팠는데 역시 그랄의 목자들과 다툼이 일어나 에섹 우물을 포기하고 또 다른 곳으로 옮겨 우물을 팠는데 또 분쟁이 일어나니 이삭은 싯나 우물도 피하여 딴 곳에 가서 새로운 우물을 팠다. 그 골짜기에서만 두 번 쫓겨나고 세 번째 판 우물은 이웃이 간섭하지 않았다. 그래서 이삭은 가족들과 함께 그 우물을 '르호봇(장소가 넓다)'이라고 명명 했다. 그러면서 이삭은 이렇게 말한다. "이제는 여호와께서 우리를 위하여 넓게 하셨으니 이 땅에서 우리가 번성하리로다"(창26:22). 참으로 대단한 믿음이다. 몇 번이나 쫓겨 다녔고, 그래서 다다른 좁은 산골짜기에서 이삭은 그곳이 '넓은 곳'이라 르호봇이라 이름하였다는 것은 오늘을 사는 우리에게 시사하는 바가 많지 않은가? 나중에 그를 쫓아내었던 그 지역의 지도자 아비멜렉과 그 친구 아훗삿과 군대장관 비골이 이삭에게 나아와 화친을 요구했을 때도 그는 옛 원한을 거론함 없이 흔쾌히 그들을 위하여 잔치를 베푼다(창26:30). 상황적으로 힘들고 현실적으로 좁은 곳에서도 그곳을 믿음으로 보고, 믿음으로 넓은 곳이라 생각하며 여호와 하나님을 의지하는 역발상으로 삶의 무게를 웃음으로 이기고 나아간 이삭, 그가 있었기에 오늘 믿음의 후손들이 이어지고 있는 것이다. 신실히 하나님이 복의 근원임을 믿은 자들은 다투는 자들이 아니요, 현실을 보며 불평하는 자들이 아닌 바로 이 이삭의 후예로 자신을 자리매김해야 할 것이다.

31　House P.R., op. cit., pp.134~136.

5) 야곱의 기도와 에서의 물러남(창27장, 창33장, 창36:6~8)

창세기에는 독자들로 하여금 의문이 일어나게 하는 많은 이야기들이 있다. 그중 하나가 야곱이 쌍둥이 형님의 장자권(長子權)을 빼앗은 이야기일 것이다. 하나님은 어떻게 그런 기도를 들으시는가? 하나님께서는 왜 그렇게 얌체 같고 악착같은 야곱을 통하여 일하시는가? 창세기 27장에서 야곱은 팥죽 한 그릇에 형님의 장자권을 속여 빼앗고, 또한 아버지까지 속여 장자에게 줄 아버지의 축복까지 가로채고 있다. 물론 야곱이 이렇게 하기까지 그의 쌍둥이 형인 '에서'의 실책이 바로 앞에 기록되어 있다(창26:34~35). 형에서는 헷 족속의 딸들을 데려다 아내를 삼으므로 부모의 근심이 되었다. 그래서 추정해 본다면 그의 어머니 리브가가 남은 아들인 야곱에게는 절대 그러지 말라고 주문을 했을 수도 있다. 하지만 아버지의 축복을 가로챈 야곱은 형의 진노를 사게 되고 위협을 느낀 그는 외삼촌 라반의 집으로 20년 정도 피신하게 된다. 이런 피신은 야곱이 이미 40세가 넘은 장년에 이르러 된 일이므로 피신한 야곱이 그곳에서 일가를 이루는 문제는 별 어려움 없이 이해될 수 있다. 이런 정황 속에서 떠오르는 몇 가지 질문이 있다. 왜 에서는 그가 누릴 수 있는 기득권을 스스로 포기하고 할아버지로부터 물려받은 신앙의 전통에서 멀어져 갔을까? 그리고 아버지의 축복 기도는 과연 그렇게 유효한가?

창세기 33장에 보면 20년 만에 돌아온 아우를 만난 에서는 '세일'이라는 지역에 머물렀던 것으로 추정된다. 이때는 분명 그의 아버지 이삭이 살아있을 때였다. 이삭은 마므레(헤브론)에 거주했는데 에서는 세일에 거주했다. 왜 그랬을까? 아마도 그의 아내들의 영향이었을 것이다. 그리고 창세기 36장에 가면 "자기 아내들과 자기 자녀들과 자기 집의 모든 사람과 자기의 가축과 자기의 모든 짐승과 자기가 가나안 땅에서 모은 모든 재물을 이끌고 그의 동생 야곱을 떠나 다른 곳으로 갔으니 두 사람의 소유가 풍부하여 함께 거주할 수 없음이러라. 그들이 거주하는 땅이 그들의 가축으로 말미암아 그들을 용납할 수 없었더라. 이에 에서 곧 에돔이 세일 산에 거주하니라"(창36:6~8)하며 에서가 그곳을 떠나가는 상황을 보게 됩니다.

여기가 바로 필자가 지적하고자 하는 부분이다. 그는 이미 그 지역에 터를 잡고 수십 년을 살아 온 터줏대감이다. 그리고 거할 장소가 좁으면 나중에 온 동생 야곱이 떠나 그 인근에 자리를 잡으면 될 터였다. 그런데도 본문은 아무런 설명 없이 그냥 "에서가 떠났다"라고 말하고 있다. 참으로 신비로운 부분이다. 그 옛날 기도했던 것들이 그냥 자연스럽게 아무런 탈도 없이 정리되고 있는 것이다. 적어도 에서는 그 가문의 장자로서 아버지 곁을 지켰어야 했다. 그런데 에서가 떠났다! 그리고는 그의 후손들 중에 하나님이 그렇게 진멸해 버리기를 원하셨던 아말렉 족속이 태어난다. 창세기는 그래서 신비로운 책이다. 하나님은 기도에 따라 움직이신다.

6) 유다의 후손으로 오신 예수그리스도

그뿐 아니라 창세기 후반부를 장식하고 있는 요셉의 기사(창37~50장)도 단순히 죽었다고 생각되었던 아들이 극적으로 살아나고 가족이 다시 해후하는 수준의 아름다운 문학적 이야기가 아니다. 여기서는 요셉의 생애를 통하여 예수그리스도의 사역이 부분적으로 계시되며 또 야곱의 열두 아들 중 유다를 통해 오실 그리스도의 사역에 대한 메시지가 숨겨져 있다. 이 숨겨진 메시지를 파악하는 것도 창세기를 공부하면서 기억해 두어야 할 교훈이다.

유다는 야곱의 열두 아들 중 장자도 아니고, 뛰어나게 출세한 아들도 아니었을 뿐 아니라 야곱의 사랑받는 아내인 라헬의 아들도 아니다. 그럼에도 불구하고 하나님은 그 유다를 그리스도의 육신적 조상으로 삼으셨다. 그는 또한 윤리적으로도 실패한 사람이었다. 이미 알려진 것처럼 창세기 38장에는 그런 유다의 약점이 적나라하게 그려져 있다. 그럼에도 불구하고 이스라엘의 열두지파 중 이 유다의 후예들만이 유일하게 이 땅에 존재하게 하셨음은 깊은 교훈이 있다. 무슨 이유가 있는가? 왜 하나님은 성공한 아들 요셉의 후예로 그리스도를 보내지 않으셨는가? 왜 하나님은 장남이나 야곱이 사랑했던 아내 라헬의 아들 베냐민에게 그런 특권을 주지 않으시고, 별 특징이 없고 게다가 며느리와 문제까지 일으킨 유다를 그리스도의 육신적 조상으로 삼으셨는가?

창세기 후반에 나오는 요셉 기사를 자세히 살펴보면, 동생 요셉을 죽여 버리자는(창37:18~20) 형제들의 살기를 만형인 르우벤이 극적으로 말려 구덩이에 던졌을 때, 형제들을 더욱 적극적으로 설득하여 생명을 살리는 방식의 제안을 했던 사람이 바로 유다이다. 유다는 미디안의 상인들에게 동생 요셉을 팔자(창37:26~27)고 제안했던 것이다. 그 날 그 구덩이에 그냥 있었다면 요셉은 어찌 되었을지 모른다. 그러나 유다가 있었기에 비록 종이나 노예 신분이었을지라도 요셉은 생명을 부지할 수 있었다.

유다에 관한 이야기는 계속된다. 세월은 흘렀고 그 땅에는 기근이 들고 동생 요셉은 우여곡절을 겪은 후에 애굽의 국무총리가 되었다. 양식을 얻으러 야곱의 아들들이 애굽에 가게 되었다. 형제들을 한 눈에 알아본 요셉은 그들을 후대하였다(창42:25). 그러면서 시므온이라는 형제를 볼모로 잡아 두고는 '너희가 정탐꾼이 아니라면 가서 너희가 말한 대로 너희 막내 동생까지 데리고 오라'고 명령한다. 양식을 가지고 돌아온 야곱의 아들들은 그 양식이 다 떨어졌을 때 아버지 야곱에게 청한다. 그러나 야곱은 완강히 거절한다. 사랑하는 아들 요셉도 죽었고 마지막으로 남은 사랑하는 아내의 아들 베냐민까지 내어 줄 수 없다는 것이다. 그러나 가족들을 다 굶어죽일 수는 없는 일이었다. 그때 역시 유다가 중재를 자청한다. 애굽 총리의 명령대로 막내를 데리고 갔다가 만약 막내 동생에게 무슨 일이 생기면 내가 '담보'가 되어 그 대신 내가 해를 당하겠다고 희생을 자처한 것이다(창43:9). 그리하여 유다는 아버지를 설득하고 형제들을 이끌고 다시 애굽으로 가서 곡식을 얻는다.

사건은 여기서 클라이맥스를 향해 가파르게 진전한다. 형제들의 양식을 구입하기 위해 두 번째로 방문했을 때, 요셉은 그 유명한 은잔 사건을 벌이며 자기의 은잔을 친동생 베냐민의 자루 속에 몰래 넣고 일행을 돌려보낸다. 그리고 군사를 풀어 형제들의 물품을 수색하게 하고 자기의 은잔을 숨겨간 사람을 자기의 노예로 삼겠다고 으름장을 놓는다. 요셉의 은잔은 그의 의도대로 베냐민의 자루에서 발견되었고, 일행 모두 애굽으로 다시 돌아가 요셉의 추궁을 받게 된다. 영락없이 베냐민은 애굽에서 종노릇을 하게 되었고 아버지 야곱에게로 돌아갈 수 없게 되었다. 그 시점에서 유다가 다시 애굽의 국무총리인 동생 요셉에게 간절히 충언을 드리며 사정을 한다(창44:16~34). 그는 자신의 아버지 야곱이 얼마나 베냐민을 사랑하는지를 눈물겹게 호소하며 자기가 베냐민 대신 종으로 잡힐 테니 동생이 아버지의 곁으로 갈 수 있게 해달라고 정말 간절히 호소한다. 그러면서 유다는 아버지가 "두렵건대 재해가 내 아버지에게 미침을 보리이다"(창44:34)고 말한다. 보통 사람들은 창세기 45장에서 요셉이 감정에 북받쳐서 크게 우는 소리가 바로의 궁중에까지 들렸고, 이때에 요셉이 그 형들에게 자기가 바로 당신들의 동생 '요셉'이라고 밝히며 했던 명언들을 그저 요셉의 단순한 감정 폭발로 보려한다. 그런데 본문의 앞뒤를 자세히 살펴보면 그렇지 않다. 자기 아버지의 노후를 편안하게 해드리고, 아버지의 사랑하는 아들 베냐민을 다시 아버지께 돌려보내기 위해 유다가 자기를 담보물로 대신 내어 놓는 모습에서 요셉은 유다의 간절한 아버지 사랑과 형제 사랑에 감동을 한 것이고 그것이 촉매가 되어 자신의 정체를 밝힌 것이다. 요셉은 형제들에게 이렇게 고백하고 있다. "당신들이 나를 이곳에 팔았다고 해서 근심하지 마소서 한탄하지 마소서 하나님이 생명을 구원하시려고 나를 당신들보다 먼저 보내셨나이다 …(중략)…

그런즉 나를 이리로 보낸 이는 당신들이 아니요 하나님이시라 하나님이 나를 바로의 아버지로 삼으시고 그 온 집의 주로 삼으시며 애굽 온 땅의 통치자로 삼으셨나이다"(창 45:5~8).

유다! 그는 화해자였고, 희생자였으며, 효도하는 아들이었다. 기독교의 복음은 바로 그런 것 아닌가! 그는 별로 특출하지 않았다. 그러나 그는 그리스도인들이 어떻게 살아야 하는지에 대한 분명한 메시지를 주는 또 하나의 본보기인 것이다. 하나님은 그의 많은 약점에도 불구하고 유다의 그런 성품을 귀하게 여기신 것이 분명하다. 신약에서 사도 바울은 이렇게 가르치고 있다. "미련한 자를 들어 지혜롭다고 교만한 자를 부끄럽게 하겠다", "약한 자를 들어 강한 자를 부끄럽게 하겠다." 그렇게 사람을 쓰시는 하나님의 진리는 신약에서 극명하게 보이지만, 사실은 창세기에서 이미 그 시작의 여명을 보이고 있는 것이다. 유다가 완전한 사람이어서 그런 훌륭한 역할을 했다면 그건 별 감동이 없었을 것이다. 그러나 성경은 유다의 연약함 뒤에 이런 아름다운 감동을 연출하고 있는 것이다. 그래서 우리도 감히 소망이 있다고 말할 수 있는 것 아닌가!

7) 요셉의 신앙과 그의 유언이 갖는 의미

꿈으로 시작해서 꿈꾼 자들의 승리에 대한 이야기가 창세기의 후반부인 '성(聖) 역사' 의 근간을 형성하고 있다. 아브라함이 꿈을 통해 보호를 받는 일이나, 야곱이 꿈속에서 하나님을 만나는 일이 그렇고, 또 일개 팔려온 종의 신분으로 감옥에 있던 요셉이 꿈을 해석함으로 대제국 애굽의 국무총리에 오른 사건 등이 창세기 후반부 요셉의 톨레도트 를 이끌고 가는 주된 소재이다. 그리고 애굽 본토 출신이 아니면서도 그 나라의 고위직 에 오른 예는 꾸며낸 이야기가 아니며 전례가 없었던 일도 아니다. 일찍이 셈족의 후예 들이 일시적으로 애굽 정부의 고위직을 차지하고 있었다고 알려져 있었기 때문이다.[32]

문제는 아브라함, 야곱, 요셉 등은 '하나님이 주신 꿈을 자기의 것으로 확신하며 살 았다'는 것이다. 그런데 이 시대의 사람들 가운데는 하나님의 꿈이 아니라 자신의 야망 을 '꿈'이라 포장하며 허우적대는 사람들이 많다. 특별히 자칭 신자인체 하는 자들 가운 데서 많이 볼 수 있다. 그리고 그 꿈을 꼭 세속적 성공에다 초점을 맞추어 설교하고 가 르치며 부추기기를 잘하는 경향도 보인다. 그러나 여기서 말하는 하나님의 꿈은 그런 류의 세속적 성공이나 입신양명을 위한 소재가 아님을 분명히 밝힌다. 성경에서의 꿈

---

32 Kitchen, *The Bible in Its World*(Nottingham, IVP, 1977), p.74.

은 반드시 하나님의 나라와 관련되어 있고 그분의 언약과 연계되어 있다. 어떤 사람을 하나님의 나라를 위해 쓰시려 할 때 하나님은 꿈으로 미리 말씀하시며 확신 가운데 거하게 하신다는 것이다.

이쯤에서 구약이 신약과 어떤 면에서 달라야 하는지를 잠깐 언급하도록 하겠다. 본질적으로 구약과 신약의 메시지는 같다. 그런데 그 진리를 전달하는 방식은 시대에 따라 조금씩 다르다. 왜냐하면 하나님께서도 구원하는 진리를 한꺼번에 다 보여주신 것이 아니라 우리가 흔히 말하는 대로 '점진적'으로 계시하신다. 그러므로 구약과 신약에서 공히 '복'이라는 개념이나 용어가 등장하지만, 그것은 초등학생에게 설명할 때의 복의 개념과 대학 교육을 받은 지성인들에게 복을 설명하는 것과의 차이처럼 분명하다. 그럼에도 일부 몰지각한 사람들은 구약에도 분명히 이런 세속적인 성공과 부를 강조하고 있다고 주장하는 이들이 있다. 그러나 그것은 진정한 복, 영적인 복을 구약 시대의 방식으로 설명하는 것일 뿐이며 그것이 신약시대에도 그대로 적용되기를 원하는 것은 아니다. 그러므로 꿈을 이야기할 때에도 구약의 꿈이 야망이나 성공을 향한 자기 암시적이고 긍정적인 사고방식을 부추기도록 가르쳐서는 곤란하다. 오히려 나의 야망이 아니라 하나님의 마음을 구현해 내는 꿈으로, 그리스도의 마음을 실천하는 꿈으로 해석해야 한다. 창세기는 야곱과 요셉의 장례기사로 끝난다. 요셉은 마지막에 죽어 애굽에서 입관되었지만(창50:26), 그의 목표는 한 민족으로서의 이스라엘이 하나님의 완전한 축복을 누리게 될 약속의 땅에 조상들과 함께 매장되는 것이 꿈이었고 유언이었음을 명심했으면 좋겠다. 창세기 후반부는 우리를 거대한 구속의 드라마로 인도해 간다. 한 사람 아브라함을 불러 시작된 이 이야기는 이제 국경을 건너 애굽(이집트)에서 꽃피기 시작한다. 거기에는 한 사람이 큰 가족을 이루며 믿음을 이어가는 이야기가 나오며 또한 그들의 시련과 실패까지 전부 포장 없이 다루고 있다. 그리고 이야기는 야곱과 요셉의 장례이야기로 마무리되는데, 선민 이스라엘이 돌아갈 곳에 대한 이야기로 마감되고 있다. 이는 영적으로 시사하는 바가 적지 않다. 성경은 항상 돌아갈 곳을 지향하며 인류를 일깨우는 데 기여를 하고 있다. 돌아갈 곳이 있는 사람은 아무렇게나 살지 않을까?

제2장
출애굽기

1. 출애굽기의 서론과 구조

1) 출애굽기 서론

출애굽기의 히브리어는 '버예일레 쉐모트'인데 뜻은 '그리고 이것들은 ~의 이름들이다'라는 뜻이다. 이는 오경의 전통을 따라 출애굽기의 첫 히브리어 단어를 그대로 사용한 이름이다. 히브리어 성경에 대한 헬라어 번역본인 70인경에서는 '엑소도스'(나가다, 출발하다, 탈출하다, 출19:1)라 명명했는데 그것은 이 책의 가장 중요한 사건을 그 이름으로 사용한 경우이고, 영어나 우리말의 '출애굽기'란 뜻도 그런 전통에 있지만 한국어 명칭은 70인경의 제목보다 더 정확한 제목이다.

출애굽기의 저작권에 관하여는 본서의 부록이나 혹은 앞에 있는 오경서론 혹은 문서설에 관한 글에서 다루었으므로 여기서는 간략히 개요만 짚고 넘어가도록 하겠다. 전통적인 비평학계에서는 출애굽기가 J. E. P문서의 내용을 이어가고 있으며, 저자 문제도 그런 문서들에 비추어 이해해야 한다고 주장한다. 그들은 심지어 모세가 역사상 실존 인물일 수 없으며 또한 모세가 십계명이나 도덕적 계율을 쓸 역량이 없었을 것이라는 것과 성막에 대해서도 비판을 한다.[33] 물론 보수적인 학자들도 출애굽기 안에 편

33　McNeile A. H., *The Book of Exodus*(London, Methuen & co, 1917), p.cxxii.

집 활동의 흔적이 있으며, 본문 배열상의 혼선이 있을 수 있다는 점을 기꺼이 인정하기도 한다.[34] 그러나 계속 발전하고 있는 고고학적 성취는 벨하우젠 학파의 그런 문서 가설의 가능성과 신빙성을 훨씬 후퇴 내지는 입지를 축소시켰으며, 문헌학적인 연구에서도 출애굽기를 J문서와 E문서로 나누는 것이 매우 난감하다는 것에 동의하고 있다. 예를 들면 제사장 입장에서 쓰여진 것으로 여겨진 P문서가 제사장의 입지를 향상시키는데 도움이 되는 내용이 거의 없다는 것은 이상한 일이다.[35] 정치 지도자 모세는 위대한 지도자로 묘사되는 반면에 백성들을 우상숭배로 빠지게 하는 자는 제사장인 아론이었기 때문이다. 이런 내용을 볼 때 그런 문서 가설은 스스로 모순을 내포하고 있음을 알 수 있다.

또한 출애굽기와 관련하여 생각해야 할 문제는 본서의 내용을 크게 구분하고 있는 역사 기술부분과 출애굽 이후의 율법과 성막 등에 관한 부분과의 연관성이다. 이 점에 관하여 R. K. 해리슨은 "히브리인들의 신앙과 운명에서 시내산 사건이 가진 중요성을 고려할 때 모세가 처음부터 역사와 율법들을 그의 기록 속으로 엮어 넣었을 것이라는 점에는 의심의 여지가 거의 없다. 왜냐하면 하나님의 계시는 역사 속에서 일어난 사건들에 기초해야 하며, 이스라엘의 신앙은 도덕적·사회적 율례들에 의해 규정되어야 한다는 사실은 명백한 중요성을 갖고 있기 때문이다"[36]라고 분명하게 선언하고 있다.

그리고 출애굽 연대에 관해서도 우리는 아무런 정확한 자료를 갖고 있지 않다고 하는 것이 정직할 것이다. 그것은 출애굽기 본문에서 출애굽 당시의 이집트(애굽)의 바로의 이름을 밝히지 않고 있기 때문이다. 출애굽 연대와 관련하여 두 개의 성경 본문의 내증이 중요한 지침이 되는데 첫째는 열왕기 상 6:1절이며, 둘째는 사사기 11:26절이다. 여기서 둘째 구절의 증거는 좀 애매하게 보이지만 첫째 구절은 정확히 말하고 있다. 즉 솔로몬이 성전을 건축하기 시작한 시기가 출애굽 후 480년이며 솔로몬이 즉위한 지 4년째 되는 해라고 명기하고 있기 때문이다. 학자들은 솔로몬의 즉위가 주전 967년경이라고 추정하는데 이를 근거로 계산하면 출애굽 연대는 주전 1447년경이 된다.[37] 이에 반하여 출애굽 연대가 주전 1200년경 즉 B.C. 13세기에 일어났다는 주장들이 고

---

34 Harrison, R.K., op. cit., p.568.

35 Albright. W. H, *BASOR*, No.110(1948), pp.12,22; Martin W. J., *New Bible Dictionary*, p.405.

36 Harrison, R. K., op. cit., p.571.

37 Dillard R. B. & LongmanIII. T. op. cit., p.53. 그리고 빔슨의 아래의 글을 참고하라.
   Bimson J. J., *Redating the Exodus and Conquest*, JSOTS 5(Sheffield, JSOT, 1978), pp.81~86.

고학계의 인정을 받고 있다. 아직 이 문제에 관한 고고학계와 그 결과를 평가하는 성경학계의 주장은 확실한 결론에 이르지는 못하고 있다. 양쪽의 주장을 함께 살피고 있는 J. 빔슨의 논거는 더욱 학문적이며 균형잡힌 결론이라 할 수 있지만, 어느 주장이든 구체적인 결론에 이르기까지 모두 임시적인 가설 중의 하나로 받아들여야 하며, 둘 중 어느 것도 교조주의적으로 주장해서는 안 된다는 딜라드와 롱맨의 주장이 더욱 공감을 얻고 있다.[38]

출애굽기의 목적은 애굽으로 내려간 이스라엘이 압박 중에서도 큰 민족으로 성장하여 하나님이 조상들에게 약속했던 대로 애굽에서 구출되어 세상 모든 민족 앞에 하나님의 존재와 통치하심을 보여주는 위대한 신정국가로 나아감을 보여주는 것이다. 또한 출애굽기는 창세기의 기사들과 제사, 율법 문헌들을 연결시키는 고리 역할을 하고 있으며, 요셉 시대 이후의 유대인들의 운명을 다루고 있다. 출애굽기는 막연한 연대기적 기술기법 즉, 년, 월, 일 중심이 아니라 사건 중심으로 기술되었다는 것이다. 이것은 히브리인들의 일반적인 역사 기술 방법이라 할 수 있다.[39] 그래서 출애굽기는 창세기에서 이어지는 이야기이면서도 창세기와는 사뭇 다른 구조로 되어 있다. 창세기처럼 어떤 명확한 구분선이 없다는 말이다. 연대기적으로 기록된 것 같으면서도 서로 중첩되는 부분이 많다. 그것은 역사 속에 이루어진 어떤 특정한 사건에 관심을 집중하고 있기 때문이다. 출애굽기 후반부에 나타나는 율법과 제도 등은 예수그리스도를 통해 실현될 인류 구원의 모형으로 제시되고 있다. 출애굽기는 처음부터 독립된 책이 아니라 창세기에 이어지는 이야기이다.[40] 그래서 이 책의 첫 글자가 히브리어 접속사 '와우'로 시작된다. 창세기가 야곱과 요셉의 죽음까지를 취급하고 본서는 그 다음에 따르는 이야기를 다루고 있는 일련의 연속된 이야기임을 시사하는 것이다. 출애굽기는 이스라엘의 긴박한 필요에서 시작하여 하나님의 인도 하에 조상들에게 약속했던 그 약속의 땅으로 행진하는 것으로 끝나고 있다. 야곱의 자손 70여 명이 애굽으로 내려가 하나의 큰 민족을 이루는 과정은 과감하게 생략되어 있는데, 이는 본서가 단순히 이스라엘의 역사책이 아님을 보여주는 것이다. 창세기는 애굽으로 이주해 온 야곱의 자녀들이 대가족을 이루는 데서 끝난다. 이에 반해 출애굽기는 적지 않은 세월이 흘러 이제 이스라

---

38   Dillard R.B. & LongmanⅢ. T. op. cit., pp.59~62.

39   Martin W. J., op. cit., p.404.

40   Fokkelman J. P., *"Exodus" in the literary Guide to the Bible*(Massachusetts, Harvard Uni. press, 1987), p.59~62.

엘이 한 국가를 세울 만큼의 큰 집단으로 성장했고, 그들을 향한 애굽인들의 괴롭힘을 비교적 자세히 상술하고 있다.

출애굽기는 이스라엘을 노예되고 약하며 희망이 없고 큰 도움이 필요한 집단으로 묘사하는 것으로 시작하여 마침내는 그 상황에서 구출되어 약속의 땅으로 행진해 가는 것으로 마치고 있다. 그 모든 과정에서 이스라엘은 하나님의 인도를 받았으며, 하나님은 자신의 대리자인 모세를 통하여 이 위대한 일들을 수행하고 있음을 보여준다.[41]

2) 출애굽기의 구조

출애굽기도 창세기와 비슷하게 전체적으로 크게 **두 부분으로 나누어진다.**
- **1~15:21절** ▶ 출애굽에 관한 기사
- **15:22~40장** ▶ 광야생활 및 언약, 율법에 관한 부분

2. 출애굽기의 신학적 논점들

1) 출애굽기에 계시된 하나님의 자기 계시에 관하여

출애굽기는 이스라엘에게 하나님의 이름과 성품이 본격적으로 계시되고 있는 중요한 책이다. 특별히 3:14절과 6:3절 이하에서 스스로를 '**야훼**'로 계시하시는 하나님은 독특하다. 하나님의 신명(神名)인 야훼에 대한 해석은 일반적으로 두 가지가 있는데 첫째는 "무언가를 존재케 하는 존재" 혹은 "스스로 존재하시는 존재"인데 대체로 후자의 해석이 더 타당하다고 받아들여지고 있다.[42]

오경에서 하나님을 지칭하는 명칭이 여러 개가 나오는 것은 잘 알려진 일이지만 구약 전반에서 하나님의 이름은 오직 YHWH라는 이름으로만 존재한다. 나머지는 하나님의 성품에 대한 다른 묘사적 칭호인 것이다. 이 부분에 있어서 많은 비평학자들은 혼란을 가졌고 그 혼란의 결과로 달리 사용되었다는 하나님의 이름에 근거하여 문서설을 발전시키게 되었다. H. 로울리 같은 학자는 하나님이 야훼라는 이름으로 아브라함에게는 알려지지 않았었다는 출애굽기 6:3절의 언급과 그가 이 이름으로 이미 아브라함

41   Dumbrell W. J., *The Faith of Israel*(Sydney, Apollos, 1992), p.28.

42   ibid., p.30.

에게 알려졌다는 사실(창15:2, 7)은 어떤 방법으로도 양립될 수 없는 것이라 했다.[43] 그래서 그 두 부분을 쓴 저자가 다른 사람일 것이라는 가설에 집중하게 했다. 하나님의 이름을 지칭하는 히브리어 'יהוה(YHWH)'라는 네 글자 신명은 '테트라그람마톤(tetragammaton)'이라 불리는데, 이 신명을 읽거나 호칭할 때 유대인들은 주로 '아도나이'라고 부른다. 너무나 거룩하고 높으신 이름을 감히 입에 올려 부를 수 없다고 하여 생긴 관습이다. '야훼(yahweh)'라는 발음은 초기 기독교인들의 책에서 나오는 이 '테트라그람마톤'의 헬라어 음역에 근거한 것이다. 알렉산드리아의 교부 클레멘트는 '야우에(iaoue)'라 발음했고, 데오도르는 '야베(iaoue)'라 발음하기를 선호했다.[44] '여호와'란 발음은 '아도나이'의 모음을 YHWH라는 자음에 끼워 맞춰 파생된 명칭이며, 이 발음은 A.D. 1100년경에 처음으로 사용된 것으로 확인된다. 그러나 네 글자 신명으로 표기된 하나님의 이름(YHWH)에 대한 정확한 발음법은 알려져 있지 않기 때문에 현재 알려진 어떠한 발음도 단지 가설에 지나지 않음을 알아야 할 것이다.

한 번 이스라엘에게 자신을 계시하신 하나님은 그 조상들에게 언약하신 약속처럼 신실하신 하나님으로 자신을 드러내고 계신다(출3:15). 떨기나무 불꽃 가운데서 당신을 '스스로 존재하는 존재'로 드러내신 하나님은 이제 자기 백성들을 돌보시며 건지시는 하나님으로, 그리고 자기 백성들과 언약을 맺으시는 하나님으로 계속해서 자신을 드러내고 계신다. 이 신명에 대하여 자세히 연구한 M. 라이젤은 하나님의 신명이 처음으로 계시되는 출애굽기의 이 본문을 통하여 하나님은 자신의 존재와 자기 백성을 위하여 일하려고 하시는 하나님의 성품을 자연스럽게 연결시켜주는 개념으로 이 신명의 의미를 해석하고 있다.[45] 결국 스스로 존재하시는 분으로서의 하나님은 당신이 선택한 이스라엘을 위하여 일하시는 분이심이 출애굽기에 나타나는 하나님을 이해하는 출발점이다. 이런 이해를 모이터가 잘 정리하고 있다. 그는 출애굽기 6:3절을 이렇게 이해한다. "그리고 하나님께서 모세에게 다음과 같이 말했다. 나는 YHWH다. 나는 나 자신을 아브라함과 이삭과 야곱에게 엘 샤다이의 속성으로 계시했다. 그러나 나의 이름인 YHWH가 표현하고 있는 속성에 대해서는 나는 나 자신을 그들에게 드러내지 아니했다."[46] 이 표현에 의하면 하나님은 족장들에게 YHWH라는 이름으로 알려져 있었다는

---

43   Rowley H. H., *The Biblical Doctrine of Election*(1950), p.25.

44   cf. Harrison R. K., op. cit., p.579.

45   Reisel M., *The Mysterious Name of Y.H.W.H.*(1957), p.18이하.

46   Motyor J. A., *The Revelation fo the Divine Name*, p.12 Allis O. T., *the Five Books of Moses* (1943),

것을 부인하지 않으면서 또한 그들이 그 이름의 의미까지는 알지 못했으리라는 것을 잘 보여주고 있다.

그런 하나님의 자기 계시는 선택된 이 민족을 통하여 하나님이 살아계심을 열방에 보이시고 열방을 통하여 영광을 받으시려는 하나님의 구원 계획을 보여준다. 만약 이 이름의 배후에 언약 신학적 배경이 깔려 있다는 M. 라이젤의 주장이 일리가 있는 것이라면 모세에게 주어진 이 이름은 하나님의 존재뿐 아니라 하나님의 속성, 즉 언약을 만드시고 그 언약을 이행하시는 당신의 속성까지도 이 이름 속에 내포시켜 계시하고 있는 것으로 보아야 마땅한 것이다. 그래서 출애굽기에서의 하나님은 창세기를 통하여 형성된 자기 백성과 반대되는 다른 나라의 권세에서부터 자기 백성(개인이나 한 가족이 아니라 민족)을 돌보시고 구원하시는 하나님이 본격적으로 드러나는 첫 책이라 할 수 있다. 하나님의 신명 속에는 이렇게 당신의 속성과 당신의 행하심이 함께 드러난다는 것에 대하여 W. 아이흐로트로가 지적한 바가 있다.[47] 앞에서 출애굽기는 크게 두 부분으로 나뉜다고 언급했다. 전반부에서 하나님은 자신의 이름과 성품을 '열 가지 재앙과 홍해 사건'을 통해 함께 계시하시며 자기 백성을 보호하고 인도하시는 능력임을 유감없이 보여 주셨다. 그리고 출애굽기 후반부에는 그 하나님의 선택된 백성들이 지켜야 할 규례인 율법이 반포되고, 하나님과 만나는 장소인 성막 건설에 대한 지침이 주어진다. 그러므로 하나님은 당신의 구원하는 계시를 출애굽기를 통하여 한 단계 점진적으로 열어 보여주고 계신 것이다. 그런 점에서 우리는 출애굽기 1~15장까지의 출애굽 사건을 통해 하나님의 나라와 바로의 나라로 대표되는 어두움의 나라 사이에 있어진, 그리고 있게 될 운명적인 충돌을 볼 수 있어야 한다. 이러한 관점은 신약의 '그리스도를 통한 구원의 필요성'이라는 점에서 대단히 중요한 착상이다. 어두움의 나라에서 종살이하며 죄악의 낙을 즐기며 살 것인가, 하나님이 주시는 출애굽의 축복 가운데 진정한 자유인으로 살 것인가라는 심각한 주제가 YHWH로 자신을 계시하고 있는 출애굽기 전면에 면면히 흐르는 주된 사상인 것이다.

2) 시내산 언약과 구속사의 전진

---

p.28. Harrison R. K., op. cits., p.582에서 재인용.

47 Eichrodt W., *Theology of the Old Testament*. Tr. by J. Baker(Philadelphia, Westminster press, 1961), p.274.

출애굽기는 한 가족에서 시작된 하나님의 구원 사역이 이스라엘이라는 한 민족으로 확장되고, 그 민족이 하나님의 직접적 통치를 받는 하나의 독립된 신정국가로 형성되어 가는 과정을 그리고 있는 면에서 또한 중요하다. 하나님은 자기 백성을 구원해내셨다. 이 사실은 온 이스라엘 민족의 가슴속에 영원히 새겨졌으며, 그 사실은 하나님의 능력과 자기 백성을 향하여 행하신 특별한 일을 회상할 때마다 반복 강조되었다. 이스라엘에게 자신을 계시하신 하나님은 자기 백성을 구원해내셨다. 그 다음에는 무엇이 기다리고 있을까? 당연한 기대의 결과로 하나님은 구원하신 자기 백성과 언약을 맺으며 그들이 지킬 규례를 수여하신다. 그리고 하나님과 만나는 장소를 지정하고 계신 것이다. 그런 점에서 출애굽기 다음에 '레위기'가 배열된 것은 우연이 아님이 분명하다.

출애굽한 이스라엘 백성은 석 달 후 시내산에 이르고, 그곳에서 하나님과 특별한 언약을 체결하여 "하나님의 소유가 되고 제사장 나라와 거룩한 백성"(출19:5~6)이 될 것임을 확인 받는다. 그 내용이 출애굽기 19~24장에 걸쳐 나오는데 우리는 이것을 '시내산 언약' 혹은 '모세 언약'이라고 부른다. 하나님은 여기서 자기가 선택하고 구원한 백성이 자기와 지속적으로 관계하기 위해 지켜야 할 율례들을 수여하고 있다.[48] 이 시내산 언약은 하나님과 이스라엘의 결혼으로 묘사되며, 그 언약을 범하는 것은 '파혼'에 해당되어 버림받는 것이고 그 결과가 바벨론 포로생활이라고 구약은 말하고 있다(렘3:6~14절 등).

이 시내산 언약의 구체적인 내용은 본서 뒷부분의 부록 4장에서 '구약의 언약들과 메시아 예언'이라는 항목에서 비교적 자세히 다루었으므로 여기서는 그 언약의 기본적인 윤곽과 특징만을 다루도록 하겠다.

구약에는 하나님과 이스라엘 사이에 체결된 몇 가지 언약들이 나타나는데 예를 들면 홍수 후에 노아와 맺은 언약이 있고(창9장), 아브라함과 맺은 언약이 있으며(창12, 15장) 또한 여기서 보고 있는 모세의 언약이 있다(출19~24장)[49]. 나중에 다윗과 맺은 언약이 있으며(삼하7장) 후에 선지자들과 맺은 언약들이 있다(렘31장, 겔37장).

그리고 이 언약들의 특징으로는 하나님의 일방적이며 무조건적 선언과 백성들로부

---

48 Dillard R. B. & LongmanIII. T, op. cit., p.68. 여기서 저자는 "출애굽기 20~24장에서 발견되는 율법은 신-인관계의 기초가 아니라 그 관계의 유지를 위한 지침이며 하나님과의 관계를 세우는 열쇠가 아니라 그 관계를 지속시키고 풍성하게 하는 열쇠이다… 이제 율법은 기독교인들에게 있어서는 자신들의 삶을 위해 하나님의 뜻을 나타내주는 안내자가 되었다"고 확실하게 정의하고 있다.

49 참고: 모세와 맺은 언약은 보통 시내산 언약(출19~24장)과 모압 언약(신4~28장)으로 크게 대별된다. 그러므로 여기서는 시내산 언약이라 칭하겠다.

터 순종의 반응이 요구되는 조건적 언약의 두 가지 종류가 있음을 알 수 있다. 예를 들면 아브라함과 다윗에게 한 언약은 거의 무조건적인 편무적 언약이며, 이곳 시내산에서 모세를 대표자로 하여 맺고 있는 시내산 언약은 백성들의 준수와 순종을 필요로 하는 조건적 쌍무언약의 특징이 있다. 이스라엘에게 주어진 율법은 이 언약적 맥락 안에서 수여된 것인데 왜냐하면 언약이란 두 당사자가 어떤 관계 속으로 들어가겠다고 약속하는 것이기 때문에 그렇다. 그렇게 관계 속으로 들어갈 때 지켜야 할 구체적인 행동강령이 율법인 셈이다. 시내산에서 모세를 통해 이스라엘 백성에게 주어진 율법은 출애굽기 19장에서 보듯이 '하나님께서 시내산으로 강림하여 나타내 보이심'으로 시작되고 있다. 백성들이 산 밑에 있을 때 천둥과 번개, 지진과 연기 속에서 나팔 소리와 천둥소리를 구분할 수 없을 정도로 장엄한 분위기가 연출되고 모세가 말한즉 하나님이 음성으로 대답하는 상황으로 율법이 주어진다. 겁에 질린 백성들은 죽을 것 같아서 자기들 대신 모세에게 하나님의 음성을 대신 듣고 전달하게 한다(출20:19).

이렇게 세워진 언약은 모세와 아론 및 그의 두 아들과 70명의 장로들과 함께 두 번씩이나 율법 준수의 결의를 한 후 언약이 체결되었고 받아들여졌음을 상징하는 일종의 예식을 거행하게 되는데 출애굽기 24:8절에서 언급하고 있는 '언약의 피'를 뿌림으로써 확증하고 있다. 이것은 그리스도께서 새 언약을 제정하기 위해 피를 흘리시기 직전에 하신 말씀(막14:24)을 상기하게 한다. 이런 일련의 언약 체결 과정을 도식화[50] 해보면 다음과 같다.

> 언약 관계 정의(출19:3~8) → 언약 당사자의 만남(출19:9~25) → 언약법 수여(직접 수여/출 20:1~17, 간접 수여/출21~23장) → 언약 체결 예식(출24:3~11)

이미 살펴본 바와 같이 이스라엘은 열국 중 하나님의 소유가 된 백성이라는 것이다. 그 하나님의 소유된 친백성의 삶에 규례로서 주어진 것이 '율법'이며 출애굽기의 중요한 한 부분을 구성하고 있는 율법의 정체이기도 하다. 신약시대에 와서 율법이 단순히 죄를 죄 되게 하는 기능으로 축소 이해된 경향이 있기는 하지만 출애굽기에서의 율법은 하나님의 백성의 삶의 강령인 것이다. 특별히 율법이 중요한 것은 "율법이 없는 곳에는 범법함도 없다"(롬4:15)고 말하는 신약의 선언 때문이기도 하다. 실제로 시내산에서 율법을 수여하기 전에도 출애굽한 이스라엘 진영 안에는 '죄'라고 부를 만한 여러 가

---

50   송제근, 『시내산 언약과 모압 언약』(서울, 솔로몬, 2001), p.31.

지 일들이 있었다. 그러나 하나님께서는 출애굽기 19장 이전에는 이스라엘의 범죄에 대하여 심판하지 않으셨다는 것이다. 그러나 율법이 수여된 이후인 출애굽기 24장 이후에는 하나님께서 모든 범죄에 대하여 심판하셨다.[51] 율법은 죄를 죄 되게 하는 중요한 것이며, 죄를 깨닫게 하며 하나님의 백성으로 하여금 그곳에서 돌아서도록 호소하는 내면의 호소를 듣게 하는 것이다.

3) 성막: 예배하는 공동체로서의 이스라엘의 중심

출애굽기의 마지막 부분인 25장부터 마지막 장까지는 성막이라고 알려져 있는 이동성소의 제작과 그곳에서 사용될 기물들에 대한 지침을 다루고 있다. 성막은 무엇이며 얼마나 중요한 것이기에 이렇게 율법 수여 다음에 배치된 것인가? 하나님은 처음에 에덴동산에서 그의 피조물인 아담과 아무런 제약 없이 만날 수 있었다. 그런데 아담의 타락 이후 인간은 하나님과 특별한 제사 형식 속에서 만나야 했는데, 이제 큰 나라로 성장한 이스라엘은 예배라는 형식을 통해 백성들이 하나님을 만날 수 있게 되었다. 하지만 예배라 하더라도 모세나 제사장인 아론의 중재를 통해서만 가능한 것이었고, 그렇게 위임된 제사장들과 백성들이 하나님을 섬기고 만나는 구별된 장소로서의 성막이 필요하게 된 것이다. 백성들은 이제 성막 안에서 예배라는 형식을 통해 하나님께 나아가고 그분을 만날 수 있게 된 것이다. 이 성막은 다른 명칭 즉, '성소', '장막', 혹은 '회막', '증거막'이라고도 불렸으며, 하나님이 그의 백성들에게 주는 종교적 계시의 중심임과 더불어 정치적, 사회적 기능을 결집해 놓은 과도기적 건물이라고 여겨진다. 성소는 가로 세로 15피트 정도인 정방형의 지성소와 가로 30피트, 세로 15피트 규모의 직사각형의 성소로 이루어져 있다. 지성소 안에는 법궤가 안치되었고 그 법궤 위에 속죄소를 두었다. 법궤 안에는 아론의 싹 난 지팡이, 만나가 든 항아리 그리고 십계명의 두 돌판이 들어있었다. 성소와 지성소는 장막으로 갈라져 구분되었다.[52]

이스라엘은 하나님으로부터 선택되었으며, 구원 받았고, 또한 보호 받고 있다. 이 사실을 늘 기억하며 유지할 수 있게 하는 도구로써 '예배'가 이스라엘의 중심에 자리 잡은 것이며 그 예배 기능의 센터로서 '성막'이 있는 것이다. 하나님의 지상현현을 상징하는 성소인 성막을 건설하고 그 성막을 중심으로 민족의 지파들이 배치되고 또한 그 성막

51 송제근, ibid., pp. 34~38.

52 성막의 자세한 구조에 대하여는 Wolf H. M., op. cit., pp. 230~35를 참고하라.

에 영광으로 임한 하나님의 영광의 구름이 인도함을 따라 움직이며 젖과 꿀이 흐르는 약속의 땅을 향하여 나아갔던 이스라엘의 역사가 그것을 말해주고 있다.

이뿐 아니라 출애굽기는 구원 받았음에도 불구하고 여전히 죄악의 도전 앞에 무너지는 연약한 인간의 본성을 여지없이 보여주고 있는 실제적인 책이며 교훈집이기도 하다. 출애굽한 후 도처에서 하나님과 그 세우신 권위에 도전하는 이스라엘을 보면 하나님이 성막을 가장 먼저 짓게 하신 이유가 이해되고도 남는다. 인간은 그렇게 연약한 것이다. 그 연약한 인간을 끝까지 상관하시려는 하나님의 의지가 성막에서의 예배였던 것이다. 그 성막은 세월이 흘러 성전으로 자리 잡게 되고, 성전은 다시 건축되며 위용을 자랑했지만, 친히 성전되신 주님께서 자신을 찢으심으로 죄된 인간이 하나님께 나아가는 길을 열어주신 것이다. 이 모든 구원이야기의 첫 단추가 여기서 시작되고 있다.

3. 출애굽기의 주요 내용 강해

1) 출애굽의 배경과 성경적 리더십의 모범(출1~4장)

출애굽기 1~4장에서 우리는 출애굽기 전체의 배경이 되는 당시의 상황과 모세의 출생, 그리고 그를 불러 쓰시려는 하나님을 만나게 된다. 1장은 전체의 배경이며 그곳에서의 이스라엘은 생산력이 강하여 큰 민족으로 성장했음에도 불구하고 고통 받고 약하며 소망 없는 백성들로 그려진다. 2장은 모세의 출생과 미디안으로 도피하게 된 경위를 다루고 있고 3장에서는 처가살이를 하고 있던 모세가 하나님의 산 호렙에서 떨기나무 불꽃 가운데서 하나님을 직접 만나는 기사가 나온다. 여기서 하나님은 모세가 능력이 많아서가 아니라, 모세와 함께하는 하나님의 신실하심이 모세를 사용하여 자기 백성을 출애굽하게 하실 것이란 메시지를 보게 된다.

모세가 만났던 하나님에 대하여는 이미 언급했으므로, 3장을 중심으로 모세가 출애굽의 지도자로 세워지기까지의 과정을 간단히 살펴보겠다. 그는 요셉을 모르는 왕이 등극하여 자기 백성 유대인들을 괴롭히는 가운데서도 하나님의 특별한 은총 가운데 신생아시기에 생명을 부지하였다. 이뿐 아니라 왕궁에서 길러지고 교육까지 받게 되는 특권을 누리며 자랐다. 그러던 모세가 자기 동족을 돌아볼 마음으로 자기 동족을 괴롭히던 애굽의 공사 감독관 한 명을 쳐 죽이게 된다. 그는 아마도 그렇게 함으로써 자신의 애족심에 자부심을 가진 것 같다. 그러나 그 일로 그는 수배범이 되어 멀리 도망가야 했고, 그 피난지에서 결혼하여 처가살이를 하는 신세가 되었다. 그것도 일이 년이 아니고 무려 사십 년씩이나! 그러던 그에게 하나님이 나타나셨다. 그가 일하던 삶의 현장 가운데 말이다. 출애굽기 3장의 **떨기나무 사건**은 그런 배경을 가지고 있다. 어느 시대나 어느 지역에서나 지도자의 문제는 심각하다 그런데 기독교, 천주교, 유대교 등 3대 종교에서 인정하는 지도자가 모세이다. 왜냐하면 모세의 영도 하에 시작된 출애굽의 역사는 전 세계 어느 민족을 통하여도 일어난 적이 없는 문자 그대로 유일무이한 사건이기 때문이다. 그런 모세를 통하여 성경이 말하는 리더십의 전형을 배우는 것은 의미 있는 일이다.

출애굽기 3장에 보면 모세가 여느 때와 같이 장인의 양을 치려고 양떼를 몰고 광야로 나갔고, 호렙산 어간에서 불붙고 있는 한 떨기나무를 대하게 된다. 그는 그 불붙는 나무를 무심코 지나친다. 40년의 광야생활 가운데서 나무에 불붙는 일이 무어 그리 대수이겠는가. 그래서 그는 무심코 지나갔다. 얼마를 가다가 그는 그 불붙는 떨기나무가 평소와는 다르다는 것을 깨닫는다. 나무라는 것은 적당히 불에 타다가 종국에는 재가 되어야 하는 것인데, 그날 그 떨기나무의 불은 나무를 재가 되도록 만들지 않고 있었던 것이다. 그래서 호기심이 생긴 모세는 이렇게 말했다. "내가 돌이켜 가서 이 큰 광경을 보리라, 떨기나무가 어찌하여 타지 아니하는고"(출3:3).

모세는 불이 붙되 재가 되지 않는 이 떨기나무를 이상ㅎ게 여겼다. 그가 돌이켜 보는 것을 하나님은 보고 계셨다. 하나님은 그 떨기나무의 불꽃 가운데서 모세를 부르셨다. "모세야, 모세야" 그리고 모세는 대답을 한다. "내가 여기 있나이다"(출3:4)이렇게 짧게 소개된 본문에는 분명히 하나님과 모세가 대화를 하고 있다. 이것을 좀 현대적인 감각으로 확대해 보면 하나님과 모세 사이에 이 불타고 있는 떨기나무에 대한 대화가 더 많이 있었으리라 짐작이 된다.[53] 예를 들면, "모세야, 너는 이 떨기나무의 불붙는 모습이 좀 특이하다고 생각하니?" "예, 하나님. 나무가 불이 붙으면 타서 재가 되고 불이 꺼져야 마땅하잖아요? 근데 왜 이 떨기나무에 붙은 불은 꺼지지 않고, 이 떨기나무는 재가 되지 않습니까?" 그러면서 모세는 왕궁의 수준 높은 교육까지 받았지만 황금 같은 장년의 세월을 장인에게 얹혀 살게 된 처량한 자신의 상황을 오버랩하여 마치 '재가 된' 듯한 생활이라 생각하고 있었을 것이다. 만물의 영장인 자신은 재가 된 것 같고, 미물 같은 저 나무는 왜 저토록 재가 되지 않고 불꽃을 활활 피우고 있을까 하는 것이 모세가

---

53   Thomas I., *The Saving life of Christ*(London, Oliphants, 1968), pp.48~58.

발길을 돌리게 된 연유일 것이다.

그런 모세의 질문과 궁금증에 하나님은 이렇게 답하고 계셨음직하다. "그래 모세야, 보기는 잘 보았구나. 근데 너는 이 나무가 왜 불이 꺼지지 않는지 생각해 보았니?" 하나님은 계속 질문하십니다. "모세야, 눈을 들어 저 오른쪽 언덕을 볼래? 거기에 이 나무와 비슷한 떨기나무가 있지?" "예." "왼쪽에는 어떠냐? 거기에 있는 떨기나무와 여기 있는 떨기나무와 어떤 차이가 있는 것 같니? 이 떨기나무는 저쪽보다 더 좋은 토양에 심긴 것 같니? 저 떨기나무는 여기 이 나무보다 더 건강해 보이니?" 이런 하나님과 모세와의 대화를 가정해 본다면 우리는 이 떨기나무에서 자신을 계시하고 있는 하나님께서 모세에게 하시려는 분명한 한 가지 메시지를 추출해 낼 수 있다.

그것은 '하나님 자신'이라는 것이다. 지금 여기서 꺼지지 않은 불을 태우고 있는 그 떨기나무는 자기 자신이 더 좋은 자질을 가지고 있다거나, 더 좋은 집안 출신이라거나 하는 요소 때문에 재가 안 되는 것이 아니라, 그 속에 바로 '하나님'이 계시기 때문에, 하나님께서 직접 일하고 계시기 때문에 그 떨기나무가 그런 특별한 일을 하고 있는 것이지, 나무의 자질이나 환경적 요소가 그렇게 불은 태우고 있는 것은 아니란 메시지를 심어주고 있다.

이 일로 모세는 그의 신을 벗고 하나님을 분명히 순종하게 된다. 그 이전에 모세는 열심히 자기의 능력으로 자기 민족에게 기여하는 사람이고자 했다. 그럴 때 모세는 무장하지도 않은 원수 한 명을 제대로 처리하지 못하여 40년이란 세월의 대가를 치렀다. 그러나 이 사건을 통해 전적으로 하나님을 의지하게 되었고, 하나님을 의지했을 때 모세는 중무장한 애굽의 군대를 완전히 전멸시킬 수 있었다.

오늘 우리에게 필요한 교훈이 이것이다. 나의 능력과 환경의 부족을 탓하며 불평하고 물러서기보다 하나님의 전능하심과 신실하심을 온전히 신뢰하고 그분 앞에 우리의 신발을 벗어야 한다. 오늘날 기독교 지도자들만이라도(세속적 지도자는 차치하고) 이런 모세의 정신으로 돌아갔으면 좋겠다. 나의 능력을 의지하고 잔재주와 학연 지연에 의지하며, 좀 유력해 보이는 교인을 의지하는 리더십이 아니라, 온전히 하나님을 인하여 일하고 섬기고 그분으로부터 은혜와 능력을 공급받아 일하는 지도자들이 세워졌으면 좋겠다. 모세는 잘 훈련된 사람이었다. 그럼에도 불구하고 그 좋은 자질들이 중요한 원칙 하나가 잘 장착되지 않아서 40년이란 세월을 돌아가게 한 것이다. 기독교의 성경적 리더십이란 그런 것이다. 시발점과 과정과 결과에 이르기까지 모든 것이 온전히 그분께로 말미암은 것임을 고백하는 것이다. 그것은 결코 인간의 부주의함과 준비되지 않음에 대한 변명이 되어서는 안 된다. 떨기나무 사건은 그렇게 해서 모세 속에 있는 위대한 자산이 '하나님 중심'이라는 이 단순한 원리 위에 다시 세워지게 한 사건인 것이다.

2) 열 재앙, 유월절 그리고 출애굽(출5장~15장)

이 부분에는 이스라엘이 모세의 영도 하에 애굽을 탈출하여 나오는 해방기사가 기록되어 있다. 5장은 모세(하나님)와 바로 사이의 갈등을 보여주고 6:2~9장에서는 대사를 행하시기에 앞서 하나님의 자기 계시와 언약 확인이 거듭되고 있다. 7장부터 11장 사이에는 유명한 **열 재앙**[54]이 기록되어 있다. 이 재앙들은 **세 개씩 세 묶음**으로 되어 있는데 마지막에 하나의 재앙이 덧붙여지는 형식으로 되어 있다. 세 이적들은 또한 세 개의 이어지는 일련의 행동양식으로 일어나는데, 각 묶음의 첫째 이적은 오전에 바로가 있는 나일강가에 가서 앞으로 일어날 일들을 경고하는 것이고(출7:15, 8:20, 9:13), 그 묶음의 두 번째 이적은 바로의 궁전으로 나아가며 행하는 것이며(출8:1, 9:1,10:1), 그리고 세 번째 재앙들은 경고 없이 곧바로 시행되는 일관된 양식(출3:16, 9:8, 10:21)을 보여주고 있다.[55]

열 번째 재앙은 대미를 장식하는 것으로 유월절 전에 예고(출11장)되었으며, 11장의 마지막 두 구절은 이런 재앙에 대한 신학적 설명을 보여주고 있다. 즉 바로로 하여금 야훼 하나님의 권능을 알게 하는 것이며, 심판이란 하나님의 오래 참으시는 자비 후에 시행되는 것임을 보여주시는 것이다.

출애굽기 12장에서 하나님은 장자를 치는 재앙을 통해 이스라엘의 출애굽을 실행시키셨고(출12:29~33), 당신의 구름기둥 불기둥으로 이스라엘의 행진을 인도해 가셨다(출13:17~22). 14장에서 다시 강퍅해진 바로의 군대가 추격해 오자, 하나님께서는 "내가 바로와 그 모든 군대와 그 병거와 마병을 인하여 영광을 얻으리라"(출14:17)는 유명한 말씀을 남기시며 홍해를 가르는 기적을 창출하셨고, 15장에서 우리는 히브리시의 가장 고대적 형태인 바다의 시, 혹은 승리의 시라는 모세의 시와 미리암의 노래를 접하게 된다. 이 시는 서론(1~6절), 첫 연(7~10절), 후렴구(11절), 둘째 연(12~16절 上), 둘째 후렴구(16절 下), 그리고 결론(17~18절)으로 구성되어 있으며 야훼의 위대한 승리를 선포하고 있다.

---

54 출애굽시에 행해졌던 열 가지 재앙은 피재앙, 개구리재앙, 이재앙, 파리재앙, 가축재앙, 종기재앙, 우박재앙, 메뚜기재앙, 흑암재앙, 그리고 장자들이 죽는 재앙이다.

55 Cassuto U., *A Commentary on the Book of Exodus*(Jerusalem, magnes, The Hebrew U, 1976), pp.92~93.

시편 118편에서 이 시는 재인용되는데, 첫째 연에서 하나님을 이스라엘을 위해 싸우시는 전능하신 전사로, 둘째 연에서는 자비로우신 목자로 묘사하고 있다.

이스라엘은 나중에 율법을 수여 받을 때나 나라에 여러 위기가 닥칠 때마다 하나님께서 독수리 날개로 그들을 업어 날으셨으며, 애굽의 노예에서 강권적으로 이스라엘을 빼어내셨음을 항상 상기시키고 있다. 출애굽은 이스라엘에게는 너무나 중요한 사건이었고, 그 사건은 처음 모세를 불러 사명을 맡기실 때부터 홍해를 갈라 완전히 출애굽을 성공시켰을 때까지 전적으로 하나님의 능력과 은혜의 산물이었음을 이스라엘은 자자손손 가슴에 새기고 있다.

3) 출애굽 후의 이스라엘의 생활(출15장 후반부~40장)

15~19장은 이스라엘이 출애굽한 후 광야에서의 방황과 시내산으로의 여정에서 일어난 일을 보여주고 있다. 이 부분에 기록된 여러 기사들은 신약의 성도들에게도 다분히 상징적인 교훈을 주고 있다. 몇 가지 중요한 메시지가 내포된 사건을 살펴보자. 이스라엘은 출애굽하였다. 그들은 물리적으로는 노예상태에서 해방되어 자유인이 되었다 할지라도, 정신적으로는 아직도 준 노예 상태의 습관에 젖어있었다. 이스라엘은 자유인들에게 당연히 요구되는 질서와 품위에 대한 기대를 할 수 없었다. 대신 그들은 조금만 불편하거나 불안하면 불평하고 다투고 후회하고 했었다. 그들에게는 그저 먹고 마시는 일 그래서 살아남는 일이 우선이었던 것이다.

16장의 만나와 메추라기 사건이 대표적이다. 만나는 이스라엘이 약속의 땅에 들어가 그 땅의 소산을 먹을 때까지 공급하기로 한 영적 양식이다. 하나님은 만나를 주시면서 약속하셨다. "이같이 하여 그들이 내 율법을 준행하나 아니하나 내가 시험하리라"(출16:4). 먹고 사는 문제 때문에 불평하는 이스라엘을 향하여 하나님은 말씀하셨다. "그 문제는 내가 해결한다. 내가 공급한다. 그러니 너희들은 열방에 하나님의 통치하심을 증거하는 삶을 살아라. 그런 삶이란 바로 나의 계명을 사랑하고 지키는 삶을 말하는데, 나의 은혜를 받은 너희가 나의 계명을 즐거이 지키며 살 때에, 열방이 나 여호와가 살아있는 하나님임을 알게 될 것이다." 그런 면에서 하나님은 우리의 먹고 사는 것을 공급하시는 것이다. 우리가 존재해야 하는 이유를 밝혀 주고 있는데 이것은 신약의 산상수훈에서 보는 신자의 우선순위와 맥을 같이 하고 있다(그런즉 너희는 먼저 그의 나라와 그의 의를 구하라 그리하면 이 모든 것을 너희에게 더하시리라 - 마6:33).

17장의 **반석의 물**과 **아말렉과의 전투**, 이 두 가지 사건 역시 중요한 교리와 교훈을 내포하고 있다. 출애굽기 17:6절에서 언급된 반석은 마침내 물을 내어 백성들을 마시게 했는데, 여기서 하나님께서 반석 위에 모세를 마즈 대하여 서시겠다고 하셨다. 그렇게 하나님이 서 계신 반석을 모세는 쳐야 했고, 모세가 반석을 쳤을 때 반석은 물을 내었다. 그 반석은 자신을 희생시켜 영생의 물을 마시게 하시는 그리스도를 상징하는 것이다. 출애굽기 17장의 하반부에는 이스라엘과 아말렉의 전투상황이 기록되어 있는데, 이 사건은 하나님께서 '아말렉적인 기질'과는 영원토록 싸우겠고, 그런 자세로 살아가는 사람을 반드시 진멸하시겠다는 경고의 메시지를 담고 있다. 아말렉은 누구인가? 그는 팥죽 한 그릇에 하나님이 주신 장자의 명분을 가벼이 팔아넘긴 에서의 손자다(창 36:12). 에서는 힘이 좋아서 자기의 능력으로 사냥하며 살았던 사람이며, 또 인생길에서 하나님 없이 자기의 능력을 의지하며 사는 불신자들의 상징어이기도 하다. 전능하신 하나님께서 무슨 못 하실 일이 있어서 "내가 아말렉을 없이하여 천하에서 기억도 못 하게 하리니… 이르되 여호와께서 맹세하시기를 여호와가 아말렉과 더불어 대대로 싸우리라 하셨다하라"(출17:14~15). 하나님은 야곱처럼 인간적으로는 좀 연약할 지라도 늘 하나님을 의지하며 하나님께 순종하며 감사하면서 사는 사람을 기뻐하시며 찾으시는 분이시다.

출애굽기 18장에는 효과적인 사역을 위하여 장인 이드로의 조언을 받아 백성을 다스리는 지휘 시스템을 구축하는 일들이 기록되어 있고, 이런 하나님의 신정 왕국을 섬기기 위하여 필요한 것은 18:21절에서 보듯이 "재덕이 겸전한 자, 능력 있는 사람들 곧 하나님을 두려워하며 진실하며 불의한 이익을 미워하는 자"인 것이다.

19장은 이스라엘의 사명과 본분(5~6절)이 무엇인지 드러내고 있으며, 또 언약의 수여와 체결에 관한 부분이며, 앞에서 논의하였으므로 자세한 설명은 앞부분 혹은 책 뒤의 부록 4장을 참고하기 바란다. 다음은 시내산 언약의 핵심 구절이다.

> …열국 중에서 **내 소유**가 되겠고, 너희가 내게 대하여 제사장 나라가 되며 거룩한 백성이 되리라. 너는 이 말을 이스라엘 자손에게 고할지니라(출19:5~6)

4) 성막 위의 구름이 떠오를 때(출40장)

더욱이 이 책의 마지막 부분은 구속받은 백성이 어떻게 하나님과 동행하는 삶을 살아야 하는가를 보여주는 의미 있는 표현으로 마감되고 있다. 출애굽기 40:34~38절에 보면 성막 위로 하나님의 영광의 구름이 떠오를 때에야 이스라엘이 움직이기 시작했으며, 구름이 그냥 머물러 있으면 이스라엘도 그냥 머물러 있었다는 사실이다. 오늘날 우리는 우리의 인생과 시대를 향하신 하나님의 뜻과 부름에 민감하기보다는 이 불신의 시대가 주는 교훈과 기대감을 하나님의 뜻으로 혼돈하여 성령님과 동행하기보다는 시대적 기대감이나 개인적인 야심과 동행하는 경향이 농후하다. 저마다 다 지도자요 영웅이요 성공한 사람이 되려 한다. 그러나 평범한 회원 혹은 멤버를 뜻하는 소위 '팔로워'가 없는 리더는 소용이 없으며 좋은 멤버, 평범하고 성실한 회원으로서의 역할을 충분히 소화하지 못하는 사람이 어찌 지도자의 짐을 질 수 있겠는가? 많은 일들이 아니라, 하나님이 기뻐하시는 일 한두 가지라도 잘 섬길 수 있는 자세로 돌아가야 한다. "모두 듣는 곳이면 보는 곳은 어디겠느냐?" 하는 사도 바울의 음성에 귀 기울여야 할 시점이다.

어떤 일에 있어서 하나님의 뜻으로 확인된 믿음과 확신이 생기지 않는다면 그냥 머물러 지내는 것도 큰 용기이다. 이 시대에는 모두 튀려고만 하는 시대다. 그래서 가만히 웅크리고 하나님의 시간을 기다리는 것을 못 견뎌한다. 이 시대가 필요로 하고 있는 신앙은 그런 용기 있는 기다림의 자세이다. 출애굽기가 여기서 암묵적으로 웅변하는 진리가 무엇인가? 하나님의 백성은 하나님께서 친히 분명히 책임지실 것이다. 그러므로 하나님의 시간을 잠잠히 기다리라, 성막위에 영광의 구름이 떠오를 때 그때가 짐을 꾸리고 떠날 때인 것이다. 가만히 있는 것도 하나님께 크게 영광 돌리는 것이다. 우리 삶의 어느 국면인들 주께 영광이 되지 않는 부분이 있겠는가? 다들 사람들 보기에 좋은 것을 탐하기 때문에 잠잠하여 주의 지시를 받는 일을 놓치고 있는 것이다.

정확하게 당신의 때를 따라 움직이시는 하나님의 구름을 확인해야 한다. 구름이 떠올랐을 때를 확인했다면 그 일을 수행함에 있어서는 목숨을 거는 헌신이 요구되는 시대이다. 많은 사람들이 은혜 받고 사명을 받았다고 신학교를 가고 무분별하게 목사 안수를 받고는 천하를 다 때려잡을 양으로 '선지자 연'하다가 조금만 어려움이 닥치면 금방 평신도보다도 못한 모습으로 돌아가는 사명 부재의 시대를 살면서 더욱 그때가 그립다. 그 옛날 처음 하나님을 만났던 광야의 그리스도인들은 그렇게 살았다. 그들도 익숙지 않은 환경과 보장되지 않는 미래를 인하여 불안과 두려움 속에서 순종을 망설였을 것이다. 그래서 광야교회에서는 많은 불평과 불순종의 사건들이 일어났다. 하지만 그 광야교회의 지도자는 흔들리지 않았다. 부르심에 굳게 섰고 하나님의 인도의 징조를 분명히 분별하며 진퇴를 결정했다고 성경은 명시하고 있다.

하나님의 "구름이 성막 위에 떠오를 때에는 이스라엘 자손이 그 모든 행진하는 길에 앞으로 나아갔고, 구름이 떠오르지 않을 때는 떠오르는 날까지 나아가지 아니하였다" (출40:36~37). 당신은 어떤가? 시대와 사명을 분별하는 눈이 있는가? 그리고 분명한 사명 앞에 한눈팔지 않을 충분한 결의와 준비가 되어 있는가? 출애굽기를 읽으며 더 많은 하나님의 인도하심과 동행에의 헌신에 확장이 있을 것을 기대한다.

제3장
레위기

1. 레위기의 서론과 구조

1) 레위기 서론

오경의 세 번째 책인 레위기의 히브리 성경의 명칭은 '와이크라(그리고 그가 불렀다)'이다. 오경 제목 붙이기의 전통을 따라 역시 레위기에 나오는 첫 단어를 그대로 명칭으로 삼았다. 레위기의 맛소라 본문은 아주 신뢰 할 만하게 잘 보존되어 있는 본문이고 레위기에 관한 가장 오래된 본문은 비록 부분적(레22~27장)으로만 나와 있긴 하지만 쿰란 사본이 가장 오래된 본문이라 하겠다.[56] 탈무드에는 이 책이 '제사법', '제사장들의 책'으로 되어있고, 헬라어 번역본인 70인경에는 '류이티콘(레위인의)'으로 나온다. 이 헬라어 제목을 라틴어에서 그대로 따왔으며 영어와 한국어의 제목도 거기서 유래한다고 할 수 있다.

창세기를 통해 하나님은 한 사람을 선택하셨고, 그 사람의 가족을 통해 이스라엘이라는 한 민족이 생겼다. 하나님은 그 민족을 애굽의 노예 상태에서 기적을 통해 구원해내셨고, 자기 백성을 삼으셨다. 하나님은 그런 자기 백성과 시내 산에서 특별한 언약을 맺으셨으며, 그들이 언약백성으로 지킬 규례와 그들과 만날 성소를 짓게 하셨다. 그 다

---

56   참고: 이 사본은 11Q paleoLev라고 불린다.

음은 그 언약백성이 성막에서 어떻게 그들의 하나님과 지속적인 교제를 나누며 살 것인가의 문제가 대두 되는데 그런 면에서 이 책 '레위기'는 선민의 질서 잡힌 공공생활 및 종교생활의 법적인 토대를 제공해 주는 가이드라인의 역할을 하고 있는 것이다. 레위기는 제사장 계급에만 국한된 전문적인 책이기는 하지만, 동시에 언약백성 모두가 알아야 하는 책이기도 하다. 왜냐하면 그들은 성소에서 어떻게 행동해야 하며, 또 어떻게 자신을 정결케 하며 살아야 하는지를 알아야 했기 때문이다. 레위기에는 복잡하고 구시대적인 여러 가지 제사와 규례들이 많이 나오기는 하지만, 자세히 살펴보면 레위기는 여전히 애굽을 떠나 약속의 땅을 향해 가는 이스라엘의 여정을 다룬 역사의 일부이다.[57] 레위기는 전문적인 용어들이 반복됨으로 좀 지루하게 느껴지기는 책이기도 하며, 그래서 어렵다든지 잘 읽혀지지 않는 책 가운데 하나이다. 그리고 신약의 성도들은 레위기의 많은 제사법들이 신약시대에는 더 이상 필요하지 않은 것이란 인식 때문에 레위기를 즐겨 읽지 않는 것도 사실이다.

하지만 레위기에는 구속에 관한 중요한 메시지가 들어 있을 뿐 아니라, 구원 받은 백성이 어떻게 하나님과 지속적으로 교통하며 살 것인가에 대한 복음적 통찰을 갖게 하는 의미 있는 하나님의 계시를 포함하고 있다. 본서는 '거룩한 백성으로서의 이스라엘의 이상향'이 무엇인가를 짐작케 해주며, 그 이스라엘에게 요구되는 것이 어떤 것인지를 말해 주고 있다. 나중에 자세히 언급하겠지만 레위기의 주요 강조점들은 신약의 성도들이 그리스도의 구속 사역을 이해하는 데 결정적인 기여를 하고 있다. 레위기의 주된 주제는 본문에 152회에 걸쳐 반복 사용된 '거룩'이라 할 수 있고, 그 뜻은 '구별(separateness)되는 것 혹은 신성화(consecration)되는 것'이다.

본서 레위기는 한 저자 모세에 의하여 잘 구성되고 놀랄만한 통일성을 보여주는 책인데, 하지만 본문에는 레위기의 저자나 저작 연대에 대한 직접적인 언급은 없다. 출애굽기에서는 모세가 저술하였음을 의미하는 여러 방증 본문들(출7:14, 24:4, 34:27)이 있는데 반하여 레위기는 간접적으로 시내 산에서 계시된 율법의 부분들(레7:37~38, 26:46, 27:34)을 포함하고 있을 뿐이다. 레위기 본문에서 모세가 본서의 저자라고 직접 언급하고 있지 않기 때문에 직접적 답이 안 된다고 표현한 것이지만, 후대의 편집자가 모세의 전통들을 현재의 레위기에 나와 있는 모습대로 배열했다고 생각할 수도 있고 또 레위기의 내용들이 모세의 생애 중에 현재와 비슷한 모습으로 배열되었을 가능성도 역시

57 　 Wenham G. J., *The Book of Leviticus*, NICOT(Grand Rapids, Eerdmanes, 1979), p.50.

있는 것이다.[58] 전통적인 비평학자들은 본서가 P문서(제사장 문서)에 속하며, 신명기보다 후대의 것이고 포로 후기에 편집된 것이며, 아무리 빨리 편집 시기를 잡는다 하더라도 B.C. 7세기의 요시야 왕의 시대일 것이라 추정했다.[59] 하지만 카우프만 같은 학자들은 이 P문서가 모세 시대까지 거슬러 가지는 못하겠지만 포로기 이후나 신명기 작성 이후 시대의 것은 결코 아니라고 주장하기도 한다.[60] 하지만 우리는 본문의 내적인 증거들을 통해 본서를 모세의 것으로 인정하는데 주저할 필요가 없다.[61]

2) 레위기의 구조

속죄일에 대하여 언급한 제16장의 속죄일(히, '욤 키파')을 중심으로 하여 전반부와 후반부로 크게 나뉘는 이분 구조를 가지고 있다. 전반부는 주로 의식적인 절차와 규례들로서 인간을 하나님으로부터 멀어지게 하는 부정한 것들을 제거하는 것이 주된 관심사이고, 후반부는 윤리법과 사회법 등을 중심하여 단절된 관계를 회복시키는 방법들에 대하여 설명하고 있다. 본서의 구조는 다음과 같이 상하 대칭으로 도식화 해 볼 수 있겠다.

- 1~7장 ▶ 희생제사 제도: 번제, 소제, 화목제, 속죄제, 속건제 등
- 8~10장 ▶ 제사장 직분: 기름 부음, 성별 위한 제사, 속죄제 지침, 아론 계열, 나답과 아비후 제사장들의 술 취함 금지, 성별된 음식에 관하여
- 11~15장 ▶ 부정한 것과 성결한 것에 관한 법: 정한 것과 부정한 것, 출산 이후의 정화, 문둥병 규례, 생리 이후의 정화
- 16장 ▶ 속죄일: 욤 키파
- 17~26장 ▶ 성결법: 피의 희생제사, 종교적 윤리적 율법과 벌, 제사장의 거룩 규범, 성별된 절기, 안식년과 2~2희년, 약속, 경고, 부기(27장)

---

58 Harrison R. K., op. cit., p.593.

59 Levine B. A., *In the Presence of the Lord*(Leiden, Brill, 1974), pp. xxvii~xxix.

60 Kaufmann Y., *The Religion of Israel*(Chicago, Uni. of Chicago Press, 1960), p.59.

61 레위기는 "여호와께서 모세를 부르시고"라는 구절로 시작될 뿐 아니라 여러 곳에서 "여호와께서 모세에게 일러 가라사대"라는 표현을 반복적으로 사용하고 있다(참고: 레 4:1, 5:14, 6:1, 11:1, 12:1, 13:1, 14:1, 15:1, 16:1, 19:1, 20:1, 21:1, 24:1, 27:1절 등).

2. 레위기의 신학적 논점들

1) 거룩: 구속의 결과로서의 성결!

앞에서도 언급했지만 레위기의 주제는 '거룩'이다. 레위기는 하나님의 백성들에게 '예배와 개인적 생활에 있어서 하나님의 거룩함을 실천하며 살 것을 요구한 책'이라 할 것이다. 물론 특별히 제사장과 레위인들에게 그것이 더욱 요구되기는 했지만, 그들을 구원한 하나님의 구속의 목적이 그들의 삶 속에서 하나님의 거룩한 성품이 드러나는 것임을 분명히 한 책이라는 것이다. 하나님의 거룩하심이라는 개념은 시내 산 언약의 핵심을 차지하는 개념인데, 본서에서 세 번에 걸쳐 강조돈 "내가 거룩하니 너희도 거룩 할지어다"라는 '거룩'에의 요구는 언약백성된 이스라엘의 의무로서 오경의 전체적인 강조점의 핵심이라 할 것이다. 율법에서 강조된 그 '거룩한 삶'은 또한 신약의 산상 수 훈의 핵심적 가치이기도 하다.

출애굽기에서 '스스로 존재하는 존재'로 자신을 드러내신 하나님은 레위기에서는 자 신을 '거룩한 존재'로 드러내셨다(레11:44,19:2). 여기서 '거룩'이라는 성품은 하나님의 많 은 성품 중의 하나의 성품이 아니라, 하나님의 가장 근본적인 성품이 '거룩'임을 강조하 는 것이다. 앞에서도 언급되었지만, 하나님은 자신의 이름을 드러내실 때는 항상 자신 의 성품까지 함께 내포하여 드러내신다 하였다.[62] 거룩함은 신명과 더불어 하나님을 다른 모든 피조물들과 구별되게 하는 것이다. 하나님이 자신을 드러내실 때에 그의 드 러나심은 항상 '영광'으로 현현하신다.[63] 반 임슈트가 지적한 것처럼 '영광'과 '거룩'은 동일한 것이 아니다. '거룩'은 항상 야훼의 친밀한 성품을 드러내거나 '영광'이라는 개 념 안에서는 볼 수 없는 도덕적 국면을 강조하는 하나님의 내적인 개념인 반면에, '영 광'은 야훼 안에 내재되어 있는 '능력과 파워'를 강조하는 것이며, 더 나아가 야훼의 외 적인 현현으로 이해된다.[64] 그래서 '거룩'은 야훼의 내적 성품이며 '영광'은 야훼의 외적 인 드러남이라 할 것이다. 왜냐하면 그의 거룩은 세상을 통치하시는 하나님의 절대적 능력을 포함하고 있기 때문이다.[65] 야훼 하나님의 거룩어 대한 이런 이해에 기초하여

---

62 Eichrodt W., op. cit., p.274.

63 Vriezen T.C., *An Outline of Old Testament Tehology*(Newton Centre, Branford, 1966), p.150 .

64 Imshoot P. van, *Theology of the Old Testament* tr. by Sullivan K. & Buck F.,(New York, Desclee, 1954), p.47.

65 Vriezen T. C. op. cit., p.151.

성경은 "거룩한 위엄과 그의 영광스런 일들"(출15:11)로 하나님의 성품과 행하신 기적을 묘사하고 있다. 다시 강조되거니와 '거룩'은 하나님의 내재적 성품이며, '영광'은 그 하나님의 외적인 일하심의 표상 이라는 것이다. 레위기 9:23~24절에 보면 하나님의 영광이 온 백성 앞에 나타날 때 불이 나와서 온 제물을 태웠고 백성들은 보고 놀라워 경악에 떨며 엎드렸다고 기록되어 있다. 하나님을 만나는 인간은 죽는다. 하나님 앞에서 인간이 할 수 있는 일은 죄를 깊이 뉘우치며 통회하며 떨거나 죽는 것뿐이다. 왜냐하면 하나님의 영광은 태우는 불을 동반하기 때문이다. 그래서 하나님은 자신을 구름과 깊은 어둠으로 둘러싸게 하셔서 자신을 경배하는 그의 백성들을 보호하신다(시97:2~3).

본질적으로 '거룩'이란 단어의 뜻은 '어떤 것으로부터 구별(separateness)되는 것이거나 혹은 신성화(consecration)되는 것'이라 하였다. 거룩하신 하나님께서 그의 백성들에게 '거룩'할 것을 요구하셨다(레11:44~45). 이제 주제는 죄 많은 인간인 이스라엘이 아니 그리스도인이 어떻게 '거룩'해질 수 있는가? 로 넘어간다. 왜냐하면 거룩하신 하나님은 동시에 질투하시는 하나님(신4:24)이시기 때문이다. 이렇게 능력이 많으시며 거룩하시고 동시에 질투하시는 하나님께서 백성들에게 배타적인 '예배'를 요구하신 것이다. 십계명의 첫 요구가 바로 그것이다. 그것은 하나님의 거룩하심 때문인데 본질적으로 거룩하신 그분과 일정한 관계 속에 있을 때에만이 인간이나 사물이 거룩해질 수 있기 때문이다.66 그래서 레위기는 그러한 의미의 거룩을 장소적인 거리 개념으로 설명한다. 즉, 하나님과 더 가까이 있으면 좀 더 거룩하고 하나님과 좀 멀리 있으면 그만큼 덜 거룩하게 된다는 것이다. 즉 성막 속의 지성소는 하나님이 임재하는 곳이라는 전제에서 이 거룩에 대한 현세적 개념이 설정되고 있다. 그래서 어떤 것이 얼마나 더 거룩하냐 하는 것은 그 사람이나 물건이 지성소에 얼마나 더 가까이 있느냐로 측정되었던 것이다.67 레위기는 세상의 모든 물건을 거룩한 것과 보통의 것으로 나누었고, 그 보통의 것은 또 깨끗한 것과 부정한 것으로 구분되었다. 이스라엘 모든 지파는 가운데 성막을 중심으로 원형으로 포진되었고 부정한 사람이나 물건은 이스라엘 진 밖으로 내쳐졌고, 그 밖에 광야가 있다. 이스라엘 진의 중심부에 있는 성막은 이방인의 뜰이 있고 자기들이 들어가 제물을 드리는 뜰이 있다. 거기에 레위인 제사장들이 올리는 제단이 있으며

---

66 Hartley J. E., *Leviticus WBC4*(Dallas, Word Books, 1992), p.lvii

67 Dillard R. B. & LongmanⅢ. T., op. cit., p.80. 그는 설명하기를 "At the centre of the camp stood the tabernacle, in which the ark, the primary symbol of God's presence, resided. From this spot, there were different levels of holiness represented"라고 하고 있다.

성막 안의 성소에는 레위인 중에서도 제사장만 들어간다. 성소 중의 성소인 지성소는 법궤가 있는 하나님 임재의 시은소가 있고 이것이 지상에서 가장 거룩한 장소가 되며 그곳에 가장 거룩한 사람인 대제사장이 들어가 제사를 집전하게 된다. 이것이 레위기가 강조하고 있는 거룩해지는 절차와 정도의 기본 도표이다. J. 하틀리는 그의 주석에서 "오직 하나님만이 본질적으로 거룩하시기 때문에 인간이나 어떤 물건은 단지 그가 하나님과 어떤 관계에 놓여 있는가에 따라 거룩의 정도가 정해진다"고 강조하고 있다.[68] 인간은 거룩하신 하나님과 어떤 관계 속에 있는가 하는 것이 '거룩'의 정도라는 이해인 셈이다. 그러므로 신약의 성도들은 개인적으로 하나님의 임재와 어떻게 가까이 하는 생활을 하고 있는가에 따라 '거룩'의 정도를 측정해 볼 수 있다. 이 말은 직분이나 외적인 계급에 의해 거룩의 정도가 정해지는 것이 아니라, 영이신 하나님과의 개인적인 관계의 친밀성정도가 거룩한 삶의 표상이요 기준이 된다는 말이다. 그러므로 구약의 거룩이 어떤 정해진 위계와 성소와의 거리에 의해 측정된다면 신약의 거룩은 하나님과 동행하고 있는 수준과 밀도에 의해서 판별될 수 있고 이것은 철저히 개인적이며 내면적인 마음의 것이다.

구약의 이스라엘은 예배를 통하여 하나님과 일정한 관계를 갱신하며, 유지하게 되는데, 예배 즉 제사를 통하여 그들은 죄로 부정하게 된 자신을 다시 정결케 하고 거룩하신 하나님께 나아갈 수 있게 된 것이다. 신약의 성도들도 예수그리스도의 피의 공로로 날마다 하나님께 성결을 확인하며 공적, 사적 예배를 통하여 하나님과의 관계가 갱신되며 친밀성이 유지되는 것이며, 그것이 바로 우리가 왜 지속적으로 예배해야 하는 첫 번째 이유가 된다. 하나님의 거룩하심과 교통하기 위하여 우리는 정결케 되어야 하고 그것을 위해 구약의 제사와 절기가 강조되고 있는 것이다[69]. 그래서 레위기 26장이 "안식일을 지키며 나의 성소를 공경하라"는 호소로 시작하고 있다고 여겨진다. 그 연장선 상에서 신약의 예배도 예배 중에 성도 혹은 예배자가 성결케 되는 고백의 순서와 언약갱신의 순서를 통해 다시 하나님과의 관계를 회복하고 하나님 앞에 설 수 있음이 선포되어야 한다. 물론 신약의 예배가 단순히 정결케 되어 하나님 앞에 설 수 있는 차원을 넘어서는 또 다른 의미인 '감사와 헌신'의 의미도 있음을 간과해선 안 된다.

인간이 왜 예배해야 하는가, 그리고 어떻게 예배해야 하는가 하는 것은 중요한 주제

---

68 Hartley J. E., op. cit., p.lvii.
69 Wolf H. M., op. cit., pp.268~69.

이다. 그에 대한 기본적인 이유와 목적을 레위기가 설명하고 있는 것이다. 인간은 예배를 통해 하나님과의 언약적 관계가 회복되고 영이신 하나님을 새롭게 만나게 된다. 그때 피조물이며 구원받은 성도의 영혼이 살아나며, 인간됨이 깨어난다. 왜냐하면 그는 창조주이시고 우리는 피조물이기 때문이다. 모든 피조물 중에서 유독 인간인 우리에게만 '예배'하라는 명령이 주어졌다. 인간은 예배를 통해 그 하나님을 만나야 살아난다. 그런데, 어떻게 죄 많은 인간이 하나님을 만날 수 있으며 그분을 부를 수 있고, 예배할 수 있는가? 구약 레위기의 교훈을 따르면 정결케 하는 회생제사를 통해 인간이 하나님을 만날 수 있다. 그런데 이제 신약시대에서는 오직 예수그리스도를 통하여 인간이 하나님을 만나고 그를 경배할 수 있게 된 것이며 그에 대한 예언적 설명들이 레위기에 기록된 것이다. 그러므로 레위기는 중요한 것이다. 레위기는 다시 말하면 예배를 통하여 자신을 성결케 하고 '내 앞에 서라, 나를 높이라'하고 부르시는 하나님의 메시지를 '거룩'이라는 개념을 통해 강조하고 있는 책이다. 이 거룩이라는 레위기 읽기의 기본 이해는 반드시 하나님의 '은혜'라는 정황과 '구속사적 관점'으로 함께 이해되고 읽혀져야 함을 다시 강조해 둔다.

또한 레위기는 하나님이 친히 건설하시고 다스리시려는 '신정 왕국의 관리 지침이며 정치적 사회적 문서'라는 특성[70]도 이 '거룩'이라는 개념 속에 함의되어 있다. 그것은 레위기에 나타난 제의와 개인적 정결에 관한 요구가 한 사회를 유지해 가는 구속력 있는 법령의 구실도 하고 있기 때문이다. 그런 관점에서 레위기 신학의 주제는 **구속의 결과로서의 총체적 성결**이라고 할 수 있다. 그래서 레위기는 단순히 고대 문서나 무슨 제사용 문서도 아니며, 개인의 성결을 위한 경건 서적도 아니다. 그것들이면서 동시에 신정 왕국을 이루어가는 구속력을 가진 문서인 것이다. 이런 레위기에 대한 신약적 이해가 거의 실효성이 폐기된 고리타분하고 제사에 관한 고문서 같은 느낌으로 이해되는 것이 오늘 우리의 예배가 거룩한 임재의 능력을 상실하고 화석화 되어 가는 이유 중의 하나일 것이다. 레위기는 구원받은 백성인 우리가 순종하고 성결하게 살아야 하는 이유와 방법을 보여주는 실제적이며 구체적인 살아 약동하는 언약의 책인 것이다.

---

70 참고 Wenham G. J., op. cit., pp.166~77; Wolf H. M., op. cit., pp.238~40의 설명에 따르면, 레위기는 단순한 제사 제도에 대한 설명일 뿐 아니라, 사회를 구성하는 이웃에 대한 책임을 강조하고 있고 그것은 함께 있는 타국인까지도(레19:33) 포함하고 있다고 함으로써 레위기의 사회법적인 면을 강조하고 있다. 또한 레위기는 그 사회를 보호하기 위한 여러 가지 규정들(식생활규정, 전염병자의 격리 및 근친상간 규제 등)을 포함하고 있기 때문에 더욱 그러한 해석이 설득력을 가진다고 할 수 있다.

2) 레위기와 신약과의 관계

제사장 제도와 여러 가지 규례들을 복잡하고 지루하게 나열하고 있는 것처럼 보이는 레위기는 신약과 어떤 관계를 가지고 있는가, 레위기는 얼마나 가치가 있는가 하는 문제는 기독교인들뿐 아니라 유대인들에게도 중요한 질문으로 계속 제기되어 왔다. 왜냐하면 유대인들은 그들의 존재의 중심이며 거룩의 동심원인 성전이 무너지고 훼파되었기 때문이며, 기독교인에게는 예수그리스도로 말미암은 대속의 완성이 더 이상 레위기의 가치를 의심하게 하였기 때문이었다. 하지만, 유대인들은 언젠가는 다시 성전이 회복될 것이고 성전 예배가 재개되리라는 희망으로 레위기를 읽는다. 기독교인은 "이제 자기를 단번에 제사로 드려 죄를 없게 하시려고 세상 끝에 나타나셨느니라"(히9:26), "이 뜻을 좇아 예수그리스도의 몸을 단번에 드리심으로 말미암아 우리가 거룩함을 얻었노라"(히10:10), 그리고 "이것을 사하셨은즉 다시 죄를 위하여 제사드릴 것이 없느니라"(히10:18)라는 말씀들을 통해 예수그리스도의 십자가 사역이 레위기의 제사 제도를 대신하여 인간을 하나님 앞에 의롭게 세운다는 사실을 확인하며 본문을 읽는다. 물론 예수가 모세 율법이 성별하는 제사장을 배출하는 레위지파 출신이 아니라 유다지파이지만, 아브라함 시대의 멜기세덱의 반차를 따르는 제사장 제도에 대한 말씀을 인하여 예수그리스도의 궁극적 대제사장 사역을 이해하게 된다. 이 문제에 대하여 좀 더 설명이 필요한데, 모세를 통하여 세워진 아론의 반차를 따르는 제사장 제도보다 훨씬 이전에 아브라함이 제사장으로 예물을 드렸던 창세기 14장의 멜기세덱의 반차를 따르는 영적인 제사장 역할이 예수그리스도에게 있음을 믿는 것이 분명히 더 역사성과 논리성을 갖춘 해석이 된다는 것이다. 어쨌건 예수그리스도는 레위기가 예표적으로 보여주었던 인간 속죄의 실제적 대제사장이며 또한 동시에 하나님께 드려진 제물로써의 사역을 온전히 감당했음을 히브리서와 로마서 등의 신약은 잘 설명해 내고 있다.[71]

그렇다면 이제 본격적으로 레위기가 가지는 중요성을 신약과의 관계 속에서 정리해 보도록 하자. 레위기는 신약을 이해함에 있어 몇 가지 중요한 기여를 하였는데, 만약에 레위기가 없었다면 예수그리스도 말미암는 구속의 진리는 설명되거나 확인될 수 없었을 것이다. 이 부분에 대하여 J. 하틀리는 다음의 네 가지로 레위기의 기여도를 정리하고 있다.[72] 첫째, 구약의 희생제사 제도에 대한 정보는 예수그리스도의 대속적 죽음의

---

71   참고, 히브리서 4:14~5:10, 7장~10장, 그리고 로마 8장, 에베소서 5장 등.

72   Hartley J. E., op. cit., p.lvii, op. cit., pp.xxii~lxxiii.

의미를 명확하게 이해하게 해 주고 있다. 구약의 제사 제도에 있어서 죄와 속죄의 개념은 예수의 희생 제물됨의 필요와 그 속죄의 효능을 설명하는데 근본적인 통찰력을 제공하고 있다는 것이다. 그의 희생을 통하여 그를 믿는 모든 사람들의 죄는 용서받게 되고 영원한 생명이 주어진다는 것이다(롬3:21~28, 요6:47).

둘째, 신약에 의하면 예수그리스도는 레위기가 보여주고 있는 궁극적인 대제사장이라는 것이다. 레위기는 이 대제사장적 사역을 이루기 위한 그의 역할과 특별한 요구사항들이 예수의 지상사역과 아버지의 우편에서의 중보사역을 통하여 다 이루어 졌음을 증거하고 있다는 것이다(히3~5장,7~10장). 더 나아가 신약은 예수그리스도를 믿는 모든 사람은 제사장들임을 가르치고 있으며(벧전2:9, 계2:6, 20:6), 그러므로 제사장들에게 요구되었던 거룩한 삶을 성도들이 추구해야 함을 강조하고 있다.

셋째, 레위기서의 기여는 신약의 중요한 주제가 되는 '교회'의 모형인 '장막(테버나클)'에 관한 자세한 설명을 보여주고 있다. 성막과 그 사역은 하나님의 백성을 지속적으로 거룩하신 하나님께 나아가도록 하는 언약 하에 있는 선물이라는 것이다. 인간이 하나님을 만나는 중요한 장소로서의 구약의 성막은 신약에서 예수그리스도 자신이 하나님을 만나는 성소 됨을 통하여 설명되고 있다. 즉 구약의 율법과 규례들은 이스라엘이 어떻게 하나님께 나아가야 하는지를 가르치고 있는데, 이런 규정들이 오늘날의 신자들이 어떻게 하나님께 나아가고 예배해야 하는 지에 대한 이해를 제공하고 있다는 것이다. 죄인된 인간이 반드시 속죄를 받고 하나님께 나아가야 하는 것처럼 신약의 죄인들도 반드시 예수그리스도의 보혈의 공로를 통한 사죄의 확신을 가지고 성소이신 예수를 통하여 하나님께 나아가야 한다는 것이다.

마지막으로는 레위기서의 '거룩하라'는 가르침은 예수그리스도의 중요한 가르침인 "하늘에 계신 너희 아버지의 온전하심 같이 너희도 온전하라"(마5:48)는 것과 완전히 일치하고 있다. 이것은 또한 사도 베드로의 가르침이기도 하다(벧전1:15~16). '거룩하라' 혹은 '온전하라'는 메시지는 예수를 그리스도로 믿는 모든 성도들의 공통된 목표이다. 이 레위기의 '거룩한 삶에의 요청'이라는 메시지는 신약의 성도들이 예수그리스도를 통하여 하나님과 인격적인 관계를 지속적으로 맺으며 사는 것이 거룩한 삶의 근본적인 대강령이며 오늘을 사는 현대 그리스도인들에게도 레위기의 메시지는 여전한 진리로 역사하고 있음을 증거하는 중요한 강조점이라는 것이다.

3. 레위기의 주요 내용 강해

1) 희생제사 제도(레1~7장)

레위기에 나타나는 신적 희생제사 제도는 출애굽기에서 세워진 언약 관계의 틀 속에서 분명하게 이해된다. 이 제도들은 단순히 하나님께 나아갈 수 있도록 하는 것이 목적이 아니라, 그분과 맺은 언약관계가 유지, 보수되게 하는 수단이다. 구약의 제사 제도는 그것이 가지는 상징적, 모형적 이해에 앞서 예수그리스도의 십자가 사역이라는 관점 하에서 읽어야 됨을 신약의 히브리서는 말해 주고 있다. 히브리서가 말하는 점은 양과 염소의 피가 우리의 죄를 없애지 못한다는 점과 그 제도들은 죄 문제에 관하여 항구적인 해결책이 될 수 없다는 점이다. 레위기서가 우리에게 분명히 하고 있는 메시지는 희생제사 제도를 통해 예배자들의 속죄를 경험하고 죄에서 정결케 되었다는 점이다. 그러기 위해 예배자들은 성소로 나아와 짐승의 머리에 손을 얹고(레1:4) 자기 대신 희생되는 것임을 분명히 한 후, 그 제물을 잡아드림으로 이런 속죄와 성결을 경험했다(레4:35, 6:7). 십자가의 속죄의 모형이며 그림자인 것이다.

레위기가 말하고 있는 죄는 두 가지인데, '**의도적인 죄**'와 '**실수로 지은 죄**'이며(레5:17, 레6:2~3) 그 양자 공히 용서받을 수 있는 것이라 하고 있다. 하지만 신약에서의 속죄는 '회개'를 전제하고 있음을 기억해야 한다. 그리고 과실로 지은 죄는 고백이 필요 없지만, 의도적인 죄는 제사 과정 속에 고백이 필요하다(레5:5).

우리는 레위기를 통해 제사 제도가 어떤 과정으로 시행되었는가에 대하여 구체적이고 자세한 순서를 확인할 수는 없지만 대략적인 윤곽은 파악할 수는 있다. 1장부터 5장까지는 각 제사의 목적, 특징, 의미를 설명하고, 6~7장에서는 각 제사의 세부 시행 지침 같은 것들이 설명되었다. 이 부분에서 파악된 일반적 순서는 속죄가 필요한 죄를 위한 제사(번제, 속죄제, 속건제)와 그렇지 않은 제사(화목제, 소제) 등의 순서로 배열되었다. 번제, 속죄제, 속건제는 죄의 용서함과 관련이 있었고, 소제와 화목제는 죄사함의 기능은 없는 친교와 회복을 위한 기능을 가졌던 제사였다. 다음은 구약의 5대 제사들에 대한 간략한 설명들이다.

번제는 희생제사 중에서 가장 일반적인 제사이며, 구약의 전 시기를 통하여 지배적인 제사 양식이었다. 이스라엘의 초기부터 정기적으로 드려진 제사이며, 속죄자의 형편에 따라 제물을 정할 수 있지만, 성소의 제사장은 매일 아침과 저녁에 어린 양 한 마리씩을 번제로 드려야 했고, 제단 위의 불이 꺼지 않도록 해야 했다. 번제는 히브리어로 '아라'라 불렸는데, 이것은 '올라가다'란 말에서 나왔으며, 아마도 제물의 연기가 하늘로 올라가서 하나님께 상달된다는 상징을 내포하고 있는 것 같다. 또한 안식일과 월삭과 절기 때에도 드렸고, 소제 혹은 화목제와도 함께 드려지기도 했으며, 제사장 몫인 가죽을 제외하고는 제물 전체를 불태워 드리는 속죄의 기능이 있는 제사였다(레7:8). 번제는 일반적으로 제사 드리는 형식을 강조할 때 쓰이는 표현인데 제물을 완전히 태워 드린다는 뜻이므로 종종 번제는 여호와께 대한 헌신과 위탁의 표현으로 드려졌으며 언약의 갱신이나 성전의 헌당 혹은 국가적 위기와 재난의 시기에 드려졌던 이스라엘의 가장 일반적인 제사 형식이다.

소제는 곡식으로 드리는 유일한 제사이며 매일 드려진 제사이다. 소제는 곱게 간 곡식 가루와 감람유 기름과 유향이 섞여져 화덕에서 굽거나 번철이나 솥에서 요리되어서 드려지기도 했고, 요리되지 않은 채로 드려지기도 했다. 이 소제에는 누룩이나 꿀 등 당분을 넣을 수 없었고(처음 익은 열매로 드릴 때는 예외임) 소금은 부패방지를 위해 넣도록 되어 있었다. 소제는 매일 아침과 저녁에 드려졌는데 이는 소제를 통하여 하나님께서 우리에게 생명을 주신 일에 감사하도록 하는 의미가 있다. 번제가 생명 자체를 드리는 제사라면 소제는 자기의 생활 가운데서 노동의 결과와 산물을 드리는 제사이며, 기본적으로 감사와 하나님의 통치하심을 인식하는 의미가 짙은 제사이다. '민하(소제)' 라는 히브리어 명칭은 역시 '공물'이라는 의미로도 사용된 용어이다. 깨끗하고 고운 가루로 만들어진 누룩 없는 떡을 기름에 볶아 만들어진 소제의 제물은 예수그리스도의 완전한 인격을 상징하며, 누룩이 없는 것은 그리스도의 무흠함을 그리고 함께 넣는 기름은 일상에서의 성령의 사역을 상징하기도 한다. 소제는 번제나 다른 제사와 함께 드려지기도 했고, 단독으로 드려지기도 했다. 소제의 특징은 처음 익은 열매 혹은 소산물이며 그 제물에 소금을 치는 일이었고 역시 화제의 방식으로도 드려졌다.

속죄제는 이스라엘의 가장 중요한 제사였을 것이다. 의도적이든 실수에 의해서든 저질러진 죄에 대한 속죄가 이 제사의 기본 기능이며, 또한 레위기 정결의식의 핵심을 이루는 제사이기도 하다. 본문에는 여러 계층의 사람들이 죄를 지었을 때 어떻게 속죄제를 드려야 하는지에 대한 규정이 자세히 명기되어 있다: 제사장의 속죄를 위한 규정(레4:3~12), 전체 이스라엘 회중의 속죄(레4:13~21), 족장·관리들의 속죄 규정(레4:22~26), 그리고 일반 평민들의 속죄 규정(레4:27~35). 속죄제는 제물의 피와 기름은 제단 위에서 태우고 나머지 부분은 제사를 집전한 제사장들과 그 아들들이 성소 뜰에서 먹었다. 그리고 어떤 경우는 일부분은 번제단 위에서 태우지만 제물의 나머지 부분은 진 밖으로 나가서 태워야 했고 그 제물은 조금도 먹으면 안 되는 것이었다. 속죄제는 인간과 인간에 대한 죄와 과실을 사하는 기능이 지배적인 것 같다.

속건제는 하나님과 그 성물과 제사에 관한 죄를 속하는 제사였다(레5:14~19). 이는 속죄제와 밀접하게 관련되어 있으며, 하나님의 성물을 더럽혔거나 잘못 다루었을 때의 속죄의식이다. 보통 제사의식이나 부정을 정결케 하는 의식과 관련이 있다(레위기14장, 혹은 12장). 이 죄를 배상하기 위해서는 오분의 일을 추가적으로 지불해야 했고 그래서 어떤 이들은 이 제사를 배상제사라고 부르기도 했다.[73]

특별히 **화목제**는 제물의 일부만 불태우고(레3:4~6) 나머지는 제사장, 예배자, 함께 한 동료들이 다 나눠먹었는데 특별한 규정은 감사의 화목제는 그 제물을 그날 중으로 다 먹어야 유효했다(레7:15). 제물을 그날 중으로 다 먹어야 한다는 말은 그 화목 제사에 증인으로 많은 이웃이 참여해야 가능한 일이며 제사에는 성인 남자들만 참석했으므로 소 같은 큰 제물을 그날 중에 다 처리하려면 얼마나 많은 이웃이 그들의 화목제를 위해 참여해 주어야 하는지 이해가 될 만하다. 서원, 낙헌의 화목제의 제물은 이튿날까지 먹도록 되어 있다. "제사가 열납되지 않을 것이요…" 그리고 **제물은 항상 집에서 기른 것들이어야 했고** 아주 가난한 경우를 제외하고, 그것은 야생의 것은 하나님의 것이라는 점과 제물은 자기희생의 구체적 증표라는 것이다. 하나님께 속죄를 구하면서 입으로만하는 것이 아니라, 자기의 소유 재산의 일부가 구체적으로 희생되고 드려져야 함을 말하는 것이다

2) 제사장 직분에 관하여(레8~10장)

제사 제도에 대한 자세한 설명이 있은 후 곧바로 아론과 제사장 직분의 성별에 관한 규례가 8~10장에 이어서 나온다. 아론과 제사장 직분은 하나님 앞에서 이스라엘을 위해 중보하는 직분이었고, 그들의 고유한 기능은 이스라엘을 '거룩'하게 보존하여 하나님과의 관계를 지속케 하는 일이었다. 아론의 제사장직과 그 후손들 즉 레위지파의 성별이 있기 전, 즉 출애굽 전에는 족장들이 제사를 주관하였으나, 그것은 지속되지 못했다. 한 동안은 산당이나, 지역별로 개인이 제사를 드리기도 하였으나 나중에 중앙 성소 예배로 집중되었고, 또한 왕정 기간 동안에 레위지파 중심의 제사장 직분도 강화 발전되어 갔던 것으로 볼 수 있다.

---

73   Dillard R. B. & LongmanⅢ. T, op. cit., p.78.

제사장들이 백성의 죄를 사하는 기능을 행하였지만 그들이 그 직무로 나아가기 위해 먼저 자신을 위해 속죄의 제사와 화목제를 드려야 했던 것(레9:7)이 히브리서가 지적하고 있는 구약 제사 제도의 또 하나의 한계인 것이다. 10장 전반부에 나오는 아론의 아들들인 나답과 아비후가 '다른 불'로 하나님께 분향 드리다 죽은 사건은 오늘날 주의 사역을 한다고 나선 주의 종들이 의미 깊게 숙지해보아야 할 내용인 것이다. 그리고 이어 나오는 제사장들이 포도주와 독주를 마시지 말 것(레10:9~11)에 관한 규정도 그것이다. 그래야 제사장들이 거룩한 것과 부정한 것을 흐트러짐 없이 구분할 수 있고 또 하나님의 율법을 백성에게 맑은 정신으로 가르칠 수 있기 때문이라는 것이다.

3) 부정한 것과 깨끗한 것에 관하여(레11~15장)

깨끗한 것과 부정한 것에 대한 규정은 근본적으로 그것이 하나님과의 관계성 속에서 설정되어 진다. 성경에는 842회에 걸쳐 '거룩'이란 말이 나오는데, 그중에 830번은 하나님과 그 백성에 관련되어 쓰여 진 사실이 그것을 증명해 준다. 거룩하신 하나님은 인간 존재와는 완벽하게 분리되신 분이지만, 인간과 사물은 어떤 성화의 예식을 거쳐서 하나님께 드려질 때 거룩하게 되어질 수도 있다. 거룩하지 않은 사람이나 물건은 '보통의 것' 혹은 '세속적인 것'으로 구분된다. 그리고 그것들은 성화 예식을 통해 거룩해 질 수 있다. 그리고 거룩한 것은 결코 일반인이 보통으로 사용할 수 없으며, 또한 거룩한 것일지라도 잘못된 사용과 접근을 인하여 더럽혀져서 비속한 것으로 여겨질 수도 있다고 레위기가 말하고 있다.

세상의 모든 물건은 거룩하게 성별된 것과 세속적인 것 혹은 보통의 것으로 나누어지는데, 이는 또 다시 세부적으로 깨끗한 것 과 부정한 것으로 나뉜다. 제사장들은 그것들을 관리하여 레위기 10:10절에 있는 규례를 지키도록 애쓰게 된다. 선민 이스라엘은 그들의 삶의 모든 영역에서 '거룩'이라는 요구가 늘 지배적인 개념으로 자리 잡고 있다. 그래서 이스라엘에게서 '거룩'이란 개념은 단순히 '도덕적'일 뿐 아니라 '제의적' 규례를 포함하는 구별됨이다. 즉 하나님의 계명에 대한 순종이 이스라엘과 제사장들이 의미하는 '거룩'인 것이다.

4) 속죄일 규정에 관하여(레16장)

아마도 속죄일은 이스라엘의 국가적 달력 가운데 가장 중요한 날일 것이다. 그날은 이스라엘의 국가적 죄가 성소의 청결을 통해 상징적으로 사함 받는 날이기 때문이다. 대제사장이 특별히 지성소로 일 년에 단 한 번 들어가는 날이기도 하다. 레위기를 양분하는 분기점이 되는 레위기 16장의 핵심 주제는 다름 아닌 '속죄'다. 그러나 이 말의 의미에 관하여는 아직도 논쟁중인데, 레위기 16장의 관점에서 본다면, 그 뜻은 '깨끗해짐 (Cleansing)'을 의미한다는 주장이 지배적이다. 그러나 영어의 '몸값, 속전(Ransom)'이라는 주장도 많은 설득력을 지니고 있다. 이런 깨끗해짐이나, 속전이라는 뜻 모두 예수그리스도의 죽음에 대한 신약적 이해에 설명을 강화하고 있는 해석이기 때문이다. 어떻든 속죄일 규정은 성소 청결 과정에 대한 자세한 설명과 더불어 앞에서 논의된 '깨끗함과 부정함'에 대한 논의의 결론인 것은 분명하다.

5) 성결 규례(레17~26장 및 부기 27장)

소위 '성결 법전'이라고 불리는 이 부분은 성경적 거룩에 관한 좀 더 적극적인 의미를 내포하고 있다. 하나님의 거룩하신 성품이 그의 택성들의 전 삶의 영역(도덕생활, 물질생활, 종교생활 등)에서 구체적으로 드러나기를 원하는 하나님의 의도를 읽을 수 있다(레17~20장). 그리고 21~22장에는 제사장들의 율법에 관하여, 그리고 23~25장에서는 일반 백성들에 관한 율법적 요구가 기록되어 있고 26장에는 거룩하게 살 것에 대한 권면과 그에 따르는 축복과 저주가 이어서 나온다. 27장은 맹세와 서원 제물에 관하여 그리고 맺는 말이 나오고 있다. 27장은 아마도 26장에 대한 적절한 반응을 보여주는 것이라 하겠다.

제4장
민수기

1. 민수기의 서론과 구조

1) 민수기 서론

유대인의 전통에 따르면 민수기의 제목은 토라의 제목 붙이기 전통을 따라 이 책의 첫 단어인 '그리고 그가 말했다(히, 와예다벨/וידבר)'를 쓰기도 하고, 본서의 배경을 암시해 주는 다섯 번째 단어인 '광야에서(히, 버미드발/במדבר)'를 쓰기도 한다. 율법 해설서인 '미쉬나' 나 '탈무드'에서는 '호메쉬 하피구딤', 즉 '계수하는 오경'이라 불리기도 했다. 70인경에서 본서의 명칭을 "계수함(헬, 아리쓰모이/Ἀριθμοί)"이라 불렀는데 이 전통이 라틴어 역에 이어졌고, 영어 성경에 이어 한글 성경의 제목이 된 배경이다. 이 책은 본서의 제1장과 26장에서 반복되어 나타나는 백성들의 수를 계수 인구조사를 인하여 '민수기'로 명명되고 있음을 알 수 있다. 이런 인구 조사뿐 아니라 본서에는 성막을 봉헌할 때 각 지파들이 드린 제물의 목록과 매주, 매달 드린 제물의 총계 그리고 매년 지키는 절기 때 바쳐진 제물의 총계에 대한 목록도 포함되어 있다. 그리고 본서는 시내광야(1장)에서 시작해서 바란광야(10장)와 모압평지(22장 이후)로 이동하고 있는 이스라엘을 보게 해 준다.

본서의 저작권에 관해서는 오경의 본질적 모세 저작설이라는 관점으로 앞에서 다루었으므로 생략하기로 하고, 본문에 나타나는 여러 의아한 표현들 때문에 모세의 저작을 의심하는 것은 효과적인 논증이 되지 못한다. 예를 들면 보수주의 학자로 잘 알려진 E. J. 영 교수나 T. 롱맨, R. B. 딜러드 교수 등도 본서를 연구하면서 본서가 주로 P문서에 속한 내용들을 주로 하고 다른 문서들의 영향을 받아 최종적으로 편집했을 것이라 추측하면서 모세 사후의 삽입이나 편집 부분의 가능성을 열어 놓고 있는데 그런 학자들은 "민수기가 본질적으로는 모세의 것이기는 하지만 문서 자료와 후대의 해설부분들을 포함하고 있다. 그러나 이러한 모든 지적들과 더불어 우리는 오경의 형성 과정에 대해서 우리가 정확하고 엄밀하게 재구성할 수 없다는 점을 기억해야 한다. 문서 비평이 보통 하는 식으로 그 형성 과정을 좀 더 자세하게 논구하려고 하는 것은 무익한 일이다"[74]라고 규정하고 있다.

민수기는 다른 오경의 책들과는 달리 본문 안에 다양한 문학적 장르를 공존시키고 있는 특별한 책인데, 밀그롬의 지적처럼 "거기에는 내러티브(4:1~3), 시(21:17~18), 예언(24:3~9), 승리의 노래(21:27~30), 기도(12:13), 시민법(27:1~11), 축도(6:24~26), 풍자(22:22~35), 외교 서신(21:14~19), 제의법(15:7~21), 신탁에 의한 재판(15:32~36), 인구 조사 목록(26:1~51), 성전 문헌(7:10~88), 방랑기(33:1~49) 등 다양한 장르들이 혼재되어 독자들을 혼란하게 하기도 한다."[75] 그러나 이 장르들을 자세히 살펴보면 J. 밀그롬이 지적한 그런 세세한 장르들은 오경을 특징짓는 큰 맥락 즉, 율법이라는 넓은 장르에 다 포함될 수 있는 것이다. 왜냐하면 오경에는 주로 우리말의 '기사'에 해당되는 내러티브적 기술법과 율법이나 법전 기술적 기법들이 주요 오경 기록법에 해당되기 때문인데, 이에 대하여 바루디는 시민법과 제의법 등은 율법이라는 장르의 일부임을 강조하면서 "율법 부분들 속에 들어 있는 짧은 내러티브들의 경우를 제외하고도 열두 번이나 커다란 전환(내러티브에서 율법으로, 율법에서 내러티브로)이 이루어진다는 점은 거의 아찔할 정도"[76]라고 표현하고 있다.

민수기의 이야기는 출애굽한 지 13개월 후, 성막을 세운 지 한 달 후 되는 시점에 이스라엘이 아직도 시내광야에 있을 때에 시작되어 38년의 세월이 지난 후 약속의 땅이 바라보이는 모압평지에서 끝나고 있다. 그래서 이 책은 영적 순례의 책이라고 불리기

---

74   Young E. J., op. cit., pp. 93~100; Dillard R. B. & LongmanIII. T, op. cit., p. 84.

75   Milgrom J., *Numbers*(JPS Torah Commentary, Jewish Publicatioin Society, 1990), p. xiii.

76   Baroody W., "Exodus, Leviticus, Numbers and Deuteronomy," In *A Complete Literary Guide to the Bible*(Zondervan, 1993), p. 126.

도 한다.[77] 또한 민수기는 약속의 땅을 유산으로 받을 가능성을 가진 백성으로서의 이스라엘의 연속성은 전적으로, 광야생활 동안에 보여준 배신과 반역을 길이 참으시는 하나님의 신실하심에 달려 있음을 보여주고 있다. 광야에서의 방황은 이스라엘에게 '순종의 본질'이 무엇인지를 보여주는 것이다. 이 방랑의 기간 동안에 이스라엘의 국가적 특징은 '하나님 앞에서 실패의 연속'이라는 전형적인 모습이다. 그래서 민수기에는 다른 구조적인 특정한 패턴이 나오지는 않지만 이런 내용적인 패턴이 반복되어 나오고 이것은 나중에 약속의 땅에 들어가서 살 이스라엘의 모습의 전형적인 양식으로 규정되는 것이다. 특별히 이 점에서 독자들은 왜 광야의 체류가 그렇게 길어야만 했는가에 대한 문제를 생각해 보아야 할 것이다. 인간 편에서 보면 인간의 반역과 불순종에 대하여 심판하시고 벌을 내리시면서도 오래 참으셔서 마침내 승리하시는 하나님이 부각된다 하겠지만, 또 다른 각도에서 보자면, 긴 세월 동안 애굽에서 노예로 살아 온 이스라엘이 영육간의 체질 개선을 위한 최소한의 기간이었을 것이라 여겨지기도 한다. 이 부분은 다음에 다시 다루도록 하겠다.

2) 민수기의 구조

- 1:1~10:10절 ▶ 시내광야에서의 이스라엘
- 10:11~ 21:35절 ▶ 광야에서의 반역
- 22:1~36:13절 ▶ 모압평지에서의 이스라엘

민수기는 이렇게 크게 세 부분으로 나눠지는데, 마지막 부분은 또 발람기사(22~24장)와 가나안에 들어갈 준비를 하는 이스라엘(25장~36장)로 나눠질 수 있다.

2. 민수기의 신학적 논점들

1) 성경이 말하고 있는 '희망'에 대하여

흔히 민수기는 광야에서의 이스라엘의 실패와 불순종을 보여주는 책으로 이해되고 있다. 그런데 민수기의 내용을 자세히 살펴보면 나름대로 어떤 의도된 주제를 가지고 기록이 배열되어 있음을 짐작하게 되는데, 위에서 분류된 민수기의 구조는 지역과 배

---

77   Dumbrell W. J., op. cit., p.47.

경을 중심으로 세 등분 되어 있다. 그런데 내용적으로 보자면 민수기는 D. T. 올슨이 분석한 바와 같이 크게 두 단계로 나누어져 있음을 알게 된다.[78] 즉, 민수기는 애굽을 나와서 광야에서 죽은 하나님의 백성의 첫 세대들의 행적(~25:18)과 새로운 세대들의 준비(26장 이후) 부분으로 대별된다는 것이다. 이러한 분석은 민수기를 읽는 독자들에게 상당한 통찰력을 제공하고 있다. 오경의 일관성을 이해하는 독자라면 본서가 '그리고 하나님이 모세에게 말씀하셨다'로 시작됨의 의미를 파악했을 것이다. 접속사 '그리고' 로 시작되는 본서는 하나의 연속되는 메시지가 흐르고 있다는 것을 암시한다. 출애굽 기와 레위기에서 이스라엘은 하나님의 백성이 되었고, 그 백성이 따라야 할 율례와 법 전을 수여받았다. 하나님은 그들을 성막으로 부르시며 거룩한 백성의 길을 인도하시 려 하셨다. 이제 약속의 땅으로 나아 갈 모든 것은 준비되었고, 그를 위해 전쟁에 나갈 수 있는 20세 이상의 남자들은 계수되었으며(민1:20), 또한 회막의 일을 위해 30세 이상 50세까지의 레위인들도 다 계수되었다(민4:3). 참고로 전쟁에 나갈 수 있는 사람을 계수 할 때 쓰인 히브리어 '차바'가 성막에서의 봉사를 의한 레위인의 계수 때도 동일하게 쓰 인다는 점은 이스라엘이라는 국가의 성격을 분명하게 규정하는 단초가 되고 있다 하겠 다.[79] 그리하여 이스라엘은 약속의 땅으로 들어갈 외적인 준비가 다 된 것처럼 보였다.

그러나 광야의 첫 세대는 하나님의 백성으로 행하는 데 실패한다. 본서에 두 번 나타 나는 인구 조사(민1장, 26장)는 같은 민족을 향하여 한 인구즈사이기는 하지만, 같은 대상 이 아님이 분명하다. 민수기의 첫 25장은 자기들을 도와서 가나안의 많은 민족을 쫓아 낼 능력을 가지신 하나님을 신뢰하는데 실패하여 범죄한 광야의 첫 세대 이스라엘에 관한 이야기이다. 이 세대는 죽고 그 후손들이 발흥하여 약속을 이루어 갈 것에 대한 기대감이 민수기 26장 이후에 나타난다. 따라서 본서의 첫 부분은 당연히 죄와 실패와 심판에 관한 이야기로 점철되어진다. 이 책의 첫 부분이 그러한 심판에 초점이 맞추어 졌다면, 두 번째 부분(민26~36장)은 '근본적으로 긍정적이며 희망적'이라고 표현할 수 있 겠다.[80] 지도자였던 모세에게 대항하다가 멸망당한 사건과 첩자 이야기 당시에 어른이 었던 사람들은 이제 여호수아와 갈렙 말고는 없다. 이제 새로운 세대가 하나님 앞에 서 있으며 약속의 땅으로 들어갈 시간은 무르익어가고 있다. D. T. 올슨은 그런 정황을 이

---

78   Olson D.T., *The Death of the Old and the Birth of the New: The Framework of the Book of Numbers and the Pentateuch. BJS 71,* (Chico, Scholars, 1985), pp. 118~20.

79   Wolf H. M., op. cit., p. 275.

80   Olson D. T. op. cit., p. 151.

렇게 묘사하고 있다. "첫 세대가 모두 죽은 이후에 두 번째 세대 중에 그 어느 한 사람도 죽었다는 이야기가 기록되어 있지 않다. 군사적인 행동들은 성공적이며(민28장), 잠재적인 위험들은 해소 되었다(민32장). 그리고 가나안 땅에서의 미래의 생활을 예견하는 율법들이 공포되었다(민34장). 위협은 여전히 남아있다. 그러나 미래에 대한 약속이 이 책의 마지막 부분의 지배적인 어조를 차지하고 있다."[81] 민수기는 이렇게 기대에 찬 희망으로 끝나고 있다. 그러나 이 희망이 결코 확실하게 드러나 있지 않다는 것을 주목해야 할 필요가 있다. 즉 새로운 희망은 아직 시도되거나 검증되지 않은 희망이라는 것이다. 그러면서 올슨은 민수기의 이런 구도가 하나님의 백성들에게 하나의 새로운 패러다임으로 역할을 하고 있다고 강조하면서 세대를 건너면서 이어가시는 하나님의 구원과 궁극적 승리에 대한 소망을 본서를 통해 읽게 될 것을 강조하고 있다. 민수기에 나타나는 두 번의 인구 조사는 실패한 한 세대를 뛰어 넘어 새로운 세대를 일으키셔서 약속의 땅에서의 축복을 누리게 하시려는 하나님의 큰 경륜을 소망 가운데 보게 하고 있다.

2) 민수기와 신약과의 관계

민수기는 이미 언급되었듯이 광야의 실패를 통하여 이스라엘과 우리에게 구원자가 필요함을 기억하게 해 주고 있다. 민수기는 그 주제의 다양성과 복잡한 문헌적 구조 속에서도 '거룩한 것'과 '속된 것' 사이의 날카로운 대조를 통해 하나님의 백성이 지켜야 될 삶의 모습을 드러내는 데 목적이 있다. 민수기는 양면을 가지고 있다고 보이는데, 좀 어두운 면은 그토록 혜택 받은 백성이 그렇게 철저히 은혜를 배신하며 살아가는 타락한 인간의 모습을 보여주는 부분이며, 밝은 부분은 약속의 땅을 축복으로 누리며 살아가려는 이스라엘을 향한 하나님의 실패하지 않으시는 인도하심을 본서를 통해 보는 것이다.

이 광야의 기간은 이스라엘에게 시험과 흔들림의 시간이었고 연이은 사건들을 통해 이스라엘은 축복의 주체되신 하나님에 대한 국가적 신뢰를 세워가도록 훈련되는 기간이었다. 그러나 불행하게도 이스라엘은 실패했고, 그 이후 이스라엘은 국가적으로 다시 회복되지 못하였던 것이다. 한 예로 에스겔 선지자는 이스라엘의 역사를 돌아보며 그들이 이렇게 포로생활을 하게 된 것은 긴 왕정기간의 반역 때문이 아니라, 바로 광야

---

81   ibid.

에서의 실패가 이어져 발전된 결과임을 재천명하고 있다(켈20장). 하지만 우리는 민수기를 단순한 실패의 교훈집 정도로 읽어서는 안 된다. 그렇게 하나님의 특별한 호의를 입었음에도 불구하고 기어이 실패하고 수많은 기회를 낭비했다는 관점뿐 아니라, 그러한 태도가 이스라엘의 국가적 양심을 마비시키고 점차로 더 하나님에 대하여 냉담하게 되어가는 과정으로 이 민수기를 읽어야 하는 것이다.[82]

그러나 그것만이 전부가 아니다. 앞에서 민수기를 '희망'의 관점에서 서로운 세대를 일으키시는 하나님을 생각해 보았다면 여기서는 그런 이스라엘을 향하여 포기하지 않으시는 하나님, 당신의 약속을 이스라엘의 어떠함에도 불구하고 신실히 이루어 가시는 하나님을 읽을 수 있어야 하겠다. 민수기의 주인공은 모세나 실패하고 있는 이스라엘이 아니다. "민수기의 주인공은 여호와이시다. 극도로 분노하신 가운데서도 그는 이스라엘과의 약속을 지키시며 광야의 모든 여정에서 그들을 인도하시며 그들의 필요를 채우시는 분이시다."[83] 신약은 이 주제를 이어가고 있는 것이다. 이것은 신약의 클라이맥스이기도 하다. 구약은 앞으로 십자가에서 일어날 일에 대한 서곡일 뿐이다. 역사를 통하여 하나님의 백성은 지속적으로 하나님께 반역해 왔다. 그러나 하나님은 자기의 아들을 보내셨고 인간은 그를 십자가에 처형해 버렸다. 하지만 하나님은 자기 백성을 버리지 않으셨고, 예수그리스도에 의한 구원의 회망을 이어가시고 있다. 민수기를 큰 구조틀 속에서 보면 이런 구속사적인 이해가 가능해 진다는 말이다. 그러므로 민수기는 값없이 구원을 얻은 성도들이 왜 하나님의 말씀을 순종하며 사는 것이 중요한가에 대한 귀중한 메시지를 포함하고 있다. 광야에서 반역하는 이스라엘을 포기하지 않으셨던 그 하나님은 이제 광야 같은 인생길에서 믿음으로 산다하면서도 늘 실족하며 주님을 아프게 하는 자기 백성된 우리를 구원하시기에 능하시며 신실하신 하나님이심이 분명하다. 이것과 관련하여 한 가지 기억해야 될 메시지가 있다. 광야에서의 이스라엘의 실패가 주는 또 다른 교훈이다. 이스라엘은 출애굽 후 시내산에서 하나님과 언약을 맺으며 영적으로 그의 친백성이 된다. 하지만, 하나님과 언약을 맺은 그들은 육적으로는 여전히 애굽의 노예근성이 몸에 밴 사람들이다. 그들은 무책임했고, 권위에 반항하기를 즐겨했으며, 감각적이고 선동적이었으며 눈앞의 이익에 민감하게 반응하는 전형적인 노예근성에 물든 사람들이었다. 하나님은 그런 자기 백성의 패괴함을 근본부터 바

---

82   Dumbrell W. J., op. cit., p.52.

83   Milgrom J., op. cit., p.xxxvii.

꾸셔야 할 필요가 있었다. 나중에도 살펴보겠지만, 그들은 '이상'이나, '하나님의 약속'이 주는 의미에 대하여 깊은 생각을 할 수 없었던 세대였다. 다른 각도에서 보자면 광야의 실패와 반역은 어쩌면 당연한 것이었을 것이고, 그런 과정을 거쳐 이스라엘은 하나님께 주체적으로 반응할 수 있는 하나님의 친백성으로 거듭나야 했던 것이다. 이 모든 과정에서 그들을 만드시는 분은 하나님이셨고, 그 점에서 민수기의 주인공은 바로 하나님 자신이셨다는 학자들의 판단에 동의하게 된다.

3. 민수기의 주요 내용 강해

1) 약속의 땅을 향해 가는 준비 규례(민1:1~10:10)

민수기 1~4장에서는 약속의 땅을 향한 성전을 위한 인구조사가 진행되고 이는 야곱의 후손들의 번성함과 큰 민족을 이루었음을 보여주는 것이다. 그리고 그 인구조사는 각 부족의 정황과 전체로서의 자기 부족의 위치 및 관계성을 보여주고 있는데 가장 중요한 점은 그들의 배치가 성막을 중심하여 유다지파의 인솔을 받게 되어 있다는 점이다. 이는 이스라엘에게 있어서의 하나님의 왕권과 리더십을 보여주는 것이며, 중심에 성막이 있다는 것은 승리와 권위의 상징이고, 약속의 땅을 배분하여 살 구체적인 방향이기도 했다. 그 성막은 왕이신 하나님의 임재의 상징이라 '영광의 구름'이라 불렸으며 이스라엘은 철저히 이 구름의 인도를 따르도록 명받았다.

5~7장에 이르러 나실인의 규정이나, 정결케 하며 속전하는 규정이 있는 것은 구별된 백성의 삶에 대한 지침으로 주어졌고 각 지파의 성막을 위한 예물 드림과 두 번째 유월절을 지내고 그들의 광야생활은 본격적으로 들어가게 된다. 유월절을 지킴에 있어 중요한 점은 그들 중 비록 부정한 사람이 있을지라도 유월절은 반드시 지키도록 한 점이다(민9:7~13). 이쯤에서 명심해야 되는 교훈이 있는데 그것은 유월절로 대표되는 '홍해사건'과 '광야생활'의 차이점이라는 것이다. 이는 구원을 얻기 위한 조건으로서의 '믿음'과 구원을 얻은 후 '믿음으로 순종하는 삶'과의 차이점과 같은 것이다. 홍해 사건에서 이스라엘은 할 수 있는 것이 아무 것도 없었다. 그들은 그저 하나님을 믿기만 하면 되었고, 하나님께서 홍해를 가르셨고 이스라엘을 물 가운데로 지나게 하셨다. 이 홍해 사건은 바로 예수그리스도가 우리를 위해 이루신 구속 사역을 대표한다. 구원을 얻기 위해 인간인 우리가 할 수 있는 일은 없다. 단지 십자가를 통해 이루신 구원을 받아들

이고 그를 신뢰하는 일만이 우리가 할 수 있는 일이다. 그것을 구원 얻는 믿음이라 칭한다. 그러나 홍해에서 살아나온 이스라엘은 이제 광야에서 스스로의 결단으로 순종하는 일을 해야 했다. 순종 역시 이 구원 얻는 믿음을 근거해서 일어나야 하는 것이다. 순종은 하나님의 축복을 누리게 하며 그것을 열어가는 문이다. 이뿐 아니라 순종은 하나님을 기쁘시게 하는 믿음의 표현이다. 이 광야생활은 구원받은 성도의 세상에서의 삶을 대표한다. 은혜로 구원을 받은 성도는 이제 광야라는 현실에서 순종함으로 그 믿음을 표현하는 삶을 살아야 한다. 광야에서도 이스라엘을 순종으로 인도했던 것은 역시 홍해에서의 구원을 회상하며 감사하는 믿음이다. 그 믿음이 하나님이 기뻐하는 순종으로 나아가게 한다.

2) 광야에서의 반역(민10:11~21:35)

민수기의 두 번째 부분의 주제는 '광야생활 동안의 하나님의 인도하심'이다. 하나님은 그의 백성을 목자같이(민27:17) 인도하셨고 먹이시고 필요한 모든 것을 공급하셨다. (만나, 메추라기, 생수, 의복이 낡아지지 않게 하는 등등). 민수기의 두 번째 부분인 11장에서 21장에 이르는 동안 이스라엘은 '굶주림', '지도력', '적에 대한 공포' 등의 시험을 받게 되는데, 이 시험에 실패한 결과로 그들은 약속의 땅에 들어가지 못하게 된다. 민수기의 이 부분은 하나님을 신실히 따르는 대신 불평하고 원망하는 백성들에게 임하는 심각한 결과를 우리에게 보여주며 많은 신앙적 교훈을 주고 있다. 실제로 그런 불평과 원망과 불신의 결과로 그들은 갈렙과 여호수아를 제외하고는 심지어 모세까지도 약속의 땅에 들어가지 못하게 된 것은 주지의 사실이다. 그것은 앞에서 언급한 대로 평생을 노예로 살아온 첫 세대 이스라엘로서는 어쩌면 극복하기 어려운 문제였을지도 모른다. 하지만, 이제 이스라엘은 모든 문제를 인간의 각도에서 보고, 인간의 시각으로 판단하며 반응하던 옛 습관을 버려야 했다. 하나님이 세우신 권위를 인정해야 했고, 육신의 눈에 언뜻 보이지 않는 하나님의 약속들을 믿고 신뢰하며 기다려야 했다. 그런데 이스라엘은 그런 부분에 훈련이 안 되었던 것이다. 그들은 노동의 대가로 그저 하루 벌어서 하루 먹고 사는 삶에 익숙했고, 원대한 꿈과 품위 있는 미래 지향적 삶보다는 '지금'의 문제에 반응하는 노예와 하층민의 기질로 길들여져 있었던 것이다. 우리가 예수그리스도를 발견하고 그분을 주님으로 영접해서 새로운 피조물로 거듭났다 할지라도 어쩌면 우리도 이 광야의 이스라엘처럼 옛 습관과 가치관에 향도된 채로 영적 생활과 육적 생활을 엉망으로 하고 있는지도 모른다. 사람들은 보통 광야의 이스라엘을 그렇게 비판한다. "아니, 그 위대한 홍해의 기적을 보고, 만나와 메추라기가 기적적으로 공급되는 축복을 보면서도 불순종하다니"하며 이해하기 어려워한다. 우리도 마찬가지다. 그들이 애굽에서의 옛 습관에 젖어 영적 질서를 지키며, 영적 교감 속에서 하나님을 신뢰하고 그분을 듣고 그분을 위해 결단하는 영적 생활 방식에 서툰 것처럼 그 옛날 광야의 이스라엘이 그랬던 것이고, 이제 우리는 그 일로 말미암아 교훈을 얻어야 할 때인 것이다.

그리고 민수기 15, 18, 19장에 기록된 법령들은 모두가 '대대로 지켜져야 할 영원한 규례'로 미래의 세대들이 광야에서 조상들이 겪었던 재앙을 겪지 않고 지낼 수 있도록 제정하여 주신 법령들이다(민15:15,18:8, 19:10). 이제 민수기의 두 번째 부분에 해당하는 몇 가지 주요 사건들을 구속사적 관점에서 정리해 보겠다. 여기서는 모든 기록된 사건이 아니라 몇 가지 상징적인 사건을 중심으로 설명하도록 하겠다.

① 12정탐꾼 기사(민13:30~33)

이스라엘이 성막을 세운 날부터 낮에는 구름이 증거의 성막을 덮고 있었고, 밤에는 불 모양 같은 것이 나타나 아침까지 성막을 보호했다. 이제 출애굽 후 둘째 해 둘째 달 스무날이 되어 구름이 그 증거의 성막에서 떠올랐고 이스라엘은 여장을 챙겨 가나안 복지로 가는 길 중의 바란광야에 머무르게 되었다(민10:11~12). 이미 앞에서 고기가 먹고 싶어 불평을 했고(민11장), 미리암이 모세의 구스 여인 취함을 불평하다가 문둥병에 걸렸다 나았으며, 이제 13장에서 모세는 바란광야의 가데스 바네아에서 12명의 정탐꾼을 뽑아 가나안에 보내어 정탐하게 한다. 40일 동안의 정탐을 마친 이스라엘 각 지파에서 파송된 지휘관들은 돌아와 그 경과를 보고하게 된다. 그러나 그들의 보고는 사실에 대하여 보고한 후에 평가를 함에 있어서 패배적이고 불신적인 보고를 하였다. "과연 그 땅에 젖과 꿀이 흐르는데 이것은 그 땅의 과일이니이다. 그러나 그 땅 거주민은 강하고 성읍은 견고하고 심히 클 뿐 아니라 거기서 아낙 자손을 보았으며 아말렉인은 남방 땅에 거주하고 헷인과 여부스인과 아모리인은 산지에 거주하고 가나안인은 해변과 요단 가에 거주하더이다"(민13:27~29). 이런 사실 보고에 이어 갈렙이 "우리가 곧 올라가서 그 땅을 취하자 능히 이기리라"하고 평가를 한다. 이 갈렙의 평가에 대하여 함께 했던 10명의 다른 정탐꾼들은 "우리는 능히 올라가서 그 백성을 치지 못하리라 그들은 우리보다 강하니라"(민13:31)고 반응하며 "우리가 두루 다니며 정탐한 땅은 그 거주민을 삼키는 땅이요 거기서 본 모든 백성은 신장이 장대한 자들이며 거기서 네피림의 후손인 아낙 자손의 거인들을 보았나니 우리는 스스로 보기에도 메뚜기 같으니 그들이 보기에도 그와 같았을 것이라"(민13:32~33)고 반응했다. 그러한 절대 다수의 공통된 반응에 모여 보고를 듣던 이스라엘 자손들은 "온 회중이 소리를 높여 부르짖으며 백성이 밤새도록 통곡"(민14:1)했고, 또 원망하여 "우리가 애굽 땅에서 죽었거나 이 광야에서 죽었으면 좋았을 것을 어찌하여 여호와가 우리를 그 땅으로 인도하여 칼에 쓰러지게 하려 하는가 우리 처자가 사로잡히리니 애굽으로 돌아가는 것이 낫지 아니하랴"(민14:2~3)며 한 지휘관을 세우고 다시 애굽으로 돌아가자고 결정한다. 그런 시점에 에브라임지파의 눈의 아들 여호수아와 유다지파 여분네의 아들 갈렙이 백성들 앞에 나아가 믿음 있는 결단을 촉구하며 말한다. "우리가 두루 다니며 정탐한 땅은 심히 아름다운 땅이라 여호와께서 우리를 기뻐하시면 우리를 그 땅으로 인도하여 들이시고 그 땅을 우리에게 주시리라 이는 과연 젖과 꿀이 흐르는 땅이라 다만 여호와를 거역하지 말라 또 그 땅 백성을 두려워하지 말라 그들은 우리의 먹이라 그들의 보호자는 그들에게서 떠났고 여호와는 우리와 함께 하시느니라 그들을 두려워하지 말라"(민14:7~9)하고 강력한 어투로 이스라엘의 결전을 촉구한다. 그러자 이스라엘의 온 회중이 그들을 돌로 쳐 죽이려 했고, 그때에 여호와의 영광이 회막에서 이스라엘 자손들에게 임하여 나타났다(민14:10). 문제는 그때에 이스라엘 자손의 면전에 여호와의 영광이 나타났다는 것이다. 그리고 하나님은 자신을 불신하며 원망한 이스라엘 자손들의 죽음을 선포하고 약속의 땅에서의 축복을 누리지 못하게 하시면서 여호수아와 갈렙 만은 예외로 하셨다(민14:29~30).

이 기사를 읽으며 생각되는 것이 참 많을 줄 안다. 사람들은 사물을 본다. 그리고 그 사물에 대하여 평가를 한 후 반응을 한다. 눈의 아들 여호수아와 여분네의 아들 갈렙은 현실의 문제 속을 살아가는 오늘의 그리스도인들에게 지금도 말하고 있다. "정확하게 보고 믿음으로 반응하라"고 말이다. 그들의 반응에 대하여 성경은 이렇게 적시하고 있다. "그러나 내 종 갈렙은 그 마음이 그들과 달라서 나를 온전히 따랐은즉 그가 갔던 땅으로 내가 그를 인도하여 들이리니 그의 자손이 그 땅을 차지하리라"(민14:24). 무슨 말인가? 여호수아와 갈렙은 보이는 현실을 신실한 믿음으로 평가했고 믿음을 따라 결단하는 삶을 살았다는 것이다. 이러한 믿음은 아브라함 이래로 내려오는 믿음의 적통 계보의 반응이다. 거대한 아낙 자손들 앞에서 자신들이 메뚜기같이 초라하고 왜소하게 보이는 현실을 알고도 그들은 믿음으로 반응했다. 로마서 4장에서 바울은 아브라함의 믿음을 묘사하면서 "그는 100세나 되어 자기 몸이 죽은 것 같고 사라의 태가 죽은 것 같음을 알고도 믿음이 약하여지지 아니하고 믿음이 없어 하나님의 약속을 의심하지 않고 믿음으로 견고하여져서 하나님께 영광을 돌리며 약속하신 그것을 또한 능히 이루실 줄을 확신"하였다고 기록했다. 그것이 믿음이다. 현실 속에 있는 객관적 사실 판단을 극복할 만한 하나님을 향한 신뢰! 그것이 신앙의 핵심이다. 여호수아와 갈렙은 바로 이런 믿음으로 반응하는 계보를 이어가는 것이다. 자신들에게 언약하신 하나님의 약속을 삶 속에서 구현해 내는 일이 쉬운 일은 아니지만 믿음의 사람들은 그 약속을 기도하며 온 몸으로 살아내는 특징을 공유하고 있고, 하나님은 그런 믿음의 사람들을 통해 당신의 구원을 이어가시는 분이시다.

② 모세의 중보에 대하여

12정탐꾼의 기사에 이어 나오는 것이 불신가운데서 하나님의 인도를 불평하고 거역하여 심판받게 된 이스라엘을 향한 모세의 중보사역일 것이다. 13절에서 19절에 이르기까지 모세는 그 범죄한 백성을 향하여 준엄히 심판하실 하나님의 심판에 대하여 간절히 중보한다. 하나님의 입장에서 그 백성을 버리지 말으셔야 하는, 심판하시더라도 멸절시키지는 말으셔야 하는 이유들을 가지고 중보했다. 지도자는 그런 경륜이 있어야 되는 것 아닌가? 지도자는 하나님의 뜻이 이 백성들을 통하여 이루어질 것에 대한 견고한 확신이 있어야 한다. 비록 그 백성이 범죄하여 하나님의 뜻에 반하는 결정적 잘못을 했다 하더라도 지도자는 그들을 하나님의 언어로 중보할 수 있어야 한다. 모세는 시내산 아래서 금송아지를 만들어 놓고 하나님의 심판을 자초할 때에도 그 백성을 위해 중보했으며, 오늘 이 12정탐꾼과 이스라엘의 불신앙에 대하여도 중보하고 있다. "이제 주께서 이 백성을 한같이 죽이시면 주의 명성을 들은 여러 나라가 말하여 이르기를 여호와가 이 백성에게 주리로 맹세한 땅에 인도할 능력이 없었으므로 광야에서 죽였다 하리이다. 이제 구하옵나니 이미 말씀하신 대로 주의 큰 권능을 나타내옵소서"(민 14:15~17).

③ 물에 대한 불평과 모세의 범죄

그렇게 홍역을 치르고 난 이스라엘은 16장에서 다시 반역의 더러운 죄성을 드러낸다. 고라와 다단과 아비람 등이 당을 지어 모세와 아론의 지도력을 조직적으로 반항한 것이다. 그들은 정치적으로 종교적으로 반박했다. 이에 대하여 하나님은 땅이 갈라져 그들을 삼키게 하는 심판으로 벌하셨고 백성들의 염병을 아론을 통해 고치신다.[84] 이 일 후에 하나님은 아론의 지팡이에 싹이 나고 꽃이 피어 살구 열매를 맺게 하시고 그것을 증거궤에 보관하게 하신다. 그래서 법궤에는 십계명의 두 돌판과 만나와 아론의 싹 난 지팡이가 보관되게 되었다.

이 일 후에 이스라엘 백성이 따를 제사장의 규례와 정결케 되는 예법이 공포된다. 이스라엘이 신광야에 이르렀을 때 미리암이 죽어 그곳에 장사되었고(20:1), 백성은 물이 없어 다시 불평한다. 그런데 하나님은 모세에게 "반석에게 명하여 물을 내게 하라"(민 20:8)고 명하셨다. 그런데 모세는 백성들의 거듭된 불평과 반역적 기질로 말미암아 많이 지쳐있었고, 흥분된 상태였던 것 같다. 그래서 모세는 "그의 손을 들어 그의 지팡이로 반석을 두 번 치니 물이 많이 솟아나오므로 회중과 그들의 짐승이 마시니라"(민20:11 보통 이 사건을 므리바의 물 사건이라 칭한다). 이 사건(반석을 두 번 친)은 모세로 하여금 하나님의 약속의 땅에 들어가지 못하게 하는 치명적 실수가 된 것이다. 여기서 반석은 그리스도를 상징하는데, 앞의 출애굽기 17장에서 하나님은 물을 구하여 불평하는 이스라엘에게 물을 주시기 위하여 호렙산에 있는 반석 위에 서 계셨다. 모세는 반석 위에 백성들의 눈에는 보이지 않지만 분명히 백성들과 자신을 향하여 마주 서 계신 하나님을 인식할 수 있었고, 모세는 그 반석을 쳤으며, 반석 위에 서 계셨던 하나님은 반석을 가르셔서 백성이 마실 물을 내셨다. 이제 상황은 호렙산이 아니라 신광야이며 하나님이 다시 모세에게 "반석을 향하여 명하여" 물을 내게 하셨다. 호렙산의 바위위에서 모세의 지팡이(인간의 죄를 상징하는)에 맞으시며 몸을 찢어 생명수를 내셨던 하나님은 이제 그냥 말로 기도하여도 물을 내실 터인데 모세는 자기의 흥분을 못 이겨 반석을 두 번이나 치는 실수를 범하고 이로 인하여 "하나님을 믿지 못하고 이스라엘 자손에게 하나님의 거룩함을 드러내지 못한"(민20:12) 죄로 약속의 땅에 들어가지 못하는 중형을 선고받게 된다.

이 사건은 신약의 성도들에게 많은 교훈을 남기고 있다.[85] 그리스도는 호렙의 반석에서 한 번 죽으신 것으로 백성을 구원하기에 언제나 유효했다. 그런데 모세인 우리는 일마다 때마다 그를 십자가에 처형하는(두 번 치는) 행위를 한다는 것이다. 이미 주님께서 이루신 일들을 온전히 신뢰하고 그분의 인도와 공급하심을 믿고 그분의 영광을 드러내는 삶에 더 깊은 마음을 드릴 수 있으면 좋겠다는 것이 본문의 메시지이다.

④ 불뱀과 놋뱀 사건(21장 4~9절)

---

84   이 사건에 대한 자세한 설명은 Wolf H. M., op. cit., pp.290~291을 참고하라.
85   이 사건에 대한 자세한 설명은 Thomas I.의 앞의 책 *The Saving life of Christ*를 참고하라.

이스라엘이 신광야에서 모압평지로 이동해 가는 기사 중에 우리는 5절에 걸쳐 짧막하게 소개된 속칭 '놋뱀 사건'을 보게 된다. 백성들이 홍해 길을 따라 에돔 땅으로 우회해서 가기로 결정한 모세의 행로에 불평을 하게 된 것이다. 조금 전에 기적을 보고, 얼마 전에 불평하며 반역하다가 고라 자손 등이 땅에 묻혀버리는 이적을 보면서도 이스라엘은 모세에게 반역하고 원망하고 있는 것이다. 이것이 어찌 그 광야 교인들만의 일이겠는가? 그들은 행로로 인하여 불평하면서 또 먹을 것과 물에 대하여 겸하여 불평하고 있다.

그들의 불평을 인하여 하나님은 불뱀을 보내 백성들이 많이 물려 죽었다. 백성들은 염치없게도 모세에게 중보기도를 부탁한다. 백성의 부탁들 받은 모세는 다시 하나님께 중보하며 뱀들이 이스라엘 진중에서 떠나도록 기도한다. 그런데 하나님은 불뱀들을 떠나게 하시는 대신에 장대 끝에 놋뱀을 달게 하셨고, 그 놋뱀을 보면 불뱀에 물린 자들이 살아날 것이라는 이상한 처방을 내리셨다. 모세는 불뱀 형상을 놋으로 만들어 장대 끝에 매달았고, 불뱀에 물려 죽게 된 사람들 중에 놋뱀을 쳐다본 사람은 다 살아나는 이상한 기적 기사를 보게 된다. 하나님은 광야의 여러 사건들을 통해 오실 메시아의 사역을 상징적으로 보여주는 일을 많이 하셨는데 반석에서 물이 나오는 사건이 그것 중의 하나이며, 또 오늘 놋뱀 사건이 그런 메시아적 상징성을 가지고 있다. 문제의 원인이 되는 불뱀들을 퇴각시키는 대신 그 뱀에 물려 죽어가더라도 장대 끝에 달린 놋뱀을 쳐다보기만 하면 산다는 별로 논리적이지 못한 처방이 바로 그것이다. 신앙생활은 참으로 객관적이어야 하고 논리적이어야 한다. 그러나 신앙의 어떤 궁극적 국면에 가면 그것은 논리를 초월하고 주관적이며 믿음으로 결단하는 점에 도달하게 된다. 그것을 화란의 기독교 철학자는 '비약'이라는 표현으로 기독교 신앙의 초월성을 표현했는데, 오늘 이 놋뱀 사건이 그렇다. 불뱀에 물리는 것은 우리 죄된 인간의 일이고, 놋뱀을 걸어놓고 구원의 길을 제시하는 일은 하나님의 일이다. 그 사이에서 비록 우리가 불뱀에 물려 죽어가고 있다하더라도, 놋뱀을 쳐다보면 살리라 하는 믿음으로 놋뱀을 쳐다보는 일은 우리가 해야 되는 일이다. 구원을 위하여 인간은 놋뱀을 쳐다보아야 한다. 물린 독사의 독을 빼내는 일보다 믿음으로 놋뱀을 쳐다보는 일을 해야 살아난다는 것이다. 믿음은 이 부분에서 분명히 상식과 어긋난다. 그래서 기독교 신앙은 절대 다수의 부분에서 상식과 논리로 되어있다. 하지만 그 근간이 되고 시작이 되는 구원을 얻는 믿음에 관한 한 상식과는 다른 것이다. 놋뱀 사건이 바로 그런 이야기를 하고 있는 것이다. 당신에게는 하나님이 예비하신 구원을 누릴 마음이 있는가? 즉 놋뱀을 쳐다볼 마음이 있는가? 구원은 이렇게 믿음으로 누리는 것이다.

3) 모압평지에서(민22:1~36:13)

광야에서 죽은 옛 세대에 대한 기억을 멀리하고 하나님의 언약의 축복을 이어갈 새 세대의 이야기가 희망차게 펼쳐지고 있는 부분이다. 민수기의 세 번째 부분인 이 부분은 놋뱀 사건이 끝난 후 21장에서 서술되어 있는 바, 아모리 왕들의 패배에 대한 기사와 더불어 약속된 땅의 임박한 정복이라는 새로운 주제가 제시되어 있다. 이스라엘의 접근에 위협을 느낀 모압 왕 발락은 사람들을 시켜 당대의 선지자로 추앙받던 발람에게 이스라엘을 저주해 줄 것을 요청한다. 하지만 우리가 잘 아는 '입이 열려 말하는 나귀 사건'(민22장)을 통하여 자기의 길 앞에 하나님의 사자가 선 것을 보게 된 발람은 "하나님이 저주하지 않으신 자를 내가 어찌 저주하며, 여호와께서 꾸짖지 않으신 자를 내가 어찌 꾸짖으랴"(민23:7)하며 도리어 이스라엘을 축복하게 된다. 그러면서 유명한 구절 "하나님은 사람이 아니시니 거짓말을 하지 않으시고 인생이 아니시니 후회가 없으시도다 어찌 그 말씀하신 바를 행하지 않으시며 하신 말씀을 실행하지 않으시랴"(민23:19)를 언급하면서 세 번에 걸친 발락왕의 제의에 도리어 축복으로 이스라엘을 대한다. 그 후 이스라엘은 바알 브올(민25장)의 위협을 받았으나 잘 극복하였고, 백성들에게 닥친 위협은 극복되었다. 애굽에서 나왔던 모든 세대의 죽음에 이은 새로운 민족의 징표로서 새로운 인구 조사가 시행되었고, 여호수아를 후계자로 세우는 일이 기록된다 (민27:12~23). 민수기의 마지막을 구성하고 있는 법령들은 택하신 땅이 더럽혀지지 않도록 하고, 후대의 모든 세대들이 이 법령의 준수를 통하여 거룩함과 균형 있는 분배 구조 속에 살아가도록 배려하는 관점에서 기록된 것이다.

민수기를 정리하면서, 우리는 다시 "하나님은 어떤 분이신가?"하는 생각을 하게 된다. 창세기를 통해 한 사람을 불러 구원의 이야기를 시작하신 하나님은 출애굽기에서 당신의 이름과 속성을 드러내셨다. 그 하나님은 기적을 통하여 당신의 백성을 구원해 내셨고, 그 백성과 언약을 맺으셨다. 그런 하나님은 자기 백성과 친밀한 교제를 이어가기를 원하셨고, 그래서 레위기를 통하여 죄 많은 인간이 어떻게 거룩한 하나님 앞에 나올 수 있는지를 설명했다. 그리고는 이 민수기를 통해 하나님의 신실하심을 다시 보여주고 계신다. 광야에서 보여진 그 많은 불평과 불순종들에도 불구하고 당신의 선택하신 이스라엘을 버리지 않으시고 마침내 약속의 땅으로 인도하시는 하나님을 보게 된다. 광야 이스라엘의 훈련되지 않은 노예근성에도 불구하고 여전히 당신의 구원의 여정을 이어가시는 하나님의 신실하심이 다시 부각되고, 그 교훈이 현대를 사는 성도의 삶에 살 깊게 적용되어 열매 맺었으면 하는 바램이 있다. "하나님의 은사와 부르심에는 후회하심이 없느니라"(롬11:29).

제5장

신명기

1. 신명기의 서론과 구조

1) 신명기 서론

토라의 다섯 번째 책인 본서의 히브리어 성경의 명칭은 '에일레 하드바림(אלה הדברים -이것은 그 말씀들이다)'인데, 줄여서 '하드바림/그 말씀들'이라고 부르기도 한다. 유대인들에 게는 신17:18절에 나오는 구절로부터 '미쉬나 하토라(משנה התורה-율법의 복사)'로 더 잘 알 려져 있는 책이기도 하다. 이 '율법의 복사'란 의미를 헬라어 번역본인 LXX에서는 '율 법의 반복'이라는 의미의 '토 듀트로노미온(το δευτρονόμιον)'이란 의미로 약간 잘못 번역 하였는데, 이것을 라틴어역에서 Deutronomium으로 번역했고, 영어권에서는 이를 그 대로 썼으며 Deutronomy, 우리말의 '신명기'는 중국어에서 따왔는데 약간 어색한 번 역이다. 한국어의 명칭 신명기는 '하나님의 율법이 납신다, 혹은 하나님의 율법이 드러 난다' 라는 뜻이 된다. 신명기는 앞서 기록된 율법서의 내용과 차원을 달리하는 새 율 법의 선포라기보다는 이미 주어진 율법을 재확인하고 재교육 시키면서 장차 우상숭배 가 성행하는 가나안 땅에 입주하는 일을 준비 시키는 것을 목적으로 하고 있다.

신명기는 광야 행진의 마지막 정착지인 모압평지에서 모세가 행한 연설들로 구성되 어 있으며, 신명기는 이미 선포된 율법과 규례들을 일반 대중이 알아들을 수 있도록 다 시 기록한 것 같은 성격을 가지고 있다. 그래서 이 책은 새로운 율법집이라기보다는 이미 세워진 율례들을 일반 이스라엘 백성들이 일상생활 속에서 규모 있게 실천하기 위한 일종의 지침서 역할을 하고 있다고 보아야 할 것이다.[86] 신명기에서 모세는 이전에 선포된 하나님과의 언약의 갱신 의식을 인도하고 있으며, 앞에서 선포된 율법들의 두 번째 판본을 담고 있고 또 구약의 다른 부분들(역사서, 선지서 등)이 신명기의 영향을 받고 있기 때문에 신학적 관점에서 볼 때, 신명기는 구약의 가장 중요한 핵심적인 책이라 할 수 있겠다.[87] 특히 신명기 5장에는 십계명이 반복되며 출애굽기 21~23장의 언약적 내용들과 흡사한 내용들이 많이 포함되어 있다.[88] 모세는 신명기를 통하여 율법의 교훈을 지키며 시내산 언약의 조항들을 지켜야 할 책임이 이스라엘에게 있음을 선포하고 있다.

신약의 요한복음이 다른 세 공관 복음서와 다르듯이, 신명기도 오경의 다른 네 권과 사뭇 다른 특징을 보여준다. 이미 언급되었듯이 신명기는 모세가 광야 40년을 회상하면서 이스라엘 백성들로 하여금 시내산 언약을 '회상'하며 그것을 '갱신'하여 준수하게 하는 목적을 갖고 있는 설교집이라 할 수 있다. 왜 모세는 이스라엘 백성들이 하나님과 맺은 언약을 갱신하도록 했을까? 이유는 간단하다. 광야의 첫 세대 즉 시내산에서 하나님과 언약을 맺었던 것을 목격했던 세대가 다 죽었고, 이제 새로운 세대가 일어나고 있기 때문이다. 그래서 모세는 신명기를 특별한 의도를 가지고 기록한 것으로 보인다. 모세라는 걸출한 지도자가 없는 이스라엘이 하나님의 언약에 견고히 서 있어야 될 것을 확인해야 했으며, 또 새로운 세대가 하나님의 언약의 인도를 신뢰하며 충성되게 하나님을 사랑하는 삶을 살도록 국가적 결단을 새롭게 해야 될 필요가 있었던 것이다. 그와 더불어 본서는 또한 신약에서 거의 80회 이상 인용된 책이며,[89] 예수님께서 시험 당하실 때 인용한 구절이 포함되어 있고, 가장 중요한 계명에 대한 답변이 바로 이 신명기(신6장, 8장)에서 인용되었음은 이 책이 가지는 중요성을 대변해 주는 것이라 할 것이다. 신명기에는 언약 개념 혹은 계약 개념이 자주 나타나고 있으며 한 민족으로서, 한 국가로서의 이스라엘이라는 개념도 종종 드러나는 용어이다. 신명기의 하나님은 자기 백성들과 함께 하시는 분이시며 자기 백성들을 위하여 싸우시는 신이시다. 신명기는

---

86 Kohler L., *Hebrew Man*(1956), p.141. cited from Harrison R. K. op. cit., p.636.
87 신명기의 중요성을 강조하면서 Wenham은 본 서가 구약의 "핵심적인 책(linchpin)"이라고 불렀다.
    참고: Wenham G., *The Date of Deuteronomy Linchpin of old Testament Criticism, themelios*10(1985), pp.15~20.
88 Thompson J. A., *Deuteronomy*, TOTC(Diowners Grove, IVP, 1975), p.27.
89 ibid., p.11.

긍정적이고 미래 지향적인 성격이 강하게 배어 있는데 "가서 취하라"하는 표현이 35회 나오고 "주 너희 하나님이 네게 주신 땅에서"라는 구절이 34회나 나온다. 그만큼 모세는 약속의 땅에 들어가 언약의 백성으로 살아갈 다음 세대를 염두에 두고 미래지향적으로 언약을 갱신하고 있는 것이다.

19세기 이전까지는 본서에 대한 모세의 저작권을 기독교계나 유대교 진영에서 별 의심 없이 받아들이고 있었다. 비평학 이전에도 단지 모세 사후 문헌이라고 알려진 일련의 구절 들(신1:1, 신3:14~17, 신10:6 등)이 있음은 인지하고 있었다고 보인다. 대표적인 것이 모세의 사망과 장례에 관한 구절들이다(신34장). 그러나 처음에는 거의 이단시 여겨졌던 벨하우젠의 이론 즉, 헤겔 철학에 근거하여 이스라엘 종교를 진화론적 발전 가설로 설명하면서 요시야 왕의 시대에 발견된 '율법서'가 신명기 일 것이며 그러므로 본서는 모세의 것이 아니라 B.C. 620년 어간의 것일 것이라는 전통적 문서 비평학계의 이론은 한 동안 구약 학계의 흔들릴 수 없는 정설이 되어 왔다.[90] 여기서는 이 문제에 관하여 심도있게 다루지 않겠다. 본서 뒤의 문서설 비평이란 항목을 참고하면 좋겠다. 비평학자들이 모두 요시야 왕 시대 혹은 포로 후기로 잡는 것은 아니다. 브링커 라든지 올브라이트 등의 학자들은 본서의 연대를 사무엘 시대와 같이 이른 연대설을 주장하기도 한다. 그러나 점차 벨하우젠 학파의 문서 가설은 영향력을 잃어가고 있으며, 학자들은 이 문제에 대하여 과거보다 더 여유 있는 입장을 보일 필요가 있음을 알게 되었다.[91] 이 문제에 대하여 어떤 학자들은 본서의 설교 양식이 이인칭 단수와 이인칭 복수 사이에서 변화를 보이고 있음을 근거해서 신명기가 다른 몇 가지 다양한 문헌들에 의해 복합적으로 구성되었다는 이론을 주장하기도 했다.[92] 또 S. R. 드라이버 같은 학자들은 신명기의 문체와 오경의 다른 책들의 문체의 차이 및 내용상 중복 혹은 대립되는 부분들을 찾아내어 결과적으로 신명기는 모세 이후 시대의 것이라는 결론을 내리기도 했다. G. 폰 라트 같은 학자는 이 책이 갖고 있는 언약적 특성에 근거하여 이 책이 레위 제사장적 전통 속에서 기록된 것이라 주장하기도 했다.[93] 벨하우젠이나 알트 같은 이

---

90   Harrison R. K., op. cit., p.640, 이런 주전 7세기 설은 비평학계로부터 지속적인 관심과 지지를 받아왔고, 그러한 이론은 주전 7세기를 전후하여 많은 이론들이 제기되었다. 예를 들면 De Wette 같은 경우는 전통적인 벨하우젠의 견해를 따르는 가하면 Berry, Kennet, 휠셔 등은 한 걸음 더 나아가 신명기의 저작 연대를 포로 후기로 추정하기도 했다.

91   Rowley H. H., *studies in OT Prophecy Presented to T.H. Robinson*(1950), pp.157.

92   Nicholson E. W., *Deuteronomy and Tradition*(Fortress, 1967), pp 22~36.

93   G. 폰 라트는 출애굽기 19~24장의 언약과 신명기는 동일한 제의를 반영하고 있다고 생각했고, 신명기

는 신명기가 모세를 이상적인 선지자로 묘사하고 있음과 관련하여 본서에 선지자적 배경이 있다고 보기도 했으나 이 견해는 니콜슨에 의하여 지지되었다.[94] 와인펠트 같은 이는 신명기가 구약의 지혜 문서와 관련이 있음을 주목하기도 했고, M. 노트는 신명기가 고대의 조약문서와 그 형식이 유사함을 파악하기도 했다. 이런 연구 경향들은 최근 20년간 다른 방향으로 그 경향을 돌렸는데 소위 말하는 통시적 접근 방식(Synchronic)이다. 이 방식에 관심하는 학자들은 어떤 책의 형성 과정의 배후에 깔린 문서들이나 역사를 재구성하기보다는 현재 그 책이 보여주고 있는 모습에 더 집중하고 있으며, 이런 방식을 추구하는 것은 그 책이 나름대로의 통일성을 갖고 있다는 것을 전제하고 저자의 수사학적인 기법들을 파악하려 하는 방식이다.[95] 신명기 연구를 위하여 다양한 연구 방식이 동원되었지만, 학자들은 제기된 문제들에 대하여 뚜렷한 일치를 만들어 내지 못하고 있다.

결국 신명기란 무엇이며 어떤 책인가? 신명기에 있는 많은 신학적인 논쟁점들에도 불구하고 신명기는 신약의 성도들에게 가장 사랑받는 구약 책들 가운데 하나이다. 신명기에는 모세가 시내산에서 받았던 율법을 다시 재천명하고 있으며, 그 백성을 하나의 '언약백성'으로 그리고 하나의 '국가'로 하나님 앞에 세우고 있다. 결국 신명기는 걸출한 지도자였던 모세 사후의 이스라엘의 정체성에 대하여 강조하는 것이 주된 집필 목적이었으며, 또한 이어지는 약속의 땅에 대한 '정복 전쟁'을 위해 이스라엘을 준비시키는 것을 목적으로 하는 책이다. 신명기는 그 목적을 달성하기 위해 그 백성을 하나님과 언약을 맺은 백성으로 묘사하고 있고, 이스라엘의 정체성을 하나님의 율법에다 묶어 놓고 있다. 그러므로 신명기를 읽어가려면 이런 배경을 염두에 두고, 일종의 조약문[96]으로서의 신명기를 읽으면 좀 더 이해가 쉬울 수 있다. 다음 표[97]는 주전 2천년대 말기의 히타이트인들이 맺었던 조약문과 신명기와의 구조를 비교한 것이다.

는 권면적인 성격을 가지고 있으며 설교체로 주어진 율법으로 이루어져 있기 때문에 이 책이 레위인들에게서 기원한 것이라 주장한다. *The From Critical Problem of the Hexateuch, The Problem of the hexateuch and other Essayes*(McGrawHill, 1966), pp.1~78.

94   Nicholson E. W., op. cit., p.76.

95   Dillard R. B. & LongmanⅢ. T., op. cit., p.97.

96   Kline M. G., *Treaty of the Great King*(1963) pp.13, 그리고 그 이하를 참고하라.

97   Kitchen K., op. cit., p.80.

신명기	정상적인 ㅎ 타이트 조약의 순서
역사적 서언(1~4장)	역사적 서언
규정들(5~26장)	규정들
축복(27~30장)	증인들
저주(30~31장)	저주
증인들(31~34장)	축복

그뿐 아니라 새로운 통치 체제의 헌장[98]으로서 신명기를 읽을 수 있으면 좋겠다. 그리고 하나의 연설[99]로서의 신명기나 십계명의 해설[100]로서의 신명기를 읽을 수 있으면 본문이 가지는 보다 깊은 의미를 풍성히 누릴 수 있을 것이다. 전체적으로 볼 때 본서는 시내산에서 계시된 율법의 도덕적이고 영적인 주제들을 일반 백성들에게 재선포한 것이다. 많은 법규들이 인위적인 방법으로 광야 40년의 다지막 부분에 행해진 모세의 설교에 집약되었다. 카일의 말을 빌리자면 "가나안 땅에서 살 사람들의 삶과 복지의 영원한 기초가 될 성직, 재판, 정치, 시민조직과 함께 권고, 설명, 강제성이 계약과 계약법의 핵심적인 내용으로서 율법에 대한 영적인 원칙을 강조하고 있다."[101] 신명기 신학은 상대적으로 간단하며 정교하지 않고, 모세로부터 기원된 종교적 사상과 완벽하게 조화를 이루고 있다. 신명기의 특징은 초기 시대의 특징과 유일신적인 틀이 잠재되어 있다는 것이다.[102] 신명기 안에는 계약 개념이 월등하게 많이 나타나며, 하나님의 백성으로서 장차 국가가 마주치게 될 운명과 시내산에서 주어진 규정에 순종하는 것이 꾸준히 본서의 핵심 주제로 나타나고 있다.

2) 신명기의 구조

- 1:1~4:43절 ▶ 첫 번째 모세의 설교
- 4:44~28장 ▶ 두 번째 모세의 설교

---

98   McBride S. D., "Polity of the Covenant People: the Book of Deuteronomy," *Interp3*(1987), pp. 229~44.

99   Polzin R. G., "Deuteronomy" in *the Literary Guide to the Bible*, ed. R. Alter and F Kermode(Harbard Univ. Press, 1987), pp.92~101.

100   Kaufmann S. A., "The Structure of the Deuteronomic Law," *Maarav1/2*(1978~79), pp.105~58과 Walton J. H., "Deuteronomy: and Expositon of the Spirit of the Law." *Grace TJ8*(1987), pp.213~25 를 참고하라.

101   Keil C. F. and Delitzsch F., *Biblical Commentary on the OT*(1949), III, p.270.

102   Rowley H. H., *The Rediscovery of the OT*, p.88.

• 29~34장 ▶ 세 번째 모세의 설교와 후기

신명기는 요단 저편 모압평지에서 행해진 세 개의 모세의 설교를 중심으로 구조되어 있다. 첫째 것은 서론 후에 1:6에서 시작되어 호렙산에서 명하시는 하나님의 명을 받은 것에서 시작하여 요단 강가에 이른 시점까지를 설명하고 있다. 이 부분은 이스라엘 백성에게 순종을 요구하는 모세의 권면으로 끝나고 있다(4:1~40).

두 번째 부분은 도피성 규례에 대한 약간의 부기가 있은 후, 4장 44~49절까지의 서론을 시작으로 하여 28장까지 계속되는 긴 설교이며, 세 번째 부분은 앞의 설교의 연장선 상에서 시내산 언약에 대한 준수를 호소하고 있는 29~30장의 부분과 후기 격으로 모세의 업적을 총망라하고 있는 기록인 31~34장까지이다. 신명기에 대한 효과적인 이해를 위해서는 이 책이 가지고 있는 몇 가지 신학적 관점들을 곧 바로 본문 이해에 적용하는 것이 좋을 것이다.

2. 신명기의 신학적 논점들

1) 땅(신8:7~9, 11:10~12, 26:1, 9)

신명기의 가장 중요한 주제는 이스라엘이 점령할 땅에 대한 완고한 입장에 대한 토론일 것이다. 이스라엘은 새롭게 얻을 땅을 하나님이 그들의 조상들에게 약속하신 것을 이행하시는 것으로 이해했고, 또한 그것은 하나님의 '선물'이며, 그들에게 주신 '기업'이라고 이해했다. 본서에는 이 땅을 "우리에게 주리라고 우리 열조에게 맹세하신 땅"(신26:3)이란 표현이 자주 등장한다. 이 책에는 '주다'라는 단어가 167회 나오는데 그 중 131회에 있어서 행위의 주체가 하나님이시다.[103] 문제는 여기서 선물이며 기업으로 주신 땅에 다른 사람들이 이미 살고 있었다는 점이다. 이스라엘은 역사적으로 엄위한 하나님의 간섭(예, 출애굽 사건 등)을 체험하였고, 그들은 그래서 그 하나님의 약속의 땅을 현실화시켜 누리는 데 건너야 할 장애를 눈앞에 두고 신앙과 현실 사이에서 갈등하였던 것이다. 그들의 입장에서 약속의 땅이란 위험을 동반하는 정복을 의미하는 것이었기 때문이었다. 그러나 하나님의 베푸시는 은혜로운 이 땅에 대한 약속은 동시에 이스라엘의 반응을 필요로 하는데, 땅의 소유 및 보존 여부는 이스라엘이 하나님의 명령들

---

103 McConvill J.G., *Law and Theology in Deuteronomy*, JSOT Sup.33(Sheffield, JSOT,1984), p.12.

에 순종하느냐의 여부에 달려 있게 된다는 것이다(4:24, 6:18, 8:1, 11:8~9, 18~21, 16:20 등).
이러한 조건성은 시내산 계약의 특성과 연결되고 있고 동시에 신명기에 극명하게 드러나는 인과응보의 신학과도 연결되어 있어 보인다. 하나님의 의로우신 명령들에 대한 순종은 땅을 소유하고 보존하는 결과를 가져올 뿐 아니라 번영과 복지를 가져올 것이다. 반면에 불순종하면 재난과 병과 죽음과 땅의 상실을 초래하게 된다는 것이다. 하나님이 이스라엘에 은혜로운 선물을 주신다는 점과 이스라엘의 유업이 조건부라는 점 사이의 해소되지 않는 갈등 때문에 크로스는 신명기 역사가 이중으로 편집되었을 수 있다는 자신의 가설을 해결책으로 제기하기까지 했다.[104] 하지만 그런 이해는 신명기의 통일성과 핵심적 내용들과 잘 어울리지 않을 뿐 아니라, 그것으로서 또 확실한 대안이 제시되는 것도 아니라고 학계는 평가하고 있다.[105] 이러한 땅이라는 개념 속에 포함된 '은혜와 조건성'의 긴장은 다른 편집층을 운운해서 될 일이 아니다. 그것은 그대로 신명기의 특성을 내포하고 있다. 왜냐하면 실제적인 위협이 있는 그대로 하나님의 은혜가 선포되고, 이스라엘은 하나님을 신뢰함으로 현실적인 위협 속에서도 그 약속의 성취를 믿고 순종해야 한다는 것이 신명기의 핵심 주제이기 때문이다. 그렇게 해서 얻게 된 '땅'은 이스라엘에게는 그야말로 하나님의 은혜의 현실적 현현이며, 거래나 투기의 대상이 될 수 없는 보이는 땅 이상의 것이다. 그래서 가나안에 들어간 후에도 이스라엘에게 있어서 땅이란 개인의 소유로서 사고, 파는 대상이 될 수는 없는 하나님께로부터 나눠받은 '유업'의 개념, '가족 공공의 소유'라는 개념으로 발전되었고, 자자손손 누리고 살아갈 터전으로 이해되었던 것이다.

성소로서의 약속의 땅

이스라엘이 살아야 하고, 하나님을 섬기기에 최적격인 이상향으로서의 약속의 땅 가나안은 에덴과 같은 장소로, 혹은 '성소'로 묘사되었다. 신명기에서는 이런 개념이 더 풍부하게 발전되었으며 '젖과 꿀이 흐르는 땅'(신6:3)으로 표현되기까지 했다. 거기는 생명의 풍성함과 번영이 넘치는 땅이며, 이스라엘은 모든 민족 가운데 축복받은 민족이

---

104 참고, Cross F. M., *Canaanite Myth and Hebrew Epic*(Harvard University press, 1972), 여기서 크로스는 "포로전 요시야 시대의 편집층은 하나님의 은혜와 신실함을 강조하고, 포로 후기의 다른 편집층은 본문에서 보이는 조건성을 강조한다"고 주장했다.

105 이에 대하여 R. G. Polzin 같은 이는 그렇게 본문에 대한 두 가지 편집층을 강조하게 되면 필연적으로 "첫 번째 편집층을 실패한 설교"가 되게 하는 자가 모순을 초래한다고 비판하였다. 그의 책 *Samuel and the Deuteronomist*(Harper & Row, 1989), p.12를 참고하라.

될 것이고, 모든 질병은 이스라엘을 위협하던 이방 민족같이 사라질 것이며(신7:14, 15), 하나님의 특별한 돌보심이 항상 그 땅에 있을 것이라는 관점이다. 그 땅을 성소로 보는 관점은 그들의 거처의 중심에 하나님의 통치를 상징하는 하나님의 성막이 있다는 것이다. 그 땅이 성소로 인식된다는 점과 더불어 기억해 두어야 하는 것은 신명기 12장이 시작과 끝남에 있어서 가나안 우상신들에 대한 논쟁적인 언급을 하고 있다는 점이 바로 그곳이 성소이므로 그곳에 다른 신들에게 분향함이 옳지 않다는 점을 지적하고 있는 것이다.

2) 예배의 중앙 성소화

(신12:5, 11, 14, 18, 21, 26, 14:23~25, 15:20, 16:2, 11, 15, 17:8, 10, 18:6, 26:2)

신명기에는 "너희 하나님 여호와께서 자기 이름을 두시려고 한 곳을 택하실 그곳으로" 혹은 "네 하나님 여호와의 택하실 그곳에서 너는 번제를 드리고"라는 표현이 자주 등장한다. 전통적으로 비평학계에서는 이 표현을 예루살렘으로 예배를 중앙화 시켜 왕권을 강화하려는 요시야의 노력과 관계있는 것으로 여겨왔다.[106] 또 다른 학자들은 이 예배의 중앙화와 관련 있는 것으로 여겨지는 이런 표현들은 후대의 편집자에 의한 증보 부분이라 여겨왔다.[107] 신명기의 연대나 기원에 관한 논쟁들 중에 중요한 주제 중의 하나가 '예배의 중앙화'에 관한 문제이다. 현대 비평학계의 선구자격인 벨하우젠과 그의 추종자들은 신12장에 집중적으로 강조되고 있는 하나님이 택한 장소에서 예배드릴 것이란 표현을 가지고 그곳에 예루살렘이라고 주저 없이 강조해 왔다. 그러나 신명기에는 예루살렘을 유일한 제사의 장소로 특별히 언급된 적이 없고[108] 또한 다윗시대 및 그 이후의 문헌들을 보아도 사무엘서와 열왕기가 예루살렘을 배타적인 성소로 선택되었다는 어떠한 정보도 없다.

한 장소/지역을 예배 중앙화의 장소로 지정하는 것이 본서의 후대성을 지지하는 충분한 기준이 될 수 있는가? 아니면 이 책이 그보다 더 이른 시기의 것이란 견해와 병존할 수 있는가하는 질문이 야기된다. 맥콘빌 같은 학자는 신명기 12장의 '하나님이 지정하실 예배 장소'에 관한 기록이 배분적인 내용을 담고 있는 것으로 해석한다[109]. 다시

---

106 Welhousen J., *Prolegomena to the History of Israel*(1885) p.368.

107 Halpen B., "The Centralizaton Formula in Deuteronomy," *VT31*(1981), pp.20~38.

108 Skinner J., *Prophecy and Religion: Studies in the Life of Jeremiah*(1992), p.167.

말해서 각각의 지파들이 각자의 중앙 성소를 가질 수 있으며 이 중앙 성소들이 서로 공존할 수 있도록 허용되어 있다는 것이다. 그럼에도 불구하고 신명기 12:5절은 유일한 성소에 대한 묘사를 하고 있다는 점을 부인하기는 어렵다. 예배의 중앙화는 '한 하나님, 한 백성, 한 성소' 라는 신명기의 이상을 반영하고 있기 때문이기도 하다. 그러나 '중앙화'라는 명칭은 다소 잘못된 이름이다. 어느 정도는 이스라엘의 예배는 법궤가 안치된 성소들에 항상 중앙화 되어 있었다. 법궤는 하나님의 함께하심에 대한 두드러진 상징이며 법궤가 있는 곳에는 항상 하나님의 '이름'도 함께 있었다. 신명기 12장이 대비시키고 있는 것은 가나안인들이 자신들의 예배처로 선택한 다수의 장소들과 하나님이 선택하실 장소 사이의 대비인 것이다.[110] 하나님께서 한 백성을 택하신 것처럼 그는 또한 한 장소를 선택하시고 그곳에서 드려질 예배를 규정하실 것이다. 그가 선택한 곳에서 하나님의 방법으로 하나님께 예배드리는 것은 이스라엘의 언약적 충성의 한 부분이었던 것이다. 이것은 하나님을 위해 성경하게 구별된 백성으로서의 이스라엘의 지위를 국가적 차원에서 반영하는 것이긴 하지만, 율법은 이 선택된 장소가 때에 따라 변할 가능성을 배제하지는 않고 있다. 그러므로 신명기가 예루살렘만을 예배의 장소로, 즉 제의 중앙화의 장소로 의도했다는 비평 학자들의 주장은 상당히 주관적일 수밖에 없는데 본문적인 근거도 없을 뿐 아니라, 이미 그 율법이 발견되던 시대 훨씬 이전인 다윗시대부터 솔로몬을 거쳐 이미 예루살렘의 성전 예배가 확정되어 있었기 때문이다. 만약 비평학자들의 주장대로 요시야왕의 시대에 그 율법이 쓰여 졌다면 솔로몬의 성전이나 그 이전의 성전 중심적 예배 활동에 대해서는 답이 궁색해 질 수밖에 없게 된다.[111] 그러한 취약점에 대하여 폰 라드도 "근거가 매우 취약하다"고 비판했는데,[112] 여러 가능한 이유들을 다 들더라도 예루살렘은 거의 벨하우젠의 제의 중앙화 이론과 부합되지 않는다. 여호수아 시대 정복의 제2단계까지 그곳은 여부스족 소유였다. 그곳은 비로소 다윗의 시대에 이스라엘의 세력권에 귀속되었고 지파 간의 중립지역이었기에 남쪽과 북쪽에 공히 충성을 요구할 수 있었던 지역이었다.

만약 예루살렘에 제의를 중앙화 시키는 것이 신명기 기자의 목적이 아니었다면 그 구절들의 본래의 목적은 무엇인가? 그것은 이스라엘 공동체를 가나안의 영향으로부터

---

109 McConvill J. G., op. cit., p.36.

110 ibid., pp.29~38.

111 Harrison R. K., op. cit., p.649.

112 Rad von G., *Studies in Deuteronomy*(westminster, 1953). p.68.

보호하는 것이었으며, 선택된 백성들이 하나님께서 계시하신 계약 관계를 규정하는 율법에 확실히 복종할 수 있도록 강조하려는 목적이라고 볼 수 있다.[113] 신명기의 저자가 살던 시대는 훗날 남 왕국의 역사에서 보듯이 예배가 전적인 개혁대상이 될 만큼 심하게 타락했던 시대는 아니었다.

3) 거룩한 전쟁(聖戰, 신6:19,7:1~11,11:23~25,12:29~31)과 안식(신3:20, 12:10)

거룩한 전쟁이라는 개념은 위의 땅에 대한 이스라엘의 이해에 필연적으로 동반되는 개념인데, 약속의 땅을 차지하고 지켜가기 위해 그 땅의 불신의 거민을 소거하는 일을 의미하였다. 하나님이 그 땅을 '선물로' 그들에게 주셨기 때문에 그 땅은 이스라엘의 것이 될 수 있고, 하나님이 그 모든 승리의 견인차이시며 그래서 그 땅을 당신의 소유로 두시는 모든 일도 오직 하나님만이 하실 수 있는 일이시라는 것이다. 이런 '선물로서의 땅'이라는 개념과 '정복되고 소유되어야 할 대상으로서의 땅'이라는 개념에 대한 긴장을 하나님의 주권과 위엄이라는 관점에서 해결하고 전쟁을 수행하는 것이 성전에 대한 신명기의 해석이다. 약속의 땅에 들어가는데 반발이 예견되었다. 그러나 마침내는 하나님이 그 땅을 주셨다. 그 과정에 있는 것, 즉 하나님의 약속을 이루는 것이 거룩한 전쟁이라는 것이다. 앞의 땅의 개념에서도 언급되었지만, 여기서 다루는 성전이란 개념도 지금은 준비하는 단계이지만, 그것은 인간에게서 발로되어진 탐욕의 결과로서의 전쟁이 아니며, 또한 어떤 원한에 근거하여 도발하는 전쟁이 아니라는 것이다. 그것은 온전히 하나님의 약속을 구현하는 명령에 대한 순종으로서의 전쟁인 것인데, 왜냐하면 하나님의 이름이 그 땅에 거하실 것이기 때문이었다.

그리고 약속의 땅에 들어간다는 것은 이제 그들에게 일종의 '안식'이 주어졌다는 것이다. 땅을 얻기 위한 정복의 거룩한 전쟁이 끝나고 신명기 26장의 축하 예식이 시작될 때, 예배자들의 반응은 바로 신명기 25장 17~19절에 나타나는 아말렉을 진멸한 결과로서 주어진 안식을 의미하는 것이다. 그 안식은 신명기 3:20절에 나타나며, 모든 대적들의 위협에서 자유로워졌음을 의미하는 것이다. 그것은 에덴에서의 아담과 같은 것이며, 창조시의 안식이 피조물에 대한 목표 중의 하나였음을 기억케 하는 것이다. 신명기가 강조하고 있는 것 중의 하나는 바로 하나님과 그의 선물에 대한 적적한 반응이 바로 '안식'하는 자세라는 것이다. 그러므로 우리가 신명기 12장에서 성소와 안식이라는 개

---

113 Pedersen J., *Israel I~ II*, p.27. cited from Harrison R. K., p.650.

념이 독립적이면서도 상호 연관성 있는 연결되어 있음을 발견하는 것은 의미심장한 일인 것이다. 즉, 인생의 참다운 목표는 안식을 누림에 있고, 그 안식을 누리는 것은 창조주 하나님 안에서여야 한다는 것이다. 여기서도 물론 '땅'과 '성전'에서 보듯이 이스라엘이 누리는 '안식'은 싸움이나 갈등이 혹은 위협이 전혀 없는 무풍지대 같은 평안을 말하는 것이 아님은 자명하다. 그 안식은 현실적인 어려움이 없음을 말하는 것이 아니라, 그런 속에서도 임하실 하나님의 보호와 통치하심을 신뢰함으로 느끼는 평안이며 안식인 것이다. 그리스도 안에서 그리스도인들이 누리는 평화와 안식은 바로 이런 것임을 신명기가 보여주고 있다.

4) 율법, 사랑 그리고 인간

신명기 26장 12~15절에서 십일조에 관하여 언급이 있은 후, 주제가 율법과 언약에 대한 이스라엘 백성의 반응이라는 점으로 옮겨졌다. "율법이란 무엇인가?"하고 아들이 물으면 아버지는 출애굽시의 하나님의 위대한 구속적 사역으로 그 의미를 설명 하도록 되어있다(신6:20~25). 나중에 율법이 율법주의라는 이상한 의미로 변질되기는 했지만 율법의 그 원래의 정신은 자기 백성을 향하신 하나님의 사랑인 것은 두말할 나위도 없다. 신명기는 율법의 완성을 하나님을 사랑함에 두고 있다. 그러나 사랑이란 단순한 헌신 그 이상의 것인데, 그의 길을 걷는 것(신10:12)이며 그의 계명을 지키는 것(신5:10)이며, 그의 목소리를 순종하는 것(신13:4)이다. 그래서 사랑은 언약적 신실함을 실천하도록 요청하는 특징이 있다. 사랑이 비록 노예와 같은 복종을 요구하는 것은 아니지만, 율법, 하나님이 요구하는 것, 혹은 하나님의 뜻에 대한 헌신과 그에 대한 점진적인 이해의 확장을 의미하는 것이다. 모세는 약속의 땅에서 살도록 선택받은 모든 이스라엘에게 아브라함에게 한 약속을 이루시는 하나님의 신실하심을 바르게 섬기도록 요청하며 신명기를 닫고 있다. 신명기에 나타나는 인간은 하나님과의 관계를 맺은 인간으로 이해되고 있으며, 그런 인간 상호간의 관계도 하나님과의 관계 속에서 상호를 이해하게 되는데 이것은 오늘날 기독교 윤리학의 근간을 이루는 사고인 것이다. 신명기에 많이 나타나는 사회규범들은 단순히 불신 사회의 공동체성을 염두에 둔 것이 아니라 언약백성으로서의 인간사회와 그 속에 사는 구성원으로서의 인간의 존엄성을 염두에 둔 가장 이상적인 사회와 인간 이해를 바탕에 두고 있는 것이다.

3. 신명기의 주요 내용 강해

1) 첫 번째 모세의 설교(신1:1~4:43)

광야에서 40년을 보낸 후, 모세는 새로운 세대에게 전심으로 하나님을 섬길 것을 요구했다. 광야에서 방황하는 동안에 출애굽의 제1세대가 모두 죽었으므로, 모세는 시내산에서 맺은 언약을 갱신하고 실제로 약속의 땅을 소유하게 될 사람들을 격려하며 하나님과 언약을 체결한 선민으로서의 방향을 제시할 필요가 있었다. 그것은 큰 기회이면서 동시에 위기이기도 한 것이었다. 모세는 이 마지막 메시지를 전하면서 그들이 광야에서 겪었던 여러 가지 일을 회상하고 있다. 1~4장에서 모세는 백성을 다스리는 지도자(지혜와 지식이 있는 인정받는 자를 택하라) 선발 기준과 그들의 사역 지침(재판은 하나님께 속한 것인즉)에 대하여 설명한 후, 정탐꾼들의 사명과 가데스 바네아에서의 반란 등 중요한 사건들을 묘사했다. 하나님은 모세에게 에돔과 모압과 암몬의 땅을 그냥 돌아가라고 명령하셨다. 왜냐하면 이 민족들은 이스라엘과는 친척관계에 있었으며, 하나님께서는 이스라엘에게 가나안 땅을 주신 것처럼 그들에게도 이 땅들을 그들에게 허락하셨기 때문이었다(신2:5, 9, 19). 그러나 이스라엘 백성이 아모리 족속을 공격하는 것은 허락하셨다. 신명기 2:24~3:11절에서 모세는 시혼과 옥에게 승리한 이야기를 민수기 21장보다 상세하게 기록하고 있다. 요단 동편을 점령한 모세는 르우벤지파와 각 지파에게 그리고 므낫세 반지파에게 그 지역을 분할하여 나누어 주었다(신3:12~18).

그 후에 모세의 간절한 요청에도 불구하고 하나님은 예고되었던 대로 모세에게 비스가 산꼭대기에서 약속의 땅을 바라보게만 하시고 그 땅에 들어가지 못하게 하셨다(그만해도 족하니 이 일로 다시 내게 말하지 말라). 제4장에 들어 모세는 본격적으로 이스라엘이 지키고 순종해야 될 하나님의 율례들을 선포하기 시작한다. 만일 이스라엘이 그들을 애굽에서 구속하여 내신 하나님의 선하심을 기억한다면, 그리고 시내산에서 그들에게 계시된 율법을 지켜 순종한다면 그들은 진실로 여호와께서 주시는 땅에서 한 없이 오래 잘 살 것(신4:39~40)이며, 반대로 그들이 하나님을 반역하여 우상을 섬긴다면 그 나라는 전멸하여 가나안 에서 쫓겨날 것이다(신4:26~27). 율법을 설명하면서 하나님의 위대함을 논증한 후 모세는 요단 동편의 세 도피성에 대하여 언급하고 있다.

2) 두 번째 모세의 설교(신4:44~28장)

이런 내용의 법을 새 세대에게 강조하고 앞 선 세대와 맺으셨던 언약을 다시 갱신하기 위하여 모세는 신명기 제5장에서 십계명 전체를 반복 진술하고 있다. 신명기 5:3절에서 모세는 그 언약은 우리 조상들과 세운 것이 아니라 '오늘 여기 살아있는 우리 곧 우리와 세운 것"임을 강조하고 있다. 옛날 시내 산에서 이 율법을 처음 받은 사람들은 쉽게 그것들을 무시하여 금송아지 우상을 숭배하다가 하나님의 진노를 자초했다(신 9:7~9). 그러나 하나님은 이스라엘을 특별한 백성으로 선택하셨으며 "그를 사랑하고 그 계명을 지키는 자에게는 천대까지 언약을 이행하시며 인애를 베푸실 것이지만, 그를 미워하는 자에게는 당장에 보응하여 멸하실 것"(신7:7~10)을 말씀하시며 그의 명령과 언약을 지킬 것을 강조하셨다. 많은 규례를 지닌 시내산 언약은 사랑에 기초를 두고 있었으며 이스라엘은 하나님을 향한 사랑 때문에 기꺼이 순종을 했어야 했다.[114] 과거 40년 동안 하나님은 기적적인 방식으로 그들에게 먹을 것과 물을 주셨고, 모든 자연 재해와 위험으로부터 구원해 주셨다(신8:15). 온갖 어려움에도 불구하고 그들의 옷은 낡지 않았고 그들의 발은 붓지 않았다. 이것들 역시 그들이 감사하는 마음으로 여호와께 순종해야 될 이유였다(신8:4). 모세는 이 부분에서 다시 만나 사건을 회상시키면서 이스라엘이 하나님의 말씀에 순종해야 될 이유들을 강조해가고 있다. 이스라엘의 습관적인 불순종을 경계하고 하나님이 이스라엘에게 요구하는 것이 "네 하나님을 경외하고 그의 모든 도를 행하고 그를 사랑하며 마음을 다하고 뜻을 다하여 네 하나님을 섬기는 것"(신 10:12, 11:1, 22~23)임을 누차에 걸쳐 강조하고 있다. 이스라엘 백성들이 약속의 땅에 도착하면 그들은 새로운 위험에 직면하게 될 것이다. 그들이 적대적인 모든 환경에서 살아남기 위해서는 하나님의 말씀을 지켜 그분의 보호를 받는 길밖에 없음을 모세가 강조하고 있는 것이다. 그것을 모세는 하나님의 율례와 규례들을 통하여 설명하고 강조하고 있는 것이다. 예를 들면 삼년에 한 번씩 드리는 사회적 구제를 위한 특별 십일조 등이 그것인데(신14:28~29) 이는 민수기 18장에 기록된 십일조에 관한 교훈의 수정이라 할 수 있다.

제사장과 레위인의 권리를 다루고 있는 18장의 부분은 왕에 관한 율례 다음에 오는데, 레위인 제사장들은 모든 지역에 흩어져 있던 일반 레위인들과는 분명히 구별되고 있기 때문이다. 민수기에서는 제사장들을 '아론의 아들들'이라고 표현하고 있는 반면에 신명기에서는 '레위인 제사장들'이라는 표현을 선호하고 있다. 가나안은 이미 많은

---

114 Schultz, S. J., *The Gospel of Moses*(New York, Harper & Row, 1974), p.6.

거주민들이 살고 있었던 곳이며 여러 형태의 우상숭배가 가득한 곳이었으므로 이에 대한 대비적 경고도 필요한 상태였다. 모세는 이스라엘의 후손들에게 하나님께서 세우실 선지자들의 말을 경청하라고 촉구했다. 여호와의 이름으로 말하는 사람들은 하나님께서 그 백성에게 주시는 메시지를 선포할 것이고, 거짓 예언을 하는 거짓 선지자들은 죽여야 한다고 했다(신18:20). 야곱은 열두지파를 축복할 때에, "홀이 유다를 떠나지 않을 것"이라 예언했는데 이것은 궁극적으로 유다에게서 왕이 나올 것을 예언한 것이다. 모세도 왕이 임명될 것을 예견하고 그의 통치를 위한 지침을 제시했었다(신17:16~17). 예를 들면 이스라엘의 왕은 '은금', '말', 그리고 '아내'를 많이 두면 안 된다는 것이었다. 하지만 이러한 경고에도 불구하고 솔로몬은 위의 세 가지를 지나치게 소유하는 죄를 범하여 궁극적으로 그의 나라에 손해를 끼쳤다. 19장은 범죄행위를 다스리는 것에 관한 법률이며 일종의 복수법인 '탈리오의 법칙'을 확인시켜 주고 있다. 또한 다양한 성격을 가진 법률들이 21~25장에 포함되어 있으며, 회중 가운데 시민이 가지는 권리가 23장에 나와 있고, 이혼(신24:5), 결혼한 남자의 면죄사항과 가난한 자를 압제하는 것이나 불공정한 것에 대한 경고등이 24장에 기록되어 있다. 또한 다른 문화권에서는 허용되던 극심한 체벌은 금지되었고, 인도주의적 정신은 동물에게까지 확대 적용되고 있다(신25장). 계속해서 법령은 경제 활동에 관한 것과 아말렉을 진멸하라는 명령 및 첫 소득의 십일조가 강조되고 있다.

12장부터 26장 사이의 일종의 사회 법령적 문서들은 세 개의 큰 부분으로 나뉠 수 있는데, 이 법령들은 첫째는 고대 관습법에 따라 제정된 것으로 여겨지고 있다. 두 번째 법령의 의미는 '영원한 행위의 규범'에서 나왔다고 여겨지고 있고, 세 번째 율례의 의미는 주로 구속이나 영원한 의무를 의미하지는 않지만 사람이 행할 수 있는 것에 관한 규정들로 되어 있다는 것이다. 27장에 가면 모세는 약속의 땅에 들어가게 되면 이 말씀을 돌비에 세우고 그것을 에발산에 세워 석회로 쌓아 세우라고 할 만큼 이스라엘이 언약의 말씀 가운데 세워지기를 열망하고 있다. 그리고 모세는 새로운 공동체를 위한 여러 구체적인 법령들을 공포한 후(신27:11~26), 신명기 28장에서 모세는 유명한 순종의 축복과 거역의 저주를 선포하였다.

3) 세 번째 모세의 설교와 후기(신29~34장)

신명기의 마지막 부분이기도 한 이 부분은 소위 '모압 언약'이라고 불리기도 하는데,

요단 건너 모압 땅에서 모세가 이스라엘에게 선포한 내용이다. 물론 그 내용은 앞의 시내산 언약을 재확인하고 재차 강조하는 것이다. 여기서 특이한 것은 "이 언약과 맹세가 너희에게만 세우는 것이 아니라 오늘 우리 하나님 여호와 앞에서 우리와 함께 여기 서 있는 자와 오늘 우리와 함께 여기 있지 아니한 자에게 까지"(신29:14~15)라는 부분이다. 모세는 하나님께 받은 언약을 재갱신하면서 그 효력의 범위가 출애굽 첫 세대와 출애굽 제2세대뿐 아니라 이후에 가나안에서 태어나고 살게 될 모든 언약백성의 후손들을 다 포함하고 있음을 강조하고 있으며 이것은 우리의 신앙에 상당한 함의를 가진 표현이라 하겠다.

부록으로 달린 부분(신31:1~34:12)에는 여호수아에게 주어진 약속과 임무, 그리고 율법의 편찬자로서 모세가 했던 활동들에 대한 언급이 있다. 여기서 책이라 언급되는 것이 기록된 자료를 지칭하는 것임은 두말할 필요도 없다. 여호수아에게 강하고 담대하라고 권면한 후에 모세는 이스라엘 백성들을 위한 긴 서사시(신32:2~43)를 지어[115] 여호수아에게 대독시키면서 그것을 '노래'로 불러 자손들을 교육할 것을 강조하였다 (31:19~22). 그 후에 모세는 그 옛날 야곱이 그랬던 것같이 이스라엘의 열두지파를 축복하였고, 모압평지에서 느보산에 올라 여리고 맞은 편 비스가 산꼭대기에서 약속의 땅을 바라보며 임종하게 된다. 성경은 모세가 사명을 다하였기에 임종하였지 결코 체력이 다하거나 노쇠하여 죽은 것이 아님을 명기하고 있다. 인간은 하나님이 사명을 가지고 살라고 하는 동안 이 땅에 거하게 되는 것이다. "모세가 죽을 때 나이 백 이십 세였으나 그의 눈이 흐리지 아니하였고 기력이 쇠하지 아니하였더라"(신34:7).

일부 비평학자들이 지적하는 것처럼 신명기 32장과 34장이 모세에 의하여 쓰여진 것이 아님에 대한 지적은 상식적이고 타당한 것으로 여겨지고 있지만, 모세가 쓰지 않았다고 그것이 모세의 것이 아니라고 단정 짓는 것은 어리석은 일일 수 있다. 모세가 한 말과 모세에 대한 정황들이 이야기의 완결형식을 가지고 그의 사후에 덧붙여졌다고 생각하는 것이 훨씬 타당한 생각들이다. 유대교의 전통은 비록 사실 여부는 확인할 수 없지만, 여호수아가 최소한 신명기의 마지막 장을 기록했을 것으로 간주하고 있다. 신명기의 많은 법규들은 시내산 언약의 기본적인 틀을 유지하고 있는데, 이에 대하여 카

---

115 이 모세의 시에 관하여는 Pfeiffer R. H., *Introduction to the Old Testament*(1941), p.280와 Driver S. R., *An Introduction to the Literature of the Old Testament*(1912), p 96, 그리고 Harrison R. K., op. cit., p.660을 참고하라. 여기서 모세는 자신이 '노래'로 하나님의 역사와 인도하심을 교육하라 했는데, 거기에 부응하듯 자신이 직접 시를 지었으며 해리슨에 따르면 그의 시는 후기 아마르나 시대의 것과 라르 샤므라에서 발굴된 우가릿 시들과 유사성을 보이고 있다고 설명한다.

일과 델리취는 신명기를 다음과 같이 묘사하고 있다. "가나안 땅에서 살 사람들의 삶과 복지의 영원한 기초가 될 성직, 재판, 정치, 시민 조직과 함께 권고, 설명, 강제성이 계약과 계약법의 핵심적 내용으로서 율법에 대한 영적인 원칙을 강조하고 있다."[116]

전체적으로 볼 때, 신명기는 시내산에서 맺은 하나님과의 언약과 그 유산을 일반 백성들에게 재선포, 재확인 하고 있는 것으로 보아 무방하겠다. 그것을 설교라는 틀에 넣어 압축적으로 표현한 것이다. 신명기의 신학은 상대적으로 간단하며 전체적으로 모세로부터 유래한 사상과 잘 어울린다고 볼 수 있다. 신명기에는 언약백성이 준수해야 되는 율법에 대한 순종이라는 주제가 지속적으로 반복 강조되고 있으며, 그들이 그런 계약을 준수하는 한 이스라엘은 전능하신 하나님의 보호 아래 있을 것임이 강조되고 있는 것이다. 그렇게 할 때, 하나님은 자기 백성이 풍요로울 때나 역경 가운데 있을 때에나 언제든지 함께하시는 분임이 드러나고 있다. 신명기의 긍정적이고 미래지향적인 성격은 '가서 취하라'는 구절과 '주 너의 하나님이 네게 주신 땅'이라는 구절에서 분명히 드러난다 하겠다.

신명기는 아브라함의 후손들인 이스라엘에게 제시되었던 언약과 시내산 언약을 같은 것으로 그려내고 있다.[117] 다른 말로 하자면 '선민 이스라엘'과 '약속의 땅'을 하나로 묶어 언약적 축복 안으로 끌어들이고 있다는 것이다. 이는 창세기 12장 이후에 시작된 이스라엘의 역사가 언약의 땅과 백성이 하나가 되면서 열방 가운데 하나님을 드러낼 제사장 백성으로서의 이스라엘의 정체성을 확실하게 보여주는 것이 신명기의 주요 목적인 되는 것이다.

---

116 Keil, C. F., and Delitzsch F., *Biblical Commentary on the OT*(1949)III, p.270.

117 Dumbrell W. J. op. cit., p.60.

제3부

역사서

개신교의 구약 구분에 의하면 역사서는 주로 '이스라엘'이라는 신정 국가가 어떻게 형성되고, 발전되었으며, 왜 패망하였다가, 어떻게 회복되었는가하는 '역사 해석'이라는 관점에 중점을 두고 편성되었다. 시간적으로 일목요연하게 이스라엘이라는 신정국가의 흥망성쇠를 그려 볼 수 있게 편집된 것이라는 뜻이다. 그러다보니 원래 유태교의 구약 성경 구분과는 사뭇 다른 양상을 보이게 된 것이다. 예를 들면 개신교의 역사서로 분류된 것 중 여호수아, 사사기, 사무엘 상하, 열왕기 상하는 유태인의 분류에 의하면 '전기 선지서'에 속한다. 하지만 그 외의 책들 즉 룻기를 포함하여 역대기 상하, 에스라, 느헤미야, 에스더 등은 유태인의 분류에 의하면 토라의 세 번째 책인 성문서로 분류되어 히브리 구약 성경의 마지막 부분에 위치해 있다.

특별히 여기서 우리의 관심을 끄는 것은 유대인들은 왜 자기네들의 역사를 기록한 책들을 굳이 '선지서'로 분류시키고 있는가하는 점이다. 유대인들은 하나님께서는 선지자들을 통해 말씀하실 뿐 아니라, **역사를 통해서도** 말씀하시고, **역사를 통하여** 자신들을 인도해 가심을 믿는다.[1] 이런 시각은 이스라엘 특별히 포로생활의 치욕적이고 힘든 경험을 하고 돌아온 이스라엘에게는 '신앙'과 '역사'는 구분되는 것이 아니어야 한다는 시각이다. 예루살렘의 몰락과 바벨론의 포로생활을 통하여 그들은 '역사'란 신앙의 결과이며 또한 신앙의 현재라는 뼈아픈 각성을 갖게 했다. 예부터 유대인들의 역사관은 처음의 시작이 분명히 하나님에 의해서 시작되었을 뿐 아니라, 역사라는 시간 과정도 하나님의 장중에 있고, 또한 이 역사는 하나님의 계획된 종말을 향하여 나아가고 있다고 믿고 있었다. 그러한 그들의 신앙이 엄연한 시간이라는 역사 속에서 드러나기 때문에 그들은 하나님은 역사를 통하여 말씀하신다는 신앙을 갖게 되었고, 그 점이 역사적 기록들을 '전선지서'로 이해하게 된 주요 이유라 하겠다. 역사의 과정 속에서 하나님은 어떻게 이 땅에 당신의 신정 왕국을 세우셨으며, 그 왕국을 어떻게 인도해 오셨는가? 그리고 우리의 조상들은 어떻게 하나님의 은혜를 입고, 그 은혜를 저버렸는가를 역사를 통해 배우겠다는 것이다. 또 한 가지 이스라엘의 역사 기록을 그들의 선지서에 편성한 이유를 유추해 본다면, 물론 전체 역사서가 다 그런 것은 아니지만, 역사서에는 하나님과 그의 신정 왕국 이스라엘을 위해 헌신했던 많은 선지자들에 대한 직접적인

---

1   Childs B., *Introduction to the Old Testament as scripture*(Philadelphia, Fortress press, 1979), p.220. 여기서 그는 전기 예언서에 해당하는 이 역사서들의 목적을 역사 그 자체로 기록하는 것이 아니라 이스라엘의 실제적인 역사에서 예언적 말씀이 이루어진 것을 증거 하는 것임을 강조하고 있다.

기록이 많이 포함되어 있기 때문이다. 잘 알려진 문서 선지자들 외에도 우리는 엘리야와 엘리사에 대한 장대한 기록들과 또한 나단, 아히야, 예후, 미가야, 훌다 선지자 등에 대한 기록들을 이 부분에서 파악할 수 있기 때문이다.[2] 또한 유대인 전승은 대부분의 역사서들의 저자가 선지자들이라는 점도 작용했을 것으로 이해되고 있다. 그래서 유대인의 성경은 오경 바로 다음에 그들의 공적인 역사 기록을 '전선지서'라는 항목으로 묶어 취급하고 있을 만큼 소중히 다루고 있다.

개신교에서의 역사서와 유대교의 전선지서는 그런 면에서 다른 배열을 가진다. 개신교에서는 하나님의 신정 왕국을 예수그리스도에까지 확대해서 포로 귀환 후에도 계속 하나님의 역사 간섭이 이어졌음을 믿는 반면, 유대인들은 포로 이전까지 만을 그들의 신성한 역사로 인정하고 있다. 그 점이 바로 그들의 새로운 기풍인 '유대주의'로 나아가게 되는 기점이다. 사실 유대주의란 포로 후의 이스라엘적 기운을 말한다. 그전에는 12부족이 다 하나님의 선민으로 인정되었기 때문인 것이다. 어쨌거나, 역사서를 공부하면서는 몇 가지 점에 유의하여야 한다.

그런 점에서 학자들은 개신교의 역사서를 연구하면서 소위 신명기적 역사라고 불리는 여호수아, 사사기, 사무엘 상하, 그리고 열왕기 상하 그룹과 두 번째 역사 기록 그룹인 에스라, 느헤미야, 에스더서의 역사를 구분하여 다루는 경향을 보이게 된다. 왜냐하면 이 두 그룹의 역사 기록들은 한 눈에 보기에도 선명히 다른 배경과 주제들을 가지고 기록되었기 때문이다.

물론 신명기적 역사 기록물들인 첫 번째 그룹의 기록은 오경이나 다른 선지서의 내용들과 상호 대조되거나 비교 연구되어지기도 한다. 예를 들면 열왕기 하 18~20장의 내용과 이사야 36~39장의 내용이 서로 유사하고, 열왕기 하 24~25장과 예레미야 52장이 유사하며, 또한 역대기 하 36장과 예레미야 37~44장의 내용들이 상당한 유사성과 차이점들을 함께 보이고 있는 소위 '대체 본문/평행 본문'들이다. 이러한 대체 구문들의 차이점들로 인하여 각 권의 저작 의도에 대한 문제들이 야기되고 있고, 또한 역대기서의 특별한 관점도 논의의 핵심이 되고 있는 실정이다. 그러니까 역대기 기자가 사무엘서와 열왕기서의 자료를 사용했다고 말하는 것은 내용을 너무 지나치게 단순화시키는 시각이다. 이것이 전반적으로 사실이긴 하지만 그렇게 사용된 사본이 정확히 어떤 성격을 갖고 있었는가 하는 문제와 그 사본이 담고 있었던 정확한 내용이 무엇인가 하

---

2 Dillard R. & LongmanⅢ. T., op. cit., p.221.

는 문제 그리고 과연 얼마나 상호간의 차이점에 대하서 연구해야 역대기가 표방하고 있는 독특한 역사관을 적절하게 평가할 수 있겠는가하는 것은 생각보다 많은 토론을 함의하고 있는 것이 사실이다.3 이것과 관련하여 고대 저작의 필사본들이 모두 원래의 본문에 대한 새로운 개정판이나 마찬가지라고 말하는 것은 지나친 단순화이다. 그럼에도 불구하고 필사자의 부주의나 실수 혹은 원래의 본문을 새로운 상황 속에서 재해석한 결과 조금씩, 혹은 대폭적인 수정이 지속적으로 이루어졌다는 점을 이해하기는 그리 어려운 일은 아니다. 그런 점들을 평가하기 위해 위의 평행 본문들을 연구하는 것은 의미 있는 일인 것이다. 그러니까 신명기적 역사 기록을 후대의 사가인 역대기 기자가 확대 해석하여 기록했다는 주장이 일반적인 이해이다. 특별히 역대기가 사무엘서나 열왕기서의 '미드라쉬'를 사용했을지 모른다는 점을 시사해 주고 있다. 예를 들면 역대기 하 24:27절에 있는 미드라쉬는 한글 개역 성경과 표준 새번역에서는 '주석'이라고 번역하고 있는데 역대기 하 13:22절에 있는 미드라쉬는 표준 새번역의 경우 이를 '잇도 예언자의 역사책'이라고 번역하고 있다. 이에 대하여 박문재 교수는 이를 '주석'이나 혹은 원어 그대로 '미드라쉬'로 번역하는 것이 타당하다고 주장하고 있다.4

역사서를 연구하면서 또 생각해야 하는 부분은 역사서의 첫 부분에 대한 연구가 오경의 문서설의 영향을 받아 많은 다양한 이론과 학설들을 창출하며 복잡하게 되었다는 것이다. 하지만 소위 제사장 문서를 고려해 볼 때 이런 연관성(오경의 문서설과 역사서를 연결시키려는 이해)은 별로 학술적인 연결 고리가 없는 것으로 여겨지고 있다.5 이런 비평적인 접근이 전혀 무용한 것은 아닐지라도 오경과 같은 오래된 문서에 비하여 상대적으로 후대의 것인 역사서에 이런 방식을 도입하는 것은 별로 생산적인 작업은 아닐 것이다. 그럼에도 불구하고 우리는 여전히 그런 연구 방식이 가지는 학문성에 적절한 경의를 표하고 살펴볼 가치는 여전히 있는 것이다.

구약의 역사서 중 전반부에 해당되는 신명기적 기록들을 살펴볼 때 그 기록들의 '단일성'은 중요한 논제가 되고 있음을 기억해야 할 것이다.6 그 기록들이 문헌상의 문제

---

3 Ackroyd peter R., 『역대기』 박문재 역, 『히브리 성서와 현대의 허석자들』(서울 크리스천 다이제스트, 2010), p.335.

4 Ibid., p.336.

5 Eissfeldt, Otto, *The Old Testament: An Introduction*(Oxford, Blackwell, New York, Harper & Row, 1965), pp. 238~241.

6 참고, 신명기사학파적 역사의 단일성에 대하여 많은 학자들이 글을 썼는데, 예를 들면, Engnell, 1945, 1970, North, 1943, Holscher, 1952, Eissfeldt, 1965, von Rad 1965, Weiser, Fohrer 1970, Keiser,

들이나 다양한 주제 등을 고려해 볼 때 하나의 단일한 역사서로 보는 것이 아주 만족할 만한 것은 못 된다 할지라도 그런 관점에서 본문을 보는 것은 중요한 문제이다. 예를 들면 각 책들과 그 근거 문헌들을 살펴보는 일, 각 책들의 형성 과정의 단계들을 추정해 보는 일 그리고 각 책들의 최종 형성 단계에 영향을 끼쳤을 일들을 살펴보는 일은 중요한 논점들인 것이다. 이점에 관하여 P. 아크로이드는 "그러나 성경의 이 책들에 적용된 일부 문학 이론들의 타당성에 대해서 그가 제기한 의문들, 그리고 신앙 공동체의 종교생활에 사용되었을 것으로 보이는 성경 구절들의 역할을 파악하는 것의 중요성에 대한 그의 지적은 단지 이 책들의 배경이 무엇이었는지를 찾아내는 것뿐만 아니라 이 책들의 실제 활용 배경이 무엇이었는지를 찾아내는 일에도 전적으로 주의를 환기시켜 주었다. 현재의 본문들과 그 다양한 형태들의 복잡성은 이것들이 반복적으로 사용되어졌으며, 또한 주석과정이 연루되어 있었을 것을 추정해야만 한다는 것을 보여준다" 라고 지적하면서 역사서의 책들이 신앙공동체 내에서 일정한 역할을 감당하고 있음을 강조하고 있다.

그리고 방대한 역사서의 두 번째 부분인 역대기, 에스라, 느헤미야에 관련하여 생각해야 될 학문적 고찰은 주로 다음의 세 가지 각도에서 논의되고 있다. 첫째는 각 권의 통일성에 관한 논의이고, 둘째는 각 권에 사용된 자료들과 그것을 다루는 자세의 문제이며 마지막으로는 역대기 기자나 에스라 느헤미야의 집필에 영향을 끼친 '신학' 혹은 집필 목적에 관한 것이다. 역대기와 에스라 느헤미야가 동일한 저자 혹은 편집자에 의해 집필되었는가하는 문제 크게 두 부류로 나누어진다. 예를 들면 엘름슬리와 윌리엄슨 같은 경우는 두 책이 다른 저자에 의해 쓰여진 것이라 주장하고 있지만 바우만이나 부로킹던 같은 학자는 동일 편찬자에 의해 쓰여진 것이라 보고 있다. 이에 대하여 보수주의 학자들의 견해는 아직 특정한 노선을 확정짓지 못하고 있는 것으로 보이는데 R. K. 해리슨(Harrison)은 다른 저자설을 지지하고 있고, E. J. 영은 입장을 결정하지 못하고 있는 것으로 보인다. 하지만 영 교수는 동일 저자설을 선호하였는데, 에스라가 역대기의 저자이며 느헤미야는 자신의 책을 썼고, 그 안에 있는 에스라에 관한 부분까지 느헤미야가 기록하였다고 보고 있다. 이런 경향을 염두에 두면서 최근의 경향을 살펴보면, 최근에는 역대기와 에스라-느헤미야가 다른 저자들에 의해 기록되었다는 쪽으로 무게 중심이 실리고 있다.7 또한 역대기 기자의 신학과 집필 목적에 관해서도 과거에는 역대

Clements 1974 등이 주요 학자들이다. 그들이 해당 년도에 출판한 책들을 참고하라.

기 기자가 아주 재능 있고 문학적 상상력을 가진 사람이었을 것이라는 C. C. 토레이의 주장이 일반적이었는데 이제는 그런 이론에 귀 기울이는 학자는 거의 없다. 하지만, 토레이가 역대기 저자의 집필을 단순한 역사기록이 아니라 어떤 특별한 의도와 목적을 가지고 창조 때부터 에스라 느헤미야 시대까지의 이스라엘의 역사와 전승들을 독특한 방식으로 기록한 것이라는 그의 주장은 여전히 큰 영향을 끼치고 있는 이해이다. 이런 역사서에 대한 여러 가지 많은 논의와 연구들이 있었음을 이해하면서 역사서를 읽는 것은 여러 가지 면에서 중요한 통찰을 얻게 한다. 다음은 역사서를 대하면서 염두에 두어야 할 사항들을 정리해 본 것인데 독자들이 역사서를 읽으면서 더 깊은 영적, 학문적 통찰을 얻게 되기를 기대한다.

첫째는 역사서를 읽으면서 하나님이 친히 세우신 신정 왕국이 어떻게 시작되었고, 어떻게 발전되어 왔는지, 그리고 어떻게 멸망하고, 어떻게 다시 회복하게 되었는지에 대한 일관된 관점이 생기기를 기대한다. 신정 왕국 이스라엘은 얼렁뚱땅 대충 되어진 것이 아니라 역사상 실존했던 많은 왕국들처럼 그들도 작은 부족 공동체에서 같은 영성과 정체성을 가진 하나의 민족 공동체로 자라고 그것이 중앙집권적 국가 형태를 가진 현존하는 국가로 커가게 된 여정들을 하나님의 마음으로 읽어야 한다.

두 번째로는 다윗과 맺은 언약의 성취와 발전이란 관점에서 읽어야 하는데 다윗 이후의 많은 왕들의 실패와 반역 속에서도 약속에 신실하신 하나님의 성실하심이 역사의 전면에 흐르고 있음을 믿음으로 역사서의 기사들을 읽으면 좋겠다. 역사서에는 역사를 통해 말씀하시는 '전선지서'로서의 기록과 성문서로서의 기록들이 혼재해 있다. 그러므로 독자들은 개신교의 역사서로 묶여진 여러 권에 대한 이해에 있어 그것들 상호 간의 통일성이나, 또한 구약의 다른 권과의 관계 등을 총체적으로 고려하며 살펴보도록 권한다.

마지막으로는 역사서에는 이스라엘의 왕들과 주요 인물들을 메시아적 관점에서 풍유적으로 기록하고 있다. 그러므로 그런 인물들을 해석함에 있어 일정한 기준을 가지고 접근해야 한다. 즉 한 인물이나 사건을 완전히 메시아적이거나 구속사적인 대표자로 해석하는 것이 아니라 그 사건과 부분적인 관점에서 메시아적으로 이해하는 훈련과 전체로서의 역사서를 구속사의 점진적 발전이란 각도에서 이해했으면 좋겠다. 또한 더 성숙한 신자라면 당연히 역사서의 본문들을 신약과 연계하며 살펴야 함을 잊지 말

---

7   Ackroyd peter R., op. cit., p.347.

도록 당부한다. 그래서 계시된 진리들을 체계적으로 이해하려는 노력이 필요한 것이다.

역사가 주는 엄격한 교훈을 통해 자신과 사회와 교회를 볼 수 있어야 한다. 역사는 단지 과거에 일어난 어떤 일에 대한 기록이 아니라, 그 기록에 대한 평가와 반응을 전제할 때 가치 있는 것이기 때문이다.

제1장
여호수아

1. 여호수아의 서론과 구조

1) 여호수아 서론

오경 각 권의 제목들은 그 책에 나오는 첫 히브리어 단어로 책 제목들을 잡은 반면, '여호수아'라는 제목은 이 책의 주인공이라 할 수 있는 '눈'의 아들 '여호수아'의 이름으로 책 제목이 지어졌다. 히브리어에서 그의 이름은 4가지로 표현되고 있으며 호세아, 여호수아, 여수아, 요수아 등으로 읽히는데, 70인경에서는 이예수스로 표현되고 있고 라틴어역에서는 Iosue로 표현되었다. 대부분의 역본에서는 여호수아가 신명기 다음에 위치하지만 시리아어 성경인 '페쉬타'에서는 욥기가 신명기와 여호수아서의 사이에 위치한다.

원래의 명칭이 '여호수아'이지만 여기서는 한국어 어법의 편의상 본서에 대한 명칭을 '여호수아서'로 부르겠다. 여호수아서는 오경에 나타난 이스라엘의 부족연맹체적인 광야생활과 가나안에 정착하여 발전하는 국가적 생활 사이를 연결하는 역사적 과정을 보여주고 있다. 여호수아서는 하나님께서 이스라엘 조상들에게 약속하신 바대로 이스라엘을 애굽에서 구출한 후 다시 가나안 땅에 정착케 하심으로, 자기 백성을 향한 약속을 어기지 않으시고 신실하게 성취시키시는(신30:20) 하나님의 신실성을 입증하는 점이 강조되어 있는 책이다.

바로 이러한 점이 오경에 나타난 하나님의 역사 간섭이 본서 여호수아서에서도 계속 이어지는 것으로 보이게 했고, 소위 말하는 육경설(Hexateuch)의 동기가 되기도 했다. 비록 탈무드는 본서의 저자로서 여호수아를 들고 있지만[8] 본서의 내적인 여러 증거들은 그런 주장을 받아들이기 어렵게 하고 있다. 예를 들면 본문에 지속적으로 나타나고 있는 "오늘까지"란 어구가(4:9, 5:9, 6:25, 7:26, 8:28~29, 9:27, 10:27, 13:13, 15:63, 16:10 등) 이 책에 언급되어 있는 사건들의 연대와 그 사건들이 기록된 연대 사이에 어느 정도의 시간적 간격이 있음을 방증해 주고 있기 때문이다.

본서에 대한 비평적 연구는 이미 16세기의 마시우스에 의해 윤곽이 드러났고, 아이히온의 연구에서 더욱 명료하게 문제로 제기되었다. 그는 본서에 있는 명백한 시대착오들(9:23), 여호수아 사후의 사건들(19:47, 삿18:1), 후기의 역사적 관점들(15:15) 그리고 연대기적 질서의 결여 등을 문제로 지적하였다.[9] 그래서 많은 학자들이 본서에 대한 다수 저작설을 제시하고 있는데 그런 학자들은 본서를 기록하는 데 여러 가지 자료, 문서들을 참고하여 후대의 편집자가 기록하였다고 주장하고 있다. 그런 학자들 가운데는 Y. 카우프만이나 E. J. 영[10] 같은 학자도 있다. 그들은 이 책의 형성 과정의 어느 한 단계에서는 과거의 사건들을 기록하고 있는 기존의 문서들[11]을 참고 내지는 인용하고 있음을 주지하면서 그런 결론에 동참하고 있는 것이다.

본서의 저자와 관련된 논쟁은 주로 문서 비평적 접근법과 전승사 비평적 접근법 같은 두 가지 방식으로 논의되어 왔는데, 전술한 바와 같이 오경에서 약속하신 하나님의 약속이 지속적으로 성취 완성되는 내용이 여호수아서이기 때문에 학자들은 본서에서도 쉽게 오경의 문서들의 흔적을 발견할 수 있다고 간주했다. 즉 여호수아서에는 오경에 나타나는 것과 유사한 어법과 필체가 많이 나타난다는 것이다.[12] 특별히 신명기적인 기법이 많다. 그래서 학자들은 본서의 저자가 신명기의 저자와 동일인 혹은 그 계열에 있는 사람이 아닐까 하고 생각하기도 했다. 소위 6경설의 배후에는 그런 생각들이

---

8   *Baba Bathra* 15a, 탈무드에서는 여호수아가 자신의 사망기사를 제외한 나머지 부분을 담은 자신의 책을 썼다고 주장한다. 그리고 그의 사망기사(24:29~30)는 아론의 아들 엘리아살의 것으로 간주되고 있으며, 엘리아살의 사망기록(24:33)은 그의 아들 비느하스의 기록으로 간주하고 있다.

9   Childs B. op. cit., p.224.

10   Young E. J., op. cit., p.162, Kaufmann Y., *BACP*. p.97.

11   참고, 본서 10:13에서 기자는 해와 달을 멈추게 한 여호수아의 기도와 승리에 대한 기록을 하면서, 그런 역사적 승리에 대한 기록이 "야살의 책에 기록되어 있음"을 상기 시키고 있다("야살의 책에 기록되기를 태양이 중천에 머물러서 거의 종일토록 속히 내려가지 아니하였다 하지 아니하였느냐").

12   Childs B. op. cit., p.225.

깔려 있는 것이다. 그리고 그런 어법이나 필체뿐 아니라 본서가 보여주고 있는 주요 개념들도 오경의 그것들과 유사하다는 것이다. 오경에서는 족장들에게 약속된 '땅'에 대한 약속이 매우 중요한 개념인데, 그 약속이 현실적으로 이루어지는 현장인 여호수아서가 오경과 분리될 이유가 없다는 것이 그들의 전제이기 때문이다. 또한 6경설에서 한 걸음 더 나아가, 여호수아서가 시작되는 것이 '모세의 죽음'으로 시작되고 있다면, 그 다음 책인 사사기는 역시 '여호수아가 죽은 후에'로 시작되고 있어서 이런 책들 사이에 일련의 연관성이 있을 수 있다고 전제하고 있다. 이런 가정은 그들로 하여금 소위 6경설, 혹은 7경설 등으로 나아가게 하기도 했다.

구약의 비평학계에 따르면, 여호수아서 전반부인 제1~12장의 부분들이 주로 정복에 관한 기록을 담고 있기 때문에 이와 유사한 내용을 담고 있는 사사기 1장처럼 이 부분을 J자료적인 것으로 보기도 하고, 또한 어느 정도는 E자료적인 내용도 포함하고 있다고 보았다. 왜냐하면 사사기 1장의 정복기사들과 본서 1~12장의 기록에는 약간의 차이가 있기 때문에 그런 차이를 보충하려면 E자료도 어느 정도 이 부분에서 사용된 것으로 여겨야 한다는 주장이다. 이는 가나안 정복 전쟁에 관한 초기의 기록이 본서의 여기저기에 흩어져 있는 단편적 기록들(15:13~19, 63, 17:11~13)과 더불어 제시되어 있고, 그런 기초 자료들을 모아서 정복 전쟁에 대한 결과를 지리적으로 배열하였으며, 그것에 기초하여 두 번째 단계인 J자료나 원자료(Grundshcﾏrift) 내의 지역적 자료들과 결합시켜 소위 말하는 정복 전승의 순서들을 만들어 내게 되었다는 것이다. 그래서 베냐민지파 출신의 영웅이었던 여호수아에 관한 지역적 자료가 이 기사 안에 도입되었던 것이다. 이러한 과정을 통하여 구성된 본서의 초기 형태는 신명기 이전 단계였는데 이를 신명기적 기법으로 다시 정리했다는 것이다.[13] 또한 본서 후반부인 제13~22장에 있는 여러 도성들에 관한 기록과 특히 레위지파의 성읍들과 도피성에 관한 기록들은 소위 말하는 제사 문서 즉 P문서적인 것으로 간주되어졌다. 그리고 여호수아서 전반에 걸친 신명기적 표현과 어법이 본서에는 소위 D자료도 포함되어 있다고 가정하게 했다.

그런 본서의 전반부에 대한 비평학의 전제를 정리해 보면, 본서는 저자가 여호수아이거나 혹은 그 직후 시대의 후계자에 의해 기록된 것이 아니라, 바벨론 포로 후의 익명의 신명기 기자가 여러 자료들을 정리하여 편집하고 만들어낸 것이라고 생각한다. 그 내용을 좀 자세히 살펴보면, 본서는 소위 E&J 자료층이 책의 처음 부분인 1~12장까

---

13 Childs B. ibid.

지의 기본 자료가 되었고, 거기에 제사장 문서라 불리는 P자료들이 보강되었고, 나중에 신명기 자료로 불리는 D자료들이 본서 편집의 주요 성향이 되었기 때문에 모든 자료들은 D자료의 입장에서 매우 철저히 분석되어 편집되었고, 그래서 사실상 J자료의 흔적은 본래 책의 처음 부분의 원 자료로부터 삭제되어 졌다고 여기게 된 것이다.

여호수아서의 저자와 연대에 대한 이러한 접근법(문서 비평적 접근법)이 비록 19세기 및 20세기 초중반까지 본서에 대한 논의의 주류를 형성해 온 것은 사실이라 할지라도 21세기에 들어와서는 이런 논의에 동의하는 학자는 거의 없다. 왜냐하면 E문서라는 것이 오경 내에서 그 실체를 규명하기가 거의 불가능해 졌고, 문서설에 대한 학문적 신빙성이 현저히 낮아졌기 때문이다.[14]

이런 문서설의 취약성을 극복하면서 새로운 접근법으로 알려진 소위 전승사적 비평 방법론을 택하고 있는 학자는 일반적으로 개별적인 문서에 집착하기 보다는 좀 더 크고 복합적인 기사의 배경 속에서 본문의 원천을 찾고자 집중한다. 대표적으로 M. 노트라는 학자는 본서의 첫 부분을 J나 E문서로 보기보다는 일종의 영웅담 혹은 기원담(etiological story)으로 이해하고 본서의 주된 문서나 기법은 '신명기적'인 것으로 간주했다. 그래서 노트는 본서의 정복 전쟁에 관한 기사는 원래 개별적이고 독립적으로 존재했었는데 B.C. 900년 어간의 저자가 요단강 서편 중 가나안의 정복 전쟁에 대한 민족적 서사시를 영웅적으로 그려보려던 중에 여호수아에 대한 기사를 본서의 10~11장의 군사적 이야기에 삽입하여 정리한 영웅담으로 보게 되었다.[15] 그런 자료를 나중에 신명기적 사고에 동의하는 익명의 저자가 신명기적 사고에 근거하여 여호수아서를 완성하였다는 것이다. 여호수아서에 속한 자료들이 어떤 성격을 갖고 있든지 현저하게 신명기적 성격을 나타내고 있는 최종 형태는 여호수아서가 한 사람의 작품임을 시사하는 것이라 보았다. 이런 그의 주장은 그 당시까지 전통적으로 주장되어 오던 문서설에 입각한 여호수아의 자유주의적 문서 비평학을 벗어나게 되는 계기가 되었다고 평가 받고 있다.[16] 노트를 비롯한 이런 전승사적 연구 방법론을 주장하는 학자들은 히브리 정경의 전선지서의 기록들이 오경 특히 신명기적 문체와 많은 공통점을 갖고 있다고 주장한다. 그래서 과거의 많은 비평 학자들은(비평사적 접근학파든지 문서설적 학파든지) 접근법은 각각 다를지라도 그 내용적인 면에 있어서 여호수아서가 오경적인 특성을 이어가고 있고,

---

14   Dillard R. B. & LongmanⅢ. T., op. cit., p.109.

15   Noth M., *Zeitshchrift des deutschen Palastina-Vereins*, LVⅢ(1935), p185.

16   Harrison R. K., op. cit., 214.

또 오경적인 성격을 짙게 풍기고 있다는 사실에 대하여 일반적으로 동의하고 있었다.[17]

본서 전반부에 대한 이런 비평학계의 두 가지 견해를 종합해 보면 본서의 배경을 설명함에 있어 서로 분명한 차이점이 있는 반면에 또한 분명한 일치점도 발견이 된다. 차이점은 배경에 대하여 기존의 문서를 중심하여 기록되었다가 나중에 신명기 사가에 의해 완료되었다는 문서설적 입장과 각각 다른 전승의 기사들이 영웅담으로 전해오다가 나중에 신명기 사가에 의해 편집 완료되었다는 결론이다. 본서 전반부에 대한 이런 이해의 차이는 각각의 기초 자료들이 갖는 전승의 차이를 보여주는 것이라 이해되는데, 예를 들면 J자료 에서는 가나안 정복을 여호수아의 인도 없이 서로 다른 장소에서 각 지파들에 의해 독자적으로 이루었다고 진술하고 싶어 하고 있고, E자료층에서는 이스라엘이 여호수아의 지휘 하에 가나안 전체 국가를 침공했다고 묘사하려고 애쓴다는 것이다. 어쨌거나 이 두 가지 방법론은 공히 본서에 기록된 사건들에 대한 역사성을 무시하고 있으며 또한 마지막 편집에 끼친 신명기적 영향력을 인정하고 있는 공통성을 보이기도 한다.

여호수아의 둘째 부분(13~21장)은 일반적으로 제사장 문서적인 성격(물론 22장 고별 설교와 24장의 부기를 제외하고)이 강하다고 인정되고 있는데, 본서 후반부에 대한 이해에 있어서도 상기의 두 방법론은 해석상의 차이를 보이고 있다. 문서설적인 입장은 땅의 분배와 관련하여 이 부분의 문헌들은 특별히 제사장 문서 즉 P문서적 성향을 강하게 보이고 있고, 그런 지파들 간의 경계와 분할 이론은 이스라엘의 미래를 위한 제사장적 이상을 추구하고는 문서로 이해한다. 이에 반하여 노트를 중심한 전승사적 입장은 이 부분을 제사장 문서로 보기를 거부하고 두 개의 문헌적 자료로 구성되었다고 주장했다. 하나는 사사기 시대의 지파 지역들의 경계를 정한 문헌적 자료였고 다른 하나는 요시아 시대에 작성된 유다의 12행정구역에 대한 문헌적 자료였다는 것이다. 그러한 문헌적 자료의 존재 가능성을 부인한 모빙켈의 부인에도 불구하고 많은 현대의 학자들은 이런 노트의 접근법을 지지하고 있다.

앞에서 논의된 여호수아서의 배경 혹은 저자에 관한 비평학적 주장들은 자신들의 논리의 귀결에 따라 율법은 오경만이 아니라 여호수아서를 포함하는 여섯 권이라고 주

---

17   Oesterley W. O. E. and Robinson T. H., *An Introduction to the Books of the Old Testament*(1934), p.69.

장하곤 한다. 그들의 주장 배경을 요약해 보면, 여호수아서에는 그 문체와 어법에 있어서 그리고 그것의 주요 개념에 있어서도 오경을 그대로 이어 오고 있기 때문에 여호수아서까지를 넣어서 율법은 여섯 개의 경전으로 이루어졌다는 것이 소위 육경설의 대략적 개요이다.

하지만 이런 육경설(여호수아서를 오경과 동등한 차원의 여섯 번째 율법이라고 보는 견해)은 여호수아서가 그 기저에 제사장 자료의 기본 골격을 갖추고 있다 하더라도

① 왜 근본적으로 '신명기적'인가에 대하여 설명하기 힘들게 된다.
② 오경과 여호수아의 성격이 유사하다고 하면서 오경 안에는 소위 J자료가 적절히 자리 잡고 있는 데 비하여 여호수아에서는 J자료가 삭제되어야 하는 이유를 설명하기 어렵게 된다.
③ 사마리아 인들의 오경에 대한 이해가 여호수아를 오경에 포함하는 육경설을 부인하게 한다. 사마리아인들은 여호수아서를 독립적으로 취급했다. 만약에 본서에 모세적인 성격이 있었다면 사마리아 인들이 그들의 오경에 본서를 삽입했을 것인데, 그들의 오경에는 여호수아서가 없는 것이 또 하나의 증거가 되는 셈이다.
④ 여호수아서를 기록한 역사적 관점은 여호수아의 인도 하에 이루어진 정복 전쟁이 기본적으로 어떻게 묘사되었는지를 설명하려는 것인데, 기록한 저자의 관점에서 볼 때 정복은 여호수아에 의하여 완결되고 끝을 맺었다. 반면에 사사기의 첫 이야기는 각각의 씨족이 그들을 가나안 곳곳에서 자기들의 터전을 마련하기 위해 시도했던 사실들을 묘사하고 있다. 여호수아서는 모세가 죽은 이후부터 발생해서 남 왕국이 포로가 되면서 절정에 이른 연속적인 사건들에 대한 역사적 기록의 시작이다. 여러 비평 학자들이 가정한 것과 같이 본서는 신명기 역사의 후편이 아니라는 것이다.

본서의 서론과 관련하여 또 한 가지 생각해야 되는 것은 출애굽의 연대와 가나안 정복 전쟁을 둘러싼 학계의 여러 이론들이다. 전통적인 견해는 출애굽과 가나안 정복 활동을 주전 15세기 중반과 14세기 초반으로 보아야 한다는 것이며, 이에 대한 성경 본문의 증거는 열왕기 상 6:1절에서 보듯이 솔로몬왕은 출애굽 이후 480년 만에 성전 건축을 시작하였다는 기록이다. 이것을 환산하면 대략 B.C. 1446년 어간이 된다. 그리고 사사기 11:26절의 사사 입다의 말을 중심해서 연대를 추정하더라도 정복 활동은 대략 1400년 어간이 된다. 사사 입다는 이스라엘에 왕정제가 시작되기 대략 한 세기 전의 인물이므로 그가 고백한대로 이스라엘이 그 땅에 들어온 지가 300년이 되었다고 암몬 사

람들에게 자랑했다면 그런 계산 역시 주전 1400년 어간이 된다.

이에 반하여 여러 학자들이 위와 같은 소위 '이른 연대설'은 고고학적인 기록과 불일치를 이룬다고 주장하며, 출애굽의 연대를 주전 13세기 중반으로 여기고 있다. 이 '후대 연대설'을 지지하는 학자들은 이스라엘의 고대 도시들인 여리고, 아이, 하솔 등이 14세기 초에 파괴되거나 불탄 층을 갖고 있지 않고 있음과 다른 도시들 즉 라기스, 벧엘, 에글론 등의 도시는 13세기에 불에 탄 파괴층을 갖고 있기 때문에 이스라엘에 의한 가나안 정복은 이렇게 13세기 중반 이후의 일이라고 단정하고 있다. 이런 고고학적 발굴을 근거해서 이스라엘의 정복 활동이 13세기 즉 주전 1250년 어간에 일어났다고 가정하는 것은 무리이다. 왜냐하면, 이스라엘의 침략과 전쟁은 그 거주민들을 내쫓고 그 성을 사용하는 것이지, 불태우는 방식은 아니었기 때문이다(여리고와 하솔을 제외하고는 이스라엘은 점령한 성읍들을 불사르지 않았다). 이스라엘은 성을 취하고 거주민을 내쫓거나 죽이고 그리곤 그 성에 거주했다(수10:10~13). 그러므로 이스라엘의 많은 옛 도시에서 불에 탄 층을 중심으로 정복 전쟁의 연대를 추정하는 것은 타당성을 결여하게 된다. 그럼에도 불구하고 주전 1200년 어간에 이스라엘에 수백 개의 새로운 정착지 흔적이 발견되고 있는 것은 아마도 후대 연대설을 지지하는 증거물인 것 같다. 전체적으로 볼 때, 고고학은 이 점에 관하여 좀 더 확실한 답변을 줄 수 있도록 발전되어야 한다.[18]

여호수아서는 하나님의 목적에 따라 이스라엘이 결국 약속된 땅을 차지하게 되리라는 것을 보여주기 위해 쓰여 졌다. 이 책은 균형 잡힌 두 줄기의 문학적 구성을 보여주고 있다. 첫째는 약속된 땅의 점령에 관한 기사이고, 둘째 줄기는 각 지파들이 그들이 새로 취한 땅에 정착하게 된 절차를 그리고 있다. 이 책은 약속의 땅의 점령에서 관리 유지, 나눔 등에 관하여 다루고 있는 것이다. 그리고 이 책은 앞에서 본 것과 같이 신명기와 밀접한 관계를 갖고 있지만 신명기의 속편이 아니라 신명기를 바탕으로 하는 새로운 출발인 것이다. 그런 점에서 볼 때 이 책은 신약에서 사도행전이 누가복음과 갖는 그런 관계와 유사하다 할 수 있다. 또한 그런 땅의 정복과 관리라는 관점에서 볼 때 가나안 땅에 이미 살고 있던 민족을 종속시키는 것과 그 땅을 차지하는 것은 엄격하게 구분되어야 했다. 여호수아의 이야기는 이스라엘 모든 지파의 주된 목적이 그 땅을 넓게 차지하는 데 있었음을 확실하게 보여 준다.

---

18 Dillard R. B. & LongmanⅢ. T., op. cit., pp.110~11.

2) 여호수아의 구조

책의 구조는 여호수아 1~12장과 여호수아 13~24장으로 크게 이분된 구조이다.

① 1~12장 ▶ '약속된 땅의 점령'

- 1장 요단을 건널 준비
- 2장 정탐꾼의 보고
- 3~5장 요단강의 도하
- 5장 길갈의 중요성
- 5~6장 여리고 점령
- 7~8장 아이성의 실패
- 8장 세겜의 언약 갱신
- 9~10장 가나안의 남부와 중부에서의 전쟁
- 11장 북부지역에서의 전쟁
- 11~12장 정복에 관한 약사

② 13~24장 ▶ '약속된 땅의 정착'과 후기

- 13:1~7절 끝나지 않은 과업
- 13:8~19장 땅의 분배
- 20장 도피성들
- 21장 레위 족속의 성들
- 22장 요단 건너편 족속의 귀가
- 23~24장 여호수아의 마지막 날들
- 24:32~33절 장례와 마무리 기사

2. 여호수아의 신학적 논점들

1) 정복 전쟁의 특성: '종료'와 '진행 중' 그 사이의 '긴장'

앞에서도 언급했지만, 여호수아서는 오경에 약속된 이스라엘을 향한 땅의 축복이 구체적으로 일어나고 있음을 기록한 책이다. 전체적으로 볼 때 본서는 역사적인 사건들을 상당히 직설적인 방식으로 기술하고 있다고 보인다. 하지만 그 내용을 자세히 들여다보면, 단합된 공격에 의해 얻어진 완전한 승리와 정복의 완성을 말하고 있는 부분(수11:23, 18:1,21:43~44)과 그 땅의 원주민을 제대로 뿌리 뽑지 못한 채 개별적인 지파들이 상당한 기간에 걸쳐 그 땅을 정복했다는 기록(15:13~19, 63, 16:10, 17:11~13, 19:47, 삿1장 등) 사이에 불일치가 있어 보인다는 것이다. 그래서 학자들은 이스라엘의 가나안 점령에 대한 여러 가지 대안을 아래와 같이 제시하고 있다. 이에 대한 딜러드와 롱맨 3세가 정리한 학자들의 견해는 대략 다섯 가지로 정리된다.[19]

첫 번째 이론은 좀 급진적인 견해인데, 이스라엘이라는 민족은 페르시아 시대나 그 이후까지 존재한 적이 없다고 결론을 내린다. 당연히 출아굽도 없고, 가나안 정복 같은 전쟁도 없었다는 이론이다. 이들은 포로기 이후 시대까지의 이스라엘의 역사는 고고학적으로 지지 받을 수 없으며, 단지 문학적이고 신학적인 창작물일 뿐이라는 미니멀리즘적 해석법[20]의 한 예이다. 두 번째 이론은 이민 모델인데, 이스라엘은 전쟁이라는 방식을 통해서 가나안을 정복한 것이 아니라 가나안 지역의 산지 지역으로 평화롭게 침투 정착해 갔다는 이론이다. 그곳에 있었던 희박한 원주민 인구로는 국가적 단위로 밀려들어오는 이스라엘의 정착을 저지할 수 없었다는 생각이다. 주로 Alt, Noth, Weippert 등과 같은 학자들이 이런 주장을 하고 있는데 그들에 의하면 처음에 가나안의 정복 전쟁은 전쟁이라기보다는 산지 마을로 슬며시 이민 형식으로 스며들었고, 후대에 가서 모든 지파가 공통적인 관점에서 합력하여 정복 활동을 한 것으로 기록이 통합되어 보관되고 전달되어 내려온 것이라는 이론이다. 이 접근법 역시 성경 기록의 타당성에 큰 회의를 갖게 하는데, 여러 성경 본문들에 땅의 정복이라는 개념은 뿌리박힌 개념인데도, 입증되지 않고 임시 변통적인 이론으로 정복전쟁의 기본 틀을 부정하고 있는 것이다.

세 번째 이론은 가나안 정복에 대한 사회 정치적 모델로서 소위 말하는 소작농 혁명 모델이라 할 수 있겠다. 이 모델은 봉건적 도시 국가들이 소작민의 혁명에 의해 전복되는데, 이 혁명에는 주전 13세기에 이집트를 탈출한 소수의 노동자, 포로민들(주로 이스라

---

19 ibid., pp.111~112.

20 참고, 미니멀리즘적인 해석법이란 '성경에 기초하여 실제의 역사를 재구성해 낼 수 있는가 하는 부분에서 극도의 회의적인 시각을 가진 일군의 학자들의 해석법을 말한다. 그들에 의하면 성경 본문은 역사에 관한 기록물이 아니기 때문에 성경본문의 역사적 주장들은 반드시 성경 외적인 증거들에 의해 지지를 받을 수 있을 때에만 진실한 역사적 사실로 받아들여질 수 있다고 주장하는 사람들이다. 즉, 성경의 역사성에 대하여 최소한의 인정만을 하려는 해석법이다. Whitelam K. W. *the Invention of Ancient Israel: The Silencing of Palestinian Histroy*(Routledge: London 1996), p.69 이하를 참고하라.

엘)이 기여했다는 이론이다. 그들은 자신들의 압제자를 몰아내기 위해 다른 피억압 집단들과 연대를 형성했고, 그런 연대는 자유를 향한 평등주의적인 희망을 종교적으로 표현한 여호와 신앙을 받아들였다는 것이다. 이런 이론은 최근에 부르거만에 의해 지지 받기도 했다.[21] 하지만 이 이론은 매우 공상적이고 성경이나 성경 외적인 문헌들로부터 지지를 받지 못하고 있다. 이 이론은 성경에 바탕을 두었다기보다는 사회 과학적 어떤 전제에 따라 본문 해석이 지배되고 있다는 평을 피할 길이 없어 보인다. 네 번째 이론은 붕괴 모델인데, 이 주장 역시 이스라엘은 이집트에서 건너 온 민족이 아니라 가나안의 해안 지역의 거주민들의 공동체가 붕괴되고 산악 지역으로 옮겨 가서 정착하였다는 이론이다. 그들은 그 증거로 가나안 중부의 고원 지대에 많은 새로운 소규모의 정착지가 발굴되었고, 또한 그곳에서는 돼지뼈가 발굴되지 않았다는 것을 증거로 들었다. 다섯 번째 견해는 바로 위의 견해를 붕괴 모델로 본 것이 아니라 같은 사람들이 '순환'해서 거주지를 옮겨 산 증거로 해석하는 것이다. 결국 이스라엘은 유목민이기에 때로는 해안가에 때로는 산악 지역에 옮겨 다니며 유목할 수 있었다는 것이다. 그러나 딜러드와 롱맨 3세가 지적하고 있듯이 이런 견해들은 여호수아서 안에 있는 그 긴장을 너무 인위적으로 해석해서 여호수아서가 제기하고 있는 신학적 문제들의 심오함을 평가절하고 있다는 인상을 지울 수 없다.[22]

여호수아서에 나타나는 총제적인 정복의 완성과 불완전한 정복 즉 지속적으로 정복 전쟁이 부족별로 진행되고 있음에 대한 묘사는 독자들로 하여금 일종의 긴장을 형성하는 것임에 틀림없다. 그러나 이러한 긴장은 신명기에서 분명하게 나타나는 기법이다(신31:15~29). 이 점 역시 해석의 문제일 수 있다. 그러나 여호수아서의 '긴장'은 성경의 거의 모든 부분에 뿌리 박혀있는 '하나님의 거룩하심'과 '그의 은혜로우심' 사이의 긴장이다. 거룩하신 하나님으로서 그는 율법을 따를 것을 요구하시며 우리에게 순종과 불순종간의 선택을 요구하셨다. 반면에 자비로우시고 인자하신 하나님으로서 그는 무조건적인 약속을 주셨는데 그것은 자기 백성들에게 허락하신 은혜와 축복이다. 여호수아서의 땅의 정복도 그와 같은 시각으로 해석되어야 한다. 이 점에 있어서 B. 차일즈는 "여호수아서는 그 본문 안에 상당히 많은 긴장들을 보존하는 방식으로 형성되었다. 정경적 형태를 신중하게 다루는 해석자들의 임무는 이러한 긴장을 일으키는 요소들을 조

---

21   Brueggemann w., *Introduction to the Old Testament*(westminster John Knox press, 2004), p.112.

22   Dillard R. B. & LongmanIII. T., op. cit., p.112.

화시키거나 그 중 어느 한 요소를 제거함으로써가 아니라 현재의 형태의 여호수아서가 땅의 정복에 대한 이스라엘의 증언에 끼쳤던 영향을 참구함으로써 이러한 긴장을 해결하는 방법들을 찾는 것이다"라고 설명한다.[23] 차일즈는 이 정복 전쟁을 평가하고 묘사하는 여호수아서의 기록 속에 드러나는 이 긴장을 '상충(contradiction)'이라 표현하며 보수적인 학자들이 이 문제에 대하여 너무 급하게 변증론적으로 논지를 전개하고 있음을 우려했다. 그의 주장대로 본서에 있는 긴장은 어느 한 요소를 제거함으로 해소되는 것이 아니라, 긴장과 상충을 그대로 두고 해석을 시드해야 한다. 유한한 존재로서의 인간은 모순과 갈등, 긴장과 상충 속에서 영원을 향해 가고 있는 존재이며, 그런 인간에게 긴장은 항상 나쁜 것만은 아니기 때문이다.

본서에 있는 둘 사이의 긴장은 땅에 대한 이해로 설명해 볼 수 있는데, 여기서 땅이란 하나님께서 족장들에게 주신 무조건적인 약속으로서의 축복인가 아니면 이것은 오직 순종에 근거해서만 소유되어질 수 있는 어떤 대가인가? 다시 부연하자면, 이 땅이란 것은 하나님께서 맹세하신 것 때문에 일방적으로 주어지는 선물로서, 하나님의 말씀 중의 하나도 땅에 떨어지지 않기 위해서 그가 이스라엘을 위해 투쟁하심으로써 성취되어지는 것인가?(11:23, 21:43~45) 아니면 이것은 이스라엘의 노력과 순종에 의해 조금씩 확보되어가는 불완전한 기업이며 완성되어가고 있는 기업인가?(13:13, 15:63, 16:10) 그 땅을 이스라엘이 계속적으로 소유할 수 있는지는 그들의 신실함에 달려 있는 그런 성격의 것인가? 이런 질문들이 여호수아서에서 보여주는 긴장에 대한 질문의 핵심이다.[24] 그런데 학자들은 그런 곤란한 질문을 교묘하게 피해 가고 있고, 옛날 계몽시대의 산물인 합리적인 설명에 골몰하고 있는 듯한 인상을 지울 수 없다.

그 긴장은 영적인 것이며, 지금이 신약 성도들에게도 긍히 적용되는 질문이다. 땅에 대한 선물은 언약백성을 향한 하나님의 무조건적 선물인가 아니면 언약백성일지라도 지속적으로 순종할 때 얻어지는 불완전한 것인가? 여호수아서에는 이 두 가지 관점이 함께 어우러져 있다. 그래서 그것을 '긴장'이라고 지칭한다. 그런데 그 긴장은 이 땅에 세워진 교회의 특성이기도 하고, 지상에 있는 하나님 나라의 특성이기도 하다. 본서의 후반부는 약속된 것의 성취에서부터 그것을 '즐기며 누리는' 것으로 나아가고 있다. 본서는 또한 이상적인 유업으로서의 땅과 실제적으로 소우를 확장하고 있는 땅 사이의

23   Childs B., op. cit., p.235.

24   Gunn D.M., "Joshua and Judges" in *the Literary Guide to the Bible*, ed. R. Alter and F Kermode (Boston, Harvard Uni. press,1987), p.109.

긴장을 끊임없이 보여주면서, 그 양자 사이를 부단히 왕래하며 살아가는 순례자로서의 이스라엘의 정체성을 보여 주려하고 있는 것이다. 그런 긴장이야 말로 옛날 이스라엘 뿐 아니라 오늘을 살아가는 그리스도인들의 진정한 정체성의 기초를 이룬다고 해야 할 것이다. 믿음 안에서 이 땅은 우리의 것이 되었다. 그럼에도 우리는 오늘도 나아가 싸워야 한다.

2) 여호수아서의 미래 지향적(the future-oriented) 특성

앞에서 언급한 대로 여호수아서의 편집적 특성의 주요 성향은 다분히 '신명기적'이라는 것이다. 여기서 '신명기적'이라는 것은 또한 이스라엘 공동체의 운명을 향한 미래 지향적 성격을 가지고 있는 것임을 잊어서는 안 된다. 모세는 그의 운명 직전에 이스라엘의 미래를 그의 후계자인 여호수아에게 맡긴다(신31장, 34장). 하지만 여호수아는 모세처럼 자신의 후계자를 지명하여 위임하지 않았다. 이는 그 자신이 모세에게 주어진 율법에 순종하는 것이 어떤 지도자를 세우는 것보다 더 이스라엘의 장래를 위해 중요한 요소라고 인식했기 때문이라 할 수 있다. 그래서 그는 본서의 곳곳에서 그런 미래 지향적 사역을 기록하고 있다. 요단강 가운데 12개의 돌비를 세운 사건(수4:9)과 길갈에서 기념비를 세운 일(수4:20), 그리고 24장에 그 유명한 언약 갱신을 요청하는 문구들은 본서에 있는 신명기적 구문들과 더불어 본서의 미래지향적 특성을 상징하는 내용들이다.

신명기적 구문들이란 여호수아 자신이 그랬던 것처럼 하나님의 율법을 향한 온전한 신뢰와 순종을 강조하는 것과 그 반대 상황에 대한 저주적 경고 표현들을 특색으로 하고 있다. 순종에 대한 하나님의 확실한 보호에 대한 표현들은 예를 들면 "너를 능히 당할 자가 없으리라" 혹은 "하나님이 이스라엘을 위하여 싸우신다"는 표현들(수5:1, 10:14, 23:10)이 있고, 이스라엘의 실패에 대한 염려와 저주성 경고는 "너희가 여호와를 능히 섬기지 못할 것이요"(수24:19), "모든 불길한 말씀도 너희에게 임하게 하사 너희 하나님 여호와께서 너희에게 주신 이 아름다운 땅에서 너희를 멸절하기까지 하실 것이라, 만일 너희가 너희의 하나님의 여호와께서 너희에게 명령하신 언약을 범하고 가서 다른 신들을 섬겨 그들에게 절하면 여호와의 진노가 너희에게 미치리니 너희에게 주신 아름다운 땅에서 너희가 속히 멸망하리라 하니라"(수23:15~16) 등이 있다. 이런 표현들을 학자들은 신명기적 표현이라고 이해한다. 이미 숙지하고 있겠지만, 에발산에서 율법이 낭독되거나 도피성에 관한 기록들은 신명기로부터 인용되어(수8:31, 20:2~9)왔다고 보이는데 이는 오랫동안 학자들에 의해 인식되어 온 사실이다. 하지만, 본서의 신명기적 표현들과 신명기 자체의 표현에는 이런 유사성과 더불어 분명한 차이가 있다. 그것은 이스라엘의 실패를 언급하는 부분에서는 동일성을 보이고 있지만 여호수아서에는 이스라엘을 흩으심에 대한 언급(신4:27, 28:64, 30:3)은 없다는 것이다.[25] 여호수아서에서 반복되어 나타나는 이런 신명기적 율법준수의 요청은 이스라엘의 미래를 향한 애정에서 나온 것이고 모세 율법의 기저에 깔려 있는 주요 개념인 것이다. 율법은 그 사랑하는 민족을 향한 미래 지향적 성향을 띄고 있는 것이다.

여호수아서에는 이런 신명기적 율법의 미래지향적 사고와 신학을 반영하는 몇 가지 중요한 개념들을 잘 보여주고 있다.[26] 그 첫째가 **언약**이라는 개념인데, 이는 출애굽과 신명기의 종교적 전통을 이어가는 것이다. 약속된 땅은 하나님이 아브라함에게 주셨던 약속에 따라서 그의 계약 백성들에게 주신 선물로 간주되었으며(창17:8), 그리고 그 이후의 사건들로 인해 갱신되었던 것이다. 여호수아는 하나님이 신실하게 계약을 지키신 일을 기록하고 있다(신7:7). 학자들에 의하면 신명기는 고대의 왕들이나 국가 간의 조약문과 유사한 점이 많다고 한다. 그러니까 신명기가 그런 언약의 체결문이라면, 본서는 그 언약 하에서의 삶이 어떠해야 하는 지를 보여주는 연결성이 있다는 것이다. 다시 말해서 이 책은 모세의 율법들이 행위 규범으로서의 역할을 어떻게 하고 있는지를 보여 줌으로써 이 국가의 역사에서 모세의 율법이 차지하고 있는 권위를 웅변해 주고 있다. 여호수아는 모세의 구체적인 명령을 따라 그리심산과 에발산에서 언약 갱신 의식을 주도하기도 했다(신27:1~8).

그러나 동시에 이스라엘이 비교적 초기부터 그들이 감당 했어야 하는 하나님의 계획을 수행하는 것에 실패했음도 분명히 보여주고 있다(수17:13, 18:3). 모세가 이끌던 시절보다 여호수아가 이끌던 시절의 히브리인들이 사기가 비교적 높았던 반면, 이방적인 자연 숭배와 다신론에 빠질 위협도 만만치 않았다. 여호수아서는 그 책의 전반에 걸쳐 신명기적 율법과 언약이 여전히 유효함을 강조하고 있다.

본서에 있는 신명기적 개념의 두 번째 특성은 정복 전쟁을 통하여 약속되어진 **안식**이 이루어졌다는 점이다. 그러나 이때의 안식은 이미 살펴본 대로 '긴장'이 있는 안식인

---

25 Childs B., op. cit., p.229.

26 이에 대하여 Wenham J.은 신명기와 여호수아서를 이어주는 주요한 신학적 개념을 다섯 가지로 정리하고 있다. 그의 글 "The Deuteronomic Theology of the Book of Joshua," *JBL90*(1971), pp.140~148을 참고하라.

데, 그런 점에서 본서의 안식은 전쟁이 그쳐진 안식이 아니라 영원히 거주할 기반이 생겼다는 의미에서의 영적인 안식을 의미한다. 그것은 신명기 13:1절에서 보는 바와 같이 아직도 점령해야 될 많은 땅이 남아 있음에도 불구하고 전쟁이 그쳤다는 것과 같은 선상에서 이해해야 되는 것이다.[27] 그리스도인됨의 정체성을 극명하게 보여주는 안식이다. 여호수아의 인도 하에 이스라엘이 누린 안식은 그런 복합성을 가지고 있다. 전체적으로 볼 때에 그들이 누린 안식은 역시 제한적이고 일시적이었다. 얼마 후에 그들은 다시 배교와 패망의 슬픈 역사 가운데 놓이기 때문이다. 여호수아서를 통하여 보여진 안식이란 이 땅의 안식을 말하며, 예수그리스도를 통하여 주어질 영원한 안식의 그림자로서의 안식인 것이다.

세 번째 개념은 **거룩한 전쟁**이란 개념인데, 여호수아서는 약속의 땅에 대한 정복 전쟁과 그렇게 얻은 땅의 분배에 많은 지면을 할애한다. 이스라엘이 수행한 전쟁은 단지 군사 전략 또는 인간적인 열정의 문제가 아니라, 하나님의 전능하신 약속과 명령에 근거한 것이며 이를 그들은 거룩한 전쟁이라 부른다. 신명기에는 이 성전의 원리들을 명기하고 있다(신7장, 20장,21장, 25장등). 이어 본서에서도 성전에 대한 원리들이 다시 나오고 있다(수2장, 6장,8장,10장,11장등). 신명기의 명령(신1:17,4:1,7:1)은 이스라엘에게 생과 사의 양자택일의 문제를 주었으며 첫 공격을 시작할 수 있는 도덕적 힘을 주었다(수1:1). 여호수아가 공정하게 그의 지도자적 지위와 권한을 부여받았음에도 성경은 계약의 관점에서 볼 때 진정한 영광은 오로지 하나님께만 드려져야 함을 분명히 하고 있다(수3:10,4:23, 6:16). 정복을 성공적으로 할 수 있었던 비밀은 국가적 순종이었고 그들의 정복 전쟁은 단순한 인간적 야심과 욕망의 결과로서의 전쟁이 아니라는 점을 분명히 하고 있다. 신명기와 여호수아서는 이런 거룩한 전쟁으로서의 정복 전쟁의 원리와 시행 방법에 대한 견해들을 공유하고 있다.

네 번째 개념은 땅에 대한 개념이고 앞에서 설명되었으므로 생략한다.

마지막 개념은 **온 이스라엘**(수3:7, 17, 4:14, 7:23, 24:1)이라는 용어로 드러나는 이스라엘의 통일성에 관한 개념이다. 이스라엘은 모세 시대부터 중앙 집권적 국가라기보다는 12부족이 함께 모인 일종의 부족 연맹체라는 성격이 강했다. 그러나 그런 이스라엘이

---

27 Butler T. C., *Joshua WBC7*(Waco, Texas, Word, 1983), p.22에서 버틀러는 "안식은 대적의 압제와 무서운 전투로부터의 자유를 의미한다. 이 안식은 하나님의 선물을 통해 하나님과 함께 사는 삶을 나타낸다. 그러나 그 백성들은 아이러니컬하게도 그 안식을 얻기 위해 전쟁을 수행해야만 한다"고 설명하고 있다.

여호수아를 통하여 가나안 지배를 앞두고 국가 공동체로 거듭나는 모습을 보여주고 있다. 신명기 역시 곳곳에서 '온 이스라엘'(신5:1, 3, 11:6, 29:9)이라는 용어로 본서가 표현하는 국가 공동체를 향한 지향성을 함께 보여주고 있다. 계약이라는 특권적 관계는 이스라엘로 하여금 이미 점령한 땅위에 하나님의 왕국을 세우는 의무를 부여케 된다. 비록 느슨한 형태이긴 하지만 여기서부터 이스라엘은 증앙 집권적 국가를 건설하기 위한 그 구성원의 하나님 즉, 민족적 정체성으로 하나 되는 일이 시작되었다고 보는 것이다. 히브리인들은 그들의 하나님이 근본적으로 신실하시고 거룩하시다는 점에 대하여 동일한 신앙고백을 그들의 민족적 정체성으로 향유하게 된다. 그것은 계속 발전하여 국가로서의 이스라엘 보다는 고백 공동체로서의 이스라엘이란 개념으로 지속적으로 발전하여 오다가 신약에 와서 불가견적 교회로서의 신앙 공동체인 **하나님의 나라**에 대한 이상으로 연결되어가고 있다. 비록 이스라엘이 二 이후에 보여주는 바와 같이 그들의 국가적 이상을 실현하지 못하였지만, 하나님의 나라에 대한 개념은 그때부터 히브리인들의 신앙적 의식에서 지울 수 없는 요소가 된 것으로 여겨진다.

3. 여호수아의 주요 내용 강해

1) 전반부

여호수아 1:1~9절 본서의 서론이라고 말할 수 있는 이 부분은 이스라엘의 주인으로서의 야훼 하나님의 역할을 보여주고 있다. 모세의 후계자인 여호수아에게 약속의 땅으로 가라고 명령하며 그와 함께할 것임과 그를 떠나지 않을 것임을 약속하고 있다. 하나님은 약속의 땅의 수여자시고, 여호수아는 그 약속을 이루어가는 이 땅의 대리자이며 그에게 요구되는 것은 마음을 담대히 하는 것과 그의 율법을 순종하는 것이다.

여수아 1:10~18절 1장의 후반부인 여기서 하나님은 르우벤지파와 갓지파 므낫세 반지파에게 형제지파들을 위해 먼저 가서 싸울 것을 명하셨다. 먼저 안식을 누린 자들의 의무인 것이며 이 전쟁의 목적이 온 이스라엘로 하나님의 '안식'에 이르도록 하는 내용이다.

여호수아 2장 여리고를 정탐하기 위해 두 정탐꾼을 보내고, 그 성의 라합으로부터 도움을 입으며, 여리고 입성시 라합의 가족들을 보호하겠다는 약속이 주어졌다.

여호수아 3장 여호수아의 인도 하에 이스라엘이 요단강을 도하하고 있는 내용이다.

여호수아는 먼저 그 백성을 '성결케'하고 언약궤를 멘 제사장들이 앞장을 서게 했다. 15절은 증거하기를 "궤를 멘 제사장들의 발이 물에 잠기자" 요단강은 흐름을 중지하였고 백성들은 온전히 건넜다고 기술하고 있다. 요단강은 홍해가 갈라졌던 방식과는 다른 방식으로 멈추어 섰으며 이는 영적으로 구원받은 백성들이 일상의 삶속에서 믿음으로 반응하고 행동할 때 약속된 주님의 간섭과 역사가 일어남을 보여주는 사건인데, 이는 민수기의 구리뱀 사건과 유사한 것이다. 비록 방식은 다를 지라도 요단강 도하 사건은 과거의 출애굽 사건과 현재의 역사를 상징적이고 효과적으로 연결하고 있다. J. A. 소긴은 "홍해 기적과 요단 기적의 유비는 정상적인 환경이나 혹은 일상적 과정 속에서는 발생치 않는 기적 그 자체에서 나타나는 것이 아니라 그 반대로, 추상적인 신화적 영역을 벗어난 역사 속에 일련의 환경을 효과적으로 제공해 줌으로써 나타나는 것이다"[28]라고 설명하고 있다.

여호수아 4장 여호수아는 요단강에서 각 지파의 수대로 열두 돌을 건져내어 그들의 새로운 진지인 '길갈'에 기념 돌탑을 세우게 한다. 그리고 그것을 이 사건을 보지 못하였던 새로운 세대를 위한 교육의 재료로 삼은 것은 우리가 눈여겨 보아야 할 대목이다.

여호수아 5장 다음의 세 가지 중요한 사건들이 기록되어있는 장이다. 여기서 하나님은 이스라엘로 '할례'를 행하게 한다. 애굽에서 나온 후 길에서 이스라엘은 할례를 베풀 수 없었다. 그 내용 중 우리의 눈길을 끄는 것이 있는데 여호수아 5:6절에 의하면 이스라엘이 왜 광야에서 40년이란 세월을 방황하게 되었는가하는 이유를 설명하고 있다. 애굽에서 나온 이스라엘의 첫 세대가 불순종함으로 그들이 죽기까지 광야를 헤매게 하였다는 것이다. 우리가 기쁨으로 순종하는 삶을 살지 못하면 우리의 인생이 광야같이 갔던 길을 돌고 도는 방황하는 인생이 될 것임을 교훈하고 있다.

여호수아 5장은 또한 모세에게 약속하셨고, 출애굽 후 40년을 한결같이 부어주셨던 하나님의 양식 '만나'가 그쳐졌음을 기록하고 있다. 이유는 약속대로 약속의 땅에서 그 땅의 소산물을 먹을 수 있었기 때문이다. 하나님은 약속에 신실하신 분이시지 무책임한 분이 아니시다.

그리고 여호수아는 여리고 가까이에서 여호와의 군대 장관과 만나게 된다. 그가 하나님의 군대 장관임을 알아본 여호수아는 즉시 엎드려 절하며 그에게 하명을 부탁한

---

28   Soggin J. A., *Joshua*. Trans. Wilson R. A., Old Testament Library(Philadelphia, Westminster press, 1972), p.61.

다. 그곳에서 하나님의 군대 장관은 그 옛날 떨기나무 불꽃 가운데서 모세에게 나타났을 때와 마찬가지로 "네 발에서 신을 벗으라, 네가 선 곳은 거룩하니라"하고 있다. 우리가 하나님의 명을 받고 순종하며 사는 동안 우리의 관습과 판단의 신을 벗고 온전히 이 사역이 주님의 명령에 의한 주님의 영광을 위한 일임을 날마다 인식하게 되기를 이 사건을 통해 배워야 할 것이다.

여호수아 6장 여리고성이 함락되었음을 밝히고 있다.

여호수아 7장 아간의 범죄함으로 말미암아 이스라엘이 '아이'성 전투에서 실패하는 사건이 기록되어 있다. 그는 하나님께 바쳐진 물건을 몰래 훔쳤고 그 일로 말미암아 온 이스라엘이 슬픔을 당하였는데, 여호수아와 이스라엘은 이 사건을 한 장 전체에 걸쳐 다루면서 아간을 돌로 쳐 죽이며 일벌백계하고 있다.

여호수아 8장 이스라엘은 다시 전열을 정비하고 아이성을 점령했으며, 8장의 마지막 부분에서는 여호수아는 에발산에 한 제단을 쌓았으며, 제단으로 쓰인 돌에는 율법을 기록하였다. 그 돌제단은 쇠 연장으로 다듬지 아니한 원석 그대로의 제단이었고, 이스라엘은 절반으로 나뉘어 한쪽은 에발산에 한쪽은 그리심 산에 하나님의 축복의 말씀을 들었다.

여호수아 9장 이런 가나안 입성과 여리고 및 아이성 함락 그리고 제단을 쌓는 일이 일어나자 그 지역의 아모리, 브리스, 가나안, 그리스, 히위, 여부스 사람들이 연합하여 이스라엘에 대적하게 된다. 그러나 이상하게도 기브온 사람들은 이스라엘을 속여 먼 곳에서 온 민족인양하고 화친을 맺게 되고 멸족을 면하게 된다. 나중에 이스라엘은 속은 것을 알았지만, 그들을 제단을 위하여 수종드는 종으로 삼아 살려주게 된다.

여호수아 10장 정복전쟁(성전)의 하이라이트라고 말할 수 있는 곳이고, 여기서 여호수아는 그 유명한 "태양아 너는 기브온 위에 머무르라 달아 너도 아얄론 골짜기에서 그리할지어다"하는 유명한 구절이 등장한다. 가나안에 정착한 후 여호수아 군대의 본영은 항상 하나님의 군대 장관을 만났던 곳 '길갈'에 본부를 두었고, 그들이 승리했을 때나 실패했을 때 이스라엘의 여호수아 군대는 항상 그곳으로 돌아왔다(수4:19절, 10:15,43절). 여호수아가 그랬던 것처럼 우리에게도 늘 영적인 길갈이 있어야 하겠다.

여호수아 11장 드디어 여호수아는 약속의 땅 가나안에 대한 정복 전쟁이 끝이 났음을 믿음으로 선포하고 있다(수23절). 여기서 믿음으로라는 말은 그 다음에 계속 이어지는 정복 전쟁의 작은 전투들이 여전히 남아 있고, 각 지파들은 그런 남아 있는 전쟁을 치르느라 힘들고 어려운 상황이 있었음에도 불구하고 전체적인 면에서 이 땅을 향하신 하나님의 약속이 실행되었음을 선포하였다는 것이다. 우리에게도 그런 믿음이 있었으면 좋겠다. 우리의 일상에는 늘 힘듦과 어려움이 밀려오겠지만, 우리의 일생은 하나님의 승리 가운데 있다. 그러나 우리는 현실 가운데서 늘 작은 영적 싸움들을 하며 살아야 한다.

여호수아 12장 모세와 여호수아가 출애굽 이후 가나안에 정착하면서 점령하고 정복한 왕들과 지역의 목록이다.

2) 후반부: '약속된 땅의 분배 및 정착'과 후기(수13~24장)

여호수아 13장 여호수아의 끝나지 않은 과업(수13:1~7)과 요단 동쪽의 분배: 모세 시절에 이미 이 지역은 므낫세 반지파와 르우벤, 갓지파에게 분배된 지역이었다.

여호수아 14장 요단 서편의 땅을 분배하는 중에 85세의 노익장 갈렙이 "이 산지를 지금 내게 주소서"라는 유명한 구절이 나온다. 그는 놀랍게도 유다의 자손이다. 그리고 그를 인하여 그의 후손들이 헤브론 즉 예루살렘 지역을 차지하게 된다.

여호수아 15장 유다지파의 지역과 후손에 관한 기록

여호수아 16장 에브라임 자손의 기업과 후손들

여호수아 17장 므낫세 반지파와 에브라임지파의 기업과 후손에 대하여

여호수아 18~19장 나머지 지파들의 기업과 후손에 대한 기록

여호수아 20장 도피성에 관한 규정들

여호수아 21장 레위지파의 성읍들에 관하여, 레위지파의 후손들은 이스라엘의 각 지파 속에 골고루 흩어져 거할 성읍들을 할당받았다.

여호수아 22장 요단 동편이 이미 기업을 부여 받았던 지파의 용사들을 돌려보낸다. 르우벤, 갓지파 그리고 므낫세 반지파가 동쪽(길르앗 지역)으로 돌아갔다. 그들은 요단강을 건너기 전에 한 제단을 쌓았는데 이것이 다른 지파들에게 큰 시험이 되었다. 그래서 나머지 지파의 수령들이 이 제단에 대하여 '여호와의 제단 외에 다른 제단을 쌓지 말라'고 경고한다. 이 때 요단 동편의 두 지파 반의 지도자들은 그들에게 대하여 해명하는데, 이는 후대를 위한 교육과 기념을 위하여, 즉 우리가 요단 서편의 이스라엘 본류와 다른 족속이 아닌 같은 민족임을 후대에 경계하기 위하여 세운 기념비 같은 제단이지 다른 제사를 드리려는 제단이 아님을 해명하고 허락을 얻는다. 이스라엘은 하나님 앞에서 하나임을 이렇게 지켜가려 하였다.

여호수아 23장 여호수아의 마지막 교훈 "그러므로 너희는 크게 힘써 모세의 율법 책에 기록된 것을 다 지켜 행하라 그것을 떠나 우로나 좌로나 치우치지 말라"(6절)~"보라 나는 오늘 온 세상이 가는 길로 가려니와 너희의 하나님 여호와께서 너희에게 대하여 말씀하신 모든 선한 말씀이 하나도 틀리지 아니하고… 만일 너희가 너희의 하나님 여호와께서 너희에게 명령하신 언약을 범하고 가서 다른 신들을 섬겨 그들에게 절하면 여호와의 진노가 너희에게 미치리니 너희에게 주신 아름다운 땅에서 너희가 속히 멸망하리라 하나라"(15~16). 이런 간절한 노 지도자의 이스라엘을 향한 권면이 있은 다음

여호수아 24장 여호수아는 "너희가 섬길 자를 오늘 택하라 오직 나와 내 집은 여호와를 섬기겠노라"(15)하며 하나님의 언약에 충실할 것을 다짐하게 한다. 여호수아 24:29절 이하는 여호수아의 사망 기사와 이 사망기사를 쓴 것으로 여겨지는 엘르아살의 장례도 그의 아들 비느하스에 의해 집행된 것으로 기록되고 있다.

제2장

사사기

1. 사사기의 서론과 구조

1) 사사기 서론

사사기의 책명은 히브리어로 '쇼페티임' 또는 '세페르 쇼페티임' 등으로 불리는데 이는 재판관, 혹은 행정 지도자, 군인, 정치가 혹은 '군인 정치가의 책'이란 뜻이다. 헬라어로 쓰인 칠십인역에서는 '재판자' 혹은 '판단관'의 뜻으로 사용되었다. 이 히브리어 명칭은 가장 오래된 유대인의 전통에 의한 것이다. 쇼페트란 말은 여호수아 사후부터 사울 왕의 즉위 시 즉, 사무엘 시대까지 이스라엘을 적으로부터 구출하고 통치한 이스라엘의 민족 지도자들을 일컫는 대명사이며 그 뜻은 재판자란 뜻인데, 이는 히브리어 동사 샤파트(재판하다)의 분사형이다. 탈무드의 전통[29]에서 시작된 이 명칭은 칠십인경과 라틴 벌게이트에서도 이어 사용되었다. 그들은 원래부터 재판관이 아니라, 군사적인 지도자이자 각 가문의 어른들이었다.[30]

사사기의 목적은 이스라엘의 민족의 역사적 과정에서 볼 때 가장 요긴한 책 중의 하나인데 사사기가 제시하는 이스라엘의 역사적 자료는 여호수아가 죽은 이후부터 사무

---

29   *Baba bathra* 14b, 참조 외경 집회서 46:11절
30   Dillard R. B. & LongmanⅢ. T., op. cit., p.177.

엘 시대까지의 사이에 일로서 이 책에 의지하지 않고서는 그 시대에 관한 정보가 하나도 없을 정도로 세밀하고 중요한 기록인 것이다. 대략 400년 정도의 기간에 관한 이 사사기의 기록은 이스라엘이 **씨족/부족 사회에서 중앙집권적 군주 정치로 변천해가는 과정**을 그리고 있다. 그러나 열왕기 상 6:1절에 나오는 480년 이라는 긴 기간은 엘리의 통치와 옷니엘의 통치 사이의 기간을 대략 292년 정도로 추정하고 있다. 그러므로 우리는 이런 기간 중의 많은 부분은 중복되었거나 혹은 동시대의 일들로 결론 내리는 것이 타당하다. 이에 대하여 J. B. 페인은 주전 1381년의 옷니엘의 통치로부터 주전 1050년에 끝나는 사무엘의 기간 사이의 중요한 여섯 사사들의 통치에 관한 기본적인 연대기를 만든바 있다.[31] 이런 계산의 타당성은 사사기 11:26절에 나오는 입다 선지자의 말을 근거로 하고 있다 여기서 입다는 이스라엘의 헤스본 정복과 암몬족과의 싸움 사이의 기간을 대략 300년으로 계산한다. 이것은 요단 너머의 정복 기간을 대략 주전 1400~주전 1100년 어간으로 인정하려는 계산이다. 사사기는 그 자체 속에서 사사들의 전 기간에 대해 긴 연대로 제시하지 않는다. 그러므로 사사시대 중 어떤 것들은 약간 중복되었다는 것을 굳이 부인할 필요는 없게 된다.

사사기 11:27절에서 이 단어는 하나님을 이스라엘과 아모리 족속간의 다툼을 재판하는 세상의 으뜸가는 재판장으로 묘사하며 한 번 사용되었고, 사사기 2:16절과 기타 여섯 번에 걸쳐 이스라엘을 이방인의 손에서 구원하는 영감 받은 구원자를 표현하는데 사용되고 있다. 이 기간 중 이스라엘의 사사로 활동한 사람은 13명인데, 그중 8명의 사람이 전쟁을 벌려 이스라엘을 적의 손에서 건져 내었다는 의미로 이스라엘을 다스렸다고 기록되었다. 옷니엘, 에훗, 삼갈, 드보라, 바락, 기드온, 돌라, 야일, 입다, 입산, 엘론, 압돈 그리고 삼손이 그들이다. 그리고 여자도 한 명 있었는데 드보라였다. 대부분의 사사들은 한 지역 또는 전국적인 범위에서 이스라엘 백성을 적의 손에서 해방시킨 카리스마적인 영웅으로 추앙되었다. 그리고 그들은 전쟁이 끝난 후에도 다스리는 일을 계속했다. 하지만 그들은 왕조를 세우지 않았으며 다만 사사기 11:6~11절에 보듯이 입다만이 아모리인들을 쫓아낸 후에도 지속적으로 통치한 것으로 보인다.[32]

구약의 다른 역사서들과 마찬가지로 사사기의 저자는 익명인 채로 남아 있다. 이 책의 저자는 이스라엘 왕정 체제가 시작 이후의 어느 시기에 살았던 것이 거의 확실하다.

---

31 Payne J. B., *An Outline of Hebrew History*(Grand Rapids, Baker. 1954), p.79.
32 Harrison R. K., op. cit., p.230.

본서 내적인 증거는 이 책이 왕정시대의 초기에 해당된다고 간접적으로 증언하고 있다. 왜냐하면 "그 때에 이스라엘에 왕이 없었고"(삿18:1, 19:1)라고 표현하고 있기 때문이다. 이 책의 저작 시기에 대한 유일한 단서는 삿18:30~31절에 나오는데 "게르솜의 아들, 요나단과 그의 자손은 단지파의 제사장이 되어 이 백성이 사로잡히는 날까지 이르렀더라"라는 구절이다. 모세의 아들 요나단의 후손인 제사장들이 계속해서 다스렸으며, 법궤가 실로에 있는 기간 동안 미가의 우상들이 계속해서 사용되어졌다는 것을 말하고 있다. 여기 '이 백성이 사로잡히는 날'에 대한 몇 가지 견해가 있다. 첫째는 그 날은 바벨론 포로를 의미한다는 설이고 이 경우 저작 연대는 주전 6세기라고 추정된다. 두 번째 이론은 그날은 북방의 단지파 지역이 빼앗긴 날로 보는데 이는 북방의 앗수르에 의해 북 이스라엘이 멸망당한 시점으로 보는 것이고 이 경우 저작 연대는 주전 8세기가 된다. 세 번째 이론은 그날은 법궤가 실로에 있을 때 블레셋에 의해 침입을 당한 시기라고 생각하고 이는 거의 주전 10세기가 된다. 마지막 이론은 이 책의 마지막 몇 장과 관련하여 연대를 계산하는 것인데 이 경우는 저작 연대가 왕국의 분열 된 시점을 의미하며 거의 주전 9세기가 된다.[33] 사사기는 이스라엘의 언약적 유일신 사상에 대한 헌신이 얼마나 중요한 것인지를 보여주고 있다. 이 유일신 사상에서의 이탈은 이스라엘에게 불행을 안겨다 준다. 사사기 기자가 이스라엘이 하나님을 노엽게 한다고 진술할 때마다 이 교제 단절을 야기시키는 것은 우상숭배였다. 다른 류의 죄들은 용서의 하나님께로 돌아감으로써 용서 받을 수 있었다. 하지만 우상숭배자들은 신앙의 실재 및 살아계신 하나님과의 교제로부터 스스로를 분리시키기 때문에 그들에게 남은 것은 오직 심판뿐이었던 것이다. 그것이 사사기의 핵심 교훈이다. 그런 의미에서 사사기의 신학은 신명기 28:15~68절의 율법적 경고를 반영하고 있다고 말할 수 있다.[34] 그렇다고 해서 이것이 보통의 자유주의 비평학자들이 주장하는 것처럼 여호수아서나 사사기 혹은 열왕기 상하에 이르기까지 오경의 문서설적 영향이 광범위하게 펼쳐져 있다는 것을 지지하는 것은 아니다. 많은 비평학자들은 사사기에 신명기적 영향과 자료가 있을 것이란 전제 하에서 연구를 한다.[35] 사사기 2장에 있는 단편적 이야기들 예를 들면 2:6절, 8~10절, 13절, 그리고 20~21절 등은 포로 후기의 J. E문서라는 것이다. 그런 학자들은

---

33 Dillard R. B. & LongmanⅢ. T, op. cit., p.178의 자세한 설명을 참고하라.

34 House P.R., op. cit., p. 379.

35 Pfeiffer R. H., *Introduction to the Old Testament*(1941), p.316. 이런 학설을 추종하는 학자들은 파이퍼 외에도 Moore, Burney 등 많이 있다.

또한 사사기의 편집자들이 1장, 17장, 21장에 있는 J문서의 자료들을 누락시켰었는데, 주전 3세기경에 무슨 이유인지 제사장 문서 편집자들이 그 J. E문서를 회복시켰다고 주장했다.[36] 이러한 오경의 문서설에 근거한 이런 추론적 연구는 M. 노트의 연구에 의해 그 영향력을 확실히 상실하게 된다. 그는 사사기의 문헌들이나 다른 역사적 기록물들은 하나의 단일하고 뚜렷이 구별되는 신학적 저작물이라 주장하며 문서설을 일축했다. 대신에 노트는 이 역사 기록은 다른 전승에서 나온 영웅담 혹은 그런 류의 부족 전설들에 관한 것이라고 설명한다.[37] 해리슨에 의하면 이런 비평학자들의 설명은 "그 책에 사용된 자료의 의미를 정확히 이해하지 못하기 때문에 공들여 쓴 작업이 헛수고에 불과하다는 다소 실망스러운 것"이라고 평하면서 "오경의 기초가 된다는 문서가설 체계가 분명한 거짓이기 때문에 문학비평 방법으로 사사기를 연구하는 것은 완전히 잘못된 방향으로 가고 있다"고 비판한다[38].

2) 사사기의 구조

사사기는 대략 세 개의 구조로 되어 있다.

① 1:1~2:5절 ▶ 여호수아 사후의 가나안 상황(서론)

② 2:6~16:31절 ▶ 중심 내용

- 2:6~16:31절 이스라엘의 사사들
- 3:7~11절 구산 이사다임~옷니엘
- 3:12~31절 에글론-에훗/블레셋인-삼갈
- 4:1~5:31절 시스라와 야빈-드로라와 바락
- 6:1~8:32절 미디안과 아말렉-기드온
- 8:33~10:5절 아비멜렉, 돌라, 야일
- 10:6~12:15절 암몬과 블레셋-입다, 입산, 엘론, 압돈
- 13:1~16:31절 블레셋-삼손

③ 17장~21장 ▶ 부록 같은 결론

- 17~18장 에브라임 사람 미가에 관한 이야기

---

36 ibid., p317.

37 이에 대한 자세한 설명은 Dillard R. B. & Longman III. T, op. cit. p.180을 참고하라.

38 Harrison R. K., op. cit., p.235.

• 19~21장 기브아의 죄악및 이스라엘의 군대 그리고 결론

이스라엘의 사사 관련 도표[39]

사사 명	대상 적국	압제/구원기간	사역 추정연대	본문
옷니엘	메소포타미아	8/40년	1374~1334	3:9~11
에훗	모압,암몬,미디안	18/80년	1316~1235	3:15~30
삼갈	미디안		대략 1230	3:31
드보라	가나안	20/40년	1216~1176	4:4~5:31
바락	가나안	20/40년	1216~1176	4:41~5:31
기드온	미디안	7/40년	1169~1129	6:11~8:35
돌라	아말렉	/23년	1120~1097	10:1~2
야일	아말렉	/22년	1120~1097	10:3~5
입다	암몬	18/6년	1085~1079	11:1~12:7
입산	암몬	/7년	1079~1072	12:8~10
엘론	암몬	/10년	1072~1062	12:11~12
압돈	암몬	/8년	1062~1054	12:13~15
삼손	블레셋	40/20년	1095~1075	13:2~16:31

2. 사사기의 신학적 논점들

1) 섬기고 따를 왕을 상실한 이스라엘의 비극

사사기는 신명기와 여호수아에서 보여준 하나님의 명령에 적절히 반응/순종하기를 실패하는 전형적인 모습을 보여주고 있다. 그들이 실패한 이유는 정착한 가나안의 백성들과 자신을 구별하지 못한 데 있다. 즉 거룩한 언약의 백성으로서 자신을 구별되이 살도록 주어진 하나님의 율법보다는 당시에 발달된 가나안의 문화와 풍습에 동화되어 가기를 즐겨했던 이스라엘의 삶이 주 원인인 것이다. 여호수아가 죽은 후, 즉 사사시대에 이미 여호수아의 유업은 이미 깨어지고 있었고,[40] 가나안 족속은 이스라엘의 옆구리의 가시가 될 것이라고 선포되고 있다(삿2:1~5). 서론에서 지적된 이런 이스라엘의 실패는 단순히 사사기의 역사를 여호수아 시대와 연결시키는 역할뿐 아니라 다음에 반복

---

39   Archer G. L. op. cit., p.393.

40   Childs B., op. cit., p.261.

적으로 이어지는 이스라엘의 실패에 대한 무대 역할을 하고 있고, 이런 현상은 이 책의 결론부분이며 주제 구절이라 할 수 있는 "그 때에 이스라엘에 왕이 없으므로 사람이 각기 자기의 소견에 옳은 대로 행하였더라"(삿21:25)라는 구절로 귀결되고 있음을 보여준다. 사사기에 대하여 친숙하지 않은 사람들도 사사기에 반복되는 어떤 이야기 패턴이 있음을 쉽게 인지하게 된다. 그래서 어떤 사람들은 사사기의 저자가 어떤 순환론적 역사관을 가진 것이 아닌가 추론하기도 한다. 그 내용은 이스라엘의 죄에 이어지는 이민족을 통한 압제로 이어지고, 그 압제 때문에 여호와 하나님께 부르짖으면 하나님은 그들의 기도를 들으시고 구원자인 사사를 보내 이스라엘을 구원하신다는 이야기가 반복되고 있다. 이런 면에서 사사기는 구약 전체를 통해 계속적으로 반복되는 "창조 − 타락 − 심판 − 은혜의 구속"이라는 전형적 패턴을 다른 시각에서 다시 반복하고 있는 것이다. 그러나 딜러드나 롱맨 3세가 지적하고 있는 것처럼, 사사기의 내용들을 단순히 순환론적으로만 생각한다면 전체를 볼 때 문제가 있다고 지적했다. 그러면서 그들은 사사기를 그려내는 좀 더 나은 표현으로 "나선형 하강(downward spiral)"을 채용하고 있다.[41]

즉, 사사시대의 각 사사들의 영웅담은 동등한 수준이 아니라 후대로 갈수록 각 사사들의 자질 및 그들의 지도력이 점점 더 하락하고 있다는 것이다. 가나안에 들어간 이스라엘은 전술한 바와 같이 그 원주민들과 동화되어 우상숭배의 죄에 빠지게 된다. 사사기의 우상숭배는 출애굽기 32~34장과 민수기 25장에 나오는 우상숭배와 유사하며 그런 이스라엘의 우상숭배에 대한 하나님의 대응 역시 흡사하다. 이런 유사한 상황에서 가나안의 이스라엘은 모세와 여호수아에 비견할 많은 지도자들을 갖기는 했지만, 그들은 모두 모세와 여호수아가 집중했던 것 같은 수준의 하나님의 율법에 집중하지 못하였던 것이다.[42] 그것이 사사기가 증언하는 슬픔의 주제인 것이다. 이스라엘은 자신들이 누구이며, 어떻게 가나안을 점령했으며, 이 약속의 땅에서 어떻게 살아야 하는지를 망각했던 것이다. 그런 그들에게 임한 혼돈과 고통의 시간을 '왕이 없으므로'란 아주 상징적인 어법으로 표현하고 있는 것이 사사기이다. 가나안에 입국한 이스라엘에 대한 하나님의 시험은 창세기 22장 이후에 처음으로 등장하는 개념이다. 이스라엘은 자신을 가나안의 이방인과 동일시함으로 하나님을 배교하였고, 그래서 하나님이 심판으로 이방인을 일으켜 이스라엘을 괴롭게 하였으며, 그들은 다시 하나님께 간구하였고 그래

---

41   Dillard R. B. & LongmanⅢ. T, op. cit., p.185.
42   House P.R., op. cit., p.379.

서 하나님은 사사를 일으켜 그 백성을 구원하였다. 그러나 그 사사가 죽고 나면 다시 백성은 이방신을 따르거나 이방 풍습에 빠져들어 화를 자초하는 것이 그것이다. 이것이 1~16장까지의 사사기 전반부를 꿰뚫고 있는 흐름인 것이다.

사사기를 통하여 하나님은 이방과 동화되지 않고 그들을 친히 인도하시는 하나님을 왕으로 모시고 그 앞에서 구별되이 살아야 함을 보이고 계신다. 그들을 은혜로 인도하셔서 약속의 땅에 인도하여 정착시키신 하나님 보다 이방을 흠모하며 따라가는 이스라엘의 모습은 세상의 풍요와 안락과 쾌락을 추구하려는 오늘날의 교회와 성도의 모습을 보는 것 같아 안타까움이 많다.

이스라엘이 하나님을 왕으로 섬겨야 함에 대한 본서의 지속적인 주제는 후반부에 단지파의 북부 이동과 베냐민지파의 망국적 행동 등에서도 이어진다. 이런 일련의 사건들 속에서 이스라엘이 민족적으로 왕 없이 '하나됨'을 이루어 가고 있는 모습을 볼 수 있고, 두 번째는 그 와중에서 하나님의 신정 정치가 세상의 신정 왕국으로 옮겨 가고 있는 장면이다. 사사기가 집중적으로 조명하고 있는 진정한 하나님의 왕국은 세속의 왕들과 같은 그런 기구를 세우는 것이 아니었다. 그들은 하나님의 직접적 통치와 간섭을 받는 하나님의 친백성임에도 불구하고 이방의 풍습을 따라 이방의 왕과 같은 존재를 원했던 것이다. 이점에서 기드온이 왕으로 추앙되기를 한사코 거절했던 장면은 시사하는 바가 크다(삿8:23).

본서의 주제구절은 사사기 21:25절이라 할 수 있는데 **"그때에 이스라엘에 왕이 없으므로 사람이 각각 그 소견에 옳은 대로 행하였더라"**하며 슬픈 톤을 끝을 맺고 있다. 이런 죄악과 배역 속에서 뼈아픈 대가를 치루면서 이스라엘은 부족 중심시대를 끝내고 왕정시대로 나아가려는 서막을 올리고 있는 것이다. 하지만 영적인 관점에서 본다면 그런 왕정은 하나님이 기뻐하시는 것이 아니다.

2) 약속에 신실하신 하나님만 경배하라

"하나님은 이스라엘의 왕이며 주인이시다"(삿8:23) 그러나 선민에 대한 하나님의 통치는 현실 속에서 어떻게 드러나야 하는가? 사사기의 각 사건에 대한 도입부는 대략 "이스라엘 자손이 여호와의 목전에 악을 행하여"(삿3:7, 4:1, 6:1 등) 하는 표현으로 시작이 되고, 그 결말은 "그 땅이 태평하니라"(3:11, 5:31 등)라고 마무리 되곤 한다. 사실 사사기의 기술은 의외로 진솔하고 단순하다고 할 수 있다. 사사기의 기자는 본서 전체를 통하여 하나님과 이스라엘의 관계를 기초를 이야기를 진술해 가고 있다. 모세와 여호수아에게 명령되고 온 백성이 맹세로 맺어진 그 언약의 관계가 사사기의 기저에 흐르고 있는 주된 신학인 것이다. 여기서도 우리는 하나님의 언약조 축복과 율법적 명령 사이에 있는 팽팽한 긴장을 보게 된다. 그런 점에서 사사기는 우리에게 하나의 역설, 즉 하나님께서 이스라엘과 맺고 있는 관계는 조건적이자 동시에 무조건적이라는 사실을 암시하고 있다. 이스라엘의 패역 속에서도 하나님은 그들을 향한 자신의 신실함을 거두지 않으신다. 이런 하나님의 신실함과 이스라엘의 순종 사이의 긴장을 E. R. 달그리쉬는 "여호와의 변치 않은 성실하심은 이스라엘에게 희소식이 된다. 왜냐하면 이스라엘은 다시 온전한 언약의 축복을 누리기 위해 오직 유일신 중심사상 즉 율법으로 돌아가야만 하기 때문이다"[43]라고 표현했다. 사사기는 느슨한 부족 연맹체적인 형식으로는 하나님의 거룩한 나라로 나아가지 못함을 다른 방식으로 반영하고 있다. 모세는 어떤 형식으로든지 이스라엘이 왕을 갖게 될 것임을 인지하고 있었다. 사사기는 그런 이스라엘이 중앙집권적 왕정국가로 나아가고 있는 단계의 역사를 그리고 있는 책이라 하였다. 문제는 무엇인가? 어차피 왕정체제로 나아감은 불가피한 일인데 그에 앞서 하나님은 이스라엘에게 다시 한 번 자기 백성의 영원한 통치자로서의 자신의 위상을 각인 시키고 있는 것이다. 왕정이든 부족 연맹체든 어떤 정치체제를 갖더라도 나는 너희의 영원한 구원자이며 이스라엘의 왕이란 사실을 그들의 실패를 통하여 인지시키고 있는 것이다. 하나님은 이스라엘에게 거할 땅을 주셨다. 어떻게 그 언약에 신실하신 하나님의 친백성으로 살 것인가? 결국 인간 지도자를 의지함이 아니라, 왕이신 하나님을 모시고, 그 하나님을 경배하며 순종하는 것만이 이스라엘로 이스라엘 되는 유일한 길인 것이다. 이것이 왕이 없어 방황하는 가나안의 이스라엘뿐 아니라 현대를 사는 성도들에게 주시는 사사기의 교훈인 것이다.

사사기에는 그렇게 하나님의 쓰임을 받은 여러 사사들의 이야기를 잘 기록하고 있다. 그들은 남자와 여자였고, 농부며, 기생의 아들이며, 떠돌이도 있었다. 성적인 면에 집착하는 나실인도 있었고, 왼손잡이 암살자도 있으며 소심한 영웅도 있다. 모두 하나님 앞에서 쓰임 받는 사람들이었다. 그들과 마찬가지로 우리도 무지하고 순종하지 못하며 얽히고설킨 동기들에 얽매여 산다. 그런 우리를 씻어 의롭다 하실 분은 언약에 신

43　Dalglish E.R., "Judges" in *Broadman Bible Commentary* Ed. Clifton J. A(Nashville, Tenn, Broadman, 1969~72), p. 339.

실하신 하나님뿐이시라는 진리이다. 사사기는 다른 면으로 본다면, 이스라엘의 그렇게 반복되는 실패에도 은총을 거두시지 않으시는 하나님의 승리의 이야기이다.

3. 사사기의 주요 내용 강해

1) 서론: 여호수아 사후의 가나안 상황

사사기 1:1~2:5절 "여호수아가 죽은 후에"로 시작되는 사사기의 서론은 "모세가 죽은 후에"로 시작되는 여호수아서를 연상시키며 모종의 연계가 있는 것처럼 보인다. 그러나 이스라엘은 여호수아가 갱신한 언약 준수의 사명을 저버리고 본서의 결론에서 보듯이 방황하는 모습으로 본서가 끝나고 있는 것은 사사기서의 내용을 짐작하게 해 준다. 이 부분에서 유다와 베냐민지파의 승리를 기록하는 것은 나중에 사울과 다윗 가문의 충돌을 예상케 하는 것이며 28절의 가나안 족속을 쫓아내지 못한 이스라엘의 문제도 사사기를 풀어가는 실마리 구실을 하는 것이다.

2) 중심내용: 이스라엘의 사사들의 기록(삿2:6~16:31)

사사기 2장 여호와의 사자가 나타나고, 여호수아의 장례에 관한 기사로 시작된다. 11절에 이르러 이스라엘 자손이 여호와의 목전에서 악을 행하여 바알을 섬기는 구절은 이스라엘에게 임할 재앙의 원인을 적시하고 있다. 16절 또한 하나님이 사사를 세웠으나 이스라엘은 그들에게도 순종치 않아서 하나님의 심판을 자초하게 된다.

사사기 3장 가나안 땅에 남겨진 원주민들과 사사 옷니엘의 기사, 사사 에훗의 기사 그리고 사사 삼갈의 기사가 있다.

사사기 4장 에훗의 사후 이스라엘의 범죄가 다시반복 됨을 기술하며 여 선지 드보라의 기사가 바락과 함께 기술된다.

사사기 5장 가나안 왕 야빈을 이긴 드보라와 바락의 노래이다.

사사기 6~8장 사사 기드온의 행적을 기록했다. 기드온은 원래 심약한 사람으로 알려졌고, 그는 하나님의 부르심을 여러 가지로 확인하며 사역에 나서게 된다. 33절에는 다시 이스라엘이 바알을 섬기며 하나님을 기억하지 않은 불순종의 죄를 기록하고 있다.

사사기 9장 기드온의 아들 아비멜렉의 치리와 죽음. 기드온의 아들이 자기 형제를 죽인 죄는 자기 아버지에게 지은 죄라고 본문은 정죄하고 있다.

사사기 10장 사사 돌라, 야일, 입다가 암몬과 싸운 이야기

사사기 11장 기생의 아들로 이스라엘의 사사가 되어 섬긴 입다의 기사와 입다의 딸의 번제 사건

사사기 12장 입다의 사역과 임종 그리고 사사 입산의 기사

사사기 13장 사사 삼손의 나실인에 대한 기사

사사기 14장 삼손의 여자 편력과 그의 기이한 능력

사사기 15장 삼손이 블레셋을 공격함

사사기 16장 삼손과 들릴라의 기사, 삼손의 최후

본서의 중심내용이 전개되는 이 부분에서 우리는 이방 민족과 싸우는 사사들의 이야기에서 많은 영적 교훈들을 배울 수 있다. 또한 그들의 전쟁이 끝난 후 다시 배교하는 이스라엘을 통해서도 더 많은 것을 배워야 한다. 그러나 사사들은 오실 그리스도의 모형이기는 하지만 그들 개인적으로는 여전히 죄 많은 인간이며 하나님의 은혜와 긍휼이 필요한 존재라는 것을 잊어서는 안 된다. 특별히 삼손의 기사가 그렇다, 그는 실패한 사사가 아니다. 그는 일생을 통하여 뿐 아니라 그의 임종 시 더 많은 적을 격멸했다. 이 이야기는 기드온의 삼백 용사의 이야기와도 연결이 된다. 전쟁의 승리와 인생의 결산은 하나님께 달려 있는 것이지, 사람과 마병의 우위에서 나오는 것이 아니다. 그럼에도 인간은 종종 그것을 잊고 스스로 자고하는 경향이 많다.

3) 부록 같은 결론(17장~21장)

사사기 17장 미가 집의 개인 제사장으로 전락한 레위인의 이야기

사사기 18장 그때에 이스라엘에 왕이 없었고 라는 주제 구절로 시작되고 있다. 단 자손은 자기의 길을 갔다.

사사기 19장 다시 이스라엘에 왕이 없었음을 언급하며 본 장이 시작되고 있다. 어떤 레위 사람과 첩이 베냐민지파의 마을에서 악한 일을 당한 기사

사사기 20장 이스라엘 온 지파가 베냐민지파와 더불어 전쟁을 하다.

사사기 21장 베냐민 자손을 이스라엘의 총회중에 회복함과 다시 이스라엘에 왕이 없으므로 사람이 각기 소견에 옳은 대로 행한다고 탄식하며 사사기서가 끝나고 있다.

특별히, 사사기서의 부록 같은 결론은 이스라엘의 영적 지도자여야 하는 레위인들

의 사명감 잃은 모습을 질타하고 있는데, 이는 이스라엘의 국가적 정체성을 상실하고 있는 모습을 빗댄 것이라 할 수 있다. 또한 그런 레위인에게 위해를 가한 베냐민지파가 온 이스라엘의 공격 대상이 된 것은 나중에 유다지파의 우위론에서 나온 부기일 수도 있다는 학자들의 지적을 기억하게 한다. 진정한 하나님의 대리자로서의 왕 다윗을 칭송하려는 승리한 유대지파의 입장에서 기록된 것일 수 있다는 것인데, 그럼에도 불구하고 사사기는 영원한 왕으로서의 하나님의 이스라엘에 대한 사랑을 깊이 느끼게 한다.

제3장

룻기

1. 룻기의 서론과 구조

1) 룻기 서론

명료하면서도 단순한 이야기체가 주는 인상 깊은 메시지 전달 효과 때문에 유명한 룻기는 많은 시대의 성도들에게 항상 사랑받아 왔고, 동시에 많은 관심을 끌어온 책이기도 하다. 이 책은 또한 고대의 남성 우위의 사회에서 여성을 주인공으로 한 몇 안 되는 책이기도 하며, 그 구성과 문학적 균형미는 상당한 극적 효과를 내도록 잘 짜여져 있다. 그래서 룻기는 양적으로 적은 내용이지만 그 내용이 주는 무게는 결코 가볍지 않다. 룻기의 명칭은 역시 책의 주인공인 모압 여인의 이름에 근거한다. 어떤 사람들은 '교제, 친교'를 뜻하는 히브리어 '르우트'가 모압어로 변형된 것이 '룻'이라 주장하기도 하지만 그 어원은 불확실하다.[44] 룻기는 "폭풍속의 짧은 고요"[45]라고 불리기도 하고, "메시아적 역사"[46]라고 극찬하는 학자도 있으며, 해리슨이 잘 묘사한 대로 "인간의 헌신과 사랑에 대한 이 매혹적인 이야기는 이야기 기법 형식으로 구성된 가장 아름다운

---

44 Archer G. L., *A Survey of Old Testament Introduction*, 김정우, 김은호 공역(서울, CLC, 2002), p.403.

45 Fewell D. N. & Gunn D. M., *Compromising Redemption; Relating Characters in the Book of Ruth*(Westminster John Know, 1990), p.11.

46 Hals R. M., *The Theology of the Book of Ruth*(Fortress,1969), p.17.

구약 본문들 가운데 하나"[47]라고 평가되기도 한다.

한글 번역본과 대부분의 영어 번역본에서 룻기는 70인경과 라틴 벌게이트 역을 따라 사사기 다음에 배치되었는데 이 순서는 대략적인 연대기 순서를 따르는 것으로 여겨진다. 그러나 히브리어 성경에서 룻기는 세 번째 범주인 성문서에 위치하면서 성문서의 둘째 부분인 오축 즉 메길로트의 맨 앞에 배열된다. 이것은 바로 앞의 잠언 31장의 현숙한 여인에 대한 주제와 그 다음의 아가의 사랑에 관한 이야기 사이에 배치된 것을 의미하는데, 이는 아마도 여인들이 주인공이 되는 이야기 배치를 고려해서 그렇다고 볼 수 있다. 다 아시겠지만, 본서 룻기는 이스라엘의 5대 축제 중 두 번째 축제인 맥추절 즉 오순절에 읽히는 본문이다.

룻기의 표제(룻1:1)는 룻기의 저자와 작성 시기를 추정하게 하는데 그 배경은 사사시대라는 것이다. 그러나 본서는 이 책의 저자나 그 연대에 대하여 아무런 직접적 암시를 하고 있지 않다. 탈무드의 전승에 의하면 사사기와 룻기의 저자가 사무엘이라고 되어 있다. 하지만 다윗시대 혹은 그 직후 시대의 기록으로 보는 견해가 더 설득력 있다. 왜냐하면 본서에 다윗이 거명되고 있기 때문이다. 사무엘이 기록했다면 그는 다윗보다 더 앞선 시대의 사람이기에 가능성이 작아진다.

본서의 저작 연대 혹은 배경에 관하여 앞서 언급한 것처럼 다윗시대 혹은 그 직후 시대로 보는 전통적인 견해에 반대하여 본서를 바벨론 포로기 혹은 그 이후의 시대의 작품으로 보려는 경향이 비평학계에서 많이 대두되었다.[48] 비평학자들은 본서에 드러나는 아람어의 영향과 족보 기록의 짧음 그리고 유대인의 이방 여인과의 결혼이나 형사취수의 관습 등이 본서의 후대 연대설에 대한 증거로 들었다. 이런 지적들에 관하여 아람어의 사용이나 영향이 굳이 본서의 후대성의 증거가 될 수 없음이 여러 언어학적 연구를 통하여 밝혀졌다. 예를 들면 '라헨(lahen, 룻1:13)'이라는 아람어가 '그러므로(therefore)' 라는 뜻으로 사용되었지만, 히브리어로는 '그들을 위하여' 혹은 '그들에게'로 번역될 수도 있다. 또한 괴로움(bitter)을 나타내는 '마라(mara', 룻1:20)'라는 단어도 히브리어로도 거의 비슷한 어감으로 철자가 약간 다르게 나타날 뿐이어서 문제가 없다. 주전

---

47   Harrison R. K., op. cit., p.1059.

48   예를 들면 룻기의 연대를 바벨론 포로기로 주장하는 학자들은 에발트, 쾨니히, 엡셴 등이며 바벨론 포로 후기로 잡는 학자들은 J. 벨하우젠을 필두로 하여 A. 베르톨렛, W. 노박, J. 마인홀트, O. 아이스펠트, 로빈슨, 파이퍼, A. 바이저 등 많이 있다. 우리는 이런 두 부류를 통틀어 후기 연대설을 지지하는 학자들로 통칭하겠다.

9세기 것으로 밝혀진 비문들에는 같은 텍스트에 가나안 어와 아람어가 함께 기록되어 있기 때문에 이런 아람어의 혼용을 인하여 본서의 연대를 후대로 잡는 것은 설득력을 잃고 말았다.[49] 그리고 룻기의 상황은 신명기적 율법과 비교하는 것은 허버드의 지적처럼[50] 객관적으로 비교 대상이 아니며 그런 후기 시대의 문화를 반영하는 것이 아니라는 것이다. 무슨 내용이냐 하면, 룻기에서는 신발을 벗는 의식은 사라진 것으로 나오는데 그것은 바로 신명기보다 훨씬 후대의 일을 반영하고 있다는 것이고, 형사취수 제도는 율법을 잘못 적용한 것으로 보이는데 이점 역시 룻기의 기록이 율법 전수 시기보다 무척 오랜 후대의 일이라서 그런 착오가 생기게 되었다는 것이다. 그러나 신발을 벗는 의식은 서로 다른 상황이므로 비교될 수 없고, 또한 룻기에 나오는 이야기는 형사취수 제도에 관한 이야기가 아니라 가까운 친척에 의한 가산의 되무름 제도에 관한 이야기이므로 비평학자들의 근거는 설득력이 없다는 것이다. 그리고 룻기에 나오는 짧은 족보는 오히려 초기 연대를 방증하는 것이라고 보는데, 만약 비평학자들의 주장처럼 본서가 그렇게 후대의 작품이라면, 반드시 다윗이 거명되는 족보에 솔로몬의 이름도 함께 거명되어야 하는 것이 아닐까하는 의문은 대단히 예리하고 합당한 질문이 되는 것이다.

이 책의 목적에 대하여 많은 주장이 가능하지만 그것들 중 중요한 것은 다윗의 조상 계보를 밝히는 일종의 정치적 목적이 있는 것으로 보인다.[51] 왜냐하면 사무엘 상하와 이어지는 열왕기 등의 어느 곳에서도 다윗의 조상 계보를 전연 알려 주지 않기 때문에, 이 책에서 다윗의 가족적 계보를 밝혀서 신령한 이스라엘의 왕통을 계보적으로 밝히고, 한 걸음 더 나아가 영적 이스라엘의 왕 되시는 예수그리스도의 육체적 계보를 밝히는 연결 고리 역할을 하고 있는 것이다. 이런 목적에 부수적인 것으로는 경건하고 성실했던 이방 여인이 자신의 분명한 선택을 통하여 언약백성의 축복 안으로 들어 올 수 있

---

49 Albright, *In Old Testament Commentary*, p.147. 그리고 하맛 왕 자키르의 비문(King Zakir of Hamath)이 그렇다. 이 비문은 주전 820년경에 제작되었는데 여기서 아람어 본문에 가나안어/히브리어를 함께 혼용하여 기록하고 있다.

50 Hubbard Jr. R. L., *The Book of Ruth*(NICOT, Eerdmans, 1987), pp.26~27, 48~63.

51 Hubbard. r. R. L, op. cit., pp.42~45. 여기서 허버드는 이 책의 저작 시기를 다윗시대로 잡으며 그 증거로 다음의 논리를 펴고 있는데 상당히 설득력 있게 받아들여지그 있다. 그는 주장하기를 "이 책의 형성시기가 다윗의 시대일 수도 있는데 왜냐하면 첫째 이 책이 가장 필요한 시기가 바로 이 때였기 때문이다. 사울의 집안을 지지하는 사람들 중에는 다윗을 왕위 찬탈자로 볼 수도 있었기 때문에 다윗 왕가의 정통성을 강화하기 위해서 이런 족보가 필요했고, 둘째로 이방인들은 다윗의 권력 기반 중 중요한 한 부분을 차지하고 있었기 때문에 그런 그룹들의 지위를 더불어 높여 줄 수 있는 효과를 동시에 달성할 수 있기 때문에 이와 같은 책이 다윗시대에 절실히 필요했다"고 하였다.

음을 보여주는 목적이 있다고 보인다.

2) 룻기의 구조

룻기의 구조는 서언과 결론적 단락을 제외하고 다섯 개의 분명한 이야기들로 구성되어 있다.

- **룻기 1:1~5절** ▶ 서언
- **룻기 1:6~18절** ▶ 룻과 함께 고향으로 돌아가려는 나오미의 결정
- **룻기 1:19~22절** ▶ 베들레헴으로 돌아옴
- **룻기2:1~23절** ▶ 보아스의 등장
- **룻기 3:1~18절** ▶ 보상법에의 호소
- **룻기 4:1~16절** ▶ 보아스가 공개적으로 자신의 책임을 선언함
- **룻기 4:17~22절** ▶ 결론

2. 룻기의 신학적 논점들

1) 우연처럼 보이는 세상사 가운데서 일하시는 하나님

룻기는 이스라엘의 사사시대에 임한 심각한 기근을 피하여 이방 땅 모압으로 피신 갔다가 거기서 남편과 두 아들을 잃고 홀로 된 시어머니 나오미와 그곳에서 얻은 며느리 룻의 이야기이다. 홀로 된 두 과부 시어머니 나오미와 며느리 룻은 고향인 베들레헴으로 돌아와 친척인 보아스에게 은혜를 얻고, 이방에서 얻은 며느리 룻이 보아스와 결혼을 하게 된다. 그 결혼을 통하여 낳은 아들 오벳이 장성하여 이새를 낳고 이새가 다윗을 낳아 다윗 왕가의 계보를 밝혀 주고 있는 것이 룻기의 핵심적 내용이다. 그래서 어떤 설교자들은 이 이야기를 간단하게 교훈화하여 룻처럼 충성되고 보아스처럼 관대하면 하나님의 복을 받게 될 것을 강조하기도 한다. 물론 이러한 해석이 E. 켐벨의 강조처럼 "하나님으로부터 축복 받을 수 있는 삶의 한 양식"[52]임을 인정하기는 하지만, 본서를 그런 식으로만 취급하게 되면 우리는 그 이면에 있는 너무 중요한 것을 놓칠 수 있다. 예를 들면 본서의 주제 구절에 대하여 보통 사람들은 본서 2:16~17절의 "룻이 이

---

52 Campbell Jr. E. F.. *Ruth*(AB, Doubleday, 1975), p.30.

르되 내게 어머니를 떠나며 어머니를 따르지 말고 돌아가라 강권하지 마옵소서. 어머니께서 가시는 곳에 나도 가고 어머니께서 머무시는 곳에서 나도 머물겠나이다. 어머니의 백성이 나의 백성이 되고 어머니의 하나님이 나의 하나님이 되시리니 어머니께서 죽으시는 곳에서 나도 죽어 거기 묻힐 것이라 만일 내가 죽는 일 외에 어머니를 떠나면 여호와께서 내게 벌을 내리시고 더 내리시기를 원하나이다 하는지라” 이 내용을 떠 올릴 것이다. 그러나 실제로 룻기가 보여주고 싶어 하는 주제 구절은 에스더서와 유사하게 “룻이 가서 베는 자를 따라 밭에서 이삭을 줍는데 우연히 엘리멜렉의 친족 보아스에게 속한 밭에 이르렀더라”하는 룻기 2:3절일 것이다.[53] 왜냐하면 R. M. 할스나 W. S. 프린슬루가 지적한 대로 이 책의 핵심적인 가르침은 “하나님의 숨겨진 그러나 지속적인 섭리”라는 것이다.[54] 그들이 지적한 바와 같이 하나님의 이름은 이 짧은 책에 스물세 번이나 사용되었는데 그중에서 나레이터가 사용한 것은 단지 두 번뿐이다. 본서는 그런 방식을 통해 평범한 사람들의 세속적인 삶 속에서 지속적으로 역사하시고 간섭하시는 하나님의 주권적 통치를 그려내고 있는 것이다. 본서의 배경이 되는 서언 부분인 룻기 1:1~5절에는 하나님의 사역이나 간섭이라고 할 만한 기사가 전혀 기록되지 않는다. 그러다가 룻기 1:6절에 이르러 그것도 나레이터의 입을 빌려 하나님이 자기 백성에게 은혜를 베푸셨다는 이야기를 듣게 하여 고향으로 돌아갈 결심을 하게 만든다. 즉 인간사에 일어나는 풍년과 흉년 성공과 실패의 뒤에는 엄연히 하나님이 계신다는 사실을 이렇게 간접적으로 깨닫게 함으로 본서가 시작되고 있고, 그런 톤은 계속해서 룻기 2:3절로 이어져 보아스의 밭에 이르러 그와의 극적인 만남을 가능하게 한다. 구약에서 하나님의 방문은 축복이 될 수도 있고 저주가 될 수도 있다.[55] 주제 구절인 룻기 2:3절에서 우리는 룻기가 암묵적으로 강조하려는 일종의 ‘신학’과 마주치는데 그것은 바로 ‘우연처럼 보이는 세상사 가운데서 엄연히 역사하시고 개입하시며 인도하시는 하나님의 주권’이라는 개념이다. R. M. 할스가 지적한 것처럼 “룻과 보아스의 만남을 ‘우연’이라고 말하는 것은 그 만남에 아무런 인간적인 조작이 없었다는 것을 말할 뿐이다. 룻과 보아스에게 있어 그것은 우연한 사건이었으나, 하나님에게는 그렇지 않았다. 전체 이야기의 논조는 나레이터가 곳곳에 미치는 하나님의 손길을 바라보고 있음을 분명하게

---

53 Dillard R. B. & LongmanⅢ. T, op. cit., p.199.

54 Hals R.M., op. cit., p.12, Prinsloo W. S., "The Theology of the Book of Ruth," *VT30*(1980), p.330.

55 Morris L. Judges and Ruth, *An Introduction and Commentary. Tyndale Old Testament Commentaries*(Downers GroveⅢ, IVP, 1968), p.252.

하고 있다"[56]라고 강조하고 있다.

룻기에는 홍해가 갈라진다든지, 하늘에서 불이 내린다든지 하는 소위 초자연적인 사건이나 기적들이 등장하지 않는다. 그러나 사려 깊은 독자들은 구약의 많은 기적 이야기들에서처럼 보이지 않는 하나님의 손이 룻기 전반에 걸쳐 작동하고 있음을 어렵지 않게 보게 될 것이다. 이것을 W. S. 프린슬루는 "인간의 행동은 때로는 하나님의 행동을 대체하기까지 한다. 그럼에도 불구하고, 인간의 주도권에는 한계가 있으며, 하나님의 축복이나 역사하심이 없으면 인간의 주도적인 행위는 허무한 것일 뿐이다"[57]라고 설명하고 있다. M. D. 고우에 의하면 그들의 만남에서 하나님의 이름이 생략된 것은 그들의 만남이 구약의 다른 남녀의 만남과 같이 하나님의 섭리 하에서의 만남이었음을 전제하고 있었기 때문이라고 해석하고 있고 많은 룻기 해석가들도 그의 해석에 동조하고 있다.[58] 그러므로 비록 개개의 사건들에서 하나님이 친히 결정하신 사건으로 소개되지 않더라도 순조롭게 진행되기 때문에 단지 그 사건에 하나님이 간섭하지 않은 것으로 볼 이유가 없다는 것이다. 비록 본문이 사건의 드라마틱한 전개를 위하여 인간의 일상적 문학표현 방식을 사용하고 있다 할지라도 하나님의 주권은 한결같이 그 효력을 드러내고 있는 것으로 이해할 수 있겠다.

이런 점에서 룻기는 에스더서의 기법과 유사하다. 단지 에스더는 더 공교하여 '하나님'이라는 명칭까지도 사용하지 않으면서 그분의 주권적 섭리를 성공적으로 그려내고 있는 점이 다를 뿐이다. 또한 하나님의 섭리는 그 가족을 성공적인 방식으로 보존하는 데서 그치는 것이 아니라, 그 가족을 통하여 다윗이라는 구약의 가장 중요한 인물 중의 한 명을 탄생케 하고 있다. 그렇기 때문에 저자는 다윗이 이스라엘에게 주신 하나님의 선물이라고 이야기 한다. 룻기는 이렇게 다윗 가문의 족보로 마감되고 있다. 이 결론부는 의인들을 향하신 하나님의 자비를 보여주는데 이스라엘에 위대한 왕의 탄생을 허락하시는 자비이시다. 룻기는 하나님이 다윗 왕조의 시작 전부터 그 계보를 멸망으로부터 지켜주셨다는 사실을 기술하며, 그 가족과 베들레헴의 무궁한 명성을 가져다주신 분은 이제 제 자리를 찾으셨다. 룻의 다윗 가문을 출산한 것은 야곱의 부인들 레아와 라헬이 이스라엘의 열두 조상을 배출했던 만큼이나 중요한 기여가 됨을 기억했으면 좋겠다.

---

56   Hals R. M., op. cit., p.12.

57   Prinsloo W. S., op. cit., p.339.

58   Gow M. D., *The Book of Ruth: Its Structure, Theme and Purpiose*(Leicester, Apollos,1992), pp.48~50.

2) 약속의 땅에서 벌어지는 이방 여인의 구원이야기

이방 모압의 여인으로서 이스라엘 출신인 엘리멜렉의 집안에 시집 온 룻은 자기의 시어머니께 헌신하며 동시에 그 의 백성에게와 그가 섬기는 하나님에게도 헌신을 다짐한다. 그런 면에서 그는 여리고성의 라합(수2:8~14)과 아람의 군대장관 나아만(왕하5:1~8) 및 앗수르의 니느웨 사람들과 비견될 수 있다. 그들은 모두 이방인으로서 회개하고 하나님을 영접하여 구원 얻은 사람들이다. 이스라엘은 다른 신을 버리고 여호와께 희생을 드리며, 성전에서 기도하기를 원하는 자들을 향해 개방되어 있다.[59] 비록 성전 제사가 아직 일어나지 않았던 사사시대라 할지라도 그 원리는 적용되었던 것이다. 이스라엘은 반드시 언약적 신앙을 기꺼이 받아들이려는 자들에게 항상 개방되어 있어야 한다. 룻의 진지한 태도는 여호와의 이름으로 맹세하는 그의 모습을 통하여 분명하게 드러난다. 룻기 1:17절에서 룻은 이 맹세의 구속력과 영구성 및 그 파기의 위험성을 인지하고 있었음을 확인시켜주고 있다.[60] 이런 룻의 믿음에 대하여 보아스 언약적 용어로 룻을 축복하고 있다. 그녀를 받아들인 보아스는 경제적 이윤 추구보다 인간의 기본적 필요를 우선시 하는 사람이었다. 보아스는 룻이 자기의 밭에서 이삭을 줍도록 허락하며 안전을 보장한다. 그때 룻은 보아스가 왜 그런 축복을 베푸는지를 겸허하게 물어본다. 그때 보아스는 분명히 대답하기를 그의 친족의 부인인 나오미를 향한 룻의 친절이 자신의 친절의 이유임을 설명한다. 이것을 프린슬루는 "자비는 자비로 보상을 받게 된다"[61]고 지적한다. 그러면서 보아스는 하나님을 피난처로 삼는 이들이 보호 받아야 함을 믿는 다고 하였다. W. 루돌프와 H. W. 헬츠버그는 "디러한 믿음이 룻기의 또 다른 주제이자 구약 전체의 한 핵심주제"[62]라고 강조하고 있다. 보아스는 다른 여느 하나님의 백성들처럼 룻의 축복을 간절히 갈망한다. 룻이 최고의 축복을 부여받은 온전한 언약의 배필이 되기를 갈망하는 보아스의 소망은 인종과 민족의 장벽을 초월한 하나님의

59　Kaufmann Y., *The Religion of Israel: From Its Beginnings to the Babylonian Exile*, Trans. by Moses Greenberg(Chicago, University of Chicago press, 1960), pp.130~131.

60　Hubbard. r. R. L, op. cit., pp.118~120.

61　Prinsloo W. S., op. cit., p.335.

62　Rudolph W. Die Bucher Ruth, *Hohelied und Klagelieder: Ubersetzt und Erklart, 2nd* ed., Kommentar zum alten testament 17(Gutersloh, Gerd Mohn, 1962), pp.32~33. 그리고 Hertzberg H. W., Die Bucher Josua, Richter und Ruth, *Das Alte Testament Deutsch: Neues Gottinger Biblewerk9*(Gottinger, , Vandenhoeck und Ruprecht, 1953), p.257.

자비를 대변하고 있다.

앞에서도 언급했지만, 여인이 주인공인 이 책의 특징은 바로 앞의 잠언의 마지막 부분인 '현숙한 여인' 모습과 본서 뒤의 '술람미 여인'으로 이어지는 이스라엘의 여인상들과 간접적인 방식으로 연결되어 있다 할 수 있겠다. 이 작은 책은 여러 면에서 잠언을 잇기 충분하다. 왜냐하면 그녀는 성실하고 충성스러웠으니까, 또한 룻기는 하나님이 신원하신다는 욥의 믿음과도 연결되며 신명기와 레위기의 율법을 어떻게 순종해야 하는가를 잘 보여주고 있다. 짧은 한 권의 정경본문이 성경 전체의 신앙의 기본적 주제를 이렇게 간결하고 명료하게 이야기체로 함축하고 있는 룻기는 사실 놀라운 책이 아닐 수 없다. 하나님은 자기 백성을 구속하실 때 은밀하면서도 기적적인 섭리를 행사하신다는 점을 주목하면서 또한 그의 구원하심이 단지 혈통적으로 유대인들에게만 국한 된 것이 아님을 주목해야 할 것이다.

3. 룻기의 주요 내용 강해

1) 서언(룻1:1~5)

룻기는 인간의 헌신적이고 친절함을 이야기하고 있는 매력 있는 이야기로서 구약 성경 중에서 가장 아름다운 부분이며 이야기체로 기술하는 모범 히브리어 본문이기도 하다. 이야기의 줄거리는 이스라엘 사사들이 통치하던 시대에 일어난 엘리멜렉 가정의 이야기를 근거로 하여 풍부한 영적 교훈을 주고 있다. 유다 베들레헴 에브랏에 살고 있던 엘리멜렉의 가족이 남부 가나안 지방의 기근을 피하기 위하여 모압 지방으로 가서 살던 중 나오미의 남편인 엘리멜렉이 죽고, 후에 두 아들(기룐과 말룐)이 모압 여인 오르바와 룻을 아내로 삼았는데, 그들이 그곳에 거주한 지 십년쯤 되었을 때 두 아들도 죽고 시어머니 나오미와 젊은 두 과부(오르바와 룻)들만 남게 되었다. 이런 사건의 전개 과정에 하나님은 전혀 등장하게 않고 있다.

2) 룻과 함께 고향으로 돌아가려는 나오미의 결정(룻1:6~18)

이방 땅에서 남편을 잃고 또 의지하던 두 아들을 잃어버린 나오미는 아마 너무도 당혹스러웠을 것이다. 그러던 차에 여호와가 자기 백성을 돌아보셔서 그 백성들에게 양식을 주셨다는 소문을 듣게 되고, 그래서 고향으로 돌아갈 결심을 하게 된다. 여기서도 하나님은 여전히 막후의 인물로 드러나며 오직 나레이터의 설명을 이용하여 등장할 뿐이다. 그래서 두 며느리와 함께 고향 베들레헴으로 돌아가던 나오미는 젊은 두 이방 며느리들의 미래를 걱정하여 그들을 설득하여 그들의 어머니의 집, 즉 친정으로 돌아가도록 배려한다. 몇 번의 권고와 만류 끝에 큰 며느리 오르바는 자기의 고향집으로 돌아가고, 둘째 며느리 룻은 1:16~18절에 나오는 유명한 고백 "어머니의 백성이 나의 백성이 되고 어머니의 하나님이 나의 하나님이 될 것이며, 내가 만일 죽는 일 외에 어머니를 떠나면 여호와께서 내게 벌을 내리시고 더 내리시기를 원한다"고 하며 자기 남편의 고향이며 시어머니의 귀향지인 베들레헴으로 돌아간다.

이런 룻의 고백은 21세기를 살아가는 그리스도인들에게 참으로 많은 이야기를 하고 있다. 조그마한 이익을 따라 끝없이 무언가를 바꾸는 세대를 향하여 '충성과 헌신'이 어떤 것인지를 가장 밀도 있게 보여주는 고백이 어떻게 이런 이방인 여인의 입을 통해 나오게 되었는지 너무도 놀라울 따름이다. 심지어 사명을 받았다고 허풍을 늘어놓으며, 조금 인기 있어 보이고, 조금 성공한 것으로 보이는 자리(?)들을 향하여 끊임없이 옮겨 다니는 소위 영적 지도자들과, 또한 조금 편해 보이는 교회, 부담 없는 교회를 향하여 또한 목회자들 못지않게 움직여 다니는 부평초 같은 많은 군상들을 향하여 룻은 무엇이라 말하고 싶을까?

3) 베들레헴으로 돌아옴 (룻1:19~22)

고향으로 돌아온 나오미를 향하여 베들레헴 사람들이 알아본다. 이이가 나오미가 아니냐? 그때 나오미는 자신을 더 이상 나오미 즉 희락 혹은 기쁨이라고 부르지 말도록 요청하며 자신의 실패와 하나님으로부터의 버린바 된 신세를 솔직하게 고백한다. 그러면서 모압에서 데리고 온 자기의 며느리 룻이 거명되는데 그 시점이 베들레헴에 보리를 추수할 시기 즉 4, 5월경이었음을 암시하고 있다.

4) 보아스의 등장 (룻2:1~23)

분명한 하나님의 섭리 하에서 있었겠지만, 본문에는 유달리 '우연히'라는 표현을 강조한다. 룻기 기자의 표현대로 우연히 룻은 보아스의 밭에서 추수꾼들의 뒤를 따라 떨어진 이삭을 줍기 시작한다. 그 방식은 율법에 허용된 가난한 자들의 생존 방식이었다.

그러던 중에 룻은 보아스의 호의를 입게 된다(룻2:8). 그러자 룻은 보아스에게 그런 특별한 호의의 원인이 무엇인가를 질문하게 된다. 보아스는 거침없이 대답한다. "네 남편이 죽은 후로 네가 시어머니에게 행한 모든 것과 네 부모와 고국을 떠나 전에 알지 못하던 백성에게로 온 일이 내게 분명히 알려졌다"(룻2:11)면서 보아스는 "네가 행한 일에 하나님께서 보답하시기를 원하며, 그의 날개 아래에 보호 받으러 온 네게 온전한 상 주시기를 원한다"(룻2:12)는 자신의 신앙을 분명히 선포하고 있다. 이 부분은 앞에서 다루었으므로 자세한 설명은 생략키로 한다. 하지만 다시 강조해 두어야 할 점이 있다. 룻이 시어머니께 한 모든 선행을 어떻게 보아스가 다 알고 있었는가? 룻의 선행에 대한 시어머니 나오미의 덕담이었을 것이 분명하다. 우리가 하는 일을 사람이 다 몰라주어도 하나님은 아신다. 그렇다. 우리도 나오미처럼 나에게 성심껏 하는 룻을 위해 할 수 있는 최선의 일을 해 줄 수 있는 어른들이 되어 살면 좀 더 나은 세상이 되지 않을까? 며느리는 시어머니를 위하여 헌신하고, 시어머니는 그 며느리의 유익을 위하여 기도하고.

5) 보상법에의 호소(룻3:1~18)

보아스는 룻에게 친절했다. 보리 수확이 끝날 때, 보아스는 그때 자기 소유의 타작마당에서 밤을 보냈다. 시어머니 나오미는 자신을 향하여 특심한 헌신을 드리는 젊은 며느리를 위하여 특별하고 특별한 귀띔을 해주고, 며느리는 놀라운 용기와 지혜를 총동원하여 잠든 보아스의 발치에서 잠자는 척을 하게 된다. 잠결에 놀라 깨어난 보아스는 온 성에 소문난 현숙한 여인 룻이 자기 곁에서 자기의 호의를 구하는 것을 보며, 보아스가 토라의 규정에 따라 수혼의 특권자가 되겠다는 다짐을 하고 보리 여섯을 룻에게 주며 빈손으로 시어머니에게 가지 말 것을 당부한다. 그렇게 새벽에 돌아온 며느리 룻으로부터 보고를 들은 시어머니 나오미는 보아스가 신실하여 자기가 약속한대로 기업 무를 합법적인 절차를 밟은 것이라 확신한다(룻3:18).

얼마나 아름다운 이야기인가? 시어머니가 얼마나 감동했으면 며느리 중매를 나서고 있는가? 며느리는 또 얼마나 현명하고 용기 있어 무모하게 보이는 그런 일을 자행하고 있는가? 이 모든 일의 배후에 하나님의 은혜가 흐름을 느끼지 않을 수 있을까?

6) 보아스가 공개적으로 자신의 책임을 선언함(룻4:1~16)

보아스는 당시의 율법을 따라 성중의 장로 열 명을 초청하여 증인이 되게 하고 합법적으로 '신을 벗어'(신25:5) 그 기업 무를 의식을 치르게 된다. 그들의 결혼을 축하하는 베들레헴의 모든 백성과 장로들은 룻을 통하여 세우게 될 이스라엘 집에 대한 칭찬을 하염없이 쏟아낸다(룻4:11~12). 그 옛날 이스라엘 열두 조상의 어머니가 되었던 레아와 라헬을 룻과 비교하고 있다.

7) 결론(룻4:17~22)

이야기는 해피엔딩으로 끝나고 있다. 룻을 칭찬한 백성들은 또한 나오미를 칭찬한다. 며느리가 낳은 손자 오벳을 안고 기뻐하는 나오미를 으리는 충분히 그려볼 수 있겠다. 사람들은 나오미에게 룻을 "일곱 아들보다 귀한 며느리"라고 칭찬하고 있다. 그런 드라마틱한 사건들을 통하여 이스라엘의 영원한 지도자 '다윗'이 태어나고 있는 것이다. 보아스와 이방 여인 룻과 결혼을 통하여 오벳이 태어나고, 오벳은 이새를 낳았으며 이새는 바로 다윗의 아버지인 것이다(룻4:1~17).

제4장
사무엘 상하

1. 사무엘 상하의 서론과 구조

1) 사무엘 서론

이스라엘은 모세의 출애굽을 기점으로 '하나의 민족'으로 자리 잡은 후, 여호수아와 사사기를 통해 신정정치에 바탕은 둔 느슨한 형태의 부족 연맹체 같은 나라를 형성하고 있었다. 이제 본서 사무엘서에서는 그런 이스라엘이 왕정정치에 기초한 중앙집권적 전제 국가로 발전하고 있음을 보여 주고 있다. 본서에는 세 명의 중요한 사람이 등장하고 있는데, 사무엘, 사울 그리고 다윗이다. 본서 역시 다른 역사서(히, 전선지서)들처럼 저자가 익명으로 남아 있고, 오경의 전례를 따라 이 책의 첫 단어인 '와예이 이쉬(그리고 한 사람이 있었다)'하는 것을 책의 제목으로 삼고 있다. 유대인의 전승은 이 책의 저자로 사무엘을 지목하는 것 같다. 하지만 확인된 것은 아니다. 왜냐하면 본서의 25장에 사무엘의 죽음이 기록되어 있기 때문이다. 그래서 탈무드에서도 사무엘이 1~24장까지를 썼고 나머지는 나단 선지자나 갓 선지자의 글로 여기고 있다.[63] 본서의 저작 연대에 관하여서도 본서가 솔로몬의 사후에 기록되었을 가능성은 거의 없어 보인다. 본서의 기록자가 다윗의 사망을 기록하고 있지는 않지만 그의 마지막 말(삼하23장)을 기록한 것을

---

63   Baba Bathra, 14b, 15a.

보면 다윗의 죽음에 대하여 알고 있었던 것으로 여겨진다. 정확한 연대를 확정할 수는 없지만 본서는 대략 주전 930년에서 이스라엘이 결망하기 전인 주전 722년 전에는 씌여진 것으로 볼 수 있다. 왜냐하면 저자는 북방 이스라엘이 멸망하는 것을 알지 못하는 것으로 기술되고 있기 때문이다.[64]

히브리 성경의 초기 형태는 사무엘 상하와 열왕기 상하가 각각 한 권으로 묶여 있었던 것 같다. B.C. 1세기의 죠세푸스 같은 유대인 역사학자는 그런 기준으로 구약을 22권으로 구분하기도 했었다. 히브리인들의 성경에는 한 책이 끝날 때마다 마소라 학자들의 부기가 기록되어 있는데, 사무엘 상하 통틀어 '사무엘 하'가 끝나는 부분에만 마소라 학자들의 부기가 나오고 있다. 즉 우리가 나누어 읽는 사무엘 상하는 원래 한 권이었다는 뜻이다. 히브리 성경에서는 이스라엘의 왕국의 역사에 관한 첫째 책을 '사무엘서'라 하고, 둘째 책을 '열왕기서'라 이름 붙였는데, 그런 구분은 헬라어 역본인 70인경에 이르면서 각각이 두 권으로 세분되어 '왕국기' 1권, 2권, 3권, 4권 등으로 불렀다.[65] 그중의 앞의 두 권 그러니까 왕국기 제1권과 제2권이 사무엘 상하인 것이다. '왕국'이란 이름이 열왕기에서 보듯이 '왕'으로 바뀐 것은 라틴어 역본에서 시작되었다. 그러니까 영어 성경이나 한글 성경은 그런 헬라어 역과 라틴어 역 성경의 전통을 따른 것이된다. 히브리 성경에서는 한 권으로 읽혀 오던 사무엘서(왕국기1, 2권)를 상하로 나눈 것은 1516~7년에 나온 다니엘 봄베르그의 히브리 성경이었고, 그 후에는 그것이 전례가되었다. 앞에서도 간단히 언급했지만 사무엘서는 사사 대가 끝난 뒤부터 다윗 왕의 치적 후반부까지의 이스라엘의 역사를 계속적으로 언급하고 있고 이 책의 목적은 이스라엘에 왕정이 성립된 과정과 예언자 사무엘의 역할을 보여주는 것이다.

사무엘상하는 사사기에서 자연스럽게 이어지며, 실로의 성소에서 한나의 기도를 통한 사무엘의 출생을 통해 시작되어서 사울과 다윗 왕을 거쳐 사무엘 하에서 성전 터를 준비하는 것으로 끝나고 있다. 전체적으로 실로의 성소에서 예루살렘의 성전으로 향해가는 신정 왕국의 발전과 정착을 보여주는 것이 본서의 목적이라 하겠다. 그래서 이책에서는 사사기에서 그렇게 거부되었던 이 땅의 '왕'에 대한 신학적 해답으로서의 다윗 왕조가 시작되는 중요성과 그것을 공인하는 이스라엘의 선지자직이 본서의 큰 두주제라 할 수 있다.

---

64 Archer G. L., op. cit., p.411. 그뿐 아니라, E. J. Young, Moeller 등도 그런 연대 잡기에 동의하고 있다.

65 참고, 아직도 동방교회에서는 사무엘 상하를 왕국기1,2로 열왕기 상하를 왕국기 3, 4권으로 부른다.

본서에 대한 저작 배경이나 연대에 관한 연구는 주로 세 단계를 거쳐 발전되었는데 첫째는 오경 연구에서 본 바와 같이 반복 기사, 중복 기사들을 중심으로 한 문서 비평적 연구 방식이고, 둘째 방식은 전승사 비평적인 연구 방식이며, 세 번째 방식은 편집 비평적 접근방식이다.

문서비평적 연구 방식을 사용하는 비평학자들은 본서에 나오는 여러 중복 혹은 유사 기사 등을 인하여 본서를 두 개의 원 자료에 근거해서 지어졌다고 보기도 하고, 세자료 심지어는 다섯 개의 자료를 종합하여 완성된 책이라 보기도 했다. 그런 이론들이 나오게 된 중복 기사들은 다음과 같은 것들인데, 엘리 가문의 최후에 관한 기사(삼상 2:31~33과 3:12~14)와 사울을 비밀리에 기름 부은 사건(삼상9:26~10:1)과 공개적으로 그를 세운 사건(삼상10:21~24), 그리고 사무엘이 사울을 왕으로 인정하기를 거부하는 사건(삼상 13:14, 15:23), 다윗이 사울을 처음 만난 것은 골리앗과의 전투 전인가 그 이후인가?(삼상 16:21, 17:58), 다윗이 사울의 목숨을 두 번 구하여 주는 기사(삼상24:3절, 26:5), 다윗이 가드로 두 번 도망간 것(삼상21:10, 27:1), 그리고 골리앗을 죽이는 것과 관련된 혼란스러운 기사들(삼상17:51, 삼하21:19)이 그 예들이다. 이런 중복 혹은 유사 기사들뿐 아니라 사사 시대를 끝내고 왕을 세우시는 하나님의 원래의 마음과 뜻은 무엇인가? 왕정을 찬성하시는 것인가? 아니면 마지못해 내려주시는 것인가? J. 벨하우젠은 왕정이 한참 전성기였던 시기에 쓰여진 문서들은 주로 왕정에 호의적인 내용을 담고 있고, 포로 귀환 후의 문서들은 왕정의 실패에 대한 자책 때문인지 왕정에 대한 부정적인 견해를 담고 있다고 주장했다. 그러면서 그는 사울의 등극에 대한 기사들이[66] 그런 두 시각을 함께 보여주고 있다고 주장했는데, 그의 견해는 많은 도전을 받았다. 학자들은 사무엘서의 본문에서 친왕정적인 표현과 반 왕정적 표현이 상호 교차적으로 배열되어 있다고 분석해 내었으며 부정적인 요소들이 더 일관되게 총호 1에 등장하며 오히려 왕정의 초기시대에 더 반 왕정적인 표현이 강하다고 주장했다.[67] 근본적으로 벨하우젠의 입장에서 본서가 두 개의 근본 자료에서 출발했다고 보는 학자인 K. 부데는 이런 중복 기사들이 드러나는 이유에 대하여 그것이 오경의 J. E문서에 기초하여 있기 때문이라 여기고 있다. 그러면서 그는 본서에 있는 신명기적 영향을 강조했다.[68] 부데에 의하면 본서는 사무

---

66 참고, 호의적 시각(삼상 9:1~10:19), 비호의적 시각(삼상 7:1~8:22, 10:17~27, 11:14~12:25) 등으로 분류했다.

67 McCarthy D. J., "The Inauguration of Monarchy in Israel" *Interp27*(1973), pp.174~175.

68 Budde K., *Die Bücher Richter und Samuel, ihre Quellen und ihr Aufbau*(1890), pp.167ff. 참고, 그가

엘 상 1장, 2장, 4~6장, 18장, 20장 및 사무엘 하 1장, 9장, 20장, 23장 등에 사무엘 상 1~3장, 4장, 6장, 20장, 23장의 일부분과 7장, 8장, 12장, 17장, 19장, 26장, 28장의 단편적 기사들 그리고 사무엘 하 1장의 몇 부분 등이 부가되어 완성되었다고 판단한다. 부데는 이 자료들이 벨하우젠의 가설처럼 초기 문서는 친 왕정적이고 포로 귀환 후의 보충문서라고 여겨지는 후기 자료들은 반 왕정적인데 이런 표현들은 근본적으로 오경의 J. E.문서들이 연속된 것이거나 그 자료들의 일부분이라고 여겼다. 하지만 여전히 사무엘서에서 J와 E문서라고 기는 것이 오경의 그것들과 어느 정도 동일시 될 수 있는지는 여전히 논란이 많다.[69] 이런 두 자료설에 반대하여 세 자료설을 주장한 학자는 O. 아이스펠트인데, 그는 본서가 두 개의 상충되는 설화로(하나는 야베스와 관련된 것이고 다른 하나는 예언자 자료와 관련된 것임) 구조되어 있는데, 그 중 후자는 소위 오경의 'L자료'라 하는 것이 광범위하게 얽혀있으며, 사무엘 하에서는 그 자료들이 연속적으로 쓰여 졌다고 주장했다. 그가 이야기하는 오경의 'L자료'란 성궤 이야기(삼상4~6장, 삼하4장), 전기적 서술(삼상14:49, 삼하 8:16) 다윗이 아브넬을 위한 애곡(삼상10:21~27, 11:1~5) 등이 그런 자료에 속한다 하였다. 그러나 외스털리와 로빈슨은 아이스펠트가 주장한 이런 3자료설에 이견을 표시했다. 또한 주로 K. 부데의 분석법을 따랐던 R. 파이퍼는 아이스펠트가 주장한 3자료설을 받아들일 수 없었고, 대신 그는 사무엘서에 미드라쉬적인 첨가가 있었음을 발견하게 된다.[70] A. 케네디는 사무엘서에는 5가지나 되는 기본 자료들이 깔려있다고 주장하기도 했다. 이런 자료들 중에는 법궤의 역사와 긍정적이기도 하고 부정적이기도 한 왕조의 연대기, 그리고 다윗 왕궁의 역사에 대한 초보적인 자료들을 포함되어 있다고 주장한다.[71] 하지만 이런 문서비평적 접근법은 최근에 들어 거의 관심과 흥미를 잃고 있다. 비록 B. 할편이 사무엘 상 8~31장의 문단들을 대체적으로 이전의 학적인 견해들과 일치하는 방향으로 재분배함으로써 문서설에 근거한 연구를 되살리려고 하고 있음에도 불구하고 오경의 자료이론이 본서에도 영향을 미쳤을 것이란 이론은 관심을 잃어가는 실정이다.

강조하는 신명기적 특성이란 본서가 '왕', '안식' 그리고 '자기 백성에게 응답하시는 하나님'을 주로 그리고 있기 때문이라고 보았다.

69 이 문제 대하여는 다음의 책들을 참고하라. Bentzen A., *Introduction to the OT II*, p.95.; Burney C. F., *The Book of Judges*, p.xxxvii; North C. R., *The OT Interpretation of History*(1940), p.36; Pedersen, J., *Israel: Its life and Culture*, III~IV, p.727.

70 Pfeiffer R. H., IOT, op. cit., p.341, 368.

71 Kennedy A. R. S., *I and II Samuel*, p.13.

이에 반하여 자료이론 보다는 전승이론을 통하여 본서의 문제점을 설명해보려는 시도가 있었는데, 이들은 본서가 서로 독립적인 이야기들이 느슨한 형태로 연결되어 본서를 구성하고 있는 것으로 보았다. 예를 들면 법궤이야기(삼상4~7장), 다윗의 등극이야기(삼상16~삼하5장), 솔로몬의 왕위 계승이야기(삼하9~20장, 왕상1~2장) 등을 전승사의 입장에서 본문과 구별해 낼 수 있다고 생각했다. 좀 더 자세한 예를 들자면 왕위 계승에 관한 이야기라는 것을 따로 구분해 내고 그것의 존재를 인정하는데 있어서 아주 보기 드문 의견의 일치를 보여주고 있다. 이 설화는 다윗 왕조 시대의 사건들에 대한 매우 이른 시기의 거의 목격담적인 기록으로 간주되고 있는데, 이 견해에 따르면 비교적 완성도 높은 문헌들이 각기 이스라엘의 왕정의 어느 시기를 카바하면서 각 문헌들끼리 서로 적절히 짜 맞추어졌다는 것이다. 이런 태도는 오경의 비평학적인 모델의 경우처럼 본문 내에서 중복 혹은 병행되는 기사들을 끊임없이 찾아내어 다른 출처를 염두에 두는 방식과는 확연히 차이가 난다. 그러나 이런 전승에 기초한 영웅담 같은 이론은 사무엘서보다는 사사기를 설명하는데 적용되는 것이 더 유용할 것이다.[72] 왜냐하면 사무엘서에서는 독자적 전승이라고 여겨질 만한 개별적 이야기의 윤곽들이 뚜렷하게 구분되거나, 잡히지 않고 있기 때문이다. R. K. 해리슨에 의하면 다윗의 궁정의 역사는 역사 기록이 각각의 사건과 거의 동시대적으로 묘사되었고, 권위 있는 자료이므로 의심할 바 없이 가장 중요한 가치가 있는 자료라 할 수 있으나, 그 역사에 포함된 사울과 다윗의 삶에 관한 초기의 전승은 복잡하며 쉽게 분석할 수 없는 것이 사실이다. 전승에 따라서 각각 기술 형식의 차이를 보이고 있다. 이렇게 형식의 차이가 있음에도 불구하고 그런 식으로 자료를 구분하는 것은 용납될 수 없는 일이라고 설명하고 있다.[73]

전승사적 방법에 기초한 편집 비평적 연구 또한 뚜렷이 구분되어 보이는 편집 작업의 층들을 추출해 보려고 시도했다. 예를 들면 M. 노트 같은 학자는 오경에서 신명기를 분리시켜 연구해야 한다고 주장했는데,[74] 신명기는 모세의 것이 아니라 포로 후기의 어떤 익명의 저자에 의하여 왜 이스라엘이 포로생활을 하게 되었는지에 대한 이유를 설명하기 위해 기록되었다고 주장했다. 그런 신명기적 역사는 여호수아, 사사기, 사무엘서와 열왕기서 안에 광범위하게 펼쳐져 있다고 보았다. 즉 본서에도 그런 신명기

---

72   Harrison R. K., op. cit., p.251.

73   Harrison, R. K., ibid.

74   Noth M., "The Deuteronomistic History," *JSOT15*, (Sheffield, JSOT press, 1981), 그리고 Dillard R., & LongmanⅢ. T., op. cit., p.206~208을 참고하라.

사가의 역사관을 대변하는 기록들이 몇 개의 편집층으로 구분되어 내재하는데 그것이 바로 사무엘 상 7~8장의 왕에 대한 요구 부분이며, 사무엘 상 10:17~27절에 있는 미스바에서 사울을 기름 붓는 사건이며, 또 사무엘 상 12장에 나오는 사무엘의 요약적인 연설이라는 것이다. 비록 최종 편집자가 누구인지는 확인할 수 없지만, 역사적 정황이 이런 신명기적 편집자가 존재했을 것이라 추정하고 그가 포로 후기에 삽입하여 편집한 층을 찾아내는 연구가 이 부류의 학자들의 연구 방식이다. 후대의 것으로 추정되는 자료들과 관련된 비평적인 견해는 자료의 내용이 대우 다양한 것과 마찬가지로 시기에 따라서 매우 다양해진다. 분명히 이런 현상은 신명기적 편집이 초기 전승들을 수정했으리라 가정하게 된다. 그래서 각 편집층들 혹은 각 책의 정확한 연대를 추정하는 것이 불가능해지는 것이다. 사무엘서의 이런 특정한 양식을 추출해내는 데 특심한 열심을 발휘한 학자들은 후대의 자료들조차도 주전 7세기 초의 것으로 돌리는 경향이 있다. 그들의 주장에 근거하면 신명기적 편집은 주전 6세기 중반 즉 포로기에 이루어졌다고 추정하는 것이다. 그러니까 원래의 전승적 단편기사들이 포로 전에 존재했었는데 그런 몇 가지 참고 전승 자료들을 기초로 하여 포로기에 신명기적 편집 부분이 첨가되어 사무엘서가 완성되었다는 것이다.

하지만 사무엘서의 이야기 중에 사무엘과 사울과 다윗의 초기 관계를 담고 있는 이야기는 여호수아서에서 여호수아와 관련된 인물의 이야기가 그런 것처럼 일치된 모습으로 묘사되고 있지 않다. 그러므로 사무엘서의 내용이 불일치하며 부조화하다는 비평적 가설을 자주 부적절한 가설 위에 기초되어 있음을 주목해야 한다.

우리는 여기서 사무엘서 연구와 관련된 몇 가지 연구 방식을 간략히 살펴보았다. 오경의 문서설에 근거한 해석법과 전승이야기 단위를 중심으로 한 방식, 그리고 신명기적 편집자의 전제를 가설로 하는 편집비평 방식 등이 그것이다. 물론 최근에는 사회학적 관점과 심리학적 관점에서의 사무엘서를 연구하는 새로운 경향들도 보이고 있기는 하지만, 전통적인 구약 연구 방식들은 각각의 공헌과 나름대로의 기본적 약점들을 함께 보이고 있음도 명확한 사실이다. 이런 모든 면을 염두에 두면서 본서가 이스라엘의 왕정체제 설립에 대한 역사적 기록을 담고 있고, 그에 대한 해석을 요구하고 있다는 사실을 다시 한 번 상기시킨다. 이런 다양한 해석법과 그 취약점들은 우리 현대의 해석자들로 하여금 본서에 대한 보다 폭넓은 이해와 주의를 가지고 보게 하고 있는 것이다.

2) 사무엘의 구조

본서의 구조는 아래와 같다.

① 사무엘 상 1~7장 ▶ 사무엘의 생애와 블레셋으로부터의 구원

- 1:1~2:10절 한나와 그의 찬송
- 2:11~3:21절 성막에서의 사무엘의 훈련
- 4:1~22절 실로의 재난과 엘리의 죽음
- 5:1~6:21절 블레셋에게 법궤를 빼앗김
- 7:1~17절 법궤가 이스라엘로 되돌아옴

② 사무엘 상 8~15장 ▶ 사울 왕의 발흥과 실패

- 8:1~22절 왕을 원하는 이스라엘의 청원
- 9:1~11:15절 사울의 기름 부음과 그의 능력 입증
- 12:1~25절 사무엘의 마지막 연설: 경고와 훈계
- 13:1~14:52절 블레셋에 대한 사울과 요나단의 승리
- 15:1~35절 아말렉 정벌과 사울의 불순종

③ 사무엘 상 16장~ 사무엘 하 6장 ▶ 사울의 몰락과 다윗의 등장

- 16:1~23절 다윗의 기름 부음과 궁정으로 인도되는 사건
- 17:1~58절 다윗과 골리앗 사건
- 18:1~20:42절 사울의 질투를 피하여 도망하는 다윗
- 21:1~30:31절 다윗의 유랑생활
- 31:1~13절 사울의 최후
- 사무엘 하 1:1~27절 다윗이 사울과 요나단의 죽음을 애도함
- 2:1~32절 헤브론에서의 즉위와 아브넬과의 전투
- 3:1~39절 아브넬의 변절과 요압에 의한 죽음
- 4:1~12절 이스보셋이 암살됨
- 5:1~6:23절 국가적 종교적 단합

④ 사무엘 하 7~14장 ▶ 다윗과 맺은 언약

- 8:1~10:19절 다윗의 정복사
- 11:1~12:31절 다윗의 범죄와 회개
- 13:1~14:33절 암몬의 죄와 압살롬의 복수

⑤ 사무엘 하 15~24장 ▶ 다윗시대의 마지막 단계
 • 15:1~18:33절 압살롬의 반역과 다윗의 궁극적 승리
 • 19:1~20:26절 다윗의 권력을 회복함
 • 21:1~14절 기근및 사울의 후손에 대한 기브온 족의 복수
 • 21:15~22장 팔레스틴 전쟁의 영웅담
 • 23:1~7절 다윗의 증거
 • 23:8~39절 왕국의 군사지도자 명부
 • 24장 성전 건축 준비

2. 사무엘 상하의 신학적 논점들

1) 왕권

이미 언급이 되었지만 사무엘서의 가장 중요한 신학적 주제는 '왕권(Kingship)'이다. 신약적 용어로는 'Lordship'이라 할 수 있는데, 주님의 주권을 의미한다. 이미 오경의 여러 책들에서 이스라엘이 장차 지상의 '왕'을 갖게 될 것이 예고되었었다(창17:6~16, 49:8~12, 민24:7, 신17:14~20). 비록 이스라엘의 왕권이 오경의 이런 예언적 언급들이 자연스럽게 발전하여 사무엘 시대에 이르게 된 것으로 보일지라도, 또 비록 이스라엘의 왕권은 분명히 하나님의 허락에 의하여 시작된 것으로 보일지라도, 그것은 하나님이 기뻐서 흔쾌히 허락한 것이 아니라, 이스라엘이 믿음이 부족하여 졸라서 된 것임이 분명하다(우리도 열방과 같이 되어, 삼상8:20). 이는 세상 사람들의 보기에 구색을 맞추려는 의식에서 시작하여 급기야는 하나님 보다 보이는 왕을 더 의지하고 더 두려워하게 되고 만다. 그렇게 시작된 이스라엘의 왕권은 전제적 통치권을 행사하는 세속적 왕권과는 확연히 구별되는 한 가지 점이 있음을 유의해서 보아야 한다.

이스라엘의 왕권에 대한 본격적인 진술이 사무엘이 자기 아들들을 이스라엘의 사사로 삼았을 때75를 전후한 사무엘 상 8장에서부터 전개된다. 신명기와 사무엘 상은 왕을

---

75 이런 사무엘의 자기 아들들을 사사로 삼는 일에 대하여 호주의 신학자인 W. 덤브렐은 "이 같은 세습은 있을 수 없는 일이었다. 왜냐하면 이스라엘의 위기 때마다 여호와께서 세우신 것처럼 사사는 여호와에 의해 지명되어야만 했기 때문이다. 더욱이 사사의 직무는 최후 통치 결정권이 여호와께 있음을 말해준다. 사사의 계승은 인간의 관점에서 예측될 수 없을 뿐 아니라 통치를 수행할 그 중심인물은 미리 알려지지도 않았다"라고 설명하고 있다. 그의 책 *Covenant and Creation: A Theology of Old*

요구하는 백성들에게 지상의 왕이 갖게 될 권세와 그 잘못될 수 있는 폐해들에 대하여 비교적 자세히 진술(신17:16~18, 삼상8:10~18)하며 백성들을 안돈시키려 했다. 그럼에도 불구하고 이스라엘은 '열방과 같은' 왕이 있어야 하겠으며 그들의 치리를 받겠다고 약속하였다. 사사로 세움 받은 사무엘의 두 아들 요엘과 아비야는 자기 아버지의 행위를 따르지 아니하였고, 백성들은 사무엘에게 왕을 요구했다. 자신들을 다스릴 왕을 요구하는 백성들의 요구를 들어주라고 사무엘에게 말씀하신 하나님은 이런 지상의 왕권 제정을 통해 이스라엘의 정체성과 역사의 방향을 다시 교정해 주시며 잘못된 신학적 오해들을 수정해 주셨다. 이 점에 있어서 W. A. 부르거만은 "사무엘상하는 왕정제도가 눈부신 뛰어난 인물의 주도로 혹은 사회적 경제적 군사적 힘에 크게 집중함으로 인해 발생한 것이 아니라, 헤아릴 수 없고 설명할 수 없는 여호와의 주도하심으로 말미암아 생겨난 것"이라고 설명하고 있다.[76] 이러한 왕은 절대적으로 이스라엘의 원래적 왕이신 하나님의 통제 아래 있어야 했다. 그것을 보여주는 것이 바로 사울 왕 사건이다. 비록 하나님이 이스라엘의 첫 임금으로 사울을 선택하여 세우셨다할 지라도 사무엘 상 13~15장에서 보듯이 하나님은 그를 평가하신 후 버리셨음을 강조하고 있다. 신명기와 사무엘 상에서 하나님은 지상의 왕으로 세워질 이스라엘의 왕은 반드시 하나님의 기록된 명령들을 따를 의무가 있음을 분명히 하며 그 조건하에서 왕으로 옹립됨을 허락하였다(신17:18~19). 그러므로 사울뿐 아니라 이스라엘의 모든 왕들은 세상의 왕들과 같은 권세와 위엄을 가질지라도 영원하신 왕이신 하나님의 권위 하에서 움직여야 함을 알 수 있고, 그런 한계 내에서 하나님은 이스라엘에게 그들의 왕을 허락하신 것이다.

창세기 17:6~16절의 내용은 아브라함 언약과 왕정의 통치를 서로 연결시켜 주고 있고, 창세기 49:8~12절은 유다 왕권의 정통성을 예고하고 있다. 이러한 요소들은 다윗의 출현으로 비로소 중요한 현실적 중요성으로 부각된다. 이스라엘의 모든 왕들은 하나님의 뜻에 따라 선택되어야 하며, 이스라엘의 지도자는 언약의 준행자로서 일해야 한다. 적어도 앞선 사사들 보다는 윤리적으로 순전한 삶을 살 것이 요구되었다. 그럼에도 불구하고 이스라엘의 왕정 요구는 사사들을 통해 일하신 하나님의 인도를 노골적으로 거절하는 것이었다. 물론 백성들은 사무엘상 7장에서 언약의 순종과 사무엘의 지도력으로 인하여 안정을 되찾는다. 그러나 사무엘 상 8장에서 백성들은 비록 왕정제도가

Testament(Nashville, Thomas Nelson, 1984), p.134를 참고하라.

76   Brueggemann W. A., *Old Testament Theology: Essays on Structure, Theme, and Text,* ed by P. D. Miller. Jr(Minneapolis, Fortress, 1992), p.219.

그들에게 높은 세금과 억압과 노역과 군사적 징집을 부과한다 할지라도 왕을 요구한다. 더욱이 비록 현재 백성들이 위험에 처하지 않았다 해드 그들은 다른 족속들과 같이 왕을 요구하였다(삼상8:5,19~20). 이러한 요구는 거룩한 족속으로서 제사장 나라로 부름 받은 그들의 소명을 노골적으로 거부하는 것에 지나지 않는다.[77] 하나님이 백성들을 가나안 땅에 거하게 하시며 그들의 지도자로 부르셨기 때문에 그들의 이 같은 요구는 하나님을 힐책하는 행위로 여겨짐은 마땅한 것이다. 그러므로 왕정제도는 그 앞의 사사 제도보다 더 불충분한 제도는 아니다. 왕정제도는 그 제도 자체가 문제가 아니라 세움 받은 왕의 율법에 대한 순종의 정도에 따라 흥망이 결정되는 것인 것이다. 즉 하나님의 왕정제도 허락은 여호와께서 궁극적 모든 권위를 인간 왕에게 넘겨주었음을 뜻하는 것이 아니다. 신명기의 구절들은 이스라엘의 열 왕들이 더 차원 높은 통치자에게 응답해야 함을 암시해 주는 것이 분명하다.[78] 이를 증명하는 것은 기드온이 왕이 되라는 요구를 받았을 때 그는 여호와께서 이스라엘을 통치하신다고 응답하였다. 그러므로 이스라엘의 열 왕들은 온 땅 위에 하나님의 대리자가 되어 여호와의 통치를 결속시켜야만 한다. 이에 대하여 C. 발트는 다음과 같이 설명하고 있다.

"역사에 나타난 하나님의 사역은 오직 그만이 보좌에 좌정하셨음과 그의 왕국이 현재의 무질서로 인해 숨겨진 것처럼 보이거나 혹은 사라진 것처럼 보일 때 조차도 이스라엘은 장차 미래에 있을 여호와의 즉위하심을 고대한다. 그렇지만 여호와는 보좌에 좌정하심과 온 세상에 대한 통치를 결코 멈추지 않으신다."[79]

다윗에게 있어서는 다 발전된 형태의 왕권에 대한 신학적 개념이 형성되는데, 이는 그가 예루살렘을 점령하고 난 후, 성전 건축을 준비하면서부터 '거룩한 왕권'의 의미가 부각되면서 부터이다. 왕은 하나님의 대리자이며 보이는 하나님의 역할을 그 언약의 백성 중에서 시행하게 된 것이다. 하지만 타락한 인간 왕은 그것을 제대로 지킬 리가 없다. 그래서 하나님을 떠난 악한 왕들이 나라를 어지럽히고 조상 때부터 물려받은 아름다운 신앙 전통들을 우상숭배로 바꾸어 어려움을 자초한 일이 많다는 것이다. 지상의 왕들은 세상의 왕들처럼 많은 권한을 위임받은 것이 사실이다. 그러나 에덴동산에

77   Dumbrell W., op. cit., pp.134~35.
78   Eichrodt W., *Theology of the Old Testament*, Tr. by Baker J. A. 2 vols. OTL(philadelphia, westminster press, 1961), 1:55, 2:243.
79   Barth C., *God with Us: A Theological Introduction to the Old Testament*, Edit and tr. by Bromiley G. W.(Grand Rapids, Eerdmans, 1991), p.199.

서의 아담처럼 그들에게도 섬기고 순종해야 될 영원한 왕이 있음을 율법 준수를 통해 실천해 보여야 할 의무가 있는 왕권이다. 이런 지상의 왕권에 대한 신학은 구약의 중요한 주제 중의 하나이며 신약의 예수님의 주권과도 연결되는 개념이므로 주의 깊게 참고 구절들을 다루고, 왕권의 생성 배경, 원인, 과정, 결과, 주님의 주권을 상징함 등과 연계해서 살펴보아야 한다.

2) 다윗 언약

사무엘 상하가 함의하는 중요한 신학적 주제는 바로 다윗과 맺으신 언약에 있다. 구약에는 많은 언약들이 나타난다. 하지만 크게 세 개의 언약으로 구분되어 질 수 있다. 각각의 언약의 내용을 간략히 살펴보며 다윗과 맺은 언약의 특성들을 정리해 보자. 물론 단순히 '언약'이란 용어의 관점에서만 보자면, 노아와 맺은 언약이나 아브라함과 맺은 언약들을 언급할 수 있겠지만, 여기서는 우선 출애굽 후 모세와 시내산에서 맺으신 언약을 먼저 이해하는 것이 순서가 되겠다. 노아에게서 우리는 언약이란 단어의 정의와 특성들을 보게 된다. 그리고 아브라함과 맺으신 언약을 통하여 우리는 구원을 위한 언약의 씨앗을 보게 된다. 그러나 이제 하나님은 그의 택한 선민 전체와 언약을 맺고 있는 것이다.

첫 번째 언약은 출애굽기 19장 5~6절과 십계명으로 대표되는 시내산에서 모세에게 하신 언약이다. 이 내용은 "세계가 다 내게 속하였나니 너희가 내 말을 잘 듣고 내 언약을 지키면 너희는 모든 민족 중에서 내 소유가 되겠고 너희가 내게 대하여 제사장 나라가 되며 거룩한 백성이 되리라"하는 약속이다. 이 언약은 나중에 구약의 전 부분에서 하나의 관용 어구처럼 선지자들과 시편 기자들에게서 되풀이 되고 있는데, 그것은 "너희가 내 율법을 잘 순종하면, 너희는 나의 백성이 되고 나는 너희의 하나님이 되리라"하는 표현이다. 이런 시내산 언약은 흔히 '쌍무언약'으로 명명되어 지는데 그것은 이스라엘의 순종을 전제로 하는 언약임을 말하고 있다. 이 시내산 언약은 아브라함에게 한 첫 언약이 민족 단위로 커지고 거룩히 구별된 백성이란 개념이 첨가되고 있을 보여주고 있다. 구원 계시의 발전인 것이다. 이 약속 역시 예수그리스도의 구원 계시의 완성이란 관점에서 이해되어야 한다. 즉, 율법을 지킨다거나, 순종하는 것이 말씀으로 오신 예수그리스도의 구속의 사역을 믿음으로 받아들이는 각도에서 완성되고 온전해진다는 개념이다. 그래서 '거룩한 백성' 즉 그리스도의 보혈의 공로로 구별된 삶을 사는 백성이란 개념이 생성되는 것이다.

두 번째 언약이 오늘 우리가 살펴보려는 다윗의 언약인데 이는 사무엘하 7장에 있고 그 내용은 다음과 같다: "내가 너를 목장 곧 양을 따르는 데에서 데려다가 내 백성 이스라엘의 주권자로 삼고 네가 가는 모든 곳에서 내가 너와 함께 있어 네 모든 원수를 네 앞에서 멸하였은즉 땅에서 위대한 자들의 이름같이 네 이름을 위하게 만들어 주리라"(삼하7:8~9), "나는 그의 나라 왕위를 영원히 견고하게 하리라 나는 그에게 아버지가 되고 그는 내게 아들이 되리니"(삼하7:13~14), "네 집과 네 나라가 내 앞에서 영원히 보전되고 네 왕위가 영원히 견고하리라"(삼하7:16). 요약해 보면 다윗의 나라가 영원히 견고한 나라가 되도록 하겠다는 **영원성에 대한 언약**이다. 이 언약은 다윗의 어떠함에도 불구하고 주어지는 하나님의 일방적인 선언인 것이다. 한층 확장되고 더 구체적인 신적 보증이 있는 언약이며 앞의 약속들에 대한 현실적이며 부분적인 성취로서 이해된다. 이 다윗언약은 아브라함에게 한 이전의 언약과 연결되고 있으며[80] 다윗을 통하여 이스라엘이 약속의 땅에서 안식하게 될 것임을 확언하는 것이다. 하나님은 아브라함 시대로부터 사사시대에 나타난 역사적 사건들을 언급하면서 임박한 미래와 먼 미래의 일들을 나단에게 예고해 주었다. 다윗은 그의 뒤를 이을 한 아들을 낳을 것이며 이 예언은 솔로몬을 통해 성취되고 이 아들이 성전을 건축할 것인데, 하나님은 그 아들을 아끼기도 하시고 징계도 하시겠다고 약속하신다(참고, 삼사7:14~15, 왕상3~11장). 이러한 하나님의 언약은 정경의 여러 과정들을 통해 구체화되고 발전해 가는 속성을 보이고 있다. 다윗의 언약 가운데 하나님이 그 왕의 아비가 되고 그 왕이 하나님의 아들이 될 것이라는 설명이 있는데, 이는 출애굽기 4:22절에서 모든 이스라엘 백성들에게 적용되었던 이미지이기도 하다.[81] 하나님의 언약은 언약 상대자와 밀접히 연관되어 있는데, 다윗에게 한 언약은 그것이 발전하여 '절대적이며 무조건적 특성'[82]으로 발전하고 있는 것이다. 그래서 우리는 그런 다윗의 언약을 '편무언약'이라고 부르기도 한다. 이 언약은 또한 이스라엘로 하여금 안정과 희망과 안식으로 인도하는 근거가 되기도 하였다.[83] 이 약속을 언급하고 있는 이 본문은 그 구체적인 성취를 보여주기 위해 이 언약을 역사성 있는 기록 속에 포함하고 있는 것이다. 다윗은 그의 선택과 높임 받음 그리고 먼 미래를 위

---

80   Gordon R. P., *I and II Samuel*(Grand Rapids, Zondervan, 1986), p.238.

81   Barth C., op. cit., p.198.

82   Dumbrell W., op. cit., p.150.

83   Elmer, A. M., *God's Design: A Focus on Old Testament Theology*(Grand Rapids, Baker, 1981), p.141.

한 언약이 체결됨을 인하여 하나님을 찬양한다(삼하7:18~19). 다윗은 하나님의 역사하심이 다윗 자신을 위해서가 아닌 하나님의 성품과 그의 명성을 영화롭게 하기 위해 이루어졌음을 알고 있었다. 그래서 그는 "주 외에는 참 신이 없음이니이다"라고 고백한다(삼하 7:22). 다윗은 최악의 상황에서 조차도 이러한 언약의 하나님을 포기하지 않았으며, 유일하신 여호와와 그 백성 간의 유일하고 영원한 관계를 인식하며 하나님 앞에서 살기를 힘썼다. 다윗의 많은 고백 가운데 이 고백보다 소중한 것은 없다. 그것은 바로 하나님의 자비로우신 언약에 근거한 고백인 것이다.

3. 사무엘 상하의 주요 내용 강해

1) 사무엘 상 1~3장

사무엘서는 한나의 기도로 시작이 된다. 사사기서의 삼손과 비슷하게 수태치 못하던 여인에게서 사무엘이 출생하였던 것이다. 아이를 갖지 못해 설움 속에 있던 한 여인의 간절한 기도를 통하여 이스라엘의 왕국을 열어갈 위대한 선자자가 탄생하는 것은 시사하는 바가 크다. 인간은 자신의 어려움과 소원 때문에 기도한다. 하지만, 하나님은 그런 인간의 기도를 통하여 당신의 위대한 구원사역을 점진적으로 열어가시는 분이시다. 하나님은 사무엘을 선택하시사 신적 계시와 온전한 제사법을 지켜 가신다. 그는 앞선 사사들 즉 기드온, 드보라 그리고 에훗이 이룩했던 것보다 더 많은 업적을 세운다.[84] 사무엘의 사역은 사사, 제사장, 선지자로서의 역할이었다. 그는 실로(이스라엘의 한 지방 이름)에 있는 성소에서 선배 제사장이자 사사(삼상4:18)였던 엘리 밑에서 수련을 받았으며, 그가 사사였다는 것은 사무엘 상 8:1절에서 그의 아들들로 사사를 삼았다는 기사에서 짐작할 수 있다. 선지자로서는 그로 인하여 두 이스라엘의 왕이 기름 부음 받아 왕국의 앞길을 선도해 가는 역할을 한 것이다. 이는 사무엘을 인하여 당대(사사시대의 끝)에 희미해져 가던 하나님의 말씀(이상)이 새롭게 회복되고 약속의 민족 앞에 '희망'이 태동됨을 상징하는 것이다. 그런 점에서 아이를 못 가져 어려워하는 한나에게 아들이 태어나는 희망의 상징인 이야기가 사무엘서의 첫 장을 장식하는 것은 의미 있는 배열이라 할 수 있다.

---

84   House P. R., op. cit., p.409.

2) 사무엘 상 4~6장

이 부분에서 사무엘은 등장하지 않고 하나님의 영적인 인도와 지도력이 언약궤를 통해 나타난다. 그의 말씀과 제사 제도를 지켜 오신 하나님은 온 열방 가운데 그의 명성을 지키기를 원하셨다. 그렇지만 이스라엘은 그것을 잘하지 못하였다. 이스라엘은 언약궤를 택한 백성 가운데 거하시는 하나님의 임재의 상징으로 보기보다는 오히려 전쟁 때 복을 주고 승리를 주는 마술 상자처럼 취급했다(삼상4:1~11).[85] 하나님의 성품의 본질에 대한 이 같은 오해는 그들의 영적 불감증을 대변해 주는 것이다.[86] 하나님은 블레셋 족속이 이스라엘을 이기도록 하시고 그 대적이 언약궤를 탈취하도록 허용하셨다. 엘리의 아들들은 블레셋에 대한 지속적 패배로 상징되는 하나님의 진노를 이스라엘은 알지 못하였다. 하나님의 언약궤는 언약의 백성 이스라엘을 약속의 땅에 남겨둔 채 이방인들에게 '포로'되어 잡혀 간다. 하나님의 백성은 약속의 땅에 하나님 없이 남겨진 상태를 자초했다. 왜냐하면 엘리와 그 아들들로 대표되는 이스라엘의 지도부가 타락하고 부패했기 때문이었다(그때는 '이가봇'의 시대였다). 블레셋에 잡혀가 있어도 하나님의 언약궤는 여전히 권능과 영광의 상징이었다(삼상5:4, 12). 하나님의 언약궤는 그 스스로의 권능을 인하여 다시 벧세메스로 돌아오게 된다. 블레셋 족속들은 그들의 노획물인 하나님의 법궤를 그들의 주신이자 다산과 농경의 신인 다곤 신전에 안치했다. R. P. 고든은 고대 근동지역에서는 승리한 군대가 적의 우상을 취하여 그들의 주신의 신전에 안치함으로 승리를 만끽하는 것이 일반적 관행이었다고 설명한다. 그러나 블레셋은 이스라엘의 신 여호와가 그들의 신 다곤에게 굴복하지 않았음을 깨닫게 된다. 왜냐하면 다곤 신상이 여호와께 절을 하였으므로(삼상5:1~5). 여호와는 그들이 법궤를 돌려보낼 때까지 그곳에 죽음과 역병과 각종 질병으로 그들을 항복하게 했다. 다시 이스라엘에게로 돌아온 언약궤는 여호와의 거룩하심을 경외하지 않는 자들에게 죽음을 가져다 주었다. 이스라엘은 그 후 20여년간은 눈물로 지내게 된다. 대 주재이신 하나님의 명성은 이스라엘의 안과 밖에서 그 무엇과도 비교될 수 없는 위대함으로 드러나고 있는 것이다.

---

85 Payne D. F., *I and II Samuel, Daily Study Bible*(Philadelphia, Westminster press, 1982), p.25~26.

86 Baldwin J. G. D., *1 and 2 Samuel, Tyndale Old Testament Commentary*(Downers GroveIII, IVP, 1988), p.69.

3) 사무엘 상 8~10장

이제 이스라엘은 왕국으로 나아가게 된다. 이 부분은 앞에서 다루었으므로 간략히 설명하겠다. 8장에서 백성들은 사무엘에게 왕을 세우자고 청하게 되고, 사무엘을 기뻐하지 아니하지만 하나님의 허락을 얻게 된다. 이때 중요한 것은 하나님의 재가가 기쁨으로 한 재가가 아니라는 점이다. 8장 7절에서 보듯이 "그들이 왕을 요구하는 것은 사무엘 너를 버리려는 것이 아니라, 참 왕으로 역사하려는 나(여호와)를 버리려는 것"이라는 점이다. 이것은 이때에 우연히 생겨난 것이 아니라 신명기 17:14~17절에 이미 예언된 것이다. 왕을 요구하는 백성들의 요구는 하나님에 의해 허락되었다. 그들은 세상의 다른 나라들처럼 왕을 요구했다. 그들이 요구한 것은 전제군주적 왕이며, 행정관리의 지도자이고 모든 재판의 우두머리격인 왕이었다. 이런 왕에 대한 생각은 하나님의 직접적 인도를 받아 온 이스라엘로서는 거의 반역과 배교와 다름없는 요구였지만, 하나님은 마지못해 들어주셨고, 그로 인해 왕으로서의 하나님의 다른 성품을 백성들에게 보이시기를 원하셨음을 기억해야 한다. 즉, 왕권의 시작은 이웃의 나라들을 본 따서 시작하였을지라도, 하나님께서는 그 방법을 통해 왕국을 대상으로 새롭게 구원과 인도의 언약을 갱신해 가시는 하나님의 계획이 그 속에 시작되었다는 것이다. 인간의 악함을 다시 축복의 도구로 인도해 가시는 하나님의 왕적인 인도 앞에 순종하는 다윗의 언약이 그것을 웅변하고 있다. 그리고 이 땅의 왕이 지켜야 될 기본적 자세들과 그 왕에 대한 백성들의 자세도 잊지 말아야 한다(삼상12:13~15). 그 유명한 "내가 너희를 위하여 기도하기를 쉬는 죄를 범치 않겠노라"라고 한 말씀과 "순종이 제사보다 낫고"라고 한 사무엘의 단호한 선언은 바로 이런 이 땅의 왕을 세우면서 제발 이 백성이 하나님의 왕권을 잊지 않도록 기도하겠다는 결심인 것이다.

4) 사무엘 상 11~14장

40세에 이스라엘의 초대 왕이 된 사울은 그의 아들 요나단의 조력을 받으며 왕으로서의 위력을 보여주게 된다. 사울은 처음에 겸손하고 수줍음이 많았던 사람으로 보여지고 있다. 그는 사무엘이 찾아 기름 부어 세우려 할 때 '짐 보따리 사이에 숨었던' 사람이었다. 사울은 암몬 사람 나하스를 무찌른 후 길갈에서 사무엘에 의해 세움을 받는다. 그리고 이어 블레셋을 무찌르는 전공을 세우며 이스라엘 앞에 왕의 권위를 확인받는다. 이런 사울의 초기 업적을 본서 14:47~48절에는 "사울이 이스라엘 왕위에 오른 후에 사방에 있는 모든 대적 곧 모압과 암몬 자손과 소바의 왕들과 블레셋 사람들을 쳤는데 향하는 곳마다 이겼고 용감하게 아말렉 사람들을 치고 이스라엘을 그 약탈하는 자들의 손에서 건졌더라"라고 치켜세우고 있다.

5) 사무엘 상 15장~사무엘 하 7장

그렇게 왕위를 든든히 한 사울 왕이 교만해 졌나보다. 사무엘 선지자는 이스라엘의 오랜 염원인 아말렉을 공격하게 된다. 사무엘은 전쟁으로 나가는 사울에게 승리를 선포하며 아말렉 족속을 진멸하고 그 동물들까지 남기지 달고 진멸하라고 당부한다. 그런데 사울은 그것을 가볍게 여겼다. 아말렉 왕 아각을 살려주고, 좋은 동물들을 노획하여 왔다. 그러자 선지자 사무엘은 그런 사울의 행동을 틀순종으로 간주하며 하나님이 그를 왕으로 세운 것을 후회한다고 말하고 사울을 만나지 않으려 한다. 그러면서 사무엘 선지자는 사울에게 "왕이 스스로를 작게 여길 그때에 이스라엘지파의 머리가 되지 아니하셨나이까"(삼상15:17)하면서 "여호와께서 번제와 다른 제사를 그의 목소리를 청종하는 것을 좋아하심 같이 좋아하시겠습니까?" "슨종이 제사보다 낫고 듣는 것이 숫양의 기름보다 낫다"(삼상15:22)고 하였습니다. 이런 일련의 사울의 불순종으로 인하여 사무엘은 다윗을 찾아 기름붓고(삼상16장) 그를 통한 새로운 이스라엘을 추구하게 되었다.

사무엘 상 17장의 골리앗 사건을 통하여 다윗은 "온 땅에 이스라엘에 하나님이 계신 줄을 알게 하겠고 여호와의 구원하심이 칼과 창에 있지 아니함을 보여주게 된다." 이 일을 인하여 사울왕의 아들 요나단은 다윗을 자기 생명같이 사랑하게 된다(삼상18:1). 그렇게 해서 득세해가는 다윗의 명성에 위기를 느낀 사울은 다윗을 죽이려 계획한다. 이 부분을 본서는 "여호와께서 다윗과 함께 계심을 사울이 크고 알았고 사울의 딸 미갈도 그를 사랑하므로 사울이 다윗을 더욱 더욱 두려워하여 평생에 다윗의 대적이 되니라" (삼상18:29)로 묘사하고 있다. 그 이후의 부분은 다윗이 오래 인내하며 왕권을 얻게 되는 과정을 그리고 있는데, 사울 왕을 피하여 도망 다니는 이야기 그래서 가드(삼상21:10~15)에서 미친 척 해서라도 생명을 부지하는 기사와 사울 왕을 두 번 살려주는 이야기 등이 묘사되어 있다. 사울은 다윗에게 편의를 제공했다 하여 놉의 제사장 85명을 죽이기도 했다(삼상22:18). 그 후 다윗은 그일라를 구원하고 엔게디 요새로 피신하게 된다(삼상 23장). 자기를 죽이려는 사울 왕을 죽일 수 있는 기회를 잡은 다윗은 사울 왕을 살려주는데(삼상 24장) 여기서 사울은 다윗에게 자기의 후손들을 죽이지 말 것을 약속받고 살아난다. 사무엘 상 25장은 이스라엘의 원로 사무엘의 죽음이 기록되어 있고 어리석은 나발과 그의 현명한 부인인 아비가일의 이야기가 뒤따른다. 26장에서는 다윗이 다시 사울을 살려주는 기사가 나오고 27~29장에서는 다윗이 다시 블레셋 지역으로 망명하여 목숨을 부지하는 기사가 기록되어 있다. 블레셋 사람들이 자신을 좋아하지 않음을 눈치챈 다윗은 급하게 자기를 따르는 식솔과 군사 400명만을 거느리고 시글락에 머무르게 된다. 사무엘 상 31장에서 사울이 블레셋과의 전투 중에 죽음을 통해 자연스럽게 이스라엘의 왕으로 예루살렘에 복귀하는 모습이 그려져 있다.

사무엘 하 1장에서 다윗은 사울을 죽였다고 당당하게 고하는 아말렉 출신의 사울의 친위대원이었던 용병을 징벌하며 사울의 죽음과 그의 절친 요나단의 죽음을 깊이 애도하고 있다. 사무엘 하 2장에서 다윗은 드디어 유다 족속의 왕으로 즉위한다. 사울 왕은 죽었지만 그를 따르던 패잔병들은 아브넬을 중심하여 사울의 아들 이스보셋을 왕으로 세우고 2년 동안을 버티며 다윗의 집안과 전쟁을 벌이게 된다. 나중에 아브넬은 다윗을 향하신 하나님의 계획을 인지하게 되고, 이스보셋과 이스라엘의 장로들을 설득하여 온 나라를 다윗에게 넘기게 된다. 이를 좋게 여긴 다윗도 그를 위하여 잔치를 베풀고 아브넬을 선대하였으나, 다윗의 신복 중의 한 사람 요압이 아브넬에게 정치적으로 밀릴 것이 두려워 돌아가는 아브넬을 암살하게 된다. 다윗을 위하여 중요한 공을 세우고도 억울하게 죽임을 당한 아브넬을 위하여 다윗은 크게 애곡하고 그런 악행을 행한 스루야의 아들 요압을 하나님께서 심판하시도록 맡겨둔다. 우여곡절을 겪으며 사울의 아들 이스보셋은 암살을 당하고 다윗은 그런 비겁한 암살자를 처형한다(삼하4장). 이 사건 후 이스라엘은 명실공히 다윗을 왕으로 모시고 그에게 기름 부어 왕으로 삼게 된다(삼하5장). 예루살렘(시온성)을 정복한 5장 이후에는 대부분의 블레셋이나 가나안 지역이 점령되었고, 다윗은 명실상부한 이스라엘의 왕으로 등극하게 된다. 이 장면을 사무엘하 5:10절과 12절은 이렇게 묘사하고 있다. "만군의 하나님 여호와께서 함께 계시니 다윗이 점점 강성하여 가니라", "다윗이 여호와께서 자기를 세우사 이스라엘의 왕으로 삼으신 것과 그의 백성 이스라엘을 위하여 그 나라를 높이신 것을 알았더라"라고 기록하고 있다. 적어도 일국의 왕, 아니 하나님의 신정 왕국의 새로운 통치자로 등극한 다윗은 그의 왕위가 하나님께로부터 온 것임을 명심하고 있었다는 말이다. 사무엘 하 6장에서 다윗은 기럇 여아림에서 법궤를 가져오고, 7장에서 성전을 건축케 하심으로 하나님의 왕국의 기초를 공고히 하는 일을 하게 된다. 하지만 그에게 성전을 봉헌하는 일은 거부된다. 그는 단순히 왕국의 기초를 견고히 다지고, 성전을 준비하는 역할만을 하게 된 것이다.

사무엘 하 7장에서 하나님은 다윗과 독특하게 언약을 갱신하고 있는데, 이는 야훼 하나님이 이스라엘과 맺은 두 번째 언약이며 국가를 상대로 맺는 첫 언약인 점에서 중요하다. 하나님의 왕국이란 관점에서 육체적 이스라엘에게는 무척 중요한 언약이며, 오늘날 이스라엘 국가의 상징이기도 하다. 이 부분도 앞에서 언급 했으므로 자세한 설명은 생략하겠다. 이것은 또한 아브라함에게 한 첫 약속을 이루는 것이며, 모세에게 한 시내산 언약의 확장된 형태이기도 하다.

6) 사무엘 하 8~20장

사무엘 하 8~10장은 다윗의 제국이 확장됨을 보여준다. "다윗이 어디를 가든지 여호와께서 이기게 하시니라"(삼하8:6). 이처럼 정복자로서의 다윗을 보여주며 아브라함에게 약속하신 것을 신실히 이루시는 하나님을 보게 된다. 사무엘 하 9장에서는 사울의 손자이며 요나단의 아들이었던 생존자 므비보셋과 그를 충성되이 모시던 종 '시바'라는 사람의 이야기가 나온다. 다윗은 그렇게 충성된 사람에게 후한 상을 하사하고 있다. 사무엘 하 10장에서 다윗은 암몬과 싸워 이긴다.

그리고 사무엘 하 11~20장까지는 다윗의 몰락과 인간적 약함을 보여주고 있다. 이제 다윗의 왕국은 강성하여져 가고 안정되어갔다. 예나 지금이나 인간은 다 죄인임을 보여주는 사건이 기록되어 있다. 바로 밧세바 사건이다. 사무엘 하 12:7절의 나단에 의한 지적 "당신이 바로 그 사람이다"라는 점과 그어 이은 아들이 죽는 기사는 우리에게 시사하는 바가 크다. 또한 사무엘 하 13장의 다윗의 자녀들의 근친상간과 골육상쟁, 그리고 이어지는 아들 압살롬의 반역을 통해서 다윗에게 한 하나님의 언약이 정치적 관리를 통해서 이루어지는 것이 아님을 깨닫게 한다. 그것은 구원사를 통해 나타나는 하나님의 역사개입을 통해 날마다 개혁되어 하나님 앞에서 앉을 때에만 가능한 것이다. 이 부분에서의 강조점은 다윗 자신의 능력 때문에 그가 왕으로 통치하는 것이 아니라, 하나님의 영적 왕권이 이스라엘을 다스려 가시는 것임을 보여주고 있는 것이다. 반역한 아들 압살롬을 피하여 도망다니던 다윗은 마침내 아들의 반역을 파하고 복귀하게 되는데, 18:33절과 19:4절에서 "압살롬아, 압살롬아 내 아들아 내 아들아"하고 부르짖는 아버지 다윗의 마음이 독자의 코끝을 찡하게 한다. 다윗의 고생은 여기서 끝나지 않는다. 그는 다시 베냐민 사람 비그리의 아들 세바로부터 반역을 당하여 온 이스라엘이 세바를 따르며 다윗을 반역하게 되는 고통을 겪는다(삼하20장). 사무엘 하 22장에는 블레셋을 이긴 다윗의 승전가가 기록되었는데 앞의 한나의 찬가와 여러 면에서 유사한 사상을 보여주고 있다고 평가되고 있다. 23장에는 다윗의 마지막 말이 기록되어 있어서 본서가 다윗의 사후의 기록임을 짐작케 한다.

7) 사무엘 하 24장

사무엘서의 마지막 장은 아주 주의 깊게 구조되어 있다. 마지막 장은 이스라엘 왕정의 허약함을 보여줌으로 시작하고 결론짓고 있다. 그리고 결국은 하나님의 은혜밖에 없음을 그의 성전터를 준비하는 모습으로 보여주고 있다. 인간을 의지하려는 늙은 다윗의 인구 조사가 화를 자초하고 그에 대해 여부스 사람 아라우나의 타작마당을 값을 주고 사서 제단을 쌓는 다윗의 모습에 재앙을 그치시는 하나님의 모습이 오버랩되면서 사무엘서가 끝나고 있다.

제5장
열왕기 상하

1. 열왕기 상하의 서론과 구조

1) 열왕기 서론

히브리인들의 성경에는 사무엘서와 같이 열왕기서가 한 권의 책으로 되어 있다. 본서의 명칭을 '왕들의 책' 혹은 '왕들(머라킴)'이라고 부르게 된 것은 본서의 내용이 북방 이스라엘과 남방 유다 왕들의 역사를 취급한 것이기 때문이다. 사무엘서와 같이 70인경에서는 이 두 권의 책을 '왕국기 제3, 4권'으로 취급하고 있다. 본서 열왕기 상하가 두 권으로 나뉘게 된 이유는 음운 표기가 된 헬라어 본문이 모음 표기 없이 쓰여진 히브리 본문보다 더 많은 공간을 차지할 수밖에 없었기 때문이었다. 1516~17년경의 다니엘 봄베르그의 히브리 사본 이후 상·하로 나뉘게 되었다. 탈무드의 전통에 따르면 예레미야가 열왕기를 기록한 것으로 되어있지만,[87] 원론적으로 볼 때 본서의 저자는 익명이다. 본서는 다윗에게서 솔로몬으로 권력이 이전되는 시기(주전 930년경)에서 시작하여, 바벨론 포로 중 여호야긴 왕이 석방된 사건(왕하25:27, 바벨론 왕 에윌므로닥 즉위 원년, 주전 562년경)까지의 이스라엘의 왕정의 역사를 기록하고 있다

---

[87] The Talmud, *Baba Bathra* 15a, 여기서 탈무드는 "예레미야가 자신의 책, 열왕기, 애가를 썼다"라고 말하고 있는데, 여기서 자신의 책이란 예레미야서를 의미한다. 또한 실제로 열왕기 하 24:18~25:30절의 내용이 예레미야서 제52장에서 반복되고 있기 때문이기도 하다.

신명기적 역사(여호수아~사무엘 상하)의 마지막 책이자 유대인 전기 선지서의 결론 격에 해당되는 본서의 목적은 다윗 왕국의 몰락과 그 이유 및 배경을 설명하는 데 있다. 이 기간 동안의 이스라엘의 역사는 이전 시대와 비슷하게 '반역과 심판'이라는 패턴을 구성하고 있으며, 몇몇 남방의 경건한 왕들을 제외하고는 전체적으로 비슷한 영성을 보여주고 있다. 또한 열왕기서는 선지자들의 사역과 그 특성에 대한 많은 자료를 제공하고 있으며 언약 준수와 하나님의 신정 왕국에 대한 역사적 통찰력을 제공하고 있다. 또한 이스라엘의 역사를 근거로 하여 국가의 흥망성쇠는 궁극적으로 하나님의 언약에 대한 충성도에 달려 있는데 그들이 이방인 앞에서 하나님을 경외하는 순결한 신앙의 증거를 얼마나 신실하게 지켜가고 있는가에 따라 결정된다는 것이다. 즉 하나님 보시기에 중요한 사건과 그분의 구속계획을 이런 역사 속에서 증거 해 보이는 것이 본서의 목적이기도 하다.[88] 그런 저자의 관점 때문에 세속적 역사가의 눈에는 중요하게 보일 수 있는 왕들의 업적이나 치적이 간과되거나 배제되기도 했다. 즉 하나님과의 관계 속에서 그들의 역사를 가닥 잡아 가려 했던 것이다. 그런 타락과 배교의 가운데서도 하나님은 남방 요시아 왕을 새로운 다윗으로 보호하셨고, 그 후에 므낫세 왕의 타락으로 인해 남방 유다 왕국도 결국은 주전 586~7년에 함락되어 포로가 되고 만다. 열왕기서는 다윗제국의 위대함과 정치적 영향력이 확장되어 감을 보이며 시작된다. 솔로몬의 치세에서 우리는 본격적으로 부족국가 연합 형태의 이스라엘이 체계 잡힌 전제군주제도로 변환되어 감을 보게 된다. 이는 물론 사무엘의 시대에 그토록 경고했던 왕정의 위험성을 그대로 보여주면서 진행되어간 일이다. 열왕기 상하에서 성전 봉헌은 다윗 왕조의 정통성을 이어가는 것으로 여겨졌고, 다윗의 치세 동안에 그 연속성이 있는 것으로 여겨졌다. 그러나 솔로몬의 혼인 정책을 통한 안정 정책은 나라의 분열과 배교와 패망을 안겨주는 전주곡이 되었다. 이제 이스라엘의 왕정 시대에 있었던 많은 이야기에 대한 토론들을 좀 더 자세히 살펴보기로 하자.

　본서는 앞에서 언급한 대로 분명히 익명의 저자에 의해 기록되었는데, 이 책의 기록을 자세히 살펴보면, 저자는 분명히 앞의 역사서들에 비하여 이미 기록된 자료들에 더 많이 의존하고 있음을 보여준다. 본서에서 언급되고 있는 기존의 자료들이란 첫째 '솔로몬의 실록'(왕상11:41)이고, 둘째 자료는 '유다 왕의 역대 지략'(왕상14:9~왕하24:5)이며, 세

88　열왕기 상하의 저자는 하나님이 당신의 신정국가를 친히 통치해 가신다는 원칙을 밝히려고 많은 배려를 하며 기록된 책이다. 이에 대하여 Szikazai S., *The Interpreter's Dictionary of the Bible*, III(1962), p.35.을 참고하라.

번째 자료는 '이스라엘 왕 역대 지략'(왕상14:19~왕하15:31)이다. 이런 자료들 외에도 저자는 다윗의 궁정 비망록(주로 왕상1~2장)과 선지자 엘리야와 엘리사의 사역에 관한 어떤 독립된 전승들, 그리고 이사야 36~39장의 기록들이 사용되었을 개연성도 있다.

저작 연대에 관하여도 본서가 솔로몬 통치 시대와 같은 초기 자료뿐 아니라 예루살렘 멸망 후 포로 초기까지의 역사를 망라하고 있으므로 대략 주전 550년경이라고 여겨지고 있다. 특별히 본서가 고레스의 칙령에 관해서 언급하지 않는 것으로 보아 그 이전 연대에 쓰여진 것으로 여겨진다. 위에 언급된 기존의 서너 가지 자료들 중 첫 번째 자료인 솔로몬의 실록에는 솔로몬의 생애에 있었던 많은 사건들이 기록되어 있다. 예를 들면 솔로몬이 이집트의 공주와 결혼한 일, 기브온에서의 꿈, 지혜로운 판결, 성전 건축, 히람과의 거래, 밀로의 건축, 시바 여왕의 방문 등이다. 이런 내용들은 근본적으로 행정 문서의 성격을 띠고 있어서 확실히 신뢰할 수 있는 궁정의 문서 보관서에서 기인한 자료라고 여겨지고 있다.[89]

두 번째 문서 자료는 북방 이스라엘의 여로보암 1세부터 베가 왕까지의 사건들을 기록하고 있으며, 이 표현은 왕가의 공식 기록에 대한 지칭으로 여겨지는 기술적인 명칭이다. 여로보암의 행위라는 표현이나 시므리의 음모, 아합이 건축한 일 및 요아스와 유다의 아마샤 간의 갈등(왕하13:21) 등은 이 자료가 보여주는 연대기적 성격을 잘 나타내고 있다고 보인다. 이 자료에는 각 왕의 통치 기간 중 기억할 만한 사건들이 포함되며, 그런 기술 방식은 당시 고대 근동의 공식 기록의 일반적 기록법과 상통한다.

세 번째 자료인 유다 왕 역대 지략은 솔로몬의 아들 르호보암에서부터 포로로 잡혀간 여호야김 시대에 이르는 사건들을 기록하고 있다. 유다 왕 역대 지략이란 표현은 15회 인용되고 있다. 이 기록은 유다의 마지막 시기에 대한 소중한 기록들을 보여주고 있다. 그런데 이 문헌에는 자식들까지 죽이고 왕위를 찬탈한 아달랴 여왕이 통치한 7년에 대한 언급이 없다. 그리고 유다의 마지막 네 왕 중 세 왕을 언급하지 않은 것은 이 자료 가운데 사망과 장사 지낸 것에 관한 기사가 없기 때문이다. 이런 기록 혹은 자료들은 위에서 언급된 공식 기록이라는 견해와 더불어 사무엘 하 8:16절에 언급된 궁중 연대 기록자 혹은 역사 기록자의 주해 안에 들어 있었다고 추정할 수도 있겠다.[90]

---

89 Oesterley W. O. E., & Robinson T. H., *An Introduction to the Books of the Old Testament*(1934), p.94. 물론 이런 견해에 대하여 반대하거나 회의를 표하는 학자도 있다. Albright W. F., *Journal of the Palestine Oriental Society*, vol.V.(1925), p.17.등이 그렇다.

90 Archer G. L., op. cit., p.419.

이런 자료들 외에 다윗의 궁정 비망록이나 엘리야 엘리사 선지자들의 사역에 관한 어떤 독자적인 전승 자료들은 본서의 내용을 풍성하게 해주고 있으며, 그들의 시대의 정황에 대하여 소중한 정보를 제공해주고 있다. 예를 들면 엘리야 선지자의 사역이 주로 정치적이고 또한 도덕적이며 신학적인 관점에 하나님의 능력을 보여주는 반면에, 엘리사의 사역은 종교적인 집단과 개인의 욕구에 그 사역이 제한되는 듯한 인상을 보여주고 있다. 엘리사는 그의 사역에 관련된 왕들의 이름을 언급하지 않고 있고, 그는 예언자 생도들을 이끌었으며 국가적 차원의 기적을 베풀기도 했던 사무엘의 전통 위에서 있는 선견자로 나타나는 이 제4의 자료들은 어떻게 보면 '예언자적 전승'이라는 큰 틀로 이해할 수 있겠다.[91] 이렇게 본서의 저자가 참고한 자료들을 살펴보면, 본서 열왕기 상하는 다윗 궁정의 이야기가 기록된 주전 10세기 초반의 기록에서부터 솔로몬에 관한 기사인 9세기 내용과 주전 722년의 이스라엘 멸망 그리고 주전 587년의 남왕국의 멸망에 이르기까지의 기록들을 망라한 것으로 여겨진다. 그래서 학자들은 자연스럽게 본서의 저작 배경이나 형성 과정에 대하여 몇 가지 다른 견해를 제시하고 있다.

첫 번째 견해는 전통적인 문서 비평학의 견해라 할 수 있는데, 이는 열왕기 안에서도 오경의 기초 문서들인 소위 J와 E문서의 흔적을 찾을 수 있다는 견해이다. G. 휠셔와 A. 벤징거, R. 스멘드 같은 이들은 신명기적 자료가 사무엘서뿐 아니라 열왕기서에도 포함되어 있다고 주장했고, 이에 반해 O. 아이스펠트는 열왕기서 안에서 오경적 자료의 실마리를 찾을 수 없다고 주장했다.[92] 그러나 이런 문서 비평적 방식을 택한 학자들은 그들 스스로가 내리는 너무도 다양한 결론들 때문에 스스로 당황해 하며 이 이론을 접게 되었다. 물론 여호수아서에서 열왕기서에 이르는 기록들에는 당연히 신명기적 요소와 문체가 공존한다. 하지만 그것은 문서설에 근거한 것이라기보다는 여러 단계의 편집 단계와 독자적인 자료들을 근거하는 데서 오는 문제라는 것이 학계의 현대 중론이다.[93]

두 번째 견해는 소위 이중 편집설인데, 이는 본서의 기록이 요시야 왕의 사후인 주전 609년 어간의 기록자와 그 이후 포로기의 여호야긴 왕의 석방에 이르는 기간인 주전 550년경의 사건을 기록한 후대의 기록자가 있었고, 후대의 기록자가 앞선 기록자의 글에 자신의 글을 덧붙여 본서를 완성했다는 이론이다. 이 후대의 편집자는 왜 바벨론 포

---

91 Harrison R. K., op. cit., pp. 283~83.

92 Harrison R. K., op. cit., p. 286에서 재인용.

93 Dillard R. & LongmanIII. T., op. cit., p. 224.

로가 발생하게 되었는지에 대한 신학적 해석을 제공하려는 목적으로 집필, 편집했다고 여겨지고 있는 반면에 요시야 왕의 개혁에 관하여 집필한 첫 번째 기록자는 요시야 왕이 다윗의 모범을 따르는 진정한 언약의 후계자임을 강조하기 위한 각도에서 기록했다고 이해되고 있다. 물론 전대 기록자는 J, E, D로 갈라져 내려오던 문서들을 하나로 취합했으며, 그 때에 신명기적 전통으로 자료를 묶었고 그는 또한 본서뿐 아니라 앞의 전 선지서들의 편집에도 관여하거나 영향을 미친 것으로 이해된다. 이런 이중 편집 가설은 옛날부터 많은 학자들에 의해 거론되어 왔던 내용인데, 이 이론을 체계화 한 사람은 F. 크로스[94]와 그의 제자 R. 넬슨이며, 최근에는 I. 프러반[95]이 그의 이론을 이어가고 있다. 이 견해를 지지하는 학자들은 본서의 두 편집본이 구사하고 있는 강조점이 다름을 그들의 이론의 근거로 하고 있다. 예를 들면 전대 기록자는 다윗 언약의 영원성과 무조건성을 강조며 이것이 요시야 시대에 궁극적인 열매를 맺었음을 강조하고 있음에 반하여, 후대 기록자는 포로시대의 시각에서 기록되었고, 신정 왕국은 백성들의 죄악 및 언약의 조건성에 좌우되는 점을 강조하고 있다고 평가했다.[96]

세 번째 견해는 M. 노트가 주장하는 단일 저자설이다. 앞의 이중 편집설을 주장하는 학자들은 열왕기서가 대변하고 있는 두 세대(주전 609년대와 주전 550년대)에 관하여 관심을 가지고 각각의 부분의 강조점의 차이에 관심했다면, M. 노트는 신명기적 경향성을 보이고 있는 열왕기서의 통일성에 관하여 주목하며 본서의 단일 저자설을 주장했고, 또한 열왕기서의 저자를 '신명기적 저자'라고 별칭을 붙이기도 했다.[97] 그에 의하면 본서의 수집과 편집에 관해서는 오직 한 저자만이 책임이 있다는 것이다. 본서의 편저자는 그 이전의 여러 전승 자료들과 왕궁의 공식문서들을 자료로 삼아 주전 550년경에 본서를 완성했다. 여기서 학자들이 사용하는 신명기적이라는 용어는 사실, 율법의 준수 여부에 따라 인간의 생사화복이 달라지고 결정되는 사상적 경향성이라 할 수 있다. M. 노트는 이 단일하고 연속적인 기록이 나중에 단편적으로 증보되기는 했겠지만, 그런 증보된 부분들은 문서 비평학에서 제시된 것과 같은 문서 자료들도 아니고 편집층도 아니라고 지적한다. 이 신명기적 저자는 자신의 기록의 핵심 부분에는 '연설'을 삽입했

94　Cross F. M., *Canaanite Myth and Hebrew Epic*(Cambridge, Harvard Uni. Press, 1973), pp. 274~89.

95　Provan I., *Hezekiah and the Books of Kings*, BZAW172(Berlin, de Gruyter, 1988), pp. 171~73.

96　Dillard R. & LongmanⅢ. T., op. cit., p. 226.

97　M. Noth, *Uberlieferungeschichtliche Studien 2nd edition*(Darmstadt, Wissenschaftliche Buchgesellschaft, 1967). Tr. by JSOT under title as *The Deuteronomistic History*, JSOTS15(Sheffield, JSOT press, 1981).

다(수12, 23장, 삼상12장, 왕상8장). 이 연설들을 통하여 이스라엘의 지도자들은 그들의 역사를 다시 각성시키고 장래의 백성들이 취해야 할 행동들에 대해서 교훈을 전달코자 했다는 것이다. 그 편저자의 목적은 바벨론 포로를 하나님의 인과응보로 설명하며 불순종과 우상숭배에 대하여 경고하고자 했다는 것이다. J. G. 맥콘빌 역시 열왕기가 통일된 저작이라는 M. 노트의 주장에 동의했다. 그는 본서의 신학적, 주제적 긴장들을 편집층들에 대한 판단기준으로 사용하는 것에 대해 경고한다. 그 대신 그는 신명기적 편저자가 땅의 약속과 이 약속이 이스라엘의 경험 속에서 실제적으로 성취되는 것 사이의 간격이 점점 더 커지고 있는 것을 보여주고자 의도했다고 지적했다. 그에 따르면, 열왕기서는 이스라엘의 제 왕들이 다윗의 언약에서 점점 더 멀어져 가고 더 실패하고 있는 즉 사사기의 특징인 언약에 대한 나선적 하강(downward spiral)을 다시 보여주고 있다고 강조한다. 본서는 유다가 다윗 계보의 왕 때문에 구원을 소망할 수 있는 것이 아니라 그 반대의 것을 보여주고 경건한 왕들의 개혁도 일시적인 것에 불과하며, 그래서 이 민족은 패망할 것뿐이라는 것이다.[98] 그러면서 그런 실망스런 역사 앞에서 신명기적 기자는 여호야김 왕의 회복을 기록하며 이스라엘에게 또 다른 차원의 '소망'을 갖도록 하고 있다.[99]

열왕기서의 서론을 다루면서 꼭 다루어야 하는 다른 주제는 본서의 통일성과 단일성에 대한 문학적 증거들이다. 본서의 저자는 솔로몬의 등극과 그의 아들 르호보암 시대의 왕국의 분열을 먼저 설명했다. 그 후에 그는 북왕국 여로보암 1세의 통치에 관하여 언급함으로 시작하고는 그 다음에 동일 시대의 남방 유다 왕국에서 일어난 일들을 교차 서술 언급한다. 이러한 각 왕들의 통치에 관한 기록은 하나의 정형화 될 수 있는 틀/양식을 보여주고 있다.[100] 각 왕들의 기록은 나름대로의 서론과 결론을 갖고 있으며, 저자가 가지고 있는 신학적 경향성에 따라 두 왕국을 표기하는 데 차이를 보이고 있다.

각 왕의 치적을 기록하는 도입 양식은 그 왕의 등극하는 해가 다른 왕국의 동시대 왕 재위 몇 년째인지를 비교할 수 있도록 기록하고 있으며, 유다 왕들의 경우는 그의 등극 시의 나이가 몇 살이었는지가 표기되는 반면에 이스라엘 왕들은 왕의 도성이 어디였는

---

98   McConville J.G., "Narrative and Meaning in the Books of Kings," *Bib*7(1981), pp.31~33.

99   von Rad G., *Studies in Deuteronomy*, Tr. by Stalker D. M. G., *Studies in biblical Theology*9(London, SCM, 1963), p.90.

100   cf. Harrison R. K., op. cit., p.279. Dillard R., & LongmanⅢ. T., op. cit., p.236.등을 참고하라.

지를 언급하고 있다. 통치 기간에 산정에 관해서도 전통적으로 애굽의 선 연대법[101]을 따라 기록했으며 공동 섭정기간도 포함시켰다. 조상들을 언급함에 있어서 유다의 왕들은 어머니가 언급되고 있는 반면에 이스라엘은 보통 아버지의 이름만 드러난다. 항상 그런 것은 아니었지만, 서론과 결론 사이에 그 왕의 치세 동안에 있었던 최소한 한 가지 이상의 중요한 사건들이 기록된다. 이것은 주로 군사적인 사건이 많다. 각 왕의 치세에 대한 결론은 인용한 자료를 언급하기도 하고, 왕의 사망에 대한 기사가 나오며, 후계자가 왕의 몇째 아들인지에 대한 언급이 나온다. 그러나 북왕국의 경우 왕위 찬탈자가 없을 경우에만 그렇게 아들이 소개되고, 찬탈 혹은 암살되었을 경우는 그 후임자가 기록된다. 열왕기의 저자는 유다의 다윗 왕조 정통성 계승에 관심이 있었기 때문에 특별히 잔인했던 여왕 아달랴에 대한 기록을 의도적으로 누락시키고 있다고 짐작되고 있다. 그녀는 유다의 통치자들 중의 한 명으로 간주된 것이 아니라 찬탈자이며 무단 침입자로 여겨졌다. 마무리 기법은 남왕국이나 북왕국이 동일한 형식을 따르는데 "그가 그의 열조와 함께 잠들었다"라는 표현을 일반적으로 사용한다. 하지만 왕이 살해당했을 때는 그런 표현이 적용되지 않았다. 또한 남북 왕국의 왕들이 비난 받은 이유들이 기록되었는데 주로 하나님과의 관계를 중심으로 왕들이 평가되었다. 예를 들어 솔로몬의 아들 르호보암의 경우는 자신의 악행뿐 아니라 나라 안에 가나안 산당을 퍼뜨린 행위 때문에 비난을 받았다. 그런 우상숭배에 관하여는 "여로보암의 길로 행하였다" 혹은 "이스라엘의 왕들이 행한 것처럼", 또는 "아합의 집안이 행한 것처럼" 등의 관용구를 경멸적 느낌으로 기록하였다.

2) 열왕기의 구조

본서 열왕기서는 아래와 같이 크게 세 부분으로 나누어진다.

- **열왕기 상 1~11장** ▶ 솔로몬의 치세
- **열왕기 상 12~열왕기 하 17장** ▶ 분열 왕국 시대와 선지자들의 사역
- **열왕기 하 18~열왕기 하 25장** ▶ 유다의 마지막 왕들

---

101 참고, 보통 고대 근동지역에는 두 종류의 연대 산정방식이 통용되었는데 하나는 애굽 중심의 선 연대 방식이고, 다른 하나는 바벨론식의 후 연대계산법이다. 전자는 왕이 등극한 그해를 등극 1년이라고 계산하는 반면 후자는 등극한 해가 지나고 첫 번째 맞이하는 새해 때 비로소 등극 1년이 되는 계산법이다. 보통의 경우 이스라엘과 유다는 선 연대법을 취했다.

2. 열왕기 상하의 신학적 논점들

1) 하나님의 언약과 신정 왕국론

다윗과 솔로몬에 의해 펼쳐진 영광스런 하나님의 신정 왕국이 이제 멸망의 어두운 그림자를 동반하며 언약백성이자 선민인 이스라엘 위에 엄습해 왔고, 마침내 하나님은 다윗에게 약속하셨던 그 '영원한 나라'를 이방인에게 내어 주었다. 예루살렘은 황폐하게 되었고, 이스라엘의 왕은 포로로 잡혀갔다. 약속을 어기고 우상숭배 한 백성들에게 주어진 엄위한 하나님의 심판이 분명했다. 그렇게 귀결 지어지는 열왕기 상하는 후세에게 무슨 교훈을 주고 있는가? 다윗에게 허락하신 하나님의 언약은 무효화 되었는가? 하나님은 더 이상 당신의 백성들을 다스리시기를 원하지 않으시는가? 바벨론의 신 마르둑은 여호와 하나님보다 강한 신인가? 하나님의 다윗과 맺은 언약과 신정 왕국의 미래는 무엇인가? 이런 모든 문제들에 대하여 열왕기서 기자는 바벨론 포로는 하나님이 힘이 없어서가 아니라 그 반대라는 사실을 보여주고 있다고 강변하고 있다. 이 사건은 하나님이 여전히 역사를 지배하고 있음을 보여주고 있으며 바벨론의 군대는 단지 그 하나님의 명령을 수행하고 있는 도구일 뿐이라는 것이 본서의 숨겨진 주제라는 것이다. 본서에서 거듭 강조되고 있는 표현 "애굽에서 나온 그 열조 때부터 오늘까지"(왕하 21:15) 계속해서 이 백성은 악을 행함으로 하나님의 진노를 샀고 그분의 심판을 자초했다.

이런 의미에서 본서는 하나님의 신정론적인 문서라 할 수 있다. 하나님의 신정론적인 표현은 하나님께서 인간을 다루시는 방식을 정당화하고자 하는 목적을 가진 글을 말한다. 이와 비슷한 것이 욥기라 할 수 있는데, 욥기는 하나님께서 각 개인을 다루시는 방법을 정당화하는 문서라면, 열왕기서는 하나님께서 각 나라를 다루시는 방식을 정당화하는 문서가 되는 셈이다.[102] 그러면서 본서는 하나님의 신정 왕국의 이상적인 계승자로서 요시야를 들고 있다(왕하22:8~23:25). 모세는 일찍이 이스라엘이 왕을 요구할 것이고, 세움 받는 왕은 어떤 지침을 따라 나라를 통치해야 하는지를 비교적 자세하게 일러 놓았었다(신17장). 그런 규정을 가장 이상적으로 따른 왕이 바로 다윗이었고, 그래서 하나님은 다윗의 위를 영원히 견고케 하시겠다고 약속했다. 다윗의 뒤를 이은 왕들

---

102 Dillard R. & LongmanⅢ. T., op. cit., p.240.

도 율법이 규정하고 있는 바를 따라 행하고 통치해야 했다. 열왕기는 그런 초점을 가지고 왕들을 평가하고 있는데 이에 부응하는 왕이 바로 요시야였던 것이다. G. 폰 라드는 그런 점에서 본서가 실패에 대한 책이 아니며 민족적 파국에도 불구하고 결국은 다윗의 집을 향한 하나님의 언약이 성취되고 이어져 내려오고 있음을 주장했다.[103] 그는 이 열왕기에서 유다의 왕들은 다윗처럼 하나님 앞에서 어떻게 행했는지의 여부가 지속적으로 평가되고 있다고 주장했다. 다윗의 후손들은 신명기에서 요구한 신정 왕국의 왕의 자질을 갖추어야 했고, 솔로몬에게까지는 그것이 이어졌다. 그렇지만 하나님은 솔로몬의 죄로 인해 그 나라가 열지파의 북 이스라엘과 두 지파의 남 유다로 분열될 것을 예언했다. 이런 솔로몬을 비롯한 지도자들의 타락과 어리석음 그리고 우상숭배는 사사시대와 방불한 사회를 연상케 하고 있다.[104] 그래서 선지자 아히야는 여호와의 백성을 위한 더 나은 보호자가 왕위에 오르기를 갈망했고, 그는 또한 여호와 하나님을 신앙하는 유일신 신앙을 혼합종교와 다신론으로부터 지켜내려 애썼다.[105] 전체적으로 볼 때, 열왕기 하의 마지막 부분에 있는 희망을 담고 있는 부분은 이 신정 왕국과 관련된 다윗 언약이 새로운 싹을 이어가고 있다고 보아도 무방하겠다. 물론 이 부분의 여호야긴 왕이 바벨론 왕의 후의를 입어 회복되는 표현은 단지 너무 비참하게 끝나는 이스라엘의 비극적 상황을 좀 호의적으로 끝내보려는 신명기적 기자의 호의라고 보려는 시도도 있지만[106] 그럼에도 불구하고 사무엘 하 7장 이후에서 펼쳐지는 다윗 왕조는 실패하지 않았다. 이스라엘은 가나안 밖으로 다시 쫓겨날 것이다. 그러나 이스라엘의 남은 자는 여전히 그 땅의 안팎에 존재할 것이다. 그러므로 다윗의 계보는 다시 이어지고 언약은 예수그리스도를 통하여 영원한 왕권으로 귀결지어 지는 것이다. 하나님은 패망 이후에도 지속적으로 당신의 사람들을 보내어 그 백성을 위로하였으며, 심판의 와중에서도 긍휼과 은혜 베푸시기를 잊지 않으셨다[107]. 만약 예루살렘의 몰락이 언약의 저주를 나타내는 것이라면, 가나안으로의 귀환은 언약의 축복을 강조해주는 것이 된다.[108] 열

---

103 von Rad G., *Old Testament TheologyI, 2vols*(Edinburgh, 1962), p.344.

104 Zimmerli W., *OldTestament Theology in Outline*, Tr. by Green D. E.,(Edinburgh, T&T Clark, 1978), pp.178~79.

105 Dichrodt W., *Theology of the Old Testament*, Tr. by Baker J. A., 2vols, OTL(Philadelphia, Westminster Press, 1961~67), 1: 449.

106 Noth M., op. cit., p.97.

107 Clements R. E., *Old Testament Theology: A Fresh Approach*(London, Marshall Morgan & Scott, 1978), pp.100~102.

왕기서의 메시지는 하나님의 통치와 인간의 배교 속에 있는 '희망과 은혜' 이다. 우리는 참담하게 파괴된 두 왕국을 보면서 이제는 더 이상의 성전도, 제사도 없으며, 더 이상의 왕도 군사도 없고, 학교도 없으며 영토와 문화도 없이 먼 이방으로 끌려가 포로생활이며 식민지 생활을 해야 하는 것으로 끝나는 열왕기를 읽으며, 그 가운데서 무엇을 찾아내야 하는가? 히브리 성경의 전기 예언서에 해당되는 부분인 여호수아부터 열왕기서까지를 읽었다. 요단강을 건너 약속의 땅을 정복하고, 위대한 다윗 왕을 통해 나라가 군건히 서고, 지혜롭고 영명한 솔로몬을 통해 나라가 부흥하고 그렇게 시작된 전기 예언서가 이제는 슬픈 패망의 눈물 속에 끝을 맺고 있는데, 그 마지막 부분에서 저자는 여호야긴 왕이 아직 살아있음을 기록하고 있다. 하나님께서 역사 속에서 권능 있게 역사하시는 것과 그의 선지자들을 통해 주신 약속이 성취되고 있는 것을 강조하고 있는 이 저자의 의도는 하나님의 언약과 그가 친히 다스리는 왕국이 실패하지 않았음을 독자가 알기를 원하며 끝을 맺고 있다.

왜 이스라엘이 실패했는가? 왜 솔로몬이 실패했으며, 그 아들 르호보암이 실패했는가? 그들은 그런 축복을 있게 한 주체되신 하나님을 잊어버렸고, 그 하나님의 능력대신 사람을 의지하고 사람을 두려워함으로 복과 약속을 잊어버린 것이다. 이제 이런 심각한 하나님의 진노의 심판가운데서 이스라엘이 그것을 회복할 수만 있다면 그들도 희망이 있는 것이다. 그것을 느헤미야와 에스라, 다니엘이 보여주고, 에스겔이 보여주는 것이다. 하나님은 여전히 은혜로우신 분이시다.

2) 하나님의 신정 왕국에서의 선지자들의 역할

열왕기서의 또 다른 강조점은 이스라엘에서의 선지직(예언 운동)의 중요성에 관해서이다. 선지자들은 하나님이 이 민족의 주인이며 왕이심을 선포함으로 온갖 어려움을 당했지만, 그들이 굳게 자신의 직분을 수행하고 있는 동안에 이스라엘은 견고히 지켜졌고 보호 하에 있었다. 그들은 자신의 감정을 넘어 하나님의 사명에 충실하였던 사람들이다. 열왕기에서 선지자들은 왕들의 통치와 견주어질 만큼 그 양과 질에 있어서 중요성을 점하고 있다. 그럼에도 제목이 열왕기인지라 그들의 중요성은 많이 간과되고 있음도 현실이다. 이스라엘의 예언 운동은 역사를 향한 관심과 신앙을 하나로 묶어주는 가교 역할을 하였다. 열왕기에서 선지자들은 과거를 설명하고, 미래를 예언하면서 하

---

108 House P. R., op. cit., p.483.

나님의 말씀을 선포했다. 선지자들은 열 왕들에게 기름을 부어 세우기도 하고 그들을 견책하기도 했다. 이들은 하나님의 사자요, 후원자며 또한 이스라엘의 양심이었고, 민족의 보호자였다.[109] 앞에서도 언급되었지만, 본서 열왕기서는 단순한 역사책이 아니다. 유대인들은 이 책을 그들의 예언서에 포함시켰다. 그 이유에 대해서는 이미 언급했으므로 여기서는 다시 재론하지 않겠다. 열왕기에는 이스라엘의 파멸의 책임이 하나님이 아니라 배역한 백성에게 있음을 분명히 한다. 이는 "각 선지자들과 각 선견자들을 통하여 이스라엘과 유다를 경고"(왕하17:13)하셨기 때문이었다. 실제로 우리는 이 열왕기에 '나단'을 필두로 하여 많은 예언자들이 등장하고 있다고 이미 서술했다. 그들은 아히야(왕상11:29~40), 스마야(왕상12:21~24), 엘리야(왕상17장 이하), 미가야(왕상22:8), 엘리사(왕하 2장 이하), 요나(왕하14:25), 이사야(왕하19:1), 훌다(왕하22:14) 선지자 등이다. G. 폰 라드는 열왕기에서 '예언과 성취'라는 패턴의 중요성을 강조했는데, 열왕기서가 강조하고 있는 예언의 말씀은 이 세상에서 그 자체의 목적을 성취하는 이른바 '역사를 창조하는 힘'으로 간주되어 있다고 하였다.[110] 열왕기의 중심 부분에서 집중적으로 조명되고 있는 선지자 엘리야와 엘리사의 사역은 이스라엘의 왕권의 세움과 몰락에 대한 중요한 요인으로서의 선지직의 독특성을 보여주고 있다. 그들은 모두 모세, 사무엘, 나단의 전통을 이어가고 있으며 이들 이후의 선지자들 역시 그들의 사역의 기반 위에서 하나님의 신정 왕국과 그 백성들을 돕고 있다.

하나님은 역사를 주관하심으로써 이스라엘과 앗수르의 미래를 결정하실 것이다. 단지 상황들이 일어날 일들을 결정하지 않았을 뿐이며 하나님은 그의 일을 선지자들을 통하여 명료히 밝히시고 시행해 나가신다. 그래서 유다는 심판 받고 멸망하게 될 것이다. 여로보암의 출현과 그의 아들의 죽음을 예언한 아히야의 예언(왕상11 29이하)은 결국 현실로 이루어지고 만다. 이것이 참 선지자의 모습이다. 참 예언은 하나님의 말씀의 권세와 그 놀라운 감화력을 전달해 준다. 그러므로 참된 예언은 우가 이 예언을 대항하고 거절한다 해도 반드시 이루어지고 만다. 문제는 진리이며 어떻게 진리가 역사에 영향을 미치는가의 문제인 것이다. 참되고 진정한 선지자를 구별하는 길은 오직 그 예언의 성취로만 증거 된다(신18:21~22). 이에 대하여 B. S 차일즈는 "타이밍과 해석은 참 선지자나 거짓 선지자와 관련이 없다. 차이점은 기민한 선지자의 도덕적 민감성과도 관계

---

109 von Rad G., op. cit., 2:36~39절에 소개된 '하나님의 사자'에 관한 내용을 참고하라.
110 Childs B. S., op. cit., p.273에서 재인용.

가 없다. 그 차이점은 하나님의 말씀의 감화에 의해 전적으로 결정된다"[111]고 하였다. 누가 하나님을 위해 예언하는가, 그리고 누가 하나님을 위해 예언하지 않는가 하는 문제는 본서의 이 두 선지자의 사역을 통해 극명하게 증거 되고 있다. 하나님의 말씀은 이스라엘의 존립에 가장 중요한 요소이다. 그들 선지자들은 여러 혼합주의적 경향 속에서도 분명한 하나님 중심의 가치관을 가지고 살았고 선포했던 하나님의 나팔들이었다. 열왕기에는 "그 종 선지자들로 하신 말씀과 같이"(왕하24:2)라는 구절이 자주 반복된다.

결국 무엇을 말하고 있는가? 열왕기는 단순히 왕들의 역사책이 아니란 말을 하고 있는 것이다. 오히려 그 왕들을 세우시고 감독하시고 인도해 가시는 영원하신 왕 하나님을 보게 하는 책이 열왕기이다. 만왕의 왕이신 그 하나님이 당신의 종인 선지자들을 통해 실패해 가고 있는 당신의 신정 왕국을 돌려놓으려 하고 계신 것이다. 그래서 선지자들의 말에는 권세가 있었고 능력이 있었다. 열왕기의 많은 왕들의 이야기 사이사이에 하나님은 당신의 대리자들의 사역을 끼워 넣어 균형을 맞추고 있다. 구약의 선지자들은 하나님께서 말씀하시고 약속을 지키시는 분임을 깨우쳐 주고 있는 동시에, 언약의 한 축인 이스라엘이 그 말씀과 율례 가운데 행하여야 함을 선포하고 있다. 하나님은 선지자들을 통하여 현실의 역사 속에서 능동적이며 주체적으로 일하고 계셨던 것이다. 하나님은 모세의 율법에 약속한 대로 언약을 어기는 백성에게 분명한 심판을 바벨론 포로로 보여주셨던 것이다. 이제 그 하나님의 심판을 외쳤던 선지자들은 하나님의 회복도 선포하고 있다. 그들이 포로 후 선지자들이다. 그런 점에서 본서는 왕들의 역사이면서 동시에 선지자들의 책이라 불려도 좋겠다.

3. 열왕기 상하의 주요 내용 강해

1) 솔로몬의 치세(왕상1~11장)

열왕기 상 1~2장 ▶ 다윗의 말년과 솔로몬의 등극

열왕기 상은 다윗의 노쇠한 노년을 묘사하며 시작된다. 다윗이 늙어 수넴 여자 아비삭의 시중을 받아야 했다. 앞에 잠시 언급하였지만, 솔로몬의 통치 시부터 고대 이스라

---

111 Childs B. S., *Old Testament Theology in a Cannonical Context*(Philadelphia, Fortress, 1985), p.143.

엘은 본격적인 전제군주제도의 왕정국가로 나아간다. 그 이전까지는 부족 연합체적인 성격이 강했다. 물론 다윗의 강력한 영도 하에 있었지만, 온전한 중앙집권적이기보다는 각 부족의 독자성이 보장된 가운데 외교와 국방의 문제 등에 관하여 국가적 통일체를 구성하였다고 보는 것이 타당하다. 이것이 바로 오늘날 연방제도의 시효인 것이다. 다윗의 아들 중 아도니야가 스스로를 높여 왕이 되려고 시도했다. 하지만 나단 선지자와 밧세바의 협력으로 솔로몬이 왕위를 이어 받는다(왕상1장). 솔로몬의 왕권 인수인계 시의 어머니 밧세바의 역할과 말년의 다윗이 남긴 두 가지 유언을 살펴보는 것은 많은 생각을 갖게 한다. 그의 유언은 아들 솔로몬에게 하는 것인데 첫 번째 것은 솔로몬이 좋은 왕으로 행하기 위한 지침이라 할 수 있으며 "너는 힘써 대장부가 되고 네 하나님 여호와의 명령을 지켜 그 길로 행하여 그 법률과 계명과 율례와 증거를 모세의 율법에 기록된 대로 지키라 그리하면 네가 무엇을 하든지 어디로 가든지 형통할지라"(왕상2:3). 둘째 것은 그의 정적과 개인적 박해자에 대한 유언으로 볼 수 있겠다. "네 지혜대로 행하여 그의 백발이 평안히 스올에 내려가지 못하게 하라"(왕상2:6), "그러나 그를 무죄한 자로 여기지 말지어다 너는 지혜 있는 사람이므로 그에게 행할 일을 알지니 그의 백발이 피 가운데 스올에 내려가게 하라"(왕상2:9).

솔로몬의 통치 시기는 그야말로 선조들에게 약속한 언약이 성취되는 시대였다. 그들은 가나안을 약속으로 받았고, 물질적으로 풍성했으며, 정신적으로 안식을 누리며, 이스라엘의 외형적 황금시기를 지내고 있었다. 솔로몬은 기브온에서 하나님께 지혜를 구하였으며(왕상3장) 그래서 얻은 지혜로 슬기로운 재판을 하였다. 4장에는 솔로몬의 지혜와 영화가 잘 묘사되어 있으며, 제5장에는 아버지 다윗의 소원대로 성전을 지어 봉헌할 마음을 갖게 하셨고, 이를 실천에 옮기는 모습이 나온다. 제6장에는 이스라엘 백성이 애굽에서 나온 지 480년이며 솔로몬이 즉위한 지 4년째 되는 해에 성전 건축이 시작되었음을 고하고 있다. 솔로몬은 7년 동안을 여호와의 성전을 지었다. 그 후 솔로몬은 자기의 왕궁을 13년 동안에 걸쳐 완공한다. 제8장에는 하나님의 언약궤를 성전에 안치하는 장면이 영광스럽게 묘사되고 있다. 솔로몬이 성전을 건축하여 그곳의 한 장소에 언약궤를 안치할 때 성전에 하나님의 영광의 구름이 가득하였는데(왕상8:10~11), 이는 이제서야 비로소 출애굽 후에 이어지는 이스라엘의 광야생활이 끝나고 하나님이 약속한 젖과 꿀이 흐르는 땅에 들어 왔으며, 이제는 안식을 할 때임을 알리는 마지막 표현인 것이다. 언약궤를 성전에 안치한 솔로몬은 그곳에서 하나님께 긴 기도를 드렸는데 특별히 41~43절의 기도는 인상 깊은 것이다. 이방인일지라도 이곳에 와서 하나님께 기도하면 들어 달라는 것이다. 그리고 47~48절에는 이 백성이 잘못하여 잡혀 가면 그곳에서 회개하고 돌이키면 용서해 달라고 구하고 있다. 긴 기도를 마친 솔로몬은 이제 방향을 돌려 그 백성들에게 연설을 하며 하나님께 감사하고 있다. 이는 마치 신명기의 모세가 그랬고, 여호수아서의 여호수아가 그랬던 것 같은 감동을 주고 있다. 솔로몬은 14일간 많은 제물을 드리며 하나님 앞에서 온 백성들과 더불어 절기를 지켰다. 그후 9장에서 하나님이 다시 나타나 솔로몬에게 다윗 언약을 회상시키며 언약을 갱신하셨다. 10장에는 스바 여왕이 솔로몬의 명성을 듣고 그를 방문하는 내용이 나오고, 11장에는 솔로몬이 바로의 딸 외에 다른 이방 여인들을 사랑함으로 하나님의 마음을 아프게 하였다고 기록하고 있다. 참 이상한 일이다. 조금 전까지도 자기가 백성들에게 하나님을 떠나지 말 것을 강요하다시피 약속을 받았었는데, 그가 나이가 많아지며 하나님을 떠나고 이방 여인을 따라 우상숭배를 하게 되었던 것이다. 이에 대하여 하나님이 두 번이나(왕하11:9) 그에게 나타나 경고하셨다고 성경은 기록하고 있다. 그래서 하나님은 솔로몬의 아들 대에서 나라를 분열시키겠다고 예언하였다. 11장의 후반부에는 그런 예언이 선지자 아히야를 통하여 응하도록 하고 있다. 느밧의 아들 여로보암에게 상징적으로 예언이 선포되고 있으며 11장의 마지막 부분에는 솔로몬의 마지막이 기록되고 있다.

그러나 솔로몬의 생애는 물질적 풍요로움에도 불구하고 솔로몬은 아버지 다윗의 신앙을 이어받지 못하였음을 보여주고 있고, 국가의 안전보장을 이웃 나라들과의 결혼 동맹이라는 전형적인 인위적인 방법으로 해결해 나가고 있음을 보여주고 있다. 시바 여왕이 방문하여 솔로몬에게 지혜를 구한 것은 단순히 이스라엘이 하나님의 축복을 누리는 황금 시기임을 보이는 하나의 상징이었다. 이방의 왕과 물자들이 하나님의 성소가 있는 곳으로 모이는 것을 의미한다. 그러나 그는 하나님을 배신하고 떠났다. 그의 아버지 다윗을 인하여 그 당대에는 슬픔을 당하지 않겠지만, 그러나 그의 아들 대에서는 나라가 쪼개어 지는 비극이 시작되는 것을 말한다. 열왕기서의 첫 부분인 1~11장은 신실한 아버지 때문에 덕을 누리고 산 솔로몬과 아둔한 아버지 때문에 비운의 주인공이 된 아들 르호보암의 이야기가 코러스를 이루며 무언가를 말하고 있다.

2) 왕국의 분열과 선지자들의 사역(왕상 12장~왕하 17장)

열왕기 상 12~15장

하지만 이런 이상적인 하나님의 왕국도 솔로몬의 처첩들이 들여온 우상숭배에 대한 허용의 결과로 무너지게 되고, 여로보암을 통해 솔로몬의 아들 르호보암의 시대에 나라가 두 쪽으로 나뉘게 된다. 유다와 베냐민지파를 남쪽에 남기고 열지파가 북쪽의 사마리아를 수도로 하는 이스라엘이라는 이름으로 여로보암으로 왕으로 모시고 분열된다. 그 아버지 다윗 왕을 인하여 솔로몬 당대에는 나라가 갈라지지 아니하는 은혜를 입었지만 결국 나라는 갈라섰다. 그런데 북쪽의 종교정책 즉 민심이 예루살렘으로 경배하러 가는 것을 막아 따로 성소를 세운 것은 결국 한 언약의 백성으로서의 이스라엘의 정체성을 끊어 버리고 나라를 영구히 조각내는 결과를 가져온 것이다. 신앙이 사람들의 연대감에 얼마나 중요한 접착제 역할을 할 수 있는지를 보여주는 좋은 예라 하겠다.- 결혼 등

열왕기 상 16장 ~ 열왕기 하 1장 ▶ 엘리야와 오므리 왕가

반역과 구테타로 점철되던 북방 이스라엘의 역사 가운데 오므리라는 사람과 그 자녀들이 빚어내는 업적(?)은 비극적이다. 오므리가 본격적으로 등장하기 전에 북방 이스라엘은 암살과 왕위 찬탈의 쿠데타가 엎치락뒤치락 하였다. 북방 이스라엘을 창건한 여로보암을 이어 왕위를 계승한 그의 아들 나답을 암살하고 이스라엘의 왕좌를 차지한 잇사갈 족속 출신 바아사는 일생동안 남방 유다와 경쟁관계 즉 전쟁을 계속했었다. 그러던 그가 죽고 그의 아들 엘라가 북방 이스라엘을 통치할 때 군대 장관이었던 시므리의 모반을 받아 암살된다. 이때 북방 이스라엘의 민심은 시므리를 따르는 사람과 오므리를 따르는 사람으로 크게 두 패로 나누어지는데, 시므리가 자결을 하자 시므리를 따르던 사람들은 기낫의 아들 디브니를 왕으로 세우고 그를 추종하였으며, 오므리를 따르던 사람들은 오므리를 왕으로 세워 6년 동안 북방에는 두 명의 왕이 서로 딴 지역을 통치하며 권력 쟁투를 벌여 나갔다. 그러다가 오므리 파가 최종 승리를 하게 되고, 그는 세멜이라는 사람에게서 은 두 달란트를 주고 사마리아 산을 사고 그곳에 다시 자신의 수도를 건축하고 그 옛 주인의 이름을 따서 그 성을 사마리아 성이라 하였다. 그 당시 그 지역은 이스라엘 지역이 아니었다. 다윗이 예루살렘을 점령하여 그곳을 성전의 중심으로 삼은 것을 본떠서 했는데 그곳은 약속된 곳이 아닌 이방 땅이었던 것이다. 그는 이스라엘로 범죄케 하였던 느밧의 아들 여로보암의 모든 길로 행하여 하나님의 진노를 샀다고 평가 받았다.

앞에서도 언급했지만, 이 열왕기 상하는 단순히 왕들의 행전만은 아니라 하였다. 하

나님이 허락한 세속의 왕들을 세우고, 감독하고 책망하고 인도해야 될 사람으로서 하나님은 선지자들을 세웠고, 이 열왕기들의 한복판에 하나님은 그런 선지자들의 사역을 집중 배치시키며 하나님의 의도를 짐작케 하고 있다. 이렇게 반역에 역 반역으로 도전하여 왕이 된 오므리의 아들 중에 악명 높은 아합 왕과 이세벨 여왕이 등장한다. 그들의 우상숭배와 타락으로 인해 하나님은 엘리야 선지를 준비시키셨고(왕상17장), 그의 갈멜산의 기도대결을 통해 여호와 하나님만이 참되고 살아계신 분임을 보였다. "여호와는 나의 하나님이시다"라는 이름 뜻을 가진 선지자 엘리야는 일생에 걸쳐 당시에 유행하던 혼합주의 및 바알 종교와 싸웠다. 선지자의 사명은 자기들의 주인 되신 하나님을 잊고 떠나 바알에게 충성하는 이스라엘이 다시 하나님께로 돌아오도록 하는 것이었다. 엘리야는 하나님만이 자연을 주관하시고, 먹고 사는 일상의 문제를 주관하시고 또한 생명까지 주관하시는 유일한 참 신이심을 그의 사역을 통해 일관되게 보여주고 있다. 이런 그의 사역이 바알 숭배의 심장부라고 여겨지는 베니게에서 펼쳐지는 것은 의미 있는 일이다.[112] 그래서 엘리야는 "내 말이 없으면 수년 동안 비도 이슬도 있지 아니하라"(왕상17:1)라고 선포하고 있는 것이다. 엘리야 선지자를 먹이고 입히시면서 하나님은 까마귀라는 귀소본능이 약한 새를 사용하셨다. 그것도 한 번 어쩌다 음식을 물어다 주는 것이 아니라 17장 6절에서 보는 바와 같이 "아침에도 떡과 고기를, 저녁에도 떡과 고기를 가져왔고" 하나님이 명하시니 까마귀조차도 이렇게 규칙적인 일들을 하게 하신 것이다. 그런 이적을 통하여 선지자의 출현의 무대를 만드신 하나님은 17장 후반부를 통해 유명한 사르밧 과부의 "통의 가루가 떨어지지 아니하고 병의 기름이 없어지지 아니하는" 놀라운 이적을 체험하게 하셨다. 더욱 중요한 것은 그런 인생의 먹고 사는 문제뿐 아니라, 그 과부의 아들이 죽었을 때 다시 찾아와 그를 살리는 엘리야를 통하여 본서는 하나님의 선지자의 사역의 양면성을 확실히 보여주고 있다. 하나님의 사람은 이렇게 먹을 것 입을 것뿐 아니라, 과부의 생명보다 더 귀한 그의 아들을 살리는 능력이 있어야 한다는 것이다. 그 후에 엘리야는 하나님의 명령을 따라 아합 왕에게 나아가게 된다. 그리고는 18장이 기록하고 있는 그 위대한 불이 내렸던 '갈멜산의 기도'를 드리며 여호와만이 참 하나님이심을 보여 주게 된다. 바알은 목소리도 없고 귀도, 마음도 없기 때문에 바알 선지자들이 그 신에게 기도할 때 아무런 응답이 없다(18:26~29). 바알

---

112 Fensham F. C., "A Few Observations on the Polarisation Between Yahweh and Baal in 1 King 17~19," *Zeitschrift für die altestamentliche Wissenschaft 92*(1980), p.234.

은 거기에 없을 뿐 아니라 실재하지도 않았다. 불은 오직 살아계신 하나님으로부터 내려온다. 어떤 학자들은 이런 엘리야의 신관을 종교사학파적 발전 가설을 따라 엘리야는 여러 신들 가운데서 가장 강한 신으로서의 엘리야를 믿었다고 주장하기도 하지만, 이제 그런 진화론적 발전가설을 추종하는 학자는 거의 없다. 오히려 L. L. 브로너의 견해처럼 엘리야는 처음부터 초월적이며 유일하시며 만물을 홀로 주관하시는 하나님을 믿었다는 주장이 더 설득력을 얻어가고 있는 형편이다. 그는 다음과 같이 주장했다. "엘리야 동시대의 많은 이들의 신앙이 미숙한 단계에 있었음은 분명하다. 그들에게 있어서 하나님과 바알 사이의 충돌은 경쟁하는 신들 간의 실제적인 싸움이었다. 그러나 하나님을 드높이는 엘리야의 당당한 자세는 다른 모든 경배의 대상들을 몰아내버리며 모든 신들이 우상에 불과함을 보여준다. 엘리야는 이스라엘의 하나님이 이스라엘이라는 지역에 제한 받지 않는다고 믿었으며, 이러한 믿음을 증명해 보였다. 또한 엘리야는 하나님께서 베니게에서 기적을 일으키실 수 있음을 보여준다. 그리하여 엘리야는 온 만물을 주관하는 여호와를 향한 그의 믿음을 드러내 보여준다."[113]

이렇게 위대한 사역을 감당하고도 이세벨에게 쫓기는 엘리야(왕상19장)에게 하나님이 현현하셨는데, 이는 실로 모세 이후 처음 있는 일이며 많은 부분에서 그와 유사하다 할 수 있다. 이 부분 특히 열왕기 상 19~22장에서는 하나님은 열국을 통치하시는 분으로 묘사되고 있다. 여기서 엘리야는 이스라엘과 아람의 새 왕에게 기름을 붓도록 명을 받았고, 두 나라의 새로운 왕을 옹립하는 일에 결정적인 기여를 하게 된다. 열방을 향한 하나님의 주권과 예언이 하나님의 사람 선지자들을 통하여 이루어지고 있음을 보여주고 있는 부분이다. 죽기를 청한 엘리야에게 있었던 더 큰 사명은 바로 그런 것들이었다. 그러므로 이 부분을 공부하는 우리는 엘리야의 남은 사명이 무엇을 의미하는지를 열방을 향하신 하나님의 주권과 능력이라는 관점에서 깊이 묵상해야 한다(왕상19:4~7). 엘리야가 열왕기에서 사라질 때에도 자연과 인생을 다스리시며 또한 열방을 다스리시는 하나님의 사역은 그의 후계 선지자 엘리사를 통하여 지속되고 있다. 선지자 미가야가 22장에서 아합의 죽음을 예언하고 그것이 이루어지는 상황이 남방 유다의 여호사밧 왕의 사역과 오버랩 되면서 열왕기 상이 끝나있다.

열왕기 하 1장에서는 아합의 후계자 아하시야가 선지자 엘리야의 책망을 받는 사건

---

113 Bronner L. L., "The Stories of Elijah and Elisha as Polemics Against Baal Worship," *Pretoria Oriental Series*6(Leiden, E. J. Brill, 1969), p.25.

이 기록되었는데 그의 혐의는 "이스라엘에 하나님이 없어서 너희가 에글론의 신 바알세붑에게 물으러 가느냐 그러므로 여호와의 말씀이 네가 올라간 침상에서 내려오지 못할지라 네가 반드시 죽을지라"(왕하1:3~4)고 예언하고 왕은 그를 잡으러 보냈으나 오십 명의 군사와 인솔자가 불에 죽는 참사를 겪고 마침내 그가 죽는 사건으로 열왕기 하 1장이 끝나고 있다. 아하시야는 아들이 없었으므로 여호람이 그를 대신하여 왕이 되었다.

열왕기 하 2～17장 ▶ 엘리사와 북방 이스라엘의 멸망

이런 사역을 마친 엘리야는 열왕기 하 2장이 증명하는 대로 회오리바람을 타고 하늘로 올라갔다(왕하2:11). 이에 대하여 M. 코간과 H. 타드몰은 "죽음을 맛보지 않은 엘리야의 승천은 그에게 영생을 가져다주었다. 이것은 이미 죽어 장사된 모든 선지자의 조상인 모세를 능가하는 것이다"라고 평가하였다.[114] 그의 후계자 엘리사는 그 선생님의 승천을 보며 그에게 '갑절의 영감'을 구하였다(왕하2:9). 자연스럽게 열왕기 하는 엘리사의 사역으로 연결되며 확장된다. 그런 사역의 권위가 이전되는 모습을 성경은 "엘리야의 성령이 하시는 역사가 엘리사 위에 머물렀다"(왕하2:15)고 표현하였다. 그가 행한 첫 번째 이적은 물이 나빠 토산이 익지 못하고 떨어지는 성읍의 물의 근원을 소금을 던져 넣어 깨끗하게 한 사건이다(왕하2:19~22). 열왕기 하의 앞부분에서 우리는 엘리사의 이적적인 사건들을 많이 목격하게 되는데 이 모든 사역의 목적은 여전히 그 왕국의 주인이 하나님이심을 나타내는 것이 이 두 선지자의 사역의 본질인 것이다. 구약의 선지자들의 주요 사명은 백성들을 하나님께로 돌리는 것이 아니라, 그 백성의 왕이 하나님이심을 주지시키는 것이다. 그 시기부터 선지자들은 생도라는 개념의 복수형으로 나타나고 있다. 이스라엘이 단순히 왕들에 의해 통치되는 나라가 아니라, 하나님의 대리자들인 선지자들을 통해서 다스려지는 신정 왕국임을 나타내는 근간을 형성하는 일군의 집단이 자라가고 있는 것이다.

열왕기 하 3장은 배신한 모압을 징벌하는 이스라엘과 유다의 연합군의 승리에 관한 기사가 나오는데, 이 기사의 핵심은 바로 3:14~16절에 이르는 "유다 왕 여호사밧의 얼굴을 봄이 아니면"이라는 구절에 있다. 살아가면서 하나님이 우리의 얼굴을 보아서 우

---

114 Cogan M. & Tadmor H, "2Kings: A New Translation with Introduction," *Notes and Commentary, Anchor Bible 11*(Garden City, N. Y., Doubleday, 1988), pp.33~34.

리의 이웃과 자녀들의 세대에 은혜를 베풀어 주시기를 소원하는 마음이 있다. 그리고 '골짜기에 개천을 많이 파라'는 선지자의 특별한 전략이 모압과의 전쟁을 승리로 이끌게 된다. 이어지는 열왕기 하 4장에는 네 가지 특별한 이적이 기록되어 있는데 이는 역시 선지자 엘리야의 사역을 계승하는 측면이 강하다. 엘리사는 선지자의 제자의 아내에게 임한 고난을 위해 기름을 끊임없이 채워주는 사건이 기록되어 있고, 수넴 여인에게 아들을 얻게 하고 그 아들이 죽게 되었을 때 다시 방문하여 살려내는 특별한 이적이 기록되어 있다. 또 독이든 국을 먹고 죽어가는 제자들을 살리는 기사와 보리떡 이십 개와 자루에 담긴 채소를 가지고 백 명의 사람들이 먹고 남는 기적의 이야기이다. 역시 개천을 많이 파는 일, 그리고 기름 한 그릇밖에 없는 여인에게 "나가서 모든 이웃에게 그릇을 빌리라 빈 그릇을 빌리되 조금 빌리지 말고"라고 하셨던 선지자의 믿음에 찬 권고가 하나님과의 관계에 관한 우리의 자세에 대하여 여러 가지 메시지를 주고 있다. 하나님은 엘리사를 통하여서도 여전히 모든 자연과 생명의 주인이심을 선포하고 계신 것이다.

열왕기 하 5장에 이르면 그 유명한 아람 왕의 군대 장관 나아만의 문둥병을 특별한 처방으로 고치는 이야기가 기록되어 있다. 중한 질병에 걸린 권력자가 많은 예물을 준비하고 먼 길을 치료차 오면서 나름대로 많은 생각을 했을 것이라 짐작된다. 하지만 선지자는 의외의 방식으로 하나님의 치유를 선포하고 군대 장관은 낙심하여 돌아가게 된다. 성경은 그가 "노하여 물러갔다"(왕하5:11)고 표현하고 있다. 하지만 그는 마침내 자신의 의지를 꺾고 순종하게 되는데, 순종이란 이런 것임을 암시하고 있다. 내 생각과 내 결론과 완전히 다를 때 그때에 순종이 필요한 것이다. 나아만 사건은 사람의 생각과 하나님의 생각이 얼마나 다른지를 보여주고 있으며, 그 전능하신 하나님 앞에서 인간이 취할 반응은 오직 '순종'임을 보여주고 있다. 6장에 이르러 나무를 하다 물에 빠진 쇠도끼를 건져 올리는 이적을 보인 후, 사마리아를 포위한 아람의 군대의 눈을 어둡게 하여 도성을 구출하는 이적이 함께 기록되어 있다. 이후에 다시 아람 왕 벤하닷이 이스라엘의 수도 사마리아를 포위하여 공격하는 사건이 기록되었는데, 모두들 절망적인 상황 가운데서 엘리사는 '내일 이맘때' 라는 새로운 희망을 선포하고 그가 선포한 예언대로 성 밖에 유기되었던 나병환자들을 통해 적군이 알 수 없는 이유 때문에 물러갔음을 보고 받게 된다(왕하7장). 그 사건에서 동족에게 버림받았던 나병 환자들이 나누는 고백은 이스라엘뿐 아니라 오늘의 우리에게도 큰 신선함으로 다가오는 고백들이다. "나병환자가 그 친구에게 서로 말하되 우리가 이렇게 해서는 아니되겠도다 오늘은 아름다운 소식이 있는 날이거늘 우리가 침묵하고 있도다 만일 밝은 아침까지 기다리면 벌이 우리에게 미칠지니 이제 떠나 왕궁에 가서 알리자 하고"(왕하7:9) 이런 놀라운 일이 일어난 후에 엘리사는 이전에 아들을 살려준 그 수넴 여인에게 딴 곳으로 피신하라고 경고한다. 왜냐하면 그 땅에 칠 년 동안 기근이 있을 것이기 때문이라 하였다. 칠 년 후 그 여인은 돌아왔고 이전의 모든 소유를 회복하게 된다. 그 후 엘리사는 아람의 왕 벤하닷이 죽고 하사엘이 그의 후계자가 될 것을 예언하였다. 그 후 여호사밧의 아들 여호람이 유다의 왕이 되었고, 그는 아합의 딸을 아내로 맞이하며 남방 유다에 본격적인 우상숭배의 길을 트게 된다. 여호람이 죽고 그의 아들 아하시야가 왕위를 이어받는다. 그 후 엘리사는 그의 제자들을 통해 예후에게 기름 부어 이스라엘의 왕으로 삼는다(왕하9장). 이렇게 선지자에 의해 기름 부음을 받아 왕이 된 예후는 이스라엘의 왕 요람을 처형하고 유다 왕 아하시야까지 처형한다. 그리곤 이세벨을 처형하였으며, 10장에 이르러는 아합의 아들들과 그의 추종자들이 다 처형된다. 예후는 바알을 섬기는 척 하면서 바알 숭배자들을 완전히 소탕했고, 바알의 신당을 헐어서 변소를 만들었다고 기록해 놓았다. 그렇지만 예후가 전심으로 여호와를 따른 것은 아니라고 평가되었다.

북방에서 이런 변고가 있는 동안에 남방의 왕 아하시야까지 처형되었는데, 아들 아하시야가 전사한 소식을 들은 악한 여자 아달랴는 왕의 모든 자손들을 다 멸절하여 자기 스스로 여왕의 자리에 등극하여 6년을 다스린다(왕하11:1~16). 온 혈육이 도륙을 당하는 위기 가운데서 하나님은 어린 요아스를 고모의 슬하에 숨겨 살아나게 하고 그가 일곱 살 때에 고모부인 제사장을 통해 다시 할머니 아달랴를 제거하고 왕위를 이어가게 된다. 유다의 왕통 역사 가운데 가장 암울하고 슬픈 역사의 기록이다. 이렇게 왕위에 오른 요아스는 40년을 통치하며 남방 유다 왕국의 영적 부흥과 개혁을 주도하는 선한 왕으로 자리매김하게 된다(왕하12장). 북방에서는 예후의 아들 여호아하스가 왕이 되었고, 그 뒤를 이어 북방에도 요아스라는 아들이 왕이 되었다. 북방 이스라엘의 요아스는 16년간을 통치한 뒤 죽었으며, 그 뒤를 이어 북방 왕국의 새로운 번영을 가져온 여로보암 2세가 등극하게 된다. 이런 일련의 일들이 진행되는 동안 선지자 엘리사가 죽고 그의 사망기사가 특별하게 다루어졌다. 열왕기 하 13장에 의하면 장사하던 사람들이 도적떼를 만나 황급하게 엘리사의 시신을 굴 속에 집어 던지고는 도망을 쳤는데, 그 굴 속 묘실에 있는 시체들이 엘리사의 뼈에 닿자 곧 회생하여 일어섰다는 놀라운 기사가 열왕기 하 13장의 마지막을 장식하고 있다.

이스라엘 왕 여로보암 2세 시에 아밋대의 아들 선지자 요나의 사역이 간단히 소개되고 있다(왕하14:25). 이후에는 남북 이스라엘의 여러 왕들의 치적이 간단히 소개되고 있으며, 열왕기 하 17장에는 북방 이스라엘의 마지막 왕 호세아 왕 9년에 앗수르의 살만에셀 왕이 사마리아 성을 점령하고 많은 사람을 앗수르로 포로로 잡아갔음이 기록되어 있다. 북방 이스라엘 왕국은 결국 그들의 배교로 인하여 주전 722년에 앗수르의 침략 가운데 무너지게 된다. 이 슬픈 이스라엘의 멸망에 관한 기사는 열왕기 하 18:12절에서 이렇게 요약되고 있다. "이는 그들이 하나님의 여호와의 말씀을 듣지 아니하고 그의 언약과 여호와의 종 모세가 명령한 모든 것을 따르지 아니하였음이더라."

3) 유다의 마지막 왕들(왕하18~25장)

북방 이스라엘이 그렇게 멸망하고 난 후 남방 유다에서는 히스기야 왕을 통한 개혁이 일어나게 된다. 북방을 멸망시킨 앗수르는 여서를 몰아 새롭게 등극한 산헤립 왕을 통하여 남방도 공략하려 하였지만 조공을 받는 것으로 일단락되었었다. 그 후 앗수르는 랍사게와 다르단 그리고 랍사리스 등을 통하여 대군을 이끌고 예루살렘을 치러 왔는데 왕과 모든 백성이 여호와를 의지함으로 국란을 넘기게 된다. 이때가 바로 선지자 이사야가 활동했던 시기였다(왕하 19장). 위기를 넘긴 히스기야가 병들자 새롭게 창궐하는 바벨론은 히스기야에게 위문단을 보내었고, 히스기야는 그의 창고를 열어 많은 재물이 있음을 바벨론의 사신들에게 자랑하게 된다. 그러자 선지자 이사야가 히스기야의 죽음을 예언하고 예언대로 히스기야는 죽고 그의 아들 므낫세가 왕위를 이어간다. 므낫세의 뒤를 이어 아몬이 왕이 되었는데 그는 불행하게도 신복들에 의해 암살되었다. 왜냐하면 그는 우상을 섬기며 그의 조상들이 섬기던 하나님을 신실히 따르지 않았기 때문이었다. 그러자 남방의 백성들은 그런 왕을 암살한 자들을 다 죽이고 왕의 아들 요시야를 옹립한다(왕하22:1). 이 요시야 왕 때 유다는 성전을 청소하던 중에 대제사장 힐기야와 서기관 사반이 성전에서 율법책을 발견하여 이스라엘이 일대 부흥이 일어난다. 요시야왕은 이방 예배나 우상숭배를 폐쇄하고 민족의 정체성을 확인할 수 있는 유월절을 지킨다(왕하23:23). 이런 요시야 왕에 대하여 성경은 "요시야와 같이 마음을 다하며 뜻을 다하며 힘을 다하여 모세의 모든 율법을 따라 여호와께로 돌이킨 왕은 요시야 전에도 없었고 후에도 그와 같은 자가 없었더라"(왕하23:25)라고 평가하고 있다. 요시야 왕의 부흥은 궁극적으로 이스라엘이 '말씀(율법)'으로 돌아가는 것을 의미하는데 성전에서 율법의 책을 발견함으로 시작된 것이다. 요시야 왕이 죽자 국제 정세는 급변하게 된다. 앗수르의 왕이 죽고 그에 대항하여 신바빌로니아 제국이 창궐한다. 이에 맞추어 남방의 애굽도 궐기하여 쇠퇴하여가는 앗수르의 뒤를 이어 근동의 패권을 놓고 바벨론과 애굽이 전쟁을 하게 된다. 이 큰 나라들의 전쟁 때문에 요시야 왕이 죽고 그의 아들 여호아하스가 왕이 되었다. 애굽의 왕(바로) 느고는 그를 체포하여 잡아가서는 폐위시키고 그의 형제인 여호야김을 왕을 삼는다(왕하23장).

그렇게 애굽의 바로를 통해 세움을 받은 여호야김 왕은 바로에게 많은 조공을 해마다 바쳤다. 그러는 중에 여호야김은 신흥 대제국 바벨론을 섬기지 않을 수 없었는데 열왕기 하 24장에 의하면 그는 삼 년을 그렇게 바벨론의 느브갓네살 왕을 섬기다가 그를 배반하였다고 기록하고 있다. 그가 죽고 여호야긴 왕이 유다에 즉위하였는데(왕하24:8), 그때 바벨론의 느브갓네살이 예루살렘을 포위하고 유다를 공격했다. 바벨론 왕은 여호야긴과 왕궁 및 성전의 모든 보물을 다 포획하여 가져갔다. 그 때에 왕과 왕의 가족들은 물론하고 예루살렘의 권세자들을 바벨론으로 잡아갔으며, 그 대신 예루살렘에 시드기야라는 꼭두각시 왕을 세워놓는다. 처음에 시드기야는 바벨론을 잘 섬겼으나, 그의 재위 9년쯤에 시드기야는 바벨론을 배신한다(왕하25:1). 그래서 바벨론의 군대가 다시 예루살렘을 포위하고 이번에는 완전히 멸망시키는데 성전과 왕궁을 불사르고 시드기야 왕의 아들들을 죽이고 왕의 두 눈까지 뽑아 결박하여 바벨론으로 끌고 갔다. 바벨론의 왕은 남은 자들을 사반의 손자 아히감의 아들 그달리야에게 관할하게 하고 그 땅의 모든 사람들을 다 포로 잡아갔다. 이런 슬픈 유다의 마지막 역사가 한참을 지나서 본서는 "유다 왕 여호야긴이 사로잡혀 간 지 삼십칠 년 곧 바벨론의 왕 에윌므로닥이 즉위한 원년 십이월 이십칠일에 유다의 왕 여호야긴을 옥에서 내놓아 그 머리를 들게 하고 그에게 좋게 말하고 그의 지위를 바벨론에 그와 함께 있는 모든 왕의 지위보다 높이고 그 죄수의 의복을 벗게 하고 그의 일평생에 항상 왕의 앞에서 양식을 먹게 하였고 그가 쓸 것은 날마다 왕에게서 받는 양이 있어서 종신토록 끊이지 아니하였더라"(왕하 25:27~30)하고 끝을 맺고 있다. 성경의 모든 기록들처럼 멸망과 심판의 참혹한 절망 속에서 하나님은 또한 이스라엘에게 실낱 같은 희망을 보게 하고 있는 것이다.

제6장

역대기 상하

1. 역대기 상하의 서론과 구조

1) 역대기 서론

구약에서 역대기만큼 낮게 평가되거나 무시된 책도 거의 없을 것이다. R. K. 해리슨은 여러 가지 이유들로 인해서 자유주의 학자들은 역대기의 성격 및 역사적 진실성에 대해 다소 낮은 평가를 내리는 것이 관례가 되어 왔다고 설명하고 있다.[115] 역대기의 두 책(상·하)의 히브리어 명칭은 '디브레이 하야밈' 즉 '그날들의 기록들' 혹은 '그날의 말씀들'이라는 뜻으로 사용된 제목 하에 하나의 책으로 구성되어 있었다. 헬라어 번역인 70인경에서 이 책은 두 부분으로 나눠졌는데, 그 헬라어 번역본의 제목은 '파라레이포메논(Παλαλειπομένων)' 즉 '생략된 것들'이라 명명되었다. 이는 사무엘서와 열왕기서에 상

---

[115] Harrison R. K., op. cit III., p.239. 해리슨이 언급한 자유주의학자들은 다음과 같다. Ewald H., *History of Israel*(1883); Graf K. H(1886), Wellhausen J.(1885), Bewer J. A. 등이다. 이들보다 좀 후대의 학자인 von Rad G.도 그의 책 *Old Testament Theology*, op. cit. I, p.348에서 "혹자는 적어도 그 자료의 소개 방식에 대해 어떤 정신적 피로감을 피할 수 없다. 그리고 신학적 명료함과 일관성과 내적 통일성에 비추어 볼 때, 역대기 기자는 신명기적 작품의 기자에 필적하지 못한다"고 평가 절하하고 있다. 이런 구약학계의 일반적 경향성을 Dillard R. B & LongmanIII. T.는 그의 책 op. cit., p.250에서 그 이유들을 다음과 같이 요약하고 있다. 첫째, 본서는 사무엘서와 열왕기의 보충자료라는 생각이 지배적이고, 둘째, 현대의 독자들은 어느 저술가가 성경의 수면제라고 부른 본서의 처음 아홉 장의 족보들을 잘 견뎌내지 못하며, 셋째로는 이 책은 구약의 가장 후대의 책들 중의 한권이고 편저자 자신도 이 책의 내용들로부터 상당히 시간이 지난 후대의 인물이기에 그 역사성이 의심받아왔다.

응하는 내용들과 그 위에 더 첨가된 어떤 것이 있음을 의미하고 있다. 영어나 다른 언어의 번역본들은 제롬이 제안한 '역대기'라는 제목을 채용하고 있는데, 제롬은 사무엘서와 열왕기서에 대한 자신의 번역본의 서문에서 역대기를 '거룩한 역사 전체의 연대기'라고 설명했는데 그 설명을 따라 후대의 번역자들 본서를 그냥 연대기를 의미하는 '역대기'로 채용하고 있다. 본서는 히브리 정경의 세 번째 구분인 '성문서'의 마지막 즉 히브리 정경의 마지막 권 마지막 책으로 자리매김되어 있다. 그러나 70인경에는 이 책이 열왕기서와 에스라 사이에 놓여있고 영어와 한글 성경은 이 순서를 따르고 있는데 이는 그 내용의 역사적 순서 때문인 듯하다.

본서는 창조에서 시작해서 포로 귀환 후의 이스라엘 공동체의 상황까지를 기록하고 있으며, 그 목적은 귀환 후 느슨해진 이스라엘에게 민족적 정체성과 언약백성으로서의 삶의 방향성에 대한 깊은 이해와 감사를 갖게 만들려는 목적이 본서의 전체에 흐르고 있다. 전통적으로 이 책들은 학사 에스라가 쓴 것으로 이해되고 받아들여지고 있다.[116] 그러나 본서의 저자는 자신의 이름을 명료히 밝히고 있지 않기 때문에, 본서의 저자나 그 집필 배경 및 연대에 관해서는 본서의 내용에서부터 추론할 수밖에 없다. 역대기의 저자가 페르샤 대왕 고레스의 칙령(대하 36장, 주전 539년)을 언급하고 있기 때문에, 최소한 저자는 그 시대 이후의 인물임은 분명하다. 본서의 저작 연대와 배경에 관하여 학계의 일관된 결론은 아직 없다. 위와 같이 저작 연대나 배경의 상한선은 대략 정해지는데 반하여 하한선은 잘 정해지지 않고 있다. 자유주의 비평 학자들은 본서 3장에 기록된 스룹바벨의 족보를 근거로 하여 6대까지 기록된 그의 족보를 한 세대에 30년을 잡고 계산 한 후 본서의 연대를 대략 주전 350년 어간으로 잡는 학자들도 있으며, 그보다 더 본서와 에스라 느헤미야의 저자가 에스라가 아닌 동일한 어떤 익명이라는 전제 하에 느헤미야 12장에서 거명된 대제사장 '얏두아'(이는 주전 332년의 알렉산더 대왕의 예루살렘 침공시의 대제사장이었음)의 이름과 문체 등의 이유로 본서의 저작 연대를 주전 300년 혹은 그보다 더 후대로 잡기도 했다.[117] 그러나 이렇게 저작 연대를 후대로 잡는 학자들의 견해는 본문의 스룹바벨의 후손에 관한 언급(대상3:19~24)이 6세대가 아니라 단지 두 세대만 언급되고 있다는 사실이 밝혀지며 호소력을 잃고 말았다. 이런 사실을 밝혀낸 E. J. 영 교수도 고레스 칙령이 언급되어 있는 마지막 절이 좀 부담스럽기는 하지만, 그것은 에스라가

---

116 Talmud, *Baba Bathra* 15a.

117 cf. 본서 후대연대설을 주장하는 학자들의 견해는 Harrison R. K. op. cit., pp.234~238를 참고하라.

앞선 시대에 있었던 고레스 왕의 칙령을 참고로 인용했음을 인정하며, 본서의 저작 연대를 에스라 시대인 주전 450~425년 어간으로 추정하고 있다.[118] M. G. 엉거 역시 본서의 저작 배경과 연대가 물론 주전 4세기 초반(주전 390년 어간)에 기록되었을 가능성이 전혀 없는 것은 아니지만, 전체적으로 볼 때 E. J 영 교수의 견해가 타당하다고 동의하고 있다.[119] 이런 입장에 대하여 G. L. 아처 교수는 "그 저자는 에스라인데 이것은 상당히 신빙성이 있다. 그는 이스라엘을 재건하는 데 있어서 영적이고 도덕적인 부흥을 일으키는 주역을 담당하였고 이와 같은 종류의 역사적인 개요를 쓸 필요성을 깊이 느끼고 있었을 것이다. 그는 제사장 계통의 레위인으로서 역대기 저자가 가지고 있는 같은 관점을 가졌고, 역대기 저자가 강조하는 점을 그도 강조했을 것이다. 마카비 2서 2:13~15절에 따르면 총독 느헤미야는 상당한 도서관을 가지고 있었다. '그는 도서관을 세우고 열 왕과 선지자들에 관한 책들과 다니엘과 신성한 선물에 대한 왕들의 편지를 다 수집하였다.' 만약 느헤미야가 이만한 분량의 책들을 소유하고 있었다면 그의 동역자였던 에스라가 이 모든 작품들을 가지고 역대기를 쉽게 편집할 수 있었을 것이다"라며 이 견해를 지지하고 있다.[120] 본서의 배경에 관한 논란 중에는 성전 재건을 위해 백성들이 바친 헌물중의 일부가 '다릭'이라는 동전으로 표기되었기 때문에 이것이 헬라의 동전이며, 본서의 후대 연대설의 근거라고 주장된 적이 있다. 그러나 그 동전은 페르샤의 다리우스 왕의 이름을 따라 주조된 동전이며 헬라의 것이 아님이 판명됨으로 후대 연대설은 설득력을 잃어갔다.

이런 저런 연구들을 정리해 보면 본서는 단일한 저자에 의해 기록된 통일성이 있는 책이며, 후대의 사람들이 약간 첨삭하거나 편집, 손질했을 가능성도 있겠지만 광범위하게 그 배경을 추정해 본다면 고레스 칙령(주전 539년)에서 제2성전기(주전 333년)인 그 200년 어간에 본서가 완성되었을 것이라고 보는 견해[121]는 좀 무책임하게 여겨진다. 이에 대하여 R. K. 해리슨은 대략 주전 410~390년 어간, E. J 영이나 M. F 엉거는 주전 450~425년으로 추정하는데, 이 시기는 "이스라엘 공동체 중 여호와 신앙을 가진 종교적 핵심 주체가 현대의 유대교와 기독교의 토대가 되는 형태로 재편된 시기였다"[122]는

---

118 Young E. J., op. cit., p.391.

119 Unger M. F., *Introductory Guide to the Old Testament*(Grand Rapids, Zondervan, 1952), p.407.

120 Archer G. L., op. cit., p.592.

121 Dillard R. B. & LongmanⅢ. T., op. cit., p.251.

122 Duke R., "Book of Chronicles" in *DOTHB*(Inter~Varsity Press, 2005), p.162.

평가를 받고 있는 시기이기도 하다. 물론 해리슨은 동의하지 않고 있지만, 학계에서는 지난 19세기 중엽부터 본서가 학사 에스라의 저작이라고 여겨지고 있다. 역대기가 에스라, 느헤미야와 같이 연결된 에스라의 저작이란 점은 다음 네 가지 이유들로 지지되고 있다. 첫째 이유는 본서의 끝(대하36:23)이 에스라의 시작(스1:1~4)과 중첩되고 있으며, 둘째 외경 에스드라 1서는 역대기 하 35장부터 에스라, 느헤미야의 상당 부분을 인용하고 있어 이 책들이 나뉘기 전에는 하나였다는 인상을 주기에 충분하고, 셋째는 이 책들이 용어와 문체에 있어서 유사성을 공유하고 있으며 마지막으로 이 책들은 동일한 신학적 기반에서 기록되었다는 것이다. 그러나 위와 같은 지난 시대의 연구 경향은 최근에 들어와서는 오히려 역대기가 에스라, 느헤미야와는 완전히 별개의 책이라는 방향으로 자리잡아가고 있다. 예를 들면 첫 번째 것은 하나를 둘로 나눌 때 생기는 현상임과 동시에 다른 두 개를 하나로 묶어 연결시키려 할 때 나타나는 현상이 될 수도 있다는 점이며, 두 번째 논지는 에스라, 느헤미야가 오히려 역대기의 후대 발전 과정을 보여주는 경우이고, 세 번째 논지는 비슷한 시대의 언어적 유사성을 보여주는 것에 불과하며 또 동일할 것으로 여겨지는 여러 어휘와 구문론적 측면에서 오히려 수많은 차이점이 있다는 S. 자팻의 주장[123]이 더 설득력을 얻어가고 있다. 그리고 역대기와 에스라, 느헤미야에는 몇 가지 결정적인 신학적 관점의 차이가 내재되어 있다. 예를 들면 에스라, 느헤미야에서는 안식일 준수가 그렇게 강조된 반면에 역대기에는 그렇지 않다는 점이며, 또 역대기에서는 선지자들에 지대한 관심을 쏟고 있는 반면에 에스라, 느헤미야에서는 선지자에 대한 관심이 의외로 적다는 점 등이다.[124] 과거에는 역대기를 에스라와 연계하여 읽는 것이 유행이었다면, 현대는 이 책을 독자적인 관점 즉, 독특한 관점에서 이스라엘의 역사를 해석한 책이란 관점으로 읽는 흐름이 정착되고 있다. 이 문제에 관하여 R. K. 해리슨은 역대기와 에스라, 느헤미야가 하나의 통일된 책이라기보다는 하나의 시리즈를 구성하고 있을 가능성을 훨씬 높게 잡고 있다. 왜냐하면 에스라, 느헤미야가 역대기보다 먼저 정경으로 인정되었기 때문이다. 역대기는 에스라, 느헤미야보다 이른 시기의 내용을 다루고 있는데도 불구하고 그 두 책들보다 늦게 정경화된 이유는 에스라, 느헤미야는 사무엘, 열왕기서에 이은 이스라엘 역사의 논리적인 계속인 반면에, 본서 역대서는 그에 대한 해석과 보충적 역할을 하는 것이라는 설명이다.

---

123 Japhet S., "The Supposed Common Authorship of Chronicles and Ezra-Nehemiah Investigated Anew in Chronicles," *VT18*(1968), pp.330~71.

124 Dillard R. b. & LongmanⅢ. T., op. cit., pp.252~53을 참고하라.

그래서 본서가 히브리 정경의 순서상 에스라, 느헤미야 뒤에 위치하게 된 것이라는 설명이다.[125]

역대기는 많은 내용들을 구약의 다른 정경에서 인용하고 있는 책이다. 본서의 저자는 자신의 가진 본서의 집필 목적을 효과적으로 달성하기 위하여 성경 안팎의 자료를 광범위하게 활용하였다. 본서의 기자는 오경과 사무엘서 그리고 열왕기서 등의 정경적 자료를 집중적으로 인용하였는데, 어떤 경우는 맛소라 사본과 차이가 나는 경우도 있다. 특별히 사무엘서의 자료를 인용할 때 그러했다.[126] 열왕기서의 경우 저자가 인용했던 문헌들은 주로 궁중 문서인 소위 공식 문서였던 것에 비하여 본서의 저자는 그런 공식 문서 외에 이사야가 저술한 웃시야의 글(대하32:32), 선지자 스마야의 글(대하12:15), 선견자 잇도의 글(대하13:22), 선지자 잇도의 미드라쉬(대하9:29, 13:22), 하나님의 아들 예후의 글(대하20:34), 호제(선견자)의 글(대하33:18~19), 선지자 나단의 책(대상29:29) 등의 자료들을 사용하여 자신의 글을 이어가고 있다. 학자들은 이런 자료를 역대기 기자가 창조적으로 참고는 하였겠지만, 무책임하게 복사했을 가능성은 없었다고 인정하고 있다.[127] 이런 인용구절들은 상호 병행귀를 산출하게 되는데, 서로 배열을 달리하거나 다른 입장을 가진 것처럼 표현된 부분도 많이 발생한다. 그러나 이런 점들은 본문 비평학계에선 더 이상 논란의 여지가 되지 못한다. 왜냐하면 각각의 본문이 동일한 문헌 전승의 서로 다른 변이 형태로 회자되었을 가능성이 많기 때문이며 이런 가능성은 기독교 이전 시대의 히브리어 본문에 대한 사해 사본의 증거로 볼 때 별로 놀라운 일이 못 된다는 것이다.

이런 본문 표기상의 차이 중 두드러진 것은 표기하고 있는 숫자에 관한 차이이다. 어떤 것은 역대기가 더 과장된 숫자를 쓰고 있고, 어떤 경우는 사무엘이나 열왕기서가 더 과장된 숫자를 사용하고 있다. 예를 들면 솔로몬의 외양간은 열왕기 상 4:26절에서는 40,000개로 나타나고 역대기 하 9:25절에서는 4,000개로 표기되고 있다. 전쟁의 용사 야소브암이 단번에 죽인 적군의 숫자가 역대기 상 11:11절에서는 300명으로 적시되어

---

125 Harrison R. K. op. cit. III, p. 252.

126 Lemke L., "The Synoptic Problem in the Chronicle's History," *HTR58*(1965), pp. 345~63의 설명에 의하면, 역대기 기자는 사무엘서를 인용할 때 아마도 70인경의 번역자들과 수정자들이 사용한 것과 유사한 본문을 사용해서 인용하고 있는 것으로 보인다고 주장했다.

127 Selman, M. J., *1, 2Chronicles: An Introduction and Commentary, Tyndale Old Testament Commentaries* (Downers Grove III, IVP, 1994), pp. 25~26; Zoecker, *1, 2Chronicles: Lange's Commentary*, pp. 18~20; Young E. J., op. cit., pp. 384~85.

있으나 사무엘 하에서는 800명으로 나온다. 열왕기 하 18:14절에서 히스기야가 앗수르의 산헤립에게 바친 공물은 금 30달란트와 은 300달란트인데 반하여, 앗수르의 공식 기록인 산헤립 연대기에서는 그가 유다의 히스기야로부터 금 30달란트와 은 800달란트를 비롯한 많은 전리품을 받았다고 기록하고 있다. 이런 부분들이 자유주의 비평가들의 눈에는 역대기의 역사성을 의심하게 하는 표현이라고 주장되었다. 그러나 이런 현상들은 저자가 의도적으로 과장함으로써 자신들의 과거의 업적이나 승리를 위엄이 있고 영광스럽게 보이려 했다는 주장도 일리가 있으며, 또 어떤 경우는 대략적인 어림수를 쓴다는 것이다.[128] 그리고 또한 고대 사본의 필사 과정에서의 오류도 한 몫을 담당한 것으로 여겨지고 있는데,[129] 예를 들면 히브리어어에서 천 단위를 올리고 내릴 때에는 숫자 위에 점을 찍게 되는데, 히브리어 알파벳 '눈' 위에 두 개의 글자를 찍어주면 그것이 50,000이 된다는 것이다. 이런 점들을 고려해 볼 때 역대기 원본과 다른 정경적인 책에서 문제시 되는 차이점을 원천적으로 규명한다는 것은 다소 불가능해 보인다. 하지만 소위 불일치된다고 하였던 모든 것들이 사본 비평이나 문맥 주석 등을 통해 해결될 수 있을 것이다.

본서는 인류의 창조기사부터 저자 당대에 이르기까지의 역사를 기록한 두 권의 성경 중 한 권이다. 신약의 마태복음과 구약의 역대기가 그렇다. 그 두 권은 공히 창세기의 연대기적 족보를 시작으로 하고 있는데, 창세기와 역대기 두 책은 구속에 대한 전망과 그 땅으로 돌아갈 것에 대한 예언으로 끝나고 있는 점이 유사하고, 그 위에 역대기는 정경의 신학을 총 집대성하고 있으며, 끝은 포로됨으로 끝나지만 미래에 대한 열린 가능성을 유지함으로 끝내고 있다. 역대기의 마지막 구절은 포로 종식이 예레미야의 예언대로 고레스 왕 1년에 일어났음을 알려주고 있는데, 하나님께서 고레스 왕을 감동시켰고, 그가 그의 온 왕국에 선포한 칙령을 통해 이스라엘의 포로생활이 끝났음과 돌아가 예루살렘에 하나님의 성전을 건축할 것을 명한 것임을 보여주고 있다. 이 내용은 다음 정경인 에스라 1장 1~3절에도 나오는데 이런 연결성은 두 책 사이의 연속성을 보여주는 것이다. 이것은 역대기가 그 뒤에 이어 나오는 에스라, 느헤미야의 업적에 대한 신학적 해석을 준비시키고 있음을 알게 해 준다. 그래서 역대기의 목적에 대한 전통적 이해는 에스라, 느헤미야가 건설한 새로운 공동체를 지원하는 것으로 받아들여지고 있

---

128 Luckenbill D. D., *Ancient Records of Assyria and Babylonia, II*(1926), p.240f.

129 Keil C. F, *1, 2 Chronicles, Commentary*, pp.43~45. cf. Kautzsch Gsenius, *Hebrew Grammar 5:1*, cf. Archer G. L., op. cit., pp.598~599.

는 것이다. 다른 표현으로 하자면, 에스라, 느헤미야는 이상적인 이스라엘이란 정화된 성전을 중심으로 살아가는 예배 공동체로 이해했음을 말하는 것이고, 역대기 기자는 그런 신학적 고려를 지지하기 위해 쓰여진 것이라는 뜻이다.

2) 역대기의 구조

역대기 상하를 간략히 구분해 보면 아래와 같이 다섯 개의 구조로 되어 있음을 알 수 있다.

- **역대기 상 1~9장** ▶ 족보 및 목적
- **역대기 상 10장** ▶ 사울에 관하여
- **역대기 상 11~29장** ▶ 다윗에 관하여
- **역대기 하 1~9장** ▶ 솔로몬에 관하여
- **역대기 하 10~36장** ▶ 남방 유다의 역사: 르호보암에서 포로까지

2. 역대기 상하의 신학적 논점들

1) 역대기의 역사성과 정경성에 관한 논거들

앞에서도 언급되었지만, 역대기의 무용론이나 비정경성에 관한 논란이 오래 지속되었고, 그 역사성이 많이 의심받아 왔다. 앞에서 언급한 몇 가지 무용톤에 더하여 특별히 벨하우젠 학파의 학자들이 본서의 역사적 가치를 의심해 왔다. 왜냐하면 역대기 기자는 다음 장에서 언급될 '특별한 관점'으로 이스라엘의 옛 역사를 선별 취급하고 있기 때문에 벨하우젠 학파가 신봉하는 역사 발전의 철학적 논리와 맞지 않는다는 것이 주된 이유였다.[130] 그들은 이스라엘의 종교사를 당시에 유행하던 진화론적 발전 논리에 맞추어 재해석했었다. 벨하우젠 학파에 의하면 이스라엘은 초기에 아주 미신적이며 초보적인 신 의식(자연 숭배에서 정령 숭배와 토템)을 가지고 있었는데, 나중에 점차 진화, 발전하여(다신론에서 일신론으로) 오늘의 인격적 유일신 사상어 이르게 되었다고 이해했다. 하지만 역대기 기자는 이스라엘의 초기 역사부터 하나님은 이미 인격적 유일신이었으며, 선택받은 이스라엘은 그런 미신적이거나 초보적인 신 이해를 한 적이 없이 처음부

---

130 Young E. J., op. cit., p.457~58.

터 인격적 유일신인 하나님과 언약 관계로 살아왔었음을 논증하고 있기 때문이다. 벨하우젠 학파의 이론이 역대기에 적용되면서 역대기의 역사성이 의심받기 시작했는데, R. 파이퍼 같은 경우는 이 책이 소위 제사법전의 속편 추가라고 보면 역대기 기자가 레위인들을 옹호하고 그들의 명성을 높이기 위해 쓰여진 변증적 논리적 발설이라고 이해했다.[131] 그리고 오스터리와 로빈슨 같은 학자는 역대기 저자의 종교적 입장을 거론한 후 "지금까지 말해 온 사실에서 분명하게 나타나는 것은 역대기에 제시된 그러한 역사에 너무 많이 종교적 중점을 둘 수 없다는 점이다."[132]라고 말하며 본서의 역사성을 인정하지 않으려 했다. 또한 코르닐 같은 이도 "역대기 기록자에 의해 그려진 초상은 어느 면에서도 역사적이 아니다. 역대기는 역사의 날조라고 할 것이다"[133]라고 평가 절하했으며, 아이스펠트도 "본서의 기록이 신빙성이 떨어지지만 역대기 기자가 살았던 시대 즉 주전 3, 4세기의 관한 정보의 자료들로서는 상당한 가치가 있다고 평가했다."[134] 이들보다 좀 온건하긴 하지만 G. Von 라드도 본서의 역사성을 회의하였다고 앞에서 밝힌바 있다. 그들은 사무엘서와 열왕기서의 기록과 본서의 기록이 상치될 때는 항상 본서의 기록을 의심했고 신빙성을 두지 않았다. 역대기 상 6장의 족보 기록이 그렇고 북왕국 이스라엘에 대한 기록이 누락된 것 등이 그렇다. 그들은 본서가 포로에서 귀환한 후 이스라엘이 극도의 유대주의로 나아가는 데 기여할 목적으로 쓰여진 것이기에 별 가치가 없다고 생각한다.

그러나 그러한 자유주의적 비평학자들의 평가 절하에도 불구하고 본서는 아래의 몇 가지 이유에서 그 역사성과 정경성이 입증되었고, 유대 성문서의 마지막에 위치하여 신정 왕국 이스라엘의 전 역사를 그 관점에서 보게 하고 있다. 먼저 언급해야 될 것은 비평학자들이 놓치고 있는 부분은 본서의 제목이 시사해주는 역사 기록의 관점의 문제이다. 본서는 히브리어로는 '디브레이 하야밈' 즉, '그날들의 기록들' 혹은 '그날의 말씀들'이라는 뜻이고 또 헬라어 번역인 70인경 제목은 '파라레이포메논(Παλαλειπομένων)' 즉 '생략된 것들'이라 했다. 즉, 그날의 기록에 관해서 빠진 것 혹은 생략된 것을 보충하는 것이 본서의 특성 중의 하나인데, 비평학자들은 그것을 놓치고 있다는 말이다. 사무엘서와 열왕기서가 일반적인 역사 서술이나 기록이라면 본서는 그것에 대한 해석이며 보

131 Pfeiffer R. H., *Introduction to the Old Testamtent*(Harper & Brothres, 1941), pp.785~801.

132 Young E. J., op. cit., p.457~58에서 재인용.

133 Ibid.

134 Ibid.

충이라는 관점만 유지한다 해도 본서에 대한 그런 차가운 비평을 하지 않았을 것이다. 역대기 기자는 앞의 두 역사서가 사용하지 않았던 많은 다른 자료들을 참고하여 보충하고 있다는 사실도 이미 언급했다. 두 번째로 강조되어야 할 점은 역대기 기자의 역사관은 이스라엘의 전, 후선지서들의 역사관과 일치하고 있다는 점이다. 앞의 역사서의 기자들처럼 역대기의 기자도 이스라엘의 패망과 포로살이가 하나님과 맺은 언약 파기와 우상숭배에 대한 징벌이라 이해하고 있다. 두 역사가는 예언의 말씀을 과거 이스라엘의 전환점으로 사용하기 때문에 선지자들에 의해 선포된 말씀에 큰 관심을 드러낸다. 그래서 본문에는 그런 선지자 즉 이사야와 예레미야가 선포했던 말씀들이 많이 인용되고 있고 이것이 본서의 정경성을 방증하고 있는 것이 된다. 벨하우젠 학파의 학자들이 역대기 기자의 역사관이 진부하며 진정성이 없고 의도적으로 역사를 조작 과장하고 있다고 비평해 왔는데, 역대기 기자는 앞선 오경과 선지서들의 관점과 정확히 일치하는 역사 해석을 시도하고 있다. 죄의 징벌에 대한 본서의 강조가 특별히 그 점을 입증하고 있다. 그는 하나님의 징벌을 믿는 관점에서 이스라엘의 역사를 기록했고 그것이 사울, 히스기야, 므낫세의 기사에 잘 나타나고 있다.[135] 예루살렘은 이런 우상숭배와 선지자의 경고를 거절함으로 몰락했다는 관점은 구약의 다른 부분의 역사관과 일치하는 것이다.

세 번째 관점은 역대기 기자는 다윗 언약에 기초한 이스라엘을 일관되게 추구하고 있다는 점이다. 이것이 오히려 북 이스라엘에 관한 기사가 빠지게 된 이유일 수 있다. 이런 점 때문에 비평학자들은 본서를 유대주의를 위한 첫 해석서라고 주장하기도 한다. 여기서 북방 이스라엘의 역사에 대한 침묵은 그들이 보여준 행적이 신정 왕국과 무관하기 때문인데, 예를 들면 남방 유다의 역사를 기록하면서도 사무엘서나 열왕기서와는 달리 다윗, 솔로몬 등의 주요 인물들의 명예가 실추될 수 있는 점은 의도적으로 기록하지 않았다는 것이다. 그것은 저자가 다윗 언약에 기초한 이스라엘을 강조하기 위한 것이며, 그런 의미에서 본서는 역사 그 자체가 아니라 역사에 대한 해석이라는 이전의 평가를 회상하는 것이 옳을 것이다. 이런 평가를 가능하게 하는 것이 본서가 강조하는 '온 이스라엘'[136]에 대한 관심이다. 본서는 그런 언약적 관점에서 신명기와 여호수아서가 집중적으로 강조했던 '온 이스라엘'을 다시 강조함으로써 언약에 충실한 민족으

---

135 North R., "Theology of Chronicler," *JBL82/4*(1963), pp. 369~81.
136 참고: 역대기 상 9:1, 11:1, 10, 12:38, 14:8, 15:3,28, 18:14절, 역대기 하 1:2, 7:8, 9:30, 10:3, 12:1, 13:3, 15, 18:16, 24:5절 등에서 "온 이스라엘"이란 개념이 반복적으로 강조되고 있다.

로서의 이스라엘을 강조하고 있다. 역대기 기자가 강조하고 있는 '온 이스라엘'은 예레미야와 에스겔이 강조했던 '새 마음'으로 하나님을 순종하는 사람들이며, 믿음으로 성전 중심, 예배 중심의 성결한 삶을 사는 남은 자라는 것에서 선지자들과 일치하고 있다. 그래서 본서는 구약의 다른 정경들과 동일한 강조점을 가진 책이라는 것이다.

마지막으로 역대기의 신관이 구약의 신관과 정확히 일치하고 있다는 점이다. 그것은 구약의 선지자들이 일관되게 강조해 온 신앙인데, "여호와가 참 하나님이시며 다른 신은 없다"(대하33:13)는 것이다. 이런 전통적인 관점을 다른 정경의 기자들만큼 강하고 확신 있게 선포하고 있다. "모든 다른 신은 우상이며 사람이 손으로 만든 것일 뿐이다"(대하32:19). 역대기의 신관은 여호와 하나님은 창조주이시고, 전능하신 통치자이시다라는 것이며 이스라엘의 현재와 미래의 축복은 그런 신앙에서 유래하며 그것은 타협되거나 양보되어서는 안 될 가장 중요한 가치라는 것이다. 이런 관점들이 역대기의 정경성을 담보하고 있는 것 중의 하나가 되고 있다. 이 책은 언제나 정경적 깨달음을 증거하며 인격적 유일신이신 그분과의 관계를 강조한다. 역대기 기자는 율법, 선지서, 성문서의 신학위에 서 있다. 이 책의 주도적인 관점은 이스라엘이 홀로 영원하신 하나님께 충성했는가 그렇지 못했는가의 관점에서 이스라엘의 역사를 재평가하고 있는 것이다.

2) 이스라엘 역사의 '해석'으로서의 역대기

역대기는 현대 학문의 관점에서 보는 '역사적 기록'이 아니다. 앞에서 언급된 라틴어 역본의 제목 '거룩한 역사 전체의 이야기'가 시사하듯이, 이 책은 이스라엘의 역사 중에서 선별된 사건들을 선택적으로 모아 놓은 기록이라고 보아야 할 것이다. 그러므로 이 책이 이스라엘 역사의 일반적인 연대기적 기록이라고 생각하는 것은 타당하지 않다. 근대주의적 관점에서 역사란 오직 하나의 진정한 시각만을 허용한다. 하지만 I. 프로반, 롱, 그리고 T. 롱맨 3세 등이 지적하고 있듯이 이러한 시각은 맹목적인 사실의 역사가 가능하다고 보는 극히 순진무구한 시각일 뿐이다.[137] 역대기는 자기 당대의 문제들에 해답을 주려는 목적으로 자료를 선별하고 해석을 시도했다고 보인다. 그런 역대기의 방식은 역사적 사건들의 역사성을 훼손하는 것이 아니라, 이 과거의 사건들을 하나의 해석적 경향으로 취급함으로써 독자들에게 그들의 역사에 대한 또 다른 관점을 제

---

137 Provan I., Long V.P. and Longman, *A Biblical History of Israel*(Philadelphia, Westminster press, 2003), pp.3~104.

공하고 있다고 볼 수 있다. 이 책 역대기 상하는 저자의 근본 목적에 부합하도록 다윗 왕조와 밀접하게 연결되지 않는 기사와 자료들은 과감하게 삭제하고 있다. 그래서 다윗, 암논, 압살롬, 아도니아, 솔로몬 등의 범죄에 관한 기사는 신정 왕국 건설에 도움이 되지 않는다고 빼버렸고, 북 왕국 이스라엘에 관한 기사도 상당히 선별된 기사만 수록하게 된다. 이런 역대기의 기술 원칙을 S. 셀만은 "역대기는 구약을 시작부터 마지막까지 해석하려 함으로써 구별된 위치를 점하고 있다"고 파악하고 있다.[138] 이런 본서의 저작 의도를 파악하고 나면 본문의 내용들은 나름대로 어떤 흐름을 가지고 집필되고 배치되었음을 알게 된다. 이 점을 W. A. L. 엘름슬리는 "히브리 역사 철학에서 방대한 규모로 제시된 유일한 예"[139]라고 지적하고 있으며, 이런 주도면밀한 역사 기록은 히브리 역사를 공부하는 학자와 종교 철학을 연구하는 학자 모두에게 중요한 관점인 것이다. 본서의 이런 점에 대하여 R. 듀크는 다음과 같이 정리하고 있다. "역사를 서술하는 과정에 대해서 점점 더 깨닫게 되는 바는 다른 시대의 다른 사람들이 과거의 하나의 동일한 시기의 역사를 반추할 때 서로 다르면서도 여전히 똑같은 정당성을 가진 이야기 줄거리를 도출해 낼 수 있다는 점이다. 이 점은 한 사람이 자기 삶의 각기 다른 시기에 과거의 이 동일한 시기의 역사를 회고할 때도 역시 마찬가지이다. 역사 서술 과정에 대한 이러한 깨달음을 비유적으로 말하자면, 두 명의 실력 있는 화가가 한 인물에 대하여 각각 독립적으로 초상화를 그릴 때 각자 서로 다르면서도 나름대로 정확한 초상화를 그려 낼 수 있다는 것과 같다."[140]

저자는 포로 이후 시대에 새롭게 갱신되어야 하는 히브리 신정론적 사회를 배경으로 해서 본서를 집필해 갔을 것이 거의 분명하다 이 새로운 사회는 세속적인 사회가 아니라 종교적인 사회이며 제사장 중심의 사회이고, 성전 예배 중심의 제의적 거룩함을 바탕으로 하고 있는 사회인데, 이것은 포로 이후의 선지자들의 이상으로 꿈꾸던 사회이기도 했다. 이런 상황 속에서 선민은 조화를 이루며 살고 하나님의 섭리에 의한 통치를 받으며, 이기적이고 덜 성숙된 인본적 사회가 주는 모든 쓰라린 경험들을 최소화시켜 가는 사회였다. 이런 사회적 기풍을 엄격하게 종교적으로 조직하려 했던 것이 당시의 제사장, 선지자, 지도자들의 희망이었던 것이고, 그런 희망을 담아 역대기 기자가 그들의 역사를 이 각도에서 새롭게 조명하고 있는 것이다.

---

138 Selman M. J., op. cit., p. 42.

139 Elmslie W. A. L., *Interpreter's Bible III*(1952~7), p.341.

140 Duke R., op. cit., p.162.

역대기 저자의 임무는 그들의 하나님을 향한 반역과 우상숭배가 하나님의 진노를 불러왔음을 모든 이스라엘이 함께 자각케 하는 것이었다. 그리고 하나님은 이스라엘을 선택하셨고, 그의 선택은 다윗과 맺은 언약을 영구히 지킴으로 이어진다는 확신을 모든 이스라엘이 받아들이는 것이었다. 돌아온 이스라엘은 성전 건축뿐 아니라 십일조와 일상의 신앙생활을 또 형식화 시켜나갔고, 지도자들은 그런 백성의 자세에 절망과 위기를 느꼈다. 물론 당시의 이스라엘을 그렇게 종교적으로 나태한 상황으로 몰고 간 것은 어려운 경제적 여건들과 이웃 나라들과의 긴장 관계가 커졌기 때문일 수도 있다.[141] 역대기 기자뿐 아니라, 에스라, 느헤미야, 그리고 말라기 선지자까지도 그런 상황에서 백성들이 하나님을 열심히 신뢰하도록 독려하고 있다. 이런 일련의 상황들에 대한 해석이 역대기인 것이다. 역대기는 왜 유대인은 이렇게 고난을 받았는가? 다윗에게 언약한 하나님의 언약을 지속될 것인가? 하나님은 우리에게 어떤 제사를 원하고 계신가? 돌아온 이스라엘 진정으로 희망이 있는가? 이러한 여러 질문에 답하기 위한 답변서가 바로 역대기인 것이다.

그런 의미에서 본서의 신학적 특성은 '해석된 역사'이며 그 가치는 한 마디로 '희망'이다. 이미 살펴보았지만 같은 사건과 인물을 다루면서도 열왕기서의 기법과 역대기서의 접근이 다르다. 열왕기서나 사무엘서에서 다윗과 솔로몬은 거의 메시아적 기법으로 묘사되고 있는 반면에, 역대기에서는 그들이 단순히 성전 건축을 준비한 봉사자와 성전 건축의 명을 수행한 봉사자라는 관점에서 바라보고 있다. 이러한 관점의 차이는 그들의 역할이 신정 왕국의 봉사자들 이라는 것이지, 자신의 왕조를 영화롭게 하는 것이 아니라는 것이다. 이런 의미에서 본서의 특성은 신약 4복음서 중에서 요한복음의 성격과 유사하다. 공관복음서가 예수의 생애와 가르침에 대한 일반 역사적 기술이라면, 요한복음은 특별한 관점에서 그분의 삶을 해석하고 있기 때문이란 것은 이미 신약학자들에게 공인된 견해이기 때문에 그렇다. 특별히 포로기와 포로 후기의 이스라엘에게 있어서 시급히 필요한 것은 이스라엘이 신정국가로서의 틀을 잡아가는 것이었고 그러기 위해서는 성전 중심의 통일된 생활이 그들의 가장 핵심적인 쟁점이었던 것이다.

그러면 왜 그렇게 포로 후기의 이스라엘이 '성전 중심의 통일된 삶'을 바탕으로 하는 강력한 신정 왕국을 희구하게 되었는가 하는 점인데, 이는 그들이 지난 과거의 역사를

---

141 Bright J. *A History of Israel*, 2nd ed(Philadelphia, Westminster press, 1972), pp.364~92.

통해 배운 확신에 찬 결론이라는 점이다. 그 민족의 유래에 하나님의 약속이 개입했고, 그 민족이 성장 배경에 하나님의 이적적 도움이 결정적이었는데도 그들의 조상이 그 사실을 망각하고 우상숭배에 빠져 배교했음을 포로생활을 통해 통절히 깨닫게 된 것이다. 그래서 역대기에서는 다윗이나 솔로몬 같은 불세출의 영웅을 민족적 구원자로 기다리는 것보다 민족 구성원 전체가 참된 성전 예배로 돌아가야 함에 공감을 형성하게 된 것이다. 그것 만이 그 민족에게 '희망'인 것이었다.

그것은 역대기의 결론이라 할 수 있는 역대기 하 36장 마지막 부분에서 고레스 왕의 칙령이 선포되는 것으로 끝나는 점에서 알 수 있는 것이다. 계속해서 같은 주제가 에스라, 느헤미야에서 이어진다. 역대기는 긴 포로생활에 지쳐 있는 하나님의 공동체에 '희망'을 주고 있다. 육체적으로 포로생활은 끝이 났다. 이제 미래는 열려 있다는 것이다. 그 열려 있는 미래를 보장하는 것은 '모든 이스라엘'이 하나님의 성전을 중심으로 하나님의 통치를 받아 갈 때에 만이 확실한 것임을 믿을 때 비로소 그 민족에게 희망이 시작된 것이다. 그래서 역대기의 기법은 그가 인간적으로 어떤 공을 세웠느냐보다는 그가 하나님의 성전과 말씀에 어떤 기여를 하였으며, 그들의 역할은 무엇이었는가에 더 관심을 가지고 기술해 간 것이다. 역대기를 읽으며, 우리는 우리의 희망과 기대가 참된 예배에서 시작됨을 확신하는가라는 질문을 해 보아야 한다. 아니면, 우리는 우리의 희망을 다른 어떤 것에 걸고 있는가?

3. 역대기 상하의 주요 내용 강해

1) 족보 및 역대기의 목적(대상1~9장)

역대기 상 1~9장에 나오는 이스라엘의 족보는 이 책의 목적에 대한 단초를 제공하는 구실을 한다. 이 족보는 모든 이스라엘을 향한 하나님의 관심을 보여주고 있는데 특별히 유다지파, 레위지파에 더 큰 관심을 보여 주고 있다. 1장은 아담에서 아브라함까지의 족보가 27절까지 나오고 그 다음은 이삭과 그 당대의 이웃 족속의 족보인데 43절이 주목을 끈다. "이스라엘 자손을 치리하는 왕이 있기 전에 에돔 땅을 다스린 왕이 이러하니라." 2장은 야곱에서 시작해서 이스라엘의 거룩한 계보인 열두지파를 조명하고 있으며, 길게 이어지는 족보를 통해 역대기 기자는 창조 안에 있는 하나님의 목적이 구약의 이스라엘 민족을 통해 현실화되었음을 보여 주고 싶어 했다는 것을 알 수 있다. 사실 하나님의 신적인 선택에 의해 결정된 언약의 백성으로서의 '전 이스라엘의 통일성'이 이 두 책에서 집중적으로 강조되고 있다. 족보의 앞부분에는 단과 스블론지파를 제외한 모든 지파가 언급되고 있지만 역시 관심의 초점은 유다와 레위지파이다.

왕권과 제사장직이라는 두 개의 기본 골조 위에 포로 후기의 이스라엘 공동체가 세워질 것임을 시사하고 있는 것이다. 참 이스라엘과 그 지도력의 본질에 관한 이런 강조점은 역대기 상 9장에서 열거되고 있는 귀환 후의 이스라엘 재건에 참여한 사람들의 명단을 거명하는 부분에서 절정을 이루고 있는 것이다. 많은 학자들이 동의하고 있듯이 역대기 저자의 기본 관심은 '모든 이스라엘 백성'이라는 개념이며 이 용어가 역대기에 31회나 걸쳐 나오고 있다.

2) 사울에 관하여(대상10장)

역대기 기자는 왕정기간 동안의 설명을 사울 왕의 통치를 언급하며 시작하고 있는데 이 비극적 왕정이 어떻게 그 나라를 힘들게 하였는가를 보여주며 시작하고 있다. '하나님의 신정 왕국과 하나님의 법궤'이다. 예루살렘의 정복과 다윗의 기름 부음도 결국은 법궤를 예루살렘에 안치함이라는 큰 주제를 위한 종속적 개념으로 다루어지고 있는 것이 역대기 기사의 특징이다. 이런 관점에서 사울은 법궤에 대하여 합당한 관심을 기울이지 않은 왕이었기에 실패하게 된 것이라는 말이 된다.

3) 다윗의 치적에 관하여(대상11~29장)

역대기 상 17~29장은 다윗의 성전 건축 준비를 다루고 있다. 역대기 기자에 의해 논의된 가장 우선적인 관심이 17장에 나타나 있다. 솔로몬시대의 왕권 강화 및 정착은 결국 성전과 하나님의 왕국의 안정적 활성화라는 더 우선적인 일의 하위 개념이라는 것이다. 솔로몬에 의해 확장된 다윗의 통치는 아주 높게 평가되었는데, 성전 건축은 하나님의 신정 왕국의 실체를 확인케 하는 작업이며, 고레스 왕의 칙령으로 성전을 재건축하게 하는 일에 대한 신학적 결론 역시 그런 관점에서 이해되는 것이다.

여기서 우리의 관심을 끄는 것은 역대기 기자의 역사관과 인물관이다. 그는 사무엘서나 열왕기서 기자처럼 다윗이나 솔로몬을 메시아적 관점에서 부각시키지 않고 있다는 것이다. 예를 들면 역대기 기자는 다윗의 연약함을 보여주는 자료들을 거침없이 사용하고 있는데, 다윗의 인구조사라든지 역병 등은 모두 다윗의 책임으로 돌리고 있는 등의 표현이 그것이다. 역대기 상의 나머지 부분은 주전 4, 5세기 포로에서 귀환한 이스라엘의 주된 관심이 성전 재건과 그를 중심한 삶의 재건이었다는 점에서 이것을 이해해야 한다.

4) 솔로몬의 통치에 관하여 (대하1~9장)

솔로몬 역시 단순한 다윗 왕통의 계승자로 묘사되고 어떤 메시아적인 높임을 사용하고 있지 않다. 열왕기 상 3장에서는 솔로몬이 지혜를 얻은 것은 그의 왕국을 잘 다스리려는 목적이었던 반면에, 역대기 하 1장에서는 하나님이 지혜를 솔로몬에게 주셨음을 강조하고 있다. 역대기 하 1장에서는 기브온에서의 제사를 예루살렘 성전예배로 그 의식이 전환되었음을 보여 주고 있다. 즉 솔로몬을 역대기에서는 예배와 성전 건축의 열렬한 지원자로 묘사하고 있다는 점이다. 역대기 하 2~8장에는 솔로몬의 성전 건축 기사가 나온다. 그의 치세가 기브온에서 시작되었지만, 솔로몬이 어떻게 이스라엘을 인도하여 참된 성전 예배로 나아가게 하였는가를 설명하려고 하고 있는 것이다. 즉 역대기가 묘사하려는 솔로몬의 가장 중요한 치적은 바로 성전 봉헌과 법궤 안치이며, 이것이 이스라엘 생활의 핵심이 되어야 함을 강조하는 것이다. 솔로몬의 치세는 두로 왕 히람의 고백(대하 2:12)이나, 시바 여왕의 방문과 지혜를 구함으로 대표되는 이방의 모든 왕들이 예루살렘을 중심으로 모이는 '영화'를 보여 주고 있는 데, 이런 이스라엘의 황금기 역시 이스라엘이 '성전 중심'의 생활 때문임을 강조하려는 의도인 것이다.

5) 남방 유다의 역사: 르호보암에서 포로까지 (대하10~36장)

우리가 이미 지적했듯이 신정 왕국에 대한 지속적 관심은 역대기 하 10~36장이 강조하고 있는 예언적 방향 속에서 잘 드러나고 있다. 이는 이스라엘의 정통성이 남방 유다로 향하여 갔음을 보여 주는 것인데, 그럼에도 불구하고 역대기 기자는 '모든 이스라엘 백성'이라는 민족적 통일성을 강하게 주장하고 있다. 역대기 하에서는 열왕기서와는 달리 거의 전적으로 남방 왕국에 관심을 집중하고 있음을 알 수 있다. 솔로몬 스타일의 개혁, 즉 성전을 거룩하게 정화하는 것이 히스기야 왕의 시대에 일어났고 그 후에 요시야에 의해 다윗 스타일의 말씀 부흥을 체험하였던 것이 북방 왕국의 멸망에도 불구하고 남방 왕국을 향한 하나님의 사랑과 관심이 지속되고 있음을 웅변해 주는 것이다. 물론 요시아 왕의 후세는 실정과 우상숭배 끝에 결국 패망하고 포로되는 비극적 운명을 맞게 되는데 이를 통해 솔로몬 성전의 임시성과 구약 율법의 한계성을 동시에 보게 되는 것이다. 역대기 기자는 이스라엘의 북과 남이 공히 선지자들의 경고를 무시하고 그 결과로 신정 왕국이 최종적으로 무너지게 되었음을 강조하고 있다. 어떤 사람들은 역대기를 반 사마리아적 경향을 가진 자의 작품으로 보려는데 이는 잘못이다. 역대기 기자는 청결한 성전을 중심으로 예배하는 공동체로서의 통일된 하나의 이스라엘을 강조하고 있고 그런 이상적 이스라엘의 정통성을 남방 유다가 이어가고 있기 때문에 남방을 집중 조명하고 있는 것이지 사마리아에 대한 편견 때문만은 아닌 것이 분명하다.

제7장
에스라 · 느헤미야

1. 에스라·느헤미야의 서론과 구조

1) 에스라·느헤미야 서론

유대인의 전통에 따르면 에스라와 느헤미야는 한 권의 책으로 되어 있고 그의 저자는 학사 에스라였다고 한다.[142] 유대인 역사학자 요세푸스도 에스라가 저자라고 여기고 있다. 에스라라는 이름은 히브리어 '에제르(도움)'의 아람어 형태인 것 같고, 느헤미야는 히브리어로 '여호와의 위로'라는 뜻이다. 또한 히브리어 성경인 맛소라 본문에는 에스라 마지막 장과 느헤미야 첫 장 사이의 공백이나 간격이 없고, 느헤미야 끝에 가서 보통의 맛소라 본문에서 보이는 각 권의 절수에 대한 통계가 나타난다. 맛소라 학자들이 느헤미야 끝에 부기한 절수 통계를 보면 느헤미야 3:32절이 중간 절이라 하였는데, 이는 에스라와 느헤미야를 합한 것으로 계산했을 때 나오는 결과이다. 주후 1448년에 나온 히브리어 사본에서 처음으로 에스라와 느헤미야가 나누어졌으며, 그것이 1525년의 봄베르그판 히브리 성경에서 이어졌다. 이런 후대에 두 권으로 나누는 전통이 현재의 한국어 및 영어 성경의 배열의 기원이 되고 있다. 이 책을 두 부분(에스라 · 느헤미야)으로 나누어 언급하는 것이 당시의 유대교의 관행과 일치한다는 것에 대해 처음으로 언

---

142 Talmud, *Baba Bathra* 15 a.

급한 사람은 교부 오리겐이다. 제롬은 에스라와 느헤미야서가 하나의 책이라는 유대인의 전통을 따랐다. 하지만 라틴어 역본인 벌게이트 역에는 두 책이 분리 되어야 한다고 인정했으며 느헤미야서를 에스드라 2서라고 불렀다. 70인역에서도 계속 붙어서 하나로 되어 있다가 오리겐의 시대가 이르기 전에 헬라어 역본에서는 두 개로 나누어졌다. 구약학의 초보자들에게는 좀 혼란스럽겠지만, '에스라' 혹은 '에스드라'라고 명명된 책이 네 권이나 되므로 여기서 간단하게라도 설명하고 지나가는 것이 혼란 방지를 위해 도움이 되겠다. 먼저 헬라어 번역본인 70인경에서는 정경이 아닌 외경 에스드라서를 '에스드라α'라 했고, 정경의 에스라를 '에스드라β'라 했으며, 느헤미야서를 '에스드라γ'라 명명했고, 가경류인 묵시 에스드라서를 '에스드라 묵시($\acute{\epsilon}\sigma\delta\rho\alpha\varsigma$ $\acute{o}$ $\pi\rho o\phi\eta\tau\eta\varsigma$)'라 분류했다. 그리고 라틴 벌게이트에서는 정경의 에스라를 '에스드라I'으로, 느헤미야를 '에스드라 II'로, 외경 에스드라를 '에스드라III'으로 그리고 묵시 에스드라를 '에스드라IV'로 쉽게 구분했다.

에스라서와 느헤미야서가 원래는 한 책이었다는 학계의 매우 보편적인 주장에도 불구하고 에스라 2장이 느헤미야 7:6~70절에 반복된다는 사실은 그 반대를 시사해 주고 있는 듯이 보인다. 이 책이 하나의 단일한 저작이었다면 그렇게 긴 히브리어 이름들의 목록을 다시 반복할 이유가 전혀 없었을 것이다. 그럼에도 불구하고 매우 이른 시기부터 두 책은 하나로 간주되어 왔는데 그 이유는 느헤미야서가 에스라서의 역사적인 내용을 연결해 주고 있기 때문일 것이다. 혹은 대안으로 E. J. 영 교수가 지적한 바와 같이 정경서의 총 숫자가 히브리어 알파벳의 숫자 22와 일치하도록 만들고자 하는 바람에 나온 것이라는 주장도 일리가 있다.[143] 어쨌건 우리는 에스라와 느헤미야가 분리된 별개의 책으로 구분 짓는 것에 익숙하지만, 여기서는 함께 다루도록 하겠다.

에스라서와 느헤미야서는 역대기와 마찬가지로 히브리 정경의 세 번째인 성문서에 위치해 있으며 맨 마지막 책인 역대기 바로 앞에 위치해 있다. 그러므로 이 책들이 역대기 상하보다 먼저 정경으로 가입되었다는 것을 알 수 있다. 그러나 대부분의 개신교 번역본들은 영어 성경과 한국어 성경과 같이 에스라 느헤미야를 역대기 뒤에 위치시키고 있는데, 이는 비록 비슷한 시대의 기록물이기는 하나 역대기가 앞의 사무엘서와 열왕기서에 대한 해석으로 여겨졌기 때문일 것이다. 본서들의 주제는 과거의 역사적이며 영적인 기초 위에 히브리인들의 신정정치를 재구성하는 데 기여하는 것이다. 하나

---

143 Young E. J., op. cit., p.438. 영 교수뿐 아니라 초대의 죠세푸스 같은 사람도 그렇게 보았다.

님께서는 이스라엘 밖에 있는 무서운 대적자들로부터 남은 자를 보호하신 것 같이 이 제 그 돌아온 공동체 안에서 거짓 형제들의 죄악과 부패에서 그들을 건져 언약의 약속 을 이루는 신앙 공동체를 형성하게 될 것을 강조하는 것이 본서의 주제라 하겠다.

에스라와 느헤미야를 둘러싼 문제는 대략 두 가지로 정리될 수 있다. 첫째는 이 책들 과 역대기와의 관련성이며, 두 번째 문제는 에스라·느헤미야의 통일성과 다양성에 대 한 문제이다. 여기서는 첫 번째 문제는 간단히 정리하고 두 번째 문제를 다루도록 하겠 다. 첫 번째 문제 즉 본서와 역대기가 서로 밀접한 관계가 있다는 학자들과 본서를 역 대기와는 완전히 분리된 독립적인 책으로 보는 견해들이 있지만 현재의 학계는 후자의 견해를 더 많이 수용하는 것 같다.[144] 여기서도 우리는 에스라·느헤미야가 역대기 기 자의 작품이 아니라는 관점에서 설명해 갈 것이다.

그보다 에스라서와 느헤미야서가 과연 단일 저자의 작품이냐 다른 저자의 작품이냐 가 더 큰 관심사인데, 그런 저자의 문제와 관련하여 저작 연대나 배경이 달려 있으므로 여기에 대한 생각을 정리하는 것이 바른 순서일 것 같다. 우선 저자의 문제 관하여 단 일 저자설과 복수 저자설이 팽팽한데, 단일 저자설은 에스라가 자신의 회고록과 느헤 미야의 회고록을 참고하면서 두 권을 다 기록했다는 견해이고, 복수 저자설은 에스라 와 느헤미야는 각각 다른 저자에 의해 기록되었다는 견해이다. 복수 저자설을 주장하 는 학자들은 에스라 2장의 긴 족보가 다시 느헤미야 7장에서 그대로 복제되고 있기 때 문에 만일 동일 저자라면 그렇게 긴 족보를 왜 다시 재기록 했겠는가 하는 의문에서 출 발한다. 탈무드에 의하면 '에스라가 그의 책을 기록하였다'고 되어 있으며, 에스라·느 헤미야를 한 권으로 본다고 하였다. 이 논리대로라면 전통적인 랍비들의 견해는 에스라 가 두 권을 기록했다고 해야 한다. 하지만 탈무드는 곧이어 이렇게 질문한다. "그리고 누가 그것을 완성했는가?"하면서 그 편집 완성자로 하가랴의 아들 느헤미야를 지목하 고 있다. 이런 견해들을 종합해 본다면, 먼저 사역하였던 에스라가 총독이었던 느헤미 야의 지원과 도움으로 본서들의 주요 부분을 완성했고, 나중에 느헤미야가 자신의 글을 삽입하여 한 권으로 된 책을 완성한 것으로 여겨진다.[145] 그러다가 후대의 학자들이 그 본래의 저자들을 중심하여 두 권으로 분류한 것인데, 이런 논쟁은 사실 별 중요하지 않 다. 비슷한 시대에 동역한 두 사람의 글의 내용이 더 중요한 문제이기 때문이다.

---

144 참고, 이에 대하여 관계가 있다는 주장을 하는 학자들은 Ackroyd p.와 Zunz I. 등이며, 독립된 책이라 고 보는 학자들은 Japhet, Williamson, Min K. 등이 있다.

145 Archer Jr. G. L., op. cit., p.601.

본서들의 연대에 관하여 에스라 7:1절에 언급된 아닥사스다 왕이 아닥사스다 1세 롱기마누스라고 가정할 때 에스라가 예루살렘에 도착하여 사역을 시작한 때는 주전 457년경일 것이다(그 왕의 제7년 때이므로). 느헤미야는 그 왕의 20년 때인 주전 445년경에 예루살렘에 부임한 것으로 보인다. 느헤미야는 두 번 '예후드 지역'으로 불리는 예루살렘 즉 강 서편의 총독으로 부임했는데 두 번째 부임 시기는 주전 433년경이라고 한다. 에스라 7장부터 느헤미야 13장까지가 다루고 있는 연대는 주전 458~433년인 것이 분명하다. 이 시기는 에스라와 느헤미야가 함께 사역한 시기라고 여겨지는 시기이다. 그들의 사역의 초점은 예루살렘 성벽의 재건이었다. 이미 예루살렘 성전을 재건되었으며, 예배와 제의는 회복되었다. 그러나 세월이 지나면서 말라기에서 지적하고 있듯이 돌아온 이스라엘의 신앙은 급속히 세속화되고 흐트러지기 시작하였다. 성전 재건 후 거의 70~80년이 흐른 후 그 백성을 하나로 묶을 수 있는 무엇인가가 필요했는데, 이것이 바로 예루살렘 성의 재건이며 성문의 중수였던 것이다. 에스라와 느헤미야는 그 사역을 근거로 하여 선민 이스라엘이 하나님의 언약의 백성으로 다시 돌아오기를 기대하며 이 메시지를 기록한 것이다.

이런 성벽 재건과 관련하여 특별히 우리의 눈길을 끄는 것은 당시의 통치자였던 페르샤의 아닥사스다 왕이 왜 자기네들에게 불리하게 될지도 모르는 주변국의 성벽을 재건토록 허락했을까 하는 문제인데, 이에 대해서는 R. B. 딜라드 & T. 롱맨 3세가 아주 자세하게 당시의 근황을 설명하고 있다.[146] 그의 설명에 따르면, 주전 464년에 아하수에로 왕이 죽자 당시의 페르샤의 속국이었던 이집트가 반역을 꾀하였고, 이를 진압하려고 왕의 삼촌이 전장에 나섰다가 패전하여 죽게 된다. 이런 상황을 본 헬라까지도 이런 반란의 물결을 타고 이집트와 동맹을 맺으며 페르샤를 압박하게 되는데, 이렇게 헬라와 이집트의 동맹을 끊을 수 있는 통로가 바로 이스라엘이며 그래서 아닥사스다 왕은 예루살렘의 무장을 허락하여 페르샤 편에 서서 이집트와 헬라의 동맹을 끊어 놓으려 했다는 것이다. 참 설득력 있는 내용이다. 이스라엘은 이런 국제 정세를 활용하여 예루살렘의 성벽을 쌓고 거주민을 늘이며 신정 왕국의 새로운 면모를 다듬어 간다는 것이다.

본서들의 역사적 진정성을 의심하는 많은 이론들이 제기되었는데 여기서 구체적으로 다루지 않겠다. 왜냐하면 그런 부정적인 이론들은 이미 많이 세력이 약화되어 다시

---

146 Dillard R. B. & LongmanⅢ. T., op. cit., pp.270~271.

거론할 필요를 느끼지 않기 때문이다. 간단히 그 주제들만 언급하면 다음과 같다. 본서에 소개된 두 이름 에스라 10:6절의 '요하난'과 느헤미야 12:11절의 '얏두아'의 이름이 후대 헬라시대의 이름이라는 것과 느헤미야 12:22절의 '바사 왕 다리오'에 대한 언급이 당대의 언급이 아니라 후대 헬라시대에 지난 시대의 왕을 지칭하는 언급이라는 것이나 헬라의 드라크마를 보고 본서들의 헬라시대 저작을 주장하기도 했는데 이는 한물 지난 논쟁이며,[147] 앞서 설명한 본서의 시대적 배경이 타당한 것으로 여겨지고 있다.

2) 에스라·느헤미야의 구조

두 책의 구조는 다음과 같다

① 에스라

- 1장 고레스의 칙령
- 2장 돌아온 사람들
- 3장 제단터의 봉헌
- 4~6장 제2성전의 건축
- 7~8장 에스라의 귀환
- 9장 에스라의 고백
- 10장 에스라의 개혁

② 느헤미야

- 1장 느헤미야의 기도
- 2장 느헤미야의 귀환
- 3장 성벽의 재건
- 4장 재건축에 대한 방해
- 5장 경제적 부흥
- 6장 느헤미야의 반대자들
- 7, 11~12장 업무 완수
- 8~10장 에스라의 율법 낭독: 언약갱신
- 13장 느헤미야의 두 번째 귀환

---

147 이에 대하여 아래의 책들을 참고하라. Harrison R. K., op. cit., pp.214~228; Dillard R. B. & Longman IIIT., op. cit., pp.267~272; Archer Jr. G. L., op. cit., pp.600~603.

2. 에스라·느헤미야의 신학적 논점들

1) 돌아온 공동체의 세 가지 전환점과 유대주의에 대하여

이스라엘의 포로생활이 끝나고 그들은 3차에 걸쳐 귀환을 하게 된다. 첫째는 스룹바벨의 인도 하에 거의 5만 명가량이 돌아온 일이며, 2차 귀환은 에스라의 영도 하에 이루어졌고, 3차 귀환은 느헤미야의 지도하에 일어났다. 첫 번째 성전 건축은 주전 536년에 시작되어 534년에 중단되었다가 14년만인 주전 520년에 재개되어 이스라엘이 포로에서 처음으로 귀환한지 20년만인 516년에 완성된다. 이 시기에 선지자 학개와 스가랴가 이 시대에 헤이해진 성전 건축의 열정을 독촉하며 사역했었다.

이런 전체적인 이해 속에서 우리는 에스라, 느헤미야서가 주는 신학적 교훈을 다시 점검할 필요가 있다. 그것은 이스라엘이 다시금 배교의 아픈 전철을 밟지 않기 위해 '성전 중심의 생활을 하는 것'과 '율법을 중시하는 삶'으로 돌아가는 것이다. 이런 삶을 위해 본서는 다음의 중요한 세 가지 관점의 전환이 돌아온 공동체에게 이 시점에 일어났음을 본서들을 통해 밝혀주고 있다. 이러한 포로 후 이스라엘 공동체의 변화에 대하여 T. C. 에스케나지는 헤겔의 표현을 사용하면서 이스라엘이 '시적인 시대'에서 '산문적인 시대'로의 전이가 일어났다고 평했는데 이는 놀라운 통찰력이다.[148] 다음은 주로 T. C. 에스케나지의 분석을 의지해서 평가해 본 것이다.

첫째는 이스라엘이 개인 엘리트들의 지도력을 넘어 공동체적 하나됨으로 전이되는 현상을 보게 된다. 구약에는 카리스마적인 인물들이 많이 등장한다. 아브라함, 모세, 다윗 등이 그렇고 요셉과 다니엘, 사무엘과 엘리야 등이 그런 인물들이다. 그리고 에스라와 느헤미야 역시 그런 반열에 속할 만한 두드러진 인물들 중의 한 명이다. 그러나 T. C. 에스케나지는 이런 탁월한 두 인물이 어떻게 공동체 속으로 흡수되고 또 공동체와 대척되는 지점에 서지 않고 공동체의 일원으로 공동체와 함께 일했는지를 논증하고 있다. 이때 에스라는 공동체와 함께 움직이고 살기를 기꺼이 했다면 느헤미야는 약간 거리끼면서 동참했다. 성전과 예루살렘 성벽을 재건하는 임무를 결국에 완성해 낸 것은 그 두 사람의 탁월성도 있지만 결국은 공동체의 몫으로 돌려졌다. 결국은 포로 후의 이스라엘 공동체는 집단적으로 하나님께로 돌아섰다는 것이다. 특별히 느헤미야

---

148 Eskenizi T. C., *In an Age of Prose A Literary Approach to Ezra-Nehemiah*(Atlanta, Scholars, 1988), p.1.

9:5~38절과 10장의 언약에 인봉한 사람들은 남은 자로 살겠다고 약속한 공동체의 명단이다. 이 언약 갱신 의식이 민족의 탄식과 간청의 맥락 속에서 그려지고 있다.

둘째는 이스라엘의 거룩성이 몇몇 장소들에 제한되지 않음으로 전환되고 있다. 이 주제는 성전이 재건되었을 때 명백해진다. 이것이 그들의 귀환의 주요 목적이기도 했다. 그러나 성전이 완성되었다고 하나님의 집이 완성된 것은 아니다. 일은 계속되었고, 예루살렘의 더 많은 부분들이 증축되었다. 예루살렘 성벽이 완공되었을 때 이 성벽들 역시 성별되었다. 이것이 단순히 완공되어 봉헌되었다는 것이 아님에 유의하라. 느헤미야 1~7장의 관점에 의하면 하나님께서 예루살렘의 재건과 이주를 가능하게 하셨음을 시사하고 있다. 그러나 예루살렘 전체는 아직 여호와께 거룩하지 않으며, 다윗과 같은 통치자도 아직 나타나지 않았으며 백성들의 마음은 예레미야가 예언했던 것같이 아직 완전히 변화되지 않았다. 그러나 하나님은 이제 예루살렘 전 도성을 거룩한 곳으로 선포하시며 이스라엘에게 거룩의 개념이 장소적인 것이 아니라 예레미야에게 예언하였던 마음과 순종의 문제임으로 고쳐시키신다. 이제 예루살렘 전 도성은 성전의 한 부분으로 간주되었다는 것이다. 이제 하나님의 집이나 거룩한 성전은 단순한 성전이 아니라 전 예루살렘으로 확장되며 이것은 중요한 변화이다. 거룩한 장소는 단지 성전만이 아니라 예루살렘 전체가 성별된 거룩한 곳이 된다는 개념은 후일 이스라엘이 다른 곳 즉 회당 같은 곳에서 예배할 수 있는 길을 터준 계기가 된다. 이스라엘에게 있어서 거룩성이란 이제 정해진 장소의 문제가 더 이상 되지 않고 있다는 놀라운 전이가 이 에스라와 느헤미야를 통해 확인되고 있는 것이다.[149]

셋째의 전이는 이스라엘이 이제 더 이상 구전 전승에 의지하지 아니하고 기록된 말씀의 권위에로 귀이하고 있다는 변화가 본서에서 발견되는 돌아온 공동체의 특이사항이다. 이 책에서 기록 문서들이 하고 있는 역할은 놀라울 정도이다. 왕들의 편지들은 실제적인 사건 및 이야기에서 행동을 유발시키고 끝이 난다. 여기서 강조하고 있는 기록된 문서들이란 인간이 쓴 문서가 아니라 여호와의 토라이다. 이 돌아온 백성은 말씀을 중심하여 언약 갱신의 의식을 치르고 있다. 이는 과거 모세와 여호수아(수8:30~35) 그리고 율법을 발견한 요시아 왕의 개혁(왕하23:1~5)을 상상하게 한다.[150] 이제 에스라와 느헤미야는 돌아온 이스라엘 공동체가 그들의 조상이 무시하여 심판받았던 말씀의 종

149 Ibid., p.57.
150 House P. R., op. cit., p.943.

교로 한 단계 업그레이드되고 있는 것이다. 에스라는 하나님의 언약 안에 있는 남은 자를 하나님의 말씀을 통하여 보고 있는 것이다. 범죄함으로 말미암아 이스라엘은 그 지위는 상실했을지라도 하나님의 말씀은 상실하지 않았다. 이제 그 말씀은 참 이스라엘 곧 남은 자들이 누구이며 또 이스라엘의 회중 안에 들지 못할 자가 누구인지를 말씀을 따라 분별하게 되었다.[151] 느헤미야 8장에서 남은 자들은 율법의 주위로 모여든다. 보다 중요한 사실은 이것이 강압적이 아니라 자발적으로 에스라에게 율법을 가르쳐 달라고 요청하고 있다는 점이다. 그들이 남은 자가 되기로 결정했음과 그 개혁이 단지 외면적인 개혁에 머무르지 않고 내적인 개혁이 되었음을 보여주는 부분이다.

이런 세 가지 특별한 전이를 통하여 선민 이스라엘은 그들의 조상이 밟았던 우상숭배와 죄악의 전철에서 벗어나게 되었다. 물론 그런 돌아온 이스라엘의 미래가 완전한 결론을 갖는 것은 아니다. 한 마디로 그런 완전함은 아직 이루어지지 않았다. 하지만 우리는 "에스라는 미종말적 단계들 속에서 일부 선지자들의 예언을 실현하고 있기는 하지만 이것들은 진정으로 종말에 가서야 완성되는 다른 것이었다. 그는 토라를 또한 이를 위한 약속의 책으로 사용하고 있었다"라는 K. 코흐[152]의 평가는 인상적이다.

에스라는 '율법의 사람', '유대주의의 시조' 혹은 '율법을 지키게 하는 사람'으로 불리는데, 그는 백성들에게 율법을 들려줌으로서 그들을 향한 하나님의 사랑과 관심을 진작시키려 했다. 학자들은 이때를 소위 '유대주의'가 시작된 때로 여긴다. 물론 학자들에 따라 헬라의 폭압통치기를 유대주의의 발화점이라고 여기기도 하지만, 포로에서 돌아와 대략 한 세기가 지난 시점의 에스라의 개혁운동이 이스라엘의 유대주의화에 결정적인 전환점이었다고 본다. 유대주의는 과거의 우상숭배나 세속적 성공에 대한 관점에서 배타적 선민주의를 강조하고 기록된 말씀에 지대한 권위를 부여하며 집착하는 성향을 의미한다. 그들은 유다의 후손인 다윗의 후손이 그들의 왕이 되어야 하며, 그 아들을 통하여 모세와 같은 선지자인 메시아가 오리라는 것을 대망하는 신앙을 주요 사상으로 하는 유대주의를 정착시킨 첫 세대로 알려지고 있다.

특별히 느헤미야의 인도 하에 학사 에스라가 백성들에게 율법을 읽혀 들리고, 하나님 앞에서 언약을 갱신하며 그 언약대로 살기로 결의하는 부분은 시사하는 바가 크다. 포로에서 돌아 온 이스라엘을 향하여 이웃의 위협과 시기가 극심하였으나, 이들 지도

---

151 von Rad G., *Old Testament Theology*. Tr. by Stalker D. M. G. 1st vol.(New York, Harper & Row, 1962~65), pp.89~91.

152 Koch K., "Ezra and the Origins of Judaism," *JSS19*(1974), pp.173~97.

자들과 선지자들의 활동은 이스라엘로 하여금 다시 죄에 빠지지 않고 하나님 앞으로 나아가도록 하였다. 이 언약 갱신의 사역이 개인적으로 늘 새롭게 일어나도록 하는 것이 개혁신앙의 표상이다. 포로기라는 연단을 통해 이스라엘은 온전히 배운 것이 하나 있는데, 그것은 '사람이 아니라, 하나님만이 희망'이며 그것은 말씀으로 인도되는 것이라는 점이다.

3. 에스라·느헤미야의 주요 내용 강해

에스라서와 느헤미야서는 그 내용상의 중심인물들의 이름들을 따른 것이다.

1) 에스라

1장 고레스의 칙령의 칙령을 따라 이스라엘이 예루살렘에 성전을 재건하기 위해 돌아온다. 여기서 하나님은 예루살렘에 계신 하나님이라 소개되고 있다(1:6).

2장 돌아온 사람들의 명단이 길게 녹명되고 있다. 그들의 지도자의 이름이 앞에 나온다. 스룹바벨, 예수아, 느헤미야, 스라야, 르엘라야, 모르드개, 빌산, 미스발, 비그왜 르훔, 바아나 등이었다. 어떤 족장들은 예루살렘에 있는 여호와의 성전 터에 이르러 하나님의 전을 그곳에 다시 건축하려고 예물을 기쁘게 드리되 힘 자라는 대로 공사하는 금고에 들였다(2:68~69)고 기록하고 있다.

3장 돌아온 그들은 일곱째 달에 예루살렘에 모여 번제를 드리며 규례대로 초막절을 지켰고, 성전의 건축이 이년 만에 시작되었다. 성전의 기초가 놓일 때 그들은 여호와를 크게 외쳐 부르며 찬양했다.

4~6장 성전의 건축은 시작되었지만 이웃 이방의 방해와 모략으로 공사는 다리오왕 2년까지 중지된다. 그런 봉착기에 학개 선지자와 스가랴 선지자의 활약으로 다리오 왕께 청원서를 올렸고 6장에 이르러 다리오 왕의 재가를 받고 공사가 재개되었으며 다리오 왕 제6년에 성전을 재건하고 봉헌하였다(6:15~22).

7~8장 그로부터 많은 시간이 흘렀음을 암시하는 "이 일 후에"라는 구문의 7:1절을 통해 에스라가 바벨론으로부터 예루살렘에 왔는데, 그는 대제사장 아론의 후손이며 율법에 익숙한 학자로서 왕에게 은총을 받은 자였다. 그는 아닥사스다 왕의 제7년에 왕으로부터 모든 필요한 물자를 얻어 이스라엘 중에 우두머리들을 모아 함께 예루살렘으

로 돌아왔다. 아마 이때가 주전 457년 어간으로 짐작되고 있다. 이 부분에서 본서는 일인칭 단수를 사용하며 에스라가 직접 기록한 것임을 밝히고 있다.

9장 에스라는 이방인과 잡혼을 한 그들의 조상과 그들 시대의 죄를 자복하고 있다. "이스라엘의 하나님 여호와여 주는 의로우시니 우리가 남아 피한 것이 오늘날과 같사옵거늘 도리어 주께 범죄하였사오니 이로 말미암아 주 앞에 한 사람도 감히 서지 못하겠나이다"(9:15).

10장 그런 상황에도 에스라는 하나님을 인하여 아직 소망이 있음을 노래하고 백성들과 함께 금식하며 이방 여인들과의 잡혼의 문제를 청산하고 있다. 그러면서 비록 부끄러운 일인 줄을 알지만 그의 글 마지막에 이방여인들과 혼인했던 사람들의 명단을 제사장들도 함께 기록하고 있다. 이것이 돌아온 이스라엘 공동체의 힘이요, 회복의 출발점이 된 것이다.

이것이 이스라엘의 1차 귀환과 2차 귀환 사이에 일어났던 일의 대강이었고, 에스라는 1차 귀환 보다 대략 60여년이 지난 후 2차 귀환자 중의 한 사람으로 본토로 귀환한 유대인 지도자였다. 본서에는 그의 계보 그리고 그가 아닥사스다 왕으로부터 받은 사명이 적혀 있었다(스7:1~28). 아닥사스다 제7년에 그와 함께 예루살렘으로 온 사람들의 목록은 아하와 강에서의 사건들에 대한 기록과 함께 나와 있다(스8:15~36). 유다 지방에서의 잡혼 때문에 에스라는 많은 신경을 썼으며(스9:1~15), 개혁이 단행되었다(스10:1~17). 에스라서는 이방여인들과 결혼했던 제사장 직분자들의 목록으로 끝을 맺는다. 이것은 이스라엘이 자신들의 어려웠던 국가적 수치의 기간 동안에 율법을 등한시했던(여러 가지 그럴만한 이유로 인하여) 이방인들과의 통혼에 관한 아픈 기록을 담고 있으며, 이는 후대 이스라엘에 큰 교훈으로 남아있게 되었다.

2) 느헤미야

1장 여기에 나오는 느헤미야의 기도는 유명한 지도자 정신의 교본이 되고 있다.

2장 느헤미야는 아닥사스다 왕의 제20년에 왕의 허가를 얻어 예루살렘으로 귀환하게 된다. 왕의 은총을 입어 필요한 재물을 가지고 예루살렘의 재건을 위하여 돌아온 느헤미야는 며칠 후 일행들과 예루살렘 실정을 파악하기 위해 정찰을 나선다.

3장 느헤미야는 대제사장의 협력을 얻어 예루살렘의 성벽을 건축하기 시작했다. 그러자 이웃의 이방인들은 그것을 방해했고, 느헤미야는 강력히 그런 반대에 대항하여 성벽공사를 진행했다.

4~5장 외부의 방해 말고도 느헤미야는 내부의 불평에도 시달렸는데, 자기의 녹봉을 털어 공사 경비로 썼고 그렇게 함으로써 그는 백성의 지도자들과 부유한 자들의 협력을 얻어낼 수 있었다.

6~7장 산발랏과 도비야를 비롯한 많은 방해꾼들의 방해를 무릅쓰고 느헤미야는 마침내 예루살렘의 성벽공사를 완수해 낸다. 그 후에 그는 백성들을 위한 지도자들을 세우는데, 이 부분에서 본서는 앞의 에스라 2장의 긴 명단이 다시 재개되고 있다.

8~10장 에스라와 느헤미야서의 가장 감동적인 부분이 이 부분이다. 사명을 감당하고 돌아온 이스라엘은 그 지도자를 중심으로 온 공동체가 하나님의 율법 앞에 울며 그들의 죄를 자복하며 회개하고 있다. 이 모습은 옛날 모세와 여호수아의 언약 갱신, 그리고 요시야왕의 개혁운동과 흡사한 모습을 띠고 있다.

11~12장 예루살렘에 거주하는 사람들의 명단과 이스라엘을 하나님 앞으로 이끌어 갈 레위지파 및 제사장의 명단이 녹명되어 있다. 12:27절에서 느헤미야는 백성들과 더불어 예루살렘의 성벽을 하나님께 봉헌하고 있다.

13장 그런 후 느헤미야는 다시 바벨론으로 복귀하였다가 다시 왕의 32년에 예루살렘으로 돌아온다. 돌아온 느헤미야는 백성들이 그 옛 언약을 잊고 율법에 나태해진 상황을 목격하며 다시 제2의 개혁을 추진하며 예배와 십일조와 안식일을 강조하게 된다.

느헤미야서는 유대인들의 본토 귀환 중 3차 귀환자의 지도자였던 느헤미야 시대의 기록이다. 시점은 일차 귀환으로부터 대략 100년쯤 지난 시대였다. 스룹바벨 성전으로 불리는 새 성전이 관리 소홀, 관심 소홀로 방치되고 있다는 소식을 듣고 슬퍼하며 기도하는 모습으로 본서는 시작되고 있다. 그는 아마도 에스더와 모르드개의 활약의 후광을 입고 그 나라의 신임 받는 장관의 위치까지 출세했던 것으로 보인다. 본서는 일인칭으로 기록된 그러한 서론으로 시작되며, 느헤미야의 영도 하에서의 예루살렘 성벽을 복구하려고 했던 상황들을 기록하고 있다. 유다가 황폐하게 되었다는 소식을 듣고 그는 그 상황을 타개하기 위해 예루살렘으로 가는 허락을 얻어낸다(느1:1~2:20). 가장 시급한 일은 성벽 재건(예루살렘의 성벽은 한 쪽이 성전과 이어져 있었다)이었으며, 느헤미야는 이 임무를 위해 필요한 인력을 다 동원해서 양의 문부터 재건하기 시작했다(느3:1~320). 산발랏과 도비야가 이끄는 사마리아인 반대파들은 성벽의 건설을 중단하라고 위협했지만 느헤미야의 단호한 지도력의 결과로 이 일은 계속될 수 있었다(느4:13~23).

사람들의 사기를 꺾어 놓는 사회적인 불의가 시정되고(느5:1~19), 성벽의 재건을 막으려는 사마리아인 반대파의 시도들은 좌절되었으며(느6:1~19) 그 임무는 52일 만에 결국 결실을 맺었다. 에스라서 2장의 목록이 느헤미야 7:6~70절에 반복되어 나타나며 언약갱신과 함께 이야기가 다시 이어지고 있다. 에스라는 이 언약갱신 의식에서 중심 역할을 맡았다(느8:1~18). 언약 조항들의 비준(느9:1~38)과 순종의 약속(느10:1~39), 이후에 죄의 고백이 뒤따라 나온다. 예루살렘 및 그 주변 지역의 거주민들의 목록(느11:1~36)은 제사장들과 레위인들의 목록으로 완성된다. 성벽을 봉헌하는 일(느12:27~ 47)과 잘못된 점들에 대한 적절한 개혁들(느13:1~31)로 느헤미야는 끝나고 있다.

에스라와 느헤미야서에는 종종 사람들의 명단이 나온다. 그중에서 에스라의 마지막을 장식하고 있는 이방 여인들과 통혼했던 제사장들의 명단이 각 지파별로 나오는 것은 인상적이다. 그에 앞서 그들이 하나님의 말씀 앞에 회개하고 그 회개하는 일을 에스라가 바르게 영도하도록 돕는 사람이 생긴 것 등이 인상적이다. 그러나 그런 의로운 일에도 그 가운데 반대하고 또 무리지어 대항하는 사람들이 있는데, 대제사장의 아들이라도 잘라내어 그 공동체에서 내치는 엄함이 그들 공동체를 살린 것이라 할 것이다. 이 명단에 거명된 그들은 한 때 잘못하고 실수 했지만, 이제 말씀을 따라 회개하고 사사로운 정들을 버리는 결단으로 야훼 하나님 앞에 선 제사장들이다. 그 제사장들의 명단이 공개되는 것은 개인적으로 수치스런 일일 수 있다. 그러나 사실은 그들은 용기 있는 사람들이며, 이스라엘에게 경계를 주는 것이며 그런 모습 속에 미래의 이스라엘의 살 길이 열려지는 것이다.

제8장

에스더

1. 에스더의 서론과 구조

1) 에스더 서론

이 책의 이름은 내용에서 주인공으로 나타나는 에스더의 이름을 딴 것이다. 유대인의 경전인 탈무드에서는 '메리라트 에스더' 즉 '에스더의 두루마리'라고도 칭하고 단순히 '에스더'라고도 한다.[153] 에스더라는 단어는 페르샤의 말로서 '별'이란 뜻이며 에스더의 히브리어 이름은 '하닷사(아름다운 나무-도금양, 상록 관목 나무의 일종)'이다. 하닷사라는 여인이 아하수에로 왕의 왕비가 되면서 페르샤(파사)의 이름인 에스더로 개칭된 것이다. 히브리 성경의 이름이 그대로 헬라어 칠 십 인경과 라틴 벌게이트 역에 이어 영어와 한국어 성경의 명칭으로 채택된 것이다.

에스더서는 개신교의 구약 분류에 따르면 역사서에 속하여 구약의 17번째 책으로 에스라, 느헤미야의 뒤에 그리고 욥기의 바로 앞에 위치하고 있다. 그리고 히브리 성경의 전통을 따르면 토라, 나비임, 커투빔으로 구성된 그들의 정경 '타나크' 중에서 세 번

---

153 Talmud, *Baba Bathra*. 15a 에 따르면 본서의 저자는 '큰 회당의 사람들'이 에스더의 두루마리를 기록했다고 한다. 유대인 역사학자인 죠세푸스는 그이 '유대 고대사' 11:6~1절에서 모르드개를 저자로 지목했다. 중세기의 유대인 랍비인 이븐 에즈라(1092~1167)도 모르드개가 원저자였다고 암시한다. 그러나 우리는 이에 대한 단정할 만한 정확한 정보를 갖고 있지 못하다.

째 그룹인 '커투빔'(성문서)에 속하며 그 중에서도 두 번째 그룹이 소위 말하는 다섯 두루마리(오축)의 마지막에 속하여 있다. 본서는 마소라 본문을 기준으로 10장 163절로 구성되어 있고, 헬라어 번역본인 '셉투아진트'(LXX)에는 270절로 구성되어 있다.

본서는 아래와 같은 몇 가지 이유들 때문에 그 정경성은 의심받아 왔는데, 그 이유들은 위와 같이 본서에 신명이나 기타 종교의식 즉 예배, 기도, 찬양 등에 관한 언급이 없고 또한 잔인한 복수의 이야기가 기록되어 있으며, 몇 몇 초기의 정경 목록에서 빠져 있다는 것과 사해 사본 중에서 유일하게 본서만이 배제되어 있다는 이유들이다. 그래서 어떤 이들은 본서를 정경에서 빼버리기를 원했는데, 심지어는 심한 불쾌감까지 표시하고 있는 이들도 있다. 초대 교회시절의 주교 멜리토는 정경목록을 작성하면서 본서를 삭제하였고, 개혁자 루터는 "나는 이 책들(에스더와 외경 마카비 2서)이 전혀 존재하지 않았으면 한다. 왜냐하면 이 책들은 너무나 유대교적이며, 이교도적인 부적절한 내용들을 너무 많이 담고 있기 때문이다"라고 했다.[154] 그뿐 아니라 현대의 학자들 중에 코르닐 같은 이는 에스더의 역사성을 완전히 부인하기까지 했다.[155] 그런 악의에 찬 비판이 있다하더라도 R. 백위드에 의하면 본서는 주후 100년경에 소집된 얌니아 회의에서 랍비들에 의해 유대인의 정경으로 받아 들여 졌으며, 주전 114년에 번역된 본서의 헬라어 사본인 셉투아진트도 본서를 정경으로 인정하여 번역하였고, 유대인 역사학자 죠세푸스도 본서를 정경 목록에 포함시키고 있을 뿐 아니라 많은 고대의 주요 목록들에서 본서를 정경으로 인정하고 있음을 볼 때 본서는 고대로부터 정경으로 인정되어 왔음이 분명하다고 확인하고 있다.[156] 예루살렘 탈무드에서는 '성문서와 선지서가 파멸되는 한이 있어도 5경과 에스더서는 결코 멸하지 않을 것'이라 기록하고 있다.[157] 중세의 유명한 유대인 학자인 마이모니데스(1135~1204)는 에스더서가 중요성에 있어 토라 다음

---

154 Dillard R. B. & LongmanⅢ. T., op. cit., p.278에서 재인용.

155 Young E. J. op. cit., p.413에서 재인용. 참고로 Young 교수의 책에 소개된 그의 본서에 대한 평가를 소개한다. "구약 주석가들은 에스더서를 전적으로 제외하기를 좋아한다. 그렇지 않더라도 그것을 필수적이라 하여 자신이 그것을 추종하지 않는다. 왜냐하면 이 책이 종교사적인 문서로는 가치가 있다하여도 그것을 거룩한 기록의 하나로 수집함에 있어서 정경 작성자들은 중대한 실책을 범했기 때문이다. 유대주의의 가장 불쾌한 현상이 이 점에서 노골적으로 발휘된 것이다. 가장 추하고 빈 곳들을 두서너 개의 종교적 부스러기로 채우는 곳은 알렉산드리아에서만이 필요한 것으로 생각된다."(그의 Intro. p.257).

156 Beckwith R. T., *The Old Testament Canon of the New Testament Church & Its background in Early Judaism*(Grand Rapids, Eerdmans, 1985), pp.312~17, 322~23.

157 Ibid.

이라고 생각하기까지 했다.[158]

에스더서의 배경이 되고 있는 시대적 정황은 이스라엘이 바벨론(지금의 이라크) 포로가 끝나고 귀환한 다음의 세대의 사건이며, 그 지리적 정황은 페르샤(지금의 이란)이다. 포로로 잡혀왔던 많은 사람들 중에 일부는 스룹바벨(1차)과 에스라(2차)의 인솔 하에 본국으로 귀환을 하였으며 바벨론의 권력 구조에도 변화가 있었다. 이스라엘을 함락시킨 신바벨론 제국은 그 내부에 지금의 이란 계통의 지도부가 들어서고 그래서 소위 메데-파사 연합 정권이 시작되는 시점이었다. 나중에 좀 더 자세히 그 변화를 살펴보겠지만, 에스더서의 배경이 되고 있는 지리적, 시대적 환경은 바벨론이 아니라 '페르샤'이다.

에스더서의 목적에 관하여 학자들은 다양한 의견들을 제시했는데, 그것들을 살펴보는 것은 본서 이해에 중요하다. 일반적으로 학자들은 본서의 주된 목적을 하나님이 자기 백성을 보호하신다는 사상을 보여주기 위함이며 이방 먼 나라에서 방랑하던 유대 민족을 통하여 하나님의 역사를 가르치고 유대인 절기(부림절)가 하나님의 구원 역사로 시작된 것임을 보여 주기 위한 것이라 이해한다.[159] 페르시아 왕 아하수에로의 궁전에서 유대인들이 박해로부터 구원을 얻은 사건을 이야기하고 있는 에스더서는 부림절의 제정 이유가 무엇인지를 말해 주고 있다. 이 매혹적인 이야기는 구약의 이야기들 중에서 가장 극적인 것들 중의 하나이며 격정과 호사스러움과 음모, 그리고 페르시아 정부의 정치 및 사회 조직을 있는 그대로 보여주고 있다. 그러므로 에스더서의 연대도 자연스럽게 페르시야의 아하수에로 왕의 통치기와 관련되어 생각할 수 있다(주전 485~465년경).

두 번째 이론은 에스더와 모르드개를 통한 유대인의 구원 사건은 이스라엘에게 있어서 새로운 출애굽이라는 관점이다. 먼 이방인 페르샤에서 일어난 유대인의 구원사건은 그 옛날 모세를 통한 이스라엘의 출애굽과 같은 의미를 함축하고 있다고 보는 견해이다.[160] 세 번째 이론은 '보이지 않는 곳에 계신 하나님'께서 그 백성을 그런 방식으로 돌보고 구원하심을 보여주기 위해 쓰였다는 이론이다. 이는 본서에 신명과 종교의식에 관한 언급이 직접적으로 드러나지 않음을 설명하는 좋은 이론이라 여겨진다.[161]

---

158 Dillard R. B. & LongmanⅢ. T., op. cit.

159 Zimmerli W., *Old Testament Theology in Outline*. Tr.by Green D. E.(Edinburgh, T&T Clark. 1978), pp.129~30; Childs B., *Introduction*, pp.603~05; Moore Eshter, pp. Liii~liv.

160 Gerleman G.의 책을 참고하라 Eshter, *Biblischer Kommentar Altes Testament21*(Neukirhen-Vluyn, Neukirchener Verlag, 1973).

161 Luter A. B. & Davis B. C.의 책을 참고하라. *God Behind the Sea: Expositions of the Books of Ruth & Esther, Expositor's Guide to the Historical Books*(Grand Rapids, Baker, 1995).

본서의 목적에 대한 네 번째 이론은 '유대인들의 보호'라는 관점인데, R. 고르디스는 "유대인들의 보호야말로 가장 중요한 종교적 은택이라는 것은 유대인들의 근본적인 세계관이다. 이것은 진리이다. 왜냐하면 이스라엘이 역사를 통해 하나님 말씀을 받았으며 시내산 언약으로부터 시작했기 때문이다"[162]라고 그 입장을 지지하고 있다. 이런 관점은 제2차 세계대전 이후 유대인들의 핵심 가치가 되어 왔다. 시내산 언약과 다윗 언약 등이 실현되려면 유대인들은 반드시 생존해 있어야 하기 때문이라 하였다. 다섯 번째 이론은 에스더서가 하나님의 나라 도래에 대한 약속을 성취하는 구약의 사상에 기여한다고 보는 견해이다. 이를 위해서는 역시 유대인의 생존이 필수적이기 때문이다.[163] 여섯 번째 이론은 에스더서가 이스라엘의 지혜문헌 발전에 기여하고 있다는 이론인데, 본서에 나타나는 여러 주요 사상들은 '역사적 지혜 이야기'라며 이런 방식으로, 에스더는 요셉 기사와 마찬가지로 지혜를 추구하는 현자들에게 좋은 충고를 제공하고 있다는 관점이다.[164] 이런 여섯 개의 이론 중 마지막 탈몬의 견해를 제외한 다섯 개가 유대인들의 보호와 관련되어 있다. 물론 이런 유대인의 보호가 본서의 목적이라는 견해에 반론이 없는 것은 아니다. 어떤 학자들은 앞에서 언급된 바와 같이 본서를 아주 부정적으로 평가하기도 한다. 그들은 "에스더서는 구약의 일반적인 수준보다 훨씬 낮으며 심지어 외경의 수준보다 못하다"[165]고 평하기도 하고 "매우 민족주의적 책으로서 정경이 될 가치가 없다"[166]는 식으로 보기도 한다. 그러나 이러한 평가는 좀 지나친 것으로 여겨진다. 에스더가 속한 상황과 배경을 볼 때 더욱 그렇다. 그들은 지금 민족적 멸절의 위기 앞에 놓여 있는 것이다. 에스더의 승리의 기쁨은 파멸 위에 드리워진 예레미야 애가의 어두운 영상만큼이나 적절해 보인다. 대부분의 정경 문서들은 어둠과 기쁨에 대한 균형을 유지하고 있고 에스더서 역시 그런 정경의 기조를 유지하고 있다. 마지막 견해인 에스더서의 지혜문헌적 성격도 다양하게 역사하는 하나님의 성품을 이해하는 한 단면을 파악하는데 유용한 견해라 할 수 있다.

162　Gordis R., *Megillat Eshter: The Masoretic Text with Introduction, New Translation and Commentary* (New York, KTAV, 1974), p.13.

163　Kaiser Jr. W. C., *Toward an Old Testament Theology*(Grand Rapids, Zondervan, 1978), pp.258~61.

164　Talmon S., "Wisdom in the Book of Esther," *VT13*(1960), pp.419~55.

165　Paton L. B., *A Critical and Exegetical Commentary on the Book of Esther*, ICC(1908, reprint in 1976, Edinburgh, T&T Clark,), p.96.

166　Eissfeldt O., *The Old Testament: An Introduction Including the Apocrypha and Pseudopigrapha, and Also Similar Types from Qumran-The History of the Formation of the Old Testament*, Tr.by Ackroyd P. R., 3rd. Ed.(New York, Harper & Row, 1965), pp.511~12.

에스더서의 주제 구절은 4:14절이라 할 수 있는데 "이때에 네가 만일 잠잠하여 말이 없으면 유다인은 다른 데로 말미암아 놓임과 구원을 얻으려니와 너와 네 아비 집은 멸망하리라. 네가 왕후의 위를 얻은 것이 이때를 위함이 아닌지 누가 아느냐?"라는 구절이며, 이 구절 중에서도 전반부인 "유다인은 다른 데로 말미암아 놓임과 구원을 얻으려니와"하는 구절이다. 이는 이방의 나라에서 살아가는 유대인들에 대한 여전한 하나님의 보호와 언약을 확신하는 하나님의 자녀들이 고백할 수 있는 아름다운 신앙인 것이다. 이런 모르드개의 충고를 받아 에스더는 "당신은 가서 수산에 있는 유다인을 다 모으고 나를 위하여 금식하되 밤낮 삼 일을 먹지도 말고 마시지도 마소서 나도 나의 시녀로 더불어 이렇게 금식한 후에 규례를 어기고 왕에게 나아가리니 죽으면 죽으리이다"하고 결연한 신앙적 고백을 하게 된다.

2) 에스더의 구조

본서를 문학적 관점에서 볼 때에, 소위 말하는 '기/승/전/결'의 구조가 뚜렷하며 클라이맥스를 중심으로 아주 기술적으로 내용을 구조시키는 문학적 특징을 보이고 있다. 예를 들면 에스더서의 전체적 구조는 6장 1절의 클라이먹스를 정점으로 하여 전후 대칭형의 독특한 구조를 보이고 있는데 그 구조는 아래의 도표와 같다.

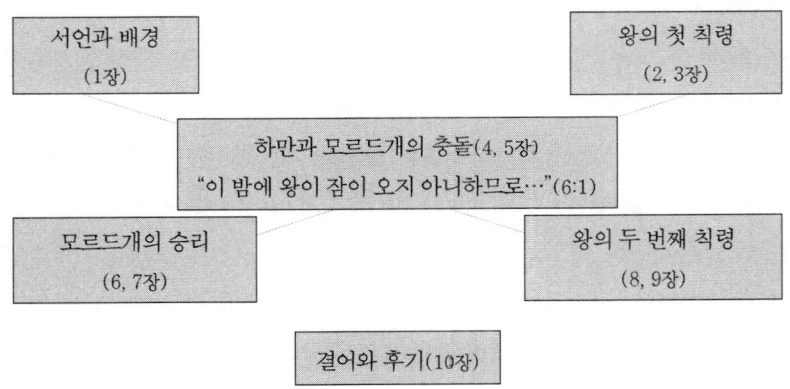

2. 에스더의 신학적 논점들

1) 역사 속에 개입하시는 하나님의 개입의 다양성에 대하여

앞에서도 이미 살펴보았지만, 많은 학자들은 에스더서의 집필 목적이 언약백성을 향한 하나님의 보호하심에 있고, 그것은 또한 그 백성이 비록 먼 나라에서 살더라도 그렇다는 것을 보여준다는 것이다. 흔히 에스더서는 이방의 나라들 속에서도 하나님이 통치하신다는 하나님의 우주적 통치의 보편성을 강조하는 성경으로 알려져 있지만, 사실은 하나님의 우주적 통치와 섭리는 모든 성경이 기본으로 전제하고 있는 진리이다. 그런 우주적 통치나 섭리보다 에스더서가 집중적으로 강조하고 있는 것은 언약의 백성들을 향하신 하나님의 특별한 사랑(헷세드)이다.

유대인 성경 타나크의 순서로 보아 본서 바로 앞에 있는 예레미야 애가는 만약 하나님께서 그 백성들을 완전히 버리지 않으셨다면 패망한 이스라엘을 다시 회복시켜 달라는 기도로 끝나고 있다. 이스라엘의 지도자들(스룹바벨, 에스라, 느헤미야 등)은 본국으로 돌아갔고, 이방 제국의 권세는 하늘을 찌를듯하며, 이방의 문화는 자기들이 유지해 온 영적 유산들을 왜소한 것으로 보이게 하고 그 뿐 아니라 그런 이방 세속의 한 가운데서 구체적인 생명의 위협에 직면해 있는 유대인들에게 하나님은 언약에 신실하신 하나님으로 그들을 구원하신 것이다. 그런 이방 땅에 남겨진 유대인들은 이렇게 질문하고 있다. 하나님은 여전히 자기 백성들을 구원하실 것인가? 죄악으로 말미암아 심판받아 약속의 땅에서 쫓겨난 그들에게도 하나님은 여전히 언약적 사랑으로 관심을 기울이실 것인가? 그에 대한 해답을 본서가 하고 있는 것이다.

하나님은 어떤 장소에만 국한되어 역사하시는 제한적인 분이 아니시다. 그의 통치는 전 우주적임이 분명하다. 그러나 그보다 더 강조되어야 하는 것은 자기 백성을 향한 특별한 관심과 사랑을 베푸시는 분이 여호와 하나님이시라는 점이다. 하나님은 말씀과 계시 혹은 이적과 섭리를 통해 당신을 드러내시는 분이시다. 하나님은 경건한 예배 의식과 기도 등의 신앙생활 속에서도 자신을 드러내시지만, 또한 철저히 세속적인 상황 속에서도 그 세속에 부합하는 언어와 방식으로 구원을 일구어 내시는 분이시다.[167]

앞에서도 간략히 언급하였지만, 에스더서는 팔레스타인 지역의 유대인들에게 역사하신 하나님에 관한 기록이 아니다. 이 책은 바벨론 포로로 잡혀갔다가 돌아온 이후에

---

167 Luter A. B. & Davis B. C., op. cit.

그 식민지 정황 속에서 그냥 돌아오지 못하고 주저앉아 살게 된 하나님이 선민의 이야기이다. 그들의 지도자들은 이미 본국 예루살렘으로 돌아가 버린 상황이다. 하지만, 그 슬픔의 땅에도 하나님의 백성들이 남겨져 있었고, 그들 하나님의 자녀들을 향한 신실하신 하나님의 언약적 사랑이 바로 에스더서의 핵심 메시지이다.

에스더의 메시지는 구약의 일관된 메시지와 그 맥락을 같이 하고 있다. 즉 요셉의 구원기사(창45:7, 50:19~20)와 모세의 출애굽 기사(출12:33~36)와 유사하다. 당사자들은 오직 믿음으로만 살았고 반응했지, 그 이면에서 활동하시는 하나님의 계획을 총체적으로 인지하지 못했다. 에스더서는 문학적으로도 탁월한 면을 보이고 있는데, 본문에는 구조뿐 아니라 구성상의 일관성도 있다. 에스더서의 보이지 않는 곳에서 우연처럼 일하신다는 것이다. 에스더가 많은 페르샤의 처녀들 가운데서 왕비로 간택된 것이라든지, 왕이 밤에 잠이 오지 않아 비서를 통하여 가져온 책이 궁중 역사이고, 책을 펼친다고 펼친 곳이 하필이면 모르드개가 공을 세웠으나 상을 받지 못했던 구절이 그것이다. 그리고 더욱 극적인 부분은 하만이 왕비의 옷자락을 잡고 통사정 하는 장면을 왕이 보고 오해를 갖게 한 모든 전개 부분은 저자가 특별히 우연 속에 일하시는 하나님을 그리려는 의도를 가지고 집필했을 때 가능한 표현들이다. 또한 본서 6:13절에서 창피를 당한 하만이 자기가 당한 일을 아내와 친구들에게 토로하자, 하만의 친구들 중 지혜로운 자와 그의 아내는 이렇게 답을 한다. "모르드개가 과연 유다 사람의 후손이면 당신이 그 앞에서 굴욕을 당하기 시작하였으니 능히 그를 이기지 못하고 분명히 그 앞에 엎드러지리이다" 놀라운 예지가 아닌가? 어떻게 그의 아내와 지혜 있다는 친구가 모르드개가 유대인임을 인하여 놀라워하고 두려워하고 있는가? 그 이유를 설명할 길이 없다. 이 부분 역시 유대 백성의 불멸성과 이스라엘의 수호자이신 하나님의 예비하심을 믿는 기자의 확고한 신앙이 비춰지는 부분이다.[168] 하나님은 역사에 개입하시는 분이시다. 특별히 언약백성의 삶과 생존에 지극한 관심을 보이시는 분이시다. 그분이 지금 그 백성들의 정황에 맞게 우연처럼 보이는 일들을 통해 일하고 겨 신 것이다. 그분의 백성과 당신의 언약의 신실함을 성취하기 위해.

이 에스더의 메시지는 여인을 주인공으로 한 다른 성경 룻기와 더불어 하나님의 우주적 통치와 구원에 대한 특별한 관점을 보여주고 있다. 둘 다 여성이 주인공으로 등장하는데, 룻기는 이방인 여인이 약속의 땅에서 하나님의 구원을 체험하는 이야기이며,

---

168 Gordis R., op. cit., p.48.

에스더는 유대인 여인이 이방 땅에서 하나님의 구원을 체험하는 이야기이다. 그 각각의 무대에 따라 하나님은 다르게 일하셨다. 이방에서는 우연과 익명으로, 약속의 땅에서는 모두가 알 수 있는 분명한 방식으로! 결국은 하나님을 신뢰하는 언약의 백성들은 그 장소가 어디냐와 상관없이 보호받고 구원하신다는 진리이다.

2) 에스더 연구의 몇 가지 부수적 효과들

(1) 경건한 신앙의 성숙과 헌신을 위하여

에스더서를 읽으면서 누리게 될 부수적인 열매가 있다면 그것은 아마도 다음의 세 가지 측면에서 축복을 누리게 될 것이다. 첫째는 앞에서 언급한 하나님에 대한 우리의 믿음/인식이 새로워지고 확장되며 강력해지게 된다는 것이다. 왜냐하면 하나님은 이방 나라의 권부의 한 가운데서도 당신의 구원 계획을 정확하게 실행해 가시는 신실한 분이시기 때문에 우리는 우리의 정황이 어떠하던지 간에 그 하나님을 의지할 수 있게 된다는 점이다. 두 번째는 그런 하나님을 모시고 사는 우리들 인간의 결단과 헌신이 얼마나 하나님으로 일하시게 하고, 또 우리에게 하나님의 축복을 가져다주는지에 대하여 본서를 공부하며 거룩한 분발이 있게 될 것이다. 그 사회의 본류 혹은 주류가 아니기 때문에 내적으로 많은 억눌림이 있겠지만, 에스더와 모르드개는 모든 시대의 신앙인들에게 칭찬받을 만한 영적 자각과 사명의식으로 헌신하여 승리한 성도의 반열에 서 있다는 점이다. 세 번째로 우리가 누릴 수 있는 아니, 우리가 꼭 챙겨야 하는 영적 유산은 세대를 건너 바른 신앙적 가치관을 물려주는 것이다. 승리한 모르드개와 에스더는 '부림절'이라는 절기를 만들어서까지라도 우리의 후손들이 하나님의 능력과 신실하심을 기억하며 따르도록 했다는 점이다. 마치 여호수아가 요단을 건너고 난 다음에 요단에서 취한 열두 돌을 쌓아 길갈에 기념비를 세운 것과 같은 원리이다. 우리도 신앙적 유산을 쌓아가는 그런 영적 각성이 있었으면 좋겠다.

(2) 신앙의 변증과 호교를 위하여

에스더서에는 얼핏 보기에 모순되어 보이거나 이해가 잘 안 되는 부분들이 몇 군데 나온다. 그래서 불신자들이나 자유주의자들은 그런 모순되어 보이는 점을 붙들고 우리의 신앙을 '맹목적'이니, '비합리적'이니 하면서 공격해 들어온다. 예를 들면 '에스더 앞의 와스디 왕비에 관한 역사적 사료[169]와 그 이름이 합치되지 않는다는 점(헬라의 역사학자 헤로도투스의 페르시아 왕정기에 의하면 아하수에로 왕, 크세르크세스 왕의 왕비의 이름은 아메스트리스로 나와 있다)'과 '모르드개가 이 글을 쓸 때의 나이가 이미 120세나 된다는 점(스2:2에 의하면 모르드개는 주전 596년에 여호야긴 왕과 함께 포로로 잡혀간 사람 중의 하나인데, 에스더의 내용은 주전 460년대의 이야기이다)' 그리고 이 책에는 '기독교 신앙이나 유대교 신앙과 합치되지 않는 이방 궁정의 권력 다툼에 관한 이야기일 뿐이다'는 식으로 공격을 해 온다. 이런 부정적인 도전 앞에서 경건한 복음적 신학은 확실하고 단호한 증거를 통해 본서에 있는 성령의 영감과 영적 유익들을 옹호한다. 에스더서를 공부하면서 이런 학문적 변증의 훈련도 함께 누릴 수 있을 것으로 기대한다.

(3) 신구약 중간사 및 고대 근동의 상황에 대한 폭넓은 이해를 위하여

이 과정을 통해 우리는 일반적으로 잘 알지 못하고 있는 신구약 중간기의 이야기를 배우게 된다. 그 시기는 고대의 제국주의적 영토 확장 전쟁이 가속되고, 동서 문명이 충돌하며 상호 각축을 벌이던 시대이기 때문에 웬만한 교양을 갖춘 사람들도 정확한 지리나 역사적 흐름에 대한 식견을 갖기가 쉽지 않다. 한국인들을 포함한 아시아인들의 경우는 더욱 그러하다. 바벨론과 페르샤의 차이도 구분하기 어렵고, 앗시리아 제국과 헬라 제국이 등장했던 시절에 대해서도 애매한 그림만 가질 뿐이며, 이집트 왕국과의 관계나 나중에 발전하는 로마 제국과의 관계에 대해서도 자세히 모른다. 그 외세의 각축의 한 복판에 놓인 팔레스타인의 정황과 유대인들의 독립을 위한 투쟁에 대하여도 우리의 지식은 일천하기만 하다. 이번 과정을 통해 우리는 신구약 중간기에 해당되는 그 기간 동안의 근동의 역사에 대하여 개략적인 윤곽이라도 잡을 수 있으리라 기대된다. 그러한 이해는 신약의 복음이 열방의 경계를 넘어 세계로 나아가는 데 중요한 기초 역할을 하기 때문에 중요한 이해가 되며 또한 현대에 세계선교를 위한 그 민족의 전통과 문화를 이해하는데 무척 중요한 도구가 될 것이다.

---

169 Levenson J. D., Esther, *OTL*(Westminster John Knox, 1997), pp.23~27; Wright J.S., "The Historicity of the Book of Esther" in *New Perspectives on the Old Testament* ed. by Payne J. B.(Word, 1970), pp.37~47등을 참고하라.

3. 에스더의 주요 내용 강해

이 책은 아하수에로 왕이 페르시아 제국의 모든 귀인들을 위해 사치스런 향연을 베푼 것으로부터 시작된다. 왕비는 손님들 앞에 나와서 그 미모를 보여 달라는 왕의 명령에 불순종한 것 때문에 그 지위가 박탈되고 대신 에스더라는 새로운 왕비가 간택된다. 에스더는 아버지가 일찍 죽었기 때문에 나이 든 사촌인 모르드개라는 사람에게 입양되어 양육되었다. 그녀는 자신이 유대인이란 사실을 드러내고 다니지 않았던 것으로 보인다. 그녀는 아하수에로 왕 제7년에 왕비가 되었으며, 그 이후에 모르드개는 왕을 암살하려고 한 두 내시의 음모를 적발해서 에스더를 통해 왕께 고해졌고, 이 두 반역자는 처형된다. 그 시기에 하만이란 사람이 대신들 중 가장 지위가 높은 위치에 오르게 되는데(에3:1) 이 하만은 놀랍게도 사울에게 패한 아말렉 왕(사울이 살려 둔) 아각의 후손이었다 (그러나 이 견해는 학계의 인정을 받지 못하고 있다). 모르드개는 그의 앞에서 절하기를 거부함으로써 그의 직접적인 분노를 샀으며, 그에 대한 복수로써 하만은 페르시아에 살고 있는 모든 유대인들을 학살하기로 결심했다(에3:5~6), 그 날은 제비를 뽑아서 결정되었고 이 일에 왕의 동의를 얻었으며 조서가 방방곡곡으로 보내졌다(에3:12~15). 에스더는 비교적 조용히 살았기에 이 일을 모르고 있다가, 모르드개를 통해 듣게 되었고(에4:4~9), 그녀는 왕의 부름이 없음에도 불구하고 '죽기를 각오하고' 왕을 알현하기로 결심한다(에4:14). **"네가 왕후의 위를 얻은 것이 이때를 위함이 아닌지 누가 아느냐?"**(에4:16) **"나도 나의 시녀로 더불어 이렇게 금식한 후에 규례를 어기고 왕에게 나아가리니 죽으면 죽으리이다"** (에5:1~3)라는 유명한 결심을 한 후에 왕에게 나아가고 왕의 은혜를 입게 된다.

그 후에 그녀는 왕과 하만을 잔치에 초대한다. 그 후 또 한 번의 잔치가 그 다음날 준비 되었다. 하만은 집으로 돌아오자 자신이 왕비의 식사 초대를 받았음을 자랑하였다. 그리고 그 가족들에게 50규빗 되는 높은 교수대를 세워 모르드개를 처형할 것임을 알렸다. 그날 밤, 잠을 못 이루던 왕은 궁정 연대기를 읽어 달라고 신하에게 명하였고(에6:1) 과거에 모르드개가 반역자를 잡아 주었던 사실을 알게 되었다. 왕은 이어서 그에게 아무런 보상이 없었음을 자각하고 다음날 하만을 통해 모르드개에게 상급을 내리게 한다. 그렇게 다시 왕비의 잔치에 초대된 하만은 왕비가 왕에게 유대인을 구해 달라는 탄원과 하만이 자신을 죽이려 한다는 음모를 이야기하는 것을 듣게 된다. 이 말을 들은 왕은 노하여 후원으로 나가고 하만은 왕비에게 매달려 통사정을 하게 된다. 이 모습을 본 왕은 하만이 왕비를 범하려(에7:8) 한 것으로 여기고 그를 처형 하도록 명령한다(에

7:9~10).

  그 직후에 모르드개는 하만을 대신해서 대신들의 우두머리 자리를 차지했으며 애국심에 불타는 왕비는 하만의 조서를 바꾸어 달라고 왕께 간청하고 왕은 왕비와 그 민족을 위하여 또 하나의 조서를 선포하게 되었다. 이후에 유대인들은 자신들을 죽이려 한 전국의 많은 적대 인물들을 죽였고, 부림절이라는 이름의 민족적 축제를 거행하게 되었다. 이 책의 끝 부분에는 아하수에로 왕이 속국들에 공물을 부화한 것과 이 탁월한 왕의 생애에 대하여 언급한 것이 기록되어 있다.

제4부

시가서

구약 성경의 시가서를 연구하는 새로운 여행을 떠나기 전에 한국과 중국의 시 한 수를 감상하는 것이 좋겠다. 더구나 우리의 연구 주제가 히브리시로 표현된 하나님의 계시이기에, 이런 시를 읽음으로 시작하는 것은 시간적, 지리적 그리고 문화적 거리를 초월해서 일정한 도움이 될 것이다. 왜냐하면 시대와 문화를 불문하고 '시'란 비슷한 느낌으로 인간의 삶과 연결되어 있기 때문이다. 그리고 아래의 두 시는 앞으로 다루게 될 히브리시와도 상호 비교 할 수 있도록 특별히 선별되었기 때문에 가벼운 마음으로 다시 음미해 보는 것이 좋겠다.

> "모란이 피기까지는
> 나는 아직 나의 봄을 기둘리고 있을 테요
> 모란이 뚝뚝 떨어져버린 날
> 나는 비로소 봄을 여읜 설움에 잠길 테요
> …(중략)…
> 모란이 피기 까지는
> 나는 아직 기둘리고 있을 테요 찬란한 슬픔의 봄을"
>
> — 김영랑 〈모란이 피기까지는〉

> "흐르는 저 강물 삼천 리나 되는데
> 집에서 온 편지는 겨우 열다섯 줄
> 줄 마다 줄 마다 별 다른 말이 없고
> 고향으로 어서 돌아오란 말뿐"
>
> — 중국 명나라 시인 원거 〈京師得家書〉

일반적으로 시(詩)란 인간의 심원하고도 강력한 정서와 감정을 표현하는 진술 양식으로 이해되기도 하고, 또는 인간의행위에 대한 모방 혹은 수사적 표현이라고 주장되기도 한다. 그리고 학자에 따라서는 시란 어떤 주제와 목적을 표현하기 위해 주도면밀하게 고안된 문학 양식이라고 말할 수 있다.[1] 어떤 경우든 시란 단순한 사실의 진술이

1 　시의 정의와 이론에 관하여는 D. L. Petersen & K. H. Richards가 쓴 *Interpreting Hebrew Poetry* (Minneapolis, Fortress Press, 1992), pp.8~13을 참고하라.

아니라, 상당히 농축된 언어를 사용하여 인간의 깊은 내면의 감성이나 혹은 어떤 주제를 강력하게 표현하는 인류의 빛나는 유산임에 틀림없다. 왜 우리는 하나님의 계시를 시적인 표현으로 담아내야만 하는가?

질풍노도 같이 솟구쳐 오르는 인간의 격정을 그대로 묘사하거나, 죽음에 이를 것 같은 쓰라린 감정을 적절히 토로해 놓기 위해 인류는 시 라는 형식을 사용해 왔으며, 사랑하는 사람에게 잔잔하고 감미로운 사랑의 마음을 전하거나, 자신의 말에 호소력을 더하기 위해서, 혹은 더 많은 사람들의 공감을 얻기 위해서는 산문보다는 시라는 형식이 더 효과적이라는 것은 누구나 인정하는 사실이다. 이렇게 시문학적 표현이 갖는 그 강력한 힘을 사용해서 표현하지 않으면 안될 만큼 시가서의 기자들이 만났던 하나님은 그들의 생애와 사고에 지대한 영향을 미쳤던 것이다. 하지만 그렇게 강력하고도 농축된 표현을 사용해서 하나님을 드러내려 하여도 역시 시편 기자가 언급 했듯이 "이 지식이 내게 너무 기이하니 높아서 내가 능히 미치지 못하나이다"(시139:6). 전능하신 하나님을 있는 그대로 묘사하는 일은 불가능한 것이다. 그럼에도 불구하고 최선을 다해 그들이 만나고 경험했던 그 전능자를 그 위엄 그대로 드러내기 위해서는 역시 시가의 형식이 최상의 선택이었던 것이다.

앞에서 살펴본 바와 같이 일제하의 잃어버린 조국의 광복을 기리는 피압박 민족의 간절한 마음을 '모란이 피는 때'로 비유한 시와 고향을 향한 깊은 향수를 "줄 마다 줄 마다 별다른 말은 없고/ 고향으로 어서 돌아오란 말뿐"으로 담담하게 표현하는 것 같지만 독자들은 한 눈에 저자의 향수병이 얼마나 깊은지를 짐작하게 되는 것이 바로 시 문학이 가지는 위대한 영향력이라 하겠다.

일반적으로 히브리인들은 그들의 정경중 시로 되어 있는 성경을 세권으로 분류했는데 그것은 일명 '애매트'로 알려진 '진리의 시'이다. 이 말은 구약의 욥기, 잠언, 시편의 첫 히브리어 알파벳을 모은 것으로 성문서의 첫 번째에 위치한다. 시가서는 유대인의 구분으로는 세 번째 부분인 성문서에 포함되어 있다. 물론 히브리 성경에서 시 형식을 가진 것이 이 세 책에만 나오는 것은 아니다. 시 형식은 다른 모든 민족들의 문학 유산과 마찬가지로 아주 오래된 인류의 공통된 유산이기에, 성경의 다른 곳에서도 우리는 쉽게 시 형식의 표현들을 보게 된다. 예를 들면 창세기 4:23~24절의 라멕의 시, 창세기 49:1~27절의 야곱의 유언 시, 그리고 출애굽기 15장의 미리암의 노래, 여호수아10:13절, 사사기 5장의 드보라와 바락의 노래, 그리고 사무엘 상 2장의 한나의 시와 사무엘 하 1:17~27절 등이 있고, 많은 선지서의 예언들에도 시 형식은 쉽게 발견할 수가 있다.

시가서를 분류함에 있어서도 개신교에서는 욥기, 시편, 잠언, 전도서, 아가서 그리고 예레미야 애가를 시가서로 분류하지만, 유대교에서는 앞의 세 책만 시가서로 인정한다. 시가서의 일반적인 특성은 그들이 문장 형식이 '시'라는 형식으로 되어 있기 때문인데, 히브리시에는 서구의 시가 갖는 정의와 관련하여 몇 가지 주요 특성이 있다. 첫째로 히브리시는 평행법이라고 알려진 특별한 양식을 따라 지어졌다는 것이고, 둘째로는 히브리시는 서구 시가 가지는 운율이라고 불릴만한 것이 없다. 왜냐하면 히브리시는 소리에 따른 작시가 아니라 의미와 개념을 따라 지어지기 때문이다. 세 번째 특징은 답관체 시라고 말하는 특이한 시 형태가 성경에 많이 등장한다는 점이다. 물론 히브리시에도 서양 시가 갖는 비유법 등이 나타나는데, 히브리시의 개괄적 특성에 대해서는 부록 5장의 히브리시 이해를 참고하면 도움이 될 것이다.

제1장

욥기

1. 욥기의 서론과 구조

1) 욥기 서론

유대인 랍비들의 전승인 탈무드는 욥기를 그 저자가 익명이거나 혹은 모세라 지목하면서 본서를 히브리 경전의 세 번째 부분(성문서)에 포함시켰다[2]. '욥'이란 명칭은 그 어근이 '돌아오다, 회개하다'라는 말에서 나온 것으로, 아랍어의 '아바(회개하다, 돌아오다)'에 기초하고 있다고 보여진다. 욥의 이름은 고대 아랍어로는 '아와분'이 되고 아랍어 성경에는 '아유부'로 나타나는데, 주전 18세기 것으로 여겨지는 마리문서에는 아카드어로 '아야붐'이라는 명칭으로 쓰인 것 같다. 물론 히브리어의 어원으로 치자면 '이요브'가 되고 그 뜻은 '미워하다, 원수관계에 있다'가 되지만, 전통적인 견해는 욥이 북 아라비아 출신이고, 이야기의 전체적 배경도 이스라엘 보다는 아라비아 쪽이므로 아랍어 어원설이 더 적합하게 여겨진다.[3] 개신교에서는 욥기를 시가서로 분류하여 역사서의 끝인 에스더 다음에 그리고 시편 앞에 배치시키지만, 유대인 성경에서는 성문서의 세 번째 즉 시편, 잠언 다음에 위치시키고 있다. 헬라어 번역본인 70인경에서는 모든 시가

---

2   Talmud. *Baba Bathra*, 15a. 참고. Baba Bathra 14b에 따르면 욥기의 저자는 모세로 되어 있다.

3   Archer Jr. G. L., op. cit., p.657.

서를 선지서 앞에 두었기 때문에 욥기는 오경과 역사서 다음에 시가서가 왔고 그 후에 선지서가 위치한다. 그런 70인경의 배열에 의하면 욥기는 시편, 잠언, 전도서, 아가 다음에 위치한다. 한편 시리아역인 페쉬타는 욥기가 모세의 작품임을 전제하면서 욥기를 신명기 다음에 두었다. 반면에 라틴 벌게이트역에 와서는 욥기를 시편 잠언 등의 시 3부작의 맨 앞에 위치시켰는데, 이 전통이 트렌트 공의회에서 확정되면서 영어판을 비롯한 대부분의 현대 번역에 그 순서가 70인경 순서와 배합되면서 오늘날처럼 되었다.[4]

욥기는 주인공의 히브리 이름으로부터 책 제목이 나왔으며 문학적으로도 상당히 중요한 역할을 가진 문헌이다. 욥기는 예술적인 특성 때문에 구약에는 어울리지 않는데, 욥기는 웅장한 언어, 깊은 감성을 갖고 인간 고통이 지니는 의미를 탐구했다. 특히 욥기가 신곡, 실락원, 파우스트 같은 걸작들에 대단한 영향을 미친것은 주지의 사실이다.[5]

이 책의 저자가 누구이며, 어느 시대, 어느 지방을 배경으로 하고 있는지 본문이나 본문외의 어떤 자료도 그것을 확증해 주지 않는다. 특별히 욥기는 어떤 역사적인 사건에 대한 언급도 전혀 없다. 앞에서 보았듯이 랍비들이 전통조차도 본서의 저자에 대해 다른 견해들을 주장하고 있다. 그래서 현대의 독자들은 욥기의 명칭이 욥의 이름에서 왔다는 사실을 제외하고 욥이라는 인물이나 저작 시기 배경에 대하여 확인할 수 있는 정보는 없다.

이에 대하여 어떤 학자들은 본서의 저자가 모세라고 보기도 하고, 또 어떤 학자들은 모세 이전의 어떤 저자설을 지지하기도 한다. 모세 저작설을 주장하는 사람들은 이 본문이 히브리인들에게 구전되었고, 정경적 위치를 획득하였으며, 족장들의 배경이 깔려 있고, 본문의 어투 중에 나타나는 아람어적 형태들에 근거하여 원래 아람어로 기록된 것이 나중에 히브리어로 번역되었다고 주장했다. 이에 반하여 모세 이전설은 첫째 욥의 가정 구조가 출애굽기 이전의 아브라함적인 상황과 더 어울리고, 케시타를 돈의 단위로 언급한 것과, 공식적인 제사장에 의한 예배보다는 가장이 제사 드리는 모습은 모세 이전 시대를 추정하게 한다는 것이다.[6]

욥은 주전 2000년경의 서부 셈족의 일반적인 경칭이었는데, 아마도 고난과 역경에 대항하여 싸우는 모든 인간을 상징하는 것으로 브는 것이 현재로서는 가장 무난한 이

---

4   Harrison R. K., op. cit. (하), p.73.

5   Ibid., p.74.

6   이 두 이론에 대한 자세한 설명은 Archer Jr. G. L., op. cit., pp.660~661를 참고하라.

해일 것이다. 욥의 이름만큼 모호한 것은 또 그 이야기의 배경이 되는 '우스' 땅이다. 정확히는 모르지만 하란과 다마스커스의 남쪽 사이이거나, 에돔과 북부 아라비아 사이의 지방이라고 추측되고 있다. 욥기 본문에는 여호와라는 이름이 아주 희소하게 나타나는데 그 이유는 그 배경이 이스라엘이 아니라 이방 지역임을 시사하는 것이기 때문이다. 본문에는 하나님의 명칭을 '엘로아' 혹은 '엘로힘'으로 주로 지칭하는데, 이는 셈족들의 일반적인 신에 대한 명칭이었다. 특별히 G. L. 아처의 주장에 의하면 본서에는 '여호와'라는 표현은 13회 나타나는데 반해 '샤다이'라는 신명은 31회나 나타나는 것에 주목하면서, 본서의 이스라엘 밖의 배경에 지지를 보냈다.[7]

본서를 연구한 학자들은 본서가 가지는 지혜 문서적 특성을 주목하기도 했고, 시문학을 몸체로 하고 앞뒤에 나오는 산문체의 서언과 결언 형식에 주목하여 연구하기도 했으며, 본서 안에 있는 몇몇 부분들에 대한 후대 삽입설 등이 있지만 너무 전문적인 내용이므로 여기서는 이렇게 그런 주제로 연구가 있었다는 언급만 한다. 본서의 저작 시기와 배경에 관하여 E. J. 영 교수와 올브라이트 교수는 욥은 어쩌면 족장들과 동시대의 인물이었을지도 모른다고 조심스럽게 짐작하면서, 본서의 집필 연대는 아마도 솔로몬 시대가 아닌가 하고 추정하고 있다.[8] 이 시기는 이스라엘의 지혜가 집대성된 시대로 인정되기 때문이며, 본서가 가지는 지혜 문서적 특징으로 인하여 그렇게 보고 있다. 그러나 이 모든 상황을 종합적으로 고려해 볼 때 본서의 저자와 저작 연대나 배경에 대하여는 열어놓은 채로 남겨두는 것이 더 현명하고 바람직한 태도라 여겨진다.

결국 본서에 대하여 현대 비평학계가 새롭게 확정시킨 것은 아무것도 없다. 본서는 욥이라는 익명의 주인공이 받았던 고난에 대한 신학적 통찰을 제공하고 있다. 고난이란 모든 인간에게 공통의 문제이기 때문에 본서는 시대를 초월하여 많은 사람들의 사랑을 받아왔고, 위대한 문학작품에 영향을 끼쳐왔다. 본서의 배경은 북부 아라비아 지역이며, 아마도 족장시대의 거부였던 욥의 고난과 회복에 관한 신학적 해석이라 할 것이다. 본서에는 고난에 대한 일반적 견해인 '인과응보'의 논리 위에 새로운 관점을 선사하고 있다. 죄 없는 의인의 고난이 있을 수 있다는 것이며, 이 일의 선후에 대한 모든 것은 전적으로 하나님께 달려 있는 일이라는 점이다. 그래서 본서에는 하나님에 대한 장엄한 묘사가 많이 나온다. 욥의 친구들은 이런 인과응보의 전통적 논리에 매달렸으며,

---

7   Archer Jr. G. L., op. cit., p. 661.

8   Young E. J., op. cit., p.377.

욥에게 임한 재난이 어떤 숨겨진 죄에 근거해야 자기네들에게는 그런 재난이 임하지 않을 것이란 기대가 있었다. 그러나 그런 친구들의 의도는 실패했고, 그들은 이해되지 않은 일에 대한 일말의 불안을 안고 귀가했을 것이다. 의인의 고난, 그것은 바로 신약의 예수그리스도의 구속을 위한 대속의 고난을 예견케 하고 있는 것이다.

2) 욥기의 구조

욥기는 5부분으로 나눠진다.
- 1~2장 ▶ 서문
- 3~31장 ▶ 세 친구들과의 세 번에 걸친 대화
- 32~37장 ▶ 엘리후의 강론
- 38장~42:6절 ▶ 하나님의 출현과 하나님의 말씀
- 42:7~17절 ▶ 산문으로 된 발문

2. 욥기의 신학적 논점들

1) 의인의 고난과 예수그리스도

장엄한 시로 되어 있는 욥기는 인류가 당면하고 있는 심오한 도덕적 문제를 포함하며 인생의 많은 부분을 반영하고 있다. 이 점에서 욥기는 불행에 대한 해답과 원인을 알 수 없는 고통에 대한 답을 들려주려 한다. 그러나 이것만이 욥기의 진정한 목적은 아니다. 고난 그 자체보다는 그 고난을 통해 말씀하시고, 주관하시며 마침내 구원하시는 하나님을 보여주는 것이 욥의 진정한 목적이다. 욥의 고난이란 육체적이며, 물질적으로 자신에게 닥친 재난도 고난이었지만, 자신을 보는 친구들의 태도가 그에게 더 큰 고난이었다는 것이다.

욥기의 중요한 목적중 하나는 인간의 고난은 인간 자신이 자초한 필연적인 결과이며, 정의가 한결같이 이루어져야 한다고 기대하는 보편적인 견해에 도전하는 것이다. 경험에 근거하여 히브리인들은 '인과응보'의 원칙을 당연시하였는데, 그 이유는 이 세상의 엄청난 양의 고난은 순전히 사람과 환경간의 관계의 산물이기 때문이라는 것이다. 욥기는 이런 세상의 통념에 대항하여 이스라엘의 전형적인 유일신 개념으로 자신

의 순결을 주장하고 있다. 즉 모든 고난이 인간의 잘못에 기인한다면, 모든 것을 주권적으로 인도해 가시고 다스리시는 하나님의 영역은 어딘가 하는 문제이다. 즉 사람들이 일반적으로 받는 고난의 대부분이 사실에게 있어 인간의 잘못이나 부실함에 기인하는 것은 사실이라 할지라도, 그것이 절대화 되어서는 안 되며, 그 고난도 궁극적으로는 하나님의 주권 하에 있는 것이라는 점이다. 욥은 통과한 고난의 체험으로 인하여 영육 간에 더욱 성숙한 인격과 신앙에 이르게 되었다. 욥기는 고난이란 문제에 대한 단순한 산술적인 해답을 얻으려는 것이 아니다. 아무도 고난에서 벗어날 수 없는 것은 분명한 사실이다. 인간이 사는 곳에서는 항상 감정적이며 정신적인 갈등이 존재하기 때문이다. 물론 잘못하여 고난 받는 사람들이 자신의 잘못을 얼버무리려는 의도로 욥의 고난을 사용해서는 안 된다. 그렇게 일반적인 고난에 대한 생각들 중에서 특별한 고난에 대한 신학적 사고를 위해 욥기가 서 있는 것이다. 즉 의로운 자의 고난과 그 의미에 대해서 이다.

욥이 당했던 고난은 의인의 고난을 상징하는데 본문에서 욥은 고매한 인품의 소유자로 소개된다.9 그런데 하나님은 그런 신실하고 경건한 자를 사단의 간청대로 내어주며 그의 시험 당함을 허용하고 있다. 즉 욥이 하나님을 섬기고 경건하게 사는 이유는 바로 물질적 풍요로움 때문이라는 것이다. 여기서 욥기 기자는 두 가지를 대비하고 있다. 욥의 성품 혹은 신앙이냐 아니면 그의 물질적 번영이냐 하는 것 이다. 물질적 번영은 본질적인 것이 아니다. 그래서 전자는 유지되지만 후자는 사라지고 다시 얻어지고 하는 것이다.10 본서는 이런 욥의 신앙과 하나님과의 관계를 서두에 배치시킴으로서 독자들의 관심을 증폭시키고 있다. 비평가들이 느끼고 있는 것처럼 만약 이런 흥미진진한 서론부가 없었다면 욥의 대화가 아무런 흥미도 끌 수 없었을 것이고, 그와 비슷하게 결어 부분도 필수적인 요소라고 평하는 것은 타당한 평가일 것이다.11 여기서 의인은 누구이며 어떤 사람인가의 문제가 간접적으로 제기되고 있다. 사탄은 영적이고 신앙적인 의인이란 원천적으로 없고, 인간은 물질적 번영에 의해 의인인체 할 수 있을 뿐이라는 세속적 관점을 대변하고 있다. 그에 반하여 하나님은 소유가 없는 욥이 지속적

---

9   Perdue L. G., *Wisdom and Creation: The Theology of Wisdom Literature*(Nashville, Abingdon, 1994), p.129.

10   Driver S. R. & Gray G. B., *A Critical and Exegetical Commentary on the Book of Job,* ICC(Edinburgh, T&T Clark, 1950), p.1.

11   Bentzen A., *Introduction to Old Testament 2vol*(Copenhagen, G. E. C. Gad, 1949), p.175.

으로 하나님을 일관되게 섬길 것을 신뢰하고 있다. 이것이 본서가 말하고자 하는 의인의 모습이다. 이 부분에서 하나님은 인간의 모든 일 뿐 아니라 사단까지도 통제하시는 왕으로 묘사되고 있다. 스가랴서의 사단과 비슷하게 여기서도 사단은 참소하는 자로 등장하며 '욥이 어찌 까닭 없이 하나님을 섬기리이까?' 하는 고약한 질문을 한다. 욥은 전장을 통하여 자신의 재물의 많고 적음과 상관없이 하나님은 경배 받으셔야 하는 분임을 선포하고 있다. 그는 그 극심한 고난 중에서도 하나님을 신뢰하기를 그치지 않았다. 이런 욥의 신뢰를 의심하고 깨뜨리려고 욥의 친구들이 여러 번 여러 각도에서 그를 흔들지만 욥은 하나님을 신뢰함으로 자신의 고난을 감내해 낸다. 욥기서는 마침내 이런 신실한 자를 신원하시고 회복시키시는 하나님을 보여주며 끝이 난다. 욥기 전체를 통하여 우리는 구약 전체의 인물들을 기억할 수 있다. 창세기의 요셉도 형들에 의해 고난당했고, 사무엘서의 다윗이 그랬으며, 많은 선지자들이 그렇게 고난을 당했다. 그러나 그들은 하나님 앞에서 그들의 신실함을 지켰고 하나님은 마침내 그들을 신원하셨다.

이 맥락에서 본서는 정경의 주제들과 합류되고 있다. 하나님은 욥이 단순히 그냥 참았기 때문에 신원하신 것이 아니다. 그의 하나님을 향한 신실한 고백이 그를 인내하게 했고, 승리하게 한 것이다. 그는 하나님만이 경배 받으셔야 하는 분임을 믿었고 자신을 마침내 신원하시리라는 것도 믿었다.[12] 앞의 신실한 성경의 인물들이 하나님의 신원을 받은 것과 꼭 같이 하나님의 사람들을 대적했던 대적자들은 당신의 신실한 성도들에게 일시적 고난을 허락하시지만 마침내 그들을 높이시는 하나님을 발견하고 두려워했었다.

의로운 고난자의 최고의 모범은 당연히 예수그리스도이시다. 신약은 고난에 대한 하나님의 대처와 관련하여 더 깊은 이해를 보여주고 있다. 예수그리스도 안에서 하나님은 자신의 아들이 십자가에 달려서 죽도록 허락하심으로써 죄 많은 피조물들에 대한 자신의 사랑을 보여주셨다. 예수그리스도는 진정으로 무고하게 고난을 받으신 분이시며, 유일하게 죄가 전혀 없는 분이시다. 그분은 고난에 대해 설명하지도 않으셨고 그렇다고 고난을 사라지게 만들지도 않으셨다. 그러나 그분은 고난을 자신의 영적인 체험으로 흡수하셨고, 하나님과의 교제를 통해 '고난에서 얻은 유익'을 성취하셨으며 온 인류에게 헤아릴 수 없는 가치를 창출하신 것이다. 그분의 십자가의 죽음은 고난을 종결

---

12   Habel N. C., The Book of Job, *OTL*(Westminster, 1985), p.584.

지은 것이 아니다. 기독교인들은 주님의 고난에 동참하는 것을 신앙의 큰 특징으로 여긴다. 기독교인들이 회심함으로써 자동적으로 세상의 고통과 악으로부터 구제된다고 말하는 것은 복음에 대한 오용이다. 바울은 고린도전 1:3~11절에서 기독교인들의 고난을 그리스도의 고난과 동일시하고 있는데, 그 이유는 그리스도를 통하여 오는 위로함께 전달하기 위해서이다. 기독교 공동체는 바울에 의하면 고난과 위로의 교제를 나누는 공동체라고 묘사하고 있는 점은 의미 있는 평가이다.[13]

즉 욥기가 주는 교훈은 우리 주님이 당하신 무흠한 고난이 온 인류에게 얼마나 큰 축복인가를 설명하는 구약의 설명서인 것이다. 만약 모든 고난이 일반인의 인식대로 죄의 결과라면 주님의 고난도 그렇게 평가절하(?) 될 수 있을 것 아닌가. 물론 세상의 많은 고난은 원인이 있으며 대체로 자신의 허물에 근거한다. 하지만 그것만이 전부가 아니라는 것이다. 그러므로 우리는 고난에 대하여 사려 깊게 반응해야 한다. 고난의 시기에 자신을 돌아보라는 전도서의 권면이 유효하다면, 타인의 고난에 대하여 욥의 세 친구들의 반응이 얼마나 욥으로 슬프고 힘들게 했는지도 함께 생각하게 한다.

3. 욥기의 주요 내용 강해

1) 욥기 1~2장

서문에서 중심인물인 욥은 존경할 만한 인물이며 번제를 드렸던 사람으로 나온다. 또 하나님을 묘사하는 장면과 사탄을 묘사하는 장면은 하나님의 판단 없이는 그 어떤 일도 일어날 수 없음을 보여 준다. 욥의 경건, 정직, 영적인 순결함은 사실 순수한 무욕의 문제가 아니라는 사탄의 주장에 대하여 하나님께서는 사탄이 욥으로부터 그의 소유물과 재산을 치도록 허용하였으며, 불평하던 아내마저 그를 떠나게 했고, 지긋지긋한 질병만이 남도록 하셨다. 그의 불행 소생을 들은 세 명의 친구들은 욥을 위로하게 위해 함께 왔으며, 그들은 욥이 자신의 고난에 대해 침묵을 지키는 것을 존경을 보냈다. 그의 고난에 대해 욥의 고백 "이르되 내가 모태에서 알몸으로 나왔사온즉 또한 알몸이 그리로 돌아가올지라 주신 이도 여호와시오 거두신 이도 여호와시오니 여호와의 이름이 찬송을 받으실지니이다 하고 이 모든 일에 욥이 범죄하지 아니하고 하나님을 향하여

---

13   Dillard R. B. & LongmanⅢ. T., op. cit., p.310.

원망하지 아니하니라"(1:21~22)는 주목해야 될 구절이다. 본문에는 계속해서 욥이 입술로 범죄치 않았음을 거듭 강조하고 있다(2:10).

2) 욥기 3~31장

이 부분은 욥기서의 몸통에 해당되며, 욥의 유명한 탄식(3장)으로 시작해서, 그를 위로하러 온 세 친구들과 세 번에 걸친 긴 토론으로 구성되어 있다. 토론은 세 번이며 각각의 친구들이 욥을 질타하고 욥이 답변하고 하는 형식으로 되어 있다.

① 세 친구들과의 첫 번째 대화

이 후에 욥은 그 세 친구들과 세 번에 걸친 대화(회개에의 요구와 진실됨의 항변)가 계속된다. 엘리바스(4~5장)의 주장은 욥의 고난의 이유는 감추어진 죄 때문이니 죄를 회개할 것을 추궁하였다. 이에 대한 욥의 답변이 6~7장에 이어진다. 욥은 자신의 결백을 다음과 같이 항변하고 있다 "내게 가르쳐서 나의 허물된 것을 깨닫게 하라 내가 잠잠하리라"(6:24). 두 번째 친구인 빌닷도 비슷한 논지를 폈는데 그의 아들들이 죽은 것은 하나님의 심판(8:4)이라하며 욥의 회개를 촉구했다. 그는 공의의 하나님을 칭하며 욥의 죄를 고백하게 했는데 이런 빌닷의 회개 촉구 서문에 우리가 자주 인용하는 구절이 나오는 것은 아이러니하다. "네가 만일 하나님을 찾으며 전능하신 이에게 간구하고 또 청결하고 정직하면 반드시 너를 돌보시고 네 의로운 처소를 평안하게 하실 것이라 네 시작은 미약하였으나 네 나중은 심히 창대하리라"(8:5~7). 이에 대한 욥의 답변이 9~10장에 길게 이어진다. 이 단락에서 그는 자기가 믿는 하나님의 위대함을 논하고, 그 하나님께 간구한다. "내가 하나님께 아뢰오리니 나를 정죄하지 마시옵고 무슨 까닭으로 나와 더불어 변론하시는지 내게 알게 하옵소서"(10:2) 라고 묻고 있다. 그의 세 번째 친구인 소발은 욥의 처지를 피상적으로나마 이해하는 것 같은 태도(11:1~6)를 보이고 있으나 그 역시 회개하지 않는 욥을 향하여 "네가 어찌 하나님의 오묘함을 측량하며 전능자를 어찌 능히 완전히 알겠느냐"(11:7)며 회개를 촉구하고 있다. 이에 대하여 욥은 이전 보다 더 길게 세 장(12~14장)에 걸쳐 자신의 무죄와 경건을 변호하고 있으며 기도하고 있다. 그리고 이 단락에서 욥은 마침내 하나님께서 자신을 신원하실 것을 강력히 바라고 있음을 보인다. "나무는 희망이 있나니 찍힐지라도 다시 움이 나서 연한 가지가 끊이지 아니하며… 장정이라도 죽으면 어찌 다시 살리이까 나는 나의 모든 고난의 날 동안을 참으면서 풀려나기를 기다리겠나이다"(14:7, 14).

② 세 친구들과의 두 번째 대화(욥15:1~21장)

앞의 패턴으로 욥의 세 친구들은 다시 욥에게 회개를 권면하고 욥은 그에 대해 반론을 제기하며 자신의 결백을 논증하고 있다. 데만 사람 엘리바스의 두 번째 권면은 욥의 반론이 공허하고 경건하지 않은 이야기라고 비난하며 현자와 권위자의 지지를 호소했다. "네가 제일 먼저 난 사람이냐… 사람이 어찌 깨끗하겠느냐 여인에게서 난 자가 어찌 의롭겠느냐"(15:7, 14)며 전통적인 인과응보설에 근거하여 그의 회개를 촉구하고 있다. 이에 대한 욥의 답변이 16~17장에 이어진다. 욥은 그에게 "너희는 다 재난을 주는 위로자들"(16:1)이라고 불평하고 있다. 수아 사람 빌닷은 그의 두 번째 권면에서 다시금 사악한 자에게 덮치는 비통을 우울하게 묘사하며 "악인을 기념함이 땅에서 사라지고 거리에서는 그의 이름이 전해지지 않을 것"(18:17)이니 회개하라고 했다. 이에 대해 욥은 하나님이 자기에게 억울하게 하시고 자기 그물로 욥을 에워쌌음을 깨닫는다고 하면서, "나의 친구야 너희는 나를 불쌍히 여겨다오 나를 불쌍히 여겨다오, 하나님의 손이 나를 치셨구나"(19:21)라고 고백한다. 욥은 그의 친구들이 자신의 처지를 동정하지도 않고 판단하는 것에 불평해 하며 탄식했고, 그런 고백으로 그는 위대한 부활에 대한 신앙을 고백하고 있다. 하나님이 치셨으므로 하나님이 다시 싸매실 것을 믿으며 그는 이 말이 철필과 납으로 영원히 돌에 새겨졌으면 하고 바랐는데, "내가 알기에는 나의 대속자가 살아계시니 마침내 그가 땅위에 서실 것이라. 내 가죽이 벗김을 당한 뒤에도 내가 육체 밖에서 하나님을 보리라."(19:25~26)는 위대한 고백을 하게 된다. 하나님을 인식하고 하나님을 만난 사람의 고백이리라.

나아마 사람 소발은 그의 두 번째 권면에서 사악한 자를 덮치는 징벌에 대해 강경한 어조로 강론을 했으며(20:1~29) 사악한 자는 이미 심판을 받았다는 주장을 하면서 욥의 호소를 무시했다. 이에 대한 욥의 여섯 번째 대답(21장)은 더 한층 깊어진 그의 사고를 보여 주는데 욥은 원래 가졌던 견해에 대해 점점 불만족을 느끼게 되었다. 많은 사악한 자들이 번창하지만 죽음은 모든 사람에게 닥친다. 욥은 그의 친구들이 측량할 수 없는 하나님의 뜻을 비난하듯 말하고 있다고 하면서 그의 친구들의 태도를 비판하면서 두 번째 친구들과의 대화를 마감했다.

③ 세 번째 친구들과의 대화(욥22장~31장)

세 번째 친구들과의 대화 부분은 전체적으로 대화가 약간 불안한 구조를 보이고 있는데, 세 친구 중 소발이 더 이상 논쟁을 하지 않고 있음이다. 세 번째 부분에서 엘리바스는 22장에서 '하나님이 인간의 미덕으로부터는 아무런 은혜를 주시지 않는다. 그 이유는 하나님께서 인간의 고통에 아무런 관심과 주의도 기울이시지 않으시며 인간이 하나님의 공의에 순종할 때만 구원을 하시기 때문이라'고 하였다. "너는 하나님과 화목하고 평안하라 그리하면 복이 네게 임하리라"(22:21) 그러면서 그는 욥으로 하여금 다시 회개할 것을 종용했고 그러면 하나님께서 욥의 행복을 회복시켜 주실 것이라고 했다. 이에 대한 욥의 답변이 23~24장에 나온다. 그는 "그러나 내가 가는 길을 그가 아시나니 그가 나를 단련하신 후에는 내가 순금같이 되어 나오리라"(23:10)는 말로 자신의 영적 순결을 변호했다. 수아 사람 빌닷의 세 번째 권면은 짧게 기록되었는데(25:·1~6), 이에 대한 욥의 답변 역시 짧게 기록되었다(26:1~14). 이후에 세 친구들과의 권면과 답변을 마치면서 27장에서 시작하여 31장에 이르는 욥의 긴 소견서가 제출되고 있다. 이 부분은 전형적인 지혜구문으로 이해되고 있기도 하다.

3) 엘리후의 강론(욥32~37장)

욥이 긴 자기 고백적 지혜 강론을 들은 부스 사람 바라겔의 아들 엘리후 자신의 연소함을 양해를 구하며 욥을 책망하고 났다. 그는 욥이 자신의 의를 강조하다가 무의식중에 하나님보다 더 의롭다는 느낌을 갖게 한 죄에 대하여 집중적으로 추궁하며 욥으로 하여금 그 위대한 하나님 앞에서 자신이 무력함과 죄인됨을 자복하게 했다. 그는 욥의 무죄함을 언급하면서 고난은 '훈계의 가치'를 가지며, 반드시 '징벌의 의미'를 갖는 것은 아니라고 말하고, 욥은 적어도 자신의 경우에는 하나님께서 불공정하게 행하시지 않았다고 생각해야 한다고 주장했다.

그의 두 번째 강론(34:1~37)에서 엘리후는 욥이 하나님의 공의를 의심해서 하나님을 모독했고 경건함이 실제로는 가치가 없다고 말하는 모독을 저질렀다고 욥을 비난했다. 엘리후는 욥이 하나님께서 축복과 징벌을 주실 때 공정하시다는 것을 부인함으로써 다른 죄에 더하여 배반의 죄까지 더했다고 생각했다. 엘리후는 다시 강론하기를(35장) 초월적인 존재이신 하나님은 개인의 행위로 영향을 받을 수 없으며 개인 자신이 선이나 악에 반응을 나타낸다고 말했다. 계속해서 엘리후는 하나님의 위대함을 36~37장에 이르도록 강력히 논증했다.

4) 하나님의 출현과 하나님의 말씀(욥38장~42:6)

이런 하나님에 대한 강력한 논증은 하나님으로 하여금 직접 욥에게 말씀하게 하시는 동기가 되었는데, 이제 하나님이 물으시고, 욥이 답변해야 하는 이상한 화법이 전개되고 있다. 이 부분에서는 하나님이 친히 현현(38~42)하시는데 하나님께서는 창조물의 현상과 우주의 무한한 속성으로부터 당신의 초월성까지 논쟁하셨다. 욥은 답변을 하고자 했으나 그렇게 할 수 없었으며, 인간의 불완전함을 드러낸 후 욥은 하나님의 전지전능하심과 자신의 불완전함을 알게 되었고 진정으로 겸손하게 회개했다. 이 부분은 욥의 모든 문체가 그러하듯이 피조물로 하여금 창조의 원천과 기운을 느끼게 하는 장엄 문체로 되어있고, 지혜 문서의 특성을 여실히 보여주는 구절들이다. 하나님으로부터 친히 국문을 당한 욥은 드디어 "스스로 거두고 티끌과 재 가운데서 회개하나이다"(42:6)하고 고백하고 있다.

5) 산문으로 된 발문(42:7~17)

끝의 발문(42:7~17)에서는 하나님이 욥처럼 하나님에 대해 바르게 말하지 않은 욥의 세 친구들이 분별없는 행위를 꾸짖으셨다. 그들은 하나님의 징벌을 피하기 위해 제물을 바쳐야 했고 이들을 위해 욥은 중보의 기도를 드렸다(42:10). 친구들은 욥에게 용서를 빌어야 했으며, 욥이 그들을 위해 기도할 때 욥의 곤경도 해소되었다는 표현은 우리의 숙고가 요청되는 부분이다. 복잡하게 얽힌 인간의 이해관계 속에서 우리는 용서를 구하고 또 축복기도로 답할 때, 서로에게 복이 된다는 사실을 명심하는 것이 좋겠다. 욥의 무죄함은 입증되었으며 욥의 재산은 회복되었고 번영과 장수를 누렸다.

제2장

시편

1. 시편의 서론과 구조

1) 시편 서론: 시편이란 무엇인가?

원래의 히브리어 구약 본문에는 '시편'에 관한 제목이 붙어있지 않다. 현존하는 가장 오래된 히브리어 사본이라고 여겨지는 '알레포' 사본(Codex Aleppo)과 '레닌그라드' 사본 (Codex Leningradensis)이 그것을 증거해 주는데, 성문서의 역대기가 끝나는 부분에 마소라 기호들이 나오고 그리고 약간의 여백을 둔 다음에 바로 "아쉬레이 하-이쉬 아쉘 로-하락~"으로 시작되는 시편 제1편의 내용이 이어지고 있기 때문이다. 그러니까 옛날 옛날 의 구약성경에서는 시편을 다른 성문서의 책들과 구별하는 특별한 명칭이 부여되지 않았다는 말이 된다. 아래의 인용된 사본은 알레포 사본[14]이며 역대기 끝 부분과 시편의 첫 부분이 이어지는 부근이다. 위의 두 줄이 끝나고는 마소라 부기가 있고, 약간의 여백이 있는 다음 히브리시편이 시작되고 있는데 특징은 띄어쓰기가 안 되어 있어서 읽는데 약간 어려움을 주고 있다는 것뿐이다.

---

14   Seybold K., *Introduciting the Psalms*(Edinburgh, T&T Clark Ltd., 1989), p.3.

알레포 사본

그렇다면 요즈음 우리가 쓰고 있는 '시편'이라는 제목은 어디서 유래한 것일까? 그리고 현대의 유대인들이 쓰고 있는 히브리 성경 '타나크'에서는 시편을 어떻게 표기하고 있을까? 우리가 쓰고 있는 '시편'이란 제목은 영어의 '싸암/시(Psalm)' 혹은 '쏠터/시집(Psalter)'은 히브리어 성경의 헬라어 번역본인 LXX(셉투아진트/70인경)의 표기인 '프살모이/시(Ψαλμοι)'에서 왔는데, 헬라어의 이 '프살모이'라는 단어는 어근이 '프살레인'인데 이는 '연주하다'라는 뜻이다. 이것은 여러 가지를 우리에게 시사해 주는데, 히브리어로 '시'를 의미하는 '미즈모르(רומזמ)' 역시 '하프나 수금과 같은 현악기와 함께 노래하다'라는 뜻을 가지고 있기 때문이다. 이야기가 좀 복잡해졌지만, 정리해 보면 다음과 같다.

현대 영어나 한국어의 '시' 혹은 '시집'을 뜻하는 제목 Psalm은 헬라어의 '프살모이'에서 왔으며, 그 '프살모이'는 히브리어의 시를 의미하는 'רומזמ(미즈모르)'와 동의어이다. 그런데 이 두 단어는 공히 '현악기와 함께 노래한다'는 뜻을 내포하고 있다는 것이다. 물론 영어의 Psalm은 라틴어 사본인 바티칸 사본(codex vaticanus, 주후 4세기)에서처럼 'Psalmoi' 혹은 'Biblos Psalmon(시집)'이라는 표기에서 유출되었다고 보여진다. A.D. 5세기 것으로 여겨지는 알렉산드리아 사본에서도 'Psalterium(시 모음집)'이라는 표현이 나온다. 그러니까 영어의 표기는 라틴어에서 나왔고, 그 라틴어 제목은 헬라어에서 왔으며, 헬라어 제목은 히브리어 '시'를 의미하는 '미즈모르'에서 창출된 것이라 여겨진다는 것이다.

그 다음으로 생각해 보아야 할 것은 나중에 붙여진 것이겠지만, 히브리 성경에서 시편에 붙여진 제목은 히브리어로 '터힐림(찬양들)'이다. 거기다 '책'을 뜻하는 히브리어 '세

페르'를 더하여 '세페르 터힐림' 즉 '찬양집' 혹은 '터힐림'이 현재 히브리어 성경의 시편의 제목이다. 문제는 히브리어 터힐림이 문법적으로 남성 복수형이라는 것이다. 즉 찬양에 해당하는 '터힐라(תהלה)'는 여성 단수이고 그것의 여성 복수형은 당연히 '터힐로트(תהלות)'가 되어야 하는데, 이상하게도 '터힐림(תהלים)'이라는 남성 복수형이 시편의 제목으로 채택되었다는 것이다. 이 시편의 히브리어 제목은 바벨론에서 발간된 탈무드 이래로 그 제목을 '터힐림' 혹은 '세페르 터힐림'이란 전통을 이어가고 있고, 이런 문법적인 혼란에도 불구하고 시편을 남성 복수형으로 표기하는 이유는 아마도 성전에서 사용하는 시편 찬양집을 일반 찬송과 구별하기 위하여 의도적으로 그렇게 한 것으로 여겨지고 있다.[15]

시편은 모든 성경 가운데서 가장 사랑받는 책 중의 하나이고, 신 불신 간에도 시편은 보편적으로 사랑받고 애송되어지는 성경임에 분명하다. 대부분의 기독교인들은 "여호와는 나의 목자시니 내가 부족함이 없으리로다"로 시작되는 시편 23편 정도는 거의 외우고 있을 것이고, "주의 말씀은 내 발의 등이요, 내 길의 빛"이라는 시편 119편의 말씀도 많이 익숙해 있을 것이다. 이렇듯 시편은 여러 시대, 다양한 문화권의 신자들에게 지속적으로 사랑을 받아왔는데, 개신교의 두 지도자들의 시편에 대한 평가를 들어보자. 칼빈은 말하기를 "다윗의 일생을 살펴 볼 때 그의 여정은 나에게 길을 보여주었으며 나는 이를 통해 적지 않은 위로를 얻을 수 있었다"[16]고 고백하고 있다. 그리고 "이 보고에 얼마나 다양하고 휘황찬란한 부가 담겨 있는지 말로 표현 할 길이 없다… 나는 이 책을 영혼의 모든 부분을 분석한 책이라고 불러도 부당하지 않다고 생각한다. 왜냐하면 어떤 사람이 의식할 수 있는 모든 감정이 다 거울처럼 여기에 묘사되어 있기 때문이다"[17] 그리고 "시편 안에는 영생과 구원의 지식에 관해서 부족한 것이 아무 것도 없다"[18]고 했다. M. 루터는 "시편은 작은 성서라고 불리워 마땅하다. 성경 전체에 담겨 있는 모든 것들이 지극히 아름답게 간략한 모습으로 담겨져 있다. 시편은 진정 뛰어난 안내서이다"[19]라고 하면서 "시편에서 우리는 모든 성도들의 마음을 들여다보았으며, 또

---

15 김정우, 시편주석1(서울, 총신대출판부, 2011), pp.22~23.

16 Calvin J., *Commentary on the Book of Psalms*, Trans. Beveridge H.(Grand Rapids, Baker, 1979), xliv.

17 트럼퍼 롱맨 3세, 한화룡 역, 『어떻게 시편을 읽을 것인가?』(서울, 한국기독교학생회 출판부, 1992), p.15.

18 제임스 L. 메이스, 『Interpretation시편』(서울, 한국장로교출 판사, 2002), p.27.

19 Martin Luther, *Vorrede auf den Psalter*, 1534. Translated it in English is "Preface to the Psalter" in *Luther's Works*, vol.35(Philadelphia, Fortress, 1960), pp.253~257.

하나님과 하나님이 베풀어 주신 온갖 은혜에 대한 거룩하고 행복한 생각들로 이루어진 향기 나고, 상쾌하고, 활기 띤 꽃들이 만발한 아주 즐거운 -정말로 천국- 을 들여다보는 것 같다"[20]라고 강조하고 있다. 그런 개혁자들의 평가뿐 아니라 초대 교회의 교부였던 아타나시우스도 "내 견해로는 이 책의 기록들은 인간의 삶의 전반, 다시 말하면 인생의 영적 행위와 간헐적인 형태와 사상들에 대한 이해를 담고 있다. 인간생활에서 발견되는 모든 것들이 기록되어 있다"라고 시편을 추켜세웠으며, 현대의 순교자인 본 회퍼는 "시편은 성서 안에서 독특한 위치를 차지하고 있다. 시편은 하나님의 말씀인 동시에 얼마간의 예외를 제외하고 사람의 기도이기도 하다"라고 정의하고 있다. 이 고대의 찬송 모음집은 인간의 각양각색의 삶의 체험을 비추어 주며 그 범위는 왕에서부터 평민에 이른다. 또 이것은 인간의 감정과 상황들의 축소판이나 다름이 없고 영적 체험들의 전시장과 같다. 단순하면서도 웅장한 인간의 체험과 고대 히브리시들이 이 책 안에 공존한다. 시편은 믿음의 순례를 떠나는 사람들에게 그가 어디 있든지 간에 그의 길을 재촉하게 할 뿐만 아니라, 쉴 만한 장소와 안식을 제공하며 묵상의 재료들을 제공한다. 칼 바르트 역시 그의 교회 교의학에서 기독교 메시지의 대상과 내용에 대하여 말한 것을 시편에도 유추 적용할 수 있을 것이다. "신학의 대상과 주제 그리고 그 내용은… 순수하게 주관적인 것도 또한 순수하게 객관적인 것도 아니다. 달리 말하면 격리된 인간도, 격리된 하나님도 아니며 오히려 하나님에 의해 계획되고 실행된 만남(Begegnung)과 교제(Gemeinschaft)속에서의 하나님과 인간, 하나님의 그리스도인과의 교통(Verkehr), 그리스도인과 하나님과의 교통 이것들이 신학의 대상이며 주제이다."[21] 만일 이 주장대로라면 "시편의 대상이 되기에 적합한 신학적 기본 형태가 찬양과 기도라는 점은 매우 분명하다. 신학은 기도로 시작해서 기도와 더불어 이루어지는 작업이며, 또한 기도 행위 속에서 가장 적절하게 수행될 수 있는 작업이다."[22]

이러한 개혁자들이 초대 교회의 교부들 순교자들의 평가 외에 시편은 이사야서와 함께 신약에 가장 많이 인용된 구약 성경일 뿐 아니라, 신약 누가복음 24:44절 '모세와 율법과 선지자의 글과 시편에 나를 가르켜 기록된 모든 것'에서 보는 것 같이 구약을 나누는 성문서를 대표하는 위치에 있음도 알 수 있다. 필로의 글에서도 "율법과 선지자들이 전한 말씀과 찬송과 다른 글들"이라는 표현이 나오며, 외경 마카비서 2:13절에도

---

20   트럼퍼 롱맨 3세, op. cit.

21   K. Barth, *Kirchliche Dogmatik*, IV/3, p.573.

22   K. Barth, *Ein fuhrung in die evangelische Theologie*(Zurich, EVZVerlag, 1962), p.180.

"왕들과 선지자들과 다윗의 글들에 대하여"라는 표현이 나오는데 다 시편의 중요성을 말하고 있다.[23]

이러한 글과 평가들을 통하여 우리는 시편에 대하여 몇 가지 사실을 이해하게 된다. 첫째는 시편은 시대와 문화를 초월하여 많은 성도들의 사랑받는 성경이라는 것과 둘째는 시편은 성문서를 대표하는 성경이며 마지막으로 시편은 하나님을 만난 인간의 감정을 가장 극적이고 다양한 방식으로 표현하고 있는 거룩한 문서라는 점이다. 시편에는 구약의 역사와 신학이 단편적으로 그리고 비조직적으로만 나타나 있다. 왜냐하면 시편의 우선적 관심이 역사와 사건을 기술하여 기록으로 남기는 것이 아니었기 때문이다. 시가서의 다른 부분들과 마찬가지로 시편은 하나님의 자기 계시와 조우된 인간의 반응이다. 때로는 터져 오르는 감동과 감사로, 때로는 인간됨의 한계와 깊은 절망감 속에서 창조주 하나님을 향하는 인간의 감정과 신앙을 담아 낸 농축적인 언어로 표현한 것이 시편인 것이다. 즉 시편에는 역사에 대한 언급이 있고 역사적 사실들을 배경으로 한 많은 시와 찬양과 기도들이 존재하지만 기록 목적상 역사 자체를 기록하는 것이 목적이 아니므로 그 역사에 대한 회상과 반응 등을 기록하고 있을 뿐임을 이해해야 한다.

시편의 편집과정과 저자의 문제

히브리시는 최소한 모세시대까지 거슬러 갈 수 있다. 그리고 대부분의 시가 다윗의 저작으로 돌려지고 있다. 시편의 많은 저자들과 다양한 연대를 생각할 때, 이것은 분명히 수 세기를 걸쳐 이루어진 것임에 틀림없다. 시편들이 모아져 작품이 이루어졌다는 것은 다음과 같은 중복된 시들이 있다는 사실을 통해서도 알 수 있다(시53~14, 70~40:13~17, 108~ 57:7~11, 60:5~12). 시편이 오랜 기간에 걸쳐 수집되어 왔다는 또 다른 단서는 하나님의 이름에 대한 용례에서 찾을 수 있다. 제1권(시1~41편)에서는 야훼를 주로 쓰고 엘로힘은 아주 드물게 나타나는 반면, 제2권(시42~72편)에서는 엘로힘이라는 명칭이 자주 쓰이고 있다. 제3권(73편~89편)은 두 개의 명칭이 교차적으로 사용되고 있다. 시편이 완성된 시기에 관해서는 구체적인 자료가 없다. 구약의 역사에서 시편의 수집과 편집에 주력하는 일은 가능한 일이었고, 시기로는 다윗, 여호사밧, 히스기야, 그리고 에스라시대 이 네 시대가 역사서에 거론되고 있다. 그러므로 모세시대에서 부터 시작하여 다윗대를 거쳐 거의 주전 3세기까지 지속적으로 시편이 수집되고 편집되어 사

---

23   김정우, op. cit., p.23.

용했을 수 있음을 쉽게 짐작해 볼 수 있다.

왜 시편은 150개로 되어 있고 언제, 누가 현재의 순서로 배열을 하였는가? 이런 점들에 의구심을 가지고 탐구하는 많은 노력이 고대로 부터 있어져 왔다. 하지만 유대인의 전통은 이 문제에 대하여 신비에 속한 것으로 여기고 있는데, 레위의 아들 랍비 여호수아가 시편을 그 적절한 순서를 따라 배열하려고 했을 때 하늘에서 소리가 나며 명하기를 '잠자고 있는 자를 깨우지 말라'고 하였다는 것이다. 그 정확한 연대나 구체적인 진행과정에 대하여 정확한 정보를 갖는 것은 불가능하겠지만, 아래와 같이 추론하는 것은 가능한 일이라 하겠다. 예를 들면 쿰란에서 발견된 오래된 시편의 사본인 1Q30에서이미 시편은 다섯 권으로 나누어 사용되고 있었다는 것이 이런 추론의 신빙성을 더해준다. 그럼에도 불구하고 다시 말하지만 '정확한' 정보를 얻는 것은 어려운 일이다.

우리가 현재 사용하고 있는 찬송집은 각기 다른 배경을 지닌 많은 사람들의 개인적인 찬송과 노래들을 어떤 편집자(한 사람 혹은 여러 명)에 의해 한 권의 책으로 엮여진 것일 것이다. 시편도 그와 유사한 과정을 통하여 형성되었을 것으로 사료된다. 즉 시편이 현재의 형식을 갖추기까지는 많은 세월 동안 복잡한 과정을 거쳤을 것이라는 점을 상상하는 것은 그리 어려운 일이 아니라는 말이다. N. H. 사르만은 이런 과정을 "아주 길고 복잡한 역사의 결정체"[24]라고 표현하고 C. 발트는 "강물이 어떻게 만들어지는지 생각해야 될 것"이라며 그 복잡성을 간결하게 묘사했다.[25] 주지하다시피 시편에는 많은 시인과 가수들의 작품이 포함되어 있다. 이런 시문들이 한 권의 시편으로 편집되어진 과정을 단계별 로 정확하게 밝히는 일은 사실 불가능한 일이라 여겨진다. 그럼에도 불구하고 우리는 시편의 각 시문들이 한 권의 책으로 편집되어진 여러 다양한 단계들에 관한 몇 가지 실마리 정도는 찾아 볼 수 있고 그런 것들을 근거로 하여 시편의 형성 단계를 다음과 같이 좀 더 자세히 살펴볼 수 있겠다. 첫째는 시가 처음에 만들어진 단계, 둘째는 시들이 다른 시들과 결합하여 작은 시집으로 형성되는 단계, 셋째는 여러 개의 작은 시집들이 더 큰 형태의 시집으로 결합되는 과정, 그리고 마지막으로 이런 시집들이 공동체에 의해 공인되어 사용되는 단계로 나누어 생각해 볼 수 있다.

시편 속에는 이러한 편집 과정을 좀 더 자세히 들여다 볼 수 있는 여러 단초들이 있는데, 첫째는 각 시의 표제들에게서 그런 정보를 얻을 수 있다. 비록 그 표제들이 그 시

---

24   Sarman N.H., "Book of Psalms" in *Encyclopaedia Judaica Vol13*. Ed., C. Roth(Jerusalem, Keter Pub. House, 1971), p.1309.

25   Barth C.(1966), 김정우, op. cit., p.59에서 재인용.

의 최초 저작에 대해서는 다소 의심스러운 점들을 포함하고 있을지라도 시편을 전체적으로 편집하는 사람의 작업과 관련하여서는 상당한 의미를 주고 있기 때문이다. 둘째 실마리는 제2권 송영의 마지막 부분인 시편 72:20절의 "이새의 아들 다윗의 기도가 필하다"라는 말을 다윗의 시들의 초기 편집의 끝으로 보아야지 다윗의 시의 전체적인 마무리로 보아서는 안 된다는 것이다. 그 이후에도 다윗의 시들이 많이 언급되어져 있기 때문이다. 세 번째 실마리는 시편 안에서 중복되어진 것으로 보이는 여러 시편(시14편과 53편, 40편과 70편, 108편은 57편과 60편의 합성으로)이 서로 다른 작은 시집에 포함되어 있었을 것이라는 가정을 지지하기 때문이다. 여러 개의 시집들이 하나로 편집될 때 그런 중첩되는 부분이 그대로 첨가된 것임을 짐작할 수 있다. 시편에는 소위 다윗의 시집(시3~41편, 51~70편, 138~145편 등), 아삽의 시집(73~83편), 고라 자손의 시집(42~49편)이나 성전에 올라가는 노래(시120~134편) 등이 보다 작은 단위의 시집이었을 가능성이 많다. 네 번째 실마리는 작은 시집들이 보다 큰 단위의 시집으로 묶여지는 단계인데 현재로서는 각각의 작은 단위들에 사용된 신명의 차이 정도가 그 편집의 근거로 논의되고 있을 뿐이다. 예를 들면 제1권에서는 야훼가 272회, 엘로힘이 15회 사용된 데 반하여 제2권에서는 엘로힘이 200회이고 야훼는 43회만 사용되었다는 점이다. 이런 통계는 제2권이 엘로힘 시편의 존재를 주장하는 근거로 활용되기도 한다. 이러한 실마리들을 바탕으로 시편은 처음에 개별적으로 지어진 시들이 절기나 특별한 예비적 필요를 따라 소규모 수집된 초기 시집의 형태를 띠다가 다윗의 시, 고라자손의 시, 아삽의 시 등으로 좀 더 큰 규모의 시집으로 묶이게 된다. 이런 상황까지는 거의 자연 발생적이고 예배나 예전적 필요를 따라 모아진 것이라 여겨지는데 그 다음에 좀 더 신학적 의미가 가미된 발전된 단위의 시집으로 발전된다. 예를 들면 엘로힘 시편이니 야훼 시편이니 하는 것이 그런 것이다. 그 다음에 마지막 단계인 시편의 최종적인 형태로 나아가게 되는데, 물론 이에 대해서도 구체적은 확증은 없다. 하지만 엘로힘 시편이나 그와 유사한 좀 더 큰 규모의 시편 모음집들이 시편의 최종 편집자에 의해 몇 가지가 첨가된 상태로 최종 확정되게 된다는 점이다. 최종 편집자(들)는 상기의 큰 단위의 원래의 시집에는 포함되지 않았던 많은 시를 포함시켰고 서론과 결론격인 시편 1편과 50편 등을 첨가하면서 최종적인 형태의 시편을 마무리한 것으로 보인다.

이러한 과정을 거쳐 편집 작업이 완료된 시기는 정확히 알려져 있지 않지만 대략 B.C. 4세기경에 현재의 시편 형태가 완성된 것으로 추정하고 있다. 물론 시편이 포함하고 있는 여러 시기들 예를 들면 다윗시대와 그 이전시대부터 시작해서 왕정시대의 작품들, 그리고 포로기의 작품들과 포로 후기의 작품들까지 망라해서 시편은 오랜 세월을 거쳐 지어지고, 수집되고, 편집되며 이스라엘의 신앙과 예배에 사용되어 왔다고 말할 수 있겠다. 이를 좀 다른 식으로 표현해 보자면 다윗시대 때부터 본격적으로 그 거룩한 시들이 모아지기 시작했는데, 솔로몬이 첫 성전을 봉헌할 때부터 모아진 시들은 성전의 예배에서 사용되었다고 보인다. 이스라엘 공동체가 커지고 활성화 되면서 개인적이거나, 국가적으로 예배와 예전은 더 발전하게 되었고, 이에 부응해야 하는 시편의 역할은 점점 더 커진 것이다. 예배에 쓰이는 찬송들이 시대를 거쳐 오면서 모아지고 더 큰 단위로 편집되었는데 바벨론 포로 후 더 첨가되어 역대기 시대에 완성된 후 스룹 바벨이 주도하여 세운 제2성전의 찬송가가 되었으며, 그것이 신약교회의 정경인 시편으로 받아 들여져서 오늘날의 예배와 설교, 기도에 사용되게 된 것이다.

2) 시편의 구조와 수

히브리 성경에는 150수의 시가 실려 있고 개신교의 성경에도 역시 150편이 실려 있다. 그렇지만 맛소라 사본들인 레닌그라드 사본과 바지카 사본과 네이플 사본에는 시편이 149편으로 나타난다. 이렇게 한 편의 시가 줄어든 것은 시편 114편과 115편을 하나로 묶어 편집했기 때문이다. 그래서 우리가 쓰는 히브리어 성경인 BHS판에는 시편 150편 바로 아래에 히브리어로 149를 나타내는 qmt라는 표현을 볼 수 있다.

히브리어 성경 BHS판

그런데 헬라어 역본인 70인경(LXX)에는 151수의 시가 실려 있다. 셉투아진트가 시편 151편을 실으면서 이 시는 '그 숫자에는 들지 않으나' 참 다윗의 시로 그가 골리앗과 홀로 싸울 때(지은 것이라)'라는 표제를 붙였다. 여기서 보듯이 70인경의 시편 151편은 전통적인 시편의 수 150에는 들지 못하는 것임을 명시하고 있다. 그 대신 70인경은 맛소라 사본의 시편 9편, 10편을 하나로 묶고 또 시편 114편, 115편을 하나로 묶어 편집하고 있으며, 시편 116편과 시편 147편들은 각각 둘로 나누어 배열했기 때문에 결국은 150

개의 시는 내용적으로나 숫자적으로는 같은 것이 된다. 그러니까 70인경의 시편은 113편에 이르기까지는 맛소라 사본의 시편보다 숫자가 한 편씩 앞 당겨져 있다. 예를 들면 맛소라 시편의 113편은 70인경 시편의 112편으로 편재된다는 뜻이다. 이렇게 시편은 그것을 사용하는 공동체의 필요에 따라 약간씩 다르게 편성되기도 했다. 예를 들면 예루살렘 탈무드 '쇠밧'과 시편 미드라쉬, 그리고 중세기의 미드라쉬 모음집인 '얄쿳 쉬모니' 등의 사본에서 시편은 모두 147편으로 배열되어 있다. 그런데 레닌그라드 사본 등에서는 149편으로 나타나는데[26] 이는 앞에서도 언급했지만 알파벳 시편인 제 9편, 10편이[27] 원래 하나로 편성되는 것과 같은 이유들 때문에 그런 차이가 생기는 것이다.

시편은 모세의 오경과 짝하여 읽도록 다섯 구분이 되어 있다. **제1권** 1~41편, **제2권** 42~72편, **제3권** 73~89편, **제4권** 90~106편, **제5권** 107~150편.

시편 1편에 대한 탈무드 시대의 한 미드라쉬에 의하던 "모세가 이스라엘 백성에게 다섯 책의 율법들을 수여한 것처럼, 다윗도 다섯 권의 시편들을 이스라엘에게 주었으니, 그 책 제목들은 각기, '복있는 자는'(시1:1), '인도자를 위하여: 마스길'(시42:1), '아삽의 시'(시73:1), '모세의 시'(시90:1), '주의 구속받은 자는 말할지어다'(시107:2) 등이라"고 했다.[28]

이렇게 다섯 권으로 편성된 시편은 전체의 서론 격인 제1편에 이어 소위 '제왕시'라고 불리는 시편 2편 같은 내용이 각 권의 시작과 끝 그리그 권과 권 사이의 연결부에 배치(시2,41,72, 89편)되어 있는데, 편집자들의 특별한 의도로 인하여 제1권의 맨 앞에 배열되었다고 보인다. 전체적으로 볼 때 시편의 제1권은 다윗의 시들의 모음편이라 할 수 있다. 물론 표제가 없는 시편 10편과 33편의 경우가 있기는 하지만 시편 33편의 경우는 70인경에서 '다윗의 시'라는 표제로 나타나는 것도 이런 주장에 힘을 얻게 하는 표기이다.

시편 제2권과 제3권은 고라 자손의 시(시42~49편), 다윗의 시(시51~65, 68~71편) 그리고 아삽의 시(73~83편)와 다시 고라 자손의 시(84~88편, 86편은 다윗의 시) 등으로 편성되어 있는데 이를 볼 때 이들 시들은 주로 '저자 중심'으로 배열되었다고 볼 수 있겠다. 특히 제2권

---

26 이 부분에 대해서는 최종태, op. cit., p.44를 참고하라.

27 참고, 알파벳 시편인 시편 9, 10편은 히브리어 알파벳 '카프'에서 9편이 끝나고, '라멧'으로 시편 10편이 시작되어 '타우'로 끝이 나고 있어서 학자들은 이 두 시편이 히브리시의 답관체 형식으로 쓰여진 하나의 시였는데 예전적 사용의 목적으로 둘로 나누어 배열되었을 것이라 생각하고 있다.

28 William G. Braude, *The Midrash on Psalms, I*(1959), p.5.

은 하나님의 신명이 '야훼' 대신에 '엘로힘'으로 등장하지만(200회 이상), 그것에 특별한 무게를 실을 필요는 없겠다. 제3권에서도 신명은 주로 '엘로힘'이 사용되었고, 아삽의 시, 고라 잣노의 시 그리고 에단의 시(89편)와 다윗의 시(86편) 등이 포함되었다. 시편 제 1~3권의 특징은 '제왕시'가 각 권의 처음과 말미를 장식하고 있다는 것이며 이러한 배 열은 솔로몬과 다윗시대에 야훼 하나님께서 언약백성에게 보이신 신실함을 강조하여 노래한 것으로 받아들여지고 있다.[29]

그에 반하여 시편 제4권과 5권에서는 앞의 세권에서 발견되는 어떤 공통점들을 발 견하는 것이 쉽지 않다. 그 부분 즉 시편 90편에서 150편에는 저자에 관한 표제가 붙은 것이 단지 19편뿐이기 때문이다. 앞의 제1~3권에서는 몇 몇의 예외를 제외하고는 대 부분의 시에 저자와 관련된 표제가 붙어 있기 때문에 이런 후반부의 모습은 의외이기 도 하다. 윌슨은 시편의 저자와 표제와의 상관관계를 연구하면서 시편 제1~3권에서는 시작과 끝에 각각 다른 저자를 배치시키고 있음을 파악했는데, 제1권이 주로 다윗의 시인데 제2권의 시작은 고라의 시로 시작되고 제2권의 끝은 역시 솔로몬의 시로 끝이 나고 있다. 제3권은 아삽의 시로 시작되어 에단의 마스길로 끝나며 제4권은 모세의 노 래로 시작되는 특징이 있다는 것이다. 다시 제 4, 5권의 배열 원리를 주목해 보면 4권 의 경우 지상 다윗 왕국의 종말에서 시온에 임하시어 세계적 왕국을 세우실 하나님의 우주적 왕국 비전이 현저하게 부각된다. 하지만 제5권에서는 다윗의 후손으로 오실 메 시아에 대한 사고가 강조되면서 그의 신정적 통치에 대한 찬양이 드러나고 있다. 그리 고 제5권은 마무리하는 송영이 없는데 마지막 시편 즉 시편 150편 자체가 전체의 송영 격으로 대미를 장식하고 있다.

시편의 각 권은 '이스라엘의 하나님을 찬양하는 다음과 같은 송영으로 끝을 맺고 있 다. "이스라엘의 하나님 여호와를 영원부터 영원까지 송축할지로다 아멘 아멘"(시 41:13), " 홀로 기사를 행하시는 여호와 하나님 곧 이스라엘의 하나님을 찬송하며 그 영 화로운 이름을 영원히 찬송할지어다 온 땅에 그 영광이 충만할지어다 아멘 아멘, 이새 의 아들 다윗의 기도가 끝나니라"(시72:18~20), "여호와를 영원히 찬송할지어다 아멘 아 멘"(시89:52), "여호와 이스라엘의 하나님을 영원부터 영원까지 찬양할지어다 모든 백성 들아 아멘할지어다. 할렐루야"(시106:48). 처음의 세 송영은 분명히 앞의 시들과 구분되

---

29   Gerald H. Wilson, "The Editing of Hebrew Psalter," *SBLDS76*(1985), 208; "The Use of Royal Psalms at the 'Seams' of th eHebrew Psalter," pp.94~95.

는데 마지막 네 번째 송영은 애매하다. 전체의 송영이라 할 수 있는 150편은 대 할렐루야송이며(시150:6, 호흡이 있는 자마다 주님을 찬양할 지어다 할렐루야), 제2권의 마지막 송영에는 "이새의 아들 다윗의기도가 필하다(72:20)"라는 말이 첨가되고 있다. 모든 송영 형식에 나타나는 히브리어 '바룩(축복하다)'은 직설법으로 쓰일 때는 '주님은 찬송받으실 분이시다'라고 쓰이고, 기원형으로 쓰일 때는 '주님을 찬양할지어다'라고 해석할 수 있겠다. 전자가 주님을 향한 것이라면 후자는 청중들을 향한 것이라 보면 된다. 그러나 바룩 야훼(아도나이)로 된 문장은 '주님을 찬양할지어다'로 번역하는 것이 더 정확한 것이라 할 수 있다.

3)시편의 표제

네 편의 시를 제외하고는 대부분의 시에 표제가 붙어 있어서 이 시들의 제목이나 정황을 유추해 볼 수 있도록 하고 있다. 표제에는 저자, 역사적 기원, 문학적 특징(시, 노래, 마스길 믹담, 식가온, 기도, 찬송 등), 예전적 용례(92편, 안식일의 찬송시 등), 음악적 부호 등이 나타난다. 여기서는 주요한 몇 표제만 살펴본다. 보다 자세한 설명은 최종태의 시편 연구를 참고하라.

마스길 이 용어 역시 다양한 의미로 번역되며 총 13편의 시에서 제목으로 사용되었다(시32, 42, 44, 45, 52, 53, 55, 74, 78, 88, 89, 142편). 이 단어는 또한 시편 47:7절에도 등장하는데, 주석가들은 이 단어가 '지혜롭다, 영리하다'라는 뜻의 동사에서 파생되었기 때문에 이것을 '심미적 노래' 혹은 '교훈적 노래'라고 번역하기도 했다. 그러나 이들 가운데 시편 32편, 78편을 제외하면 대부분의 시는 '교훈적 시와는 거리가 멀다. 크라우스는 이 동사의 어근 'skl'을 분사로 사용하여 레위인들의 활동을 묘사한 역대기 하 30:22절을 근거로 '숙련되고 지적이며 예술적인 방식으로 노래와 찬양을 제시하는 것'은 마스길에 대한 설명과 관련이 있다고 주장하였다.[30] 레위인들은 분명히 음악적 완성도가 높은 노래를 불렀을 것이다. 이와 같은 관점은 아마도 고대 이스라엘에 대해 우리가 가지고 있는 지식으로서는 가장 근접한 이론일 것이다.

미즈모르/찬양 이 단어는 시편에 57회나 등장하고 있으며 음악적으로 악기를 동반한 연주를 의미한다.[31] 사실 그중 네 번은 구체적인 악기가 거명되고 있다(시33:2, 98:5,

---

30 Kraus, Hans-Joachim, *Psalms1~59: AContientalCommentary*, Tr. by Oswald H. C.,(Minneapolis, Fortress, 1993), p.25.

31 ibid., p.22.

144:9, 147:7). 따라서 이 명사의 의미는 음악적 반주에 맞춘 찬양의 형태를 의미한다. 70 인역에서 이 단어는 주로 찬양이라는 단어를 파생시켜서 psalmos로 표기되고 있다.

믹담 이 용어의 정확한 의미에 대해서는 일치된 견해가 없다. 따라서 이 단어는 여러 가지로 번역되고 있다. 이 단어는 시편 16편, 56~60편 등 모두 다윗의 시에 등장한다. 어떤 학자들은 이 단어가 히브리어 명사 '금(ketem)'과 관련되며 따라서 '금같이 귀중한 찬양'이라는 뜻으로 번역해야 된다고 주장하였으나 이러한 주장은 널리 인정을 받지 못하였다. 지그문트 모빙컬은 이 단어가 '덮다(katamu)'라는 아카디아어의 동사와 관련이 된다고 생각하였는데 그는 이것을 속죄라는 의미와 연결하여 '속죄의 찬양'이라고 번역하고 있다.[32] 한스 요아킴 크라우스는 70인역의 번역 'stelographia'(비문, pillar in-scription)를 예레미야 2:22절에 단 한 번 등장하는 'Ktm'이라는 동사와 관련시켜 '씻을 수 없는'이라는 의미로 해석하였다. 그는 특히 믹담에 대한 70인역의 번역을 근거로 '비문' 의 의미를 바르게 이해할 수 있다고 주장하였다.[33] B. 어드만은 보다 흥미 있는 해석을 내놓았는데 그의 주장 역시 하나의 가설에 지나지 않는 것이었다. 그는 이 단어는 입을 은밀히 가린다는 의미를 가진다고 주장한다. 따라서 다윗은 이러한 위기의 상황에서 크게 부르짖을 수 없었기 때문에 '침묵의 기도'가 가장 좋은 해석이라 하였다.[34]

셀라 이는 특별한 기호라기보다는 시편을 읽는 중에 호흡을 가다듬고 쉬어 감을 표 시하는 기호이다.

쉬르/노래 시편에서 이 용어는 '성전에서 불리는 노래'를 지칭하는데 사용된다. 그러 나 세속적인 의미로도 사용되었다(잠25:20, 전7:5). 이것은 '악기에 의한 소리'가 아니라 '음성적 개념'을 가진다. 또한 이 단어는 다른 단어들과 함께 사용된다. 예를 들면 히브 리어 단어 '미즈모르/찬양'을 들 수 있겠다. 두 단어의 차이점은 '노래/쉬르'는 음성적인 반면, '찬양/미즈모르'는 악기의 반주가 따른다는 것이다.[35] 두 단어가 같이 사용되면 악기를 동반한 노래가 된다. 다른 단어와 연결된 또 하나의 예는 시편 120~134편의 제 목으로 사용되었으며 흔히 '올라가는 노래(쉬르 함마아로트)'로 번역되고 있다. 이 노래는 일반적으로 예루살렘을 향해 올라가는 순례자들이 부르는 노래로 알려져 있으며, 에스 라 2:1절의 올라가다(to go up)는 동사와 에스라 7:9절의 동사에서 파생된 명사에 의해서

---

32 Mowinckel, Sigmund, *The Psalms in Israel's Worship*(Nashville, Abingodn, 1962).

33 Kraus, Hans-Joachim, op. cit., p.25.

34 Eerdmans, B. D., *The Hebrew Book of Psalms*(Leiden, E. J. Brill, 1947), p.77.

35 Kraus Hans-Joachim, ibid.

암시되고 있다. 두 단어 모두 바벨론 포로에서 올라가는 내용을 묘사한다. 나중에 이 단어는 성전으로 올라가는 15개의 성전 계단 각 층에서 노래 부르는 자 15명이 부르던 노래에 사용되었다. 실제로 이 구절을 '성전 계단의 노래'라고 번역하기도 한다.

식가이욘 이 용어는 시편에서 단 한 번(7편) 제목으로 등장한다. 그러나 복수 형태로는 하박국의 시(합3:1)에도 나타난다. 이 단어는 '실수하다, 방황하다'라는 뜻의 동사에서 파생되어 나왔다. 그러나 시편 7편이나 하박국 3장은 참회시로 볼 수 없으며, 엄밀히 말해서 '애가'라고 할 수도 없다. A. F. 커크패트릭은 이 단어가 환희의 절정이나 매우 열정적인 시적 특징과 관련이 있다고 말한다.[36] 크라우스는 이것을 '애가'라는 아카디어어와 연결시켜 '선동적인 애가'라는 의미로 해석하기도 했다.[37] 그러나 정확한 의미를 알기 위해서는 더 많은 정보가 필요한 실정이다.

테필라/기도 이 명사는 다섯 편의 시편에서 제목으로 나온다(시17,86,90,102,142편). 이 단어는 또한 하박국 3:1절에도 등장한다(선지자 하박국의 기도라). 이것은 시편을 포함한 구약 전체에서 '기도'에 대한 가장 일반적인 용어이다. 크라우스는 이것을 장르에 대한 용어로서 애가나 대속의 기도에도 적용된다고 주장한다.[38]

테힐라/찬양시 이 명사는 복수 형태로 사용될 경우 시편 전체의 히브리어 제목을 의미하게 된다. 이 단어는 시편 145편에서 시의 한 장르를 나타내는 제목으로 사용되었으며 다른 시편의 본문에서는 '찬양'이라는 의미로 사용되었다(시22:25, 33:1, 34:1, 40:3, 48:10, 65:1, 71:8, 100:4, 106:12,47, 147:1, 148:14, 149:1). 느헤미야 12:46절에는 이 명사가 '노래'라는 단어와 함께 나오는 것을 볼 수 있다. 의미가 모호한 단어도 많이 있지만 고맙게도 이 단어는 명확한 의미를 확인시켜주고 있다.

4) 시편의 사본들에 관한 연구는 다른 부분에서 다루기로 한다

시편의 사해사본과 맛소라 본문, 그리고 70인역과 탈굼 및 페쉬타 본문은 서로 대조해볼 만한 충분한 가치가 있다.

---

36 Krikpatrick, A. F., *The Book of Psalms*(Cambridge, Cambridge Uni. Press, 1951), xx and p.29.

37 Kraus Hans-Joachim, Op. cit., p.26.

38 Ibid.

2. 시편의 신학적 논점들

1) 시편의 분류와 양식 비평학

시편 연구에 있어서 각각의 시들이 어떤 배경 가운데 만들어졌는가? 그리고 각각의 시들은 어떤 목적으로 사용되었는가에 관한 관심은 모든 시편 학도들의 가장 일반적인 관심이라 하겠다. 그런 관점에서 시편을 연구할 때 가사인 '시'와 음악인 '찬송', 그리고 '기도'와 '성전 제사/예배' 간에 상호 어떤 관계가 있을 수 있다는 것은 추측할 수 있는 일이다. 각각의 시편들은 그것이 어떤 특별한 목적에 맞게 상용되었을 것이고, 그것들 중의 일부는 분명히 제의적(예배적) 상황에 쓰였을 것이라고 생각하는 것은 논리적인 귀결이다.[39] 하지만 그렇다고 모든 시편을 그런 제의적 상황 속에서 이해하려면 무리가 따른다. 왜냐하면 어떤 시편은 예배나 공동체적인 목적이 아니라, 개인적인 용도로 지어지고 사용된 것으로 보이는 시들이 많이 있기 때문이다. 그래서 시편을 어떤 일정한 양식의 조명하에 보려는 시도는 좋지만 그것을 억지로 조작해서는 안 된다는 것이다. 예를 들면 시편에는 많은 경우에 일인칭 단수인 "나"가 고통 받는 실체로 묘사되고 있다. 문제는 이 일인칭 단수가 순수한 다윗이나 어떤 경건한 개인인가? 아니면 주변의 이방인에게 둘러 싸여 고통당하는 이스라엘의 개인화된 묘사인가 하는 점이다. 그리고 많은 시들이 왕에 관하여 묘사하고 있다. 그 왕은 결국 이 땅의 왕인가? 영원한 왕이신가? 이런 문제들이 시편의 정황을 결정하는데 중요하게 된다. 그래서 이런 점들을 해결하려고 많은 학자들이 나름대로 논지를 펴왔는데, 시편 연구에 있어 그런 양식 분류의 시조라 할 수 있는 헤르만 궁켈(Herman Gunkel)은 시편을 크게 다섯 양식[40]으로 분류하며 거기에 더하여 몇 가지 작은 양식이 있다고 분석하였다.

하지만 이런 분류는 시편을 제법 일목요연하게 파악하기는 쉽게 만들어주었지만, 역시 많은 무리수와 억지가 동반되어 있음을 이해하면서, 한 번 그렇게 분류하여서 시편을 이해해 보는 것도 좋겠다는 정도의 마음으로만 받아들이기를 바란다. 왜냐하면 그의 사후에 제자들과 학자들에 의해 많은 다른 이론들이 제시되고 있기 때문에 그런

---

39 Mowinckel S., *The Psalms inIsrael's Worship I, II*(Abingdon, 1962), pp.2~22.

40 참고, 궁켈은 시편을 찬송시(Hymns), 공동체 비탄시(Laments of People), 제왕시(Royal Psalms), 개인적 비탄시(Laments of individual), 개인적 감사(song of thanksgiving of the individual) 등 5가지로 크게 분류하고, 이차적인 양식으로는 시온의 노래, 지혜시, 공동체 감사시, 그리고 제의시 등으로 분류했다.

현상들이 스스로 이 양식 분류가 온전한 것이 못 됨을 입증해 주는 꼴이 된 것이다. 궁켈은 시편을 크게 다섯 개로 분류하고 그 다음에 작은 부류로 시온시, 즉위식시, 지혜시 등으로 분류했다. 그런 한계가 있음에도 불구하고 시편에 대한 현대적 연구의 선구자는 누가 뭐래도 독일의 신학자 헤르만 궁켈임을 부인할 수 없을 것이다. 그의『시편주석』(1926)과『시편 개론』(1933, 사후 출판)은 궁켈을 소위 '양식 비평(Form-Criticism)'이라 불리는 방안의 새로운 창시자로 만들었다. 그는 시편 안에 들어 있는 기본적인 문학적 유형들 즉 문학적 장르들을 기초로 하여 각각의 시편의 역사적 배경(Sitz im Leben)과 시편의 용례를 밝히려고 시도했다.[41] 뿐만 아니라 그런 연구를 통하여 각각의 시편의 문화적 배경과 고대 문학적 배경 등에 대하여도 관심을 고취시켰다. 그리고 궁켈은 여기에 속하지 않는 것 같은 몇 편의 시들은 후대의 '혼합적인 편집의 결과'로 간주하기도 했다. 비록 궁켈의 견해들 중 세부적인 내용들이 도전을 받고 수정되어지고 있기는 하지만, 현대의 거의 대부분의 시편 주석가들은 크든 작든 궁켈의 영향아래서 자신들의 연구를 진행해 가고 있다고 여겨진다.[42]

궁켈의 연구에 기원을 둔 양식비평적 방법의 주된 가치는 시편에 대한 기능적(functional) 역할의 필요성을 재고시키는 데 있다고 여겨진다. 비록 모든 시편들을 다 기능적인 관점에서 연구할 수는 없다할 지라도 대부분의 시편들은 그런 관점에서 연구되어 질 수 있는 가능성을 열어놓은 점이다. 어떤 특정한 사회적, 제의적 상황 가운데서 특정한 시편의 용도를 인식하는 일은 여러 가지 다양한 시편들을 이해하고 해석하는 데 지대한 공헌을 하고 있다. 그래서 각 시편들의 배경인 삶의 정황(sitz im leben)을 결정하는 일의 중요성은 아무리 강조해도 지나치지 않을 것이다. 그러나 시편의 양식과 유형의 요소들에 대한 고전적인 양식비평적 고찰은 요즘에는 그리 큰 설득력을 가지지는 못한다. 우리는 장르라는 면에서 시편의 유형을 규정하기 위하여 무엇보다도 먼저 기

---

41 Gunkel H. & Begrich J., *Einleitung in die Psalmen*, Tr. by J. D Nogalski(Gottingen, Vandenhoeck und Ruprecht, 1933/ Macon, Ga.: Mercer Univerity Press, 1988), p.9에서 "Literary material must first of all be classified according to laws of its own type, in other words, according to laws taken from literary history"라고 강조했으며, 또한 같은 책 p.22에서는 "Furthermore, such songs as belong naturally together mush show a common treasury of thoughts and moods, such as were given precisely by their Sitz im Leben or easily could be linked with it. It will be up to us to point out also this common ground of the individual types"라고 하였다.

42 김정우, op. cit., p.90. 여기서 김정우는 모빙컬, 바이저, 베스터만, 앤더슨, 알렌, 크리이기, 롱맨 많은 현대의 시편학자들이 궁켈의 양식비평 방식을 자신들의 연구에 직간접적으로 사용하고 있다고 인용하고 있다.

본 자료들 안에서 즉 시편 자체 안에서 확증이 되는 양식적 구조의 공통적인 요소들을 먼저 밝혀내야만 하게 되었다. 물론 우리는 시편이 장르상으로 비슷한 공통적 구조를 보인다 할지라도, 좀 더 자세히 살펴보면 그것들 사이에는 많은 차이점이 상존해 있음도 동시에 파악할 수 있다. 다시 말하자면 어떤 특정한 유형에 속한 시편들 사이에 본질적인 공통점이 있음에도 불구하고 동시에 거기에는 일정한 차이점들이 상존한다는 것이다. 그리고 그 공통점이란 것은 형태나 구조적인 공통점이라기보다는 어떤 '기능'이라는 측면에서의 공통점이라 해야 더 정확할 것이다. 그러므로 우리는 시편에 대한 기능적 연구에 적합하고 그와 동시에 특정한 시편을 분석하는 데 있어서 시적, 문학적 구조의 독자성과 특성을 함께 신중하게 고려하며 연구해 가야 하는 것이다.

궁켈에 의해 시작된 시편 연구의 특별한 방법론인 '양식 비평론적 방법론'은 그의 제자였던 지그문트 모빙켈(Sigmund Mowinkel)에 의하여 한 단계 더 전진하게 된다. 그는 그의 저서 『이스라엘의 예배 속에 있는 시편The Psalms in Israel's Worship』이라는 저서에서 시편과 이스라엘의 제의 사이의 상관관계를 더 철저하게 분석하려고 시도했다. 물론 모빙켈은 궁켈의 양식분류 방식에 기초하여 자신의 연구를 진행시켰으며, 대부분의 시편의 배경으로 이스라엘의 제의적 정황을 주장했으며, 그 이스라엘의 제의적 정황의 배경을 고대 바벨론의 'Akitu' 축제에서 찾으려 했다.[43] 모빙켈에 의하면 대부분의 시편은 혼돈의 세력에 대한 하나님의 왕권이 연례적으로 재천명되었던 이스라엘의 가을 신년축제와 연결시켜 해석을 시도했다. 그러다보니 그는 궁켈에 의하여 제기된 여러 가지 시편의 배경이 되는 삶의 정황을 대폭 축소하여 거의 대부분의 시편의 배경으로 그런 가을 축제, 혹은 왕의 대관식 등과 연관시켜 시편의 배경을 설명하게 되었다. 그러나 후대의 시편 학자들은 모빙켈이 제기한 그런 신년축제가 실제로 이스라엘 사회에 있었는가 하는 점에 의문을 표했는데, 이에 대하여 아서 바이저(Arthur Weiser) 같은 학자는 시편의 배경이 그런 신년축제에 있는 것이 아니라 여호수아가 했던 것 같은 언약의 갱신 예식 같은 그런 제의에서 배경을 찾고자 했다. 물론 현대 독일의 시편학자인 크라우스(Kraus) 같은 학자도 궁켈의 분류 중 혼합적인 이차 분류방식에 많은 의문을 제기하고 있지만 그래도 그 역시 궁켈의 양식비평론적 연구 방법론이라는 큰 범주의 연구 경향 속에 머물러 있다고 여겨진다. 그 후에 리델보스(Ridderbos)에 의해 소위 '수사학적인

---

43 W. H. Bellinger, Jr., *Psalms*(Massachusetts, Hendricksonpublishers, 1990), p.25; P. C. Craigie, op. cit., p.46.

비평방식'이 제기되었는데, 이는 일반적인 양식 분류가 이루어지기 전에 먼저 수사학적인 분석이 먼저 이루어져야 하는 이유들을 효과적으로 제기하였다. 이러한 세부적인 문학적 분석의 결과들은 매우 독특한 것이어서 궁켈이 분류할 때 사용한 문학적 장르와는 연결시키기 어려운 점이 있기는 하다. 그러나 양식분류가 주로 시편의 기능에 관한 분류라면 이 수사학적 비평은 보다 문학적인 분석이고 보다 현미경적인 분석에 기여한다고 여겨진다. 1969년에 발표된 뮐렌버그의 「양식비평을 넘어서」라는 논문을 통해, 시편의 연구 전제가 통시적(Diachronic)에서 공시적(Synchronic)으로, 사회·역사적 배경 추구에서 문학적 통일성 추구로 넘어갈 것을 제안하였는데, 그에 의하면 히브리 문학 안에 있는 구조적 장치들 즉 수미일치법, 교차대조법, 절정과 반복에 관한 강조법 등을 잘 살펴 히브리 문학 안에 있는 다양한 성격과 구조를 찾아내는 것이 시편의 배경과 원래의 목적을 찾는 더 합당한 방식이라는 것이다.[44]

이러한 시편의 형식에 대한 연구는 단지 현대에서 시작된 것은 아니다. 고대로부터 시편 해석자들은 시편 안에는 여러 다양한 형태의 시편이 존재한다는 것을 인지했다. 예를 들면, 찬양, 비탄, 기원, 개인묵상, 혹은 예배로의 초청 등의 다양한 형식을 시편이 보유하고 있다는 것이다. 이런 인식은 중세의 루터도 역시 성경해석에 있어서의 문장의 형식과 문체적 특징 등에 관심을 가져야 한다고 강조하기도 했었다.[45] 그래서 전통적으로 시편에는 '감사', '찬양', '기도/혹은 탄원' 등의 주된 양식이 있다고 여겨지는데, 사실 이런 형식들도 완전히 독자적인 것은 아니다. 찬양의 형식 속에 감사도 있고, 또 감사의 형식 속에 탄원적 요소들이 선재되어 나오기도 하기 때문이다. 다시 말하자면 시편에는 분명히 어떤 문학적 혹은 기능적 양식이 공통적으로 함유되어 나타나기는 하지만, 그것이 다른 양식과 혼합되어 나타나는 것이 더 일반적인 현상이라는 것이다. 그러다보니 이런 양식비평 방식으로만 시편을 분류하게 되면 시편의 배경이 되는 '삶의 정황(Sitz im Leben)'이 너무 좁게 정리될 위험이 있다는 것이다. 그래서 후대의 학자들은 더 다른 이론으로 나아가게 되었다. 그래서 나온 보충 이론들이 앞에서 언급된 모빙컬의 제의 기원설이며, 또 수사비평학 같은 방법론인 것이다.

어쨌건 시편의 주요 연구 방법론으로 자리 잡고 있는 소위 '양식 비평 방법론'은 시편이 지어졌던 삶의 정황을 나름대로 재구성해 보며, 각각의 시편들이 속한 문학 양식과

---

44   J. Muilenburg, *Beyond Form Criticism JBL88*(1969), p.5.

45   D. J. A. Clines, "Story and Poem: the Old Testament as Literaㅣter and as Scriputre," *Int34*(1980), p.118.

유형들을 살펴 서로 비슷한 것들끼리 묶어 연구함으로써 결국 '시편이란 무엇인가? 어떤 상황 속에서 이런 시편이 탄생했는가?' 그리고 '그 시편은 만들어진 이후 어떤 용례로 사용되었는가?' 하는 전통적인 의문에 답하려는 연구 방식이라 정의할 수 있다. 이것은 결국 '장르'라는 다른 표현으로 설명될 수 있는데, 여기서 말하는 '장르'라는 것은 단순히 문학적 장르를 말하는 것이 아니다. 문학적 장르의 기능에 내용적 장르까지를 포함하는 보다 광범위한 의미의 장르를 따라 시편을 분류해보고, 각각의 시편들의 역사적 배경과 사용 용도를 설명해보도록 하자. 그러면서 각각의 장르의 시편들은 어떤 특성과 구조를 가지고 있는지를 살펴보도록 하겠다. 일반적으로 시편은 대략 5~7개의 큰 장르로 구분이 되고, 그 외에 3~4개의 작은 범주의 시편으로 분류한다. 시편에 가장 많이 드러나는 형식은 찬양시(Hymn), 비탄시(Lament), 그리고 감사시(Thanksgivings) 등이다. 이 세 장르는 구약의 예배자들의 생활과 아주 밀접하게 연결되어 있다고 보이는데, 이스라엘은 자신과 하나님이 조화로운 관계 속에 있을 때에는 '찬양시'로 예배를 드렸고, 그리고 고통과 어려움 속에서는 '비탄시'로 노래를 불렀으며, 그 비탄적 애가가 응답을 받았을 때 그들은 감사의 노래로 반응을 하였다. 그런 일련의 상황을 W. 부르거만은 "지향의 노래", "상실의 노래", 그리고 "귀정의 노래"로 분류하기도 했다.[46] 그러면 이제 시편에서 찬양시와 함께 가장 많은 형식을 보이고 있는 양식인 비탄시의 특징을 살펴보겠다.

2) 비탄시(Lament)

'비탄시'는 흔히 '탄식시' 혹은 '애가'라고 불리기도 하는데 주로 곤경에 처한 사람이 도움을 요청하는 '기도 혹은 간구'의 형식을 띠고 있다. 탄식시들은 시인들이 곤란 중에 하나님께 도우심을 간구하는 내용을 담고 있다. 이 부류의 시들은 다양한 환경 가운데서 만들어졌다고 보이지만 대체로 비슷한 형식과 구조를 가지고 있다. 탄식시는 개인의 문제와 고통을 토로하기도 하고, 때로는 공동체의 어려움을 호소하기도 하다.

(1) 개인 탄식시

궁켈의 분류에 의하면 '개인적인 애가(Klagelied des Einzelnen/ Laments of individual)'로 불리우는 이 부류의 시는 회중/공동체 탄식시와 견주어 개인적 고난에 대한 하나님의 신원

---

46   W. Brueggemann, *The Message of the Psalms*(Augsburg, 1984), p.25.

을 구하는 시, 궁켈은 민족을 의인화 한 것으로 간주하기도 했다. 다음의 시들이 주로 이 부류에 속하는 것으로 여겨진다. 시편 3, 4, 5, 6, 7, 9, 10, 13, 17, 22, 25, 26, 28, 31, 35, 38, 39, 42, 43, 51, 2, 54, 55, 56, 57, 61, 63, 64, 69, 70, 71, 77, 86, 88, 102, 109, 120, 130, 139, 140, 141, 142, 143편 등 44개의 시.[47]

탄식시를 살펴보면 우리는 하나님과 우리의 관계의 절정에서 깊은 심연으로 내려감을 보게 된다. 탄식시는 감정적인 스펙트럼 상에서 볼 때 찬양시와 정반대의 시이다. 탄식시가 토해내는 어려움은 여러 가지인데, 정치적인 탄압, 육신의 질병, 외로움, 권력자의 학대, 영적인 곤고함, 가난함, 주변의 조롱과 비난 등 다양하다. 그런데 이상하게도 대부분의 탄식시들은 대개가 '찬양'의 요소를 포함하고 있다. 거기에 대하여는 여러 가지 설이 있는데 예를 들면 시편의 기자들은 삶을 비관적으로만 보지 않았기 때문이라든지, 기자들은 고난 그 자체만 관심하는 것이 아니라 고난 너머에 있는 하나님의 개입과 구원을 바라보는 신앙 때문에 그런 요소가 들어가 있다고 한다.[48] 시인들은 고난의 깊은 심연에서 하나님께 부르짖었다. 그들은 하나님이 자기의 문제를 해결하시고 구원하실 것을 믿었다. 그래서 탄식시들은 하나님의 도우심이 필요한 그러한 상황에서 하나님께 올려진 다른 형태의 기도이며 동시에 찬양이라고 해야 할 것이다. 시편은 다양한 형식으로 표현되어 있지만, 그 궁극적 귀착점은 항상 찬양으로 하나님을 향하고 있다.[49] 그러나 그런 해석도 가능하지만, 탄식시 안에 드러나는 찬양의 요소는 문제가 해결된 시점에서 구원하신 하나님을 경험하고 지어진 가능성이 더 크다고 할 수 있다. 그래서 학자들은 탄식시를 탄식시가 되게 하는 중요한 요소 중의 하나가 그런 표현이라고 주장하기도 한다. 탄식시라는 장르는 우선적으로 그 분위기에 의해 감지된다. 탄식시를 살펴보노라면 그 안에 다음의 3가지 내용이 포함되어 있음을 알 수 있다.

① 시편기자는 자신의 생각과 행동으로 인해 괴로움을 당한다.

---

47   시편에 대한 양식분류에 관하여는 학자들 사이에 통일된 견해는 없다. 학자들마다 제각기 양식분류에 대한 다른 의견을 제시 한다. 본서에서의 시편의 양식분류는 편의를 위해 Vanderbilt University에서 Ph. D. 학위를 받고 Texas Chrisitian University의 Brite divinity School에서 오래 교수하셨던 Dr. Toni Craven의 구분법을 채용했다. 별다른 의미는 없고, 그녀가 시편 150편 전체를 가장 일목요연하게 구분하고 있기 때문이며 학자들마다 약간씩 다른 구분법을 구사하고 있으므로 편의를 위해 토니 크라번의 구분법을 채용했을 뿐임을 밝힌다. Toni Craven, *The Book of Psalms*(Minesota, The Liturgical Press, 1992), pp. 22~23.

48   Christoph B., *Introduction to the Psalms*, Tr. By R. A. Wilson(New York, Scribner's Sons Publishaing co.1966), p.38.

49   Patrick D. M., JR., *Interpreting he Psalms*(Philadelphia Fortress press, 1986), pp.48~49.

② 시편기자는 그를 괴롭히는 다른 사람들의 행동에 대해 불평한다.

③ 기자는 하나님께 조차도 실망할 때가 있다.

이런 특징을 가진 대부분의 탄식시는 중간 혹은 뒷부분에 일종의 트랜스미션 같은 전환 장치가 있음을 그 특성으로 갖게 된다. 탄식시에는 위의 세 가지 내용에 더하여 아래의 여섯 혹은 여덟 가지 요소가 들어 있다.[50]

① 하나님을 부르는 호소구(Address to God)

② 도움을 구하는 하소연과 간청 부분(petition)

③ 상황의 어려움에 대한 불평 부분(Complaint)

④ 죄의고백이나 혹은 무죄 주장, 대적들에 대한 저주 부분(confession of trust)

⑤ 하나님의 응답을 확신하는 부분(words of Assurance)

⑥ 찬송이나 축복 구문(Vow of praise) 등이 나온다.

이에 대하여 C. 베스터만 같은 학자는 중간에 중복 간구 부분과 나중에 찬양 부분을 첨가해서 여덟 가지 요소가 있다고 강조한다. 하지만 대부분의 학자는 탄식시의 기본 요소로 상기의 여섯 가지 요소를 기본으로 하고 있다고 생각하고 있다. 탄식시는 불평 어린 기도이며 시편의 기도시들 중 40% 정도가 이 형식을 가지고 있다. 그래서 탄식시는 깊은 외로움과 당혹스러움 그리고 가득한 두려움에 대한 경험을 반영하고 있는 것이다. 그런 어려움 속에서 시편 기자는 한편으로는 어려움과 고통스러움을 호소하지만, 또 한 편으로는 하나님의 응답과 간섭하심을 견고히 신뢰하고 있음도 보여주고 있다. 그리고 위의 6가지 특징들은 서로 순서가 다르게 나타날 수도 있다.

아래의 예문을 통하여 시편의 탄식시가 가지고 있는 전형적인 특징과 구조를 살펴 보자.

예문1) 시편 13편

¹여호와여 어느 때까지니이까 나를 영원히 잊으시나이까

주의 얼굴을 나에게서 어느 때까지 숨기시겠나이까(하나님을 부르는 호소구)

²나의 영혼이 번민하고 종일토록 마음에 근심하기를 어느 때까지 하오며

---

50 탄식시의 기본요소에 대하여 T. 크라번과 B. 앤더슨 은 6가지, C. Westermann은 8가지 요소가 있다고 주장한다. C. Westermann, *Praise&Lament in the Psalms*(Atlanta, John Knox Press, 1981), p.64; B. W. Anderson, *Out of the Depths*(Philadelphia, The Westminster press), p.77; T. Craven, op. cit. p.27. 물론 학자들에 따라서 4가지로 단순화 시켜 이해하기도 한다(W. H. Bellinger J. R.), p.45.

내 원수가 나를 치며 자랑하기를 어느 때까지 하리이까 (상황의 어려움에 대한 불평구)

³여호와 내 하나님이여 나를 생각하사 응답하시고 나의 눈을 밝히소서

두렵건대 내가 사망의 잠을 잘까 하오며 (도움을 요청하는 간구 구문)

⁴두렵건대 나의 원수가 이르기를 내가 그를 이겼다 할까 하오며

내가 흔들릴 때에 나의 대적들이 기뻐할까 하나이다 (대적들에 대한 저주 구문)

⁵나는 오직 주의 사랑을 의지하였사오니

나의 마음은 주의 구원을 기뻐하리이다. (하나님의 응답을 확신하는 구)

⁶내가 여호와를 찬송하리니

이는 주께서 내게 은덕을 베푸심이로다 (찬송과 축복구)

예문2) 시편 22편

¹⁻²내 하나님이여 내 하나님이여 어찌 나를 버리셨나이까

어찌 나를 멀리하여 돕지 아니하옵시며

내 신음하는 소리를 듣지 아니하시나이까 (하나님을 부르는 호소구)

³⁻⁵이스라엘의 찬송 중에 거하시는 주여 주는 거룩하시니이다 (신뢰를 표하는 구)

⁶⁻¹⁰나는 벌레라 사람이 아니라 사람들의 훼방거리요 백성의 조롱거리니이다.

나를 보는 자는 다 비웃으며 입술을 비쭉이고 머리를 흔들며 (불평구)

¹¹나를 멀리하지 마옵소서 환란이 가깝고 도울 자 없나이다 (도움을 간구하는 구)

¹²⁻¹⁵많은 황소가 나를 에워쌌으며… 나는 물같이 쏟아졌으며…

내 힘이 말라 질그릇 조각 같고 내 혀가 잇틀에 붙었나이다 (탄식구1)

¹⁶⁻¹⁸개들이 나를 에워쌌으며 악한 무리가 나를 둘러 내 수족을 찔렀나이다….

내 겉옷을 나누며 속옷을 제비 뽑나이다 (탄식구2)

¹⁹⁻²¹여호와여 멀리하지 마옵소서

나의 힘이시여 속히 나를 도우소서 나를 사자의 입에서 구하소서 (도움 간구구)

주께서 내게 응락하시고 들소뿔에서 구원하셨나이다

(간구에서 확신으로 분위기가 전환되는 소위 트랜스미션 부분)

²²⁻³¹내가 주의 이름을 형제에게 선포하고 회중에서 주를 찬송하리이다.

여호와를 두려워하는 너희여 그를 찬송할지어다

(전형적인 감사 찬송이며 축복과 헌신에의 다짐 부분이다)

위의 예문들에서 보듯이 대부분의 탄식시, 비탄시, 애가들은 하나님을 부르고, 그분

께 어려움을 호소하며, 자신의 결백이나 무흠함을 주장하는 부분들이 내재되어 있다. 간혹은 그들을 괴롭히는 압제자들을 저주하기도 한다. 그렇게 어려움의 토로와 구원을 요청하다가 어떤 전환점을 통하여 구원을 확신하며, 하나님을 신뢰하고 다시 찬양하며 감사로 마쳐지는 구조를 보이고 있다. 어떤 탄식시는 감사와 찬양으로 시작되었다가 탄식과 불평 그리고 간구로 마쳐지는 역구조를 보이기도 한다. 그런 의미에서 탄식시와 감사시가 밀접히 연관되어 있다는 주장은 일리가 있는 말이다.[51] 여기서 우리의 관심을 끄는 부분은 시인을 곤경에 빠트리고 어렵게 하는 외부의 실체가 누구인가? 하는 문제와 또 곤경에 빠져 도움을 요청하는 시인은 과연 개인인가, 공동체인가를 규명하는 일이다.

독일의 신학자 J. 크라우스는 시편을 분류하면서 우리가 일반적으로 '탄식시'라고 불리는 부류의 시들을 '기도 시(songs of prayer)'라는 용어로 표현하였는데, 그중에서 개인 탄식시를 다음과 같은 몇 개의 하위 개념의 시들로 세분화하여 연구하였다.[52]

그것은 첫째 질병에 관한 기도시(시38, 41, 88편)와 둘째 부류는 변형된 형태의 질병에 관한 기도시가 있는데 이는 형식이나 주제와 관련하여 변화의 정도에 따라 더 많은 시가 이 부류에 포함되고 있다(시6,13, 22, 30, 31, 35, 39, 51, 69, 71, 91, 102, 103편 등).

그리고 세 번째 하위 개념의 개인 비탄시는 '박해와 고발에 관한 기도시'인데, 이 시는 시편 3, 4, 5, 7, 11, 23, 26, 27, 57, 63편등 이 포함된다.

마지막 부류의 하위 개념의 비탄시는 '죄인의 기도시'인데, 여기에는 시편 51편과 130편 등이 포함된다. 초대교회에서는 이 두 시를 '회개시'(시6, 32, 38, 51, 102, 130, 145편이 속한 부류)에 포함시키기도 했었다. 그러면서 그는 이 두 시의 분류에는 약간의 문제가 있음을 인지했다.

(2) 공동체 탄식시

민족의 재앙에 기초하여 하나님께 재난을 알리고 하나님의 도움과 개입을 호소하는 시인데, C. 베스터만은 H. 궁켈을 따라 공동체 탄식시는 다섯 가지 구조를 가진다고 주장했다. 이 부류에 속하는 시들은 시편 12, 14(=53), 44, 53(=14), 58, 60, 74, 79, 80, 83, 85, 90, 123, 126, 129, 137편 등 16편이다. 공동체 탄식시는 개인 탄식시와 비슷한

---

51 최종태, op. cit., p.62. 저자는 여기서 사무엘 상 1~2장의 한나의 기도를 예로 들어 설명하고 있다.

52 Hans-Joachim Kraus, *Psalms1~59: A continental Commentary*, Tr. by H. C. Oswald(Minneapolis, Fortress, 1993), pp.47~52.

내용인데 그 대상과 주체가 국가며 공동체라는 점이 다르다. 베스터만에 의해 분류된 공동체 탄식시의 구조는 다음과 같은 구조로 되어 있다.[53]

① 탄식의 대상 및 도입구(Address, introductory petition)

② 탄식(Lament)

③ 신앙의 고백(Confession of Trust)

④ 간구(Petition)

⑤ 찬양에 대한 서원(Vow of Praise)

하지만 공동체 비탄시도 전체적으로 개인적 비탄시와 유사한 구조가 혼용되어 쓰인다고 볼 수 있다. 하젤 불럭이 분석한 공동체 비탄시의 분석표를 살펴보겠다.[54]

문제	시편 44편	시편 79편
	전쟁에서의 패배	전쟁에서의 패배
하나님에 대한 불평/탄식	주께서 우리를 버려 욕을 당케 하시고 우리 군대와 함께 나아가지 아니하시나이다(9~14, 23~24)	여호와여 어느 때까지니이까 주의 진노가 불붙듯 ㅎ시리이까(5~6, 12~13)
대적에 대한 불평		하나님이여 열방이 주의 기업에 들어와서 주의 성전을 더럽히고 예루살렘으로 돌무더기가 되게 하였나이다(1~4)
간구 구문	일어나시고 우리를 영영히 버리지 마소서(23~36)	주를 알지 아니하는 열방과 주의 이름을 부르지 아니ㅎ는 열국에 주의 노를 쏟으소서(6~9)
응답확신	우리가 종일 하나님으로 자랑하였나이다 우리가 하나님의 이름을 영영히 감사하리이다(4~9, 23~26)	우리 구원의 하나님이여 주의 이름의 영광을 위하여… 주를 훼방한 그 훼방을 저희 품에 칠 배나 갚으소서(9~12)
찬양과 감사	우리가 하나님의 이름을 영영히 감사하리이다(8)	그러하면 주의 백성 곧 주의 기르시는 양된 우리는 영원히 주께 감사하며(13)

공동체 탄식시 예문) 시편 83편

[1-3]하나님이여 침묵치 마소서 하나님이여 잠잠치 달고 고요치 마소서
대저 주의 원수가 훤화하며 주를 한하는 자가 머리를 들었나이다

---

53 Westermann C., op. cit., p.52.
54 하젤 불럭, 류근상 역, 『시편의 문학적 신학적 개론』(서울, 크리스천서적 2011), p.231.

저희가 주의 백성을 치려하여 간계를 꾀하며 주의 숨긴 자를 치려고 서로 의논하여

···(중략)···

[13-18]나의 하나님이여 저희로 굴러가는 검불 같게 하시며 바람에 날리는 초개같게 하소서

삼림을 사르는 불과 산에 붙은 화염같이 주의 광풍으로 저희를 쫓으시며

주의 폭풍으로 저희를 두렵게 하소서

여호와여 수치로 저희 얼굴에 가득케 하사 저희로 주의 이름을 찾게 하소서

저희로 수치를 당하여 영원히 놀라게 하시며 낭패와 멸망을 당케 하사

여호와라 이름하신 주만 온 세계의 지존자로 알게 하소서

시편 83편의 배경은 대적들에 대한 위협 때문에 지어진 것으로 보이며, 2~8절 사이에서 대적들에 대한 불평이 전개된다. 그리고 간구 구문이 나오고 후반부에 하나님의 도우심의 확신 혹은 문제의 해결에 대한 확신이 나온다. 역시 마지막 부분에 하나님을 찬양하며 승리의 확신이 나오며 그 앞부분에 원수에 대한 저주부분이 나온다. 공동체 탄식시의 특징은 복수 대명사 '우리', '저희'가 자주 나오고 국가적 위기에 초점이 맞추어져 있다. 또 다른 특징은 자신에 대한 불평보다는 대적들에 대한 불평이 봇물처럼 터져 나와 있다는 것이며, 이스라엘 국가를 향하여 베푸신 하나님의 지난 은혜를 되새기며 도움을 간구하는 것이 특색을 이루고 있다.

공동체 시편들은 끝나는 부분에서 일관성을 보이고 있지 않다. 예를 들면 어떤 시들은 순서가 약간 뒤바뀌어 간구구문으로 시가 끝나기도 하고, 어떤 시들은 아예 찬양에 대한 서원부분이 빠진 채로 끝나기도 한다. 그러나 어떤 경우에도 하나님의 응답을 확신하는 부분은 항상 빠지지 않는다는 특징도 있다.[55] 모든 공동체 비탄시에서 하나님의 응답은 고정적이다. 그런 점에서 이 부류의 시가 선지서의 구절들과 유사한 점이 많다(참고, 렘3:21, 22~25, 호14장 등)

3) 감사시

시편 기자는 탄식을 하면서 때때로 하나님께서 자신의 소원을 들어 주시면 감사하겠노라고 분명히 약속한다(시56:12). 전형적인 감사시는 찬양시와 비슷한 방식으로 시작되고 탄식시의 결론과도 유사한 특징을 갖는다. 그래서 어떤 이들은 감사시들은 탄

55   Westermann C., op. cit., p.61.

식시에 있는 찬양 부분의 확대형이라고 생각하기도 한다. 그래서 감사시는 유형분류 상 탄식시의 일부와 찬양시의 일부를 함께 포함한 것으로 여겨지기 때문에 어떤 경우는 좀 애매하고 명료하지 않는 부분이 있다.[56] 이 그룹에 속하는 시들은 주로 히브리어의 '토다(감사)'라는 명사나 '야다(안다, 감사하다)'라는 동사를 포함하고 있다. 그 어휘들은 감사시에만 나타나는 것이 아니라 찬양시와 탄식시에 역시 함께 나타나고 있다. 궁켈에 의하면 탄식시와 감사시는 "두개의 껍질을 가진 홍합"같이 서로 보완적인 관계에 있다고 하였다. 그래서 감사시의 특징이 좀 애매할 수 있다는 것이다.[57]

감사시에서 시편 기자는 먼저 자신의 하나님을 찬양하고 감사드리려는 의도를 밝히고 그 이유를 진술한다. 대부분의 감사시에서는 응답된 탄식을 재진술하고 있기 때문에 쉽게 알 수가 있다. 그래서 감사시가 탄식시나 찬양시와 일정한 부분을 공유하고 있다고 여겨지는 것이지만 둘 사이의 차이점은 분명하다. 하나님의 도움과 구원을 기대하며, 또 확신하며 하나님을 찬양하는 것과 내가 이미 경험한 은혜에 감사하며 하나님을 찬양하는 것은 분명 다른 일이기 때문이다. 일반적으로 감사시는 고난 중에 있었던 성도들이 하나님의 기적적인 구원을 체험한 후에 하나님의 선하심을 찬양한 시들이라 할 수 있다. 이 그룹에 속한 시들은 다음과 같이 분류할 수 있겠다. 시편 11, 16, 17, 23, 30, 62, 66, 67, 75, 92, 103, 107, 116, 118, 124, 125, 131 138편.

감사시는 공예배시에 사용되었던 것으로 보인다. 종종 감사예물을 드리면서 감사시를 드렸을 것으로 상상된다. 감사시들은 하나님을 찬양하고 회중들에게 하나님께서 행하신 구원을 간증하기도 한다. 그것은 시편 40편에서 좀 더 분명하게 드러나고 있다. 예를 들면 9절에서 "내가 대회 중에서 의의 기쁜 소식을 전하였나이다"라고 한 부분이 그런 정황을 증거하고 있다. 감사시들의 특징적 구조는, 다음의 네 요소로 분류하는데 물론 세 가지 요소로 분류하는 학자도 있다.[58]

첫째 서론적 요소들인데 이는 고난 속에서 도움을 간구했던 것을 상기시키고 주께서 들으시고 도우셨다는 것을 언급하면서 감사를 드리는 표현이다. 다른 말로 하자면 감사의 이유와 동기 진술의 부분이라 할 수 있다.

예문) 시편 30:1~2절

---

56   Kraus H. J., op. cit., p.51.
57   Gunkel H., op. cit., p.213.
58   Bellinger JR. W. H., op. cit., p.76.

여호와여 내가 주를 높일 것은 주께서 나를 끌어내서

내 대적으로 나를 인하여 기뻐하지 못하게 하심이니이다

여호와 내 하나님이여 내가 주께 부르짖으매 나를 고치셨나이다

둘째 요소는 시인이 겪었던 위기에 대한 보고인데 어떤 경우는 간략한 보고(시32:3~4, 40:2~3)로 된 경우가 있고, 어떤 경우는 좀 길게 서술되어 보고되기도 하였다(시30:2~3, 6~9, 11~12, 시66:5~12절 등). 어떤 경우이든 감사시가 "인생 드라마의 마지막 행위"라는 L. 샤부린의 표현은 적절한 것이다.[59] 사람의 마음은 불평으로부터 감사로 옮겨가는 것이 일반적인 신앙 성숙의 궤적이기 때문이다.[60]

세 번째 요소는 성취된 사실로서의 구원을 언급하는 부분이다. 앞에서 언급된 대로 이 요소가 감사시를 탄식시와 구별되게 하는 요소가 된다. 시인을 위기에서 구하여 내신 하나님의 위대한 능력은 시인으로 하여금 감사와 찬양을 하지 않을 수 없게 하는 요소가 된 것이다. 이런 특징은 보고내용의 일부에 포함될 필요가 없으며 감사시의 가장 본질적인 내용에 해당되는 것이라 할 것이다.

마지막 요소는 결론적 요소인데 하나님을 찬양하겠다는 서원 형식을 취하기도 하고, 또는 이스라엘로 하여금 함께 하나님을 찬양하며 경배하고 순종하자는 청유형식으로 결말지어지기도 한다. 또한 서론의 내용이 반복되어 강조되기도 한다. 시편 30편은 하나님께서 자신에게 행하신 일을 요약하며 여호와를 찬양하겠다는 시인의 결심으로 마쳐지고 있다.

예문) 시편 30:12절

이는 잠잠치 아니하고 내 영광으로 주를 찬송케 하심이니

여호와 나의 하나님이여 내가 주께 영영히 감사하리이다

이것 외에도 결론 부분은 여호와의 신실하심에 대한 언급이나 지혜의 말 혹은 교훈으로 끝을 맺기도 한다.

59   Sabourin L., *The Psalms, Their Origin and Meaning*(New York, Alba House, 1974), p.277.

60   Pleins J. D., *The Psalms: Songs of Tragedy, Hope, and Justice*(Maryknoll, N.Y. Orbis Press, 1993), p.46.

예문) 시편 32:8~10절

내가 너의 갈 길을 가르쳐 보이고 너를 주목하여 훈계하리로다

…(중략)…

악인에게는 많은 슬픔이 있으나

여호와를 신뢰하는 자에게는 인자하심이 두르리로다

시인이 공동체나 국가에 대한 하나님의 위대하신 행위를 반영하는 경우도 있는데(시 66편) 그는 이들을 개인적인 차원에서 국가적 구원의 사건과 평행을 이루고 있다고 보았으며 그러한 고뇌로부터 영감을 얻었다고 고백하고 있다. 그러나 시인의 구원은 여호와께서 이스라엘을 위해 이루신 위대하신 구원의 축소판이었을 뿐 아니라 이스라엘의 하나님, 자비롭고 인자하신 하나님의 성품을 탄영하고 있는 것이다. 공동체의 감사시를 구별하는 본질적인 기준은 위에서 언급된 두 가지 즉 위기에 대한 보고와 위기가 지나갔음을 인정하는 표현들 속에서 복수 대명사가 주를 이룰 경우에 해당된다.

예를 들어 이스라엘을 지칭하는 것으로 여겨지는 시편 124편에서 일인칭 단수 대명사가 그에 해당되는 표현이며 시편 118편 역시 그런 해석이 가능한 시편으로 여겨지고 있다. 사실 우리는 개인적인 감사시를 통해 시인이 이스라엘 백성들에게 자신과 함께 이 감사의 예배에 동참할 것을 요구하는 표현을 종종 보게 된다. 시편 118:28~29절은 이러한 예를 보여주고 있는 것이다

예문) 시편 118:28~29절

주는 나의 하나님이시라 내가 주께 감사하리이다

주는 나의 하나님이시라 내가 주를 높이리이다

여호와께 감사하라 그는 선하시며 그 인자하심이 영원함이로다

또 다른 예는 시편 116편에 나오는데 3절에서 시인은 그가 당했던 곤고한 상황을 개진하고 4절에서는 그런 곤고함에 대한 하나님의 응답과 구원을 기도하였다. 그리고는 5절 이하에서는 하나님의 구원과 응답의 확신을 선포하고 있으며, 12~14절 이하에서는 "여호와께서 내게 주신 모든 은혜를 무엇으로 보답할꼬 내가 구원의 잔을 들고 여호와의 이름을 부르며, 여호와의 모든 백성 앞에서 나의 서원을 여호와께 갚으리로다" 하면서 하나님께 감사를 '백성들 앞에서' 드릴 것을 약속하고 있다. 그것은 계속해 17절

에서 "내가 주께 감사제를 드리고 여호와의 이름을 부르리라. 내가 여호와의 모든 백성 앞에서 나의 서원을 여호와께 갚으리라" 라고 되풀이하여 강조하고 있다. 그러면서 이 시는 "예루살렘아 네 가운데서, 여호와의 전정에서 내가 갚으리로다. 할렐루야"(시 116:19)로 마감되고 있다. 이것과 관련하여 D. 키드너는 "우리는 이 시를 특징짓는 아주 강렬한 개인적인 신앙과 사랑이 경건의 공적이며 국소화된 표현들과 경쟁관계가 아니라는 점을 주목할 수 있다. 이 불꽃은 혼자 외딴 곳에서 숨어서 살아져 버린 것이 아니었다. 회중의 가운데서 지핀 불꽃이 되어 다른 나무들을 신앙으로 타오르게 할 것이며, 두고두고 사람들의 가슴속에 불타오르게 될 것이다"라고 말했다. 앤더슨 역시 구약에서 공 예배는 자주 전체 회중이 유익하도록 하나로 융합된다고 지적하기도 했다. 감사시의 중요성은 그것이 시편에 나타나는 빈도수에서도 반영되고 있는데 그것은 분명히 이스라엘의 예배의 중요한 한 요소가 되고 있는 것이다.

4) 찬양시

하나님을 찬양하는 시는 대체로 찬양을 권하는 서두로 시작되는데 독주나 합창으로 불려진다. 히브리어로 '터힐라(찬양)'로 명명된 시편은 상당히 광범위하게 시편의 전 영역에 분포되어 있고, 인간의 존재의 목적은 하나님을 찬양하기 위함이라는 것이 시편의 궁극적 목적이기도 하다. 시편의 기자는 찬양이라는 의미에 대하여 해부학적 혹은 문법적 접근을 하지 않는다. 단지 찬양할 뿐이다. 이스라엘에게 있어서 하나님은 그들의 찬양 속에 임재하시는 분이시다. 그러므로 그들에게 찬양은 곧 예배이고, 예배는 곧 찬양함으로 하나님의 임재 앞에 서는 소중한 행위였다. 주지하다시피 시편은 5권으로 되어 있다. 그중 1~3권에는 탄식시가 많다. 하지만 뒤로 갈수록 찬양시가 많은 것은 시편의 편집과 관련하여 의도가 있는 편집이라 할 수 있다. 즉 '찬양'은 시편 전체가 지향하고 있는 복된 바른 인생의 궁극적 목적이라는 것이다. 그러한 사실은 시편 각 권의 말미가 찬양시인 송영으로 끝나고 있음에서도 유추해 볼 수 있는 일이다. 앞에서도 언급했지만 C. 베스터만은 비록 비탄시라 할지라도 결국은 하나님에 대한 찬양으로 귀결된다는 그의 주장은 의미심장한 것이라 할 수 있다.

H. 궁켈이 시편의 찬양시라는 부류를 구별한 이래로 이 찬양시는 여러 종속적 범주의 시편들을 망라하게 되었는데, 많은 의견들 중 우리는 다음의 두 학자들의 찬양시에 대한 견해를 주로 채택해 왔다. 클라우스 베스터만은 찬양시를 서술적 찬양시와 기술

적 찬양시 로 구분했다. 그리고 F. 크루즈만은 찬양시를 세 가지로 구분하였다. "명령적 찬양", "분사적 찬양" 그리고 "개인의 찬양" 등이다. 크라우스는 크루즈만의 분류를 따라 찬양시를 분류하면서 다섯 가지의 세부 찬양시를 구분하기도 했는데 그는 창조주 하나님을 찬양하는 찬양시, 왕으로서의 하나님을 찬양하는 시, 이스라엘의 예배 중에 추수에 대한 찬양, 그리고 역사 속에서 행하신 하나님의 능력을 찬양하는 시, 마지막으로는 시편 24, 95, 100편 등에서 보듯이 성전의 여전과 관련된 찬양시 등이 구별될 수 있겠다고 주장했다.[61] 이런 복잡한 분류를 간단히 해 본다면 찬양시는 '간청하는 부분'과 '찬양하는 부분'으로 크게 나눌 수 있고 이 찬양시의 특징적 구조는 다음과 같다.

① 서론: 찬양의 요청

② 본론: 찬양해야 하는 이유 설명

③ 결론: 찬양에의 요청

이 부류에 속한 시편은 대략 시편의 10%에 해당되는 15편 정도이며 다음과 같다. 시편 8, 19, 33, 65, 100, 104, 113, 114, 117, 145, 146, 147, 148, 149, 150편 등 15편.

찬양시는 여호와에 대한 찬양이 충일한 것으로 쉽게 알 수가 있다. 시편 기자는 온갖 노력을 다하여 하나님의 선하심을 찬양한다. 시편기자가 하나님의 임재를 매우 잘 의식하고 있기 때문에 그의 찬양은 힘 있고 충일하다. 두말할 필요도 없이 시편의 주 기능은 찬양이다. 그것은 시편의 히브리어 제목이 웅변해 주고 있다. 그러나 찬양을 표현하는 문학적 형식은 찬송시의 형식인 것이다. 찬송시는 하나님의 어떠하심과 그의 행하신 일들 그리고 늘 행하시는 일들을 넘치는 기쁨으로 표현하는 시편이다. 주의 법궤가 시온 성전에 거하시는 하나님의 임재를 상징하는 것이라면, 찬양은 그 예배드리는 장소와 공간 속에서 보이지 않지만 분명히 임재하는 하나님의 임재를 상징하는 행위인 것이다. 이 찬송시의 특징은 '할렐루야'라는 하나의 부름으로 축약될 수 있다. 찬송시의 기본적인 요소들은 히브리어 문장의 구성요소에 나타나 있는데 할렐루야는 '찬양하라' 명령하는 복수 명령형과 하나님의 이름 '야'가 합성된 단어이다.

찬양시의 요소들은 위에서 '서론'이라고 표현된 부분에 해당되는 '경배/찬양하라'는 요청으로 시작된다. 그러면서 '본론'에 해당되는 찬양해야 하는 이유가 상술된다(우리 말의 '이는', '하셨으니'). 이 짤막한 표현들 안에는 세심하게 정선된 용어들이 가득 차 있으며 그런 강력한 어휘 선택을 통하여 하나님의 초월적 속성들이 드러나고 청중들로 하여금

---

61 H. J. Kraus, op. cit., p.43.

더욱 찬양해야 될 이유들에 동의하게 하고 있다. 그리고 마지막으로 다시 한 번 더 찬양하라는 요청이 첨가, 반복된다.

이런 요청은 다른 청중들에게도 하지만 무엇보다도 자기 자신에게 요구되고 있는 것이다.

> 찬양시 예문) 시편 113편
> [1]할렐루야, 여호와의 종들아 찬양하라, 여호와의 이름을 찬양하라
> [2]이제부터 영원까지 여호와의 이름을 찬송할지로다
> [3]해 돋는 데서부터 해 지는 데까지 여호와의 이름이 찬양을 받으시리로다
> [4]여호와는 모든 나라 위에 높으시며 그 영광은 하늘 위에 높으시도다
> [5]여호와 우리 하나님과 같은자 누구리요 높은 위에 앉으셨으나
> [6]스스로 낮추사 천지를 살피시고
> [7]가난한 자를 진토에서 일으키시며 궁핍한 자를 거름 무더기에서 드셔서…

본문의 1~4절까지는 선언적 찬양시라 할 수 있고 5절부터는 기술적 찬양시의 범주에 속한다. 많은 경우에 시편은 선언적 찬양에서 기술적 찬양으로 전환되는 모습을 보여준다. 위에 인용된 시편 113편은 이러한 전환을 보여주는 좋은 예가 되겠다.

시편에는 15개의 본격적 찬송시와 더불어 범 찬송시에 해당되는 20개의 다른 형식과 공유된 형태의 찬송시가 있다. 이것들 중 22개의 찬송시들이 찬양에의 부름과 주의 이름을 선포하라는 주된 요소들을 포함하고 있다. 시편 150편에는 명령법적인 요소가 시편 전체를 지배하게 된다. 그러나 찬양시들 중에는 이런 일반적 형식을 따르지 않는 경우도 있다. 앞에서 언급된 시온에 관한 시편이나 왕으로서의 하나님을 찬양하는 형식들이 주로 그렇다.

찬양시의 주요 주제들은 하나님의 창조이며 그것이 이스라엘과 모든 백성이 찬양해야 하는 근본적인 이유가 되는 것이다. 존 골딩게이는 그런 시편의 주제에 관하여 이렇게 평가하며 찬양해야 하는 주된 이유로서의 창조의 하나님을 꼽았다. "시편 자체의 논리는 예측할 수 없지만 심오하다. 우리는 하나님께서 창조주라는 사실에 영광을 돌리며 이 창조주가 우리를 만드시고 친히 우리의 목자가 되셨다는 사실에 무릎을 꿇지 않을 수가 없다."[62]

찬양시의 두 번째 주제는 이스라엘의 역사 속에 행하신 하나님의 은혜이다. 시편

105편은 요셉의 이야기, 광야시대, 가나안 정복 등의 모습을 되새기게 하고 있으며, 시편 106편은 애굽, 홍해, 광야 및 포로시대들이 그려져 있고, 시편 114편 역시 그런 이스라엘의 역사 속에 개입하셨던 하나님의 위대한 손길이 찬양의 주제가 되고 있다.

앞에서 잠깐, 복잡하게 언급된 내용들을 정리해 보면 궁켈이 찬양시로 분류한 것은 베스터만의 분류에 따르면 기술적 찬양에 해당되는 것인데, 클라우스의 분류로 보자면 찬양시를 형식적, 양식적으로 분류할 때는 명령시, 분사적시, 개인 찬양시 등으로 분류가 되고, 형식보다는 주제를 통해서 분류를 해 보면 창조주로서의 하나님 찬양, 왕으로서의 하나님 찬양, 추수시, 역사개입시, 성전입성 예전시 등으로 구분될 수 있다는 것이다.

이러한 찬양시들의 역사적 배경이나 삶의 정황에 대하여 정확히 설명하는 것은 쉽지 않은 작업이다. 하지만 이런 내용의 찬양이 후대에 성전예배에 사용되었을 것이라 점을 예측하는 데 별 이견은 없다.

5) 제왕시

제왕시의 주요 특징은 시의 내용 중 일부 혹은 전체가 히브리 왕의 통치기간 중 주요한 일과 직·간접적으로 관련되어 있다는 점이다. 그리그 이스라엘의 왕들에 관련된 이야기가 나오는 시들이다. 즉, 하나님을 왕으로 찬양하는 시들과 이스라엘의 통치자인 왕을 높이며 노래하는 시들이 이 양식에 속하는 시들이며, 궁켈은 이 분류의 시들의 저작 시기를 바벨론 포로 이전기로 보았으며(시2, 18, 20, 21 45, 72, 101, 110, 132편 등 9개), 제왕시를 어떤 고유한 장르로 여기지는 않았다. 그는 제왕시가 개인적 감사시나 탄식시와는 약간 다른 장르로 분석했고 그는 위의 분류에다 시편 89편을 넣어 제왕시를 10가지로 구별해 내었다. 이런 시들을 한 부류로 묶는 공통된 주제는 위에서 언급한 '왕권(Kingship)'이다.[63] 위에서 두 가지 요소를 언급했는데 굳이 한 가지 다른 요소를 들라면 '다윗'에 대한 언급이라 하겠다. 실제로 시편 1, 18, 20, 21, 45, 72, 89편에서는 왕에 대한 언급이 나오고, 시편 2, 18, 20, 45, 89, 132편에서는 "기름 부음 받은"이라는 표현이 나온다. 그리고 네 편의 시에서는 '왕'이란 언급이 전혀 없지만 그중 2개의 시에서는 '다

---

62   Goldingay J., *Praying the Psalms*(Nottingham, Grove Eook, 1993), p.8.
63   하젤 불럭, op. cit., p.293.

윗'이 언급되고 있다. 하지만 시편 101, 110편에서는 '왕'이나 '다윗' 혹은 '기름 부음'에 대한 어떠한 언급도 없지만 제왕시로 분류되고 있다. 모두 "다윗의 시"라는 표제 때문인 것으로 보이지만 특별히 101편을 제왕시로 분류함에는 문제가 있어 보인다. 시편 110편만 하더라도 왕으로서의 하나님이 다스리시고 통치하신다는 사상이 분명히 보여 넓은 의미의 제왕시로 분류하는 데 큰 어려움이 없어 보이지만, 시편 101편은 그런 제왕시적인 특징이 거의 보이지 않는다는 것이다.

제왕시로 분류된 시들을 다른 학자들은 '메시아시'로 분류하기도 한다. 고대 이스라엘에서 왕은 제사장, 선지자와 함께 중요한 3대 기관이었다. 구약의 레위기가 제사장을 중심으로 기록된 책이라면 선지서는 그런 선지자들을 주인공으로 삼아 기록되었고, 여기 시편은 왕을 특별한 관심의 대상으로 높이고 찬양하고 있다. 사실 이스라엘의 미래는 제사장이나 선지자보다는 왕에 의해 더 많이 좌우된다. 시편에서는 그런 왕직의 중요함이 하나님의 권위에 근거해 있음을 노래하고 있고, 또한 동시에 오실 완전하신 왕으로서의 메시아를 왕으로 예표하여 찬양하고 있는 것이다. 제왕시에서는 그러한 왕의 위엄과 위대함을 노래하고 있는데, 이 부류의 시들은 이상적인 왕의 표상을 오실 메시아로 회화화하고 있다. 아마도 왕이었던 다윗이 73편이나 되는 시를 작시한 것도 이런 점에 영향을 주었으리라 짐작케 하고 있다. 구약의 성도들은 하나님의 메시아 예언에 근거하여 다윗의 후손들이 왕위에 오를 때마다 저 새 왕이 우리 민족이 꿈에도 기다리는 혹시 오실 메시아인가 하는 기대를 가졌을 것 같다. 왜냐하면 이스라엘의 민족적 영웅인 모세가 예언하기를 "나와 같은 선지자"가 오실 것이라 하였기 때문에 이스라엘 민족에게 있어서 메시아는 모세와 유사한 정치적 지도자의 형식으로 오실 것이라 믿었다. 그래서 새로운 왕이 등극할 때마다 그들은 이런 기대를 가졌던 것이다. 특별히 다윗과 맺은 언약을 기초로 하여 다윗의 후손들이 등극할 때는 더욱 그러했다. 하지만 이 메시아에 대한 기대, 그리고 이상적인 왕으로서의 메시아는 다윗의 후손으로 오신 예수그리스도에 의해 완성되었다.

그러나 학자들 가운데서 분명하게 논란이 되고 있는 점들이 있는데 그것은 왕권과 관련하여 시편에 깔려 있는 신학 및 이데올로기는 어떤 것이며 또 왕정제도와 연관이 있는 시의 수는 얼마나 되는가 하는 문제이다. 그리고 제왕시로 분류된 시에서 등장하는 일인칭 단수 "나"의 정체가 무엇인가 하는 문제인데, 결코 쉽게 결론지을 수 없는 많은 복잡한 배경과 이론들을 생산하고 있는 문제이기도 하다.

예를 들면 위의 분류에서는 제왕시로 분류되지 않았지만, 시편 3편 같은 경우를 살펴보자.

> ¹여호와여 나의 대적이 어찌 그리 많은지요
>
> 일어나 나를 치는 자가 많으니이다
>
> ²많은 사람이 나를 대적하여 말하기를
>
> 그는 하나님께 구원을 받지 못한다 하나이다.
>
> ³여호와여 주는 나의 방패시요 나의 영광이시요 나의 머리를 드시는 자니이다
>
> 내가 나의 목소리로 여호와께 부르짖으니 그의 성산에서 응답하시는 도다.
>
> ⁶천만인이 나를 에워싸 진 친다 하여도 나는 두려워하지 아니하리이다
>
> 여호와여 일어나소서 나의 하나님이여 나를 구원하소서
>
> ⁸구원은 여호와께 있사오니 주의 복을 주의 백성에게 내리소서(셀라)

이상의 본문에서 시편 3편의 화자는 결코 자신이 이스라엘의 왕임을 분명하게 드러내고 있지 않다. 그러나 자세히 문맥을 살펴보면 시편 3편의 화자는 개인이라기보다는 백성의 운명을 책임진 위치에 있는 사람 같으며, 왕적인 위치에 있는 사람임을 짐작할 수 있다. 이런 유추는 시편 3편이 가지고 있는 '표제'를 통해서도 알 수 있는데, 표제는 "다윗이 그의 아들 압살롬을 피할 때에 지은 시"라고 설명하고 있기 때문이다. 이런 이유로 본 시편은 다윗이라는 개인의 탄식시로 분류되기도 하고, 또는 제왕시로 분류되기도 한다. 앞에서도 언급했지만 하나님을 왕으로 찬양하는 시들은 이 시들의 기능과 역할, 그 저작 배경을 이해하는 데 결정적인 역할을 한다. 모빙컬은 이스라엘에 바벨론의 신년축제 같은 왕의 신년 등극의식이 있었다고 전제하고 그것을 재구성해 내기 위해 이 부류의 시들을 적극 활용했었다.⁶⁴ 물론 그런 모빙컬의 가설은 후학들인 바이저와 크라우스 등에 의해 거부되거나 버림을 받았지만, 제왕시는 학자들이 많이 연구하는 시 양식이라 할 수 있다.

여기서 하나님은 이스라엘의 왕으로 선포되고, 왕으로서의 하나님을 선포하는 것은 전쟁에서의 승리와 밀접하게 연결되어 있다. 하나님은 자기 백성을 승리하게 하시는 분이며, 이스라엘은 하나님을 왕으로 선포하고 찬양함으로써 이에 응답, 보응하고 있는 것이다. 주지하다시피 이스라엘에서 왕은 하나님의 아들이자 그의 대리자이다. 백

---

64   Mowinckel S., *The Psalms in Israel's worship1*, tr. by D. R. Thomas(Nashville, Abingdon, 1962), p.119.

성들이 왕을 요구한 것은 구원자로서의 하나님에 대한 신뢰의 부족에서 나온 것이라 여겨지고 있는데, 백성들의 이런 불신앙에도 불구하고 하나님은 그들의 왕을 세워주신다. 사무엘은 인간 왕이 이 땅을 통치하시며 보호하시는 하나님의 그림자라는 것을 백성들에게 이해시키기 위해 언약 갱신의 의식을 치루기도 하였다(삼상12장). 그렇게 해서 생긴 왕정체제는 신정정치의 '대신'이 아니라 '발전'으로 이해되고 있다. 그러므로 많은 제왕시들은 인간 왕에 초점을 맞추고 있다. 이런 제왕시에서 이 땅의 '왕'과 '하나님 혹은 주'와의 관계는 주요하게 묘사되고 있는데 하나님과 왕과의 관계가 아버지와 아들 혹은 장자의 관계로(시2, 89편) 정리되고 있다. 그래서 제왕시에서는 왕의 전쟁에 관한 기사가 자주 인용되지만 그 승리의 공을 왕에게가 아니라 '하나님'께 돌리고 있는 특징이 있다. 하늘의 왕이 지상의 왕권을 가지고 계시기 때문에 이스라엘의 승리 뒤에는 항상 하나님이 계신 것이다(시18:7~19). 즉 실제적인 승리의 전사는 하나님이신 것이다. 여호와 외에는 누구도 왕에게 승리를 줄 수 없다(시21:1). 이스라엘의 왕들의 승리는 왕의 손을 가르쳐 전쟁을 준비케 하신 하나님의 몫인 것이다(시144:1). 그래서 "네 원수 네 발등상이 되게 하기까지"(시110:1) 하나님은 전쟁에 개입하시며 승리를 주시는 분이시다.

제왕시는 왕과 그의 승리에 대한 기록뿐 아니라 의와 공의가 시행되는 왕정의 모습을 다음과 같이 그려내고 있다. 첫째 하나님의 보좌는 이스라엘의 전형이며 의와 공의를 근거로 하여 세워지는 것이다(시45:7). 그리고 하나님께서 보좌에 앉으신 이스라엘 왕조는 공평한 지휘에 의해 다스려져야 한다는 것이다(시45:6). 즉 공의는 왕의 통치의 성격을 말하는 것이다. 아마도 다윗으로 보이는 시편의 저자는 아들의 입장에서 하나님께 솔로몬에게 판단력과 의를 주실 것을 간구한다(시72:1). 제왕시에는 이런 포괄적인 용어를 넘어서 의와 공의에 대한 자세한 내용을 선포하는 것으로 가득하다. 왕은 고난 받는 자를 보호하고 궁핍한 자의 자녀들을 압박하는 자들을 꺾으실 것이다(시72편). 이스라엘의 왕은 단순히 물리적 힘으로 자리를 차지한 폭군이어서는 안 되며 하나님의 공의를 본받아 공의롭게 백성을 치리하는 자리이며 왕을 통하여 하나님이 이스라엘을 직접 다스리시고 있음을 나타내는 왕의 대리자이며 아들이며 표상임을 나타내는 것이 이런 제왕시들의 목적이라 여겨진다.

제왕시에 대한 평가를 하젤 불럭은 이렇게 평가하고 있다. "제왕시는 이스라엘의 역사적 왕과 그 왕조에 초점을 맞추고 있다. 그러나 이러한 역사적 제도를 고수하면서 좌절과 무산된 기대로 인해 그들은 보다 위대한 사람과 제도를 통해 무너진 기대를 회복하고 인간의 힘만으로는 이룰 수 없었던 구원을 성취하기를 바랐다. 이러한 미래적 비전은 역사적 범주 안에서 유대 회당과 기독교 교회를 통해 실현되었다. 그들은 시편을 통해 이스라엘 왕이 이루지 못했던 모든 것을 성취하실 왕이 다스리는 나라에 대한 희망을 꿈꾸었던 것이다."[65]

6) 시온시

우주의 통치자이신 하나님을 기념하는 종말론적 특징을 가진 작품뿐만 아니라 시온의 노래를 포함하는 이 범주는 작은 양식군에 속하는 부류이다. 크게는 찬양시의 범주에 속한다(시46, 48, 76, 84, 87, 122편 등 6개). 이 시들의 주요 특징은 '시온'이나 '예루살렘'의 중요성을 강조하거나 찬양하는 것이다. 예루살렘이라는 거룩한 도시는 원래 여부스 족속의 지역이었는데 다윗시대에 이스라엘에 편입되었으며, 그곳에 하나님의 성전을 지어 그곳을 백성 가운데 임재하시는 하나님 현현의 중심 좌소가 된 곳이다. 이런 하나님의 도성에 대한 찬양과 기도는 이스라엘 백성들에게는 특별한 신적 보호와 피난처로 상징되고 있다.[66] 시편 46편에서는 "하나님은 우리의 피난처시요 힘이시니 환난 중에 만날 큰 도움이시라"(시46:1), "하나님이 그 성중에 계시매 성이 흔들리지 아니할 것이라 새벽에 하나님 도우시리로다"(시46:5)고 나오는데 마틴 루터의 유명한 찬양이 이 시에서 기인하고 있다("내 주는 강한 성이요", 찬585장). 이 양식의 시들은 예루살렘과 시온이 강력한 피난처임을 확인하고 있으며 거룩한 신뢰감을 그곳에 두고 있다.

이 부류의 시들의 또 하나의 특징은 하나님과 그의 성품을 높이는 것인데, 이런 경향이 직접적으로 시온과 예루살렘과 연결되고 있기 때문에 그렇게 분류하는 것이다. 결과적으로 전체적인 찬양시의 한 작은 범주를 차지하고 있지만, 이 부류의 시들은 하나님의 공의를 찬양하고 있고, 이 양식의 명칭은 시편 137:3절에서 기인한다. 포로된 이스라엘은 이 시온의 노래를 부르면서 그들의 잃어버린 예루살렘 성전을 그리워했고, 그것으로 먼 이국땅에서 선민으로서의 민족의 동질성을 회복하기도 했다.[67] 패망한 나라의 백성 이스라엘은 먼 바벨론의 그발 강가에서 그들이 돌아가고 회복해야 될 것이 무엇인지를 함께 모여 노래함으로서 민족적 정체성을 분명히 하곤 하였다. 그들은 예

---

65 하젤 불럭, op. cit., p.303.

66 Craven T., op. cit., P.27.

67 Anderson A. A., *Psalms(1~72), the New Century Bible commentary*(Grand Rapids, Eerdmans Publishing, 1989), p.35.

루살렘으로 돌아가야 했고, 거기 있는 시온산에서 영광의 예배를 회복하는 것이 그들 민족의 염원이며 공통된 소망이었음을 확인했던 것이다. 그렇게 하도록 도운 시가 바로 여기 시온시로 분류된 시들이라 생각할 때, 생각하는 바가 많다. 그래서 여기에는 찬양시의 서론격인 '찬양하라!'하는 적극적인 외침이 빠져있는지도 모를 일이다. 크라우스는 시편 132편도 이 양식으로 분류했는데,[68] 궁켈은 이 시온의 시들이 다른 찬양시들과 양식적으로 다른 점은 아마도 이 시들은 '찬양하라'고 권하는 찬양시의 서론 부분이 결핍되어 있는 것으로 분석했다.[69]

이 시온의 시들의 중요한 점은 포로된 백성들의 예루살렘으로 돌아와 이스라엘을 재건하는 데 많은 영향을 끼쳤다는 것이다. 시온시들의 특징을 일반 찬양시와 비교해 보자. 앞의 찬양시에서 살펴보았듯이 일반적인 찬양시들은 시편 113편에서 보듯이 "할렐루야, 여호와의 종들아 찬양하라, 여호와의 이름을 찬양하라"(시113:1)와 같이 찬양을 권고하는 서론으로 시작한다. 그리곤 본론에서 찬양해야 하는 이유를 설명하는 구절로 나아가는 데 반하여, 다음 예문에서처럼 시온시는 궁켈의 지적처럼 찬양시 양식이 전형적으로 갖고 있는 서론 형식이 생략된 채로 곧 바로 시온의 위엄과 시온의 영광을 칭송하는 것으로 나아가고 있음을 알 수 있다.

예문) 시편 87편

¹그의 터전이 성산에 있음이여

²여호와께서 야곱의 모든 거처보다 시온의 문들을 사랑하시는 도다

³하나님의 성이여 너를 가리켜 영광스럽다 말하는도다(셀라)

⁵시온에 대하여 말하기를 이 사람 저 사람이 거기서 났다고 말하리니

지존자가 친히 시온을 세우리라 하는도다

⁶여호와께서 민족들을 등록하실 때에는 그 수를 세시며

이 사람이 거기서 났다 하시리로다(셀라)

⁷노래하는 자와 뛰어 노는 자들이 말하기를 나의 모든 근원이 네게 있다 하리로다

시편 46편의 경우도 이런 시온시의 전형을 보여주고 있다. 찬양하라는 서론 대신 하나님을 우리의 피난처요 힘이라고 묘사하면서 시온의 성소가 하나님을 기쁘게 하는 곳

---

68   Kraus J. H., op. cit., p.59.

69   Gunkel H., op. cit., p.81.

임을 선포하고 있다. 또한 시편 48편도 여호와의 위대하심이 시온에서 찬양받으심으로 묘사되고 있다. 시온시들의 특징은 하나님의 위엄은 시온에서 빛나고 시온은 곧 이스라엘의 구원과 하나님의 인도함과 동일시되는 특징들을 공유하고 있다.

7) 예전시

(1) 즉위식 시(시29, 47, 93, 96, 97, 98, 99편 등 7편)

흔히 '대관식 시'로 알려진 이 부류의 시들은 내용이나 형식에 있어 '제왕시'와 많은 공통점을 갖고 있다. 제왕시와 즉위식 시는 형식적으로는 '왕'이라는 공통분모를 갖고 있으며, 내용적 주제로는 '여호와가 다스리신다'는 주제를 고유하고 있는 시들인데, 이에 대한 히브리어 구문의 해석에 따라 판단이 나누어지기도 한다. "여호와가 다스리신다" 혹은 "왕이신 여호와"라는 표현에 대한 히브리어는 '아도나이 말라크(Yhwh malak)' 이다. 이 구절은 시편 93:1, 97:1, 96:10, 99;1, 47:8절 등에서는 "여호와가 다스리신다"는 의미로 표현된다. 그런데 궁켈이나 모빙켈의 제자들은 이 구절을 "여호와께서 왕이 되셨다"로 해석하고 있다. 그러면서 하나님께서 이스라엘의 왕으로 즉위하시는 모습은 바벨론의 말둑신이 그들의 가을 축제 때 그들의 신전인 만신전에 모셔지는 의식과 유사하게 치러졌다고 주장했다.[70] 하지만 앞에서 언급한 것처럼 구약 성경이나 고대 이스라엘에는 이러한 절기에 대한 증거가 없다. 따라서 '아도나이 말라크'를 '여호와께서 통치하신다'로 번역하는 것이 구약의 일반적 사상과 일치되는 해석이다. D. 키드네는 이러한 형식을 '왕적 환호'라고 설명하고 있으나,[71] 하젤 불럭은 이런 시들을 '여호와의 왕권시'로 분류하고 있다.

이 즉위식 시들은 다윗 왕조가 끝나고 그의 거룩한 성전은 함락되었다는 사실과 함께 다윗 언약의 실패에 대해 언급하고 있는 본문에서 더욱 그 효력을 발휘하고 있다.

---

70 참고, 바벨론의 만신전에 마르둑 신을 안치시키는 예식과 이스라엘의 신년절기시 여호와의 재즉위 예식에 대하여 모빙켈은 그의 책 p.115에서 "땅과 목초가 덥고 메마른 여름 햇볕에 시들어 죽었다가(지하세계로 들어가 있다가) 가을비와 함께 새로운 생명을 내기 시작하여 결국 10월과 4월 사이에 풍성한 곡식을 열매 맺게 되는 농사 주기를 반영한 것이다. 이 행사는 농사의 주기가 시작되기 전 봄에 절정을 이룬다. 모빙켈은 예루살렘 성전에서 거행된 절기 역시 바벨론 과같이 춤과 노래를 동반하여 계속 이어졌다고 말한다. 그는 시편 24편과 132편을 근거로 여호와의 궤는 이 절기에서 여호와의 임재를 상징하는 것이었으며 연속된 절기의 목적은 여호와의 궤를 성전에 모시는 것이었다. 이것은 여호와께서 다시 보좌에 앉으심을 상징한다"고 설명하고 있다(하젤불럭, Op. cit., p.306에서 재인용).

71 Kidner D., *Psalms1~72*(London, Tyndale, 1973), p.13

이스라엘에게 필요하나 것은 여호와께서 왕이 되셨다는 사실뿐 아니라 이 여호와께서 아직도 여전히 권능과 위엄으로 온 우주를 다스리고 계신다는 사실에 대한 선포라 할 것이다. 이 즉위식 시는 바로 그 점을 강조하고 선포하는 것을 주 내용으로 하고 있는 시들이다. 사실 시편 제3권의 마지막 시인 시편 89편의 감동적인 장면을 현실적으로 조명해 본다면 이들 시는 여호와의 통치에 대한 현재적 실재를 선언할 뿐만 아니라, 여호와의 미래적 왕권에 대한 모습도 제공하는 것으로 보인다(시96:12~13, 98:7~9). 당시 유다의 역사는 이러한 선언과 반대되는 상황이었으나 여호와 왕권시는 당시의 비극과 함께 신앙의 눈으로만 볼 수 있는 하나님의 나라에 대한 미래적 실체를 잘 보여주고 있다.

'여호와께서 통치하신다'라는 관용구와 함께 제왕시는 여호와를 '왕'으로 언급한다. 시편 95, 98편에서 이러한 예를 찾아볼 수 있다. 여기 두 시는 모두 이러한 관용구를 사용하고 있지 않지만 두 시 모두 하나님을 왕으로 설명하고 있다(시95:3, 98:6). 물론 시편에는 하나님을 왕으로 언급하는 시가 많이 있지만, 다른 요소들이 즉위식 시로 분류되기에는 미흡하다. J. D. 왓츠는 다음과 같은 특징들이 이런 즉위식 시의 특징이라 규정했다.[72]

① 모든 백성들과 세상에 대한 보편적인 관심

② 다른 신들에 대한 언급

③ 심판이나 창조와 같은 하나님의 특징적 행위

④ 하늘의 왕 앞에서 찬양하는 태도에 대한 육신적, 영적 의전 등

J. D. 왓츠는 이런 기준에 근거하여 시편 47, 93, 95, 96, 97, 98, 99편 등을 제왕시로 분류하기도 했다.

D. M. 하워드는 이들의 형식과 어휘에 대한 연구를 통해 시편 47편과 93~100편이 이 부류에 속한다고 분류했으며 시편 93편은 서론적 내용이고 핵심부인 96~99편을 감싸고 있다고 말했다. 그는 시편 94편의 경우 관용구적 선언도 아니며 여호와를 '왕'으로 언급하고 있지도 않지만 이들은 서로 밀접하게 연관되어 있음을 주목해야 된다고 주장했다.[73] 그는 이어서 시편 93편과 100편이 공동체의 시이며 두개의 개인적인 시인 92편과 101편으로 둘러싸여 있다고 보았다. 이들 시들을 어떻게 분류하든 시편 94편

---

72   J. D. W. Watts, "Yahweh malak Psalms," *The ologishche Zeitschrift 21*(1965), pp.341~348.

73   David M. Howard Jr., *The Structure of Psalms 93~100*(Winona Lake, Ind: Eisenbrauns, 1997), p119~131.

이 이들 시와 함께 위치해 있다는 것은 특이한 점이다. 하워드는 시편 94편이 구조적으로나 어휘적으로 시편 95편과 가장 밀접하다고 주장한다. 사실 시편 94편이 한쪽으로는 92, 93편과 또 한쪽으로는 95편과 연결된 것처럼 보이는 것은 상당히 인상적인 사실이다. 그와 마찬가지로 시편 96편이 95편과 97~99편과 그런 방식으로 연계되어 있다고 여겨지고 있다. 우리는 이런 시들의 구조나 편집 의도 혹은 배열 의도에 대한 정확한 이유를 알지 못하지만, 여러 가지 이유들로 인해 이 시들이 같은 그룹으로 편재된 것으로 보인다. 그들 중 시편 93편만이 관용구적 표현을 가지고 있으며 또한 시편 95편은 여호와를 왕으로 언급한 시였을 것이라 유추해 볼 수 있겠다. 아마도 시편 96~99편의 시들에 모두 "여호와가 왕이시다"라는 표현이 있기 때문에 시편 93편을 거기에 편재시키면 너무 지루해질 것 같아서 시편 93편만을 따로 앞으로 배치시켜 지루함을 완화했을 가능성도 있다.[74]

즉위식 시로 분류되는 시들은 "여호와가 통치하신다"는 관용구를 공유하고 있고, 또한 가지는 "여호와는 왕이시다"라는 표현을 공유하는 특징이 있다. 그리고 일부 학자들이 주장하는 것과 같은 대관식과 관련된 절기나 행사는 사실상 시편이나 구약 어디에도 찾아볼 수 없다. 그들이 말하는 절기는 주로 바벨론의 절기에서 나온 것이며 따라서 "아도나이 마라크"라는 구절은 '여호와가 왕이되셨다'라기 보다는 '여호와께서 통치하신다'라고 번역함이 더 적절할 수 있겠다.

이들 시의 작성 연대는 많은 편차를 가지고 있으나 그럼에도 불구하고 시편의 제4권에 모아둔 것은 예루살렘의 멸망과 그에 따른 다윗 언약의 실패에 대한 신학적 교훈을 주기 위함일 것이다. 이들 시의 공통된 주제는 '하나님의 주권'이며 '공의'이다. 하나님께서 공의로써 주권적으로 통치하신다는 것이다. 이들 가운데 시편 95편만이 신약에서 인용되고 있다. 그러나 이 시는 여호와의 통치라는 주제를 통해 그리스도 복음의 핵심이라고 할 수 있는 하나님의 나라와 연결되고 있다. 사도 요한이 역사의 절정에 관한 이야기를 들려주었듯이 우리는 많은 물소리와도 같고 뇌성과도 같은 소리로 모든 피조물이 그렇게도 기다리던 선언을 이 시들을 통해 듣게 되는 것이다.

할렐루야, 주 우리 하나님 곧 전능하신 이가 통치하시도다
우리가 즐거워하고 크게 기뻐하여 그에게 영광을 돌리세(시19:6~7)

---

74   Ibid., p.122.

(2) 성소에 올라가는 시(시120~134편)

"쉬르 함마알롯"이라는 표제를 달고 있다. 이는 예루살렘 성전의 여성의 뜰에서 이스라엘을 위한 마당으로 올라가는 15개의 계단들 위에서 한 편씩 불렀던 노래라고 한다. 그 계단들 위에서 레위인들은 물을 긷는 행사와 관련하여 초막절 첫날 시편을 연주하고 노래 불렀다고 전해진다.

8) 지혜시(시1, 32, 34, 37, 49, 73, 111, 112, 119, 127, 128, 133편 등 12개)

이 부류의 시들은 구약의 지혜문헌인 잠언, 전도서, 욥기 등에서 자주 묘사되는 의인과 악인, 지혜자와 미련한 자 등에 관한 주제들을 주로 다루고 있고, 약간 권면적인 성격을 띠고 있다. 시를 통하여 교훈을 주려는 의도이며 또한 경건생활에 유익을 주려는 의도가 강한 시들이라 하겠다. 모든 성경이 다 하나님의 지혜와 말씀을 인생들에게 전하는 것을 목표로 하겠지만, 이 부류의 시들은 인류의 구원에 대한 선민의 특권이나 특별 은총적인 구원에 관심하기보다는 구약의 지혜문헌에서 보듯이 하나님의 일반 은총적 지혜를 노래하고 있다. 그렇다고 구약의 지혜시들이 모두 특별 은총에 관해 침묵하고 있는 것은 아니다. 그러니까 일단 특별 은총으로 구원 얻은 당신의 백성들이 일반 은총적 지혜의 삶을 살아 구원의 축복을 더 풍성히 누리도록 하는데 지혜시의 목적이 놓여있다 할 것이다.

지혜시는 삶과 신앙에 대한 개념화를 통해 일정한 영향을 주려고 지어진 시들이다. 이러한 사고방식 혹은 신학화는 욥기, 잠언, 전도서 등에서 많이 나타나고 있다. 이런 구약의 지혜문헌에서는 그것을 두 가지로 표현하고 있는데, 첫째는 잠언을 통한 가르침으로 드러난다. 둘째 방식은 욥기나 전도서에서 보이는 바와 같이 사색적 지혜로 나타나고 있다. 그런데 시편의 지혜시에는 이런 구약의 지혜문헌들이 보여주는 두 가지 방식이 다 드러나 있다. 모빙컬은 시편의 150편 가운데 140여편이 제의적 목적 혹은 예배를 위해 기록되었다고 주장한다. 그는 나머지 열개의 시에 대해 지혜 있는 자가 기록한 '현자의 시편'[75]이라 불렀다. 다섯 편의 지혜시는 제의와 상관없는 것으로 여겨졌다. 우리는 대부분의 시편이 성전 예배를 위해 지어졌을 것이라는 모빙컬의 주장은 받아들일 수 없지만 그가 시편에 지혜시가 있다는 점에서는 공감을 한다.

---

75   Mowinckel S., op. cit., pp.205~224.

지혜의 패러다임은 예언과 마찬가지로 도덕적 순종에 강조점을 둔다. 그러나 대부분의 경우 현자는 이스라엘 나라로부터 개인을 향한 관심으로 초점을 옮겨간다. 아마도 그들은 나라가 변하기 위해서는 변화의 진원지가 백성 각각의 개인임을 믿었던 것 같다. 지혜는 삶과 죽음, 또는 어리석음과 지혜라는 두 가지 삶의 방식으로 현실을 개념화한 세계관이라 할 수 있다. 지혜시라는 양식은 분명히 존재하는 것 같은데 사실 지혜시를 규정지을 만한 양식적 특징은 구별되고 있지 않다.[76] 그럼에도 불구하고 지혜시의 특징을 꼬집어보라면 그것은 구약의 지혜문헌에 공통적으로 나타나는 '잠언'적 교훈의 전수일 것이다. 그것을 시적인 기법 속에서 전달하고 있는 것이다. 두 번째 지혜시의 특징은 그런 지혜가 종종 '자연으로부터' 얻게 된다는 것을 강조하고 있다. 예를 들면 시편 32:9절과 같이 "무지한 말이나 노새같이"되지 말 것을 강조하는 특징이 있다. 세 번째 특징이 있다면 비유법과 특히 직유법을 많이 사용하고 있다는 것이다(참고 시128편). 네 번째 특징은 "복 있는 자"라는 관용구의 반복이다. 다섯 번째 특징은 선생이 제자나 자녀들에게 하듯 훈계풍의 언설이 그 특징이다(시34:11). 그리고 여섯 번째 특징은 "더 낫다"라는 지혜문헌의 특징적 표현이 지혜시에서도 반복되고 있다는 것이다. 이런 특징들만 지혜시의 특징은 아니다. 답관체 시에도 이런 지혜시적 요소가 많이 있다. 하지만 그런 기법은 지혜의 내용을 효과적으로 기억시키기 위해 사용된 것일 뿐이지 그런 요소가 있다하여 지혜시로 분류되는 것은 아니다.

시편 32편은 형식과 주제면에서 모두 지혜시로 분류되고 있는 시이다. 1, 2절에서 "복 있는 자"라는 관용구가 반복되고 비유와 함께 직유가 사용되고 있다. 또한 보상과 징벌이라는 지혜문헌적 주제가 10절에서 나타나고 있다. 이에 대하여 피터 C. 크레이기는 그의 주석에서 지혜가 대칭을 이루고 감사에 대한 내용이 가운데 자리 잡은 대칭 구조를 하고 있다고 주장했는데 설득력 있는 이해이다.

예문) 시편 32편
[1-2]허물의 사함을 받고 자신의 죄가 가려진 자는 복이 있도다
마음에 간사함이 없고 여호와께 정죄를 당하지 아니하는 자는 복이 있도다(지혜A)
[3-5]내가 입을 열지 아니할 때에 종일 신음하므로 내 뼈가 쇠하였나이다
주의 손이 주야로 나를 누르시오니

---

76 Murphy R. E., *A Consideration of th Classification, Wisdom Psalms, in Congress Volume: VTsup.9* (Leiden, Brill, 1963), pp.156~167.

내 진액이 빠져서 여름 가뭄에 마름같이 되었나이다(셀라)

내가 이르기를 내 허물을 여호와께 자복하리라 하고 주께 내 죄를 아뢰고

내 죄악을 숨기지 아니하였더니 곧 주께서 내 죄악을 사하셨나이다(셀라)(감사B)

⁶⁻⁸이로 말미암아 모든 경건한 자는 주를 만날 기회를 얻어서

주께 기도할지라 진실로 홍수가 범람할지라도 그에게 미치지 못하리이다

주는 나의 은신처이오니 환난에서 나를 보호하시고

구원의 노래로 나를 두르시리로다(셀라)

내가 네 갈 길을 가르쳐 보이고 너를 주목하여 훈계하리로다(감사B')

⁹⁻¹⁰너희는 무지한 말이나 노새같이 되지 말지어다

그것들은 재갈과 굴레로 단속하지 아니하면 너희에게 가까이 가지 아니하리로다

악인에게는 많은 슬픔이 있으나

여호와를 신뢰하는 자에게는 인자하심이 두르리로다(지혜A')

¹¹너희 의인들아 여호와를 기뻐하며 즐거워할지어다

마음이 정직한 너희들아 다 즐거이 외칠지어다(결론적 찬양)

지혜시를 구분하는 여섯 범주를 살펴보았는데 그것 외에도 지혜시를 지혜시가 되게 하는 것은 결국 그 시가 추구하고 있는 '주제'임이 분명할 것이다.

대표적인 지혜시는 시편 1편과 119편이라 할 수 있는데, 여기서도 "복 있는 사람"을 '하나님의 율법'과 직접적으로 연결시킴을 통하여 구원받은 백성의 풍성한 삶을 겨냥하고 있다. 시편 119편은 어떤 사람들은 '율법시'라고 따로 분류하기도 하지만 이는 좀 편협한 분류이다. 시편 119편은 시편 가운데 가장 '공교하게' 지어진 시라 할 것이다. 시편 119편은 앞에서의 답관체 시의 기법에서도 잠시 살펴보았지만, 22개의 연으로 되어 있고, 각각의 연은 히브리어 알파벳의 순서를 따라 배열되었다. 즉 각 연의 첫 단어가 히브리어 알파벳 순서에 합당한 단어가 배치되었으며, 각 연은 8절로 되어 있고, 각 연은 모두 '하나님의 말씀의 영광'의 한 부분을 강조하고 있다. 그리고 각각의 연들에 사용되는 하나님의 말씀에 대한 다른 표현들도 유념해 보아야 할 강조법이다.

예) 시편 119편

¹행위가 온전하여 여호와의 율법을 따라 행하는 자들은 복이 있음이여(여호와의 율법)

²여호와의 증거를 지키고 전심으로 여호와를 구하는 자가 복이 있도다(여호와의 증거)

³참으로 그들은 불의를 행하지 아니하고 주의 도를 행하는 도다(주의 도)

⁴주께서 명령하사 주의 법도를 잘 지키게 하셨나이다(주의 법도)

⁵내 길을 굳게 정하사 주의 율례를 지키게 하소서(주의 율례)

⁶내가 주의 모든 계명에 주의 할 때에는 부끄럽지 아니하리이다(주의 모든 계명)

⁷내가 주의 의로운 판단을 배울 때에는

정직한 마음으로 주께 감사하리이다(주의 의로운 판단)

⁸내가 주의 율례들을 지키오리니 나를 아주 버리지 마옵소서(주의 율례들을)

위의 인용구는 히브리 시편 119편의 각 연들의 첫 행을 편집한 것이다. 첫 연부터 여덟 번째 연까지 첫 줄만 편집했는데 이에서 보듯이 각 연의 첫 행들은 히브리어 알파벳의 순서 즉 알렢, 베이트, 김멜, 달렛, 헤이, 봐브, 자, 인 헤이트, 테이트의 순서를 따라 첫 단어가 시작되고 있다.

제1연은 아쉬레이 터미이메이

제2연은 바메흐 여자케흐 나아르

제3연은 거모르 알-아브디카

제4연은 다브카흐 레아파르

제5연은 호레이니 아도나이

제6연은 비이보우니 하사데카

제7연은 즈카르-다발

제8연은 헤르케이 아도나이.

제3장

잠언

1. 잠언의 서론과 구조

1) 잠언 서론

잠언의 히브리 성경 명칭은 '미쉬레이 솔로모' 즉 '솔로몬의 잠언'이란 뜻이다. '미쉬레이'는 어원인 '마샬'의 복수형이고, '평행, 유사한, 비교'의 뜻이 있다. 이 '마샬'이란 뜻에 대하여 E. J. 영은 "짧고 간결한 지혜의 격언"[77]으로, J. H. 레이븐은 "간결하게 종합적 혹은 대조적으로 진술되어 많은 상황에서 교훈을 줄 수 있는 원리"[78]라고 정의한다. 헬라어 번역본인 70인경에서는 '파로이미아이 소로몬토스' 즉 '솔로몬의 금언'이라는 뜻이며, 라틴 벌게이트역은 '금언집(Liber Proverbiorum - 리베르 프로베르비오룸)'으로 되어 있다. 랍비의 전승에 따르면 잠언은 시편, 욥 다음에 배치되고, 히브리 성경에는 시편과 잠언, 욥의 순서로 되어 있다. 70인역과 라틴어판 성경에서 이 세 가지 책 순서는 욥, 시편, 잠언으로 배열했는데, 이는 아마도 욥기를 모세의 작품으로 인정하고 시편은 다윗의 것으로 잠언을 히스기야의 것으로 보는 랍비의 전승에 기초한 연대기적 도식 때문에 생긴 것으로 보인다. 70인경은 솔로몬이 쓴 것이라는 전승에 의하여 잠언, 전도서

---

77   Young E. J., op. cit., p.363.

78   Raven J. H., *Old Testament Introduction*(New York, Revell, 1910), p.267.

아가의 세 가지 책을 함께 배열 시켰다.

　이 책의 저자와 저작 연대에 관하여 생각해 볼 때, 그 특성상 잠언서는 일종의 지혜 모음집이기 때문에 오랜 기간에 걸쳐 수집되고 정리되어 완성된 것으로 여겨진다. 저자에 관해서도 이 책의 상당 부분은 솔로몬에 의해 집필 되었다고 보이고, 다른 부분은 몇 명의 다른 저자들의 것으로 여겨진다. 본서가 그 저자들에 관해서 언급하고 있는 부분을 살펴보면 다음과 같다. 1~9:18절까지는 "다윗의 아들 솔로몬의 저작"으로, 그리고 10:1~22:16절까지도 "솔로몬의 잠언"이라 하그 있다. 그리고 22:17절은 "지혜자의 말씀"이라 하였고 24:23절도 "이것도 지혜자의 말씀"이라 하였다. 25:1절 이하는 "이것도 솔로몬의 잠언이요, 유다 왕 히스기야의 신하들[79]이 편집한 것이니라"라고 기록되어 있다. 나머지는 야게의 아들 아굴(30:1)과 르무엘 왕[80]의 어머니(31:1) 등이 저자로 명기되고 있다. 익명으로 나오는 "지혜 있는 자"들은 아마도 궁정에서 봉사한 전문 학자들일 수도 있고, 그 이전의 영감 받은 지혜자들일 수도 있다. 그러니까 확인할 수 있는 것은 주전 10세기경의 솔로몬의 것으로 지적된 것과 주전 8세기의 히스기야 왕의 신하들이 편집한 것들 정도이다. 그러나 후자의 것으로 간주된 부분은 적은 양이며, 그 외의 다른 편집자들도 충분히 상상할 수 있다. 또한 짧은 서문(1:1~7)도 전체를 위해 덧붙여진 것이라 추론할 수 있다.

　잠언서는 지혜문학에 속하는데 인간생활에서 하나님을 섬기고 그의 법을 준수하고 사는 것이 지혜이며, 이 세상 처세를 지혜롭게 하는 길이라고 알려주고 있다. 잠언은 일상의 생활에 관심을 집중하고 있기 때문에 구속사적인 관점인 출애굽이라든지, 정복, 언약 등의 개념들이 강조되고 있지 않다. 그러나 우리가 이 책을 더 탐구해가면 이 책이 얼마나 심오한 신학적 책인지를 금방 알아차릴 것이다. 잠언은 여호와를 경외하는 것이 지혜의 근본이며, 그 지혜란 반드시 실천 즉 삶과 연결된 것이어야 함을 강조하고 있다. 지혜에 관한 책이며, 그것의 일상생활에 어떻게 적용되어야 하는 가에 관한 책이다.

　잠언의 기본적인 목표는 지혜를 가르치는 것인데, 본서에 사용된 히브리어의 지혜에 관한 용어는 다음의 세 가지로 나타나고 있다. 그 단어들은 "호크마", "비이나", "투시야"인데, '호크마'는 본서에서 가장 자주 사용되는 용어로서 이론적인 지식이나 철학

79　Talmud, *Baba Bathra*, 15a에 의하면 "히스기야와 그의 동료들이 잠언을 썼다"고 한다.

80　Archer Jr. G. L., op. cit., p.678에서 이 왕은 우스땅에서 별로 멀지 않은 북 아라비아 지역의 왕으로서 참된 한 하나님에 대한 신앙을 가지고 있던 자라로 평가하고 있다.

을 다루지 않고 인생의 기본 법칙과 도덕적인 행위자로서의 사람이 하나님과 어떤 관계를 가져야 할 것인지를 바르게 가르치는 기능을 하는 지혜이다.[81] 즉 원리를 실천에 적용시킬 수 있는 실천적 능력을 말한다. 이는 어떤 기술이나 전문적 지식 혹은 가장 일반적 의미에서의 지성을 의미한다. 그것은 인간사의 모든 일에 대한 깊은 통찰 이후에 얻어지는 지혜이며, 실제적 교훈을 바탕으로 인간의 사회생활 경제생활 정치생활에서의 성공적인 삶을 목표로 하는 지혜이다. 두 번째 지혜에 관한 용어 '비이나'는 허상과 실상 진리와 거짓, 찰라적인 쾌락과 먼 미래를 내다보는 가치를 지적으로 잘 분별하여 참으로 성공적인 삶을 위한 힘을 주는 지혜이다. 이는 가치 없는 것과 가치 있는 것, 참된 것과 거짓된 것 사이를 구별하는 능력을 포함하는 분석적이고 판단적인 요소를 갖고 있다. '투시야'는 건전한 지혜, 능률적인 지혜 혹은 변함없는 성공이란 뜻을 가지고 있다. 이는 영적 혹은 심리적으로 권위 있는 직관으로서 건전하고 유능한 지혜이며, 하늘로부터 오는 초자연적인 계시를 전하는 지혜와는 달리 땅에서 하늘의 진리를 추구하는 인간 정신의 능력을 강조하는 지혜이다.[82] 그 우리는 지혜를 구약시대를 살던 사람들이 그들의 인생과 세계를 이해하는 데 사용하였던 지식의 체계 혹은 이론이라고 이해하면 좋을 것 같다. 물론 나중에 다루겠지만 구약에서의 지혜는 하나님으로부터 유래하고 하나님을 경외함에서 자라고 예수그리스도를 인하여 완성된다. 그분을 알고 경외하는 것이 지혜이다. 그러므로 지혜는 단순히 이 세상에 대한 철학적 통찰력일 뿐 아니라, 이 세상과 자신에 대한 이해의 기본이 되는 과학적 도구가 되는 것이다. 그래서 지혜란 하나님의 선물로 알려져 있기도 하다. 10:1~22:16절까지의 솔로몬의 잠언으로 알려진 부분이 375개의 행으로 되어 있는데 이는 솔로몬이라는 이름의 히브리어에 대한 숫자와 일치하고 있어 흥미롭다.

잠언의 저자가 여러 명이고 그 저작 연대나 편집 연대가 상대적으로 길다 보니 이에 대한 학자들 나름대로의 비평이 이어졌는데, 이런 여러 비평들 역시 구약의 다른 부분이 비평학적 입장과 기본적으로 궤를 같이 하고 있다. 그들의 주장을 살펴보면서 간략히 개혁주의적 입장의 반론을 제시하도록 한다. 첫째로 비평학자들이 지적한 것은 본서에 대한 솔로몬의 저작권에 관한 이야기이다. 그런 학자들은 본서 10~22장의 내용만을 솔로몬의 것으로 인정했으며, 앞부분인 1~9장의 내용은 양식비평의 입장에서 볼

---

81   Driver S. R. *Introduction to the Literature of the Old Testament*(New York, Scribner, 1891), pp.650~652.

82   여기서 지혜의 세 용어들에 대한 설명은 Archer Jr. G. L., op. cit., p.676을 참고한 것임을 밝혀둔다.

때 문학 형식상 가장 발전된 모습을 보이고 있으므로 이는 포로 후기인 주전 350년 이후에 만들어진 것으로 여겼다. 그리고 1:1~6절 부분도 실제로 저자에 대한 확언이 아니라 잠언서 전체에 대한 서론격 표제라고 이해했다.[83] 또한 22:17~24:34절의 내용은 포로 후기의 작품으로서 이집트의 지혜문서인 '아메네모프 지혜서'를 모방한 것이라 했다. 이 부분은 뒤에서 다룰 것이다. 본서의 뒷부분도 포로 후기의 것인데 특히 30~31장은 상당히 후대 즉 주전 200년대의 저작물이라 평가했다. 왜 이런 비평을 하게 되었냐면 유대인들은 솔로몬을 지혜의 상징으로 여겼기 때문이며, 그가 잠언, 아가, 전도서 및 두 개의 시편의 저자로 받들고 있기 때문에 실제로는 본서가 상당히 후대의 작품이지만 유대 회중들의 폭넓은 지지를 받기 위해 이스라엘 지혜의 근본자인 솔로몬에게 저작권을 돌리고 있다고 본 것이다. 이런 예로서 명백한 헬라어로 지어진 외경 솔로몬의 지혜서도 솔로몬의 이름을 따서 그렇게 명명되었다는 점을 들었다.

이에 대한 반론으로는 이스라엘의 또 다른 암흑기였던 포악한 헬라 통치기에 유대에는 많은 묵시 문학과 교훈적 작품들이 유행했었는데, 저자들은 압정 가운데서 자신들을 보호하기 위해 익명으로 혹은 에녹이나 야곱의 열두 아들 같은 고대의 족장들의 이름으로 헌정되는 것이 유행이었다. 그러나 이런 유행은 헬라 통치기 이후의 묵시 문학적 분위기를 반영하는 것이지 솔로몬의 시대나 히스기야 시대의 것이 될 수는 없다. 만약 솔로몬이 정말 지혜에 관하여 아무것도 지은 것이 없다면 어떻게 그가 그런 명성을 획득할 수 있었을까? 솔로몬이 실제에 있어 이스라엘 지혜문서의 집성자였고, 그가 친히 지혜자였다는 성경의 설명은 무엇인가? 앞의 비평학자들의 논리는 이런 점에서 답을 주지 못한다.

두 번째 비평 이론은 잠언에 대한 ICC 주석의 저자인 C. H. 토이의 견해인데, 그가 보기에 잠언에는 순수한 유일신론, 발전된 유일신론이 나타나는데 이는 이스라엘의 종교 발전사에 비추어 볼 때, 포로 후기시대라고 하였다. 이에 대하여 G. L. 아처는 "이스라엘은 족장 시대부터 이미 엄격한 유일신론을 유지했으며 우상숭배를 여호와에 대한 언약관계로부터 이단적 혹은 배도적으로 빗나가는 것으로 여겼다는 본문의 방대한 증거를 완전히 무시하는 견해"라고 반박했다.[84] 필자가 보기에도 벨하우젠 학파의 종교발

---

83   Weiser A., *The Old Testament: Its Formation and Development*, p.297; Eisfeldt O., *The Old Testament, an Introduction,* Tr. by Ackroyd P. R.(New York, Harper, 1965), p.473 Kaiser O., *Introduction to the Old Testament*, p.379.

84   Archer Jr. G. L., op. cit., pp.679~80. 아처 교수는 이 책에서 C. H. Toy 교수의 이론을 여섯 개로 나누

전사 논리는 자기 나름대로 그 시대의 지적 풍토에 부응하기 위한 것이지 성경이 지속적으로 증거하고 있는 하나님의 자기 계시를 무시하는 논거라고 여겨진다. 이스라엘의 신의식은 진화론적인 발전과정을 걸쳐 발전된 것이 아니라, 주변의 많은 다신론적이며 이교적인 상황속에서도 하나님의 직접적인 자기 계시에 근거하여 아주 초기부터 인격적 유일신론이 확립되어 있었다는 것이 성경의 증거이다.

이에 대하여 성경 고고학자인 올브라이트 박사는 "잠언은 주전 5세기까지는 현재의 형태로 편집되어 있지 않았다. 그러나 그 내용은 상당히 오래된 것이며 그것은 대부분 청동기 시대로 충분히 거슬러 올라갈 수 있다"[85]라고 하였으며, C. J. K. 스토리는 잠언의 운율 형식을 연구한 C. 고든의 연구를 바탕으로 "잠언의 시는 주전 12~13세기의 이웃의 시인 우가릿 서사시와 완전히 일치하는 것이 많다"[86]고 소개하기도 했다. 그러면서 올브라이트는 "잠언은 우가릿 문헌 중 비교적 늦은 연대의 것인 주전 7세기의 아람어 지혜문서인 '아히칼의 말씀'들과 완연히 다르고 그보다 훨씬 앞선 시대의 것"[87]이라고 주장했다.

2) 잠언의 구조

잠언의 구조는 아래와 같다.

- 1:1절 ▶ 제목
- 1:2~7절 ▶ 책의 목적 및 서론
- 1:8~9:18절 ▶ 교훈과 강론
- 10:1~22:16절 ▶ 솔로몬의 잠언
- 22:17~24:34절 ▶ 현자의 교훈
- 25장~29장 ▶ 솔로몬의 잠언
- 30:1~31절 ▶ 아굴의 잠언
- 31:1~9절 ▶ 르무엘의 잠언
- 31:10~끝 ▶ 현숙한 여인에 관하여

어 설명하며 조목조목 반박하고 있다.

85 Albright, *Wisdom in Israel and in the Ancient Near East*, Ed. by North M. & Thomas D. W.(Leiden E. J. Brill, 1960), p.4.

86 Story C. J. K., *JBL 64*(1945), pp.319~337.

87 Albright, op. cit., p.6.

2. 잠언의 신학적 논점들

1) 구약 지혜 문서 해석법

부록 7장을 참고하라.

2) 잠언과 이집트의 지혜(아메네모프의 지혜서를 중심하여)

잠언 22:17절부터 24:34절까지의 내용이 이집트의 고대 지혜문서 중의 하나인 '아메네모프의 교훈집'[88]과 너무 흡사하여 학자들은 이 두 문헌 사이의 상호 연계성에 대해 연구를 했다. 예를 들면 잠언 22:28절의 "네 선조가 세운 옛 지계석을 옮기지 말지니라" 와 아메네모프 교훈집 6장의 "농경지의 경계선에 있는 지계석을 옮기지 말고 측량줄의 위치를 바꾸지 말라"는 내용이 유사하며, 또 잠언 23:4~5절의 "부자 되기에 애쓰지 말고 네 사사로운 지혜를 버릴지어다 네가 어찌 허무한 것에 주목하겠느냐 정녕히 재물은 스스로 날개를 내어 하늘을 나는 독수리처럼 날아가리라"와 아메네모프 교훈집 제9장은 "너의 쓰기에 충분할 때 과욕을 부리지 말라"이고 그 교훈집의 제8장에는 "마음으로 재물을 좇지 말라 너의 마음을 외적인 것들에 두지 말라, 그것들은 오리처럼 날개를 달고 하늘로 날아가 버리리라." 이외에도 두 문서에는 많은 유사점들이 공존한다.

이런 이집트의 교훈집은 1888년에 E. A. W. 버지에 의해 처음으로 발견되었는데 그 연대는 애굽의 제18왕조 때의 것이라 소개되었다. 그 내용 역시 1924년 그에 의해 학계에 소개되었는데, 처음에는 많은 성경학자들은 잠언의 이 부분이 그의 특별한 목적을 위해 애굽의 금언집을 차용했을 수 있다고 인정했다. 그런데 연구가 진행되면서, 이 문서의 연대가 애굽의 제22왕조설을 거쳐 나중에는 제14왕조 시대의 것이라는 주장이 나오기도 했다. 이 14왕조는 포로 후기의 헬라시대 였다. 사정이 이렇다보니 학계의 주장이 엇갈린다. 대부분의 비평학자들은[89] 히브리어 본문과 애굽의 문서가 밀접한 관계가 있음을 보고 전자가 후자의 영향을 받았다고만 설명해 왔었다. R. B. 딜라드나 T.

---

[88] 참고, 이 문헌의 내용에 관하여 ANET, 즉 *Ancient Near Eastern Texts*, Ed. by Pritchard J. B (Princeton, 1969), pp.421~25를 참고하라.

[89] 두 문헌 사이의 연관성을 처음으로 연구한 사람은 Erman A.이며 Gressmann, Sellin 그리고 Humbert 등이 이런 입장에서 두 문서의 관계성을 연구했다.

롱맨 3세도 이런 입장에 동조하면서 "지배적인 문화가 종속적인 문화의 영향을 받을 가능성이 더 적고, 또 비록 아메네모페의 연대가 불확실하기는 할지라도 이 문헌은 솔로몬 이전 시대의 것일 가능성이 많으므로 솔로몬과 이스라엘의 현자들이 이 애굽의 지혜서를 충분히 참고했을 수 있다"[90] 고 설명했다.

그러나 이런 입장을 반대로 생각하는 학자들이 나타났는데, 오히려 이집트의 아메네모프 본문이 히브리의 잠언을 모사했다고 주장하는 학자들이다. 이 입장에 있는 학자들은 이집트의 문헌이 강력한 셈어의 영향 아래 있으며, 또한 이 문헌은 다른 이집트의 문헌보다 더 높은 수준의 도덕성을 보여주고 있기 때문에 그렇다고 주장한다. 이런 의견에 대한 연구가 R. O. 케빈에 의해 언어학적 연구로 논증되었다. 1930년에 출간된 그의 잠언서 주석을 통하여 그는 자기의 주장에 대한 몇 가지 논증점을 제공했는데 다음과 같다. 첫째, 에메네모프의 애굽 본문이 가지는 강력한 도덕적 입장은 이 문제에 있어서 더 강력한 입자인 셈족계통의 영향을 반증하는 것으로서 최소한 19개의 교훈은 반박의 여지가 없는 것이고, 16개는 그 가능성이 상당히 큰 것이라 했다. 둘째, 히브리어 본문이 잘못 번역되거나 애굽어로 잘못 전달되어 있음을 지적하며 그런 혼돈된 애굽 본문은 히브리어 잠언을 통해 더 명확하게 의미가 전달될 수 있다 하였다. 이점은 상당한 설득력을 갖고 있다. 또한 잠언 22:20절의 히브리어 '샬로샴'이라는 '조수, 보조'를 뜻하는 단어가 애굽 텍스트에서 30이란 숫자로 번역되어 아메네모프의 30장 교훈집에 맞추려고 했고, 또 그런 영향이 히브리 잠언을 30에 맞추려 했다는 주장은 이 어휘에 대한 명백한 오해에서 발생한 것이라 하였다. 우리의 잠언에서는 그 단어를 음역하여 해석한 '아름다운 것'으로 번역했다. 그러면서 케빈은 상기 잠언의 본문 중 오직 삼분의 일 정도만이 애굽의 아메네모프 교훈집과 연관성이 있고, 그 자료의 나머지 부분은 히브리 외의 다른 문헌에서 영향을 받은 것이라 해석했다.[91]

이런 양극의 이론에 대하여 최근에는 G. 브라이스 같은 학자를 통해 중재 안에 제기되기도 했다. 그 내용은 잠언은 이집트의 문헌을 단순히 베낀 것이 아니라, 자신의 세계관을 따라 수정, 적용, 통합하는 형식으로 사용했다고 주장함으로써 이 문제를 단순히 '차용'의 문제로 이동시키기도 했다.[92] 이런 이해는 두 본문 사이의 유사성이 존재함

---

90   Dillard R. B. & LongmanⅢ. T., op, cit., p.361.

91   Kevin. R.O., *JSOR*(Nov.1930), pp. 123~124, 144, 150및 그의 주석 *Commentary on Proverbs*(1929)를 참고하라.

92   Dillard R. B. & LongmanⅢ. T., op. cit.

을 인정하면서도 '지혜'의 국제적인 성격을 인하여 최소한 어느 정도는 설득력이 있다고 여겨지고 있다. 우리는 여기서 잠언의 내용들이 굳이 이스라엘 안에서만 생산되고 전수된 것이 아님을 확실히 할 필요가 있다. 왜냐하면 그것이 '지혜'를 다루고 있기 때문이다. 지혜란 모든 인간 사회에 공히 펼쳐져 있으며, 그들의 문화와 전통에 따라 약간씩 다르게 묘사될 뿐이다. 그러나 세상의 모든 지혜와 이스라엘의 지혜는 근본적으로 다른 점이 한 가지 있다. 그것은 세상의 지혜문집들은 인간에 초점이 맞추어져 있는 반면에 이스라엘의 지혜는 인간으로 하여금 하나님을 알도록 하고 있다는 것이다. 이 점은 이스라엘의 지혜가 갖는 독특성이라 이해된다. 지혜의 근본은 여호와를 경외하는 것이다. 그것이 서론이며 결론인 것이다.

3. 잠언의 주요 내용 강해

1) 책의 목적 및 서론(잠1:1~7)

잠언 전체의 표제와 서론격인 이 부분은 잠언의 목적을 이해하게 하는 일련의 핵심 용어들이 밀집되어 있다. 물론 7절이 가장 핵심인데 그것은 "여호와를 경외하는 것이 지식의 시작"이라는 구절이다. 2절과 4절 사이에, 그리고 5절과 6절 사이에 등장하는 용어들 역시 잠언의 교훈적 성격 목적을 묘사하고 있는 것이라 할 수 있다. 그러므로 여호와를 경외하는 것과 하나님에 대한 지식 사이에는 밀접한 관계가 있다. 7절은 또한 9:10절에서 반복되며 15:33절, 22:4절, 23:17절 등에서도 비슷한 표현이 반복되고 있는 본서의 주제 구절이라 할 수 있다. "여호와를 경외(두려워)하는 것"은 지혜를 가능하게 하며, 또한 지혜가 어떻게 실행되는가 하는 정황을 창출하는 것으로 본문은 가르치고 있다. 그러므로 경외하는 것은 자신을 스스로 드러내시는 하나님에 대한 인간의 적절한 태도라고 할 것이다.

2) 교훈과 강론(잠1:8~9장)

잠언 1:8~9장 사이에는 열 가지 훈계가 여러 다른 요소들과 병행해서 등장한다. 이 부분의 강화는 두 가지 형태로 이루어져 있는데 하나는 선생이 제자를 가르치는 형식이고 또 하나는 의인화된 지혜가 자신에 대하여 외치는 형식이다. 그리고 지혜를 비유하는 다섯 가지 은유가 나오는데, 전도자(1:20~33), 생명나무(3:18), 길(4:10~19), 창조자(8장), 그리고 지혜로운 부인(9장) 등이다. 9장은 잠언의 첫 부분을 결론 맺고 있는데, 두 라이벌이 비슷한 위치에 앉아 있지만 지혜는 생명으로, 어리석고 미련한 마음은 죽음을 자초하는 것으로 되어 있다.

3) 잠언 10~31장

잠언의 세 번째 부분인 10~31장은 솔로몬의 잠언이라며 시작되고 있다. 이 부분은 히브리시의 다양한 평행법적 기교를 사용하여 짧으면서도 강력한 교훈적 메시지를 담고 있다. 전형적으로 사용된 명령법이나, 청유형적 용법은 첫째 줄에서 명령법을 그리고 둘째 줄은 보충이거나 그 동기들을 설명하고 있는 이행 평행법 혹은 대조 평행법적 구조로 되어 있다. 이런 대조 평행법은 거의 본문의 90%정도인데, 잠언의 중심 주제들을 선명하게 대조하는 데 상당한 문학적 효과가 있는 방식이라 하겠다. 이 부분에 강조되는 지혜의 목록은 지혜로운 아들과 어리석은 악인, 미련한 자이며 유명한 많은 경구들이 본격적으로 포함되어 있는 부분이다. "미움은 다툼을 일으켜도 사랑은 모든 허물을 가리느니라"(10:12), "여호와께서 주시는 복은 사람을 부하게 하고 근심을 겸하여 주시 아니하시느니라"(10:22), 그리고 공평한 추, 유덕한 여인, 그리고 구제의 미덕(11장)이 강조되었고, 12~13장에서는 "게으른 자는 그 잡은 것도 사양하지 아니 하나니 사람의 부귀는 부지런한 것"이라 하였으며, 계속해서 지혜로운 아들을 선하고 모범적인 인간으로 죄인과 악인의 교만과 게으름과 미련함을 대조하고 있다. 14장에서 다시 지혜로운 여인과 미련한 여인으로 소재가 바뀌어 지혜의 능력을 선보이고 있다. "어떤 길은 사람이 보기에 바르나 필경은 사망의 길이니라"(14:12), "공의는 나라를 영화롭게 하고 죄는 백성을 욕되게 하느니라"(14:34) 등이 소개된 14장은 본서의 주제 "여호와를 경외하는 것은 견고한 의뢰가 된다"(14:26)고 반복 강조하고 있다. 15장에서는 "유순한 대답은 분노를 쉬게 하여도 과격한 말은 노를 격동하느니라"(15:1), "의논이 없으면 경영이 무너지고 지략이 많으면 경영이 성립하느니라"(15:22), "사람은 그 입의 대답으로 말미암아 기쁨을 얻나니 때에 맞는 말이 얼마나 아름다운고"(15:23), "의인의 마음은 대답할 말을 깊이 생각하여도 악인의 입은 악을 쏟느니라, 여호와는 악인을 멀리하시고 의인의 기도를 들으시느니라"(15:28~29).

이런 구절들을 살펴볼 때, 10~15장의 내용은 다분히 실용적, 실생활에 관한 교훈이고, 16장부터 22장에 있는 것은 종교적인 내용이라 할 수 있다. 16장은 "마음의 경영은 사람에게 있어도 말의 응답은 여호와께로 나오느니라 사람의 행위가 자기 보기에는 모두 깨끗하여도 여호와는 심령을 감찰하시느니라 너희 행사를 여호와께 맡기라 그리하면 네가 경영하는 것이 이루어지리라"(16:1~3)하면서 시작되어 "교만은 패망의 선봉이요 거만한 마음은 넘어짐의 앞잡이라"(16:18), "허물을 덮어 주는 자는 사랑을 구하는 자요 그것을 거듭 말하는 자는 친한 벗을 이간하는 자니라"(17:9), "죽고 사는 것이 혀의 힘에 달렸나니 혀를 쓰기 좋아하는 자는 혀의 열매를 먹으리라"(18:21). 19장에는 하나님의 뜻만이 완전히 선다는 교훈이 나오고, 20장에는 마음의 깊은 물을 길러낼 수 있는 사람이 지혜롭다는 것, 21장의 마음을 감찰하시는 하나님과 다투는 아내와 사는 어려움 등에 대하여 나온다. 22장의 앞부분은 자녀 교육에 대한 금언(22:6)이 나오고 게으른 자에 대한 질책이 이어진다.

22:17~24:34절은 의 이 부분은 흔히 애굽의 지혜문서인 아메모프 교훈집과 유사한 내용이라 하여 학자들 간에 논의가 많았던 부분이다. 지혜자의 관리자들에 대한 권고가 나오고 또 산업을 경영하는 자에 대한 성실함을 권고하고 있다.

25~29장에서는 솔로몬의 잠언의 나머지 부분이 다시 나온다. 13절의 충성된 사자의 이야기와 27장의 친구사이의 우정에 관한 이야기 및 29장의 "묵시가 없으면 백성이 방자히 행하거니와 율법을 지키는 자는 복이 있느니라" 하는 구절을 통해 잠언의 주제가 개인 단위에서 민족 공동체의 문제로 나아가고 있다.

잠언 30장은 아굴의 잠언으로 소개되고 있다. 여기서부터 잠언은 비교적 짧고 독립적인 세 개의 본문으로 끝맺고 있다. 아굴의 잠언들은 해석이 좀 난해하다 아굴의 잠언은 하나님을 알 수 있는 가능성에 회의적인 어조로 시작된다. 그의 회의적인 태도는 하나님의 계시에 호소함을 통해 해결되고 있다. B. 차일즈는 이 구절들이 이른 시기의 정경에 대한 인식을 보여주고 있다고 지적했다.[93] 30장의 후반부인 15절부터 33절 사이에는 숫자가 포함된 교훈시들로 끝맺고 있다. 내가 심히 기이히 여기고도 깨닫지 못하는 것 서넛이 있는데, 혹은 세상을 진동시키며 세상으로 견딜 수 없게 하는 것 서넛이 있나니 등의 표현이다.

두 번째 부분(31:1~9)인 르무엘의 어머니가 준 교훈이라 하였다. 그 내용은 왕들이 어떻게 행동해야 하는가를 교훈하고 있는데 술취함, 방탕함 압제함 등을 경고하고 있

---

93   Childs B., op. cit., pp. 556~57.

다. 잠언의 마지막 부분은 시 형식상 답관체 형식으로 되어 있으며, 현숙한 여인에 관한 교훈이 31:10절 이후에 나오고 있다. 본문은 앞의 여인에 대한 주장과 일관되게 현숙한 여인을 아내로 삼는 자는 복이 있을 뿐 아니라, 그런 여인을 가진 가정이 든든하게 세워짐을 보이고 있다. 계속해서 이 부분은 그런 현숙한 여인은 '후일에 웃는 자'이고, 그 남편을 성중의 유력한 자의 반열에 올려놓는 여인이라 하였다. 특별히 자녀들이 그녀를 인정하고 자녀들로부터 존경을 얻는 다고 강조하고 있다. 히브리 성경에는 이렇게 현숙한 여인을 강조한 다음 그 뒤를 이어 '룻기'와 '아가서'를 배열하고 있는데 상당히 의도적인 배열이 아닐 수 없다. 그 여인들의 특징은 남성에게 전적으로 의존하지 않는 능력 있는 여인의 모습을 그리고 있어 당시로서는 상당히 파격적인 여인상을 그리고 있다하겠다.

참된 지혜는 창조에 대한 하나님의 목적을 얼마나 바르게 이해하느냐에 달려 있다. 이 세상은 지혜를 통해 모든 것을 있게 하신 하나님에 의존되어 있다는 사실을 이해하는 구조틀 속에 이해되는 것이다. 이것이 바로 잠언이 주려는 주요 메시지이다. 단순히 인생을 좀 요령 있게 살아가는 지침서가 아니라, 창조에 대한 하나님의 전체적 계획 속에서 의미를 즐기며 살아가도록 인도하는 책이 바로 잠언이다. 선물로 주신 하나님의 지혜는 창조의 영역 하에 있는 모든 사람에게 주어질 수 있다. 잠언은 세상에 대한 말씀이며, 선물로서 우리가 붙들어야 하는 그런 객관적 진리인 것이다. 하지만 그런 진리와 말씀이 오직 그 말씀 앞에 앉는 자에게 그 말씀에 자신을 헌신하는 자에게만 열린다는 것이다. 여호와를 경외하는 것 하나님 중심으로 세상을 읽는 세계관을 갖는 것이 잠언의 주제이며 자신을 지혜로, 말씀으로 계시하신 예수그리스도 신약의 기독론적인 발전 역시 단순히 이해되어야 하는 것이 아니라 반드시 알아야 하는 것으로 상호 연결된다.

한마디로 요약하자면, 잠언은 창조의 목적인 구속을 날마다의 실생활 가운데 적용하기 위해 쓰여진 것이다. 이를 위해 하나님의 총체적 주권과 창조론에 입각한 세계관이 필요하고 또한 신약의 기독론의 관점에서 잠언을 읽어야 함을 보여주고 있다. 이것이 성경의 지혜가 세상의 지혜와는 다른 면을 갖고 있다는 점이기도 하다. 그런 신론과 기독론에 입각하여 본문은 자신의 인생과 세상을 함께 읽어야 함을 가르치고 있다. 그리고 그 관점은 단순한 지혜가 아니라 바로 지혜이시며 말씀이신 예수그리스도 안에서 세계와 인생을 보아야 함을 의미하는 것이다.

제4장
전도서

1. 전도서의 서론과 구조

1) 전도서 서론

본서의 제목은 구약의 다른 책들의 제목 붙이기와는 사뭇 다른 전형을 보여준다. 히브리 성경의 구약은 주로 본문의 첫 단어(오경), 저자(선지서들), 책의 주인공이나 특성(성문서들)으로 제목을 삼았다. 그런데 전도서는 특성이라기 하기에는 좀 이상한 '전도자'를 제목으로 잡았는데 이는 70인경에서 유래한다. 영어 제목인 '에클레지에스터스(Ecclesiastes)'라는 제목은 설교자, 전도자라는 뜻이며, 히브리 원문의 제목은 '코헬레츠(Qoheleth)'로써 이는 여성 단수 분사형이며 '소집하다, 모으다'라는 의미를 가진 어근 '카할'에서 파생된 말이다. 이 어근에 근거하여 교부 제롬은 제목을 '회중을 모으는 자'라는 의미의 '콘치오나토르(Concionator)'로 해석했고, 현대 영어로는 '설교자(Preacher)'로 번역되어 한국어 제목에까지 영향을 미쳤다. 전통적인 견해는 히브리 성경의 제목에 이어 붙은 두 어구 즉 '다윗의 아들, 예루살렘 왕'에 근거하여 솔로몬이 이 책의 저자로 여겨지며, 그 저작 연대도 주전 10세기경으로 추정한다. 그러나 본서 어디에도 그 전도자가 솔로몬이라고 단정적으로 말하고 있지 않다. 왜냐하면 본서가 암시하고 있는 몇 가지 구절들 "나보다 먼저 예루살렘에 있던 자보다 지혜를 많이 얻었다"(1:6), 혹은 "나 코헬레트는 예루살렘의 왕이었다"(1:12)라는 구절들에 의해서 솔로몬의 저작권이 의심을 받아왔던 것이다. 솔로몬은 죽기까지 왕위에 있었기 때문에 여기서 과거형을 쓰고 있는 것이 부자연스럽고, 그보다 먼저 예루살렘에 있던 자보다 지혜를 많이 얻었다는 것이 이상한 표현이라는 것이다. 그뿐 아니라 본문은 그의 시대가 압박(4장), 공의의 왜곡(5장)의 시대며 가난한 시대(7, 8, 10장)인 것으로 묘사되는데 그것도 솔로몬의 시대 상황이라고 보기는 어렵다는 점들이다. 무엇보다 더 본서의 아람어 적인 용어들과 어법이 솔로몬의 시대보다 늦은 시대라고 보인다는 점인데, 이런 점들을 적시하면서 보수신학자였던 E. J. 영 교수조차도 본서의 저작시기를 대략 포로 후 말라기시대의 사람이며 그의 메시지를 효과적으로 전달하는 데 있어 문체적 모범을 위해 솔로몬의 입을 빌린 듯하다고 추정했다.[94] 그의 추론에도 불구하고 유대인의 전통은 본서를 히스기야와 그의 동료들이 기록했다고 진술하고, 또 다른 유대인 전통은 솔로몬이 저자라고 지목하고 있다.[95] 왜냐하면 본서의 내용이 그것을 증명하고 있는데 그의 비교할 수 없는 지혜(1:16), 겨룰 수 없는 재물(2:8), 엄청난 그의 신하들(2:7), 감각적인 여러 쾌락의 기회들(2:3) 그리고 방대한 토목 공사들(2:4~6)이 그의 시대를 방증하는 것이란 생각에서이다.[96]

전도서는 얼핏 보기에는 허무를 노래하는 것 같고 인생의 덧없음을 우울한 논조로 피력한 것처럼 보인다. 하지만 전도서의 실제 목적은 인간 자신이 무엇인지를 깊이 생각하지 않는 그 어떤 세속적 세계관도 무익하다는 것을 보여주는 것이며, 하나님이 모든 것의 최고 가치란 것을 인정하는 참된 세계관을 제시하며, 하나님을 섬기며 사는 삶이 가장 의미 있는 인생임을 설파하는 것이다. 즉 하나님 없는 삶의 허무함을 노래하고

94　Young E. J., op. cit., p. 407.

95　Talmud, *Baba Bathra* 15a, 또 다른 탈무드인 *Megilla 7a* 와 *Shabbath 30* 에서는 솔로몬을 저자로 인정한다.

96　Archer Jr. G. L., op. cit., pp.691~670을 참고하라. 여기서 G. L. 아처는 본서의 솔로몬 저작권을 탁월한 방식으로 옹호한다. 그는 솔로몬의 저작권을 반대하는 비평주의자들의 학설과 그들이 근거로 여러 이유들을 설명한 후, 그들의 논거를 따라 본서의 언어학적 기원을 논박했는데, 고대 유대인 사회에서의 아람어 사용의 용례라든지, 특별히 쿰란 제4동굴의 발견과 히브리어 접속사 '와우'의 고대 용례를 들어 언어학적 이유로 본서의 후대설을 지지하는 것을 배제시켰다. 그리고 본서의 시대착오적 표현이라고 비평가들이 지적했던 부분들도 조목 조목 논증하며 본서의 솔로몬 저작권을 지지했다. 그는 본서의 페니키아 가나안적 용례, 아카드어의 법조문과 계약서의 용례나 헬라의 여러 철학가들과의 사상의 유사성들을 비교하며 본서의 히브리어는 히브리어 발전사의 알려진 후대의 어느 시대의 용례와도 비슷하지 않다는 결론에 도달한다. 그리고 탁월한 아람어 학자 다후드의 평가를 활용하며 본서가 원래 히브리어로 쓰여졌고, 나중에 페니키아와 아람어의 영향을 받았다고 논증했다. 그는 오히려 본서의 언어학적 유사성을 아가서에서 찾고 있으며 아가서를 주전 10세기의 솔로몬의 것이라 한다면 본서 역시 그 시대 그의 것이 되어야 한다고 탁월한 논증을 펼치고 있다.

그 반대로 하나님의 일만이 보전될 것이고 오직 그만이 인간의 삶과 행동에 영속적인 가치를 부여하는 것을 3:14절 "무릇 하나님의 행하시는 것은 영원히 있을 것이라 더할 수도 없고 덜 할 수도 없나니"하는 구절로서 증거하고 있다. 전도서는 이런 정경적 문맥 안에서 읽을 때 비로소 그 영원한 가치를 보게 되며, 그 맥락 안에서 신학적이며 문학적으로 신앙공동체에게 영향력 있게 다가오게 된다.

이 책의 문학적 구조를 구성하기가 어려운 이유는 이 책의 내용을 총괄하는 사상의 논리적 전개가 없다는 점이다. 하지만 일정한 사상의 흐름이나 반복되는 몇 가지 주제들을 찾아내는 것은 그리 어려운 일은 아니다. 고르다스는 전도자는 다음의 네 가지 사상 중 한 가지로 각 단락을 결론 맺고 있는 구조를 파악했다고 주장했다.[97]

① 인간이 성취한 것의 미약함과 덧없음
② 불확실한 인간의 운명
③ 이 세상에서 참 지식을 얻는 것은 불가능함
④ 삶을 즐길 필요가 있음

이 책은 "전도자가 가로되 헛되고 헛되며, 모든 것이 헛되도다"(1:2, 12:8)라는 문구로 시작해서 그것과 기본적으로 거의 동일한 문구로 끝이 난다. 또한 처음 세 단원의 끝에서 저자의 탐구 결과를 알려주는 문구가 반복되며(2:26, 5:2), 8:15), 네 번째 단원은 처음에 선포했던 말을 반복함으로써 끝이 난다(12:8). 본서의 구조와 관련하여 R. B. 딜러드와 T. 롱맨 3세는 본서의 프롤로그와 에필로그의 기능을 강조한다. 그들은 본서를 세 부분으로 구분하면서 본서는 짧은 프롤로그(1:1~11)로 시작되어 코헬렛의 긴 독백(1:12~12:8)으로 이어지며, 간략한 에필로그로 끝을 맺는다고 설명하면서 본서의 구조를 "액자형 자서전(A Framned Autography)"이라고 묘사했다.[98]

전도자의 최우선의 목적은 교훈적인 것인데 그는 오랫동안의 사색과 경험을 통하여 얻은 사상적이며 실제적인 유익을 자신의 젊은 학생들에게 전달하고자 했다. 전도자의 목적은 첫째 행복과 영원한 것의 추구, 둘째 신적인 주권과 섭리, 그리고 셋째로 사람의 품행에 대한 귀감으로서의 '중용의 덕'에 관한 것 등이다.

---

97   Gordis R., *Qohele-The Man and His World*(Chicago, Uni. Of Chicago. 1965), p252.
98   Dillard R. B. & LongmanⅢ. T., op. cit., pp.375~77.

2) 전도서의 구조

본서의 내용은 위와 같이 크게 세 부분으로 되어 있지만 보다 자세한 내용은 대략 아래와 같이 나누어 볼 수 있겠다.

- 1:1~2절 ▸ 제목과 요약된 메시지
- 1:3~11절 ▸ 인생의 목적 추구
- 1:12~2:26절 ▸ 인간 지혜의 불임성
- 3장 ▸ 유익이 무엇인가?
- 4:1~5:9절 ▸ 인생의 시험들
- 5:10~6:9절 ▸ 부의 허무함
- 6:10~8:17절 ▸ 인간에게 좋은 것이란?
- 9:1~11:6절 ▸ 지혜의 한계와 가치
- 11:7~12:8절 ▸ 인생을 접근함에 있어서의 실제성
- 12:9~14절 ▸ 결어

2. 전도서의 신학적 논점들

1) 전도서와 창세기 그리고 십자가: '허무와 복음'

성문서 중 지혜문헌으로 분류되는 전도서는 기본적으로 인생의 참된 목적과 의미를 추구한다. 인간이 해 아래서 수고하는 모든 노력이 허무함을 노래한 이 전도서는 기본적으로 음울하고 회의적인 톤을 유지하고 있다. 본서는 문체적 특성상 몇 가지 후렴구로 연속되고 있다. "헛되고 헛되니 모든 것이 헛되도다", "바람을 잡으려는 것이니" 그리고 "무엇이 유익하랴" 하는 구절들이다. 이런 어두운 톤은 본서의 에필로그에 나오는 결론적 선언[99]에 이르러서야 비로소 본서의 큰 주제가 무엇인지를 짐작하게 한다. 이런 큰 주제와 연계시켜 본문을 읽지 않더라도, 본서는 세속적 철학책[100]들과도 능히 비

---

99 참고: "일의 결국을 다 들었으니 하나님을 경외하고 그의 명령을 지킬지어다 이것이 모든 사람의 본분이니라 하나님은 모든 행위와 모든 은밀한 일을 선악 간에 심판하시리라."(잠12:13~14).

100 실존주의와 비교하여: Crenshaw J. L. Ecclesiates, *OTL*(Philadelphia, Westminster Press, 1987), pp.23~54; Fox M. V. Qohelet and His Contradictions *JSOT Sup.71, Bible and Literature Series18*(Sheffield, Almond, 1989), pp.13~16. 특별히 Fox는 본서를 까뮈의 작품들과 비교하고 있다.

교될 만한 인간사의 위대한 주제들을 반영하고 있다. 그러나 전도서가 강조하고 있는 것처럼 여겨지는 '허무'는 하나님 없는 삶의 허무를 말한다고 이미 지적한 바 있다. 이런 정경적 맥락에서 전도서는 인간 창조 목적에 대해 언급하고 있는 창세기의 본문과 구속의 완성을 의미하는 신약의 십자가 사건을 이어주는 방대한 성경적 인간론의 알파와 오메가를 그리고 있는 것이다. 그런 면에서 전도서는 욥기가 다루고 있는 주제들과 유사하다. 욥도 그와 동일한 재난을 통하여 삶의 허무를 탄식하다가 하나님의 인격적 계시를 통하여 인생의 참된 가치를 발견하고 있다. 이렇게 전도서는 창세기부터 신약의 복음까지를 망라하고 있는 소중한 지혜서이다.

전도서의 본문은 인생의 허무함[101]을 노래하며 시작하고 있는데, 전도서의 사상은 창세기뿐 아니라 많은 구약 본문의 사상들과 조화를 이루고 있다. 먼저 이 본문은 창세기 1~3장에 있는 인간의 창조와 타락으로 빚어진 결과들과 일치하고 있다. 전도서는 하나님이 천지를 지으셨음과 인간에게 영원을 사모하는 마음이 부여져 있다는 것을 말하고 있고(전3:11), 또 하나님은 인간에게 이 땅에서 수고를 허락하셨다(전3:13)고 기술하고 있는데, 이런 전도서의 묘사들은 근본적으로 창세기의 설명과 일치하고 있다. 전도서 전 권을 통하여 기자는 이 세상이 단지 보이는 물질계로만 이루어지지 않았음도 시사하고 있고, 모든 것은 하나님이 정한 때에 의존한다며 만물에 대한 하나님의 주권을 인정하고 있다. 그리고 전도서는 지혜를 권하는 시편, 욥기, 잠언의 본문들과 일치하고 있으며, 인생의 목적은 하나님을 경외하며 사는 것(전3:14)이고 우매함과 어리석음은 의인에게는 허용되지 않는 삶이며 정죄를 당할 것[102]이라는 결론을 공유하고 있다. 동시에 전도서는 인생의 고역들과 씨름하는데 이것은 창세기 2~3장에서 시작된 인간의 죄의 결과이다. 그래서 전도자는 인간의 수고가 하나님의 선물이라는 역설적 진리를 선포한다. 동시에 그것은 영원한 것이 될 수 없고 또한 인생에게 짐이 된다는 것도 인정하고 있다. 그리고 전도자는 그런 고생스런 인생 가운데서 영원을 얻고자 몸부림치며,

---

염세주의와 비교하여: Scott R. B. Y., Proverbs, *Eccclesiates: A new Translation with Introduction, Notes and Commentary, Anchor Bible 18*(New York, Doubleday, 1965), pp.201~4; 같은 저자의 *The Way of Wisdom in the Old Testament*(New York, Macmillan, 1971), pp.170~84. 회의적인 지혜교사의 교훈과 비교하여: Gordis R., *Koheleth-The man and His Word: A Study in Ecclesiates, 3rd Ed*(New York, Schocken, 1968), pp.122~32; Berry D. K., *An Introduction to Wisdom and Peotry of the Old Testament*(Nashville, Broadman, 1995), pp.161~64를 참고하라.

101 Fox M. V., "The Meaning of HEBEL of Qohelet," *JBL105/3*(1986), pp.409~27.에서 저자는 전도서의 '허무'를 자세히 논증했는데, 이에 대한 가장 적합한 용어로서 'absurd'를 권하고 있다.

102 Murphy R. E., Ecclesiates, *WBC23A*(Waco, Word, 1992), p. Lxii.

동시에 모든 인생에게 불가피한 죽음의 기운(3:19, 9:3~4, 10, 12:7) 앞에서 두려워한다. 인생의 의미는 이렇게 유한한 인생에게서 유래되는 것이 아니라 창조주에게서 오는 것임을 간접적으로 웅변하고 있다. 전도서는 이런 인간의 고난과 죽음에 대한 사유를 통해 참된 인생의 의미를 추구하면서 그것은 오직 하나님의 주권과 그를 인식함으로써 얻어지는 지혜를 통해서만 가능한 것임을 9장의 반어법과 지혜구문으로 강조하고 있다. 그러면서 전도자는 죽음이 의인과 악인 모두를 기다리고 있으며, 인생이 죽을 때는 더 이상 해 아래서 일어나는 사건들에 참여할 수가 없기 때문에 살아있음을 즐기며 살라고 권하고 있다.[103] 이러한 삶에 대한 권면은 델리취[104]의 주장처럼 저자가 사후 세계에 대한 무지나, L. 펄듀[105]처럼 죽음은 망각이라는 저자의 신념을 반영하는 것은 아니다. 단지 죽은 후에는 그렇게 산 자들의 일에 관여할 수 없게 됨을 인하여 그렇고 또한 하나님께서 그런 자의 삶을 이미 받으셨기 때문이라고 주장하고 있다(전10:7).

인간의 늙어감의 무력함을 독특한 은유적 기법으로 묘사하고 있는 본서의 마지막 부분인 12:1~8절은 7~8절에서 "흙은 여전히 땅으로 돌아가고 영은 그것을 주신 하나님께로 돌아가기 전에" 창조주 하나님을 기억하라고 권하고 있는데, 이 내용은 다시 창세기 2~3장의 내용을 반영하고 있음이 분명하다. 인간 존재는 흙으로 지어졌고, 하나님의 생기를 받아 만들어진 특별한 창조물이다. 죄는 이런 인간을 타락하게 했고, 창조의 목적에서 멀어지게 했으며 필연적으로 심판을 자초했고, 죽음을 불러왔다. 지혜자도 예외일 수가 없다. 아담과 하와로부터 시작된 이런 인간의 굴레는 모든 인생이 현실로 받아들여야 할 진리이다. 이런 진리를 수용하지 않은 인생은 허무하며, 그 모든 수고 역시 무의미로 끝이 난다는 것이다. 구약은 죽음이나 내세에 관해서 많이 강조하고 있지 않는 것처럼 보이지만 동시에 내세나 부활 사상 등에 대하여 경시하지 않고 있다고 G. 폰 라드는 주장한다.[106] 시편 49, 72, 73편과 이사야 26:19절 다니엘 12:1~3절, 그리고 창세기의 에녹 사건과 열왕기 하의 엘리야의 승천 기사나 엘리사의 장례식 사건 등은 그것을 입증해 주는 본문들이다. 그리고 D. 블록이 지적한대로 에스겔서에 사자들은 사후의 지식과 인격을 소유하며 하나님의 영으로 생기를 얻은 존재로 그려진다고

103 Kaiser W. C., *Ecclesiates: Total Life*(Chicago, Moody Press, 1980), p.97.

104 Delitzsch F. J., "The Book of Ecclesiates" in C. F, Keil & F. j. *Delitzsch, Commentary On the Old Testament vol6*(Grand Rapids, Eerdmans, 1980), pp.361~62.

105 Perdue L. C, *Wisdom and Creation: The Theology of Wisdom Literature*(Nashvill, Abingdon, 1994), p.219.

106 von Rad G., *Old Testament Theology 1*, pp.406~07.

적절하게 평했고, 호세아 13:14절의 의미에 주목하고 있다.[107] 이사야 65, 66장의 새 하늘과 새 땅을 그리고 있다. 전도서는 이런 구약의 사상들과 맥을 같이 하며 내세에 대한 이해는 창조 사상에 바탕을 두고 있음을 보여준다. 그런 면에 있어서 창세기 1~3장은 전도서의 인간과 죽음에 대한 사상과 일치하고 있다[108]는 P. R. 하우스의 평가는 적절한 것이라 할 수 있다.

전도서는 유감스럽게도 신약 기자들에 의해 직접적으로 인용되지는 않았다. 그러나 사도 바울은 그의 로마서에서 전도서의 허무 사상을 간접적으로 활용하고 있다. "생각하건대 현재의 고난은 장차 우리에게 나타날 영광과 비교할 수 없도다 피조물이 고대하는 바는 하나님의 아들들이 나타나는 것이니 피조물이 허무한 데 굴복하는 것은 자기 뜻이 아니요 오직 굴복하게 하시는 이로 말미암음이라"(롬8:18~20). R. B. 딜러드와 T. 롱맨 3세는 이 본문의 '허무'라는 단어는 70인경이 전도서의 중심 단어인 '헛됨'이라는 단어를 번역할 때 사용된 같은 단어라고 지적했다.[109] 그러니까 사도 바울은 "인간이 허무한 데 굴복하는 것"이 원래의 인간의 모습이 아니며, 그런 허무함에서 해방되는 것이 진정한 삶의 목적이라고 논증하고 있는 것이다. 그렇게 인간으로 하여금 허무한 삶에서 해방되어 의미 있고 목적이 있는 삶을 살 수 있게 하는 것은 오직 예수그리스도 안에 있는 믿음의 삶이다. 사도 바울이 예수그리스도의 십자가 사건과 그로 말미암아 주어지는 구원의 축복을 인간의 삶에 있는 허무에서 해방되는 것으로 묘사하고 있는 것은 참으로 의미 있는 전진이다. 전도자 코헬렛은 하나님 없는 세상의 삶의 절망을 생생하게 그리고 있다. 그런 허무한 삶은 죽음이라는 피할 수 없는 국면 앞에서 극대화된다. 그러한 죽음은 하나님과 분리된 죄인들에게는 어쩔 수 없는 언약적 저주이며 모든 인간은 그런 언약적 저주 아래 있다. 그러나 사도 바울이 지적하고 있는 바와 같이 그런 허무한 인생은 그리스도의 십자가 사건으로 해소된다. 모든 인간이 겪어야 하는 허무와 저주를 하나님의 아들 예수가 십자가에서 짊어지고 인간에게 구원의 희망을 주었다. 예수는 자신을 이 세상의 헛된 것에 굴복시킴으로써 코헬렛이 고민하였던 그 죽음의 저주를 푸셨다. 그가 십자가에 달리실 때 하나님은 그를 버리셨고, 예수는 극도의 허무를 경험한다. 그렇게 극도의 허무 체험을 통하여 모든 허무 아래 있는 인간의 저주

---

107 Block D. I., "Byond the Grave: Ezekiel's Vision of Death and Afterlife," *Bulletin for Biblical Research2*(1992), pp.113~14.

108 House P. R., op. cit., p.865.

109 Dillard R. B. & LongmanⅢ. T., op. cit., p.382.

를 속량하신 것이다. 이것을 사도 바울은 "그리스도께서 우리를 위하여 저주 받은 바되사 율법의 저주에서 우리를 속량하셨으니"(갈3:13)하는 말씀으로 적절히 묘사한다. 그 결과 기독교인들은 코헬렛이 가장 고통스러워 한 것을 정복하셨으며, 죽음이 모든 것의 끝이 아니고 하나님의 임재 앞으로 나아가는 입구임을 보여주고 있다는 딜라드나 롱맨의 설명은 참으로 적절한 것이다.

결론적으로 전도서 기자가 읊조리고 있는 허무는 하나님 없는 삶의 허무이며, 인간의 목적과 의미에 대한 본서의 내용과 기조는 창세기의 창조 사상에 기반을 두었을 뿐 아니라, 구약 전체의 언약적 맥락과 함께 하고 있다. 그리고 제기된 허무한 삶을 극복하는 방식으로 제기된 질문은 '하나님을 경외함'으로 극복하고 있고, 그 실천적 해답이 십자가 사건인 것이다. 십자가는 우리의 영혼을 구원으로 인도할 뿐 아니라, 살아있는 인생을 하나님의 현존으로 안내하여 인생으로 하여금 목적이 있는 의미 있는 삶을 살게 하는 하나님의 해답이다.

3. 전도서의 주요 내용 강해

전도서는 서론에서 시작한다(1:1~11절). 전도서는 이미 언급했듯이 "헛되고 헛되며 헛되고 헛되니 모든 것이 헛되도다" 하는 구절과 "이것도 바람을 잡으려 하는 것"이라는 표현이나 "해아래서 무익한 것이로다" 하는 반복되는 후렴구로 이어지고 있다.

서론에서는 표제를 담고 있는데 모든 것이 헛되고 헛되다는 전도서의 기본주제를 확립하고 있다. 이 세상은 폐쇄적인 구조로 이루어져 있으며, 역사는 그저 사건의 연속에 불과할 뿐이다. 첫 번째 부분인 1:12~6:12절까지에서 저자는 만사가 허무하고 무의미함을 다루고 있다. 지혜를 구하는 것도 아무런 소용이 없으며, 낙을 누리고자하는 이것도 헛되다고 한다(2:1~11). 지혜가 무엇보다도 뛰어난 것이기는 하지만 죽음과 대항할 수는 없으며, 죽음은 지혜자나 우매자를 똑같이 멸망시킨다(2:12~23). 그러므로 2장 24절에서 26절 사이에서 보여주듯이 인간이 할 수 있는 최선의 길은 자신의 짧은 인생을 즐겁게 지내야 한다는 것이다. 그 이유는 모든 일에는 주어진 기한이 있기 때문인데(3:1~8) 하나님께서는 사람이 장래의 일을 측량하지 못하게 하셨기 때문이다(3:9~11). 불의를 고치고자 하지만 죽어 흙으로 돌아갈 뿐이므로 불의, 억압, 속임수 등에 대해서는 자기 일에 최선을 다할 수밖에 없다(3:16~22). 여기서 전도자는 천하 범사에 때와 기한이 있음을 통하여 이 세상의 주재자가 하나님이심을 드러내고 있다(3:1~8). 그리고 인간에게 '영원을 사모하는 마음'(3:11)을 주셨으며, 본서의 주제 구절이라 할 수 있는 "하나님께서 행하시는 모든 것은 영원히 있을 것이라 그 의에 더할 수도 없고 그것에서 덜 할 수도 없나니 하나님이 이같이 행하심은 사람들이 그의 앞에서 경외하게 하려 하심인 줄을 내가 알았도다"(3:14)며 다시 하나님의 주권을 직접적으로 묘사하고 있다. 4, 5장은 전형적인 지혜구문으로 형성되어 있고 5:7절에서 다시 '…그러하니 오직 너는 하나님을 경외할지니라' 하고 반복하고 있다.

재산의 풍요를 고찰하면서, 저자는 인간의 운명은 인간이 어쩔 수 없고, 하나님에게 달린 것이기 때문에(6:10~12) 자신에게 주어진 분복에 만족해야 한다고 주장하고 있다.

두 번째 부분인 7장 1절부터 12장 7절 까지는 인간의 므범적인 행동의 일반적 주제에 대한 여러 격언이 역시 지혜문서의 전형적 기법으로 묘사되고 있다. 훌륭하게 계획된 인생을 위한 실질적인 조언이 7장 1절~14절에 이어 나오고 이 훈계는 모든 인간은 죄인이지만 현명한 사람은 지혜로부터 힘을 구한다고 한다(7:15~22). 이어 7장 23절과 29절 사이에서 저자 자신도 지혜를 구했으나 얻지 못했음을 시인하면서 모든 인류는 죄인임을 선언한다. 지혜에 대한 격언인 8장 1절부터 8절에 이어 선한 자와 악한 자를 다 같이 덮치는 죽음과 관련된 의견이 나온다. 오로지 해결 방법은 사는 동안 모든 힘을 다하여 최선을 다해야 한다는 것이다. 9장은 죽음 앞에서 모든 지혜자나 우매자 일반이라 하면서 엄습하는 죽음에 대한 두려움을 표하고 있다. 그러면서 전도자는 "산개가 죽은 사자보다 낫다"(9:4)며 살아있는 동안의 삶을 감사로 즐길 것으로 강조하고 있다. 그리고 나오는 9:11절의 지혜는 일상의 삶을 위한 아름다운 지혜자의 충고이며 꼭 새겨보기를 권한다. 이어지는 지혜로움과 어리석음에 대한 여러 의견에 이어 (9:13~10:3) 성공적인 인생을 위한 조언이 추가되어 나온다(10:4~20). 전도서의 저자는 장래일은 알 수 없기 때문에 사람은 할 수 있는 한 지혜롭게 자기가 살고 있는 자연 환경의 법칙과 서로 협력해야만 한다(11:1~8)면서, "너는 네 떡을 물위에 던져라 여러 날 후에 도로 찾으리라 일곱에게나 여덟에게 나눠줄지어다. 무슨 재앙이 땅에 임할는지 네가 알지 못함이라"는 특별한 경구를 주고 있다. 그러면서 청년의 때에 하나님을 공경하는 마음을 갖는 것이 중요하며, 늙으면, 신체의 기능이 쇠약해 진다는 것을 아름다운 문학적 은유를 사용하여 절실히 묘사하고 있다(12:3~7). 전도서는 결어에서 다음과 같은 결론(12:9~14)을 내리고 있는데, 모든 사람은 살아서 한 모든 일에 대하여 하나님의 심판을 받게 되므로 하나님을 공경하고 그의 계명에 순종해야 한다고 강조하고 있다.

전도서에는 얼핏 보기에 회의주의적인 정신이 많이 내포되어 있다. 하지만 여기서 강조되고 있는 회의주의는 거듭 말하지만 세속적 삶에 대한 회의주의이지, 진리와 영원한 하나님에 대한 회의주의가 아니다. 오히려 그 반대이다. 전도서에서 강조되고 있는 점은 이런 허무를 통해 인생에 영속적인 행복을 가져다 줄 수 있는 하나의 행동이나 원리를 세우는 것이다. 저자는 그런 허무를 지혜와 즐거움 등으로 극복하려 하였지만, 하나님 없는 인생의 덧없음은 그런 지혜와 즐거움으로 채워지지 않는다는 결론에 도달하게 된다. 이 결론은 전도서의 독자로 하여금 잠시 길을 멈추고 헤매게 하지만 성경과 하나님 안에서 삶에 대한 새롭고 영원한 조망과 원리가 반어법적으로 강조되고 있다. 두 번째 강조점인 하나님의 주권과 섭리인데 하나님이 예비해 놓으시고 제공해 주시는 것들을 인간인 우리가 즐기는 것이 바로 창조주의 섭리이며 기쁨이며 관심의 초점인 것이다. 전도자는 자신의 체험을 통해 바로 이런 관점 깊게 확신하고 있는 것이다. "사람이 먹고 마시며 수고하는 가운데 심령으로 낙을 누리게 하는 것보다 나은 것이 없나니, 내가 이것도 본즉 하나님의 손에서 나는 것이로다"(2:24, 3:12, 22, 5:18, 8:15, 9:7~9, 11:7~10). 하나님의 주권 하에서 우리의 삶을 즐기며 감사하며 안식하는 것!

그리고 삶의 태도에 관하여 전도자의 관심이며 또한 지혜는 **'중용의 덕'**이라는 점이 마지막으로 강조되고 있다. 전도자는 깊은 우울증에 빠질 수도 있었다. 그렇지만 그는 우울증에 압도당하기에는 너무도 삶을 아끼는 사람이었다(7:5~14). 삶은 하나님의 선물이며, 인간은 그 사람을 충분히 누려야 할 책임을 지고 있다. 그런데 경솔하게 혹은 비도덕적으로 아무렇게나 살아간다는 것은 그 선물을 배은망덕하게 저버린 것과 같으며 오직 비참한 실망감만 안겨줄 뿐이다. 사람을 완전하게 누리는 두 가지 요소는 부와 그것을 누릴 기회를 갖는 것이다. 그렇게 즐거움과 행복을 추구해 가고 있지만, 전도자는 현재에 만족하고 있다. 불의에 대하여 알고 있었지만 그럼에도 불구하고 그는 극단적인 방법으로 그것을 바로 잡는 데 대하여는 세심한 주의를 기울였다(8:1~9). 그는 부드러운 말로 달렸으며 분을 내거나 성급하게 행동하지 않았다. 그의 종교적인 근본이 "하나님을 경외하는 것"이었는데 그렇게 살아가는 행동지침을 중용으로 채워가고 있는 것이다. 그의 신앙은 욥처럼 극적이지 않았다. 왜냐하면 그는 아주 신중하고 중용적이어서 대담하거나 도전적일수가 없었기 때문이다. 전도자나 욥이 인내심을 쉽게 잃을 수밖에 없었던 것은 그들의 영적인 시각이 아무리 넓고 깊어도 그리스도 안에 나타난 하나님의 계신의 신앙이라는 차원까지는 이르지 못하였기 때문이다. 이점에 대하여 델리취는 "한편으로 전도서는 유일신이시요, 모든 지각에 뛰어나신 창조주요 세상을 다스리시는 하나님을 믿는 신앙에 바탕을 두고 있는 계시에 대한 확실한 증거이다. 이 계시는 종교적인 의식 속에 깊이 확실하게 자리 잡고 있어서 이 세상에서 가장 감당하기 어렵고 혼란스러운 생각들이라 할지라도 그것을 요동시키지 못한다. 다른 한 편, 이것은 구약의 형태로 계시된 종교가 아직은 완전하지 못하다는 것에 대한 증거이기도 하다. 왜냐하면 이 땅에서의 단조로움과 혼란, 그리고 그 비차함에서 야기된 불만족과 슬픔은 구속사가 진행되어 이 세상 저편의 하늘의 일들이 드러나 보이기 전까지는 여전히 해결되지 않고 그대로 남아있을 것이기 때문이다"[110]라고 평하고 있다.

110 Delitzsch F., *Commentary on the Song of Songs and Ecclesiates,* Tr. By. M. G. Easton(*Clark's Foreign Theological Library*, 1877, Reprint, Grand Rapid, Eerdmans. 1970), P.184.

제5장
아가서

1. 아가의 서론과 구조

1) 아가서 서론

본서는 히브리 성경의 세 번째인 '성문서'에 있고, 그 중에서도 '메길롯'으로 알려진 다섯 두루마리 중의 첫 번째 권이다. 이 다섯 두루마리의 성경은 이스라엘의 다섯 절기 때에 읽혀지도록 되어 있는데, 유월절에는 아가서를 읽고, 장막절에는 전도서를 읽으며, 부림절에는 에스더서를 읽고, 오순절에는 룻기를 읽으며, 예레미야 애가는 예루살렘의 멸망을 추모하는 절기에 각각 낭독된다. 유대인의 전통적 분류에 따르면 본서는 잠언 마지막의 현숙한 여인에 대한 강조에 이어, 룻기의 두 충성스런 여인이 나오고, 그 현숙한 여인의 결론격으로 아가서가 배치되고 있는 구조를 보이고 있다.

아가서의 히브리어 명칭은 '쉬르 하쉬림'으로 '노래들 중의 노래' 즉 '최고의 노래'를 뜻한다. 70인경에서의 제목은 "아스마 아스마톤"으로 뜻은 같고, 전도서 다음에 위치하고 있다. 개신교 및 로마 가톨릭의 성경은 다 이 순서에 따르고 있다. 라틴어 성경의 제목은 '칸티쿰 칸티코룸(Canticum Canticorum)'이라 했고, 영어 제목도 이를 따라 'Canticles', 혹은 'Song of Songs'으로 되었다. 아가서가 솔로몬의 작품이라는 유력한 증거는 본문의 표제격인 1:1절의 '아쉐르 러 쉴로모흐'에 근거하고 있다. 그러나 이는 시편의 '다윗에게'와 비슷하게 여기서도 그 표제로 쓰인 히브리어 전치사는 실제 저자를 나타낼 뿐 아니라 'to, for, concerning, in the mannaer of' 등 헌사임을 나타내기 때문에 실제 저자를 확정하는데 별로 도움이 되지 않는다. 그래서 비평학자들이 본서의 솔로몬 저작을 부인하면서 내세웠던 이론은 히브리어 관계대명사가 '아세르' 대신에 축약형인 '세르'로 나타나는 점을 지적했다. '세르'가 히브리어에서 관계대명사로 적극 사용된 연대는 대략 포로 후기 시대이다. 그러나 이 '세르'를 관계대명사로 사용한 경우가 사사기 5장에서도 나타나며, 욥기 19:29절, 열왕기 하 6:11절, 그리고 전도서에서도 나타나고 있다. 후대 히브리어가 이 '세르'를 과거의 관계대명사 '아세르' 대신해서 나타나는 것은 아마도 아람어에서 관계대명사로 'di'가 자주 사용되었기 때문일 것이라 추측되는데 이를 근거로 본서의 저작 연대를 후대로 잡을 필요가 없어졌음은 이미 전도서에서 논증한 바 있다. 왜냐하면 두 언어는 오래 전부터 서로 언어학적인 공통점을 많이 공유한 언어이기 때문이다. 그 외에도 여러 아람어가 본서에 사용되었는데 '나타르-히, 나차르(지키다 경계하다)', 그리고 '베로트-히, 버로쉬(싸이프러스 나무)' 등인데, 최근의 연구에 의하면 이런 용어들은 아람어라기보다는 북쪽 팔레스타인의 것으로 여기게 되었다. 이런 언어학적 발전으로 인해 성경에 있는 아람어의 영향을 인하여 그 저작 연대를 후대로 잡는 시도는 최근에는 별 호응을 받지 못하는 것이 되었다.

탈무드에 의하면 저자에 대하여 "히스기야와 그의 동료들이 아가서를 기록하면서 솔로몬의 다른 작품도 이들이 썼다"[111]라고 되어 있는데, 이를 인하여 솔로몬의 저작을 의심할 필요는 없다. 왜냐하면 솔로몬의 저작을 히스기야시대에 그의 신하들이 집성했을 것에 대한 표현일 수도 있기 때문이다. 본서에 나타난 여러 증거들 특히 이스라엘의 여러 지명들이 같은 왕국에 속하는 것으로 표기[112]되는 것으로 보아 본서는 분열 왕국 이전의 시기를 반영하는 것으로 보이며, 또 저자는 많은 동식물에 대한 해박한 지식과 왕궁의 사치와 값비싼 수입물[113] 등에 대한 언급 등을 선보이고 있는데, 이는 당대의 거부였으며, 탁월한 지혜자였던 솔로몬의 저작이라고 볼 수 있는 근거가 된다. 열왕기 상 10:28절에 의하면 솔로몬은 이미 애굽어를 알고 있었다고 여겨진다.

본서의 정경성에 대하여 G. L. 아처 교수는 다음과 같이 설명하고 있다. 구약 가운데

---

111 Talmud, *Baba Bathra*, 15a.

112 참고: 본서에서 거명되고 있는 지명들은 "엔게디, 헬몬, 갈멜, 레바논, 헤스본, 예루살렘"등의 지명이 마치 한 정치적인 통치권 안에 있는 듯이 묘사되고 있고 이는 B.C. 931년 이전의 상황, 즉 남북이 나누어진 사실을 전혀 인지하지 못하는 모양새로 여겨진다는 것이다.

113 참고: 언급되고 있는 물품들은 나도(1:12), 몰약(1:13), 유향(3:6), 가마(3:9)와 화장품들, 은금 비단, 상아, 녹주석 등이며, 21종의 식물과 15종의 동물명이 기록되어 있다.

아가서 만큼 신학적으로, 해석학적으로 그리고 정경론적으로 논쟁이 된 책도 그리 흔하지 않다. 본서는 전도서나 에스더서 등과 같이 정경성이 의문시 되었던 책들 중의 하나이다. 그것은 솔로몬이 썼느냐 아니냐의 문제가 아니라 본서가 종교적인 가치를 결여하고 있다는 판단 때문이었다. 구약을 방대하게 인용하고 있는 알렉산드리아의 유대인 필로도 아가서를 전혀 인용하고 있지 않고 심지어 신약까지도 본서를 인용하고 있지 않다. 우리가 확인할 수 있는 본서에 대한 가장 오래된 인용은 외경 에스드라 5:24절, 7:26절이며, 타나이트 4:8절(미쉬나에 있는 소책자)의 언급이다. 후자에 따르면 아가서의 어떤 부분들이 주후 70년 이전에 성전에서 축제 때 사용되었다고 한다. 이 책이 히브리어 정경에 바로 포함될 수 있는지에 대하여 주후 90년경의 얌니아 회의에서 유대인 학자들은 열띤 토론을 벌였고, 랍비 아키바가 이 책의 영적 가치를 비유적으로 해석함으로 말미암아 신적 영감이 내재된 정경으로 확인되었다.[114] 아가서는 본문에 신명이나 종교적 표현들이 나오지 않음 등을 인해 구약의 다른 책들과 같이 과감한 비평적 시도의 대상이 되곤 했었는데 때때론 그 시도가 과감하기 보다는 무모할 정도였다. 다행히 우리는 그런 과정의 끝 부분에 이르러 있는 것이다.

본서의 문제는 주로 아가서가 희곡인가 아니면 일련의 사랑의 시인가하는 문학 장르에 관한 문제이고, 또 한 가지는 이 책의 해석을 둘러싼 다양한 해석의 문제이다. 풍유적 해석가들은 일반적으로 그 문학적 형식보다는 그 의미에 더 관심을 기울이는 반면에, 풍유적 해석을 거부하는 사람들은 한결같이 아가서의 문학적 특성을 연구하는데 모든 힘을 기울였다. 왜냐하면 어느 작품이든지 문학적 형식과 그 의미 사이에는 본질적인 관계가 형성되기 때문이다. 어떤 사람은 아가서를 솔로몬의 결혼을 축하하는 결혼축시였다고 주장하며 신비적 풍유법을 들고 나왔고, 어떤 사람은 아가서가 희곡이라고 보기도 했다.

본서의 주제는 솔로몬이 술람미 여인에게 자신의 사랑을 고백하며 그녀에 대한 깊은 사랑을 헌사하는 것이다. 이 사랑의 관계가 너무 아름답고 짙게 묘사되어서 이 관계를 두고 여러 가지로 해석을 하게 되는 것으로 여겨진다. 유대교에서는 하나님의 유대 민족을 향한 사랑의 은유적 표현으로서 본서를 읽으며 그들의 가장 큰 절기인 유월절

---

114 Archer Jr. G. L., op. cit., p.707. 랍비 아키바의 논지는 "이스라엘인 중 아무도 아가서의 정경성을 의심하지 않는다. 왜냐하면 아가서가 이스라엘에게 주어졌던 날로부터 전 세계에는 아무것도 그것에 비길 만한 작품이 없기 때문이다. 모든 기록들은 거룩하다. 아가서는 더욱 그렇다. 다만 논의가 있다면 전도서에 관해서 이다"(미쉬나, 야다임3:5), Young E. J., op. cit., p.392에서 재인용.

에 이 본문이 사용되고 있다. 기독교적인 관점은 여기 신부는 하나님의 전폭적인 사랑을 받는 모든 신자 즉 교회로 여겨지고 있다. 아가서의 문학 형태를 객관적으로 분석하는 것은 쉽지가 않다. 거기에는 시가 있고, 대화와 독백이 있으며 애인들을 제외하고는 대화 상대방이 누군지를 알기도 힘들다. 아가서는 동양적인 정서에 호소력을 갖는데, 문체에 나타난 사랑의 강도와 헌신, 부수적인 성적 특성들에 대한 관능적인 표현에 이러한 호소력이 담겨있으며, 이러한 표현들은 특별히 세속적 사랑의 노래에서 유래한 것은 아닌 것 같다. 아가서는 이미 언급한 바와 같이 신명이나 종교적 설명이 나타나지 않는다. 그럼에도 불구하고 아가서는 다른 구약의 정경의 본문들과 그 맥을 같이 하고 있으며, 동시에 이스라엘의 지혜 문서가 속한 그 역사적 역할에 관점을 두고 읽어야 할 것이다. 사랑과 그 만족감에 대한 문제를 솔직하게 다루고 있음에도 아가서는 결코 음탕하거나 비도덕적이지 않다.

2) 아가의 구조

- 1:1~2:7절 ▶ 신랑에 대한 신부의 갈망
- 2:8~3:5절 ▶ 커지는 사랑의 감정
- 3:6~5:1절 ▶ 솔로몬 왕의 찬양, 약혼, 신부에 대한 찬양
- 5:2~6:3절 ▶ 신랑을 갈망하는 신부
- 6:4~8:4절 ▶ 신부의 아름다움
- 8:5~14절 ▶ 결어, 진정한 사랑의 불변성

2. 아가의 신학적 논점들

이미 언급하였지만 구약성경에서 아가서 만큼 다양하고 광범위한 해석을 달고 있는 책도 없다. 에스더서에도 밝혔지만 본서도 신명이나 예배, 기도 등 종교적인 표현이나 주제도 없을 뿐더러, 더구나 에로틱한 표현과 아가서가 갖고 있는 애매한 구성으로 인해 학자들은 끝없는 상상을 할 수밖에 없는 여지를 주었다. 순수한 에로틱한 해석은 차치하고라도 학자들은 수 세기에 걸쳐 아가서를 합리적으로 설명하기 위해 몇 가지 해석방법론을 상용해 왔는데 여기서 간략하게 살펴보도록 하겠다.

1) 풍유적 해석(알레고리적인 해석)

아가서에 대한 이 풍유적 해석 방식은 유대교와 기독교의 전통적 해석의 축을 형성하고 있다. 알레고리(풍유)란 문학적 비유법의 한 형식인데, 이것은 어떤 문학적 표현의 세세한 단어나 인물, 사건들이 어떤 구체적인 현실적 대체물에 대한 상징으로 사용, 비유되었다고 추정해서 의미를 부여하는 방식이다. 이 방식은 최근까지도 기독교와 유대교에서 이 책을 접근하는데 주도적이고 거의 독보적인 해석법으로 인정받아 왔다.[115] 유대교에서는 이 책의 솔로몬은 하나님이며, 사랑받는 여인 술람미 여인은 이스라엘이고, 그 하나님의 다함없는 사랑이 그들 민족이 있게 된 배경이며, 하나님은 이렇게 이스라엘을 아끼고 사랑한다는 것이다. 그래서 그들은 유대 민족의 근원이 되는 유월절 명절에 이 책을 낭독하며 자신들에 대한 하나님의 사랑을 확인하고 있다. 그래서 선지자들은 이 하나님의 사랑을 결혼 관계로 확대 해석하며, 불순종하고 우상숭배 하는 이스라엘을 영적으로 간음한 백성이라고 회개를 촉구하고 있다는 것이다(사54:6, 렘 3:1, 겔16,23장, 호1~3장).

이러한 해석은 미쉬나[116]와 탈무드에서 볼 수 있는데, 아가서의 탈굼(The Talgum of the Song, 주후 7세기 작품)에서도 아가서의 내용은 히브리 역사에서 당신의 백성을 향하신 하나님의 자비로우신 사랑으로 해석하며 이스라엘 민족의 구속사로 해석되었다. 아가서에 대한 유대교의 다른 풍유적 해석은 일부 유대교 신비주의자(Moses Ibn Tibbon과 Immanuel ben Solomon 등)들의 해석인데, 이는 사랑하는 자와 사랑 받는 자는 각각 마음의 능동적인 측면과 수동적인 측면이라고 해석하는 방식이다. 이러한 양자의 결합은 지성의 두 측면의 신비로운 결합으로부터 오는 황홀경을 기술하고 있다는 해석이다.[117]

기독교의 풍유적 해석은 솔로몬의 술람미 여인을 향한 사랑은 독생자를 주신 하나님의 사랑과 자기 목숨을 아낌없이 드린 그리스도의 사랑으로 해석되고, 그 사랑을 받는 여인은 그리스도의 순결한 신부된 교회(엡5:22~33)를 상징한다고 해석한다. 이런 풍유적 해석은 솔로몬의 첫 80명의 첩들은 교회를 해롭게 한 80개의 이단을 가르친다고 해석하기도 했고, 본문 1:2~4절의 내용을 그리스도께서 성도들을 교회로 이끌어 오시는 것에 대한 묘사라고 말하기도 했으며, 알렉산드리아의 키릴루스에 의하면 1:13절의

---

115 본서의 역사에 관해서는, Pope M. P, *Song of Songs*(New York, Doubleday, 1977), pp. 89~122를 참고하라.

116 Mishna, *Ta'anith*, IV, p.8.

117 Ibid., p.105.

"나의 사랑하는 자는 내 품 가운데 몰약 향낭이요"란 표현에서 '내 품'은 두 젖가슴을 상징하며 그것은 신약과 구약을 의미하고, 몰약 향낭은 '두 성경 가운데 존재하시는 그리스도'라고 해석한다.[118] 이런 해석을 풍유적 해석이라 한다.

하지만 근세에 와서는 지지를 많이 받지 못하고 있다. 왜냐하면 이 해석법의 위험성은 솔로몬이 과연 그리스도나 야훼 하나님을 대표하기에 적합한 후보인가 하는 점이며 (왕상11:4참조), 본문의 어느 것도 솔로몬의 생애에 있었던 구체적인 역사적 사실과 연결되고 있지 않기 때문이다. 또 해석자마다 다른 주관성을 어떻게 객관화시킬 수 있는가?에 관한 문제도 일관성이 없기 때문에 비록 이 해석이 역사적으로 많이 애용되어 온 것은 사실이나, 또한 많은 이단들의 신비적 해석과 아전인수격 해석에도 많이 악용된 해석임이 사실이라 문제가 많은 해석법이라 할 수 있겠다.

2) 모형론/예표론적 해석법

풍유법은 기본적으로 저자에 의해 의도적으로 구성된 한 문학적 유형인 반면, 모형론은 해석가에 의해 사용된 방법이다. 풍유법과 모형론이 근본적으로 다른 이유 중 하나는 바로 역사 때문이나, 풍유법은 하나의 문학적 유형으로서 상징이라는 형식을 통해 역사적 사건들을 이야기하는 것이고, 모형론은 엄밀한 역사적 실재에 의거하는 것이다. 아가서를 모형론적으로 해석하는 사람들은 이 책의 역사적 근거는 솔로몬이 바로의 딸이나 혹은 다른 공주들과 결혼하는 것이고 그 결혼은 모형으로서 그리스도와 이방인의 연합을 나타내는 것이라는 주장이다. 비록 E. J. 영이 이 방식을 일축해 버리긴 하지만 J. H. 레이븐과 M. F. 엉거 그리고 G. L. 아처 등이 이 해석을 가장 만족스런 아가서 해석법이라 지지하고 있다. 다음은 G. L. 아처의 해석이다. 술람미 여인은 솔로몬의 여러 매혹적인 여인들 중 가장 아름다운 영혼과 깨끗한 몸을 지닌 시골 처녀였다. 그 정숙함과 개인적인 매력을 통하여 그녀는 솔로몬에게 일시적이긴 했지만 참된 사랑을 알게 했다. 솔로몬은 이 사랑을 위해 그의 궁궐에 있는 부패한 영광을 기꺼이 바꾸었고 이 노래는 자연적인 사랑을 거룩한 경지에까지 승화시키고 있다. 이 한 쌍이 여호와의의 자기 백성에 대한 사랑을 반영하며, 그리스도와 그의 교회 사이에 있는 상호간의 사랑을 예표하는 것을 의도하고 있다 하였다. 그는 예표적 관점과 풍유적 관점의 차이를 예표적인 해석은 세세한 표현을 현실적 대체물로 이일시키는 반면, 모형론적 해

---

118 Dillard R. B. & LongmanⅢ. T., op. cit., p.390.

석은 '중심적인 흐름'만 찾아 연결시킨다고 하였다. 솔로몬 왕은 그의 개인적인 큰 실패에도 불구하고 성경의 여러 곳에서 그리스도의 모형으로 또 다윗의 보좌에 앉을 천년왕국 시대의 왕으로 묘사되고 있는 점이 이 해석이 가지고 있는 큰 장점이다. 이런 관점에서 볼 때, 아가서는 교회사의 긴 흐름 속에서 성경을 깊이 연구하는 학도들에게 깊은 위로와 격려를 주는 영적 메시지를 풍부히 담고 있다. 그렇지만 이 책에 담겨 있는 영적미를 감상하기 위해서는 참으로 성숙한 영혼이 필요하다. 옛날 랍비들이 유대인들에게 30세가 되기까지 아가서를 읽지 못하도록 한 것은 전혀 근거 없는 일이 아니다라고 평하면서 이 방식을 지지했다.[119]

하지만 실제로 아가서가 신랑과 신부의 결혼을 묘사하지 않고 있고 실제로 신부는 평범한 포도원지기였으며 신랑은 목자였던 것이다. 모형론적 해석이 풍유적 해석의 한계를 극복하려고 시도한 점은 좋으나 이 또한 역시 해석자의 상상이 너무 많이 들어가는 역사성 없는(?) 해석인 것이다.

그러나 이 방법 역시 약점이 없는 것은 아니다. 물론 부분적으로 성경의 여러 곳에서 솔로몬으로 오실 메시아에 대한 예표로 사용하긴 했어도, 그는 여전히 부분적일 뿐이며, 특별히 예표론이라는 분명한 역사적 사실에 근거하여 그 사람 혹은 사건을 상징으로 삼아 이야기해야 하는데, 솔로몬이란 사람 외에 본문이 말하고 있는 그의 사랑이야기는 역사적 사실이라기보다는 문학적 상상력에 의한 표현이나 자기 고백의 문학적 표현이기 때문에 솔로몬과 술람미 여인 사이의 역사적 논거를 예표로 삼기에는 많은 한계가 있는 것 또한 사실이다. 그럼에도 불구하고 이 해석방식은 여전히 학계의 가장 신뢰받는 해석법 중의 하나임 또한 사실이다.

3)문자적 해석법

아가서 해석에 대한 세 번째 방식은 문자적 해석법인데, 이 방식은 본서를 영적인 메시지나 신학적 내용의 전달 없이 단순한 세속적 사랑의 노래로 보는 것이다. 이는 아주 높은 차원의 인간의 사랑을 서정시로 표현한 것이란 뜻이다. 과거의 종교회의에서 이 이론을 주장한 데어도르를 정죄한 적이 있는데, 이 해석법 때문에가 아니라 그가 본서에 대한 정경성에 의문을 표했기 때문이다. 이 해석법은 문자 그대로 본서가 남녀 간의 정숙하고 고귀한 사랑을 노래한 책이라고 해석한다. 이에 대해서도 두 가지 이론이 있

---

119 Archer G. L., op. cit., p.710.

다. E. J. 영이나 H. H. 로울리 등이 이 견해를 지지했는데, 그들은 본서가 단순히 연애를 그린 것이 아니고, 윤리적 교훈적인 목적이 있다고 하였다. E. J. 영은 다음과 같이 강조하고 있다. "그러므로 아가서는 그 목적에 있어 교훈적이며 도덕적이다. 정욕과 기타 육욕이 사방에 있으며 맹렬한 시험들이 우리를 공격해서 하나님이 주신 결혼의 표준에서 벗어나게 하려는 것이 바로 이 죄악 세상이다. 아가서는 순수하고 고상한 참된 사랑이 어떠한가를 미사여구로써 우리에게 상기시킨다. 그러나 이것이 본서의 목적이라는 것은 아니다. 그것은 인간적 사랑의 순결함을 믿할 뿐 아니라 정경으로서 우리 자신의 사랑보다 더 순수한 사랑을 생각나게 한다. 정경에 본서가 수록되었음은 인간의 정신에 사랑을 심은 신이신 하나님 자신이 순결하시다는 것을 기억나게 한다. 왜냐하면 이 책을 정경에 포함시킨 이는 사람이 아니라 하나님이시기 때문이다. 필자는 본서가 그리스도의 모형이라고 장담할 수는 없다. 그러나 본서는 그 눈을 그리스도에게로 향한다. 이것은 기독교 주석사가 확실히 보여주는 바다."[120] 좀 길게 인용했지만 E. J. 영의 태도는 애매하다. 그는 본서의 모형론적 해석을 못마땅해 하면서도 결국은 "생각나게 한다"는 식으로 그 필요성을 인정하고 있다. 그러나 본서에 있는 영적, 신학적 의미를 인정하지 않고 본서를 단순히 인간의 사랑을 높이는데 교훈적 가치를 가진 것으로 평가하는 것은 이제까지 E. J. 영 교수가 보여준 태도와는 사뭇 다른 방식이라 일관성을 잃고 있는 것으로밖에 볼 수 없다. 어쨌든 본서에 대한 해석의 한 방식으로서 이 책이 남녀 간의 사랑을 다룬 교훈적 책으로 보는 관점을 문자적 해석법이라 하겠다. 뿐만 아니라 이 해석에 의하면 솔로몬이 목자가 되어야 하는 불합리를 극복할 길이 없게 된다.

만약 남녀 간의 정숙한 사랑을 기념한 책이라 하더라도 정경에 자리 잡을 가치가 있다는데 동의한다면 아가서를 문자적 의미로 그대로 해석하는 데 별로 어려움이 없을 것이다. 성경은 남편과 아내의 사랑의 관계를 높이 평가했으므로, 그러한 이상적 사랑을 제시한 책을 무시해서는 안 되고, 또한 건전한 주석학적 토대에서 아가서를 문자적으로 해석하고 더 깊은 의미를 찾는 노력을 중지한 사람을 잘못된 것으로 취급해서도 안 된다. 그렇지만 정경의 어떠한 책에 어떠한 신학적 해석을 허용치 않고 단순히 교훈만을 위해 기록되었다는 것은 이해하기 어려운 궁색한 해석이다.

이런 문자적 해석에 대한 다른 가설은 소위 목자 가설과 색정적 가설이다.[121] 목자

---

120 Young. E. J., op. cit., p.392.

가설122은 솔로몬과 술람미 여인 사이에 삼각관계를 상상케 하는 어떤 목자가 끼어 있다는 가설인데, 이것도 역시 본서를 문자적으로 해석할 때 가능한 문학 분석 중의 한 가지 이다. 예를 들면 솔로몬은 자신의 왕권을 이용해서 아름다운 술람미 여인을 반 강제로 뺏어오고, 그 여인은 옛 애인인 목동을 그리워하며 사랑을 노래했다는 것이다. 이런 가설이 성립되려면 본문을 많이 재편집, 배치해야 하고, 또 일개 목자가 이렇게 고상한 사랑의 표현을 할 수 있었다고 가정하는 것도 쉽지가 않은 상황이다. 또한 색정적 가설은 본서의 사랑의 노래는 고대 수리아 결혼식 때에 손님들이 신부의 아름다움과 결혼하는 한 쌍의 조화로움을 서로 칭송하는 그런 사랑 노래의 일종이라는 것이다. 이런 사랑 노래를 '와스프'라 하는데, 이 가설은 아가서를 제외하고는 팔레스타인의 어느 지역, 어느 시대에도 이 와스프 스타일에 대한 근거가 없으며, 또한 그런 시의 묶음집으로서 본서를 대조해 본다면, 본서는 개별시들의 묶음집이라기 보다는 일관되고 독립된 서정시라는 형식 속에 있다고 할 수 있다. 그래서 본서에 대한 문자적 해석은 일단, 그런 주장을 하게 되면, 본서의 정경성 및 다른 정경들과의 관계에 문자가 생기고, 또한 문학적으로 볼 때 논리적 결여가 많다는 점을 지적할 수 있다.

4) 신화론적인 해석법(예전용이었다는 주장)

T. J. 믹크라는 신학자에 의해 주장되었는데 아가서는 이방의 '탐무즈-이쉬타르' 예전의 의식에 사용된 예전서(기도문)였다는 것이다. 이스라엘에서 그런 예배 의식이 존재하고 있었다는 것은 예언서에 대한 언급 등으로 볼 때 불가능한 것은 아니다(사17:10, 겔 8:14, 슥12:11). 또 어떤 학자는 아가서의 사랑의 이야기를 봄의 달 축제 때 두 신이 연합하는 것을 그린 극화로 보고, 극중 두 사람이 탐무즈 신과 여신 이쉬타르의 역할을 맡아 탐무즈가 죽었다가 이쉬타르 여신의 도움으로 지하세계에서 다시 살아나는 것을 연기 했다는 주장이다. 그러나 현존하는 아가서에 관한한 신학적인 입장을 바꾸지 않고 일반적으로 부도덕한 성격의 이교도 예배 정황이 인격적 유일신을 믿는 히브리인들의 경전에 병합되었다는 것은 상상하기 어려운 이론이라 하겠다.123 이런 비 성경적이며

---

121 cf. Archer G. L., op. cit., pp.708~710를 참고하라.

122 Ewald H., *Das Hohelied Salomos ubersetzt mit Einleitung, Anmerkungen und einem Anhang*(1826)을 참고하라. 에발트는 문자적 해석시 초래되는 솔로몬의 목자됨을 해결하기 위해 제3의 인물을 본문에서 추출해낸 첫 번째 학자다. 그로부터 본문 해석은 극중 배우의 2인설과 3인설로 나누어져 발전하게 된다. Harrison R. K. op. cit Ⅲ., p.108에서 재인용.

반 신앙적인 해석이 근래에 많은 인기를 끓고 있는 현실이 이상하다.

5) 결혼축하 노래집

아가서가 결혼식에서 부르는 노래를 집성한 것이라는 주장인데, 앞의 문자적 해석의 한 부류로 보아야 할 것이다. 이를 주장하는 학자들은 본서가 결혼식장에서 목자나 농부가 부르는 소박한 노래에 기초를 두고 있다고 설명한다.[124] 과거 시리아인들의 결혼식에는 신랑과 신부를 위하여 부르는 시가 있었다는 연구가 발표되어 잠깐 인기를 끈 이 학설은 아가서가 히브리인과 시리아인의 결혼에 사용된 것 축시의 모음집이라 했다. 하지만 이 견해에는 7일간이나 계속되는 시리아인의 결혼 풍속에는 노래집이 충분하지 못하다는 것이고, 시리아 결혼 풍속이 아니라 해도 아가서에 있는 노래는 결혼 축하 노래로서는 가치가 적다는 약점이 있다.

6) 정경론적 해석

아가서에 대한 정경론적 해석은 아가서의 강조점들을 구약 정경 전체에 비추어 해석되어야 한다고 주장한다.[125] 아가서는 성문서뿐 아니라 구약의 다른 정경과 일치되는 방향에서 읽어야 함을 강조하는 해석이다. 본서에 신명 등이 나타나지 않는다고 본서가 신학적 해석에서 제외되어서는 안 되며, 특별히 역사적 배경과 분리되어서는 안 된다는 입장이다.[126] 이 해석은 아가서의 본문을 창세기 2:25절의 첫 남녀 간에 있었던 순결한 사랑과 연계되어야 하며, 그것을 회복하는 본문이라는 각도에서 아가서를 해석해야 한다고 강조하고 있다. 이런 관점은 아가서를 선지자들의 결혼관계 비유와 연결될 기초가 된다. 그래서 B. S. 차일즈는 지혜문헌에 속한 이 아가서의 배열은 이 본문이 신적 실재와 관련되어 있는 인간이 경험하는 세상의 본질을 반성을 통해 이해하려는 시도로서 읽혀져야 함을 의미한다고 지적하고 있다.[127] 이 책은 단순히 인간 남녀의 사랑의 서정시로만 해석되어서도 안 되고, 역사성을 간과하고 모형론적인 해석만 강조

---

123 Harrison R. K., op. cit. III, pp. 111~13.

124 Pfeiffer R. H., *Introduction to the Old Testament*(New York, Harper, 1941), p. 711.

125 House P. R., op. cit., p. 836.

126 Ibid.

127 Childs B. S., op. cit., p. 574.

해도 부족하다. 그런 점에서 B. S. 차일즈는 그의 다른 책에서 "지혜의 계시적 기능과 솔로몬의 아가의 위치를 지혜로운 사랑을 위한 길잡이로"[128] 바르게 평가하고 있다. 그는 여기서 본서의 계시적 기능을 강조하고 있으며 역사성을 또한 강조하여 모형론의 위험과 문자적 해석의 약점을 일거에 해소하고 있다. 거듭 강조하지만, 이 해석은 본문의 역사성뿐 아니라 정경적 정체성까지 갖도록 해준다. 가만히 이 주장을 살펴보면, 문자적 해석을 근본으로 하면서 또한 모형론적 해석을 가미한 대안이라고 여겨지는 매력이 있다. 이 해석에 의하면 아가서를 역사적인 것으로 보았으며, 기독교 해석자들은 아가서에 담긴 내용이 구약의 다른 본문들과 연속선상에 있는 메시지로 읽게 한다. 또한 인간적인 숭고한 사랑이 독자로 하여금 그리스도의 큰 사랑에 향하도록 한다고 주장한 E. J. 영 교수도 아마 이런 이야기를 하고 싶지 않았을까 짐작이 된다.

근본적으로 아가서는 하나님께서 우리를 위해 베푸신 결혼과 사랑의 관계가 지닌 아름다움과 성스러움을 가르치고 있기 때문에, 그리고 창세기와 선지서들의 해석과 이어지기 때문에, 아가서는 충분히 정경에 들어있을 자격이 있다는 것이다. 아가서가 유대인들의 가장 중요한 절기인 유월절에 집중적으로 읽히고 낭송되는 성경이라면 거기에는 특별한 의미가 있다는 말이다. 그리고 그것은 그리스도의 신부로서 하나님의 사랑을 신뢰하는 그리스도인들에게도 말할 수 없는 위로가 되는 것 또한 사실이다. 그러면서도 본서는 인간에게 베푸신 남녀 간의 정숙하고 고상한 육체적 사랑을 높이 평가하고 혼인의 중요성을 강조하는 본문으로도 무척 유익한 하나님의 말씀이다.

물론 위의 4, 5번의 해석방식은 참으로 문제가 있다. 그러나 풍유적 해석법, 모형론적 해석법, 문자적 해석 방법 등을 아예 무시하고 그것을 쓸모없는 것으로 몰아치고 하나만 고집하는 것은 극단이다. 그래서 성경해석자는 깨어 있어야 하고, 본문에 충실하면서도 진리 아닌 인간의 이론을 분별해 낼 수 있어야 한다. 인간의 이론은 완벽할 수 없다. 더구나 역사는 본서에 대한 풍유적 의미와 모형론적 의미에 감화를 받는 이스라엘과 교회의 성도들이 있었음을 간접적으로 시인하고 있다. 그러므로 어떤 한 가지 해석 방식을 선호할 수는 있겠지만, 다른 해석 방식에 대해서도 열린 마음으로 살펴볼 수 있어야 한다. 우리 중 누구도 어떤 개인이 갖는 성경의 하나님에 대한 깊고도 열정적인 사랑을 경멸할 수 있는 위치에 있는 사람은 아무도 없음을 명심해야 할 것이다.

---

128 Childs B. S., *Old Testament Theology in a Canonical Context*(Philadelphia, Fortress, 1985), p.193.

3. 아가의 주요 내용 강해

1) 신랑에 대한 신부의 갈망(1:1~2:7)

솔로몬의 아가라는 표제에서 시작된 본서는 사랑에 다한 확고한 고백으로 첫 단락의 특성을 규정하고 있다. 이런 진지한 사랑은 사랑하는 연인들 속에 생겨날 지도 모르는 모든 두려움와 불안을 제거해 주고 있다. "여인들 중어 어여쁜 자야"(1:8)라고 연인을 칭송한 솔로몬은 계속해서 "내 사랑아 너는 어여쁘고 어여쁘다 네 눈이 비둘기 같다"는 칭찬에 이어 "여자들 중에 내 사랑은 가시나무 가운데 백합화 같도다"(2:2)하고 칭송하였는데, 이런 칭송에 대한 답송격으로 여인도 남자를 칭찬하고 있다. "남자들 중의 나의 사랑하는 자는 수풀 가운데 사과나무 같구나 내가 그 그늘에 앉아서 심히 기뻐하였고, 그 열매는 내 입에 달았도다"(2:3)며 화답하고 있다. 그런 상호간의 칭찬은 그들이 연합으로 공고히 되고 있다. 6절은 남자가 여자를 안고 누워있는 도습을 그리며 연인의 연합을 묘사하고 있다.

2) 커지는 사랑의 감정(2:8~3:5)

2장의 후반부는 함께 사랑을 나누는 연인의 아름다운 모습을 그리고 있다. 그런 사랑은 상대를 찾아 나서는 수고로움이 불편한 것이 되지 않는다. 그들의 연합과 사랑을 허무는 여우를 잡으라(2:15)는 표현으로 그들의 행복을 묘사한다. 3장 초반부에서는 어떤 이유인지는 밝히지 않았지만, 사랑하는 여인을 잃어버린 안타까운 마음은 성안의 순찰자들에게까지 물어보게 되고, 그런 우여곡절 끝에 다시 찾은 여인을 어머니의 집으로 인도하는 간절한 모습을 보이고 있다.

3) 솔로몬 왕의 찬양, 약혼, 신부에 대한 찬양(3:6~5:1)

이 부분은 결혼을 위한 기쁨의 행진 혹은 준비로 보이는 3장의 후반부와 너울 속에 있는 신부의 신체의 아름다움을 조목조목 묘사하며 신랑 신부가 연합하는 참되고 최상의 기쁨을 그리고 있다. 이 부분에서 솔로몬은 사랑하는 여인을 "내 신부, 내 누이"(4:8, 10, 12, 5:1)라고 묘사하며, "내 신부는 잠근 동산이요 덮은 우물이요, 봉한 샘"이라 묘사하고 있다. 그의 기쁨은 "북풍아 일어나라 남풍아 오라 나의 동산에 불어서 향기를 날리라 나의 사랑하는 자가 그 동산에 들어가서 그 아름다운 열매 먹기를 원하노라"(4:16)고 표현하고 있고, 그 신랑의 기쁨은 이어 잔치에 참여한 친구들과 사랑하는 친지들이 많이 축하해 줄 것으로 전진하고 있다.

4) 신랑을 갈망하는 신부(5:2~ 6:3)

이 부분은 결혼한 신랑을 부끄러운 듯 맞이하는 신부의 고즈넉한 행복감을 묘사하고 있다. 그녀는 "내가 옷을 벗었으니 어찌 다시 입겠으며 내가 발을 씻었으니 어찌 다시 더럽히랴마는 내 사랑하는 자가 문틈으로 손을 들이밀매 내 마음이 움직였다"(5:4~5)고 신부의 다소곳한 사랑의 마음을 표현하고 있다. 그렇게 신랑의 사랑을 받은 신부는 "내가 사랑하므로 병이 났다"(5:8)고 말할 정도였다. 그리고 그녀의 신랑을 향한 사랑은 5:10~16절에 강렬하게 묘사되는데, 남자인 신랑이 신체를 여러 비유로 칭송한 뒤 "입은 심히 달콤하니 그 전체가 사랑스럽구나 예루살렘 딸들아 이는 내 사랑하는 자요 나의 친구로다"하며 남자들 가운데 뛰어난 신랑을 자랑하고 있다. 그녀는 다시 자기의 사랑을 찾아 이렇게 고백한다. "나는 내 사랑하는 자에게 속하였고 내 사랑하는 자는 내게 속하였으며 그가 백합화 가운데서 그 양 떼를 먹이는도다"(6:3). 이 부분은 창세기 2장의 아담과 하와가 벌거벗었으나 부끄러워 아니하였다는 남녀 간의 순결한 처음 사랑을 회복하는 느낌을 갖게 한다.

5) 신부의 아름다움(6:4 ~8:4)

본문은 계속해서 신랑 신부는 서로를 향한 지속적인 사랑으로 서로의 만족을 구하고 있음을 보여준다. 이는 결혼한 부부간의 사랑이 어떠해야 함을 보여주는 부분이라고 여겨진다. 다시 신랑은 부인을 하며 많은 왕비와 후궁들도 칭찬할 정도로 아름답고 아침 빛같이 뚜렷하고 달같이 아름답고 해같이 맑고 깃발을 세운 군대같이 당당한 여자라고 치켜세우고 있다. 그러면서 '귀한 자의 딸'이라 부르면서 그녀의 신체를 다시 미학적으로 칭찬하고 있다. 이런 신랑의 칭송에 신부 또한 7:10절 이하에서 그의 사랑을 받고 자기의 사랑을 그에게 주겠다는 서약을 하고 있다. "내 사랑하는 자야 우리가 함께 들로 가서 동네에서 유숙하자 우리가 일찍이 일어나서 포도원으로 가서 포도 움이 돋았는지, 꽃술이 퍼졌는지, 석류꽃이 피었는지 보자 거기에서 내가 내 사랑을 주리라 합환채가 향기를 뿜어내고 우리의 문 앞에는 여러 가지 귀한 열매가 새 것 묵은 것으로 마련되었구나 내가 내 사랑하는 자 너를 위하여 쌓아 둔 것이로다"(7:11~13)하며 참으로 강렬한 사랑의 교감을 나눌 것을 이야기 한다. 이런 부부애는 8:3~4절에 이르러 절정에 다다른다. 그래서 신부는 "예루살렘 딸들아 내가 너희에게 부탁한다 내 사랑하는 자가 원하기 전에는 흔들지 말며 깨우지 말지니라"면서 자기의 사랑이 방해받지 않기를 열망하고 있다.

6) 결어, 진정한 사랑의 불변성(8:5~14)

아가서의 결론에 해당되는 본문에는 참된 사랑의 본질을 그리고 있다. "너는 나를 도장같이 마음에 품고 도장같이 팔에 두라 사랑은 죽음같이 강하고 질투는 스올같이 잔인하며 불길같이 일어나니 그 기세가 여호와의 불과 같으리라. 많은 물도 이 사랑을 끄지 못하겠고 홍수라도 삼키지 못하나니 사람이 온 가산을 다 주고 사랑과 바꾸려 할지라도 오히려 멸시를 받으리라"(8:6~7). 참 사랑의 힘을 설파하고 있는 본문은 혼인 관계의 소중함을 명시하는 구약의 다른 본문들과 연계되고 있다. 창세기에서 시작하여 말라기에 이르는 동안 하나님은 어려서 취한 아내를 버리거나 이혼을 멸시하신다고 적시하고 있다. 하나님은 죽음이 서로를 갈라놓을 때까지 그들의 결혼관계에 충실하고 그 관계를 통하여 기쁨과 복을 누리기를 계획해 놓으신 것이다.

이 아가서를 읽으면서 남녀를 창조하시고 그들의 신실한 관계를 통하여 복을 베푸시는 하나님의 창조의 섭리가 읽혔으면 좋겠다.

제5부
대선지서

히브리 성경의 두 번째 부분인 예언서는 이미 살펴 본 바와 같이 전기 선지서와 후기 선지서로 나누어진다. 전기 예언서는 여호수아, 사사기, 사무엘서, 열왕기서이고 후기 예언서는 이사야, 예레미야, 에스겔 그리고 12소선지서가 한 권으로 되어 있다. 전기 선지서는 주로 익명의 선지자들이 '역사성'을 염두에 두고 기록한 것이며, 후기 선지서는 문자 그대로 예언서라 할 것이다. 전기 선지서는 가나안의 정복과 정착기로부터 포로기까지의 신정 통치라는 거룩한 역사를 기술하고 있으며, 후기 선지서는 타락해 가는 하나님의 신정 왕국을 향한 경고와 심판 그리고 회복에 관한 소망의 메시지들을 담고 있다.

먼저 본서에서는 '선지자'와 '예언자', 그리고 '선지서'와 '예언서'를 같은 의미로 사용하고 있음을 먼저 밝힌다. 일반적으로 '선지서'란 이스라엘의 구약시대에 하나님의 영감을 받아 이스라엘과 타 민족에게 하나님의 메시지를 선포한 몇 몇 선지자들이 기록한 '예언의 책들'을 말한다. 그렇다면 구약 선지서에 어떤 책들이 포함되는지에 대하여 기독교와 유대교에서의 구분이 약간 차이가 있다. 예를 들면 개신교에서 역사서로 분류되는 여호수아, 사사기, 사무엘 상하, 열왕기 상하 등 6권이 유대교 경전(타나크)에서는 4권으로 묶여(상·하를 하나로) 전선지서(나비-임 리-소님)로 분류된다. 그리고 개신교의 소선지서로 분류되는 12권의 책들이 유대교 경전에서는 후선지서(나비-임 아하로-님) 4권 중 마지막 한 권에 다 포함 시켜 분류하는 차이점이 있다. 또한 개신교에서 선지서로 분류하는 '다니엘'서를 유대교에서는 선지서가 아니라, '성문서'로 분류하는 것도 선지서 분류의 차이점이라 하겠다.

불행하게도, 예언서들의 수집과 정리에 작용했던 역사적 요인들은 아직 확정되지 않고 있다. 그래서 정경에로의 발전에 대한 내적 증거로부터 끌어낸 함축적 이론들만이 설왕설래 중이다. 예를 들면 12개의 다른 선지자들의 각각 다른 메시지가 어떻게 하나의 책으로(유대교의 기준에 따를 때) 선지서 목록의 마지막에 위치하게 되었는지 아무도 확인할 수 없다는 것이다. 예를 들면 연대기 순이라든지, 그 길이를 배려해서 라든지 하는 근거들이 있을 수 있는데, 지금으로서는 그 어떤 것도 공식적으로 확인된 것이 없다. 후기 예언서의 순서는 유대교의 목록들 간에도 서로 상당한 차이가 있다. 탈무드의 순서로 보면 '예레미야 – 에스겔 – 이사야 – 12소선지서' 순으로 되어 있고, 프랑스어와 독일어 사본들의 순서에는 '예레미야 – 이사야 – 에스겔 – 12소선지서'의 순서이며 히브리어 본문인 맛소라 본문과 스페인어 사본에는 '이사야 – 예레미야 – 에스겔 – 12소선지서' 순으로 되어 있다. 이 순서에 대하여 구약의 랍비들이 주로 쓰는 탈무드의 순서는 아마도 역사적이라기보다는 성격상 '설교적'인 목적 때문에 그렇게 배열되었다고 보여 진다.

헬라어 구약 성경(셉투아진트, 70인역,)의 순서 또한 히브리어 성경의 순서와 많은 차이를 보이고 있는데, 12소선지서가 다른 배열로 나온다. 대선지서의 배열에 있어서는 전통적으로 이사야 - 예레미야 - 에스겔의 순서를 따르고 있는데 다니엘서가 70인역에서는 에스겔의 앞에 나오기도 하고, 예레미야 애가가 아예 예레미야 본문에 이어서 나오기도 한다. 예언서 배열에 대한 헬라어 번역본과 히브리어 본문 사이에 있는 이런 많은 차이점에 대하여 학자들마다 여러 가지 이견을 제시하곤 하지만 분명한 것은 예언서가 토라의 5분법 구조를 따르지 않는 별개의 것, 독자적인 하나님의 메시지라는 점과 헬라어 번역(LXX)이 히브리어 성경의 3구분법(토라, 나비임, 커투빔)을 따르지 않고 있다는 것뿐이다. 내용상 별 다른 상이점이 발견되지 않기 때문이다.

위에서 언급한 그런 분류상의 차이점 외에, 유대교에서는 '선지서'를 '토라(율법)'에 대한 해설서로 이해를 하고, 개신교에서는 전통적으로 예수그리스도의 오심과 하나님 나라 및 종말의 도래에 대한 예견으로 읽혀 왔다. 특별히 선지자들 중에는 '엘리야'나 '나단'처럼 자신의 예언을 기록으로 남기지 않은 선지자들도 많이 있고, '이사야' 나 '아모스'처럼 자신의 메시지를 기록으로 남긴 선지자들이 있다. 여기서 우리의 관심은 소위 '문서 선지자'(Writing Prophets)라고 불리 우는 선지자들을 대상으로 우리의 연구를 진행해 갈 것이다. 그 중에서도 개신교 분류를 따라 대선지서 소선지서 순으로 공부해 갈 것이다. 그런 **선지서 각 권에 대한 연구 이전에 이스라엘의 선지직 이해에 대한 부록 6장의 내용을 먼저 일독하기를 권한다.**

제1장
이사야

1. 이사야의 서론과 구조

1) 이사야 서론

개신교 성경 선지서의 첫 번째 책이며, 유대교 성경의 후선지서의 첫 번째 책인 이사야서는 구약의 시편과 더불어 신약에서 가장 많이 인용되고 있는 성경일 것이다. 이 책은 또한 그 장엄한 문체와 총체적인 예언의 질과 양에 있어서 구약의 어떤 책과도 비교할 수 없는 특별한 선지 문학의 최고봉에 있는 예언서이다. 본서의 제목은 선지자의 이름을 따서 명명되었으며 히브리어로 '예사야후'인데 뜻은 '여호와는 구원이시다'라는 뜻이다. LXX에서는 책명이 "헤사이아스"로 나오고 라틴 벌게이트에서는 "Esaia" 또는 "Isaias"로 표기되고 있다. 선지자는 아모스의 아들로 소개되고 있는데, 이는 소선지서의 선지자 아모스와는 다른(원어상) 이름이다. 히브리 전승[1]에 의하면 그는 아주 고귀하고 영향력 있는 가문 출신이며, 웃시야 왕의 시대부터 왕궁 사람들과 친분이 두터웠다고 전해진다. 그래서 그는 당시의 국제 관계에 정통할 수 있었으며, 그의 생애의 대부분을 예루살렘에서 대부분 거주했고, 많은 국내외의 사건들을 직시할 위치에 있을 수

---

1   Talmud, *Baba Bathra* 15a에 의하면 본서는 히스기야의 신하들이 기록했다라고 되어 있는데, 학자들은 이 표현을 아마도 그들이 이사야의 원래의 예언문을 다듬어 최종 편집한 것에 대한 묘사에 대한 표현이라고 여겨진다. 참고 Young, E. J., op. cit., p.236과 Harrison R. K., op. cit. II, p.326을 참고하라.

있었다고 여겨진다. 그가 예언했던 시기는 유다 왕의 4대에 걸친 시대라고 본문이 증거하고 있는데 그 시기는 대략 남방 유다 왕 웃시야(767~740) - 요담(740~731) - 아하스(731~ 716) - 히스기야(716~687)의 시대였다. 그러니까 주전 8세기 중반에서 7세기 초반에 걸쳐 사역하였다고 여겨진다. 주전 8세기의 중반인 그의 시대는 북방의 앗수르 제국이 발흥하여 전성기를 구가하던 시대였고, 동시에 유다와 이스라엘 또한 이스라엘 역사상 유래 없던 경제적 번영과 정치적 안정을 추구하던 시대였다. 그러나 그런 안정은 북방의 앗수르가 점차 강성해지면서 위축되기 시작했고 이사야는 그런 위협을 구체적으로 느끼고 있었다고 여겨진다.

이런 시대에 남북 이스라엘은 각자 나름대로의 인간적이고 정치적 생존 전략을 구사했는데, 이에 맞서 선지자는 이스라엘의 구원은 오직 거룩하신 하나님에게서 나옴을 강조했다. 본서의 주제가 바로 '하나님의 거룩하심'인데,[2] 거룩하신 하나님은 자기 백성의 거룩치 못함을 용납지 않으시는 분이시라는 것이다. 그런 자기 백성을 벌하셔서 마침내 그들로 하여금 하나님의 구원계획에 참여토록 하시는 하나님이심을 본서는 강조하고 있다.

본서는 신약에의 인용 빈도뿐 아니라, 다루고 있는 시대적 배경이 다양하며, 문학적으로도 장엄하고, 신학적으로는 더욱 심오한 교리를 내포하고 있다. 일반 기독교인들에게는 성탄절(사7, 9장의 임마누엘과 평강의 왕 아기에 대한 언급)과 고난주간(사 53장의 고난 받는 여호와의 종에 관한 언급)에 적절한 성구가 있어 친숙할 뿐 아니라, 사명과 성결의 본문인 이사야 6장과 낙심되고 어려울 때 성도들이 즐겨 찾아 위로 받는 이사야 40~42장의 위대한 소망의 본문이 있고, 또 앗시리아의 대군을 기도로 물리친 기사로 인하여 이사야서는 세대를 넘어 모든 교회와 성도들에게 사랑받고 있는 성경임이 분명하다. 이런 이사야서는 구약의 선지서들 중에서 으뜸의 위치를 차지한다고 해도 과언이 아니다. 주지하다시피 구약의 선지서 중에 가장 먼저 위치하고 있으며, 가장 긴 예언을 가지고 있는 것으로 보아 그렇다. 그래서 이사야서를 살펴보는 것은 단순히 선지자 이사야 개인이나 그 시대만을 살펴보는 것을 의미 하지 않고 더 크고 넓은 의미가 있다.

본서는 주전 8세기 중반과 후반 그리고 7세기 초반에 살았던 이사야 선지자가 하나님께 받아 선포한 예언의 말씀이다. 이런 구약의 선지서에 관한 연구를 시작할 때 우리

---

2   Gammie J. G., *Holiness in Israel. Overtures to Biblical Theology*(Minneapolis, Fortress, 1989), pp.71~101.

는 현대 구약학계가 겪고 있는 현실을 이해하는 것이 필요하다. 다른 영역도 마찬가지겠지만, 대부분의 현대의 구약학자들은 지난 시대의 연구 업적의 바탕 위에서 작업을 하게 되는데, 지난 2~3세기 동안 구약학계를 지배해 온 학설들이 너무 비평적이며 급진적인 자유주의적 경향을 강하게 띄고 있어서, 그런 학문적 전통 위에서 구약을 연구하는 것은 어떻게 보면 우리의 신앙에 위배되거나 많은 손해를 끼칠 수 있는 일이라 염려되는 바가 적지 않다. J. 벨하우젠의 종교사학파에 그 출발점을 두고 있는 근대의 구약 비평학계는 비록 영향력이 약간 줄어들고 있다고는 해도, 현실적으로 구약학계의 주류를 형성하고 있다. 벨하우젠은 헤겔의 변증법적 발전과 다윈의 진화론을 기독교 연구 특별히 이스라엘의 종교 발전에 접목시켜 이해한 최초의 학자이다. 벨하우젠과 그의 추종자들이 그들 당대의 반 기독교적 정서와 계몽주의 이후에 발전된 합리주의적 지적 풍토 속에서 그들을 이해시켜 보려고 그들이 이해할 수 있는 언어와 논리로 기독교를 설명하려고 시도했던 그들의 학자적 양심까지 매도해선 안 되겠지만, 하여간 그러한 종교사학파의 영향으로 기독교는 인간이 고안해 낸 하나의 고등 종교가 되었고, 하나님 또한 인간이 창작해 내고 진화시킨 인격적 유일신 개념의 총체라고 이해하게 되었다. 이는 기독교 신앙의 신적 출발점을 부인하고, 기독교를 하나의 종교 즉, 고대 원시인들이 품었던 종교사상이 진화하여 만들어진 종교의식 중 하나라고 보게 된 것이다.

간단히 설명하자면, 고대 원시인들은 천둥이 치고 벼락이 떨어지며 난리가 나는 자연 재해 앞에서 막연히 하늘을 두려워하는 경외심을 갖게 되었고, 그런 원시 자연 숭배 사상이 차차로 발전되면서 물활숭배 → 토테미즘 → 다신론 → 일신론 → 인격적 유일신론으로 발전해 왔다는 것이다. 이러한 기독교 이해는 당시의 이성 중심의 문화 속에서 환영을 받았으며 학계의 주류 방법론 중의 하나가 되었다. 오경의 문서설 역시 이런 철학적 사조를 배경으로 하고 있음은 주지의 사실이다. 그 와중에 초월적 하나님과 그 하나님의 신적 역사 개입을 믿는 순수한 정통 신앙과 신학은 점차 입지가 좁아지게 된 것이 오늘날 구약학계의 일반적인 현상이다. 벨하우젠의 뒤를 이어 버나드 두움, 헤르만 궁켈과 지그문트 모빙켈, 게할더스 보스 등이 보다 문학적이며, 입체적이고 역사적인 연구 방법론들을 개발하며 뒤를 이었지만, 기본적 관점에 있어 벨하우젠을 넘어가지는 못한다고 보인다. 이후에 에벨링이나 차일즈 그리고 에드워드 영 같은 보수적 학자들이 반론을 제기하고 정통신앙을 지켜가려고 일어나고 있지만 대세를 바꾸지는 못하고 있다 하겠다.

여기서 우리가 다루게 될 '이사야의 저자 문제' 다른 표현으로는 '제2이사야 문제'는 오경의 문서설, 시편의 양식비평 및 제의 기원설 등과 더불어 현대 구약 비평학계의 3대 전쟁터에 해당한다. 진보적이며 자유주의적 입장을 가진 학자들은 학자적 관심이라는 미명하에 파괴적인 성경 비평을 진행했는데, 그 결과를 그들이 미리 예측하고 하였든 그렇지 못했든, 그들이 진행한 성경에 대한 고등비평은 독자들로 하여금 구약의 진정성과 영감성을 의심하게 하였고, 결과적으로는 오실 메시아를 구별하는 기준이 되는 그 기준 자체를 흔듦으로서 기독교 신앙의 기본을 흔들어 버리는 결과를 초래한 것이다. 그러므로 신실한 성경 연구자들은 이런 관점을 자세히 그리고 사려 깊게 분석할 것을 요청 받는다. 또한 본서에서는 이사야서의 저자 문제와 관련된 제2, 제3이사야 설의 배경과 문제점 등을 포괄적 관점에서 함께 논의할 것이며, 역사적 정통 기독교회가 고수해 온 입장에서 이 문제를 접근할 것임을 밝혀둔다.

이런 상황에서 다소 다행스런 점은 발달되고 있는 현대 과학이 성경 고고학의 발전을 이끌었고 그 결과로 과거 비평주의자들에 의해 비역사적인 신화나 꾸며낸 가설로 치부되었던 많은 구약의 기록들이 점차 역사적 사실로 확인되고 있다는 점과 또 발전되고 있는 고대 언어학의 성취로 인하여 많은 언어학적 가정들이 구체적인 증거로 확인되고 있다는 사실이다. P. R. 하우스가 지적한 대로 그런 성취들에 힘입어 20세기의 구약학계는 새로운 전환점을 맞이하고 있다고 여겨진다.[3] 오경의 문서설이나 이사야의 저작권을 둘러싼 논의가 시작된 지 200년이 지난 오늘의 시점은 이러한 새로운 변화가 서로 다른 입장의 학자들 사이에 신학적 대화의 기회를 마련해 주게 된 것이다. 물론 사회 정치적 변화가 더 이상의 대립이나, 상호 불신의 분위기를 용납하지 않고 있기는 하지만, 여하튼 이런 분위기는 고무적인 것이며 장려되어야 할 것이다. 성경에 대한 비평적 입장을 견지하는 학자들과 보수적 입장을 견지하는 학자들 모두 이사야서를 일단은 히브리 정경으로 받아들이는 데 동의하고 있다[4]는 사실 자체가 큰 진보인 것이다. 그래서 어떤 학자는 이사야의 문학적 통일성을 연구하고 또 어떤 학자들은 본서의 신학적 통일성에 더 관심을 갖고 연구를 진척시키고 있다.

---

3   House P. R. op. cit., p.487.

4   예를 들면 Childs B. S., op. cit., pp.311~18에서 그리고 Motyer J. A., *The Prophecy of Isaiah: An Introduction and Commentary*(Downers GroveIII, IVP, 1993), pp. 9~34, Clements R. E., "The Unity of the Book of Isaiah," *Interpretation36/2*(April, 1982), pp.17~129등에서 이들은 서로 다른 저작 연대에 대한 이해를 하고 있음에도 불구하고 이 책이 가지는 정경성에는 동의하고 각자의 연구를 진척시키고 있다.

2) 이사야의 구조

- **1~12장** ▶ 이사야의 소명과 전체의 서론적 설명
- **13~23장** ▶ 이방 나라들을 향한 신탁
- **24~27장** ▶ 하나님의 도성의 위기
- **28~33장** ▶ 히스기야 시대의 유다와 예루살렘/신적보호의 확실성
- **34~35장** ▶ 파멸과 구원
- **36~39장** ▶ 예루살렘의 포위됨(주전 701년)
- **40~55장** ▶ 제2의 출애굽과 예루살렘의 재건(회복)
- **56~66장** ▶ 지상의 예루살렘과 새 예루살렘

2. 이사야의 신학적 논점들

1) 소위 제2이사야 가설에 대하여

(1) 가설의 배경

본서 이사야서에 대한 비평적 자유주의 학자들의 주장중 가장 핵심적인 소위 '제2이사야 가설'에 대하여 살펴보도록 하자. 이미 언급되었지만, 본서의 다수 저자설에 관한 문제는 오경의 문서설과 시편의 양식 비평 및 제의 기원설과 더불어 현대 비평학계가 일반적으로 동의하는 가장 일반적인 가설 중의 하나이다.[5] 소위 '제2, 제3이사야 가설이란 무엇인가?'를 간단하게 정의하자면, 이사야서의 통일성을 부정하고 이사야서의 다수 저자설을 주장하는 것이다. 이사야서의 전반부(1~39장)와 후반부(40~66장)의 저자가 다르다는 것이다. 전반부는 아모스의 아들 이사야가 쓴 것이 분명하지만, 후반부는 후대에 어떤 익명의 저자 혹은 저자들이 썼는데 그것을 이사야의 이름으로 첨가했다는 주장이 그것이다. 다수 저자설은 이 예언서의 내용적 통일성에 대한 인식의 결핍으로 인해 생긴 것으로 보인다. 하지만 이 책의 세 개의 주요 부분이 상당히 다른 내용으로 되어 있음을 굳이 부인할 필요는 없다. 초보적인 훈련과 인식만 가지고서도 본서의 40장 전후의 색조가 다름을 쉽게 분별해 낼 수 있다. 또 조금만 더 주의를 기울인다면 56

---

5   Childs B. S., op. cit., pp.316~18.

장부터 전개되는 내용의 다른 분위기까지 파악할 수 있다고 여겨진다. 그런 차이점들은 단순히 언어와 문체의 차이뿐 아니라 신학적 관점의 차이들까지도 포함하는 것이다. 이런 차이점들로 인해 이 책의 다른 저자들이 있을 수 있다는 암시를 주장한 처음의 독일 신학자들은 J. C. 되더라인(1775)과 J. G. 아이흐혼(1780)이었으며, 그들의 주장은 데이비슨(A. Davidson)과 스미스(G. Smith) 등에 의해 영어권에 소개되었고, 갈수록 유럽과 미국에서 호응을 얻어갔다.6 이러한 경향을 반영하듯 1900년 이후에 출판된 이사야 주석의 대부분은 거의가 본서의 후반부인 제40장부터 66장까지를 별개의 책으로 주석하고 출판하는 것이 유행처럼 번져갔다. 19세기 말경에 이르러는 이사야서의 일인 저작설에 반대하는 역사 비평적 논거들의 설득력이 대부분의 구약 신학자들을 납득시킨 것으로 여겨졌다. 델리취가 그의 주석 제4판에서 전통적 입장에서 물러난 것이나, 베를린 대학의 행스텐버그의 자리에 진보주의자인 딜만이 취임한 것이 그런 경향을 대변하고 있다. 그러나 보수진영의 반대도 지속되었는데, E. J. 영과 O. T. 앨리스 등에 의해 본서에 대한 전통적 견해들이 학문적으로 변론되기는 하였지만, 한 세기 전의 행스텐버그의 수준에서 전진하지 못했다고 평가되고 있다.

본서의 단일 저자설을 부정하려는 여러 가지 시도 중 흥미 있는 것은 Y. T. 라데이가 컴퓨터를 통해 시도한 이사야서의 언어학적 통계 분석인데, 그는 이 연구를 통해 언어학적 다양성을 인하여 이 책의 단일 저자설을 믿을 수 없다고 결론을 내렸다.7 그런데 이상한 점은 그의 연구 가운데는 40~48장도 소위 말하는 제2이사야의 작품으로 보기 어렵다고 했으며, 23~35장도 제1이사야의 다른 부분들과 다르게 나타나므로, 그 부분도 제1이사야의 글이 아니라고 단정한 것이다. 이러한 결론 때문에 그의 연구는 진보와 보수 양 진영에서 모두 신뢰할만한 연구가 아니라고 거부되었다.8 문제는 우리가 어떤 사람의 언어적 용례를 제한적으로 그 단락이나 문장의 사용까지 엄격히 구별해서 선별할 수 있느냐 하는 문제이며,9 또 이사야서의 현재 형태가 셋 이상의 많은 저자의

---

6 참고, 이들의 처음 연구 동기와 영향력에 대하여 Archer Jr. G. L. op. cit., pp.485~486; Harrison R. K., op. cit., II, pp.328~329를 참고하라.

7 Raddy Y. T., *The Unity of Isaiah in the light of Statistical Linguistics*(Hildesheim, Gerstenberg, 1973), pp.274~77.

8 Portnoy S. & Petersen D., "Biblical Texts and Statistical Analysis: Zechariah and Beyond," *JBL103* (1984), pp.11~21.

9 참고, 컴퓨터로 본서의 언어학적 문제를 풀려는 시도들은 입력하는 전제에 따라 다양한 결론을 도출하고 있다. 다음의 두 연구는 그런 결과를 반증한다. Adams L. L & Rincher A. C., "The Popular Critical view of the Isaiah Problem in the light of Statistical style Analysis," *Computer Studies4*(1973),

작품이라면 그것이 어떻게 하나의 책으로 엮여져 한 제돈 하에 전해지게 되었는지를 설명하는 것은 더 어려운 문제가 되는 것이다.

하지만 진보진영의 학자들도 나름대로 그 통일성의 문제를 자기들의 전제를 따라 풀기위해 소위 '이사야 학파론'을 제기했다. 이 가설은 이사야가 자기 제자 그룹의 선지 자들을 양성하였고, 그들은 자기의 선생님인 이사야의 어법과 문체 그리고 사상까지도 전수받아 포로기까지 그리고 그 후기까지 이사야의 영향을 이어갔다는 설이다.[10] 그래 서 이사야서가 다루고 있는 약 400년간의 메시지의 세월 간격(?)을 설명하려고 하였 다. 실제로 이사야 학파가 존재했었는지는 확인할 길이 없지만 많은 학자들은 그것이 실존했었다거나, 그 가능성조차 부인되고 있는 실정이다.[11] 이러한 불확실성과 고고학 의 발전 및 언어학적 성취가 최근의 구약학계에 제2이사야설의 기반을 점점 좁게 하고 있는 실정이다. 또한 그런 가설을 주장하는 학자들 사이에서의 불일치 또한 심각하게 이 가설의 허구성을 강화하고 신뢰성을 부정하게 하는 요인이 되고 있다. 중요한 점은 이사야서가 39장까지의 전반부와 40장 이후의 후반부 사이에 내용상, 문체상 심각한 불일치를 보이고 있다는 사실이며, 이에 대한 연구가 시작된 이후 학자들 사이에서 제 기된 이견들 또한 전혀 일치를 이루지 못하고 있다는 기현상이 그것이다.

이제 이러한 전반적인 문제점들을 살펴보았는데, 그러면 그에 대한 해결책은 무엇 이며, 도대체 비평학자들은 무엇을 문제를 삼았는지를 살펴보도록 하겠다.

(2) 소위 제2이사야 가설의 내용

비평학자들은 아래의 몇 가지 주장들을 설명하기 위해 이사야서가 최소한 2명이상 의 저자들에 의해 각각 다른 시기에 쓰여 졌다고 주장하면서, 이사야 1서와 제2이사야 서로 나눠진다고 주장하였다. 1장부터 39장까지는 이사야 선지가 포로 전인 8세기에 직접 썼고, 후반부의 40장부터 66장까지는 포로기의 어떤 익명의 저자가 기록한 것이 라는 주장이다. 이들의 주장의 논점은 아래와 같다.

---

pp.149~157. 이 연구 결과는 이사서의 통일성을 지지한다; kasher A., *The Book of Isaiah: Characterization of Authors by Morophological Data Processing, Revue de:'organizationales pour l'etude des Langues anci par Ordinateur3*(1972), pp.1~52(이 연구 결과는 다수 저자설을 지지하고 있 다).

10 참고, Dillard R. B. & LongmanIII. T., op. cit., p.408의 설명을 참고하라.

11 Ackroyd P., *Isaiah1~12: Presentation of a Prophet, VTsup.29*(1978), p.29 참고, Clements R. E., *The Prophecies of Isaiah and the Fall of Jerusalem, VT30*(1980), pp.34~35.

첫째, 두 부분의 역사적 배경이 상이하다는 것이다.[12] 전반부는 예루살렘이 함락되고 포로될 것을 예언한 반면에, 후반부는 포로들이 옮겨진 상황을 반영하는 포로기시대의 것이라는 점이다. 40장 이하의 역사적 배경을 살펴보면, 그것은 예루살렘이 함락되었고 포로들이 바벨론으로 옮겨진 정황을 묘사하고 있기 때문에 이 부분은 선지자 이사야가 살았던 시대의 것이라 보기 어렵고, 바벨론 포로기에 어떤 익명의 저자가 기록한 것이라는 주장이다. 글의 정황적 배경의 차이가 너무 많다는 것이며, 또한 전반부와 후반부의 신학적 이해나 관점도 현저히 다르게 나타난다고 주장한다. 제1이사야는 하나님의 존엄하심을 말하는 반면에 제2이사야는 그의 독특하심과 영원하심을 말하고 있고, 전반부에서는 여호와가 다른 어떤 신보다 높다고 말하는 반면에 후반부에서의 하나님은 유일하신 분으로 묘사되고 있다는 점이다. 그리고 전반부에서는 남아있던 자들이 예루살렘 멸망 이후 신앙적으로 남겨진 자들이라는 사상이 담겨져 있으나, 후반부에서는 포로로 잡혀 갔다가 돌아온 사람들이 '신실한 자들'이라고 묘사하고 있다는 것이다.

둘째, 두 부분의 문학적 상이점이 너무 많다는 것이다. 예를 들면 문체, 용어, 개념이 다르다는 것이다. 본서의 전반부와 후반부 사이에는 문맥과 언어 사용 그리고 분위기가 현저한 차이점을 보이고 있다. 이는 서로 다른 이미지와 어법을 구사하는 다른 저자들의 작품을 후대에 하나로 편집한 것임을 반영한다는 주장이다. 아모스의 아들 이사야는 간결한 문체로 묵직한 사상과 음률을 표현하는 것으로 특징 지워지고 있는데, 40장 이하에서는 매우 열정적인 분위기로 문장이 이어지고 있으며, 저자의 독특한 상상력에 바탕을 두고 독자들을 감정적으로 고양시키는 문체가 전반부와 현저히 다르다는 것이다.

셋째는 히브리 예언자들의 주된 사명은 하나님의 명령에 비추어 당대의 문제들에 관해 그의 시대의 백성들에게 미래를 향하여 예언하는 것이 주된 사명이라는 관점 때문에, 40장 이후에서 다루어진 예언은 이사야의 당대인 8세기의 문제가 아니라, 150년 후의 유배된 백성들의 필요를 말하고 있기 때문이라는 점을 들어 두 부분이 서로 다른 저자에 의해 지어졌다는 주장을 하고 있다.[13]

그들의 논점에서 보자면 바벨론으로 잡혀가는 것이 예언은 아니었지만 충분히 예측

---

12   Driver S. R., *Isaiah, His Life and Times*(Frances Griffen, 1905), p.237.

13   Cf. Childs, B. S., op. cit., p.301.

되었던 것 같으며, 이것을 읽게 될 사람은 바벨론에서 포로생활을 하며 고통을 당하고 있었으므로 고향으로 돌아갈 것을 고대하고 있었다는 것이다. 자유주의 학자들은 이 사야가 두 세기 뒤의 미래적 관점에서 이 글을 썼다는 것은 불가능하다는 견해를 가지고 있는데 이는 예언의 초자연성을 불신하는 기초에서 가능한 주장이다.

이러한 이론을 처음으로 개발한 사람들 중에는 B. 둠이 있는데 그는 이사야 자신의 '순수한 신탁의 말씀'과 후에 첨가된 '참된 것이 아닌' 단층들을 분리해 내려는 열정을 가지고 자신의 연구를 시작했다고 했다. 이러한 연구는 주로 두 개의 편집이론으로 대별되었는데, 하나는 둠의 이론을 따라 원래는 독립되어 있던 것이 마침내 하나의 책으로 수집되었다고 보는 것이며, 또 다른 이론은 원래 어떤 조그만 책이 있었는데 후일에 가면서 많은 단편 자료들이 첨가되고 보충되어 오늘에 이르렀다는 이론이다. 그들이 예언의 원래 부분과 후일에 첨가된 부분을 평가하는 재구성의 근거들은 아래와 같은 몇 가지 문학적 특징들에 근거한다.

그들이 주목한 첫 번째 문학적 특징은 반복되는 동일한 후렴귀인데, 이는 선지자에게 임했던 본래의 순수한 말씀(신탁)의 단위들을 구분해주는 것을 암시하는 편집자의 첨가 부분이라는 것이다. 예를 들면 다음과 같다.

- 그럴찌라도 그의 노가 돌아서지 아니하였고 그의 손이 여전히 펼쳐져 있느니라(5:25하)
- 그럴찌라도 여호와의 진노가 돌아서지 아니하며 그의 손이 여전히 펴져 있으리라(9:21)

또 같은 어구가 표제 형식으로 반복적으로 나타나는 것,

- 아모스의 아들 이사야가 유다와 예루살렘에 관하여 본 계시라(1:1)
- 아모스의 아들 이사야가 받은바 유다와 예루살렘에 관한 말씀이라(2:1)

또 신탁들이 중복되는 것,

- 말일에 여호와의 전의 산이 모든 산꼭대기에 굳게 설 것이요 작은 산위에 뛰어나리니 만방이 그리로 모여들 것이라(2:2)
- 끝 날에 이르러는 여호와의 전의 산이 산들의 꼭대기에 굳게 서며 작은 산들 위에 뛰어나고 민족들이 그리로 몰려갈 것이라(미가4:1)

또 시에서 산문으로 그 분위기가 급격히 바뀌는 것,

- 여호와께서 또 말씀하시되 시온의 딸들이 교만하여

늘인 목, 정을 통하는 눈으로 아기작거려 걸으며

발로는 쟁쟁한 소리를 낸다 하시도다(3:16)

이러한 방식으로 본문을 고찰한 결과 G. 모빙컬은 본서에는 3개의 다른 시대의 예언 수집물이 공존하는 것으로 결론지었다. 그가 주장한 내용을 보면 이사야 선지자의 시대에 있었던 이스라엘과 아람과의 전쟁 시기에 선지자 자신이 쓴 것을 주전 701년 이후에 한 번 교정이 이루어졌고, 그리고 주전 640년경에 한 번 더 보완 교정이 되었다는 것이다. 그에 반하여 스코트는 이 책의 편집과정이 일곱 단계로 구성되었다고 주장했다. 이러한 비평학자들의 내용을 정리해 본다면 그들 간에 심각한 불일치가 있음을 간파 할 수 있는데, 다양한 불일치에도 불구하고 그들의 주장의 결론은 본서가 이사야에게 임한 하나님의 말씀 자체가 아니라, '조금의 원래 말씀'에 여러 편집자의 평이 첨가되고, 거기에 또 다른 '말씀'이 첨가되고 하여서 오늘의 형태에 이르렀다는 것이 된다. 그러니 그들에게 성경은 애초부터 하나님의 말씀 자체가 아니라 인간이 편집하여 만들어 전승시켜 내려온 어떤 종교적 문헌 이상도 그 이하도 아닌 것이 된다. 다시 정리해 보면, 이사야서의 핵심을 이루는 골조 부분이 있고, 세월이 감에 따라 여러 개의 자료들이 첨삭되어 보완되어 왔다는 결론이다. 이러한 이론은 이 책이 예언하고 있는 포로 전의 상황과 포로 후의 상황 모두에 맞도록 설명되고 있는 것 같지만, 사실은 전부 '가설'에 불과한 것이다. 왜냐하면, 비평학자들의 가설을 증빙할 만한 증거 자료를 이 책 이사야서는 제공하지 못하고 있기 때문이다. 앞에서 잠시 언급한 것처럼, 문헌에 의존하는 비평 작업이 이런 자료적 한계에 부딪히자 그들은 소위 스칸디나비아학파의 모빙컬, 엥그넬, 버클랜드 등이 주도한 소위 '이사야 학파론'으로 나아갔고, 나중에는 폰 라드가 그의 자제들과 함께 설명해 낸 '시온 전승과 다윗 전승'을 구별하는 방식의 '양식비평'으로 나아가게 된다. 그들은 처음에 그 단편 예언들은 구전으로 전승되며 예언적 기능을 하였는데 나중에 일부는 시온 전승을 따라, 또 일부는 다윗 전승을 따라 문서화되고 정경화 되었다는 것이다.[14]

모두가 인정하듯이 이사야서는 긴 시대를 망라하고 있는 것도 사실이며, 전반부와 후반부 사이에 괄목할만한 사상과 문체, 배경과 분위기의 차이가 있는 것도 부인할 수 없는 사실이다. "이 책 이사야는 여러 사람들의 편집물이거나 이스라엘의 전래 동화 수

---

14   Childs, B. S., Ibid.,

집물이 아니라 그 전체에 있어서 선지자 이사야를 통해 말씀하신 하나님의 예언이며 말씀"인 것이다. 이것을 증명하는 많은 논거들이 있지만, 외적인 논거들을 사용하기 전에 먼저 본서 자체 안에 있는 유사 사상이 전후반부에 골그루 나타나고 분포되어 있음을 살펴보는 것도 유용한 방법 중의 하나일 것이다. 예를 들면 1~5장, 60~66장, 그리고 7~12장과 36~39장 사이에 그런 유사성이 드러난다.

(3) 가설에 대한 개혁주의 입장에서의 반론

첫 번째로 의지해야하는 논거는 '구약 예언의 초자연성'이다.

많은 보수주의 학자들도 이사야서의 내용에 긴 시대적 차이가 있음을 인정한다. 왜냐하면 이사야는 비교적 오랜 기간 동안 사역을 감당했기 때문이었다. 40~66장 부분의 시점은 현재적이라기보다는 미래의 시간으로 규정하기도 한다. 다른 많은 반론들에 앞서 본서에 대한 이사야의 저작성과 통일성을 지지하는 보수적 학계의 주된 논지는 본서가 하나님의 영감을 받았고, 하나님이 선지자에게 미래에 대한 예지력과 통찰력을 주서서 기록했다는 사실과 그렇게 기록된 본문은 진정성을 갖고 있다는 확신에 기반을 두고 있다. 이에 대하여 R. B. 딜러드와 T. 롱맨 3세는 "우선 우리가 하나님의 주권성과 예언자에게 대한 영감을 인정한다면 우리는 하나님께서 이사야에게 이런 방식으로 계시하셨을 리가 없다는 주장을 해서는 안 된다"고 하면서 "역사비평학적 방법론이 내세우는 이런 순진한 확신은 하나님께서 이사야에게 그런 방식으로 계시하셨다고 믿는 것만큼이나 하나의 신학적 주장에 불과하다"라고 평가하고 있다.[15] 그들은 이사야에게 포로로 끌려가는 사건은 예언자의 관찰에 따르면 곧 이르게 되어 있었다. 따라서 이사야는 이미 앞에서 파국이 임박했음을 예언했던 만큼, 그가 예언서의 뒷부분에서 포로 사건을 다시 언급할 필요가 없었다는 것이다. 그리고 고레스라는 150년 이후에 나타날 이방 왕의 이름이 언급된 것을 가지고 비평학자들이 이사야서를 이사야가 기록했을 가능성이 매우 적다고 했는데, 이사야 외에 다른 구약성경의 여러 곳에서도 역시 상당히 나중 시대의 일을 예언적으로 말하고 실현된 것이 많다는 사실이, 그러한 주장을 일축한다. 예를 들면, 열왕기 상 13:2절에 예언된 내용에 의하면 요시야 왕이 태어나기 3세기 전에 그의 탄생과 이름을 적시했다는 것이고, 미가 2:6절에 의하면 베들레헴이 메시아의 탄생지로 선포되었으며, 에스겔 26:2절과 스가랴 9:1절에도 '두로'

---

15   Dillard R. B., & LongmanⅢ. T., op. cit., p.411.

가 '바벨론'에게 정복당한 사실이 게재되어 있다. 이 예언들 중에서 첫 번째인 요시야 왕에 대한 예언은 비평학자들에게 충격을 주고 있는데 왜냐하면 그 본문이 훼손되었을 가능성이 거의 없는 부분이기 때문이다. 남북 분열 왕조의 첫 왕인 북 이스라엘의 여로보암이 벧엘과 단에 우상숭배처를 만들자 어떤 하나님의 사람이 이르러 그의 우상숭배에 대하여 예언을 하는 중에 3세기 후에 올 왕의 이름을 직접 거명하며 예언하고 있기 때문이다. 그럼에도 불구하고 보수주의 학계는 이사야의 예언이 다른 선지자들의 그것과는 사뭇 다른 방식으로 선포됨으로서 사려 깊은 학자들이 보기에 전후반부의 분위기가 확연이 다르게 느껴지는 점은 있다고 인정한다.[16] 그러나 구약 선지자들의 예언의 초자연성을 애써 무시하고 회피하려는 비평학자들의 발상은 근본적으로 학문적인 객관성의 문제가 아니라 개인적이며 신앙적인 전제에서 기인하는 것이라 하겠다.

두 번째로는, 문체와 표현의 차이점에 관하여 처음 고등비평의 공격은 대단히 예리한 것으로 보였고, 그 앞에서 정통주의자들의 입장은 막연하기만 하였다. 하지만 고대 근동의 고고학과 언어들에 대한 폭넓은 지식을 갖게 되면서 언어와 문체에 대한 문제는 점차 덜 중요한 문제가 되어갔다. 문체적인 관심에 매달리는 것은 결국 그라프-벨하우젠의 비평 방법론에 집착하는 결과라고 볼 수밖에 없다. 그들은 성경 저자의 자료라고 여겨지는 것을 찾아서 일치점을 찾지 못하거나, 각 부분의 단어와 문학적 양식이 동일하지 않으면 딴 저자의 자료라고 주장하였다. 분명한 것은 초기의 연구자들에게 있어서 그가 볼 수 있는 모든 자료를 조심스럽게 본 뒤 전체 혹은 일부의 자료의 진정성을 부정한다는 것은 거의 불가능한 작업이었는데도, 그 조그만 성취로 새로운 학설을 의기양양하게 주장했던 것은 참으로 사려 깊지 못한 현학적 행위였다. 앞서 살펴본 바와 같이 컴퓨터를 통한 통계학적 언어분석도 동일한 결론에 이르지 못하고 있으며, 사람은 목적과 대상에 따라 전혀 다른 사람의 글로 보일만한 글을 쓸 수 있다는 것은 이제 언어학계에서는 보통의 사실이 되어 있다.[17] 막연했던 문체의 문제가 이번보다 많이 해결되었는데, 히브리 성경을 조심스럽게 읽어보면 전반부와 후반부 사이에 특히

---

16 Oswalt J. N., *Isaiah*(Grand Rapids, Zondervan, 2003), p.2.

17 참고, 이에 대하여 Archer Jr. G. L., op. cit., pp.503~504에서 다음의 몇 가지 사실을 들어 문체의 차이에 대한 본서의 구분에 반대했다. 예를 들어, J. 밀턴의 경우도 그가 만년에 썼던 실낙원과 초기에 내놓은 L'allegro, 혹은 IIPenseroso의 문체는 현저히 차이가 있고, 또 독일의 시성이라 불리는 괴테의 파우스트II부는 파우스트I부와 개념, 문체, 방법이 현저히 다른 것이라 논증한다. 그리고 랑게 주석을 쓴 Nagelsbach도 그의 주석 p.253에서 "진짜라고 여겨지는 이사야서 속에는 이사야서의 특유의 새롭고 독특한 사상과 단어나 나타나지 않은 곳은 한 곳도 없다."라고 주장하며 문체의 차이로 인하여 어떤 문서를 다른 저자의 것으로 여기는 것에 분명히 반대했다.

다음의 구절들에 사용된 언어와 문체에 있어서 놀랄만한 유사성과 통일성이 발견되기도 함을 유의하는 것이 좋겠다.

예) 이사야 14:27절과 43:13절

· 만군의 여호와께서 경영하셨은즉 누가 능히 그것을 폐하며
  그의 손을 펴셨은즉 누가 능히 그것을 돌이키랴(14:27)
· 과연 태초부터 나는 그이니 내 손에서 건질 자가 없도다
  내가 행하리니 누가 막으리요(43:13)

이 외에도 이사야 29:23절과 이사야 60:21절 등 많이 있다.

그렇게 확장되어가고 있는 자유 진영의 입장과 영향력에도 불구하고 본서의 전, 후반부에 대한 별개의 책이나 문서가 구분되어 발견되거나 전해져 오는 것은 한 건도 없다. 예를 들면 1940년대에 발굴이 시작된 쿰란사본(일명 ㅅ-해사본)의 경우도 이사야 40장이 39장이 끝난 바로 다음 행에서 시작되고 있는데, 이는 최소한 주전 1세기 전에서부터는 이사야서가 통권인 한 권으로 전해져 내려왔음을 확인할 수 있다는 증거가 된다.

이러한 지적과 관련하여 이사야서 전체를 통해 나타나는 "이스라엘의 거룩한 자(the Holy one of Israel)"라는 표현은 제1이사야에 21번, 제2이사야에 14번 나타나는데 반해, 구약의 다른 책 전체를 통틀어 오직 5번만 나타난다. 이런 점을 볼 때 제1과 제2이사야서는 상당한 통일성을 갖춘 책이라 볼 수 있다. 실제로 이사야가 이런 표현을 창조해서 사용했던지 아니던지 간에 이 표현의 빈도수는 본서의 통일성에 아주 좋은 증거가 되고 있다. 그리고 문체의 문제에 관하여 본서와 동시대의 선지자였던 미가 사이의 문학적 유사성도 좋은 방증 자료가 되고 있다. 예를 들어 이사야 52:12절과 미가 2:13절, 이사야 58:1절과 미가 3:8절, 그리고 이사야 49:23절과 미가 7:17절 등이 그렇다.

셋째로 보수주의 학자들은 이사야서의 전반부와 후반부 사이의 신학적 차이점에 대하여 후반부는 전반부의 신학적 내용을 더 넓게 확장한 것이라는 일치점에 이르렀다. 따라서 다윗 왕의 계보에 속한 것으로 여겨진 '메시아'가 '하나님의 종'으로 묘사된 것일 뿐이지 다른 차이점이 아니다. 신학적 주제의 차이점이라고 말할 때, 예를 들어 전반부가 하나님의 '창조'를 강조하고 반면에 후반부는 하나님의 '질투하심'을 강조한다고 하면 이는 상호 연계성이 적은 다른 주제라 여길만 하다. 그러나 본서 전반부가 강조하고 있는 메시아 예언은 다윗과 같은 신실한 왕의 싹이 나고 자라서 영존하시며 심

판하시며 남은 자를 구원하시는 메시아에 관한 주제이다. 후반부 역시 그런 다윗 계통의 메시아의 속죄와 구원과 영원한 통치를 다루고 있다는 점에서 이는 다른 주제를 다루는 것이 아니라, 같은 주제 확장이며 전진인 셈이다. 누가 글을 쓰면서 같은 주제를 지루하고 무의미하게 반복만 하고 있겠는가? 저자는 같은 주제를 의미 있게 심화시키고 구체화시키고 있는 것이다. 한편 55:3절에 언급된 다윗은 전반부의 주제가 후반부에도 포기되거나 사라지지 아니하고 남아있음을 보여주는 예라 할 것이다. "…너희는 귀를 기울이고 내게로 나아와 들으라 그리하면 너희 영혼이 살리라 내가 너희를 위하여 영원한 언약을 맺으리니 곧 다윗에게 허락한 확실한 은혜이니라"(55:3). 실제로 본문을 조심스럽게 읽어보면 이사야와 동시대의 미가에 의해 기록된 예언서의 신학과 후반부의 신학은 놀랄만한 밀접성을 보여주고 있다. 뿐만 아니라 본서는 앞에서 언급한 것과 같이 많은 신약 기자들의 증거를 가지고 있다. 마태복음 3:3, 12:17~18절, 누가복음 3:4절, 사도행전 8:28절, 로마 10:16, 20절 등이 본서를 이사야의 것으로 돌리고 있다. 마지막으로 G. L. 아처는 반문하고 있다. 만약 제2이사야의 주인공이 자기의 스승을 능가할 정도로 탁월하고 위대한 문헌을 남길 수 있는 사람이었다면, 그런 위대한 제자가 어떻게 그렇게 쉽게 그렇게 빨리 역사 속에서 무명으로 남아 있을 수 있단 말인가 하는 질문은 정곡을 찌르는 말일 수 있다. 오바댜와 같이 그렇게 짧은 문헌을 남긴 선지자도 그 이름을 정정당당히 남기고 있는데 말이다 이런 일은 문학사에 유례를 찾기 힘든 일이다.[18]

그렇다면 무엇이 이사야서를 바르게 해석하는 길인가? 자유주의자들의 비평적 지적을 어떻게 대처해야 하는가? 그리고 여러 시대에 걸쳐 비평학자들이 기울인 엄청난 노력이 끼친 긍정적 공헌은 무엇인가? 하는 질문들이 남게 된다.

명백한 해결책 없이 문제들만 제기되었기 때문에 많은 연구에도 불구하고 일치된 결론에 도달하지 못하긴 했지만, 그렇다고 무턱대고 그들의 노력을 일고의 가치도 없는 것으로 폄훼하는 것은 중대한 오류를 범할 수도 있다. 현대 비평학계가 등장하기 전에는 거의 알려지지 않았던 많은 사실들(언어학적, 역사적 배경, 그리고 문헌과 자료의 비교 분석법 등)이 그들의 노력과 연구에 의해 드러난 것도 사실 부인할 수 없는 업적이기도 하다. 그들의 업적은 비평학 이전의 주석인 칼빈의 주석이나 일부 보수주의적 학자들의 글과 비교해 보면 금방 알 수 있다. 하지만, 그들은 주변의 사소한 것들에 관해 우리의 지적 즐거움

---

18   Young E. J., op. cit., p.242.

을 더하는 기여를 한 것은 사실이지만, 결정적으로 중요한 메시아를 통한 구원에 이르는 성경이 말하고 있는 기독교 신앙의 근본적 기초 확립에는 하등의 도움을 주지 못했다고 평해야 할 것이다. 이러한 점을 주목하면서 연구해야하는 것이다. 그리고 이 문제를 해결하기 위해 약간 타협적인 방법론을 쓰는 학자들이 생겼는데 예를 들면 '정경론적 접근법'이라는 방식인데, 비평학도 적절히 활용하여 나름대로 성경을 정경으로 인정하는 각도에서 연구하도록 유도해야 한다는 관점인데, 일정한 공헌을 한 것[19]은 사실이다. 하지만, 이런 방법론 역시 다분히 위험성을 내포하고 있는 방법론이다. 왜냐하면 성경은 신앙공동체가 정경으로 받아 들였기 때문에 하나님의 말씀이 된 것이 아니라, 하나님의 말씀이었기 때문에 정경으로 받아들여진 것이기 때문이다. 주객이 전도되면 안 되는 것이다. 여하튼 지금으로서는 비평학계와 보수 학계가 이사야에 관하여 합의된 결론을 도출하지 못하고 있는 것은 사실이다.

　　그렇다면 우리의 해결책은 무엇인가? 이사야서가 가지는 **사상적 흐름을 전체의 관점에서 보아야 한다**는 점을 지적해 둔다. 작은 단편에만 관심을 기울이다보면 전체의 흐름을 놓치고 지엽적인 단어나 표현에 매달리어 자칫 부정적이 되고 말기 때문이다. 어휘나 문법적 용례의 차이를 뛰어넘어 본서 전체를 관통하는 메시지의 주된 흐름을 이스라엘의 역사적 신앙, 교회의 역사적 신앙이라는 차원에서 이해 할 필요가 있다는 말이다.

　　그렇다고 우리는 이사야라는 선지자가 책상에 앉아 단숨에 전 장을 써 내려갔다고 보지는 않는다. 본문을 살펴볼 때 이사야는 여러 차례 다른 대상을 향하여 하나님으로부터 메시지를 받은 것으로 되어 있다. 그렇다면 그는 조금씩 내용을 기록해 갔다고 볼 수 있는데, 전체적으로 자신이 받은 메시지를 하나님의 관점에서 일관성 있게 큰 도면을 가지고 하나씩 채워갔다고 볼 수 있다. 특별히 본서의 후반부는 이사야의 말년에 기록된 것으로 여겨지며, 그는 므낫세의 통치기에 하나님의 신정 왕국이 쇠퇴해져 가는 것과 앗수르가 마침내 패퇴할 수 없는 여러 죄악과 불의들을 목격하고 있었을 것이다.

19　참고, 이런 정경론적 관점은 보수와 비평학계의 불필요한 논쟁을 잠재우고, 서로를 인정하며 각자의 연구에 더 정진하도록 한 공헌이 있다. 그래서 이전에는 서로의 약점을 꼬집으며 자기 학파의 장점만을 내세우던 학문적 분위기가 이 학파의 공헌(?)으로 이제는 소모적 논쟁 보다는 정경으로서의 이사야를 더 심층 연구하는 성과로 인도한 것은 인정되어야 할 것이다. 예를 들면 C. R. 자이츠는 이사야의 문학적 통일성에 관한 연구에 집중했고, R. 랜토프는 이사야의 신학적 통일성에 성취를 보였으며 B. S. 차이즈는 이사야의 정경성에 관심을 집중했고, J. A. 모티어는 이사야를 많은 비평학자들의 의견에도 불구하고 이사야의 전체적 통일성에 관심하며 나름대로의 연구를 진척시켜왔다.

그러므로 그가 바벨론에 의한 유다의 패망을 그리는 것은 도무지 불가능한 것만은 아니며, 특별히 하나님의 신적 감화가 그로 하여금 확신을 갖고 이 소망의 메시지를 기록하게 하였다고 보게 된다. 그러므로 아무런 객관적 근거 없이 본서가 여러 명의 저자들에 의해 기록되었거나 편집되었다고 주장하는 것은 타당성이 없다. 물론 그들은 그럴 가능성이 있다는 '주장'을 하거나 혹은 '설'로 발표했지만 그러한 주장은 곧바로 정설처럼 들려지고 받아들여지는 것이 현실이다. 본서에는 **주지할만한 선명한 하나의 주제와 그를 뒷받침하는 분명한 하나의 사고 구조틀**이 책 전체를 통하여 눈에 띄고 있다.[20] 그것은 본서의 주제인데 "하나님의 거룩하심과 그의 백성 이스라엘의 운명에 관한 것"이다.

2) 이사야의 메시아 예언(종의 노래와 관련하여)

이런 '이사야의 통일성'에 관한 논쟁 외에 후반부의 '종의 노래'로 알려진 부분에 관한 논쟁이 이 책에 대하여 많은 관심을 불러 일으켰고, 지금도 여전히 학자들의 관심의 대상이 되고 있다. 종의 노래에서 우리는 야훼의 종이 집단적인 이스라엘로 이해되는 부분이 나오며, 또 경건한 개인, 즉 메시아의 예표로 교차되어 나오는 성경의 표현들 사이에서 야훼의 종이 누군가 하는 문제가 그 핵심이다. 이에 대한 질문의 한 형식으로서 본서에서 일관되게 계시되고 있는 '메시아 예언'에 대하여 살펴봄으로 그 답을 대하도록 하겠다.

잘 알려진 바와 같이 이사야는 구약의 많은 선지서들 가운데 메시아에 대한 예언을 가장 많이 한 선지서이다. 그래서 이사야는 '복음적 선지자'[21] 혹은 '제5복음서 기자'라고 불리워지기도 했다. 주지하다시피 '메시아'란 용어는 히브리어로 '기름 부음을 받은 자'라는 뜻이다. 이 용어는 히브리인들에게는 세상에 오셔서 그들을 구원할 구원자로 대망되었으며, 신약에서는 헬라어로 '그리스도'라 불렸다. 두 말할 나위 없이 기독교 신앙이 대상인 하나님의 아들이시며, 십자가에 달려 인류를 구원하신 예수를 말한다. 구약이 처음부터 이 오실 메시아에 대한 예언을 발전시켜 오고 있지만, 특별히 이사야서에서는 어떻게 예언되고 있는가를 살펴보자. 신약에는 구약을 거의 400회 이상 인용하였다고 여겨지는데, 특별히 이사야는 21번이나 신약에서 인용하고 있다. 이런 많은 신

---

20   Oswalt J. N., *The Book of Isaiah1~39 NICOT*(Grand Rapids, Eerdmans, 1986), p. 21~23.

21   Archer Jr. G. L., op. cit., p.480.

약의 인용은 대부분 본서의 메시아 예언에 대한 내용들로 되어 있다. 이사야서의 메시아 예언은 단지 한 두 개의 본문에서 정체되어 있는 것이 아니라 나중으로 갈수록 그 예언이 구체화되고 발전되어 가는 큰 세 개의 틀로 형성되어 있다고 여겨진다.[22] 그러나 어떤 학자는 이사야서의 메시아 예언은 일곱 단계로 발전해 간다고 주장하기도 했다.[23] 여기서는 세 개의 큰 틀을 유지하며 H. 업리차드의 일곱 단계도 함께 소화하며 설명해 가도록 하겠다.

첫째, "'왕'으로서의 메시아가 예언되고 있다"에 관한 언급이 그것이다. 이 표현은 주님의 가지, 주님의 순이란 개념으로 구약에 널리 편만해 있는 개념이기도 하다. 이 예언은 사무엘 하 23:5절에 있는 다윗의 유언 중 한글 번역으로는 "어찌 이루지 아니하시랴"에 해당되는 표현인데 이는 영어로 'Bring to fruition'으로 읽을 수 있다. 그의 소원과 구원의 약속이 자란다는 뜻이다. 이것은 바로 다윗을 향한 하나님의 언약이 '자라서' 완성될 것임을 시사하는 말이다. 이사야는 다윗이 묘사한 그 메세야의 오심이 자라서 싹이 트는 것을 예언한 것이다. 이에 대한 구약의 다른 세 선지자가 싹/가지에 대한 탁월한 네 개의 그림을 보여주고 있으며 그런 묘사는 종종 신약의 4복음서에서 메시아이신 예수를 강조하는 어법들과 연결되고 있다.[24] 이는 마태복음 1:1절의 "다윗의 의로운 가지"(렘23:5), 마가복음 10:45절의 "내 종 순"(슥3:8), 누가복음 23:47절의 "보라 순이라 이름 하는 사람"이라는 표현이며(슥6:12) 또 요한 20:31절과 이사야 4:2절이 서로 연결되어 있다는 것이다.

왕으로서의 메시아에 대한 두 번째 표현은 본서 7:1~16절에 있는 '동정녀 탄생'에 대한 예언인데 이는 임마누엘로 우리 가운데 거하실 메시아에 대한 예언이다. 7:14절은 이렇게 묘사하고 있다 "그러므로 주께서 친히 징조를 너희에게 주실 것이라 보라 처녀가 잉태하여 아들을 낳을 것이요 그의 이름을 임마누엘이라 하리라" 한 부분이다. 자세한 설명은 약한다. 세 번째 왕으로서의 메시아에 대한 예언은 본서 9:6~7절에 묘사되어 있는 '아기로 오신 평강의 왕'에 대한 예언이다. 그는 비록 아기로 오시지만 그의 어깨에는 정사를 메었고, 그의 이름이 기묘자라, 모사라, 전능하신 하나님이라, 영존하시

---

22 Motyer J. A., *The Prophecy of Isaiah: An Introduction and Commentary*(Downers Grove, IVP, 1993), pp.3~16; Kaiser Jr. W. C. *The Messiah in the Old Testament*(Grand Rapids, Zondervan, 1995), pp.155~185.

23 Uprichard H., *A son is given*(Durham, Evangelical Press, 1992), pp. 3~10.

24 Baron D., *Days of Messiah's Glory: Christ in the Old Testament*(Grand Rapids, Zondervan, reprinted, 1986), pp.71~128.

는 아버지[25]라 평강의 왕이라 할 것임이라 하였다. 그는 정사와 평강의 더함이 무궁하며 또 다윗의 왕좌와 그의 나라에 군림하여 그 나라를 굳게 세우는 능력을 가진 분으로 묘사되고 있다. 네 번째 왕으로 오실 메시아는 11:1~5절 사이에 드러나는 "이새의 줄기에서 한 싹이 나며 그 뿌리에서 한 가지가 나서 결실할 것이요 그의 위에 여호와의 영 곧 지혜와 총명의 영이요 모략과 재능의 영이요 지식과 여호와를 경외하는 영이 강림하시리니" 하고 있다. 이는 이스라엘의 영원한 왕으로서의 다윗 언약을 회상시키기에 충분한 말씀이다. 다섯 번째 예언은 24장에 예언된 우주적 승리의 메시아 상이다. 그 심판의 날에 만군의 여호와께서 시온산과 예루살렘에서 왕이 되시고 그 장로들 앞에서 영광을 나타내실 것임을 예언하고 있다. 메시아의 심판주 되심을 예언하고 있는 부분이다. 여섯 번째 예언은 28:16절에 있는데, "보라 내가 한 돌을 시온에 두어 기초를 삼았노니 곧 시험한 돌이요 귀하고 견고한 기촛돌"이라고 명시되어 있다. 돌을 메시아와 연결시키는 신구약의 예언은 너무도 많으므로 여기서 그 예를 한 가지만 들도록 하겠다. "우상을 친 돌은 태산을 이루어…"(단2:35). 이사야 전반부가 발전시키고 있는 왕으로서 메시아 예언 중 마지막은 교사와 스승으로서의 메시아 예언인데 30:19~26절에 나타나고 있다. 앗수르의 심각한 위협 속에 비탄에 빠진 이스라엘에게 선포된 예언인데, 그것은 시온에 거하는 백성에게 하나님의 은혜의 말씀이 이스라엘의 스승에게 임할 것이라는 예언이다. 이 스승은 다시 오실 그날에 모든 사람이 볼 것이며, 사람들에게 어떻게 살아야 하는지를 가르칠 것이다. "내가 곧 길이요 진리요 생명이라" 하신 그리스도의 말씀과 잘 연결되고 있다.

두 번째는 '종'으로서의 메시아가 예언되고 있다. 이사야서가 발전시키고 있는 두 번째 메시아 상인데, 이는 주로 본서 40장에서 53장까지에 집중적으로 나타나고 있다. 이 13개의 장에서 종을 나타내는 용어로 단수형이 20회, 복수형이 11회 나타난다. 그래서 이 부분에서 묘사하고 있는 '종'은 누구냐 하는 문제가 제기되는데, 그는 이스라엘과 열방을 향하여 하나님의 사명을 가진 한 개인을 의미하기도 하고 또 전체로서의 이스라엘을 대변하기도 한다는 전통적인 해석을 채용하기로 한다. 이에 대하여 J. 브라이트는 "그 종의 모습은 개인과 그룹, 국가 사이에서 함께 일하는 모습이며 그는 참 이스라엘의 오실 구원자이시다"라고 평가하고 있다.[26] 여기서 종으로서의 메시아 상은 다음의

---

25 Motyer J. A. op. cit., p.102, 그는 여기서 '도래할 왕에게 신적 칭호가 부여되고 있음은 놀라운 일이 아닐 수 없다'라고 하면서 오실 그분은 분명히 하나님이 속성을 소유한 메시아라고 본문을 설명하고 있다.

26 Bright J., *The Kingdom of God*(Nashville, Abingdon, 1953), pp.150~51.

네 단계로 나누어 설명[27]하도록 하겠는데 이는 종의 노래로 알려진 부분이다.

첫째 그 '종의 사역'이 42:1~7절을 통해 알려지고 있다. 칼빈이 말하기를 선지자들이 말하는 것은 거의가 받아들이기 어려운, 즉 믿기 어려운 것들이었는데,[28] 예를 들면 '하나님이 동방의 메데-파사에서 하나님의 종 한사람 고레스 왕을 일으키실 것이다.' 같은 예언이다. 선지자들은 종종 그들의 예언을 그 안에서 모든 언약이 이루어지는 그리스도에 관한 약속들로 이어가곤 했다. 그럴 때 선지자들을 주로 사람들의 주의를 환기시키기 위하여 특별한 예언 도입 문구를 사용했는데 "보라" 같은 어구가 그것이다. 이사야는 그 종을 언급하면서 성부와 어떤 특별한 관계가 있음을 암시하는 표현을 썼는데 그것이 일인칭 소유격인 "나의 종"이라는 표현이다. 이것은 그가 아버지의 뜻을 이루어 드릴 의지를 갖고 있음을 드러내는 관계를 상징하는 표현이다. 그리고 선지자는 계속해서 "내가 택한 사람"이라는 표현도 같은 맥락에서 쓰고 있다. 그 다음에 선지자는 종의 자세를 표현함에 있어서도 탁월한 묘사법을 쓰고 있는데, 그것은 부드러움, 조용함, 겸허함을 가진 종의 모습이다(42:2). 그 여호와의 종은 인간의 정복자들에게서 드러나는 화려함, 허풍스러움, 호언장담 같은 모습으로 나타나지 않으실 것이다. 그 대신 그는 약한 자, 상한 자를 돌보시며 상한 가지를 꺾지 않으시는 분으로 자신을 드러내신다. 메시아는 그렇게 약한 자를 붙들어 주시며 낙심한 자를 일으키셔서 하나님의 나라를 세우시는 분이시다. 그는 탁월하신 하나님의 증이시다.

두 번째 종의 모습은 '세상을 향한 종의 사명'이 본서 49:1~6절에 계시되고 있다. 이사야는 지금 우리가 마땅히 들어야 하는 어떤 사람, 누군가로부터 보냄을 받은 어떤 사람에 관하여 말하고 있다. 이 사람은 선지자 자신은 아니다. 그리고 하나님 자신도 아닌 것 같다. 그는 하나님께서 그의 어머니의 태에 있을 때부터 불리움을 받았으며, 태에서 나올 때부터 하나님이 기억하시는 이름을 가진 자이다. 그는 7장에 계시되고 9장에서 다시 계시되신 동정녀의 몸에서 오신 영존하시는 왕이시다. 49:2절은 두 가지 비유가 사용되고 있는데 하나는 '날카로운 칼'의 비유이고, 다른 하나는 '갈고 닦은 화살'의 비유이다. 이것은 그 종의 말씀이 낯선 검처럼 백성들의 마음을 찌를 것임을 의미한다. 그 종의 궁극적 사명은 모든 민족에게 '하나님의 구원을 선포하는 것'이기 때문이다. 선지자가 9장에서 이미 사용했던 비유 '흑암에 행하던 백성이 큰 빛을 보고'와 본문

---

27 Cf. Blocher H., *Songs of the Servant*(London, IVP, 1975); Lindsey F. D., *A Study in Isaiah: The Servant Songs*(Chicago, Moody Press, 1985)를 참고하라.

28 Calvin J., *Isaiah, Calvin's Commentary*(Grand Rapids, Associated Publisher, n. d.), p.566.

49:6절은 좋은 대조를 이룬다. 그 종은 야훼의 빛과 구원을 열방에게 전할 사명을 가진 종인 것이다.

세 번째 종의 노래는 '겟세마네에서의 종'으로 드러난다(50:4~9).

선지자는 '그 종'이 십자가 앞에서 시험 당할 때 겪을 모욕과 수치 그리고 고통을 이렇게 명료하게 그려낼 수 있다는 것은 생각할수록 놀라운 일이다. C. 노쓰는 종의 노래의 세 번째 부분인 이 부분을 "그 종의 겟세마네"라고 표현한 첫 번째 학자이다.[29] 그 종은 하나님에 대한 숙연한 관점을 가지고 있었는데 왜냐하면 그는 하나님을 아도나이(나의 주님)로 불렀기 때문이다. 하나님은 그에게 멀리 떨어져 계신 분이 아니라 마치 선생이 그 제자를 가르치듯이 그 종을 가르쳤기 때문이다. 하나님은 그에게 '그의 주인'이시며, '그의 주권자'이시고 또한 '그의 주님'이셨다. 그는 항상 하나님과 친밀하게 교제했고, 그분의 마음에 누구보다 민감했다. 그는 패역하거나 고집스런 학도가 아니었다. 그는 그에게 부과된 고난의 짐을 졌는데 왜냐하면 주권적인 하나님이 그를 도우실 것을 알았기 때문이었다(50:7~9). 그가 당할 고난은 점점 더 잔인하고 강도를 더해 갈 것인데 그는 채찍을 맞을 것이고 남성의 상징인 수염은 잡아 당겨질 것이다. 그 종은 그런 모욕에서 벗어날 길이 없다. 그럼에도 불구하고 그 종은 자신을 더욱 하나님께 신실하기로 결심한다. 8절에 의하면 '나를 의롭다 하시는 이가 가까이 계시니 나와 다툴 자가 누구냐'며 자신을 하나님께 헌신하고 있다. 하나님은 이 신실한 종을 신원하시기 위해 개입하시고 그를 도와서 그의 대적자들을 좀이 먹어버린 헤어진 옷과 같이 되게 하실 것이다(9절). 그들은 최후의 심판의 날에 그들에게서 무슨 일이 일어날 지를 두려워할 것이지만 하나님의 그 종, 그의 메시아는 하나님의 인증하심을 받고 하나님의 예정된 승리를 경험하며 겟세마네에서 나오게 될 것이다.

종의 노래의 마지막 부분은 '그 종의 구속'으로 마무리 되고 있다(52:13~53:12). 이 본문은 의심할 나위 없이 구약 선지 문학의 최고봉이다. 메시아의 고난, 죽음, 장사됨과 부활에 관하여 기록된 그 어떤 구문도 여기에 필적할 만한 것이 없다. 그래서 교부 폴리갑은 이 네 번째 종의 노래를 "구약 전도자의 황금 수난기"[30]라고 불렀고, W. 짐멀리는 이 본문이 그 종을 속죄 제사 및 고난의 선지자들과 서로 연결시켜준다고 지적했다.[31] 이 단락의 주님의 종의 고난과 승리에 대한 기사는 각각 3절씩 된 다섯 개의 연으

---

29 North C., *The Suffering Serant in Deutro-Isaiah*(London, Cumberlege, 1956), p.146.

30 Delitzsch F., *Biblical Commentary on the Prophecies of Isaiah 2 vols*(Grand Rapids, Eerdmans, 1954), 2:303.

로 구성되어 있다.[32] 선지자는 양괄식 기법을 사용하여 그 종이 마침내 승리하고 성공할 것임을 확신하는 묘사를 그 시의 첫 부분과 마지막 부분에 각각 배치시키고 있다. 선지자는 "보라 내 종이 형통[33]하리니 받들어 높이 들려서 지극히 존귀하게 되리라"는 구절이 이 시의 시작인 52:13절과 끝인 53:12절에 배치되어 있다는 뜻이다.

이사야 선지자는 종의 노래 여기의 첫 번째 연에서 '그 종의 신비'를 다루었고, 둘째 연에서 '그 종의 거절됨'을 세 번째 연에서는 '그 종의 구속'을 설명하였으며 6절은 중심 구절이다. 마지막 12절에서는 그 종에 대한 하나님의 확증을 네 가지로 증거하고 있다. 특별히 그 마지막 확증들이 누가복음 23:34절에서 그대로 이루어지는 것을 보게 된다. 놀라운 예언이 아닐 수 없다!

세 번째는 '기름 부음 받은 승리자'로서의 메시아가 예언되고 있다.

이사야서의 메시아 예언은 이제 고난 받는 메시아를 넘어 승리하는 영광스런 메시아로 마감되고 있다. 그 첫 번째 예언이 55:3~5절에 나오는 "다윗에게 한 약속을 어김없이 이루시는 메시아 상"이다. 바로 앞의 부분에서 메시아는 고난당하는 위대한 종으로 묘사된다. 그 고난당하는 메시아가 이루시려는 것이 이제 55장에서 구체적으로 드러나고 있다. 그것은 옛날 다윗 언약을 통해 주어진 언약의 회복이다. 다윗 왕가의 영원성이다. 이사야는 다윗에게 한 하나님의 약속은 '확실한 자비들'이라고 불러도 될 만큼 확실함을 알았다. 그 미쁘신 하나님의 은혜는 사도행전 13:34절을 통해 확인되고 있다. 이사야는 계속해서 '복된 소식의 선포자'로서의 메시아 상을 보여주고 있다. 이는 본문의 61:1~3절을 통해 드러난다. 오실 메시아는 주님의 성령을 내려 보내실 분이신데 그리함으로 그분은 선지자로서의 역할을 감당하게 된다. 여기서 성부 하나님은 그 종을 지명하셨으며, 성령님이 그에게 기름을 부으신다는 삼위일체를 만나게 되는 것은 신비로운 일이다. 그런 성령의 기름 부으심을 받은 메시아의 역할은 다음과 같이 나타나고 있다. 첫째 가난한 자들에게 복음의 기쁜 소식을 전할 것이고, 둘째 상처받고 눌린 자들의 마음을 치유할 것이며, 셋째 죄의 종된 사람에게 자유를 선포할 것이고, 넷째 간힌 자들을 풀어 자유케 할 것이며, 다섯째 주님의 은혜의 해를 선포하게 될 것이

31   Zimmerli W., *Old Testament Theology in Outline*, Tr. by Green D. E.(Edinburgh, T&T Clark, 1978), p. 223~24.

32   Dulver R. D., *The Sufferings and the Glory of the Lord's Righteous Servant*(Moline, 111Christian Service Foundations, 1958)을 참고하라.

33   cf. 여호수아 1:8절에서도 같은 단어가 사용되었다.

다. 누가복음 4:21절에서 주님은 이사야의 말씀을 해석하면서 "오늘 너희들에게 들린 이 말씀이 이루어졌다"고 선포하고 있다. 이 다섯 가지 메시아의 사역들이 주님의 첫 강림 때 부분적으로 이미 이루어졌음을 나타내는 말이다. 그러나 우리 주님은 61장과 관련하여 두 가지(주님의 날 선포와 애곡하는 자를 위로하는 것)는 직접적으로 완수하지 않고 재림 때 완성할 것임을 남겨두셨음도 명심해야 할 것이다. 마지막 심판의 날은 아마도 그를 신뢰하는 자들에게는 위로의 날이요 축복의 날이 될 것이 분명하다. 이사야서에 계시된 마지막 메시아 예언은 63:1~6절의 말씀인데, 에돔으로부터 피 묻은 가운을 입고 오시는 분으로 묘사되고 있다. 오실 그분은 깊은 확신을 가지신 분이시며, 강력한 힘을 가지셨고 또한 위대한 성품을 갖고 계신 분이시다. 그분은 "나는 의를 말하며, 구원의 능을 가진 자"라고 스스로 답을 주고 계신다. 그가 여기서 의미하는 모든 것은 모든 행악자를 심판하겠다는 위협이며 또한 모든 압제받는 자를 구원하겠다는 선포이기도 하다. 왜 오시는 그분의 옷이 진홍색으로 얼룩졌는가? 그것은 그가 포도즙 틀에 있는 포도같이 짓밟혔기 때문이다. 그래서 그 포도즙이 그의 옷을 진홍의 핏빛으로 물들인 것이다. 여기서 우리는 그분이 혼자 포도즙 틀을 돌리셨음과 누구도 그를 도우지 않았다는 사실을 덧붙여야 할 것이다. 그의 옷에 묻은 붉은 색은 구원하는 보혈의 피이지 결코 단순한 포도즙 색깔만은 아니다. 63:4절은 그의 진노의 날, 보수의 날에 진노하는 일이 그의 일임을 밝히고 있다. 그러나 그것은 또한 그 날을 예비하고 있는 사람들에게는 구원의 날이기도 하다. 아무도 그를 도운 자 없는 것처럼 아무도 그의 진노의 날에 그에게서 피할 자 없을 것이다. 이사야서의 이 단락은 메시아의 초림을 말하는 부분이 아니다. 재림에 관한 예언이다. 이에 대한 신약의 관련구절은 계시록 19:11~21절이 된다. 그때에 적그리스도와 그의 군대는 진멸될 것이다. 사도 요한의 계시록 속에는 흰 말위에 앉은 그분이 메시아이다. 그는 모든 나라를 철창으로 다스릴 것(시2편)이다. 메시아는 하나님으로부터 그런 권위와 칭호를 받았기 때문에 모든 악을 이기신 정복자가 될 것이고 승리자가 될 것이다. 이사야 선지자는 메시아에 대한 계시를 조금씩 열어 보다가 마침내는 이런 최후의 심판주이시며 승리자이신 그리스도를 보게 된 것이다.

이사야서에 예견된 메시아 예언은 '왕'으로서의 메시아 예언에서 시작하여, '종'으로서의 메시아로 발전되어 구속을 완성한 다음 '기름 부음 받은 승리자'로서의 메시아로 귀결되어 구원을 완성하고 악인을 심판하시는 하나님의 원대한 계획을 일관되게 소개하고 있다. 이 모든 예언이 신약에서 확연히 이루어졌고 또 이루어지고 있는 것이다.

3. 이사야의 주요 내용 강해

1) 경고와 약속(1장~12장)

전체의 서론격에 해당되는 이 부분은 특별히 1장에서 예루살렘에 대한 하나님의 심판에 대한 경고와 2장 초반부에 보이는 시온에 대한 소망의 약속이라는 두 가지 주제가 전체에 걸쳐 교차 반복적으로 나타나고 있다. 본서의 전반부인 1장부터 39장까지는 심판에 대한 경고가 주된 색채이고, 후반부인 40장부터는 회복에 대한 약속과 소망이 주제가 되고 있다.

이사야서에 나타난 하나님의 궁극적 목표가 구원일지라도 이사야서는 그 목적을 달성하기 위해 관대한 방식을 사용하지는 않고 있다. 하나님은 용서하기 원하시지만 그럴 만한 근거를 찾지 못하신다. 2장에는 교만하고 우상숭배 하는 예루살렘에 대한 직접적인 위협과 경고가 나오며, 이것은 3장에서 계속해서 예루살렘의 지도자들에게 이어지고 있다. 4장과 5장에서는 남은 자들이 시온으로 돌아올 것에 대한 약속이 나오고, 5장 8절부터 10장 4절까지는 심각한 사회적 타락상에 대한 7가지 저주가 이어 나오고 있다. 10장의 뒷부분에서는 하나님의 심판에 대한 예언이 유다와 예루살렘 그리고 교만한 앗수르에게 선포되고 있으며, 11장 1절로 9절 사이에는 메시아적 지도력에 의해 새로운 이상적 공동체가 건설 될 것이라는 희망적 메시지가 교차되어 나온다. 첫 부분이 끝나는 12장에는 야훼 하나님의 거하시는 시온의 거민들에 의해 드려질 구원찬양이 나오는데, 이 부분뿐 아니라 이사야 전체적으로 거룩한 도성이며 택한 백성의 정치, 신앙의 중심으로서의 예루살렘에 대한 하나님의 관심이 전체의 주제라 할 수 있겠다.

2) 이방나라들을 향한 신탁(13장~23장)

이 부분은 이방나라들을 향한 예언이 집중되어 있는데, 그러한 예언의 양식이나 기원을 규정하는 것은 쉬운 일이 아니다. 이방국가들을 향한 심판의 선언은 시온전승의 한 지류라 할 수 있으며 닥쳐올 앗수르의 지배에 대한 경고와 헐렁한 이방국가들과의 연합으로 그것을 막아 보려는 이스라엘의 잔재주(?)에 대한 경고로 이해 할 수 있다. 여기서 저자는 하나님의 목적에 대한 신뢰가 예루살렘을 지키는 것이지, 외교 정책에 의지하는 것은 무력한 것임을 강조하고 있다. 야훼 하나님만이 참된 예루살렘의 보호자시며, 그가 친히 앗수르를 박살 낼 것이다(14:27~32). 17:12~14절에서 예루살렘을 공격하는 사람은 많은 물로 비유되는 혼란가운데 있을 것이며 마지막에 하나님에 의해 해방될 것이다. 이 단락이 중요한 것은 이 부분에서 처음으로 바벨론에 대한 신탁[34]이 주어졌다는 점이다.

3) 하나님의 도성의 위기(24~27장)

이 부분은 앞뒤의 예언의 성격과 잘 연결이 안 되는 것처럼 보여 꼭 갑자기 끼워 든 것 같은 느낌을 받는데, 오히려 나머지 부분들과 연계되어 있음을 강력한 반론적 메시지로 웅변하고 있다. 바벨론과 비유된 지금의 타락한 예루살렘은 더 악한 도시로 묘사되지만 하나님이 친히 다스리실 회복된 시온은 그렇지 않을 것이란 것이다(24:23). 이 부분은 미래의 사건들, 최후 심판, 부활 및 악의 멸망에 깊이 집중하고 있다. 그리하여 많은 주석가들은 이 부분을 이사야의 '묵시 문헌'으로 규정하고 있는데,[35] 묵시 문헌은 상징적 표현을 사용하며 인류의 역사를 선과 악의 투쟁으로 그리고 때때로 저자를 익명으로 소개하기도 하며, 하나님의 심판을 역사의 영역에서 우주적 영역으로 확대시키는 특성을 보인다.[36]

4) 히스기야 시대의 유다와 예루살렘/신적 보호의 확실성(28~33장)

이 부분의 연대기적 자료는 히스기야 치세 후반에 일어난 앗수르의 침략이다. 특히 이 부분은 연속적인 저주 구문(28:1 이하)이 특징을 이루는데, 시온은 거꾸러졌으며 그 거민은 예루살렘의 모퉁이 돌인 성전에 호소하며 의존해야 함을 보이고 있다. 외국과의 연합을 피하는 것이 중요하고 또 예루살렘에 대한 하나님의 보호를 확신하는 것이 중요한 관건임을 이 단락이 강조하고 있다. 이 모든 재난에도 불구하고 신앙의 남은 자들은 시온의 거처를 발견할 것이다. 이제 하나님은 이 남은 자들을 힘과 아름다움과 공평으로 안위하신다. 남은 자들은 오직 여호와 안에서 기뻐 날뛰는 겸손하고 빈핍한 자들이다. 남은 자들은 아브라함의 참 자손(29:22~24)들이며, 시온에 그들의 안식처를 발

---

34 Oswalt J. N., op. cit., pp.300~301.

35 Clements R. E., *Isaiah 1~39, New Century Bible*(Grand Rapids, Eerdmans, 1980), pp.196~200.

36 Rowley H. H., *The Relevance of Apocalyptic: A Study of Jewish and Christian Apocalypses From Daniel to the Revelation. 3rd ed.*(1994 reprint, Greenwood Attic, 1980), pp.16~17; Hanson P. D., *The Dawn of Apocalyptic: The Historical and Sociological Roots of Jewish Apocalyptic Eschatology, rev.ed.*(philadelphia, Fortress, 1986), p.11.

견할 것이다. 이 단락은 하나님의 왕권을 보여주는 전주곡이다. 이 부분에 나타나고 있는 이미지들은 이전의 메시아사상 즉 다윗 왕가를 통한 메시아와 그의 왕위의 영원성들과 연결되고 있다.[37] 이 더 위대한 왕의 통치는 백성들의 보지 못함과 듣지 못함을 종식시킬 것이며, 의와 화평의 시대를 열어갈 것이다. J. A. 모티어는 새 옷과 새로운 사회에 대한 이미지가 어두운 시대를 밝게 비춰 줄 궁극적인 비전을 제시하는 성경의 종말론과 부합하고 있다고 설명하고 있다.[38]

5) 파멸과 구원(34~35장)

이 단락에서 분명한 대비는 '시온'이라는 주제이다. 오래된 원수인 에돔을 들어 시온에 경고하고 있다. 하지만 에돔은 멸망하고 주님의 구원이 황량했던 벌판을 지나 시온으로 임하게 될 것이다. 이 단락이 갖는 종말론적 색채는 후반부의 40~55장에서 다시 반복되어 연결된다. 세계의 중심으로서의 시온의 역할과 하나님의 백성의 미래를 보여주고 있다.

6) 예루살렘의 포위됨(주전 701년)(36~39장)

전반부의 여기의 네 장에서는 주전 701년에 있었던 앗수르에 의한 예루살렘의 포위됨이라는 역사적 정황을 다시 확인시키고 있다. 이사야 39장은 하나님의 그토록 사랑하는 예루살렘이 포위되고 유배되는 것을 선포함으로 끝맺고 있다. 이 본문은 열왕기하 18~20장의 내용들과 연결된다. 히스기야는 바벨론 사절단에게 그의 전 나라를 보여주는 바, 역대기 하 32:24~26절에서 이는 인간적 교만으로 평가되었다. 적어도 히스기야는 악랄한 앗수르인들을 대적하기 위해 반역적인 바벨론인들과 동맹을 맺으려 한 것 같다. 이 같은 히스기야의 계산에도 불구하고 열왕기 하 20장과 본서 39장은 장차 바벨론이 유다를 통치할 것이라는 이사야의 예언을 받게 된다. 하나님이 장차 일어날 사건을 미리 알고 계심을 증명해 준다. 그러므로 하나님은 역사를 주관하시며 하나님은 선지자들을 통해 미래를 이렇게 보여주시는 것이다.

---

37 Schultz R., "The King in the Book of Isaiah," in *the Lord's Anointed: Interpretation of Old Testament Messianic Texts*, ed. Satterthwaite P. E., Hess R. S. and Wenham G. J., *Tyndale House Studies* (Grand Rapids, Baker, 1995), pp.150~54.

38 Motyer J. A. op. cit. p.257.

7) 제2의 출애굽과 예루살렘의 재건(회복)(40장~55장)

소위 제2이사야서라는 이사야서의 후반부를 살펴보자. 전반부가 예루살렘에 대한 임박한 파멸에 대한 경고와 위협으로 일관했다면, 후반부는 하나님의 남은 자들이 거할 시온을 위한 하나님의 보호와 회복의 역할을 종말론적인 희망의 색채로 일관하고 있는 특징을 볼 수 있다. 이사야서는 이 부분에 이르러 문학 기교상, 그리고 주제를 드러냄에 있어 거의 절정을 이루고 있다. 40:1~11절은 40~55장까지의 서론이며, 예루살렘과 관련된 1~2절이 9~11절에 반복되고 있는 것은 인상적이다. 40장에서 55장까지는 거의 순수한 종말론적 진술이고 56장에서 66장은 역사성과 종말론적 기술이 함께 섞여 나온다. 이사야 전체가 '하나님의 우선적 관심으로서의 예루살렘(시온)'이라는 주제에 헌신하고 있다면, 후반부는 새롭게 된 하나님의 도성이라는 주제에 집중하고 있다. 1~39장의 위협과 포로됨은 끝나고 예루살렘에 대한 위로의 언어가 충만한 것이다. 슬픔은 예루살렘에서 치워졌으며, 고난의 시대는 끝이 났다. 40:1절의 언약적 용어는 예의 제2의 출애굽적 용어를 상징케 한다. 시내산 언약의 재 선언으로 보여지고 있다. 40:1절의 "내 백성을 위로하라"는 구절이 후반부 전체의 주제를 설명하는 것으로 이해될 수 있다. 즉 50:1~3절에서 보듯이 포로라는 어려움은 교훈을 위한 것이었지 이혼을 위한 것이 아니다. 52:7~10절에서는 40:1~2절과 9~11절의 기대감을 충족시키는 절정인데, 예루살렘으로의 귀환이 완료된 것은 이집트로부터의 출애굽과 같은 것임을 강조하고 있다(52:11~12). 55장에서는 에스겔 47장에서 묘사된 것 같은 예루살렘의 재건된 상황, 즉 생수의 강이 흐르며, 그 거민들은 다윗 언약의 상속자가 되어 다윗같이, 왕같이, 제사장같이 대우받게 될 것에 대한 약속이 이어지고 있다. 이 단락에서는 본서의 주제라 할 수 있는 유일신 사상이 강력히 담겨있다. 구약의 많은 본문 중 여기서 만큼 강력한 유일신 사상이 논증되는 곳이 거의 없을 정도로 본문은 여호와 하나님만이 유일한 참 창조주이시며 구원자이심을 드러내고 있다. 그래서 J. 스키너는 "어떤 의미에서 이사야는 가장 철저한 유일신론자이다"라고 평했던 그의 평가가[39] 돋보이는 부분이다.

---

[39] Skinner J., *The Book of the Prophet Isaiah, 2vols Cambridge Bible Commentary*(1917, reprint, Cambridge, Cambridge Uni., press, 1963), p. xlviii.

8) 지상의 예루살렘과 새 예루살렘/남은자들의 유업(56장~66장)

이 부분은 바로 앞부분의 개념이 확장된 것으로 볼 수 있다. 구원은 신실하게 신앙을 지켜온 신자 개인에게 주어진 것이지 전체 국가에게 주어지는 것이 아니다. 앞에서 다루어진 언약적, 새 창조에 대한 강조가 여기서 다시 시온과 연결되고 있다. 55장은 남은 자의 구원을 위해 역사하실 여호와의 권고 및 약속으로 끝이 났다. 이제 56:1절부터는 마지막 구원이 도래할 때까지 남은 자들이 반드시 행해야 할 명령들로 시작된다. "56~66장의 청자들은 하나님의 영광의 도래를 고대하는 공동체"[40]라고 평가한 J. A. 모이터의 평가는 바른 지적이라 할 수 있다. 60:1~9절은 49장에서 55장에서 다루어진 주제의 연속인데 시온으로의 귀환이 임박했음을 기대케 하고 있다. 특별한 특권으로써의 시온의 선택이 62장의 주제인데, 시온은 씻겨 졌으며 회복되었고(1~2절) 새·이름이 주어졌다(2~4절). 결혼이라는 이미지를 사용하여 관계의 확실성을 보이고 있으며(4~5절), 시온의 보장(6~9절)과 거룩한 하나님의 백성이 거룩한 장소인 예루살렘에 들어가 하나님을 부르는 것(10~12절)으로 그 장을 마감하고 있다. 이 부분에서는 두 공동체가 보이는데 오직 나의 백성이라 불리는 작은 그룹(남은 자 그룹)만이 하나님의 약속을 이어가는 축복 가운데 있다는 것이다. 특별히 본서는 거룩하신 하나님께서는 종말에 유대인뿐 아니라 이방인들 가운데서도 남은 자를 찾아내실 것이라는 놀라운 선교적 언급으로 마무리되고 있다.

---

40   Motyer J. A. op. cit. p.461.

제2장
예레미야, 예레미야 애가

1. 예레미야의 서론과 구조

1) 예레미야 서론

이 책은 구약의 다른 예언서들과 같이 주전 7세기에 살았던 선지자 예레미야의 이름을 따라 제목이 정해졌다. 선지자의 이름은 두 가지로 불리는데 '예레미야후' 혹은 '예레미야'이며, 그 뜻은 '여호와께서 세우신다'이다. 이 명칭은 '라마'라는 동사와 여호와라는 하나님의 이름의 생략형이 합하여 만들어진 복합 명사라 할 수 있다. 헬라어 성경인 칠십인경에서는 "이에레미아스(Ιερεμιας)"라고 했고, 라틴어 성경은 "제리미아스(Jeremias)"라 했으며, 영어 성경은 "제러마이야(Jeremiah)"라 했다. 한국어 명칭은 히브리 원명의 짧은 것을 택했다고 볼 수 있다. 히브리 성경(타나크)이나 칠십인역(셉투아진트) 그리고 영어 성경과 한국어 성경에서와는 달리 아람어 성경인 '페쉬타'에서 본서가 12소선지서 다음에 위치해 있다. 칠십인경은 맛소라 본문보다 훨씬 짧고 본문의 배열도 조금 다르게 하고 있다.[41] 쿰란 제4동굴에서 발견된 사해 사본의 예레미야 관련 본문은 세 가지인데 그중 두 가지는 맛소라 본문과 아주 유사하고 나머지 하나는 짧은 칠십인

---

41 참고, 70인경의 본문에는 맛소라 본문의 칠분의 일에 해당하는 히브리어 단어들이 빠져 있으며, 예레미야 46~51장의 내용이 예레미야 25:13절 이후에 배치되어 있고 또 예레미야 33:14~26절은 70인경에서는 아예 빠져 있다.

경과 유사한 특징을 보인다.

기록에 의하면 예레미야는 주전 645년경 남방 유다의 예루살렘 근교인 베냐민 땅 '아나돗'이란 마을에서 태어났다. 그의 아버지 힐기야는 제사장이었으며, 아마도 율법서 두루마리를 발견한(왕상2: 26) 아비아달의 후손이었던 것 같다. 예레미야가 선지로 임직된 것은 소년 시기의 일(대략 20세 전후)로 볼 수 있으며, 그의 첫 예언 활동은 요시야 왕 통치 제13년에 있었으니 대략 주전 627~626년경이라 볼 수 있다. 그는 남방 유다 왕국의 쇠퇴기인 요시야, 여호아하스, 여호야김 그리고 여호야긴 왕의 시대에 걸쳐 예언 사역을 하였고, 시드기야 왕 11년에 예루살렘이 함락될 때까지 예언을 계속하였다. 본서는 그러니까 주전 627년 유다의 선왕이었던 요시야 왕 시대부터 유다 패망 이후 25년 이후인 562년까지의 기록을 담고 있다. 선지자는 비교적 유복하게 산 것 같고(왜냐하면 비서 바룩을 두고 있었고, 사촌 하나돗의 밭을 살 수 있는 경제력을 가진 것으로 보아), 유다의 경건한 왕이었던 요시야 정권 때부터 왕궁과 가까이 지낼 수 있는 집안에서 자란 것 같다. 그래서 요시야 왕이 므깃도에서 전사했을 때 그는 비장한 애가를 짓기도 했다.

예레미야서는 성경의 가장 긴 책인데 소선지서 열두 권을 합한 것보다 더 길다. 예레미야서는 판단 기준을 제시하는 도전적인 책으로 정확한 연대기 순으로 편집된 책이 아니다. 이 책은 몇 개의 시문과 산문을 담고 있으며, 예레미야의 전기와 이스라엘을 향한 메시지로 구성되어 있다. 많은 학자들이 동의하고 있는 바는 본서가 신명기 및 전기 선지서와 동일한 맥락 속에서 모세 언약에로의 헌신을 설파하고 있다고 결론을 내린다. 그래서 본서에는 신명기와 호세아서의 영향이 많고,[42] 열왕기 하 24:18~25:30절이 본서 52장과 거의 동일한 모습을 보이고 있는 것 또한 본서의 특징이기도 하다. 그리고 본서는 새 언약(렘31:31~34)을 포함하고 있어서 오실 메시아에 대한 예언이 포함되어 있어 중요하고, 예루살렘이 무너진 두 번의 이야기 등을 포함하고 있다. 본서는 언약백성인 유다가 다가올 재난을 피하려면 우상숭배로부터 철저히 회개해야 한다고 강조하면서, 그 죄를 인해 유다가 바벨론의 포로가 되는 치명적인 심판을 받게 되겠지만, 하나님은 그런 심판 가운데서 자기 백성을 구하실 것이고 회복시키실 것에 대한 메시지가 본서의 주제라 할 수 있다.

예레미야는 대략 40년 이상의 기간을 예언자로 활약했는데, 그의 시대는 유다의 역사에서 가장 암울하고 가장 심각한 위기의 시대였다. 그의 시대에 대하여 제기되는 의

---

42   Holladay W. L., *Jeremiah, 2vols*, ed. by Hanson P. D(Philadelphia, Fortress, 1986~89), 2:78~80.

문점이 두 가지 있다. 하나는 예레미야가 예언했던 북쪽으로부터 침략자(1:11~16)가 누구이며, 이스라엘은 왜 그런 화를 자초했는가 하는 점과 또 하나는 그 시대에 성전에서 발견된 '율법 책'이 어떤 책인가 하는 점이다. 이에 대하여 학자들은 북쪽으로부터 올 침략자는 코카서스 너머에 살고 있던 스키타이족이었을 것이라고 본 헬라의 역사학자 헤로도투스의 주장을 따르는 부류가 있고, 또 다른 학자들은 그들은 아마도 느부갓네살의 군대일 것이라 주장하는 학자들이 있다.[43] 그리고 요시아 왕의 통치 18년째인 B.C. 621년에 발견된 율법 책(왕하22:8)이 일부의 학자들에 의해 '신명기'였을 것이라 추정되기도 하고 또 다른 학자들은 '오경 전체'가 포함된 율법서일 것이라 추정되기도 하였다. 하지만 확증된 해답은 없으며 단지 그 발견된 두루마리가 오래된 것이며, 권위가 있었고, 기적적으로 되찾아 진후 다시 잃어버려진 거룩한 책이었음은 분명하다 하겠다.

주전 7세기 선지자를 대표하는 예레미야는 이스라엘의 선지 역사에 독특한 위치를 점하고 있다. 구약의 문서 선지자들은 대략 크게 세 시대로 그 활동 시대를 가늠할 수 있다. 첫째는 주전 8세기이며 이사야, 아모스, 호세아, 미가 등이 활약했고, 그 시대는 정치·군사적으로 비교적 평온하고 번영을 누리던 시대였다. 그로부터 70~80년에 이르는 예언자들의 침묵기를 거쳐, 유다 역사의 가장 침울하고 비극적인 시대인 주전 7세기 말에 이르러 하나님은 또한 많은 선지자들을 세우셔서 언약백성들에게 말씀하셨다. 마지막 그룹은 포로 귀환 후 시대의 선지자들이며 이들은 성전 재건과 언약백성의 정체성 회복이라는 주제로 사역을 감당했다. 이렇게 볼 때 본서 예레미야가 사역했던 시대는 암울했고, 그래서 '눈물의 선지자'로 불리는 예레미야의 사역은 여러 가지로 의미가 있다.

2) 예레미야의 구조

본서는 아래와 같이 구조되어 있다.
- 1:1~19절 ▶ 예레미야의 소명과 두 가지 환상
- 2:1~3:5절 ▶ 유다의 죄와 배은
- 3:6~6:30절 ▶ 갈대아 세력에 국가 패망할 것을 예언함
- 7:1~10:25절 ▶ 유다의 패망과 포로생활 예언

---

43 이에 대한 자세한 설명은 Harrison R. K., op. cit. II, pp.369~370을 참고하라.

- **11:1~13:27절 ▶** 예레미야의 생활을 통한 예언
- **14:1~17:27절 ▶** 비유, 경고, 애통 등으로 예언함
- **18:1~20:18절 ▶** 토기장이의 비유로 예언함

2. 예레미야의 신학적 논점들

1) 마음에 새긴 새 언약의 내용과 특성

예레미야를 통해 선포된 소위 '새 언약'[44]은 이전의 언약들과 비교해 볼 때 몇 가지 특성을 가지고 있는 것으로 여겨진다. 구약의 대표적인 언약은 크게 모세에게 주어진 시내산 언약과 다윗에게 선포된 다윗 언약이다. 그것들 외에도 구약은 많은 언약들을 포함하고 있는데 예를 들면 아담에게 한 언약, 가인에게 준 언약이 있고, 또한 홍수 후의 노아와 맺은 무지개 언약이 있으며, 아브라함을 부르고 난 후 그와 맺은 언약이 있고, 야곱이 그의 열두 아들을 축복하며 맺은 언약 등이 있다. 그런 하나님과 맺은 언약이 우리의 관점이지 여호수아가 기브온 족속과 맺은 언약들은 우리의 관심이 아니다. 이렇게 하나님이 인간을 불러 그들과 언약을 체결하는 상황은 사실 예사로운 것이 아니다. 고대의 어떤 민족도 인간이 신과 언약을 체결하였다는 민족은 없다. 그런 관점에서 하나님이 모세를 부르고, 다윗에게 어떤 계약관계를 체결했다는 것은 상당히 이례적인 일이 분명하다.[45]

이렇게 볼 때, 이스라엘이라는 민족과 맺은 첫 번째 언약은 시내산 언약이고 두 번째 언약은 다윗 언약이 분명하다. 세월이 지난 후 하나님은 그 민족의 멸망에 앞서 당신의 종 예레미야를 통해 그 언약들을 갱신하며 새로운 언약을 발표하고 계신 것이다. 이렇게 해석되면 좋겠다. 하나님이 선민의 거룩한 역사를 시작하면서 아브라함을 불러 언약을 맺었고, 또 하나님은 아브라함의 자손들이 한 민족을 이루어 나올 때 그들의 지도자인 모세와 더불어 "세계가 다 내게 속하였나니 너희가 내 말을 잘 듣고 내 언약을 지키면 너희는 모든 민족 중에서 내 소유가 되겠고 너희가 내게 대하여 제사장 나라가 되며 거룩한 백성이 되리라"(출19:5~6)는 시내산 언약을 체결하셨다. 그리고 이제 그 민족

---

44 참고, 여기서 새 언약의 범위를 정리하는 것이 좋겠다. 새 언약의 핵심 구절은 물론 31:33절이지만, 통상 새 언약 구문은 예레미야 30~33장으로 선정함을 미리 밝혀 놓는다.

45 House P. R., op. cit., p.206.

이 나라를 세우고 하나님이 기뻐하시는 왕이 옹립되자 그 왕인 다윗에게 "네 집과 네 나라가 내 앞에서 영원히 보전되겠고 네 왕위가 영원히 견고하리라"(삼하7:16)는, 영원한 위를 확약하는 다윗 언약을 주셨다. 그런 하나님께서 이제 그 신정 왕국 유다가 멸망하려하자 앞선 언약을 폐기치 않고 그 언약들의 연장선상에서 새롭고 전진된 새 언약, "그러나 그날 후에 내가 이스라엘 집과 맺을 언약은 이러하니 곧 내가 나의 법을 그들의 속에 두며 그들의 마음에 기록하여 나는 그들의 하나님이 되고 그들은 내 백성이 될 것이라 여호와의 말이니라"(렘31:33)는 언약을 허락해 주셨다. 그것이 예레미야서 신학의 핵심을 이루고 있는 주제이기도 하다. 이제 그 언약의 핵심적 내용과 특성을 살펴보도록 하겠다.

언약 설교의 핵심을 이루는 예레미야 30~33장은 더 밝은 미래와 새 언약을 선포하고 있다. 하나님은 이사야를 통하여 암시된 방식으로 남은 자를 일으키실 것이다. 그러나 이것은 아직 완성되지 않았다. 그래서 새 언약 본문 뒤에는 곧바로 미래의 구원과 아울러 예루살렘의 몰락과 심판과 포로 살이 등을 기술한다. 이것은 왜, 그리고 어떻게 하나님이 그 언약 파괴에 대한 징계를 하시는지를 보여주고 있다. 그러니까 바벨론의 포로는 하나님의 언약 파괴에 대한 심판이며 그 심판을 통하여 하나님은 선민을 정제하시고 새롭게 관계를 맺어 가실 것임을 이 예레미야의 '새 언약'을 통해 시사하고 있는 것이다.

새 언약을 선포하기 전에 하나님은 선지자에게 영원한 언약을 기록하라고 말씀하신다(렘30:1~4). 그것은 이 언약이 반드시 실천될 것임을 시사하는 표현이다. 이 새 언약이 선포되기 전의 예레미야의 사역은 세우고 심는 사역보다, 찢고 뽑는 사역이었다. 그러나 이 부분에 오면 하나님의 모습이 바뀌어 나타난다. 파멸이 휩쓸고 간 뒤 백성들을 회복시키시고 새롭게 하시는 하나님이시다. 이 새 언약 구문(30~34장)은 두 개의 시문과 두 개의 산문체로 형성되어 있으며, 백성들에 대한 약속과 예루살렘 도성에 대한 약속이 반복되어 나타나는 구조로 되어 있다.[46] 이 새 언약의 서두(30장)에서 새로운 모습의 하나님은 남은 자를 구원하시고, 그들의 죄악을 싸매어 주시며, 즐거움을 주시고 언약적 관계를 회복시켜 줄 뿐 아니라 여호와의 진노의 종말을 알려다 주시는 분으로 묘사되고 있다.

---

46 Biddle M. E., "The LiteraryFrame Surrounding Jeremiah 30:1~33:26," *Zeitschrift fur die alttestamentliche Wissenschaft 100/3*(1988), pp. 409~13.

이 새 언약은 P. R. 하우스 박사에 의하면 다음의 일곱 가지 특성으로 정리된다.[47]

① 이 언약은 남은 자들과 맺어질 것이며, 장차 생겨날 것이다(31:31).

② 이 언약은 이스라엘 전 지파의 연합을 도모할 것이다(31:31, 참조 30:3~4).

③ 이 언약은 신명기가 이미 고대했던 바대로 백성들의 마음에 새겨질 것이다(31:33, 참조 신30:6).[48]

④ 여호와를 알리기 위해 이 언약을 백성들에게 가르칠 필요가 없다. 왜냐하면 그들이 여호와를 알게 될 것이기 때문이다(31:34).

⑤ 이 언약은 영원할 것이다(31:35~37).

⑥ 하나님은 이 언약이 깨뜨려지지 않을 것이라고 말씀하신다(31:32).

⑦ 하나님은 백성들의 죄를 사하실 것이다(31:34).

P. R. 하우스는 상기의 일곱 가지 요소가 다 중요하지만 그중에서도 세 번째, 네 번째, 다섯 번째 요소가 더 중요하다고 했다. 이전의 다른 선지서의 언약들은 참 희망을 오직 미래에 두었으며 다른 언약들 역시 언약백성들의 회복과 연합을 강조했다. 이전의 모든 언약들 역시 마음으로부터 우러나오는 헌신과 순종을 강조했었다. 그러나 그것이 명문화 되지 않았다. 상기의 '마음에 새겨진 영원한 여호와의 율법'에 대한 개념은 언약백성을 정의하는 새로운 개념이 되기에 충분하다.[49] 이것은 구속사의 새로운 전진인데 그에 더하여 모든 언약백성들이 여호와를 알 것이라는 표현 역시 계시의 놀라운 진전이 아닐 수 없다.

이 새 언약은 신명기 7:6~11절이 아브라함과 그 자손과 맺은 언약을 설명하듯이, 그리고 이사야 55:3절이 다윗과 맺은 언약을 반영하듯이, 이 새 언약은 이전 언약들을 기초 삼아 새로운 경지로 나아가고 있는 것이다. 마음에 새겨진 율법을 인하여 언약백성은 하나님을 곧 바로 인식할 수 있게 된다. 인간이 하나님을 인식한다는 말은 바로 언약 관계가 지속되고 있음을 말하는 것이다.[50] 이와 같은 '마음에 새겨지는 역사'는 여호

47　House P. R., op. cit., pp.568~69.

48　새 언약의 내면성 혹은 마음에 새긴 율법에 대한 보다 자세한 토론을 위해 다음의 글들을 참고하라. Nicholson E. W., *Preaching to the Exiles*(Oxford, Basil Blackwell, 1970), pp. 83~84; Skinner J., *Prophecy and Religion: Studies in the Life of Jeremiah*(Cambridge, Cambridge Uni. Press, 1922), pp.320~34; Carrol R. P., *From Chaos to Covenant: Uses of Prophecy in the Book of Jeremiah*(London, SCM Press, 1986), pp.215~25; Thompson J. A., *Book of Jeremiah, NICOT*(Grand Rapids, Eerdmans, 1980), pp.579~81.

49　Potter H. D., "New Covenant in Jeremiah 31:31~34," *VT33/3*(1933), pp.347~55.

50　Jacob E., *Theology of the Old Testament*, Tr. by heathcote A. W. and Allcock P. J.,(New York,

와께서 그를 알도록 마음의 할례를 행하실 것이라는 점은 이미 신명기 30:6절에서 예고되어 있는 것이다.[51] 즉 율법을 지키고 하나님을 인식할 수 있는 근본적 능력이 인간의 의지에서가 아니라 하나님에게서 나오며 그것은 바로 성령의 은혜인 것이다. 이점에서 새 언약은 신약의 기자와 연결된다. 이사야 61:1~3절의 메시아 예언을 성취하셨음을 선언한 예수는 최후의 만찬에서 그들이 마시는 잔을 '새 언약의 잔'으로 소개하고 있다(마26:28, 눅22:20, 막14:24). 바울 역시 성찬에서의 새 언약을 기념하도록 증언하고 있으며(고전11:23이하), 히브리서 기자도 그리스도의 죽음을 새 언약의 관점에서 해석하고 있다. 즉 새 언약의 본문 예레미야 31:31~34절은 신구약을 망라하여 연결된 구속사의 중요한 분기점이다. 그것은 과거의 언약들을 신학적 기초로 하여 그리스도가 이루실 완전한 언약의 축복을 향하여 나아가도록 하고 있다. 이의 성취는 오직 성령이신 하나님만이 하실 수 있는 일임을 확신하면서.

2) 예레미야 시대의 역사적, 정치적 배경

예레미야서뿐 아니라 많은 선지서들의 역사적 배경을 이해하지 않으면 선지자들의 메시지를 정확하게 파악하기 어렵다. 특별히 이스라엘의 선지자들은 앞선 이사야 시대(주전 8세기)에 많이 일어났고, 그로부터 대략 70~80년간의 공백기를 거쳐 이제 예레미야의 시대에 많은 선지자들이 일어난다. 그러므로 구약의 문서 선지자들의 메시지를 제대로 이해하기 위해서는 이 두 세대에 대한 폭넓은 이해가 요구되는 것이다. 그런데, 이사야를 비롯한 주전 8세기의 고대 근동의 상황은 비교적 평화로웠고, 경제적으로 번영된 시대였다. 그러나 예레미야를 비롯한 주전 7세기 선지자의 시대는 그렇지 못하다. 국제 정세가 돌변하고 주변의 열강들이 발흥하고 몰락하는 격변기라 할 것이다. 그런 정치, 군사적 격변기에 하나님의 사람들인 선지자들은 무엇을 보았고, 어떻게 말씀을 전했는가, 그것은 그들의 현실적 상황과 어떻게 조화를 이루는가 하는 점에 대해서 기본적인 흐름을 이해하는 것이 이 글의 목적이다.

다행스럽게도 예레미야서에는 그의 시대가 잘 반영되어 있다[52]. 그가 사명을 받고 활동을 시작한 시점인 B.C. 627~626년은 북방 이스라엘은 이미 앗수르에 의해 멸망

Harper & Row, 1955), p.216.

51   Nicholson E. W., op. cit., pp.83~84.

52   참고, 예레미야 시대의 국제적 정세와 배경에 대하여 다음의 글들을 참고하라. Harrison R. K., op. cit. II, pp.368~76; Dillard R. B. & LongmanIII.T., op. cit., pp. 428~32.

(B.C. 722) 당한 뒤였고, 앗수르 제국의 통치자였던 앗수르바니팔이 죽었던 해였다. 대제국의 왕의 죽음은 인근에 있던 바벨론이 나보폴라살의 영도 하에 독립할 수 있는 기회를 주었으며, 남방의 이집트로 하여금 삼메티쿠스 왕(바로)의 지도로 앗수르의 영향력에서 벗어나 이집트가 새롭게 되는 시점이었던 것이다. 그런 남방 유다 왕국을 둘러싼 주변 열강의 대 변혁기에 유대 민족은 환란과 배교가 성행하여 사회적으로는 혼란스러웠고, 종교생활은 정상성을 잃어갔으며 선민으로서의 위치를 지키지 못하는 어려움이 일반화 되었던 시대였다. 예레미야 시대의 국제 정세는 이미 언급된 대 제국 앗수르의 대왕 '앗수르바니팔'이 죽자 앗수르 제국은 급격히 약화되었고, 바벨론은 메대와 연합하여 B.C. 614년에 수도 앗수르를 함락시켰으며, 당시의 가장 번성한 국제도시였던 '니느웨'(미국의 뉴욕 같은, 호주의 시드니 같은 도시임)를 2년여의 공략 끝에 마침내 B.C. 620년에 함락시키며 중동의 새로운 강자로 등장했다.

그런 시절에 남쪽의 이집트도 국력을 재정비하여 신흥 제국으로 발돋움하려는 바벨론을 견제했는데, 이집트의 속내는 바벨론과 이집트 사이에 약체가 된 앗시리아라는 나라를 살려두어서 방패막이 구실을 하도록 하고 싶었고, 명분은 그들의 옛 친구인 앗수르를 돕겠다는 것이었다. 그래서 이집트의 파라오(왕) '느고'는 유다의 요시아 왕에게 바벨론을 치러 가는 길을 내어 줄 것을 요구했다. 요시아 왕은 이집트가 그들의 지배자였던 앗수르를 돕는 것을 못마땅하게 여겨 이집트의 느고 왕(바로)에게 항전하였다. 느고 왕은 삼메티쿠스의 후계자였으며, 그 역시 고대 이집트 제국의 부흥을 꿈꾸던 야심가였다. 그러자 이집트의 느고 왕은 전쟁을 일으켜 므깃도에서 유다의 요시아 왕을 전사(B.C. 609)시켰으며, 그를 이어 즉위한 그의 아들 여호아하스 2세(B.C. 609)를 석 달 만에 폐위시키고 그를 이집트로 끌고 갔다(렘22:11, 왕하23:30~33, 겔19:1~4). 여호아하스는 결국 이집트에서 죽고, 이집트는 유다를 속국으로 삼아 그의 형인 여호야김을 왕으로 세우고(B.C. 609) 무거운 조공을 요구했다(왕하23:31~37). 그런 여세를 몰아 이집트의 느고 왕은 바벨론을 침공하여 패권을 차지하려는 전쟁을 일으켰는데, 이때 바벨론은 나보폴라살 왕의 아들인 느브갓네살 2세가 아버지의 군대를 지휘하던 시점이었다. 느브갓네살은 느고 왕을 맞이하여 갈그미스에서 대 접전(B.C. 605, 렘46:2)을 벌이게 된다. 그러나 역사는 이집트가 아니라 바벨론의 손을 들어주었고, 느고 왕은 갈그미스에서 패전하여 다시 아프리카 땅으로 패주하였다. 이렇게 이집트를 누른 바벨론의 느부갓네살은 명실공히 중동의 새로운 패권자가 되었고, 장래의 거침돌이 될 수 있는 남방의 이집트를 정복하기 위하여 통로 상에 있는 작은 나라와 도시들을 하나씩 점령해 들어갔다.

이제 세상은 완전히 신흥 강대국인 바벨론의 천하가 되었다. 그러나 이스라엘의 왕 '여호야김'은 자기를 왕으로 세운 이집트에 대한 미련을 버리지 못하여 이중 플레이를 하였는데, 바벨론에 조공을 바치면서도 이집트에 충성했던 것이다(왕하24:1). 느브갓네살은 아버지 나보포라살의 뒤를 이어 B.C. 604년에 왕으로 즉위하여 국력을 키웠고 B.C. 601년에 이집트를 침공하여 세력을 확장하려 하려다가 성공하지 못하고 회군하였다. 바벨론의 침공을 성공적으로 막아내는 이집트를 보면서 여호야김 왕과 대신들은 다시 이집트 쪽으로 기울어 바벨론으로부터 독립을 추구하는 배신을 하게 된다. 그러자 느브갓네살 대왕은 그런 여호야김의 유다 왕국을 공격하여 배신에 응징을 하였는데(B.C. 597), 이 전투에서 여호야김 왕은 예루살렘 함락 직전에 궁중 반란으로 사망했고, 그의 아들 '여호야긴'이 이어서 왕위를 계승했으나 한 달간 통치하면서 어려움을 겪다가 바벨론에 항복할 수밖에 없었으며, 다른 유대인 포로들과 함께 바벨론으로 끌려갔다. 그 후 느브갓네살 왕은 여호야긴 왕의 숙부였던 '시드기야'를 유다의 왕으로 세우고 조공과 지배를 강화하였다.

새롭게 즉위한 꼭두각시 분봉 왕 시드기야 왕은 나약하고 실권이 거의 없었다. 그의 주변의 각료들은 대부분 이집트에 호감을 가진 친 이집트파였으며 시드기야 왕은 그들을 통제할 지도력이 없었다. 그 즈음에 이집트는 새로운 바로(B.C. 589) '호프라'가 즉위했는데, 이스라엘의 대신들은 호프라 왕을 중심으로 바벨론 대항하자고 시드기야를 압박했다. 그런 연유로 시드기야가 십 년을 섬기던 바벨론을 배신하고 이집트 쪽으로 방향을 틀자 바벨론의 느브갓네살은 막강한 군사력을 동원하여 예루살렘을 초토화하였고, 그때 라기스, 아즈카 등의 도시가 함락되며 마침내 B.C. 587년에 예루살렘 이 느브갓네살 군대에 함락되고, 유다 땅은 황폐화되었으며 많은 귀족과 왕족 및 지도계층이 포로로 잡혀가고 나라가 멸망되었다.

이런 와중에서 예레미야는 시종일관 유다의 살 길은 바벨론을 의지하는 길 밖에 없으며 이집트를 의지해서는 안 된다고 경고했다. 그래서 예레미야는 당시의 지배계층에 의해 철저히 박해를 받았으나, 새로운 점령군인 바벨론의 느브갓네살은 예레미야를 잘 선대해 주었다. 그러나 바벨론이 임명한 유다의 총독 그달랴가 암살되자, 미스바에 남아있던 이스라엘의 잔류 세력들은 예레미야를 잡아서 이집트로 도망을 갔고, 거기서 예레미야는 어려운 시절을 보내었는데 그는 그의 시종 바룩과 함께 이집트의 다바네스라는 곳에서 그의 말년을 보냈다고 알려지고 있다.

예레미야의 선지자적 정황

그런 상황이 그 예민하고 정서적인 성품의 예레미야에게 깊은 상심을 주었고, 그의 메시지에 호소력을 더하게 했던 것이다. 예레미야서에 주되게 흘러내리는 사상은 유다를 향한 예레미야의 강한 사랑과 범죄하는 백성을 향한 하나님의 준엄한 경고를 선포하는 것이 전체 분위기이다. 자기의 예언에 대한 부정적 반응과 맹렬한 박해로 인하여 정서적으로 예민한 성격의 소유자인 예레미야가 깊은 슬픔에 빠지기도 하였지만, 이 책은 절망을 주는 책이 아니라 '희망'을 주는 예언서이다. 물론 이사야서처럼 메시아와 그의 왕국 실현에 대한 극적인 장면은 없다 할지라도 예레미야 역시 이스라엘의 귀환을 바라보는 신앙과 하나님의 뜻이 종국적으로 이루어져 승리한다는 소망을 보여주고 있다. 예레미야는 괴로운 포로살이를 하나님의 징계로 받아야 한다는 이스라엘의 어두운 면을 실감 있게 설파하였으나, 그 고난의 흑암은 그의 메시지의 결론은 아니다. 괴로운 포로살이의 피 안에 실현될 하나님의 축복을 선포함으로서 그의 백성들을 위로, 격려하였다. 이스라엘의 소망은 하나님께서 이스라엘을 향하여 맺으실 새 언약(렘 31:31~34)과 새 일에 있으며, 이것이 예레미야가 강조하려는 바로 그 핵심인 것이다.

예레미야서는 구약성경의 예언서들 중 가장 정치적인 경향을 보이는 책이다. 경건한 요시야 왕의 통치시대에 예레미야는 자유로운 예언자적 생활을 가질 수가 있었다. 그래서 그 왕이 므깃도 전투에서 전사했을 때 그는 애절한 애가를 외칠 수가 있었다. 진리를 사랑하고 하나님의 법도를 따르는 데 익숙한 예레미야의 메시지는 비타협적이고, 부패한 사회상과 세속화한 성직자들을 향한 준엄한 책망을 동반했기 때문에 동료들의 미움의 대상이 되어갔다. 요시야 왕 사후 우상숭배의 세력과 친 애굽파 세력은 예레미야의 강직한 선포에 적대적인 태도를 취하였다. 본서 7~10장에 기록된 당시의 부패한 종교상과 예루살렘의 성전관에 대하여 선지자는 준엄한 경고를 선포하자 반대파는 예레미야의 생명까지 위협하였다. 그러나 일부 소수의 경건한 장로들과 관원들의 도움으로 위기를 모면하였다.

이때부터 예레미야는 성전출입이 금지 당한 것으로 생각되며, 예언 사역에 많은 방해를 받게 된다. 그래서 그는 자기의 서기요 비서인 바룩을 통해 예언을 기록케 하고 선포케 된다. 여호야김 왕은 예레미야가 바룩을 통하여 기록한 하나님의 예언을 불사르며 박해를 가하였고, 다음 왕인 시드기야는 바벨론을 따라야 하는 것이 하나님의 뜻이라 주장하는 예레미야는 매국노니 다른 선지자들 세우도록 했다. 시드기야는 나중에 바벨론의 침략이 실현되자 선지자를 두려워하게 되었다. 느부갓네살의 군대가 예루살렘을 점령했을 때 예레미야를 높이고 바벨론으로 가게하며 우대하려 했으나, 예레미야는 고토에 남아 신앙을 지키며 자유를 위해 계속 투쟁하는 자기 백성들과 함께 거하면서 하나님의 말씀을 선포한다. 그 후 바벨론을 반대하고 애굽을 피난처로 삼은 유대인 도피자들이 예레미야를 강제로 애굽으로 압송하였다. 그곳에서도 계속해서 예언사역을 했으며 아마 애굽에서 사망한 것으로 생각된다.

본문에 나타난 예레미야의 성품은 온순하고 동정심이 강한 사람이었으나, 하나님의 말씀을 선포하는 선지자의 위치에서는 조금도 양보나 타협이 없었다. 자기 백성의 죄상과 비참한 장래를 잘 바라보는 자기로서는 모든 반대를 무릅쓰고 강하게 선포하는 것만이 백성을 위한 최상의 봉사이며 하나님의 뜻에 순종하는 길이었기 때문이다. 그래서 예레미야의 성격과 그의 예언사역은 성경해석사에 그에게 특별한 이름을 붙이게 하였는데 즉 "눈물의 선지자", "상한 심령의 예언자", "위대한 인물" 등이 그것이다. 이런 정황 속에서 홍수처럼 밀려드는 배교사상과 외국세력의 침략은 모든 백성의 마음에 공포와 타협, 대세 추종 등의 생활 자세를 만들었지만 예레미야는 홀로 굳게 서서 하나님 중심의 생활원리를 고수했던 것이다. 이미 언급되었지만, 그의 강렬하고 타협 없는 메시지는 민족의 슬픈 현실과 자신의 메시지가 거부됨을 인하여 더욱 그를 슬프게 했고, 그의 메시지는 통렬하게 하였지만, 본서 예레미야서는 절망을 노래한 패배의 책이 아니다.

잃어버린 하나님 중심의 신앙으로 돌아가는 것만이 진정으로 축복된 선민의 특권이라는 것이다. 그런 신앙만이 하나님의 보호와 회복을 얻을 수 있음을 전제한 메시지의 선포이다. 그는 회개를 선포했다. 그러나 백성을 회개하지 않았다. 그래서 그는 회개 없는 백성에게 바벨론을 통한 하나님의 심판을 선언했다. 그러자 그는 박해와 미움을 당한다. 하지만 그 심판이 끝이 아니라, 새롭게 펼쳐질 하나님의 새 언약의 시작임을 그는 분명히 하고 있다. 그래서 말씀을 연구하는 자는 메시지의 전후와 핵심을 잘 파악할 수 있는 심안을 가져야 한다.

본서 예레미야서가 주는 또 하나의 통찰은 예레미야 선지자의 메시지는 그의 소명의식과 깊은 관계가 있다. 그는 이스라엘뿐 아니라 이방민족들에게도 예언을 하도록 부름 받은 선지자라는 것이다. 그런 관점에서 그는 **이방인의 시대로 가는 통로에 선 안내자**와 같은 역할을 한 선지자이며, 그런 점에서 예레미야는 진정한 의미에서 구약의 첫 국제주의자적 선지자라 할 것이다. 이것을 그의 메시지와 결부시켜 본다면, '참 이스라엘'이 누군가 하는 질문을 이방인들과 함께 논의할 수 있다는 것이다. "육신적 유대인이 유대인이 아니요"라고 하였던 사도 바울의 고백과도 상통하는 말이다. 그의 민족주의적 경향과 국제주의적 경향의 메시지가 내포하는 것은 참된 이스라엘(영적 이스라엘)의 회복이라는 주제 하에서 생각해야 되는 것이다.

3. 예레미야의 주요 내용 강해

1) 예레미야의 초기 예언(1:1~20:18)

(1) 예레미야의 소명과 두 가지 환상(1:1~19)

첫 부분은 예레미야의 선지사역의 시작 연도를 암시하고 있다(주전 627. 요시아 왕 13년). 예레미야는 임직 이후 4명의 왕의 통치기간 동안 내내 사역하였고, 예르살렘의 멸망 이후에도 계속 사역한 것으로 알려졌다. 예레미야 전 장을 통하여 가장 특징적인 표현은 "여호와의 말씀이 내게 임하여 가라사대…"하고 나타나는 신탁에 관한 표현들이라 하겠는데, 그것은 다양하게 변형된 형태로 나타난다. 이런 신탁이 바로 선지자가 자신의 말이 아닌 하나님의 말씀을 전하고 수종 드는, 부름 받은 종임을 증명하는 가장 강력한 증거다.

예레미야가 하나님의 소명에 항변하는 모습은 모세와 기드온을 연상시킨다. 그는 자신이 너무 어리다는 이유로 부르심을 거절하려했지만, 하나님은 그가 태어나기 전에 그를 불러 쓰시기로 작정하셨다는 주님의 말씀 앞에 순종하게 된다. "여호와께서 내게 이르시되 너는 아이라 말하지 말고 내가 너를 누구에게 보내든지 너는 가며 내가 네게 무엇을 명령하든지 너는 말할지어다. 너는 그들 때문에 두려워하지 말라 내가 너와 함께 하여 너를 구원하리라 나 여호와의 말이니라"(1:7~8).

그의 사역을 위해 하나님은 살구나무 가지와 끓는 가마의 환상을 보여주시며 사역을 확정하고 있다. "그들이 너를 치나 너를 이기지 못하리니 이는 내가 너와 함께 하여 너를 구원할 것임이니라 여호와의 말이니라"(1:19)는 본문에서 보듯이 하나님은 예레미야에게 자신의 계획을 선포할 권세와 자신을 보호해 주실 것임을 여러 가지를 통해 확증시키고 있다.

(2) 유다의 죄와 배은(2:1~3:5)

이 부분의 말씀은 예레미야의 초기의 말씀이며 여호야김 왕이 찢어버린 그의 첫 번째 두루마리와 동일시되고 있다(36:23). 호세아처럼 예레미야도 출애굽한 시내광야에서 이스라엘을 향하셨던 하나님의 신실하심을 회고하고 있다. 2:4~13절에서 예레미야는 언약적 고소를 사용하는데, 하나님께서는 이스라엘이 하나님을 향한 책임을 버렸기에 하나님께서 이스라엘을 향한 책임을 지지 않으셨음을 되묻고 있다. 이스라엘은 이집트의 종살이에서 구원받은 자유백성이 아닌 노예로(14절), 신부가 아닌 매춘부로(20절), 경작된 포도보다는 들포도로(21절) 그리고 도둑으로(26절) 묘사되고 있다. 예레미야는 유다에게 호소하고자, 과거에 이스라엘에게 일어났던 일들을 지적한다. 36절은 바벨론이 쳐들어오면 유다에 남아있던 자들이 이집트에 가 도움을 청할 것임을 미리 보여주고 있다. 3장의 첫 부분은 한 번 남편과 이혼한 여인은 다시 그 남편과 결혼할 수 없다는 사상에(신24:1~4) 근거하여 배신한 이스라엘을 하나님이 다시 취할 필요가 없음을 말하고 있지만, 다시 품는 일이 가능할 수 있음을 여운적으로 남기고 있다.

(3) 갈대아 세력에 국가 패망할 것을 예언함(3:6~6:30)

유다는 이미 멸망당한 이스라엘만큼이나 부정하다(3:6~11). 예레미야는 하나님은 항상 진노하시는 분이 아니시며 자비로우신 분이기에 백성들을 설득하여 하나님께로 돌아가려한다(3:15~4:4). 3장의 마지막 부분에서 회개를 촉구한 예레미야는 4:2절에서 보듯이 마음의 할례를 받아 회개한 백성이 모든 열방을 축복하기 위한 하나님의 선민의 역할을 할 수 있음을 보여주고 있다. 이 단락은 다가오는 전쟁에 관한 생생하고도 소름 끼치는 이미지들을 담고 있다. 사자처럼 포악한 대적은 '북쪽'에서 올 것임을 묘사하고 있다. 선지자가 탄식하고 있는 4:19~22절의 모습은 다가오는 재난의 때에 육체적, 심리적, 정서적으로 얼마나 큰 곤경을 당할 것인가를 적나라하게 보여주고 있다. 4장의 후반부는 창세기 1장의 혼돈스런 모습과 타락한 피조세계의 황폐함을 그리고 있다. 5장은 계속해서 유다의 악을 묘사하고 있으며 공의와 진리는 다시 신실함의 척도로 등장하며, 한 사람이라도 그것을 지켜 행하면 예루살렘은 구원을 받을 것이라고 말하고 있다. 악은 백성 전체에 퍼져있고 '남은 자' 개념이 10절과 18절에서 보인다. 6장에서 예루살렘은 다시 여인으로 의인화되지만 이제는 자신의 아름다움에 매우 만족하며 기뻐하는 여인으로 등장한다. 하지만 그 여인을 지켜보는 목자들에 대한 목가적 표현은 신속하게 전쟁의 장면을 연상시키고 있다. 의의 도성이 되어야 하는 예루살렘은 악만 키우고 있고 8절은 이제는 참을 수 없는 긴장 가운데 있는 하나님과 예루살렘의 관계를 '주민이 없는 땅'으로 묘사하고 있다. 하나님의 심판은 철저하며 첫 추수 후에도 하나님은 남은 것을 완전히 제거하기 다시 오실 것이다(9절). 하나님의 진노에 대한 묘사는 언약의 저주를 기억나게 한다(신28:30). 백성들은 자신들의 유익만을 탐욕스럽게 추구하였고 지도자들을 뿌리 깊은 악에 대한 감각을 잃어버려 아무 문제가 없는 것으로 여기고 있다. 치유책은 '옛 길'로 돌아가는 것이다(6:16). 하지만 그들은 거짓 예배를 고집하며 심판을 자초했다. 이런 이유로 심판이 행해질 것이고, 예레미야는 그들을 내어 버린 은이라 부르게 될 것이라고 경고한다. 이유는 그들이 먼저 여호와를 버렸기 때문이라 하였다(6:30).

(4) 유다의 패망과 포로생활 예언(7:1~10:25)

이 단락은 백성들의 거짓 예배라는 일반적인 주제를 다루고 있으며 문학형식으로는 시로된 신탁들과 상호 연결된 설교형식의 연설들이 섞여 있다. 7:1~15절은 소위 '성전설교'라고 불리며, 26:1~6절의 사건들을 더 자세히 진술하고 있다. 그는 성문에 서서 참가하는 단순한 절기 준수가 참 예배를 대체할 수 없음을 명백히 하고 있다. 예루살렘은 예전에 실로가 그랬던 것처럼 하나님의 심판에서 제외되지 않는다는 것이 선지자의 논리이다. 실로는 '내가 처음으로 나의 이름의 거처로 삼았던 장소라는 자격을 부여받았지만, 블레셋에 의한 파멸을 막아주지는 못했었다. 그다음에 나타나는 7:16~8:3절 사이의 우상숭배 장면은 더욱 심각한데, "하늘의 여왕"(7:18)이라 불리는 가나안의 여신은 아나타 혹은 바벨론의 이쉬타르일 수도 있다. 사람들의 우상숭배는 매우 악한 일이기에 예레미야는 선지자의 역할 중에 하나인 백성들을 위해 기도하는 일마저 해서는 안 된다는 말을 듣는다(7:16). 8장의 전반부는 회개하기는커녕 계속 악을 행하는 유다의 지도자들을 책망하고 있고, 이런 백성을 향한 선지자의 슬픔이 8:18~21절에 쏟아지고 있다. 8장의 마지막 부분과 9장의 전반부는 유다의 곳곳에 스며들어 있는 '거짓'과 '악행'에 관한 선지자의 경고가 눈물로 이어지고 있다. 그의 슬픔은 자기 백성을 향한 하나님의 슬픔을 반영하며, 죄로 가득한 사회에 대한 소름끼치는 고발이 있고 심판이 선포되고 있다. 9장의 후반부17~26절에는 종말에 관한 환상을 그리고 있다. "여호와의 말씀이니라 보라 날이 이르면 할례 받은 자와 할례 받지 못한 자를 내가 다 벌하리니 곧 애굽과 유다와 에돔과 암몬 자손과 모압과 및 광야에 살면서 살쩍을 깎은 자들에게라 무릇 모든 민족은 할례를 받지 못하였고 이스라엘은 마음에 할례를 받지 못하였느니라 하셨느니라"(9:25~26).

10장은 유일하신 여호와 하나님을 보여주고 있다. 선지자는 여호와를 유일하신 참 하나님으로 선포한다. 그가 다른 신들의 거짓됨을 폭로하는 장면은 이사야 44:9~20절에서와 같은 아이러니가 가득 담겨있다. 두 곳 모두 선지자는 백성들이 패배하면 다른 신들이 하나님보다 더 강하다고 생각할 것임을 알고 있다. 멋진 찬양으로 예레미야는 여호와를 창조주로 기리고 있으며 심판과 함께 장차 임할 파멸과 자신의 고뇌를 표현하고 있다.

(5) 예레미야의 생활을 통한 예언(11:1~13:27)

이 부분은 깨어진 언약에 관하여 선지자가 백성들의 죄와 씨름하고 있는 여러 이야기들로 구성되어 있고, 11장의 후반부에는 그의 설교 때문에 고향 아나돗의 사람들이 선지자를 죽이려고 꾀하는 음모를 그리고 있다. 이에 대하여 선지자는 고백적 기도를 드리고 있다. 12장은 항의하는 내용에 대한 예레미야의 자세한 설명이 다른 고백에서 이어지고 있으며 이번 고백은 '책망'을 초래하고 있다(12:5~6절). 13장은 심판과 참회행동으로 보여준 '허리띠 비유'(1~11장)는 유다의 부패를 보여주고 있으며, 이어지는 비유들은(포도주 가죽부대의 비유)는 심판과 함께 올 무기력한 혼동의 술취함으로 설명되고 있다. 13장 후반부의 시적 형태의 신탁들 역시 그 땅의 전쟁의 비극, 실제적인 잔인함과 폭력성을 비유하고 있다.

(6) 비유, 경고, 애통 등으로 예언함(14:1~17:27)

유다에 기근이 닥치자 회개의 말들이 터져 나왔지만, 하나님은 이 말들을 받지 않으신다(14:10). 아마 그 말들이 진실하지 못했기 때문일 것이다. 선지자의 어떤 기도나 연설도 이 단계에서 유다를 도울 수 없으며, 거짓 선지자들은 처벌을 받을 것이다. 이 장은 자비를 호소하는 백성들의 또 다른 간절한 기도로 마무리 되고 있다. 15장의 회개역시 진정한 회개가 아니었음을 암시한다. 위대한 중재자인 모세와 사무엘이 유다를 위해 기도했더라도 그것들은 응답되지 않았을 것이다(15:1~2). 므낫세는 예레미야시대 이전의 왕이었는데 그의 죄는 이 형벌의 주요 원인으로 꼽히고 있다. 다른 심판의 말씀들이 나온 후 선지자는 다시 자신의 큰 고뇌를 표현한다. 13~14절은 선지자로 하여금 자신의 소명의 목적을 떠올리게 하는 유다를 향한 신탁이다. 그렇더라도 그의 슬픔은 거의 하나님을 고발할 정도에 이르고 있다. 예레디야는 이 모든 것들이 중단될 것임을 보여주는 징표로서 결혼을 포함한 일상적인 일들에 참여하는 것을 금지 당한다 (16:1~9). 현 세대의 죄들은 그들의 운명에 대한 직접적인 원인이며, 심판의 말씀들 중간에 그 이후에 있을 구원 환상이 예기치 않게 끼어 있으며, 맨 끝에 여호와를 하나님으로 인정하는 다른 열방의 참회의 말이 반향 되고 있다.

17장에는 축복과 저주가 선포되며 마음에 새겨진 죄악은 31:33절의 마음에 새겨질 새 언약과 대조되고 있다. 이 언약은 축복(7~8절)과 저주(5~6절)의 형식으로 반영되고 있으며 축복구절은 시편 1:3절과 유사하다. 17장의 후반부에서 선지자가 한 특정 계명(제4계명)에 특별히 의지하는 것은 극히 이례적이다. 하지만 안식일은 그 이전에 아모스 선지자의 관심이기도 했다(암8:5). 이는 여호와 예태의 상징들이 사라진 포로기에 특별히 중요했을 것이라 생각된다.

(7) 토기장이의 비유로 예언함(18:1~20:18)

이 부분에서는 고대에 일상적인 활동이던 토기 제작을 통하여 두 가지를 보여주고 있다. 첫째, 예레미야는 모든 나라의 운명이 어떻게 하나님의 손 안에 놓여 있는지를 보여주고 있고, 둘째(19장)는 토기가 깨어지면 다시 만들 수 없다는 비유를 포함하는 것으로 유다에 대한 심판이 불가피한 일임을 보여주기도 한다. 예레미야의 육체적 고난은 제사장 바스홀의 학대로 새로운 국면을 맞는다(20:1~6). 자신을 자기 메시지의 희생자가 되게 한 소명에 항의하는 그의 부르짖음이 클라이맥스를 이루며, 욥처럼 자기도 태어나지 말았으면 좋았겠다고 생각하기 까지 한다(20:14~18). 두 번째 항의이자 고백은 찬양을 중심으로 두 부분으로 다시 나누어지는데 어둠가운데서도 구원의 말씀을 임하게 하는 찬양인 것이다. 우리 귀에 울리는 인생의 목적에 대한 선지자의 질문과 고뇌에 찬 부르짖음으로 긴 단락이 마무리 되고 있다. 예레미야서의 마지막 부분에서 이 질문에 대한 답이 나올 것이다.

2) 제2단계의 예언(21:1~39:18)

(1) 예루살렘에 관한 하나님의 명령(21:1~23:8)

이 단락은 예레미야 시대에 모든 유다 왕들의 통치를 다 포괄하고 있지만 특별히 마지막 왕인 시드기야에게 집중되고 있다. 이 단락의 목적은 어떻게 이 왕들이 모두 실패하였는지와 유다에게 남은 유일한 희망은 바벨론을 통해 주시는 하나님의 형벌을 어떻게 견딜 것인가를 보여주는 데 있다. 전장에서 선지자는 한 관리에게 학대를 당했지만 왕과 신하들은 여전히 예레미야를 찾고 있다. 그들은 이 강력한 선지자가 호의적인 말을 해 주기를 바란다. 하지만 예레미야의 단 하나의 대답은 유다는 이제 하나님의 형벌을 받을 수밖에 없으며, 이상하게 들리겠지만 그 길만이 생명의 길이라고 주장한다(21:8). 그 다음에는 예루살렘은 결코 무너지지 않을 것이라는 잘못된 사상에 경종을 울리고 있으며(13~14절), 다시 한 번 언약백성의 통치자로서의 왕의 임무를 수행하도록 왕에게 도전하고 있다.

예레미야 22장 전반부는 유다의 왕들에 대한 경고의 말씀이고, 10~12절에는 요시야 왕이 죽자(609년, 므깃도 전투시) 이어 즉위한 후 이집트로 잡혀갔던 여호아하스 왕(본문에는 살룸 왕으로 나옴)을 위한 탄식이다(참고, 왕하23:31~34). 22장의 나머지 부분은 시드기야 이전의 두 왕들에 대한 고발인데 첫째는 여호야김 왕에 대한 고소이고, 이어지는 말씀들은 예루살렘을 큰 나무들로 인해 오만함의 상징처럼 된 레바논에 비유하고 있다. 즉위한 해에 유배된 여호야긴(주전 597)에 대한 말씀으로는 그의 어떤 후계자도 다윗 왕위에 오르지 못할 것이라고 말한다. 이 말씀은 다윗 왕국의 종말을 고하고 다윗에게 주신 '영원한 언약'을 폐기하는 듯이 보인다. 여기서 다시 한 번 주님은 다윗 언약의 영적 계승을 예시하고 있다.

이런 종말의 선언 다음에 메시아적 왕의 약속이 이어지고 있는데, 그것이 바로 예레미야 23:5~6절에 나오는 유명한 "다윗의 한 의로운 가지"에 대한 언약적 계시이다.

(2) 선지들에 대한 예레미야의 증언(23:9~40)

예레미야 선지자는 이제 왕이나 집권층이 아니라 동료 선지자들에게 화살을 집중시키고 있다. 진리를 말하는 대신에 그들은 거짓을 말하고 백성들에게 거짓 확신을 심어주었다. 그들은 여전히 '하나님의 어전 회의'에 있지 않으며 부도덕하고 우상숭배를 하기까지 하였다. 그런 무리들 중에는 제사장들도 연루되어 있다. 그들은 선도할 책임을 감당하지 못할 뿐 아니라 도리어 거짓 신탁으로 이득을 취하기까지 하고 있었다(23~40).

(3) 유다를 향한 경고(24:1~25:38)

21:9절의 사상은 두 바구니의 무화과의 환상에서 발전되고 있다. 바벨론을 통한 징계가 하나님의 형벌임을 인정한 사람들은 구원을 받겠지만, 저항하는 자들은 결국 거부될 것이다. 이 환상에는 수사학적인 의미가 담겨 있다. 쟁점은 바벨론에 투항하는 자는 살기는 하겠지만 비참함속에서 유지 될 것이라는 것이며, 그것이 하나님의 언약을 어긴 백성들이 당해야 하는 징계라는 점이다.

25장은 예레미야서의 핵심 단락이라 할 수 있는데, 유다가 하나님의 형벌을 피할 수 없지만 그 형벌은 영원히 지속되지는 않을 것이며 그날이 '70년'으로 제한될 것이고 (25:11), 이는 예언한 시점부터 페르샤에 의한 바벨론의 멸망까지를 의미하게 된다. 혹자는 마지막 예루살렘의 멸망부터 포로에서 돌아와서 성전을 재건할 때까지의 기간을 말하는 것으로 해석하기도 한다. 여기서 말하고자하는 바는 하나님께서 바벨론을 사용하여 유다를 벌하신 후 바벨론을 다시 벌하실 것이라는 사실이다(14절). 왜냐하면 하나님은 유다나 바벨론뿐 아니라 열방을 심판하시는 분이심을 진노의 술잔을 마시고 비틀 거리는 모습으로 비유하고 있다.

(4) 성전 설교와 거짓 선지자와의 논쟁(26:1~29:32)

여기서는 바벨론의 공포정치를 말하고 유다가 풀려나 구원을 받기 전에 그들이 겪어야 하는 시련에 대하여 말하고 있다. 이 말씀은 예레미야가 사역한 여러 시기에 나온 것이다. 26장에서 선지자는 재판을 받고 있다. 그의 성전 설교가 좀 더 짧게 반복 되고 이것은 '반역'으로 간주되고 있다(26:11). 물론 이 예언은 미가(3:12)의 예언을 의미하며 예루살렘이 형벌을 받을 수 있음을 암시하고 있어서 선지자는 이 성전 설교를 한 후 즉각적인 반대와 어려움을 당하게 되었다. 예레미야는 다행히 그 화를 피할 수 있었지만 같은 예언을 한 다른 선지자 우리야는 애굽에서 연행하여 와서는 죽이고 평민의 묘지에 매장해 버린다. 27장은 유다뿐 아니라 다른 열방도 바벨론을 통해 하나님의 형벌을 받을 것임을 보여주는데 이 시대는 바벨론의 첫 침공인 주전 597년과 둘째 침공(멸망시)인 시드기야 시대이다.

일부 선지자들은 예레미야의 메시지를 공격하였으며 그들은 형벌이 그리 오래 지속되지 않을 것이라고 말한다(27:16). 첫 침공 때 빼앗겼던 많은 성전의 보화들이 다시 곧 돌아오게 될 것이라는 예언은 거짓 예언이라는 것이다. 특별히 하나냐는 2년 안에 돌아오게 될 것이라(28:3)고 하지만 예레미야는 그런 거짓 예언을 하는 거짓 선지자가 금년에 죽을 것이라 선언한다(28:16). 엘리야가 그리 하였던 것처럼 예레미야도 자신의 예언의 성취를 통하여 자기의 메시지임을 바른 메시지임을 선포하고 있다. 29장에서 선지자는 먼저 바벨론에 잡혀간 첫 번째 유배자들에게 편지를 보내어 그들이 빠른 시일 내에 귀환하리라 기대하지 말고 그곳에서 새로운 삶을 정착하도록 권하고 있다. 이것이 하나님께서 형벌 후에 이루실 약속을 위한 새로운 미래의 시작인 것이다. 29:14절에서 처음으로 "내가 너희를 포로된 중에서 다시 돌아오게 할 것"을 언급하고 있다. 그리고 70년이란 유배의 기간도 재확인 되고 있다(29:10). 29장의 뒷부분은 유배가 길어질 것인지에 대한 문제로 유다와 바벨론에서 많은 논쟁이 있었음을 보여주고 있다.

(5) 위로의 책: 장차 나타날 메시아의 왕국(30:1~33:26)

이 부분은 본서의 중심이 되며 소위 '위로의 책'으로 불리는 부분이다. 여기서 예레미야는 유배를 잘 견딘 사람들을 기다리는 위대한 구원의 약속을 마침내 표현하고 있는데, "내가 너희를 포로된 중에서 다시 돌아오게 할 것"이라는 표현이 이 부분에서만 6번이 반복되어 나타난다(30:3, 18, 31:23, 32:44, 33:7, 11, 참고 29:14). 30장은 심판의 말씀 다음에 구원의 말씀이 옴으로써(예, 4~7절 다음에 8~9절) 이것이 하나님의 계획에 따른 사건들의 순서임을 보여주고 있다. 여기의 일부 심판의 말씀들은 앞의 예언들을 정확히 상기시키만 지금은 구원의 말씀들과 나란히 나오고 있다(예, 30:12, 15는 6:14, 8:21과 유사하다). 31장은 약속의 땅에 기쁘게 재정착 하는 환상들로 가득하다. 구원받은 사람들은 이스라엘의 남은 자들이다. 이스라엘을 흩으셨던 분이 이제 그들의 구원자가 되신다(31:10~11). 하나님께서 그들을 징벌 하셨지만 그분은 또한 그들을 구원하시기를 간절히 원하셨다(18~20절). 형벌은 이제 과거의 일이 되었고 이제 "새 언약"이 소개된다(31:31~34). 이 새로운 언약은 이스라엘과 유다 백성들이 다시 그들의 땅에서 살게 되고, 이제는 더 이상 하나님께 대한 순종을 강요할 율법이 필요가 없으며, 그들의 마음이 변화될 것이기에 그분께 순종할 수 있는 날을 고대하는 언약이다. 즉 신실한 백성이 되도록 하나님께서 친히 그들을 도우실 것이다.

밭을 사는 예레미야의 이야기(32장)는 전 장들의 주제를 이어가는 실례이다. 하나님의 회복에 대한 강력한 확신인 것이다. 이일을 통하여 예레미야는 "하나님께서 할 수 없는 일이 있겠느냐?"(32:27)라고 말하는 요지는 하나님께서는 과거에 끊임없이 자신을 배반한 마음이 완악한 사람들까지도 변화시켜 구원하실 수 있다는 것이다. 33장에서는 구원에 대한 새 성전, 새 제사장과 함께 새로운 메시아적 왕의 약속을 포함하고 있다(33:14~26).

(6) 시드기야의 죄와 레갑족의 충성(34:1~35:19)

이제 초점은 다시 위기 가운데로 이동한다. 예언은 연대기적 전개가 아니라 주제적 전개방식을 따르고 있다. 이 단락의 첫 에피소드는 시드기야 왕에 관한 것이고 다음 두 장은 여호야김 왕의 일화로 돌아가고 있다. 두 왕들이 선지자를 통해 주어진 하나님의 말씀에 어떻게 저항했으며 그 결과 어떻게 그들이 포로로 잡혀가게 되었는지를 말하고 있다. 노예를 풀어주기로 한 시드기야의 결정은 하나님의 율법과 잘 어울리고 있지만 지도자들과 백성들을 그것을 실행하지 않기로 결심하였다(34:8~11). 그들은 불성실하다는 점에서 금욕적이고 유목민적인 삶의 방식을 지키기로 한 레갑 자손들(35장)과 비교당하고 있다.

(7) 여호야김의 반대와 예레미야의 예언 두루마리를 불사름(36:1~32절)

예레미야가 자신의 구속되었음을 인하여 자기 시종 네리야의 아들 바룩을 불러 기록하게 한 말씀을 성전에서 선포하게 한다(36:1~13). 바룩이 성전 위 뜰에 있는 서기관 그마랴의 방에서 예레미야의 모든 말을 백성들에게 낭독한 말씀은 곧 바로왕궁의 고관들에게 들려졌고, 고관들은 바룩을 불러 자초지종을 물은 후 그것을 왕에게 읽어드리게 된다. 그러나 여호야김은 그 두루마리를 면도칼로 찢고 불에 던져 태워버린 후 서기관 바룩과 선지자 예레미야를 잡아들이라고 명하지만, 그들은 하나님의 도우심으로 화를 면하게 된다.

여호야김 왕이 예레미야가 그 시대를 향해 선포한 말씀이 담긴 두루마리를 불태운 사건(36:23)은 왕이 하나님의 말씀 듣기를 거부했음을 보여주는 놀라운 일이지만 그렇다고 하나님의 말씀이 파기될 수는 없는 것이다. 예레미야는 단순히 두루마리에 더 많은 내용을 담아 기록하였다

(8) 유다의 몰락(37:1~39:18)

유다의 마지막 때가 이르렀다. 바벨론이 예루살렘을 포위 했을 때 예레미야는 감옥에 갇혀 있었다. 유다가 항복해야 한다는 그의 지속적인 메시지는 반역으로 간주되었

고 심지어 적에게 투항하려 한다는 의심까지 받게 된다(37:11~15). 그런 상황에서도 강력한 관리들에게 쩔쩔매던 우유부단한 시드기야는 예레미야를 찾는다. 하지만 예레미야는 평소 그가 선포하던 메시지를 완화시켜 전할 수 없었다(37:16~21). 그의 대적 유대인들은 그를 죽이기 원하지만, 그는 권세 있는 한 친구(아벳멜렉)에 의해 구조되며(38:1~13) 시드기야는 다시 그를 비밀리에 만나 나라의 미래에 대하여 자문을 구한다. 메시지는 바뀌지 않았지만 왕은 아마도 예레미야를 보호한 것으로 보인다(38:16). 시온은 멸망하였고 바벨론은 그곳에 법정을 세워 예루살렘을 치리하기 시작했다. 시드기야의 아들들은 유다의 왕위가 지속되리라는 생각을 못 하도록 살해되었으며(39:6) 시드기야는 눈이 뽑히는 불구가 된다. 많은 백성들이 유배를 당하고 덜 중요한 사람들만 남겨지게 된다. 예레미야는 이제 겉으로는 그를 선지자로 존중한 바벨론의 보호를 받게 된다.

3) 예루살렘 함락 이후의 예언(40:1~45:5)

(1) 그다랴 총독시대의 예언 사역(40:1~41:18)

여기서는 이스라엘에 남겨진 자들의 운명에 대하여 말하고 있다. 이들에 대하여 성경은 어디서도 말하지 않고 있는데, 선지자는 이 그룹들과 함께 남아 있으며 새롭게 임명된 총독 그다랴에게 협조 한다(40:4~6). 하나님이 그 땅을 다시 축복하시기 시작한다는 즉각적인 징표들이 보이고(40:11~12) 곧 바로 암몬 사람들의 지지를 받는 야심찬 느다냐의 아들 이스마엘 때문에 위험을 당하게 된다. 이스마엘과 그를 따르는 불량배들은 바벨론이 임명한 유다의 총독 그다랴를 살해하고, 여러 사람들을 데리고 이집트로 도피하려 했다.

(2) 예레미야의 애굽행(42:1~43:7)

이런 혼란스런 정황 속에서 백성들은 선지자에게 하나님의 뜻을 물었다(42:2~3). 예레미야는 이 백성이 바벨론의 통치를 받아들이고 이집트로 가지 말아야 한다고 여전히 말하고 있기에 그의 메시지는 이전과 동일하다. 하지만 새로운 남은 자들의 지도자들은 선지자의 경고를 무시하고, 예레미야와 바룩 그리고 유다로 돌아온 자들을 볼모로 잡아서 이집트로 가버린다(43:1~7).

(3) 애굽에 도피한 자들에게 예언사역(43:8~44:30)

그러나 이집트에서도 예레미야는 바벨론이 내려와서 이집트를 이길 것이라 선언한다(43:8~13). 이것은 하나님의 메시지가 모든 열방에 영향을 미침을 보여주는 것이며 이집트로 피신 온 사람들을 심판하실 하나님을 보여주고 있다. 백성들은 예전의 우상 숭배 하던 삶의 방식으로 돌아감으로써 그들이 하나님의 심판을 받아 마땅하다는 것을 분명히 보여주고 있다(44:11~19).

(4) 바룩을 향한 권고(45:1~5)

짧은 장인 이 장에서는 구스 사람 에벳멜렉처럼 예레미야의 서기관 바룩이 전쟁의 폐허를 경험해야 하겠지만, 그의 생명은 안전히 브존될 것을 언급하고 있다(45장).

4) 이방 나라들을 향한 경고(46:1~51:64)

본서의 마지막 부분을 형성하고 있는 이 단락은 주요한 열방 신탁 모음집이라 할 수 있다. 여기에는 25장과 비슷한 메시지가 들어있고 이 긴 단락은 헬라어 LXX와는 다르게 배치되어 있는 부분이기도 하다. 열방을 향한 신탁은 다시 한 번 예레미야의 메시지가 유다만을 위한 것이 아님을 보여주고 있다. 언급된 많은 나라들은 유다와 이스라엘의 이웃나라들과 대적까지 포함하고 있다. 이집트가 차지하고 있는 중요한 위치는 43~44장의 이야기에서 자연스럽게 알 수 있고 열방에 대한 심판은 결과적으로 유다의 구원이라는 결과로 귀착될 것이다(46:27~28). 본문은 이어서 블레셋(47장), 모압(48장), 암몬(49:1~6), 에돔(49:7~22), 다메섹(49:23~27), 게달(49:28~33)과 동쪽의 민족인 엘람(49:34~39)족에 대한 예언까지 포함되어 있다. 경우에 따라서 이 열방을 위한 하나님의 계획이 있으시다는 놀랄 만한 확신의 말씀도 등장한다(48:47, 49:6, 49:39).

이 부분의 주요한 두 장이 바벨론에게 할애되고 있는데(50~51장), 바벨론이 맨 나중에 나오는 것은, 이 나라가 예레미야서의 핵심 역할을 하고 있기 때문일 것이다. 하나님의 심판을 가져오는 나라는 바벨론이지만, 그렇다고 바벨론이 바른 동기로 그 일을 한 것은 아니라는 뜻이다. 그 대신 바벨론은 잔인하게 자신의 관심사를 따라 활동했을 뿐이다. 따라서 바벨론도 하나님의 심판의 대상이라는 것이다. 바벨론에게 임하시는 심판은 동시에 유다의 구원이 된다. 이는 열방을 위한 신탁과 위로의 책이 형벌과 심판 후에 온다는 점에서 비슷한 구조를 가지고 있다. 여기서 하나님은 유다의 "구원자"(50:34)로 묘사되고 있다. 예레미야는 유다와 관련된 말씀을 기록하였듯이 바벨론에 관한 말씀도 기록하고 있으며 그 말씀이 성취될 때를 기다리며 유프라테스 강에 그의 책을 던져 넣고 있다(51:59~64).

(1) 예루살렘 함락과 유다 포로 사회에 대한 역사적 기사(52장)

이 마지막 부분은 부분적으로 39장의 사건을 반복하고 있지만 열왕기의 마지막 부분(왕하25장)과도 비슷하다. 이는 39장에 성전 약탈과 파괴 이야기를 추가한 것이며, 주전 597년 유배된 여호야긴 왕의 석방에 대한 해설이기도 하다. 이것을 이스라엘의 미래에 대하여 다시 다윗 계통의 왕이 통치하게 될 것으로 보는 학자들도 있다.

본서 예레미야서가 주는 또 하나의 통찰은 예레미야 선지자의 메시지는 그의 소명 의식과 깊은 관계가 있다. 그는 이스라엘뿐 아니라 이방민족들에게도 예언을 하도록 부름 받은 선지자라는 것이다. 그런 관점에서 그는 이방인의 시대로 가는 통로에 선 안내자와 같은 역할을 한 선지자이며, 그런 점에서 예레미야는 진정한 의미에서 구약의 첫 국제주의자적 선지자라 할 것이다. 이것을 그의 메시지와 결부시켜 본다면, '참 이스라엘이 누군가' 하는 질문을 이방인들과 함께 논의할 수 있다는 것이다. "육신적 유대인이 유대인이 아니요" 하였던 사도 바울의 고백과도 상통하는 말이다. 그의 민족주의적 경향과 국제주의적 경향의 메시지가 내포하는 것은 참된 이스라엘(영적 이스라엘)의 회복이라는 주제 하에서 생각해야 되는 것이다.

4. 예레미야 애가 서론

1) 애가 서론

애가서는 예루살렘의 함락을 탄식하는 비가이다. 애가는 히브리 성경의 성문서 메길롯(오축) 중 세 번째 위치하고 있으며, 처음에는 제목이 없었으나 이 책의 첫 글자 '애-카'('슬프다!' 혹은 '아!')라는 말을 그대로 사용하고 있다. 칠십인경은 "쓰레노이"라 하였고 라틴 벌케이트 역은 "예레미야의 비가(Threni, id est lamentationes Jeremiae Prophetae - 애가, 이것은 선지자 예레미야의 애가이다)"라는 말을 책명으로 하고 있는데, 한글 성경은 이에 따르고 있다. 이 책은 짧은 편인데 교훈은 심각하다. 3:23절에 나타나는 "하나님의 성실하심이 위대하시다"는 사상은 이 책의 제목처럼 귀한 교훈이다. 하나님의 백성은 실패하였어도 하나님은 실패치 않으시고 자기 백성에게 성실하심으로 대하신다는 것이다.

본서도 성문서의 여러 다른 책들처럼 저자에 대한 직접적 언급이 없다. 유대인의 전통은 본서의 저자를 예레미야로 지칭하고 있지만,[53] 본문의 어디에도 예레미야 선지자가 이 책의 저자임을 직접적으로 명기하고 있지 않다. 이에 관하여 E. J. 영은 이 같은 전통은 아마도 역대기 하 35:25절에 대한 곡해 때문에 기인한 것으로 여긴다. 대하의 본문에서 "예레미야는 그를 위하여 애가를 지었고 모든 노래하는 남자들과 여자들은 요시야를 슬피 노래하니 이스라엘에 규례가 되어 오늘까지 이르렀으며 그 가사는 애가 중에 기록되었더라"고 했는데, 역대기 기자가 말하는 애가는 본문의 애가가 아니라 요시야 왕의 전사에 대한 애가임을 역대기 하 본문이 밝히고 있기 때문이라는 것이다.[54] 그러면서 E. J. 영은 예레미야가 애가의 저자라는 것을 확신할 수는 없지만 여러 가지 정황상 그것은 가능한 것일 수 있다고 여긴다. 이런 전승은 가능성이 없는 것도 아니고 그렇다고 확실한 것도 아니다. 왜냐하면 그런 결론은 본문에 의한 것이 아니기 때문이다.[55] 하지만 칠십인경[56]과 라틴 벌게이트 그리고 요나단의 탈굼, 페쉬타, 바빌로니아 탈무드 등에서 예레미야를 저자로 인정하고 있다. 오리겐이나 제롬 등 초대교부들도 그것을 받아 들였다. 비록 비평가들의 반론이 있기는 하지만, 여러 가지 정황들을 고려해 볼 때, 선지자 예레미야가 저자라는 심증이 생긴다. 왜냐하면 본서의 저자는 예루살렘의 멸망을 눈으로 목격한 사람임이 분명하고 또 문체와 어투에 있어 예레미야의 그 것과 많은 유사성이 있기 때문이다. 예를 들면 애가 1:15절과 예레미야 8:21절에 있는 "고통받는 시온의 처녀 딸"이라는 표현과, 애가 1:16절과 예레미야 9:1절에 있는 "선지자의 눈에서 눈물이 흐른다"라는 구절, 그리고 애가 1:2절과 예레미야 30:4절의 "너를 사랑하는 자가 다 너를 잊고 찾지 아니하니" 하는 등의 여러 구절들에서 두 본문들이 유사함을 가지고 있기 때문이다. 이 책의 대략적인 연대는 예루살렘의 멸망(주전 587) 직후의 시대라는 데 대체로 동의하고 있다.

이 책은 다섯 개의 시문으로 구성되어 있다. 일반적인 시문과는 달리 백성의 죄로 인하여 닥쳐 온 성의 폐허와 처참한 양상을 노래하는 비가이다. 탄식과 '화도다' 하는 어

---

53 Talmud, *Baba Bathra*, 15a.

54 Young E. J., op. cit., p.400.

55 Provan I., *Lamentations*(NCB, Eerdmans, 1992), pp.7~11.

56 Hillers D. R., *Lamentations*(AB, Doubleday, 1972, rev. ed. 1992) p.11에 의하면 헬라어 번역인 70인경(LXX)에는 "예레미야가 앉아서 예루살렘에 대해 애가서를 지으면서 이렇게 말했다"라는 구절이 덧붙여져 있다.

법으로써 엮어진 이 책의 구분 그 자체가 노래로서 나눠진다. 1, 2장과 4장은 각기 22절씩 되어 있는데, 이 절들은 22자로 된 히브리어 알파벳 순서대로 우리가 아는 답관체 기법으로 각 절이 시작되는 장들이다. 제3장은 66절로 이루어졌고 1, 2, 4장처럼 히브리어 알파벳이 한 절을 이끄는 형식이 아니라 한 알파벳이 세 절로 된 한 연을 이끄는 특이한 형식의 답관체를 형성하여 66절이 된 것이다. 다섯 시문 모두가 기도로써 마쳐지는데 특히 제5시문은 기도체로서 일관되고 있다. 이 책은 대체적으로 시편의 공동체 탄식시와 비슷한 형식적 특성을 보이고 있다.[57] P. W. 페리스는 본서의 시들이 왜 이런 답관체적 기법을 사용하고 있는지에 대한 이유로 "애가가 고난의 알렙과 타우까지를 다 언급함으로써(여기서 알렙, 타우는 히브리어 알파벳의 처음 자와 마지막 자인데 모두 22개이다) 시의 주제에 완결성을 주기 위해서"라고 추측했다.[58] 문학적 관점에서 볼 때, 애가의 저자는 놀랄 정도의 문학적 엄격함의 틀을 지켜가면서도 자신의 감정을 자유롭게 표현할 수 있는 숙달된 시인임을 짐작케 한다. 이러한 5개의 시들은 유대 포로들이 바벨론에서 예루살렘의 멸망을 추모하기 위해 사용했을 가능성이 있다. 이러한 시들이 깊은 슬픔과 신앙인들의 상처받은 정신을 전달하기 위해 좋은 도구였다는 데는 의심의 여지가 없다.

이 책의 구조와 관련한 W. 카이저의 분석도 의미가 있는데, 그는 본서의 문학적 구조가 3장을 중심으로 대칭을 이루고 있으며, 3장을 정점으로 하여 희망이 증진되었는데 다시 소란과 절망의 구렁으로 내려가고 있다고 피력했다.[59] 문체와 관련하여 본서가 가지고 있는 주요 기법은 일반적인 히브리 운율인 3:3율이 아니라, 애가나 탄식시에 어울리는 3:2라는 것인데, 이는 '키나'로 불린다. 두 번째 특징은 '의인화' 기법이다. A. 민츠에 의하며 "인간의 언어란 깊은 고통을 표현하기에는 적절치 않은 경우가 있다. 그럼에도 불구하고 이런 약점을 극복하는 한 가지 방식은 개인적인 경험을 집단적인 것과 국가 전체를 한 개인의 측면으로 보는 의인화 기법이다. 여기서 국가는 여인으로 그려지며 좀 더 복잡한 예는 박해 받는 사람으로 그려지기도 한다"[60]며 본문의 1:1~2절을 의인화의 예로 제시했다. 세 번째는 나중에 다시 재론되겠지만, 언어를 통한 사역이

---

57   Ferris Jr. P. W., *The Communal Lament in the Bible and the Ancient Near East*(Scholars, 1992), p.10.

58   Ibid., p.102~03. de Wette에서 재인용하고 있음.

59   Kaiser W. C., *A Biblical Approach to Personal Suffering*(Chicago, Moody, 1982), p.24.

60   Mintz A., "The Rhetoric of Lamentations and the Representation of Catastrohpe," *Prooftexts2*(1982), pp.1~17.

라는 특별한 표현이다. 이런 기법은 묘사는 A. 민츠에 의해 사용되어진 기법으로서, 애가서의 표현은 멸망에 대한 탄식이나 묘사를 넘어서는 것을 일컫는 말이다. 선지자는 단지 멸망이라는 사건 자체만을 분석하는 것이 아니라, 조한 치료자로서 사역하고 있다고 했다. 이런 깊은 탄식은 그 너머에 있는 회복을 추구하는 열망을 담고 있고 이에 근거하여 선지자는 하나님의 회복을 위한 개입을 열망하고 있다는 것이다. 이토록 참혹한 표현 즉 부적절한 표현들이 바로 그런 언어 사역이라는 것이다.[61]

본서의 주제는 언약 파괴에 대한 심판으로 임한 예루살렘의 멸망과 재앙을 애도하는 것이다. 이런 애가를 통하여 선지자는 매 맞은 이스라엘로 하여금 하나님의 공의로운 손길을 깨닫고 회개하는 마음으로 그의 은혜를 간구하는 언약의 자리로 돌아오기를 기대하고 있다.

2) 애가의 구조

- **1:1~22절 ▶** 폐허와 버려진 예루살렘.
- **2:1~22절 ▶** 하나님의 진노와 심판을 받은 이유와 회복하는 길은 회개뿐임.
- **3:1~66절 ▶** 폐허에 대한 선지의 애통 그러나 회개는 하나님의 자비를 가져오는 희망이다.
- **4:1~22절 ▶** 현재의 비참한 형편은 시온이 드러낸 과거의 영광과 대조됨.
- **5:1~22절 ▶** 하나님의 자비를 바라보는 기도.

5. 예레미야 애가의 신학적 논점

심판은 끝이 아니라 새로운 회복의 출발점이다

비록 애가는 구약에서 가장 비극적인 작품 중의 하나이지만 결코 신학적 의미가 없다고 할 수 없다. 욥기가 고난을 인간적인 관심과 메시아의 고난과 관련시키는 데 유익하다면, 애가는 고난을 하나님의 백성인 이스라엘의 민족적이고 역사적인 위기에서 다루어 가고 있는 것이다. 애가는 예레미야가 살았던 시대의 남방 왕국에 덮쳤던 비극의 참 뜻을 발견코자 했으며, 이런 비극적인 상황을 과거의 경광에 대한 비극적인 역전으

---

61 Ibid., p.7.

로 해석하고 있다. 애가의 신학은 N. K. 갓월드에 의해 정리된 것처럼 "애가는 종말과 희망의 배경에서 나타났으며 종말론적 배경은 공의로우신 하나님의 활동에 대한 논리적인 결과의 요서가 되었다."[62] 그렇기 때문에 예루살렘의 파괴는 하나님의 명령을 무시한 행위에 대한 결과이며, 이러한 상황의 비극적 성격은 이러한 재앙을 피할 수도 있었다는 것을 인식함으로서 더 고조되고 있다. 애가는 예루살렘의 패망의 원인을 살피며 그들의 가장 고통스러운 피하고 싶은 추억들을 되살려야 함을 보여준다. 이런 애가는 언약의 축복과 저주를 생각하게 하며 그럼에도 불구하고 그들에게 희망이 아직 남아 있음을 보게 한다.

애가의 신학은 두 가지로 선명하게 드러난다.[63] 첫째는 하나님은 의로우시다는 확신이며 둘째는 그 의로우신 하나님은 이스라엘에게 신실히 대하신다는 점이다. 이 두 확신을 축으로 하여 애가의 내용들이 전개되고 있다. 무슨 의미인가 하면, 비록 예루살렘과 하나님의 성전이 파괴되고 이스라엘 백성이 다 포로로 잡혀가 하나님의 도성이 황폐화되어 거민이 없는 황량함을 보이고 있다하더라도 그것에 대한 책임은 하나님에게 있지 않다는 것이다. 하나님은 언약을 파괴하는 백성을 심판하시겠다고 분명히 경고하셨음에도 이스라엘이 그것을 무시하고 범죄하였기 때문에 이 심판이 도래한 것이지, 약속을 지키신 하나님이 불의하거나 무책임해서 이런 끔찍한 일이 벌어지지 않았다는 말이다. 이에 대하여 N. K. 갓월드는 애가는 예루살렘의 멸망이 백성들로 당황하게 했는데, 불과 30~40년 전(요시야왕의 개혁을 의미함)에 이스라엘이 하나님을 향하여 회개하며 돌아왔었는데, 그 사이에 이토록 참담한 결과가 올 줄을 미처 예측하지 못하였다는 당황함이라 여겼다.[64] 이스라엘의 이상과 현실 사이의 긴장이 이런 당황함의 근거라고 주장했다. 이런 갓월드의 이론과는 다르게 B. 알브렉슨은 이스라엘이 이렇게 탄식하고 있는 주된 이유는 그런 당황함 때문이 아니라, 그들이 금과옥조처럼 생각했던 '시온의 불가침성'에 대한 충격 때문에 탄식하고 있다고 주장했다.[65] 그에 의하면 이스라엘은 시온은 절대 멸망하지 않는다는 일종의 시온 불가침에 대한 신학적 전승이 그들로 하여금 큰 충격과 혼돈 속에서 탄식하게 된 것이라 설명했다. 이런 주장들을 모두 섭렵하

62 Gottwald N. K., "Studies in the book of Lamentations," *Studies in Biblical Theology14*(London, SCM press, 1954), p.63ff.

63 House P. R. op. cit., p.872.

64 Gottwald N. K. op. cit., pp.47~62.

65 Albrektson B., *Studies in the Text and Theology of the Book of Lamentations with a Critical Edition of the Peshitta Text, Studia Theologica Lundensia21*(Lund, Sweden, Gleerup, 1963), p.223.

면서 P. R. 하우스는 본서의 신학의 첫 번째 구조는 왜 이스라엘에게 이런 재앙이 왔는가에 대한 대답으로 하나님의 신실함을 들고 있는 것이다(여호와는 의로우시도다 그러나 내가 그의 명령을 거역하였도다 너희 모든 백성들아 내 말을 듣고 내 고통을 볼지어다 나의 처녀들과 나의 청년들이 사로잡혀갔도다, 1:18).

둘째로 신실하신 하나님이시기 때문에 또한 그 백성 이스라엘을 마침내 회복시키실 것에 대한 소망을 갖게 된다는 의미이다. 1, 2장에서 하나님은 언약을 파괴한 백성들을 치시는 대적자였다. 그러나 3장에 오면 "그 하나님은 약속에 신실하신 하나님이며 이것이 아침마다 새로우니 주의 성실이 크시도소이다"라고 노래하고 있다. 이 구절에 대하여 C. 베스터만은 "오직 고통 가운데 겸손히 인내하며 자신의 죄악을 인정하며 여호와께로 돌아감으로 말미암아 이러한 은총을 발견하게 될 것"[66]이라 주장했다. 개인과 민족의 죄악으로 말미암아 재난을 잘 견디어 낼 뿐 아니라 구원의 하나님을 잠잠히 의지하고 바라보는 것 그것이 하나님의 신실한 반응 즉 은혜를 이끌어 오는 계기가 될 것을 이야기하고 있다. 무엇보다도 하나님은 심판을 원치 않으며 축복하시기를 바라신다(3:31~36). 이점에서 앞에서 언급한 A. 민츠의 이론인 언어사역을 다시 언급하는 것이 좋겠다. 이토록 참혹한 정경이 속속 들어오는 언어를 구사하면서 선지자는 하나님의 개입을 간접적으로 촉구하고 있고 했다. 이는 어느 정도 설득력 있게 들린다. '이게 신실하신 하나님의 최종 결론입니까?'를 반어적으로 묻고 있다고 여겨지기 때문이다. 선지자는 죽음을 가져다준 그 정확한 말씀이 또한 생명을 가져다 줄 것이라 확신하고 있다(3:37~39). 만약 하나님의 본성이 신실하지 않았다면 상상할 수 없는 관점이다. 역사의 대 주재 여호와 하나님은 항상 동일하신 분이시다.[67]

그래서 시인이 미래에 대한 기대를 할 수 있는 것은 하나님에 대한 이런 인식과 충성스런 마음 때문이었다. 비록 예루살렘이 자신의 운명을 감당해야 했으나 이런 파괴를 예루살렘에 행하신 하나님은 여전히 언약의 하나님이시며 축복을 주기 위한 선행 조건으로 당신의 백성들의 흔들리지 않는 믿음과 충성심을 요구하시는 분이시라는 것이다.

---

66 Westermann C., *Lamentations: Issues and Interpretation*, tr. by MUenchow C. A.(Minneapolis, Fortress, 1994), p.193.

67 Provan I., op. cit., p.83.

6. 예레미야 애가의 주요 내용 강해

1) 폐허와 버려진 예루살렘(1:1~22)

'슬프다'로 시작되는 애가의 첫 부분은 앞에서 언급한 전형적인 '의인화' 기법을 사용하면서 예루살렘의 황폐됨을 슬퍼하고 있다. 여기서 선지자는 예루살렘을 여러 가지로 묘사하고 있다. '이 성', '시온', '딸 시온', '예루살렘' 등이다. 선지자는 지속적으로 그의 탄식과 절망감을 여호와 하나님과 교감하고 있음도 주목해서 보아야 한다. 그러면서 그는 18절에서 여호와는 의로우시다라고 선언하고 있다. 이 심각한 황폐함의 책임이 여호와께 있지 않음을 인정하고 있다.

2) 하나님의 진노와 심판을 받은 이유와 회복하는 길은 회개뿐임(2:1~22)

이 장에서도 역시 "슬프다"하며 시작하고 있는데 이는 예루살렘의 멸망으로 말미암아 받은 인간의 아픔이 슬픈 것이 아니라 예루살렘을 향하신 하나님의 진노를 인하여 슬퍼하고 있는 것이다. 여기서 하나님은 언약을 파기한 이스라엘을 "원수"라는 개념으로 그리고 있다. 여호와 하나님은 약속하신 바를 다 이루시는 분(17절)이신데, "딸 시온의 성벽아 너는 밤낮으로 눈물을 강같이 흘릴지어다. 스스로 쉬지 말고 네 눈동자를 쉬게 하지 말지어다" 하며, 온 백성으로 하나님 앞에서 울며 탄식하며 회개할 것을 촉구하고 있다.

3) 폐허에 대한 선지의 애통
그러나 회개는 하나님의 자비를 가져오는 희망이다(3:1~66)

본 장의 앞부분은 욥의 애통을 생각나게 하는 부분인데, 내가 복을 내어 버렸다(17절)고 탄식하며, 내 고초와 재난 곧 쑥과 담즙을 기억해 달라고 요청한다. 그러나 20~21절이 전체 공동체 비탄시의 전환점이다. "내 마음이 그것을 기억하고 내가 낙심되오나 이것을 내가 내 마음에 담아 두었더니 그것이 오히려 나의 소망이 되었사옴은"이라고 하고 있다. 죄로 말미암아 벌을 받고 고통 받는 중에 그 이유를 깊이 묵상하며 반성하다 보니 나에게 벌을 주신 그분은 나를 사랑해서 벌주시는 것이라는 진리를 깨닫게 되었다는 뜻이다. 그래서 본서의 또 다른 주제 구절인 22~23절이 선포되고 있는 것이다. "여호와의 인자와 긍휼이 무궁하시므로 우리가 진멸되지 아니함이니이다 이것들이 아침마다 새로우니 주의 성실하심이 크도소이다." 그러면서 선지자는 여호와를 나의 기업(3:24)이라고 확신하고 있다.

앞에서도 언급이 되었지만, 3장은 답관체 시형을 세 배로 늘린 구조이다. 앞의 두 장은 각 절마다 한 알파벳으로 시작되지만 여기서는 한 알파벳이 3절을 카바하고 있다. 그래서 66절이 된 것이다.

4) 현재의 비참한 형편은 시온이 드러낸 과거의 영광과 대조됨(4:1~22)

여기서 다시 선지자는 "슬프다"라는 탄식으로 4장을 시작한다. 여기서는 예루살렘에 대한 비유가 '순금'으로 나오는데 아쉽게도 그 순금이 빛을 잃었고 변질되었다는 것에 비유한다. 선지자는 다시 여호와께서 진노하셔서 우리가 매를 맞았고 흩으심을 당했다고 평가했다.

5) 하나님의 자비를 바라보는 기도(5:1~22)

애가의 마지막 장은 하나님께 회복을 바라는 기도로 마무리 되고 있다. 우리를 건져낼 자는 오직 여호와 하나님뿐임을 다시 고백하고 있다. 여기서의 문투는 '우리'라는 복수형을 쓰고 있고, 온 이스라엘이 그렇게 범죄하고 이렇게 회개하오니 돌이키사 새롭게 하시고 우리를 다시 옛적 같게 하옵소서 하나님과의 언약 관계가 회복되기를 기원하고 있다.

제3장
에스겔

1. 에스겔의 서론과 구조

1) 에스겔 서론

본서의 명칭은 히브리어로 '예헤즈케엘', 혹은 '예헤즈겔'이다. 이 명칭은 다른 선지서들과 마찬가지로 본서에서 주도적 역할을 한 에스겔 선지자의 이름을 그대로 딴 것으로 그 뜻은 '하나님이 강하게 하셨다'라는 뜻이다. 칠십인경(LXX)에서는 "이에제키엘-"로 그리고 라틴어역에는 "에제키엘(Ezechiel)"로 되어 나온다. 그의 이름은 예언서 가운데 두 번 나오는 것을 제외하고는 구약에서 보이지 않는다.

전통적으로 구약 연구에 있어서 에스겔서의 중요성은 별로 강조되어오지 않았었다. 그래서 본서에 대한 연구를 다른 책에 대한 연구와는 그 접근을 달리 시작하는 것이 좋겠다. 에스겔 그는 이스라엘 역사의 가장 심각한 어려운 시기를 살았던 선지자였고, 그의 필생의 주제는 "선민 이스라엘을 과연 살아남을 수 있을까?"하는 질문이었다. 유다의 형제국이었던 북방 이스라엘은 벌써 150년 쯤 전에 멸망되었고, 흔적을 찾아보기 어렵게 되었기 때문에, 선지자의 민족의 생존과 조국에 대한 애착은 남다른 것이 될 수가 있었다. 그런 질문을 더 심화시켜 보면 **"하나님은 지금도 여전히 우리와 함께 하고 계실까?"**하는 물음이다. 본문이 밝히고 있는 대로 그는 제사장의 후손이다. 이 말은 에스겔이 유대 민족의 거룩한 전통을~성전에서 하나님의 임재를 느끼며 여러 제사와 율례를 집전하던/대표하고 있는 사람임을 암시하는 것이다. 본서의 목적과 주제는 단연 '하나님의 임재'라 할 수 있다. 하나님의 임재를 확인해 줄 수 있는 거룩한 성전, 선민 그리고 거룩한 시온성 예루살렘과 약속의 땅도 다 빼앗긴 이 시점에도, 그들의 조상들에게 약속 하셨던 '하나님의 그 언약'이 과연 유효한가?

　그런 질문이 본서의 시작이 왜 다른 선지서들과는 다른 방식으로 시작되는가의 이유인데, 그 유배의 땅에서도 '하나님의 임재가 열리는 환상'으로 본문이 시작되고 있다. "서른째 해 넷째 달 초닷새에 내가 그발 강가 사로잡힌 자 중에 있을 때에 하늘이 열리며 하나님의 모습이 내게 보이니"(겔1:1). 하나님은 여전히 그곳에서도 당신을 드러내고 계신다는 것을 알리는 것은 다른 많은 구절들보다 가장 웅변적으로 시사하는 바가 많은 표현이다. 에스겔은 여러 선배 예언자들과는 다른 도전과 문제에 둘러싸여 있었다. 그는 모든 것을 잃은 채 포로생활을 통하여 자기 자신을 발견해야 하는 유다인들 중의 하나였을 뿐이었다. 그는 죽음을 제외하고는 가장 가혹한 종류의 심판을 경험했고, 그 시대의 고민을 함께 겪었던 선지자였다. 그래서 그를 '포로민을 위한 예언자(A Prophet to the Exiles)'라고 부르기도 한다. 에스겔은 그의 시대에 예언자적 전통이 재해석되었던 정도를 뛰어 넘어 더욱 탁월한 해석을 창조해 낸 독창적인 신학자이기도 했다. 본서는 다른 예언서들에 비해 깔끔한 구성으로 유명하다. 다른 예언서들에서는 찾아보기 힘든 일관성을 갖추고 있으며 주로 산문체와 신탁들로 구성되어 있다.

　연대를 밝히고 있는 신탁들은 일곱 군데이며 이 중 29:17~21절을 제외하면 모두 여호야긴이 사로잡힌 지 10~12년(B.C. 588~86) 어간의 일이다. 그러니까 본서가 밝히고 있는 유다 왕 여호야긴이 포로된 지 5년째 되는 해(1:1~2, 주전 592), 그때 그가 30세가 되는 해이고, 이는 제사장들은 30세가 되어야 사역에 임할 수 있기 때문인데, 그렇다면 선지자는 대략 주전 623년 어간에 출생했다고 보이며, 마지막 신탁의 내용이 여호야긴이 포로된 지 27년 되는 해(29:17, 주전 571)로 보아 그의 사역은 최소한 22년 정도 이어진 것으로 추정할 수 있다.

　본서는 세 개의 연이어 나오는 주요 환상(겔1~3장, 8~11장, 40~48장)들을 중심으로 내용이 전개 되는데, 그 환상들은 다 '성전'과 관련이 있다. 이것이 바로 이 책의 목적을 짐작케 하는 것인데, 성전은 이스라엘 위에 주권적으로 임하시는 야훼 하나님의 '신적 왕권의 임재'를 강조하기 위해 사용된 상징물이다. 이러한 본서의 특징을 보여주는 표현은 "너희가 나를 여호와인 줄 알리라"는 표현인데, 본서에서 30회 이상 반복 사용되고 있다.

고대 이스라엘에서 선지자와 제사장의 역할이 어느 정도 협력적 관계였는지에 대하여는 아직도 확정된 결론이 없다. 그러나 이 두 그룹 사이에는 사안에 따라 협력과 적대적 대립관계가 형성되기도 했었다. 선지자들 중에는 당시의 형식적인 제사 제도를 강하게 질타하는 메시지를 선포한 선지자들이 많은데 제사제도 자체보다는(왜냐하면 모세의 율법의 명령이기에) 형식화된 의식을 즐기는 사람들의 태도를 지적하였다. 에스겔에게서는 이 두 직분이 서로 혼재되어 나타나고 있다. 그는 제사장 집안의 출신으로서 성전과 제사제도에 대하여 해박한 지식을 소유하고 있지만, 그가 실제로 제사장으로 역할을 했는지는 미지수다. 단지 확인할 수 있는 것은 그는 '제사장'이라기보다는 '선지자'로서 사역했다는 것이며, 그에게 이 두 직분은 '하나님의 나라'라는 개념으로 통합되고 있다고 보인다. C. H. 벌록의 지적처럼 그는 성령의 도우심으로 두 직분이 각기 추구하고 있던 하나님의 나라를 위해 서로 협력할 것이라는 사실을 보았다고 할 수 있겠다.[68]

본서의 저자 에스겔은 부시의 아들로서 제사장 가계의 출신이다(겔1:3). 그는 아직 젊을 때(대략 25세경) 바벨론 군대로 인해 유다 왕 여호야긴과 함께 주전 597년경에 바벨론으로 잡혀 갔으며, 이때는 예루살렘 완전 멸망 11년 전이다. 에스겔은 바벨론으로 잡혀 온 뒤, 유명한 강인 그발 강변에 위치한 텔 아비브에 거주하였고(겔3:15), 이때와 같은 시기 즉 바벨론 군대가 예루살렘을 포위하였을 무렵인 주전 588년경에 그의 부인이 죽었다(겔24:1). 그의 예언 사역은 약 22년간(주전592~571)으로 여겨지며, 예루살렘에 거주하며 말씀을 전하였던 예레미야 보다 약간 늦은 동 시대의 선지자이다. 그가 유다에 남아 있던 백성들에게 어떻게 존경을 받게 되었는지는 알 수 없으나, 예루살렘에서 도망쳐 온 사람들이 그 성의 함락을 알려주었던 것은 그의 명성이 이미 유다와 바벨론에 알려져 있었음을 말해주는 것이다(겔3:21). 예레미야는 예루살렘에서, 에스겔은 포로로 잡혀간 땅에서 하나님의 '희망'을 그 백성들에게 전했던 것이다.

에스겔서에 대한 비평은 주로 저자 문제[69]에 집중되었는데, 개혁기에 스피노자가 에스겔의 저자됨을 의심한 이후로, 18세기의 G. L. 외더 사후에 출간된 책에서 그는 본서의 40~48장 부분을 딴 사람이 편집하여 덧붙인 것이라 주장했다. 19세기에 들어서 비

---

68 Bullock C. H., *An Introduction to Thin Old Testament Prophetic Books*(Chicago, Moody Press, 1986). 류근상 역, 『구약 선지서 개론』(서울, 크리스천 출판사, 2001), p.318.

69 Mckeating H., *Ezekiel*(Sheffield, Sheffield Academic Press, 1993), pp. 30~61; 그리고 본서에 대한 비평학의 초기 발전은 다음의 두 글을 참고하라. Harrison R. K., op. cit., pp.394~402; Bullock C. H., op. cit., pp.319~22.

평적 학문 분위기에 편승하여 많은 학자들이 에스겔의 저자됨을 의심하는 글을 발표하였는데, L. 춘츠 같은 이는 본서의 저작 연대를 포로 귀환 후인 440년 이후로 잡기도 했다. 본서에 대한 초기 비평학자들은 H. H. 로울리가 표현한 대로 "비평학적으로 관대한 태도"[70]로 에스겔서를 다루었다. G. B. 그레이도 "구약의 책들 중 이 책만큼 저자의 통일성이나 본문의 통일성을 보여주는 책은 없다"고 평했는데, 역시 본서에 대한 초기 비평학의 관대한 분위기[71]들을 반영하고 있다. 이렇게 츠기의 연구 분위기는 본서의 전반에 걸쳐 한 사람의 사상과 어법이 드러나 있고 의도된 구도를 가지고 있음을 그대로 받아들이는 분위기였다. 그런데 1924년에 발간된 G. 휠셔의 연구는 에스겔서를 다룬 많은 글 가운데 가장 과격한 글이었다. 그는 주장하기를 에스겔서에 담긴 내용들은 작은 단위의 예언들이나 요약된 예언이 선포되고 난 후, 긴 시간 동안 수집된 것을 에스겔이 모아 편집한 것이며, 다른 사람의 손을 거치면서 재편집되었다고 가정함으로써, 에스겔의 원 저자됨을 부정하며 많은 다른 사람의 글이 모아진 것이라는 주장을 하게 되었다. G. 휠셔는 에스겔이 시인이었으므로 본서에 있는 16개의 시와 다섯 개의 짧은 산문을 그가 썼고 다른 부분은 그의 것이 아니라고 주장했다.[72] 이런 그의 주장은 B. 둠의 전제 위에 설립된 것이라 볼 수 있다. 하지만 W. 케슬러 같은 학자는 예언서 안에서 시적인 글과 산문체 글들 사이에 밀접한 관계가 있다고 반박함으로써, 그들의 주장을 반대했다. 그런 G. 휠셔의 주장은 반대를 받기도 했지만, C. C. 토레이 같은 학자에 의해 더 심화되기도 했다. C. C. 토레이는 에스겔이 실제로는 주전 3세기의 헬라 통치 말기에 이르러야 비로소 완성되었고, 후대의 편집자가 바벨론 포로시대를 배경으로 해서 지금 우리가 보는 에스겔서를 완성했다고 보았다. 그런 주장은 본서가 바벨론의 종교와 문화적 배경 속에서 기록된 것이 아니라 팔레스타인적인 배경에서 쓰여졌다고 주장하는 학자들의 견해를 대변하고 있다. C. C. 토레이는 처음부터 에스겔서를 위경이며, 전혀 에스겔의 글이 아니라고 주장한 반면, J. 스미스 같은 이는 에스겔을 므낫세 왕 시절의 북부 팔레스타인지역에 살았던 인물이고, 단지 그의 사역과 남긴 글이 후대에 이르러 환영받고 개정되어 받아들여지게 되었다고 주장한 것이다. 그 보다 조금

---

70 Rowley, "The Book of Ezekiel in Modern Study," *BJRL36*(1953), p163.

71 Gray G. B., *A Critical Introduction to the Old Testament*(London, 1913); Driver S. R., *An Introduction to the Literature of the Old Testament, 11th ed.*(Scribner, 1905), p.279.

72 Hoelscher G., "Hesekiel, der Dicher und das Buch," *BZAW180*(1924, Berlin, de Gruyter, reprint 1988)에서 1273절 중 143절만 그의 것이라 인정한다.

후대의 V. 헤른트리히는 40~48장이 에스겔의 글이 아니며, 본문 안에 있는 에스겔의 진정한 작품을 시적인 표현이 있는 부분으로 제한하고 그것의 팔레스타인적 경향성을 주장하기도 했다.[73] 이런 의견은 베르톨레트(A. Bertholet)에 의해 심화되는데, 그는 에스겔이 그의 예언자직을 바벨론과 팔레스타인 양 지역에서 수행되었다는 설과 조화를 이루려 하였다. 이렇게 발전된 이론을 흔히 '두 줄기 자료 혹은 두 줄기 이론'이라고 하는데, 크레츠슈마르의 주장대로 에스겔서는 예레미야서와 이사야서 가운데 놓여져야 하며, 또 탈무드의 전통대로 대회당의 사람들에 의하여 편집되었고, 두 줄기의 자료들로부터 편집자들에 의하여 편집되었다고 주장하는 학자들이다. 이것에 대한 증거로 3:16~21절과 33:7~9절, 10:8~17절과 1:16~21절, 18:21~25절과33:10~20절 등의 중복되거나 병행되는 구절들을 예로 들고 있다. 하지만 ICC 주석을 쓴 G. A. 쿡의 지적처럼 앞에 언급된 병행구절이라고 정의된 본문들이 자세히 들여다보면 전혀 병행구절이 아니라는 점이 드러난다고 하면서 에스겔서는 역사적 에스겔 선지자가 중심적인 저자라는 견해를 표명한다. 왜냐하면 많은 견해로 나누어 혼란을 가중시키는 후대 편집설을 믿는 것이 본문의 기록을 믿는 것보다 훨씬 더 어렵기 때문이라고 고백했다. 이런 비평적 이론에 심취되어 있던 학자들이 만년에 다시 전통적인 견해로 돌아서는 것은 그들의 이론이 진실과는 거리가 먼 인간적 견해였다는 생각을 더욱 확인해 주고 있는 것이다. R. K. 해리슨의 지적처럼, 에스겔서의 통일성에 대하여 한 번도 의문이 제기된 적이 없었다고 주장하는 것도 문제지만, R. 스멘트 이후로 에스겔서의 저자와 진정성에 대하여 반대 의견이 제기된 적도 거의 없다는 사실도 의심할 나위가 없다. 결국, 에스겔서는 문학비평적 방법론으로는 접근할 수 없으며, 여러 사람들의 손에 의해 편집되었다는 주장도 용납될 수 없다는 견해가 보수적 학자들의 견해이며 최근에 여러 비평학자들도 인정하는 분위기 이다.

이러한 일치는 구약 연구사 가운데 매우 찾아보기 어려운 일치이다. 비록 이런 학자들 간의 의견 일치가 G. 횔셔와 일부 학자들에 의해 방해받기는 했지만 에스겔서가 근본적으로 통일적인 구조를 가지고 있다는 전통적인 견해에 동의하는 학자들이 매우 많이 있다. 그렇지만 본서에 이차적인 첨가가 있었을 것이라는 추측도 자주 제기되고 있기는 하다. 1950년에 C. G. 호위는 에스겔서의 기원에 대한 가장 통찰력 있는 연구를

---

73   참고, Archer G. L., op. cit., p.543에서 이런 팔레스타인적 배경 현대 비평학계의 주된 경향이라고 평가한다.

발간했다. 이 연구는 휠서와 토레이, 어윈의 사변적인 분석 방법론과는 대조를 이룬다. C. G. 호위는 에스겔서 기본 단위 안에 에스겔이 30년째 되는 해 말했던 1~24장을 포함하고 있으며, 이방 나라들에 대한 예언을 담은 25~32장은 원래 예언서에 부록처럼 덧붙여졌고, 34~39장은 그때까지 수집된 자료들과 기억으로부터 나온 예언을 기록한 것인데, 33장을 중심으로 앞부분과 결합되었다고 해석했다. C. G. 호위는 에스겔서의 기록과 연대에 관련하여 전통적으로 전해오던 견해들이 근본적으로 옳다고 뒷받침했으며, 언어적인 증거와 그 밖의 증거들을 들어 에스겔서의 어투와 내용이 모두 바벨론 밖의 어떤 곳과도 어울리지 않으며, 그 시기도 B.C. 6세기 초엽일 수밖에 없다고 주장했다.

앞서 논의에서 우리는 G. 휠서로부터 에스겔서에 대한 많은 비평학적인 의문점들이 제기되어 왔음을 알게 되었는데, 이런 모든 비평적 연구들은 에스겔서의 성경과 기원에 대한 그들이 제기한 의문조차 명쾌하게 설명해주지 못했다는 결론에 이르게 된다. 그 대신 H. L. 엘리슨에 의하여 결론은 더 분명해진 듯하다.[74] H. L. 엘리슨은 35년 동안 강도 높은 비평학적인 연구들이 다 무용지물이 되었으며, 비평학자들이 에스겔서를 이해하기 위한 노력을 기울였음에도 불구하고, 많은 부분이 1924년 이전대로 남아 있음을 인정했다. 물론 아직도 N. 메셀이나 A. 벤첸처럼 에스겔서가 포로기의 것이 아니라 주전 400년대의 것이고 진정한 의미에서 선지자 에스겔의 것은 아니라는 비평적 의견이 많이 있다. 그들은 여전히 본서가 파멸과 희망을 동시에 말하는 것에 대하여 두 저자의 작품으로 보며, 위에서 언급한 저작 배경이 팔레스타인이라는 점 때문에 에스겔에 의한 바벨론적 저작 배경을 수납하지 못하는 것으로 여겨진다. 그렇지만 파멸을 예언한 선지자가 동시에 희망을 예언하는 것은 구약 예언자들의 공통된 자세이기도 하다. H. 그레이스만은 이에 대하여 "세상의 갱신은 세상의 멸망 후에 온다"고 평가했다.[75] 최근의 연구 경향은 총체주의적 접근방식과 수사비평 같은 좀 더 안정적인 방식으로 나아가고 있다. 예를 들면 그린버그는 "성경학계를 탄식에 젖게 만든 가정과 방법론들의 불안정한 기초에 근거하기보다는 현재 있는 그대로의 이 책의 모습에 초점을 맞추는" 방식[76]으로 그의 연구를 진행해 갔다. 그리고 짐멀리는 본문의 주변 흐름과의 역동성을 관심하여 본문의 진정성, 성장과정, 최종적인 편집 현상 등을 추적하는 연구

---

74 Ellison H. L., NBD., p.407.

75 Archer G. L. op. cit., p.547에서 재인용.

76 Greenberg m., *Ezekiel1~20*(AB22, Doubleday, 1983), p.19.

방식을 도입하기도 했다.[77]

때때로 '**묵시의 아버지**'라고 불리기도 하는 에스겔은 이 장르의 문학에 있어서 뛰어난 위치를 점유하고 있다. 본서에서 에스겔은 여러 가지 묵시적 문학 양식들을 구사하고 있다. 성령 또는 여호와의 손에 이끌려 다니며(겔8:3, 11:1, 37:1, 40:1~2 등) 해석이 수반된 이상들에 대하여 말하거나, 상징물들을 통한 역사의 조명(겔17:3~10) 등 특별한 묵시문학 양식을 구사하고 있다. 다른 묵시적 본문에 비하면 에스겔은 훨씬 정교하고 상징적이며 해석이 곁들여 진다는 차이점이 있다. 그러나 이러한 모든 특징에도 불구하고 카우프만이 지적한 대로 에스겔서에는 하늘의 비밀에 대한 계시라고 하는 묵시의 핵심적 요소가 빠져있다. 그는 앞선 선지자들과 마찬가지로 이스라엘과 백성들에 대한 하나님의 뜻을 밝히면서도 우주적 비밀에 대하여서는 계시하지 않았다.[78] 그래서 그를 구약 묵시의 아버지라고 하기에는 좀 과한지 몰라도 그가 구약의 묵시문학에 중요한 공헌자라는 것은 틀림없는 사실이다.

본서에 특징적으로 나타나는 **문학적 양식**은 1인칭 서술과 선지자에 대한 하나님의 말씀이 주를 이루고 있다. 하나님은 선지자를 '인자'라 부르는데, 이것은 메시아적 의미가 담긴 것은 아니다. 단순히 "인간아!"하고 부르는 의미이다. 이는 선지자가 인간이라는 사실과 그의 연약함을 부각시키는 말이다. 또한 이것은 에스겔이 이상 속에서 본 하나님의 영광과 능력과 비교되고 혼동되지 않도록 하는 표현이기도 하다. 에스겔은 자신의 경험과 이상을 해설자로서 서술하고 있으며 여호와께서 자기에게 이르신 말씀을 전달하고 있다. W. 짐멀리가 분석한 대로 본문에는 다양한 문학 형식이 사용되었는데 장례식의 애가들, 우화들과 풍유들, 환상들, 상징적 행위들, 역사적이고 신학적인 기사문들, 제의적 규례들, 논쟁형식의 신탁들 및 여러 종류의 격언이나 잠언 등이 다양하게 사용되고 있다.[79]

본문에는 여러 가지 형태의 말이 기록되어 있으나, 20:49절 같은 특별한 구절 외에는 하나님께서 직접 하신 말씀이다. 다른 포로기 이전의 선지자들과 비교해 볼 때 우리는 여호와의 신탁을 이스라엘에 전하는 에스겔의 역할에 대해 더 많이 알고 있다. 신탁은 일반적으로 "말하라", "예언하라"는 직접적인 명령은 나타나지만 그것을 어떻게 언제 시행했는지는 잘 밝히고 있지 않다. 선지자는 종종 구두로 메시지를 전달했지만 다

---

77 Zimmerli W., *Ezekiel*, 2vols(Hermeneia, Fortress, 1979, 83), pp.71~74.

78 Bullock C. H., "Ezekiel, Bridge Between the Testaments," pp.23~31.

79 Zimmerli W., op. cit., pp.21~40.

른 선지자에 비하여 많은 부분을 이상이나 환상의 방식으로 전달하고 있다(겔1장, 10장, 37장, 40장 이후 등). 또한 그는 상징적 행위를 통하여 메시지를 전달한 선지자로 유명하다. 호세아, 이사야, 예레미야 등이 이런 방식으로 메시지를 전달하곤 했다. 그리고 에스겔은 '예언적 담론'으로 메시지를 전달했는데 형식은 산문이나 시적 이야기 형식을 취하고 있고 기본적으로는 역사·신학적 담화(겔16, 20, 23장)와 알레고리(겔15~17, 19, 23, 27, 37장)의 범주로 나눌 수 있다.

2) 에스겔의 구조

에스겔서는 크게 아래의 세 부분으로 나눠진다.
- **1~24장** ▶ 예루살렘의 몰락
- **25~32장** ▶ 이웃 나라들에 대한 경고
- **33~48장** ▶ 이스라엘의 회복
  - ▶ 33~39장
  - ▶ 40~48장

2. 에스겔의 신학적 논점들

하나님의 현존과 에스겔에 나타나는 '새 마음'과 '새 영'

예레미야가 하나님의 '내재성'을 강조했다면, 에스겔은 그의 첫 번째 환상으로부터 하나님의 '초월성'을 강조한다. 에스겔서는 R. B. 딜러드와 T.롱맨 3세가 지적하는 것 같이 내용이 길고 풍부하기 때문에 그 주제를 몇 가지로 요약하려 할 때는 그것의 지나친 단순화를 피할 수 없다.[80] 물론 그런 점을 피할 수는 없겠지만, 모든 선지문학이 그렇듯이 단순히 어떤 주제를 나열하는 것이 본서의 주된 목적이 아니다. 본서의 목적은 저자가 처한 상황 가운데서 파악되어야 하며, 그것은 반드시 정경의 다른 책들과 일정한 연속성을 유지해야 한다. 특별히 본서는 선민 이스라엘이 포로로 잡혀간 뒤 먼 이방 바벨론에서의 이야기이다. 약속의 땅은 황폐화되었고, 거룩한 성전은 훼파되었다. 마

---

80   Dillard R. B. & LongmanIII. T., op. cit., p.490. 그러면서 저자들은 본서의 핵심 메시지로 하나님의 초월성과 거룩성, 개인의 책임성, 하나님의 은혜와 자비 그리고 주권성 등을 강조했다.

치 하나님의 언약은 종료된 것 같으며, 하나님은 자기 백성을 버리신 것 같은 암울한 상황이었다. 앞에서도 언급했지만, 그런 버려진 것 같은 상황에 본서의 특별한 시작을 설명하는 배경이다. 버려진 그곳 바벨론에서도 하나님은 여전히 그 백성들에게 현존하심을 알리며, 그것을 인하여 이 백성이 다시 희망을 노래할 수 있게 된 것이란 뜻이다. 그런 의미에서 '하나님의 현존'은 본서의 핵심 주제라 할 수 있다.[81]

에스겔은 이 하나님의 메시지를 전장에 걸쳐 적용하며 구체화시켜 가고 있다. 예를 들면 선지자를 불러 세우시기위해 현존하신 하나님(1~4장)은, 이스라엘과 열방을 심판하기 위해 현존하시는 하나님(5~32장)으로 드러나고, 그리고 이스라엘을 새롭게 하고 회복하기 위해 현존하시는 하나님(33~48장)으로 본서가 마감되고 있다는 것이다.

먼 이방 땅에서 하나님은 자신을 드러내셨을 뿐 아니라 이제 구체적으로 선지자를 불러 세우고 있다. 그것을 통하여 하나님은 "여호와는 온 세상으로부터 제한 받지 않으며 전 우주를 통치하실 수 있는 분"[82]이심을 에스겔에게 심어주고 있다. '인자'로 에스겔을 부르신 하나님은 하나님의 영이 그에게 특별히 임하여(1:3) 그를 견고히 세우고(2:2) 그로 하나님의 말씀을 듣고 전할 수 있도록 사역을 위임(2:2~7)시키고 있다.[83] 에스겔에게 임하신 하나님의 '영'은 죽은 이스라엘을 회복시키시기에 충분한 능력이 있는 영이시다. 에스겔의 청중은 그를 듣지 아니할 것이다. 그러나 하나님은 "그들이 듣든지 아니 듣든지 그들 가운데 선지자가 있음을 알지니라"(2:5). 그들 가운데, 바벨론에서 포로생활을 하고 있는 이스라엘 민족가운데 하나님의 '선지자'가 있다는 것을 이스라엘이 알아야 한다는 것이다. 그것은 하나님께서 그 백성을 심판하셨을지라도 여전히 그 백성과 교감하고 계신 분이심을 알리는 간접적인 표현이다. 얼마나 효과적으로 사역하느냐가 아니라, 그런 기능을 하는 하나님의 사람이 함께 있다는 것이 무엇을 상징하는지 이스라엘로 깨닫게 하고 있다. 그뿐 아니다. 그런 에스겔은 그 민족의 '파수꾼'의 기능(3:17)을 가지고 있었다.

이 하나님의 영에 대한 언급은 계속 나아가 10장의 성전에 임한 하나님의 영광이 떠나고 예루살렘의 패망이 언급된 11장 초반부를 지나 11장 후반부에 들어서 다시 놀라운 선언을 하고 있다. "내가 그들에게 한 마음을 주고 그 속에 새 영을 주며 그 몸에서

---

81   House P. R., op. cit., p.583.

82   Eichrodt W., *Ezekiel*, tr. by Quin C., OTL(London, SCM Press, 1970), p.59.

83   Jacob E., *Theology of the Old Testament*, tr. by Heathcote A. W. & Allcock P. J.(New York, Harper & Row, 1958), p.126.

돌 같은 마음을 제거하고 살처럼 부드러운 마음을 주어 내 율례를 따르며 내 규례를 지켜 행하게 하리니 그들은 내 백성이 되고 나는 그들의 하나님이 되리라"(11:19~20절)한 이 부분의 말씀은 분명히 예레미야가 말한 새 언약과 관련이 있다 보인다.[84] 선지자는 예레미야에게 임한 새 언약이 어떻게 실현될 수 있는지에 대한 구체적인 사항으로 하나님의 '새 영'이 그의 백성들에게 '부드러운 새 마음' 즉 순종할 수 있는 마음으로 변화시켜 주셔서 그 새 언약에의 순종이 가능하다는 것을 보이고 있다.[85] 여기서 약속된 '새 영'은 예레미야의 강조점이라기보다는, 오히려 에스겔의 신학의 중심이라는 것이 더 타당한 해석일 것이다. 새 영은 값없이 베푸시는 전적인 하나님의 선물이다.[86] '새 영'의 부어짐과 사역을 통하여 백성들의 마음에 변화가 생기는데 이는 오직 하나님의 직접적인 간섭을 통해서만 이루어지는 것이다. 에스겔이 하나님의 새 언약의 집행 방식으로 추가시킨 이 요소는 바로 에스겔서에 집중적으로 나타나는 그 '새 영'의 중요한 역할이며 사역이다.

이런 새 언약에 미칠 하나님의 새 영에 대한 강조는 본서 16장의 유명한 음녀의 비유 끝에 다시 드러난다. 16:60, 62절에서 하나님은 "그러나 내가 너의 어렸을 때에 너와 세운 언약을 기억하고 너와 영원한 언약을 세우리라"(60절), "내가 네게 내 언약을 세워 내가 여호와인 줄 네가 알게 하리니"(62절)라고 하셨다. 하나님은 옛 언약을 기억한 뒤 영원한 언약을 세우심으로 그 남은 자를 회복시키실 것이다. 이 본문은 다시 에스겔과 이사야 및 예레미야의 메시지들을 연결하고 있다. 앞 11장의 말씀들이 예레미야의 새 언약을 상기시킨다면, 여기 16장의 말씀은 이사야에 예언된 하나님의 영원한 구원과 다윗의 영원한 위에 관한 예언들을 상기시키고 있다. 하나님의 언약은 영원하고 그것은 새롭게 마음에 새긴 율법이 되어 백성들로 자원하며 기쁨으로 순종하게 한다. 그 새로운 변화의 동인으로서 에스겔의 '새 영'이 부어지는 것이다. 하나님의 영이 백성들에게 부어지는 것은 에스겔이 그리고 있는 하나님의 현존의 방식인데, 사실 하나님은 역사 속에서 이스라엘과 함께해 오셨다. 하나님의 영은 기드온(삿6:34)과 선지자들(삼상10:6~13)에게 권능을 입히셨고, 시편 51편의 마음을 변화시키는 동인으로 이미 일하셨

---

84 Alezander R. H., "Ezekiel," in *Expositor's Bible Commentary*, ed. by Gaebelein F. E.(Grand Rapids, Zondervan, 1976~1992), vol6, p.793.

85 Allen, L., Ezekiel 20~48, *WBC29*(Dallas, Word,1994), p.165.

86 Zimmerli W., *Ezekiel*, 2vols. ed. by Cross F. M. & Baltzer K., tr. by Clements R. E.(Philadelphia, Fortress, 1979~1983), 1:262.

으며, 이사야에 나타난 종도 또한 그와 함께 일할 것이라 하였다. 만약 이 하나님의 영이 없다면 여호와와 인간 사이의 참된 교제는 있을 수 없다.[87] 이와 같은 성령의 교제에 대한 사상은 신약에 와서 더욱 중요한 개념이 된 것은 주지의 사실이다.

에스겔의 후반부로 오면 이 하나님의 '새 영'은 더 중요해진다. 이스라엘의 과거를 돌아볼 때 하나님의 백성이 회복되는 길은 오직 이 하나님의 영으로 새롭게 그 마음이 변화를 받을 때만 가능하다(36:24~27). 이 부분은 D. I. 브럭이 잘 지적한 것같이 "이와 같은 성령의 내면화는 에스겔이 육체적 이스라엘이라는 경계가 이제 영적 이스라엘이라는 경계와 일치할 그날을 고대하고 있음을 보여 준다"는 것이다. 이것은 중요한 구속사의 전진이다. 하나님의 영은 이스라엘을 다시 일으키실 것이고 더 나아가 온 열방의 이방을 하나님께로 인도할 것이다. 이 이스라엘의 회복에 대한 사상은 구체적으로 그가 환상에서 보듯이 회복된 예배와 재건된 성전의 이상을 통하여 구체화 되고 있다. 백성들의 불순종과 언약 파기로 말미암아 영적으로 간음한 이 백성들 사이에 머물기를 거절하셨던 하나님(겔8~11장)은[88] 이제 새 영의 사역으로 새롭게 된 마음을 가진 하나님의 백성들의 예배를 받으시며 그들 속에 함께 계시겠다는 것이다. 그런 의미에서 성전은 참으로 중요하다. 그것은 하나님이 그곳을 통하여 마음에 새긴 율법을 따라 기쁨으로 예배하는 자들과 관계하며 그들을 영적 이스라엘로 삼으시겠다는 하나님의 뜻이 함축되어 있기 때문이다. 영광스런 도성에 대한 에스겔의 결론적 진술(48:35)은 하나님이 그곳에 계시다는 것이다. 미래의 모든 영광과 축복은 백성들에게 삶의 의미를 부여하시고 그들과 함께 하시는 살아계신 하나님께 달려 있다. 이 하나님의 현존은 완전한 순종의 백성을 창조하시는 거룩한 하나님의 새 영의 사역으로 말미암아 가능하다는 그의 결론은 앞의 선지서들과 신약의 본문들과 아름답게 조화를 이루고 있다. 이 하나님의 현존 시공간을 초월하시는 하나님의 초월성을 전제로 그려지는 하나님의 성품이다. 그러므로 에스겔에서 거룩하시며 초월하시는 하나님은 아주 기본적인 바탕이 되고 그런 신학적 기초 위에 버려진 백성들 에게 자신을 드러내시는 '하나님의 현존' 의식이 에스겔의 소망의 근원이며 그의 신학의 핵심을 재확인 한다.

---

87   Jacob E., op. cit., pp.121~27.

88   Blenkinsopp J., Ezekiel, *Interpretation*(Lousiville, John Knox Press, 1990), pp. 193~94.

3. 에스겔의 주요 내용 강해

1) 예루살렘의 몰락(1~24장)

하나님의 백성들에 대한 엄청난 심판으로 가득 차 있는 본서의 첫 부분 1장부터 24장까지는 유다 왕국의 멸망을 예고하고 있다. 본문은 호세아나 예레미야서에서 보듯이 소명에 관한 언급으로 시작되고 있다. 전반부는 네 단락으로 나누어 구성된다.

① 소명과 사역에 관련된 사건들과 신탁들(1~5장)
② 마지막 날에 대한 예언(6~7장)
③ 성전의 죄악과 여호와의 영광이 성전에서 떠나는 이상(8~11장)
④ 예루살렘에 대한 심판의 실체(12~24장)

2) 이웃 나라들에 대한 경고(25~32장)

에스겔의 종말관은 이 두 번째 부분에서 형태를 갖추기 시작한다. 열국에 대한 심판은 선지자적 신학에 있어서 중요한 요소가 되며 회개치 않는 자에 대한 심판의 불가피성을 보여준다. 에스겔은 30:3절에서 모든 민족에 대한 여호와의 날을 선포한다. 이 부분의 목적은 첫 번째 부분에서 이스라엘의 멸망을 선포했듯이 모든 민족에 대한 여호와의 날이 임박했음을 선포하는 것이다. 각 나라들에 대한 신탁은 동시대 혹은 앞선 시대에 활동했던 아모스, 이사야, 스바냐 및 예레미야 선지자 등과 뚜렷이 구별되고 있다. 암몬과 에돔에 대한 신탁 등은 이 책의 다른 부분에도 나오고 있다. 이스라엘에 대해서 직접 언급되고 있지는 않으나, 그들에 대한 위로의 말씀은 두 곳에서 거론되고 있다(겔28:24~26, 29:21). 그러나 이것은 열방에 대한 신탁의 목적 가운데 하나로 보아야 하며, 대적들에 대한 책망이라기보다는 이스라엘에 대한 위로의 말씀으로 이해되고 있다. 애굽의 회복을 언급하고 있는 본서 29:13~16절의 내용은 다소 의외이기는 하나 전례가 없는 것은 아니다(렘48:47, 49:6, 39). 신탁의 연계를 밝히고 있는 곳은 일곱 군데이며 이 중 29:17~21절을 제외하면 모두 여호야긴이 사로잡힌 지 10~12년(B.C. 588~86) 어간의 일이다. 대부분의 신탁은 예루살렘이 바벨론에 포위돼 있을 때의 일이다. 언급된 이방 나라 중 여섯 나라는 이스라엘에게 악을 행한 나라로 표현된다.

이 부분의 문학적 형태에 있어서 중요한 신탁은 상당한 형식을 갖추고 있는 것으로 여겨진다. 도입부("여호와의 말씀이 내게 임하여 가라사대…" 등)와 선지자에 대한 호칭("인자")이 나오고 "인자에게 말하라"는 명령과 함께 신탁이 진행되고 셋째는 확인하는 표현("여호와께 서 이같이 말씀하시되…")이 이어 나오고 그 다음에 왜냐하면 식으로 시작되는 꾸짖는 말, 책 망의 말이 나오며 마지막으로는 "그들이 내가 여호와인 줄 알리라", 혹은 "주 여호와의 말이니라" 하는 식의 관용구로 마감되는 특별하고 지속적인 문학형식이 구사되고 있 다.

3) 이스라엘의 회복(33~39장)

예루살렘의 함락은 에스겔의 사역에 있어서 하나의 전환점이 되었다. 기본적으로 처음의 두 부분은 책망과 심판에 관한 것이었으나 이 부분은 주로 위로에 대한 내용이 며 선지자의 종말관이 분명히 제시되고 있다. 심판과 회복으로 나누어지는 여호와의 날의 첫 단계는 "그 성이 함락되었다"고 하는 한 도망자의 짧은 한 마디로 시작된다. 선 지자는 예루살렘의 함락을 양 무리가 흩어지는 여호와의 날로 보고 "흐리고 캄캄한 날"(겔34:12)이라는 표현을 사용했다. 이것은 스바냐 선지자가 여호와의 날을 표현하기 위해 사용했던 용어이기도 하다(습1:15). 요엘도 이 내용을 다른 차원에서 인용하고 있 다(욜2:2). 세일산과 곡과 마곡은 이스라엘의 대적으로서 이들에 대한 심판은 곧 이스라 엘의 위로의 범주에 들어가는 것이다. 예루살렘의 재앙에 대하여 즐거워하였던 에돔 을 책망한 후 주제는 분명히 회복으로 옮겨진다. 역사는 이제 막 되풀이 되려는 시점에 있다. 과거에 하나님께서 자신의 이름을 위하여 일하셨다면 회복 역시 또 하나의 이러 한 모습이 될 것이다. 에스겔 20장에는 하나님의 은혜로 이스라엘이 구원을 얻는 모습 이 묘사되어 있다. 그는 자신의 이름이 열방 가운데 더럽힘을 당하지 않도록 자신의 이 름을 위하여 일하시는 분이시다. 이미 은혜로 구원받은 이스라엘은 끝까지 은혜 가운 데 있어야 한다. 그러나 그들은 자신들의 부끄러운 죄로 말미암아 포로로 잡혀가게 됨 으로 열국 가운데 하나님의 이름을 더럽혔다. 따라서 죄로 인해 결코 은혜를 거두지 아 니하시는 하나님은 이스라엘이 할 수 없었던 그 일을 하셔야 했다. 그는 백성들에게 '새 영과 새 마음'을 주시고자 했다(겔36:26~32). 이것이 37장의 주제이다.

이런 맥락에서 에스겔 38~39장의 역할은 좀 더 자세히 설명되어져야 한다. 북방으 로부터 오는 대적 즉 곡이 이스라엘에 침투하는 사건은 지금까지의 선지자들에게서 살 펴본 심판과 회복이라는 단순한 도식의 차원을 넘는 종말론적 사상의 연장선에서 보아 야 한다. 즉 에스겔은 여호와의 날에 대한 의미를 새로운 차원에서 적용하게 되는데 이것은 특히 모든 민족에 대한 심판과 관련된다. 곡의 침략은 이스라엘이 포로에서 해방된 후 평안한 날 찾아올 것이다(38:8, 11, 14). 선지자는 그의 종말론 전개에서 이스라엘의 회복과 대적에 대한 심판 사이에 있는 시간적 요소를 정확히 밝히고 있다. 고토로 돌아가는 시기와 곡에 대한 심판의 시기를 연계시키는 목적은 이스라엘이 포로로 잡혀간 이유를 각 나라에 설명하기 위함이다. 따라서 에스겔 33장이 포로로 잡혀오게 된 사실에 대해 절망하던 자들에게 위로를 주었듯이 38~39장은 여호와의 날의 궁극적인 성취가 도래하지 않았다는 사실에 대해 절망하는 사람들을 격려한다. 선지자는 열방에 대한 신탁에 나타난 여호와의 날을 회복과 연결시킴으로서 그 의미를 한 단계 격상시키고 있다. 이런 점이 바로 한 세기후의 다니엘에게 직·간접적으로 영향을 주었을 것이라 짐작되고 있다.

4) 새 성전(40~48장)

에스겔이 마지막으로 본 이상은 그가 포로된 지 25년째 되던 해 곧 예루살렘이 바벨론 군대에 의해 함락된 지 14년째 되던 해에 받은 것이다. 그가 이상 가운데 본 성전에 대하여 학자들마다 다양한 해석을 하고 있다. G. ᆫ. 아처는 성전에 대한 묘사를 상징적으로 해석하지 말고 어느 정도 문자적으로 해석해야 된다고 주장함으로써 전천년설적 입장을 표명했는데, 이는 이것이 스룹바벨이 세운 제2성전이나 신약시대의 교회를 말하는 것이 아니라 재림 후에 있을 지상의 천년 왕국 때 세워질 성전이라고 했다. E. J. 영 같은 학자는 에스겔은 성전에 대한 묘사가 문자적으로 이해되지 않도록 하기 위해서 그만이 갖고 있는 독특한 방법을 사용한 것이다 주장했다. 즉 에스겔은 비유적이며 상징적인 언어를 사용하여 자신이 받은 계시를 설명했다는 것이다. 즉 제사 의식의 풍부한 지식으로 미래의 일들을 보이셨다는 것이다. 그는 '여호와 삼마"(여호와께서 거기 계신다)라는 48:35절에서 그 핵심을 찾아 해석해야 된다고 주장했다. 즉, 장차 도래할 메시아 왕국의 영광스런 성전 예배의 모습이라는 것이다.

제4장

다니엘

1. 다니엘의 서론과 구조

1) 다니엘 서론

다니엘은 히브리어로 '하나님은 나의 재판자'라는 뜻이다. 개신교의 구약 분류에 따르면 본서는 대선지서의 말미에 위치한다. 그러나 히브리 구약 분류에 의하면 세 번째 부분인 성문서에 속하며 그 중에서도 뒷부분에 배치되어 있다. 히브리의 명칭은 "다니엘"이며, 저자의 이름을 그대로 따서 지어졌다. 이것은 선지서의 전통을 이어가고 있음을 시사한다. 헬라어 성경의 명칭도 "다니엘-"이다. 이 이름은 다윗의 둘째 아들의 이름에서도 발견된다(대상3:1). 탈무드 바바 바쓰라 15a에 의하면 본서는 "대 회당의 사람들이 다니엘서를 기록했다"라고 되어 있다. 그러나 이 진술이 유대인들은 다니엘을 이 책의 저자가 아니라고 생각했음을 의미하는 것은 아니다. 기독교의 전통은 탁월한 정치가이자 선지자인 다니엘이 주전 6세기 즉, 예루살렘의 멸망 이후에 그리고 바벨론의 멸망 이후에 페르샤 제국의 궁중 집무실에서 본서를 기록했을 것이라고 이해한다. 신약도 본서를 다니엘의 것으로 증거하고 있다(마10:23, 16:27, 19:28, 24:30, 25:31, 26:64 등). 다니엘서는 그의 전기도 아니고, 그렇다고 바벨론 포로 시의 유대인의 역사를 기록한 것도 아니다. 다니엘서의 주제는 하나님께서 자기 백성을 위한 그의 구속계획을 성취하기 위하여 열강의 군주들과 열국의 역사와 그리고 자연의 힘을 그의 예지와 권능으로써 어떻게 다스리시고 조종하시고 계시는지를 보여주는 데 있다.

다니엘서는 원래 히브리어와 아람어의 두 언어[89]로 기록되어 있다. 그래서 비평학자들은 이 책이 다른 두 책이 편집된 것이라 주장하지만, 이는 사려 깊지 못한 판단이다. 한 사람이 여러 개의 언어로 책을 쓰는 일이 얼마나 흔히 있는 일인가! 당시의 세계어인 아람어로 주요한 내용을 기록하고, 그 앞과 뒤로 유대인의 전통에 맞게 구색을 맞춘 그야말로 더 권위 있고 세심한 유대인 다니엘의 작품인 것이다. 그래서 다니엘서는 매혹적이고도 복잡한 책이라 할 수 있다. 본서에는 여러 가지로 대조되는 점들이 나온다. 예를 들면 가장 특징적으로 기록된 언어의 이중성이며 둘째는 기사체의 문체와 묵시체의 문체가 그렇다. 그리고 구약의 다른 책에서는 찾아 볼 수 없는 이방 왕들에 대한 친근한 태도들이며, 또한 책의 분류에 있어서도 선지서로 혹은 성문서로 분류되고 있고, 후반부는 일인칭으로 기술되는 반면에 전반부는 삼인칭으로 기술되어 있는 점, 그리고 역사적 연대 기술에 있어서 바벨론식과 유대식 등의 차이[90]로 인한 이중성 등등이 독자들을 어렵게 만드는 요인들이다.

유대인의 전통을 따라 다니엘은 이사야나 예레미야 같은 선지자의 반열에 오를 수 없다는 탈무드의 언급이 있지만, 주전 2세기 이후로 본서는 유대인 사회에서 정경의 위치를 갖고 있었고, 또 폭넓게 읽혀지고 있었다고 여겨진다. 주전 150년 이전에 쓰여진 것으로 여겨지는 위경 에녹 1세가 다니엘의 내용을 상당히 많이 인용하고 있는 것과 1956년도 발견된 쿰란 제11동굴의 다니엘서 사본 등은 본서가 고대 유대인 사회에서 폭넓게 받아들여지고 있었음을 증거해 주고 있다.[91]

예레미야서처럼 다니엘서는 맛소라 본문과 셉투아진트의 본문 사이에 많은 차이가 있다. 그래서 아예 천주교에서는 소위 외경이라 불리는 세 권의 책이 여기 다니엘서와 상관하여 더 첨가되어 있다. 다니엘서와 관련하여 첨가된 외경은 '세 청년의 기도(혹은 찬양)'이 풀무 불에서 구원받은 후 계속 이어지고 있고, 둘째 것은 '수산나의 이야기'인데 이는 음흉한 노 법관의 육정에 의한 수산나라는 아가씨의 재판에 다니엘이 파격적으로 끼어들어 그녀를 구하는 지혜를 발휘하는 내용이며, 마지막 외경은 '벨과 용의 이야기'

---

89   참고, 다니엘 2:4절 하반부터 7장 28절까지가 아람어로 기록되었고, 그 외 본 서의 앞뒤는 히브리어로 기록되었다.

90   참고, 유대에서는 왕의 즉위 년도를 원년으로 삼는 반면에, 바벨론에서는 즉위년을 지나고 새해를 즉위 원년으로 삼는다. 그런 방식의 차이로 인해 다니엘 1:1절과 예레미야 46:2절에서 보이는 1년의 차이가 바로잡아지고 있다.

91   Bruce F. F., *Second Thoughts on the Dead Scrolls*(1961), p.57.

인데 이는 인류 최초의 탐정소설이라 할 만한 내용을 담고 있다. 하지만 이 모두가 다니엘의 지혜와 용기를 칭송하는 것으로 되어 있어 정경으로 분류되기에는 많은 문제가 있는 것으로 판단 받고 있다.

2) 다니엘의 구조

본서는 크게 두 부분으로 나누어지며 아래와 같이 세분 될 수 있다.

① 1~6장

- 1장 ▶ 서론: 다니엘의 포로생활
- 2장 ▶ 느브갓네살 왕의 꿈
- 3장 ▶ 다니엘의 세 친구들
- 4장 ▶ 세상의 나무
- 5장 ▶ 벽에 쓰인 글
- 6장 ▶ 사자 굴에서의 다니엘

② 7~12장

- 7장 ▶ 네 짐승에 대한 이상: 성도들을 향한 심판
- 8장 ▶ 수양과 수염소의 이상: 헬라
- 9장 ▶ 칠십이레
- 10~11장 ▶ 이상과 해석: 셀루시드의 시대
- 12:1~4절 ▶ 최후의 심판: 죽은 자의 부활
- 12:5~13절 ▶ 후기: 다니엘의 받은 최후의 예언

2. 다니엘의 신학적 논점들

다니엘서의 소위 '위 예언설'과 통일성에 대한 증거들

본서의 언어가 아람어와 히브리어로 되어 있고, 기자의 논점이 삼인칭에서 일인칭으로 바뀜 등을 근거로 하여 많은 비평학자들은 다니엘이 본서의 저자됨과 그 내용상의 통일성을 의심하여왔다. 그러나 무엇보다 더 본서의 다수 저작설이나 후대 연대설을 지지하는 사람들의 공통된 입장은 구약의 선지서에는 '미리 말하는' 예언적 특성이

없다는 입장에서 서로 공감대를 형성하고 있다.[92] 이런 다니엘서의 마카비 시대로 대표되는 후대 연대설과 다수 저작설은 비평주의 학자들에게 뿐 아니라 보수적 학자들 사이에 많은 학문적 토론을 야기시켰던 학설들이기도 하다. 이런 견해의 시조는 초대 교회 시대(주후 3세기경)의 신플라톤주의 철학자 '포피리(Porhyry)'라는 사람이 제기했다. 그는 40여세 때에 이탈리아의 시칠리를 방문했는데, 그때 "기독교인을 반박하여"라는 제목으로 15권의 책을 썼다. 이 책에서 그는 기독교의 핵심 교리들을 반박했는데, 콘스탄틴 대제가 그의 저작을 금지하라고 명했음에도 불구하고 주후 448년 데오도시우시 2세가 그의 저작을 전부 다 없애라고 할 때까지 계속 읽혀지고 있었다. 지금은 그의 저작이 남아 있지 않지만, 다니엘서를 공격했던 12권 중의 일부가 제롬의 다니엘서 주적에 남아 보존되었다. 포피리에 의하면 다니엘서는 주전 6세기의 다니엘 작품이 아니라 주전 2세기 유다의 독립운동을 이끌었던 마카비시대/안티오쿠스 에피파네스/헬라시대의 것이라고 주장했다. 그는 선견적 예언의 기능을 부정했기 때문에 다니엘서의 후반부는 묵시나 예언이 아니라 역사라고 해석했다. 그는 헬라의 무자비한 안티오쿠스 에피파네스의 성전 모독에 대항하여 일어난 유다의 독립투사 마카비의 독립 운동을 격려할 목적으로 그래서 당대의 유대인들에게 소망을 줄 목적으로 집필되었다고 주장했다. 이에 대하여 E. J. 영은 누군가가 다니엘의 이름을 도용해서 본서를 기록했다면 그는 분명히 기만자라고 비판했고, 파세이는 "다니엘서는 특히 신불신 간의 전쟁의 씨앗이 되는 데 적합하다. 그것은 아무런 중립도 허락지 않는다. 그것은 신적이거나 협잡이다"라고 주장했다.[93]

그런 포피리의 견해는 중세기에 합리주의자 우리엘 아코스타에 의해 소개되었으며, 18세기에는 영국의 이신론자 A. 콜린스에 의해 주목을 받았다. 19세기의 비평학이 발달하기 시작하면서 이 견해는 상당한 지지를 받으며 많은 학자들에 의해 마카비 시대로 당당히 연결되는 밑거름 역할을 했다. 이런 견해에 동조하는 것은 결국 포피리가 기초 삼았던 '히브리 선지서에는 미래를 미리 말하는 예언적 요소가 없다'는 전제에 동조하는 것일 뿐이다. 그들은 히브리 예언이란 미래를 향하여 말하는 것(Forthtelling)일 뿐이며, 그 속에는 미래 자체를 말하는(Foretelling) 기능이 없는 것이다. 그래서 대부분의 비평학자들은 본서를 완전히 위조된 것으로 간주하며 6세기의 다니엘이 죽은 후 수세기

---

92 Harrison R. K., op. cit. III, p. 18, 특별히 Young E. J., op cit., p.422에서 이것은 무신론적 철학에 근거한 것이라 지적했다.

93 Young E. J., op. cit., p.422에서 재인용.

가 지나서 편집된 것으로 여기는 것이 일반적인 추세이다.[94] 물론 이런 견해가 현대 비평학계에 많이 받아들여진 것은 사실이지만, 그렇다고 그런 의견이 만장일치적 견해는 물론 아니다. H. 궁켈을 비롯하여 G. L. 아처, E. J. 영 등의 많은 보수적 학자들에 의해 그 이론의 해악성이 지적되었다.

일단 그런 후대설, 복수저자설이 근거하는 내용을 먼저 살펴보겠다.

① 다니엘서는 히브리 성경의 성문서에 속해 있기 때문에 후대에 기록되었다는 주장이다. 그러나 이런 주장은 곧 바로 반박을 받았는데, 단순히 성문서 그룹에 속해 있기 때문에 저작 연대가 후대여야 한다는 것은 앞의 시편이나, 잠언, 전도서 등의 기록이 오래된 것임에 비추어 설득력이 떨어지는 논거이다.[95]

② 외경인 예수 벤 시락의 집회서에는 다른 모든 선지자가 언급되는데 반해 유독 다니엘만 언급되고 있지 않는 점을 보아 본서가 그 시대까지 지어지지 않았다는 주장이다. 벤 시락의 집회서는 주전 170년경에 지어진 것으로 여겨지는데, 여기에는 성경이 말하는 다른 많은 주인공들의 이름도 누락되어 있다. 즉 다니엘만 빠진 것이 아니라는 말이다. 집회서 44:1절 이하에 거명된 많은 유명인사들 가운데, 모든 사사들의 이름이 빠졌고, 아사 왕, 여호사밧 왕, 그리고 모르드개와 에스라의 이름까지 빠져 있다.

③ 역사 연대기록의 불일치 때문이라 했는데 이는 이미 위에서 간단히 설명되었다.

④ 제5장에 언급된 '벨사살' 왕에 대한 역사성인데, 바벨론 제국의 마지막 왕은 나보니두스라고 알려졌다는 사실 때문에 본서의 역사성은 문제가 많은 것으로 되었다. 하지만 고고학적 발견을 통하여 나보니두스가 그의 아들 벨사살과 말년에 공동 통치한 것으로 나온다. 그래서 이 문제가 다시는 제기되지 않았다.[96]

⑤ 메대 사람 다리오에 관한 건과 본문의 아람어 영향을 인하여 본문이 헬라 시대를 반영하는 것으로 보았다.

이런 몇 가지 근거들을 바탕으로 해서 비평학자들은 다니엘서의 마카비시대설 혹은 그 보다 더 후대설을 다수 저자설과 함께 발전시켰다. C. C. 토리는 주전 3세기경에 쓰

---

94   Archer G. L., op. cit., pp.556~67.

95   Harris R. L, *The Inspiration and Canonicity of the Bible*(Grand Rapids, Zondervan, 1957), pp.141~42, 184~85.

96   von Voigtlander E., "A Survey of The Babylonian History," Ph.D. Dissertation, Uni. Michigan 1963, pp.183~207.

여 졌다고 주장했고, 아이스펠트 등은 전반부는 주전 3서기에 쓰여졌고, 후반부는 마카비시대에 쓰인 것이라 평했다. G. 휠셔는 전반부도 마카비 이전 시대의 것이라 강력히 주장했다.

위와 같은 이유들을 바탕으로 발전된 현대 비평학은 다니엘서 후반부에 집중적으로 나오는 미래에 대한 예언을 당대의 역사로 해석하면서 그런 기법을 '위 예언설' 혹은 '사후 예언설(Vaticinium ex eventu)'이라 했다. 위 예언설이나 사후 예언설은 어떤 일이 일어난 뒤에 그 일이 지금 일어나고 있거나 미래에 일어날 일인 것처럼 꾸며 예언 형식으로 말하는 방식이다. 이에 대한 비평학자들이 주장하는 색다른 근거는 다니엘서에 나타나는 바벨론의 느브갓네살 대왕은 사실은 헬라의 폭군이며 성전을 모독한 안티오쿠스 에피파네스의 대용 인물이라는 것이다. 그러니까 여기서의 '위 예언설'이란 주전 170년대에 일어났던 헬라의 폭군 안티오쿠스 에긔파네스를 공격하고 유대의 독립을 추구하는 무리들을 간접적으로 지원하기 위해 느브갓네살 대왕 시 모든 환경에도 불구하고 신앙을 지키며 승리했던 사드락 메삭 아벳느고와 다니엘의 명성에 힘입어 기록된 민족의식 고취 문서가 바로 다니엘서라 주장한다.[97]

이에 대한 J. H. 헤이스의 설명은 다음과 같다. 제1장의 부정한 음식먹기를 거절했던 다니엘과 세 친구들의 이야기는 헬라의 안티오쿠스가 성전을 제우스신에게 헌당한 뒤 자축하는(사실은 유대인을 모욕하는)의미로, 그때에 바쳐진 돼지고기를 유대인들에게 억지로 먹게 했는데, 그때 많은 유대인들은 그 음식 먹기를 거절하여 오히려 깨끗한 죽음을 택하기도 했으며(마카비 상1:47, 마카비 하6:8), 그들의 지도자였던 유다 마카비는 더럽혀지는 것이 두려워 풀로 연명했다(마카비 하5:27)고 전해지는 이야기의 각색이라는 것이다. 제2, 3장의 여러 제국에 관한 꿈이나 두라 평지에 세워진 금 신상에게 절하기를 거절하는 이야기는 바로 이런 안티오쿠스 에피파네스의 성전 모독에 불복종으로 항거하는 당시 유대인들의 상황을 바벨론을 빗대어 묘사하고 있다는 것이다. 그리고 제4장에 나타나는 느브갓네살의 정신병에 걸린 상황도 이 헬라의 안티오쿠스 에피파네스에게 연결되었는데, 그는 자신을 '육체로 나타난 신'이라는 착각과 망상에 빠진 지배자였고, 유대인들은 그를 '에피마네스' 즉 '미친 놈'이라는 유사 발음을 활용한 단어놀이를 즐겼다고 한다. 그들은 또 유대인들이 즐겨 사용하는 소위 '수비학'을 활용하여 느브갓네살 왕의 이름을 고대 바벨론어인 '아카드어'로 읽어 그 구성 알파벳마다 히브리어 문자 값을 부

---

97   Hayes J. H., *An Introduction to Old Testament Study*(Nashville, Abingdon Press, 1986), pp. 331~337.

여하고, 또 헬라어 안티오쿠스 에피파네스에도 같은 식으로 문자 값을 부여하여 놀랍게도 같은 423이란 결과를 얻어낸다.[98] 물론 이런 수비학은 평범한 사람들에게는 신비로움과 경외심을 갖게 하지만 이런 계산은 신뢰할 만한 가치가 별로 없다.

이런 계산에 근거하여 본서가 안티오쿠스 에피파네스의 폭정에 저항하는 유대 민족의 저항 운동을 지원하는 것이 기록 목적이라면 정말 이 책의 정경화는 의심스럽게 될 것이다. 차라리 마카비서를 정경으로 채택해야 하지 않을까 여겨진다.

그러니까 '위 예언설'이란 어떤 사건에 대한 사후 기록인데, 기자는 그 사건의 전모를 이미 다 파악하고 있다는 것이다. 단지 기록 방식이나 표현 시점을 미래에 일어나는 것으로 묘사할 뿐이다. 예를 들면 현대 한국의 일제 통치하의 상황을 가정해 보면 쉽게 이해할 수 있을 것이다. 한국의 역사를 훤히 다 배운 학생이 일제의 지배에 항거할 목적으로 또 그런 일을 하는 독립투사들을 격려할 목적으로 일본은 반드시 망하고 한국은 반드시 독립국가를 이룬다는 내용의 글을 마치 저 임진왜란 당시의 시점에서 미래형으로 기술했다는 말이 된다. 저자는 지금 일제하에 살고 있는 고통 받는 한국인인데, 기록 시점은 임진왜란 시대이고, 그 시대에 이순신 장군이 일본과 잘 싸워 이겼고, 일본은 마침내 패망하게 될 것이라고 기록했다면, 후대의 사람들이 그런 기사를 '사후 예언설, 혹은 위 예언설'로 본다는 것이다. 그러니까 다니엘서도 마카비시대의 익명의 저자가 그 시대의 고통을 이기기 위해 마치 자기가 느브갓네살의 치하에 살던 다니엘이라 하면서 궁극적 승리의 이야기를 기록했다는 것이다. 참 한심하기까지 한 이론이 왜 석학들의 환영을 받으며 유행했을까? 그것은 성경의 예언이 가지는 초자연적 특성을 믿지 않으려는 태도들 때문에 그렇다. 구약은 물론 미래를 향하여 말하는 것을 예언의 기본적 특성으로 한다. 그럼에도 불구하고 구약에는 많은 미래 그 자체를 말하는 예언이 많다. 이곳 다니엘서를 통하여서 하나님은 모든 환경 가운데서도 마침내 자기 백성을 구원하시기에 능하신 하나님이 드러나기를 기대하고 있으며, 마침내 하나님이 통치하실 것임을 기사와 묵시의 방식으로 선포하고 있다.

다니엘서는 "묶여 포로된 성도의 모습"에서 시작해서 "승리하는 성도의 모습"으로 끝나는 계시의 책이다. 이 책의 주제는 복음을 거역하는 세상의 나라들의 권세와 힘 가운데서도 하나님의 백성의 보존과 승리를 노래한 책이다. 비록 두 나라들 사이에서 힘

---

98   참고, 느브갓네살(아카드어명)
      Nabu-Kudduri-usur=(히브리어명) Nabuchadnezzar= 50+2+6+20+4+50+1+90+200=423.
      안티오쿠스 에피파네스(헬)= 1+50+9+10+6+20+6+60+1+70+10+70+50+60=423.

든 고투를 겪겠지만, 성도는 최후에 승리하게 되어 있는 것이 본서의 주된 메시지이다. 하나님은 일하고 계시며, 그 아들은 오실 것이고 그래서 모든 주권은 그의 아들에게 위임될 것이며 그는 영원히 통치할 것이다. 세상과 그 군왕들은 심판받게 될 것이며 무너지고 죽게 될 것이다. 그러나 그는 다시 부활하게 될 것이고 그의 나라와 구원을 영원히 세워 갈 것이다.

3. 다니엘의 주요 내용 강해

예루살렘이 멸망한 후 이스라엘에는 소위 묵시 문학형식이 유행을 하였다. 역사적 정황이 그들의 자유로운 의사표현이 제한을 받았던 점도 그 형식이 유행하게 된 사회적 동기라 할 수 있다. 묵시 문학은 그렇게 어두운 사회에서 민중의 의사를 표출하는 도구역할을 한다.

언어학적으로 나눠지는 것을 제외하고 내용의 면에서 다니엘서는 크게 두 부분으로 나눠지는데, 제1장은 서론격이며, 8장~12장은 7장에 대한 부연 설명적 성격이 크다. 그리고 아람어 부분이 주된 내용의 핵심인데 이는 다음과 같이 중간이 접어져 두개의 부분이 포개지는 대칭 구조로 주제가 반복되고 있다.

2장/ 권위	7장/ 권위
3장/ 구원	6장/ 구원
4장/ 권위	5장/ 권위

1) 다니엘서 서론(1장)

시기는 주전 603년 인데, 예루살렘 멸망 16년 전이며 유대인의 왕의 이름(여호야김)이 나오고, 유대의 첫 번째 바벨론 포로에 대한 기사가 나와 있다. 유대의 첫 포로는 주전 605년에 시작되었다. 느브갓네살은 그의 신이 이스라엘의 신보다 더 위대함을 보이기 위해 예루살렘 성전의 기명들을 시날 지방으로 가져갔다고 진술하고 있다. 거기서 잡혀와 느브갓네살의 궁중에서 훈련받게 된 다니엘과 사드락과 메삭과 아벳느고가 이방 왕의 음식으로 자신들을 더럽히지 않겠다는 결심이 받아드려지는 이야기가 기록되었으며, 그 이방 왕궁에서도 하나님은 그 네 청년들에게 지혜와 총명을 주시는 즉 자기 백성에게 여전히 관심을 가지시는 하나님으로 묘사되고 있다.

2) 느브갓네살 왕의 꿈(2장)

유명하고 중요한 아람어 본문이 2:4절 하반절부터 시작된다. 이 부분에서 하나님은 꿈을 통해 느브갓네살 왕과 교통하고 있으며, 결국 다니엘을 그 나라의 통치자로 세워 놓고 계신다. 이상을 통해 말씀하시는 하나님은 느브갓네살의 왕국이 강도의 측면에서 금에서 은으로 동을 거쳐 철로 갈 것임을 보이셨다 하지만 종국에는 그것이 흙과 같이 무너질 것임을 보이셨다. 45절의 뜨인 돌에 의해 모든 것이 세상왕국위에 통치하시는 하나님의 전능을 상징한다.

3) 왕의 교만과 다니엘의 구원(3~6장)

1, 2장이 인간의 힘에 부딪혀 상처 난 하나님의 권위를 보여 주고 있다면, 이제 3장부터 6장까지는 인간의 교만한 힘과 권위 앞에 전능하심으로 나타나는 하나님의 산 권위와 힘을 보여주고 있다. 그래서 느브갓네살은 마침내 하나님의 권능이 그들을 구원한 것을 인정하게 된다(3:29, 4:37, 6:25~28). 3장에는 유명한 다니엘의 세 친구의 구원사건이 있고, 4장에는 느부갓네살 왕의 두 번째 꿈과 그것을 해석하는 벨드사살이라는 다니엘의 해석이 기록되어 있다 제5장에는 벨사살 왕이 잔치를 베풀고 귀족 천명을 초청하여 연회를 베푸는 중에 한 손가락이 나타나 벽에 글을 쓰는 신비로운 사건을 체험하게 된다. 이에 왕비의 천거를 받은 다니엘이 그 벽에 쓰인 글씨를 읽고 해석해 준 뒤 왕은 약속대로 그를 나라의 세 번째 권위자로 삼는다. 그 글씨는 "메네 메네 대겔 우바르신"이었고, 벨사살 왕의 최후와 정권의 교체를 예언한 것이다. 다니엘은 정권이 바뀌어도 메대 사람 다리오시대에도 형통하였다. 그러나 6장에는 그런 승승장구함만이 있는 것이 아니라 다니엘의 출세를 시기하는 다른 대신들의 모함으로 그가 사자 굴에 가게 되는 어려움 나온다. 그는 왕의 조서에 어인이 찍힌 것을 알고도 전에 하던 대로 하루에 세 번씩 무릎을 꿇고 기도하며 감사하기를 중지하지 않았다. 하나님은 사자 굴에서 그를 구원하여 내셨고 고레스의 시대에 형통하게 하셨다고 기록하고 있다.

4) 네 짐승에 대한 꿈: 성도에 대한 심판(7장)

7장까지 아람어로 기록되었는데, 7장은 역시 두 부분으로 나눠지는데 1~14절까지와 15~28절까지이다. 첫 번째 부분에서는 환상이 주를 이루고 있다. 네 짐승에 있어서 4라는 숫자는 혼란한 힘에서 오는 위협이 사방에서 옴을 상징하고 있다. "옛적부터 항상 계신 이"(9절)와 "인자 같은 이"(13절)라는 표현에 주목하라. 후반부에는 인자 같은 이가 나타나지 않는다. 그 대신 "옛적부터 항상 계신 이"와 "지극히 높으신 이"라는 표현이 나타난다. 여기서 "인자 같은 이"는 물론 메시아 혹은 하나님의 사자를 의미하지만 후반부의 지극히 높으신 자의 성도는 인자가 아니다. 그 둘을 같이 보면 안 된다. 다니엘의 시대에 즉 불의한 시대에 고통 받는 성도들의 고난을 의미한다.

5) 후기: 비전과 해석(8~12장)

다시 히브리어가 재개되는 이 부분은 연이어 나오는 여러 이상들은 이런 성도의 고난에 대한 이야기를 보충하며 더 강조하고 있다. 8장의 수양과 수 염소에 관한 비유가 세상에 권세 잡은 세속 왕국과 왕들을 의미하고(8:20), 9장은 다니엘의 기도로 시작되고 있는데 언약에 대한 이스라엘의 반역과 불충성이 고백되고 있다. 많은 환상들로 인하여 다니엘은 놀라고 자신도 의아해하며 신비로워했다. 예레미야 25:11~14절과 29:10절에 나오는 포로 기간의 70년이 여기서 칠십이레로 묘사되어 고난의 세월이 쉬 끝나지 않을 것을 시사하고 있으며, 그의 기도는 9:20~27절에 응답이 나오고 있다. 이 응답 역시 많은 묵시 문학의 기법으로 표시되었는데 특별히 9:25절의 "그러므로 너는 깨달아 알지니라 예루살렘을 중건하라는 영이 날 때부터 기름 부음을 받은 자 곧 왕이 일어나기까지 일곱이레와 예순두이레가 지날 것이요 그 곤란한 동안에 성이 중건되어 광장과 거리가 세워질 것이며" 한 부분은 종말론적 해석이 필요한 부분이다.

11장에는 다니엘의 말년 같은데 그가 메데 사람 다리오 원년에 그를 도와서 그를 강하게 한 일이 있다고 기록하고 있다. 그리고 장차 일어날 왕국들에 대하여 다시 설명하고 있다. 12:1절에는 이스라엘의 보호자 미가엘의 개입이 설명되어 있어 위로를 준다. 결어 격인 12:5~13에서 다니엘은 마지막 계시를 크게 된다.

제6부
소선지서

1) 구약 성경 안에서의 12소선지서의 위치

우리가 일반적으로 소선지서라 부르는 것은 장문 이사야, 예레미야, 에스겔 그리고 다니엘[1] 등 장문의 선지서들 뒤에 이어 나오는 양적으로 짧은 12권의 예언서들을 말한다. 대부분의 그리스도인들에게 인상 지워진 구약의 소선지서에 대한 인상은 그 내용을 충실히 다 이해하고 있기 보다는 각각의 책에서 주제구절 비슷한 몇 개의 대표적인 구절을 기억하는 정도이다. 우리가 복음서의 내용에서 예수님의 탄생부터 수난과 부활 승천에 대한 내용들을 일괄적으로 꿰고 있는 것과는 상당한 차이가 있다는 말이 된다. 그래서 구약의 소선지서는 신앙인들의 생활에 약간 부차적인 느낌으로 혹은 연극의 조연 같은 느낌으로 인상지어진 것이 사실일 것이다. 그런 조연 같은 느낌으로서의 소선지서라 할지라도, 이 부분은 사실상 그렇게 가벼운 내용들이 아니다. 집필 기간만 보더라도 거의 500년 이상의 기간이 소요되었고, 당대를 포효했던 기라성 같은 선지자들의 깊은 메시지가 있으며, 소선지서가 대변하고 있는 시대들 또한 중요한 기간들이다. 이스라엘의 분열왕국시대부터 시작하여 패망과 바벨론 포로 그리고 돌아온 이후의 이스라엘 역사의 전 기간을 통하여 외쳐진 선지자들의 메시지들은 기독교 신앙의 중요한 뼈대를 형성하는 것들임이 틀림없다. 그리고 소선지서는 참 재미있고 표현 방식 또한 다양하다. 그리고 내용들이 길지 않아 전체적 윤곽을 파악하기가 훨씬 쉽다. 그리고 기독교인들의 신앙에 거의 애매한 상태로 남겨진 포로 귀환 후의 이스라엘의 모습을 제대로 볼 수 있는 소중한 기록들이 여기에 나온다. 소선지서는 결코 조연이 아니다. 각 시대마다 피를 토하듯 이스라엘을 사랑했던 선지자들의 주옥같은 외침이 녹아 있다. 거기에는 구약의 다른 부분들과 맥을 같이 하는 주요한 신학적인 개념들이 공유되어 있다. 오실 메시아에 대한 예언이 그렇고, 하나님의 열방을 향한 사랑과 관심이 그렇다. 교회론이 나오고, 종말론이 계시된다. 소선지서의 기록자인 선지자들은 결코 그 메시지의 영향력이 적어서 소선지서로 분류된 것이 아니다. 그럼에도 불구하고 실상은 위에서 언급한 대로 소선지서는 우리의 신앙에 조연 같은 느낌인 것은 무엇인가? 아마도 소선지서를 한 번도 제대로 연구해 보지 않았고, 차분히 체계적으로 묵상해 보

---

[1]   물론, 다니엘서가 유대교의 구약구분에서는 선지서가 아닌 성문서에 포함되지만, 개신교에서는 다니엘을 대선지서로 구분하고 있으므로 본서는 그런 개신교의 구약 구분을 원칙적으로 수용하고 있기에 그렇게 분류한다.

지 않았기 때문은 아닐까 생각하며, 옛날 이스라엘의 흥망성쇠를 옆에서 지켜보며 아버지의 마음으로 그 백성과 열방을 향해 외쳤던 옛 선지자들의 외침에 귀 기울여 보자.

기독교의 전통에 따르면 구약은 4개로 구분되고, 우리가 살펴보려는 12소선지서는 기독교 구약 구분의 마지막에 위치한다. 그리고 기독교에서는 구약의 선지서를 그 예언의 양에 따라 '대선지서'와 '소선지서'로 구분하는데, 선지자들의 실력이나 영향력의 차이 때문에 '대, 소'를 나누는 것이 아님은 주지의 사실이다. 이에 반하여 같은 내용의 경전을 쓰고 있는 유대교에서는 구약을 3개로 구분한다. 유대인들은 오경(토라), 선지서(나비임), 성문서(커투비임) 등으로 구약을 구분하는데, 선지서를 또한 전기 선지서와 후기 선지서로 나누어 구분하고 있다. 참고로 이하에서 예언서 혹은 선지서는 특별한 언급이 없는 한 같은 의미로 사용하겠다. 유대인들은 기독교가 역사서로 분류하고 있는 부분들 중 일부를 네 권으로 묶어 전기 선지서(서, 삿, 삼, 왕)로 분류하고, 기독교의 소선지서로 분류되는 부분을 다른 선지서들과 합하여 역시 네 권으로 묶어 후기 선지서(사, 렘, 겔, 12소선지서)로 분류한다. 그래서 유대인들은 전선지서도 네 권이고 후선지서도 네 권으로 구성된다. 또한 기독교에서 소선지서는 구약의 맨 뒤 부분에 위치하고 있는데 반하여 유대인의 구약에는 맨 앞에 오경이 나오고, 그 다음에 전기 선지서 네 권이 오고, 그 다음에 후기 선지서의 네 번째 책들이 배치되어 있다.

유대인들의 전기 선지서 네 권은 이스라엘의 역사에 관한 기록물들이다. 열두지파의 느슨한 부족 연맹체에서 어떻게 이스라엘이 신정 국가이며 중앙집권적 국가로 성장하게 되었는지를 역사적 관점에서 기록하고 있다. 신정 국가로서의 이스라엘의 역사를 전선지서라는 그룹으로 편성하는 유대인들의 생각은 '하나님은 역사의 주인이시고, 또한 역사를 통하여 말씀하시는 분'이심을 믿고 있다. 그리고 유대인들이 포로 후의 역사를 선지서에 편성하지 않고 성문서에 편성해 넣은 것은 그들은 포로 전까지의 이스라엘의 역사가 신성한 역사이고, 포로 이후의 역사는 세속화된 역사로 보기 때문이다. 이스라엘이 애굽의 노예생활을 박차고 나와 약속의 땅인 가나안에 정착하고 그 땅에서 살다가, 멸망하게 되는 그 긴 과정을 그들의 역사라고 보고 있고, 그렇게 해서 멸망했던 하나님의 나라가 바벨론에서 다시 돌아와 새로운 신정 국가로 세워지게 되는 이 포로 후기의 상황(역사)을 그들은 자신들의 거룩한 역사에 포함시키지 않았다. 그래서 그 당시의 이스라엘의 지도자에 대한 사가의 기록이 공식적으로 남아있지 않게 된 것이다.

그러므로 유대인들의 전기 선지서와 후기 선지서는 같은 관점을 공유한다고 말할 수 있다. 신정국가 이스라엘이 어떻게 세워지고 어떻게 멸망해 갔는가를 시간이란 관점에서 그리고 선지자들의 외침이란 관점에서 기록하고 있는 것이 구약의 선지서의 큰 줄기이다. 여기서 조금 더 나아가 유대인 구분으로는 후기 선지서 중의 마지막 책인 소선지서에는 그런 포로 전기 혹은 포로 중의 선지자들의 메시지만 있는 것이 아니라, 포로 후기 선지자들의 메시지도 있는 것을 유의해 보아야 한다. 그래서 그들이 "바벨론 포로 전까지 만의 역사를 자기네들의 신성한 역사라고 믿는다"는 표현은 타당한 것은 아니다. 포로 후기에는 국가적 지도자들에 대하여 체계적으로 기록되지 않고, 단지 그 시대에 활동했던 선지자들의 주요 메시지들만 나와 있다. 이것은 바벨론 포로 후기의 역사 중 공식적인 역사는 단절된 반면에 여전히 선지직의 전승을 이어 가고 있는 것으로 여긴다는 말이다.

기독교에서는 선지서를 대선지서와 소선지서로 구분하는데, 대선지서와 마찬가지로 소선지서에도 본질적으로 당신의 백성들이 미래에 당할 국가적 어려움을 예언한 말씀을 담고 있으며, 그 백성들을 성령의 능력과 빛으로 무장시키고, 또한 타락을 일삼는 불신실한 백성들과 두 신정 왕국(북 이스라엘과 남 유다)의 멸망을 경고하는 메시지들이 들어 있다. 앞에서도 언급되었지만, 소선지서는 그 내용의 열등함이나 선지자의 영향력의 작음 때문에 소선지서로 분류되는 것이 아니라 각각의 선지자가 남긴 기록된 예언의 양이 적어서 소선지서로 분류될 뿐임을 명심해야 한다. 각각의 시대에 활동했던 선지자들은 다 하나님의 권위를 갖고 일했던 동일한 영향력의 하나님의 사람들이었다. 남북 왕국과 이방국을 포함한 주변국에 대한 그런 경고와 심판의 메시지뿐 아니라 소선지서에는 거룩한 백성들의 '씨' 혹은 '그루터기'를 남겨 가시는 하나님을 신실히 따르는 자, 즉 참된 성도들을 향한 위로와 소망의 메시지를 포함하고 있다. 이 소선지서를 읽으면서 신자들은 모든 사악한 세력들 위에 견고히 세워져 가고 있는 하나님의 왕국의 최종적이고 궁극적인 승리를 볼 수 있어야 하겠고, 또한 예수그리스도를 통하여 성취될 '은혜를 인하여 믿음으로 구원을 받게 하실' 메시아 예언이 점진적으로 드러남을 보게 될 것이다.

2) 소선지서의 명칭과 배열에 관하여

앞에서도 언급되었지만 12소선지서는 유대인 구분의 후기 선지서의 세 책들 그러니까 이사야, 예레미야, 에스겔 다음에 12책이 한 권으로 묶여 통권으로 나타난다. 랍비들의 전승에 따르면 이 12선지서는 이스라엘의 대회당의 서기관들에 의해 최종 편집되었으며, 12권이 함께 묶여진 형태로 죠세푸스나 교부들의 시대까지 전해져 왔던 것이다. 그러나 알렉산드리아 사본과 바티칸 사본에서는 12선지서가 대선지서 앞에 배치되어 있기도 하다. 유대인들의 전통에 따르면 이 책들은 일반생활어인 아람어로 "테레이 아사르(즉, 12권)"로 불렸는데, 유대인의 12선지서는 주후 916년경에 전통 히브리어 자음 본문에 모음을 부가했던 마소라 본문과 그것을 표준 본문으로 하여 그 이후에 나온 레닌그라드 사본(주후 1009년경) 등에서 12선지서가 후기 선지서의 네 번째 책으로 등장되고 있다. 후기 선지서 중 세 권(이사야, 예레미야, 에스겔)은 주전 8~6세기경의 것이고, 12선지서가 그 보다 후대에 편집된 것으로 여겨지는데 순서는 현재 개신교의 배열과 같이 되어 있다. (호세아, 요엘, 아모스, 오바댜, 요나, 미가, 나훔, 하박국, 스바냐, 학개, 스가랴, 말라기 순)

권위 있는 아람어 구약인 탈굼 죠나단(Targum Jonathan) 역에서는 선지서를 유명한 유대인 학자 힐렐의 제자인 웃시엘의 아들 요나단이 편집한 것으로 알려져 있고 그 배열 순서도 마소라 본문의 것과 동일한 것으로 알려져 있다. 나중에 주후 1세기의 주교 메리토는 그 12권을 헬라어로 "톤 도데카 프로페이톤(των δωδεκα προφητων)" 즉 열두 예언들이라고 불렀다. 그리고 소선지서(The Minor Prophets)라는 명칭은 초대교회의 교부 어거스틴의 저작 "신의 도성(the City of God)"의 18:19절에서 처음으로 라틴어(Prophetae Minores)로 선보여졌으며, 그 이후 이 명칭이 일반적으로 불려지는 사랑받는 애칭이 되었다. 그보다 앞선 시대인 주전 2세기경의 문헌인 구약의 외경 '시락의 아들 예수의 지혜서'(일명 시락의 집회서 라고 불리기도 함)의 49:10절에서 시락은 본 선지서 12권을 한 묶음으로 이해하고 있었음을 볼 수 있다. 물론 주후 3세기의 교부 오리겐은 유대교 경전 22권(구약 전권)을 기독교의 정전으로 받으면서 21권으로 계산을 했었는데, 왜냐하면 그는 이 소선지서 12권을 한 묶음으로 하는 한 권을 착오로 빠뜨렸기 때문이었다. 그런 역사 속에서도 대부분의 유대교 문헌들은 12권의 소선지서를 한 권, 한 묶음으로 이해하는 후기 선지서의 네 번째 책을 정경에 포함시키고 있다. 그러나 기독교에서는 이 12권을 한 권으로 이해하기 보다는 독립된 선지서의 책들로 이해하며, 12권 전체를 묶어 '소선지서'라는 부류로 이해하고 있다.

히브리어로 된 구약 성경의 헬라어 번역본인 '70인경'(셉투아진트, LXX)은 이집트의 알렉산드리아 지역의 유대인 랍비70명(혹자는 72명이라고 주장한다)이 주전 3세기경에 번역한 것을 말하는데, 당시의 공용어였던 헬라어로 쓰여진 이 70인경의 라틴어 번역본은 '바티칸 사본', '시나이 사본' 등이 있고 이 라틴어 번역본은 거의 주후 4세기경에 쓰여진 것이다. 그중에서 바티칸 사본에서의 12선지서의 순서는 '호세아 - 아모스 - 미가 - 요엘

– 오바댜 – 요나 – 나훔 – 하박국 – 스바냐 – 학개 – 스가랴 – 말라기'의 순서로 되어 있
다. 지금 개신교의 순서와 조금 다르게 배치되었다. 시내산 사본에는 '소세아, 아모스,
미가' 등이 빠져있지만, 다른 9권은 바티칸 사본의 것과 같이 되어 있다.

소선지서 12권은 대략 주전 9세기부터 주전 5세기까지의 시대를 망라하고 있다. 그
만큼 포함하고 있는 시대가 광범위하다는 말이다. 그러나 이 책들은 역사를 정리하기
위해 쓰여진 책들이 아니다. 그래서 그 12권이 시대의 흐름을 따라 배치되지 않았다.
대략적으로 연대기에 맞추어 배열되기는 했지만 정확히 연대기적이 아니라는 말이다.
예를 들면 처음 7권은 그 배경이 앗수르 제국의 시대이고 그 다음 두 권은 바벨론 포로
의 시대를 말하고 있고 나머지 세권은 포로 후기에 선포된 말씀이다.

그리고 그 배치에 있어서도 상대적으로 긴 예언과 짧은 예언의 책들을 교차 배열시
켰는데 예를 들면 호세아가 길고 그 다음에 짧은 요엘이 나온다. 그다음에 좀 긴 아모
스가 나오고, 그 다음에 짧은 오바댜가 배정되었다는 것이다. 끝에 가서도 그렇다. 스
가랴는 좀 긴 선지서이고 그 앞뒤로 학개와 말라기는 좀 짧은 책이다. 그렇게 예언의
양에 대한 장, 단의 배치도 배치이지만 선지자들의 출신이나 그들이 대상하여 외친 나
라들에 관해서도 소선지서는 세심한 배열을 한 책이 틀림없다는 생각이 든다. 예를 들
어 호세아서는 북방 이스라엘을 대상한 메시지이고, 요엘은 남방 유다를 향한 메시지
이다. 그 다음의 아모스는 북방 이스라엘을 향한 메시지이고 오바댜는 유다와 에돔을
향한 메시지인 것이다. 하나는 길고 북방을 향해, 그 다음은 짧으며 남방을 향해, 그다
음에는 이방인 앗수르의 니느웨를 향한 요나서 등 이런 식으로 배열된 것은 우연히 그
렇게 된 것이 아니라는 점이다. 전체적으로 볼 때 12소선지서는 그 배열에 있어서 상당
한 편집자의 의도가 감지되는 책이라 할 수 있다. 그리고 소선지서는 각 권의 말미에
나타나는 중요한 낱말이나 어구가 다음 책에 이어 강조되도록 배열되었다는 주장이나
포로 후기의 복잡한 국제 관계 때문에 그 배열의 순서가 사본에 따라 다르게 되었다는
주장도 있다. 어쨌건, 사본학적 관점에서 볼 때, 소선지서 12권은 하나의 두루마리에
기록되어 있는데 이는 유대인의 성경 구분중 선지서의 전선지서 네 권(여호수아, 사사기, 사무
엘서, 열왕기서)에 짝 맞추어지는 후선지서 네 권(이사야, 예레미야, 에스겔, 소선지서)으로 편성하기
위해서라고 이해할 수 있다. 이런 여러 가지 이론들 속에 우리는 소선지서 안의 저자들
은 비록 시기적으로 차이가 있지만 같은 선지자적 전통 안에 있었기 때문에 이전의 선
지자들의 글에 익숙하여 자연스럽게 통일성을 이루었고, 정경 속으로 들어오는 과정에
서 최종적으로 다시 의미 있게 배열되었다고 이해한다. 그리고 최종 편집자가 각 권에

이미 존재했던 비슷한 어휘들, 모티프, 주제, 그리고 연대기 순서 등을 어느 정도 연결고리로 삼으면서 나름대로 포로 후기의 신학을 반영하기 위해 의도적으로 순서를 정했다고 이해하는 것이 일반적인 이해이다. 또한 어떤 학자들은 소선지서 12권 전체를 한 권으로 이해하면서 그 중심 사상은 가운데 배치된 '미가'의 사상이며 신학이라고 주장하기도 한다. 그러나 소선지서 12권을 한 권으로 이해하는 것에 대해서는 많은 다른 견해들이 있고 일반적으로 받아들여지지 않고 있다. 왜냐하면 유대인의 전통을 따라 이 12개의 책들이 한 두루마리에 기록된 것은 사실이지만, 그것이 다 다른 저자에 의해 기록되었고, 각각의 저자들은 각각 자신의 시대를 반영하고 있기 때문이다.

히브리어 성경에서는 대선지서 뒤에 12권으로 된 전집이 이어 나온다. 이러한 배치 방식은 유대인 학자인 벤 시라(Ben Sira, Ecclus. 49:12)의 시대에 이미 알려져 있었고, 유대인 교회 역사가인 요세푸스(Contra Apion. I.8,3, Ecclesiasticus49:10)도 이 점을 알고 있었다. 유대인 전통과 초기 기독교 전통은 이 책들을 한 그룹으로 취급하였으며 그 이름을 "열두 책" 혹은 "열두 선지의 책" 등으로 불렀다. 랍비의 전승에 따르면, 열두 소선지서들은 대회당의 사람들에 의해 편집되었고 이 형태로 교부들에게 전달된 것이다. 한편 알렉산드리누스 코덱스와 바티카누스 코덱스에서는 열두 소선지서가 대선지서들 앞에 온다. 탈무드를 통해서 볼 때 히브리어 정경이 이런 순서로 배열하는 데는 아마 연대기적 이유가 어느 정도 있는 것으로 보이지만, 이런 배열의 진정한 이유는 아직 명확하게 알려져 있지 않다.

이 열두 권의 책이 '소선지서(Minor Prohpets)'로 불린 시기는 어거스틴 시대의 로마교회 시대부터라고 전해지고 있다. 소선지란 명칭을 사용하게 된 것은 이사야, 예레미야 등의 선지의 예언과 비교하여 양적으로 적기 때문에 그렇게 된 것이다. 헬라어 역본인 셉투아진트(LXX)에서는 열두 책의 배열을 약간 달리하는데 거기서는 '호세아 – 아모스 – 미가 – 요엘 – 오바댜 – 요나'의 순으로 배열되어 있다. 그것은 소선지서 내에서의 예언의 양의 대·소를 따른 것이라고 한다. 하지만 대부분의 학자들은 소선지서의 현재의 배열을 옳게 생각하고 있는데 그 이유는 아마도 소선지서가 연대순으로 배열되는 것이 더 타당하다고 믿기 때문인 것 같다.

소선지서의 배열을 살펴보면 한 가지 흥미로운 점을 발견할 수 있는데 그것은 그 양에 있어서 분량이 긴 책과 짧은 책이 상호 교차적으로 배열되었다는 점과 또 선지자들의 사역 대상이 '북방 – 남방 – 북방 – 남방 – 이방나라' 순으로 배열되어 읽은 사람들이 흥미를 잃지 않도록 배려되었다는 점이다.

소선지서의 핵심적 메시지는 '주님의 날(욤 야훼)' 혹은 '심판의 날'에 대한 강조이다. 대선지서 에서는 범죄한 선민의 고난과 남은 자의 회복, 이방국가의 종국적 패망 등을 통해 드러나는 하나님의 의와 최후의 심판 그리고 그런 가운데 메시아를 대망하는 희망 등이 주제였는데, 이제 그러한 주제들이 좀 더 좁혀져 주님의 심판을 선언하거나 더 강력한 메시아 대망 사상 등으로 나아가고 있음을 여기 소선지서를 통해 보게 된다.

3) 소선지서의 시대적 배경과 사역 대상

이스라엘은 주지하다시피 초대왕 사울에 의하여 본격적인 중앙 집권적 왕국이 시작되었다고 할 수 있다. 이때가 거의 주전 1000년에서 1100년 어간의 일이었으며, 그 이후 다윗 왕을 거쳐 나라가 안정되었고, 그 아들 솔로몬 시대에 이르러서 본격적인 왕국의 면모를 갖추게 되었다고 여긴다. 그 이후 이스라엘은 북방의 이스라엘(여로보암의 통치)과 남방의 유다(솔로몬의 아들 르호보암의 통치)로 분열되고 이 슬픈 분열 왕국은 결국 앗수르에 의해 북방이 멸망되고(주전 722), 이어 150년쯤 후에 신흥 대제국 바벨론에 의해 남방이 멸망되면서(주전587~6) 막을 내린다. 그 후 70년간의 포로생활을 하고 새롭게 발흥한 페르샤 제국에 의해 이스라엘은 귀환하게 된다. 다윗에게 언약한 야훼 하나님의 언약(삼하7, 8장)은 솔로몬과 르호보암에게 흘러내렸다. 하지만 인간의 타락과 우상숭배로 말미암아 왕국은 남북으로 나뉘었다. 다윗 왕가에서 갈라져 간 북방 이스라엘도 하나님의 긍휼하심을 몇 번에 걸쳐 경험했지만 그 들은 나봇의 아들 여로보암의 길을 걷다가 앗시리에게 멸망한다. 하지만 다윗 왕가의 법통을 이어간 남방은 영토적, 재정적으로 볼때 북방에 비해 작은 나라가 되었지만 예루살렘을 중심으로 하나님께 예태함으로 나라가 안정될 수 있었다. 실제로 남북 이스라엘의 주전 900~800년 어간 동안에는 다윗이 쌓아놓은 엄청난 국력으로 인해 개국 이래 가장 융성한 번영을 구가했다. 왜냐하면 그 기간은 아직 주변의 대 제국이 발흥하기 전이었기 때문이기도 했다. 그런 좋은 시절에 이스라엘은 남북으로 나뉜 것이다. 우상숭배와 사치와 향락에 빠졌던 것이다. 그래서 그들의 조상들이 애굽을 나와 광야에서 어떻게 고생하며 가나안을 점령했는지를 다 잊어버렸던 것이다.

이런 상황 속에서 먼저 북방 이스라엘의 정세를 살펴보자. 그들은 반역으로 시작된 나라를 역시 쿠테타와 암살 등으로 얼룩지게 하였고 게다가 예루살렘에서 야훼 하나님을 함께 섬기던 초창기의 전통에서 차츰 벗어나 다른 곳에서 예배하기 시작하다가 결국은 이세벨을 통해 바알 숭배가 전국적으로 퍼지게 되기도 하였다. 북왕조의 역사를 살펴보면 그나마 오므리 왕조(오므리, 아합, 아하시야, 여호람)가 44년 정도를 대를 이어 통치한 것과 여호람을 암살하고 등극한 예후 왕조가(예후, 여호아하스, 요아스 여로보암 2세, 스가랴) 대략 90년 정도를 이어간 것을 제외하고는 짧게는 7일 천하 혹은 1개월 천하로 끝나는 패역의 역사를 반복하고 있음을 보여주고 있다. 그러다가 베가 왕을 암살하고 등극한 호세아왕 때 앗수르의 침공을 받고 왕조의 문을 내리게 되었다.

구약 시대의 하나님의 나라를 대변하는 이 땅의 신정국가인 남방의 유다 왕국은 여호람 왕 시절부터 극적인 타락과 배교의 길로 가고 있다. 북방의 이세벨이 국가적 우상숭배 장려자였다면 그의 딸이자 여호람의 아내인 아달랴라는 여인은 한 술 더 떠서 신정 왕국 유다를 거의 절망적인 상황까지 몰고 간다. 어머니 이세벨에게 배운 바알 숭배를 본격적으로 남방 유다에 정착시켰을 뿐 아니라, 병든 남편을 설득시켜 왕위를 탐내는 그 형제들(자신의 시동생들)을 다 처형했을 뿐 아니라, 왕위를 계승한 아들 아하시야를 부추겨 역시 자신의 형제들뿐 아니라 자신의 손자 세대까지 왕손이 될 가능성이 있는 자손들을 다 처형하게 한 다음 자신의 아들인 현직 왕이 전쟁에 나가 전사하자 자기가 왕좌를 차지하여 유다를 통치한다. 북에서 온 권력욕의 화신이자 우상숭배의 장려자인 이 여왕은 결국 6년여의 철권통치를 자행하며 나라를 우상숭배와 향락의 도가니로 만들어 버리고 흥청망청 하던 중, 자신의 손자 중 유일하게 대제사장(아달랴의 사위)의 도움을 받아 성전에서 고모(대제사장의 부인)에 의해 몰래 숨겨 키워온 요아스 왕과 그의 추종자에 의해 처형된다. 이 일은 적은 일 같지만 사실은 하나님의 신정 왕국을 병들게 한 치명적인 사건해 해당된다. 그 후 왕들의 개혁정책에도 불구하고 국민들 사이에는 우상숭배가 지속적으로 만연되었고, 아하스의 시대에 이르러는 바알 숭배가 거의 일반화되었다. 백성들은 정통성을 잃은 지도자들로 인해 부정과 부패, 향락과 타락이 극에 달하여 출애굽 정신과 선민의식은 바닥을 헤매고 있었던 암울한 시대가 되어 버렸다.

남편을 부추겨 시동생들을 몰살하고 아들을 부추겨 자기가 낳은 아들들까지 그리고 후궁들이 낳은 아들들까지 다 처형하였던 아달랴 정권의 6년과 그 이전의 몇 년을 합하여 이 기간은 하나님의 백성이요 하나님의 나라로서의 유다의 정신이 말살되었던 시기였고 그 후유증은 결국 나라의 패망으로 이어졌던 것이다. 물론 하나님은 단호히 그녀의 죄를 심판하였을지라도, 아달랴와 그 남편 여호람의 불신앙적 태도는 결국 유다 왕국의 배교와 타락의 시작이었던 것이다. 하나님의 결정적인 도움으로 위기를 벗어난 유다는 다시 국가를 재정비하고 민족 대통합을 위해 하나님께로 나아갔다면 국가의 운명이 달라졌을 텐데 유다는 그러지 못했다. 악한 므낫세 왕을 통해 망해버린 북방 이스라엘의 나쁜 문화와 관습들을 답습했고, 자신들의 영적 정체성인 하나님이 통치하시는 신정 왕국으로서의 자긍심을 회복하지 못하였다. 그러다가 앗수르를 제압하고 중동의 새로운 강자로 나온 바벨론과 맞서다가 패망하게 된 것이다. 남방 유다는 전통적인 우호관계인 애굽이 옛 의리를 생각해서 자기네의 우호국인 앗수르를 패망시켰던 신흥 바벨론을 적대시 하자 유다도 애굽을 따라 바벨론을 적대시했고, 그러지 말라고 하는 예레미야를 투옥시키기까지 했다. 소선지서는 결국 물질적이며 외형적인 풍요 속에서도 겸허히 하나님을 섬겨가는 신실한 지혜가 삶의 근본임을 재천명하고 있으며, 외형적인 관계에 있어서도 하나님을 신실히 의지하는 하나님 중심의 삶이 선민의 삶이어야 함을 보여주고 있다. 그러니까 12소선지서는 시대적으로 이스라엘의 포로 전 왕정 시대와 분열 왕국시대를 다루고 있을 뿐 아니라 포로에서 귀환한 후의 시대까지를 망라하고 있다.

그래서 소선지서들이 다루고 있는 시대는 이스라엘의 가장 풍성했던 시절부터 가장 참혹한 시절을 모두 다루고 있는데 그 가운데서 하나님의 사랑과 심판의 엄위함을 보게 되고 또한 그런 가운데서 예수그리스도를 통해 이루실 위대한 인류 구원의 서곡들이 차곡차곡 진행됨을 볼 수 있다. 이런 선지서의 내용들을 제대로 이해하기 위해서는 우선 당시의 이스라엘을 둘러싼 주변 국제 정세를 눈여겨 볼 필요가 있다. 신앗수르 제국에서 시작하여 신바빌로니아 제국 그리고 메데파사 연합제국에 이어 알렉산더가 이끄는 헬라제국 그리고 이어지는 로마제국 하에서의 이스라엘의 유대교적 전통이 어떻게 세워지고 고착되어 갔는가? 그 역사의 흐름 속에서 하나님은 당신의 구원계획을 어떻게 진행시켜 가셨는가? 그리고 그런 선지자들의 외침은 오늘 나에게 무슨 의미가 있는가? 등을 생각해야 하겠다.

구약의 역사 속에는 하나님의 뜻이 들어 있다. 그렇지만 역사서로 분류된 책들에는 저자가 드러나지 않고 있다. 하지만, 선지서로 분류된 책들에는 저자가 분명한 형태로 드러나 있는데 이는 그들의 메시지가 그들 당대뿐 아니라, 오고 오는 모든 세대에 하나님의 백성들에게 필요한 메시지를 담고 있기 때문이다.

본질적으로 대 · 소선지자들의 메시지는 같은 것이라 할 수 있다. 이스라엘의 반역과 불순종 우상숭배의 죄에 대한 하나님의 심판, 그리고 그 심판의 와중에서도 면면히 이어지는 사랑 많으신 하나님의 언약적 사랑, 그리고 장차 예수그리스도를 통해 완성될 열방의 구원에 관한 하나님의 마음을 배우게 되기를 바란다.

제1장

호세아
요엘

1. 호세아의 서론과 구조

1) 호세아 서론

소선지서의 첫 번째 책인 호세아서는 보통 처음의 세 장만 많이 알려져 있다. 이와는 대조적으로 본서의 나머지 장들(4~14장)은 구약의 해석하기 까다로운 부분 중의 한 부분이다. 아마도 '소명'을 위해 호세아처럼 큰 값을 치른 선지자도 없을 것이다. 이제 가장 잘 알려져 있는 것 같으면서도 사실은 가장 간과하고 지나갔던 소선지서의 첫 번째 책의 윤곽을 같이 살펴보자.

본서의 명칭은 저자인 선지자 호세아의 이름(북방이스라엘의 마지막 왕 호세아랑 이름이 꼭 같다. 하지만 이 둘을 구별하기 위해 선지자는 Hosea로, 왕은 Hoshea로 구분하여 쓴다)에서 유래한다. 호세아란 이름은 히브리어 '야사'라는 동사에서 유래한 명사로서 '구원'이란 뜻을 갖는다. 이름은 민수기 13:8, 16절에 나타나는 여호수아의 이름과 같으며, 열왕기 하 15:30절에 나타나는 북방 이스라엘의 마지막 왕 호세아의 이름과도 같다. 요즘 같으면 '죠수아' 같은 격이다. 선지자 호세아는 북방 이스라엘에서 출생하여 대략 주전 750년부터 715년 어간에 북방 이스라엘에서 활동한 선지자로 알려져 있다. 이 기간은 여로보암 2세의 말기에서부터 이스라엘이 멸망한 722년 사이이므로, 북방 이스라엘의 운명이 최고의 번영기에서 급락해 가는 과정에서 하나님의 메시지를 선포했던 선지자이다.[2] 정경에서 유일하게 북방 출신의 선지자인 호세아는 쇠락해가는 조국의 상황을 보면서 아직도 이스라엘이 회개하여 구원받을 시간이 남아 있음을 선포하면서 임박한 민족의 멸망을 저지하려고 애썼던 내용이 본서의 주된 정서이다. 그리고 본서에 거론된 유다 왕들의 연대를 다 합하면 거의 100년이나 되기 때문에 호세아 선지자가 그 긴 기간 동안 다 활동했다고 여겨지지는 않는다. 그가 활동했던 시기는 후대의 우리가 주로 주전 8세기 선지자[3]로 구분하는 다른 선지자들과 같은 시대적 배경에서 사역한 것으로 여겨진다. 호세아의 출생지는 정확하게 알려지지 않았으나 성경 저자로서는 특이하게 북방 이스라엘서 출생한 것으로 알려져 있다. 호세아 1:1절이 증거하는 바대로 본서의 저자가 브레이[4]의 아들 호세아라는 것은 전통적으로 인정되어 왔다. 본서 7:4절의 언급대로 그가 빵 굽는 일에 관련된 일을 한 것으로 추정되고 있으며 본문에 적잖게 기록된 농사적 용어들은 그가 농장 혹은 농업에 관계된 일을 하였던 것으로 추정하게끔 하기도 한다.

호세아 선지자는 북왕국의 선지자이며 북왕국을 대상으로 사역했다. 그가 북방 이스라엘을 향하는 태도는 예레미야 선지자가 남방 유다를 대하는 것과 비슷하다. 양쪽 모두 그들이 섬기는 국가의 임박한 패망을 예언하였다. 두 책에 나타난 하나님의 자기 백성을 향한 오래 참으시는 사랑의 표현도 비슷하다. 하지만 예레미야가 예루살렘 함락을 예언한 것보다 호세아가 사마리아의 함락을 예언한 것은 그 형태에 있어서 더욱 심각하다. 호세아는 이스라엘 민족의 종교적 우상숭배를 강도 높게 비판한 예레미야에게 영향을 미친다(렘2~6장). 비록 예레미야가 호세아에게 영향을 미치지 않았으나 예레미야는 호세아로부터 많은 영향을 받았다고 여겨지고 있다. 호세아는 이스라엘의 끊임없는 배역에도 불구하고 그들을 향한 하나님의 인내하시는 사랑을 보여주는데, 두 개의 큰 단락으로 그 사랑이 묘사된다. 호세아서가 북왕국을 대상으로 선포된 메시지라는 점에 대하여 학자들 사이에 몇 가지 반론이 저기되었다. 에머슨은 본서에 나타나는 남방 유다에 대한 많은 직접적인 언급들(1:7, 11, 5:15, 5:5, 10,12~14, 6:4, 11, 8:14, 10:11, 12:1, 3)과 다윗 왕조에 대한 언급들(3:5) 때문에 본서에 혹시 호세아 외의 다른 저자 혹

---

2 이 시대의 역사적 배경에 대하여는 Hassell Bullock C., *an Introduction to the Old Testament Prophetic Books*(Chicago, Moody press, 1986), pp.85~87. 그리고 Newsome Jr. J. D., *the Hebrew Prophets* (Atlanta, Jobn knox, 1984), pp.30~32의 내용을 참고하라.

3 참고, 주전 8세기의 선지자들은 호세아, 아모스, 미가, 이사야 등으로 분류된다. 물론 요나와 나훔도 있지만 그들은 주로 다른 민족을 향하여 사역했으므로 이 분류에서는 제외된다.

4 참고, 호세아 선지자의 아버지 브에리는 역대기 상 5:6절에 나오는 르우벤지파의 두목과는 다른 인물임.

은 편집자가 있는 것은 아닐까 하는 의문이 제기되곤 했다. 예를 들면 "본서의 기원은 북왕국에 있지만 그 전승 과정은 대부분 유다의 역사 속에서 이루어진 것이다"[5]는 식으로 이해하는 것이 그것이다. 그런 의문이 있음에도 불구하고 "우리는 이 책이 본질적으로 한 사람의 저작이며 본문이 기본적으로 견실하다고 생각한다"[6]는 의견들이 학계의 지배적인 의견이라 할 수 있다. 그럼에도 불구하고 이 선지자의 전승을 따르는 후대의 추종자들이 이 선지자의 사후 수십 년 후에 그의 전승의 내용들과 남왕국의 상황 사이에 유사한 점들이 있음을 발견하고 이 책의 본문 속에 유다의 상황들에 대한 내용을 삽입해 줌으로써 양자 사이의 연결점들을 제공해 주었을 가능성도 어느 정도는 있다고 보고 있다.[7]

호세아서의 배경은 북왕국의 태평성세를 구가했던 여로보암 2세의 사후 반역과 쿠데타 등으로 기울어가는 북왕국의 국제적 정세를 배경으로 하고 있다. 허버드에 의하면 이 당시의 정황은 "여로보암의 죽음 이후 이스라엘 왕정체제는 삼십 년 동안에 여섯 명의 왕이 갈리는 등 급속하게 불안정해졌는데, 이 여섯 명의 왕들 중 세 명의 통치기간은 이년 미만이었으며, 네 명이 암살을 당하였고, 다섯 번째 왕은 찬탈을 당하였다"[8] 여로보암 2세 이후의 시대는 앗수르의 티글랏 벨레셀 3세와 살만에셀 5세에 의해 북방이 위협을 받고 있는 시절이었다. 마침내는 살만에셀 5세의 침공으로 북방이 패망하게 되었는데 그 직전의 상황이 바로 선지자 호세아가 활동하던 시대였던 것이다.

이 시대 배경은 좀 흥미로운 면이 있다. 북방의 점증하는 강대국 앗수르를 견제하기 위해 북방 왕 베가는 바로 위 국가인 시리아의 르신이 연합하여 대국 앗수르를 견제하고자 한다. 그래도 힘이 부족하자, 사실은 그런 연합 때문에 티글랏 벨레셀이 이 두 나라를 공격하여 일부를 빼앗고 북방 이스라엘의 거민들을 많이 포로로 잡아갔다(주전 733). 그래서 그 두 왕은 남쪽의 큰 나라 이집트에 도움을 요청했는데 이집트가 거절했고, 그래서 형제국인 유다국에 이 연합국에 참가하여 앗수르에 함께 대항하자고 했다. 그러나 유다는 거절했고 그래서 베가와 르신이 남방 유다를 공격하게 된다(참고: 왕하 16:1~9, 대하28:5~7, 사7:1~8:22, 미7:7~20). 그래서 남방 유다는 오히려 북방 앗수르에 도움을

5   Emmerson G. I., *Hosea An Israelite Prophet in Judean Perspective*(JSOT,1984), p.1.

6   Anderson F. I. & Freeman D. N., *Hosea*(AB, Doubleday, 1980), p.59; Dillard R. B.& LongmanⅢ. T. 도 이 견해에 동의하고 있다.

7   Dillard R. B., & LongmanⅢ. T., op. cit., p.536.

8   Hubbard D. A, *Hosea*(TOTC, IVP, 1989), pp.24~25.

요청하였는데, 이를 빌미로 앗수르는 북방의 두 나라, 시(수)리아와 이스라엘을 침공하여 패망시킨다. 이 전쟁으로 인하여 유다는 형제국 이스라엘의 간섭에는 벗어날 수 있었지만, 얼마가지 않아 앗수르를 비롯한 대국들의 직접적인 간섭과 통제 속에 들어가는 어려움을 겪게 되었다. 호세아의 메시지는 이런 역사ᅩ 사건들과 직간접적으로 연결되어 있다고 학자들은 보고 있다.[9] 이런 시대적 배경으로 인하여 이 시대 예언자들의 메시지는 '이 나라의 번영은 여호와에 대한 신앙을 고양시킨 것이 아니라 불경건과 권력 및 특권의 남용을 가져왔다. 그러므로 하나님께로 돌아가야 한다'는 것이 주된 내용이 되었던 것이다. 즉 경제적 성공과 종교적 불경건이 이 시대의 특징이었다는 것이다.[10]

이스라엘이 자신의 하나님에게 반항하는 것은 호세아의 아내의 정숙치 못한 행동 속에 반영되어 있다. 이 문제가 많은 결혼생활을 통하여 터어난 자녀들은 여호와와 이스라엘 간의 언약관계가 파기되었음을 상징하는 이름들을 가지고 있다. 문제는 역사에 대한 이런 유비와 1~3장에 기술되어 있는 결혼이야기으 상세한 내용들 사이에 어떤 관계가 있느냐는 것이다. 자주 지적되어진 바와 같이 다른 견해를 갖고 있는 사람들도 이 부분 만큼은 전형적인 역사 기록의 유비로 보그 있다. 그러나 본문을 있는 그대로 해석하면 하나님께서 호세아로 하여금 창녀와 결혼하라고 명령하셨다는 결론이 나온다는 것 때문에 어려움이 생긴다. 본서는 "너는 가서 음란한 아내를 취하라"(1:2)라는 하나님의 명령으로 시작되고 있다. 이 어려움은 비평학자들이나 보수주의 학자들도 함께 곤란함으로 느끼는 일종의 긴장이다. 수세기 동안 제시되어온 견해에 따르면 비록 본문 내에 어떤 뚜렷한 근거는 없지만 이 본문을 하나의 역사기록으로 해석하기 보다는 하나의 상징적인 사건이나 이상으로 읽어야 한다는 주장이 그 하나이다.[11]그러나 이런 견해는 어떻게 하나님의 선하신 속성을 변호할 수 있는지 의문이 생긴다. 가장 독창적인 견해는 볼프의 견해인데, 그는 고멜이 길거리의 창녀도 아니고 성소의 창녀도 아니며 단지 가나안의 결혼식에 참석하여 단 한 번의 제의적 성관계를 가졌다고 주장하기도 했다.[12] 우리는 이 문제에 답을 내릴 수는 없다. 더욱이 호세아서는 호세아의 자서전은 더더욱 아니기 때문이다. 우리가 본문을 읽을 떠 가장 자연스러운 결론은 호

9   Wolff H. W., *Old Testament: A Guide to Its Writings*(Augsburg Press, 1974), p.54.

10   Davies G. I., *Hosea*(NCB, Eerdmans, 1992), p.28.

11   Young E. J., op. cit., p.253. 그리고 Stuart D. K., *Hosec-JonahW3C*(Word,1987), p11.

12   Wolff H. W., op. cit., p.xxii.

세아가 하나님과 이스라엘 간의 관계를 상징적으로 보여주기 위해 정숙치 못한 여인과 결혼하라는 명령을 하나님께로부터 받았다고 본다는 점을 강조할 필요가 있다. 이 명령의 도덕적 문제에 대한 우리의 견해에 근거해서 이러한 해석으로부터 이탈하는 것은 방법론적으로 문제가 생긴다. 그리고 특히 어떤 것이 도덕적인 것이냐 하는 것에 대한 우리의 생각 자체에도 의문의 여지는 있다. 하나님께서는 제사장을 제외하고는 그 누구도 창녀와 결혼하는 것을 금하신 적이 없기 때문이다.

본서는 이야기체로 되어 있는 두 개의 신탁(1:1~2:1과 3:1~5)을 제외하고는 대부분 시문으로 되어 있다. 보통 시문으로 된 신탁은 구전에서부터 기원한다고 생각되기는 하지만 확실치는 않다. 앞에 있는 신탁은 심판에 관한 신탁과 또 구원에 관한 신탁으로 세분될 수 있다. 호세아서 4~14장에서는 구원에 관한 내용이 심판에 관한 내용과 쉽게 구별이 된다. 호세아서는 다른 선지서에서 발견되어지는 유사구들(예를 들면, "여호와께서 말씀하시되…" 등등의 구절들)과 결론구를 생략하는 경우가 많다. 비록 볼프가 호세아의 연설들 속에 법률 용어들이 폭넓게 나타나고 있다고 지적하였지만 특정한 종류의 심판의 말씀들을 좀 더 구체적으로 세분화해서 구분하기는 쉽지가 않은 작업이다. 그런 점에서 하나님의 일인칭적 신탁과 삼인칭적 신탁이 본문 안에 혼재해 있다[13]는 점을 인식하면서 본문을 읽어야 할 것이다.

호세아의 메시지는 자기 개인의 가정사를 표제로 삼고 슬픔을 골자로 하는 상징적 행동을 핵심으로 하고 있다. 슬픔과 뜨거운 사랑이 용솟음치는 호세아의 메시지의 깊음과 뜨거움 힘은 다른 그 어떤 선지자의 메시지도 흉내 낼 수 없다. 그의 메시지의 핵심은 '심판과 사랑'이다. 하나님을 떠나는 죄는 정의의 심판을 초래하지만 심판 후에 하나님의 거저 주시는 은혜의 사랑이 언제나 자기 백성을 향한 소망이 된다는 것이다.

2) 호세아의 구조

본서는 크게 두 부분으로 나누어지고 둘째 부분은 다시 두 개의 작은 부분으로 나눠지는데, 아래와 같다. 호세아서의 구조는 좀 난해하다. 처음 세 장은 대부분의 학자들이 동의하고 있는 것처럼 문단 구분이 가능한데 나머지 열한 장은 대략적으로만 구분이 가능하기 때문이다. 많은 학자들은 이미 언급했듯이 본문의 앞부분(1~3장)과 뒷부분(4~14장)사이에 커다란 차이가 존재한다는 것에 동의하고 있다.

---

13   Davies G. I., op. cit., pp.34~35.

(1) 1~3장 ▶ 호세아의 결혼이 하나님과 이스라엘의 관계를 반영함

　① 1:1~2:1절 ▶ 이스라엘, 그 불경건한 부인

　　• 1:2절 ▶ 음란의 성향이 있는 고멜과의 결혼

　　• 1:3~9절 ▶ 자녀들(이스르엘, 로루하마, 로암미): 심판에 대한 선지자의 상징적 행위

　　• 1:10~2:1절 ▶ 은혜의 종국적 승리: 관계의 회복

　② 2:2~23절 ▶ 그의 가정적 비극, 하나님의 구속적 사랑의 계시

　③ 3:1~3:5절 ▶ 고멜에 대한 그의 태도, 명령과 계시

(2) 4~14장 ▶ 이스라엘의 영적 상태: 선지자의 가르침

　① 4:1~6:3절 ▶ 국가의 타락과 그 원인

　　• 4:1~19절 ▶ 심판의 결정과 판결의 선언

　　• 5:1~15절 ▶ 제사장, 백성 및 왕에 대한 경고: 우상 신당의 함정

　　• 6:1~3절 ▶ 회개에의 권유

　② 6:4~10:15절 ▶ 국가의 타락과 그 형벌

　　• 6:4~7:16절 ▶ 이스라엘에 대한 하나님의 소송 진술

　　• 6:4~11절 ▶ 변덕, 살인, 피를 거둠

　　• 7:1~16절 ▶ 계속되는 반역, 간음 및 술취함으로 인해 긍휼이 막혀짐

　　• 8:1~9:17절 ▶심판이 선고됨

　　• 8:1~14절 ▶ 광풍을 거두며 세상을 열렬히 사랑함

　　• 9:1~17절 ▶ 이스라엘이 포로되며 쇠퇴해짐

　　• 10:1~15절 ▶ 반목 및 호소: 빈 포도나무

　③ 11:1~14:9절 ▶ 여호와의 사랑

　　• 11:1~11절 ▶ 변덕스런 이스라엘에 대한 여호와의 불변적 사랑

　　• 11:12~12:14절 ▶ 포로: 완강히 반역함으로 인한 하나님의 유일한 방도

　　• 13:1~16절 ▶ 지도적 원리와 포로의 종국적 결과

　　• 14:1~9절 ▶ 이스라엘이 회개하고 축복을 받음

　　• 14:9절 ▶ 지혜 문학적 성격을 가진 후기

2. 호세아의 신학적 논점들

1) 타락한 백성을 향한 언약적 사랑과 구원

호세아서는 이스라엘의 전 역사를 짧고 간결한 구조로 보여주고 있다. 호세아는 모세 언약을 정신적 배경으로 하여 자신의 메시지를 전개하고 있다. 스튜어트는 "호세아서의 메시지를 이해하는 것은 시내산 언약을 이해하는 것에 달려 있다. 이 책은 호세아를 통하여 하나님에 의하여 이스라엘에게 선포되어진 일련의 축복과 저주를 담고 있다. 이 각각의 축복과 저주는 각각 모세의 율법의 축복과 저주에 근거하고 있다"[14]라고 호세아서의 신앙적 기초를 파악하고 있다. 예를 들면 호세아 4:10~11절의 내용이 그것을 예시하고 있다.

예) 호세아 4:10~11절
그들이 먹으나 배부르지 못하고
그들이 행음을 하지만 수가 늘지는 못할 것이다.
왜냐하면 그들이 여호와를 버리고 행음을 숭상하기 때문이다.

스튜어트는 이 심판의 연설이 '기근과 불임'에 대한 언약적 저주로부터 기인한 것이라 여겼고 그 증거 구절들로 신명기 28:17~18절과 32:24~28절을 인용했다. 결국 불순종한 이스라엘에 대한 심판 및 하나님의 미래의 구원에 대한 소망 등은 모두 이 결혼으로 상징된 언약의 토대에서 시작되고 흘러 나왔다는 것이다. 이스라엘의 불순종은 여러 가지 방식으로 드러나지만, 그 모든 것의 배후에는 항상 그들을 구원하신 하나님에 대한 배교가 깔려 있다는 것이다. 이것은 하나님의 백성이 '지식'이 없기 때문이라 하였다(4:60). 하나님에 대한 그들의 신뢰의 부족은 그들 자신의 국가적 문제를 해결함에 있어 자신들을 보호하겠다는 하나님의 약속보다는 힘 있는 외국과의 연합이 더 실제적이라고 느끼는 일들 속에서 잘 드러나는 일이다.

따라서 하나님은 그들을 심판하시겠다고 경고하고 있다. 호세아는 그런 하나님의 심판을 여러 가지 다향한 문학적 비유들과 상징으로 묘사하고 있다. 호세아는 임박한 심판을 광야로의 회귀와 동일시하고 있다. 그들은 다시 한 번 하나님으로부터 떠나 방

---

14   Stuart D. K. op. cit., pp.6~7.

황할 것이다. 역사적인 시각에서 본다면 그의 예언이 가장 직접적으로 성취된 것은 주전 722년의 앗수르에 의한 북방 이스라엘의 멸망일 것이다. 다음으로는 주전 586년에 바벨론에 의한 남방 유다의 멸망과 성전의 파괴가 그것일 것이다. 그럼에도 불구하고 호세아의 심판의 메시지에는 미래에 대한 소망이 넘쳐난다. 이 책의 가장 심오한 부분 중의 하나가 바로 자기 백성을 향한 하나님의 사랑인 것이다.

> 에브라임이여 내가 어찌 너를 놓겠느냐
> 이스라엘이여 내가 어찌 너를 버리겠느냐
> (…중략…)
> 내 마음이 내 속에서 돌이키어
> 나의 긍휼이 온전히 불붙듯 하도다
> 내가 나의 맹렬한 진노를 나타내지 아니하며
> 내가 다시는 에브라임을 멸하지 아니하리니
> 이는 내가 하나님이요, 사람이 아님이라
> 네 가운데 있는 거룩한 이니
> 진노함으로 네게 임하지 아니하리라(호 11:8~9)

하나님은 자기 백성이 심판과 포로생활 속에 영원히 남아 있도록 버려두시지 아니하실 것이다. 그는 이스라엘이 두 번째 출애굽을 경험하도록 하셨다(2:14~15). 결국 하나님은 그들의 불순종으로 인해 생긴 상처들을 치료하시고 그들을 본토로 돌이키실 것이다.

이런 메시지를 망해가는 조국의 동포들에게 전하면서 호세아는 이스라엘을 두 세대 사이에 끼어 있는 세대로 표현하고 있는데 처음 시대는 출애굽의 시대에서 왕정시대를 거쳐, 포로로 잡혀가는 시대이며, 둘째의 시대는 새로운 포로에 잡히는 시대부터 새로운 출애굽의 시대 사이에 있다는 것이다. 처음의 비유는 쉽게 이해할 수 있다. 그런데 두 번째 시대 비유는 무엇인가?

그것은 약속의 땅에 들어간 후 이스라엘이 우상숭배에 빠짐으로써 영적인 포로생활에 들어간 것을 의미하며, 새로운 출애굽이란 포로에서 구환하는 것을 기점으로 이스라엘에 우상숭배가 완전히 정리된다는 것을 의미하는 새로운 영적 출애굽을 말하고 있다. 이렇게 선지자는 이스라엘이 영적으로 하나님과의 언약관계에 충실하여 관계가 회복된 복된 삶을 추구할 것을 강조하고 있다.

신명기적 시각으로 본다면 우리가 하나님의 언약을 잘 지키고 살기만 한다면 이 땅에서의 풍성함과 하나님의 은사를 누리며 살도록 되어 있고 그것은 선민의 특권이라는 것이다. 그런데 이스라엘은 그것을 잃어버린 것이다. 우상숭배 때문에 이제 우리는 시내산 언약을 통해 하나님과의 결혼관계로 비유되는 특별한 관계 속으로 들어간 것을 다시 한 번 되새겨야 할 것이고, 그 관계에 충실함으로써 이 세상 속에서 하나님의 통치를 누리는 특권을 회복해야 할 것이다. 그것이 호세아 선지자가 외치는 메시지의 핵심이다.

2) 호세아가 사용하고 있는 문학적 유비들

위에서 언급한 바와 같이 호세아서는 기사체 즉 산문체와 운문체 즉 시적 기법의 두 종류의 문학적 양식을 주로 사용하고 있다. 선지자는 이를 위해 직유와 은유들의 문학적 비유들을 적절히 구사하고 있는데 이를 이해하는 것이 본서의 내용을 좀 더 바르게 이해하는 길이므로 그 내용들을 간략히 살펴본다.

호세아서에서 사용되고 있는 비유는 그 대상이 누구냐에 따라, 하나님에 대한 비유와 이스라엘에 대한 비유로 나누어질 수 있으며, 하나님에 대한 태도에 따라 긍정적인가 부정적인가로 다시 나누어진다. 예를 들면, 하나님을 질투하는 남편(2:2~13), 좌절한 양치기(4:16), 파괴적인 좀(5:12), 성난 사자(5:14, 13:7)로 그려질 때는 하나님은 부정적으로 묘사되고 있고, 반면에 용서하는 남편(3:1~5), 치료하는 의사(96:1~2), 소성케 하는 비(6:3), 사랑이 많은 부모(11:3~4), 보호하는 사자(11:10~11), 생기를 주는 이슬(14:5), 푸른 잣나무(14:8) 등으로 표기될 때 하나님은 긍정적인 이미지로 묘사된다 하겠다.

호세아서는 또한 북왕국 이스라엘을 불신실한 아내로 아주 빈번하게 묘사하고 있으며 때때로 남왕국도 그렇게 묘사되고 있다(1:2~9, 3:1~5, 9:1).

다른 비유들은 주로 이스라엘을 표현하고 있는데, 순식간에 사라지는 아침 안개(6:5), 뜨거운 화덕(7:4~7), 어리석은 비둘기(7:11), 굽은 화살(7:16), 야생 나귀(8:9), 물 위의 거품(10:7), 묵은 땅(10:12) 등이다.

이스라엘에 대한 하나님의 임박한 심판은 마치 '바람을 심고 광풍을 거두는 것 같고'(8:7), '심은 것이 줄기가 없으며, 이삭은 열매를 맺지 못할 것이요, 혹시 맺을지라도 이방 사람이 삼키리라'(8:7하), '물거품이 사라지는 것 같으며'(10:7), 말을 듣지 않는 송아지를 길들이는 것과 같다(10:11).

다른 문학적 기교들도 이런 비유들을 이해하는데 도움을 주는데 아마 가장 잘 기억되는 것이 바로 언어유희일 것이다. 호세아의 자식들을 '이스르엘', '로루하마', '로 암미' 등으로 이름 불렀는데 이는 이스르엘 골짜기에서 저질러진 죄로 인해서 하나님이 예후의 집(왕가)을 벌하겠다는 예언이며, '로루하마'는 '긍휼이 없다'는 뜻이고, '로 암미'는 '내 백성이 아니다'라는 뜻이다. 그리고 에브라임과 야생 나귀에 대한 언어유희도 주목해 볼만한다.[15]

3. 호세아의 주요 내용 강해

1) 불경건한 부인, 이스라엘(1:1~3:5)

호세아 1장부터 3장은 2장을 중심축으로 해서 대칭구조를 이루고 있는데 그것은 1:2절과 3:1절의 "Yahweh Said"라는 구절로 인도되고 있음을 통해 알 수 있다. 그리고 호세아에게 부정한 여인을 아내로 삼으라는 명령은 그 여인의 현재의 상태 때문에 결혼에 대한 하나님의 뜻을 혼돈하게 하려는 것이 아니라, 그 여인과의 '결혼관계'를 통하여 말씀하시려는 하나님의 계획을 보이시려는 의도이므로 오해해서는 안 된다. 그리고 1장에는 세 명의 자녀들의 이름이 나오는데 '이스르엘, 로루하마, 로 암미'라는 이름이다. 첫째는 '하나님이 씨를 뿌리신다'는 뜻이고, 둘째는 'not pited' 즉 긍휼이 없다는 뜻이며 셋째의 이름은 'not my people' 즉 '더이상 내 백성이 아니다라'는 뜻으로 하나님과의 언약의 관계가 끝났음을 경고하는 이름들이다. 그리고 1장의 끝에 다시 아브라함에게 한 언약이 상기되고 있다.

이어 2장에 어머니의 행음을 고발하는 자녀들의 이야기가 나오는데 호세아서에는 이런 모호한 비유가 특징적으로 많다.

3장의 고멜의 가출과 다시 데려오게 하시는 하나님의 명령은 선지자의 예언에 전형적으로 사용되는 비유형식이라 하겠다. 이를 통해 하나님을 배신한 이스라엘 국가(어머니, 아내)의 모습을 보여주고 있는 것이다. 그러나 1장과 3장을 대칭시키는 구조의 가운데 있는 2장의 마지막 부분(21~23절)은 다시 한 번 하나님의 사랑과 축복을 되새기게 하

---

15 이 문학적 비유에 관해서는 Dillard R. & LongmanⅢ. T., op. cit. pp.543~544를 참고하라.

기에 충분하다.

2) 파기된 언약의 상태: 이스라엘의 영적상태(4:1~12:14)

4장은 이스라엘을 향한 고소로 시작된다. 이스라엘의 범죄와 그 땅의 온 생물들에 미칠 심판에 대한 폭넓은 진술이 포함된다. 호세아는 법정용어를 통하여 법을 어긴 범죄자를 하나님께 고소하고 있다. 이러한 법적 호소 절차는 2:4~17절, 4:4~6절 및 5:3~15절뿐 아니라 이사야 1:18~20절 예레미야 2:5~29절, 미가 6:1~5절, 말라기 3:5절에도 등장하고 있다. 이스라엘은 하나님을 향한 세 가지가 결여되었다고 질타 받고 있는데, 본서 4장 1절에는 호세아서 중반부를 규정짓는 세 가지 단어가 나오는데 이스라엘에 이 세 가지가 없어서 하나님께서 심판을 하신다는 것을 알 수 있다. 그것은 'Faithfulness, Kindness, Knowledge of God' 이 세 가지이다.[16] 한국어 성경에 '진실로' 표현된 'Faithfulness'는 그들의 삶에 기준이 되는 기초에 대한 분명한 자세를 말하는데 그것이 없어지고 흐려진 상태를 통탄하고 있다.

두 번째 결핍인 'Kindness'는 구약을 특징짓는 중요한 세 단어(Yahweh, Covenant, Hesed) 중 하나인데, 이 '헤세드'라는 말은 하나님의 성품을 나타내는 말로서 신약적 용어로는 'Grace'라 할 수 있다. 하지만 이 그레이스라는 영어보다 더 포괄적인 것이 헤세드 즉 '인애'이다 .이 인애는 그것을 받은 사람의 어떤 감사의 반응을 당연히 기대하게 되어있는 그런 용어이다. 그런데 이스라엘에게 이 인애가 없어졌다는 것은 이제 하나님이 필요 없다는 말이 된다.

그리고 세 번째인 하나님을 아는 지식이 없다는 것이 없어졌다는 것은 하나님께서 이스라엘에게 자신을 어떻게 계시하셨으며, 어떻게 그들을 보호하고 인도하셨는지에 대한 기억이 없어졌다는 말이 된다. 즉 하나님을 향한 신뢰와 감사 따위의 신앙이 없어졌고 더욱이 그분과 맺은 아브라함의 언약이며 시내산 언약의 중요성과 특권성을 다 상실했다는 말이 된다. 호세아 4:1절은 그렇게 이스라엘을 평가하고 있다. 그래서 이스라엘에는 4장 2절 이하의 저주가 있게 된 것이라고 설명해 가고 있고, 그 결과로 그들은 하나님의 도구로 사용된 북방의 앗수르에게 멸망하게 된 것이다.

5장은 이스라엘의 이러한 타락이 일반 백성들뿐 아니라 사회의 지도층인 제사장들,

---

16   Harper W. R., *A Critical and Exegetical Commentary on Amos and Hosea*, ICC(New York, Scribner's, 1905), p.250.

왕족들에게 까지 깊이 배어 있음을 통탄하며 그들의 회개를 촉구하고 있다. 5:7절에 의하면 그들이 하나님께 정조를 지키지 않아서 사생아를 낳았으니 그러므로 새 달이 그들과 그들의 기업을 함께 삼킬 것이라 경고하고 있다. 5장의 마지막에서 하나님은 에브라임이 회개할 때까지 내가 내 곳으로 돌아가리라 그들이 고난 받을 때에 나를 간절히 구하리라는 예언적 말씀을 남기고 있다.

호세아 6:1~3절은 유명한 귀절인데, "오라 우리가 여호와께로 돌아가자, 여호와께서 우리를 찢으셨으나 도로 낫게 하실 것이요, 우리를 치셨으나 싸매어 주실 것임이라 여호와께서 이틀 후에 우리를 살리시며 셋째 날에 우리를 일으키시리니 우리가 그의 앞에서 살리라. 그러므로 우리가 여호와를 알자 힘써 여호와를 알자 그의 나타나심은 새벽빛 같이 어김이 없나니 비와 같이 땅을 적시는 늦은 비와 같이 우리에게 임하시리라"라고 그 백성의 회복을 염원하고 있다. 오직 죄로부터 돌이며 하나님의 온전한 지식으로 나아가는 것만이 그 땅과 백성의 파멸을 면하게 하실 길임을 선포하고 있는 것이다.[17] 타락하여 넘어지는 이스라엘의 국가적 생명력을 부활시키시는 하나님의 능력을 보여 주는 귀절이며 에스겔 37장의 마른뼈 사건을 상기시키는 부분이다. 이는 하나님의 회생케 하심이 이스라엘의 국가적 회개를 전제하고 있다. 구약에서 "여호와께로 돌아가자"라는 표현은 바로 회개를 의미한다.

7장 이후의 메시지는 주로 이스라엘의 왕권과 지도부에 대한 경고를 구성하고 있는데 그들이 참된 하나님보다 이웃 나라의 힘을 의존한다면 필연코 멸망하게 될 것임을 경고하고 있다. 7장 16절이 보여주듯이 다시 역 출애굽하는 수모를 당하게 될 것이라고 경고하고 있다. 그들은 돌아오나 높으신 자에게로 돌아오지 아니하니 속이는 활과 같으며 그들의 지도자들을 그 혀의 거친 말로 말미암아 칼에 엎드러지리니 이것이 애굽 땅에서 조롱거리가 되리라.

8장 우상숭배로 인한 심판이 치열하게 임할 것을 예언하고 있다. 8장의 비유적 표현들을 연구해 보기 바란다.

9장은 그런 우상숭배로 인한 하나님의 심판의 날이 이르렀음을 보다 강력히 선포하고 있는데, 이 장의 마지막에는 이스라엘이 그 하나님의 심판의 결과로 '여러 나라를 떠도는 자가 되리라'라는 표현이 나오고 있다. 그 심판의 날은 '형벌의 날', '보응의 날'로

17　Limburg J., *Hosea-Micah Interpretation: A Bible Commentary for Teaching and Preaching*(Atlanta, John Knox, 1988), p.26.

알려졌으며, 그날에는 에브라임의 영광이 새같이 날아가리니 해산하는 것이나 아이 배는 것이나 임신하는 것이 없을 것을 경고하고 있다. 매를 맞아 그 뿌리가 말라, 후손이 없을 것이라는 무서운 저주를 곁들여 하고 있지만 향락에 빠진 이스라엘의 귀에는 들리지가 않았던 모양이다.

10장에서 이스라엘은 "열매 맺는 무성한 포도나무라 그 열매가 많을수록 제단을 많게 하며 그 땅이 번영할수록 주상을 아름답게 하였도다. 그들이 두 마음을 품었으니…" 하며 통탄하고 있다. 선지자는 에브라임이 즉 이스라엘이 회개하여 임박한 멸망의 재앙을 피하라고 재삼 경고하고 있다. 그는 "너희가 자기를 위하여 공의를 심고 인애를 거두라 너희 묵은 땅을 기경하라 지금이 곧 여호와를 찾을 때니 마침내 여호와께서 오사 공의를 비처럼 너희에게 내리시리라"(10:12)며 그 백성의 회개를 촉구하고 있다.

11장은 "이스라엘이 어렸을 때에 내가 사랑하여 내 아들을 애굽에서 불러냈거늘"(1) 이라는 구절로 시작하고 있다. 예수를 애굽에서 불러내었음을 신약은 다시 이 구절을 인용함으로 강조하고 있다. "에브라임이여 내가 어찌 너를 놓겠느냐!"로 이어지는 그 아름다운 문장을 통해 선지자는 그 백성을 향하신 하나님의 사랑, 신실하신 사랑을 펼쳐 보이고 있다.

12장의 마지막 부분에서 호세아는 야곱을 회상시키며 야곱이 하나님을 굳게 붙잡은 것같이 이스라엘도 하나님만을 굳게 붙잡으라고 강조하고 있다.

3) 이스라엘의 미래에 대한 전망(13~14장)

13장과 14장은 이스라엘의 미래에 대한 부정적인 면과 긍정적인 면을 다함께 보여주고 있다. 13장에서는 이스라엘의 과거와 현재 그리고 미래를 다 망라하고 있는데 그들이 바알 숭배를 했었고(1절), 이제 그로인해 망하게 되어 그것이 그쳐질 것(3절)이라 하였다. 4~8절에서는 하나님이 이스라엘을 광야에서 어떻게 인도하셨는가를 다시 설명하고 있으며 12~13절의 회개의 촉구와 그렇지 않으면 어떻게 될 것인지에 대한 심판이 마지막 부분에 나와 있다. 그런 13장을 뒤로 두고 14장에 이르면 회개에의 호소와 긍정적인 미래상이 나와 있다. 마지막 절의 부기를 통해 독자들에게 하나님의 행위와 그의 은혜의 선물들을 소개하고 그의 언약을 굳게 붙잡아 복된 삶이 이스라엘의 미래에 부어질 것을 희망하며 호세아 선지자의 메시지가 끝나고 있다.

4. 요엘의 서론과 구조

1) 요엘 서론

소선지서의 두 번째 책인 본서의 명칭은 히브리 선지서의 전통을 따라 저자인 선지자의 이름을 따라 채택되었다. '요엘'이라는 뜻은 "야훼/여호와는 하나님이시다"이며, 야훼의 생략형인 '요드'와 하나님의 생략형인 '엘'이 합쳐져서 된 이름이다. 선지자는 1:1절에서 보는 바와 같이 부두엘의 아들이며, 유다와 예루살렘 즉 남방 이스라엘을 위하여 예언사역을 했으며, 선지자이자 제사장이란 인상을 주기에 충분한 메시지적 특성을 보여주고 있다(부두엘: 하나님의 설득을 받는 자).

본서에서는 다른 예언서들과는 예언자가 활동한 시기를 추측할 수 있는 왕의 연대가 나오지 않는다. 일부 자유주의 학자들은 본서의 저작시기를 바벨론 포로 후기의 귀환한 시대로 추정하고 있지만 시리아, 앗수르, 바벨론, 헬라 등과 같은 근동의 강대국에 대한 언급이 전혀 없는 점을 볼 때 그런 강대국들이 이스라엘을 위협하기 전인 주전 740년에서 730년 어간에 활동한 것이 아닌가 추측하고 있다. 또한 아모스가 요엘 3:16절을 그대로 인용하고 있으며, 아모스 9:13절과 요엘 3:18절 사이에도 상당한 유사성이 있음을 통하여 아모스 선지자가 활동할 때는 이미 요엘 선지자의 사역이 많이 알려진 시기 즉 요엘은 아모스보다 조금 이른 시기의 선지자로 추론되고 있다.

요엘서는 그 메시지의 주요 요점이 종말론적이라 할 수 있다. 선지는 하나님께서 자기 백성으로 하여금 마지막 폐허가 오기 전에 회개하고 하나님의 심판을 피하기 원하시는 분이라고 설파하고 있다. 다른 선지서와 유사하게 요엘서에서도 후반에 가면 이스라엘을 향한 종국적인 축복과 회복에의 열망이 담겨있으며, 이방 원수들의 패망과 심판이 나와 있는 공통된 특징들은 공유되고 있다. 소선지서들의 중요한 표현인 "욤 야훼/여호와의 날"에 대한 언급이 1:15절, 2:1절, 2:11절, 3:14절들에서 거듭 강조되고 있다. 요엘 선지는 자기 백성을 향한 하나님의 경고를 가감 없이 선포하는 동시에 그 시대의 징조를 잘 해석, 적용해서 영적 교훈을 잘 이해시키려 하고 있다. 번영을 인한 영적 나태함과 율법에 대한 경시, 만연된 범죄와 패망에 대한 교훈, 회개와 축복에 대한 경고를 실물 교훈으로 증거하고 있다. 특별히 요엘서는 신약의 사도행전에 부어질 성령 강림에 대한 예언으로 유명하다.

2) 요엘의 구조

요엘서는 크게 두 부분으로 나누어진다. 1:1~2:17절까지의 전반부와, 2:18~3:21절까지의 후반부로 나뉘는데 각각의 부분은 또한 두 개의 작은 부분으로 구성되어 있음을 보여준다.

① 전반부
- 1:1~2:11절 ▶ 메뚜기 재앙
- 2:12~27절 ▶ 회개와 회복에의 외침

② 후반부
- 2:28~32절 ▶ 성령의 선물
- 3:1~21절 ▶ 여호와의 날, 최후의 심판

5. 요엘서의 신학적 주제들

1) 메뚜기 재앙에 대한 해석

요엘서의 전반부는 메뚜기 재앙으로 대표되는 외적의 침입에 대한 바른 해석이 무엇인가를 주로 다루고 있다. 1:2~14절에 그 메뚜기 재앙을 구체적으로 다루고 있으며, 2:1~11절에서는 그 심각한 폐해성을 지적하고 있다. 일반적으로 요엘에 나오는 메뚜기 종류는 1:4절에서 보듯이 '팟종이(gazam)', '메뚜기(arbeh)', '늣(yelek)', 그리고 '황충(hasil)'이 있다. 그러므로 선지자에 의하여 채용된 네 개의 동의어로부터 네 개의 계속적인 곤충 떼들을 가리키거나 아니면 첫 번째는 유충 관계, 그 다음은 메뚜기, 그리고 마지막을 성숙하고 날으는 메뚜기들로 해석되기도 한다. 고대 히브리인들에게 메뚜기라는 이름 자체가 영어권에서 사용되는 '지독한 욕심쟁이 동물들'이란 이미지를 총체적으로 가지고 있고, 그 피해는 심각한 정도이다. 그것들이 처음 부화되었을 때는 완전히 새까맣고 큰 개미들과 유사하며 날개를 갖지 않은 것처럼 보인다. 그러다가 그것들이 껍질을 벗고 성장하여 세 단계로 허물을 벗었을 때는 그것은 확연히 다른 모습을 하게 되는데, 아랍인들에 의하면 유충이나 날개 없는 단계를 '뎁비'라 부르고, 자라나는 과정에 있는 작은 날개가 있는 새끼들은 '고우가'라 부른다. 날개가 충분히 자라 날 수 있을 때는 '자레드'라고 부른다.

좌우간 이 요엘서에 기록된 메뚜기 재앙에 대하여 어떻게 해석할 것인가 하는 문제는 여전히 의견의 일치를 보지 못하는 부분이다. 그것을 요엘 당시에 일어난 실제적인 메뚜기로 인한 재앙으로 볼 것인가? 아니면 바벨론, 페르샤, 헬라나 로마 같은 하나님을 적대하는 세속 나라들로 인한 핍박을 풍유적으로 비유한 것인가?

랍비들과 초대 교회의 교부들은 이 예언을 주로 풍유화 하여 해석했다. 예를 들면 2:24절의 '밀/새포도주/기름'을 교회시대에 성취돈 것으로 해석했는데 밀은 그리스도의 몸을 가리키고, 새 포도주는 그의 구속의 피를 가리키고 기름은 성령을 의미한다고 해석했다.

물론 이런 해석들은 전적으로 옳다고 할 수 없는 해석이다. 그와 마찬가지로 요엘서의 메뚜기들을 사막의 '오르톱데라(Orthoptera)' 즉 곤충이나 메뚜기류로 해석하여 마지막 때의 이적이나 두려운 여호와의 날의 소란스런 분위기를 묘사하는 것으로 해석하는 것 역시 신뢰할 만한 해석은 못 된다.

이에 대하여 가장 신뢰할만한 해석은 역시 '역사적 혹은 문자적 해석'이다. 이 해석법에 따르면 이 예언들은 다른 대부분의 예언들처럼 선지자 당시의 상황에서 나온 예언들이라고 해석한다. 그 예언에서 실제 상황을 삭제해 버리는 것은 요엘의 작품을 선행하는 예언 문학에 대한 지식인들의 에세이나 미드라쉬(교화목적으로 지어지고 발달된 이야기)에 지나지 않게 만들 우려가 있다. 요엘이 장로들에게 아주 엄숙하게 "너희의 날에나 너의 열조의 날에 이런 일이 있었느냐?"(1:2)라고 질문하고 또 제사장들을 꾸짖으면서 "제사장들아 너희는 굵은 베로 동이고 슬피 울지어다" 하였고, 다시 "이제라도 너희는 옷을 찢지 말고 마음을 찢어 너희 하나님 여호와께로 돌아올지어다"(2:13~14)라고 엄숙히 권면하였는데, 이것을 어떤 신화적인 허구로 만들어 버리는 것은 안 된다는 것이다. 선지자가 허공에다 대고 마구 잡이로 쏘아대는 말을 하였다거나, 멀리 떨어진 미래의 어떤 세대를 상대로 말하였다기보다는 당시의 실제 백성들을 향하여 말하고 있는 것으로 이해해야 한다는 것이다.

실제로 1915년에 예루살렘을 침입한 메뚜기 떼의 공격을 심각했었음을 자료와 역사가 증거하고 있기도 하다.

2) 여호와의 날에 대한 해석

본서에서 주의 날은 '어둠의 날'로 해석되고 있다. 구약에서 '주의 날'이라는 구절이 대략 20회 정도 나타나는데 그 개념들은 원수에 대한 하나님의 거룩한 전쟁에서 승리를 상징할 때 쓰였다. 그러니까 이방에 대한 하나님의 심판을 표현할 때 사용된 것이다. 이 용어는 아모스 5:18절에 처음 쓰였으며, 스바냐, 이사야, 에스겔 등에서도 자주 나타나는 표현이다.

그 후에 요엘은 2:12절 이하에서 하나님의 오래 참으심을 근거하여 하나님께로 돌아갈 것을 촉구하고 있다. 그런 요엘의 회개기도를 통하여 하나님이 그 백성의 기도를 들으실 것이며 그들에게 축복하실 것임이 2:18절 이하에 나오는데 그때 요엘 선지자가 주요하게 사용하고 있는 표현이 '너희 하나님'과 '나의 백성'이라는 언약적 표현임을 주의해서 읽을 필요가 있다. 이런 여호와의 날이라는 표현은 요엘 선지자의 독창적 표현일 것이 거의 분명하다.

즉 요엘이 대 심판날에 대한 개념을 처음으로 표현화한 선지자일 것이라는 뜻이다. 그의 이 여호와의 크고 두려운 날에 대한 개념을 후대의 제자들이나 추종자들이 심판의 개념으로 더욱 확장 발전시켰다는 이론이다. 요엘은 그 당대의 참혹한 메뚜기 재앙을 목격하고 그에 대한 연상으로 하나님의 심판이 이렇게 심각할 것임을 착안하게 되었다는 주장이다. 결국 이 여호와의 날에 대한 해석은 앞의 메뚜기에 대한 해석과 궤를 같이 하고 있다. 그러나 앞서 살펴본 대로 선지자는 현실 속에서 하나님의 심판에 대한 영감을 얻었고, 그 심각성을 선포하였다. 그렇게 심각한 심판의 진행 속에서도 당신의 백성을 남기시고 구원하시겠다는 구속의 여망은 여전히 요엘을 비롯한 모든 선지자들이 공유하고 있는 핵심 주제인 것은 분명하다.

'정화와 회복 그리고 하나님의 백성들에 대한 위로의 선포' 이것이 요엘서의 주제이다. 하나님의 백성들을 위한 그분의 구속적 행동에 관한 기록이 세상의 심판과 연계되어 나오고, 그 백성은 그래서 천국의 출입문에 서 있음을 알게 된다. 요엘서는 이런 류의 예언을 통하여 전형적인 종말론적 삶을 강조하고 그렇게 살기를 힘쓰는 그 백성을 위로하는 메시지가 핵심이다.

3) 성령의 부으심

요엘은 모든 육체에 성령을 부으실 것은 다른 어떤 선지자보다 더 명백하게 예언하고 있다. 이 예언은 그로 하여금 '오순절의 선지자'로 불리도록 한 표현이다. 그러나 요엘은 아마도 하나님의 원대한 계획 가운데서 이 말씀들이 진정으로 무엇을 의미하는

지에 대해서는 전체를 다 파악하고 예언했다고 보이지는 않는다. 그에게 아마 꿈이나 이상을 통하여 진리에 대한 보다 더 분명한 인식 즉 "여호와께서 그 신을 모든 백성에게 주사 다 선지자 되게 하시기를 원하노라"(참고 민11:29)했던 모세의 소원의 성취 정도만을 의미했을 것이라는 것이 일반적인 견해이다. 즉 하나님의 열어 보여주심을 따라 성령의 강림을 예언했는데, 그의 예언은 그 앞서 있었던 모세의 이해 정도 혹은 그보다 조금 더 나아갔을 것이지만, 지금 우리가 겪고 있는 성령의 충만한 임재에 대한 전체적 조망까지는 이르지 못한 것일 것이다. 그는 하나님의 사랑에 대하여는 호세아의 경지에 이르지 못하였고, 하나님의 거룩에 대한 인식은 아직 이사야에 필적하지 못하였기 때문에 그의 성령 강림에 대한 인식은 어느 정도 부분적인 것이라 이해하게 된다. 그래서 영어 성경들에서는 이른 소문자로 'spirit'로 기통하고 있다. 다른 한 편 그는 성령의 은사를 이른 비와 늦은 비, 새 포도주와 기름 풍부함과 만족과 같은 외적이고 물질적인 축복들과 짝을 맞추고 있다. 그리고 그것들을 각기 원인과 결과로 즉 물질적인 것이 영적인 축복을 앞서는 것으로 연결시켜 표현하고 있다. 어찌 되었건 요엘은 첫 번째로 성령의 강림하심과 육체 위에 부어짐을 예언한 첫 번째 예언자이다.

이 부분은 전술한대로 사도행전 2장에서 사도 베드로에 의해 인용된 구절이다. 제 3위 하나님이신 성령이 인간의 육체에 바로 부어짐을 예언한 구절이다. 이는 일차적으로는 남방 유대의 축복이기도 했지만, 사도행전에 나오는 베드로의 해석에 의하면 더 큰 의미가 있다. 즉, 성령이 육신에 임한다는 것은 두 개의 상반된 것이 하나가 됨을 의미하는 것이며 이는 새로운 창조가 시작된 것을 의미한다. 즉 고린도전 15:45절에 나오는 것처럼 모든 육체가 생명을 수여하는 성령에 참예하게 됨을 말하는 것이다. 여기서 구원받은 거룩한 공동체 즉 신약 교회의 모습이 서서히 역사의 전면으로 드러나게 된다. 이 땅과 죄 많은 육체들 속에 성령이 임하고 생명력이 임한다는 것, 그것은 바로 하늘의 천국이 이 땅에 임함을 의미하는 것이다.

6. 요엘서의 주요 내용 강해

1) 메뚜기 재앙(1:1~2:11)

1:1절 요엘서의 표제 하나님의 말씀이 부드엘의 아들 요엘에게 임했다.

2~3절 늙은 자들, 땅의 모든 거민들에게 이 말씀에 귀 기울이고 또 후대에 전할 것.

4절 팥종이, 메뚜기, 늦은 다 메뚜기의 일종이며 이스라엘에 임한 큰 메뚜기 재앙이 하나님의 심판의 엄격함을 상징함. 사생아가 아닌 자기 자녀들에 대한 하나님의 지극한 사랑의 심판이다. 메뚜기 떼를 상징하는 히브리어는 모두 9개가 있는데 본 절에서는 그중 네 개가 나와 있다.

5~7절 포도주로 상징된 쾌락과 사치에 빠진 백성들에게 하나님이 일으키신 한 이방 민족이 그들을 침략하여 심판을 시행할 것임에 대한 예언.

8절 이 민족의 침략 앞에 농락당하는 이스라엘이 애곡할 것임.

9절 하나님께 드리던 예배와 제사가 이 민족의 강압으로 폐하여질 것임.

10~12절 그들의 주 수입원인 농사가 피례하여질 것임.

13절 그날에 제사장들은 애곡하게 될 것임.

14절 그날 백성들은 금식일과 성회를 선포하고 하나님께 간절히 부르짖게 될 것임.

15~20절 하나님의 날 심판과 멸망의 날에 대한 선포. 식물이 끊어지고 씨가 흙덩이 아래서 삭았으며, 창고와 곳간이 비었고 동물조차 탄식하며 들짐승과 들의 풀들도 말라버리는 심각한 심판이 있을 것임.

2:1절 여호와의 날로 표현된 심판이 임박했음을 경고하고 있다.

2절 그 심판의 날의 무서움이 "이 같은 것은 자고 이래로 없었고 이후에도 없으리라"는 표현으로 강조됨.

3절 여전히 불, 불꽃 등으로 심판 시의 황무함을 창조 시의 에덴동산과 비교함.

4~11절 심판날에 임할 이방 군사의 강력함으로 표현하며 땅이 진동하고 하늘이 떨며 일월이 캄캄할 만큼 피해나갈 소망이 없음을 여호와의 명을 받은 것같이 움직인다고 하면서 그 앞에 당할 자가 없다고 강조하고 있다.

2) 회개와 회복에의 외침(2:12~27)

12~14절 자비로우신 하나님의 긍휼 베푸심의 가능성을 다시 시사하고 있다. 이제라도 옷을 찢지 말고 마음으로 회개하며 하나님께로 돌아가면 그는 "은혜로우시며, 자비하시고 노하기를 더디하시는 좋은 분"이기에 회개하는 백성들에게는 뜻을 돌이키사 재앙을 면케 하실 수도 있다고 이스라엘의 회개를 촉구하고 있다.

15~17절 금식을 정하고 성회를 선포하여 신부나 신랑조차도 하나님께 나아와서 "여호와여 주의 백성을 긍휼히 여기소서… 이방인으로 그들의 하나님이 어디 있느뇨?

라고 조롱하지 못하게 하소서" 하며 기도로 회개할 것을 거듭 촉구하고 있음.

18~20절 그렇게 온 민족이 회개하면 하나님께서 응답하시고 하나님께서 자기 백성을 위하여 큰일을 행하실 것을 약속하고 있다.

21절 구원받은 백성이 자신들에게 큰일(구원)을 행하신 하나님을 찬양함

22절 자연까지도 그 백성의 구원받음을 기뻐하고 화답함.

23~27절 회개하는 백성들을 향하신 하나님의 축복. 재난을 당한 햇수대로 풍족히 갚으실 것이며 다시는 그의 백성들이 수치를 당하지 않도록 영원히 그들의 하나님이 되실 것이라는 다윗에게 하신 언약을 회상시키며 백성들을 격려하고 있다.

3) 성령의 선물(2:28~32)

28~31절 이 구절은 너무도 유명한 구절이다. 회개한 하나님의 백성들 위에 부어질 하나님의 성령 강림에 대한 예언 구절이다. 크고 두려운 여호와의 날이 변하여 하나님의 이름을 부르는 자들이 구원의 축복을 누리게 될 것을 예언하고 있다.

4) 여호와의 날, 최후의 심판(3:1~21)

유다와 예루살렘에 대한 최종적 구원에 대한 예비적 언급을 한 후에 선지자는 최후의 심판을 예언하고 있다. 또 이 부분에는 이방에 대한 심판을 위해 신의 개입이 선언되고 있으며 그날에 모든 것이 회복될 것이며 불신의 이방 세력이 그날을 함께 누리지 못할 것을 선언하고 있다.

3:1절 그날 곧 회복의 날에 유다의 귀환이 임할 것을 예언함.

2절 그날에는 만국을 이스라엘을 위하여 심문할 것임

3절 그날에는 하나님의 백성을 조롱한 이방을 심판할 것임. 그들은 유대인을 기생과 술로 바꾸어 사용할 만큼 무시하고 학대했었음.

4~8절 그 회복의 날에는 두로와 시돈, 블레셋과 사방의 모든 민족들이 하나님의 백성에게 행한 악행을 그대로 되받게 하실 것임을 예언함. 경고대로 시돈은 주전 345년에 페르샤로 잡혀갔고, 주변의 모든 나라들이 헬라와 로다제국에 팔려갔다.

9절 그 하나님의 회복의 날에 열국들이 한 번 하나님의 심판에 대항해 보라는 놀림.

10~13절 보습은 농기구를 말함. 그렇게 전쟁을 준비해도 하나님의 심판을 피하지 못할 것에 대하여 노림. 이와 유사한 반어법적 비유가 이사야 2:4절, 미가4:3절 등에 나

타남.

14~16절 사람들의 악과 독이 넘쳤고, 이제는 하나님의 심판이 무르익었다. 이방을 향한 심판 시에도 해와 달이 캄캄하며 별들이 그 빛을 거두게 될 것이다. 그런 삼엄한 이방의 심판 시에도 하나님은 자기 백성들을 위해서는 피난처가 되시고, 산성이 되시겠다는 위로가 주어진다.

17절 회복된 하나님의 백성의 거룩함과 하나님의 특별한 보호의 약속이다. 이런 축복이 환란의 날들 속에서 예수그리스도를 구주로 믿는 성도들에게 주어졌다. 당신은 이런 축복을 누리고 있는가?

18~21절 그날은 하나님의 백성들에게 축복의 날이 될 것임. 그러나 애굽과 에돔은 황무지가 되겠고, 유다는 영원히 존재할 것이며, 이제는 하나님이 백성의 곤고함을 다 갚아 주시겠다는 약속의 말씀으로 요엘서가 끝나고 있다.

제2장
아모스
오바댜

1. 아모스의 서론과 구조

1) 아모스 서론

본서의 명칭 "아모스"도 역시 히브리 성경의 전통을 따라 저자인 선지자의 이름을 그대로 채용했으며, 그 뜻은 '짐' 혹은 '짐을 진 자'라는 뜻이다. 이 이름은 괴로움을 드러내는데 본서의 주제를 연상케 하고 있는 이름이다. 마치 미가 선지자의 이름이 그 책의 주제를 암시하고 있듯이 아모스의 이름 뜻 역시 본서의 주제를 연상하게 한다. 선지자의 이름은 이사야 1:1절에 나오는 이사야 선지자의 부친 '아모스'와는 전혀 다른 사람이다. 단지 한글 발음이 비슷해서 혼돈하기 쉽지만 이사야의 아버지 아모스의 뜻은 '강한 자'라는 뜻이다. 아모스는 엄격하고 두려움이 없으며 말이 적고 강직한 사람으로 알려져 있다. 그런 가운데서도 가장 생동감 있는 영적 상상력을 지닌 사람이며, 그는 전파한 내용을 문서로 기록해서 남긴 첫 번째 문서 선지자로서 선구적 역할을 감당한 선지자로 알려져 있기도 하다. 그는 "유다 왕 웃시야의 시대 곧 이스라엘 왕 요아스의 아들 여로보암의 시대의 지진 전 이년"(1:1)이라는 시대에 사역을 시작했다. 역사학자들과 천문학자들에 의하면 이 시기는 대략 주전 763~760년경이었을 것이라 추정하고 있다.

아모스선지는 남방 유다의 예루살렘에서 남쪽으로 17킬로미터쯤 떨어진 '드고아' 지역의 목자였다. 그의 가문에 대하여 언급이 없는 것은 아마도 그가 미미한 가문 출신인 것을 짐작케 한다. 그는 시골 출신이며, 농부인 동시에 양치는 업을 가졌던 평범한 사람이었다. 본서 7:14절의 '목자'라는 단어가 그런 그의 배경을 추정케 한다. 그는 남방 출신으로서 북방을 위해 사역한 특별한 선지자이다(바로 앞의 요엘은 남방 유다를 위한 메시지였음을 비교해 보라). 그는 설교사역을 하기 위해 특별한 과정이나 훈련을 받지 않을 것으로 알려져 있다. 다시 말하면 아모스는 '선지자의 생도들'이라는 이미 존재하는 단체나 그룹에 속하여 훈련받은 것이 아니라, 오히려 비정규적인 교육을 받았을 가능성이 많다는 말이다. 그는 선천적으로 선지자로 태어나거나 선지자의 가문에서 태어난 것도 아니다. 이와 반대로 여호와께서 그를 양을 따르는 데서 데려다가 "가서 내 백성에게 예언하라"(7:14~15)고 사역을 시작시킨 특별한 경우이다. 고독하고 황량한 그곳에서 그리고 버돌렛이 상상한대로 폭풍우의 공포 아래서 그는 그의 영혼 위에 임하는 어두운 그림자를 느꼈을 것이고 그것이 그로 하여금 하나님의 다가올 심판을 인식하도록 만들었으며 그래서 자기 백성들에게 임할 비극적 심판에 대하여 목소리를 높이게 되었을 것이다.[18]

본서 아모스서는 큰 책이 아니다. 그럼에도 불구하고 이 책에 대한 학계의 관심은 상대적으로 크다. G. 하젤에 따르면 지난 1960~80년의 삼십년 동안에 아모스서에 대한 주석만 육십 권정도가 출판되었고, 1990년 대 말까지는 본서에 대한 연구 논문이 거의 800개가량 생산되었을 정도로 중요한 책이다.[19] 아모스의 주제는 우상숭배와 다른 여러 죄들로 인하여 북방 이스라엘에게 임할 하나님의 심판을 예고하는 것이다. 주전 8세기 그러니까 여로보암 2세 당시의 북방 이스라엘은 역사상 유례가 없을 정도로 안정과 번영을 구가하고 있었다. 그러나 그런 경제적 번영과 정치적 안정은 동시에 백성들의 타락과 부패를 초래하는 인간사의 어쩔 수 없는 모습을 동반하게 된다. 북방 이스라엘 시대에 살았던 그 사람들도 그런 면에서 우리와 다르지 않은 보통 사람들이었던 것이다. 그런 부정과 부패, 하나님의 율법에 대한 경시, 탐욕과 타락이 범람하고 창궐한 상황 속에서 아모스는 이스라엘의 패망을 선언하게 된다. 그의 경고대로 북방 이스라엘은 약 60년 후에 앗수르에 의해 멸망당한다. 아모스는 이스라엘의 패망만을 예고한 것이 아니라 주변국들의 패망도 함께 예언하였는데, 선지자는 백성들의 식어진 형식적

---

18   로빈슨 G. L., 정일오 역, 『12소선지서 연구』(서울, CLC, 2011), p.45.
19   Hasel G., *Understanding the Book of Amos*(Baker, 1991), p.14, 26.

종교생활을 비판했고, 차원 높은 도덕과 신령한 생활로 들어올 것을 촉구 했다. 다른 선지서들과 유사하게 본서도 그런 경고와 경책만으로 본서의 메시지가 점철되어 있는 것은 아니다. 종국적으로 그는 하나님을 향한 참된 예배가 다윗시대처럼 회복될 것을 선언하고 있다. 이스라엘을 책망함에 있어서 하나님의 선택과 사랑을 많이 받은 백성에게는 그에 상응하는 의무가 따름을 말하고 있으며 그래서 받을 죄가 중할 것이라 경고하고 있다. 그러면서 아모스는 모든 백성은 하나님의 백성이요, 세상 만국은 그의 수중에 있으며, 하나님은 모든 것의 주인임을 선포하고 있다(1:2, 4:3, 5:8). 아모스는 북이스라엘의 경제적 번성기인 여로보암 2세 시대인 주전 760년 어간에, 즉 호세아 선지자와 비슷한 시기에 사역했다. 만약 그것이 사실이라면 그는 아마도 '최초의 문서 예언자'로 인정될 것이다.[20] 구약에서 아모스 이전의 예언자들의 사역은 항상 삼인칭으로 기록되고 있지만, 아모스에 이르면 예언자 자신이 여언하고 그가 직접 기록한 것임을 알게 하고 있다. 아모스는 하나님에 대한 강하고 분명한 의식을 갖고 사역에 임했다. 그가 하나님에 대한 다양한 명칭을 사용하고 있는 것도 그것을 통해 하나님의 성품의 다양함을 보여주려 한 것으로 이해된다.

아모스 이전에도 하나님의 공의에 대하여 인식하고 있었겠지만, 아모스 선지자의 사역을 통해 이스라엘과 주변국가들 사이에 하나님을 공의로우신 하나님으로 인식하게 된 것은 분명한 그의 공헌이다. 지도자들의 불의가 국가와 민족을 어떻게 멸망시켜가고 있는가를 보여주는 것이며, 불의에 대해 불감을 가지는 것이 그 민족의 생명력을 어떻게 빼앗아가고 있는 가를 보여주는 하나님의 메시지가 담겨있다. 아모스가 가장 중요하게 강조하고 있는 것은 그런 '공의'에 대한 사상과 더불어 참된 '예배'에의 강조이다. 형식적인 예배와 예물과 절기 참여를 비판하고 있다. 즉 신앙의 형식보다 그 내용을 강조한 첫 선지자라 할 것이다.

2) 아모스의 구조

본서는 세 부분으로 자연스럽게 나누어질 수 있다.
- 1~2장 ▶ 이스라엘과 이웃 나라들에 대한 8가지의 공식적인 심판.
- 3~6장 ▶ 위협과 멸망에 대한 세 개의 담화들.

---

20 Newsome J. D., *The Hebrew Prophets*(Atlanta, John Know Press, 1984), p. 16.
House P. R., op. cit., p.641.

- 7~9장 ▶ 일련의 다섯 개의 환상들이 나타나는데 벧엘의 제사장에 의해서 중단되었다가 계속되며 희망과 위로의 후기와 더불어 본서가 마쳐진다.

2. 아모스의 신학적 주제들

1) 아모스 연구의 발전 단계들과 하나님의 주권

전통적 관점에서 보자면 선지서의 일인칭 어법은 그 내용이 선지자 자신의 것임을 추론케 하였다. 그리고 삼인칭 표현들인 7:10~17절도 선지자 자신과의 관계가 있거나, 아니면 그와 동시대의 목격자들의 글이라고 여겨져 왔다. 그러나 비평학이 발전하면서 그 정도의 차이가 있기는 하지만 본서의 저자에 관한 전통적인 견해에 많은 도전과 변화를 겪게 된다. 아모스에 대한 비평학적인 연구는 주로 다음의 세 가지 단계를 거치며 발전된다.[21] 첫 번째 단계는 오경의 문서비평론과 맞물려 발전된 시기인데 아모스 선지자 자신의 말과 후대의 편집 증보된 부분을 구분하여 진정한 역사적 아모스를 찾아보려는 시도였다. 이 방법론은 당시 유행하던 역사적 예수 규명과 궤를 같이한다. 학자들은 아모스의 '입시시마 베르바(ipsissima verba - 바로 그 말들)'를 찾기에 주력했다. 대표적인 학자들은 G. A. 스미스와 W. R. 하퍼 등이 있고 이들은 주로 20세기 초의 연구 경향을 반영한다.[22]

초기의 문서비평이론에서 한 걸음 더 나아간 비평이론이 양식 비평과 전승사 비평 방식이라 할 수 있는데 이 방법론이 아모스에 적용되면서 학자들의 관심은 이 책에 있는 아모스의 원래의 신탁을 규명하는 것과 더불어 원래의 설교의 구조와 사회적 배경이 어떤 것이었는지 그리고 초기의 성문화 단계에서 어떤 편집 단계를 거쳐 현재의 모습을 갖추게 되었는지를 관심하게 되었다. 즉 본서가 아모스의 것 아니라 아주 초동 단계의 그의 언설을 기초로 하여 이스라엘 종교 공동체가 그의 메시지를 생성하게 되었다는 전제였던 것이다. 그래서 어떤 학자들은 여섯 단계론으로 어떤 학자들은 세 단계의 편집 과정이 있었다고 주장했다.[23] 왜 학자들은 아모스서 편집 보충설에 집착하는

---

21 Hasel G., op. cit., pp.20~27.

22 참고, Dillard R. & LongmanⅢ. T., op. cit., p.570.

23 예를 들면 Wolff H. W., *Joel and Amos*(Hermeneia, Fortress, Press, 1977), pp.106~14는 여섯 단계설을 그리고 Coote R., *Amos Among the Prophets: Composition and Theology*(Philadelphia, Fortress Press, 1981), pp.1~10는 세 단계설을 주장한다.

가 하면 7:10~17절의 내용과 같이 이 삼인칭 기사의 앞뒤로 일련의 이상과 환상들이 나오고 그 삼인칭 기사는 그 사이에 끼어 있는 것으로 여겨지기 때문에 학자들이 그 부분을 편집부로 보는 것이다. 또한 9:11~15절의 구원의 약속 역시 보통 포로기 이후의 산물로서 어떤 친 유대적 편집자가 자신의 입장어서 기록하였을 것이라 추론케 한다. 그런 문체와 내용상의 변화는 하젤이 표현한대로 "피와 철로부터 장미와 라벤더 꽃으로의 갑작스런 변화"[24]처럼 나타나서 학자들의 논리를 뛰어 넘어 버리기 때문이다. 그 외에 더 다른 짧은 구절들 역시 보통 후대에 편집 되어진 것으로 여겨지는데 3:7절이 그렇고 5:13절도 그러한 것으로 간주되고 있다.

아모스에 대한 세 번째 연구 단계는 문학적인 구조와 수사학적인 발전의 과정에 관심하는 시기이다. 최근의 접근 방식은 통시적인 접근(어떻게 이 책이 존재하게 되었는가)보다는 공시적인 문제(현재 모습의 이 책의 의미가 무엇인가)에 더 관심하는 연구 방식이다. 이 접근 방식을 택한 학자들은 이 책이 아모스 자신의 작품이거나 아니면 선지자의 동료로서 이 책의 편집 과정에 참여하여 책에 통일성을 부여한 어떤 한 사람의 작품으로 여기게 되었다. 이런 경향성을 대변하는 학자들은 앤더슨, 프리만, 스튜어트 등이 있다.

전술했듯이 여로보암 2세의 치하에서 이스라엘은 정치적, 경제적으로 성공하였고, 물질적으로 번영하고 있었다. 그러한 상황은 이스라엘 내에 많은 강력한 부유한 상류 계층을 창출하게 된다. 새로운 차원의 여유 시간과 잉여 개산 때문에 그들은 물질과 현세적 안녕에 집착하게 되고, 그것을 유지 증진시키기 위해 노골적인 악행들을 자행했다. 그러한 상황 속에서 아모스 선지는 하나님께서 그런 북이스라엘의 만연된 죄악상을 지적하고 하나님의 심판을 선언하게 된다. 허버드[25]는 이러한 하나님의 주권적인 통치와 심판을 네 가지 각도에서 설명하고 있다. 첫째, 인격적 신적 차원에서 보자면 심판의 주도권은 하나님이시다(1:4, 3:2, 9:4). 이스라엘의 불순종이 그를 향한 것이기에 그들을 책벌하시는 것이 하나님의 의무가 되기 때문이라 하였다. 둘째는 창조의 차원인데, 세상 자체가 악을 심판하기 위하여 일어난다는 것이다. 이 나라에 심판을 행하기 위해 오시는 용사로서의 하나님의 임재 앞에서 만물은 요동하고 두려워 떨게 된다. 이는 굳이 이스라엘이 아니라도 자연 만물의 일반 계시적 입장에서도 그렇다는 것이다.

셋째는 도덕적인 인과관계에서 그렇다. 다른 사람들을 향하여 저질러진 악은 본인

---

24 Hasel G., op. cit., p. 15.
25 Hubbard D. A., *Yoel and Amos*(TOTC, IVP, 1989), pp. 24~25.

에게 악으로 돌아온다(3:11, 5:11). 하나님께서 선지자를 통하여 주신 말씀을 배척한 일은 하나님의 말씀의 기근이라는 도덕적인 결과를 가져온다(8:11~12). 즉 그에 대한 윤리적 책임이 물어지게 된다는 뜻이다. 네 번째는 정치적인 역사의 시각에서 보자면 하나님의 주권적인 통치는 세상의 열방을 다 포함한다. 그들은 심판의 대상일 뿐 아니라 이스라엘을 심판하라는 그의 도구로서의 사명을 감당케 된다. 그들을 이스라엘을 침략하기 위해서 오며(3:11), 이스라엘의 군대(5:3), 거민(6:9~10)을 황폐화 시키고 영토를 점령하고 도시들을 파괴하며(3:14, 6:14) 지도자들을 사로잡아간다(4:2~3, 5:27). 하나님께서는 세상의 모든 영역에서 자신의 주권과 힘을 내보이신다. 그리고 실천하신다. 바다 속이나 산, 음부나 하늘로 숨더라도 그의 심판에서 피할 자는 없다. 하나님은 만물의 주권자이시다. 아모스 전체를 통하여 하나님은 자기 백성과 온 열방을 다스리시고 통치하시는 주권자로 자신을 드러내시고 있다.

2) 하나님의 공의와 사회적 책임

아모스는 하나님의 속성의 본질이 절대적으로 의로운 것임을 강조하면서 하나님의 도덕적 인격성을 변호하고 있다. 오랫동안 아모스에 윤리적 일신교의 창조자가 묘사되어 있는 것으로 알려져 왔다. 그러나 젤린이 말한바와 같이 그것은 잘못된 생각이다. 그는 오직 오래 전부터 알려져 왔던 진리에 대해 가장 심오하고도 비타협적인 그리고 가장 웅변적인 하나님의 사자였다. 여호와를 의의 하나님으로 선포하고 묘사하는 것은 아모스의 사명이었다. 그는 신학의 조직이나 도덕적 철학에 대하여 논문을 쓰고 있는 것이 아니라 여호와의 절대적인 의를 지적함으로써 이스라엘의 양심을 깨우려 했다는 것이다. 아모스의 하나님은 전능하시고, 전 세계의 우주적 하나님이실 뿐 아니라 도덕적이며 영적인 분이시다. 여호와에 대한 선지자의 세 개의 돈호법(시문의 중도에서 사람이나 사물의 이름을 불쑥 부르는 표현법-참고 4:13, 5:8, 9:5,6절)은 특별히 위엄 있고 주목할 만하다.

아모스는 또한 거짓된 것이라면 가장 정성을 다해 드린 예배라도 하나님께는 모욕이 될 뿐이라고 가르쳤다. "내가 너희 절기를 미워하여 멸시하며 너희 성회들을 기뻐하지 아니하나니"(5:21) " 네 노랫소리를 내 앞에서 그칠 지어다 네 비파 소리도 내가 듣지 아니하리라"(5:23). 이러한 말씀들은 그것이 말하여진 그 시대를 뛰어넘어 먼 후세대에도 여전히 웅변적인 말씀이며 진리이다. 많은 현대 그리스도인들은 자기 교회의 성례나 예배의식들과 따로 떨어져서 구원이란 것을 상상하지 못한다. 아모스는 신앙이란 단순히 예배나 의식보다 훨씬 의미 있다는 사실을 직시하며 하나님께 받아들여지는 것은 번제나 제사의 향기와 제물이 아니라 진실하고 충성된 마음임을 환기시키고 있다. 아모스는 하나님에 대한 강하고 분명한 의식을 갖고 사역했다. 그는 하나님에 대한 다양한 명칭을 사용하고 있는 것도 그것을 통해 하나님의 성품의 다양함을 보여주려 한 것으로 이해된다. 아모스 이전에도 하나님의 공의에 대하여 인식하고 있었겠지만 아모스의 사역을 통하여 이스라엘과 주변국들이 공의로우신 하나님을 재인식하게 된 것은 그의 분명한 업적이라 하겠다. 아모스가 가장 중요하게 생각하고 강조한 것은 그런 공의에 대한 의식과 더불어 진정한 '예배'의 회복인 것이다. 그는 신앙의 형식보다 그 내용을 강조한 첫 선지자인 것이다.

더 나아가 그는 인간과 인간 사이에는 반드시 사회적 정의가 있어야 한다고 지적하였다. "오직 공법을 물같이 정의를 하수같이 흘릴지로다"(5:24). 아모스의 대 사명은 본질적으로 개혁자의 그것 즉 학대를 없애고 정당화되는 것처럼 보이는 모든 악들을 버리도록 하는 것이다. 그것이 하나님의 뜻이며 부흥의 전제였기 때문이다. 세상은 그 때 이후로 줄곧 그런 개혁을 필요로 하고 있다. 선지자의 영혼이 가진 그 큰 열정은 사회의 정의를 향한 것이다. 그에게 있어서 이런 정의는 바른 사회를 위한 가장 기본적인 선결사항이었기 때문이다. 그래서 그는 도덕법의 냉혹한 성격을 역설하기도 했다. 도덕성은 하나님의 백성들에게 언제나 요구되고 점검되는 기본사항인데 그 시대가 물질적 풍요와 안락에 빠져 반 율법적이고 반 하나님 적인 부정과 부패가 만연되어지고 있었기 때문에 선지자는 이 부분의 개혁과 회개를 촉구했던 것이다. 하나님의 요구는 언제나 도덕적인 것이며 그것이 역사의 과정을 결정한다. 이러한 설교로 아모스는 결코 꺼지 않았었고 또 끌 수도 없었던 사회의 정의라는 촛불을 이스라엘 안에 밝혔던 것이다. 그의 전체 메시지는 경건에 대한 야고보의 정의와 가장 서론적으로 일치한다. "하나님 아버지 앞에서 정결하고 더러움이 없는 경건은 곧 고아와 과부를 그 환란 중에서 돌아보고 또 자기를 지켜 세속에 물들지 아니하는 이것이니라"(약1:27).

아모스의 역사적 가치에 대하여 재론할 필요는 없을 것이다. 아모스는 모든 예언서들 중에 가장 오래된 것이며 주전 8세기의 이스라엘에 유행하던 종교적 신념에 대한 중요한 증거를 남기고 있다. 아모스는 여호와의 도덕적 교훈들이 이스라엘을 하나로 묶는 즉 선민 공동체로 묶는 중요한 도구가 됨을 역설하였다. 하나님의 의에 근거한 사회정의가 실현되는 것 그것이 보편적 도덕기준으로서의 이스라엘됨의 기준이 되고 있다는 것이다. 그의 뒤를 이어 이사야 미가, 예레미야, 에스겔 등이 그 전통을 이어가고 있다. 그래서 아모스의 메시지는 더욱 중요성을 갖게 되는 것이다.

3. 아모스의 주요 내용 강해

1) 동의적 평행법: 서너 가지 죄(1:2)

서론(1:1~2)에서 아모스 선지의 시대적 배경이 남방 유다의 웃시야 왕의 시대와 동시에 북방의 여로보암 2세의 시대임을 밝히며 그의 메시지가 힘 있는 하나님의 음성임을 강조하고 있다.

초반부에서 선지는 다메섹, 가사와 블레셋, 두로, 에돔, 암몬, 모압 그리고 유다와 이스라엘의 죄를 지적하고 그들에게 임할 심판을 예언하고 있는데 특별히 "서너 가지의 죄로 인하여 내가 그 벌을 돌이키지 아니하리니"로 이어지는 특별한 표현을 각 심판의 서두에 둠으로써 하나님의 심판이 이유 없이 행해지는 것이 아님을 보이고 있다. 여기서 "서너 가지 죄"라는 관용어구는 수많은 죄를 관용적으로 표현하는 고대 이스라엘의 오래된 관용어법인데 이스라엘에서의 3이라는 숫자가 가지는 완전성에 하나를 더 보탤 만큼 많은 수를 나타낼 때 쓰는 상징적 관용어법이다.

3절 다메섹은 아람의 수도이며 풍요로운 도시였다. 아람에 대한 하나님의 심판을 말하고 있으며 길르앗은 이스라엘을 상징한다.

4절 하사엘은 아람 왕조를 세운 창시자이며 이스라엘을 침공했던 벤하닷은 그의 아들이다.

5절 "다메섹의 빗장을 꺾으며"라는 표현은 성으로 된 도시의 심장부를 강타해버리겠다는 의지의 표현이다.

6~8절 가사는 블레셋의 주요도시였다.

9~10절 두로의 죄를 책망하고 있는데 이는 저희가 '형제의 계약'을 기억치 아니하고 사로잡은 이스라엘 사람들을 에돔에 노예로 팔았음을 책망하는 것이다. 여기서 형제의 계약이란 사무엘 하 5장과 열왕기 상 5장에 나오는 다윗과 솔로몬과 두로 왕 히람이 맺은 옛 계약을 말한다. 그 계약에 의하면 두로는 히브리인들을 노예로 팔지 못하도록 되어있다.

11~12절 에돔의 죄/에서의 후손인 그들은 같은 뿌리를 가지고 있음에도 항상 이스라엘을 향하여 분노를 풀지 않고 괴롭혔다. 데만과 보스라는 에돔의 주요 성읍들이다.

13~15절 암몬의 죄에 대하여 긍휼을 베풀지 않을 것을 말한다. 랍바 성은 예레미야 49:2절에서 보듯이 암몬의 수도였다.

2) 모압(2:1)

1~3절에서 이방 족속인 모압의 죄를 열거한 후 4~5절에서는 유다의 죄를 책망하고 있다. 그들은 하나님의 율법을 멸시한 죄와 우상숭배가 집중적인 책망의 대상이다. 6~8절에는 이스라엘의 무너진 공의를 책망하고 있다. "저희가 은을 받고 의인을 팔며 신 한 켤레를 받고 궁핍한 자를 팔며 가난한 자의 머리에 있는 티끌을 탐하며… 벌금으로 받은 포도주를 마시는 죄"를 예로 들고 있다.

9~10절에는 하나님께서 옛날에 자기 백성을 위하여 아모리인들을 제거하셨음을 상기시키고 있고 11절에서 하나님은 이스라엘 백성 중에 하나님의 선지자와 나실인을 일으켜 그들을 인도해 오셨음을 상기시키고 있다. 그런데 12절에서 이스라엘은 그런 나실인들에게 포도주를 마시게 해서 타락시키고 선지자들에게 예언을 못하도록 막았다고 책망한다.

13~16절 그런 배은망덕한 이스라엘을 위해 피할 수 없는 하나님의 심판이 임할 것을 예언하고 있다. "곡식을 가득 실은 수레가 땅을 짓누름같이 피할 수 없으리라 용사 중 굳센 자도 그 날에 벌거벗고 도망하리라"라는 표현을 사용하며 심판의 엄위함을 강조한다.

3) 이스라엘만을 당신이 아시는 족속으로(3:1~3)

2절 하나님은 땅의 모든 족속들 중 오직 이스라엘만을 당신이 아시는 족속, 즉 당신의 친백성을 삼으셨음을 강조한다.

3:7절 심판에는 그런 사랑을 전제하는 이유가 있고, 모든 일에는 이유가 있음을 여러 가지 비유로 말하고 있다.

4) 아모스 4장

1절 바산의 암소들은 살진 소들인데 이스라엘의 사치와 공의 없음을 빗대어 사용하는 비유적 표현이다.

2절 심판의 때를 갈고리에 끌려가는 사람으로 묘사하고 있다.

4~5절 이 부분의 역설적인 명령들은 이스라엘이 종교를 빙자하여 악을 행하였던 심각한 타락상을 빗대어 말하는 것이다. 그들이 벧엘과 길갈에 가기는 하였지만, 마음은 멀어졌고 예배가 형식화되었음을 질타하고 있다.

8절 사람이 사람에게 도움을 청하러 가도 도움을 얻을 수 없었음에도 불구하고 이스라엘은 하나님께로 돌아오지 않았다.

4장은 계속해서 그런 톤의 심판에 대한 경고로 이어진다.

5) 아모스 5장

본서의 가운데 부분을 형성하고 있는 여기서는 주로 북방 이스라엘을 향하여 예언하고 있는데 그 가운데 그들의 죄를 지적하고, 그들이 죽었다는 표현을 애가(5:1)를 지어 부르며 말하고 있다. 하지만 역시 하나님은 5:14~5절에서 보는 바와 같이 그 심판의 엄한 시행 가운데서 그 백성의 회복을 위한 실마리를 항상 남겨두고 계신다.

아모스의 가장 특징적인 구절이 5장 후반부인 24절에 나오는데 "오직 공법을 물같이, 정의를 하수같이 흘릴지로다"라는 구절이다. 이는 이스라엘 지도자들의 타락과 겉치례뿐인 예배를 질책하고 있는 메시지이다.

14~15절 회복의 실마리를 보여주고 있다. 혹시 하나님이…

5:25절 사무엘 상 15:22절을 참고.

6) 교만한 이스라엘의 지도자들을 책망함(6:1)

여러 나라들이 다 심판을 받아 멸망할 것인데 어찌 이스라엘만 그 심판을 피하겠느냐? 3~6절에서 이스라엘의 높고 교만한 지도자들의 모습이 적나라하게 묘사되고 있다. 말들이 어찌 바위 위를 달리겠느냐, 즉 죄지은 이스라엘이 어떻게 심판을 피할 수 있다고 생각하느냐를 질책하는 비유이다.

7) 다섯 가지 환상을 통하여 자신의 메시지를 강조함(7장)

황충 – 불 – 다림줄 – 과일광주리 – 준엄한 복수의 환상

다음 부분인 7장부터는 다섯 가지의 환상을 통하여 자신의 메시지를 강조하고 있는데 그 환상들은 황충의 환상, 불의 환상, 다림줄의 환상, 과일광주리의 환상, 준엄한 복수의 환상 등이다. 이런 환상을 통해 선지자는 하나님의 심판의 엄함과 예외 없음을 강

력하게 설파하고 있다. 예를 들면 9:1절에서 "내가 그 남은 자를 칼로 살육하리니 그중에서 하나도 도망하지 못하며 하나도 피하지 못하리라." 그러나 역시 하나님은 그의 택하신 백성을 향한 연민의 은혜를 또 남기시는데, 9:8절에 의하면 "보라 주 여호와 내가 범죄한 나라에 주목하여 지면에서 멸하리라 그런 야곱의 집은 온전히 멸하지는 아니하리라 이는 여호와의 말씀이니라." 얼마나 은혜로우신 하나님인가!

1~3절 이스라엘의 심판에 대하여 아모스가 본 환상. 비참한 이스라엘의 모습 그러나 선지자의 기도로 말미암아 하나님은 그 뜻을 돌이키신다.

8) 또 다른 환상: 여름 실과 한 광주리(8장)

7~10절 저들의 소위를 영영히 잊지 않겠다는 하나님의 마음, 심판의 날에는 절기가 애통으로 노래가 애곡으로 바뀌게 될 것이고 독자의 죽음처럼 애곡하게 될 것임을 예언하고 있다.

11~14절 심판날의 기근의 원인과 심판의 참담함을 그리고 있다. "양식이 없어 주림이 아니며, 물이 없어 갈함이 아니요, 여호와의 말씀을 듣지 못한 기갈이라."

9) 심판의 엄위함에 대한 아모스의 환상(9:1)

1~4절 에돔의 남은 자는 이방인들 중에서 구원 얻을 자를 대표하는 표현이다. 죄인들이 어디에 숨더라도 하나님의 심판을 피할 수 없다.

7절 모든 세상의 민족이 다 하나님의 심판 아래 있지만 특별히 이스라엘에게는 더욱 그러함을 확인하고 있다.

8절 범죄한 모든 나라와 민족을 멸하시는 중에도 야곱의 집은 온전히 멸하지 않고 구원의 그루터기를 남겨 놓으시겠다는 약속의 말씀이 우리에게 실낱같은 소망으로 다가온다.

9~10절 만국을 체질하듯이 심판하시는 와중에서도 알곡 이스라엘은 남기시겠다는 하나님의 위대한 구원의 계획이 엿보이는 구절이다.

12절 에돔의 남은 자는 이방인들 중에서 구원얻을 자에 대한 상징적 대표 구절이다.

10) 다윗 언약과 아모스의 메시지(9:13~15)

주께서 회복시키심을 선포한 9:11~15절은 다윗 언약을 회상시키고 있고, 그분의 돌이키심과 "저희가 나의 준 땅에서 다시 뽑히지 아니하리라 이는 제 하나님 여호와의 말씀이니라" 하고 예언이 끝나고 있는 부분에서 우리는 그의 백성을 향하신 하나님의 신실하심과 깊은 사랑을 보게 된다. "…저희가 나의 준 땅에서 다시 뽑히지 아니하리라 이는 하나님 여호와의 말씀이니라." 다시 죄사함을 위하여 제사드릴 것이 없다는 신약 히브리서의 말씀이 생각나는 부분이다.

4. 오바댜의 서론과 구조

1) 오바댜 서론

구약 중 가장 짧은 책인 본서는 단지 21절로 구성되어 있다. 이런 짧은 책을 두고 "좋은 것은 작은 꾸러미에서 나온다"거나 혹은 초대교회 교부 제롬의 표현처럼 "이 책은 짧은 만큼 어렵다(quanto brevius est, tauto difficilius)"[26]라는 양극단의 표현이 사용되는 것은 아마도 그 만큼 본서의 성격규명이나 저작연대 혹은 그 배경을 확정하는 데 혼란이 있음을 시사 하는 표현일 것이다. 본서의 마지막 절인 21절이 신약의 계시록 11:15절에 반영되어 나타나는 것을 제외하고는 본서가 신약에 인용된 것은 없다. 본서의 특징을 G. A. 스미스는 "격분한 연설"로 명명했는데, 로버슨 스미스는 오바댜를 평하면서 "그 책의 길이에 전혀 걸맞지 않은 난해함들이 스며들어 있다"[27]고 하였다.

본서의 명칭은 "오바드야(여호와의 종)"라는 주인공의 이름을 따서 명명 되었다. 70인경은 히브리어 오바드야를 음역하여 "아브디우"라고 이름을 붙였으며, 라틴어 역도 "아브디아스"라고 음역한 제목을 붙이고 있다. 영어 성경이나 한글 성경도 이 전통 위에 있다고 볼 수 있다. 이 명칭은 아랍인들 중 '압둘'이라는 이름에서도 그 영향을 볼 수 있을 만큼 하나님, 혹은 알라를 섬기는 사람(종)이란 뜻을 가진 이름이다. 일반적으로 선지서에는 시편의 표제에 해당되는 표현들이 있는데, 선지자의 족보나 사역 연대, 출신 지역이나 사역 대상지 등이 포함된다. 그런데 본서에는 그런 정보가 없으며 심지어 선지자의 정확한 이름까지도 애매해서 논란이 일 정도이다. 오바댜라는 이름의 히브리어 모음 부호에 따르면 이 이름은 "여호와를 예배하는 자"라는 의미가 된다. 그러나 앞

---

26   Dillard R. B. & LongmanⅢ. T., op. cit., p.582에서 재인용.
27   로빈슨 G. L. op. cit., p.59.

에서 언급했듯이 70인경이나 라틴어 역에서는 다른 모음으로 읽혀지고 있고, 그런 읽기에 근거하면 그 뜻은 '여호와의 종'이 된다. 구약에는 최소한 12명의 사람이 오바댜란 이름으로 불리고 있는데, 본서의 저자 오바댜와 동일인이라고 확인될 만한 사람은 없다. 탈무드의 전승에 따르면 오바댜 선지자를 아합 황의 궁정에서 일했던 그 오바댜(왕상18:3~16)로 인정하고 있고, 제롬도 그 전승을 알고 있었던 것 같다. 이에 대하여 딜라드나 롱맨 3세는 본서의 후기 연대설을 지지하면서 그런 연계성을 인정하지 않고 있다.[28] 소선지서 중에는 본서와 같이 선지자의 연대나 배경에 대하여 명확한 표제를 생략하고 있는 책들이 몇 권 있다. 본서를 비롯하여 나훔, 하박국, 요엘 등이 그렇다. 이런 경우는 이 책의 연대나 배경을 파악하기 위해서는 내적인 자료를 꼼꼼히 대조 연구해 보는 것이 가장 정확한 결론에 이르는 길이다. 그런데 선지서 연구사는 그런 연구들이 항상 같은 결론을 내리지 않는 것으로 드러나고 있어 당황스럽다.

이 작은 책의 집필 연대는 불확실하다. 이 책의 연대를 추측할 수 있는 표현인 예루살렘에 임한 재앙에 관한 역사적 언급이 11~14절에 나오는데, 이와 관련된 성경 구절이 열왕기 하 8:20~22절, 역대기 하21:8~10절이다. 이 시기는 여호사밧의 아들 여호람의 통치기(주전 848~841)로 여겨지고 있는데, 이로 미루어보아 오바댜는 대략 주전 9세기경의 작품으로 추측되고 있다. 하지만 보수주의 학자들 사이에서도 본서의 배경을 그런 여호람의 통치기부터 바벨론에 의한 예루살렘의 멸망 시기까지인 587년까지를 범위로 정하여 일치되지 않는 견해들을 쏟아내고 있다. 그래서 어떤 학자들은 본서가 두 종류의 다른 자료가 합성된 것으로 보아서 전자는 여호람의 통치기에 그리고 후자는 포로기간이거나 바벨론 멸망 직후에 기록된 것이라 주장하기도 한다.[29] 그리고 어떤 학자들은 본서의 연대를 아하스시대인 주전 734~728년 어간으로 추정하기도 한다. 그런 학자들은 본서의 역사적 언급을 에돔과 블레셋의 손에 의한 유다의 패배에 대한 언급으로 해석하는데, 이런 해석은 역대기 하 28:17~18절을 근거로 하는데 그 부분은 북의 이스라엘과 다메섹 연합군이 아하스의 군대에 심각한 타격을 준 후 남쪽과 북쪽에서 이 두 나라가 유다를 어떻게 침공했는가에 대한 기록이 나온다. 그러나 이 견해의

---

28 Dillard R. B. & LongmanⅢ. T., op. cit., p.583.

29 Archer G. L., op. cit., p.437. Archer 의 설명에 의하면 이런 견해를 가진 학자는 소수인데 주로 Pfeiffer, Dillard & Longman 같은 사람의 견해라 한다. 이런 학자들보다 더 늦은 연대를 주장하는 사람들도 있다. Bewer J. A. 같은 학자인데 그는 에돔의 멸망에 대한 예언들이 사후 예언의 성격을 갖고 있다고 주장한다. 즉 5세기 말엽의 나바테아인들에 의해서 에돔이 멸망한 후 주어진 예언이라는 것이다. 그러나 2~9절의 내용은 결코 과거의 사건들에 대한 기록이라고 볼 수 없다.

중대한 난점은 본서 11절이 암시하는 바와 같이 이러한 군사 정복 기간 중에 있었어야만 할 그런 예루살렘의 함락과 약탈에 관한 기록이 없다는 점이다. 필자는 본서가 여호사밧의 아들 여호람의 시대를 배경으로 하고 있다는 주장에 동의한다.[30] 열왕기 하 8:20절은 여호람에 대하여 이렇게 기술하고 있다. "여호람 때에 에돔이 배반하여 유다의 수하에서 벗어나 자기 위에 왕을 세운 고로" 이어지는 구절들은 여호람의 에돔 정벌이 실패한 것으로 말하고 있으며, 그는 큰 피해를 입고 유다의 종주권을 다시 수립하지 못했다. 역대기 하 21:16~17절은 다음의 내용들을 덧붙이고 있는데 "여호와께서 블레셋 사람과 구스에서 가까운 아라비아 사람의 마음을 격동시키사 여호람을 치게 하셨으므로 그 무리가 올라와서 유다를 침략하여 왕궁의 모든 재물과 그 아들들과 아내들을 탈취하였으므로 막내아들 여호아하스 외에는 한 아들도 남지 아니하였더라." 이러한 자료들을 함께 이어볼 때 에돔이 아라비아-블레셋 침공군과 동맹을 맺어서 예루살렘이 그들의 연합 작전에 떨어질 때 그 불행한 성읍의 전리품을 나누었을 가능성이 있는 것으로 볼 수 있다. 이리하여 우리는 본서 11절에 대한 역사적 배경을 이해하게 된다. "네가 멀리 섰던 날 곧 이방인 그의 재물을 늑탈하며 외국인이 그의 성읍에 들어가서 예루살렘을 얻기 위해 제비뽑던 날에 너도 그들 중 한 사람과 같았느니라." 이 구절이 암시하는 바와 같이 유다의 적들이 예루살렘에 쳐들어가서 귀중품을 노획했다. 그 도시가 노략될 때 여러 약탈자들이 약탈하기 위하여 자기에게 주어질 지방을 결정하려고 제비를 뽑았다. 이러한 기록은 바벨론의 느브갓네살에 의한 유대 침공과는 거의 조화가 되지 않는다. 그들은 예루살렘을 향하여 철저하고도 영속적인 공격으로 그 도시를 완전히 초토화시켰기 때문이다. 그리고 이런 후대 연대설은 예레미야가 본서 109절을 읽고 그것을 그의 목적에 따라 적용시켰다고 하는 강력한 증거를 인하여 힘을 상실하고 만다(참고 렘49:7~22). 예레미야의 이 구절들은 하나님의 초기 선지자들이 예언에 크게 의존했던 일련의 신탁들 중의 하나로 여겨지고 있다. 즉 오바댜가 예레미야에게서 빌려온 표현이 아니라, 그 반대라는 것이다.

그러나 에돔은 말라기 1:3절에 나온 것처럼 유대의 전 역사를 걸쳐 골치 아픈 문제 덩어리였다. 그 예언의 종말론적인 정황, 즉 에돔은 예루살렘에서 나오는 빛으로 말미암아 심판을 받을 것이라는 정황은 아주 명료하다. 전형적인 구약성경의 기술방법에 의하면 역사적 사건은 보다 광범위한 종말론적 국면의 용어로 그려지는 것이 보통이

---

30 참고, 필자뿐 아니라 keil C. F., Young E. J. 등도 본서의 이런 연대 배경에 동의한다.

다.

본서는 그 전체에 있어서 에돔을 향한 신탁이며 예언이다. 에돔땅은 세일로도 알려져 있고 그들은 에서의 후예이며, 에서는 아시다시피 이스라엘의 조상인 야곱의 쌍둥이 형이다. 한 배에서 난 쌍둥이는 그들의 부친의 예언처럼 큰 자가 작은 자를 섬기게 되었다. J. 필립스가 아름답게 묘사한 것처럼 그 둘은 모든 면에서 얼마나 달랐는지 모른다. 하나는 본성적으로 킬러의 공격성을 타고 났고, 또 하나는 본성적으로 관리형이다. 아버지는 큰 아들을 좋아한 것 같고, 어머니는 작은 아들을 좋아했다. 큰 아들은 세상을 사랑했고, 작은 아들은 하나님의 나라를 사랑했다. 큰 아들은 이방 가나안 딸들과 결혼을 했으며 작은 아들은 하나님을 아는 딸과 결혼을 했다. 그렇게 다른 두 아들을 통하여 다른 두 민족이 생성되었는데 이스라엘과 에돔이다. 한 조상을 가진 두 민족은 형제처럼 지내야 옳았다. 그러나 에서의 후손인 에돔은 경건과 상관이 없이 자기 힘을 믿고 자기들의 견고한 요새를 믿고 살았다. 야곱의 후손은 하나님의 보호 가운데 그의 은혜로 살았는데 결국 말라기 1:2~3절에서 보이는 바와 같이 하나님은 '내가 야곱은 사랑하고 에서는 미워하였다"는 결론에 이르게 되었다.[31]

이 세일 지역 즉 에돔땅은 사해의 남쪽과 동쪽에 놓여 있으며, 와디 제레드로부터 아카바 만까지의 지역에 걸쳐있다. 이 땅은 농사를 지을 수 있는 땅의 변경에 놓인 꽤 좁다란 긴 띠 모양의 땅이다. 그곳에는 두 개의 중요한 교통로가 있는데 하나는 소위 '왕의 대로(The King's Highway)'로 알려져 있는 길이다. 이곳은 물을 좀 더 쉽게 구할 수 있는 농경지를 따라 뻗어 있으나 동서 간의 깊은 계곡들을 건너기도 해야 한다. 둘째는 농경지의 동쪽 바깥 경계를 따라 뻗어있는 길인데 이 길을 따라 갈 경우는 그런 깊은 계곡을 건널 필요는 없다. 이 두 무역로는 오래전부터 요단강 동쪽의 주요 간선도로 역할을 하였고 에돔의 주요한 수입원 구실도 하는 교통로였다. 출애굽 후 에돔은 이스라엘이 자신들의 땅을 통과하여 가나안으로 가는 것을 반대하였다(민20:14~21). 또한 발람은 에돔이 정복될 것이라고 예언하였다. 통일 왕국시대에는 에돔은 이스라엘의 지배를 받기도 했다. 9세기 중에 여호사밧의 시대에 에돔은 모압과 암몬과 동맹을 맺어 유다에 반역하였고 일정한 승리를 얻어 잠시의 자유를 누리기도 했다. 8세기 초에 유다 왕 아마샤는 다시 에돔을 정복했는데, 그 후에 에돔은 다시 유다를 반역하여 공격하게 되고, 그 이후 에돔은 완전히 유다와 이스라엘과는 관계없는 독자적인 길을 가게 된다. 나중

---

31   Phillips J., *Exploring the Minor Prophets*(Grand Rapids, Kregel Publications, 2002), p.119.

에 이 지역은 나바테아의 아랍 왕국이 '페트라'를 중심하여 자리를 잡았고, 그들 때문에 에돔인들은 네게브 지역가지 옮겨 도망했으며, 신약시대에는 이 지역은 '이두매' 지역이라고 불리게 되었다.[32]

오바댜의 목적은 그런 배경을 가진 형제국 에돔의 이스라엘을 향한 적대적인 행위를 경책하는 것이 목적이다. 그런 비 형제적인 행동은 마침내 에돔을 파멸로 이끌 것이라는 메시지이다. 에돔은 원래 '에서'의 자손이지만 언제나 이스라엘에게 대적이 되었다. 본서 제3절은 에돔 족속의 자랑을 언급한다. 저들은 난공불락의 산의 암혈에 살고 있으니 누가 쳐들어 와도 안전하다고 말한다. 하지만 하나님은 그들의 패배를 선언하고 있으며 그들의 아내와 용사들을 잃을 것이라 예언하고 있다.

2) 오바댜 구조

한 장으로 된 본서는 다음과 같이 구조되어 있다.
- 1~9절 ▶ 에돔의 멸망에 대한 경고; 에돔의 멸망과 굴욕
- 10~14절 ▶ 에돔에 하나님이 심판을 내린 이유
- 15~21절 ▶ 열국들에 대한 심판과 이스라엘의 회복

5. 오바댜의 신학적 논점들

1) 하나님의 우주적 통치권

오바댜의 메시지에는 이방을 향한 하나님의 우주적 통치라는 보다 폭넓은 관점이 제시되고 있다. 사실 에돔은 완전한 이방이라기보다는 형제에서 갈려나간 그런 존재이다. 오바댜의 메시지를 통하여 하나님은 이스라엘만을 위한 하나님이 아니라 모든 민족을 위한 하나님이심을 분명히 하고 있다. 오바댜는 그런 관점에서 출발을 한다. 그럼에도 불구하고 하나님의 관점은 여전히 언약의 후손들을 향한 하나님의 보호하심에 달려 있다. 에돔을 심판하시는 하나님의 근거는 아브라함, 모세, 다윗과 맺은 언약에 있다. "너를 축복하는 자에게는 내가 복을 내리고, 너를 저주하는 자에게는 내가 저주하리니"(창12:3)의 언약이 여전히 유효함을 보여주고 있다. 그런 언약에 신실하신 하나

---

32   Dillard R. B. & LongmanⅢ. T., op. cit., pp.584~85.

님은 또한 본서를 통하여 전선지서(역사서)에서 강조했던 '거룩한 전쟁(the Holy War)'에서 용사이신 하나님을 강조하고 있다.[33]

뿐만 아니라 본서에는 하나님의 공의 혹은 하나님의 정의에 관해서도 관심 있는 표현을 사용하고 있다. 커다란 비극을 겪은 자기의 동시대 사람들에게 오바댜는 하나님의 공의가 결국은 승리를 거둘 것임을 확언하고 있다. 당시의 재판법, 즉 탈리오의 법칙이라고 불리는 "동해형 복수법"이 선언되고 있다. "너의 행한 대로 너도 받을 것인즉 너의 행한 것이 네 머리로 돌아갈 것이라"(15절). 비록 짧기는 해도 오바댜서는 다른 선지서들과 많은 신학적 주제들을 공유한다. 라베가 지적한 것과 같이 "이 짧은 책은 이스라엘의 적들을 향한 하나님의 심판, 여호와의 날, 심판의 기준으로서의 동해형 복수법, 분노의 잔 비유법, 시온 신학 이스라엘의 땅의 소유, 여호와의 왕권"[34] 등 많은 선지서의 위대한 주제들을 요약해서 보여주고 있다.

에돔은 강하다! 이스라엘은 늘 에돔을 인하여 불안해했으며 어려움을 겪었다. 그래서 약한 이스라엘은 늘 하나님을 의지할 수밖에 없었다. 하지만, 에돔은 아니다. 좋은 곳에 살면서, 잘 먹고, 세상적으로도 잘 되어가는 그런 부류가 에돔이다. 하나님을 믿지 않아도 세상의 좋은 것은 다 갖추고 사는 사람들 말이다. 오바댜를 통해서 주시는 하나님의 메시지는 그렇게 강하고 풍성하고 멋있게 보이는 것이 인생을 행복하게 해주는 관건이 아니라는 교훈이다. 하나님은 약한 자를 들어 강한 자를 부끄럽게 하시기를 즐겨하시는 분이시다. 여기서의 약한 자는 그럼으로 인하여 더욱 하나님을 의지하는 자들이다. 사람들이 보기에 이스라엘은 약하게 보였지만 하나님 그와 함께 하시며 또 영원토록 그와 같이 하시겠다고 언약하신 것이다. 승리와 복된 인생의 관건은 하나님의 함께 하심이다. 오바댜를 읽어가면서 우리는 그런 우리를 둘러싼 에돔에 대한 콤플렉스를 감사함으로 승화시켜 갈 수 있어야 하겠다.

신약에 와서 이 에돔의 후손인 헤롯대왕이 아기 예수를 죽이려 한 점이나 주님의 고난 시에 백성의 편에 서서 구세주를 처형하는데 가담한 기사를 보면 이 이두매 출신들이 하나님 앞에서 얼마나 저주 받은 상황에 있는지를 짐작하게 된다. 인간을 의지하는 타락한 경향성은 이렇게 강력하게 유전자를 타고 흐르는 것이 섬뜩하지 않은가!

예루살렘의 몰락과 바벨론으로의 포로에도 불구하고 하나님의 백성의 미래는 확실

---

33 Reid D. & Longman III. T., *God is a Warrior*(Grand Rapids, Zondervan, 1995), pp.55~60.
34 Raabe P., *Obadiah*(AB, Doubleday, 1996), p.3.

하다. 에돔은 이 진리를 알 필요가 있었다. 하지만 오바댜에게 이 진리를 선포하는 것은 짐스러운 일이었는데 그는 역사적 사실을 하나님의 왕국의 전체적 형성이라는 전 과정에서 이해했지만 일반인 들은 그렇지 못했기 때문이었다. 하나님께서 패역한 이스라엘의 역사에 개입하시며, 그들의 가시 같은 이웃인 에돔을 향한 종말론적 선포를 통해 그 백성을 위로하고 계신 것이다.

6. 오바댜의 주요 내용 강해

오바댜의 묵시라 하며 시작되는 1절은 이 책의 전체적인 서론을 형성하면서 에돔을 향한 직접적인 경고로 시작하고 있다.

본서는 세 개의 기본적인 단락들로 구성되고 있다.

1) 에돔의 멸망에 대한 경고(1~9절)

교만하여 이스라엘을 미워한 에돔의 멸망을 선고하고 있다. 그들은 앞에서도 언급했듯이 출애굽 시에 이스라엘의 행진에 협조하지 않았다. 에돔의 교만은 그들을 스스로 속여 왔다. 에돔은 그들의 산 요새를 의지했고, 그들의 산채를 난공불락의 장소로 삼았다. 그들은 하나님을 의지하지 않았고, 필요로 하지도 않았다. 이러한 이미지는 바벨론(사14:12~16)과 유사하다. 하나님은 그런 에돔의 교만을 심판하실 필요가 있었다. 1~4절에서 에돔의 자부심과 자만이 기술되고 있는데 이는 예레미야 49:14~16절의 내용과 흡사하다. 본문의 메시지는 아주 분명한데 헛된 자만심은 분명히 패망한다는 것이다. 그 심판의 전체성을 5~6절에서 약탈자의 비유로 설명하고 있고, 그 심판의 날에 에돔은 외부로 부터 어떤 도움도 받을 수 없음을 7~9절에서 말하고 있다.

2) 에돔에 하나님이 심판을 내린 이유(10~14절)

그들의 교만이 그들로 하여금 예루살렘의 멸망을 멀리서 바라보고 즐기도록 하였다. 그들은 유다의 파멸에 만족해하였다. 더욱이 그들은 형제국 유다의 백성들이 포로되어 팔려갈 때 인신매매를 일삼았다. 이러한 류의 죄악들은 이미 아모스 1:6~12절에서 정죄된 바 있다. 에돔은 어떤 경우에도 자기에게만 충실하려는 자들이다. 하나님께는 관심이 없다는 말이다. 영적이고 교회에 관해서는 철저한 무관심 그것이 바로 교만이며, 심판을 자초하는 행위인 것을 그들은 인지ㅎ-지 못했다. 10~14절에서 에돔은 그가 예루살렘에 행한 대로 보응을 받게 될 것을 말하고 있는데, "네가 네 형제 야곱에게 행한 포학으로 말미암아 부끄러움을 당하고 영원히 멸절되리라. 네가 멀리 섰던 날 곧 이방인이 그의 재물을 빼앗아 가며, 외국인이 그의 성문에 들어가서 예루살렘을 얻기 위해 제비 뽑던 날에 너도 그들 중에 한 사람 같았느니라"(1:10~11).

3) 열국들에 대한 심판과 이스라엘의 회복(15~21절)

15~16절에서 보듯이 하나님의 심판의 날로 상징되는 종말론적 하나님의 개입이 나타나고 있다. "여호와께서 만국을 벌할 날이 가까이 왔나니 네가 행한 대로 너도 받을 것인즉 네가 행한 것이 네 머리로 돌아갈 것이라"(15절). 17절 이하에서는 본격적으로 종말론적 예언이 주조를 이루고 있는데, 그날에 이스라엘 즉 하나님의 백성이 시온산에 모일 것이며 에돔을 향한 하나님의 심판의 도구로 활용될 것임을 선언하고 있다. 그들은 약속의 땅으로 돌아 올 것이며 이스라엘의 영원한 죄인 에돔을 심판하고 그 땅을 차지하게 될 것을 예언하고 있다. 더욱이 그들은 이사야 62장과 예레미야 30~33장, 그리고 에스겔 40~48장에서 예언되고 있는 바, 어떻게 시온이 하나님의 특별한 대상이 되는 가를 발견하게 될 것이며, 이스라엘의 남은 자의 귀환을 보게 될 것이다. "구원 받은 자들이 시온 산에 올라와서 에서의 산을 심판하리니 나라가 여호와께 속하리라"(21절).

참고: 오바댜 1~9절과 예레미야 49:7~22절을 비교 대조하여 보라

1. 요나의 서론과 구조

1) 요나 서론

본서의 명칭 역시 저자인 요나 선지자의 이름을 따서 지어 졌다. 요나는 '비둘기'라는 뜻으로 성경에 흔히 나타나지만, 사람의 이름으로는 흔치 않다. 요나는 아밋대의 아들이며 그의 이름은 열왕기 하 14:25절에 단 한 번 언급되었다. 요나는 여호와의 종이며 가드헤벨에 거주하고 아밋대의 아들로서 선지자는 여로보암 2세 시에 예언한 것을 말해준다. 열왕기 하 14:25절이 말하는 요나의 예언은 하나님의 말씀대로 여로보암이 이스라엘 지역을 회복한 것인데 대략 주전 780~740년경이다. 그러나 정확한 기록 연대나 그의 사역 연대는 알 수 없다.

요나서의 역사성에 관하여 많은 논의가 있었는데 나중에 다루기로하고, 본서의 목적은 하나님의 통치와 구원의 계획은 우주적이며, 보편적이라는 주제를 다루는데 있다. 택한 백성이란 특권을 가지고 편협한 배타주의에 사로잡혀 이기적인 신앙생활을 탈피하여 이방을 향한 하나님의 메시지를 전파해야 함을 보여준다. 요나와 하나님의 관계를 통해 하나님과 이스라엘, 그의 백성인 성도들의 관계를 보여주고 있는 것이다. 본서는 또한 하나님은 어떤 형편과 여건 속에서도 항상 주권자로 계심을 선언하고 있다.

요나는 오바댜, 나훔등과 같이 하나님의 우주적 통치를 다루고 있다. 하나님은 유대인들만의 하나님이 아니시다. 요나는 심지어 이스라엘의 가장 흉포한 대적중의 한 족속인 앗수르인들조차 사랑하고 돌보신다는 사실을 보여준다. 그러나 여기서 소선지서의 흐름은 몇 가지 점에서 논란을 일으킨다. 하나님은 앗수르인들로 하여금 천지를 지으신 하나님을 깨닫도록 하기 위해 선지자를 보내 말씀을 선포하신다. 사명을 꺼리는 요나의 주저함은 이스라엘과 이방 나라들 간의 반목을 암시하고 있다. 이러한 반목이 여호와의 날까지 지속될 것임을 보여준다. 비록 예수그리스도 안에서 하나 되는 놀라운 신약적 성취가 있음에도 불구하고 그 진리에서 가려진 유대인들은 그렇게 될 것이란 말이다.

본서의 기사는 학자들로 하여금 과도한 상상과 연구를 촉발시켰다. 이 사건의 가능성을 의심하는 학자들은 이 책을 비유 혹은 풍유로 해석해서 사실성을 제외시키고 마음 편하게 해석한다. 또한 이 사건의 기적의 개연성을 주장하는 학자들은 이 기사의 역사적 정확성을 강조하는 경향이 있다. 또한 이 학자들은 요나와 엘리야 및 엘리사의 기사들 간의 유사성을 지적하기도 한다. 그래서 그들은 요나서의 양식이 유사한 기사들의 양식과 비슷하다고 결론을 짓기도 한다.[35] 더욱이 선지서의 기적 기사들은 표현 방식상 같은 책에 기술된 타 사건들과 구별이 된다. 그러므로 구약 연구의 다른 이슈들과 마찬가지로 요나서에 대한 해석은 그 해석자의 신학을 반영하게 되는 것은 자명한 이치이다.

2) 요나의 구조

본서는 크게 두 부분으로 나눠진다.

① **1~2장 ▶ 요나를 부르시는 하나님과 그의 불순종**

- 1:1~3절 ▶ 하나님의 부르심과 요나의 회피
- 1:4~17절 ▶ 바다에서 당한 고난과 요나의 결단성 있는 고백과 벌
- 2:1~10절 ▶ 요나의 기도와 재기

② **3~4장 ▶ 재출발과 사명 수행**

---

35 Stuart, *Hosea-Jonah, WBC*(Texas, Word, 1957), pp.440~42; Bullock H., *An Introduction to the Old Testament Prophetic Book*, pp.44~48; Smith B. K. & Page F. S., *Amos, Obadiah Jonah, New American Commentary*(Nashville Broadman, 1995), pp.210~222를 참고하라.

- 3:1~4절 ▶ 그의 순종
- 3:5~9절 ▶ 니느웨성의 회고
- 4:1~5절 ▶ 요나의 편협한 태도
- 4:6~11절 ▶ 요나를 향한 하나님의 권고

2. 요나의 신학적 논점들

1) 역사의 주체자이신 하나님

비록 요나의 물고기 사건의 역사성에 대한 이슈가 중요한 사안이며 본서가 그 실제성을 받아들이고 있다 해도 이 이슈에만 집중하는 것은 요나서의 신학적 본질을 공정하게 취급하지 못하게 하는 것이다. 학자들의 또 다른 관심사 즉 요나가 니느웨의 멸망을 예고했으나 앗수르 백성들의 회개로 말미암아 그 예언이 무위로 돌아갔다는 사실에 집착하는 태도 또한 바람직한 것이 못된다. 예언이 실패했는가? 그렇다면 요나는 신명기의 규정에 따라 거짓 선지자인가? 이런 방식으로 요나를 해석하는 태도는 정경적 예언의 주요 진의를 무시하는 셈이 된다. 요나를 올바르게 해석하기 위해서는 우리의 관심을 선교사 요나로부터 그를 파송하시는 하나님에게로 돌릴 필요가 있다는 점이다.

요나서는 산문체의 구조 안에서 깔끔하게 전개된다. 1장 전반부의 하나님의 부르심과 그 소명에서 벗어나려는 선지자의 도주가 소개된다. 하나님은 니느웨의 죄를 설명하기 위해 그들을 충분히 배려하시는 하나님이시다. 1장의 후반부와 2장의 초반부에서 요나는 물고기 배속에서의 체험이 소개된다. 거기서 요나는 적국의 수도를 향한 선교 사명을 받아들이고 순종을 결심한다. 하나님은 그를 강권하시는 분일 뿐 아니라 큰 물고기를 통해 그를 보호하시는 분으로 소개된다. 3장에 들어오면 앗수르인 즉 니느웨에서의 그의 사역이 소개된다. 지극히 적은 노력으로 이루어진 선지자의 성공은 백성을 치유하시는 하나님을 보게 한다. 마지막으로 4장에의 하나님은 모든 백성 즉 열방의 주인으로서의 하나님의 사랑을 말해준다. 그러니까 사명을 주시고, 그 사명을 순종하게 하시고, 그 와중에서 그때에 이르도록 그를 설득 보존하시며 마침내 섬기게 순종케 하시는 하나님은 그 전반적인 상황의 주도적 인물이라는 점이다. 우리가 너무 요나서의 기적이나 해석법 등에 신경쓰다보면, 요나를 부르시고, 요나를 극복시키고, 마침내 그를 통하여 온 우주의 주인이신 하나님의 사랑을 놓치게 된다. 선지자 요나는 실패한 선지자가 아니다. 하나님이 그 방식으로 쓰신 하나님의 선지자이다.

2) 요나서 해석에 대한 세 가지 해석법들

(1) 역사적 해석법

오랜 세월동안 유대인들과 기독교인들 사이에 전해 온 전통적인 해석방법은 이 내용을 역사적인 기록으로 간주하는 것이다. 이 견해에 따르면 선지자 요나는 여로보암 2세 통치기에 예언했으며, 그의 사역 기간에 사명을 띠고 앗수르로 갔던 것으로 주장되었다. 이러한 활동은 그의 직접적인 선구자인 엘리야와 엘리사가 사명을 띠고 시돈과 시리아로 갔던 것과 비슷하며, 이 선배 선지자들의 사역에서도 분명하게 나타난 것과 같은 종류의 기적적인 요소들이 있다는 것이다. 또한 척 자체가 마치 역사적인 기록처럼 쓰여 있다는 점도 이 견해를 주장하는 자들에게는 호소력을 갖고 있다.[36] 예수그리스도가 이 사건을 십자가에서 못 박혀 죽으신 이후의 기간에 대한 예시(마12:39, 눅11:29)로 강조했으며 특히 그리스도가 니느웨의 회개를 역사적인 사건으로 간주한 점(마12:41)은 기독교 신학자들로 하여금 이 선지서 전체의 역사성을 신뢰하게 만들어 준다. 전통적인 문자적 역사적 해석이 지지하는 마지막 논거는 이 견해가 최근에 와서야 겨우 도전을 받기 시작했으며 이러한 도전이 나타난 이유는 큰 고기가 사람을 삼켰다는 것을 받아들이기 어려워하는 과학주의자들의 비위를 맞추기 위한 것이라는 점이다.[37]

그러나 이러한 해석은 다음의 몇 가지 이유들로 인하여 도전을 받고 있음도 인지해야 할 것이다. 첫째는 예수가 청중들에게 생생한 가르침의 한 예로서 사용한 요나의 이야기는 그의 가르침에서 핵심적인 사안이 안 된다는 것인데 이렇게 요나의 이야기를 탕자의 비유와 같은 범주에 집어넣으려는 비평적인 시각은 그리스가 분명히 요나의 이야기를 분명한 역사적 사실로 직시하고 있음에 반대되는 반론일 뿐이다. 또 어떤 이들은 그 물고기는 고대 희랍의 영웅 전설에 나오는 신화를 각색한 것으로 여기기도 한다. 앗수르 문화에는 반인반어 즉 인어 같은 '다간'이라는 전설적인 존재가 있었고, 요나는 그런 신을 섬기는 니느웨 사람들에게 다간 신의 현신으로 보여졌다는 것이다. 그러나 분명한 것은 어느 문헌에도 니느웨 사람들이 요나를 물고기 신이거나 어떤 전설에 나

---

36 Raven J., *Old Testament Introduction*, p.227.

37 Neil W., *DB II*, p.965.

오는 용과 같은 신의 현현이라고 여긴 흔적이 없다는 점이다. 또 어떤 학자들은 참고래 거나 큰 바다 표범 같은 동물이 그를 삼켰으나 거의 상처를 받지 않고 토해내었다는 사실을 예를 들어가며 설명하려고 한다. 실제로 어떤 선원은 포클랜드 군대 근처에서 커다란 향유고래에 삼킴을 당했다가 3일 후에 피부에 약간 손상을 입기는 했지만 살아있는 채로 무의식 상태로 구출을 받기도 했다는 보고도 있다.[38] 전통적인 해석 방식을 어떤 식으로 평가하든지 간에 이 기록이 역사적인 형태를 띠고 있다는 점에 기초해서 근거들을 과장하지 않도록 하는 것은 매우 중요하다. 알더스가 지적한 바와 같이 예수의 비유들은 모두 역사적인 사건을 기록한 것처럼 보이지만 실제로는 그렇지 않는 것도 있는 것처럼 요나서의 문학 형태에 기초해서 이 선지서가 반드시 실제로 일어난 사건이라고 주장하는 것은 결국 믿음의 문제인 것이다.

(2) 풍유적 해석법

전통적인 해석방법이 여러 가지로 도전을 받고 있는 것처럼 요나서를 완전히 하나의 풍유로 봄으로서 이 선지서의 각 요소들이 이스라엘의 역사적, 종교적 체험들을 상징하고 있다고 보려는 풍유적 해석 역시 난점들을 많이 보유하고 있다. 예를 들자면 요나라는 이름이 '비둘기'를 상징하기 때문이 이스라엘은 평화를 주장하는 백성이라든지 요나가 다시스로 도망한 것은 이스라엘이 바벨로 포로 전에 영적인 사명을 소홀히 하는 것이라든지, 또 물고기는 바벨론이며, 포로 귀환은 토해냄을 받는 것이라든지 하는 모든 이야기가 이스라엘의 신앙에 대한 상징이라는 해석법이다. 이에 근거해서 볼 때 이 선지자의 체험은 이스라엘이 진정한 하나님의 백성이 되어야 하는 사명을 갖고 있었지만 그것에 실패한 것을 상징하고 있다는 것이다.

이 접근 방법을 더 다루기 전에 구약에 나타난 풍유들의 일반적 특징을 개괄해 보는 것이 도움이 되겠다. 전도서는 노년과 죽음애한 묘사(한 사람이 죽은 것 때문에 애도하는 자들이 길거리에 서 있음을 묘사, 12:3 이하), 예레미야는 모든 나라들이 포도주 잔을 마심(진노의 잔, 렘25:15 이하), 에스겔은 독수리들과 포도나무(겔27:32 이하), 암사자와 새끼들, 끓는 가마(겔24:3 이하), 목자와 두개의 지팡이(슥11:4 이하) 등에서 우리는 셈어적인 풍유의 비슷한 예를 찾을 수 있다. 요나서의 경우와는 달리 이러한 풍유들은 다소 간단한 편이다. 알더스가 지적한 바와 같이 이것들은 풍유적인 성격을 드러내는 증거가 있다.

---

38   Wilson A. J., *PTR*, XXV(1927), p.636.

풍유(allegory)는 일련의 사건들을 도식화하기 위해 이 사건들과 비슷한 일련의 사건들을 가지고 만들어 낸 하나의 이야기라고 정의할 수 있다. 그러나 요나서의 히브리어 본문에서 이런 경향이 잘 나타나지 않는다. 그냥 전체적인 사건의 전개와 소재가 그런 풍유가 가능한 소재를 사용하고 있을 뿐이다.

(3) 비유적 해석(Parabolic Interpretation)

풍유적인 해석 방법과 같이 유사성에 기초한 이 세 번째 방법은 많은 현대주의자들에 의해 지지를 얻었는데 이 입장을 지지하는 사람들은 본서가 단순히 교육적인 목적을 가진 도덕적인 이야기일 뿐이라는 것이다. 그러므로 선한 사마리아인의 교훈같이, 나단이 다윗에게 훈계해준 한 마리 암양 이야기(삼상12:1 이하)와 같은 비유 섞인 교훈집이라는 해석이다. 드고아의 과부가 말한 피의 보복자들의 이야기(삼하14:6, 7), 요아스가 아마샤에게 해준 비유(왕하14:9) 등이 있다. 이러한 증거들은 구약 내에 비유라는 확립된 전통이 있었음을 보여주는데 이런 해석은 유사성에 기초하고 있고, 풍유가 종종 꽤 상세하게 이야기체 형태를 띨 수 있는 반면에 비유들은 어느 것이나 짧고 간결하며 언제나 그 내적인 의미에 대한 구체적인 설명이 나중에 뒤따른다는 점이 다르다. 그러나 요나서는 훨씬 길고 복잡한 글이다. 이 선지서는 뚜렷히 구분되는 두개의 주제 즉 요나의 도망과 큰 물고기 사건이라는 주제가 있고, 니느웨에서의 선교가 효과적으로 일어나면서 호박넝쿨을 사랑하시는 하나님의 우주적 사랑에 관한 주제가 중첩되어 있다.

3. 요나의 주요 내용 강해

이 책은 열왕기 하 14:25절에 의하면 나사렛 근처 가드헤벨에서 온 선지자 아밋대의 아들 요나에게 주어진 하나님의 명령을 기록하고 있다. 그는 이전에 시리아에 의해 점령되어 있던 광대한 지역을 여로보암 2세가 탈환할 것을 예언하여 유명해졌었는데, 하나님의 메시지를 받은 선지자는 다시스로 도망함으로써 그 책임을 회피하려 했지만 그가 타고 있던 배가 도중에 커다란 폭풍에 휩싸이게 된다(1:4~5). 하나님의 부르심은 요나의 거절이나 도망으로 끝나지 않는다. 미신을 믿는 선원 들은 결국 점을 통해 그가 풍랑의 원인임을 알게 되고(1:6~10), 요나는 자기를 내 던져서 악천후를 잠재우라고 선원들을 설득한다(1:11~16). 그동안 하나님께서는 큰 물고기를 준비하셔서 이 고집불통인 선지자를 삼키게 한다(1:17). 이 장면은 니느웨를 향한 여호와의 관심을 분명히 보여주고 있다. 동시에 이 단락은 인류의 구원을 위한 하나님의 직접적인 사역을 강조해 준다. 하나님은 이스라엘의 미래의 방향을 변화시키고자 했다. 여러분이 인식하고 있든 그렇지 않든, 구약에는 유대인에 대한 하나님의 특심한 사랑과 더불어, 이방인들을 향한 동일한 사랑의 역사가 면면히 이어지고 있기 때문이다. 그러므로 요나서의 주제 곧 온 인류를 향하신 여호와의 자비가 첫 단락부터 등장하고 있는 것이다. 요나는 이사야 19:19~25절에 있는 내용들에 동의하지 못했다. 하나님이 온 세상을 창조하셨다는 그의 고백의 온전한 의미를 충분히 인식하지 못하고 있었다는 말이다. 하나님에 대한 그의 이해는 여전히 민족과 문화의 틀 안에 갇혀있었던 셈이다. 그런 요나를 설득하고 깨닫게 하여 섬기게 하시는 하나님의 사랑이 이 첫 단락에 배여 있는 것이다.

비록 불쾌한 일이기는 하지만 요나를 삼킨 물고기는 선지자의 순종과 사명을 위한 하나님의 도구임을 알아야 하겠다. L . 알렌은 "바다의 여호와는 그 바다의 생물의 여호와이기도 하다. 그리고 그의 신적 다스림은 바다 및 그 생물을 훨씬 초월한다. 요나의 구원은 전 이야기 가운데 가장 중요한 요소로 작용한다. 즉 이 구원은 본 단락뿐 아니라 기사의 후반부에도 함축적 의미를 전달하고 있다"고 설명하고 있다.[39] 선지자는 물고기 뱃속에서 삼일 간을 머무르면서 하나님께 회개의 기도를 올린다(2:1~9). 이 요나의 시는 여호와께서 그의 고뇌를 덜어 주심을 힘주어 말하며, 구원의 하나님과 무기력한 우상과의 차이를 강조하고 있다. 요나가 그의 태도를 분명히 하자 물고기는 그를 마른 땅 위로 토해내고 있다. 이 단락에서 선지자 요나는 구약의 핵심 진리를 다시 한번 더 고백한다. 여호와를 창조주로 인식한 요나는 오직 여호와만이 살아계시며 들으시고 역사하시며 구원하시는 하나님으로 논리적으로 진술한다. 하나님은 그렇게 선지자의 확신에 찬 신앙고백을 통해 일하시기를 즐겨하시는 분이시다.

토해 내어진 선지자는 다시, 사명지인 니느웨로 가서 이 거대한 도시에 회개를 촉구하게 된다(3:1~2). 그가 전한 말씀 중 이 도시가 곧 멸망하게 될 것이라는 내용만이 유일하게 기록되어 있다(3:3). 이 메시지를 접한 니느웨 백성들은 회개를 위한 온전한 절차를 밟으며 자신을 낮추고 악한 길에서 돌이키고 하나님의 자비를 간구한다. 그의 선포는 그가 의도한 바와는 상관 없이 그 도시에 대대적인 회개가 일어나게 하였고(3:5~9)

---

39   Allen, L. C., *The Book of Joel, Obadiah, Jonah and Micah*, NICOT(Grand Rapids, Eerdmans, 1976), p.213.

하나님의 용서가 주어졌다(3:10). 이런 반응은 선지자조차도 기대하지 못했던 반응인 것 같다. 니느웨 백성들은 여호와의 자비를 고대하며 그들의 기대가 이루어질 것을 희망했다. 하나님은 그 옛날 금송아지 사건 이후 이스라엘 백성을 멸하고 모세와 새 출발하려던 마음을 돌이키신 것처럼(출32:12), 이 앗수르 백성들이 회개하자 그들을 향한 진노를 돌이키시고 그들을 용서하셨다. 이러한 경우에 하나님의 용서는 예언의 실패가 결코 아니다. 회개가 일어나고, 그 백성이 구원을 얻었다면 그의 예언자적 사역은 성공적인 것이다. 그들에게 예언된 심판은 회개하지 않을 경우에 부어질 하나님의 심판이지 회개하여 돌이키고 하나님의 축복 가운데 사는 것이 원래의 하나님의 뜻이란 말이다.

좌우간 이런 회개와 하나님의 극적인 용서 때문에 선지자는 대단히 분개했는데(4:1) 요나는 이방인들이 하나님의 자비를 통해 용서되는 장관을 보는 것보다 차라리 죽는 것이 낫겠다고 불평을 해 댄다(4:2~3), 선지자는 하나님이 긍휼하시고 자비하시며 오래 참으시는 분이라 고백은 하면서도 이 흉포한 앗수르인들에게 그런 하나님의 자비가 부어지는 것은 온당한 것이 못 된다는 자신의 생각에 충실하는 죄를 범한다. 출애굽기 34:6절과 다른 성경들이 명백히 알려주는 바, 창조주요 유일하신 하나님이시요, 긍휼하신 여호와는 온 땅의 죄인들이 하나님의 은총이 필요한 존재임을 알고 계신다. 또한 하나님은 당신의 직접적인 사역이 온 땅의 죄인들을 회복과 죄사함으로 돌이키시기를 원하고 계신다. 이러한 성급함 때문에 하나님의 꾸짖음을 들은 선지자는 성 밖으로 나가서 사태의 추이를 기다리고 있었다(4:5). 요나는 자기가 임시로 거처하고 있는 장막에 많은 그늘을 드리워 주는 큰 식물이 자라는 것을 보고 기뻐했지만, 그 식물이 허무하게 시들어버리자 다시 한 번 화를 낸다(4:6~9). 그러나 그는 이것을 통해 교훈을 얻는다(4:10~11). 하나님께서는 이방인이든 아니든 모든 사람을 위해 연민을 베푸시는 것이 쉽게 스러질 식물을 동정하는 것보다 더 중요함을 분명히 밝히신 것이다.

4. 미가의 서론과 구조

1) 미가 서론

이 책의 명칭은 전통을 따라 선지자의 이름으로 제목을 삼았으며, '미가'라는 이름의 뜻은 'mi-el-kamoka' 즉, '누가 여호와와 같을까?'란 뜻이며 사사기 17:1, 4절의 "미가야

후(Mi-Ka-Yahu)"의 생략형이며, 동시에 예레미야 26:18절에 나오는 '미가야'의 축약형이다. 그리고 본 선지자를 아합이 미워했던 이믈라의 아들 미가야(왕상22:8)와 혼동하지 말 것도 주지시켜 드린다. 히브리어 성경과 시리아어 성경인 페쉬타 그리고 라틴어 역본인 벌게이트역에서는 본서가 소선지서의 6번째로 등장하지만, 헬라어 성경(LXX, 셉투아진트)에서는 '$Míχαιας$'로 소선지서 중에서 세 번째에 위치[40]하고 있다.

본서의 명칭의 뜻을 가장 잘 드러내고 있는 절은 7장 18절인데 "주와 같은 신이 어디 있으리이까 주께서는 죄악을 사유하시며 그 기업의 남은 자의 허물을 넘기시며 인애를 기뻐하심으로 노를 항상 품지 아니하시나이다." 미가 선지자는 남방 유다의 사람이며 예루살렘에서 서쪽으로 약 35Km 지점인 갓 근처의 '모레셋'에서 태어났고, 본문에 그의 부친이나 족보가 나오진 않은 점을 인하여 그가 비천한 가문 출신임을 짐작할 수 있겠다. 그의 사역은 땅을 차지하고 있는 부자와 불량한 귀족들에 의해 착취를 당했던 농부와 평민들의 고통에 특별한 관심을 쏟았다. 선지자 미가는 아모스 선지자와 비슷하게 생애의 대부분을 수도 예루살렘이 아닌 시골에서 보낸 것 같으며, 그래서 당대의 이사야가 감당했던 사회의 상층부와 귀족층 그리고 국제정치에 관한 사안에는 관여하지 않았다고 여겨진다. 미가 선지의 사역이 시작될 때는 남 유다에서는 이사야 선지자가, 북 이스라엘에는 호세아, 아모스 등이 활발히 사역을 감당하고 있었던 시기였다.[41] 우리는 이런 선지자들을 통틀어 주로 '주전 8세기 선지자'들이라 통칭한다.

본서의 표제를 통해서도 미가 선지자의 사역 연대를 충분히 짐작해 볼 수 있지만, 또한 미가서 3:12절을 인용하고 있는 예레미야 26:18절에 의해 미가 선지자의 사역 연대는 유다 왕국의 요담(B.C. 742~735), 아하스(B.C. 735~715), 히스기야(B.C. 715~687) 왕 시대에 사역한 것으로 파악된다. 그리고 그 시대는 또한 북방 이스라엘의 멸망을 전후한 시대인 것이 분명하다. 그는 우리가 동시대의 선지자라고 여기는 이사야나 호세아, 아모스 등보다는 약간 후대의 사람으로 여겨진다. 그러니까 대략 주전 730년에서 700년 어간의 30년 정도인 히스기야 왕의 시대가 그가 본격적으로 사역했던 시기라 할 수 있다. 아하스 왕의 통치시대에 남방유다는 앗수르에 조공을 바치도록 강요받았는데 주전 734년에 수리아-에브라엠 전쟁의 비용을 부담하도록 강요받았다고 한다.

루터에 따르면 "선지자들은 말을 희한한 방식으로 하는 사람들로서, 질서 정연하게

---

40   참고, 70인경에서는 미가서를 동시대의 선지서들인 호세아, 아모스 다음에 위치시켜서 시대적 배열을 하고 있다는 인상을 준다.

41   박준서, 『이스라엘아 여호와의 날을 준비하라』(서울, 대한 기독교서회, 2001), p.162.

말하는 사람이 아니라 이 말했다 저 말했다 하는 식으로 갈을 해서 도대체 종잡을 수 없고 무엇을 말하고자 하는 지를 파악할 수 없게 만드는 사람들처럼 보인다"[42]고 했는데 그의 이러한 지적에 가장 잘 들어맞는 선지자가 미가 선지자일 것이다. 그가 선포한 심판의 연설들과 구원의 설교들 사이에서 독자들은 길을 잃기 쉽고 전체적 구조를 파악하기 어렵다는 뜻이다. 그럼에도 불구하고 미가의 예언은 강렬한 인상으로 성경학도들과 독자들의 시선을 끌기에 충분하다. "예루살렘 성전이 파괴되고 성전이 있었던 시온은 폐허가 될 것"을 예언했던 미가는 "하나님의 산이 우뚝 솟을 것이며"(4:1~5), "베들레헴에서 한 통치자가 나올 것"(5:2)과 공의와 자비와 겸손이 하나님께서 자기 백성에게 찾으시는 것"(6:6~8)이라고 기독교 신앙의 핵심을 꿰뚫는 증언을 한 선지자로 평가되고 있다.

선지자는 주전 722년에 일어난 북방 이스라엘의 수도 사마리아의 함락을 목격하였다. 사마리아가 당한 환란을 남방의 수도 예루살렘이 당할 것을 예언하면서 예루살렘의 죄상을 책망하였다. 그는 소박한 서민 출신으로 영세시민을 사랑하고 옹호하였다. 따라서 그의 예언도 정치적 문제 취급에 많은 신경을 쓰지 않고 영세시민을 압박하는 부자와 권력자들의 횡포를 논박하는데 더욱 집중하였다. 그의 예언이 가난한 자를 보호하는 점을 보여주고 있기는 하지만 근본적으로는 종교적이다. 그의 백성들의 죄악을 열거하면서 거기에 심판을 선포한 것이다. 그래서 일부 학자들은 선지자 미가와 그의 메시지를 '심판의 메시지, 심판의 예언자'라고 보는 경향이 많다. 그래서 본서 후반부에 있는 희망의 메시지는 본래 미가의 것이 아니라 후대의 익명의 편집자의 첨가물이라 주장하기도 한다. 그러나 미가를 포함하여 구약의 예언자들 가운데 구원의 희망이 없는 참혹한 심판만 전한 선지자가도 없고, 또한 심판이 없는 달콤한 구원만 전한 선지자도 없다. 구약의 예언자들은 이스라엘의 죄에 대하여 무서운 심판을 선언함과 동시에 그 심판을 넘어서 하나님께서 이루실 새로운 이스라엘의 비전을 보여주었다. 즉 이스라엘의 선지자들은 심판의 예언자임과 동시에 희망과 구원의 예언자들이라는 말이다. 따라서 미가에 나타난 심판과 희망의 이중구조는 구약 예언자들의 메시지의 이중적 성격을 가장 잘 대변해 주는 것이라 할 수 있다.[43] 죄와 형벌의 침통한 예언의 배후에 빛나는 소망을 던져 주는 것이 미가서가 주제로 삼고 있는 귀환요소이다. 그는

---

42 Smith R. L., *Micah-Malachi*(WBC, Word, 1984), p.8에서 재인용.

43 박준서, op. cit., p.166.

메시아의 오심과 축복의 시대가 항구적으로 이루어질 것을 예견하면서 하나님의 백성에게 용기와 신앙의 행위를 촉구하고 있다. 미가는 이사야처럼 장엄하고 강력한 메시지를 전하면서 지방적인 색채가 짙은 인용과 지명 언급으로 예언 선포에 실감을 더해주는 특성이 있다. 메시아적 특성이 본서의 특성중 하나이다.

2) 미가의 구조

본서는 크게 다음과 같이 나눠진다.

① 1:1절 ▶ 표제
② 1~5장 ▶ 심판과 회복에의 희망에 대한 첫 번째 신탁
 • 1:2~3:12절 ▶ 배교에 대한 하나님의 심판과 사마리아 및 유다의 사회악 지적
 • 3~5장 ▶ 이스라엘을 향한 하나님의 소망의 말씀
③ 6~7장 ▶ 심판과 회복에의 희망에 대한 두 번째 신탁
 • 6:1~8절 ▶ 하나님과 이스라엘의 언쟁
 • 6:9~16절 ▶ 이스라엘의 사회악에 대한 하나님의 책망
 • 7:1~7절 ▶ 이스라엘의 상황에 대한 선지자의 탄식
 • 7:8~20절 ▶ 소망과 찬양의 시들

5. 미가의 신학적 논점들

1) 저자와 해석의 문제

초기 비평학계가 일반적으로 다루었던 미가서의 문제는 미가가 직접 쓴 신탁은 처음의 3개의 장에만 국한되며, 나머지는 후대의 편집, 첨가물이라는 이론이었다. 그런 경향성에 힘입어 19세기 초반부는 미가서의 저작 연대 및 진정성에 대한 문제에 많은 다른 이론과 주장들로 혼란을 겪었다. 이 시기는 초자연적 예언을 부인하는 계몽주의적 경향이나 합리주의적 입장이 대부분의 신학자들의 전제가 되어 있었기에 조금만 인간적으로 이해가 되지 않으면 곧 바로 다른 이론들로 발전되었었다. 그러한 그 시대의 합리주의적 경향의 성경 연구 분위기를 대변하고 있는 학자들은 에발트, 벨하우젠 등이었다. 그러다가 1881년에 발표된 슈타테의 작은 논문을 통하여 4, 5장 뿐 아니라 6, 7

장까지도 미가의 것이 아니란 의견이 제기되었다.

구약 가운데 오경의 문서설이 그런 지적 분위기 속에서 발전되었으며, 이사야 같은 선지서의 진정성도 소위 제2이사야 가설 같은 이론이 활발하게 피어오르던 시기였다. 이사야서처럼 본서도 그 저자의 진정성에 대한 다양한 의견에 시달려 왔다. 논쟁점 중의 하나는 이 선지서의 표제가 예레미야 26장에 언급되어 있는 이 선지자 및 히스기야와 무슨 관계가 있는가 하는 점이다. 대부분의 학자들은 이 선지자의 대부분의 사역이 히스기야 왕의 시대에 이루어졌던 것으로 이해한다. 그러나 이런 결론은 원래의 미가의 것으로 간주된 부분(1~3장)에 한정된 것이며, 당연히 이 책의 후반에 가필된 부분들은 이 보다 훨씬 후대의 가필로 여겨졌다. 19세기와 20세기 전반부의 본서에 대한 이런 비평적인 이론들을 전반적으로 개관해보았던 예퍼젠은 본서 후반부인 6~7장이 1~5장과 상이한 후대의 시대 배경을 보이고 있다고 주장한 에탈트의 주장이 학자들에게 확고하게 받아들여진 때가 바로 이런 시기(19세기 초반부)라고 지적하고 했다.[44] 하인리히 에발트는 본서의 마지막 두 장은 포로 기간 후에 흩어진 하나님의 백성들이 다시 모일 것과 이스라엘의 대적들이 크게 멸망할 것을 예언하면서 메시아의 주권 하에서 이방인에 대한 이스라엘의 궁극적 승리가 있을 것을 선포하고 있다. 이런 내용들로 인하여 학자들은 본서의 후반부 두 장을 포로 귀환 후의 설명이라고 여기게 된 것이다.

19세기의 후반부에 이르러서는 '미가의 신탁은 본서의 처음 세 장에만 국한 되어 있고, 이 책의 최종적인 형태는 포로기 이후 시대에 가서야 그 모습을 갖추게 되었다'는 주장이 본격적으로 대두되었다. 베른하르트 슈타케에 의하면 본서 6~7장에 관해서는 에발트의 의견을 따르며 그 두 장은 이사야의 시대에 나온 것이라 보았다. 슈타데 이후로 미가서의 최종 저작 연대는 포로기 이후 시대로 인식되게 되었다. 그러나 최근의 연구는 보다 세밀하게 그 집필과정을 설명하고 있는데 이 책은 오랜 기간에 걸쳐 만들어졌으며 그 완성은 포로기 이후라고 여겨지게 되었다. 이런 문제 있어서 학자들은 일반적으로 동의하면서도 이 책의 구성에 대해서는 다소 다양한 견해들을 유지하고 있다.[45] 그러나 드라이버를 비롯한 보다 온건한 그의 몇 몇 후계자들은 이러한 학계의 의견 즉 후기 연대설에 의문을 표한다.[46] 비록 그 자신은 이런 후기 연대에 대하여 명확한 입장 표명을 유보했지만 일단의 주도적인 후기 연대설에 제동을 건 것은 의미 있는 작

---

44 Jeppesen K., *New Aspects of Micah Research*, JSOT8(1978), pp.114~115.

45 Childs, B. op. cit., pp.431~434.

46 Driver S. R, *Introduction to the Literature of the Old Testament*(N♡, Scribner, 1891), pp.308~313.

업이었다. 왜냐하면 그런 비평적 견해는 필연적으로 '반초자연주의'적 견해이기 때문이다. 성경의 영감과 초자연적인 성령의 간섭을 배제하는 합리주의적 견해로는 인간의 이해와 시야를 넘어서는 미래의 일에 대한 이런 초자연적인 견해가 수용될 리가 없다. 그런 초자연적 계시적 표현은 "또 바벨론까지 이르러 거기서 구원을 얻으리니 여호와께서 거기서 너를 너의 원수들의 손에서 속량하여 내시리라"(미4:10하) 하는 것과 표현인데, 이런 표현은 결코 8세기의 저자가 알 수 없는 내용이라는 것이다. 이런 견해는 앞에서 살펴본 이사야서에 대한 제2이사야 가설과 맞물리면서 19세기 후반과 20세기 초반의 우울한 구약학계의 분위기를 대변하고 있다.

이런 비평학계의 주장들에 대하여 보수적인 입장의 학자들의 반론이 없는 것은 아니다. 보수적인 입장의 학자들은 본서가 주전 8세기에 쓰여졌다는 것에 상치되는 요소가 하나도 없다고 주장한다.[47] G. 빌데보어 같은 학자가 대표적인데, 그는 비평학자들이 도달한 견해의 중요한 근거 중에는 6, 7장이 논리적인 통일성을 결여하고 있다는 점을 예리하게 지적했다. 비평학자들에 따르면 이 두 장은 여러 시기에 쓰여진 몇 개의 독립적인 신탁으로 이루어져 있으며, 미가가 6:9~16절과 7:1~6절을 썼을 가능성은 있지만, 나머지 부분들은 포로기 이후의 사상과 형편을 반영하고 있기에 미가의 것일 가능성이 없어 보인다고 주장한다. 앞에서도 언급했지만, 현대의 많은 비평학자들은 지난 세기의 비평적 입장을 주로 따르고 있다. 그런 비평학자들의 견해들은 이스라엘의 회복에 대하여 예언하고 있는 미가 4:6~7절, 5:6절 등과 메시아적 기대를 말하고 있는 부분들이 서로 연결되고 있음에 대하여 설명할 수 없다. 뿐 아니라 미가 4:1~4절의 시와 이사야 2:2~4절의 유사성에 비추어 이 시가 이사야 시대의 것 즉 주전 8세기의 미가의 것임을 반박할 근거가 없다는 것이다. 또한 미가 4:10절의 바벨론에 대한 언급은 그 표현이 메소포타미아를 의미하는 환유적 표현이기에 이 표현에 근거해서 초자연적 개입을 운운하는 것은 설득력이 떨어진다는 것이다. 미가서에 사용된 시의 배경을 볼 때 "앗수르 사람"이라는 말과 "바벨론"이라는 말은 완전히 서로 대체될 수 있는 어법인 것이 드러난다. 6:1~8절의 강력한 고발, 6:8~16절의 위협, 그리고 7:1~7절의 애가 등은 주전 8세기의 미가가 저자라는 견해와 완전히 일치하며, 특히 린트를롬이 주장한대로 6:14~16절의 언급이 주전 722년 이전에 사마리아에 주어진 것이라 한다면 더욱 그 증거는 분명한 것이 된다. 미가 7:8~20절에 있는 선지자의 기도문에도 역시 아모스, 호세

---

47   Wildeboer G., *De Profeet Micha*(1884), p.57, Harrison R. K., op. cit. p.511에서 재인용.

아, 이사야의 사상과 완전히 일치하는 요소들을 갖고 있음이 분명하기 때문에 미가 시대의 정황과 어긋나지 않는다. 또한 미가의 메시아 예언에 관해 본서는 이사야서의 그것과 여러 부분에서 일치점들이 많고(미5:2, 사9:1, 11:1). 또한 종말에 이방인들이 시온을 공격하겠지만 결국은 패배하고 이스라엘은 보호받을 것이라는 사상도 주전 8세기 선지자들의 사상과 공유되는 영역이다. 이처럼 본서의 전후반부의 통일성과 일치점으로 볼 때, 많이 양보한다 해도 미가서의 일부분이 후대에 편집적 목적으로 일부 추가된 부분이 있을 수 있다는 수준이지 미가서의 후반부가 전체적으로 미가의 것이 아니라는 주장은 별로 설득력이 없는 것으로 여겨진다는 것이다. 이 선지자는 아모스나 이사야의 수준에는 못 미쳐도 에스겔의 수준보다는 우월한 상당히 뛰어난 문학적 소양을 갖춘 선지자이고[48] 비평학자들은 그의 뛰어난 문학적 능력을 과소평가하고 있는 것으로 여겨진다. 예를 들면 이 선지자의 메시지 즉 책망과 약속이 이중적으로 고차하고 있는 모습이나 본문의 배열들은 다른 선지자들의 작품들과 비견될 정도로 정밀한 수준을 보여주고 있다. 해리슨 같은 학자도 본서의 극히 적은 몇 부분을 제외하고는 대부분의 내용이 주전 8세기의 미가의 것으로 보는 데 주저하지 않고 있다.[49]

2) 죄에 대한 선지자의 책망

미가는 부패한 사회 지도층을 향한 하나님의 심판을 선포하면서 '죄'에 대한 12소선지서의 견해를 가장 성숙한 모습으로 완성하고 있다. 주전 8세기의 후반부에 발하여진 이 신탁은 이어질 세 권의 선지서에 기술된 심판이 필요한 비극적 참상이 아직 일어나지 않았음을 암시한다. 요나서에서 보듯이 니느웨 백성들의 회개는 그 도성을 향한 하나님의 심판의 재앙을 돌이키게 할 수 있었다. 그러나 언약백성들은 회개하지 않았다. 그러므로 오바댜가 이미 보여준 바대로 회개하지 않는 백성들에게 징벌이 임할 것이다. 미가는 하나님을 '경고를 거절한 사람들을 향해 반드시 책벌하시는 분'으로 소개하고 있다. 미가의 어법은 선지자들의 공통된 어법 특히 이사야의 어법과 많은 부분 유사성을 보이고 있다. 이 기법은 현재와 미래를 자유롭게 넘나들며 예언하는 것이다.[50] 미래의 눈으로 현재를 개혁할 가능성을 이야기하는 기법이다. 이런 기법을 통해 미가는

---

48   Smith J. M. P., *OT and Semitic Studies in Memory of W. R. Harper*(1908), II, P.415.

49   Harrison R. K., op. cit., p.513.

50   House P. R., 장세훈 역, 『구약신학』(서울, CLC, 2001), p.661.

그 심판의 와중에서도 하나님은 어떻게 남은 자들의 미래를 밝혀 주실 것인지를 거듭 보장하고 있다. 그런 방식으로 미가가 강조하고자 했던 것은 죄악이 비록 인간을 삼키고 시대를 삼키겠지만, 결국은 하나님의 은혜와 의가 죄악을 폐기하고 승리할 것임을 선포하고 있는 것이다. 미가는 다윗과 같은 통치자의 출현과 정화시키는 여호와의 날이 이스라엘과 열방의 회복을 위한 수단을 마련해 줄 것임을 확신한다. 그래서 전대의 정경 선지서와 같이 미가는 회복 역시 미래의 반드시 주어질 것으로 확신하고 있다.

학자들은 미가의 개요를 설명하는 데 어려움을 토로해왔다. 그러므로 지금 소개될 강조점들은 이 책이 다루고 있는 '죄'의 문제를 체계화하는 데 도움이 될 것이다. 본서의 죄에 대한 책망을 중심으로 구조를 분석하는 것은 주로 세 가지 방식이 있다. 어떤 학자들은 "들으라!"는 구문으로 시작되는 파멸의 위협과 희망의 약속을 담고 있는 구절들을 따라 본문의 죄악상을 구분하였고,[51] 다른 해석자들은 구조적으로 1~3장, 4~5장, 그리고 6~7장으로 단순히 구분하면서 각 단락별로 파멸과 희망을 다루고 있다고 해석했다.[52] 이 방식에 의하면 두 번째 부분인 4~5장에서 하나님의 은혜가 집중적으로 조명되고 있다고 한다. 세 번째 방식은 이 책이 단순히 두 부분으로 나누어져서 처음 다섯 장은 열방의 죄악을 그리고 나머지 두 장은 이스라엘의 죄를 지적한다고 결론 내린다.[53]

이러한 방식으로 살펴볼 때 미가 1~3장은 현재 이스라엘과 이방인의 죄를 고발하시는 하나님께 초점이 맞추어져 있다. 미가는 하나님이 자신에게 이 백성들을 향해 심판의 메시지를 전하라는 사명을 부여하셨다고 믿고 있다. 이스라엘과 유다는 모두 하나님의 길을 떠나 죄를 저지름으로써 하나님의 진노를 샀다. 그 죄들은 제의적인 것들(1:5~7)과 사회적인 죄들(2:1~1). 그리고 정치 지도자들(3:1~3)과 종교 지도자들의 죄에 관한 것들인데, 그들은 공히 하나님에 대한 잘못된 안위의 마음을 갖고 있었던 것을 알 수 있다. 그들의 잘못된 확신은 미가가 자주 지적하고 있는 거짓 선지자들의 태도에서 잘 나타난다. 그들은 이스라엘이 안전하다고 가르치면서 하나님의 말씀을 외치지 않았다(참고 3:11). 따라서 하나님께서는 자신과의 언약을 깨뜨린 이 백성에 대한 소송을

51　예를 들면 Willis J. T., Allen 같은 학자들이 이 그룹에 속한다. Willis J. T "The Structure of Micah 3~5 and the function of Micah 5:9~14 in the Book", *zeitschrift fur die alt testamentlich Wissenschaft 81*(1969), pp.191~97를 참고하라.

52　예를 들면 Smith, Ward, Bewer, 그리고 Keil C. F., 같은 학자들이 이 그룹에 속하는데, Smith, Ward & Bewer이 함께 집필한 *Micah, Zephaniah, Nahum, Habakkuk, Obadiah and Joel*, pp. 8~12을 참고하라.

53　Mays J. L., Micah, *Old Testament Library*(Philadelphia, Westminste Press, 1976), pp2~12.

집행하신다. 그는 이 백성에 대항해서 싸우는 '전사'로 자신을 드러내신다(1:3~4). 하나님은 자기 백성이 자기를 사랑하고 공의롭게 행하기를 희망하시며 자기에게로 돌아오기를 요청하시는 분이시다.

본서의 주제구절이라 할 수 있는 6:6~8절에 그것은 명확히 드러난다. 유대교의 전통에서는 이 본문이 율법의 요약인 것으로 받아들여지고 있다. 어떤 학자들은 이 모든 것이 제의적인 종교에 대한 논박이라고 해석하지만 이것은 S. 대웨스의 지적처럼[54] 단지 일부 이스라엘 사람들 사이에 존재하는 외적 종교에 대한 건전치 못한 강조를 교정하고자 하는 것임을 잘 말해주고 있다.

하나님은 모든 죄인을 향해 화를 선고하지만 남은 자를 위한 축복의 여지는 남겨 놓으셨다. 중간 부분인 미가 4~5장은 장차 남은 자들을 세상의 모든 백성들보다 높이 들어 올리실 하나님을 증언한다. 여기서 여호와는 다윗과 같은 통치자를 보내심으로 당신의 예언을 확실히 이루신다 하였다. 마지막 부분인 6~7장은 아브라함을 위해 죄를 제거하시는 하나님이 소개되고 있다. 여호와는 언약 준수의 장애물을 제거하심으로써 언약을 지키신다. 그러므로 과거의 약속에 근거하여 현재와 미래의 죄에 대해 말씀하신다. 하나님은 죄인들을 고발하시나 남은 자들의 성실을 증거하기도 하시는 분이시다. 죄에 대한 심판이 본서의 중심적인 주제이기는 하지만, 회복에의 소망 또한 중요한 주제이기도 하다. 본서의 앞부분(2:12~13)에서도 여호와는 심판과 구원에 대하여 위로의 어조로 말씀하셨다. 하나님에 대한 마지막 묘사(7:18~20)는 그가 은혜가 풍성하시며, 아브라함에게 주신 언약의 약속을 지키시는 데 있어서 신실하시다는 것을 보여주고 있다. 다윗에게 주신 약속은 폐기되거나 없어진 것이 아니다. 그것은 곧 성취되어질 것이다.

6. 미가의 주요 내용 강해

미가의 몇 가지 주요 본문을 살펴본 후에 주제 구절을 살펴보도록 하겠다.

3:12절 "이러므로 너희로 인하여 시온은 밭같이 갊을 당하고 예루살렘은 무더기가 되고 성전의 산은 수풀의 높은 곳과 같게 되리라." 선지자의 심판에 대한 메시지의 핵

---

54   Dawes S., "Walking humbly: Micah 6: 8 Revisited," *SJT 41*(1988), pp.331~39.

심이며 절정이 되는 이 본문은 한 세기 이상 기억되었고 또한 문자 그대로 예레미야의 생명을 구원하는 도구가 되었다는 것 때문에 유명한 본문이다(렘26:18). 구약에서 한 선지자가 다른 사람의 말을 직접적으로 인용하는 경우는 아주 드물다. 히스기야의 개혁은 분명히, 최소한 그리고 어느 정도는 이런 미가에 의해 선포된 말씀에 자극을 받았을 것으로 추측된다(참고, 왕하18:4).

5:2절 "베들레헴 에브라다야 너는 유다 족속 중에서 작을 지라도 이스라엘을 다스릴 자가 네게서 내게로 나올 것이라 그의 근본은 상고에, 태초에니라." 무엇보다도 미가는 오실 구속자의 출생지가 될 베들레헴에 인간들의 눈이 집중되도록 하고 있다. 그분은 시골의 궁핍을 전혀 모르는 수도의 귀족적 가문에 태어나지 않으셨다. 오히려 나면서부터 겸손한 사람으로 가난한 자들의 짐을 나누어 질 수 있는 자로 오셨다. 그러나 그의 근본은 상고이며, 태초인 분이시다. 오실 메시아는 영육 간에 가난한 자들과 함께 하실 메시아이심을 선포하고 있고 이는 신약에서 확증되고 있다.

구약의 선지자들은 종종 자신의 예언을 고대의 성문 앞에서 있었던 '성문 재판'의 양식을 빌려 표현하기도 했다. 이런 경향을 소위 '예언자 소송(Prophetic lawsuit)'이라고 하고 그런 형식을 예언자 소송 양식[55]이라고 부른다. 이런 형식은 호세아(4:1~3), 아모스(1:2~7), 이사야(사1:2~3, 3:3~15) 등 여러 예언자들에 의해 즐겨 사용되었던 양식이기도 하다. 선지자들 외에도 모세(신32장의 노래), 시편 50편 등도 그런 양식으로 되어 있다. 미가 1:2~7절은 전형적인 그런 예언자 소송 양식으로 기술되었는데, 재판의 장면을 다시 연출시켜 보면 다음과 같다. 방청객을 부름(1:2상), 증인의 소환(1:2하), 재판장의 출정(1:2~4), 피고 이스라엘의 죄에 대한 논고(1:5), 재판장의 선고(1:6~16) 등으로 이어지고 있다. 미가 6:1~8절도 유사하다. 증인들 앞에서 검사의 논고(6:1~2)(여기서 우리말의 쟁변에 해당되는 히브리어 '리브'는 법정에 고발한다는 뜻을 가진 전문용어이다), 그 다음에 원고이신 하나님의 고발(6:3~5), 피고 이스라엘의 답변(6:6~7), 재판장이신 하나님의 판결(6:8)이 이어 나온다.

6:8절 "사람아 주께서 선한 것이 무엇임을 네게 보이셨나니 여호와께서 네게 구하시는 것이 오직 공의를 행하며 인자를 사랑하며 겸손히 네 하나님과 함께 행하는 것이 아니냐?" 앞에서 언급된 성문 재판 양식의 결론격인 하나님의 판결인 본 구절은 종종 미가서의 주제 구절이라 여겨지고 있는데, 예언자 미가가 전한 메시지의 핵심이 모두 다 함축되어있다. 거기에는 아모스의 주요 메시지인 "공의"(미쉬파트)와 호세아의 핵심 주제

---

55 박준서, op. cit., p.167.

인 "인자"(헤세드), 그리고 이사야의 주제인 "하나님을 향한 절대적 신뢰"(하나님과 함께 동행함) 이 세 가지가 모두 포함되어 있는 중요한 구절이다.

한글 성경의 "오직"이라는 말이 재판장 하나님의 판결문 서두에 나오는데 이에 해당되는 히브리어는 '키-임'인데, 이는 '오직'이라고 번역되기도 하고, 때로는 '진실로, 참으로'라고 번역되기도 한다. 미가 선지자가 그토록 강조했고, 이스라엘이 율법의 모체라고 명명했던 이 구절에 나오는 그 세 가지는 무엇인가? 첫째는 공의를 행하는 것이다. 공의는 히브리어로 '미쉬파트'이며 정의와 재판의 판결을 의미하는데 정의를 실현하는 것이 핵심이다. 히브리어는 행동을 강조하는 동사 중심적 언어이며 히브리적 사고의 요체는 행동중심적인 사고이다. 정의와 공의의 실현을 위해 행동하고 힘쓰고 노력한다는 역동적인 개념이다. 아모스는 그 "정의를 하수같이 흘리라"(암5:24)로 했고, 이사야는 "공의를 구하라"라고 했으며, 미가는 "공의를 행하라"라고 하고 있는 것이다.

두 번째 요소는 "인자(헤세드)를 사랑하라"이다. 이는 인자라는 말은 히브리어로는 '헤세드'이며 영어로는 steadfast love로 번역되는 말이다. 이는 구약에서 하나님과 이스라엘의 관계를 표현하는 주요 개념이다. 하나님 편에서는 택한 백성 이스라엘에 베풀어 주신 하나님의 변함없는 사랑과 은총을 말하며 이스라엘 편에서는 택하여 주시고 언약백성으로 삼아주시는 하나님께 대한 사랑과 흔들리지 않는 충성과 굳은 신뢰를 다 합쳐 놓은 의미이다. 다시 말하면 이스라엘을 하나님의 소유로 택하여 주신 하나님과 사람들 중에서 특별히 택함을 받아 하나님의 백성이라는 특권을 누리게 된 이스라엘 사이에 존재하는 신실한 사랑, 절대적 충성과 불변하는 신뢰 관계를 나타내는 말이 헤세드이다. 굳이 영어로 표현하자면 covenantal loyalty, trust and love라 할 수 있다. 미가는 이런 헤세드를 사랑하라고 명령한다. 히브리 사고에 있어서 사랑(히, 아하브, 아하바)이란 단순히 감정의 차원에 속하는 것이 아니다. 사랑은 행동으로 구현되는 동적인 개념이다. 감정의 차원인 사랑은 명령될 수 없다. 그러나 구약은 하나님의 사랑을 명령한다. 즉 하나님을 사랑한다는 말은 하나님께서 기뻐하시고 원하시는 행동을 하는 것, 하나님의 뜻에 따르는 행동을 하고 삶을 그렇게 사는 것을 의미하는데, 이런 구약에서의 사랑은 언제나 동적인 개념임을 유념해야 하겠다.

셋째는 "겸손히 네 하나님과 함께 행하라"하는 것이다. 여기서 '행하라'는 말은 히브리어로 '할라크(to walk)'이다. 즉 '겸손히 네 하나님과 함께 걸으라', '동행하라'는 뜻이다. 하나님 앞에서 먼저 겸손할 것을 요구한다. 인간이 하나님 앞에 범하는 가장 큰 죄는 오만과 교만의 죄인 것이다. 아담이 죄에 빠졌던 것도 교만이었고, 아마도 바울의 가시도 그의 안에 있는 죄나 교만 같은 것이었을 것이다. 하나님과 함께 걷는다라는 말은 하나님이 인도하는 길로 가는 삶을 말하며 순종하는 삶을 말한다. 미가 6:8절의 하나님께서 요구하시는 삶의 내용은 예언자 미가가 전한 메시지의 핵심일 뿐 아니라 이스라엘 예언자들이 전한 가르침의 정수가 된다.[56] 즉 예언자들의 말씀에서 보석과 같이 빛나는 부분이 바로 미가 6:8절 말씀이라 하겠다. 미가 6:8절의 말씀이 예언자들이 전한 하나님께서 원하시는 이스라엘의 삶의 모습이라면 신명기 10:12~13절에서는 신명기가 명시하는 하나님께서 원하시는 이스라엘의 삶의 모습이 그려져 있다. 둘 사이에는 놀랄만한 유사성들이 있다. 그렇게 볼 때 신명기에 기록된 하나님께서 요구하는 삶과 미가가 전한 하나님께서 요구하는 삶의 모습은 근본적으로 같은 내용이 된다. 신명기의 말씀은 신명기적 어투가 있고, 미가의 말씀에는 선지자적 어투가 다르게 나올 뿐이지 그 근본 사상이나 내용은 같은 것임을 알 수 있다.[57]

---

56 참고, 미국 39대 대통령 지미 카터는 1977년 그의 대통령 취임 연설을 미가 6:8절을 말씀을 인용함으로 마무리 하였다.

57 참고, 신명기적 어투란 "네 마음을 하다고 성품을 다하며…"이고 선지자적 어투란 "공의를 행하라" 등이라 하겠다.

제4장

나훔
하박국
스바냐

1. 나훔의 서론과 구조

1) 나훔 서론

열두 소선지서의 일곱 번째 책인 나훔은 역시 유대인의 전통을 따라 선지자의 이름으로 책명을 대신하고 있다. 그의 이름 '나훔'은 '긍휼히 여기다' 혹은 '위로자'라는 뜻이다. 본서는 대부분의 역본들에서 미가 다음에 위치하고 있으나 헬라어 역본인 70인경에서는 요나서 다음에 위치한다. 선지자 자신에 대하여는 별로 알려진 바가 없으나 고향이 '엘고스'로 되어 있는데, 아마도 남방 유다의 시골 지역인 것으로 추정된다. 그의 고향인 엘고스가 어디였는가에 대하여 A.D. 5세기 초의 교부 제롬은 그곳은 갈릴리 지역에 있던 마을 '엘 카우즈(El-Kauze)'였을 것이라 추정했다. 힛지그나 다른 학자는 갈릴리의 가버나움이라는 마을이 나훔 선지자의 고향이라고 생각했는데, 그곳은 아랍어로 '나훔의 도시'를 의미하는 '케프르-나훔'이라고 불렸다는 것이다. 동방교회의 전통을 따르면, 오늘날 이라크의 니느웨 근처의 마을 '알 쿠스(Al Qush)'가 예언자 나훔의 고향이며 무덤이 있는 곳으로 여겨지고 있다. 그곳은 지금까지도 기독교인들과 모하멧 교도들에 의해 경건한 장소로 지정되어 있는데 이곳은 이라크의 모술 북쪽 40km정도의 지역이다. 또 한 가지 견해는 바벨론 남방의 한 마을로서 '아인-야파타'란 도시가 나훔의 무덤이 있는 곳으로 알려지기도 했다. 그러나 가장 유력한 후보지는 아마도 예루살렘 남서쪽 20마일 지점의 '베이트 지브린(Beit-Jibrin)'일 것이다. 70인경과 시리아역 구약인 페쉬타가 그렇게 주장하고 있는 지역인데, 이 지역은 예루살렘과 가사의 중간 지역쯤 인 '베이트 이브린' 지역이며 그곳은 오늘날 '엘 카우스'라고 불리고 있다. 나훔이 외관 상 유다의 관점에서 말하는 것으로 보이기 때문에 전통적인 이 유다 지역이 가장 유력 한 나훔의 고향으로 인식되고 있으나 확인된 바는 아니다.[58]

많은 학자들은 나훔서가 오늘날의 교회와 거의 상관이 없다고 생각한다. 왜냐하면 이 선지서는 너무 섬뜩한 표현이 많고 그리스도의 사랑과도 거리가 먼 것으로 보이기 때문이다. 그러나 나훔서에는 자기 백성을 구원하시고 원수들을 심판하시는 하나님을 찬양하고 있는 위대한 찬송인 1:2~8절에서 "용사로서의 하나님"을 우리는 만날 수 있다. 물론 신약에서의 '용사'라는 개념과 구약에서의 '용사'라는 개념 사이에는 약간의 차이가 있다. 구약에서의 용사라는 개념은 신약에서 그리스도의 임재로 표현되곤 한다.[59] 구약에서의 하나님은 이스라엘의 육신적 원수들과 대적하여 싸우며 또한 불순종 하는 이스라엘과도 싸우신다. 반면에 신약에 오면 그리스도의 죽으심, 부활, 승천 등은 사탄 및 그의 군대에 대한 전쟁의 절정인 것으로 묘사되고 있다. 전사로서의 하나님에 대한 구약의 묘사와 사탄과 그리스도 사이의 영적 전쟁은 계시록에서 그 절정을 보여 주고 있다. 그래서 본서가 가치가 있는 것이다. 비록 니느웨가 더 이상 존재하지 않지 만 나훔서의 영속적인 중요성은 신약의 영적 전투와도 연결되고 있기 때문이다.

그의 시대는 애굽과 앗수르가 세력 다툼을 하던 시대이며, 이 시대의 역사적 정황을 이해하게 돕는 것은 바벨론의 문서들이다. 그의 시대는 본문 3:8~10절에서 암시하고 있는 바와 같이 북방 이스라엘이 앗수르에 멸망한 후이며, 백성들도 앗수르로 포로로 잡혀간 후의 상황이다. 그의 활동 연대가 대략 주전 630~620년 어간이라면 이때는 앗수르 제국이 쇠퇴기에 들어가고, 새롭게 바벨론 제국이 창궐하던 시기였다. 본문 3:8절에 나오는 '노아몬'은 이집트의 상애굽의 수도 '데베스' 시를 말한다. 이 도시는 앗수르의 전성기를 구가했던 잔인한 왕 '앗수르바니팔'에 의해 B.C. 664년경에 멸망당했다. 역사상 그 이전의 앗수르 지도자들도 간헐적으로 고대의 제국 애굽을 공격한 적은 있지만, 여기의 앗수르처럼 수도를 점령하고 완전한 정복을 이루어 낸 왕은 앗수르바니

---

58 Kobayashi Y. "Elkosh" In *Anchor Bible Dictionary*, Vol2, p.476. Robinson G. L., op. cit., p.108, Harrison R. K., op. cit., p.26등을 참고하라.

59 Dillard L. & LongmanⅢ. T., op. cit., p.618.

팔이다. 우리가 아는대로 앗수르 제국은 B.C. 740년경의 티글랏 빌레셋을 필두로 하여 살만에셀 5세(720년경), 사르곤 2세(720~705년경), 그리고 산헤립(680년경)과 에살핫돈(670년경)의 강력한 제왕들에 의해 통치되어 왔다. 그를 이어 등극한 왕이 바로 앗수르바니팔 왕인데 그가 주전 664년에 대 제국 애굽의 수도 '데베스(Thebes)'[60]를 함락시켰다. 그래서 마이어 같은 학자는 본서가 그런 데베스(노아몬)시의 함락 직후에 쓴 것이라 주장하기도 했다. 왜냐하면 데베스 함락을 너무도 생생하게 묘사하고 있기 때문이다.[61] 선지서의 직접적인 배경은 주전 627년의 앗수르의 마지막 위대한 지도자였던 앗수르바니팔이 죽은 결과 생긴 힘의 공백과 관련된 사건들이다. 그의 죽음과 거의 동시에 626년에 나보폴라살이 주도하는 새로운 바벨론 제국이 자리잡아갔고, 앗수르라는 거대한 늙은 제국이 붕괴하기 시작한다. 그 10년 후 바벨론 군대는 자기들의 영토에서 조직적으로 앗수르의 군사 요충지들을 점령해 들어갔고, 이웃의 메대와 군사동맹인 상호 불가침 및 보호조약을 교환하였다. 그리고는 앗수르의 행정수도인 '앗수르 시티'를 먼저 함락시키고, 그 2년 후 실제적인 수도 '니느웨'를 치열한 전투 끝에 점령하게 된다. 그때가 주전 612년이었다. 그러니까 본서는 664년과 612년 사이의 기간에 기록된 것으로 여겨지고 있다. 앗수르는 약 100년 전에 요나 선지자를 통한 회개의 전통을 물려주지 않았고, 그들의 세속적 성공에 힘입어 점차 사악하고 타락한 길로 향하여 마침내 멸망의 화를 자초했던 것이다.

이 나훔서는 대 제국의 수도 니느웨의 멸망과 폐허를 예언하고 있다. 이것은 단순히 한 도시의 종말을 말하는 것이 아니라 하나님의 백성을 괴롭히는 원수의 종말을 경고하는 것이다. 유다에 있었던 선지자 나훔과 그의 등포들은 이미 멸망한 북방 이스라엘의 비참함과 포로됨을 이미 알고 있었을 뿐 아니라, 이웃 나라에서 벌어졌던 앗수르의 잔혹한 정복사를 알고 있었으나 그들에게는 어떤 힘도 없었다. 그러면서도 나훔은 하나님의 타락한 백성들을 향한 하나님의 심판의 도구로 쓰임 받았던 앗수르(니느웨)도 새롭게 발흥하는 바벨론이라는 새로운 하나님의 심판의 도구에 의해 멸망당할 것이라는 '묵시'를 보았고, 그것을 외치고 있는 것이다.

---

60   참고, '데베스'라는 도시는 고대 애굽의 중왕조 시대(약 B.C. 2000)에서 주전 664년 앗수르에 의해 멸망당할 때까지 1400여년 동안 애굽의 수도였다. 데베스라는 이름은 그리스식 이름이다. 고대 이집트인들은 그 도시의 수호신인 '아몬'의 이름을 따라 그 도시를 아몬의 도시 즉 n'iwt 'imn이라 이름 불렀다. 이 애굽도시에 대한 히브리식 발음이 바로 '노 아몬'인 것이며 이는 고대 애굽의 도시로서 앗수르에 의해 멸망당한 데베스 라는 도시가 분명하다.

61   Maier W. A., *The book of Nahum, A Commentary*(Concordia, 1959), pp.35~36.

나훔 선지자는 다른 선지서와 시편에서 흔히 볼 수 있는 것처럼 하나님의 백성의 원수에 대한 하나님의 심판을 보여주고 있다. 나훔은 앗수르의 수도 니느웨의 멸망을 선언하는 것이 주요 메시지인데 이는 앗수르가 세상의 불의한 이방 세력의 재현을 상징하는 나라로 간주되고 있기 때문이다. 나훔은 그 문체에 있어서 비참한 심판이나 심각하고 흉한 범죄를 생생히 묘사하며 정열적으로 표현하고 있는 것이 그 특성 중의 하나이다. 그러나 죄악의 대가로서 받을 하나님의 심판을 선포함에 있어서는 준엄하고 위엄 있는 면도 잃지 않고 있다.

나훔의 시적 문체는 대단히 뛰어나다. 그 아름다움은 그의 거치고 살벌한 메시지와는 아주 대조적이다. 히브리시의 평행법 구조를 밝혀내었던 R. 로우쓰 감독은 나훔의 문체를 이렇게 치하하고 있다. "그러나 소선지자들 중에서 그 대담성, 정열, 장엄함에 있어서 나훔서에 견줄만한 것은 없는 것으로 보인다. 그의 예언은 아주 정제되고 아름다운 시로 구성되어 있다. 그 시작은 단순히 찬연하기만 한 것이 아니라 진정으로 장엄하기도 하다. 니느웨의 멸망에 대한 준비 및 그 멸망과 황폐화에 대한 묘사는 아주 생생한 색체로 표현되어 있으며 최고도로 대담하고 찬란하다."[62] 본서의 1:2~9절까지는 히브리어 알파벳 순서를 따라 지어진 소위 말하는 '답관체 시(alphabetic Acrostic)'로 되어 있다. 이 시는 히브리어 알파벳 순서대로 첫 줄 혹은 첫 연은 "알렙"으로 시작되는 단어가 나오고 두 번째 줄 혹은 연은 "베이트"로 시작되는 단어가 나오는 식으로 구성되어 있다. 그런데 여기서의 답관체적 구성은 오직 알렙에서 라멧까지만 나오고, 그것도 2절의 하반절을 9절 뒤에 놓고 9절의 내용을 재구성해야 얻어지는 불완전한 형태이다.

2) 나훔의 구조

나훔서는 일반적으로 아래의 일곱 개의 시가 세 개의 장(chapter)으로 구분되어 배치되며, 각각의 장들은 나름대로 독특한 주제들을 선보이고 있는 구조로 되어 있다.

시적 구조와 관련하여 G. L. 로빈슨은 나훔서는 거의 길이가 비슷한 여덟 개의 연으로 구성되어 있다고 보았는데[63] 다음과 같다.

① 1:2~6절 ▶ 범죄 행위를 벌하지 않은 채 그대로 두지 않으시는 보복하시는 하나님

---

62 Lowth R., *Lectures on the Sacred Poetry of the Hebrews*(1753, reprinted London, T. Tegg & Son, 1835), p.234.

63 Robinson G. L., op. cit., pp.113~114.

에 대한 묘사.

② 1:7~12절 ▶ 자기 백성들에게 신실하시기 위하여 하나님은 니느웨를 반드시 멸하신다.

③ 1:13~2:2절 ▶ 유다는 구원이 약속되지만 니느웨는 심판이 선고되었다.

④ 2:3~8절 ▶ 성의 멸망에 대한 생생한 묘사들.

⑤ 2:9~3:1절 ▶ 성의 멸망에 대하여 그곳 거민들의 공포에 질려있는 모습.

⑥ 3:2~7절 ▶ 거센 병거들이 멸망당한 도성을 향하여 쳐들어간다.

⑦ 3:8~13절 ▶ 노아몬이 쓰러진 것 처럼 니느웨도 그렇게 될 것이다.

⑧ 3:14~19절 ▶ 저항은 헛될 것이고 니느웨가 무너질 때 열방은 기뻐한다.

이러한 구조를 가진 나훔서는 구약 성경들 가운데 가장 높은 시적 수준을 보여주고 있는 시 가운데 하나이다. 이사야서를 제외한 모든 예언서들 중 그 어느 것도 나훔서처럼 대담하고 열정적이며 장엄한 문체로 기술된 것이 없을 정도이다. 그의 묘사는 아주 생생하면서도 격렬하며 자극적이다. "그의 언어는 강하고도 찬란하며 그의 운율은 우를 몰아치면서도 굴러가며 그가 묘사한 기수와 병거들같이 약동하고 번쩍인다."[64] 일반적으로 나훔은 히브리 문체에 대해 정통한 사람으로 인정받고 있고, 그의 가장 뛰어난 점은 그의 느낌이 아니라 그의 묘사인데 불 같은 정열, 작열하는 색체, 극적인 인상 그리고 그림 같은 문장술은 아무도 능가할 수 없을 정도이다.

2. 나훔의 신학적 논점들

1) 보복하시는 하나님

나훔은 하나님을 히브리어 "버노케임 아도나이(benoqem YHWH)" 즉 보복하시는 하나님으로 소개하며 시작되고 있다(1:2). 선지자는 1:2절 한 절에서만 "노케임(보복)"이라는 단어를 세 번이나 사용하고 있다. 구약 성경에서 하나님은 신약과 마찬가지로 사랑의 하나님, 자비의 하나님, 용서의 하나님, 창조의 하나님, 공의의 하나님, 구원의 하나님 등 다양한 모습을 보여준다. 또한 유추적 언어로 하나님을 왕, 아버지, 돌자, 남편, 포도원 주인, 피난처 등으로 묘사하고 있다. 그러나 나훔서의 하나님은 우리에게 다소 생

---

64   Smith G. A., recited from Robinson G. L., op. cit., p.114.

소한 '보복 하시는 하나님'의 모습이다. 하지만 이런 하나님의 성품은 구약에서 중요하게 부각되는 하나님의 모습 중의 하나이며, 신학적으로는 중요한 의미를 갖고 있다. 여기서 '보복하다', '보응하다', '되갚다'에 해당하는 히브리어는 '나캄'인데, 오경의 신명기 32:35절의 '모세의 노래'에서 이런 보복에 대한 대 원칙이 제시되어 있다.[65] 개역 개정판의 번역은 좀 부족하다. 옛 번역인 개역판이 오히려 원문에 더 가까운데 히브리어의 'li naqam weshilleim' 즉 "복수와 보상은 내 것이라"는 번역이 그것이다. 이 신명기 본문에서 '나캄'은 복수, 보복을 뜻하며 '쉴레임'은 '샬롬'에서 파생된 말로 '손해 본 것을 배상, 보상해 준다'라는 뜻이 있다. 하나님은 복수해 주시고 하나님은 억울하게 손해 본 것에 대하여 배상해 주신다는 말씀이다. 왜냐하면 하나님은 '엘 미슈파트' 즉 '공의의 하나님'이시기 때문이다. 앞 장에서도 다루었듯이 이것은 단순히 추상적인 개념이 아니다. 공의의 하나님은 공의로 그냥 머물러 계신 분이 아니라 그 공의를 적극적으로 집행/실천하시는 분이란 뜻이다.

시편 94편은 이런 보수하시는 하나님께 드리는 약자들의 간절한 기도이다. "여호와 복수하시는 하나님이여, 복수하시는 하나님이여 빛을 비추어주소서"(시94:1). 여기서 "여호와 복수하시는 하나님이여"는 히브리어로 '엘 느카모트'로 되어 있어 역시 나캄의 니팔형임을 알 수 있다. 하나님은 사회적으로 약자들인 고아와 과부들에게 정의를 베풀어 주시는 분이므로 그들의 억울함을 풀어주시고 복수할 힘이 없는 그들을 대신하여 불의를 자행한 자들에게 복수해 주시는 분이시다. 복수해 주시는 하나님에 대한 신뢰와 신앙은 억울함을 당하고도 호소할 곳도 보복할 힘도 없는 약자들에게는 유일한 희망의 기초가 된다.

구약은 모든 종류의 개인적인 복수를 금하고 있다. 왜냐하면 복수는 '하나님의 것'이기 때문이다. 사람들이 사사롭게 복수할 것이 아니라 하나님께 맡겨야 한다는 것은 이스라엘 사람들의 신앙에 깊게 뿌리 박혀있다. 사울을 향한 다윗의 반응도 여기에 근거한다. "여호와께서는 나와 왕 사이를 판단하사 나를 위하여 왕에게 보복(나캄)하시려니와 내 손으로는 왕을 해치지 않겠나이다"(삼상24:12). 다윗은 '복수는 하나님께 속하여 있으므로 하나님께 맡기겠다'는 신앙의 전형을 보여주고 있다. 그런데 구약은 흔히 우리가 '탈리오의 법칙(lex talionis)'으로 부르는 '동태 복수법'도 부분적 예외로 보이고 있다.

---

65 신약에서도 바울은 "너희가 친히 원수를 갚지 말고 진노하심에 맡기라. 기록되었으니 '원수 갚는 것이 내게 있으니 내가 갚으리로다'고 주께서 말씀하시느니라"(롬12:19)라고 하시면서 신명기의 전통을 이어가고 있다.

'눈에는 눈, 이에는 이'가 그것이다(참고, 출21:2~25, 레24:18~20). '갚는다'에 해당하는 히브리어는 '나탄'인데 '준다'는 뜻이다. 해를 끼친 것만큼 주어서 배상해야 된다는 뜻이다. 여기서 탈리오의 법칙은 자주 혼동을 일으키는데 피해자가 갚는 것이 아니라, 가해자 측에서 그에 해당되는 보상/배상을 산정해서 되돌려 주어야 한다는 뜻이다. 또한 개인적 복수를 금하고 그것을 하나님께 맡기라는 원칙의 또 다른 예외는 '고엘 제도'인데(참고, 민35장), 고엘은 피를 보수하는 자라고 이해할 수 있다. 원한이나 증오로 고의로 사람을 죽인 고살자의 경우는 재판 과정 없이 그 사람을 죽여 보복할 수 있었던 것이 사법 제도가 발달하기 전의 고대 근동의 민속법이었다. 나중에 이 제도는 여러 가지 수정을 거치면서 '도피성' 제도로 나아가게 된다.

복수가 하나님께 속한 것이라는 원칙은 개인에게만 적용되는 것은 아니다. 이스라엘 전 공동체에 부과된 원칙이기도 하다. 하나님은 이스라엘의 복수자가 되어 주신다. 역사적으로 이스라엘은 결코 크고 강한 나라가 아니었다. 짧은 기간 동안 번영과 강성함을 누린 적도 있지만 역사의 전 과정을 통해 이스라엘은 늘 주변국들로부터 괴롭힘을 당하며 살아온 나라이다. 하지만 이스라엘에게는 그런 나라들을 복수할 힘이 없었다.

이사야는 그런 민족 앞에 사막에 강이 흐르고 황무지에 꽃이 피는 희망의 메시지를 전했는데, 그런 희망의 날에 하나님께서 오셔서 그 민족의 대적자들에게 '나캄'하실 것이라 했다(사35:4). 신명기의 모세의 노래 역시 "주께서 그 종들의 피를 갚으사 그 대적에게 보수하신다"고 하였으며, 에스겔 역시 25:14절에서 그들을 괴롭혔던 에돔에게 보복(나캄)하실 것을 선언했었다. 하나님은 개인과 이스라엘의 보복자이시다. 공의의 하나님께서 불의한 자와 나라들을 징벌하시고 자기 힘만 의지하는 권세자들을 멸하셔서 이 땅에 하나님이 정의를 실현하시는 분이시라는 뜻이다. 약한 자들의 한 숨을 거두어 주시고 하나님의 백성들의 눈물을 닦아 주시며 그의 의를 이 땅에 이루시는 분이 바로 나훔이 강조하고 있는 '보복하시는 하나님'의 실체이시다. 그 하나님께서 이스라엘을 정복하고 유다를 압제하는 앗수르를 심판하시며 이스라엘에 대한 복수를 집행하실 것에 대한 선언, 즉 앗수르의 수도 니니웨의 멸망을 선언하는 것이 바로 나훔 선지자의 예언의 핵심인 것이다.

앗수르 제국의 멸망은 곧 하나님의 심판의 결과이다. 나훔은 당시 급변하는 국제 정세 가운데서 앗수르를 징벌하시는 하나님의 진노의 몽둥이를 보았던 것이다. 나훔의 예언은 시간과 공간을 초월하는 영원한 진리를 전하고 있다. 그것은 세상의 모든 권력은 역사의 심판자 되시는 하나님의 심판을 반드시 받게 되어 있다는 진리이다. 하나님은 열방을 판단하시며 온 백성을 판단하시는 역사의 주님이시다. 인간의 역사는 심판하시는 하나님의 심판을 피할 수 없다. 지금 아무리 위대한 제국을 형성하고 있을지라도 모두 하나님의 심판 아래 있음을 명심해야 한다. 약한 자를 괴롭히고 불의를 일삼는 지도자는 반드시 망한다. 왜냐하면 나훔의 하나님이 살아계시기 때문이다.

여기서 우리는 나훔을 통하여 또 하나의 역설적 진리를 만나게 된다. 그것은 앗수르가 일시적으로 이스라엘을 향한 하나님의 도구로 쓰임을 받았지만, 자신들의 죄와 불의 때문에 또한 하나님의 심판을 받는다는 명백한 사실이다. 이스라엘은 배교와 우상숭배로 인하여 하나님의 심판을 자초하였고, 그에 대한 심판의 몽둥이로 앗수르가 쓰였다면, 불의하였던 그 앗수르를 향한 하나님의 심판의 몽둥이는 새롭게 발흥하는 바벨론이었고, 그 바벨론은 다시 페르샤를 통한 하나님의 심판을 받게 된다. 이런 역사를 보면서 모든 사건과 역사위에 홀로 영원하신 통치자 '그 하나님'을 보게 하는 것이 나훔의 기여인 것이다.

3. 나훔서 주요 내용 강해

나훔의 예언은 서론 역할을 하는 1:1~14절이 하나의 시로 시작되고 있다(1절). 여기가 표제이며 서론이다. 특별히 관심을 끄는 표현은 '중한 경고'라는 표현이다.

1:1~15절 나훔은 시작부터 앗수르를 보복하시며 심판하시는 하나님을 선언함으로 시작되고 있다. 이 부분은 우상숭배에 대하여 질투하시며 진조하시는 하나님과 출애굽기에서 보여주고 있는 오래 참으시며 공의로우신 하나님, 창세기의 창조주 하나님과 온 우주를 통치하시는 하나님이 좋으신 분이시고(7절), 사악한 자들은 하나님의 현존을 이겨내지 못함을 보여준다. 타 민족에 대한 범죄 즉, 여호와를 대적하는 모의는[66] 오직 앗수르의 패망을 안겨줄 뿐이다(9~11절). 앗수르는 이사야 시대 이후 줄곧 교만해 왔다. 그러나 앗수르의 권세는 사라질 것이며 마침내 열국은 앗수르의 속박으로부터 벗어날 것이다. 하나님의 질투의 목적은 우상숭배의 근절에 있다. 요나서에서 니느웨는 그들이 믿었던 다신론에서 회개하고 하나님께로 돌아와 그를 경배했다. 하나님은 인내하

---

66 Achtemeier E. R., *Nahum-Malachi Interpretation: A Bible Commentary for Teaching and Preaching* (Atlanta, John Knox, 1986), p.14.

셨고, 그 도성의 회개를 받으셨다. 하나님이 원하시는 것은 치유와 약속을 준수하며 신실한 자들의 궁극적 승리이다. 학자들은 나훔의 예언이나 문체가 이사야 51~52장과 유비를 이룬다고 생각했다. 즉 나훔 1:12~15절의 구원의 이미지가 이사야 51:21~52:7절의 구원의 이미지와 어느 정도는 연관되어 있다는 것이다.[67] 이사야서와 유사한 심판은 선포하고 이스라엘의 회복과 보호를 선언하시는 하나님의 메시지를 함께 보자.

나훔 1:12~15절

[12]여호와께서 이같이 말씀하시기를

그들이 비록 강하고 많을지라도 반드시 멸절을 당하리니 그가 없어지리라

내가 전에는 너를 괴롭혔으나 다시는 너를 괴롭히지 아니할 것이라

[13]이제 네게 지운 그의 명에를 내가 깨뜨리고 네 결박을 끊으리라

14나 여호와가 네게 대하여 명령하였나니 네 이름이 다시는 전파되지 않을 것이라

내가 네 신들의 집에서 새긴 우상과 부은 우상을 멸절하며 네 무덤을 준비하리니

이는 네가 쓸모없게 되었음이라.

[15]볼지어다 아름다운 소식을 알리고 화평을 전하는 자의 발이 산 위에 있도다

유다야 네 절기를 지키고 네 서원을 갚을지어다

악인이 진멸되었으니 그가 다시는 네 가운데로 통행하지 아니하리로다 하시니라

2:1~13절 나훔은 하나님의 사역의 온당함을 언급한 후 니느웨의 파멸을 선포한다 (2:1). 강한 군대가 니느웨를 약탈하며 강탈하고 노략할 것이다(10절). 그들은 수도를 방어하려는 앗수르의 정예 군대를 물리칠 것이다(6절). 비록 앗수르 성이 사자처럼 강하다 할지라도(11~12절) 여인들이 생포될 것이며(7절), 부자가 사로잡힐 것이다(9절), 도성은 황폐케 될 것이다. 사자에 대한 언급은 아이러니컬하다. 왜냐하면 사자들은 앗수르인들의 그림속에서 왕의 사냥감으로 사용되었을 뿐 아니라 이 왕들은 자신을 힘센 사자와 비교하려 하였기 때문이다.[68]

이러한 재난들은 여호와께서 니느웨를 대적하시기 때문에 발생한다(13절)고 명시되어 있다. 출애굽 시 애굽의 군대가 애굽을 구할 수 없었던 것처럼 앗수르의 군대의 용

---

67   Armerding C. E., "Nahum" in *Expositor's Bible Commentary vol.7*, Edited by Gaebelein F. E.(Grand Rapids, Zondervan, 1985), pp.453~454.

68   Robert J. J. M., "Nahum, Habakkuk and Zaphaniah," *Old Testament Library*(Louisbille, Westminster/ John Knox, 1991), p.67.

맹으로도 하나님의 심판을 이겨내지 못하게 된다. 더욱이 하나님은 이스라엘의 압제자들을 멸하시며 이스라엘의 이전의 영광을 회복시키기 위해 이러한 계기를 마련하실 것이다(2절). 이런 경우에 있어서 여호와는 남은 자들을 그 땅으로 복원시키기 위해 일하시는 분으로 묘사된다. 여기서 이스라엘의 갱신은 출애굽기 2:23~25절과 같이 패역한 독재자로부터 선민을 구하시는 하나님의 사역으로 묘사되고 있다. 여기서 하나님이 앗수르를 대적하신다는 사실은 "하나님의 승리를 말해주는 표지이며, 그의 권세와 공의가 결국 모든 악을 이길 것이라는 희망의 근거가 되고 있다."[69]

3:1~19절 이사야 10:5~27절 등에서, 하나님이 아닌 자신이 역사의 주관자라고 착각했던 앗수르를 향한 하나님의 심판이 소개되어 있다. 이제 나훔은 니느웨 성의 굴욕에 초점을 맞추면서 그 멸망에 대해 계속 상술해간다. 니느웨는 거짓과 폭력과 압제로 가득함으로 말미암아 하나님의 심판이 도래할 것이다(1절). 니느웨는 다른 이들을 노예로 삼으며 잔학을 일삼았다. 그러므로 하나님은 그들을 대적하시며, 벌거벗겨(5절) 더러운 것을 채울 것이다(6절). 구경거리로 삼을 것이며(6절), 그 도성을 나약하게 하게 할 것이다(8~9절). 교역과 주도적 역할은 끝이 나고(16~19) 그들의 교만은 뿌리채 뽑힐 것이다. 오랫동안 앗수르의 손아귀에서 고통을 당했던 사람들은 그들의 멸망을 기뻐할 것이다(19절). 이러한 기쁨은 해방된 백성들의 그릇된 태도보다 니느웨의 악함에서 기인하는 것이다. 하나님의 심판은 여호와께서 구원과 심판으로 열국을 다스리시는 주인이심을 보여주는 것이다.[70] 이것은 하나님의 공의 와 권세가 여전히 역사를 움직이는 동인임을 보여주고 있다.[71] 그러므로 이 책의 표현법에 대해 지나친 이의를 제기하는 자세는 앗수르의 패망을 기뻐하는 것보다 더 악한 것일 수 있다. 왜냐하면 하나님의 심판의 집행을 비방하는 자세가 될 수 있기 때문이다.

앗수르의 교만에 대한 견제과 더불어 12소선지서의 약속된 심판이 도래하게 된다. 범죄한 나라는 하나님의 진노로부터 피할 수 없다. 하나님의 심판이 권세자들로부터 집행될 것이다. 지금 오직 유다에게만 희망이 있어 보인다. 앗수르는 여호와께서 무너뜨리실 것이다. 다른 나라들은 여호와로부터 숨을 수 있는가? 요엘 아모스 요나 오바댜, 그리고 미가에 신중히 소개된 열국의 죄악은 그 징벌을 받아왔다. 하나님은 오래

---

69   Watts J. D. W., *The Books of Joel, Obadiah, Jonah, Nahum, Habakkuk and Zephaniah, Cambridge Bible Commentary*(Cambridge, Uni. Press, 1975), p.120.

70   Bullock, H., *An Introduction to the Old Testament Prophetic Books*, p.224.

71   Harrison R. K., op. cit., p.930.

참으셨으나 이제 확고한 방식으로 이 땅에 악을 제거하고 당신의 나라를 건설하기 위해 심판을 집행하고 계신 것이다. 그것을 나훔은 보고 있다. 선지자는 그러해야 한다. 이 시대의 선지자들은 무엇을 보고 있으며 어디에 있는가?

> 앗수르 왕이여, 네 목자가 자고 네 귀족은 누워 쉬며 네 백성은 산들에 흩어지나
> 그들을 모을 사람이 없도다
> 네 상처는 고칠 수 없고 네 부상은 중하도다
> 네 소식을 듣는 자가 다 너를 보고 손뼉을 치나니
> 이는 그들이 항상 네게 행패를 당하였음이 아니더냐 하시니라(나3:18~19)

이 책은 매우 민족주의적 성격을 띠고 있는 것처럼 보이는데 꼭 그렇게 볼 필요는 없다. 나훔서는 역사에 대한 폭넓은 하나님의 시각을 우리에게 보여주고 있다. 그의 관심이 단지 유다에 대한 종교적인 부분에만 놓여있는 것이 아니라 오늘날의 우리에게도, 하나님의 백성의 미래라는 관점을 제시하고 있다. 그래서 이 책에는 사회적 문제도 없고, 시온주의도 나오지 않는다. 단지 나훔은 역사를 통해 하나님이 주체적으로 이끌어가시는 하나님의 손길을 보이며 그분의 백성된 우리 성도들의 영적 안위와 궁극적 안전을 간접적으로 보이고 있다. 그의 이름의 뜻과도 어울리는 메시지 아닌가!

4. 하박국의 서론과 구조

1) 하박국 서론

히브리 성경 선지서의 전통을 따라 본서의 제목도 역시 선지자 하박국의 이름에서 유래되었다. '하박국'이란 이름의 근원은 잘 알 수 없으나, 히브리어 동사 '하박(포용하다)'에서 유래한 것으로 알려져 있다. 하박국의 선지는 유다 왕 여호야김 시대인 주전 612~597년 사이에 예언 활동을 하였다고 알려지고 있는데, 이 시기는 앗수르 제국의 몰락기와 신바빌로니아의 발흥기가 겹쳐지는 기간이며 또한 남방 유다 왕국의 몰락기이기도 하다.

선지자 하박국의 개인 신상에 대해서는 거의 알려진 바가 없다. 하지만 본서는 소선지서들 가운데 다른 정경의 책들과 가장 많은 연관성을 맺고 있는 선지서이다. 본서 하

박국서는 그렇게 구약(시편, 예레미야, 나훔 등)뿐 아니라 신약에까지 광범위하게 영향을 미쳐 왔다. 본서는 두 개의 유명하고 잘 알려진 구절들에 의해서 많은 독자들의 사랑을 받아 왔다. 2:4절의 "의인은 오직 믿음으로 말미암아 살리라"라는 구절(롬1:17, 갈3:11, 히 10:32~34, 계19:11~16절)과, 3장 후반부의 유명한 "비록 무화가 나무가 무성하지 못하며 포도나무에 열매가 없으며…"로 시작되는 감사시이다. 앞의 구절은 종교 개혁에 지대한 영향을 끼쳤던 본문이기도 하다. 본서의 선지자의 이름이 포옹하다는 뜻에서 온 것을 인해 "하박국이 그의 직무상 옳은 이름이다. 하박국은 기운을 북돋워주는 자를 의미하며 또한 다른 사람을, 마치 측은하게 우는 아이에게 그치라고 말하면서 달래는 사람처럼, 그의 가슴과 팔에 안는 사람을 의미한다"[72]면서 선지자가 이스라엘을 가슴에 품고 하나님 앞으로 나아갔다는 설명을 하기도 했다. 이 선지자의 개인 신상에 관해 알려진 바가 거의 없음을 인해 그에 관한 많은 전설들이 전승되어 내려왔다. 이하는 G. L. 로빈슨의 평인데 좀 길게 인용함을 양해를 구한다. "그는 유다 사람이었고 예루살렘에 잘 알려진 거주자였으며 그래서 지역 상황과 정치 상황을 친숙하게 잘 아는 사람이었다는 것을 의미한다. …(중략)… 그는 스톤하우스와 다른 학자들이 생각하는 바와 같이 '이사야의 선지 학교 중 한 뛰어난 인물 즉 이사야의 제자들 중 한 사람'이었을 것이다(사8:16). 진실로 그는 선지자들 가운데 자유 사상가였고, 어떤 점에서는 이스라엘의 신앙적 의심의 아버지였다. 그러나 동시에 그는 하나님께서 관례적으로 교회 역사상 새로운 시대의 안내자로 임명된 사람으로 강력한 신앙을 가진 인물이었다. 그가 바벨론의 멸망의 징조들을 바라보도록 보냄을 받은 이사야 21:6절에 언급된 '보초'와 동일한 인물이든지 그렇지 않으면 유대인 랍비들이 주장하는 바와 같이 엘리사가 살려 주었던 그 수넴 여인의 아들(왕하4:36)과 동일시되는 인물이라든지 간에 우리가 아는 것은 그가 진실하고 솔직한 철학자였으며 비상한 창의력과 능력을 소유한 사람이었고 선지자들 중에서도 감수성이 예민하고 사색적이며 탄원적인 인물이었으며 또한 신정 정치적 낙관주의를 설교한 사람이었다는 것이다. 그러면서 구약의 외경 '벨과 용의 이야기' 33~39절에는 사자굴에 갇히게 된 다니엘에게 먹을 것을 가져 간 사람으로 묘사되기도 한다. 다니엘은 바벨론이 무너지고 페르샤가 통치하게 되자 고레스에 의해 두 번째로 사자굴에 갇히게 되는데 이 때 천사가 그의 머리를 잡아 하늘을 날아서 바벨론의 사자굴 위로 하박국을 옮겨 놓고 굶주린 다니엘은 하박국이 가져온 음식으로 배고픔을 면

---

72 Robinson G. L., *The 12 Minor Prophets*, tr. by Jung, I. O.(Seoul, CLC, 2005), p119에서 재인용.

한다는 내용이다."[73] 이런 이야기들은 실제 상황과는 거리가 있는 이야기지만, 포로 후기의 유대인 공동체가 하박국을 얼마나 존경했었는지를 탄증하는 자료로 참고할 가치는 있다.

또 다른 그에 대한 전승은 탈무드의 랍비의 평인데, "모세는 이스라엘에게 613개의 계명을 주었으며, 다윗은 열 개를 주었고, 이사야는 두 개를 주었는데, 하박국은 '의인은 그 믿음으로 살리라'라는 한 가지 계명만을 주었다"라고 평하고 있다.[74]

이런 전승을 뒤로하고, 하박국서가 기록된 시대적 배경은 고대의 강국이며 북방 이스라엘을 멸망시킨 앗수르 제국의 몰락과 신 바벨론 제국의 발흥의 시기를 배경으로 하고 있다. 그러니까 주전 629년의 앗수르밧니팔 2세의 사후에 서서히 기울어져 가던 앗수르 제국은 주전 609년에 동방에서 일어난 바벨론 제국에게 함락 당한다. 앗수르를 정복한 바벨론은 여세를 몰아 남방의 이집트의 바로 느고와 근동의 패권을 두고 중요한 승부 전쟁을 갈그미스(주전 605)에 치루고 애굽을 복속시켰다. 이렇게 중동을 제패한 바벨론은 본격적으로 주변의 작은 나라들을 접수해 들어가기 시작했는데, 이때부터 남방 유다 왕국도 바벨론에 포로로 잡혀가기 시작한다. 바벨론은 유다 왕국 여호야긴 왕을 포로로 잡아갔고, 그의 숙부되는 시드기야를 왕으로 옹립했다(주전 593). 그 시기가 바로 본서의 배경이 되는 것이다. 그래서 대부분의 학자들은 하박국의 배경을 이 시대 즉, 바벨론이 발흥을 하고 유대가 바벨론으로 인해 고난을 당하다가 바벨론에게 멸망 당하였던 그 시기(주전605~575년 어간)로 잡는데 동의하고 있으며 그를 예레미야, 스바냐, 나훔 요엘 선지자와 동시대의 선지자로 인식하고 있다.[75] 물론 일부의 학자들은 본서의 배경을 갈대아인이라는 히브리어 '카스딤'(합1:6)은 '킷딤'의 오자로 보고 '킷딤'(킷딤은 구브로를 지칭한다. 구브로는 그리스인을 가르키는 명칭으로도 사용되었었다)에 해당되는 헬라의 알렉산더 대왕 시대(대략 주전 330년 어간)으로 후대로 잡기도 한다. 그리고 어떤 학자들은 쿰란 사본에서 본서의 3장이 발견되지 않는 것에 주목하며 본서의 연대를 170년 어간으로 잡는 학자들도 있다.[76] 그러나 위와 같은 주장들은 그런 읽기 독법을 지지해 줄 다른 사본의 증거가 없으며, 또한 쿰란 사본보다 더 일찍 번역된 것으로 여겨지는 LXX에서 이미 본서

---

73   ibid., p120. 그리고 박준서, 『이스라엘아 여호와의 날을 준비하라』(서울, 기독교서회, 2001), p.250을 참고하라.

74   Talmud, *Makkot* 23b. Dillard R. B. & LongmanⅢ. T. op. cit., p.521에서 재인용.

75   Anderson F. I., *Habakkuk*(AB, Doubleday, 2001), p.27

76   이에 대한 자세한 설명은 Harrison R. K., op. cit., pp.524~56을 참고하라.

가 자리를 잡고 있음, 그리고 벤 시라가 열두 소선지서를 언급하고 있음 등을 인해 후대 연대설은 기반을 잃고 말았다고 여겨진다. 이런 배경들을 정리해 보면, 주전 722년에 북방 이스라엘이 전성기를 구가하던 앗수르 제국에 의해 멸망되었다. 그 어간에 북방 이스라엘의 회개와 회복을 위해 아모스, 호세아, 이사야 등이 활동하였었다. 이런 주전 8세기 선지자들의 사역이후로 이스라엘과 유다에는 선지자들의 활동이 뚝 끊어진 것처럼 보이다가, 거의 70~80년 후에 나훔, 하박국, 스바냐, 예레미야 등의 탁월한 선지자들이 다시 일어나게 된다. 이 시기는 그러니까 남방 유다의 쇠퇴기며 멸망 직전이었다. 그러니까 이스라엘과 유다의 선지자들은 하나님의 나라가 풍전등화처럼 위태로울 때 그 주된 원인이 하나님을 멀리하고 우상숭배를 하였기 때문이라 외치며 백성이 하나님의 언약으로 돌아올 것을 호소하였던 것이다. 그 전통이 다시 남방 유다의 위기 시기인 이 시점에 하박국을 통하여 다시 재현되고 있는 것이다.

또 어떤 학자들은 하박국 선지자가 일반 선지자들과는 다른 '제의 선지자'라고 주장하기도 했다. 왜냐하면 이 책의 문학양식이 애가와 시편의 탄식시를 모방하고 있으며, 또한 3장의 시에는 예배 정황 즉 제의적 용례가 많이 나타나기 때문이라 하였다.[77] 그들이 그렇게 주장하게 된 이유는 본서 3장의 감사시에는 유대인 찬송시의 특징이 포함되어 있다는 것인데 예를 들면 3, 9, 13절에서 '셀라'가 반복된다든지 표제에서 "시기오놋에 맞춘 선지자 하박국의 기도"라든지 마지막절의 "이 노래는 지휘하는 사람을 위하여 내 수금에 맞춘 것이니라" 하는 음악적 부기 표현이 나타난다는 것이다. 그러나 우리는 이런 음악적 표기가 나온다고 해서 이 부분이 선지자의 것이 아니란 가정도 할 필요가 없고, 또한 그래서 선지자가 소위 '제의 선지자'였다는 애매한 표현도 할 필요가 없다고 여겨진다. 왜냐하면, 에스겔처럼 제사장으로서 선지자의 역할을 감당한 선지가도 있었으며, 선지자들은 많은 경우에 시를 지어 기도로, 노래로 표현했었기 때문에 굳이 하박국을 위하여 그 용어의 정체가 애매한 제의 선지자라는 호칭을 그를 위해 사용할 필요는 없다고 여겨지는 것이다.

하박국 선지의 메시지에는 유다의 지도자들의 부패를 책망하는 것이 많은데, 이러한 그들의 범죄를 인해 하나님이 예루살렘을 갈대아인들(바벨론)에게 붙이실 것이라고 선포하였다. 사실 유대인들의 세 번에 걸친 바벨론으로의 이송은 마지막 예루살렘 패망 시의 평민들의 이주를 제외하고 첫 두 번(주전 605, 597)의 잡혀감은 그 대부분이 이스

---

77   Floyd M. H., *Minor Prophets*, Part2(FOTL, Edrdmans, 2000), pp.84~86.

라엘의 상층 귀족과 부유한 지주와 지도층이었던 것이다. 그렇다고 해서 선지자가 바벨론의 불신 세력을 무조건 두둔한 것은 아니다. 바벨론은 피 흘린 백성이요, 도덕적으로 저열하며 포악한 민족이다. 이러한 족속과 하나님의 성결이 어떻게 조화를 이루느냐 하는 점이 본서의 과제 중 하나가 된다. 유다가 죄의 값을 지불해야 된다면, 바벨론의 불신은 더 죗값을 치러야 하고 받을 벌이 더 심각하다고 선지자는 말하고 있는 것이다. 이 문제에 있어서 선지자는 자기의 조급한 결론 보다는 하나님의 답을 바란다. 교만하고 스스로를 믿는 죄인들은 정죄를 받을 것이지만, 오직 신앙하는 자만이 심판을 면제받고 영생의 선물을 받을 것이라는 것이 그의 메시지의 핵심이다. 2장 4절에 기록된 대로 "오직 의인은 믿음으로 말미암아 살리라." 한 말씀에 대한 신앙고백 이 모든 문제의 해결인 것이다. 사도 바울은 이 고백을 귀중하게 생각하고 두 번이나 인용했으며, 히브리서의 저자 역시 이 구절을 인용하고 있다(히10:38).

2) 하박국의 구조

본서는 아래와 같이 여섯 개의 뚜렷한 단락으로 구분되어 진다.

- **1:1~1:4절** ▶ 서론과 선지자의 불평
- **1:5~11절** ▶ 하나님의 응답: 이스라엘을 징계하기 위해 바벨론을 심판의 도구로 쓰실 것.
- **1:12~2:1절** ▶ 선지자의 두 번째 불평과 질문
- **2:2~4절** ▶ 여호와의 최종적인 응답
- **2:5~20절** ▶ 심판받을 다섯 부류의 사람들
- **3:1~19절** ▶ 하박국의 순종의 시

5. 하박국의 신학적 논점들

1) 구약의 '믿음'과 '의'에 대하여

앞에서도 언급했지만, 본서 2:4절은 바울에 의해 여러 번 인용되면서 '이신득의' 사상에 큰 영향을 미치게 된다. 그런 바울의 믿음에 대한 사상은 곧바로 개혁자들의 증빙 본문이 되었다. 그렇다면 구약에서의 '믿음과 의'는 어떤 상관관계에 있는가? 구약에서

하나님은 특별히 출애굽기의 자기 계시 이래로, 하나님은 자신을 스스로 계시하시며 말씀하시는 하나님으로, 또 자기 백성들과 언약을 맺으시고, 그 언약을 믿음으로 순종 하라고 요구하시는 하나님으로 자신을 드러내셨다. 이런 하나님에 대한 이해는 하박 국에도 이어지며, 하박국을 통하여 하나님의 그런 성품이 더 절실히 드러난다 하겠다. M. E. 스젤러스에 의하면 구약은 시종일관 의인을 "하나님의 확고한 뜻에 부합하는 율 례로 돌아가며, 그 합법성을 인정하고 그 율법에 전적으로 순응하는 자"[78]로 규정한다 고 진술하고 있다. 또한 P. C. 크레이기는 "신실한 자는 하나님의 뜻이 규범적이므로 그 뜻에 따라 생명이 결정되어야만 한다는 믿음에 입각해야만 한다고 결론을 내린다 ."[79] 이러한 관점에 미루어 볼 때, 우리는 아마도 하나님과 그분의 말씀에 대한 순종과 믿음 없이는 의롭다함을 받지 못할 것이다. 만약 의롭다 함을 받지 못한다면 우리는 아 마도 신실치 못한 사람이 되고 말 것이다. 여기서 여호와는 하박국에게 이와 같은 믿음 을 가지고 그 믿음대로 실천하라고 말씀하고 있다. 하나님이 주권적으로 온 세상을 통 치하고 계시다는 사실에 대한 믿음으로 말미암은 삶은 이 선지자의 곧은 성품을 보여 줄 것이며 여호와를 향한 확고한 신뢰는 그의 미래를 보장해 줄 것이다.[80]

본서의 주제 구절이 2:4절임은 분명하다. 이 구절은 창세기 15:6절과 유사하며 그 정 신을 이어 받는다고 여겨진다. 아브라함이 하나님을 믿으매 그것을 그의 '의'로 여겼다 는 정신이다. 이 본문에서 하나님을 향한 믿음과 믿는 자에게 주어지는 의는 분리될 수 없는 개념으로 소개되고 있다. 그것은 믿음에 따라 반응하는 의라는 개념이 생성되며, 이런 개념은 바울이 로마서 1:17절과 갈라디아서 3:11절에서 다시 사용하고 있는 것으 로 보인다. 결국 바울은 믿음은 죄인으로 하여금 '하나님 보시기에' 의로운 자가 되게 하는 근거라고 이해했다. 그러므로 믿음은 기독교 신앙의 근본 개념이며, 이는 종교적 행위나 실천보다 우선하는 것으로 받아 들여졌다. 계속해서 히브리서 저자도 10:32~34절에서 신자들에게 그리스도를 향한 지속적인 신뢰를 권고하기 위해 본서 2:4절을 인용하여 강조하고 있음도 눈여겨 볼 부분이다. 그러므로 바울은 그의 이신득 의 신학을 구성하기 위해 하박국의 이 믿음과 의의 관계를 기본으로 사용하고 있고, 히

---

78 Szeles M. E., *Wrath and Mercy: A Commentary on the Books of Habakkuk and Zephaniah* Tr. by Knight A. F. *International Theological Commentary*(Grand Rapids, Eerdmans, 1987), p.31.

79 Craigie P. C., *Twelve Prophets 2nd vol. Daily Study Bible*(Philadelphia Westminster Press, 1984~85), p.93.

80 Keil C. F. & Delitzsch F. J., *Habakkuk: Commentary on the Old Testament, 10vols*(Grand Rapids, Eerdmans, 1980), p.74.

브리서 기자는 그렇게 믿음으로 의로워진 신자의 '견인'을 강조하기 위하여 하박국을 인용하고 있는 것으로 여겨진다. 이렇게 볼 때, 구약의 믿음과 의는 신약의 그것과 그 질과 양에 있어서 조금도 차이가 없다.

이런 구약의 믿음과 의를 박준서 교수는 '기다린다'에 해당되는 히브리어 동사 '카베이흐'로 풀어 설명하고 있다. 기다린다는 동사의 경사형은 '티크바'인데 이는 희망, 소망이란 뜻이다. 히브리어에서 기다린다는 뜻은 무작정 시간을 보내며 기다리는 것이 아니라, 이런 소망/믿음을 가지고 기다린다는 말이다. 현실의 상황은 비록 부정과 불의가 성하고 신앙의 기대와는 어긋난 상황일지라도 궁극적으로 하나님의 정의와 하나님의 뜻이 실현될 것을 믿고 그날을 소망 중에 대망하는 것이 믿음이란 뜻이라고 설명하고 있다. 그는 또 시편 25:5절의 기다림과 이사야 40:31절의 기다림, 앙망함에 대하여 같은 단어 '카베이흐'로 설명하면서, 중간 시대를 살아가는 의인들에게 요청되는 것이 바로 이런 '믿음'이라고 강조하고 있다. 여기서의 믿음은 히브리어로 '에무나'인데 이는 인격적인 신뢰관계를 말한다. 아브라함에게 발하여진 하나님의 약속은 사실 믿기 어렵고 받아들이기 어려운 것이었다. 그럼에도 아브라함은 약속의 내용보다는 약속을 만드신 약속의 주체이신 하나님을 신뢰했던 것이다. 이것이 아브라함에게 적용된 '믿음으로 얻은 의'에 대한 설명이다.[81] 신앙인의 믿음은 현실에 나타나는 증거나 현상만으로 설명되어 질 수 없다. 그것은 인격적 신뢰를 바탕으로 받아들이고 그대로 순종하여 사는 것을 말한다. 의인은 하나님의 정하신 때를 또한 믿는다. 그래서 의인은 믿음으로 그때를 소망하며 산다는 것이다. 즉, 구약의 믿음 역시 의의 근거가 되고 있는 측면에서 신약의 믿음과 의와 동일한 동선을 가지고 있는 것임을 알 수 있다. 의는 믿음으로 말미암는다. 그리고 그 믿음은 삶으로 증거 된다. 그래서 아브라함부터 시작하여 성경의 모든 믿음의 사람들은 그들이 살아내어야 했던 '악한 세대' 속에서도 그 믿음으로 살았다. 그래서 히브리서 11:1절은 믿음은 바라는 것들의 실상이라 하였다. 믿음으로 사는 것은 보상받지 못하는 어리석은 행동이라고 핀잔하는 세상 속에서 하박국이 그랬던 것처럼, 욥이 그랬던 것처럼, 바울은 그렇게 믿음으로 살아야 한다고 강조했다. 자기 백성을 구원하기에 능하신 하나님은 마침내 오셔서 자기의 이름을 수호할 것이기 때문이다(계19:11~16). 하나님을 신뢰함으로 사는 것 그것이 의인의 삶이다. 그래서 의는 그런 믿음으로 사는 사람에게 주어지는 하나님의 선물이라고 성경이 증거하고

---

81 박준서, op. cit., pp. 258~59.

있다. 하박국 선지가 강조하고 있는 한 마디가 그것이다. 신약시대나 구약시대이거나 간에 의인은 믿음으로 살게 된다는 것이며 하나님으로부터 주어지는 '의'는 오직 그를 신뢰함으로 사는 사람의 몫이라는 것이다.

일찍이 선지자 하박국에게 주어졌던 이 말씀 "비록 더딜지라도 기다리라, 지체되지 않고 반드시 응하리라… 의인은 그 믿음으로 말미암아 살리라"(합2:3~4)라는 하나님의 답변은 주어진 현실에 당황하여하는 선지자로 하여금 감사하게 하고 있고 안돈하게 하고 있다. 패역한 이스라엘을 징계하기 위해 바벨론이라는 심판의 몽둥이를 든 하나님을 향하여 선지자는 거듭 질문한다. "하나님 악한 자를 심판하기 위해 더 악한 자를 사용하는 것은 앞뒤가 맞지 않습니다. 어찌 택하신 당신의 백성을 향하여 이러실 수 있습니까? 이제 선민 이스라엘, 당신의 자녀들을 향한 당신의 긍휼과 은혜는 끝이 난 것입니까?" 이런 선지자의 질문에 하나님은 대답하셨다. "이 묵시는 정한 때가 있다"고, 그리고 "그럼에도 불구하고 하나님의 자녀들은 하나님을 신뢰하는 믿음으로 살아야 한다"고 답하셨다. 그런 믿을 수 없는 상황 속에서 하나님을 주권적 통치를 믿는 믿음으로 하나님 앞에서 살아가는 것! 그것이 '의'라고 하나님은 하박국 선지자를 통하여 선포하고 있는 것이다.

6. 하박국의 주요 내용 강해

본서의 처음 두 장은 선지자가 말한 다섯 개의 짧은 말로 구성되어 있으며 이것은 하나님과 선지자 사이의 대화의 형식으로 기록되어 있다.

1) 하박국 1:1~4절

1:1~4절은 본서의 표제로 시작되는데 이는 전형적인 선지서의 표제 형식을 따르고 있다. 그래서 본서의 저자가 잘 훈련된 선지자의 전통 속에서 훈련받았을 것이란 가정을 하게 한다. 2절~4절에 있는 내용은 선지자의 불평인데 이는 "어느 때까지리이까 (how long)?"로 시작되는 시편 13편을 연상하게 하고 있고, 시편의 전형적인 탄식시 형식으로 시작되고 있다. 그 내용은 율법이 해이해지고 죄악과 강포가 있는 이 악한 사회가 어찌 된 영문인지를 불평하고 있다. 이는 불법을 자행 하는데도 심판을 받지 않고 있는 세력과 사람들에 대하여 불평을 하나님께 늘어놓고 있는 것인데, 이에 대한 하나님의

뜻은 무엇입니까? 하고 묻고 있다. 학자들은 그 사회에 만연한 부정과 부패, 약자에 대한 무관심 등의 죄를 고발한 것이라 하기도 하고, 바벨론이나 이웃나라의 강포에 휘둘리는 유다의 입장에서 이런 무지한 이웃나라를 고발하고 있다고 주장하기도 한다.

2) 하박국 1:5~11절

열방과 왕국들을 정복할 바벨론에 대한 하나님의 말씀인데, 그들은 "사납고 성급한 백성"이며, "땅의 넓은 곳으로 다니며 자기의 소유가 아닌 거처들을 점령하는 갈대아 사람"이라고 소개되고 있다. 또한 그들은 "두렵고 무서우며 당당함과 위엄이 자기들 앞에서 나오며 그들의 군마는 표범보다 빠르고 저녁 이리 보다 사나우며 그들의 마병은 먼 곳에서부터 빨리 달려오는 마병이라 마치 먹이를 움키려하는 독수리의 날음과 같으리라"(1:7~8)고 묘사되고 있다. 이런 무서운 나라 바벨론의 등장은 앞에서 발하여진 선지자의 불평 섞인 질문(하나님 이 율법이 해이하고 정의가 전력 실현되지 못하는 백성에 대한 하나님의 해결책이 무엇입니까?)에 대한 하나님의 응답이다. 즉, 언약의 약속과 율법 준수의 사명을 잊어버린 이스라엘을 징계하기 위해 하나님은 바벨론을 심판의 도구로 쓰실 것이라는 점이다.

3) 선지자의 두 번째 불평과 질문(합1:12~2:1)

첫 번째 선지자의 질문에 대한 하나님의 답은 바벨론을 통하여 하나님의 신정 왕국 유다 안에 만연된 죄악과 불순종을 심판하실 것이라 하였다. 그래서 그런 하나님의 회신에 대하여 선지자는 다시 질문한다. 거룩하고 의로우신 하나님께서 더 악한 자들이 좀 덜 악한 자들을 진멸시키도록 허락하신 것은 정의롭지 못한 처사라고 질문하며 호소하고 있다. "주께서는 눈이 정결하시므로 악을 차마 보지 못하시며 패역을 차마 보지 못하시거늘 어찌하여 거짓된 자들을 방관하시며 악인이 자기보다 의로운 사람을 삼키는데도 잠잠하시나이까?"(1:13)라고 질문하고 있다. 이 질문은 상황이 이런데도 '우리 이스라엘에게 여전히 희망이 있습니까' 하는 것이다.

4) 여호와의 최종적인 응답(2:2~4)

그래서 선지자는 답답한 마음으로 하나님의 최종적 답변을 기다리고 있다. 이 선지자의 기다리는 마음을 2:1절이 잘 보여주고 있다. "내가 내 파수하는 곳에 서며 성루에 서리라 그가 내게 무엇이라 말씀하실는지 기다리고 바라보며 나의 질문에 대하여 어떻게 대답하실는지 보리라." 우리에게는 이런 자세가 필요하다. 하나님이 나에게 무엇이라 말씀하실는지 보리라 하는 자세 말이다. 마침내 하나님은 선지자에게 최후의 결정 사항을 통보한다. 하나님은 악인이 잠시 하나님의 도구로 사용되는 한이 있기는 하겠지만 악인의 영구한 번영을 허락지 않으시겠다는 것이다. 그러니 믿음을 가진 성도는 아니 의인은 그런 믿음으로 살아야 한다는 하나님으로부터의 회신이 왔다. 비록 더딜지라도 반드시 응하리라 하는 것이 성도의 믿음의 근거가 되는 말씀이며 약속인 것이다. 악인을 향한 여호와 하나님의 심판이 비록 더딘 것처럼 보여도 그것은 반드시 집행될 것이다. 의인을 향한 하나님의 회복하심이 더딘 것처럼 보일지라도 그것 역시 반드시 시행될 것이다. 그러니 의인은 믿음으로 살아야한다는 것이다.

5) 심판받을 다섯 부류의 사람들(2:5~20)

이어지는 구절들은 모두 소위 다섯 개의 저주 구문으로 구성되어 있다. 우리 성경의 "화 있을 진저"라는 표현은 "화를 입으라"(공동번역) 혹은 "오호라", "슬프다", "화로다" 등으로 번역되면 좀 더 쉽게 이해될 수 있는 표현이다. 이 표현은 구약에서 사람의 초상과 장례 시에 주로 사용된 표현이기도 하다. 예레미야서에 보면 사람이 죽거나 왕이 죽었을 때 백성들은 "호이 호이" 하면서 애곡하였었다(렘22:18, 34:5).

자신들의 악함에도 불구하고 세상적으로 번영을 누리던 탐욕스런 갈대아인(바벨론 사람)들은 무시무시한 결말을 심판으로 맞게 될 것임을 예언하는 다섯 개의 반복 저주구문을 통해 강조되고 있다. 첫 번째로 화를 입을 그룹은 전리품을 위하여 피정복지를 열심히 갈망하는 자들인데, 그런 바벨론 사람들은 자신들이 약탈을 당하고 해를 당하게 된다는 것이다(2:6~8). 두 번째 그룹은 오직 개인의 이익과 자기 증대만을 욕심내고 이기적으로 자기 재산 증대만을 추구하는 자들인데, 이러한 자들은 자기의 영혼을 잃을 것이라 하였다(2:9~11). 세 번째 그룹은 파렴치하게 다른 사람들을 압제하는 사람들이며 그들의 도성은 멸망을 당할 것이다(2:12~14). 네 번째 화를 당할 그룹은 자신이 정복한 사람들이 완전히 힘이 없어지도록 야만적으로 진압하는 자들인데 이는 그가 행한 만큼 그도 되돌려 받게 된다하였다(2:15~17). 마지막 그룹은 어리석게도 가르침을 얻기 위해 말 못하는 우상에게로 나아가는 자들이다. 우상숭배는 어리석고 비이성적인 것이며 거짓일 뿐이다(2:18~20).

6) 하박국의 순종의 시(3:1~19)

세 번째 장에서 선지는 신앙하는 즐거움과 자신의 불평에 대한 영적 해결을 얻었음을 기뻐하고 있다. 본서 3장의 감사시는 구약의 많은 찬송시들 중에서 가장 아름다운 감사시 중의 하나이다. 이 시는 착상에 있어서 대담하고 사상에 있어서 장엄하며 어법에는 위엄이 있고 운율은 준수하다. 에발드는 그것을 가리켜 "하박국의 핀더식 송시"라 하였다.[82]

이 감사시는 세 부분으로 나누어질 수 있는데 첫째는 주님의 구원을 이 수 년 내에 새롭게 해 달라는 탄원하는 내용과 하나님의 임재에 대한 축시와 그 결과에 대한 조용하고도 넘치는 기쁨과 신뢰를 표현하는 부분으로 구성되어 있다.

이 부분은 앞에서 언급된 대로 시편의 탄원시의 양식과 유사한데 표제에서 이 시는 "시기오놋에 맞춘 기도"라 되어 있고, 말미에는 "이 노래는 지휘하는 사람을 위하여 내 수금에 맞춘 것이라"는 언급으로 말미암아 이 시의 예전적 용례가 예견되기도 했다. 하지만 그런 예전적 용례보다는 시의 곳곳에 산재한 하나님의 위대함에 대한 웅장한 표현들과 말미에 나오는 하나님에 대한 전폭적 신뢰가 모든 시대를 초월하여 성도들의 사랑을 받게 한 내용이다.

> 비록 무화과나무가 무성하지 못하며 포도나무에 열매가 없으며
> 감람나무에 소출이 없으며 밭에 먹을 것이 없으며
> 우리에 양이 없으며 외양간에 소가 없을 지라도
> 나는 여호와로 말미암아 즐거워하며
> 나의 구원의 하나님으로 말미암아 기뻐하리로다(합3:17~18)

본서에 나타나는 또 다른 중요한 메시지는 개인이나 국가가 영적으로 바로 서는 것이 절대적으로 필요하다는 점이다. 물질과 부는 아무래도 안정된 삶을 보장해 주지 못하는 거짓된 기조일 뿐이며, 악은 잠시 동안은 선을 누르고 승리하는 것 같을지라도 궁극적으로는 실패하게 되어 있으며, 외적인 상황이 어찌 되었든 오직 하나님의 권능을 신뢰하는 것만이 개인이나 공동체의 유일한 힘과 위안의 근거이며 원천이라는 것이다.

---

82 Robinson R. L., op. cit., p.126, 여기서 역자는 "핀더식" 송시라는 것은 주전 5세기경의 그리스의 서사 시인 핀더(Pinar)가 주로 사용했던 시적 기법을 말하는 것이라고 소개하고 있다.

7. 스바냐의 서론과 구조

1) 스바냐 서론

이 책의 명칭 역시 히브리 성경의 전통을 따라 선지자의 이름으로 제목을 삼았다. 선지자의 이름인 "스바냐(tsphaniah)"는 '감추다'란 말과 '여호와'라는 말의 복합체인데 '여호와께서 감추인 자'라는 뜻이다. 이 이름은 구약에서 선지자 외에 다른 세 사람의 이름으로도 쓰였다(대상6:36, 렘21:1, 슥6:10). 스바냐는 다른 선지자들과는 달리 그의 조상이 4대에 걸쳐 기명된 유일한 선지자이기도 하다. 본서의 표제에 해당되는 1:1절에 의하면 선지자의 아버지는 구시, 할아버지는 그다랴, 증조부는 아마랴, 고조부는 히스기야라고 되어있다. 여기서 히스기야를 유다의 왕이라고 여겨지고 있다. 이런 주장대로 라면 스바냐의 증조부 아마랴는 히스기야의 뒤를 이어 등극한 므낫세왕의 동생일 것이다. 스바냐가 왕가의 후예라는 설이 유력해 보이는 증거이다. 그것은 또한 스바냐가 1:10~11절에서 보이고 있는 예루살렘 도성에 대한 정확한 지정학적 언급(어문, 제2구역, 막데스 등)이 그의 좋은 교육에서 근거한 것으로 보인다는 점이 또한 이 선지자의 출신 배경을 암시하고 있다. 이런 점들을 인하여 그가 실제로 그의 조상이 히스기야 왕이었다는 사실을 직접적인 화법으로 밝히고 있지는 않지만, 이렇게 장황하게 그의 가계의 조상계보를 언급하고 있는 것으로 보아 그가 히스기야 왕의 후예라는 것을 굳이 의심할 여지는 없어 보인다. 그렇지 않았으면 굳이 이렇게 나열할 필요가 없었을 것이기 때문이다. 왜냐하면 선지자들 중에는 그의 아버지의 이름조차 밝히고 있지 않는 선지자도 많기 때문이다(예를 들면 미가, 나훔, 하박국, 학개, 아모스, 말라기 등). 또한 본문의 여러 증거들도 그런 정황을 뒷받침해 주고 있다. 그리고 본서의 표제격인 1:1절은 스바냐 선지자는 요시야 왕 시대(주전 640~610년 어간)에 활동했고, 추론컨대 요시야왕의 연령과 비슷한 나이의 젊은 선지자로서 예언하였다고 여겨지며, 이렇게 볼 때 스바냐는 예레미야와 하박국 선지자와 동시대의 예언자였다고 할 수 있다.

스바냐 선지는 유다 백성을 둘러싼 국가들, 즉 블레셋, 모압, 암몬, 에디오피아, 앗수르 등이 그들의 범죄로 인하여 받은 하나님의 임박한 심판을 경고하고 그들의 회개를 촉구하기 위해 기록되었다. 그러나 특히 죄로 인하여 가까워오는 선민 유다의 심판을 가장 심각하게 취급하고 있다. 특별히 스바냐서는 예레미야, 하박국, 나훔 등과 같은 시대의 선지자인데, 이는 주전 7세기 선지자들이다. 우리가 아는 데로 이스라엘의 예언 활동은 그전에도 있어왔지만, 특별히 이스라엘의 최 전성기인 주전 8세기에 활발했다. 그 당시는 남북 이스라엘 두 왕조가 정치 경제적으로 가장 안정과 번영을 누리던 시기였는데, 이 시기에 호세아, 아모스, 미가, 그리고 이사야 등이 활동하였었다. 그들은 세속적이고 현세적인 번영에 취해 쾌락을 일삼으며, 약자를 늑탈하며 공의를 굽게 할 뿐 아니라 우상숭배로 배교하는 탐욕스런 이스라엘을 언약에 근거해서 질타했다. 그런 번영의 시대에 편안해서 하나님을 필요로 하지 않고 멀어져가는 언약의 백성들을 위해 하나님은 그의 종들을 일으켜 그 백성의 마음을 돌이키고자 하셨던 것이다. 그 이사야의 시대 이후 이스라엘에서의 예언 활동은 거의 70~80년의 공백기를 갖는다. 하나님이 침묵하신 것이다. 그런 침묵기를 거쳐 하나님은 오늘 보듯이 스바냐를 일으키고, 하박국을 일으키셨으며 예레미야에게 말씀을 부어 주셨다. 이제 북방 이스라엘은 멸망하여 사라졌고, 한 쪽 남은 남방 유다가 바벨른의 위협 앞에 풍전등화 같은 신세가 되었다. 언약의 백성들은 이제 '준엄한 심판을 받는 일' 외에는 남은 일이 없다. 돌이킬 수 없는 죄악과 우상숭배는 하나님의 심판을 외쳐 부르고 있는 형국이었고, 그 상황 속에서 하나님의 사람들이 울며, 하나님께 질문하고 하나님의 응답을 기다리는 것이다. 그 이름이 상징하고 있듯이 이런 절망적인 파멸의 날 앞에서 이 민족 앞에 어떤 희망이라도 있는가 하는 것이 본서의 주제가 된다. 하나님이 감추어 주시는 사람들이 있을 수 있을까? 이스라엘의 남은 자가 있을까? 스바냐를 읽으면서 독자들은 하나님의 역사 개입과 거시적 관점에서 그 시대의 소망을 찾고 있는 선지자를 보게 되었으면 좋겠다. 선지자를 무릇 그런 사람들이다. 심판의 준엄한 파멸과 절망 속에서도 하나님을 인하여 다시 '희망'을 보며 '희망의 노래'를 부를 수 있는 사람들! 그들을 우리는 '선지자'라 부른다.

선지자 스바냐가 선포하는 하나님의 진노의 날은 환란과 고통의 날이요, 황무와 폐허의 날이며, 캄캄하고 어두운 날이라고 묘사하고 있는데 이는 여타 다른 선지자들에 의해 이미 언급된 "욤 야훼" 즉 심판의 두려운 날로서의 '여호와의 날'을 의미한다. 하지만 다른 선지서에서의 욤 야훼와 스바냐에서의 욤 야훼는 조금 다른 특성이 드러나는데 이는 나중에 다루기로 하겠다. 그가 선포하고 있는 욤 야훼의 심각성과 비참성은 이사야, 아모스, 요엘등과 같은 구약의 다른 곳의 표현과 비교하여 조금도 모자라지 않는다. 반면에 본서의 말미에 특히 3:16~17절에 선포하고 있는 예루살렘의 회복과 축복의 시대는 온화하고 아름다움으로 가득 차있는 표현을 쓰고 있다. 하나님의 주권과 하나님의 하시는 일은 인간에게 불가항력적이며, 인간은 하나님을 믿을 수밖에 없다는 신앙이 3:5, 12, 15, 17절에서 거듭 강조되고 있는 "그 중에 계시는 여호와"라는 개념으로 설명되고 있다.

본서가 가지고 있는 논쟁점은 주로 스바냐의 사역 시기에 관한 것과 그가 언급하고 있는 임박한 이방의 침입자가 누구인가? 하는 문제로 집약된다. 스바냐의 예언이 성전에서 율법책이 발견되어 시작된 요시야왕의 개혁운동 이전인가? 이후인가?(왕하 22:1~23:30)는 여전히 논쟁의 여지가 남아있기는 하지만 전체적으로 그의 사역이 요시야왕의 시대라는 점은 학계가 동의하고 있다. 그러나 J. J. M. 로버츠의 지적대로 "이 표제의 역사적 정보의 정확성을 의심할 만한 하등의 이유가 없다"고 하면서 예루살렘 멸망 전인 요시야 왕의 통치 시대로 그 사역 연대를 확정하고 있다.[83] 좀 더 자세한 연대 구분은 "본서에 나오는 내용(1:4~6, 8~9, 12, 3:1~3) 등을 기준하여 그의 사역이 요시야왕의 개혁 이전의 모습을 그리고 있다"고 주장하는 학자들도 있고, 1:4절의 "남아 있는 바알을 그곳에서 멸절하며 그마림이란 이름과 및 그 제사장들을 아울러 멸절하며" 그리고 3:4절의 "그들이 율법을 범하였도다" 하는 내용 등을 근거해서 "율법이 발견되고 율법 준수에 대한 강조 그리고 우상숭배에 대한 경멸적 태도 등을 강조한 요시야의 개혁 이후의 상황일 것이"라고 주장하는 학자들도 있다.[84] 심지어 어떤 학자들은 본서가 포로 귀환 후의 상황을 포함하고 있다고 주장하기도 한다. 하지만 우리는 전체적으로 볼 때 본서의 저작 시기가 주전 621년의 요시야 왕이 성전에서 율법을 발견하여 이스라엘의 종교를 개혁한 그 시대 앞뒤의 몇 년 어간에 지어졌을 것이라 추정하는 데 동의한다.

그리고 본서에서 지속적으로 드러나는 이민족의 침입(1:4, 10~13, 2:1, 3:1~4 등)은 과연 어느 나라를 말하는가? 이에 대하여 L. P. 스미스 같은 학자는 그 언급된 적은 앗수르[85]일 것이라고 주장했는데 왜냐하면 이스라엘은 당대의 초강대국이었던 앗수르의 많은

---

83 Roberts J. J. M., *Nahum, Habakkuk and Zephaniah, OTL*(Louisville, Westminster John Knox, 1991), p.163.

84 스바냐의 활동연대에 대하여 다음의 책들을 참고하라: Berlin A., *Zephaniah: A New Translation with Introduction, Notes and Commentary. Anchor Bible 25A*(NY. Doubleday, 1994), pp.31~47; ben Zvi E., *A Historical-Critical Study of the Book of Zephaniah*(Beihefte Zeitschrift fur die Altestamentliche Wissenschaft 198(Berlin, Walter de Gruyer,1991); House P. R., *The Unity of the Twelve JSOT Sup69*(Sheffield, Almond,1988), p.94.

85 Smith L. P. & Lacheman E. R., *Micha-Malachi WBC32*(Word, 1984), p.123.

위성 국가 중의 하나였기 때문이었고, 그들은 이미 북방을 점령 해체해 버렸기 때문에 남방 유다의 구체적인 위협이 되고 있다는 점이다. 그러나 이런 앗수르 이론에 반대하여 E. M. 야마우치 같은 학자들은 그 나라는 러시아 남부에 거주했다 이집트까지 침공했던 '스키타이인'일 것이라 추론하기도 했다.[86] 이는 이집트의 프삼메티쿠스 1세의 기록에도 나타나며 그 때에 또한 팔레스틴의 아스글론이 그들에 의해 침공 당했던 기록이 뒷받침 하고 있기도 하다. 그와는 달리 J. P. 하이트나 D. L. 윌리엄스 같은 학자들은 그 대적이 바벨론이라고 주장했다.[87] 세 학설이 각기 나름대로의 이론적이며 역사적 배경을 갖고 주장되고 있지만 고고학적 관점에서 본다면 야마우치의 이론이 더 정확한 것으로 여겨질 수 있다. 왜냐하면 주전 6, 7세기의 사마리아와 암몬, 라기스 등지에서 스키타이인들이 주로 쓰던 화살촉이 발견되고 있으며, 또한 그 시기는 앗수르는 쇠약해 가고 있어 유다의 실제적 위협이 되지 못하고 있었던 시기이며 반면에 바벨론은 이제 막 강성해 가고 있어서 앗수르를 제압하는 데 총력을 집중하고 있었던 시기였다고 여겨지기 때문이다. 하지만 이런 이론은 중동의 서로운 강자로 떠오르고 있는 바벨론의 위력을 과소평가했을 때 가능한 이론일 뿐이다. 바벨론 므깃도 전투(609년)와 갈그미스 전투(605년) 등을 통해 이미 중동의 강자가 되었고, 선지자는 그 전에 이미 바벨론의 잠재력을 그의 예지의 눈으로 보았을 것이라 짐작하는 일도 그리 어려운 일은 아니다. 그러므로 선지자적인 통찰력이나 예지 능력을 받아들이지 못하는 사람들은 본서의 저작 연대를 요시야 시대의 것으로 보는 일을 거부하거나 부담스러워 할 수밖에 없다. 그런 자유주의적 입장에 있는 사람들은 주로 본서가 후대 즉 포로 귀환 후에 편집되고 첨가된 것으로 여기는 것이 일반적이다.[38]

본서의 통일성에 관하여 비평학자들은 3:14~20절의 부분들이 후대의 삽입물일 수 있다고 주장하기도 했는데 이는 포로 후기적 표현들 즉 호복에 관한 내용이 들어 있기 때문이라고 하면서 이사야 후반부와 같이 이 부분도 후기적 삽입물이 아닌가 의심하기도 했다. 이에 대하여 B. S 차일즈는 이런 이차적인 삽입 부분은 오히려 본서의 정경화의 과정의 본보기이므로 아무런 문제가 될 것이 없다고 주장했다. 즉 이스라엘의 후손들은(그 삽입부분의 편저자) 스바냐의 말들을 자신의 당더의 역사적 정황에 맞추어 해석한 것

86 Yamauchi E. M., *Foes from the Northern frontier*(Baker, 1982), p.84, pp.87~99.

87 Hyatt J. P., "The Date and Background of Zephaniah," *JBL7*(1949), pp.25~29; Williams D. L., "The Date of Zephaniah," *JBL82*(1963), pp.77~88.

88 Dillard L. B, & LongmanIII. T., op. cit., p.631.

이며 공회가 그것을 받아들였으므로 문제될 것이 없다는 주장이다. 하지만 이런 논리는 위험할 수 있다. 오히려 본서 안에 면면히 흐르는 질서정연한 사상적 흐름과 문체의 통일성 등을 통하여 본서는 포로전의 스바냐에 의해서 신정 왕국의 백성들의 회개를 재촉하며 일관되게 쓰여진 하나님의 메시지로 보는 것이 더 타당한 것으로 보인다. 이런 관점에서 I. J. 볼이나 P. R. 하우스가 끼친 본서에 대한 문학적 분석은 눈여겨 볼만한 것이다.[89] I. J. 볼은 본서는 2:1~7절을 수사적으로 확장시킨 것이라 했고, P. R. 하우스는 일인칭과 삼인칭으로 된 하나님의 신탁이 교차로 표기되는 것에 주목하며 본서의 통일성을 주장했다. 이런 연구들과 더불어 많은 학자들은 스바냐의 구조가 다른 선지서들의 그것과 유사함을 발견했다. 일반 선지자들의 예언은 주로 3단계로 전개되는데 첫째는 이스라엘의 실제 역사와 관련된 하나님의 신탁으로 시작되고, 그 다음에 이웃 열방들에 대한 신탁이 나오고 마지막으로 미래의 종말론적 축복이 이어지는 형식이다. 스바냐도 이런 구조를 보이고 있다.

2) 스바냐의 구조

본문은 다음의 세 부분으로 되어 있다.
- **1:1~2:3절** ▶ 유다에 임한 하나님의 심판 선언
- **2:4~15절** ▶ 유다의 적들에게 선포된 하나님의 심판 선언
- **3장** ▶ 남은 자를 통해 장래의 하나님의 나라를 예언

8. 스바냐의 신학적 논점들

'욤 야훼'의 이중 구조: 크고 두려운 심판의 날과 남은 자에 대한 희망

선지서에 일반적으로 나타나는 하나님의 날(욤 야훼)은 보통 두렵고 무서운 심판의 날로 묘사된다. 요엘 2:1~2절, 아모스 5:18~20절, 이사야 2:11~22절 등에 묘사된 하나님의 날은 크고 무서운 날이며, 어둡고 두려운 날이고 또한 멸망과 슬픔의 날이다. 그날은 또한 심판의 날이며 어떤 사람이나 장소로도 그 심판을 면할 수 없다는 내용이 선지

---

89   Ball I. J., "The Rhetorical Shape of Zephaniah" in *Perspecitives on Language and Text*, ed. by Conrad E. and Newing E.(Eisenbrauns, 1987), House P. R., *Zephaniah: A Prophetic Drama*(Sheffield, Almond, 1988) 등을 참고하라.

자들이 설파해 온 욤 야훼의 일관된 내용이다. 여호와는 그의 진노를 악을 행하는 세상의 사람들과 그들을 담고 있는 모든 피조계에 부어놓으실 것이다.[90] 그날에 하나님은 진노를 발하시고 모든 만물과 인생을 쓸어버리실 것이다. 그날에 베풀어질 하나님의 진노는 인간의 반역과 불순종 그리고 우상숭배를 인하여 생기게 된 것이다. 그날은 임박해 있으며 결과는 참담할 것이다(1:14). 그날은 재난과 절망과 암흑이 있을 것이고 (1:15), 큰 대적이 엄습할 것이며 그로 인해 높은 망대로부터 경고의 나팔 소리가 울려 퍼질 것이다(1:17). 백성들은 눈이 멀고 수치를 당하게 될 것이다.[91] 이런 모든 여호와의 날에 대한 요소가 본서 스바냐에서도 반복된다. 이렇게 스바냐서의 여호와의 날에 대한 개념들은 구약의 전후기 선지서의 개념들과 연결되고 있는데 이는 배역한 언약백성들은 약속의 땅을 상실할 것이며 여호와의 날이 역사의 진리를 실현하는 수단이 될 것이라는 구약의 기본 개념들과 궤를 같이 하고 있는 것이다. 또한 이 하나님의 나라는 언약백성들에게만 무서운 심판의 날이 아니라 앗수르를 비롯하여 열방의 모든 나라들의 죄악에 대한 심판이기도 하다. 이는 이사야 13~23장, 예레미야 46~51장, 에스겔 25~32장, 요엘 3장 및 아모스 1~2장에서 암시된 바와 같다. 열방도 그냥 넘어가지 않겠다는 것이다. 열방의 죄악을 심판하시겠다는 것이다. 언약백성이 유다도 열방과 같이 아니 열방보다 더 못 한 이방인과 같이 되어 버린 것이 그들이 심판받아야 하는 이유가 된 것이다. 그래서 유다뿐 아니라 열방까지도[92] 하나님은 심판하실 것이고, 그 사상이 '욤 야훼'라는 개념으로 구약의 전반에 드러나는 것이다. 이날, 그 크고 두려운 심판의 날은 온 피조계가 다 두려워 할 심판의 날인 것이다.

그런데 스바냐가 강조하고 있는 욤 야훼는 이런 일반적인 구약의 하나님의 나라에 대한 개념 위에 하나의 발전된 구속사적 전망을 덧붙이고 있다는 특징이 있다. 그것은 3장에 집중적으로 거론되고 있는 소위 '남은 자'(3:13) 사상이다. 스바냐에게 있어서는 이 위대한 날은 역사 속에서 기대되어진 것이었다. 그러나 하나님께서 개입하시는 이러한 역사적 행위는 또한 죄가 이 땅에서 제하여지는 종말론적인 특성을 가진 심판이기도 하다. 이러한 하나님의 진노하심에 대한 두려운 감정과 더하여서 '남은 자'를 향한 하나님의 신실하심과 자비, 혹은 하나님의 성실하심이라는 주제가 더하여지고 있는 것

---

90   DeRoche M., "Zephaniah 1:2~3: The Sweeping of Creation," *VT30*(1980), pp.104~09.

91   Berlin A., op. cit, p.90.

92   Watts J. D. W., *The Books of Joel, Obadiah, Jonah Nahum, Habakkuk and Zephaniah,*. Cambridge *Bible Commentary*(Cambridge, Cambridge Uni. Press, 1975), p.164.

이 본서 스바냐의 특징이라는 것이다. '남은 자'라는 주제는 하나님의 나라의 미래이다. 이 남은 자의 존속은 선지자로 하여금 파멸 가운데서 새로운 희망을 보게 하는 것이다. 스바냐는 여호와의 날에 살아남을 수 있는 가능성을 열어 놓았다. 선지자의 기대는 하나님의 진노가 이 땅에 죄를 제거할 뿐 아니라, 은혜로 남은 자를 남겨 놓으시겠다는 하나님의 약속에 반응하는 것이다. 이 남은 자들이 열방 가운데서 다시 모여서 본토와 하나님의 은혜를 회복하는 것이다(3:19~20). 이스라엘을 택하신 하나님의 목적은 지금 당장 주어지는 심판 때문에 좌절되고 끝나는 것이 아니라 선택된 자 중에서 남은 자들을 통해 장차 실현될 것이라는 것이다. 전능하신 하나님은 교만한 자들을 물리치시고 온유하고 겸손한 자들을 남겨 두어서 그의 영원한 통치의 기초를 삼으시겠다는 것이다. 특별히 이런 하나님의 심판은 분명히 죄악에 대한 징벌에 있지만 그럼에도 불구하고 이 심판의 궁극적인 목표는 재난을 넘어선 '갱신'에 있음은 분명하다.[93] 이것이 스바냐의 하나님의 날에 덧붙여진 특별한 느낌이며 약속이다. 이와 더불어 '남은 자'에 대한 원문(3:9~10)이 복수형(백성들)으로 표기되고 있음에 주목한 몇몇 학자들은 하나님의 심판을 통과한 남은 자들은 '초민족적 공동체'가 될 것이라고 주장하기도 한다.[94] 비록 이 개념이 널리 인정받은 것은 아닐지라도 그러한 관점에서도 해석이 가능하다는 것은 신약의 복음의 관점에서 이 예언서의 기능을 더 중요한 것으로 평가받게 하고 있다.

9. 스바냐의 주요 내용 강해

1) 유다에 임한 하나님의 심판 선언(1:1~2:3)

1절의 표제 뒤에 본서의 메시지는 지상의 모든 것을 쓸어버리겠음을 선언하시는 하나님의 심판 선언으로 시작되고 있다. 이 부분은 본서 전체의 기조를 결정하는 톤이며, 유다와 주변의 나라들을 향한 준엄한 하나님의 심판을 기정사실화 시키고 있다. 그 주

---

93   House P. R., op. cit., p.688.

94   참고: 이런 주장을 하는 학자들은 Craigie P. C., *Twelve Prophets*, vol.2(Philadelphia, Westminster press, 1985), p.218; Szeles M. E., *Wrath and Mercy: A Commentary on the Books of Habakkuk and Zephaniah*. Tr. by Knight G. A. F., *International Theological Commnetary*(Grand Rapids, Eerdmans, 1987), p.107; Berlin A., *Zephaniah: A New Translation with Introduction, Notes and Commentary* (New York, Doubleday, 1994), p.133 등이다.

제는 계속 이어져 1:14~18절에 다시 "여호와의 분노의 날", "여호와의 큰 날", "환란의 날" 등의 표현으로 이어지고 있다. 이 부분을 대변하는 단어들은 "나 여호와의 말이니라", 그리고 "멸절하리라" 하는 표현들이다. 본서의 저자는 예루살렘 도성의 지정학적 내용을 훤히 알고 있는 듯하며 여호와의 큰 날(14절)이 가까이 왔음을 선포하고 있다. 그날의 특성은 15~18절에 잘 묘사되어 있다. 그들은 여호와를 찾지도 구하지도 아니한 자들이며(1:6), 우상을 숭배한 자(1:4~5)들이고, 포악과 거짓을 한 자들이며(1:9), 또한 희생의 날에 이방인의 옷을 입은 자들이다(1:8). 모두 하나님의 언약을 저버리고 우상숭배와 자기 좋은 대로 살아가기에 익숙한 사람들에 대한 묘사일 뿐 근본적으로 다른 점은 없다. 물론 1장에서도 "여호와 앞에 잠잠하라"하는 요청이 있으나 2장에 들어와서도 선지자는 "하나님을 찾을 것"을 강력히 요청하고 있다. "여호와를 찾는다"는 말이 '공의'와 '겸손'을 구하는 일과 동의어로 사용되고 있음에 유의하라. 공의와 겸손을 구하는 것은 신명기의 율법의 재천명 이래로 선민 이스라엘의 대강령이 되고 있다. 이것은 선배 선지자들의 메시지의 핵심이며 또한 신약의 복음과도 이어지고 있는 기독교 신앙의 핵심 가치이다. 최근 들어 하나님의 사랑이 대한 맹목적 추구를 통해 오히려 그 하나님의 사랑이 가벼이 여겨지는 것 같은 안타까움을 금할 길 없다. 하나님의 사랑이 가치 있는 사랑으로 소중히 여겨지기 위해서 신자들은 하나님의 공의의 중요성을 강조해야 한다. 공의 없는 사랑은 무절제한 방종으로 나아가고 사랑 없는 공의는 인간으로 하여금 가식과 위선의 길로 나아가게 하기 때문에 성경은 예로부터 그 둘 사이의 긴장 속에서 하나님의 통치와 인도를 강조해 왔다. 하나님의 공의는 예수그리스도 안에서 말할 수 없이 강조되어야 하는 중요한 가치이다. 본문은 강조하고 있다. "너희가 혹시 여호와의 분노의 날에 숨김을 얻으리라"(2:4)고 말이다.

2) 유다의 적들에게 선포된 하나님의 심판 선언(2:4~15)

2장은 이에 대한 각 민족들 즉 가사, 에스글론 블레셋, 가나안, 모압, 암몬, 구스 등 여러 민족들의 회개의 촉구로 가득 채워지고 있다. 물론 유다를 비롯하여 그들에게도 하나님을 경배하리라(2:11), 유다 족속의 남은 자에게로 돌아가라(2:7)는 등의 회복에 대한 희망을 남겨두고 있지만 원천적으로 그들도 하나님을 버리고, 우상을 숭배한 자들의 벌로 다스려 질 것임이 천명되고 있다. 예를 들면 "아스글론은 폐허가 되며 아스돗은 대낮에 쫓겨나며 에글론은 뽑히리라"(2:4), "구스 사람들아 너희도 내 칼에 죽임을 당하리라"(2:12) 같은 표현이 그것이다.

3) 남은 자를 통한 장래의 하나님의 나라를 예언하는 부분(3장)

3장 초반부에는 예루살렘의 몰락과 그에 대한 애가가 나온다(3:1~5). 그런데 이 부분에서 하나님은 자신을 "그들 가운데 계시는 분", "의로우신 분"으로 자신을 드러내셨다. 그 후에 예루살렘의 남은 자들과 돌아온 하나님의 백성들을 불러 다시 회개케 하며 새롭게 회복시키시겠다는 희망찬 미래의 회복에 대한 메시지로 본서의 예언이 끝나고 있다.

> 그날에 네가 내게 범죄한 모든 행위로 말미암아 수치를 당하지 아니할 것은
> 그 때에 내가 네 가운데서 교만하여 자랑하는 자들을 제거하여
> 네가 나의 성산에서 다시는 교만하지 않게 할 것임이라.
> 내가 곤고하고 가난한 백성을 네 가운데 남겨 두리니
> 그들이 여호와의 이름을 의지하여 보호를 받을지라.
> 이스라엘의 남은 자는 악을 행하지 아니하며 거짓을 말하지 아니하며
> 입에 거짓된 혀가 없으며 먹고 누울지라도 그들을 두렵게 할 자가 없으리라(3:11~13)

다른 예언서들과 비슷하게 본서도 이스라엘의 죄를 인한 하나님의 심판을 선언하면서도 또한 언약에 신실하신 하나님의 회복케 하시는 소망의 메시지로 예언을 마무리하고 있다. 예루살렘 함락의 이브에, 그 절대 절명의 시기에 스바냐는 이사야가 노래했던 그 희망의 노래를 다시 들려주고 있고, 아브라함의 약속을 따라 시온에서 그의 백성을 다시 돌이키실 하나님의 신실하심을 찬양하고 있다. 스바냐는 회복의 가능성을 열어놓은 선지자이다. 선지자는 '시온의 딸'과 '예루살렘의 딸들'에게 노래하라고 명하고 있다. "여호와가 네 형벌을 제거하였으며 네 원수를 쫓아내었다 이스라엘 왕 여호와가 네 가운데 계시니 네가 다시는 화를 당할까 두려워하지 아니할 것이라"고 말하며 그 백성을 위로하고 있다. 그런 선지자의 메시지는 "너희 하나님 여호와가 너희 가운데 계시니 그는 구원을 베푸실 전능자시라 그가 너로 말미암아 기쁨을 이기지 못하시며 너를 잠잠히 사랑하시며 너로 말미암아 즐거이 부르며 기뻐하시리라"(3:17)는 소망 가득한 메시지로 그 백성을 위로하고 있는 것이다.

제5장
학개
스가랴
말라기

1. 학개의 서론과 구조

1) 학개 서론

구약의 가장 짧은 책 중의 한 권인 본서는 히브리 성경의 전통을 따라 선지자의 이름으로 책명을 대신하고 있다. 선지자의 이름인 '학개'라는 갈은 '잔치, 혹은 축제'라는 말로 선지자가 그런 날에 출생하였기 때문이라 한다. 영어 성경 명칭과 한글 성경의 명칭인 '학개'는 '앙가이오스'라고 명명된 70인경과 '악게우스'라고 발음되는 라틴어 성경 제목에 대한 영어 음역이다. 학개 선지자의 개인에 관하여는 본서 자체의 즈장 외에는 별로 알려진 바가 없다. 그의 부모나 고향에 관해서도 알려지고 있지 않다. 선지자는 바벨론 포로에서 귀환한 이후 제일 먼저 활동한 선지자였다. 에스라서에 의하면 학개는 스가랴와 동시대의 인물로 성전 재건을 독려하였다고 말하고 있다. 선지자 학개에 관해서는 다른 선지자들과 마찬가지로 그에 관한 기사는 븐서의 기록 외에는 참고할 만한 자료가 거의 없다. 제롬의 학개서 주석에 의하면 70인경과 아람어 역본인 페쉬타의 일부 시편의 표제들이 학개의 것으로 돌리고 있기 때문에 이 선지자를 동시대 선지자인 스가랴와 마찬가지로 제사장 출신이었다고 하나 확증할 길은 없어 보인다. 학개서의 기록 목적은 바벨론 포로에서 귀환한 하나님의 백성들을 독려하여 하나님의 성전 재건 사업을 완수하는 데 있다.

본서의 배경이나 저자에 관한 논쟁은 다른 모든 선지서들에 비하여 가장 명확한 편이다. G. L. 아처는 그런 본서의 특성을 "구약의 모든 책 중에서 오직 이 책만이 비평가들의 비평에서 벗어나 있다"[95]고 평하고 있다. 왜냐하면 저자는 자신에게 임한 하나님의 신탁을 네 개의 분명한 메시지로 구분하고 있고, 그때마다 연대를 추정할 수 있는 언급이 덧붙여져 있기 때문이다. 하지만 본서에 대한 복수 저작설이나 혹은 편집설이 전혀 없었던 것은 아니다. B. 차일즈나 J. W. 로드스타인 등은 본서의 2:10~19절이 실제로는 두 개의 다른 문단 즉 2:10~14절과 2:15~19절 등으로 나누어진 다른 두 문건을 하나로 누군가에 의해 편집된 것이라 주장하였다. 특별히 J. W. 로드스타인은 2:15~19절의 내용(성전지대를 쌓던 날짜를 9월 24일이라 표기하고 있다)은 실제로는 1:15절(성전 지대를 쌓던 날짜를 6월 24일이라 하고 있다)의 앞부분에 배치되어야 하는 내용이라고 주장하기도 했다. 왜냐하면 그 두 부분은 성전의 전 지대를 쌓던 일을 서로 다르게 언급하기 때문에 그렇게 보아야 한다는 것이다.[96] 하지만 이런 논쟁은 학계의 주목을 받지 못했다. 왜냐하면 본서는 전체 38개의 절들이 명확하게 연대가 제시된 4개의 신탁을 중심으로 구성되어 있으며, 그런 신탁이 진행되는 동안 9회에 걸쳐 학개 선지자의 이름이 거명되어 자신이 저자임을 확인하고 있기 때문이다. 각각의 신탁은 "여호와의 말씀이 선지자 학개로 말미암아"(1:1) 혹은 "여호와의 말씀이 선지자 학개에게 임하니라 가라사대"(2:1, 10, 20) 등으로 명확하게 선포되고 있기 때문이다. 그렇게 볼 때 2:18절의 성전 지대를 쌓던 일자를 9월로 표기한 것은 아마 성경의 전수 과정에서 필사자의 오기였을 가능성이 있다. 6월 24일에 성전의 기초를 놓았는데 9월 24일에 하나님의 말씀이 임하였다. 그래서 같은 날짜로 인하여 달에 대한 표기를 서기관이 혼돈했을 가능성이 있다는 말이다.[97] 그러나 비평학자들이 주장하는 것처럼 2:18절의 부분이 1:15절에 이어져야 하는데 잘못 편집되었다거나, 다른 저자로 인한 것이라는 주장은 더 설득력이 없다고 여겨진다. 왜냐하면, 이 본문에 대한 70인경이나 다른 역본들도 히브리 성경과 같은 순서를 보여주고

---

95 Archer Jr. G. L., op. cit., p.616.

96 Childs B., op. cit., p.465~67. 참고 차일즈는 여기서 자기의 논증을 강화하기 위해 Rothstein J. W., *Juden und samaritaner. Die grundlegende Scheidung von Judentum und Heidentum, BWA(N)T*(1908), pp.53의 내용을 재인용하여 설명하고 있다.

97 Harrison R. K., op. cit., p.945.

있기 때문이다.

알려진 대로 이스라엘은 고레스 왕의 칙령(주전 538년)으로 본국 이스라엘로 돌아오기 시작했다. 바벨론이 멸망하고 신흥 왕국인 페르샤 제국이 세워졌고, 새로운 왕은 자신의 위엄과 자비함을 보이기 위해 앞선 정권하에서 포로로 잡혀 온 모든 민족은 각자의 조국으로 돌아갈 수 있다고 반포했다. 그리고 자기 민족의 고유한 신을 섬겨도 된다고 허락하였다. 그래서 이스라엘은 본국으로 돌아오기 시작한다. 그러나 그 일이 모든 유대인들에게 기쁨으로 환영받은 일은 아니었다. 그들은 이미 바벨론에서 50년 이상을 거주했다. 그곳에 태어난 사람들이 많았고, 그곳에서 정착된 사람도 많았다(참고, 렘 29:5~6). 포로 중 바벨론에서 태어난 유대인들에게 바벨론은 그들의 고향이었다. 에스라와 느헤미야서에 의하면 이렇게 해서 본국 이스라엘로 돌아온 유대인들은 고작 5만 명 정도였을 뿐이다. 어렵게 애국심을 발휘하고 또 하나님을 기억하여 본국으로 돌아온 유대인들은 안팎의 여러 가지 어려움에 직면하게 된다. 왜냐하면 그들이 과거에 소유했던 토지나 재산은 이미 다른 소유자들의 것이 되어 있었고, 그것을 돌려받기 위해서는 많은 법적 시비가 필요했다. 그뿐 아니라 돌아온 그들은 당장 자신들이 기거할 집과 거처를 마련하고 생계의 수단을 확보하는 일 자체가 힘겨운 일이었을 것이다. 또한 자국민들 뿐 아니라 주변의 이방인들도 그들의 행보에 차가운 시선을 보내며 사사건건 방해하였다. 그들은 성벽을 재건축하려 했으나 뜻을 이루지 못했고, 성전을 재건하는 것도 많은 반대와 어려움에 부딪혀 중지되고 지연되었다. 이런 저런 어려움으로 인해 돌아온 백성들은 성전 재건보다는 자신들의 생활 기반을 다지는 데 더 우선권을 두고 살았던 것은 별로 놀라운 일이 못된다.

이런 이스라엘 내에서의 문제뿐 아니라, 당시의 대국이었던 페르샤 제국 내부에서도 많은 혼란이 일어났다. 고레스 왕은 주전 530년에 전장에서 죽었고, 이어 즉위한 캄비세스는 자신의 보위를 견고히 하기 위해 잠재적인 경쟁자인 동생 바르디야를 암살하였다. 나중에 캄비세스는 자살하였다고 알려졌는데, 그를 이어 등극한 대왕이 바로 다리오 1세이다. 그는 주전 522년에서 486년 동안 거의 37년을 통치하였다. 에스라 4장에 보면 이스라엘의 성전 건축을 방해하였던 이방인들은 고레스 시대부터 다리오가 즉위할 때까지 관리들에게 뇌물을 주어 그 계획을 막았다고 하였는데, 이런 뇌물이 통할 수 있었던 것은 페르샤 국내의 정정이 이렇게 불안하였기 때문이라고 추론할 수 있겠다. 학개 선지자의 사역은 귀환 후의 이스라엘의 상황을 기록하고 있는 에스라 느헤미야에 의해서 확인되고 있는데, 스가랴서와 함께 학개서는 귀환 후의 상황에 대하여 중요한 정보를 제공해 주고 있는 책이다. 그런 점에서 세스바살과 스룹바벨의 인도로 귀환한 이스라엘은 귀환 첫 해에 번제단을 쌓았고, 옛 의식들을 다시 회복했다고 알려지고 있다. 그리고 귀환 둘째 해 둘째 달에 성전의 기초를 쌓았다. 그리곤 이내 이방인들의 방해를 받게 되는데, 이때의 기록은 학개나 스가랴 선지자의 이름이 거명되고 있지 않다. 그래서 그들의 사역이 시작된 주전 520년 어간까지의 거의 18년이란 공백에 대하여 R. K. 해리슨은 선지자들이 부모의 손에 이끌려 어린 시절에 본국으로 돌아왔으며, 그들이 장성하는 동안에 그들은 돌아온 이스라엘 백성들의 퇴폐해가는 신앙과 생활태도를 보며 많은 도전과 충동을 받았고, 그것이 그들의 사역에 큰 동기를 제공했을 것이라 추론했다.[98] 학개 선지자의 활동에 대하여 에스라는 "선지자들 곧 선지자 학개와 잇도의 손자 스가랴가 이스라엘 하나님의 이름을 받들어 유다와 예루살렘에 거하는 유다 사람들에게 예언하였더니"(스5:1~2), "유다 사람의 장로들이 선지자 학개와 잇도의 손자 스가랴의 권면함으로 인하여 전 건축할 일이 형통한지라. 이스라엘 하나님이 명령과 바사와 고레스와 다리오와 아닥사스다의 조서를 좇아 성전을 건축하며 필역하되 다리오 왕 6년 아달월 삼일에 전을 필역하니라"(스6:14~15, 주전 516년)고 정확하게 기록 평가하고 있다. 그 기록에 의하면 성전 재건 공사는 4년 반 만에 완공된 것으로 여겨지고 있다.

2) 학개의 구조

본서는 네 개의 메시지를 중심으로 구분되어 있다.
- 1:1~15절 ▶ 책망: 성전 건축을 등한시함을 인생고의 원인으로 보고 책망함
- 2:1~9절 ▶ 격려: 재건되는 제2성전의 영광이 솔로몬의 성전보다 클 것임을 강조함
- 2:10~19절 ▶ 축복: 성전 건축으로 받을 복을 열거함
- 2:20~23절 ▶ 장차 올 미래에 대한 약속: 이방의 멸망을 선언함

2. 학개의 신학적 논점들

1) 제2성전과 이전의 나중 영광

---

98 ibid.

이스라엘에게 있어서 성전은 그들의 삶과 존재의 중심에 위치한다. 세월은 흘렀다. 과거 이스라엘의 멸망을 전후하여 하나님은 그의 종 선지자들을 통하여 이스라엘에게 '희망'을 선포하였었다. 예레미야와 스바냐 등을 통하여 '남은 자'와 '회복'을 예언하였었다. 그러나 그 회복의 희망은 그 실체를 구체적으로 밝히지 않은 채로 끝이 났었다. 그리고 이스라엘은 바벨론으로 정처 없고, 기약 없는 포로로 잡혀갔다. 성전은 훼파되었으며 선민은 타국에서 포로살이를 해야 했다. 그러나 예레미야와 스바냐를 통하여 예언된 회복과 갱신은 이제 돌아 온 백성들 위에 세워진 선지자 학개를 통하여 구체화되고 있다. 이 회복의 중심에 성전이 있는 것이다. 하나님의 축복의 증표는 두말할 나위 없이 그의 현존이고 하나님의 현존을 상징하는 것이 성전이다. 하나님은 성전을 통하여 그 백성들에게 자신의 현존을 드러내시는 분이시다.[99] 학개는 이스라엘의 갱신이 성전 재건 때까지는 일어나지 않을 것임을 강조했다. 이 점에 있어서 학개의 메시지는 구약의 전 성경과 일치되고 있다. 그는 창세기, 이사야, 그리고 시편의 언약과 회복의 메시지를 이어가고 있다. 그것은 또한 신명기의 중앙 성소에 대한 강조와 열왕기서의 성전 봉헌의 메시지와도 연결되고 있다. 성전은 하나님의 현존을 보여주는 이 땅의 실체이며, 또한 그를 향한 이스라엘의 헌신을 입증해주는 보증물이다. 학개는 신명기 28장과 30장 그리고 이사야 60~62장, 예레미야 30~33장 그리고 에스겔 40~48장의 미래관과 견해를 같이한다.[100] 그에 더하여 학개는 앞선 선지자들의 예언의 구체적 성취물로서의 성전을 향한 하나님의 역사 개입을 보여주고 있다.[101] 그런 구약적 구속사의 발전은 자연스럽게 이 성전보다 더 영광스럽고 위대한 미래적 성전을 바라보게 하고 있다.[102]

학개는 제2성전과 관련하여 2:3절과 7~9절("내가 이 성전에 영광이 충만하게 하리라")에서 굳이 '영광'(히, 셰키나)이라는 단어를 4번이나 반복 사용하고 있다. 이는 하나님의 영광의 임재를 가리킬 때 사용된 용어이다. 그것은 이스라엘에게 '불과 구름 기둥'이며 하나님이 어떤 성소나 제단을 승인할 때 나타났던 현상들이다. 비록 에스겔이 '하나님의 영광이 되돌아 올 것'(겔43:1~7)을 예언했음에도 불구하고, 그 영광의 불이 이 스룹바벨 성전에 임

---

99   Ackroyd P. R., *Exile and Restoration: A Study of Hebrew Thought of the Sixth Century B.C.*, *Old Testament library*(Philadelphia, Westminster press, 1969), pp.153~55.

100 House P. R., op. cit., p.692.

101 Redditt P. L., *Haggai, Zechariah Malachi. New Century Bible*(Grand Rapids, Eerdmans, 1995), p.20.

102 Von Rad G., *Old Testament Theology*. vol2, p.282.

하였다는 흔적은 없다. 그럼에도 불구하고 선지자는 그런 구약적 언약의 연장선상에서 같은 용어를 반복사용하고 있다. 이것은 선지자가 보기에 돌아온 백성들이 건축한 이 성전은 모든 앞선 선지자들의 예언의 성취이며, 그들이 선포했던 '회복과 갱신'의 구체적 상징물이라는 것을 암시하기에 충분한 은유이다. 이제 하나님은 그들 가운데 계신 것이다. 스바냐의 예언이 이 성전을 통하여 구체적으로 실현되고 있음이 놀랍지 않는가! 선지자는 계속해서 강조하고 있다. "너희가 애굽에서 나올 때에 내가 너희와 언약한 말과 나의 영이 계속하여 너희 가운데 머물러 있나니 너희는 두려워말지니라"(2:5). 선지자는 하나님의 언약을 상기시키며 이 성전으로 말미암아 하나님이 우리와 함께 계심이 재현되었고, 이어지고 있음을 천명하고 있다.

본문은 2:9절을 통하여 한 층 미래 지향적으로 나아가고 있다. 이스라엘과 함께 한 하나님의 영광의 현존은 "이전의 나중 영광이 이전 영광보다 크리라"하고 있는데, 앞의 G. 폰 라드의 지적대로 더 영광스런 미래적 성전을 바라보게 하는 것이라 하겠다. 그것은 다윗의 후손으로서 지금 백성들을 이끌고 있는 스룹바벨을 다윗 계약의 상속자이며, 또한 그의 후손을 통하여 오실 메시아에 대한 상징임을 의미하고 있다. 물론 스룹바벨 자신은 솔로몬이나 히스기야 혹은 요시야보다 더 낳은 왕이라 할 수 없고 장차 출현할 메시아는 아니다. 그러나 이 본문에서 강조하고 있는 것은 다윗의 계보가 끝난 것이 아니라는 말이다. 장차 다윗의 자손이 출현할 것을 보게 하는 것이다. 이스라엘의 멸망과 함께 다윗의 위는 끝이 났다고 여겨졌었다. 그러나 그의 후손인 스룹바벨이 지금 이스라엘을 영도하고 있고, 그의 영도 하에 하나님의 영광의 임재처인 성전이 재건 봉헌되고 있는 이 사실은 이스라엘로 하여금 다윗언약의 확실함을 보게 하는 것이다. 이스라엘의 희망이 끝난 것이 아니란 말이다. 이에 대하여 C. F. 카일은 "다윗의 계보가 미래의 영광을 위해 남겨 둔 자를 보게 한다"[103]고 지적하고 있으며 W. C. 카이저는 하나님이 지상의 제국들을 멸망시킬 때마다 다윗의 자손이 이러한 승리에 필수적 요인이 될 것이라는 사실에 주목하고 있다.[104] 구약의 많은 본문들은 하나님의 언약을 회복할 왕의 도래에 대하여 예언하고 있다. 그러한 예언은 사무엘 하 7장의 다윗 언약으로 구체화 되어 전수되어 왔다. 이 약속된 왕은 신실한 자들의 성전 건축으로 시작된 회복

---

103 Keil C. F. & Delitzsch F. J., *Haggai in Commentary on the Bible.* 10vols(Grand Rapids, Eerdmans, 1980), p.212.

104 Kaiser Jr. W. C., *The Messiah in the Old Testament, Studies in Old Testament Biblical Theology*(Grand Rapids, Zondervan, 1995), pp.209~11.

을 최종적으로 완성할 분이다. 그분이 우리와 함께 거하시는 주님이시다. 요한복음이 증거하고 있는 "말씀이 육신이 되어 우리가운데 거하시매 우리가 그의 영광을 보니 아버지의 독생자의 영광이요 은혜와 진리가 충만하더라"(요1:14) 는 말씀과 히브리서 기자가 증거하고 있는 "하나님의 영광의 광채시요 그 본체의 형상"(히1:3)이라는 말씀을 통하여 학개의 예언의 미래적, 구속사적 성취를 보게 된다. 돌아온 이스라엘에게 있어서 성전 재건은 이렇게 중대한 의미를 함의하고 있는 것이다.

3. 학개의 주요 내용 강해

바벨론이 멸망하고 페르시아 왕 고레스가 등극했다. 새 왕의 칙령으로 주전 538년에 유대인들은 꿈에 그리던 고국으로 돌아 갈 수 있게 되었다. 유대인들은 귀환 후 하나님의 제단을 쌓고 제물을 드렸다. 그리고 성전 재건을 위한 준비에 착수했다. 하지만 성전 재건은 초기부터 사마리아인들의 방해를 받기 시작했다. 공사는 지연되고, 다음 왕인 다리오 왕 시대에 이르렀다. 그런 일반적인 시대 정황 때문에 유대인들 사이에도 성전 재건에 대한 미온적인 태도가 점증하였고, 이스라엘 사회는 구심점 없이 세속화되어 갔다. 그럴 즈음에 다리오 왕의 권력층 내부에 반란사건이 일어나고 먼 유대의 성전 재건에 까지 신경을 쓸 겨를이 없었다. 그 즈음에 전 왕인 고레스의 성전 재건 칙령이 여전히 유효함을 내세워 성전 재건 공사가 활기를 띠게 도었다. 그때 함께 일한 사람들이 학개, 스가랴 선지자이며, 정치지도자로는 총독 스룹바벨과 대제사장이었던 여호수아가 있다.

1) 책망: 성전 건축을 등한시함을 인생고의 원인으로 보고 책망함(1:1~15)

본문을 가만히 살펴보면 학개의 메시지는 일반 백성에게 한 말씀이 아니라 그 백성의 지도자로 세움 받은 스룹바벨 총독에게 한 것임이 명확하다. 선지자는 하나님의 성전 재건이 중단되어 있는데도, 백성들이 자기 집단 화려하게 꾸미려고 하고 있다고 책망하고("이전이 황무하였거늘 너희가 편벽한(화려한) 집에 거하는 것이 가하냐?" - 1:4), 이 백성들이 당하고 있는 모든 어려움의 근저에는 하나님의 성전을 등한시 여긴 죄가 있다고 하였다. 그러므로 너희로 인하여 하늘이 이슬을 그쳤고 땅은 산물을 그쳤으며(1:10), 많이 뿌릴지라도 수확이 적으며 먹을지라도 배부르지 못하며 마실지라도 흡족하지 못하며 입어도 따

뜻하지 못하며 일꾼이 삯을 받아도 그것을 구멍 뚫어진 전대에 넣음이 되었다(1:6)고 지적했다. 이런 선지자의 지적을 받아들인 총독은 백성들을 독려하여 성전 재건 공사를 다시 시작하게 된 것이다. 백성들의 성전 재건 지연은 그들이 신실하고 충직스런 여호와의 종이 못됨을 보여주는 것이다. 그래서 하나님은 이들을 '내 백성'이라 부르지 않고 "이 백성"(1:2)이라 칭하도록 한 것이다. 하나님은 영광을 받으시기에 합당한 분이심으로 그의 백성은 마땅히 성전을 건축해야 한다고 선포하고 있고 백성들은 그런 선지자의 책망을 기꺼이 받아들이고 있다. 이점에 있어서 명심해야 하는 구절이 있는데 그것은 1장의 후반부인 12절 이하이다. 여기서 물론 백성들이 일을 하지만 하나님께서 백성의 지도자들인 유다 총독 스룹바벨과 대제사장 여호수아 및 남은 백성들의 마음을 감동시키셨다는 것이다. 언제나 하나님은 주체자이시다. 6월 1일에 임한 하나님의 말씀이 백성들에게 받아들여 진 시점은 6월 24일이었다.

2) 격려: 재건되는 제2성전의 영광이 솔로몬의 성전보다 클 것임을 강조함(2:1~9)

2장 초반부에는 옛 성전을 보았던 사람들이 보기에 초라해 뵈는 제2성전의 의미와 위대함, 영광스러움 등을 예언적 측면에서 강조하고 있다. 두 번째 메시지는 다음 달인 7월 22일에 임한다. 그렇게 건축될 새 성전은 외관상 초라하게 보일지라도 내가 그 가운데 함께 거할 것이며(2:5), 또한 나의 영광이 함께 할 것이다. 뿐만 아니라 "이전의 나중 영광은 더 클 것이다"라는 미래지향적이며 구속사적 메시지가 포함되어 있어 중요한 부분이다(2:9). 이는 성전이신 자신의 몸을 헐어 새로운 영적 성전을 통해 그 백성과 함께하신 그리스도의 구원사역을 예언하는 선지서의 표현이기도 하다.

3) 축복: 성전 건축으로 받을 복을 열거함(2:10~19)

선지자에게 임한 세 번째 메시지는 비록 악이 만연되어 있을지라도 백성들이 하나님을 우선적으로 섬기기 시작할 때, 하나님은 분명히 축복을 주신다는 점을 부각하고 있다. 이런 하나님의 약속은 "그러나 오늘 부터는 내가 너희에게 복을 주리라"(2:19)라는 표현으로 축약되고 있다. 이것을 선지자는 제사장의 부정에 관한 율법에 비유하여 설명하고 있다. 즉 명백히 부정한 것으로 여겨지는 이 백성들과 그로 인해 벌과 재앙이 주어졌던 날들을 기억하라는 것이다. 그러나 이제 이 백성이 불신앙에 돌아서서 하나님의 성전을 건축하는 일에 우선순위를 둔다면 그날부터 하나님께서 돌이켜 그 백성들을 부정하다 아니하며, 축복을 주시겠다는 메시지이다. 우리에게는 모두 이런 터닝 포인트가 필요하다. 과거 이스라엘이 성전 건축을 하나님을 향한 헌신의 터닝 포인트로 삼았다면, 오늘 우리의 터닝 포인트는 무엇이 되어야 하는지를 생각해보면 좋겠다.

4) 장차 올 미래에 대한 약속: 이방의 멸망을 선언함(2:20~23)

2장의 마지막 부분이며 네 번째 신탁인 이 부분은 앞의 메시지를 받은 동일한 날에 있었던 일이다. 여기서 선지는 다른 선지들과 같이 하나님의 현존 앞에서 살기를 서원하고 그 성전에 선 이스라엘을 향하여 언약적 구절을 다시 재창하고 있다. 언약적 확증이 다윗의 후손인 스룹바벨을 높이 세움으로 돌아온 이스라엘에게 여전히 희망이 있음을 보여주고 있다.

4. 스가랴의 서론과 구조

1) 스가랴 서론

구약 소선지서 가운데 가장 긴 책인 본서는 그 명칭을 저자인 스가랴 선지자의 이름으로 제목을 삼고 있다. '스가랴'란 이름은 히브리어로 '자카르'(기억한다)라는 동사와 '야'(여호와)의 합성어이다. 즉 '여호와께서 기억하심, 기억하시는 자'라는 뜻의 이름이다. 유대인들은 이런 이름을 무척 좋아했기 때문에 구약에서 이런 이름을 가진 자는 대략 25명 정도이다. 그는 이스라엘 백성이 바벨론에서 귀환할 때 같이 온 이스라엘 족속의 유력한 제사장의 가문 출신인데, 그의 할아버지는 스룹바벨과 동시대의 인물인 제사장 '잇도'였고 그의 아버지는 베레갸이다. 그는 에스라 5:1절, 6:14절 그리고 느헤미야 12:16절에서 잇도의 아들로 알려져 있다. 이런 증거들이 옳은 것이라면 본문에 두루 나타나고 있는 성전과 관련된 묘사가 그의 제사장적 가정 배경과 잘 어울리는 것이라 할 수 있다. 그의 예언 사역은 동시대 인물인 학개보다 2년 정도 이후의 것이라 추정된다. 본서 스가랴서는 메시아 예언과 그리스도의 수난 기사가 많이 실려 있으며,[105] 에스겔서를 제외하고는 가장 많은 상징과 비유 및 묵시론학적 표현을 담고 있어서 신약의 계

---

105 Robinson G. L., "Zecharia," *International Standard Bible Encyclopedia*, p.3136; Lamarche P, Zacharie ix~xiv Structure, *Litteraire, et Messianisme*(Paris, J Gabalda, 1961), pp.8~9.

시록 저자에게 가장 많은 영향을 끼친 책이라 평가되고 있다.

스가랴서는 바벨론 포로에서 돌아온 첫 귀환자들의 세대를 배경으로 하고 있다.[106] 그러므로 여러 면에서 학개 선지자의 메시지와 공통적인 주제를 많이 내포하고 있는 것은 그리 놀라운 일이 아니다. 동시대에 사역한 학개와 함께 스가랴는 새로워진 예루살렘과 회복된 성전을 강조하고 있다. 그러면서 두 선지자는 다윗과 같은 왕을 회복의 필수적인 요소로 믿고 있으며, 하나님의 영을 강조하고 또 이스라엘의 미래에 초점을 맞추고 있다. 스가랴는 성전 재건을 독려하고 그 중요성을 강조하면서도 거룩한 성 예루살렘이 지상의 하나님의 나라의 중심으로서 우뚝 설 것을 강조한다. 그러니까 구약 예언자들이 가졌던 이스라엘의 미래의 청사진을 한 단계 더 고양시키고 있는 것이다. 주전 7세기 선지자들이 유다의 패망을 앞두고 남은 자의 사상을 활용하며 선민 이스라엘에게 희망이 있음을 강조했고, 돌아온 선지자들인 주전 6세기 선지자 학개는 그 희망은 이 땅의 하나님의 현존의 상징인 성전 재건을 통해 구체화했다. 이제 스가랴는 그 성전을 통하여 하나님은 열방으로 경배케 하며 이 성전이 단지 이스라엘만을 위한 성전이 아니라 열방의 중심지가 된다는 것으로 나아가고 있다. 즉 성전을 통하여 이 땅에 하나님의 나라가 확장되고 있음을 보게 하고 있는 것이다. 이에 대하여 J. D. 왓츠는 "스가랴의 주제는 하나님의 나라이다. 이 주제는 다른 주제들과 얽혀서 다양한 형태로 드러난다. 예루살렘과 하나님의 나라와의 관계는 전 스가랴서를 관통하는 실과도 같다. 당신의 거처를 재건립하려는 여호와의 간섭하심은 성전 건축의 근거가 된다. 하나님의 도래와 예루살렘에서의 거주는 예루살렘의 선택 및 그 표지가 된다. 예루살렘은 '그날'이라는 극적인 사건의 중심이 된다. 그 밖의 모든 만물들이 여호와의 최후의 심판 아래 놓일 때 예루살렘은 높이 들리어지며 굳게 설 것이다"[107]라고 설명하고 있다.

본서의 저자와 그 배경에 관하여 학자들은 1~8장까지를 스가랴의 저작으로 보는 일에 동의하고 있다. 하지만 후반부인 9~14장까지의 문제를 놓고 비평학계의 의견과 보수주의 학계의 의견은 확연히 나누어지고 있다. 비평학계가 그렇게 복수 저자설이나 전대 혹은 후대 연대설을 주장하는 이유는 다음과 같다.[108] 첫째 스가랴 1~8장의 전반

---

106 Provan I, Long V. P. & Longman Ⅲ. T., *A Biblical History of Israel*(Philadelphia, Westminster John Knox Press, 2003), pp. 285~303.

107 Watts J. D., "Zechariah" in *Broadman Bible Commentary 7*. Ed. by Allen C. J.,(Nashville, Broadman, 1969~72), p. 311.

108 참고, 아래의 비평학자들의 논거는 Dillard L. & Longman Ⅲ. T., op. cit., pp. 647~650에서 요약 정리한 것임.

부와 9~14장의 후반부는 서로 다른 시기에 초점을 맞추고 있다. 전반부는 돌아온 공동체의 회복이 주제이고, 후반부는 묵시적 상징과 종말론적 관점이 서로 다르다. 둘째 두 부분의 문학적 양식이 서로 다른데 전반부는 설교형식이고 후반부는 경고성의 예언이라는 것이다. 셋째 두 부분의 어휘와 구문이 차이를 보이고 있다. 넷째 후반부의 내적인 간접 연대가 돌아온 공동체의 시대와 다르다. 여기에 관해서 어떤 부분은 주전 8세기의 흔적이 보이고 어떤 표현은 오히려 주전 3세기의 흔적이 나타난다는 것이다. 다섯째로 후반부인 11:4~17절의 부분은 이보다 훨씬 후대인 마카비 시대를 반영하고 있다는 것이다. 여섯 번째 이유는 전후반부의 인물에 관한 기록 방식이 상이하다는 것인데, 전반부는 구체적인 이름이 거명되는 반면 후반부는 인명이 전혀 언급되지 않고 있다. 일곱 번째 이유 역시 비슷한데, 전반부는 연대가 비교적 정확히 기록된 반면 후반부는 연대에 대한 관심이 없어 보인다는 것이다. 여덟 번째 이유는 전후반부의 지도자에 대한 언급이 다른데, 전반부는 다윗의 후손인 스룹바벨이나 대제사장 여호수아 같은 인물이 지칭됨에 비해 후반부는 애매한 명칭인 목자들이라는 표현이 사용되고 있다는 것이다. 이런 여러 이유들로 인해 비평가들은 본서의 후반부가 스가랴의 것이 아니며 일부는 예레미야의 시대로 또 일부는 헬라시대로 그 시기를 추정한다.

이런 비평학자들의 논거에 대해 일일이 반론을 제기하는 것은 별로 유익하지 못한데, 대부분의 보수주의 학자들은 아래와 같은 확실한 논거들에 의해 본서는 스가랴에 의해 전체가 포로 후기의 돌아온 공동체의 관점과 그들의 미래를 조망하는 관점에서 기록되었음을 확신하고 있다.[109] 몇 가지 예를 들어 보수주의 학계의 답변 즉 스가랴서의 통일성에 대한 확신에 동의를 표한다. 마태복음 27:9~10절에 있는 목자의 값으로 지불된 은 30개가 토기장의 밭 값으로 치러졌다는 표현은 본서 11:12~13절과 예레미야 18:2절과 19:11절 이하의 내용을 함께 인용한 결과이다. 그런데 마태가 그 옛 예언을 인용하면서 예레미야의 말이라고 하였다 해서 본문이 스가랴의 것이 아닌 주전 7세기 예레미야의 것으로 본다는 것은 일반적 성경 표기법과 일치하지 않는다는 것이다. 예를 들면 말라기 3장과 이사야 40장의 내용들을 함께 인용하고 있는 마가복음 1:2~3절 역시 단지 이사야의 글이라고만 인용되고 있기 때문이다.[110] 딜라드와 롱맨은 위의 비평학자들의 논거 1, 2, 6, 7, 8번에 있는 두 부분의 차이점들은 오히려 저자의 정리 능

---

109 참고, 보수주의 학계의 탁월한 논거로는 Redditt P. L., *Haggai, Zechariah, Malachi. New Century Bible*(Grand Rapids, Eerdmans, 1995), pp. 94~102와 Archer G. L., op. cit., pp.620~626을 참고하라.
110 정규남, 『구약개론』(서울, 개혁주의 신행협회, 2006), p.299.

력이 뛰어난 증거라고 보아야 하며 한 저자가 한 가지 종류의 글이나 문장밖에 쓸 수 없다는 비이성적인 논리에 집착하지 않고서는 그런 결론에 이를 수 없다고 주장하고 있다.111 그리고 논거 3번도 스가랴서 전후반부의 용어의 차이에 대한 통계학적 방법도 신빙성을 가지고 적용하기에는 너무도 적은 문헌의 양 때문에 그 신빙성이 적다는 포트노이와 피터슨의 지적은 타당한 것이라 여겨진다.112 뿐만 아니라 본서에 나타나는 헬라에 대한 경고성 메시지가 굳이 그 시대나 그 이후 시대에 쓰였다는 논리도 온전한 것은 못된다. 왜냐하면 스가랴 선지자가 학개와 같이 주전 520년경에 성전 재건에 관한 사역에 힘을 썼지만, 그는 더 오래 살아서 자기 인생의 후반부에 점증하는 헬라의 영향력을 실제로 보면서(여기서 페르샤는 몇 번의 헬라 원정에 실패했었고 그로인해 헬라가 중동의 새로운 강자로 떠오르고 있었다) 헬라에 대한 경고를 묵시적으로 기록했다는 것은 오히려 타당성을 더해가고 있다. 이에 대하여 엉거는 "스가랴가 주전 520년에 학개와 함께 성전 건축을 위해 예언 활동을 한 것을 시작해서, 7장을 주전 518년에 예언했으며, 9~14장은 7장보다 훨씬 뒤에 예언한 것으로서, 야반(헬라)에 대한 언급을 보아서 주전 480년쯤 된 것이므로 스가랴의 예언 기간이 대략 45년에서 50년쯤 될 것으로 보인다"113고 설명했다. 이런 9:13절의 헬라의 자식에 대한 언급을 해석함에 있어서 E. J. 영은 "본 예언은 야반(헬라)의 승리가 아니라 패배 중의 하나이다. 이와 관련하여 선지자는 포로민들에게 확실한 보장으로서 지금 막 돌아올 것을 호소했다(12절). 그러므로 그 입장은 스가랴 시대에 잘 들어맞지, 후 시대에는 맞지 않는다. 이것은 실제 전쟁에 대한 기술이 아니라 장래의 승리에 대한 묵시적 이상이다"라고 하면서 이 언급이 헬라시대에 쓰여진 것이 아님을 확증했다.114 17세기의 캠브리지의 교수였던 J. 메대에 의해 제기된 본서와 마태복음 기사 사이의 표기법의 차이로 인한 복수 저자설은 그 후 R. 키더와 W. 뉴캄에서 확장되었고 20세기 들어 아이히혼과 로젠뮐러, 히찌흐, 존슨 같은 학자들에 의해 지지되어 한때 "현대 비평학의 가장 확실한 결과들"이라고까지 칭찬 받았던 본서의 복수 저자설 및 복수 연대설은 오늘날 아무런 지지도 받지 못하고 있다고 평가 된다.115 이런 평가

---

111 Dillard L. & LongmanIII. T., op. cit., p.649.

112 Portnory S. & Peterson D., "Biblical Texts and Statistical Analysis. Zechariah and Beyond," *JBL103*(1984), p.12.

113 Unger M. F., *Introductory Guide to the Old Testament*(Grand Rapids, Zondervan, 1952), p.356.

114 Young E. J., op. cit., p.331.

115 ibid., p.330.

에 힘을 더한 것은 고고학적 발굴과 히브리어 변천사에 대한 연구 업적이 한몫을 한 것이다. G. L. 아처에 의하면 히브리어가 주전 5세기에서 주전 2세기에 이르는 동안 거의 발전이 없었고 변화가 없었다는 것은 얄팍한 가정이며, 그 이유로 주전 2세기의 것이라 여겨지는 쿰란의 사해 사본의 본문은 스가랴의 본문과 너무도 다른 언어학적 변천을 보이고 있다는 것이다. 그래서 스가랴의 히브리 본문은 오히려 주전 5세기의 히브리어 다른 본문의 용법과 더 강한 유사성을 보인다고 증거 되었다.[116]

2) 스가랴의 구조

본서는 아래와 크게 1~8장과 9~14장으로 나누어 질 수 있는데, 각각의 부분은 다시 세 단락과 두 단락으로 세분되어질 수 있다.

① 1~8장
- 1:1~6절 ▶ 서론과 회개를 촉구함
- 1:7~6:15절 ▶ 여덟 가지 환상
- 7:1~8:23절 ▶ 금식과 회복에 관한 교훈

② 9~14장
- 9:1~11장절 ▶ 이스라엘의 목자요 보호자이신 하나님
- 12:1~14:21절 ▶ 시온에 거하시는 하나님

5. 스가랴의 신학적 논점들: 발전되는 메시아 예언

스가랴서에는 의외로 메시아 예언이 많이 기록되어 있다고 이미 언급한 바 있다. 스가랴에 나오는 주요 메시아 예언은 다음과 같다.

싹 혹은 순(3:8~10, 사4:2, 렘23:5)

그리스도의 왕직과 제사장직(6:13)

그리스도의 영광스런 예루살렘 입성(9:9~10)

목자이신 그리스도의 배척당하심(11:12~13)

십자가에 못박히시는 그리스도(12:10)

---

116 Archer G. L., op. cit., p.624.

수난당하시는 그리스도(13:7)

재림하시는 그리스도(14장) 등

구약은 창세기 3장의 '여자의 후손'이란 표현 이래로 지속적으로 오실 메시아에 대한 사상을 전개시키고 있다. 그것은 율법서와 선지서뿐 아니라 시가서에서 여전히 지속되고 있는 구약의 중요한 개념 중의 하나라는 것은 주지의 사실이다. 위의 도표에서 보는 바와 같이 스가랴서에도 많은 메시아적 표현이 제시되었다. 그것은 메시아의 특성과 지위 및 그의 대속적 죽음과 수난 그리고 재림에 이르기까지를 입체적으로 묘사하고 있다. 시편과 이사야서와 유사하게 본서에서도 그런 메시아에 대한 표상을 자체적으로 발전시켜 나가고 있다.

여기서는 우선 '다윗의 싹'으로서의 메시아와 그 '싹'의 영광스런 직분에 대하여 먼저 언급하도록 하겠다. 스가랴 3장에서 표현된 '순'은 이스라엘의 죄악을 제하기 위해 도래할 것이고 그들을 평안히 거하도록 인도할 것이라 하였는데 이런 이미지는 이사야 4:2절, 11:1절, 미가 4:4절, 예레미야 23:1절 등에서 사용된 '가지'의 비유를 이사야서의 종의 노래(사42, 52장 등)와 결합시킨 듯한 느낌을 주고 있다.[117] 이런 이미지는 시편 110편의 멜기세덱의 반차를 좇을 한 제사장이 일어나고 그는 다윗과 같은 통치자 될 것이라는 표현들과 맞물려 이 표현의 무게를 더하고 있다. 여기에서 예언된 메시아로서의 '순'은 왕과 제사장 그리고 종의 이미지가 함께 결합되고 있다고 여겨진다.[118]

본서의 두 번째 메시아 표현은 6:13절에 나오는 "그가 여호와의 전을 건축하고 영광도 얻고 그 자리에 앉아서 다스릴 것이요 또 제사장이 자기 자리에 있으리니 이 둘 사이에 평화의 의논이 있으리라"하는 내용이다. 이는 하나님의 메시아인 '순'의 사역의 핵심을 설명하는 표현인데, 그것은 바로 성전에 있다. 하나님의 나라를 건설하는 것이 오실 메시아의 핵심 사역이라는 말이다. C. 메이어스와 E. 메이어스는 이런 사역을 "장차 도래할 다윗의 자손 및 다윗 약속의 영원한 본질을 언급하는 것"이라 주장한다.[119] 오실 메시아는 이렇게 왕과 제사장의 직분을 함께 결합하는 역할을 하게 될 것이다. 여기서 '순'은 이사야 11:1절과 예레미야 23:1~8절에 나오는 다윗과 같은 통치자임을 시

---

117 Kaiser W., op. cit., pp.209~11.

118 House P. R., op. cit., p.700.

119 Meyers C. & Meyers F., "Haggai, Zechariah1~8: A New Translation with Introduction, Notes and Commentary", *Anchor Bible 25B*(New York, Doubleday, 1957), pp.355~356.

사한다는 것은 의심할 나위 없는 사실이다.

본서 9장 이후에 나오는 여러 메시아적 예언들은 다윗 언약과 관련되어 있다고 보이며, 특별히 이사야의 종의 노래와 많은 유사성을 보이고 있다. "시온의 딸아 크게 기뻐할지어다 예루살렘의 딸아 즐거이 부를지어다 보라 네 왕이 네게 임하시나니 그는 공의로우시며 구원을 베푸시며 겸손하여서 나귀를 타시나니 나귀의 작은 것 나귀 새끼니라"(9:9)는 구절은 예수의 영광스런 예루살렘 입성을 예견하고 있고, 10장의 "목자"와 "모퉁이 돌" 역시 메시아 예언의 표현이며, 11장의 "은 삼십 개"와 11:16절의 "내가 한 목자를 이 땅에 일으키리니"하는 부분도 같은 맥락으로 이해할 수 있다. 12:10절에서 "내가 다윗의 집과 예루살렘 주민에게 은총과 간구하는 심령을 부어 주리니 그들이 그 찌른바 그를 바라보고 그를 위하여 애통하기를" 하는 구절은 메시아의 십자가 처형의 예표로 충분한 그림이다. 13:7절의 "칼아 깨어서 니 목자, 내 짝 된 자를 치라 목자를 치면 양들이 흩어지려니와 작은 자들 위에는 내가 내 손을 드리우리라" 하는 구절과 14장의 '그 날'에 대한 예언은 메시아의 부활과 재림 및 하나님의 영원한 통치와 심판에 대한 아름다운 예언인 것이다. 이렇게 본서 후반부에 집중적으로 묘사하고 있는 메시아 예언의 핵심적 용어인 "목자"는 이사야가 예언했던 "종"과 같은 개념이다. 그는 의로운 자이지만 하나님으로부터 고난을 당하며, 그의 수난과 죽음은 회개와 용서를 가져다주고 믿음으로 남은 자와 연결되고 있다. 신약 역시 본서 9~14장의 기사들을 메시아의 수난과 연결시켜 표현하기를 주저하지 않는다. 이로 보건대, 본서의 메시아 예언은 구약의 메시아사상뿐 아니라 신약 복음서의 본문들과 사상적 연계성이 선명하게 드러난다.[120] 목자의 체포와 수난 및 죽음으로 제자들이 흩어지고 그것을 결국 부활의 영광스런 남은 자 사상으로 이어지고 있음을 볼 때 본서의 메시아 예언은 그 중요성을 신약을 통해 입증하고 있는 결과가 되었다. 신약 복음서의 기자들은 예수를 스가랴에 나타난 다윗과 같은 통치자에 부합한 자로 믿게 되었다는 것이다.

6. 스가랴의 주요 내용 강해

1) 서론과 회개를 촉구함(1:1~6)

---

120 Bruce F. F., *New Testament Development of Old Testament Themes*(Grand Rapids, Eerdmans, 1968), p.112.

페르샤(바사) 왕 고레스의 칙령으로 고국으로 돌아온 이스라엘은 곧바로 성전 재건에 들어갔으나 사마리아인의 고소와 반대로 한 참 동안을 건축을 못한 채 있었다. 그러다가 국제적인 정세가 바뀌어 갈 때 즉, 고레스 다음 왕인 다리오가 즉위한 후, 그 나라가 내란의 어려움에 처했을 때 스가랴와 학개 선지자의 독려로 이스라엘을 성전 재건을 재개하여 마침내 주전 516년에 완성하게 된다.

이스라엘은 귀환 후 536년에 성전 기초를 놓고 재건 사업을 시작했으나 중단되었다가 520년에 다시 새롭게 시작한 것이다. 스가랴는 단순히 성전 건축의 완성만을 촉구한 것은 아니다. 스가랴는 이 성전의 완성이 곧 영광스러운 메시아 왕국의 승리를 상징하는 것임을 백성들에게 전하려 했다.

본서의 첫 부분인 이곳에서 하나님은 선지자를 통하여 "돌아오라"고 강력히 주문한다. 이전에 선지자들을 통하여 말씀했어도 너희 조상들이 듣지 아니하였고 귀를 기울이지 아니하였다 하였으며, 바벨론 포로는 그런 너희 조상들의 불신앙과 반 언약적 행위에 대한 마땅한 하나님의 징계요 심판이었다는 것이다.

2) 여덟 가지 환상(1:7~6:15)

돌아온 이스라엘은 하나님의 사랑과 축복의 대상이었다. 그래서 하나님은 그들을 질투하신다(1:14)고 묘사하고 있다. 이것은 예루살렘의 대적들이 흩어질 것이며, 재건을 위한 모든 장애들이 제거될 것임을 의미한다. 이 부분에서 드러나는 여덟 개의 환상은 이런 축복의 갱신을 상징적으로 보여주기 위해 그리고 더 깊은 다른 환상으로 나아가게 하는 첫 단계로서 스가랴에게 임하였다. 첫 번째 환상은 화석류 나무 사이에 말을 탄 네 사람에 관한 환상이며 그들은 온 땅을 두루 다니며 열방을 심판하실 하나님의 예정을 확정하기 위해 보냄을 받은 사자들이었다. 이는 하나님의 거하실 성전 재건축을 통하여 하나님은 이스라엘에게 자비와 위로를 약속하셨으며 그들과 함께 하시기로 결정하셨다. 열방을 심판하시기로 하셨다는 것이다. 그것이 바로 이스라엘을 향하여 질투하시는 하나님의 결정이다. 비록 갱신을 향한 기대가 분명하게 드러난 것은 아닐지라도 여호와는 이미 나태하고 죄 많은 열방은 심판하시고 시온은 회복시키기로 작정하셨다는 것이다.[121] 역사는 이미 그 주인에 의해 결정되었고, 시온은 하나님의 보호 하에 들어가게 된다. 이어 나오는 일곱 환상도 회복된 이스라엘에 관한 말씀이다. 둘째

---

121 Keil C. F & Delitzsch F. J., op. cit., p.237.

환상은 대적을 이기신 하나님의 주권을 보여주는데 네 뿔은 이스라엘을 징계했던 도구로 쓰임 받은 나라들이고, 이어 나오는 네 대장장이는 그 이방 나라들의 뿔을 떨어뜨리는 하나님의 도구 즉 이스라엘과 유다의 회복에 관한 말씀이다. 세 번째 환상(2장)인 측량줄을 가진 사람의 역할은 예루살렘의 회복에 관한 사역이다. 성곽 없는 패망한 도성인 예루살렘은 하나님의 불이 그 성곽을 지킬 것이고, 하나님이 친히 영광 가운데 그들과 함께 하시겠다 하였다. "여호와께서 장차 유다를 거룩한 땅에서 자기 소유를 삼으시고 다시 예루살렘을 택하시리니 모든 육체가 여호와 앞에서 잠잠할 것은 여호와께서 그의 거룩한 처소에서 일어나심이니라"(2:12~13).

네 번째 환상(3:1~10)은 사탄 혹은 고소자와 맞서 대제사장 여호수아를 도우시는 하나님을 보여준다. 이것은 제사장 직의 온전한 회복을 암시하며 참된 예배가 곧 이루어질 것을 암시하는 것이다. 다섯 번째 환상(4:1~14)인 순금 등잔대와 두 감람나무 환상은 성령의 권능이 성전을 온전케 하실 것임을 보장하며 스룹바벨을 격려하는 환상이다. "그가 내게 대답하여 이르되 여호와께서 스룹바벨에게 하신 말씀이 이러하니라 만군의 여호와께서 말씀하시되 이는 힘으로도 되지 아니하며 능력으로 되지 아니하고 오직 나의 영으로 되느니라" 하신 것은 이스라엘의 회복과 예배의 회복 등은 오직 성령의 은혜로 되는 것임을 강조하고 있다. 그러면서 본문은 하나님의 기름 부어 세운 두 지도자 즉 대제사장 여호수아와 민족의 지도자 다윗의 후손 스룹바벨의 권위가 하나님이 친히 세우신 것임을 확증하며 그들의 사역을 격려하고 있는 것이다. 여섯 번째 환상(5:1~4)은 날아가는 두루마리 환상인데 이는 하나님의 말씀의 권위를 상징하는 것이며, 모든 언약 파괴자와 범죄자들을 전멸할 것이고 오직 의로운 자들만이 새 예루살렘에 거할 것임을 보여주고 있다.[122] 일곱 번째 환상(5:5~11)은 에바 속에 앉은 여인을 납으로 눌러 봉인하고 그것을 시날로 날라가 버리는 환상인데 이는 세상에 악을 도말하실 것에 대한 하나님의 계획을 말한다. 마지막 환상은 다시 병거와 말 탄자들이 나오는데 이들은 온 땅에 대한 하나님의 주되심을 선포한다(6:1~8). 열방과 그들의 운명을 주관하시는 하나님은 예루살렘을 재건하며 예배를 새롭기 하고 메시아(순)를 통하여 성전에서 당신의 우주적 통치를 재확인하시겠다는 계획을 천명하고 있다.

---

122 Meyers C. & Meyers F., op. cit., p.243.

3) 금식과 회복에 관한 교훈(7:1~8:23)

이 부분은 이스라엘을 향한 하나님의 사랑을 "질투하심"으로 표현되는 또 하나의 구문인데, 이런 하나님의 질투하시기까지 하시는 사랑을 인하여 그들을 용서하시고 축복하시겠다는 말씀이 선포되고 있다. 이스라엘이 패망하고 성전이 훼파된 이래로 흩어진 유대인들은 매년 5월과 7월에 금식하며 애통해 했었다. 이제 귀환한 후에도 그런 금식하는 관습을 계속 지켜야 하는가에 대한 문의에 대하여, 금식의 정의와 필요성을 새롭게 하고 있는 것이다. 이웃과 여호와를 향한 사랑으로 하는 금식이라야 한다는 것이다. 8:8~9절에서 하나님은 이스라엘과 맺은 옛 언약을 상기시키는 언약적 구문 "너희는 내 백성이 되고 나는 그들의 하나님이 되리라"는 구절을 반복하면서 그들을 향해 은혜 베풀기로 결정한 하나님의 마음을 전달하고 있다. 그것은 이스라엘이 하나님이 거하실 성전을 재건하는 것과 직결되어 있다. 하나님은 그렇게 지어 봉헌된 성전을 통하여 예루살렘을 열국의 중심지로 삼겠다고 말하고 있는 것이다. 여호와는 예루살렘을 위하여 좋은 일을 행하실 것이며 기쁨과 즐거움을 안겨다 줄 것이다. 예루살렘의 회복으로 말미암아 온 백성이 여호와를 찾기 위해 그곳으로 몰려올 것을 예고하고 있다.

4) 이스라엘의 목자요 보호자이신 하나님(9:1~11장)

이 부분은 전(前) 장에서 소개된 예루살렘의 미래의 영광에 대한 이미지를 이어가고 있다. 그것은 이스라엘의 이웃 나라들에 대한 심판의 경고로 드러나며 시온의 기쁨으로 이어진다. 그 기쁨은 메시아의 영광스런 예루살렘입성이 겸손하게도 나귀 새끼를 타고 입성하는 예언으로 묘사되고(9:9), 그 날에 하나님께서 자기 백성의 양떼같이 구원을 할 것이라는 말씀으로 확증하고 있다(9:16). 본 단락에서 소개되고 있는 이런 여러 메시아 예언들은 앞선 선지자들 즉 이사야 예레미야 에스겔과 미가 등의 표현과 일치함은 의심할 바 없다. 오실 메시아는 의와 겸손과 권능을 겸비할 것이다. 그의 외모는 지상에서 하나님의 은혜와 의를 보여줄 것이다.[123] 여러 가지 바람직한 성품을 구현할 이 메시아를 기다림으로써 이스라엘은 희망을 갖게 된다.[124] 이렇게 주변의 이방에 대한 경고와 심판은 11장까지 이어지며, 그 사이 사이마다 본서의 특징인 메시아 예언들

---

123 Jacob E., *Theology of the Old Testament*, Tr. by Heathecote A. W. & Allcock P. J.(New York, Harper & Row, 1955), p.101.

124 Zimmerli W., *Old Testament in Outline*, Tr. by Green E.(Atlanta, John Knox Press, 1978), p.240.

을 두고 있다. 하나님은 "보라 내가 한 목자를 일으키리니"(11:6) 그가 모든 열방을 심판할 것이라 하였다. 또 10:6절에서는 "내가 유다 족속을 견고하게 하며 요셉 족속을 구원할지라" 혹은 "내가 그들이 고난의 바다를 지나갈 때에 바다 물결을 치리니 나일의 깊은 곳이 다 마르겠고 앗수르의 교만이 낮아지겠고 애굽의 규가 없어지리라 내가 그들로 나 여호와를 의지하여 견고하게 하리니 그들이 내 이름으로 행하리라 나 여호와의 말이니라"(10:11~12)라는 구절들을 통해 돌아와 성전을 재건하는 그 백성을 위로하고 있다.

5) 시온에 거하시는 하나님(12:1~14:21)

12장의 이스라엘을 향한 선지자의 경고는 말라기의 경고로 이어지고 있어서 학자들은 본서 후반부와 말라기와의 연관성에 대하여 생각하도록 하고 있다.[125] 스가랴의 마지막 단락인 이 부분에서 선지자는 시온에 거하시려는 하나님의 궁극적 결심을 소개하면서 그의 메시지를 '거룩한 도성 예루살렘의 회복'이라는 관점에서 마무리 하고 있다. 악은 마침내 물러날 것이고 열방은 예루살렘을 하나님의 거처이자 경배의 중심지로 인식하게 될 것이다. 그런 하나님의 계획을 "그날"(12:3, 6, 8, 11, 13:1, 4, 14:1, 4, 6, 8, 9, 13, 20, 21 등) 혹은 "하나님이 아시는 한 날"(14:7)이라는 새로운 개념으로 소개하고 있다. 본서의 마지막 단락인 이 부분에서도 선지자는 계속해서 오실 미시아를 소개하는데, 그의 수난(13:7)과 죽음 그리고 재림까지 언급하고 있다. 그날에 여호와께서 천하의 왕이 되시리니 그날에는 여호와께서 홀로 한 분이실 것이요 그의 이름이 홀로 하나이실 것이라(14:9) 하는 그의 주제가 다시 확인되고 있다.

학개와 스가랴는 성격상 서로 대조적인 인물이지만 서로 조화를 잘 이루어 과업을 완수했다. 학개는 현실적이며 열성적인 반면에 스가랴는 도덕적이며, 보다 정적이었던 학자풍의 선지자 같다. 스가랴가 전하려는 메시지의 핵심은 하나님께서 이스라엘을 회복시키시려 할 때에 성전의 회복이 그 중심에 있다는 것이며, 하나님의 섭리의 시작은 그의 백성들의 귀환이며, 또한 메시아가 오셔서 영원히 통치할 것을 예언의 핵심으로 삼고 있다.

---

125 Baldwin J. C., *Haggai, Zechariah, Malachi: An Introduction and Commentary, Tyndale Old Testament Commentary*(Downers Grove IVP, 1972), p.162.

7. 말라기의 서론과 구조

1) 말라기 서론

히브리 성경의 두 번째 부분인 예언서의 마지막 책이며, 개신교 구약 성경의 마지막을 형성하고 있는 말라기서는 선지자 말라기의 이름을 그대로 책명으로 하고 있는 히브리 전통을 따르고 있다. 그 뜻은 '나의 사자, 선지자'라는 뜻이다. 물론 다른 일부 선지서들과 유사하게 우리는 저자인 이 선지자의 생애와 개인적 배경에 대하여 알 수 있는 것이 거의 없다. 히브리 성경에 대한 헬라어 번역본인 70인경에서는 본서의 제목을 "말라키아스"라고 붙였는데, 1:1절을 번역하면서 히브리어 "말라기"를 헬라어로 "앙겔루 아우투" 즉 '그의 사자'로 번역하였다. 이는 헬라어 번역자들이 말라기의 마지막 철자 "요드"를 '와우'로 잘못 읽었음을 보여준다. 이에 대하여 어떤 학자들은 말라기를 '나의 사자'를 뜻하기 보다는 '여호와의 사자'를 뜻하는 '말-아크-야흐'로 읽어야 한다고 주장하기도 했다.[126] 또 어떤 학자들은 나의 사자를 뜻하는 말라기는 선지자의 이름이 아니라 문자 그대로 보통 명사라고 주장하기 했다. 그러면서 이 책은 말라기라 이름 하는 선지자가 쓴 것이 아니라 익명의 어떤 후대 사람이 썼을 것이라 주장하기도 했다.[127] 그리고 히브리 성경의 아람어 번역본인 탈굼(요나단 벤 우지엘의 탈굼)에서는 "그의 이름이 서기관 에스라로 불린다"[128] 라는 말이 덧붙여져 있는데,[129] 이는 별로 고려할 가치가 없는 덧붙여진 부연 설명일 뿐이라는 것이 학계의 의견이다. 이에 대하여 우리는 말라기는 그의 배경에 대하여 잘 알려지지 않은 포로 후 이스라엘에서 활동했던 선지자로 확인하는 것이 본문을 이해하는데 가장 잘 어울린다고 하겠다.

본서의 집필 연대에 관해서도 학자들 사이에 의견이 약간 다른데, 큰 틀에서 본서의 저작 배경이 되는 시점이 페르샤 통치 시대인 것에는 동의하고 있다. 왜냐하면 1:8절에서 사용된 "총독"이란 단어는 페르샤 시대를 상징하는 전문용어 중의 하나이기 때문이다. 그런데 본문에 에스라나 느헤미야에 대한 언급이 없는 것으로 보아 이 책은 그들보다 선대의 작품이라고 추정하는 L. 딜러드와 T. 롱맨 3세는 본서의 저작 시기를 대략

---

126 Unger, M. F., op. cit., p.359, Archer Jr. G. L., op. cit., p.430.

127 Eisfeldt O., *The Old Testament, An Introduction 3rd Ed.* Tr. by Ackroyd P. R.(New York, Harper & Row, 1965), p.441.

128 Young E. J., op. cit., p.336에서 재인용.

129 Archer Jr. G. L., op. cit., p.628.

주전 475~450년 어간으로 잡고 있다. 이에 반하여 G. L. 다처 같은 이는 느헤미야가 총독으로 다스린 기간이 주전 445~433년 어간이었으므로 본서는 다른 페르샤의 총독이 다스렸던 시기인 그 이후 즉 주전 430년 어간이라고 짐작하고 있다.

본서는 스룹바벨 영도 하에 건축된 제2성전의 건축이 완성된 후 얼마간의 세월이 지난 유대 사회를 향하여 예언하고 있는 이 책은 표제와 부록적 부기를 제외하고는 6개의 신탁이 논쟁 양식의 메시지로 구성된 형식적 특성을 보여 주고 있다. 구약 예언서의 마지막 책이며, 개신교 구약의 마지막 책인 말라기는 아마 그 기록 연대가 가장 후대의 것이라 마지막에 배치된 것으로 여겨지고 있다. 그래서 말라기는 앞서 선포된 이스라엘의 모든 선지자들의 전통을 이어가면서 그것을 마무리하는 역할까지도 주어져 있음을 간과해서는 안 된다. 옛날 남 북 이스라엘의 전성기 시절에 그 백성들의 우상숭배와 타락을 질타했던 주전 8세기 선지자들의 메시지에서 시작하여, 이스라엘의 멸망과 유다의 임박한 멸망을 앞에 두고 하나님께로 돌아오는 것만이 살 길임을 외쳤던 7세기 선지자들, 그리고 그런 패망과 심판의 엄위함 속에서도 하나님의 언약을 신뢰함으로 '남은 자의 소망'을 꿈꾸어 왔던 여러 선배 선지자들의 전통을 말라기도 이어가고 있는 것이다. 포로에서 돌아온 선배들 역시 그들의 소망이 성전 재건을 통하여 구체화 되고 있음을 보이고 있고, 말라기 역시 이스라엘의 정체성은 하나님께 예배하는 민족이라는 것을 강조하고 있다. 지난 300년간의 신정 왕국 이스라엘의 역사를 조명하며 그는 또 이스라엘의 미래가 하나님을 신실히 앙망하는 '남은 자'들을 구원하기 위한 하나님의 역사 개입을 통해 이루어질 것임을 선언하고 있는 것이다. 말라기는 하나님에 대한 신실성과 거룩한 삶이 주의 눈앞에 절대적으로 귀중한 것임을 주제로 다루고 있는 구약 예언서의 마지막 책이다.

2) 말라기의 구조

위에서 언급 했듯이 말라기서는 서론과 결론적 부기 부분을 제외하고는 여섯 개의 신탁으로 구성되어 있다. 그 구조는 다음과 같다.

- 1:1~5절 ▶ 이스라엘을 향한 하나님의 사랑
- 1:6~2:4절 ▶ 제사장들을 향한 경고(1): 예배를 게으르게 수행함
- 2:5~9절 ▶ 제사장들을 향한 경고(2): 율법을 불성실하고 부패하게 가르침
- 2:10~16절 ▶ 이혼과 잡혼에 대한 경고

- 2:17~3:6절 ▶ 오실 주님의 심판에 대한 경고
- 3:7~12절 ▶ 십일조에 대한 회개가 복된 부요를 가져 올 것에 대한 경고
- 3:13~4:3절 ▶ 주의 날에 대한 경고
- 4:4~6절 ▶ 결론적 권고: 율법을 지키며 메시아의 강림을 기다릴 것

8. 말라기의 신학적 논점들: 이어지는 '언약'과 하나님에 대한 신앙

말라기가 이스라엘에게 준 핵심 메시지는 '언약'이라 할 수 있다. 좀 쉽게 말하자면 이스라엘에게 언약은 처음 체결되었을 때와 마찬가지로 지금도 여전히 유효하며, 그것은 이스라엘의 미래에도 가장 중요한 요소라는 것이다. 지금 말라기가 하나님의 메시지를 받아 선포하고 있는 시대에서 거의 천 년이 지났어도 하나님은 그 백성을 향하여 신실하셨고, 변함이 없으셨다. 그런 의미에서 말라기는 과거와 현재 그리고 미래를 조망하는 통합된 시각으로 역사를 보고 또 역사를 향하여 외치고 있다고 할 수 있다. 말라기가 경험하고 있는 현재의 이스라엘은 처음 아브라함이 선택을 받고 모세를 통하여 한 나라가 되어 가나안에 정착을 하고 다윗을 통하여 하나님의 영원한 약속을 받았던 그 과거의 열매이다. 또한 그들의 미래는 현재처럼 유동적인데 왜냐하면 그들은 심판, 다윗의 자손의 궁극적 통치의 실현을 위해 언제 하나님께서 역사에 개입하실는지를 알지 못하기 때문에 단지 현재와 같이 그 하나님의 말씀에 순종하며 사는 것만이 유일한 보장이 될 것이다. 무슨 뜻인가 하면 이스라엘의 전 역사를 통하여 율법과 선지자들을 통하여 하나님은 이것 하나를 선포하고 계신다는 말이다. "여호와, 나 외에는 다른 신은 없다"라는 것이다. 오직 여호와 하나님만이 주재자이시며 심판자이시고 또한 회복하시며 구원하시는 분이시다. 그러므로 이스라엘은 오직 그 하나님만을 경배하며 그 하나님의 율례대로 공의와 겸손을 실천하며 사는 것이 그들의 미래를 좌우할 관건이 된다는 것이다. 이런 약속과 언약의 핵심을 말라기가 이어가고 있고 또 전하고 싶어 하는 내용이라 것이다.

그래서 말라기는 2장에서 '레위 언약'을 강조하였고, '결혼 언약'을 강조하였으며, '조상들과 맺은 언약'을 강조한다. 레위 언약은 제사장들의 특권과 책임을 강조하는 것이며, 그들의 방만함과 책무 유기는 전 백성들로 하여금 범죄하게 하는 중차대한 일이다. 이스라엘은 신정국가이며, 세속적 왕과 하나님의 제사장들로 통치되어지는 나라이다.

선지자는 그 두 직분이 잘 세워지고 수행되도록 감독과 격려를 하는 기능이다. 그런데, 그 신정 왕국의 왕은 몰락하였고, 이제 제사장마저도 부패해가고 있다. 그런 제사장 계층의 부패는 필연적으로 백성들의 가정이 몰락하는 것으로 귀결 지어진다. 말라기 본문에 나오는 조상들의 언약이 모세의 언약인지 다윗 언약인지를 규명하는 것은 쉽지 않지만 전체적으로 모든 언약은 하나님의 유일 신성을 선포하고 그에 대한 충성을 다짐하는 것 그리고 순종하는 백성들을 향한 하나님의 보호와 축복의 약속으로 특징지을 수 있다면 말라기가 옛 선배 선지자들의 언약 정신위에 충실히 서 있다는 것은 분명한 것이다.

말라기는 그렇게 옛 언약을 준수하는 것에 그치지 않고 오경과 선지서에 망라되고 드러난 하나님의 성품을 여섯 가지로 정리 강조하고 있다. 이런 하나님의 성품을 드러내는 것 역시 선지자들의 일관된 전통이라 할 수 있다.

- 말라기가 강조하고 있는 하나님의 성품
  ① 자기 백성을 사랑하시는 하나님(1:2)
  ② 이스라엘의 아버지이자 주인이신 하나님(1:6)
  ③ 이스라엘의 창조자이신 하나님(2:10)
  ④ 공의로우신 하나님(2:17)
  ⑤ 변하지 않으시는 하나님(3:6)
  ⑥ 그리고 정직하신 하나님(3:17~18)

이렇게 하나님을 드러낸 말라기는 마지막 부분에서 소선지서의 공통된 주제인 '여호와의 날'을 선포하며 그날이 이르기 전에 엘리야를 보내 자기 백성의 마음을 아버지께로 돌이키겠다고 하시는 하나님이시다. 말라기는 오실 메시아 직전에 그 길을 평탄케 하는 엘리야를 먼저 보내겠다고 선언했다. 그 메시지가 마가복음에서는 이사야 40:3절을 병합하여 새로운 시각으로 제시되었다. "보라 내가 내 사자를 네 앞에 보내노니 그가 네 길을 준비하리라 광야에 외치는 자의 소리가 있어 이르되 너희는 주의 길을 준비하라 그의 오실 길을 곧게 하라"(막1:2~3). 이것은 바로 예수그리스도 앞에 와서 사역한 세례요한을 가리키는 예언이다. 세례요한이 말라기가 말하고 있는 그 '엘리야'임을 밝힌 분은 바로 예수님 자신이시다. 이는 말라기의 종말론적인 예언이 복음서에서 성취되고 있음을 말하는 것이다.[130]

---

130 Dillard L. & LongmanIII. T., op. cit., p.668.

9. 말라기의 주요 내용 강해

이 마지막 선지서는 매우 뚜렷이 구분될 수 있는 여섯 개의 신탁을 중심으로 구성되어 있다.

1) 이스라엘을 향한 하나님의 사랑(1:1~5)

첫째 신탁은 "경고"라고 되어 있다. 이는 앞선 스가랴 12장 이후에 나오는 "경고(짐)"와 같은 문장이다. 이 부분은 호세아에서 묘사된 이스라엘을 향한 하나님의 사랑을 확정적으로 다시 선포하고 있다. 하나님의 사랑은 "내가 야곱은 사랑하고 에서는 미워하였다"(1:2)는 구절을 통해 구체화되고 있다. 에돔은 다시 조상의 땅을 회복할 수 없지만, 이스라엘은 시온의 영광을 회복할 것이고 거기 거할 것임을 말하고 있다.

2) 제사장들을 향한 경고(1): 예배를 게으르게 수행함(1:6~2:4)

제사장들은 하나님의 언약을 집행하는 중요한 기구였다. 그들의 불성실은 온 백성으로 하여금 하나님에 대한 불순종과 태만을 팽배케 하는 것이다. 그러므로 선지자는 이런 신정 왕국의 주요 기여자인 제사장들을 책망함으로서 온 백성들에게 경각심을 일으키고 있다. 하나님은 묻고 있다. "아들은 아버지를, 종은 그 주인을 공경하나니 내가 아버지 일진대 나를 공경함이 어디 있느냐 내가 주인일진대 나를 두려워함이 어디 있느냐?"(1:6) 이 질문에 대하여 사람들은 "우리가 어떻게 주의 이름을 멸시하였나이까?" 하고 반문하고 있다. 이에 대하여 너희가 "더러운 떡"을 나의 제단에 드려 여호와의 식탁을 경멸히 여겼고, 눈먼 희생을 드려 나를 세상의 총독보다 못하게 여긴다고 책망한다. 그러면서 이런 부실한 제사장들이 집전하는 성전의 문을 차라리 닫아버렸으면 좋겠다(1:10)고 책망하고 있다. 그 하나님은 큰 임금이요 내 이름은 이방 민족 중에서 두려워하는 것이 된다고 말씀하신 하나님은 우리의 예배와 영광을 받으시기에 합당하신 분이시다. 그것을 마음으로 받아 섬기지 않는 자에게는 저주가 있을 것임을 선포한다.

3) 제사장들을 향한 경고(2): 율법을 불성실하고 부패하게 가르침(2:5~9)

이어지는 제사장들 즉 레위인을 향한 경고는 특별히 '언약'이라는 단어를 회상시키며 책망하고 있는데, 제사의 집전에 대한 성의 부족과 방만함뿐 아니라 율법의 수호자와 전수자로서의 제사장의 기능에 충실하지 못한 태만을 책망하고 있다. 제사장은 위로 하나님께 드리는 예배를 충실하게 준비하며 드려야 하지만, 또한 아래로 인간들에게 왜 그렇게 충실한 예배를 드리고 율법을 지켜야 하는지를 가르칠 의무가 있는 것이다. 제사장들이 그것을 잘못하면 "너희는 옳은 길을 떠나 많은 사람을 율법에 거스르게 하는 도다 나 만군의 여호와가 이르노니 너희가 레위의 언약을 깨뜨렸도다 너희가 내 길을 지키지 아니하고 율법을 행할 때에 사람에게 치우치게 하였으므로 나도 너희로 하여금 모든 백성 앞에서 멸시와 천대를 당하게 하였느니라"(2:9)고 지적하고 있다.

4) 이혼과 잡혼에 대한 경고(2:10~16)

세 번째 계시의 말씀은 잡혼과 이혼의 문제를 다루고 있는데, 유대인들은 자신들이 언약의 규례들 속에서 한 아버지를 가지고 있는 형제라는 의식(2:10)이 있었다. 그런데 그의 시대에 이스라엘사람들은 이스라엘이라는 가족의 울타리를 이탈하여 이방 결혼을 하였던 것이다. 그것을 선지자가 책망하고 있다. 이런 현상은 예배를 게을리 하고 율법을 멀리하는 백성에게는 어쩌면 자연스런 귀결일 것이다. 율법이 무너지면 가정이 무너지는 것은 별로 멀지 않은 일임을 보여주그 있다.

5) 오실 주님의 심판에 대한 경고(2:17~3:6)

네 번째 메시지는 하나님께서 오셔서 심판하실 것을 예언하고 있다. 인간의 죄악에 대한 합리화에 이골이 나고, 인간 세상에 공의가 없음을 한탄하신 하나님께서 조만간 나타나셔서 이 민족을 심판하실 것이다. 그것을 본문은 "만군의 여호와가 이르노라 내가 내 사자를 보내리니 그가 내 앞에서 길을 준비할 것"(3:1)이며 "그가 임하시는 날에 누가 능히 당하며 누가 능히 서리요"(3:2)하는 말로 강조하고 있다. 제사장들과 사람들은 하나님의 호된 채찍을 체감하게 되겠지만, 신실한 자들은 완전히 멸절되지 않을 것이다. 3:6절의 "나 여호와는 변하지 아니하나니 그러므로 야곱의 자손들아 너희가 소멸되지 아니하느니라"고 그 심판의 날에도 신실한 자는 구원 받을 것임을 약속하고 있다.

6) 십일조에 대한 회개가 복된 부요를 가져 올 것에 대한 경고(3:7~12)

다섯 번째 계시는 당시의 사회, 경제적인 위기가 십일조를 바치는데 무관심하기 때문이라고 밝히고 있으며 하나님께서 은혜를 거두신 이유가 이 민족이 율법을 지키지 않기 때문이라는 사실을 명백하게 하고 있다. 일단 토라가 부과한 의무를 수행하면 하나님의 진노는 사라지고 축복으로 바뀌게 될 것이다. 하나님은 그릇된 십일조와 언약을 무시하는 자들을 계속 살려두신다. 그런데도 백성들은 "우리가 어떻게 주의 것을 도둑질 하였나이까?"(3:8) 하며 반문한다. 그에 대하여 하나님은 "너희들이 하나님의 것을 도둑질 한 것은 바로 십일조와 봉헌물이다"라고 명백히 밝혀주고 있다. 나의 것을 도둑질함으로써 너희가 저주를 받았다고 했는데, 그런 상황에서 그들이 축복받는 길로 나아갈 수 있는 방법은 오직 '회개'밖에 없다(3:7). 다시 말하자면 레위기 26장과 신 27~28장의 규례들이 여전히 적용되고 있는 것이다.

7) 주의 날에 대한 경고(3:13~4:3)

마지막 계시는 삶을 도덕적으로 영위하는 문제를 다시 다루고 있다. 경건에 회의를 갖고 있는 자들은 하나님께 철저하게 순종하는 것이 무슨 유익을 주느냐고 질문하고 오만하고 고집 센 불신자들이 오히려 더 창성하며 잘못된 행위에 대해서도 심판을 받지 않는 것처럼 보인다는 점을 지적했다. 이점에 대해서 선지자는 인간의 선행을 심판하시는 그날 신실한 자들의 선행은 기억되고 악한 자들은 죄로 인해 멸망당하게 될 것이라 답하고 있다. 그들은 남은 자로 표현되고 있으며 그들의 이름은 여호와의 기념책에 기록되어 있다(3:16). 그런 자들은 하나님께서 "나의 특별한 소유"로 삼으실 것이고 "아들을 아낌같이 내가 그들을 아낄 것"이며 그 때에 그들을 분별하게 될 것을 약속하고 있다. "그날에 악인은 밟힐 것이며 재가 될 것"(4:3)과 너희에게는 "공의로운 해가 떠올라서 치료하는 광선을 비추리니 너희가 나가서 외양간에 서 나온 송아지 같이 뛰리라"(4:2)고 축복하며 격려하고 있다.

8) 결론적 권고: 율법을 지키며 메시아의 강림을 기다릴 것(4:4~6)

간단한 결론은 첫 선지자이며 첫 제사장이기도한 모세와 그가 처음으로 받은 호렙산에서의 언약(시내산 언약)을 회상시키며 마치고 있다. 결국 이스라엘이 하나님의 율법과 언약으로 돌아오면 축복 가운데 살 것인데 그렇지 못하면 두렵고 두려운 여호와의 날을 통해 준엄한 심판이 있을 것임을 엘리야의 다시 옴을 통해 강조하며 메시지를 끝내고 있다. 마지막 소선지서를 읽으며 우리는 우리와 하나님 사이에 맺어진 언약의 소중함과 그 언약의 보증으로 오신 주 예수그리스도를 향한 감사가 새롭게 되어 하나님의 예비하신 복들을 받아 누리고 전파하는 사명에 굳게 서야 할 것이다. 이스라엘은 그들의 불순종에도 불구하고 버려지지 않았으며, 하나님은 약속대로 그분의 메시아를 보내셔서 온 열방을 통치하시며 경배를 받게 되실 것이다.

부록

구약 신학
이해를 위한 연구

부록1장
구약의 본문과 사본들

1. 구약의 원본과 사본들

구약의 무오한 원본은 상실되었다.

그래서 우리는 모두 그 원본에서 필사하여 보관되고 전수되어진 사본들을 사용하고 있는데, 어떤 사본은 구약의 한 부분만을 기록한 것이 있고, 어떤 것은 구약 전체를 다 기록한 사본도 있다. 이 장에서는 본격적이고 체계적인 구약 연구를 위하여, 그 연구의 기본 자료가 되는 구약의 사본과 역본에 대한 기본적인 이해를 제공하려한다. '사본'이라 함은 원본에서 부분 혹은 일부를 같은 언어로 필사한 것, 즉 베껴 쓴 것을 말하며, '역본'이라 함은 그 사본을 다른 언어로 번역한 것을 의미한다. 여기서 역본은 언어학상의 이유로 많은 다양성이 존재한다. 다른 언어로 번역을 할 때, 직역을 위주로 번역한 것이 있고, 또는 의미의 원활한 전달을 위해 그들의 문화에 맞게 의역을 한 것이 있을 수 있다. 그러므로 원문의 뜻을 보다 정확하게 이해하기 위해서는 번역본들끼리 서로 대조해 보거나 혹은 사본들과 비교해서 살펴보는 것이 좋다.

구약 성경은 히브리어로 쓰여 졌다. 그러나 구약의 몇 몇 부분은 아람어로 쓰여졌다. 주지하다시피 우리가 현재 사용하고 있는 구약의 가장 오래된 사본 일지라도 그것이 원래 작성되어진 시기로부터 거의 1,000년 정도가 지난 사본들이다. 우리가 사용하고 있는 표준 본문(Textus Receptus)은 알려진 최고의 본문을 가장 원문에 가깝게 구현하여 낸 사본이라 할 수 있다. 비록 그것이 최고의 학자들에 의해서 최상의 선택과 고려를 통해 취합된 본문이라 할지라도, 우리는 현재 우리가 사용하고 있는 본문이 정말로 정확한 전수인가에 대하여 방대한 자료와 역사를 검토하며 확정해야 한다. 이것이 사본학의 기본적 의무이며 책임이기도 하다. 구약의 사본에 있어서 히브리어 사본은 물론 가장 소중하게 여겨진다. 그리고 그 초기의 히브리어 사본은 여러 종류가 있으며, 아람어까지는(구약의 일부를 기록하고 있으므로) 역본으로 보지 않고 사본으로 포함시킨다. 고대의 다른 언어 번역본은 주로 헬라어와 시리아어, 라틴어 등이었다. 종교 개혁을 전후하여 많은 현대 언어로 성경이 번역되기 시작했다. 우리가 사용하고 있는 구약의 히브리 사본에 대한 연구는 다른 분야의 기초가 되기에 무척 중요하다. 사본학은 정경의 형성과정이나 성경의 역사 등에 관심하는 것이 아니다. 주로 본문의 전승 과정, 수정본들의 등장과 발전, 전승과정에서의 필사자들의 활동 내용 등에 관심하여 '성경의 본문을 가능한 한 원래의 형태대로 회복, 보존하는 일'을 본분으로 하는 학문 영역이다.

J. 벨하우젠 등은 당시에 발달되지 않았던 고고학적 무지로 인해(비록, 당시로서는 상당히 선풍적인 인기를 끌었음에도 불구하고) 히브리인들은 왕정시대의 초기에 가서야 비로소 문자를 갖고 쓰게 되었다고 주장했다. 하지만 그들은 밝혀진 바에 의하면, 그보다 훨씬 이전 시대에 그들은 독자적인 글을 갖고 사용했으며, 고대 근동에서는 주전 3100년경에 이미 문자, 기호를 사용했다는 증거가 나온다. 히브리어와 자주 비교 연구되는 라스 샤므라의 우가릿어도 주전 1200~1300년경의 언어이다. 유대의 서기관들에 의해 필사되고 전수된 히브리어 사본은 주로 모음이 없는 자음만으로 구성되어 있었다. 물론 아람어 부분도 마찬가지다. 여기서 성경에 기록된 아람어에 대하여 잠시 소개할 필요가 있는데, 아람어는 기본적으로 히브리어와 같은 알파벳을 사용한다. 그래서 겉보기에는 이것이 히브리어인지 아람어인지 구별할 수 없다. 예수님 당대의 팔레스타인 지역의 생활 언어도 아람어였다. 그러니까 고대의 근동에서 가장 폭넓게 사용되었던 국제 공용어가 아람어였던 것이다. 그 아람어의 언어학적 차이점은 현대 영어의 알파벳이 이탈리아어, 독일어 등과 같은 언어에서 사용되는 것처럼, 아람어는 히브리어와 약간의 문법적 기능이 다를 뿐 거의 히브리어의 사촌격인 언어라고 보면 된다. 전술한 바와 같이, 그래서 사본학을 다룰 때도 아람어 본은 히브리어 사본으로 다루지 번역본으로 다루지 않는다.

기독교 시대 이전의 유대 서기관들은 구약을 필사하고 전수하면서 히브리어 본문을 가능한 순수한 형태로 보존하는데 상당한 신경을 썼다. 왜냐하면 히브리어 사본과 헬라어 번역본인 70인역이 서로 다른 부분이 많고 필사본들 사이에서도 차이점들이 많이 발견되었기 때문이었다. 그 후 기독교인들과 유대인들 사이의 많은 논쟁을 통해 유대인들 사이에 표준 본문의 필요성이 부각되어 랍비 아키바에 의해 이 일이 진행된다. 그는 "성경 본문을 정확하게 전수하는 것이 율법을 위한 울타리가 된다."고 주장했다. 나중에 아퀼라는 130년경에 표준 히브리어 본문을 헬라어로 번역하면서 가능하면 문자 그대로 직역하는 방식을 추구했는데, 그렇게 번역한 그의 번역본은 나름대로 중요한 가치와 기여를 했다. 그런데 그중의 한 부분을 인하여 긇은 기독교인의 분노를 사게 되는데 이 번역본에서 그는 이사야 7:14절의 '처녀'를 '젊은 여자'로 번역해 놓고 있기 때문이었다.

유대의 정통 서기관들의 작업은 주후 6세기경에 끝이 나고, 그 이후 성경본문을 보존 전수하는 일은 소위 '맛소라'(정확하게 전수하는 것)학자들에 의해 유지된다. 그들은 주후 500~1000년경에 활동했으며 히브리어 본문의 형태를 확고하게 고정시켰다. 그들의 기여는 본문에 대한 치밀한 통계 작업 예를 들면 가운데 글자, 구두점의 숫자, 결주, 난외주, 커티브/커레이의 활용, 그리고 모음부호의 개발(티베리아식 접속)이라 할 수 있는데 그중에서도 자음으로만 전수되어 온 히브리 사본에 대한 '모음부호의 부착은 맛소라 학자들의 가장 큰 공로'로 여겨진다.

먼저, 현재 전해지고 있는 여러 종류의 히브리어 사본들은 다음과 같다.

① 쿰란사본
일명 '사해 사본'이라 알려져 있으며 뒤의 자세한 설명을 참고하라.

② 사마리어어 사본
구약의 본문을 복구 혹은 유추하는 일을 위해 사해 사본이 중요한데, 이 외에도 몇 가지 중요한 자료들이 있다. 그중에 가장 고대성을 가진 것이 사마리아어 오경이다. 사마리아인들의 조상에 관하여 많은 논쟁들이 있지만, 포로에서 돌아 온 에스라 느헤미야의 시대부터 유대인들은 그들과 완전히 결별하게 된 것으로 보인다. 그들의 조상이 모세의 손자시대부터 이어져 온 순수한 혈통이고, 사마리아 인들이 진정 예배드릴 곳이 정해진 곳(그리심산)이라는 그들의 주장의 진위는 가릴 수 없지만, 씌여진 문자의 고대성으로 볼 때, 이 사마리아 오경의 기록 연대는 상당한 고대성을 가진다고 할 수 있다. 그들은 오직 오경만을 정경으로 인정하며, 구약의 다른 부분은 정경으로 인정하지 않고 있다. 현존하는 사마리아 오경의 사본들은 거의 주후 1000년대 이후의 것이라 여겨

---

1   Pirqe AbotIII, 17. 재인용 from Harrison R.K., op. cit. I. p.266.

지고 있다.[2] 사마리아 인들은 그리심 산의 위용을 강조하기 위한 삽입구 조작(출20:17, 27:2~7), 신명기 11:30절의 "길갈 맞은 편"을 "세겜 맞은 편"으로 변경, "여호와 너희 하나님께서 택하실 곳"을 "택하신 곳"으로 읽어 사마리아의 그리심 산이 모세가 성전을 세우기를 원했던 곳임을 강조하고 있고 그들의 본문읽기도 그런 의도적 필사임을 파악할 수 있지만 그럼에도 불구하고 사마리아 오경은 다른 오경의 본문들과 대조할 수 있는 좋은 본문이다.

③ 탈굼 아라마익 사본

'탈굼' 사본은 아람어 사본인데, 구약의 일부분을 풀어쓴 것이거나, 의역한 것임을 가리키는 용어이다. 고대 히브리 왕정시대부터 아람어는 근동의 국제 공용어였는데, 포로 시대부터 많은 유대인들이 그들의 모국어를 잊고 당시의 공용어로 전환되어 갔다는 것은 이해되는 일이며 그들을 위해 히브리어 구약을 쉽게 풀어 쓴 쓴 것이 아람어 사본들이라 할 수 있다. 주요 아람어 사본은 4종류가 있으며 많은 부연 설명으로 유명하다. 아람어는 예수님 당시의 일반인들의 생활언어였다.

언어	사본 명	작성 시기 및 저자	주요 내용 및 특징
히브리어	사해(쿰란) 사본	주전 200~주후 50년	구약의 다양한 본문들과 규례집들
	맛소라 사본	대영박물관 오리엔탈, 주후 850, 필사자는 알려지지 않고 있음	오경, 자음 사본, 대부분의 창세기, 신명기의 대부분이 유실되었음
		카이로 사본, 주후 895년 필사자: 모세 벤 아쉐르	전, 후기 선지서, 모음부호(납달리 가문의 사본과 유사함), 카이로의 카라이트 유대인 회당에 소장되어 있음
		알렙포 사본(시리아), 주후 900년대 전반, 필사자: 아론 벤 모세 벤 아쉐르	구약 전체, 맛소라 기호 및 모음첨가(아론은 전체집필자가 아니라 맛소라 기호, 부호 첨가자임)
		레닌그라드B19A, 주후 1010년, 필사자: 사무엘 벤 야곱	구약 전체, 벤 아쉐르 본문(카이로 사본)의 충실한 복사판, BHK의 기초 본문, 1929년 이후 표준

---

2   Cross F.M., Ancient Library of Qumran(New York, Anchor Books, 1961), pp.172~193을 참고하라.

			본문임
		레닌그라드 사본, 주후 916년	후기 예언서, 바벨론 구두점 있음
		봄베르그 1판, 주후 1516년, 필사자: Felix Pratensis 봄베르그 2판, 주후 1525년	구약 전체, 제2판은 야곱 벤 하임이 필사함. 이 판이 1929년까지 표준 본문이었음(인쇄본)
		시편 볼로냐 판, 주후 1477년	시편(인쇄본)
		손시노 판, 주후 1488년	성경전체(인쇄본)
아람어	탈굼 사본	옹켈로스	오경
		익명의 죠나단 탈굼	오경
		죠나단 벤 웃시엘	여호수아, 열왕기, 후선지서
		예루살렘 탈굼	오경
사마리아어	사마리아 오경	나블루스판, 주후 10세기 이후, 1616년 다메섹에서 최초 발견됨	오경, 정방형 문자가 아니라, 팔레오-히브리어체로 기록되었음

* 물론 히브리 사본들 중 존재를 확인할 수 는 있지만 현재 전해지고 있지 않은 유실된 사본들도 많이 있다.[1]

2. 구약성경 번역본들

이제는 고대시대에 히브리어 구약성경을 다른 언어로 번역한 주요 번역본들을 살펴보겠다.

① 70인경(LXX, the Septuagint)

주전 250~117년 사이에 이집트의 알렉산드리아에서 70명의 장로들이 구약을 당시의 국제 통용어인 헬라어로 번역한 것으로서, 가장 중요한 번역본이며 몇 가지 역본이 존재한다. 라일랜드 파피루스458(주전 150), 쿰란 파피루스, 체스터 베아티 파피루스, 파피루스911(주후 3세기 말), 프리어 헬라어 사본V(주후 3세기 후반), 오리겐의 헥사풀라 등이 있다. 그 후에 히시키우스 개정판, 루시안 개정판(베티투스 사본), 바티칸 사본(325~350), 시내산 사본(A.D. 375~400), 알렉산드리아 사본(450년경) 등이 있다.

② 라틴어 역본(the Vulgate)

알렉산드리아의 교부 제롬(주후 400년경)이 히브리어에서 라틴어로 번역된 구약이고, 그 이전에 70인경과 고대 라틴어 역본('이탈라' 주후 200년경)을 대본으로 하여 그 당시의 라틴어로 번역하였다. 흔히 불가타 역, 혹은 라틴 벌게이트 역이라고도 함.

③ 시리아 역본

시리아는 고고학이나 구약 연구에 많은 자료를 가진 나라이다. 시리아어는 흔히 동부 아람어 방언의 일종인데, 팔레스타인의 유대인들은 서부 아람어를 사용했다. 시리아어의 알파벳은 아랍어와 유사하고 문법 체계는 히브리어와 아람어와 유사하다. 시리아의 기독교인들이 그들 나름대로의 표준 아람어라고 생각하는 언어로 구약을 번역했는데 이것이 바로 시리아어 구약인 것이다. 이 역본은 헬라어 70인경 이후에 구약을 다른 언어로 번역한 가장 오래된 사본이며, 가장 정확한 번역본이 시리아 역본이라 할 수 있다. 흔히 '페쉬타(단순한)' 역본이라 불린다.

언어	사본 명	작성 시기 및 저자	주요 내용
칠십인역 (셉투아진트)	헬라어	70인역, 주전250~150	오경, 구약 전체
		아퀼라 역, 주후130	단편
		심마쿠스 역, 주후170	구약 전체
		데오도션 역, 주후180~90	구약 전체
벌게이트	라틴어	이탈라 역본, 고대 이탈리아어	단편
		제롬의 벌게이트	구약전체
		리용 코덱스	창세기~사사기
페쉬타	수리아어	페쉬타 수리아어 구약	구약전체
		수리아어 헥사플라	구약전체

3. 정경론과 본문 비평의 원리들

성경에 대하여 자세히 살펴보는 일체의 학술 행위를 묘사하는 말을 우리는 흔히 '비평'이라 한다. 그렇게 볼 때, 성경에 대한 비평은 높은 차원의 비평과 낮은 차원의 비평 두 종류가 있다. 높은 차원의 비평이란 말은 한국어의 어감으로 볼 때는 오히려 '서론적 비평'이라는 것이 맞는 표현이고, 낮은 차원의 비평이란 '본문비평'이라는 것이 더 어울릴 것이다. 영어로는 높은 차원의 비평을 '고등비평(gher Criticism)'이라 하고 본문비평을 'lower Criticism'이라 칭한다. 서론적 고등비평이란 주로 성경 각 권이 저작권과 배경, 연대, 순수성 등을 다루고, 본문비평은 우리에게 전달된 불완전한 여러 사본들에 기초하여 본래의 원문의 회복을 추구하는 학문 영역이다. 현대 세계에 존재하는 여러 종교의 신봉자들이 다 자기들의 경전을 영감된 것으로 주장 하는 것은 아니지만, 그들은 그 경전들이 최고 수준의 종교적 권위를 갖고 있다고 생각한다. '정경'이란 말은 헬라어로는 '케논'이며, 원래 앗시리아어의 'qanu', 우가릿어의 'qn' 히브리어의 'qaneh'과 같은 셈족 동일 어근을 갖고 있는 단어로부터 파생되었다. 이는 '법규, 규칙, 기준'을 뜻한다.

구약성경의 책들을 거룩한 책들이라고 부른 최초의 예는 주후 100년경의 유대인 역사학자인 죠세프스의 글 속에 나타나는데, 그가 볼 때 정경의 본질적 특징은 선지 시대에 나타난 분명한 권위를 가진 하나님의 선포들이어야 하고, 그렇기 때문에 하나님의 영감 하에 있어야 되며, 또한 내적으로 거룩함을 가지고 있어서 다른 형태의 문헌들과는 비교가 되어야 한다는 것이다. 유태인들에게 있어서 정경성의 기준은 그 저자라고 생각되는 사람들이 하나님의 선지자였느냐는 점이다. 최소한 선지자적 권위를 가진 것으로 이스라엘 공동체가 수락한 사람을 저자로 할 때 그들은 그 책을 정경에 포함시킨다. 영감과 권위라는 개념이 성경의 '정경성'을 구성하는 주요한 단어인 것이다. 어떤 사람들은 그 기준으로 '고대성', '히브리어', '오경과의 관계성' 등을 정경됨의 기준으로 말하지만 설득력이 빈약하다고 여겨진다.

구약의 정경이 확정된 시점에 대하여서 아무도 그 시기를 정확히 꼬집어 말할 수는 없다. 자유주의 신학자들은 구약의 정경이 대략 주후 90년경에 있었던 유대인들의 얌니아 회의 에서 결정되었다고 생각한다. 그들은 오경은 대략 주전 432년의 에스라 시대에, 선지서는 주전 300년대에, 그리고 성문서는 주전 160년대경에 차례로 정경화되었다가, 예루살렘이 로마에 멸망한 후 새롭게 거주지로 허락받은 상기의 얌니아 지역에서 이스라엘의 공의회가 소집되었었는데, 그곳에서 정경 전체가 인정되었다는 견해를 주장한다. 하지만 그 얌니아 회의가 그것을 위한 모임이었다는 어떤 증거도 없기에 이 주장을 받아들이기가 쉽지 않다. 특별히 쿰란 사본이 발견되면서 주후 90년보다 일백 년도 더 이전에 이미 구약이 정경화되어 있는 징후가 발견되고 있기 때문에, 주후 90년대에 구약이 정경화되었다는 주장 또한 쉽게 받아들이기 어렵다. 또한 구약 정경이 지금의 형태로 편집이 완료된 시점은 주전 400년 이전이라는 보수주의자들의 객관성을 결여한 주장도 쉽게 납득되기 어려운 점이다.

물론 정경성의 가장 확실한 근거는 '영감성'이다. 즉, 성령께서 자신의 말씀에 대해 증거하는 영적 권위이다. 구약은 어떤 한 시점에 궁땅 '정경'으로 받아들여졌다기보다는 오경은 모세시대부터 전수되던 것이 요시야의 종교개혁의 계기가 되었던 성전에서의 율법의 발견 그 이전에 완결된 것으로 여겨지고, 선지서는 말라기가 포로 후 100년쯤 지난 시점인 것으로 여겨지기 때문에 주전 400년 어간 그리고 유대교의 성문서가 그보다 좀 더 늦은 주전 200년 어간에 차례로 '하나님의 계시'의 말씀으로 받아들여졌다고 여겨지며, 현재까지의 증거들을 참고하건대 구약은 최소한 헬라어 70인경이 번역되기 전 시대, 그리고 외경인 집회서가 기록되기 이전에 완성되어졌고, 이스라엘에서 정경으로 인정되어 진 것으로 사료된다.

1) 사본상의 오류가 발생하는 주요 원인들

다음은 문서를 베껴 쓸 때에 흔히 일어날 수 있는 대표적인 오류들을 정리한 것이며, 이는 사본학의 기본적 지식이다. 여러 종류의 사본들을 연구할 때 차이가 있다면 일단 이런 관점에서 생각해 보아야 한다는 일종의 지침 같은 것이다. 물론 이런 오류들 외에도 특별한 오류들이 있을 수도 있다. 모두가 다 인정하듯이 무오한 원본을 하나의 오류도 없이 완전무결하게 베껴 복사한다는 것은 기적에 가까운 일이며 거의 불가능에 가까운 일이다.[3] 다름의 설명은 성경 필사시의 대표적인 필사오류의 종류와 내용에 대한 G. L. 아처의 설명을 요약해 놓은 것이다.[4] 성경의 필사자들이 정신을 집중하고 필사하더라도 부지중에 다음과 같은 실수들이 나타날 수 있다는 것이다.

- 중복자 탈락: 중복되어야 하는 문자가 한 번만 기록되는 경우.
- 중복 오사: 위와는 반대로 한 번만 써야 하는 문자가 두 번 연속으로 기록된 경우.
- 어순 도치: 글자나 단어의 원 위치를 거꾸로 바꾸어 쓰는 경우.
- 합성: 두 단어를 한 단어로 붙여 쓰는 경우.
- 나눔: 위와 반대로 한 단어를 두 단어로 나누어 쓰는 경우.
- 동음이어: 같은 발음을 가진 다른 단어로 대치하는 경우.
- 유사결구: 필사자의 눈이 하나의 끝에서 다음에 나오는 유사한 것의 끝으로 바로 넘어가버림으로써 중간구가 생략되는 경우.
- 유사서두: 필사자의 눈이 하나의 시작에서 다음에 나오는 유사한 것의 시작으로

---

3   Archer G. L., op. cit., p.78.
4   ibid., pp.77~82를 참고하라, 그는 여기서 각각의 경우에 해당되는 실례들을 들어 잘 설명하고 있다.

바로 넘어가 버림으로써 역시 중간구가 생략되는 경우.
- 우연한 생략: 한 단어나 문자가 생략되는 경우.
- 모음문자를 오인: 모음 문자를 자음문자로 잘못 이해했을 경우.
- 모음 부호를 오인: 반모음 등을 완전한 모음으로 읽어버리거나, 추가된 모음 부호가 단어의 의미의 변화를 초래한 경우.

위와 같은 여러 필사상의 착오로 사본마다 저마다의 장점과 단점들이 존재한다. 역본의 경우도 마찬가지다. 역본은 그런 사본의 차이에 더하여 언어학적 차이로 인한 다른 해석이 가미될 수 있기 때문에 성경의 독자들은 각 사본이나 역본들의 차이에 대하여 나름대로의 선별기준을 가질 필요가 있다. 아래의 항목들 역시 G. L. 아처 교수의 정리된 설명을 소개한다.[5] 그러나 이런 원칙들이 항상 옳은 것은 아님도 기억하고 있어야 한다. 아처 교수도 지적하고 있듯이 아래의 원칙들은 서로 상충되기도 하는데 예를 들면 제1원칙이라고 말하는 고대성만 본다면 쿰란 사본은 맛소라 사본보다 오래되었지만, 그 독법이 항상 신뢰할 만한 것이라고 말할 수는 없다는 것이다. 그럼에도 불구하고 아래의 원칙들은 조심스럽게 다루어져야 할 필요가 충분히 있다.

2) 사본들 사이에서 차이가 발생했을 때의 선별 원칙에 대하여

보다 원문에 가깝다고 여겨지는 본문은
- 더 오래된 것에 우선권을 둔다.
- 더 어려운 독법일수록 더 신빙성을 둔다.
- 더 짧은 독법일수록 신빙성이 크다.
- 차이들을 가장 잘 설명해주는 독법이 신빙성을 지닌다.
- 여러 지역에서 지지를 받는 독법이 우선권을 가진다.
- 저자의 문체와 어투와 가장 근접한 것.
- 교리적인 편견이 없는 해석, 예를 들면 탈굼역과 70인역은 하나님을 인간의 모양으로 표현하기 싫어하는 후기 유대사상을 반영하여 그런 표현(신인동형론적 표현)을 삭제하여 버렸다. 그래서 그런 번역보다는 맛소라 학자들의 표기가 더 객관성이 있다는 것이다.

---

5   ibid., pp.83~87를 참고하라. 그는 여기서 각각의 경우에 해당되는 실례들을 들어 잘 설명하고 있다.

4. 사해 사본의 가치

르네상스 이후 가장 가치 있는 사본의 발견이며, 모든 시대 중에서 가장 위대한 고고학적 발견이라 찬사를 받고 있는 사해 서북부의 쿰란 동굴군에서 발견된 사본의 의미와 그 내용들에 관하여 살펴보자. 사해 사본들이 처음 발견된 사유에 관하여 일반적으로는 다음과 같이 알려져 있다. 이 굴들은 대단히 험한 나무 없는 바위산 낭떠러지 같은 곳에 있어서 사람들의 접근이 쉽지 않은 곳에 위치해 있었는데, 1947년에 아랍 지역인 타하미레(Ta'amireh) 부족의 목동인 무하마드 아드 디브(muhammad adh-Dhib)라는 사람이 잃은 산양을 찾아다니다가, 이 쿰란(Qumran) 지역의 동굴 속에서 도자기 그릇들에 담겨있는 많은 두루마리를 발견했다고 알려지고 있다. 이렇게 발견된 두루마리들은 헐값에 베들레헴의 골동품상에 넘겨졌고, 그것이 다시 고가로 시리아 정통 교회의 대주교인 마르 아타나시우스 사무엘(Syrian Archbishop, Mar Athanasius Samuel)의 손에 일부가 넘겨졌고, 그 일부는 예루살렘의 히브리대학의 교수인 수케닉(E. L. Sukenik)의 손에 팔리게 되었다.

도자기 안에 비싼 금화나 유통가치가 있는 것을 기대했던 아랍인들이 볼 때 이 낡고 썩어가는 두루마리는 아무런 가치가 없는 단순한 골동품에 불과 했었는데, 나중에 이 것들이 엄청난 가격에 팔리는 것을 보고는 많은 아랍인들이 발굴에 끼어들었으며, 요르단은 국가적으로 지원하여 이 지역을 발굴하게 하였는데, 대략 1961년까지 거의 22개의 동굴에서 발굴의 성과를 얻게 되었다. 그러나 그중에서 성경과 관련된 문서의 발굴은 대략 11개의 굴로 정리되고 있으며, 확인과 검색을 단순화하기 위하여 여러 유적지의 유물들은 그 발견 순서에 따라 표기되었는데, 1Q는 첫 번째 발견된 쿰란동굴의 유물이란 뜻이며, 2Mu는 두 번째 발굴된 무라바아트 동굴의 유적임을 말한다. 이 발굴의 기간 동안에 많은 양의 두루마리(대략 600여개의 양피지와 수천 개의 파피루스 단편들)와 옛 수도원의 터, 창고, 동전, 질그릇 파편, 집 터, 바위를 파서 만든 물통, 집회실과 책상들, 필기도구들과 잉크를 담아 두는 곳, 필사실 등이 발굴되었으며, 여기서 발굴된 문서들은 대개가 히브리어로 기록된 것이지만, 아람어, 헬라어, 라틴어와 심지어는 아라비아어로 기록된 문서까지를 포함하고 있었고 그래서 아마 그 공동체의 도서관 같은 기능을 한 것이라고 사료되고 있다.

이런 두루마리들 가운데 특이할 만한 것은 1952년에 Q3에서 나온 동판 두루마리였는데, 동판이 산화되어서 두루마리를 펼칠 수가 없었는데, 4년 뒤인 1956년에 이것을 맨체스터 공대로 옮겨와서 첨단 장비로 산화된 동판 두루마리를 절단하여 판독하게 되었다. 그로 인해 원문의 약 5%가량이 손상을 입기도 한 일이 있었다. 이런 우여곡절을 겪으며 발굴된 사해 사본들은 수케닉 교수가 보관해 온 이사야 두루마리(1QIsa b), 전쟁문서(1QM), 감사 찬송들(1QH), 공동체의 규칙(1QS)과 성 마가 수도원의 대 이사야 두루마리(1QIsa a), 하박국 주석(1QpHab)을 비롯하여 에스더서를 제외한 구약 성경의 거의 모든 책들의 단편 파피루스나 두루마리 혹은 단편 도기가 포함되어 있으며, 정경 외에도 상당한 양의 외경과 위경문서들이 복사본이나 사본의 형태로 발견된 것이다.

이 문서들이 발견되고 판독되기 시작하자 학계는 그 사본들의 기록 연대와 진정성에 큰 관심을 쏟게 되었다. 그때까지만 해도 기록된 히브리 사본 중 가장 권위 있고 오래된 것이 주후 9세기경의 것이었기 때문이었는데, 단 한 번의 발굴로 히브리 성경의 기원이 거의 천 년 이상 앞 당겨지게 된 것이었기 때문이다. 이 사해 사본의 대략적 연대는 주전 250년경에서 주후 70년 사이의 것으로 학계의 인정을 받았는데(탄소-14연대 측정법을 사용하여 얻은 결론임), 이런 고대성을 인하여 G. R. 드라이버(Driver)나 S. A. 번바움(Birnbaum) 같은 학자들의 반대를 받기도 했다. 당시만 해도 한 번의 발굴로 천 년 이상의 연대가 앞당겨지는 기이한 현실을 믿음을 받아들이기보다는 위조품이나 조작극으로 치부하려 했던 것 같다. 하지만 발굴이 계속되고 과학이 발달하면서 그런 고고학적 발굴업적은 확고한 증거를 더해갔고 움직일 수 없는 사실로 굳어졌다. 그렇다면 히브리 성경의 원본의 기록 연대는 그보다 훨씬 이전 시대라야 논리적으로 타당하게 되고 자유주의자들의 후기 연대설은 타당성을 잃게 된 것이다.

두 번째 영향력은 사해 사본들의 진정성에 관한 것인데, 그것은 지금 우리가 갖고 있는 성경은 얼마나 원본과 유사한가 하는 문제였다. 즉 오랜 세월동안 필사되어 전해 오는 동안에 그 내용이 과연 신뢰할 만한 것인가 하는 문제였고, 이는 사실 우리 신앙에 심각한 문제를 초래할 수도 있는 사안이었다. 그러나 연구와 판독의 결과 우리가 읽는 성경과 천 년 전에 읽혔던 성경과의 신학적, 교리적 그리그 본질적 차이가 없음이 확인된 것이다. 예를 들면 사소한 철자법이나 표기상의 차이점은 발견되지만, 성경의 주요 사상과 내용을 뒤집을 만한 차이가 없고 천 년 전의 것과 지금의 것이 거의 동일한 것으로 인정된 것이다. 그렇다면, 물론 사해사본이나 지금의 사본의 이사야가 모세 등이 직접 썼던 원본은 아닐지라도 그 사본의 전승과정의 신뢰성은 믿을만하다는 결론에 이르게 되는 것이니 사해 사본의 발굴이 기독교 신앙에 주는 파장은 엄청난 것이라 할 것이다.

1947년 팔레스타인의 사해 서북부 굴속에서 발견된 성경과 관련된 일련의 두루마리들을 사해 사본이라 하고 그 중요성에 대하여 이미 살펴보았다. 발굴된 굴들 중 제1호 굴, 4호 굴, 10호 굴, 11호 굴 등에서 성경 본문, 해석문, 가정서, 종파의 규율 등에 관한 중요한 문서들이 발견되어 주목을 받았는데, 1967년에 발견된 The Temple Scroll은 길이가 8.6m나 되는 가장 긴 두루마리였다. 구약과 관련된 두루마리 부수는 총 175부인데, 시편이 27부로 제일 많고, 그 다음이 신명기 25부이며 이사야서는 18부로 세 번째로 많이 발굴되었다. 즉 오경, 시가서, 선지서 등 구약의 주요 3대 부분이 거의 망라된 것이다. 그것들 중 거의 완전한 두루마리로 남아 전해지는 것은 제1호 굴에서 발견된 두 개의 이사야서와 제11호 굴에서 발견된 시편과 아람어로 된 욥기서이다. 그중 구약의 한 책을 거의 완전하게 보존하고 있는 이사야 사본에 관하여 간략하게 살펴보자.

제1호 동굴에서 발견된 두 개의 이사야 사본이 중요한데, 전술한 바와 같이 그것은 1QIs a로 알려진 '시리아 정통교회 소속인 성 마가 수도원의 이사야 사본(St. Mark's Monastery Isaiah Scroll)'과 1QIs b로 알려진 스케닉 교수가 소장하고 있는 'The Hebrew University Isaiah Scroll'이다. 그 첫 번째 문서(1QIs a)는 이사야 1장에서 66장까지를 다 포함하고 있으며 길이가 7.34m의 가죽에 기록되었고, 17개의 소가죽을 실로 꿰매어 만든 두루마리이며, 전체가 54개의 단락(Columns)으로 되어 있다. 그리고 이 두루마리는 10여개의 작은 구멍이 뚫려 있지만 다른 사본과 비교해 볼 때 그 내용을 쉽게 파악할 수 있게 되어 있다. 전술한 바와 같이 이 문서(1QIs a)는 성경의 한 편을 다 가진 유일한 두루마리이다. 혹 단편적으로는 더 오래된 것도 있으나 1QIs a는 가장 오래된 두루마리이다. 여기서는 한국어 성경과 1QIs a를 발췌하여 히브리어 마소라 본문(MT)과 비교해 보기로 하겠다.

예1) 이사야 1:15절
- 너희가 손을 펼 때에 눈을 가리우고 너희가 많이 기도할지라도 내가 듣지 아니하리니 이는 너희 손에 피가 가득함이니라(한글 개역)
- 이는 너희 손에 피가 가득함이니라, 너희 손가락들에는 범죄가 가득함이니라(쿰란 사본 [1QIs a])

즉, 맨 뒤의 한 구절이 더 첨가되어 있다. 이는 아마도 이사야 59:3절과 무의식적으로 조화시키기 위해 삽입한 것으로 추론되는데 다른 번역본들에는 나타나지 않는다. 이사야의 원문에 이 부분이 나타나는지 아닌지는 확인되지 않는다. 그러나 내용상 그 구절이 첨가되었다고 뜻이 달라지지 않으며 오히려 강조를 위한 히브리시의 평행법적 병행구로 볼 수 있겠다.

예2) 이사야 4:5~6절
- 여호와께서 그 거하시는 온 시온 산과 모든 집회 위에 낮이면 <u>구름과 연기, 밤이면 화염의 빛을 만드시고 그 모든 영광 위에 천막을 덮으실 것이며 또 천막이 있어서 낮에는 더</u> 위를 피하는 그늘을 지으며 또 풍우를 피하여 숨은 곳이 되리라_(한글 개역)
- 여호와께서 그 거하시는 온 시온 산과 모든 집회 위에 낮이면 더위를 피하는 그늘을 지으며 또 풍우를 피하여 숨은 곳이 되리라_(쿰란사본1QIs a)

즉, 가운데 밑줄 그은 부분이 빠져있다. 그 이유는 필사하는 중에 앞에 나오는 "낮"(히브리어로 욤[yom])이라는 말과 뒤에 나오는 "낮"이라는 말을 혼돈해서 그 중간에 있는 구절이 빠진 채로 연결된 것으로 사료된다. 여기서 빠뜨린 글자가 46자인데, 이것은 한 줄 전체를 빠뜨린 결과가 된다. 이 페이지의 한 줄의 평균 자수는 45자이며 서기관들은 이를 중요시 여겼었다.

이상의 몇 개의 선별된 본문 대조를 통해서 우리는 이미 정리했던 사해 사본의 의미를 재확인할 수 있다. 그것은 전통적 히브리어 본문인 MT와 사해 사본 사이의 천 년의 간격이 성경 내용을 획기적으로 개변시키지 않는다는 놀라운 일치성이다. 위에서 살펴본 바와 같이 약간의 철자법의 오류나 차이점이 발견될 뿐이라는 것이다. 그리고 일부 자유주의 신학자들의 주장처럼 이사야서를 두 명의 저자가 썼다고 하는 소위 제2이사야 가설도 설득력을 잃게 되었다. 왜냐하면 두루마리 사본들 사이에서도 이사야 39장과 40장 사이에 어떤 구분도 특별히 만들고 있지 않기 때문이다. 이런 연구를 통해 우리는 하나님의 말씀에 대한 깊은 신뢰를 더 새롭게 확인할 수 있다. 굳이 이런 학적인 작업을 통해서 믿는 것도 중요하겠지만, 하나님의 말씀을 믿음으로 받아들이는 살아있는 믿음이 더 소중한 것임을 재확인한다.

구약 연구사와
오경의 문서설

1. 구약 연구의 약사

1) 유대교에서의 연구 약사

구약은 원래 이스라엘인의 전유물처럼 여겨졌었고, 연구도 그들에 의해 먼저 집중적으로 시작되었었다. 구약에 관한 유대인들의 연구업적을 증거하는 것은 '서기관'을 뜻하는 '쏘페림'들의 활동이었을 것이다. 이들은 대략 주전 400년경에서 주후 200년 어간에 활동했다고 여겨지는데 그들은 알려진 가장 순수한 표준 본문을 만들고 그것을 전수하는 일을 사명으로 여겼던 학자들이다. 그들은 구약 각 권의 모든 단어들의 수를 계수하여 각 책의 끝에 기록하였다. 이것은 중요한 업적 중 하나인데 그들은 자음 본문만으로 그것을 계수하였으므로 사본학적 연구에 상당한 영향을 준다. 또한 열여덟 개나 되는 쏘페림 교령을 만들어 구약 기록에 대한 반 신인동형론적 기법을 주도하였다. 그 다음이 '미드라쉬'인데 이는 주전 100년경에서 주후 300년 사이에 집대성된 오경에 대한 주석집이다. 이것은 히브리어와 아람어로 기록되어 있다. 두 종류의 내용을 포함하고 있는데 '할라카' 부분은 오경에 대한 설명이고, '하가다' 부분은 다른 여러 가지 비유와 이야기들로 구성되어 있다. 구약의 여러 부분의 본문을 인용하여 사용하고 있기 때문에 본문 연구에 중요한 영향을 끼치고 있다. 그 다음에 '미쉬나'와 '게마라'로 구성되어 있는 '탈무드'가 유대인 구약 연구의 중요한 성취로 여겨지고 있다. 미쉬나는 주후 200년경에, 게마라는 또 두 개의 자료로 전달되는데 바벨론 게마라는 주후 500년경의 것이고 팔레스타인 게마라는 주후 200년경이라 여겨지고 있다. 게마라는 아람어로 기록되어 있다. 미쉬나는 서기관(쏘페림)의 후예들인 '타나임' 학자들이 완성한 것으로 히브리어로 기록되었으며, 구전된 율법과 그에 대한 설명들을 6개의 항목(농업, 절기, 여인, 사회법, 형법, 제사와 거룩한 예전법 등)으로 나누고 그것을 또 63권의 책으로 나누어 자세히 설명하는 내용이다.

그런 유대교적 성경연구의 전통은 주후 500년 이후에는 주로 '맛소라' 학자들이라고 알려진 전통을 보전하는 학자들에 의해 연구되었는데, 이들은 본문의 정확한 전수를 목적으로 하였고, 이미 기술한 것처럼 히브리어 자음 본문에 모음부호를 부착하는 일을 했다. 또한 그들은 히브리 성경에서 쓰기는 이렇게 쓰고(커티브), 읽을 때는 이렇게 읽어야 한다는 표기(커레이)라는 맛소라 부기를 만들어 본문의 참고사항란에 부착했다. 그것들 중 대표적인 것이 하나님의 성호를 기록하는 것과 발음하는 것 사이의 차이일 것이다. 유대인들은 구약을 하나님의 계시이며 말씀으로 받아들였으며 그것을 소중하게 보존하고 전수하였다. 그렇지만 주후 2세기경의 어떤 일군의 유대인들은 구약의 아가서, 전도서, 에스더서(이상 미쉬나), 에스겔서(게마라) 및 잠언 등의 정경성을 의심하기도 했었다. 이런 것을 소위 '안티레고메나' 즉 '반대하여 말하여진 책'이라 불린다. 그렇지만 그들은 샴마이 학파와 힐렐 학파 간의 열띤 논쟁을 통하여 그들의 정경을 39권으로 확정했다. 이런 각 권에 대한 약간의 부정적인 의심에 관하여는 앞에서 다루었으므로 여기서는 생략하겠다.

2) 초기 기독교 시대의 경향

기독교는 초기부터 구약이 율법서, 선지서, 성문서라는 세 부분으로 구분되는 정경을 확인하고 있었으며, 그 후에 박해 시기를 거치면서 신약이 걸러져서, 신구약 66권의 정경 본문을 확보하게 된 것으로 여겨진다. 이렇게 확정된 성경은 이것을 받아들이고 인정하는 사람들에게 분명한 믿음과 순종을 요구하는 성격을 가지고 있다. 지금과 마찬가지로 기독교 초기의 신자들도, 성경에는 인간을 향한 하나님의 기본적인 요구 사항이 들어있다고 생각했는데, 그들은 그 성경의 요구하고 있는 것들은 조직적이며 체계화된 교리적 설명에 의해 이해된다고 믿어왔다. 하지만, 이러한 경향은 당시의 유대교에서와 마찬가지로 여러 가지로 의심과 도전을 받았었다. 초대 기독교 신자들은 아마도 헬라어 역인 70인경을 더 많이 활용했던 것으로 보이며, 그 당시에는 그것에 대한 영감성이나 권위의 문제에 그렇게 민감하게 반응하지 않았던 것 같다. 기독교 세계에서 성경에 대한 가장 파괴적인 비평은 영지주의의 공격이었다. 그런 초대의 영지주의자 중에 시몬이란 사람이 많이 알려졌는데, 그는 율법서와 예언서의 영감성을 부인하고 그 진정성도 부인했다. 그는 유대교의 쏘페림 학자들처럼 구약의 신인동형론적인 표현도 비판했다. 또 다른 영지주의자들은 구약의 하나님을 잔인하다고 비판했으며 시리아의 영지주의자들은 선지자들을 사탄적인 기운이나 천사적인 기운을 빌어 말하는 사람으로 곡해하기도 했다. 그런 초대의 영지주의자들 중 교회 감독의 아들인 말시온은 헬라철학적 가르침과 주관적 해석을 성경에 적용하면서 많은 비난과 하나님에 대한 심각한 곡해를 불러일으켰다. 그는 구약을 전반적으로 다 부인했으며 복음서도 바울적인 각도에서 재구성했다. 이런 말시온의 뒤를 이어 오리겐의 작품에서 반박된 켈수스의 비평적 견해나 포피리의 반기독교적 견해 등이 이어 나왔다. 그 후에도 몇몇 비평적인 견해를 가진 사람들이 다니엘, 에스더, 잠언, 욥기, 아가, 심지어 시편까지도 그 진정성이나 정경성을 의심하거나 정경서들 안에 있는 상충 본문들에 대하여 비평하기도 했었지만, 전반적으로 초대교회 시대의 성경에 대한 비판적 견해는 일반적인 것이 되지 못했다.

3) 중세기의 연구

이 시대의 성경 연구는 주로 가톨릭의 억압적 분위기 때문에 자유로운 성경 연구가 침묵했던 시대였고, 대신 성경의 여러 가지 교리가 체계적으로 확립되던 시대였다. 즉 성경 본문 연구에서 신학으로 집성되던 시기였는데, 주로 유대인 학자들에 의한 몇 가지 논란이 전수될 뿐이다. 그들은 주로 구약 각 권의 저작성과 연대문제로 논쟁하였으며 유대인 합리주의자 히위 알 발키는 구약의 여러 모순들을 일일이 정리했으며, 모세의 오경 저작설이 도마에 오르기도 했고 또 다니엘서의 연대에 대한 비평들이 있었지만, 유대인 정통주의자들에 의해 그런 견해는 별로 각광을 받지 못했다.

4) 개혁기의 연구

초중세의 교회사는 성경에 대한 주로 조직신학적, 교리적 관심에서의 비평이 주를 이루었는데 반하여 종교 개혁의 시기는 성경 각 권의 문서와 자료에 대한 직접적 비평의 길이 열린 시대라 할 수 있다. 개혁기의 여러 학자들은 성경 각 권에 대한 자체적인 비평을 쏟아내었기 때문이다. 예를 들면 M.루터는 히브리서, 야고보서, 유다서, 요한 계시록 등을 자신의 정경목록에서 제외했으며, 또한 에스더서의 정경성을 심히 의심하였다. J. 칼빈 역시 그런 입장과 유사한 입장을 견지했으며, 아가서를 특별히 무시했다. 하지만 그는 구약 전권을 주석하며 성경이 영감을 받아 기록된 책이라 받아들였다. 그들과 거의 동시대 인물인 보덴슈타인은 모세의 오경 저작설을 의심하였으며, 개혁자 중의 한 사람인 쯔빙글리는 성경의 윤리적 강조점을 현실적 적용에 더 관심을 두는 입장을 취하기도 했다.

5) 근대 비평학의 발생

주로 종교 개혁직후 시대인 주후 16~17세기는 신학자나 목회자뿐 아니라 일반적인 학자들 가운데도 성경에 관한 비평적 입장을 토토하는 것이 당시의 지적 풍토였다. 예를 들면 법률가인 H. 그로티우스도 구약 총서를 썼는데 그는 아가서의 우화적 해석을 거부하면서도 솔로몬의 저작성을 인정했다. 또한 이신론적 철학자인 T. 홉즈도 구약의 저자와 연대에 대한 일반적인 견해를 부인하고 포로후기 편집설을 주장하기도 했다. 세속적인 경향의 유대인 철학자 스피노자는 '과학적인 방법으로 성경을 연구하는 것이 결코 종교를 위험에 빠뜨리지 않을 것이라고 주장'하면서 홉즈나 그로티우스의 방법론을 계승했다. 그 이전의 성경 연구는 주로 '본문 비평'이 주조였다면, 이 시기에 와서부터는 새롭고 다양한 문학비평 방법론들이 성경 연구에 적용되기 시작한 시기였다고 하겠다. 그런 분위기에 편승하여 나중에 다루겠지간 프랑스의 의사였던 장 아스트뤼는 '자료 비평'이라고 불릴 수 있는 독특한 기법으로 오경의 문서설의 첫 출발이 되는 연구서를 집필하였다. 이에 대한 자세한 내용은 다음 장을 참고하라. 하나님의 신명의 다름과 오경내의 중복 기사 등을 기반으로 하여 시작된 비평적 연구는 J. G. 아이흐혼과 게데스, 후펠드 등에 의해 발전되고 확산되어 갔다. 이런 문서설은 에발트, 카일, 행스텐베르크, 그린 등의 신실한 보수주의적 신학자들의 맹렬한 반박을 받지만 계속 발전해 갔다.

6) 벨하우젠 학파의 가설과 영향

19세기 이전까지의 '자료비평'은 흔히 '문학비평'이라 불리는데, 그들의 관심은 단순히 성경의 원래의 모습을 찾는 것이었다 하지만 J. 벨하우젠에 이르면 이러한 노력은 다른 방향으로 발전하게 되는데, 철저한 헤겔주의자였던 그는 당대의 지적 분위기의 대세였던 진화론과 철학적 논리를 성경 연구에 접목시켰다. 이 부분도 다음 장에서 다룰 것이므로 간략히 설명하고 넘어가겠다. 그는 문서설을 이스라엘의 '종교 발전사'라는 틀 속에서 이해하려 했다. 즉 문학비평의 경계를 넘어 소위 말하는 '역사비평'으로 이어지는 것이다. 이는 자료비평을 통해 설정된 연대와 구약에 기록되어 있는 사건들과 비교하여 자료의 진위와 연대를 측정하는 것이다. 어떤 문서가 이스라엘의 종교 역사 중 인격적 유일신을 신봉하며 선민의식으로 똘똘 뭉쳐진 독특한 유대주의로 발전해 가는 과정 속에 어떤 역할을 하였는가, 이스라엘 역사의 어떤 단계에서 이런 문서들이 만들어 질 수 있는가를 비교, 대조하는 비평 방법이었다. 그들은 고대의 이스라엘은 원시인들과 마찬가지로 자연숭배사상(천둥, 번개, 홍수, 가뭄, 지진 등을 두려워하여 막연히 하늘, 태양, 달 등을 두려워하며 신봉하는 사상)을 가지고 있었는데, 그것이 진화하여 토테미즘으로 발전하고(그래서 돼지 고기 등을 먹지 말라했다는 것이다), 그리고 성물숭배(합환채 사건)와 다신론 등으로 발전하였는데, 이런 신의식이 바벨론 포로를 거치면서 인격적 유일신론으로 발전되었다는 것이다. 그러니까 이스라엘의 하나님은 원래 있었던 창조의 전능하신 신이 아니라, 많은 진화과정을 거치면서 창출된 인간의 신인식의 현주소일 뿐이라는 이해이다. 지금의 관점에서 보면 상당히 위험하고 비논리적인 이해인데도 당시의 세속화된 지적 분위기에 편승하여 구약 연구에 대단한 영향력을 끼친 방법론이다. 그의 방법론은 소위 '과학적'이라는 단서를 달면서 새로운 정통으로 자처했고, 전통적인 본문 비평에 집중했던 보수주의 학계의 성경 연구에도 많은 다양성을 제시하는 공헌을 하기도 했지만, 벨하우젠은 그의 노년에 자신의 젊은 시절에 탐닉했던 지적 합리주의에 바탕을 둔 성경 연구 방식은 결국 구약성경의 진정성과 권위에 관한 믿음에 위배되는 것임을 시인하기도 했다. 그럼에도 불구하고 이 연구 방식은 오랫동안 구약 연구의 지배적인 연구 방식으로 인식되었었다.

7) 양식비평

그 후 구약 연구는 있어서 '문학비평'의 자리를 넘어 '역사비평'으로 옮겨갔는데, 자유주의적 신학자들은 이제 헤르만 궁켈이라는 탁월한 신학자에게 그 주도적 자리를 넘겨주었다. 그는 히브리인들의 기본적인 종교 사상을 추적하기 위해서는 본문 안에 감추어져 있는 구전의 원형 즉 배경이 되는 삶의 정황을 찾아야 한다고 생각했다. 그는 특히 '삶의 정황(Sitz im Leben)'을 중시했는데 이스라엘의 문학은 독창적인 것이 아니라, 고대 근동의 정황에 지대한 영향을 받아 지어진 작품이기에 이웃 나라의 작품들과 비교하면서 성경의 원래의 내용이 어떤 것인지를 짐작해 내어야 한다고 주장했다. 예를 들면 히브리시와 메소포타미아 시와의 유사성이라든지, 히브리 예언과 바벨론 예언 등의 유사성 속에서 구약의 메시지와 특징을 이해해야 한다는 것이었다. 그런 방법으로 구약의 저자들의 사용하고 참고했던 구전 문학이나, 단편 자료들의 근거와 연대를 파악해 나가야 한다는 것이었다. 이러한 그의 주장은 1929년에 발굴된 라스 샤므라의 우가릿 토판들의 문학이 성경의 많은 부분과 유사함을 통해 그 설득력을 더해갔다. 그는 구약의 전반에 관하여 특별히 시편 연구에 관하여 탁월한 업적을 내었는데, 이런 삶의 정황에 대한 관심으로 시편을 여러 가지 양식으로 분류하여 효과적으로 시편을 이해할 수 있게 하는 공헌은 이후 모든 시편 연구자들이 사용하는 기본 방식으로 채택되고 있는 것이다. 하지만 H. 궁켈이 집중적으로 연구한 시편과 오경을 보면, 그의 '양식비평'이 가지는 한계 역시 드러난다. 그가 놓치고 있는 것은 성경이 '하나님의 계시'라는 점과, 또한 시편은 애초부터 어떤 문학적 양식을 따라 작성, 수집된 것이 아니라 개인적 고백이 가득 담긴 독특하고 독자적인 문학이라는 점을 놓치고 있는 것이다. 성경 자체 내에서의 상호 인용이나 유사성 등이 발견되는 것은 이해되지만 다른 문헌들의 영향으로 성경의 내용이 저작되었다는 가설은 그냥 가설일 뿐이다.

8) 현대 구약 연구의 동향

J. 벨하우젠을 효시로 하는 구약에 대한 파괴적인 고등비평이 주류를 이루었던 어두웠던 시대가 가고, 20세기에 들어오면서는 지난 세대의 상황과는 대조적인 논쟁이 일어났다. 이는 이전 시대의 학문적 합의(문서 비평설, 혹은 종교사학파적 입장)를 반대하고 새로운 질문과 답변을 추구하는 특징을 갖게 된다.

이런 새로운 변화를 추구하는 학자들과 그 방법론들을 간략히 살펴보겠다. 이들 중 유능한 히브리어 학자였던 E. 쾨니히는 구약자료들에 대한 정확한 '역사적, 문법적' 연구 방법론을 채용하여 구약을 연구해야 된다고 주장했으며 우화적 해석이라고 생각되는 것은 단호히 배격하였고, 그 대신 본문에 대해 합리적이고 역사적인 해석과 조화를 이루는 설명을 추구하였다. R. 키텔은 구약을 순수한 역사적 맥락에서가 아니라 '신학적 맥락' 하에서 종교적 가치개념을 조직적으로 제시하는 각도에서 연구하였으며,

1926년에는 O. 아이스펠트가 역사적 이해와 신학적 이해 사이의 각각의 특성이 있음을 주장하는 논문을 발표하였다. 즉 그는 신앙과 이성 사이의 분리를 통해 신앙을 보호하려 했던 것이다. 하지만 그의 논점은 약간의 모순이 있다. 왜냐면 계시는 역사적 사건과 뗄 수 없는 특별한 관계임을 간과하고 있는 것이다. 그 둘 사이가 떨어지게 되면 구속사는 신화화되는 길밖에 없기 때문이다.

구약 연구의 새로운 경향성은 W. 아이히로트가 구약 연구의 한 방법론으로서 '역사철학적 의식'을 신약의 계시와 접목하여 해석하는 새로운 관점을 주장했는데, 그런 주장 이후로 구약 연구는 구약 전체를 관통하는 어떤 하나의 주제를 통하여 구약을 이해하려는 새로운 시도들이 일어났다. 예를 들면 '왕권 사상(kingship)'을 주제로 하는 L. 쾰러의 연구방식이나 W. 비셔의 모형론적 해석방법, 그리고 G. 폰 라드의 '구속사', W. 덤브렐의 '언약' 등이 그런 것이다.

가톨릭은 1943년에 교황의 칙서인 "성경연구"는 가톨릭의 성경학계에 큰 영향을 주었는데 그들은 전통적인 견해에서 개신교의 자유주의적 비평에 관심을 갖고 연구하게 되었다. 몇몇의 전통 지향적 가톨릭 신학자들은 여전히 전통적 해석을 지지하였지만 많은 가톨릭 학자들은 비교적 늦게야 이런 역사적, 종교 사학파적, 양식비평적 구약 연구에 집중하게 되었으며 급기야는 유대교와 개신교에서 이미 폐기되고 있는 옛 학설(문서비평, 양식비평, 종교 사학파적 견해 등)을 암묵적으로 채택하는 학자들이 늘고 있는 실정이다.

1950년대에는 바울의 구원론의 입장에서 구약을 접근한 방법론이 F. 바움개르텔에 의해 주장 되었는데 그는 기독교의 복음은 궁극적인 기준이며, 이 기준으로 구약은 신학적으로 판단되어야 한다는 것이다. 그는 구약의 특성은 '예언'이라기보다는 '약속' 즉, 예수그리스도 안에서 성취될 기대라고 보았다. 그는 현대의 기독교인들은 구약의 상관성을 살리기 위하여 초대교회가 했던 모형론을 잘 활용할 수는 없지만 그 대신 그리스도를 경험한 관점으로부터 자기 자신들을 구약의 구속사와 연결시켜야 할 것이라 주장하였으며 십자가를 통한 속죄 개념은 구약에서 묘사하고 있는 죄에 대한 하나님의 심판을 전제로 하고 있다는 것이다. 그와 비슷한 시기에 독일 신학자 G. 폰 라트 의해 제시된 언약 신학적 방법론도 많은 관심을 받고 있다. 그는 부족 연합체로서의 고대 이스라엘이 하나님의 위대한 구원 행위와 맺는 언약적 관계가 히브리 신앙의 특성이라는 전제를 갖고 출발한 책이다. 그는 아이히로트에 의해 제시된 이스라엘의 신앙 세계를 반박하고, 그 대신 구약의 구속사를 그 역사적 양식으로 다시 이야기해내는 일을 구약 신학의 주요한 과제로 간주했다. 폰 라트는 진정한 구약 신학이란 하나님의 구원행동들의 역사와 관련이 있어야만 한다는 확신을 가지고 그가 바랐던 구약에 대한 진정한 신학들 기술하는 데에 필요한 통찰력을 제공하고 있다. 하지만 그가 놓쳤던 것은 하나님의 구원행동들에 대한 이스라엘의 간증들을 철저하게 저구성하여, 이 간증들을 그의 구약신학의 기반으로 삼았다는 데 있다. 진정한 구약신학이란 고대 히브리 성경들을 하나님으로부터의 직접적 신탁에 의해 구성된 것으로 간주할 때만 가능한 것인데도 말이다.

현대 영국의 구약신학은 G. E. F. 나이트에 의해 대변되는데, 그의 신학적 입장은 건전한 자유주의 견해라 할 수 있다. 즉 구약을 하나님의 말씀으로 존중하건서도, 또 다른 한편으로는 구약을 신학적으로 평가하기 위한 필요한 준비 단계로서 비평적 입장을 채용하여 구약문헌을 철저하게 재구성하는 일이었다. 이런 입장은 오히려 신선하게 여겨진다. 특별히 그는 구약을 기독론적으로만 해석하려는 경향성을 못다땅해 했는데 왜냐하면 그는 구약 전체가 메시아적이기 때문이라고 이해하고 있기 때문이다. 유럽의 헹스텐버그나 K. 델리취 외에 미국의 보수적 학자들의 공헌도 큰데, 그들 가운데는 R. 윌슨, W. H. 그린 등이 있고, 조금 후대에는 1940~50년대의 O. T. 엘리스와 E. J. 영, 그리고 J. 머레이 등이 있으며, 1960년대의 G. L. 아처와 R. K. 해리슨, 1970년대의 W. 라솔과 80년대 이후의 T. 롱맨 3세, R. B. 딜러드 등의 저서에 폭넓게 나타나고 있다. 또한 네덜란드 출신의 G. 보스 역시 정통 신학적 입장에서 구약신학의 중요한 영역을 다루고 있다. 최근에는 그런 주제들 중심의 구약 신학과 더불어 '어의학'이란 관점에서 구약본문을 연구하는 방법이 많이 강조되고 있다. 특히 키텔의 신약신학사전과 그에 대한 J. 바르의 어원학적 논쟁은 구약신학에 중요한 통찰을 제공하고 있다.

9) 현대의 구약 연구의 동향과 과제

전통적 견해에 서 있는 보수적 학자들은 구약의 역사적, 문법적 해석을 구속사적인 관점에서 적용시켜 그 메시지의 현실성을 강조하는 전통적 방법론을 우지하고 있다. 이들은 또한 고고학적 발견에 힘입어 구약 기사의 '사실성, 역사성' 등을 더욱 신뢰하게 되었고, 또한 언어와 고대 근동의 문화 등에 관한 연구가 이스라엘의 하나님을 향한 신앙을 더욱 입체적으로 증거하는 도구가 되고 있음을 잘 알고 있다.

이에 반하여, 파괴적이거나 적어도 학적 연구의 결과들이 미칠 파장을 염두에 두지 못한 사려 깊지 못한 이기심에 기인한 자유주의적 고등비평은 그 초기의 탄성이 일시적 호기심의 발로였음이 날로 명확해져 가며, 자체 내의 많은 방법론적 불일치로 인해 그 권위를 상실해 가고 있다. 그러나 가설이기는 하지만, 그들이 보여준 진지한 학자적 자세와 열정을 간과해서는 안 되며 그 업적도 무시해서는 안 된다. 최근에는 편집비평이나, 구조비평 혹은 수사비평 등의 새로운 방법 등이 제시되기도 했지만 별반 큰 호응이 있는 것은 아니다.

이렇게 발전되어 온 구약 연구의 여러 방법론들은 나름대로의 관점들을 가지고 있으므로 구약을 연구할 때 참고할 만하다고는 할 수 있겠지만, 그 어떤 것이든 하나의 방법론에 천착하는 것은 이미 검증된 학적인 연구결과들을 무시하는 행위가 될 것이다. 구약 연구를 위한 종합적 연구가 필요하다. 통시대적이며 또한 전 시대적이어야 하고, 신약과 연관 하에 연구하되 신약과는 독자적인 메시지가 있음을 알아야 하며, 사회 문화적 연구가 꼭 필요하지만 그것은 성경이 더 권위 있게 받아들여지는 쪽으로 이어져야 하고, 시대적으로 이해하되 구속사적인 전망 속에서 이해되어야 한다. 구속사와 언약, 하나님의 나라 및 하나님의 왕권은 중요한 개념이긴 하지만 구약을 그것보다 훨씬 광범위한 하나님의 계시를 다루고 있음을 잊지 말아야 한다. 경건하고 뛰어난 실력을 갖춘 학자가 기다려진다.

여기에, 구속사라는 관점이 더 첨가되어 읽어야 한다. 유대교 학자들이나 기독교인 모두 구속사를 이야기하고, 하나님의 역사 운행을 믿고 있지만, 유대인 학자들은 구속사를 아직 열려진 미래라고 보는데 반해, 우리는 이미 예수그리스도 안에서 완성되고 종말을 향해 가고 있는 하나님의 운동이라고 이해한다. 유대인들에게서 하나님의 구원하는 행동이란 다분히 정치적, 사회적인 활동을 내포하는 것이며 하나님의 나라 역시 그런 선상에서 이해한다. 하지만 기독교적 전통은 구약은 특별하고 독특한 구원사역의 그리스도에 의한 완성이라는 관점에서 구약을 이해한다. 그러므로 하나님의 창조, 타락, 심판, 구속이라는 관점 속에서 구약을 이해하는 훈련과 분명한 '관점'을 가져야 할 것이다. 그런 관점위에 상기의 방법론들을 활용하여 살아있는 계시로서의 하나님의 말씀의 한 축인 구약이 우리의 삶속에 살아있게 되는 그런 학문이 구약신학이다.

2. 오경의 문서설

구약에 대한 연구가 역사적으로 어떻게 진전되어 왔는가 하는 점은 앞에서 다루었으므로 여기서는 문서설과 그 이후에 발전된 다양한 비평이론들이 어떤 동기로 어떻게 시작되었는가? 그리고 그런 문서설 즉, 오경에 대한 모세의 저작권이나, 일관성이 의심받게 된 주된 이유들은 무엇인가? 그리고 그런 문서설들은 어떤 근거들을 통하여 발전되고 제시 되었는가? 하는 점을 살펴볼 것이다. 물론 이 문서설이 가지고 있는 한계에 대해서도 다루도록 하겠다.

오경에 대한 현대 비평학적 연구는 주로 프랑스 의사인 장 아스트뤽이 1753년에 익명으로 출판한 책에서 시작되었다 해도 과언이 아니다. 아스트뤽은 모세가 고대의 두 개의 기록들(memories)과 몇 가지 짧은 문서들을 상용해서 창세기를 편집 했다고 주장했다. 그는 18세기의 합리적 지성계가 주장하였던 오경 안에 있는 많은 반복 구문들(repetitions)과 앞뒤 문맥과 연결되지 않은 것처럼 보이는 여러 삽입 구절들(interpolations) 등을 해명하고 모세의 저작권을 변호하기(?) 위하여 이 이론을 착안하게 되었다 한다. 그는 오경의 근간이 되는 두 가지의 원천 문서(Source)에 사용된 두 종류의 신명(神名)에 근거해서 자료를 구분 하였는데, '엘로힘'이라는 신명을 주로 사용하는 문서와 '야훼, 여호와'를 주로 사용하는 문서로 구분하여 그런 '증복 구문' 과 '삽입 구절'의 이유를 설명하려 하였던 것이다. 그러나 그 자신은 모세의 오경저작권을 거부하지 않았으며, 이런 신명의 다름이 오경 전체를 분석하는 효율적인 도구가 되지 못함도 충분히 인지하고 있었던 것으로 보인다.[6] 그러나 그의 이런 염려와 충정과는 아랑곳없이 그로부터 시작된 오경에 대한 배후 문서설은 교계의 우려를 뒤로하고 많은 학자들의 핵심적인 연구의 방법이 되었으며, 그로부터 약 120년 뒤에는 율리우스 H. 벨하우젠에 의하여 문서설이 절정에 이르렀고, 벨하우젠의 이론은 독일 교계를 '충격과 혼란'에 빠뜨리며, 현대 구약 연구의 주요 방법론으로 자리 잡아갔다.[7] 특별히 벨하우젠의 기념비적인 저서인 '이스라엘의 역사 서설(Prolegomena zur Geschichte Israels)'과 '육경의 형성(Die Composition des Hexateuchs)'이라는 책을 통해 그의 문서설에 대한 이론을 담아내었다. 전자는 오경을 종교의 진화론적 발전과정으로 그려내며 구약의 역사를 구체적인 역사와 상관없는 것

---

6 아스트뤽에 대한 자세한 설명은 E. J. Young, op. cit., pp. Archre Jr. G. L. op. cit., Harrison R. K., op. cit., pp.498~499 등을 참고하라.

7 클레멘츠 R. E., 문동학, 강성렬 공역, 『구약성서 해석사』(서울, 나눔사, 1988), pp. 9~11. 클레멘츠의 설명에 의하면 벨하우젠의 문서설에 입각한 저술활동은 당시 독일 교계로부터 '교회의 공인된 전통에 도전한 자'라는 평판을 받고, 그는 할레대학이나 마부르크 대학에서도 구약을 가르치는 일은 금지당한 채 오직 셈어 교수로서만 봉직하며 말년에는 이슬람교의 기원과 공관복음의 문제들에 관심을 기울였다고 한다.

으로 그려내는 그의 학문에 대한 철학적 이해가 담겨있는데, 후자에서 그의 문서설이 본격적으로 모습을 드러내게 되었다. 이 저술들을 통하여 벨하우젠의 이론은 당대의 가장 영향력 있는 이론이 되었고, 그 결과 당시의 유럽과 영국, 미국의 주요 학자들이 그의 이론에 설득 당했으며 그에 대한 비판적 견해를 표방하는 전통주의 학자들은 학계의 변방으로 밀려났다(예를 들면 헹스텐버그와 델리취가 대표적이다).

심지어 발달된 고고학적 증거와 언어학적 자료들을 토대로 기존의 문서설에 대한 근본적인 비평이 일어나고 있는 오늘날에 조차도 문서설을 거부하는 것은 '천진하고 오만한 태도'로 비하되고 있는 실정이다.[8] 그 정도로 문서설에 대한 고전적인 견해는 벨하우젠의 관점과 관계가 있는데 그러나 오늘날 구약학계는 과거와는 많은 변화가 있다. 최근에는 스스로를 벨하우젠의 추종자라고 간주하는 학자는 아주 드물다. 그럼에도 불구하고 학자들은 자신의 이론을 벨하우젠의 견해와 대조하며 비교하기를 즐기고 있는 것 또한 사실이다.[9]

1) 오경 문서설의 4가지 이유들

이제 본격적으로 문서설이 주장하고 있는 내용들을 살펴보자. 벨하우젠과 문서설 주장자들은 주로 다음과 같은 네 가지의 이유들 때문에 오경이 각기 다른 단편 문서들을 통해 편집된 것이라 주장하게 된다. 그 첫 번째 근거는 오경 본문의 각 부분이 사용하고 있는 신명의 차이라는 점이다. 두 번째 근거는 오경에 자주 나타나는 반복 구문들(repetitions)과 삽입 구절들(interpolations)이고, 세 번째 근거는 문체의 차이와 동일한 인물 혹은 장소 등에 대한 다른 명기법이 이유가 되며, 마지막으로는 오경 각 부분이 보여주고 있는 상이한 신학이 다른 자료와 배경을 추측하게 하는 근거가 된다는 것이다. 이런 근거들에 대하여 자세히 살펴보면 다음과 같다.

(1) 신명의 다름에 근거하여 발전된 다양한 문서들의 내용과 특성

신명의 다름에 관하여는 창세기 7:1절 이하, 11:1절 이하, 그리고 18:1~19:28절 등에서는 하나님의 이름으로 "야훼/여호와"가 선호되고 있고(여호와의 영어발음이 '지호봐'이므로 보통 이 자료는 J문서라 불린다), 또 다른 단락인 1:1~2:3절까지, 6:9절 이하, 그리고 17:2절 이하에

---

8   Childs B. S., *Introduction to the Old Testament as Scripture*(Philadelphia, Fortress press, 1979) p.127.

9   Dillard R. B. & LongmanⅢ. T., op. cit., p.40.

서는 신의 명칭으로 "엘로힘"이 선호되고 있다는 것이다(보통 이 자료를 E문서라 부른다). 신명의 차이에 근거하여 처음 아스트뤽에 의해서 구별된 두 가지의 기본적인 문서가 존재했을 수 있다는 가설은 스코틀랜드의 가톨릭 사제 였던 '게데스(Geddes)'에 이르르는 '단편설(the fragmentary hypothesis)'로 발전되었는데, 그는 단순히 자료나 문서의 문제가 아니라, E문서를 사용하는 집단과 J문서를 사용하는 집단에서 나온 자료들을 익명의 편집자가 솔로몬의 재위 중에 예루살렘에서 최종 편집되었다고 주장하는 이론이다. 이런 단편설은 드 베테(W. M. L. de Wette)에 이르러 더 많은 단편 자료들이 오경의 편집에 사용되었다고 주장하기에 이른다. 그들의 주장의 핵심은 오경의 근간을 이루는 문서 자료는 E자료이며, 그 문서 위에 J문서의 내용들이 추가, 보충되어 오경이 완성 되었다는 '보충설'로 발전하게 된다. 그들에 의하면 오경의 전체 본문을 최종적으로 편집한 자는 바로 이 J문서 편집자라는 것이 된다.

이런 이론은 나중에 후펠트(Hupfeld, 1953)에 의해 J문서는 E문서의 보충구절들이 아니며, 그 자체가 연속적이고 독창적인 내용을 가진 문서라는 주장과 함께 오히려 오경의 근간이 되고 있다는 E문서가 원래의 E1문서와 후대의 E2문서로 나누어질 수 있다고 주장하게 되었다. 1854년에 E. 리임은 그의 책 『모압 땅에서의 모세의 율법전수』를 통하여 신명기가 그 성격상 독립된 문서에 근거하는 또 다른 오경의 자료층임(학자들은 이 문서를 D문서, 즉 신명기 자료라 칭한다)을 주장하였다. 이렇게 해서 자유주의 학파가 주장하는 오경의 근간을 형성하는 네 개의 기본 문서이론이 정해지게 된다. 그 문서는 E1(P), E2, J, D의 순서로 연대가 정해졌다.

이렇게 확정된 오경의 문서설의 기본은 이제 어떤 문서가 더 오래된 것이며, 더 기본적인 역할을 하였는가 하는 점으로 연구 방향을 선회하게 된다. 이런 일련의 움직임을 학자들은 '발전가설' 이라고 하는데 그라프(K.H.Graf)에 의하면 레위기의 율법이 신명기의 것보다 후대의 것이며 흔히 E1문서라고 불리는 제사장 용 문서(이 문서는 보통 'P' 문서라 불린다)가 가장 후대의 것임을 증거했다. 그래서 학자 간에 약간의 이견이 있기는 하지만 이런 주요 문서들의 연대순에 관하여 J – E – D – P의 순서가 거의 정해진 것 같다(여호와 문서 - 엘로힘문서 - 신명기문서 - 제사장문서).

① 소위 J문서에 대하여

이제 이런 기본적인 문서들의 특징을 간략히 살펴보자. 물론 주된 구분 이유는 각 부분이 주로 사용하고 있는 신명의 차이임은 분명하다. 하지만, 문서설을 비판하는 학자들이 지적하는 것처럼 소위 E문서(엘로힘 문서) 안에도 J신명(야훼/여호와)이 사용되고, 그 반대로 J문서 안에서도 엘로힘이 교차 사용되는 경우가 종종 있기 때문에 단순히 신명의 차이로만 문서의 다름을 규정하는 것은 무리가 있다. 그래서 어떤 학자는 오경의 근간이 되고 있는 E문서와 J문서 사이의 내용상 특징을 다음과 같이 규정하기도 한다. "J문서와 E문서 사이의 가장 현저한 구조상의 구별은 J가 원역사로부터 시작하는 반면에, E는 원역사를 포함하지 아니하고 아브라함으로부터 시작한다는 점에서 찾을 수 있다"[10] 하였고, 즉 "E 문서는 이스라엘의 교리적 전승(선민의식)에 더 정통하고 신학적인 반면에, J문서는 예술적이며 창조적 재능을 가지고 솔직 담백하게 우주적 인류사를 구원 계시와 연결시키는 특징이 있다"고 평하기도 한다.[11] J문서는 하나님의 이름의 언약적 특성 때문에, 그리고 유다에 대한 긍정적인 언급(창49:8)들과 국수적인 견해들로 인하여 유다 계통이 세운 왕정시대(특별히 남왕국)에 편집 완료된 자료라고 보기도 하는데, 이에 반하여 E자료는 그보다 조금 후대의 북왕국에서 기인한 자료라고 주장하기도 한다.[12] 일반적으로 E문서는 다분히 교리적이며 J문서는 범 우주적인 특성이 있다고 이해되고 있다. 그런 J의 문체를 "명쾌하고 직설적이며 그 단순성은 지고의 예술이다"[13]라고 평하기도 한다. 이런 J문서는 제사장 문서인 P문서와 날카롭게 대조된다. 왜냐하면 P문서는 하나님에게 초점을 맞추고 있는 반면에 J는 인간과 땅에 대하여 관심을 표하고 있기 때문이다. J문서는 하나님을 인간과 함께 대화하고 관계하시는 신인동형론적으로 묘사한다(창3:8, 21, 4:15, 7:16, 16:7 등). J의 역사기록은 야훼의 동산 안에서의 인간의 삶으로부터 시작하여 죄와 심판의 이야기에 이어 가인과 홍수 심판의 사건으로 이어진다. 그런 어두운 배경의 인류역사가 아브라함과 족장을 통해 모세로 확장되며 마침내 애굽의 억압과 탈출, 시내산 계시, 광야생활과 약속의 땅 변경에 도착하는 것으로 이어지고 있다. 이런 그의 역사 이해는 '이스라엘 자체나 그의 적대국들과의 관계 등에 개의치 않는' 하나님의 승리와 그분의 통치의 역사에 집중하고 있는데, 하나님의 영토 약속, 후손 약

---

10   김이곤, 『오경의 자료층들과 그 특성』, 문희석, 『오늘의 오경연구』(서울, 대한기독교서회, 1975), p.24.

11   ibid.

12   참고: 벨하우젠에 따르면 왕정시대의 북왕국과 남왕국을 기반으로 하여 생성된 J문서와 E문서는 주전 650년 어간에 익명의 편집자에 의해 한 문서로 결합되었고, 그 후 주전 550년 어간에 다른 편집자에 의해 기존의 문헌 속에 첨부됨으로서 JED로서 구성된 오경문헌이 만들어 졌으며, 주전 500~450년 어간에 편집된 것으로 보이는 P문서가 또 다른 편집자에 의해 주전 400년경에 합본되었으며 이것이 현재 모습의 오경으로 나타난 것은 대략 주전 200년경이라 설명하고 있다. Harrison R. K. op. cit., p.501.

13   Speiser E. A., *Genesis*(AB1, Doubleday, 1964), p.27.

속, 그의 심판과 구원 행동 등에 의한 구원사적 기록으로서의 원 역사, 족장사를 가견적 기적과 불가견적 신비로 서술하고 있다. J문학의 또 다른 특징은 농경문화에 대한 우호적 성격[14] 과 비제의화라 할 수 있다.

② E문서

E문서(1:1~2:3까지, 6:9 이하, 그리고 17:2 이하의 내용을 주축으로 하고 있는)에 관하여 우리는 이 문서가 에브라임지파에서 기원했다는 추론은 이 문서가 헤브론과 및 그 계곡의 도시들과 관련된 것으로 보이는 아브라함과 롯의 이야기를 포함하지 않으며 대신 벧엘과 세겜을 특별히 강조(창28:17, 31:13, 33:19~20)하기 때문이라고 여기그 있다. E문서의 특징은 엘로힘이라는 신명을 사용하고 있고 대략 J문서보다 한 세기 정도 이후에 쓰인 것으로 간주된다. 신학적으로도 E문서는 좀 더 종교적이고 도덕적인 관심사에 초점을 맞추고 있다고 여겨지는데 왜냐하면 창세기 22장의 이삭을 희생으로 바치라는 구문을 포함하고 있기 때문이다. E문서는 내용상 J나 P보다 덜 연속적이고 단편적으로 보인다. 하지만 최근의 경향은 E문서가 창세기15장에서 시작하여 민수기 32장까지 연결되고 그리고 신명기의 몇 몇 구절들도 E문서에 속한 것으로 주장하는 학자들이 있다.[15] E문서의 특성을 말함에 있어서 앞에서 언급한 것처럼 원역사가 아니라 아브라함의 역사 즉 성역사에서 시작하고 있으며, 주관적이며 격정적인 표현을 자주 사용한다는 것이다(창21:8이하, 27:35이하, 48:14 등).

E문서가 북왕국적인 배경에서 나왔다고 가정하는 이유는 그의 기록이 벧엘과 세겜을 강조하며 야곱과 요셉을 강조하는 기법 때문에 그렇다. 실제로 J문서가 유다를 내세운다면 그래서 J문서가 남 유다적인 배경이 있다고 말하는 것처럼 E문서는 르으벤 전통(창37:26[J], 창37:29[E])을 강조하며 야훼의 계시가 모세를 통하여 각 지파에게 전달된 것으로 표현함으로서 모세의 중요성을 J에 비해 덜 강조하는 것으로 특징된다.[16] 그리고 E문서의 윤리는 민족적 경향이 강하고 J문서보다 더 급진적이라는 특성이 있다.

③ D문서

D문서는 흔히 '신명기적 자료'라고 알려져 있으며, 실제로 정경의 신명기와 거의 일

---

14   Fohrer G., op. cit., p.149.

15   Eissfeldt O., *The Old Testament: An Introduction*(Oxford, 1975) pp.200~201.

16   김이곤, op. cit., p.27.

치하고 있다. 요시야 왕의 시대에 발견된 율법책(왕하22:3 이하)이 비록 신명기 전체는 아니라 할지라도 최소한 그 일부라고 주장되고 있다. 벨하우젠의 주요한 공헌 중의 하나가 바로 이 D문서와 P문서의 순서를 뒤집은 것이라 할 것이다. 앞에서도 잠시 언급했지만, 레위기의 제사 문서(P)가 신명기적 정화, 혹은 개혁을 언급한 D문서보다 훨씬 후대의 자료임은 문서비평학을 통해 발견하게 된 것이다.[17] 즉 신명기적 개혁은 요시야 왕의 시대였고, 제사장 문서는 포로 귀환 후의 산물이라는 것이 이 학설의 주장점이다. D문서는 하나님의 축복과 심판이라는 도식을 가진 종교적 역사철학에 입각해서 기록되었으며 언약관계 속에서 확고한 사회정의가 필요함을 밝히고 있다. 비평학계에 의하면 D문서는 므낫세의 배교활동이 진행되고 있던 시대에 편집된 법률조항들의 모음집이며, 이 법률 모음집이 요시야 시대에 편집을 통해 J문서와 E문서에 결합되었다고 여긴다.[18] D자료는 모압땅에서 야훼와 이스라엘 사이에 맺은 새로운 언약으로 구성된 율법집(신12~26장)을 핵심 부분으로 하고 역사적 회상과 복종에의 권면을 포함하는 법령형식의 연설체 서론(신1~11장), 그리고 율법에의 복종 권고와 축복 및 저주 선언으로 된 결론(신27장 이후)으로 형성되어 있다. 문제는 이 자료가 요시야 개혁의 기초였는가? 아니면 요시야 개혁의 산물로 생성된 것인가? 혹은 그것과는 별개로 보관되었다가 우연히 발견된 것인가? 하는 점이다. 이 문서를 요시야 개혁(왕하22~23장)과 처음 연관시킨 학자는 드 베테인데 그는 D문서의 핵심부분(신12~26장)을 성전에서 발견된 그 율법서와 일치시키고 있다. 이런 주장은 초대교회의 제롬, 크리소스톰, 아타나시우스 등도 동의하고 있으며 교부들도 이때 발견된 율법서가 신명기일 것으로 추측하고 있다.[19] 이런 배경으로 해서 D자료 오경의 앞부분에 있는 책들과는 성격이 다르고, 일찍이 북방 이스라엘의 멸망 전에 만들어졌으며, 북방의 멸망 후에 예루살렘으로 옮아왔고, 히스기야 왕의 적극적인 협력을 받았으나 그 왕의 몰락과 함께 그 법전은 성전 깊숙한 곳에 보관되었다가 므낫세 치하의 상황으로 인한 개혁의 자극과 더불어 힐기야에 의해 성전에서 발견되었다고 이해되고 있다.

이런 D문서의 특징은 유일한 하나의 제의를 강조하고 있다는 것이다. 신명기 12:14, 18, 26절에서 나타나는 "야훼께서 택하실 그 장소"라는 표현을 통해 그것이 강조되었

---

17 Rogerson J. W., *Old Testament Criticism in the Nineteenth Century: England and Germany* (Philadelphia, Fortress press, 1985), p.266.

18 Harrison R. K., op. cit., p.502.

19 Fohrer G., op. cit., p.167.

는데 나중에 그 개념은 장소의 개념으로서의 '성전'보다는 '마음'이 강조되었다. 또 다른 D문서의 특징은 메시지의 '현재화'이다. 율법 수여의 특징이기도 하겠지만, 시내산 사건의 '현재화'를 통하여 그때와 지금의 단호한 일치 및 동시성 주장은 D문서의 독특한 면이라 할 것이다.

④ P문서

제사장 문서로 알려진 P문서는 아마 오경의 네 기초자료 중 가장 독특할 것이다. 이 문서의 주된 관심사는 연대기, 족보, 의식, 예배, 율법 등인데 이러한 영역들은 제사장 직분과 쉽게 연관된다는 것이다. 그래서 제사장 문서로 불리기도 한다. 이것은 포로 시대 이후의 유대교적 신정정치의 구도를 조직화하기 위해 편집된 것으로 여겨지고 있다. 이 문서는 창세기에서부터 민수기 까지 광범위하게 분포되어 있으며(물론 신명기에도 몇 절이 포함되어 있다), 어느 정도는 이야기체 부분을 갖고 있기는 하지만 그럼에도 불구하고 이 문서는 사건들을 직접적으로 기록하기 보다는 기계적인 족보와 제의 및 율법 관행의 기원과 개념들에 더 많은 관심을 기울이는 것으로 여겨졌다. 성막에 대한 묘사(출 25:1~27:21)에서 볼 수 있는 바와 같이 상당 부분의 내용이 매우 상세하다는 점과 이 문서가 복잡한 제의적 율법적 문헌들을 보존하고 있다는 점 등이 이 문서가 포로 귀환 이후에 만들어진 증거로 간주되는 부분이다.[20] 원래 P문서는 엘로힘이라는 신명을 사용하는 두 자료 중 하나인데, 그 포함하고 있는 단편 자료들의 앞부분은 '이것은 …의 계보들이다'(히, 엘레 톨러도트), 혹은 '이것은 계보의 책이다'(히, 제 세페르 톨러도트)라는 구문을 사용하는 경향성을 보이고 있다. 그래서 P문서에는 화법의 예술적 기교가 철저히 절제되어 있다.[21] 그리고 많은 부분에서 자료화, 규범화를 하느라 문학적 통일성이 현저히 결여된 모습을 보이고 있다. 이 자료 안에 기록된 내용들은 대부분 철저한 신학적 해석을 통하여 정리된 개념과 절차를 보여주고 있는데, 예를 들건 안식일 제도는 창조기사로부터, 음식물 금기 규정은 노아 시대에, 할례의 합법성은 아브라함의 시대와 각각 연결시키고 있다는 점이 그것이다. 또한 아브라함의 막벨라 굴 매입 사건도 '땅의 약속'에 대한 응답으로 해석되고 있다. 이런 신학적 해석 외에 이 문서의 많은 부분을 차지하는 율법과 규례에 관해서는 서로 상충되는 불일치성을 현저하게 보이고 있다. 예를 들면

20 Eissfeldt O., op. cit., p.208; Dillard R. B. & Longman II. T., op. cit., p.42; Harrison R. K., op. cit., p.503 등 많은 학자들이 그 견해를 지지하고 있다.

21 김이곤, op. cit., p.47.

번제단(출27~29장, 레8~9장)과 분향단(출39:1~10, 35장~40장)에 대한 언급 사이의 불일치, 제사장 위임에 관하여 아론과 그 아들들을 모두 제사장으로 위임하는 기사(출28:41, 30:30)와 아론만을 기름 부어 제사장으로 위임하는 기사(출29:7, 29, 레4:3, 5, 16)사이의 불일치, 속죄제물로써 수송아지를 지정하는 경우(레4:14)와 숫염소를 지정하는 경우(레위기9:3, 민15:24)의 불일치, 그리고 레위인의 회막 봉직 자격의 연령을 30세 이상 50세로 정한 경우(민4:3~15, 23~28)와 25세 이상으로 명한 경우(민8:23~26) 사이의 불 통일성 등이 그것이다. 대체로 P문서는 앞서 있어온 것으로 여겨지는 J, E, D자료를 기초로 많은 초기 자료와 후기 자료들을 모두 병합하여 독자적으로 편집한 것으로 여겨진다. 그 중에서도 제의에 관한 부분은 특별히 자세히 기술하고 있음이 큰 특징 중의 하나이다. 그런 P문서의 신학은 모세와 제사장들을 중재로 한 영광의 하나님과의 만남이며, 이런 하나님의 절대거룩성과 초월성에 대한 강조는 하나님의 율법과 그 질서에 대한 무한한 존경과 사랑에 기인하고 있다.

이러한 오경의 기본 문서들은 이미 언급한 대로 단순 병렬의 형태로 취합된 것이 아니고, 창조적으로 편집된 것으로 여겨지는데, 처음에는 J문서와 E문서가 연결되고, 그 다음에 D문서가 J, E문서와 합쳐지며, 마지막으로 P문서가 J, E, D문서와 연결되어 오늘의 오경으로 합본되었다는 것이다. 이 부분에서 P문서는 단지 오경의 최종적인 편집자적인 역할을 하게 되었다는 것을 알 수 있다.[22]

2) 문서설의 두 번째 근거: 반복 구문들(repetitions)과 삽입 구절들(interpolations)에 대하여

창세기 14장과 같이 앞뒤의 내용들과 잘 연결이 안 되는 부분이 끼어 있는 듯한 인상으로 삽입되어 있는 것이나, 기본적으로 동일한 이야기가 한 번 이상으로 반복적으로 나타나는 경우인데, 아브라함의 아내와 누이동생의 이야기(창12:10~20, 20:1~18)는 그 예이다. 이 경우 아브라함은 첫 번째 외국 왕을 속여 죽을 뻔한 위기를 모면하며 재물을 모은 그 경험에서 아무 것도 깨닫지 못했는가 하는 의문이 들고, 그런 비슷한 실수를 아들 이삭도 이어서 하는 기사(창26:6~11)는 참 이해하기 쉽지 않다. 십계명도 두 번 씩이나 언급되었다(출20장, 신5장). 그리고 한 이야기 속에 동일한 목적을 가진 사건이 따로

---

22   Wenham G. J., *Genesis1~15*, WBC(Dallas, Word, 1987), p.32.

따로 등장하는 것(창37:5~11에서 별들과 곡식 단들에 대한 요셉의 꿈들). 앞에서도 언급되었지만 오경 안에 자주 보이는 불일치한 구절들 예를 들면 아론의 사망 장소에 관하여 호르산(민 20:22, 21:4, 33:33, 신32:50), 모세라(신10:6) 두 곳이 언급된 경우와 '번제단'(출27~29장, 레8~9장)과 '분향단'(출39:1~10, 35~40장)에 대한 언급 사이의 불일치, 그리고 제사장 위임에 관하여 아론과 그 아들들을 모두 제사장으로 위임하는 기사(출28:41, 30:30)와 아론만을 기름 부어 제사장으로 위임하는 기사(출29:7, 29, 레4:3, 5, 16) 사이의 불일치에 관한 기사. 속죄 제물로서 수송아지를 지정하는 경우(레4:14)와 숫염소를 지정하는 경우(레위기9:3, 민15:24)의 불일치, 그리고 레위인의 회막 봉직 자격의 연령을 30세 이상 50세로 정한 경우(민 4:3~15, 23~28)와 25세 이상으로 명한 경우(민8:23~26) 사이의 불 통일성 등 많은 내용들이 오경이 다른 문서와 다른 저자들에 의해 지어진 여러 조각들에서 기인한다는 문서설로 나아가게 했다.

3) 문서설의 세 번째 근거: 문체의 차이와 동일한 인물 혹은 장소 등에 대한 다른 명기법에 대하여

모세의 장인 이드로의 이름이 르우엘로 나오는 경우(이드로-출3:1, 4:18, 18:1, 르우엘-출 2:18, 민10:29), 아모리인들이 가나안인으로 나오는 경우와 시내산의 명칭이 호렙산으로 사용된 경우(신4:10, 출3:1, 출19:23), 그리고 이스마엘 사람들이 미디안 사람들로 혼용된 경우가 그렇다.

또한 신명기의 설교풍의 문체와 레위기의 제사 규례집과 딱딱한 공문서 같은 문체 사이에 어떤 연관성보다는 상이함이 더 많이 느껴진다는 것 등이 오경의 다수 저작설 이나 문서설을 연구하는 쪽으로 나아가게 했다는 것이다.

4) 문서설의 네 번째 근거: 오경 각 부분이 보여주고 있는 상이한 신학에 대하여

오경의 어떤 부분에서는 하나님이 신인동형론적으로 묘사되고 있는 반면에, 어떤 부분에서는 일종의 인과응보의 신학을 담고 있고, 또 다른 부분에서는 제사에 대한 관심이 가득찬 하나님으로 묘사되며, 또 어떤 부분에서는 초월적 전능자로 드러나고 있다. 그러다가 오경의 마지막 부분에 이르면 유일신론으로 발전한 것으로 그려지고 있다는 것이다. 즉, 예배의 중앙화에 대하여 J문서에 해당되는 부분은 예배의 중앙화, 성소화보다는 들판이나 어디서나 하나님을 인식하며 예배하는 곳이란 개념이 있는데 반하여(창세기의 야곱기사, 출20:24~26), D는 오히려 성소 예배, 중앙화된 예배를 요구하고 있으며(신12:1~26), P는 이러한 중앙화된 예배를 당연한 것(출25~40장, 레1~9장)으로 기대하고 있다는 것이다.

이런 점들을 이유로 벨하우젠을 비롯한 비평학자들은 구약의 신에 대한 인식이 단순한 토템이나 원시신앙에서 가나안 주변인들의 다신론을 거쳐 단일신 사상을 갖게 되었으며 그 신인식이 포로 귀환을 즈음하여 인격적 유일신으로 발전했다는 종교사학파적 견해를 갖게 되었다.

2) 문서설 이후에 새롭게 제안된 이론들

이와 같은 네 가지 주요 근거들이 학자들로 하여금 소위 말하는 고전적 문서설을 연구하게 된 근거들이다. 그러나 이러한 고전적 문서설은 자유주의 진영 내에서 조차 많은 비판을 받아왔고, 시대마다 그 문서설을 보완하는 새로운 학설들이 제시 되었다. 여기서는 고전적 문서설 이후에 등장한 몇 가지 접근 방법들을 간략히 살펴보도록 하겠다.

고전적 문서설은 오경의 형성 과정을 설명하는데 있어서 이미 있었던 '독자적이고 연속적인 문서들'을 바탕으로 하고 있다고 주장한다. 그러나 그런 주장에는 중요한 어려움을 전제하고 있는데 그것은 이미 존재하고 있었다는 '독자적이고 연속적인 문서들'의 실체를 먼저 증명해 내어야 하기 때문이다. 이 문제를 극복하기 위해 일군의 학자들은 원래 있었다고 예측되는 기본 문서들은 독자적이고 연속성을 가진 문서들이 아니라 개별적인 문헌 덩어리들 즉 단편조각 같은 성격의 것이었다고 주장하는 학설이 제기 되었다. 그래서 학자들은 그런 단편 조각이 어느 문헌에 속하는지를 먼저 판단한 다음 본격적인 문서설 작업을 해야 한다는 것이다. 이런 방식을 '단편설'[23]이라 한다.

이런 단편설과는 달리 어떤 학자들은 하나의 바탕이 되는 주 문서가 후대의 편집자들에 의해 중보되거나, 보충되었을 것이라는 의견을 내어 놓기도 했다. 이런 이론에 따르면 E문서가 주된 바탕 문서이고 J문서는 E문서를 보충하기 위해 사용된 문서라는 것이다. 그러나 곧 E문서는 두 개의 독립된 문서로 나뉘게 되었고 그것은 E문서와 P문서로 구분되었다. 이러한 갈등은 궁켈의 양식비평과 노트의 전승사 비평이란 관점으로

---

23 Rogerson, op. cit., pp.154~57. 이런 학설을 주장하는 학자들은 Geddes A., de Wette W. M. L. 등이 있다.

나아갔는데, 궁켈은 원래 문서의 구전적 형태가 어떻게 발전되고 정착되게 되었는지에 관심을 가졌으며 노쓰(Noth)는 다음의 여섯 가지 주제 서로 독립적으로 얽혀서 발전되어 오경으로 나아가게 되었다고 주장했다. 그런 여섯 가지 전승은 원역사, 족장들의 이야기, 출애굽 전승, 시내산 전승, 광야 방랑기, 정착 전승 등이다. 폰 라트는 이에 동의하면서 출애굽 전승과 시내산 전승이 설 독립된 발전의 역사를 갖고 있음을 증명하는 부분이 신명기 26:5~10절이라고 주장했다. 하지만 이런 전승사 비평과 문서설이 함께 할 수 없음을 인식한 사람은 렌토르프인데 그는 어떻게 독립된 전승들이 개별적인 복합전중들로 얽어지게 되었는지를 설명해 내었다.[24] 렌톨르프는 현재의 본문이 서로 상이한 연속적인 문서들이 조잡하게 연결된 것이라 보는 문서설과는 거리를 두고 있다. 하지만 더 최근의 문학적 비평방법론은 이 전승사 비평의 접근 방식에도 깊은 차원의 의문을 표하고 있는 실정이다.[25] 길게 살펴본 이런 점들이 소위 구약의 문서설의 근거가 되는 내용들이며, 그 이후에 지속적으로 발전돼어 온 이론들이다. 이제 그런 근거나 그들의 성취가 얼마나 타당한 것인가를 살펴보도록 하겠다.

3) 문서설에 대한 비평

구약 특별히 오경의 연구에 있어서 지난 150여년간의 비평적 연구 방법론을 이끌었던 것은 소위 그라프-벨하우젠의 문서설이라 할 수 있으며, 절대 다수의 많은 구약학자들이 연구에 깊은 영향을 끼쳐왔던 것도 사실이다. 그러나 이미 언급한 것처럼 최근에는 스스로를 벨하우젠 추종자라고 선뜻 말하는 학자들이 거의 없다는 것이 격세지감을 느끼게 한다. 그럼에도 불구하고 많은 구약학자들은 아직도 자신의 견해를 벨하우젠이나 궁켈 같은 학자들과 비교하기를 즐긴다고 언급한 바 있다. 비록 퇴색되어 가고 있기는 하지만, 그라프-벨하우젠 가설 즉 문서설의 발전에 이 모양 저 모양으로 공헌한 학자들은 그들이 가진 많은 치명적인 약점에도 불구하고 그 방법론의 대가였음은 분명하다. 그들의 방법론이 전반적으로 헤겔주의적인 전제들에 의해 주도적으로 지배되기는 했을지라도 그들은 학자로서 자신들이 도착한 결론에 충실했고 진술했으며 명확한 언어로 표현하려고 애썼음을 인정해야 할 것이다. 전반적으로 이 탁월했던 일군의 학자들(문서설 추종자들)은 수많은 다른 이론들 속에서 자기들의 논리를 적확한 언어로 잘 표

24   Rendtroff R., *The Old Testament: an Introduciton*(Philadelphia, Fortress press, 1977), pp.160~163.
25   Dillard R. B. & LongmanⅢ. T., op. cit., pp.43~45.

현해 내었는데, 그럼에도 불구하고 그들은 어느 정도 권위주의적이라서 자신들이 발견하거나 도착한 결론에 대하여 "성경학계의 가장 확실한 산물", "뒤집어 질 수 없는 것" 혹은 "결정적인 것" 등으로 부르기를 좋아했다.[26]

해리슨이 평가한 것처럼 벨하우젠과 그의 학파들이 당시에 이용할 수 있었던 고고학적 자료를 조금이라도 주의 깊에 관찰했다거나, 고대 근동학 분야에서 어떤 진보가 이루어지고 있었는지를 조금만 관심을 두었더라면 그의 이론은 상당히 달라졌으리라는 것이다.[27]

오경에 대한 그와 그의 학파의 비평적 접근은 프로테스탄트와 천주교 그리고 유대교의 보수주의적 학자들로부터 지속적이며 많은 저항을 받아왔는데, 한때는 벨하우젠 학파를 인정하지 않는다 해서 학계의 변방으로 밀려났던 행스텐버그나 델리취, 그 이후의 O. T. 엘리스와 U. 카수토, E. J. 영, K. 키첸, G. J. 웨넘, 그리고 T. 롱맨이나 J. H. 스택 같은 학자들이 지속적으로 문서설의 잘못된 전제와 파괴적인 결과들 그리고 비평학계의 일치되지 못하는 결론들에 대하여 비판하며 전통적 입장을 고수해 왔다. 그러한 노력과 더불어 급진적으로 발전한 현대 고고학적 발굴 및 언어학과 고대 근동학의 발전이 구약의 문서설이 이제까지 쏟아내 왔던 많은 업적들을 의심의 눈으로 보게 했고,[28] 그 결과 최근에는 전통적인 문서 비평은 모든 학파에서 쇠퇴하고 있다. 대신 오경과 그 안의 개별적인 책들의 최종적인 구성 형태에 대하여 점점 더 많은 힘을 기울이는 방향으로 나아가고 있다. 즉 문서설 자체가 가지고 있는 내재적인 모순들과 새롭게 발견되고 있는 문학적인 분석 방법론들이 더 인기를 끌고 있기 때문이다.[29]

이제 문서설이 근거로 했던 관점들에 대한 보수주의 학자들의 반론을 소개한다. 예를 들면 신명의 다름이 다른 자료나 저자에 의한 것일 수 있다는 문서설의 첫 번째 전제는 문서설의 주장자들도 이미 인지하고 있는 것처럼 한 문서 안에도 두 서너 가지의 신명이 교차적으로 사용되고 있고, 또한 원역사중에서 지혜문학에 적합한 측면을 논의할 때는 '엘로힘'으로 그리고 특별 계시를 강조할 때는 '여호와'라는 이름을 사용하는 경향이 있었는데,[30] 이는 서로 다른 문서의 영향 때문에가 아니라, 강조하려는 문체상

---

26   Harrison R. K., op. cit., p.509.

27   ibid.

28   참고, 다음 학자들의 글을 읽으라. Kikawada, Quinn, Whybray, Alexander.

29   Dillard R. B. & LongmanⅢ. T., op. cit., pp.44.

30   Kikawada I. M. & Quinn A., *Before Abraham Was: The Unity of Genesis1~11*(Abingdon, 1985),

의 이유 때문이었다는 것이다. 즉 신명 엘로힘이나 여호와가 모든 경우에 있어서 이처럼 의도적으로 사용되거나 배제되기는 쉽지 않다는 것이 첫 번째 이유이며, 또 다른 이유는 하나의 본문 속에서 한 신의 이름을 여러 가지로 부르는 것은 성경 외에도 고대 근동의 문헌들에서는 꽤 흔한 일이라는 것이다. 이미 올브라이트가 지적한 바와 같이 토라의 전승 과정이 이슬람의 전승과정과 비슷하다는 것은 의심의 여지가 거의 없다. 오래 전에 코란에 나오는 신의 명칭들에 대한 연구에서 윌슨은 코란의 어떤 장들에는 하나님을 '알라'라고 부르기를 좋아하는 한 편, 다른 장들에서는 '랍'이라는 이름을 쓰기 좋아한다는 것을 논증한 적이 있다.[31] 이와 마찬가지로 창세기에서도 어떤 부분은 여호와로 또 어떤 부분은 엘로힘이라는 신명을 사용하고 있다. 서구의 비평학자들이 오경의 기원에 대한 이론을 만들 때에 사용했던 것과 동일한 기준이 코란에 존재하는데도 '알라'와 '랍'이 사용되는 것의 차이에 근거한 코란의 문서설을 지지하는 이슬람 학자들은 전혀 존재하지 않는다. 이는 비단 이슬람의 문제만은 아니다. 고대 근동에 있어서 우가릿 문헌[32]에서나, 이집트에서도 동일한 많은 현상들이 알려져 있다.[33] 이케르노프레트 석비(주전 1800년경)는 여러 가지 신의 명칭들을 사용한다는 점에서는 다른 엄청난 수의 이집트 문헌들을 앞지른다. 이 석비에 있는 오리시스 신은 최소한 네 개 이상의 이름과 별칭으로 불리고 있다. 이런 정황들로 미루어 볼 때 문서설 주장자들이 근거하고 있는 신명의 다름을 근거한 다른 종류의 문서의 가능성을 이야기 한 것은 확증할 수 없는 자신의 상상력에 근거한 것이지, 당시의 문화적 정황이거나 문학적 상황에서 볼 때조차도 근거가 희박한 것임이 점차 드러나고 있다.

문서설이 두 번째로 의지하고 있는 중복 기사들에 대하여 살펴보자. 오경에는 그런 중복 기사들이 있다는 것을 부정할 수 없다. 그러나 창세기 12:10~20절, 그리고 20장과 26장에 있는 내용은 잠깐만 읽어보아도 유사한 내용의 반복임을 알 수 있고 오경에는 그런 중복 기사들이 제법 여러 곳이 있다. 각각의 본문에서 족장들은 자기 아내를 누이로 가장함으로써 이방의 궁정에서 자신을 보호한다 문서 비평적 접근 방식을 취하는 전통적인 비평학계는 첫 번째 기사와 세 번째 것은 J문서에 그리고 중간의 이야기

---

p.19.

31 Wilson R. D., *Princeton Theological Review*, XVII(1911), p.644.

32 Gordon C. H., *Before the Bible*(1962), p.160; *Ugaritic Literature*(1949), p.6. Godon에 의하면 우가
    릿에서는 카디쉬-아므라르 라는 신이 이브-닉칼이라는 이름을 갖고 있었고, 또 어떤 신은 코샤르-하시
    스라는 이름도 가지고 있었다 한다.

33 Cerny J., *Ancient Egyptian Religion*(1952), p.38, 61.

는 E문서에 할당하고 있다.[34] 셈족어 전문가인 R. 올터(Alter)에 의하면 이런 중복 기사들은 사실은 '의도적으로 사용된 문학 기법'이라는 것이다. 그는 이것을 '정형화된 장면'이라 명명했다.[35] 그는 이 정형화된 장면들은 두 이야기 사이의 공통점을 반복하면서 독자의 주목을 끌게 하는 이야기 형식이라 설명하면서, 이런 중복기법이 존재하는 이유에 대해 문학적인 해결책을 제시했다. 우리는 이야기 같은 성격의 J문서와 도표나 목록나열 형식의 P문서 사이의 차이를 쉽게 식별할 수 있다. 그러나 이러한 형식의 차이가 저자의 차이인지 아니면 다루어야 하는 주제의 차이인지를 좀 생각해 보아야 한다. 그리고 이와 같은 중복부분에 대하여 고든이 지적하고 있는 바와 같이 이 기법이 바벨로니아, 우가릿, 그리고 심지어는 그리스 문헌들에서도 풍부하게 그 비슷한 예를 발견할 수 있는 고대 근동의 전형적인 문학 형식이었다는 것이다.[36] 이는 또한 코란에서도 발견되는데 하나님의 유일성과 불신자들을 향한 정죄에 대한 모하메드의 가르침을 다루는 부분들은 수없이 많이 동일한 반복을 보여주고 있다. 코란의 모든 장은 "자비롭고 은혜로운 하나님의 이름으로"라는 문구로 시작된다. 거기에는 중복 부분이 얼마나 많은지 114장 중에서 77장이 불신자들의 이름을 직접 거명하며 정죄하고 있다. 성경에서는 요셉과 바로가 예언적인 꿈을 반복해서 꾸었으며, 요나가 당황했던 일이 두 단계에 걸쳐 기록되었고 많은 반복을 보여주고 있다.[37] 이런 점을 전체적으로 살펴볼 때, 성경에 기록된 많은 중복 부분들 때문에 서로 다른 기자가 기록했다거나 다른 문서에서 나온 이야기를 아무 생각 없이 짜깁기하다 보니 그렇게 중복부분이 생겼다고 말하는 것은 사려 깊은 학문적 태도라기보다는 나타나는 현상들에 대한 얇은 사고의 결론이라 여겨질 뿐이다.

같은 지명이나 사람들에 대한 다른 독법이 다른 근원이나 저자를 염두에 두고 있다는 이론도 이와 비슷한 이유로 해서 설득력을 잃고 있다. 이러한 현상은 저자가 단일한 것이 확실한 성경외적 문헌들에서 살펴볼 수 있다. 그리고 또한 어떤 경우에는 문학적인 이유에서 그럴 수가 있다.[38] 앞에서 살펴본 대로 이드로를 르우엘로 호칭한다든지 시내산과 호렙산을 교차 사용하는 것이 다른 문서의 존재를 보여준다고 생각하는 것은

---

34 Speiser E. A., op. cit., p.91.

35 Alter R., *The Art of Biblical Narrative*(New York, Basic Books, 1981), p.50.

36 Gordon C. H., *Chrisianity Today*, IV, No.4(1959), p.132.

37 Harrison, R. K., op. cit., p.525.

38 Alter R., op. cit., pp.131~47.

적합하지 못하다. 이는 고대 근동의 문헌들을 함께 살펴보면 쉽게 이해할 수 있는 일이다. 그런 예는 너무 많으므로 여기서는 간략히 언급한다. 예를 들면 세소스트리스 3세 시대에 나온 맨체스터 박물관의 석비에는 팔레스타인의 한 대적을 지칭하는데 세 개 이상의 이름들(아시아의 베두인족, 시리아인, 아시인들)이 사용되었음을 보여주고 있다.[39] 또 구약의 오래된 부분들에서 '아모리'와 '가나안'이 상호 고환적으로 사용되었는데, 이 용어는 '가나안'이라는 용어는 시리아, 팔레스타인 해안의 내륙 지역을 광범위하게 지칭하는 용례가 있으며, 또 어떤 경우 '가나안인'이라는 용어는 '상인'들이라는 용법으로도 사용되기에 그것이 서로 갈등을 일으키는 것은 아님이 밝혀졌다.[40]

문서설이 마지막으로 근거했던 기준은 본문들 사이에서의 신학적인 차이점들이다. 사실상 오늘날 구약의 신에 대한 인식이 원시정령숭배와 토템 같은 동물숭배에서부터 시작되었다는 벨하우젠의 종교사학파적인 발전 가설을 받아들이는 사람은 거의 없을 것이다. 또 예배의 중앙화에 관해서도 오경의 예배에 대한 관점이 처음부터 조건 없이 예배의 중앙화를 요구한 것이 아니라는 사실은 너무나 자명하다.

이러한 기준들 외에도 문서설의 접근 방식들은 학자들 마다 제각기 다른 결론들과 이론들을 추구하며 서로 대립, 갈등 혹은 보완하는 현상을 보여 왔다. 그리고 지난 150여 년 동안에 구약학계를 지배하던 주된 이데올로기였음이 분명하다. 하지만 문서설은 통일한 하나의 결론으로 합의점을 도출해내지 못하였고, 학계와 교계를 더 혼란스럽게 하고 있다. 물론 이 혼란의 모든 경로를 통하여 보다 정확하고 확실한 결론으로 나아가게 될 것이다. 어쨌건 현재로서는 이 가설이 인간의 학문적이며 이성적인 호기심을 충족시키는 데는 기여했지만, 그 자체 내의 모순들을 인하여 부분적으로 실패한 것으로 보인다. 이러한 상황을 도우즈만은 "창조적인 시기"로 다소 긍정적으로 보고 있는데, 이는 이런 혼돈을 통하여 고전적인 문서설의 이론을 극복하는 기회가 될 것임을 말하고 있다. 실제로 학계는 문서설보다는 이제 문학적 접근을 더 선호하고 있으며, 주석적이며 통시대적인 작업들로 방향을 선회하고 있는 실정이다.

그러므로 구약의 문제와 씨름하고 있는 현재의 자유주의 학계의 동향은 과거 비평 학계가 확신에 찼던 것과는 사뭇 다른 방향에 서 있다 하겠다. 많은 학자들은 그라프-벨하우젠 가설이 적절치 못한 것으로 드러났음에도 불구하고 다른 확고한 대안이 없기

---

39   Kitchen K. A., *The New Bible Dictionary*, p.349.
40   cf. Harrison R. K., op. cit., pp.521~523.

때문에 이 가설에 매달리고 있는 것으로 여겨진다. 이제 우리에게 필요한 것은 구약의 기원을 합리적으로 설명해 보겠다는 명목 하에 '과학적인, 혹은 합리적인' 양 하는 또 다른 '가설'에 얽매여 소모적이고 전투적인 연구 자세를 지양하는 일이다.

또한 보수주의 학계에서도 학문하는 자세에 대한 변화가 감지되고 있는 일은 대단히 고무적인 일이다. 즉 이제는 비평학 이전의 시대가 가졌던 결론들을 넘어서는 일이다. 복음주의 학자들 사이에서도 모세 이후의 증보된 부분들에 대한 인식이 확장되고 있고, 그것을 인정하는 것이 성경의 영감성이나 권위를 해치는 것이 아님도 광범위한 지지를 받고 있다. 그리고 칼빈이나 J. 스택이 강조하고 있는 것처럼 성경은 그 내적인 자증 능력[41]이 있음을 알고, 그 하나님이 말씀하셨던 원본의 상실 이후 어떠한 과정을 거쳐 지금의 본문을 유지하게 되었는지에 대한 현실적인 고민을 함께 해야 할 것이다. 우리에게 남겨진 자료들과 연구 유산들을 통해 보다 나은 해석을 위해 노력해야 할 것이며, 이 문제를 교조주의적 해석으로 선을 긋고 편 가르기 하는 우에서 벗어나야 할 것이다.

문서설에 대한 연구를 정리하면서 최종적인 분석을 통해 볼 때, 오경에 대한 모세 이전의 문서들과 모세 이후의 삽입구 및 증보 부분이 어느 정도 있음을 인정함과 더불어 상당 부분에 대한 모세의 저작권을 주장하는 것이 대체로 정당하다고 여겨진다. 어쨌건 우리의 관심은 원본의 상실 이후 인간이 가질 수 있는 최상의 본문의 회복이다. 왜냐하면 이것이 하나님께서 인류를 위해 교회를 통해 주어진 최상의 선물이기 때문이다.

---

41 존 H. 스택, 류호준 역, 『구약신학』(서울, 솔로몬, 2000), p.47.

부록3장
구약 고고학의 기여

1. 구약과 고고학

구약의 시대적, 문화적 간격을 효과적으로 뛰어 넘어 구약을 보다 생생한 하나님의 계시로 이해하기 위해 구약 고고학 분야에서 이룩한 업적은 결코 과소평가 되서는 안된다. 성경은 앞에서도 주지하다시피 인간을 창조하시고 그 인간의 역사에 개입하신 하나님에 관한 선별된 기록이다. 그리고 고고학은 역사 속에 존재했던 어떤 문명의 잔해들을 발굴, 연구하여 그 역사를 재구성하는 학문이다. 그러므로 성경의 기록과 고고학적 관계는 일정한 상관성을 가지고 있다. 이에 대하여 어떤 이들은 고고학을 성서학의 시녀라 하기도 했고, 그에 대하여 강력히 반대하는 입장도 있다. 반대하는 사람들은 고고학을 성서고고학이라 부르기 보다는 "시리아-팔레스타인 고고학"이라는 약간은 중성적인 용어로 부르기를 즐겨한다.[42] 초기에 단순한 순례자들의 여행담 정도의 흘려들은 이야기로 구약 계시의 내용을 과도히 신앙적으로만 해석하려던 몰지각에서 벗어나 구약시대를 살았던 성경 인물들이 역사적으로 현존하는 인물들이며, 그들의 삶이 그 당시의 문화적 정황 속에서 충분히 이해되는 것으로 만들고, 또한 하나님을 인격적인 신으로 이해되도록 도운 것이 바로 구약 고고학의 기여인 것이다. 그럼에도 불구하고 고고학적 유물들은 말이 없기 때문에 분석하고 해석하는 사람의 주관이 상당이 개재될 수 있다. 그래서 비록 고고학적 발전으로 말미암아 구약의 많은 내용들이 객관적 증거를 갖게 되기는 했지만, 역으로 고고학을 통하여 성경의 내용들을 증거하거나 어

---

42   Dever W. G., "Archaeological Method in Israel: A Continuing Revolution," *BA43*(1980), pp.40~48.

떤 과학적인 증거를 확립할 수 있다고 기대하는 것은 너무나도 단순한 생각임을 환기시켜 놓는다.[43]

2. 구약 고고학의 기여

　지난 한 세기동안에 구약 고고학이 성취한 기여는 아무리 찬탄해도 부족한데, 이런 고고학적 기여가 없었을 때와 비교해 보면 쉽게 그 업적의 위대함을 짐작할 수 있다. 예를 들면 오경은 적어도 주전 10세기 혹은 9세기까지는 쓰여질 수 없었다고 자유주의 비평학자들은 주장해 왔다. 왜냐하면 19세기까지의 고고학적 발견의 결과로는 그 이전 시대에 문자가 있었다는 것을 확인할 수 없었기 때문이었다. 그뿐 아니라 창세기에 기록된 히타이트 족속의 존재에 대해서도 포로 후기의 서기관들의 상상력의 산물이라고 추정했으며, 다니엘서의 벨사살 왕 같은 인물도 실존하지 않았다고 여겼다. 왜냐하면 아무런 성경 외에는 아무런 증거가 없었고, 또한 헬라의 고대 역사학자들의 저작에서도 그런 이름이 나타나지 않았기 때문이라며 성경 기록의 부정확함을 공격하는 도구로 활용했다. 그런 입장의 연장선상에서 성경에 대한 파괴적인 문서설이나 자료비평들이 활개쳤던 것이다. 20세기에 들어와서도 성경 연구는 상당 부분 비평학자들에 의해 주도되어 왔다. 이들은 성경의 이야기들을 세분화하고, 그 자료를 선택했던 저자들의 동기를 규명하며, 이 기초위에서 신뢰할만한 단편들을 선별하고, 역사에 비추어 사건들을 재구성하는 방식을 위하였다. 하지만 오늘날 과학적인 고고학이 발전하게 되자 이들의 연구방식이나 결과는 커다란 타격을 받게 되었다. 왜냐하면 고고학자들이 고대의 문서들을 길잡이 삼아 몇 몇 중요한 유적들을 발견해 냈기 때문이다. 이집트와 메소포타미아 지역 그리고 팔레스타인과 그리스와 소아시아에서 트로이, 크노소스, 크레테의 미노아문명들, 펠로폰네소스의 미케네 도시들의 발견과 발굴, 그리고 그 지역에서 발견된 고대 왕실의 문서 기록들이 발견되고 해독됨으로써 고대 도시들과 왕국들, 성경의 사건들과 삶의 환경이나 관습들이며, 호머의 전설 등이 역사적인 기록으로 복권되었으며, 전설이라는 장식 아래 감추어진 실재들이 점차 드러나게 되었다. 뒤에 언급되겠지만 이제는 아무도 오경의 기록이 주전 10세기에 기록될 수 없었다는 주장에

43　Dillard R. B. & LongmanⅢ. T., op. cit., p.27.

귀 기울이지 않는다. 이런 현상에 대하여 벨하우젠 학파에서 학문적 잔뼈가 굵었던 올브라이트 박사는 이렇게 평하고 있다. "고고학적 자료와 비문에 기록된 자료들은 구약성경에서 헤아릴 수 없이 많은 구절들과 진술들의 역사성을 확립시켰다. 역사성이 부인되고 그 개연성이 의심을 받은 것보다 확증된 수가 수십배 더 크다. 벨하우젠이 아직도 우리 눈에는 19세기의 최고 성경학자로 보이지만 그의 관점은 케케묵은 것이었고 이스라엘이 태어난 초기에 대해 그가 찍은 사진은 슬프게도 왜곡된 것이었다."[44] 계속해서 이런 관점에 대한 학자들의 찬사를 들어보는 것이 유익하겠다. "고고학이 일어난 것은 역사가와 정통주의 신자 사이에 있는 교착 상태를 쿠수었다고 아무리 강조해도 부족하다. 조금씩 조금씩 한 도시에서 다른 도시로, 한 문명에서 또 다른 문명으로 한 문화에서 다른 문화로 고고학자들이 발굴해 감에 따라 오직 성경 안에만 담겨 있던 그것들이 고대의 역사 속에서 그들의 자리를 회복하게 되었다. 성경에 담긴 그 당시의 사건들에 대한 기록들이 발굴되었고 성경 계시의 유일성이 새롭게 발견된 고대 민족들이 종교에 의해 대조와 비교의 방법으로 강조되었다. 고고학적 발굴이 '성경은 역사적'이라는 사실을 반박한 곳은 하나도 없다"[45]는 주장이나 "성경역사가 여러 부분에서 그 신뢰성에 의심 받을 수밖에 없다는 생각이 지난 세기 말엽과 금세기 초엽에 널리 영향을 미쳤으나, 마침내 성경 고고학은 이런 생각을 바로잡는 더 상당한 공헌을 했다고 볼 수 있다. 오늘날 하나의 영향력 있는 사고가 다른 하나를 완전하게 대체하게 되었다고 볼 수 있다면, 그것은 구약성경의 전체적인 역사성이 다방면에서 긍정적으로 수용된다는 사실일 것이다"[46]라는 평가들이 구약 고고학이 지난 한 서기동안 이룬 업적에 대한 일반적인 평가이며 이는 구약 연구에 지대한 영향을 끼쳤다고 평가할 수 있겠다.

3. 구약 고고학의 구체적 업적들[47]

1) 첫 번째 업적

첫 번째 업적은 아마도 오경의 기록이 후대의 것이라는 생각을 바로잡은 업적이다.

44　Albright W. F., "Japheth in the Tents of Shem" in *the American Scholar*(1941), 42:692~4, p.181.

45　Elder J., *Prophets, Idols and Diggers*(New York, Bobbs Merrill, 1960), p.16.

46　Thompson J. A., *Archaeology*(Grand Rapids, Eerdmans, 1959), p.13.

47　참고: 이 업적들에 대한 설명은 Archer G. L.와 Harrison R. K.의 설명을 요약 정리한 것임을 밝혀둔다.

자유주의적 비평학자들은 모세시대에는 문자가 없었기에 그것을 기록하여 전수할 수 없었고, 후대 즉 통일왕국 시대(주전 9~10세기경)에 와서야 이스라엘에 문자가 있었다는 생각이 편만했었다. 그러나 고고학적 발굴은 그런 생각을 뒤엎고 이스라엘과 그 주변 국들은 모세시대와 그 이전에 체계적인 알파벳이나 문법적 구조를 가진 문자를 기록하고 먼 거리의 사람들과 의사소통을 하였던 것으로 드러나고 있다. 예를 들면 가장 오래된 히브리어 문서는 주전 925년경에 작성된 '게제르 달력'인데 이는 어느 학도의 습작이었음이 밝혀졌고 그 당시(주전 10세기)에 이미 글쓰기가 이스라엘 사회에 널리 퍼져 있음을 반증하는 자료이다. 그리고 이웃 나라인 시리아의 라스 샤므라 지역의 우가릿어 토판은 주전 15세기의 것인데 그 언어는 이미 30개의 알파벳을 가지고 체계적인 문법을 구사하고 있었을 뿐 아니라 성경에 언급되는 이방신들의 이름이 거명되어 있다. 이 언어는 히브리어와 아주 유사한 문법 체계를 갖고 있는데 발굴된 문서들은 시형식이 많이 있어서 고대시와 히브리시 연구에 많은 도움을 주고 있는 발굴물이다. 그 보다 더 오래된 알파벳 비문은 주전 16세기의 것으로 세라빗 엘카딤의 터키옥 채굴장에 발견된 비문이다. 이런 발굴들을 통해 우리가 내릴 수 있는 자연스런 추론은 모세 이전의 셈족들이 알파벳 시스템의 문자 체계를 만들어 쓰고 있었고 하층민이나 어린 사람들까지도 그것을 사용하고 있었다는 사실이다.

2) 두 번째 업적

두 번째 업적은 성경 기사들 특히 창세기의 기사들에 대한 역사성을 회복케 된 일이다. 비평학자들은 갈대아 우르라는 도시에서 시작해서 아브라함이라는 인물의 실재성, 그리고 나홀에 대하여나 헷 족속에 관한 기사, 아브라함의 양자 삼는 방식, 야곱이 형의 장자권을 사는 일과 라헬이 아버지의 드라빔을 훔치는 것 등은 다 꾸며낸 것이며 기자의 문학적 상상력의 발로 일 것으로 추측했었다. 그러나 남부 수메르의 우르에 대한 발굴을 통하여 주전 2000년대에 이미 우르는 높은 수준의 문화를 누렸던 도시였으며, 중류층이 사는 집도 10~20개의 방을 가진 집에서 살았음을 확인했다. 발굴된 아카드어 토판에는 아브라함과 유사한 어근을 가진 사람 '아바라마' 혹은 '아밤라마' 라는 사람이 소를 임대하는 기록을 보여준다. 그리고 창세기 13장의 기사 역시 요단 계곡에서 발굴된 70개 이상의 유적지를 통하여 그 역사성이 인정되었다. 창세기 14장의 왕들의 이름도 몇몇이 확인되는 성과를 거두었다. 1925년에 발굴된 누지 토판(티그리스 강 유역)은 족장들 시대의 생활 풍습이 그려져 있어서 위에 언급된 양자 제도나, 장자권 매입, 드라빔에 관한 기사들이 꾸며낸 이야기가 아님을 입증되었다. 또한 1933년에 발굴된 마리 토판(유프라테스 강 유역)은 주전 18세기의 악카드어인데 거기에서 '나홀'성의 존재가 확인되고 있다. 또한 힛타이트 법규집이 발굴되었는데 이는 창세기 23장의 사라의 임종 시 마므레의 막벨라 굴을 헷 족속에게서 매입하는 일을 증명하고 있다. 또한 낙타라는 동물의 가축화가 언급된 창세기의 기사도 고고학적 증거를 갖게 되었다.[48]

3) 세 번째 업적

세 번째 업적은 제사 법전을 만든 것은 이스라엘 종교 발전의 가장 후대의 결과물이며, 이런 내용들은 포로 귀환 후의 기록물이라는 전제가 잘못된 것임을 밝힌 것이다. 앞에서 설명한대로 비평학자들은 소위 종교사학과적 해석을 근거로 하여 이스라엘에서 제사 법전은 가장 발전된 규례집으로써 주전 5세기 전에는 결코 생산될 수 없었던 발전된 기록물이라 생각했었다. 그러나 이런 전제는 1901년에 이란지역인 수사에서 발굴된 함무라비 법전을 통하여 무색해지게 되었다. 이 법전은 원래 바벨론 지역(이라크)에 있어야 하는데 나중에 잠깐 득세하였던 엘람족들이 바벨론을 침공하여 탈취해 간 비석문이다. 이 법조문이 새겨진 비석은 주전 2000년대인 고대 근동 지역의 일반적인 법의식을 대변해 주고 있는데 여러 방면에서 출애굽기의 언약법전과 유사성을 공유하고 있다. 이에 대해서는 G. L. 아처의 설명을 참고하면 도움이 되겠다. 그리고 라스 샤므라에서 발굴된 우가릿어 토판들에 많은 제사용어들(예를들어 번제, 화목제, 속죄제 속건제 등)이 등장하고 있으므로 오경의 제사 법전이 나중에 발전된 종교적 사유의 결론이라는 벨하우젠 학파의 주장은 별 설득력이 없어지게 되었다.

4) 네 번째 업적

네 번째 업적은 이스라엘의 가나안 점령에 관한 정복기사가 너무 조잡하고 그 시대의 국제 정세와 일치되지 않는다며 부인했던 비평학자들의 전제를 반박하는 자료들을 발굴한 것이다. 이에 대한 증거로 애굽 제12왕조의 저주구문 텍스트들은 주전 1800~1900년대의 당시의 상황을 설명해 주는 그릇들과 인각된 동상 그룹들인데 이 자

---

48 Lambert W. G., *BASOR*, 160(1960), pp.42~43.

료들은 가나안의 많은 부족들이 애굽의 바로에게 충성을 다할 것을 다짐하는 내용들이 기록되어 있다. 그런데 나중에 발굴된 '텔 엘 아마르나 서신'을 보면 가나안의 여러 왕들이 애굽의 바로에게 자기들에게 침입한 무서운 침략자들을 물리치기 위해 애굽의 군대가 한시바삐 가나안으로 건너와 줄 것으로 요청하고 있다. 이 서신은 아카드어로 쓰였으며 애굽 왕실에 보내진 편지 뭉치이다. 이 기록은 주전 1400~1370년대의 것으로 판명되었는데 여호수아의 정복시기와 같은 시기이다. 또한 1896년에 발굴된 '메르네타 석비'는 주전 1229년의 것으로 여겨지는데 이 비석문에서 히브리 민족의 나라를 "이스라엘"로 언급하고 있다. 이스라엘이라는 국명이 언급된 가장 오래된 비석이기도 하다.

4. 고고학의 발전과 구약

본격적으로 구약 고고학이 발전하게 된 동기는 1798년 나폴레옹의 이집트 침공 시기인데, 나폴레옹은 그 전쟁을 수행하면서 100여명의 학자들을 동원하여 이집트와 그 인근의 문화 유적을 답사케 하였다.[49] 그 후에는 주로 프랑스와 독일 학자들에 의해 팔레스타인과 메소포타미아 지역의 문화 유적에 대한 탐사와 발굴이 활발히 진행되었다. 예를 들자면, 고대 앗시리아 제국 지역에서 살만에셀 대왕의 '검은 오벨리스크'상을 발견하여 과거 이스라엘의 예후가 앗수르에 어떻게 조공을 바쳤는지를 이해하게 되었고, 산헤립의 궁전 터나 모압의 비석문을 발견하여, 이스라엘의 오므리 왕이 어떤 수준으로 모압을 통제하였었는가를 파악하게 된 것 등이다. 이는 무엇보다도 성경에 언급된 사실들이 역사적 기록물들에 의해 증명된 '사실'이라는 점에서 성경의 권위와 무게를 더해주었다는 것이다. 이러한 관점에 서 율법이 기록되고 구체적인 시대상들이 언급된 다윗시대 이전까지의 정황들을 고고학적 발견과 비교하여 보도록 하겠다. 물론 하나님의 말씀이 우리에게는 오직 성령의 감동하심으로 권위 있게 되겠지만, 인간적인 측면에서 보다 설득력 있게 이해되는데 구약 고고학적 업적들이 도움이 된다는 것이다.

이와 마찬가지로 이들은 팔레스타인과 시리아를 조사하여 그곳에서 상당한 분량의

---

49 Harrison R. K., op. cit., p.118.

법률과 행정 문서들을 발견해냈으며, 이를 번역하자 구약 성경 앞부분의 책들이 단순히 전설이 아니라 역사적인 가치를 지니고 있다는 것이 밝혀졌다. 특히 올브라이트와 캐년의 연구[50]는 우리에게 구약 성경 앞부분의 책들에 기록된 장소와 사건들이 실제로 있었던 장소이자 사건이었다는 것을 보여주고 있다. 게다가 시리아 지역에서 주전 3천년에 사용되었던 '에블라의 문서 보관소'[51]가 발견됨으로써 성경의 애매한 본문들에 지속적인 빛을 던져주고 있다. 불과 50년 전만 해도 성경의 앞부분에 수록된 본문들이 대개는 신화적이거나 상징적인 것으로 간주되었던 것에 비해 몇몇 실제적인 증거가 발견됨으로써 관심이 정 반대로 돌아서고 있다. 점차, 학자들은 성경의 본문이 최소한 역사적 진실의 싹을 포함하고 있으며 그것을 가꾸는 것이야말로 자신들의 임무라고 확인하게 된 것이다. 그렇다고 이러한 점이 성경의 역사 해석을 보다 쉽게 만들어 주는 것은 아니다. 근본주의적인 접근과 비평적인 접근 모두 단순하게 함몰 되어서는 안 되기 때문이다. 그 두 가지 방법론은 상호 보완하며 성경이 보다 객관적인 진리임을 증명하는 도구로 나아가야 한다. 왜냐하면 성경만이 우리를 진리로 인도하는 길인데 그 길은 우리가 이해하기에는 많이 모호한 표현들로 가득 차 있기 때문이다.

이런 발굴들을 통해 성경의 기록이 정확한 기록임이 속속 확인되고 있다. 그것들은 구약 연구에 특별한 의미를 갖게 된다. 이런 발굴을 통하여 우리는 올브라잇이 정확히 고백하고 있는 대로 구약 연구의 새로운 태도로 나아가게 된 것이다. "우리가 지닌 오경의 내용은 일반적으로 그 최종 편집 연대보다 훨씬 이전의 것이다. 새로운 발견들을 통해 그 역사적 정확성이 계속 확증되었고 그 고대성이 상세하게 드러나게 되었다. 따라서 오경의 전통이 지닌 본질적인 모세적 성격을 부인하는 것은 얄팍한 혹평에 지나지 않는다."[52] 다음에 소개하는 고고학적 발굴들이 구약과 관련된 증거들을 참고하기 바란다.

---

50   Albright W. F., *Archaeology and the Religion of Israel*(3rd. Ed. Baltimore, 1953); K. Kenyon, *Archaeology in the Holy Land*(4th. Ed. London, 1979)를 참고하다.

51   참고: 이 발굴은 1964년도에 로마대학교 발굴팀에 의해 발굴되었고 시리아의 알레포시 남쪽 66Km 지점이다. 이는 주전 3500년경의 도시이며 에블라의 왕 '이비트-림'이 다스렸던 도시였다. 이 도시에서 고대 바벨론 언어인 아카드어 설형문자로 된 42개의 서판이 발굴되었고 다음해에는 추가로 14,000여개의 서판 혹은 파편들이 발굴되어 학계를 흥분으로 몰아넣었다. 이곳은 나중에 아카드의 왕 '나람신'의 치하인 주전 2250년경에 불타서 파괴된 것으로 확인되고 있다.

52   Albright W. F., *The Archeology of Palestine*, p.224.

〈구약 성경에 대한 고고학적 발굴의 증거들〉(특별한 언급이 없는 한 연대는 모두 B.C.임)

발굴물	시기	기록 언어	내용 및 중요성
에블라	2350 년경	에블라어, 수메르어	시리아에서 발굴된 고대 문명증거 유적, 문자기록의 증거, 큰 도서관의 흔적
우르(제3왕조)	2000 년경	수메르어	고대 문명증거, 문자기록
제12왕조(애굽)	1900	애굽 상형문자	저주 구문, 애굽인의 가나안 통치확인
함무라비 법전	1700	아카드어	최초의 법전, 모세 율법과 비교
마리 서판	1700	후리안어	하비루의 문서, 고대족장들의 관습
터기옥석광산 명문	1500	고 페니키아어	알파벳 방식의 고대 상형문자
라스 샤르마 서판	1400	우가릿어	서사시 양식, 고대 희생제의, 시편과 유사
누지 서판	1400	후리안어	창세기의 족장관습의 일반성확인
텔엘 아마르나서판	1400	아카드어	히브리인의 가나안 정벌을 언급함
힛타이트법전	1300	힛타이트어	고대의 족장관습(매매 관습 등)
메르넵타 석비	1220	애굽어	'이스라엘'이라는 이름이 언급됨
게제르 달력	925	히브리어	문자기록이 보편화되었음
검은 오벨리스크	840	아카드어	앗수르 왕 살만에셀 3세, 예후가 이스라엘의 왕이며 조공을 받음이 확인됨
모압 비문	840	모압어	열왕기 하 3장과 오므리의 역사성
실로암 동굴 명문	702	히브리어	히스기야 왕의 수로 터널 공사 확인
사르곤왕의 명문	720	아카드어	사르곤 왕의 이스라엘 수도 정벌기록
산헤립의 기둥	700	아카드어	6각 점토 기둥, 산헤립이 유대 침공 기록
신바벨론 연대기	600	아카드어	느브갓네살 왕의 팔레스타인 침공기록
테일러 프리즘	685	아카드어	701년의 산헤립의 유대 침공 기록
라기스 도편조각	588	히브리어	갈대아인의 유대 침공 기록
나보니두스 연대기	550	신 아카드어	바벨론의 벨사살 왕에 대한 기록
베히스톤 석비	500	고 페르샤어, 엘람어, 아카드어	다리오 왕 치하의 페르샤(바사)가 바벨론 침공을 기록함
고레스 원통기념비	500	고 페르샤어	고레스의 승리와 종교자유칙령
엘레판틴 파피루스	420	아람어	다니엘과 에스라 시기의 아람제국사
로제타석	200	3개 언어로 기록	상형문자, 고대애굽 민용문자, 그리스어, 고대 상형문자 판독 가능 기초 자료됨

구약의 언약과 메시아 예언

1. 구약의 언약

1) 서론

고고학적 발굴과 고대 근동어에 대한 진전된 연구는 1960년대를 기점으로 구약 연구에 새로운 활력소를 넣었다. 그 이전의 연구 풍토가 주로 자료 비평, 혹은 문헌비평 등을 통한 역사비평 방식을 근간으로 하는 성경에 대한 고등비평에 관심한 것이었다면, 그 이후의 새로운 분위기란 구약의 어떤 특정한 주제를 통하여 구약을 풀어나가는 방식이라고 이미 설명한 바 있다. 그렇다면 구약에는 어떤 통일된 주제라는 것이 있는가? 그것은 모든 사람들이 쉽게 이해 할 수 있고 다 동의할 만한 주제인가? 학자들에 따라서 구약의 중심사상이 하나님의 약속, 하나님의 계획 하나님의 언약, 하나님의 현존, 하나님의 나라 등으로 주제를 선정해서 구약을 설명하려고 시도해 왔다. 이런 신학적인 고찰을 잠시 밀쳐놓고 성경으로 돌아가 보자. 누가복음 24:44절에서 누가는 "내가 너희와 함께 있을 때에 너희에게 말한바 곧 모세의 율법과 선지자의 글과 시편에 나를 가리켜 기록된 모든 것이 이루어져야 하리라 한 말이 이것이니라"는 주님의 말씀을 기록했는데 이로 보건대 구약은 오실 메시아 즉, 주님에 관한 예언이며 그에 대한 약속이며 언약이라 할 수 있다. 여기서는 구약을 관통하고 있는 하나의 중심되는(물론 이것만이 유일한 주제는 아니다) 주제인 '언약'[53]에 대하여 살펴볼 것인디, 그것은 구약의 전반에 걸쳐

---

53 참고: 이 언약이란 주제를 구약의 중심 주제로 삼고 본격적으로 연구를 시작한 사람은 발트 아이흐로트인데, 그의 아이디어를 따라 로버슨, 맥코시스키, 듬브렐 등이 이 주제들로 구약을 연구한 학자들로 알

계시되고, 발전되고, 마침내는 예수그리스도를 통하여 성취된 것이며 그의 적용은 주님이 다시 오실 때까지 이어질 것이다.

일반적으로 '언약'이라 함은 두 당사자가 어떤 일에 대하여 서로 동의해서 서로 간에 특별한 관계가 형성된 것을 의미한다. 구약에 나오는 언약을 정의하면서 송제근은 이렇게 표현했다. "그것은 단순한 약속도 아니고, 어떤 선물을 주는 것도 아니다. 그것은 ①인격 당사자 간에 ②공적인 관계가 ③법적으로 형성되는 것"[54]이라 설명했다. 이런 언약의 개념은 주전 2000년경의 고대 근동사회에서 이미 성행하던 관점이었음이 고고학적 발굴을 통해 입증되고 있다. '언약'에 해당하는 히브리어는 '버리트'인데, 아마도 아카드어 '비리투'와 관계가 있는 것 같다. 이 단어는 '접합, 족쇄' 등의 뜻을 지닌다.[55] 히브리어에서 '언약을 체결하다'는 표현은 "카라트 버리트"로 나오는데 이를 직역하면 '언약을 자르다'란 의미가 된다. 이는 언약 당사자가 그것을 위배할 때 받게 되는 형벌을 상징하는 것이며, 창세기의 아브라함과 하나님 사이에 맺어진 언약에서 잘라진 제물 사이로 하나님의 불이 지나가는 장면과 이어지고 있다. 이런 언약에 대한 계약 당사자 간의 합의와 내용의 성격들은 고대 바벨론의 마리 문서 등에서 잘 밝혀지고 있다.[56] 그리고 개인이나 작은 집단 간의 언약뿐 아니라, 고대의 국가 간의 정복자와 피정복자 사이에 맺어진 국가 간의 조약에서도 그런 언약의 확대된 개념들이 '조약'으로 잘 표현되고 있으며, 이것을 구약의 시내산 언약과 비교한 글이 G. E. 맨던홀의 연구에서 잘 드러났다.[57] 그러나 우리는 구약의 언약을 이런 고대 근동의 이방 나라들과의 유사성에서만 그 근본정신을 찾아서는 안 된다. 구약의 언약들은 그런 세속적이고 사회적인 조약이나 약속들에서 보이는 구조 너머 더 크고 심원한 내용을 함의하고 있기 때문이다. 이제 구약에 나타나는 각 언약들의 특성을 살펴보며 그것이 어떻게 발전되고 구체화되고 있는지, 그리고 그것은 신약의 메시지와 어떤 연관성이 있는지를 살펴보겠다.

려져 있다.

54 송제근, 『오경과 구약의 언약신학』(서울, 두란노서원, 2003), p.300.

55 Harrison R. K., op. cit., p.589.

56 Mendenhall G. E., *The Biblical Archeologist XI*, No.1(1948), p.18.

57 Mendenhall G. E., "Covenant Forms in Israelite Tradition," *BA17*(1954), p.58. 여기서 맨던홀은 언약 발의자에 대한 설명을 하는 '전문'과 '당사자 간의 역사적 관계기술' 부분이 나오고, '의무 규정'이 이어 나오며, 언약의 '보관과 재천명 규정'이 있은 후, 신들의 이름으로 '축복과 저주'가 기록되는 구조를 가지고 있는데 이런 구조와 시내산 언약이 아주 유사한 구조를 가지고 있다고 논증한 것이다.

2) 출애굽 이전의 언약들

구약의 첫 번째 책인 창세기에는 이미 여러 개의 언약들이 있다. 넓은 의미에서 창세기 1장의 아담에게 주어진 명령이나 창세기 3장의 여인의 후손에 대한 약속도 언약이라 할 수 있겠지만, 구체적으로 '언약'이란 용어를 사용한 경우는 노아의 경우이다. 흔히 무지개 언약으로 알려진 이 언약은 1단계(창6장)와 2단계(창9:9~17)로 나누어지고 있는데, 1단계는 하나님의 노아에 대한 선지식을 바탕으로 노아의 성실한 반응을 요구한 쌍무언약인데, 이로 인하여 하나님은 노아를 그 당대의 죄악된 풍조에서 그를 구별하셨다.[58] 반면에, 두 번째 단계는 하나님의 일방적인 무조건적 편무언약이라 해야겠다. 노아가 술에서 깨어난 다음에 셈이 아니라 셈의 하나님을 찬양한 대목이 바로 그런 무조건적 언약의 성취가 포함되어있다는 말이다. 그것은 언약이 체결되고 난 다음에 일어난 노아의 실수가 덮어졌고, 그것을 인하여 셈의 하나님을 찬양했는데, 이는 셈을 비롯한 모든 인간이 하나님의 주권적 통제 아래 있음을 보여주고 있는 것이다.[59] 노아와 맺은 언약은 구약 언약의 본질적 특성들을 잘 대변하고 있는데 그것은 계약의 주체자가 하나님이시며, 언약의 수혜자는 노아뿐 아니라 전 세계적이며 무조건적이라는 점이다.

그 다음에는 흔히 족장 언약이라 불리는 아브라함과 맺은 언약이다. 하나님은 아브라함과 창세기 12, 15, 17장 등에서 연이어 언약을 맺고 있다. 아브라함과 맺은 언약도 노아와 맺은 언약과 본질적으로 동일하지만, 좀 더 좁은 의미의 언약으로 좁혀지고 있다. 이 언약도 노아언약과 마찬가지로 모든 열방의 축복을 전제하고 있다. 그러면서도 이스마엘이나 다메섹의 엘리에셀은 제외되는 듯한 인상을 주고 있는 이중 구조를 보이고 있다. R. K. 해리슨은 이 아브라함의 언약을 "모든 인류에게 주어지는 축복 대신에 오직 아브라함의 자손을 통해서만 주어질 것이라는 제한성"으로 해석했고,[60] 반면에 E. J. 카넬은 "아브라함은 온 열방의 복이 된다. 왜냐하면 예수그리스도가 아브라함의 참 후손이기 때문이다"[61]라고 해석하고 있다. 이 아브라함과 맺은 언약도 고대 힛타이트 족속의 조약문과 유사한 구조를 가지고 있는 것으로 파악된다.

58 Dumbrell W. J., *Covenant and Creation: A Theology of Old Testament Covenants*(Nashville, Thomas Nelson, 1984), p.43.

59 Wenham G. J., *Genesis1 WBC*(Dallas, word publishing, 1987), p.202.

60 Harrison R. K., op. cit., p.591.

61 Carnell E. J., *The case fro Orthodox Theology*(Philadelphia, Westminster Press, 1959), p.18.

3) 시내산 언약과 소위 '모압 언약'

출애굽 후, 하나님과 이제 한 민족이 된 이스라엘과 맺은 언약을 우리는 시내산 언약 혹은 모세 언약이라 부른다. 하나님은 출애굽 한 이스라엘 민족의 대표자 모세를 불러 온 이스라엘과 언약을 맺는다(출19:4~6). 다소 과장되게 강조되기는 했지만 이 시내산 언약에 대한 W. J. 듬브럴의 평가는 시사하는 바가 크다. "시내산 도착 후 이스라엘에게 소명을 알려주는 본 구절을 정확하게 이해하는 것은 매우 중요하다. 이 시점 이후로 이스라엘의 역사는 사실상 이스라엘에게 주어진 시내산 언약의 소명을 얼마만큼 충실하게 지켰는가를 보여주는 설명에 불과하다"[62]고 했다. 그만큼 시내산 언약은 향후 이스라엘의 전 운명에 직결되는 기준점이 됨을 말하고 있다. 그 내용은 "내가 애굽 사람에게 어떻게 행하였음과 내가 어떻게 독수리 날개로 너희를 업어 내게로 인도하였음을 너희가 보았느니라. 세계가 다 내게 속하였나니 너희가 내 말을 잘 듣고 내 언약을 지키면 너희는 모든 민족 중에서 내 소유가 되겠고 너희가 내게 대하여 제사장 나라가 되며 거룩한 백성이 되리라 너는 이 말을 이스라엘 자손에게 전할지니라"(출19:4~6). 이 시내산 언약의 내용을 정리해 보면, 4절에서 계약 당사자 간의 역사적 관계가 언급된다. 그 다음에 "이스라엘이 율법을 잘 지키면" 하는 의무 사항이 규정되고, 그 다음에 언약의 목적[63] 즉, 이스라엘을 통하여 온 열방이 하나님을 경배케 하는 데 너희들을 사용하겠다는 것이 기록된다. 그러면서 이 새로운 언약 하에서의 이스라엘의 정체성이 주어졌다. 그것은 내 소유이며, 제사장의 나라이고 거룩한 백성이 된다는 내용이다. 이것은 전형적인 쌍무언약의 모습을 보여주는 것이다. 이전의 언약들과 유사하게 이 언약의 주체자는 하나님이시고, 다른 당사자인 이스라엘의 적극적인 반응이 요구되었다.

이 시내산 언약은 한 개인(아브라함)이 한 가족이 되어 애굽으로 내려간 후, 큰 민족이 되어 나라가 된 그 민족 공동체와 맺은 첫 번째 언약이다.

그런데, 출애굽 직후에 시내산에서 맺은 이 언약은 40년 후 모압 지역에서 다시 갱신되어 백성들에게 재 선포되고 있다. 그 내용이 신명기 29장에 기록된 소위 '세겜 언약'이다. 이 '세겜 언약'은 시내산 언약과 같은 것이지만 재 선포되면서 몇 가지 대조되는 점을 보이고 있다. 같은 것이란 말은 K. A. 키천이나이나 G. E. 멘던홀의 연구에서 드

---

62   Dumbrell W. J., op. cit., p.80.

63   Dumbrell W. J., op. cit., p.88.

러나는 고대 조약의 5가지 구조(전문, 역사적 관계 진술, 의무규정, 보관 및 재진술 규정, 결론적 축복과 저주)라는 시각에서 같은 내용이라는 말인데, 이 시내산 언약과 모압 언약은 한 가지 특이한 차이점을 내포하고 있다. 그것은 후자가 전자에는 없는 '축복과 저주'라는 구문을 신명기 28장에 내포시키고 있다는 점이다. 그리고 후자는 고대의 다른 나라들의 조약구문에는 없는 언약을 파기한 이스라엘에게 베푸실 하나님의 특별한 용서에 관한 언급을 포함하고 있다는 점이다. 즉 처음 체결된 시내산 언약에는 저주 구문이 없고, 나중에 갱신된 세겜 언약에는 '은혜'라는 개념이 보강되어 있다는 것이다.

이제 민족으로 성장한 이스라엘은 이 시내산 언약을 통하여 하나님을 향하여 특별한 집단의식을 소유하게 되었으며, 이 시내산 언약은 그러므로 하나님과 이스라엘과의 관계의 기초가 되는 것이라기보다는 그 특별한 관계를 유지하는 하나의 지침이 되고 있는 것이다.[64] 쌍방 간의 관계가 지속되기 위하여 한 가지 요구사항이 있는데 그것은 백성들의 자발적인 율법 준수이며 순종이다. 이것은 이스라엘이 다른 이방 민족과 구별되는 특성이 되는데, 주어진 율법을 순종함으로 얻게 되는 하나님의 의(義), 다른 표현으로 하자면 하나님의 거룩성이 이스라엘 백성들의 삶을 지배하는 가장 중요한 이념으로 자리 잡아야 한다는 것이다.

4) 다윗 언약

구약에 제시된 하나님과 이스라엘과의 관계는 언약 개념을 통하여 표현되었는데 그 언약 개념은 다음 장에서 논할 메시아 예언이 발전하는 것과 같이 그 언약 개념도 점차 발전적으로 전개되고 있음을 알 수 있다. 앞의 시내산 언약이나 모압 언약이 일종의 쌍무 언약 즉 백성들의 분명한 순종을 바탕으로 관계가 지속되는 것이라면, 이제 살펴볼 다윗 언약은 전형적인 '편무 언약'이라 하겠다. 다윗 언약은 사무엘 하 7:8~16절에 나타나며 핵심은 "네 집과 네 나라가 내 앞에서 영원히 보전되고 네 왕위가 영원히 견고하리라"이다. 이 언약은 하나님이 나단 선지자에게 이른 것을 선지자가 다윗 왕에게 선포한 것임을 성경은 말하고 있다. 여기서도 그 언약의 주체자는 하나님이시며, 그 수혜자는 다윗과 다윗의 집으로 축소되고 있다. 그러니까 노아 언약에서 모든 인류를 상대로

---

64   Dillard R. B. & LongmanⅢ. T., op. cit., p.68. 여기서 저자는 "출애굽기 20~24장에서 발견되는 율법은 신-인관 관계의 기초가 아니라 그 관계의 유지를 위한 지침이며 하나님과의 관계를 세우는 열쇠가 아니라 그 관계를 지속시키고 풍성하게 하는 열쇠이다… 이제 율법은 기독교인들에게 있어서는 자신들의 삶을 위해 하나님의 뜻을 나타내주는 안내자가 되었다" 고 확실하게 정의하고 있다.

언약을 만드셨던 하나님은 아브라함을 통하여 그와 그 후손으로 한정시키셨다가, 다시 모세를 통하여 아브라함의 후손들이 이룬 한 국가와 언약을 체결하셨었는데, 이제 다시 다윗의 집과 다윗의 나라로 한정되고 있다. 그 대신 이 언약은 '영원성'에 대한 담보를 특생으로 하고 있으며, 다윗과 그 후손들의 어떤 반응에 따라 그 내용이 변하지 않는 특색을 강조하고 있다.

이 다윗 언약은 몇 가지 특성을 내포하고 있는데 첫째는 하나님이 다윗이 성전을 지어드리려 했기 때문에 그에게 축복의 언약을 주시는 것이 아님을 분명히 하고 있다. 즉 하나님은 모든 필요와 결핍으로부터 초월하신 분이시라는 것을 강조하고 있다.[65] 하나님은 다윗에게 성전을 지으라, 내가 거할 처소가 필요하다고 애걸해서 그에 순종한 다윗을 복주시는 그런 분이 아님을 이 언약의 초두에서 명기하고 있다. 그리고 이 언약은 다윗의 뒤를 이을 한 왕(솔로몬과 그의 성전봉헌)을 예언하고 있다. 뿐 아니라 이 언약은 솔로몬을 넘어 그의 나라와 위가 영원히 견고케 될 것을 선포하고 있다. 그 이유는 이 언약 하에서 하나님은 그 왕의 아버지가 되고, 그 왕은 하나님의 아들이 될 것이기 때문이다. 이런 의미에서 이 언약은 절대적이며 무조건적인 성격을 갖게 되는 것이다.[66]

이 언약은 그래서 이스라엘 민족으로 하여금 어떤 낙심되는 상황 속에서도 안정과 안식과 미래를 꿈꾸게 해 주는 기능[67]을 하게 된 것이다. 이 언약의 결과로 다윗은 "주 외에는 참 신이 없나이다"(삼하7:22)고 고백하고 있다. 이런 놀라운 언약적 축복을 받은 다윗은 하나님의 이 언약 베푸심이 다윗 자신만을 위함이 아니라 온 이스라엘을 위함임과 동시에 하나님 자신의 성품과 그의 영광스러움을 이루기 위함임을 인지하고 있었다. 그 이후로 하나님의 언약 안에 있는 모든 사람은 근본적인 안정을 누릴 수 있게 되었다. 그리스도 안에서 이 영원한 보장의 언약이 성취된 것이다.

5) 예레미야와 에스겔의 언약

이제 통일 왕국시대를 지나 북방 이스라엘은 멸망당했고, 남방 유다마저 그 운명이 풍전등화 같은 위기 앞에 높이게 되었다. 그런 위기의 시대에 하나님은 그의 종 선지자들을 일으켰고, 그들을 통하여 앞서 체결하신 언약을 다시 확인시키며, 동시에 그 언약

---

65   Dumbrell W. J., op. cit., p.147.

66   Ibid., p.150.

67   Martens E. A., *God's Design: A Focus on Old Testament Theology*(Grand Rapids, Baker Book, 1981), p.141.

의 질을 더 한층 높이며 강화시키고 있음을 보게 된다. 예레미야 30~34장과 에스겔 36~37장에 계시된 '새 언약'은 이제까지 전개된 구약의 언약들을 확실히 한 단계 전진시키고 있다고 평가된다. 그것은 신약의 기자들에게 중요하게 부각된 언약이다. 복음서의 기자들과 바울은 성찬식에 관한 기사를 '새 언약'과 연계시켜 설명했다. 히브리서 기자에 따르면 예수의 죽음은 다윗 언약 아브라함 언약 그리고 모세 언약을 서로 엮어주며 새로운 의미를 창출해 낸다고 해석한다. P. R. 하우스는 예레미야의 새 언약은 이 모든 언약들을 이해하는 신학적 열쇠가 된다고 이해한다.[68] 예레미야와 에스겔에서 강조되는 새 언약은 이전의 행위 언약적 개념을 뛰어 넘는 것인데, 이 언약 하에서 백성들은 하나님의 계명을 마음에 새길 것이며, 즐거이 순종하게 될 것이라 하였다. 이 '마음에 새긴 언약'을 실천할 수 있는 힘조차도 에스겔에 따르면 '하나님의 영'이 직접 하실 것이라 하였다. 이 새 언약은 율법적 행위를 촉구하는 모든 이전의 언약이 가진 불순종의 문제를 해결한다. 이 새 언약으로 맺어진 하나님과 백성의 관계는 모든 언약백성이 신실할 것이고, 자원함으로 하나님의 율례를 지킬 것이며, 그럴 수 있는 힘과 능력이 성령으로부터 주어질 것이다. 이것은 폐지돼거나 변경되지 않을 것이다. 이와 같은 요소들은 구약의 신앙을 본질적으로 '내면화' 시키는 것이다. 하나님만이 오직 인간을 변화시키고 새롭게 하실 수 있는 분이시라는 신앙이 이 언약의 배경이 된다.[69] 이것은 바로 예수그리스도를 통해 부어질 성령으로 인한 구원의 문제를 이야기하는 것이다. 이 언약적 조명하에서 보면 이 땅에 오신 예수는 그 자신이 새 언약 자체가 되는 셈이다.

구약의 언약은 몇 가지 특징이 있다. 당대의 근동의 조약들과 유사한 면에서 언약의 사회성과 역사성이 인정된다. 그러면서도 그 언약의 주체가 인간이 아니라 하나님이시라는 점이며, 형벌과 동시에 용서하는 은혜가 내재되어 있다. 그 언약은 인간의 적극적인 반응을 기대하게 되지만 인간에게는 근본적으로 그 요구와 기대를 답할 수 있는 능력이 없다. 그럼에도 불구하고, 그 언약은 이스라엘로 하여금 근본적인 안식을 누리게 하였으며, 그것은 마침내 죄인의 구원이 성령 안에서 인간의 내면적 문제로 나아가게 했다. 구약에서 시작되어 자란 하나님의 언약은 신약에서 예수그리스도 안에서 완전히 성취된다. 하나님은 언약을 만드시는 분이고, 우리는 그 언약 안에서 영생과 안위

---

68   House P. R., op. cit., p.573.

69   Potter H. D., "The New Covenant in Jeremiah31:31~34," *VT33/3*(1983), p.352.

를 누리는 것이다.

2. 구약의 메시아 예언

구약의 '언약'이 언약 하에 있는 백성들로 하여금 근본적인 안위를 누리게 하는 것이었다면, 구약의 곳곳에 드러나는 메시아 예언은 그런 언약백성들로 하여금 오실 메시아를 통한 약속된 언약의 영광스런 성취를 소망하게 하였다. 구약에는 대략 200여개의 본문들이 다양한 주제의 예언들을 담고 있는데, 이런 많은 예언 본문들 중에 오실 '메시아에 대한 예언'은 그런 구약 예언의 중심 주제를 형성하고 있다. 그래서 R. K. 해리슨은 메시아와 여호와의 종에 관한 사상을 다루지 않고는 구약 신학을 온전히 다루었다고 말할 수 없을 것이라 강조했다.[70] 창세기 3장에서 처음 계시된 메시아에 대한 예언은 여러 가지 다른 표현과 방식으로 묘사되며, 그 내용은 점차 커지고 분명해지는 과정을 거치는 '점진적 발전'의 형식으로 전개되는 모습을 보이고 있다. 메시아에 대한 예언은 구약 전체에서 지속적으로 발전되는 흔적이 있고, 또 어떤 경우는 성경의 한 책 안(예를 들면, 시편이나 이사야서 등)에서도 독자적인 메시아 예언이 자라고 있다는 느낌이 드는 단권도 있다.

우선 '메시아'라는 히브리어 용어는 신약에서는 "큐리오스(주님)"으로 번역되고 있는데, 일반적으로 '기름 부음을 받은 자' 혹은 '구세주'라는 의미로 사용하고 있다. 한국어 음역인 '메시아'는 히브리어 발음으로는 '마쉬아흐'인데 이는 명사형이다. '마쉬아흐'의 동사형은 '마샤흐'이며 그 뜻은 (기름 따위를) '바르다', 또는 '붓다'라는 뜻이 있는데 이 동사형의 원래의 어근은 아마도 고대 아랍어인 아카디아어적 기원이 있는 것 같다.[71] 학자들은 메시아라는 용어를 협의적으로 해석해서 그는 '기름 부음을 받은 왕적 인물'로서 마지막 때에 완벽한 신정을 이룰 사람을 말하며[72] 종말론적으로 해석하는 학자들도 있고, 그 의미를 넓은 의미로 해석해서 이스라엘의 민족적 지도자나 종교적 지도자뿐 아니라, 심지어는 이방의 왕들에게까지 그 의미를 확대하기도 한다.[73] 이에 대하여

---

70   Harrison R. K., op. cit., 1, p.594.

71   Van Groningen G., *Messianic Revelation in the Old Testament,* 유재원, 류호준 공역, 『구약의 메시아 사상』(서울, CLC, 1997), p.16.

72   Hünn E., *Die Messianischen Weissagungen des Israelitische-Judischen Volkes bis zu den Targumim*(Leipzg, n. p., 1988), p.1.

G. 판 그로닝언은 학자들 사이에서 이 두 가지 해석 방식을 놓고 많은 논쟁이 있어 왔음을 상기시키면서 성경에는 그런 협의적 해석만을 말하고 있지 않다고 말하면서, 메시아란 용어에 대한 이 두 개념은 서로 뗄 수 없는 관계라고 결론짓고 있다.[74] 주지하다시피 구약에서 기름 부음을 받는 경우는 세 개의 직무와 관련되어 있는데 첫째는 제사장들의 임직시인데, 출애굽기 29:7절 40:13절에서 아론을 대제사장으로 그리고 그의 아들들을 제사장으로 세울 때이다. 두 번째 기름 부음을 받는 자는 왕이며, 사무엘 상 10장과 16장의 사울과 다윗의 경우이다. 세 번째로 기름 부음을 받는 직무는 선지자들을 세울 때이다. 열왕기 상 19:16~21절에서 엘리야는 엘리사를 기름 부어 선지자로 그리고 그의 후계자로 세우고 있다. 이렇게 볼 때 고대 이스라엘에서 기름 부음을 받는 직무는 몇 가지 특별한 의미가 내포되어 있음을 알 수 있다. 이것을 G. 판 그로닝언은 다음의 네 가지 의도로 요약하고 있다.[75] 첫째로 기름 부음을 받는 행위는 '지명하다, 임명하다, 선택하다'의 뜻이 있다. 둘째 의미는 '구별하다, 성별하다'의 의미가 있으며, 셋째 의미는 '위임하다, 권위를 부여하다'의 뜻이 있고, 마지막으로는 '직무와 그에 따른 임무들을 수행할 수 있도록 자질을 부여하거나 소양을 갖추게 한다'라는 뜻이 있다는 설명인데 적절한 설명이라 하겠다. 이스라엘에게 있어서 이렇게 메시아 개념이 구체화되어 있는 반면에, 특기할 점은 히브리인들의 이런 메시아 개념은 고대 근동의 이웃 나라들에게서는 발견되지 않는 독특한 개념이라는 점이다.[76]

위에서 메시아 개념과 그 용어에 대한 기본적인 이해를 하였으므로 이제 구약의 메시아 예언이 어떻게 시작되고 발전, 전개되고 있는지를 각 책들 속에서 살펴보며 그 특징들을 정리하도록 하겠다. 성경의 각 부분에서 예언된 메시아 언약을 살펴보면서 성경의 핵심 메시지인 구원의 계시는 언약적 조명하에서 읽어야 하고 유기적이며, 역사적이고 또한 점진적 전개라는 특성[77]이 있으므로 그런 관점들을 숙지하며 살펴보기를 강조해 둔다.

73   Ridderbos J., *Messiaansche heilsbelofte en de nieuwere Ontdekkingen*(Kampen, Kok, 1918), p.3.

74   Van Groningen G., op. cit., pp.19~23.

75   Ibid., pp.24~30.

76   Warfield B. B., "The Divine Messiah in the Old Testament," *Biblical and Theological Studies* (Philadelphia, Presbyterian and Reformed Press, 1952), pp. 97~98.

77   Vos G., *Biblical Theology: Old and New Testaments*(Grand Rapids, Eerdmans, 1948), pp.13~17.

1) 오경에서의 메시아 예언

창세기는 구약의 첫 번째 책이며, 그래서 메시아에 대한 예언도 이곳에서 처음으로 등장한다. 창세기를 포함하여 오경에는 위에서 언급한대로 다양한 방식으로 메시아를 그려내고 있다. 예를 들면, 반석, 만나, 불기둥, 구름, 놋뱀 등이 그렇다. 그리고 여러 인물들이 모형론적으로 메시아의 일부분을 묘사하기도 한다. 그런 이해를 바탕으로 다음의 몇 구절들을 통한 오경의 메시아 예언을 살펴보겠다.

(1) 여인의 씨(후손)(창3:15)

아담과 하와의 범죄 후 하나님이 뱀을 심판하면서 하신 말씀 중에 나오는 표현으로서 "여자의 씨"라는 표현이 나오는데, 이것이 바로 오실 메시아에 대한 첫 표현이다. 히브리어로 '제라'인데, 이는 '씨'를 말하며 넓게는 '후손'이라는 뜻도 가능하다. 이것은 뱀의 씨가 여인의 씨를 차거나 상하게 할 정도로 피해를 입히겠지만, 여인의 씨는 마침내 그 뱀의 머리를 부서뜨릴 것이며 최종적으로 승리할 것임을 예고한다. 오실 메시아는 여기서 '씨의 형태'로 발아하고 있음을 보여주고 있다. 앞에서도 정리했지만, 메시아는 왕적, 제사장적, 그리고 선지자적 기능을 하여야 한다. 그런데 여기서는 그런 세 기능이 암시되지 않는다. 대신 오실 메시아가 주된 적을 최종적으로 섬멸하여 인간구원의 길과 가능성을 열어놓는 역할을 할 것임을 시사하고 있다. 여기서 메시아 예언이 계시되는 것은 주권적이신 하나님의 은혜인 것이다.[78]

(2) 네 씨(창22:18)

여기서도 역시 '씨' 혹은 '후손'이란 개념이 이어지고 있는데, 독자 이삭을 바침으로써 자신의 믿음을 인정받은 아브라함에게 하나님이 하신 말씀이다. 아브라함의 씨가 대적의 성문을 차지하겠다, 크게 번성하겠다, 그리고 천하 만민이 그로 말미암아 복을 받을 것이다라는 내용이다. 메시아의 개념이 주적인 사탄과의 전재에서 최종적으로 승리할 것이 창세기 3장의 예언이라면, 여기서는 그의 후손으로 말미암아 모든 열방이 복을 누리게 된다는 방향으로 선회하고 있다. 즉 메시아의 주된 사역 목표를 암시하고 있는 것이다.

---

78 Jewett P. K., "Special Revelation as Historical and Personal," *Revelation and the Bible*(Grand Rapids, Baker, 1958), p.47.

(3) 통치자의 지팡이, 홀(창49:10)

족장시대의 메시아 개념을 다룬 또 하나의 중요한 예언이 야곱의 유언적 기도 부분에 나온다. 야곱은 그의 열두 아들들에게 예언적 유언을 선포하였는데 그 아들의 과거와 현재와 미래에 대하여 말하였는데 특별히 그의 예언은 넷째 아들인 유다의 예언에 이르러 절정을 이루고 있다.[79] 이 유다를 향한 예언은 왕격 메시아의 기능을 포함하고 있는데, 그것은 '홀'과 '치리자의 지팡이'라는 표현으로 대표된다. 이 두 지팡이들은 백성들을 치리하는 역할과 나아갈 방향을 표지하는 기능이 있는 것이다. 그런 것뿐 아니라 유다를 향한 전 구문이 메시아적인데 예를 들면 "너는 너의 형제들의 찬송이 될지라, 네 손이 네 원수의 목을 잡을 것이라"하는 표현이 그것이다. 여기서 G. V. 그로닝언은 유다라는 명사가 히브리어 '야다'에서 왔다고 설명하면서 그 단어가 원래 내포하고 있는 '안다'라는 뜻과 더불어 있는 '찬송, 감사'의 의미로 혼대되고 있다고 주장한다.[80]

(4) 모세와 같은 선지자(신18:15)

오경의 메시아 예언은 많은 모형론적 표현들을 통해 제시되다가 신명기에 이르러 "나와 같은 선지자"라는 표현으로 매듭되고 있다. 모세시대에 이르러 구약의 메시아 예언은 본격적으로 기름 부음 받은 삼 직에 대한 묘사로 발전되고 있다. 모세는 하나님을 위한 대변자로 일하면서 선지자적 임무를 수행했고, 백성들의 범죄 앞에서 그들을 위해 하나님께 신원함으로 제사장적 임무를 수행했으며, 또한 그는 실제적으로 백성들을 지도하고 인도함으로써 왕으로서의 모범을 온전히 보였다. 여기서 예시된 "나와 같은 선지자"가 구체적으로 누구인가에 대하여 학계는 주로 두 가지 반응을 보였다. 첫째는 '그는 바로 오실 메시아이며 그리스도로 오신 예수이시다'라는 그룹[81]이 있고, 또 한 가지는 '모세 이후에 일어나게 될 이스라엘의 선지자들'이라 해석하는 그룹도 있다.[82] 그러나 대부분의 학자들은 전자를 지지하고 있다.

---

79 Green W., *The Unity of the Book of Genesis*(reprint, Grand Rapids, Baker, 1979), p520, Cf. Calvin J., *Commentary on Genesis2*, p.438.

80 Van Groningen G., op. cit., p. 202.

81 Kline M., *The Treaty of the Great King*(Grand Rapids, Eerdmans, 1963), p.101; Hengstenberg, *Christology of the Old Testament 1:40*; 그리고 Calvin J.도 이 견해에 동의하고 있다.

82 Payne J. B., *The Theology of the Older Testament*(Grand Rapids, Zopdervan, 1977), p.281; Young E. J., op. cit., p.100; Harrison R. K., op. cit., p.656.

2) 선지서에서의 메시아 예언

이제 선지서에서 발전적으로 전개되고 있는 메시아 예언을 살펴보겠는데 다음의 구절들도 메시아 예언을 포함하고 있지만 설명을 생략한다. 왜냐하면 다른 예언들과 중복되는 것이 많기 때문이다(사4:2, 사24:16, 사40:3, 사49:6, 사52:14, 슥9:9, 슥11:12, 슥12:10).

(1) 처녀가 잉태하여 아들을 낳을 것이요 그의 이름을 임마누엘이라 하리라(사7:14)

이사야의 메시아 예언은 싹과 가지에서 시작하는 오경의 예언을 이어서 시작하고 있는데(4:2), 7장에 이르러는 메시아가 이 땅에 오실 것에 대한 구체적인 정황을 예언하고 있다. 그는 '동정녀 탄생'을 하게 될 것이고 그 특성은 우리와 함께 계시는 하나님이 될 것이라는 예언이다. 이것은 이제까지의 메시아 예언이 약간 추상성을 갖고 있는 것에 반하여 구체적인 강림과 동거를 보여주고 있다. 본문은 "주께서 친히 징조를 너희에게 주실 것"이라 하였는데, 메시아의 징조를 말한다. 이제 메시아는 이 땅에 인간으로 오실 것임이 분명해 졌고, 그것은 오경에서부터 기다리던 그런 메시아상과 일치하고 있다.

(2) 한 아기가 우리에게 났고… 전능하신 하나님이라 영존하시는 아버지라 평강의 왕이라 할 것임이라(사9:1~2, 7)

여기서 오실 메시아에 대한 이사야 선지자의 그림은 더욱 명료해 지고 있다. 그는 동정녀에게서 나서 아기로 오실 것임이 분명하지만, 그분은 왕적 권세를 갖고 임하실 것이라는 점을 명기하였다. 그런 메시아의 왕적 권세와 더불어 그 메시아의 영원성 또한 본문이 강조하고 있다.

(3) 이새의 줄기에서 한 싹이 나며 그 뿌리에서 한 가지가 나서 결실할 것이요(사11:1~4)

이사야는 자신에게 임한 메시아 예언을 점차로 자라나서 마침내 '결실'할 것임을 분명히 하였다. 그 메시아는 실패하지 않을 것이다. 그 메시아는 다윗의 후손이라 하였다. 여기서 다윗의 후손이라 함은 다윗을 향한 언약의 영원성에 기초한 것을 말하고 있다. 그 이야기는 선지자가 오실 메시아를 창세기에서 시작된 모든 예언 사역을 다 통합하는 형식으로 올 것임을 암시하는 것인데, 그 위에 또한 하나님의 영이 강림할 것이라 덧붙이고 있다. 선지자는 다윗의 집으로부터 나와 공평과 정의로 다스릴 그 아기를 가리키는 가지와 그루터기의 은유, 이새의 줄기라는 은류를 이용하고 있다.[83] 그리고 그 구원자는 마침내 결실할 것이라 하면서 메시아 도래의 확실성을 강조하고 있다.

(4) 나의 종(사42:1~2, 6)

이제 선지자는 오실 메시아의 독특한 성품을 드러내고 있다. 이제까지 구약은 오실 메시아를 왕, 제사장, 선지자로 묘사해 왔는데, 여기서 부터는 본격적으로 구원하기 위해 자신을 드려 순종하는 '종'의 모습으로 구원 계시가 발전되고 있다. '종'에 해당하는 히브리어는 '에베드'인데, "나의 종"은 '아브디'가 되고 여호와의 종은 '에베드 야훼'이며, 여호와의 종과 같이 하면 '커에베드 야훼'가 된다. 이 종의 개념은 메시아 개념의 다른 면만을 보여주는 것이 아니라, 하나님의 구원이 유대인을 넘어 열방의 빛으로 나아가게 됨도 함께 시사하고 있다. 메시아를 종으로 내어주시는 하나님은 온전한 주권적 통치자이며, 그에게 완전한 지원을 약속하셔서 붙으시고 지키실 것이며, 그로 인하여 이방이 구원의 자리로 나아오게 하는 도구가 될 것임을 예언하고 있다.

(5) 그가 찔림은 우리의 허물 때문이요(사53:4~5, 9~10)

수난주간에 많이 읽히는 본문에는 여호와의 종이 대속의 십자가를 지는 모습이 적나라하게 그려져 있다. 이 본문이 분명히 다윗적이며 메시아적 예언임에도 불구하고 자유주의적 비평가들은 이 본문이 이사야서 앞부분의 임마누엘 예언과 전능한 왕으로서 아기에 대한 예언과 같을 수 없다고 말하는 학자들이 있다.[84] 그럼에도 불구하고 본문을 주석해 보면 여기서 제시되고 있는 메시아는 앞의 다윗적 메시아임이 분명한데 그 이유들은 첫째 나의 종이라는 "아브디"라는 용어가 공히 사용되고 있고, 시편에 예언된 것같이 그 메시아는 백성을 위해 고난을 당할 것이며, 다윗의 집이 회복될 때 사용된 고레스로 그런 의미에서 아브디로 묘사된 것이고, 많은 학자들이 또한 그것을 지지하고 있다.[85] 이렇게 진행된 이사야의 메시아 예언은 마침내 통치하시고 심판하시는 메시아로 이어지고 있다.

83　Van Groningen G., op. cit., p.641.

84　이런 해석을 하는 학자들은 Norht C., Muilenberg J., Mckenzie J. 등이다.

85　Ridderbos가 그렇게 해석했으며 이에 동의하는 학자들은 다음과 같다: Allis O. T., Calvin J., Hengstenberg, Delitzsch, Young E. J., 등이다.

(6) 지극히 거룩한 이(단9:24)

다니엘서에 나오는 "지극히 거룩한 이"는 종말론적 주권을 가진 메시아를 표현하는 것임을 분명하다. 다니엘서에는 "사람모양 같은 이" 즉 "인자와 같은 이"라는 표현이 종종 나타나는데 이는 에스겔에서 사용되고 있는 인자와는 확연히 다른 존재를 의미하는 것이 분명하다. 에스겔서에서는 초월적인 하나님과 구별되는 피조물로서의 인간을 강조하면서 인자가 사용되었는데, 여기서는 지극히 거룩한 이를 지칭하기 위해 "인자 같은 이"가 사용되고 있기 때문이다.

(7) 이스라엘을 다스릴 자(미5:2)

소선지서에도 오실 메시아에 대한 예언은 여러 가지로 표현되는데 가장 특징적인 묘사가 여기에 나오는 것이다. 메시아의 베들레헴 탄생고지와 함께 오실 메시아는 이스라엘을 다스릴 자라고 표현되어 있다. 베들레헴은 떡집이며, 에브라다는 열매가 많다는 뜻이다. 이곳은 언약의 장소인데 야곱의 막내 베냐민이 태어난 곳이며, 또한 야곱의 아내 라헬이 죽어 장사된 곳이기도 하고 또한 룻을 아내로 맞은 보아스의 고향이기도 하다. 그곳에서부터 "이스라엘을 다스릴 자"가 나올 것인데 여기서도 왕을 상징하는 멜렉이나, 다스림을 상징하는 마샬이란 단어가 차용되고 있다.

3) 시가서에서의 메시아 예언

앞서 이사야서와 마찬가지로 장구한 수편집의 역사를 자랑하는 시편에서도 많은 다양한 메시아적 표현들이 있다. 그런데 학자들은 시편의 특성상 시편에도 메시아적 계시가 나타나는지에 대하여 의문을 표하기도 했지만,[86] 대부분의 학자들은 시편에 그런 메시아적 예언이 풍성이 드러나 있다는데 동의하고 있다.[87] 여러 가지 메시아적 표현이 있는 시편 중 다음의 것은 제외하고 아래의 몇 편만 연구에 포함시키겠다. 비슷한 내용들이 반복되기 때문이다(40:6~8, 69:7~12, 21, 89:4, 26~28, 132:11).

---

86   W. Kaiser, "The Promise to David in Psalm 16 and Its Application Acts2:25~33 and 13:32~37," *JETS23/3*(Sept.1980), p.219에서 T. K. Cheyne 같은 학자는 "어떤 시편도 메시아적이지 않다"라고 주장한다며 현대 합리주의의 실패를 지적했다.

87   Kinder D., *The Psalms1~72*(Downers Grove, IVP, 1973), pp.18~25.

(1) 여호와의 기름 부음 받은 자(시2:1~2)

시편의 가장 전형적인 메시아 예언 구절이다. 메시아는 다스리는 왕적 기능을 가지고 있음을 나타내는데 그 왕은 구약적 개념에서 "기름 부음을 받은 왕"이라 묘사된다. 하나님은 그의 왕을 거룩한 산 시온에 세웠다고 하였는데 이는 하나님의 주권을 나타내는 표현이며, 세움 받은 그 왕은 열방과 군왕을 다스리시는 분이시고, 마지막으로 그에게 피하는 자에게 복이 있음을 선언하고 있다.

(2) 주의 거룩한 자(16:10)

여기서 메시아는 주의 거룩한 자로 묘사되는데, 이 본문은 신약의 사도행전 2:27절과 사도행전 13:35절에 인용되면서 그리스도의 재림을 예언한 것으로 인용되면서 많은 논쟁을 야기 시킨 본문 가운데 하나이다. 주의 거룩한 자로 썩음을 당치 않게 하시겠다고 해석되어서 그렇다. 주의 거룩한 자를 멸망시키지 않으실 것이 그렇게 사도들에 의해 확대 해석되면서 논란이 생기는 했지만 이 본문은 명확하게 메시아적인 성격을 내포하고 있다고 보아야 할 것이다.

(3) 내 하나님이여 어찌 나를 버리셨나이까(22:1, 6~7, 22)

시편의 이 구절은 그리스도의 수난 기사를 위하여 신약 복음서의 기자들에게 가장 많이 인용된 시편이다. 이 시편은 흔히 "십자가의 시편"이라고 말하여 지는데, 십자가 혹은 죽음이란 용어가 직접적으로 나타나고 있지 않지만 인간을 위해 고난 받으시는 메시아의 모습을 그리기에 충분하다. 또한 우리와 함께 하시는 임마누엘의 하나님에 대한 인상도 깊으며 이 시편은 이사야 53장의 고난 받는 메시아, 하나님의 종에 관한 표현과도 어울리고 있다.

(4) 너는 내 오른 편에 앉으라, 너는 멜기세덱의 서열을 따라 영원한 제사장이라 하였도다(110:1, 4)

이 시편 역시 신약 기자들에게 많이 인용된 전형적인 메시아 시편이다. 여기서 예언되는 메시아는 왕적 메시아이고, 또한 제사장(아론적 제사장이 아닌)적 메시아의 기능이 예시되었다. 주님과 제자들은 이 시편을 이용하여 그들을 공격하는 바리새인들 막으셨으며, 교회는 그리스도를 따라 이 해석에 기초해서 기독론적 설명들을 제시했다. 이 시편이 기독교적 전통 속에서 메시아적으로 해석되어 왔음을 부인하는 학자는 아무도 없다고 A. 바이저가 증언하고 있다.[88]

---

88   Weiser A., *Psalms*(London, SCM, 1962), p.692~93.

부록5장
히브리시 이해

1. 히브리시 연구사

시편은 시로 이루어져 있고, 시편을 잘 이해하려면 분명히 시의 기본 형식을 알아야 하는 것은 강조할 필요가 없다. 왜냐하면 기록된 '내용'을 파악하기 위해서 '형식'을 이해하는 일은 필수적이기 때문이다. 형식과 내용은 분리되어 이해할 수 없는 영역이다. 주지하다시피 구약의 삼분지 일 정도는 시가 형식으로 기록되었고, 대략 일곱 권의 책을 제외하고는 모든 구약에서 시가 형식을 포함하고 있다고 여겨진다.[89] 시편 전체, 욥기, 아가, 예레미야 애가, 잠언, 전도서의 대부분, 선지서의 대부분, 그리고 율법서(창49장, 출15장)나 역사서(삿5장, 삼하22장) 등에도 시가 포함되어 있다. 왜 성경에는 시가 그리 많은가? 그리고 성경은 왜 하나님과 인간 그리고 세상에 대한 진리를 간단하고 명료한 산문체로 전달하지 않는가? 이런 문제들은 앞의 부록1장 "시편의 중요성"이란 항목에서 다루었으므로 참고하면 되겠고, 여기서는 그 문제를 다시 다루지는 않겠다. 분명한 것은 독자들이 레위기 제1장과 시편 제1편을 비교해 보면 그 둘 사이에는 확연히 다른 분위기가 감지된다는 것을 금방 알아차리게 된다는 것이다. 요점은 시가 산문보다 전인에 더 직접적으로 호소한다는 것이다. 시는 우리의 상상력을 불러일으키고 우리의 감정을 자극하며, 우리의 지성을 만족시키고 우리의 의지를 결단시키기도 한다. 그래서 시는 까다로운 형식에도 불구하고 선지자들이나 기자들이 더 선호했던 메시지 전달의 수단이 되었던 것이다.

---

89 참고, 구약에서 시가형식을 포함하고 있는 않는 책들은 레위기, 룻, 에스라, 느헤미야, 에스더, 학개, 말라기 등이다.

구약에서 시를 산문과 구별되게 하는 첫 번째 특징은 무엇인가? 그것은 우리가 흔히 평행법이라고 부르는 '대구법 형식'일 것이다. 나중에 자세히 설명하겠지만, 히브리시의 가장 큰 특징이 바로 이 거듭 중첩되는 대구 형식이라는 것은 학계의 공통된 의견이며, 조금만 주의를 기울이면 누구나 인식할 수 있는 형식이다. 예를 들면

그의 노염은 잠깐이요 그의 은총은 평생이로다
저녁에는 울음이 깃들일지라도 아침에는 기쁨이 오리로다(시30:5)

위의 시에서 노염과 은총, 저녁과 아침이, 잠깐과 평생, 울음과 기쁨이 서로 대구를 이루면서 하나님을 신앙하며 앙망하는 기자의 마음을 강력히 인상지우고 있다.

또한 히브리 본문에서 '시가'를 산문과 구별시키는 다른 특징이 있다면 그것은 '리듬' 혹은 '운율(Rhythm/ Meter)'이라고 불리는 것인데, 시편 29:1절을 히브리어로 발음해 보면, '미즈모르 르다윗'이라는 표제 다음의 본문이 "하부-라도나이 바네이 에일림, 하부-라도나이 카보드 바오즈"로 읽힌다. 이런 읽기를 따라 그 구절의 운율(리듬)은 2+2, 2+2, 형식이 반복되는 것으로 정형화 되고 있다. 본문을 직역해 보면 다음과 같다. "너희 권능 있는 자들아 하나님께 돌리라, 하나님께 돌리라 권능과 영광을" 이렇게 된다. 물론 이 운율의 구분90을 위해서는 히브리어에 대한 기본 지식이 있음을 근거로 한다.

이런 평행법과 운율 외에 히브리시를 산문체와 구별되게 하는 또 다른 형식이 있다면 그것은 비유적인 표현일 것이다. 물론 구약의 산문체 안에서도 많은 비유가 있는 것이 사실이지만, 시가적 표현 안에서 찾아볼 수 있는 정도는 못된다. 예를 들면 시편 23편의 목자, 잠언 8장의 정숙한 여인, 시편 29편의 폭풍 가운데서의 힘으로 묘사되는 하나님에 대한 비유들이 그렇다.

이런 기본적인 이해를 바탕으로 히브리시에 대한 연구사를 간략히 살펴보는 것이 좋겠다. 원래의 시편은 어떤 하나님의 위대한 역사를 경험한 인간들에 의해, 혹은 간절한 소원을 가진 인간들에 의해 자연발생적으로 지어졌다고 이해해야 할 것이다. 그러던 것이 좀 더 정교한 형태의 '시'라는 형식을 가진 문학 작품으로 다듬어 지고 그것이 개인이나 공동체의 필요에 의해 만들어 지게 된 것이라 보아야 할 것이다. 그런 의미에

---

90 참고: 히브리시에서 운율을 계산할 때 가장 먼저는 마소라 사본에 찍힌 악센트의 숫자로 계산하는 방식과 마소라 이전의 히브리어를 재구성하여 음절을 계산하는 방식이 있다. 예를 들면 melek는 2음절이고 그것의 원형인 malk는 1음절이 된다.

서 히브리시 역시 신과 인간과의 교통을 위해 지어진 하나의 매개물이며 동시에 심오한 신학적, 문학적 작품과 같은 역할이 주어지는 것이다. 그래서 시는 음악이나 다른 예술품과 마찬가지로 세밀히 분석되고 분해되어질 수 있겠지만, 그러나 시는 궁극적으로는 '감상'되어져야 하고 '경험'되어져야 하는 것이다. 그래서 피터 C. 크레이기 같은 학자는 "시를 이해하는 데 있어서 주관적인 요소들을 배제하는 것은 그 시의 의미를 박탈하는 것이다"라고 하면서 비록 시가 예술의 한 형태이며 시에 대한 해석이 과학의 한 형태가 된다 할지라도 그 두 가지 요소 즉 '객관적 연구'와 '주관적 감상'의 요소는 결코 완전히 분리되어 질 수 없다[91]고 강조하고 있다.

우리는 히브리시의 정확한 본질과 형태들을 규정하는 데 일정한 제약을 가지고 있다. 왜냐하면 고대 그리스의 시나 타밀의 시문 같은 것이 전해지는 언어에서는 그 언어의 시에 대한 고대의 해석과 견해가 있어서 상당한 유익을 얻을 수 있는데 반하여 히브리어의 경우는 고대 히브리시에 대한 고대의 해석과 작시 방식에 대한 어떠한 지침도 전해져 오는 것이 없기 때문이다.

고대를 건너 뛰어 기독교 초기에 해당되는 유대인 학자들인 필로, 죠세푸스 같은 이들이 가장 오래된 히브리시에 대한 견해들을 밝힌 사람들이라 할 수 있다. 그들은 헬라어로 그들의 저술을 집필하였는데 필로는 『모세의 생애』라는 책에서 주장하기를 "모세는 애굽인들에게 리듬, 조화, 운율의 전체 이론을 배웠다"라고 했다. 그렇지만 필로는 오경에 있는 모세의 시들이 일정한 운율에 의해 지어진 것이라는 주장은 하지 않고 있다. 필로는 후대의 유대인 시에 대하여 『사색적인 삶에 관하여』라는 책에서 말하기를 애굽의 유대인 금욕주의자들은 많은 운율이나 선율로 찬송을 불렀고, 특히 약강격인 3보 운율(tri-meters)로 불렀다고 기술했다.

죠세푸스는 모세에 대하여 출애굽기 15장의 시를 평하면서 "그는 6보격 운율(hexa-meters)로 하나님께 노래를 지었다"고 했으며 신명기 32장에서 모세는 이스라엘인들에게 6보격 시를 낭송했다고 하였다. 그는 『고대기』라는 책에서 다윗에 대하여도 "그는 여러 운율들로 노래들과 찬양들을 작시하였는데 어떤 것은 3보격, 다른 것은 5보격으로 작시하였다"고 주장했다. 필로나 죠세푸스는 구약 시가와 형식상 유사한 시가 아직 작사되고 있을 때 살았음직한 마지막 사람들이라 할 수 있다.

그 다음 시대는 오리겐이나 유세비어스 그리고 제롬 등도 구약 시가의 운율에 대하

---

91   Craigie P. C., *Psalms 1~50 WBC 19*(Texas, Word Books, 1983)., p36.

여 언급한 사람들이다. 오리겐은 시편 118:1절을 언급하면서(칠십인역) 신명기 32장은 6보격이며 시편의 어떤 것들은 3보격이라 했고, 시편의 다른 운율은 4보격이라 했다. 그렇지만 오리겐은 히브리시들은 헬라의 시들과 다른 성격을 지녔다고 인정했는데, 유세비어스는 히브리시의 운율에 대하여 언급하기를 "모세의 노래나 다윗의 시편 118편 등과 같이 운율로 된 시들이 발견될 것이다. 이런 시들은 헬라인들이 영웅을 찬미하는 시의 운율(heroic meter)이라 부르는 것으로 작시되었다. 적어도 이런 것들은 6보격으로 16개의 음절들로 구성되었다고 언급되었다. 다른 것들은 3보격이나 4보격의 행들로 구성되었다고 한다." 제롬의 경우는 여러 곳에서 히브리시의 운율에 대하여 언급을 했는데 시편 118편, 144편 등은 약강의 4보격이며 애가 1, 2장은 유사의 사포시체 운율이고 선지서들은 운율체로 되어 있지 않다고 했다.

그리고 이런 저자들 외에 외경이나 가경 등에 담긴 시들에서도 구약의 시들에서 나타나는 병행법들이 나타나고 있다. 이상한 점은 주후 1세기 어간에 살았던 죠세푸스 시대, 랍비들이 구약의 병행법을 알지 못한 채 성경 주석을 하던 시기에 다른 한 편에서는 여전히 구약 시가서의 주요 기법인 평행법을 이용하여 시들이 작시되고 있었다는 점이다.

위에서 살펴본 대로 필로나 죠세푸스, 오리겐이나 제롬 등은 헬라의 고전 시가의 운율을 기준으로 구약 시가의 운율을 이해하고자 했던 점은 분명하다. 중세기의 '킴히', '게르숌', '이븐 에스라' 등과 같은 유대 학자들은 이후에 영국의 로버트 로우쓰가 지적한 것과 유사한 지적을 하기는 했지만, 구체적이거나 체계적이지 못했다. 중세의 유대인 시가들과 구약 시가들 사이에는 형식에 관한 유사성이 발견되고 있지 않다. 구태여 유사성을 찾는 다면 '호세 이븐 호세'나 '칼리리' 등이 애가 1~4장에 나오는 것과 유사한 답관체 시형을 활용했다는 것이 거의 유일한 것이라 하겠다. 중세 유대인 시가는 주후 9~10세기경에 시작되었는데 주로 아랍 문화의 영향권에서 시작되었다. 운율은 음절의 장단이나 음절의 양으로 묘사되었다. 그러다가 '아자리야 드 로씨'가 〈메오르 에이나임〉이라는 작품에서 고전 헬라시의 기준으로서가 아니라 사고상의 논리 전개의 요소들과 의미의 리듬을 지적함으로써 이전 시대의 연구자들과 차별화되는 성과를 거두게 된다. 그에 의하면 운율 혹은 리듬은 '음절들의 수(number of syllables)'가 아니라 '본질적 사고들의 숫자(number of substantial ideas)'로 계산 되어야 한다는 것이었다.

이런 연구의 연장선상에 있기는 하겠지만, 구약 시가의 연구에 있어서 획기적인 전환점은 영국의 주교인 로버트 로쓰가 쓴 『히브리시 연구서(De Sacra Poesie Hebraeorum

Praelectiones Academicae)』가 가장 압권이라 하겠다. 그레이에 의하면 로쓰의 공헌은 두 가지인데 첫째는 처음으로 히브리시의 평행법적 구조를 분석 연구하였으며, 둘째로는 구약에서 시가의 분포 정도가 생각했던 것 이상으로 광범위하게 분포되어 있다는 것을 밝힌 것이었다. 로쓰는 특히 예언서들의 많은 부분이 시적으로 기술되었다는 사실을 주목했다. 그리고 그레이에 의하면 붓데가 로쓰를 능가하는 기여를 했는데 그것은 '애가-키나!'의 운율의 성격을 명확하게 규정한 것이라 하였다.

이 연구로부터 시작하여 학자들은 셈어로 된 시의 운율 원칙을 히브리어에 적용하기 시작했다. 그러나 이것은 엑센트나 억양법 보다는 음절과 관련이 된다. 정리해 보면 결국 히브리시에 관한 연구는 히브리시에도 고대 헬라시의 '운율'과 비슷한 무엇이 있을 것이라는 전제하에 근세까지 그 관점에서 연구가 되어 오다가 로버트 로우쓰의 저작 이래로 히브리시의 연구는 주로 '평행법'을 근거로 한 연구로 나아가게 되었다. 로우쓰는 원래 3종류의 대구법을 제시했는데 후대의 학자들이 더 많은 평행법적 규칙을 찾아내어 복잡하게 되었다. 운율에 관하여도 고전 히브리 작품에는 어떠한 운율적 전통도 없었다. 탈무드에도 운율 구분이 없다. 그래도 학자들은 2+2, 3+3, 4+4 혹은 3+2, 2+3, 4+3 같은 강약의 변화, 장단의 변화를 찾아내려고 애를 썼다. 히브리시의 강세 형태에 대한 인식은 대구법이나 삼행 연구 각각의 끝말에 대한 강음과 일치한다는 가정에 토대를 두는데 이러한 원칙은 근동 셈족의 문학작품들에서 유추하여 성립된 이론들이다. 특히 바벨론의 속죄의 찬양과 히브리의 애가를 비교하고 또는 히브리시와 우가릿시를 비교하며 성립되었다. 하지만 이런 운율에 대한 모든 연구는 유동적이 될 수밖에 없다. 왜냐하면 시편의 본문 자체에 대한 불확실성(원래의 자음 본문과 후대에 붙여진 모음 부호를 기준으로 하는 음절/발성법을 가지고는 원래 시편의 운율을 복원하는 것은 그 자체가 일단의 가설에서 시작하기 때문이다)에 기초하고 있기 때문이다.

2. 평행법(parallelism) 연구

살펴본 바와 같이 히브리시의 가장 일반적인 특징은 평행법인데, 그것은 시의 각각의 행이 갖고 있는 형식적이고 논리적인 병행 대구 표현방식이라 할 것이다. 즉 의미상 혹은 문법 구조상 혹은 음성과 연관되는 요소들이 연속적인 행에서 반복되어 하나의 주제를 강조하는 기법이라 할 수 있다. '사고'라는 측면에서 본다면 어떤 사고를 한 번

기술하고 다시 약간 다른 표현을 사용하여 반복 기술하는 경우를 말하고, 문법 구조면에서 본다면 동일한 구조를 연속 반복하는 형식을 말한다. 로쓰는 히브리시에 있는 강조점의 "변화와 연속성"이 평행법의 특징이라 정의했는데, 후대의 학자들은 연속성 보다는 사고의 '발전성' 혹은 '심화성'을 평행법의 특징으로 정의하고 있다. 이런 평행법은 히브리시의 가장 큰 특징이지만, 고대 가나안 문학 즉 우가릿 문헌과 아카드 문헌 등에도 즐겨 사용되는 기법이다. 그뿐 아니라 인도의 토다 문헌, 우랄어의, 오스트로네시아어, 마야어, 중세와 현대의 러시아 서정시, 몽골어와 터키의 시들에서도 이런 평행법적 요소들이 공유되어 있음을 알고 있어야 한다.

위에서 살펴본 바와 같이 옛 히브리 학자들과 교부들은 평행법에 대하여 주의를 기울이지 않았다. 그들은 왜 하나님께서 같은 말을 반복하시겠는가 하면서 연속되는 두 행의 표현들은 각각 다른 의미를 가진 것으로 해석했었다. 즉 '가'는 '나'가 아니다라는 식이다. 그러다가 18세기 중엽의 로버트 로우쓰에 의해서 평행법이 발견되었는데, 그는 의미론적 평행법과 문법적 평행법으로 구별하여 정의하였다. 이제 본격적으로 평행법의 종류와 그 사용법을 살펴보기로 하겠다.

1) 동의 평행법(synonymous parallelism)

두 행이 서로 비슷한 의미를 가진 용어를 사용하면서 같은 주제를 강조하는 기법이다. (시6:1, 34:1, 15:1, 121:4, 122:7, 123:2,4, 127:3, 130:5~6, 133:2~3, 잠27:2)

예문 1)
여호와여 주의 분노로 나를 책망하지 마시오며
주의 진노로 나를 징계하지 마옵소서(시6:1)

여기서 보듯이 시편 기자는 "주의 분노"와 "주의 진노"라는 비슷한 용어를 사용하면서 자신을 벌하지 마시기를 구하고 있는데, 이에 더하여 "책망하지 마시오며"와 "징계하지 마옵소서"라는 역시 비슷한 어감을 가진 단어들을 사용하여 자신을 벌하지 말아주시기를 간청하고 있다. 이와 같이 연속되는 두 행이 한 가지 주제를 강조하기 위해 비슷하거나 동의어적인 어감을 가진 용어를 사용하여 주제를 반복 강조하는 것이 가장 전형적인 평행법의 용례인 것이다.

예문 2)

보라 자식들은 여호와의 기업이요

태의 열매는 그의 상급이로다(시127:3)

여기서도 첫 행의 "자식들"과 둘째 행의 "태의 열매"가 티슷한 뜻을 가진 다른 단어이고, "기업"과 "상급" 역시 같은 의미의 다른 표현인 것을 알 수 있다. 이런 동의 평행법적 표현은 구약의 시편과 시가서가 가장 즐겨 쓰는 시적 강조법이라 할 수 있다.

예문 3)

내가 여호와를 항상 송축함이여

내 입술로 항상 주를 찬양하리이다(시34:1)

"항상 송축한다"는 것과 "항상 주를 찬양한다"는 같은 표현을 다른 단어를 써서 강조하고 있음이 눈에 들어 왔으면 좋겠다.

2) 반의 평행법(antithetic parallelism)

이 기법 역시 많이 쓰이는 강조법 중 하나인데, 두 행이 서로 반대되는 의미를 가진 용어를 사용하면서 같은 주제를 강조하는 기법이다(시1 6, 30:5, 14:6, 18:27, 32:10, 34:10, 34:15~16, 잠11:1).

예문 1)

낮의 해가 너를 상하게 하지 아니하며

밤의 달도 너를 해치지 아니하리로다(시121:6)

여기서도 보듯이 기자는 "낮의 해", "밤의 달" 같은 반대되는 개념의 단어들을 사용하여 하나님의 도우심이라는 하나의 주제를 강조하고 있다. 반대되는 개념의 어휘 선택이지만 결국 두 행 모두가 하나의 주제를 강조하고 있다는 것이다. 다른 예를 살펴보자.

예문 2)
속이는 저울은 여호와께서 미워하시나
공평한 추는 그가 기뻐하시느니라(잠11:1)

여기서도 "속이는 저울"과 "공평한 추"라는 상반된 개념을 사용하고 있고 또 하나님이 "미워하신다"는 것과 그가 "기뻐하신다"는 반대의 표현을 쓰면서 결국은 같은 주제 즉, 정직하게 행하는 것이 중요한 것임을 강조하고 있다.

3) 종합 평행법(synthetic parallelism)

이것은 두 번째 행이 첫 행의 내용을 보충하여 완성하는 기법이다(시1:3, 시23:1, 5, 시 121:1~2, 2:6, 93:3~4, 욥14:6, 시91:14, 92:7~8, 95:5~6, 103:15~17, 105:18~19).

예문 1)
그는 시냇가에 심은 나무가 철을 따라 열매를 맺으며
그 잎사귀가 마르지 아니함 같으니
그가 하는 모든 일이 다 형통하리로다(시1:3)

이 시에서 첫째 행과 둘째 행은 동의 평행법으로 강조되다가 세 번째 행에서는 두 행의 결과로 모든 일이 형통해지는 결과로 나아가고 있다. 다른 예문을 살펴보자.

예문 2)
바다도 그의 것이라 그가 만드셨고
육지도 그의 손이 지으셨도다.
오라 우리가 굽혀 경배하며 우리를 지으신 여호와 앞에 무릎을 꿇자(시95:5~6)

여기서도 "바다", "육지"가 다 하나님의 피조물이기 때문에 마지막 행에서 우리가 그분에게 무릎을 꿇고 경배함이 마땅하다는 결론으로 나아가고 있다. 마지막 행이 앞의 행의 논리적 귀결일 경우를 말하는 기법이다.

예문 3)

여호와는 나의 목자시니
내가 부족함이 없으리로다(시23:1)

우리가 잘 아는 이 시는 전형적인 종합적 평행법의 기법으로 기술되었는데, 둘째 행
은 첫 행의 논리적 귀결이며 결론인 것이다.

4) 전환축 평행법(pivot pattern, or janus parallelism)

문장의 중앙에 있는 단어나 구가 앞뒤로 연결되어 강조되는 기법이다(시98:2, 시23:4, 창
49:26).

예문)
여호와께서 그의 구원을 알게 하시며
그의 공의를 뭇 나라의 목전에서 명백히 나타내셨도다(시98:2)

이 기법은 농구 선수가 드리블을 하다가 상대 선수를 앞에 두고 공을 왼쪽으로 한 번
튕기고 다시 틀어서 오른쪽으로 튕기는 듯한 인상을 주는 기법이다. 중심에 있는 선수
가 한 번은 이쪽으로 다음은 저쪽으로 표현을 바꾸어 가는 것인데, 동의적 평행법과 비
슷하지만 내용상으로 구별해야 된다.

"구원을 알게 하는 일"과 "뭇 나라의 목전에 명백히" 드러나게 하시는 일, 이 두 가지
를 하나님이 가운데서 하시고 계신다는 뜻이다.

5) 상징적 평행법(emblematic parallelism)

동의 평행법에 속하지만 두 행 사이의 연관성이 직유나 은유의 방식으로 표시되는
기법이다(시42:1, 시68:2, 시83:14~15, 시1:3, 7:2,11:1, 12:6,17:12, 18 2, 22:14, 27:1, 28:1).

6) 점층 평행법(staircase parallelism)

첫 행이나 앞의 내용, 용어가 계속 반복되면서 새로운 시상이 제시되는 계단식이다.
그래서 종합 평행법이나 점층 평행법과 비슷하게 사용된다(시29:1, 삿4:18, 시 9:9, 시3:2, 삿
5:12).

7) 교차 평행법(chiastic parallelism)

지루하게 반복되는 평행법의 단순함을 깨뜨리기 위해 사용되는 동심 구조의 전개방식이다(19:1, 렘4:5, 시17:1, 21:8, 21:9, 46:11, 50:13, 101:7), 68:12~13, 84:1~7, 75:1~9, 67:1~7). ABC~CBA방식.

8) 숫자 평행법(number parallelism)

신명기 32:30절, 사사기 5:30절, 호세아 6:2절, 이사야 17:6절.

예문)

사울이 죽인 자는 천천이요 다윗은 만만이로다(삼상18:7)

3. 히브리시의 다른 기교들

시의 기교들 혹은 수사학 이란 이름하에 고려되어야 할 사항들은 글의 군더더기, 곧 반드시 필요하지는 않지만 그래도 글을 더욱 돋보이게 하기 위한 장식품 정도로 생각해서는 안 된다. 비단 시뿐 아니라 히브리 성경의 기술에는 이런 수사학적 기교가 빈번하게 눈에 띈다. 그런 문학적 기교들은 단지 장식품에 그치지 않고 내용 전달에 필수불가결한 요소로 작용을 하고 있다. 그런 문학적 기교가 의미파악에 영향을 미치는 몇 가지 경우를 살펴보겠다.

1) 생략법(Ellipsis)

영어의 엘립시스는 헬라어의 '생략하다'를 의미하는 '엘레이포' 혹은 명사 '엘레입시스'에서 파생되었다. 생략법을 한 그룹으로 본다면 여기에는 몇 가지 종류가 있다. 단어들 사이의 접속사를 생략하는 경우(Brachylogy), 절들 사이의 접속사가 생략되는 경우(asyndeton), 동사가 생략된 경우(zeugma), 한 절이 생략된 경우 특히 종속절 다음에 주 절이 생략된 경우(anapodoton) 등이 있다. 옛날의 헬라의 수사학자들은 명사, 대명사, 목적어, 한정 동사, 주절 드물게는 절들이 생략 가능하다고 보았다. 르네상스 이후의 시인들은 의미가 분명하게 이해되는 한 거의 모든 요스들이 생략 가능하다고 이해하였다. 히브리시에서도 마찬가지이다.

예문 1) 부정어가 생략된 경우
궁핍한 자가 항상 잊어버림을 보지 아니하며,
가난한 자의 소망이 영영히 망치 아니하리로다 (시9:18)

여기서 히브리어 원문에는 부정사가 전반절에는 있는데 후반절에는 없다. 하지만 번역본들에는 전, 후반절에 다 배치하였다.

예문 2) 동사가 생략된 경우
높은 백향목과 아름다운 향나무를 베고 (시37:24c)

여기서는 '베고'라는 동사가 앞에 생략되어 있다.

이런 생략법은 흔히 '일석이조의 기법(double duty)'과 통한다. 즉 전반절에 사용된 품사의 기능이 후반절에서도 그 기능을 발휘하게 하기 때문이다. 이렇게 이중 기능을 하는 품사를 생략하는 것이 히브리시의 또 다른 특징이라 하겠다.[92]

2) 모음 조화와 두운 및 각운

히브리식 모음조화는 모음이 반복되게 배치되는 경우인데, 욥기 9:16절 하반절에서 본문은 "아아민 키 야아진 콜리"로 진행이 된다. 여기서 므음들이 '아 - 아 - 이 - '로 반복되어 진행되는 효과를 갖게 된다. 이사야 22:5절에서도 본문은 "욤 메후마 우메부사 우메부카"로 진행이 되면 모음들이 '아 - 아 - 아 - '로 이어지고 있다.

두운이란 한 행을 구성하는 단어들의 첫 자음이 동일한 자음 내지 유사한 자음들로 반복해서 나타나는 현상인데 예를 들면 시편 147:13절 하반절에서 히브리어 본문은 "베락 바나익 브킬벡"으로 발음이 되고 있다. 그래서 각각의 앞머리의 자음이 'ㅂ'으로 시작되는 음성적 동일성을 보여주는 기법이다.

각운은 한 행을 구성하는 단어들 중에 문장의 끝의 발음을 반복시키는 기법인데 예

---

92 Dahood, *Psalms III*, pp.429~44.

를 들면 아래에서 보는 바와 같이 각 행의 끝이 '누'라는 발음으로 반복되어 마무리 되고 있는 것이다.

예문) 이사야 33:22절('누'로 끝나는 각운)
키 아도나이 쇼프테누
아도나이 메훜케누
아도나이 말케누
후 요쉬에누

3) 수사적 표현(Figures of Speech)

수사적 표현은 제유법(synecdoche), 환유법(metonymy), 직유법(Simile), 은유법(metaphor), 의인화(personification), 알레고리(allegory), 심볼(symbol) 등 일곱 가지로 정리될 수 있다.

중세시대에는 '의미'가 기본이라면 표현방식은 부차적인 것이었다. 은유, 직유, 알레고리 등과 같은 수사의 사용은 장식품으로 내재하는 의미를 생동력 있게 하는 것으로 보았다. 그러나 17, 8세기에 회의주의와 경험주의의 증대로 수사학을 반대하고 언어에서 평이함과 진실성을 주장하게 된다. 이로 인하여 생긴 공백은 이미지가 점유했다. 홉스의 인식론과 로크의 연상 심리학은 이미지가 대상과 주관사이의 연결 고리라 보았다. 이미지는 지각에서 야기된 느낌을 마음에 재생한 것이라 정의 되었다. 예를 들면 어떤 사람의 눈이 특정한 색깔을 지각하게 되면, 그는 그 색깔의 영상을 마음에 새길 것이다. 왜냐하면 주관적으로 체험된 감각은 객관적인 색깔 현상의 복사일 것이기 때문이다. 물론 마음은 직접으로 지각하지 않더라도, 한 번 지각된 어떤 것이 현재는 보이지 않더라도 그것을 기억하고자 하는 시도에서 영상들을 산출할 것이다. 오늘날 성경을 읽을 때 나타나는 수사적 장치들을 우리는 단순히 부차적인 요소로만 생각해서는 안 된다. 오히려 본문의 메시지 전달을 위한 필수적 요소로 인식하고 수사적 장치들을 대해야 한다. 왜냐하면 수사적 장치는 메시지 전달을 효과적으로 하기 위한 본질적 수단으로 사용되고 있기 때문이다. 수사적 장치에 대한 오해는 결국 본문이 전달하고자 하는 메시지에 대한 오해로 귀결될 수도 있기 때문이다.

(1) 직유(simile)

은유(메타포)나 직유는 모두 서로 같지 아니한 것들을 비교하는 수단으로 사용된다. 직유는 '~과 같' 혹은 다른 단어를 사용하는 반면 은유(메타포)는 비교가 함축되었을 뿐 겉으로 드러나지는 않는다. 즉 상징적인 말이 문자적인 말과 동일시되는 기법이다. 그렇지만 이러한 차이에도 불구하고 메타포와 직유는 어느 정도 공통된 요소들을 공유한다. 메타포나 직유는 동일한 것을 다른 방식으로 표현하는 기법일 뿐이다.

욥기 24:24절
그들은 높아져도 잠시간에 없어지나니 낮아져서 범인처럼 제함을 당하고
곡식 이삭같이 베임을 입느니라

이 구절은 모든 것이 명료하게 표현되었기 때문에 다른 해석의 여지가 없어보인다. 그럼에도 유의할 것은 직유는 생략법을 좋아한다는 것이다. 다른 직유법은 "사람은 존귀하나 장구치 못함이여 멸망하는 짐승같도다"(시49:12)가 있다.

단순직유
유다 방백들은 지계표를 옮기는 자 같으니
내가 나의 진노를 저희에게 물같이 부으리라(호5:10)

이중 직유
은을 구하는 것같이 그것을 구하며
감추인 보배를 찾는 것같이 그것을 찾으면(잠2:4)

삼중 직유
딸 시온은 포도원의 망대같이
원두막의 상직막같이,
에워싸인 성읍같이 겨우남았도다(사1:8)

(2) 은유(Metaphor)

은유는 비유 혹은 상징적 표현으로 여기서는 단어나 구가 그 통상적인 용례에서 새로운 의미를 촉발시키는 문맥으로 전환된다. 한 단어의 통상적인 의미가 문맥과 상충

될 때 우리는 그 의도된 의미를 생각해 내야한다. 말과 그것이 지시하는바 사이의 개념적 연관이 있을 때 이 수사는 통상적으로 환유(metonymy)나 제유(synecdoche)의 이름으로 불린다. 예를 들면 '내가 모세를 읽었다(그의 책이나 글을 읽었다)', '내게 손을 좀 다오(도움을 좀 다오)'라는 메타포를 이해하기 위해서는 언어, 논리, 경험으로 미리 결정되지 아니한 의미들을 찾아야 한다. 전통적인 수사학의 용어에서 이런 수사들은 단어의 비유로 글의 문맥에서 나타난다. 문장의 비유에서는 전체 문맥이 상징적으로 우화, 알레고리, 아이러니와 같다.

환유, 과장(myperbole) 등으로 분류될 수 없는 비유라는 것이 부정적인 의미에서 메타포의 정의라면 사물들이나 개념들의 유사성에 근거하여 단어나 구를 그것이 문자적으로 지시하지 않는 어떤 것을 지시하도록 사용될 때, 그것을 '메타포'라 하는 것이다. 예를 들어보자.

- 나는 소경의 눈도 되고 절뚝발이의 발도 되고 빈궁한자의 아비도 되며(욥29:15)
- 이스라엘이 종이냐 씨종이냐 어찌하여 먹이가 되었느냐(렘2:14)
- 많은 목자가 내 포도원을 훼파하며 내 분깃을 유린하여 나의 낙토로 황무지를 만들었도다(렘12:10)
- 그의 나귀를 포도나무에 매며, 그의 암나귀 새끼를 아름다운 포도나무에 맬 것이며, 또 그 옷을 포도주에 빨며 그 복장을 포도나무 피에 빨리로다(창49:11)

이외에도 상투적인 메타포로 사용되는 말들이 있는데 예를 들면 '**잔**'이란 말이 그렇다.

- 나 주 여호와가 말하노라 깊고 크고 가득히 담긴 네 형의 **잔**을 네가 마시고 비소와 조롱을 당하리라 네가 네 형 **사마리아의 잔** 곧 놀람과 패망의 잔에 넘치게 취하고 근심할지라. 네가 그 **잔**을 다 기울여 마시고, 그 깨어진 조각을 씹으며⋯(겔23:32~34)
- 사람이 지하세계에서 찢어지고 갈라진 것처럼 우리의 해골들이 음부 입구에 흩어졌도다(시141:7)

의인화된 은유
- 음부가 그 욕망을 케게 내어 한량없이 그 입을 벌린즉 그들의 호화로움과 그들의 많은 무리와 그들의 떠드는 것과 그중에서 연락하는 자가 거기 빠질 것이라(사5:14)

(3) 인클루지오(Inclusio): 수미 일치법

이는 시의 시작과 끝을 동일한 문자로 둘러싸는 기법으로 시의 시작과 끝을 명확하게 해 주는 기능을 하는 기법이다.

여호와 우리 주여 주의 이름이 온 땅에 어찌 그리 아름다운지요
여호와 우리 주여 주의 이름이 온 땅에 어찌 그리 아름다운지요(시8:1, 9)

또 다른 예는 시편 103:1, 22절에서 보인다.

내 영혼아 여호와를 송축하라
내 속에 있는 것들아 다 그 성호를 송축하라…
여호와의 지으심을 받고 그 다스리는 모든 곳에 있는 너희여 여호와를 송축하라

4) 운율과 리듬

앞에서도 언급하였지만 히브리 '시'를 '산문' 형식의 글과 구별되게 하는 첫째 요소는 평행법이고, 둘째 요소는 '운율(meter)' 혹은 '리듬(rhythm)'이라 하였다. 물론 세 번째 구별 요소는 다양한 '비유'적 표현일 것이다. 앞에서 평행법과 시적 비유들을 간략히 살펴보았으므로, 여기서는 '운율'이란 무엇이고, 어떻게 사용되었는가를 살펴보도록 하겠다.

간단히 말해서 '운율'이란 시의 각 행 안에서 반복되는 어떤 음악적 리듬이라고 볼 수도 있고, 반복되는 사고의 패턴이라고 정의할 수도 있다.[93] 그것을 어떤 학자들은 히브리시의 음절의 수에 근거해서 정리하기도 하고, 어떤 학자는 히브리어 각 단어의 악센트의 수에 근거해서 운율이 정해진다고 주장하기도 한다.[94] 그에 비하여 오코너(O'connor)같은 학자는 압축이론(Constriction Theory)으로 운율이 표현되었다고 주장하였다. 그런 반복되는 흐름을 학자들은 2+2 혹은 3+3 같은 숫자로 표기한다. 하지만 이런 분류

---

93 Watson, W. G. E., *Classical Hebrew Poetry: A Guide to Its Techniques*(Sheffield, JSOT Press, 1984), p.88.

94 김정우., op. cit., p.121.

방식이나 주장들은 증거 자료의 한계를 가지고 있음을 이해해야 한다. 그럼에도 불구하고 제기된 운율에 대하여 비교해보고 혹은 분석해 보는 것은 가치 있는 연구일 것이다. 왜냐하면 히브리시의 운율의 구조나 그에 대한 이론이 고대 이스라엘 시대에 이미 정립되어 있었다는 증거가 없는 현시점에서 있어서 히브리시의 운율에 대한 접근 방식은 본질적으로 행의 길이나 반복되는 리듬에 근거할 수밖에 없기 때문이다. 하지만 이런 반복되는 리듬이든 반복되는 사고의 패턴이든 히브리시에서는 그것이 항상 규칙적으로 드러나는 일은 없다.[95] 일군의 시가 어떤 사고 패턴이나 리듬을 반복하다가 항상 불규칙한 리듬을 중간에 끼워 넣어 변혁을 시도하기 때문이다. 다시 말해서 히브리시의 연구에 있어서 이런 운율이나 리듬에 대한 연구는 영미의 시나 현대어의 시처럼 정해진 틀에 따라 진행되는 것이 아니라는 점을 인식해야 한다. 그러나 히브리시에 있어서도 '대략적인' 행의 길이와 균형을 나타낼 수 있다는 제한적 차원에서 히브리시의 운율과 리듬이 존재하고 그것을 연구하는 것은 의미 있는 일이 된다는 것이다.

히브리시의 운율에 대한 지식에 이런 문제점들이 있다고 전제하더라도 그보다 더 큰 문제점이 있다는 것을 잊어서는 안 된다. 왜냐하면 시편의 시들은 대부분 성전의 예배와 직접적으로 관계가 있고, 그것이 예배의 정황에 사용될 때는 항상 음악 즉 악기와 관련되거나 영창과 관련되어 있다는 점을 인식해야 한다는 것이다. 즉 히브리시들이 예배에 사용될 때 그것은 어떤 가락으로 불렸는가? 그것은 단조로운 영창이었는가 아니면 보다 복잡하고 정제된 멜로디에 의존하여 불리고 연주되었는가 하는 점이다.

최근에 와서 고고학적 탐구의 결과로 고대 근동의 음악에 대한 이해가 증가되었는데, 고대 우가릿어에서는 음악 부호들과 함께 후리족의 제의 노래가 기록되었고 잠정적으로 해독이 되고 있다. 거기에 사용된 음악 부호들 역시 히브리시처럼 반복되는 운율을 부분적으로 구사하고 있음이 드러나고 있는데, 고대 우가릿어의 시들은 시편 제작 시기보다 몇 세기 앞선 후기 청동기 시대의 것으로 판단되며, 이 시들과 히브리시들 사이에 어떤 직접적인 연관성은 없더라도 고대 근동의 정황을 근거로 살펴볼 때 우가릿시와 유사한 음율들이 히브리시에도 채용되었을 개연성을 부정하기는 어렵다고 생각된다.[96]

예를 들면 시편 제2편의 1, 2절에는 3+3, 3+3+3의 주 악센트로 구성되어 있는데 주

---

95   최종태, op. cit., p.151.
96   Craigie, P. C., op. cit., p.39.

악센트와 보조 악센트가 합하여 한 박자를 구성하므로, 제1절은 6보격이 3+3으로 나누어져 있다. 그리고 흔히 '키나(애가)' 운율로 알려진 3+2의 리듬 패턴도 히브리시에서는 처음부터 끝까지 균등하게 나타나지 않는다.

독일의 신학자 크라우스는 히브리시의 운율에 대하여 다음과 같은 문제점을 특징으로 제시하였는데 첫째, 이스라엘의 천년 역사 동안 지속된 시편 작시를 고려한다면, 모든 시들에 동일한 운율의 원리가 적용되었다고 생각하기는 쉽지 않다.

둘째, 히브리어 발음 문제는 시들의 원래 형태에 대한 접근을 어렵게 한다. 여기서도 장구한 기간 동안 변화가 있었을 것이기 때문이다.

셋째, 히브리 본문의 오랜 전승 역사를 통해 첨가, 확대. 위치 바꿈 등과 같은 오류들이 끼어들었을 것이다.

넷째, 자음으로만 전해지던 히브리 본문에 후대인들이 모음 부호를 첨가함으로 운율 형태에도 영향을 끼쳤을 것이라 짐작된다.

이러한 모든 점들을 근거로 크라우스는 히브리시의 운율법과 기준을 회복하는 것을 부정적인 입장에서 보고 있다고 보여진다.[97]

이런 전제를 가지고 시편의 운율을 분석할 때, 비평가들은 현재의 본문 형태 자체에 무게를 두기보다는 자신들이 가정한 그 운율의 틀에 본문을 맞추려는 경향을 보이고 있다. 하지만 쿰란 문헌이나 우가릿 등 고대 문헌과 시편을 비교해 볼 때 구약의 시들은 이러한 고대 시들과 구별되는 운율 구조를 갖고 있다고 여겨진다는 것이다.[98] 왜냐하면 고든이 지적한 것처럼 고대 시들은 일정한 패턴의 운율을 거의 구사하고 있지 않고 있으며 또한 고대인들은 그것에 대하여 잘 알지 못하였던 것으로 여겨진다는 것이다.[99] 맛소라 학자들의 모음 부호 첨가는 내려오던 발음 전통의 고착화이지 새로운 혁신은 아니었다. 또한 본문의 전승사에 있었을 것이라 가정되는 오류 역시 그리 심각한 것은 못된다. 그렇게 볼 때에 위에서 제기된 크라우스의 염려는 구약의 시가에 있는 운율 분석에 그리 큰 장애가 된다고 말할 수 없다.

그렇지만 이렇게 비관적으로 히브리시가의 운율을 생각할 필요는 없다.[100] 고대 셈어 시가들은 운율을 가졌는가에 대한 의문은 문제가 되지 않는다. 어떤 시대 어떤 시문

---

97   Kraus H. J., *Psalms 1~59*(Minneapolis, Augsburg Pub. House 1988), p.34.

98   O'Connor, M., *Hebrew verse structure*(Winonalake, Eisenbrauns, 1980), p.24.

99   Gordon, C. H., *Ugaritic Textbook*(Rome, pontifical biblical Institute press, 1968), 131n2.

100   Watson, W. G. E., op. cit., p.92.

학이건 나름대로의 운율은 있게 마련이기 때문이다. 문제는 많은 사람들이 '규칙적인' 운율과 실제로 시에서 활용되고 있는 운율을 혼동하고 있기 때문이다. 운율이라 해서 항상 규칙적인 것은 아니다. 그렇게 되면 시는 너무 진부하고 따분한 것이 되고 말 것이다. 그러면 히브리시에서 주로 사용되고 있는 실제적인 운율의 몇 가지 실례를 직접 살펴보는 것이 도움이 되겠다.

운율(meter)은 리듬의 한 형태이다. 리듬이란 헬라어 동사 '레오(흐르다)'의 명사형 '뤼트모스'에서 유래한다. 즉 '반복되는 소리들의 패턴(a recurring pattern of sounds)'이라 할 수 있다. 리드미컬한 동작을 표현하는 심장의 박동소리, 말발굽 소리, 열차의 바퀴 소리 등은 모두 반복되는 소리로 특징지어질 수 있다. 그런 리듬이 일정한 길이나 악센트를 동반하여 반복될 때 그것을 '운율(meter)'이라 하는데 운율은 헬라어 '메트론(표준, 기준, 척도)'에서 유래한 말이다. 예를 들면 기차 바퀴의 소리가 '철거덕 철거덕' 하고 들린다면 그것의 강세나 음절의 길이가 일정하게 반복됨을 측정할 수 있는데 이렇게 측정된 리드미컬한 느낌을 운율이라 부르는 것이다. 그 운율은 길이에 따라 박자(foot), 행(line), 연(strophe) 등으로 분류된다. 박자의 경우 한 단어에 약한 악센트 하나와 강한 악센트 하나가 붙는다면 그것은 소위 '약 – 강' 박자가 된다. 우리가 음악을 배울 때 쓰였던 '강 – 약 – 약, 중강 – 약 – 약' 등이 그것이다. 이런 연구를 바탕으로 시편 2편의 2절을 분석해 보면

이트/ 얏체부말/ 케이-에/ **레츠 버**/ 로즈/ 님 노/ 스두야/ 하드

알/ -아도나이 버알/ 머시/ 호

이것을 운율적 리듬으로 보자면(약약강 약약강약 약약강 약약강약 약강 약약약강) 등의 운율로 파악할 수 있겠다. 여기서도 일정한 운율은 찾아보기 힘들다. 따라서 우리는 영시처럼 2보격, 3보격 등으로 행의 운율의 길이를 제시하기 보다는 히브리시의 전형인 병행법에 근거하여 또 콜론의 숫자에 근거하여 한 행의 길이를 짐작하면 된다. 여기서 중요한 것은 영시에서는 박자가 운율의 기초단위를 형성하고 있는데 반하여, 히브리시에서는 '콜론'이 한 행을 구성하는 기초단위가 되고, 그 콜론들은 사고 단위를 구성하고 있다는 점이다. 그 위에 '연'이 운율의 더 큰 단위를 제공하는 기준인데, 히브리시에서 '연'은 주로 사고의 흐름을 구분 짓는 기능도 하고 있다.

히브리시는 하나 혹은 여러 개의 스탄자로 구성되며, 하나의 스탄자는 대략 1~5개의 연들로 구성된다. 각각의 연은 하나 혹은 최대 네 개까지의 행들로 이루어지고, 하나의 행은 1~9까지의 콜론들로 구성된다. 그리고 하나의 콜론은 하나에서 다섯 개의 단어들

로 구성되고, 하나의 단어는 하나에서 일곱 개의 음절로 구성된다. 그런데 후접어(proclitic)를 제외한 주요 단어는 모두 주 악센트를 반드시 하나씩 갖게 되는데, 예를 들어 '하늘'을 의미하는 히브리어 '샤마임'은 세음절로 구성되어 있고, 주 강세는 둘째에 붙는다. 보통의 히브리어 단어는 강세가 주로 마지막 음절에 위치하는데 사전에 강세 표시가 없는 단어는 마지막 음절에 강세가 있다는 것을 전제한다. 그러니까, **음절**(syllable) 1~7개가 모이면 **단어**(word)가 되고, **단어** 1~5개가 모이면 **콜론**(colon)이 되고, **콜론** 1~9개가 모이면 **행**(verse, stich)이 되고, 행 1~4개가 모이면 **연**(Strophe)이 된다. **연** 1~5개가 모여 **스탄자**(Stanza)가 되고, 이런 **스탄자**가 하나 혹은 여럿이 모여 '시'가 되는 것이다.[101]

히브리시에 가장 흔하게 등장하는 것이 이중 콜론 형태이고(물론 한 행에서), 다음으로는 3중 콜론의 형식이다. 그리고 드물게 4중콜론이나 5중, 6중 등 다중 콜론의 형식도 간혹 눈에 뜨인다. 쉽게 볼 수 있는 이중 콜론의 행을 살펴보자.

이중 콜론

그것을 너의 손가락들에 매라 너의 손가락들에 그것들을 너의 마음 판에 새기라(잠7:3)
*히브리어 구조로는 '너는 그것을 매라 너는 그것들을 새기라 너의 마음판에'이다.

삼중 콜론

그가 열방들을 저들 앞에서 몰아내셨다
그가 그것들을 소유물로 할당해주셨다
그리고 그가 이스라엘지파들을 저들의 장막들에 정착시켰다(시78:55)

5) 답관체 시(Acrostic Psalms, 알파벳시, 이합체) 기법

시편 안에는 9~10편, 25, 34, 37, 111, 112, 119 그리고 145편 등이 소위 말하는 알파벳시로 분류된다. 시편 외에는 잠언 31:10~31절 사이에서 현숙한 여인을 노래하는 부분과 예루살렘의 멸망을 애통해 하는 애가 1~4장(5장은 22절로 되어 있으나 답관체시는 아니다) 그리고 나훔 1:2~8절이 있다. 그리고 시편에서 22절로 구성되어 있으나 알파벳시가 아닌 시편들도 몇 편 발견된다(33, 38, 64, 104편 등). 시편 안의 알파벳 시들은 각각의 문학적 형

---

101 Watson, W. G. E., op. cit., p.13.

식을 갖고 있는데 111편과 145편은 찬송시이고 25편은 비탄시이며 9~10편은 찬송과 애가를 담고 있고, 37, 112, 119편 등은 지혜시로 분류되고 있다.

이 형식은 한글의 가, 나, 다, 라 순으로 시의 첫 단어가 오도록 배치하는 기교를 말하는데 물론 히브리어 알파벳 22개를 사용한다(알렙, 베이트, 김멜, 달렛… 타우).

시인들이 알파벳을 따라 시를 쓴다는 것은 이미 어떤 기존하는 틀 속에 자신의 사상을 집어넣는 것이므로, 시가 가지는 어떤 자유를 억압하는 느낌을 주게 된다. 그러나 히브리시에서 알파벳 시는 독특한 기능을 갖고 있다. 먼저 시인은 알파벳을 통하여 자신의 생각을 표현하는 틀을 찾아낸다. 나아가 알파벳 시편은 단순한 나열이 아니라 어떤 강조점을 갖고 있다. 예를 들면 시편 34편은 '알렙'으로 시작하고 중앙에 '라멧'이 나오며(12절), 마지막 절은 '타우'가 아니라 오히려 '페'로 마치고 있다. 이리하여 처음과 중앙과 끝을 잇게 될 때 '알라프(배우다, 가르치다)'라는 단어가 만들어지게 되는데 바로 이 단어가 정 중앙에서 같은 동의어(내가 너희를 가르치리라 - alammedkem)로 나타나고 있다.[102] 그러므로 시편 34편에서 알파벳 시는 교훈적인 의도로 쓰여져 있음을 알 수 있다. 따라서 이것은 단순한 나열이나 암기를 위한 기교에 불과한 배치가 아니라는 것이다. 미드라쉬에 따르면 "아브라함은 알렙부터 타브까지 모든 율법을 모두 지켰다"고 한다. 우리가 A에서 Z까지, 혹은 알파에서 오메가 사이에 있는 모든 것을 말할 때 히브리어는 알렙부터 타브까지라 말하는 것이다. 하나님의 말씀의 전체성과 완전성을 표현하는 말이다. 따라서 지혜는 질서정연함이다. 인생에는 많은 다양성과 불규칙성이 있지만 그 속에서 통일성과 규칙성을 찾아내는 것 지혜인 것이다.

시편 119편은 아마 가장 잘 알려진 답관체 시일 것이다. 각 8개의 행을 가진 22개의 연으로 구성되어 있으며, 각 행은 히브리어 알파벳의 순서로 되어 있다. 시편 25편은 알파벳 중에서 '코프'가 빠져 있고 37편에는 '아인'이 뒤로 물러나 있다. 시편 145편은 '눈'이 빠져 있다

한국어 답관체 시문의 예
조용하고 잔잔한
국화 향내 넘치는 가을입니다.

---

102 Ceresko A. R. "The ABC sof Wisdomin Psalms," *VT35*(1985), pp.100~101.

은은한 가을 바다의 노을이
하늘 가득 채워대는 가을 저녁입니다.

나만의 작은 가슴은 여전히 채워지지 않고.
다함이 없는 인간의 욕심에 괴로운 가을밤입니다.

부록6장
구약의 선지직 이해

1. 선지직분의 기원과 발전

구약에서 선지자(히, 나-비)라고 처음 불린 사람은 아브라함이다. 아브라함이 그랄 지역에 거하면서 그 지역의 왕(아비멜렉)에게 자기 아내 사라를 누이라 속이고 주었을 때, 하나님께서 그 밤에 아비멜렉에게 나타나서 "이제 그 사람의 아내를 돌려보내라 그는 선지자라 그가 너를 위하여 기도 하리니 네가 살려니와 네가 돌려보내지 않으면 너와 네게 속한 자가 다 정녕 죽을 줄을 알지니라"(창20:7)고 말씀하시면서 그를 '선지자'라고 칭하셨다. 이것이 성경에 나오는 첫 번째 선지자의 명칭이다. 하지만 이스라엘에서 선지자가 본격적으로 출현한 것은 대체로 모세 시대 이후로 보는 것이 일반적이다. 왜냐하면 상기의 본문에서는 그 전후 문맥을 통해 볼 때 선지자가 구체적으로 무엇을 하는 사람인지에 대한 언급이 없기 때문이다. 단지 그 블레셋 왕이 관습 등을 통해 선지자가 어떤 사람인지에 대한 사전 지식이 있었을 것 정도로 짐작 된다는 것뿐이다.

출애굽기 7:1에서 두 번째로 선지자(예언자)라는 용어를 보게 되는데, 여기서는 선지자의 기본적인 역할을 짐작케 하고 있다. "여호와께서 모세에게 이르시되 볼찌어다 내가 너를 바로에게 신이 되게 하였은즉 네 형 아론은 네 대언자가 되리니 내가 네게 명한 바를 너는 네 형 아론에게 말하고 그는 바로에게 말하여 그로 이스라엘 자손을 그 땅에서 보내게 할지니라." 여기서 모세는 바로에 대하여 하나님과 같은 위치가 되고, 아론은 그 대변자가 되는데, 성경의 "나-비"라고 칭하여지는 선지자는 그렇게 하나님을 대변하여 말하는 자라는 근본적인 뜻을 함축하고 있다.

그리고 신명기 18:15절과 34:10절 이래로 이스라엘은 "모세와 같은 선지자"를 기대한다고 말하며 모세를 하나님의 말씀을 받아 기록한 첫 선지자로 인정하고 있다. 그 후에 예언적 말씀들이 사사들의 시대에 선포되었고(삿2:1~5, 3:9~11, 4:4, 6:8), 사사시대 마지막에 활동한 사무엘은 제2의 모세로 인정 되었으며(렘15:1, 시99:6), 사무엘의 뒤를 이어 갓과 나단이 이스라엘의 선지자로 활동하였다(삼하12장, 24장, 왕상1장). 그리고 남북왕조의 분열 이후에 아히야, 엘리야 그리고 엘리사가 선지자로 사역을 감당했다(왕상2장, 왕상 18~19장, 왕하5장 이하). 그 이후 많은 선지자들이(예레미야, 아모스, 호세아 등) 나타나 사역했으며, 포로 귀한 후 활동한 스가랴, 말라기 이후로 4백년간의 긴 예언적 침묵을 깨고 세례요한이 나타나 그리스도의 첩경을 평탄케 하는 옛 선지자 전통의 마지막 부분을 장식케된다.

선지기관의 설립은 이스라엘 민족이 약속의 땅에 정착하게 됨으로써 필요하게 되었다. 가나안으로 들어갈 때 이스라엘은 '율법'을 가지고 갔지만, 새로운 땅에서 일어날 새 생활에 온전히 대처하지는 못했다. 그래서 하나님께서는 그의 종 선지자를 통하여 자기 백성에게 주실 계시가 필요하게 되었는데 특별히 그 땅의 백성들이 우상을 찾고 엉뚱한 신을 찾는 가증한 행위 앞에서 이스라엘을 보호하기 위해서였다. 여호와께서 세우실 선지자는 모세와 같다고 하였는데(신18:15~18) 이는 백성과 하나님 사이의 중보자의 역할을 하라는 것이다. 선지기관 혹은 선지직분은 독특하기 때문에 선지자 들은 모세 밑에서 봉사하였다는 것으로 그들의 사역의 특성을 정당화할 수 있을 것이다. 모세는 하나님의 온 집의 사환으로 충성하여, 아들로서 하나님의 집을 맡아 충성하는 그리스도를 예표한다(히3:1~6). 선지자들에게는 하나님께서 꿈과 이상 그리고 은밀하고 알기 어려운 말씀으로 자신의 뜻을 알리셨다. 그러나 모세에게 만큼은 하나님은 그 친구에게 대하듯이 말씀하셨다(민12:1~8). 모세시대는 후에 계시될 신약시대의 예표로 읽혀질 수 있다. 그러므로 모세를 비롯한 선지자는 미래를 향하여 예언함과 동시에 미래 그것 자체를 미리 예견하여 말하곤 하였다.

전통적으로 구약의 선지직분은 왕과 제사장 등의 3대 직분과 '협조' 혹은 '대립'의 관계를 형성하여 왔다고 할 수 있다. 원래 이 세 직분은 나누어진 직분이 아니었다. 하지만, 왕을 구하기 시작한 사사시대 이후 이스라엘에서 이 세 직분은 때로는 갈등 관계를 형성했고 때로는 동반 관계로 나아가기도 했다. 다윗과 나단 선지자의 관계가 그렇고, 아합 왕과 엘리야의 관계가 그렇다. 나중에 시드기야 왕과 예레미야의 관계나 아모스와 벧엘의 제사장 아마샤의 관계(암7:10~17)가 그렇다. 선지자들은 패역하고 사악한 왕에게는 시종일관 대결하는 자세를 가졌으며, 선한 왕들의 실수에는 엄하면서도 관대하게 처신한 것을 알 수 있다. 제사장들에 대하여도 때로는 협력을 하기도 하고, 타락한 제사장 들을 엄히 꾸짖고 저주를 퍼붓기도 했는데, 제사장 겸 선지자였던 엘리에게 나타나 그 가문의 멸망을 예언했던 이름 없는 선지자의 기사에서 시작해서 많은 선지자들의 자세는 항상 왕과 제사장 혹은 동료 선지자들이나 이스라엘 백성이 얼마나 하나님과 밀접한 관계를 유지하고 있는가하는 관점에서 그들의 태도를 결정하였다.

혹자들은 구약의 선지직은 개인에게서 시작되어 일군의 제자 무리를 거느리는 큰 학교 체제로 발전하였다고 생각하기도 한다. 그러나 사사시대 이후 이스라엘은 왕을 요구하였고 그것은 하나님이 바라는 신정국가와는 상반되는 요구였다. 그러나 엘리와 사무엘 시대 이후 그리고 엘리야와 엘리사의 시대에 이를 때까지 성경은 '선지자의 제자들의 무리'에 대하여 분명히 언급하고 있다. 그들은 주로 북방 이스라엘에 대하여만 예언 사역을 하였는데, 이사야 시대에 잠시 언급(8:16)되다가 다음엔 나타나지 않고 있다. 거듭 언급하거니와 고대 이스라엘에서 선지자들의 선발과 훈련 그리고 사역에 관한 확정된 과정에 대하여 성경은 어떠한 사실도 제공하고 있지 않다. 단지 그들이 개인적으로 부름을 받았으나, 그 사역의 특수성에 비견하여 일군의 제자들을 한시적으로 거느린 선지자들이 몇 몇 있었다는 사실을 파악하는 것으로 족할 것이다.

2. 선지자의 정체성

구약에서 선지자는 히브리어로 "나-비(nābi')"(창20:7, 출4:14~15, 왕상20:38)라고 일반적으로 통칭 되고 있는데 그 외에도 "로에(rō'eh)"와 "호제(hōzeh)" 등으로 불리기도 하는데 뜻은 '선견자', '예언자' 등이다. 사무엘 하 24:11절에서 예언자 갓이 궁정의 선견자였다고 되어 있고, 열왕기 하 17:13절에서 예언자와 선견자가 두 왕국에 대하여 동일한 책임을 지고 있다는 것도 보인다(참고 삼상9:9). 우리가 이해하기로 이에 해당되는 세 히브리어 용어들은 서로 교차적으로 혹은 보완적으로 사용되었다고 보아도 무방할 것이다. 아브라함이 가장 먼저 "나-비"로 불린 사람인데 본격적으로 선지자로 불린 사람들의 전형적 시작은 역시 모세 때부터라 할 수 있다. 그러나 우리는 구약의 선지자들이 어떠한 선발 과정을 통해 선발되고 훈련 받았고, 취임하여 사역하게 되었는지에 대한 정확한 자료를 가지고 있지 못하다. 일반적으로 구약의 선지자들은 하나님의 개인적 이며 직접적인 부르심을 통하여 사역하였으며, 그들이 선포한 '말씀의 권위'에 의지하여 선지자로 인정받는 것이 일반적이었다. 하지만 이러한 약간 무책임한 것 같은 견해에 반론을 제기하는 사람들도 많이 있는데, 엘리야와 엘리사의 성도들이 구약에 언급되고 있기 때문이다. 전통적으로 구약의 예언자들은 '자기를 부르고 계시한 하나님의 권위를 의지하여 자기만의 독특한 방식으로 메시지를 선포하였으며, 당시의 제도와 의식 속에서 사역하되 거기에 의존하지 않았고, 언약적 관계를 전제하여 하나님의 나라 회복을 위해 사역했던 일군의 사람들'로 이해되고 있다. 그들의 메시지는 독창적인 것이나 새로운 것은 아니었다. 모세와 같이 시내산 언약을 선지자 당시의 사회, 정치, 경제적 상황 속에서 재적용 하려 한 것과 하나님이 분명히 계시한 내용을 미리 말하는 예언적 성격이 들어있는데 이 부분은 나중에 재론케 될 것이다.

모세 이후에 우리는 엘리와 사무엘 등에서 이스라엘의 선지자를 보게 되는데, 그 당시의 선지자라는 직분은 사사와 정치적 지도자를 통합하는 과도기를 벗어나 차츰 종교적이며 정신적인 지도자로 이해되고 있음을 알 수 있다. 그러나 여전히 구약의 선지자들은 어떤 사람들인가에 대한 이해는 여전히 확정된 것이 없는 상황이다. 예를 들어 그들은 조직화되고 의식화된 종교의식을 거부하고 영적인 하나님과의 관계를 강조했던 '고독한 개인주의자'라는 이해에서부터, 예언자들은 보통 사람들이 경험하기 힘든 어떤 '신적이며 황홀경적인 성격'의 소유자라는 이해 까지 하게 되었다. 일부 학자들은 선지자들의 그런 황홀경적인 현상이 문서 선지자들에게는 중요한 측면이 아니었음을 주장하면서 그러한 현상은 사무엘서나 열왕기서에 언급된 예언자들의 부류에 한정시키기도 한다.

구약의 선지서에 대한 연구가 계속되면서 예언자들은 제사의식이나 종교의식을 거부하고 영적인 종교에 관심을 가졌던 개인주의자라는 관점에 폭넓은 반론이 형성되었다. 20세기 중엽의 많은 연구 에서 선지자들은 모두 제의적 도구와 방식을 폭넓게 긍정적인 방식으로 사용했다는 견해가 제시되었다. 전부는 아닐지라도 선지자들은 이스라엘의 성소에 고용되어 있었다는 가설이 제시 되었는데 이 가설은 학계의 지지를 많이 받지 못했지만 적어도 선지자들이 새로운 단어와 창조적인 개념을 만들어 낸 천재적 인물들이 아니라 오히려 이스라엘 백성들이 사용해 온 기존의 예배와 의식과 언어를 사용하여 하나님의 메시지를 전달했던 사람들이라는 사실을 일깨워 준 것이다.

연구가 진행되면서 선지자들은 사회로부터 고립된 개인주의자라는 전통적 견해는 설득력을 잃어가게 되었는데, 왜냐하면 선지자들은 '언약'이라는 관점에서 그 백성을 향하신 하나님의 메시지를 위해 봉사한 언약의 일군이란 점이 부각되었기 때문이다.

즉 선지자들이 외친 심판의 말씀들은 그들의 독창적인 사고의 결과가 아니라 이스라엘의 예배 의식 중에 언약에 근거하여 외친 말씀들이라는 주장이 설득력 있게 제기되었기 때문이다.

그러한 관점이 발전되면서 선지자들의 가르침이 단순히 전수되어 온 율법이나 언약에만 의지하는 것이 아니라, 이스라엘의 지혜문서에서 많은 부분을 빌려왔다는 주장이 제기되었다. 아모스, 이사야, 하박국서 같은 선지서에 지혜문헌의 전형적인 어휘, 장르, 사상 등이 발견되고 있다. 이런 점에서 예언자 들은 전래의 율법뿐 아니라 그 사회에 일반적으로 전수되고 회자되고 있는 '지혜문헌'까지 사용하고 있음을 우리는 알 수 있다. 그러니까 구약의 선지자들은 사회로부터 고립되고 반감을 가진 외로운 개인주의자들이 아니라 오히려 그 사회와 함께 호흡하며 사회의 자산을 함께 활용하며 사역했던 사람들임을 짐작할 수 있다는 것이다.

20세기 후반에 들어오면서 구약의 선지자들에 대한 연구는 그들의 사회적 역할을 추가적으로 밝혀내고 있다. 이런 연구가 가능하게 된 것은 발달되고 있는 고고학적 발굴과 이스라엘 주변의 고대 근동에 대한 인문 사회학적인 연구가 발전되면서 이웃지역의 문화와 비교하며 주장되었다. 예를 들면 고대 시리아의 도시인 '마리'에서 신의 예언의 전달자들에 의해 만들어진 텍스트를 구약의 예언서와 비교하면서 그 당시의 선지자들의 사회적 역할이 비교되기 시작했다. 그래서 이스라엘의 선지자들도 이방문화의 선지자들처럼 이러 저러한 사회적 역할을 담당하지 않았겠느냐 하는 추론을 하게 된 것이다. 하지만, 이것은 추론으로 끝나야 할 문제이지 그것으로부터 어떤 전형적 샘플을 추출하게 되면 거기에는 연구자의 선입견이 반드시 영향을 미치게 되어 있다.

결국 최근의 연구들이 제시하고 있는 선지자상, 혹은 예언자들의 정체는 '진정으로 새로운 무언가를 만들어내는 독특하며 매우 창의적인 의로운 사람들'이라는 전통적이며 연구의 초기 단계의 이해에서 상당히 멀어져 가고 있음을 알 수 있다. 그래서 어떤 학자들은 '예언서의 내용은 성서 전체를 통하여 그리 독특하지 않다. 포로기 이전의 예언자들이나 포로기 이후의 예언자들과 묵시적 환상가들 간의 차이는 종류의 차이라기보다는 기껏해야 정도의 차이라고 할 정도로 미미한 것이다' 라든지 '선지자를 의미하는 나-비라는 단어의 용례는 아마도 포로기 이후의 한참 나중에 생성된 용어일 것 이다' 라는 극단적인 견해까지 등장하고 있는 실정이다.

그렇다면 이전의 신자들이 예언서를 읽으면서 기대했던 어떤 숭고한 이상을 가진 사람, 의로운 사람, 개혁자, 순교자, 신앙적 영웅 등이 어우러진 선지자의 정체성에 대한 이해는 잘못된 환상인가 하는 질문도 여전히 중요한 질문이 된다. 이미 언급되었지만 우리는 선지자들의 출신성분이나, 그들의 선발, 훈련, 임직의 전 과정에 대한 자세하고 정확한 정보를 가지고 있지 않다. 이웃의 다른 나라의 상황과 비교하여 이스라엘의 선지자의 직무를 유추하는 것도 한계가 있다. 그러나 이러한 연구의 역사를 조명해 보면 몇 가지 분명한 사실을 확인할 수 있다. 그것은 구약 연구의 경향성이 당대의 지적 분위기와 상당한 보조를 맞추며 걸어가고 있다는 사실이다. 예를 들어 19세기와 20세기 초반의 합리적 이성에 근거한 역사적 예수 연구 풍토에 따라 선지자의 정체성 연구는 그들의 독특성과 전기적 연구에 초점이 맞추어져 있었고, 20세기 중반에는 선지자의 사회학적 역할과 기능에 맞추어져 있었으며, 현대의 독자들은 그것들 사이의 균형을 찾아보려고 노력하고 있는 현실을 파악할 수 있다. 즉 선지자 연구는 그 시대의 학문적 경향성과 보조를 같이 하고 있다고 보면 된다는 것이다.

또 한 가지는 구약에 나타나는 선지자의 삶 자체가 하나님의 메시지를 담고 있다고 보는 경향이 그것이다. 그것은 각 선지자마다에게 주어진 하나님의 메시지와 사명이 달랐고, 그것이 구약의 예언서에 나타나는 선지자들의 다양한 삶과 체험, 사회적 역할과 위치를 다르게 하고 있었기 때문에 그들에 대한 일관적인 직무나 정체성 규명이 쉽지 않다는 것을 인정하는 것이다. 그것을 인정하는 것은 어떻게 보면 예언자들의 삶 못지않게 그들이 전하고자 했던 '하나님의 메시지'에로 우리의 관심을 이동시키기 때문에 그들의 전기를 통하여 못다 파악한 선지자의 정체성의 나머지 부분을 우리는 그들이 전했던 메시지로 채울 수 있을 것이다. 그러므로 구약 선지자들의 정체성은 단순히 그들의 고향이 어디며, 어디서 어떻게 사역에 임했느냐를 관심 같고 파악하는 것과 더불어 그들의 메시지를 파악하는 것이 중요함을 숙제로 남겨주고 있다. 현대의 연구는 결국, 구약의 선지자들에 대한 전통적인 견해인, '자기를 부르고 계시한 하나님의 권위를 의지하여 자기만의 독특한 방식으로 메시지를 선포하였으며, 당시의 제도와 의식 속에서 사역하되 거기에 의존하지 않았고, 언약적 관계를 전제하여 하나님의 나라 회복을 위해 사역했던 일군의 사람들'이라는 관점을 다시 재확인해주고 있다. 즉 선지자들이 어떤 사람들이었는가에 대하여 우리는 성경이 적시하고 있는 것 이상도 그 이하도 아닌 그대로의 이해를 해야만 한다. 그것은 하나님이 그 시대와 상황에 따라 적절한 당신의 사람들을 세우셨기 때문이라는 것이고, 그들이 어떤 사람이었는가 하는 부분은 그들의 삶과 메시지를 통해서 짐작하는 것이지 어떤 제도적 장치와 기관을 통해 선지자라고 불리는 성경의 기록자들이 생성된 것은 아니라 여겨질 뿐이다. 그렇다면 선지서를 공부하면서 우리 모두가 하나님 앞에서 선지자라는 의식을 갖고 사는 것은 아무런 잘못이 없는 오히려 권장되어야 할 관점이라 하겠다. 그들처럼 하나님 앞에서!

3. 선지서 연구사

구약에서 혹은 고대 이스라엘에서 '선지자' 혹은 '예언자'들은 '하나님의 영감을 받아 하나님의 메시지를 선포하는 사람들'로 보통 이해되어져 왔는데, 그들이 어떤 사람인가에 대하여는 다음에 정리하기로 하고, 먼저 구약 선지서에 대한 '연구의 흐름들'을 살펴보면서 역사적으로 선지서 연구의 핵심들이 어떻게 움직여져 왔는지를 파악하도록 하겠다. 위에서 언급한 세 선지서들에 대한 연구에 집중하기 전에 유대교의 전선지서에 해당되는 개신교의 역사서들을 왜 유대인들은 선지서의 반열(전선지서)에 올려놓았는지를 생각해보는 것이 도움이 되겠다. 유대인들은 그들이 역사 속에 하나님이 일하셨고, 또 하나님은 역사를 통하여 일하시는 분이시라고 믿는 것이다. 그래서 그들은 '역사'를 소중히 여긴다. 유대교의 전기 선지서들은 주로 익명의 선지자들이 그러한 하나님의 '역사 개입'을 염두에 두고 기록한 것이며, 후기 선지서는 문자 그대로 '예언서'라 할 것이다. 전선지서는 가나안의 정복과 정착기로부터 포로기까지의 신정 통치라는 거룩한 역사를 기술하며, 어느 정도 해석도 덧붙이고 있으며, 후기 선지서는 타락해 가는 하나님의 신정 왕국을 향한 경고와 심판 그리고 회복에 관한 소망의 메시지들을 담고 있다.

예언자들은 하나님께로부터 온 직접적인 영감을 받아 위대하고 창의적이며 종교적 창의성을 가진 천재들이라는 전통적 이해 때문에 계몽기 이전까지의 선지서 연구는 주로 선지자 개인에 관한 관심에 집중되었다. 그러한 이해를 바탕으로 예언하다(prophecy)라는 말은 일반적으로 '미래를 예견함'으로 이해되지만, '예언자적(prophetic)'이라는 말은 다수의 편견에 대항하여 진리와 정의를 위해 홀로 서 있는 상태를 의미하게 되었다. 이런 예언서들에 대한 기독교계와 유대교에서의 전통적 이해는 이 예언서들이 선지자 자신들에 의해 기록되고 씌여진 저작물이라는 이해였다. 그들의 작품은 원래 구전(Oral)의 형식을 띠었고 나중에 문서로 기록되었다고 이해된다(참고, 렘36:4, 27~32). 이때 문제가 되는 것은 기록된 문서 형태가 선지서 자신이거나, 선지자의 직접적인 지도를 받은 제자들(참고, 사8:16, 왕하2:2, 왕하4:1)에 의해 기록되었는지, 아니면 구전되어 온 내용들을 후대의 서기관들이 기록했는지에 대한 의문이다. 여기에는 많은 가능성이 존재한다. 선지자가 직접 기록하였을 가능성과 구전된 내용들을 후대의 서기관들이 모아서 편집했을 가능성이 그것이다. 전자의 경우면 문제가 간단하지만, 후자의 경우에는 또 많은 다른 가능성이 덧붙여지게 된다. 어느 부분까지가 선지자의 직접적 신탁이며, 어떤 부분이 후대 편집자의 덧붙임인가 하는 문제이다.

이런 의문점들에 대하여 계몽주의적 사조가 성경연구에 적용되던 18~19세기의 학자들 사이에는 소위 '자료 비평 혹은 문서 비평(sorce criticism)'이라는 방식이 등장하였는데, 이 방식은 상기의 제기된 문제에 대하여 무엇이 진정한 본문인지를 파악하려는 목적으로 진행된 하나의 해석 방법론이다. 이는 여러 사본과 자료들을 비교함으로 진행된 오경의 연구 방식이 선지서에 적용된 방식이라 하겠다. 하지만 이 방식은 이미 증명된 것처럼 어떤 사본이나 자료로 읽을 것이냐를 결정하는 초입 단계에서부터 강한 '주관성'이 개입되어 설득력을 잃게 되었다. 이런 자료 비평방식이 한 발짝 진화하여 '편집비평(redaction criticism)'이라는 새로운 방식으로 나아갔는데, 이 해석 방식은 당시에 많은 인기를 끌기도 했었다. 그것을 주장했던 학자들의 전제는 구약의 예언서들 안에 있는 '진정한 본문'의 문제뿐 아니라 분명한 것으로 보이는 '여러 편집층'에 대하여도 관심을 보이며 연구하는 방식이다. 그리고 여러 편집층뿐 아니라 각 층이 지니고 있는 역사적 맥락 또한 규명하려고 시도하고 있다. 그들은 선지서 안에서 선지자가 '직접 전달한 신의 계시'와 '나중의 편집자들이 덧붙였을 것이라 짐작되는 부분'들을 분류하여 'a자료'니 'b자료'니 하며 열을 올렸고 그것들의 역사적 배경을 해석하려고 애를 썼다. 그들은 선지서들 안에는 여러 사람의 손을 거친 편집의 흔적이 있고, 여러 역사적 배경을 망라하고 있는 표현들이 있다고 주장했으며, 그런 주장들은 19세기의 지적 분위기 속에서 많은 호응을 받았던 것도 사실이다.

성경에 대한 이러한 역사 비평적 접근법이 막연히 전승되어 오던 전통적 견해(선지서는 선지자들이 직접 기록했다)에 대한 이성적이고 합리적일 것 같은 반론을 제기하며 학계에 새로운 연구의 풍토를 일으킨 것은 사실이지만, 그러한 연구의 경향은 당시로서는 제대로 체계적이지 못했던 19세기식의 '발굴과 탐사'에 고무되어 고대 근동에 대한 사회학적 관심과 비교 종교학적 관점에서 발전된 방식 이어서 많은 문제점을 야기시켰을 뿐이다. 예를 들면 두 명 혹은 세 명의 학자들이 나름대로의 편집비평 작업을 통해 본문을 평가하고 해석했을 때, 동일한 결론에 이르지 못하는 것이 대표적인 단점인 것이다.

이러한 해석 방법론들의 불합리함은 더욱 이상한 방향으로 나아가기까지 했는데,

어떤 학자들은 '예언서의 어느 한 부분이라도 주전 8세기나 7세기의 포로 전 시대의 것은 아니다'라고 주장했는데 그들은 예언서의 오래된 것처럼 보이는 내용들은 사실은 후대의 역사가들 주로 포로에서 돌아온 이후의 상상력이 풍부한 역대기 사가들에 의해 창작된 선지자들이라는 극단적인 주장까지 하게 된다. 그러면서 그들은 포로 후기의 서기관들이 역사서에 나타나는 예언자 상에 부합하는 인물을 만들어 내고 메시지들을 창작하여 낸 것이 선지서라고 주장하였다. 하지만 이런 주장들은 여러 학자들에 의해 당장에 반박되었다. 반박하는 학자들은 역사서의 예언과 선지서의 예언은 차원이 다름을 효과적으로 증명하였으며, 역사서에는 예언서에서 인용된 예언이 없다는 것과, 예언서에 선포된 심판은 놀랍게도 너무도 철저해서 확실히 포로기 이후의 서기관들이 상상력을 동원하여 창작해 내었으리라고는 도무지 맞지 않은 포로기 이전의 상황이 너무나 적시되어 있기에, 선지서의 예언들이 역사서 의 내용을 강화하기 위한 창작물이라는 주장은 설득력이 없는 것이 되어버렸다.

20세기로 넘어오면서 구약 학자들은 그런 사회적, 비교 종교학적 관심보다는 '본문' 자체에 관심을 집중하게 되었는데, 이것을 주장하는 학자들은 선지자들이 사용하고 있는 문학 양식과 표현, 그것의 용도 등에 관심을 가지면서, 선지자들이 어떤 삶의 정황(Sitz im Leben) 속에서 이런 표현과 문학 양식을 사용하게 되었는지를 규명하려 하였다. 이러한 연구 방식은 소위 '양식 비평(Form Criticism)'이라 불리는데, 그들의 전제는 선지자가 어떤 목적을 가지고 어떤 특정한 주제를 표현 하려 할 때는 거의 대부분 '이러 이러한 문학 양식'을 사용하여 그것을 전달했다라고 하는 것이다. 이러한 양식 비평적 연구 방법은 동시대에 제기된 소위 '전승사 연구 방식'과 접목되면서 더 많은 지지자들을 만들어 내게 된다. 그렇게 선지자들의 선언에 대한 문학적 양식을 검토하면서 학자들은 선지자들이 살았던 공동체에 대한 관심을 더하여 그들의 논리를 확증하려 하였고, 그 노력의 결과로 그들은 예언서의 본문이 대략 세 단계를 걸쳐 확정되었다고 보게 되었는데, 첫 단계는 선지자 개인이 하나님으로부터 계시, 신탁/말씀을 받았고, 그것이 선지자 자신의 목적에 따라 정해진 표현법에 준하여 선포 되고, 그 선포가 그가 속해 있던 공동체에 의해 받아들여지는 단계이다. 두 번째 단계는 그렇게 받아들여진 최초의 문서나 표현 위에 작자 미상의 금언이나 그 공동체의 필요가 첨가되어 그 표현 단위가 더 복잡하고 큰 것으로 발전되었으며, 마지막 단계는 그렇게 커진 몇 가지 자료들이 함께 취합 되면서 현재의 최종적 선지서 형태의 문헌이 탄생되었다는 것이다. 이러한 가설이 현대의 많은 비평학자들의 인기를 끌고 있는 것은 현실이지만, 그들은 선지서의 예언들이 처음부터 기록된 형태로 전수되었을 수 있다는 점을 처음부터 인정하지 않거나 간과하고 있으며, 또한 기록전승보다는 오히려 불확실할 수도 있는 구전전승을 더 우위에 놓는 가설이라 하겠다. 즉 이런 이론은 성경이 분명히 밝히고 있는 예레미야가 살아있는 동안에 분명히 기록해 두었다는 사실 조차도 간과하고 있는 셈이 된다.

그러면서 구약 학계는 점차 전통적인 견해(선지서는 선지자들에 의해 직접 기록된 것이다)에서 멀어지게 된다. 그들이 아무리 성경의 권위를 더 높이기 위해 좀 더 사람들이 이해될 수 있는 방법으로 선지서의 역사성을 밝혀보려 한다고 둘러대더라도, 그런 학적인 자세를 통하여 결국은 성경의 권위가 하나님의 말씀이 아닌 인간의 고안품이나 작품으로 전락하는 대세를 형성하는 데만 도움을 주는 것일 뿐이다. 물론 그 당시 유럽의 지적 풍토가 그러한 합리적이며 이성적인 논법으로 설명해야 납득이 되는 분위기이라 할지라도 그런 비평적인 방식으로만 성경을 해석하는 데 동의하지 않는 또 다른 일군의 학자들이 생성되는 것은 어쩌면 자연스런 흐름이라 할 수 있다. 그러한 자연스런 흐름의 한 줄기에 예일대의 브레버드 차일즈 교수 같은 이가 있는데 그를 통하여 구약에 대한 새로운 접근법이 등장하게 된다. 소위 '정경적 접근법(Canonical Reading)'이라고 불리는 것인데 이는, 구약의 본문이 여러 가지의 작은 단편이나 자료 등을 짜깁기해서 편집된 책이라 하더라도, 그것의 최종적 형태에 있어서는 결국 신앙 공동체로부터 정경으로 인정받았으므로, 최종적 형태의 본문 속에 있는 무엇이, 또 어떤 요소가 그것을 가능하게 한 것인지를 역으로 추정하며 본문의 의미를 찾아가는 방식이다. 이 방식은 예언서가 초기의 자료들을 포함하고 있으며 편집의 과정을 거쳐 형성되었을 수 도 있다는 사실을 부인하지 않는다. 그러나 해석가에게 있어서 그러한 사실(편집되었다는 사실)은 중요한 관심사가 아니다. 여기서의 관심은 역사를 통하여 회당과 교회의 신앙적 권위에 의해 영향을 받아 결정된 '정경적 형태'인 것이다. 각각의 예언서가 완결된 형태로 포로기와 재건의 경험을 그 이후 세대가 성숙한 모습으로 반영하고 있다는 것이 중요하다는 것이다. 그러면서 이 해석법은 어떤 면에서는 교회와 전통적 신앙을 옹호하려는 동기에서 나온 것 같은 인상을 준다. 그들은 많은 자유주의 학자들이 주장하는 대로 선지서의 내용들은 실제로 포로기 이전의 것이 아니라, 후대에 상상력을 동원하여 만든 것이라는 견해에 반대하기 때문이다. 반대하면서 적절한 근거를 제시하기도 한다. 예를 들면, 선지서 안에는 포로기 이전 것으로 보이는 표현들이 많이 나오는데, 그런 많은 표현들은 포로기나 포로기 이후의 이스라엘의 상황과는 맞지 않고 오직 포로기 이전의 이스라엘과 유다에 적용해야만 이해되는 표현이라는 것이다. 그러므로 선지서의 내용들은 확실히 포로기 이전의 것이지(즉 선지자들의 말이지) 나중에 역대기 사가나, 신명기 사가 혹은 포로에서 돌아온 서기관들이 지어낸 것도 아니고, 구전되어오는 문서들의 짜깁기도 아니라는 것이다. 그 내용은 선지자들의 것이고, 선지자들의 공동체에서 받아들여졌으며, 후대의 신앙공동체가 역시 인정한 정경적 형태라는 것이다. 그들이 비록 최종적 정경의 형태에 대한 신적권위를 인정하는 것은 긍정적이긴 하지만, 성경에 대한 전통적 견해와는 거리가 있는 주장임을 기억할 필요가 있다.

20세기 후반에 들어서, 선지서 연구는 선지서 내부의 문제뿐 아니라, 선지서와 시가서와의 관계, 선지서와 지혜 문서와의 관계, 그리고 선지서와 오경과의 상관성으로 그 연구 범위가 확장되었으며, 선지서 내부에서 발견되는 종말과 메시아의 도래에 대한 예언 연구 등으로 나아가게 된다. 그래서 최근의 연구 경향은 오히려 전통적 견해를 지지하거나, 그 연장선에서 연구가 심화되고 있다고 보아야 할 것이다.

4. 선지직의 기능과 예언의 특성

1) 선지자들의 사역의 특징

하나님은 이스라엘을 선택하셔서 전 인류를 위한 하나님의 구원행위의 표본으로 삼으셨다. 전 인류를 위한 구원의 메시지를 이스라엘을 통해 전달키로 하신 것이다. 그러므로 이스라엘에게는 인류에게 나눠줄 하나님의 메시지가 있어야 한다. 그 하나님의 메시지를 이스라엘에게 먼저 전달토록 부름 받은 사람이 선지자이며 그 일을 하는 것이 선지자들의 사명이었다. 그러므로 선지자들은 단순히 이스라엘 백성만을 위한 사람들은 아니다. 하지만 이 선지자의 직임은 항상 이스라엘 민족 내에 있었고, 이것은 이스라엘의 특권이라 할 수 있다. 선지자들은 그들이 처해 있는 그 시대의 종교적 파수꾼이다. 배교의 시대에 굳게 서서 종교적 순결을 부르짖어야 하며, 인간의 생활이 번영하는 시대에는 정의와 질서를 외치게 하였다.

선지자들은 하나님께서 주신 계시와 지혜로써 자기 앞에 펼쳐지고 있는 인간 드라마를 예리하게 분석 비평하고 문제 해결의 방책을 제시하는 것이 선지자의 직책이었다. 그들에게 있어서 역사는 하나님의 섭리를 이해하는 중요한 도구였다. "<u>하나님의 시각으로 과거의 일을 통해 미래를 보고, 하나님의 뜻에 부합되게 현재의 일을 해결하는 것이 그들이 예언 사역의 핵심이었던 것이다.</u>" 이스라엘의 선지자 들을 단순히 그들

시대와 이스라엘만을 위해 사역한 것으로 이해하면 잘못이다. 그들을 통해서 이스라엘을 깨우고, 이스라엘을 통해 온 인류를 깨우시려는 하나님의 계획과 섭리를 볼 수 있어야 한다. 그들은 성소와 성전, 궁정에서 그리고 광야에서 또한 개인적으로 집단적으로 하나님의 뜻을 선포하였던 사람들이다.

그러나 분명한 것은 모든 선지자들의 사역은 다음의 세 가지 요인을 통하여 전체적으로 볼 때 메시아에 대한 예언을 포함하고 있다고 볼 수 있다. 첫째로 그들의 예언은 이스라엘의 역사의 수 세기에 걸쳐 계속된 하나의 운동이었으며 이것은 고대 근동의 어느 나라에도 유래가 없는 독특한 것이라는 점이며 둘째로 선지자들은 모두 여호와 하나님의 메시지를 구체적으로 받아 활동한 하나님의 대언자들이었으며, 마지막으로는 그들의 모든 메시지에는 오실 메시아에 대한 한 가지 목적으로 귀결되는 특징이 있다는 것이다. 그것은 우리가 소위 '메시아 예언'이라고 부르는 부분인데 그것은 '기름 부음 받은 자'란 뜻으로 이 기름 부음은 영속적인 성격을 지니고 있다. 메시아는 하나님의 구원사역을 이루기 위해 지상에 오실 한 분이시다. 그는 또한 이사야 9:5~6절과 같은 구절에서 보듯이 신적인 인간이다. 그가 지상에 오심은 하나님의 임재를 계시하는 것이다. 그의 오심은 하나님께서 참으로 우리와 함께 하신다는 점을 보여주기 위한 초자연적인 사건을 동반하는 것이다. 그것은 '후 일'에 되어질 일이며 종말론적이며 마지막 때를 향하여 대언하는 것이다. 메시아 예언은 인간의 죄라는 어두운 배경과 대조하여 이해되어야만 한다. 이것은 에덴동산에서의 원시복음의 연장(창3장)이며, 노아와 아브라함에게 이어지고 야곱과 유다를 통하여 이어지는 구원의 족보의 핵심인 것이다. 우리는 예언운동의 신적 기원을 예언한 신명기의 기사에서 모세와 같은 선지자로 표현되는 오실 메시아를 보며 그 예언의 흐름이 구약의 모든 선지자들의 예언의 공통분모이며 또한 최종 목적인 것이다. 사무엘과 다윗을 이어지고 이사야의 '종'에 관한 예언과 예레미야의 '새 언약', 그리고 에스겔과 다니엘 및 12소선지서로 이어지는 모든 선지서의 핵심 메시지 역시 오실 메시아와 그가 다스리실 영원한 왕국에 관한 예언으로 점철되어지며 이것은 근본적으로 영적인 것이다.

이러한 선지서의 예언의 핵심과 목적 특성을 간추려 본다면, 오실 메시아에 대한 모형을 그리고 있으며 하나님의 백성을 준비시키고 있는 것이다. 이것은 비록 구약의 모든 선지자들이 자신에게 임한 메시지를 충분히 깊이 있게 이해하지 못했다 할지라도 그들은 도래할 구원과 예수그리스도에 대하여 말하고 있는 것임을 알 수 있다. 히브리서 기자의 지적처럼 하나님께서는 '여러 모양'과 '여러 부분'으로 그들의 조상들에게 이것을 말씀하시고 예언하신 것이다. E. J. Young 교수의 지적대로 구약 선지자들의 메시지를 전체적으로 또 총괄적으로 취급해 볼 때 그것들은 메시아 사역에 대하여 놀랄 만한 통일성 있는 진술을 하고 있음을 알 수 있다. 예수그리스도는 선지자들의 예언과 자신의 생애에 일어난 일들 사이에서 단지 상응관계뿐 아니라 그것의 성취까지도 보고 말하고 계신 것이다. 선지자들을 통하여! 선지서를 읽으며 우리는 하나님의 오래된 그리고 완벽한 구원의 경륜을 읽을 수 있어야 하겠다.

2) 예언(豫言)과 예언(預言): 미래를 향하여 말함과 미래의 것을 미리 말함

"Prophecy and Prediction", "forth~telling or foretelling"(R.K. Harrison, IOT, pp.757~758).

구약 선지자들이 선포한 메시지는 크게 두 가지 성향을 띄고 있다. 한 가지는 과거와 현재의 죄악상을 질책하면서 이대로 가면 어떠한 일이 미래에 벌어질 것인지 잘 알 수 있지 않느냐는 메시지이며, 둘째는 이러한 메시지와 관련하여 미래에 되어질 일에 대한 예견을 말하는 것이다. 이것은 전통적인 예언에 대한 해석(후자)보다는 오히려 하나님과의 언약관계에 기초하여 미래를 향하여 말하는 성격이 더 짙다는 점이다. 물론 미래를 향하여 말하는 것이 미래에 있어질 일을 예견하는 일과 동떨어진 것이라는 말은 아니다. 그 양자가 동일하게 나타날 수도 있고 별개로 나타날 수도 있는데, 구속사적인 관점에서 이 부분들이 설명되어 질 수 있으며 선지자들의 메시지는 종종 이 양자를 다 포함하는 특색이 있다. 고대 근동에서 미래를 예견하는 일이 일반적으로 있었지만, 이스라엘에서는 양자가 균형을 갖고 나타난다. 혹자들은 구약 선지자들의 예언 사역을 너무 '선포 사역(forthteller)'에만 한정하려 하고, 또 어떤 사람들은 그들의 사역을 너무 '예언적 사역(foretelling)'으로만 생각하려 하는 경향이 있다. 하지만 구약 선지자들의 사역을 그렇게 한 가지로만 한정하는 것은 부당하다. 그들은 때때로 이스라엘 백성들에게 과거의 사건들을 회상하고 기억하라고 촉구하기도 하고, 어떤 경우는 당대의 사건들에 관하여 말하기도 하였다. 예를 들면 아하스 왕이 당면한 상황에 관하여 이사야가 언급하기도 했다(사7장 참고). 동시에 선지자들은 미래 그 차체에 관해서도 말하였다는 것을 기억해야 한다. 그들은 이스라엘 백성이 죄를 회개할 것을 거절하므로 그들에게 임할 장래의 재앙을 예언하였고, 또한 아름답고 신비한 말로 그의 백성을 죄에서 구원할 메시아의 도래에 관해서도 말하였다. 그러므로 우리는 구약 예언자들의 예언의 성격을 규명함에 있어 이 양자를 다 넘나들었음을 인정하고 연구하는 것이 바른 자세일 것이다.

이 부분에 대하여 문서 선지자들의 예언의 특징 중 하나는 그들의 말이 회개 촉구 혹은 재앙을 피하려면 어떻게 해야만 하는지에 대한 명확한 설명이나 개혁 프로그램을 포함하고 있지 않다는 것이다. 그 대신 선지자들의 선포는 재앙이 다가왔으며, 왜 그것이 필연적으로 임할 수밖에 없는지를 설명하고 있을 뿐이다.

5. 선지서의 역사적 배경

구약 선지서가 다루고 있는 시대는 거의 일천 년가량 되는 긴 세월이다. 대선지서라고 불리는 이사야, 예레미야, 에스겔은 이스라엘의 포로 전 시대와 포로중의 시대에 대하여 다루고 있지만, 12소선지서는 그 시대뿐 아니라 포로에서 귀환한 후의 시대까지를 망라하고 있다.

선지서들이 다루고 있는 시대는 이스라엘의 가장 풍성했던 시절부터 가장 참혹한 시절을 모두 다루고 있는데 그 가운데서 하나님의 사랑과 심판의 엄위함을 보게 되고 또한 그런 가운데서 예수그리스도를 통해 이루실 위대한 인류 구원의 서곡들이 차곡차곡 진행됨을 볼 수 있다. 이런 선지서의 내용들을 제대로 이해하기 위해서는 우선 당시의 이스라엘을 둘러싼 주변 국제 정세를 눈여겨 볼 필요가 있다. 신 앗수르 제국에서 시작하여 신바빌로니아 제국 그리고 메데-파사 연합제국에 이어 알렉산더가 이끄는 헬라제국 그리고 이어지는 로마 제국 하에서의 이스라엘의 유대교적 전통이 어떻게 세워지고 고착되어 갔는가? 그 역사의 흐름 속에서 하나님은 당신의 구원계획을 어떻게 진행시켜 가셨는가? 그리고 그런 선지자들의 외침은 오늘 나에게 무슨 의미가 있는가? 등을 생각해야 하겠다.

구약의 역사 속에는 하나님의 뜻이 들어 있다. 그렇지만 역사서로 분류된 책들에는 저자가 드러나지 않고 있다. 하지만, 선지서로 분류된 책들에는 저자가 분명한 형태로 드러나 있는데 이는 그들의 메시지가 그들 당대뿐 아니라, 오고 오는 모든 세대에 하나님의 백성들에게 필요한 메시지를 담고 있기 때문이다.

대선지서와 소선지서를 구분하는 기준은 그들의 영향력의 강약에 따른 것이 아니라, 그들이 받아 선포한 예언의 분량이 많고 적음에 따른 것일 뿐이다. 그러나 본질적으로 대. 소선지자들의 메시지는 같은 것이라 할 수 있다. 이스라엘의 반역과 불순종 우상숭배의 죄에 대한 하나님의 심판, 그리고 그 심판의 와중에서도 면면히 이어지는 사랑 많으신 하나님의 언약적 사랑, 그리고 장차 예수그리스도를 통해 완성 될 열방의 구원에 관한 하나님의 마음을 배우게 되기를 바란다.

6. 선지자들의 예언 수납과 선포 방식

1) 선지자들의 예언 수납방식과 그 유효성

선지자들은 하나님으로부터 선포할 말씀을 받은 자요 그대로 선포한 자다. 그럼에도 불구하고 그들은 단순한 자동기계처럼 움직이지는 않았다. 그들 역시 보통 사람들과 같이 온갖 현실적 상황에 직면 하는 인간이었다. 그들은 어떻게 하나님의 메시지를 받았으며 어떻게 그것을 간직하게 되었는가?

예레미야가 소명을 받는 장면은 매우 흥미롭다(렘1:1~12). "내가 너를 복중에 짓기 전에 너를 알았고 네가 태에서 나오기 전에 너를 구별하였고 너를 열방의 선지자로 세웠노라", "내가 내 말을 네 입에 두었노라", "보라 내가 오늘날 너를 열방 만국 위에 세우고 너로 뽑으며 파괴하여 파멸하며 넘어뜨리며 건설하며 심게 하였느니라."

가장 먼저 하나님은 선지자의 의식적 판단을 사용하셔서 그의 뜻을 알려 주셨다. 하지만, 선지자들은 하나님의 뜻을 파악함에 있어서 부분적으로만, 알려주시는 부분에 한해서만 이해할 수 있는 한계가 분명하였다. 나단이 다윗의 성전 건축 의사표명을 듣고 "여호와께서 왕과 함께 계시니 무릇 마음에 있는 바를 행하소서"(삼하7:3)라고 했지만 그날 밤에 하나님께서는 나단 선지를 바르게 고쳐 주셨다. 또한 사무엘이 사울을 대신하여 이스라엘의 왕을 세울 때에도 그는 이새의 큰 아들을 보고 여호와께서 기름 부어놓으신 후보라고 생각했지만, 하나님께서는 그의 판단이 틀렸음을 알려주셨고, 막내 아들 다윗을 보고서야 왕이 될 아들이 자기 앞에 서 있음을 알게 되었다. 하나님은 선지자들의 의식적 판단을 사용하셔서 그들이 잘못될 가능성들을 제거, 교정하시면서 당신의 뜻을 심어 주시는 것이다.

두 번째로는 육신의 귀로 식별할 수 있는 분명한 외형적 음성으로 자신의 뜻을 계시해 주신다.

세 번째로는 내면적인 음성으로 선지자 자신만이 들을 수 있게 계시하시는 경우도 있다.

네 번째 방식은 예언자의 두 눈을 열어 보여주시는 방법인데 민수기 22장의 발람의 나귀와 엘리사의 종의 눈이 열려 불 말과 불 병거가 보이게 한 사건 등이다.

다섯 번째 방식은 환상이나 상징적인 장면을 보여주셔서 하나님의 메시지를 받게 하는 방식인데 에스겔 37장의 마른 뼈의 환상과 미가 4장의 미래의 모습 등이 그것이다.

하나님께서는 여러 가지 방법을 통하여 자신을 예언자들에게 계시하셨다. 그는 자기의 대변자들이 메시지를 이해할 수 있도록 준비를 시키는 방법으로 각 개인의 관찰과 체험을 사용하셨다. 그러나 예언자들이 자기들의 말씀을 하나님으로부터 받았다는 것은 구약의 명백하고도 결정적인 가르침이다. 그러므로 그들이 전하는 말씀은 하나님의 것이지 그들 자신의 것은 아니다. 그 말씀들은 직접적인 계시를 통하여 주어졌고, 모든 경우에 있어서 미래의 시대들을 위하여 보존하는 것을 하나님께서 원하셨다. 특수한 예언의 말씀이 예언자에게 전달된 그 방법을 생각하지 않고 본다면, 예언 속에는 그 전달자 자신은 몰랐던 많은 다른 면들이 포함될 수가 있었다. 하지만 그런 것은 후대의 해석자들이 그의 말씀을 세심하게 검토하면서 해석될 수 있는 내용들이었다.

그들의 예언은 고대 근동지역의 오래된 현상으로 여겨지고 있으며, 꿈과 황홀경의 무아지경 같은 상태에서 인간이 신과 의사소통(계시 받은) 양식으로 인정되고 있다. 그러나 그런 의사소통의 단계에 서 인간 선지자의 인격이 그 내용을 통제하거나 억압할 수 없었으며, 이런 신적 계시는 일정한 계층의 사람들에게만 주어진 것은 아니었다. 그리고 그 계시의 양식도 규정화 된 것이 아니라, 상황과 사람에 따라 다르게 주어진 것이다. 하나님의 계시에 대한 선지자들의 자기 확증은 다음과 같은 성경의 표현으로 특징된다.

① 말씀으로 "내가 네 입과 함께 있어서 할 말을 가르치리라"(출4:12, 15, 16).

② "그가 본 이상이라"(사1:1, 2:1, 욥1, 겔1:1).

③ "여호와께서 …에게 이르시되"(사7:3, 8:1, 호1:2, 겔2:1, 3:1…).

④ "…에 대하여 받은 경고라"(사13:1, 15:1 등).

⑤ "여호와께서 가라사대…"(암1:3, 미3:5, 습1:10, 렘7:21 등).

⑥ "여호와께서 이르시는 이 말씀을 들으라"(암3:1).

⑦ "주 여호와께서 내게 이르신 것이 이러하니라."(암7:1).

⑧ "내가 보니 주께서 … 이르시되"(암9:1).

⑨ "묵시로 받은 경고라"(합1:1, 슥12:1, 말1:1).

⑩ "예레미야의 말이라… 여호와의 말씀이 예레미야에게 임하였고"(렘1:1~2).

결국, 이러한 다양한 하나님의 계시는 아래의 두 가지로 귀결될 수 있다.

"하나님이 말씀"하시고 인간이 듣고 깨달음(합2:18~20).

"하나님이 보여"주시고 인간이 보고 깨달음(암1:1, 사1:1).

2) 선지자들의 예언 선포 및 전달 방식

선지자들은 자신의 메시지를 효과적으로 전달하기 위해서 다양한 전달 방식을 사용하고 있는데, 가장 흔한 방식은 말/언어를 통하여 전달하는 것이었다. 여기서 우리는 신적 언어가 인간의 언어로 변화 하는 현상을 본다. 선지적 진리의 많은 부분은 여호와의 말씀을 통하여 선지자들에게 전달되었다. 거의 예외 없이 선지자들은 자기들의 말은 곧 여호와의 말씀이라고 주장하였다. 해석학적인 관점에서 볼 때, 여호와의 말씀과 선지자들의 말씀 사이에는 간격이 존재하지 않는다. 선지자들의 말씀의 의미와 여호와께서 선지자들에게 주신 말씀의 의미 사이를 구분해야 할 근거가 없다는 말이다.

자기들이 본 이상을 전달하는 선지자들의 말을 해석하고자 할 때는 조금 신중해야 할 필요가 있다. 이들은 시각적 경험을 언어로 표현해야 하는 부담이 있었기 때문이다. 선지자들은 상징적 의미를 전달하거나, 혹은 특별한 교훈을 주기 위하여 이상한 행동을 해야 하는 경우도 종종 있었다.

첫째는 **간단한 구두 진술과 응답의 방식**이다. 여러 경우에서 선지자들은 왕이나 다른 지도자들과 직면하여 책망이나 격려나 어떤 특수한 명령을 간단한 말씀으로 전하라는 지시를 하나님으로부터 받게 된다. 이 방식은 비록 짧고 간결한 형식을 띠지만 간간히 강력한 인상을 남기게 된다(예 - 다윗 앞에선 나단의 메시지 선포, "당신이 바로 그 사람이라!").

두 번째 방식은 **비교적 길이가 긴 구두 선포의 형식**이다. 예를 들면 모세가 받은 하나님의 율법이 그렇다. 또한 발람은 네 개의 긴 말씀들을 전달하면서 이스라엘에게 대한 하나님의 은총을 선포하여 이스라엘을 저주하도록 자기를 고용한 발락의 요청을 역행하게 된다.

세 번째 예언의 양식은 **족장들이 자신의 자녀들을 향한 축복 선언의 형식**으로 나타나는 경우이고, 네 번째는 **환상들을 묘사하여 하나님의 메시지를 선포하는 경우**이다.

다양한 기회와 경우에서 상당한 부분의 예언자적인 말씀은 예언자가 환상 중에서 본 것을 묘사한 내용으로 구성되어 있다. 미가야는 악한 왕 아합과 자기에게 적대적인 예언자들과 대결하게 되었을 때 환상의 묘사를 효과적으로 사용하였다. 미가야는 이스라엘의 앞에 놓여 있는 운명을 묘사하기 위하여 상징적인 장면을 제시 하였고(왕상22:17) 그 다음에는 천상의 궁궐을 환상적인 배경으로 묘사하였다. 이 방식은 다니엘, 에스겔, 스가랴 등이 많이 사용한 예언전달 방식이기도 하다.

마지막으로는 **상징적인 행동들을 통해** 하나님의 메시지를 전달했던 경우이다. 실물교육이라고 할 수도 있는데 예언자 아히야는 옷 하나를 취하여 12조각으로 찢어서 그 중 10조각을 여로보암에게 주었던 일이 있다. 또 예레미야의 토기장이 비유가 그것이다. 선지자들이 사용한 의사 전달의 방법 중 특별히 장래의 예언에 관해서는 특별한 형식으로 전달된 경우가 많이 있었다. 이들 가운데 대부분이 임박한 주님의 날을 말하였고, 메시아의 도래를 선포하였다.

7. 다양한 명칭을 통해서 본 구약의 선지직

구약에서 선지자들에게 사용된 명칭은 크게 3가지(나-비, 로-에, 호-제)가 있고, 그 히브리어 단어들은 때때로 서로 교차되어 사용되기도 하였다고 이미 언급했다(선지자, 선견자, 대언자 등으로). 하나님께서 인간을 통하여 선지자의 직책을 수행시킴에 있어서 소명을 받은 그 사람의 인품과 사역의 성격에 따라 각이한 칭호를 사용하셨음을 짐작할 수 있다는 말이다. 선지자를 의미하는 히브리어 '나-비'라는 단어의 어근에 대하여 어떤 학자들은 '행동의 자제가 안 되고 열광적인 사람'이라는 뜻의 어근에서 이 단어가 생성되었다고 주장하기도 하고, 어떤 학자들은 '영감을 받고 거품을 물고 외치는 상태를 묘사하는 것'으로 '나-비'를 해석하기도 했다. 이에 대한 언어학적 설명에 대해서는 전술했던 R. K. 해리슨의 설명을 참고하면 좋겠다.

선지자를 뜻하는 다른 두 히브리어 용어인 '로-에'와 '호-제'가 있는데 이것들은 '본다'라는 뜻을 가진 히브리어 동사의 분사형이며, 일반적으로는 '선견자'로 번역되고 있다. 이 명칭은 단순히 육안으로 보는 시력작용을 말하는 것이 아니라, 정신적, 영적 면에서 하나님의 오묘한 섭리와 계시의 사역을 보고 이해하며 인간에게 선포할 수 있는 능력을 가진 사람이란 뜻을 내포하고 있다. 사무엘 하 24:11절에서 예언자 갓이 궁중의 선견자였다 하였으며, 열왕기 하 17:13절에서 예언자와 선견자가 두 왕국에 대하여 동일한 책임을 지고 있었다는 내용을 읽을 수 있다. 그리고 예언자와 선견자의 관계를 연대기 적으로 이해한 부분도 나오는데, 사무엘 상 9:9절에 의하면 "전에 로에라 불렸던 그는 이제 나비라 불린다"라는 표현이 그것이다. 로에와 호제는 비슷한 상황에 사용되었는데 "점치는 일"(슥10:2, 겔21:21), "하나님에 대한 환상을 보는 일"(시27:4, 사6:5), "일반적인 예언활동"(사1:1, 겔13:3), "보복하는 것"(시58:10), "사건의 중요성을 인식하는 것"(시46:8, 사5:12), "어떤 것에 성격을 부과하는 것"(삼상16:1, 시11:4) 등에서 교차 사용되고 있다. 로에와 호제가 비슷하게 사용된 것처럼 나비와 로에 역시 유사한 의미로 사용되고 있는 것으로 보아 이 세 용어는 이스라엘의 선지자들의 활동과 사역에 관하여 폭넓게 교차 사용된 용어들이라 보아도 무리가 없겠다.

다음의 용어들은 구약 성경에서 사용된 선지자들에 대한 다른 수식어들이다.

① 하나님의 사람(이쉬 엘로힘)
선지자를 하나님의 사람이라고 할 때에는 하나님과 선지자 사이의 특별한 관계에 역점을 두고 하는 표현이다. 선지자는 많은 사람들 가운데서 특별히 하나님의 뜻을 따라 순종하는 것이 직무수행의 기본요소이며 하나님과 계속적인 교제를 가지는데서 그 신분이 지속되고 정체성을 갖게됨을 강조하는 명칭이다.

② 여호와의 종(에브드 야훼)
이 명칭은 선지자가 하나님의 뜻을 따라 이 세상에서 충실히 일하고 있음을 나타낼 때 쓰이는 명칭이다. 하나님의 명령대로 일하는 자라는 점에서 선지자와 하나님 사이를 주종관계로 연결시켜가고 있다. 열왕기 상 14:18절 참조. 이 명칭은 간혹 상당히 포괄적으로 사용되기도 했는데, 야곱, 모세, 갈렙 등 하나님의 일을 성실히 이행한 사람들을 하나님의 종이라 부르기도 했고, 또 이방 국왕으로서 이스라엘 민족의 원수인 바벨론 왕 느브갓네살을 하나님의 이스라엘을 징계하는 도구로 사용되었다는 점에서 그를 나의 종이라고 묘사하기도 했다(렘25:9, 43:10). 또한 하나님께서는 고난의 종으로 세상에 오실 메시아를 나의 종(사52:13)이라 했고, 하나님을 예배하며 섬기는 신자들도 하나님의 종이라 표현하기도 했다(왕하9:7, 사54:17).

③ 여호와의 사자(말라크 야훼)
이 명칭은 천사에게도 적용될 수 있는 표현인데 선지자에게 사용될 때는 천사처럼

특수한 사역을 수행하기 위해 보냄을 받은 자라는 특수성을 갖는다. 이 보냄받은 사자는 하나님이 명하신 일만 할 뿐 아니라 그 일을 중심한 하나님의 메시지를 사람들이 이해하도록 돕는 사명도 함께 갖고 있는 것을 의미한다.

④ 해석자(머리츠)

선지자를 해석자라고 하는 것은 다름 아닌 '교사'라는 뜻인데, 이는 선지자가 백성들에게 하나님의 진리를 해석하고 가르치는 일도 했기 때문에 붙여진 선지자의 별칭인 것이다.

⑤ 파수자(초페)

이는 차파라는 히브리어 동사의 분사형인데 '수호자'라는 뜻이다. 선지자를 파수자라고 할 때 이는 하나님의 계시를 받아 인간에게 선포하기 위하여 계시의 도래를 기다리고 바라보는 직책이 있음을 표현하는 용어이다. 선자지가 이스라엘의 영적, 도덕적 파수꾼의 역할을 하도록 위촉되었음을 보여주는 용어라 하겠다.

⑥ 영의 사람(이쉬 하루아흐)

호세아는 성직자의 부패를 언급하면서 선지자는 어리석었고, 신에 감동한 자는 미쳤다고 했다. 여기서 신에 감동한 자란 표현이 바로 히브리어의 "이쉬 하루아흐" 즉 영의 사람의 직역이다.

이상의 간략한 연구에서 구약의 선지자들은 하나님과 인간 사이의 중보적 위치에서 하나님의 말씀을 받아 인간에게 전하는 사람들임을 알 수 있다. 제사장 직분이 하나님께 제물을 바쳐 인간의 사죄와 감사, 간구의 일을 하는 인간의 편에서 인간을 위해 하나님께 복을 비는 일을 하는 직무라면, 선지자들은 하나님의 입장에서 하나님의 말씀을 인간들에게 전달하는 직분인 것이다. 그러므로 그들에게는 평범한 인간이 이해할 수 없었던 비범함과 탁월함과 더불어 비상식적인 것 같은 일들이 일어나기도 했다.

부록7장
구약 지혜문서 해석법

1. 지혜란 무엇인가?

주지하다시피 구약은 다양한 문학 형식으로 전달된 하나님의 말씀이다. 성경에는 율법이 있는가 하면 선지서가 있고, 역사서가 있으며 또한 시가서가 있다. 그런 틈바구니 속에 '지혜서'라는 조금은 특별한 양식의 책들이 있는데, 욥, 잠언, 전도서 그리고 시편의 일부(시32, 34, 37, 49, 112, 128편 등)이다. 물론 정경으로 인정되지 않은 구약 외경 가운데는 넓은 의미의 지혜서라고 할 수 있는 몇 권의 책이 있는데 벤 시락의『집회서』,『솔로몬의 지혜』같은 책들이 있다. 여기서는 이런 구약의 지혜서를 집중적으로 살펴보면서 지혜에 관한 이해와 배경, 상관관계, 그리고 구약의 지혜가 신약의 복음과 어떻게 조화를 이루고 있는가를 보게 될 것이다.

'지혜'로 번역되는 히브리어 '호크마'는 다양한 의미와 여러 가지 문맥에서 사용되고 있다. 구약의 지혜가 구체적으로 무엇을 의미 하는지를 많은 학자들이 연구해 왔으나 아직까지 통일된 견해를 도출해 내지 못하고 있다. 그만큼 '지혜'에 대한 연구가 다방면에서 진행되고 있다는 말이다. 물론 '지혜'라는 주제가 구약 연구의 핵심적인 주제중의 하나(예를 들면 언약사상, 왕권, 구속사에 대한 개념 등)로 등장하게 된 것은 아이히로트가 자신의 구약신학을 '언약'이라는 관점에서 설명해 가다가 관심을 끌게 된 것이다. 구약의 다른 모든 부분은 언약이라는 주제와 직·간접으로 연결되는데 여기서 우리가 다루려는 소위 '지혜 문서들'에서는 좀처럼 언약과의 연결고리를 찾을 수 없기에 관심이 집중된 것이다. 이것들은 단순히 처세술에 관한 것인가, 아니면 어떤 심오한 영적 진리들과 그 진리의 역사적 전개과정에 관계가 있는 것인가 하는 점이 그것이다. 그렇게 시작된 지혜서에 대한 관심은 '구속사'라는 관점에서 자신의 구약신학을 풀어갔던 폰 라트에게서 마찬가지로 걸림돌이 되었다. 그는 나중에 이스라엘의 지혜에 관한 글을 따로 쓸 정도로 지혜에 대한 정보와 지식을 소유하게 된다. 물론 '왕권'이라는 주제의 전문가인 모빙컬이나 이튼 같은 학자도 유사한 경험을 한다. 그래서 마침내 오랫동안 '신비로운 베일'에 가려졌던 구약의 지혜서가 구약신학의 핵심주제 가운데 하나가 되었다.

그렇다면 구약의 지혜란 과연 무엇인가? 그것은 '현실 대응 능력', '삶과 세계의 법칙들에 대한 실제적인 지식으로서 경험에서 나온 것', '부모가 자녀에게 물려준 유산', '자기 이해와 세계지배를 위한 탐구', 혹은 '기술과 직업상의 능숙함과 광범위한 지식' 등 많은 정의가 가능하다. 하지만 우리가 '지혜'라고 말할 때 느끼는, 혹은 우리에게 다가오는 감각적 통찰감으로써의 지혜와 그것에 대한 히브리어 '호크마'를 정확하게 한 마디로 묘사한다는 것은 사실상 불가능하다고 여겨진다. 이런 지혜의 접근 불가능성에 대하여 고찰한 벤 시라는 '호크마'라는 것은 많은 사람들에게는 접근할 수 없는 것이라는 수수께끼 같은 말을 남겼다. "지혜는 문자 그대로 지혜라, 아무나 터득하는 것이 아니다"(집회서 6:22). 현대인들 중 지혜를 사랑하는 사람들 역시 지혜라는 말은 감이 잘 안 잡히는 단어라고 생각한다(waybray,1978). 사람들은 지혜는 '인본주의 적이고 국제적이며, 또한 비역사적일 뿐 아니라 행복론적인 것'이라고 규정하기도 한다. 그렇지만 지혜에 대한 대략적인 윤곽파악이나 정의내리기조차 포기해서는 안 된다. 우리는 크랜쇼의 입장을 따라 다음의 몇 가지로 구약의 지혜에 관한 정의를 갖는 것이 좋겠다.

첫째는 학문적인 전통과 관련이 있는 정의인데, 지혜는 '문학적인 자료 모음'을 의미한다. 앞에서 언급한 성경(외경 포함)에 있는 책들은 서로 간에 많이 다를지라도 이들을 특별한 방식으로 한데 묶어주는 하나의 신비로운 요소가 있다. 그것은 다름 아닌 '야훼 하나님에 대한 경외함'이 '모든 지혜의 근본이며 인생의 기본적인 본분'임을 동일하게 강조하고 있는 가르침의 특성 때문이다.

두 번째는 고대 근동의 병행자료들이 지혜의 구성 요소들을 정확하게 규정할 수 있게 해 주는 중요한 단서를 제공하고 있다는 점이다. 물론 그렇다고 성경의 지혜문서가 그런 이방의 자료들을 그대로 베껴왔다는 말은 아니다. 왜냐하면 이스라엘에는 메소포타미아 지혜문서에 그렇게 많이 등장하는 소외 '징조문헌들(Omen Texts)'이 하나도 남아있지 않기 때문이다.

세 번째 요점은 지혜란 현실에 대한 일관된 세계관을 반영하고 있다는 점이고,

네 번째는 다루고 있는 주제들이 공통된 점이 많다는 것이다. 예를 들면 간음의 위험

이나, 혀의 위험, 술, 고통, 죽음, 효도, 불공평함, 게으름과 교만에 대한 경고 등에 관심하는 특징이 있다는 것이다.

그래서 우리는 지혜를 정의하면서 형식적으로는 격언 문장이나 가르침, 논쟁, 지적인 반성의 형식을 띄고 있으며, 다루는 주제로는 위에서 언급한 것 외에 '인간의 복지를 위한 직관', '무죄한 고통 속에서도 삶의 비밀을 추구하는 일', '인간의 유한성에 대한 고민', '창조 질서 안에 감추이고 지혜안에서 드러난 진리를 추구하는 일' 등의 특징을 보이게 된다. 이런 형식과 내용이 상호 결합될 때 곧 지혜문학으로 인정받게 된다는 것이다. 그와 더불어 성경의 지혜를 연구하는 모든 학자들로부터 당연하게 여겨지는 가정은 지혜롭게 된다는 것은 곧 질서를 추구하고 또 그 질서를 유지하는 것을 뜻하기도 한다. 이 점에서 본다면 어떤 행동이나 말의 올바른 때와 장소를 가리는 예의범절은 지혜의 본질적인 한 요소가 되는 것이며 이에 따르면 선한 행동은 어떤 주어진 정황 속에서 가장 적절히 행동하는 것을 의미하게 된다.

사람들은 지혜 교훈을 보다 효과적으로 이해시키기 위하여 풍부한 수사학을 발전시켰고 다양한 방식을 사용해서 지혜를 전수시켜 왔다. 현자들은 '격언', '수수께끼', '알레고리', '찬양', '대화', '자전적 이야기', '이름 목록', '교훈적인 시', '이야기' 등의 여덟 가지 방식을 사용하여 자신들의 권위를 높이고 지혜전달을 강화한 것으로 알려져 있다.

잠언 6:20~35절을 살펴보자, 이 본문은 행실이 바르지 못한 여인에 의해 생겨나는 위협에 초점을 맞추고 있다. 이것은 다른 문화권위 현자들과 똑같이 정용의 노레가 될 수 있는 이스라엘의 현자들이 즐겨 사용하는 주제이다. 음란한 여인과 함께 지내지 말라. 그러한 여자는 일반 창기와 달라서 값비싼 목표, 곧 생명 자체를 추구하기 때문이다. 사람이 자기 옷을 태우지 않고서 불을 호주머니에 품을 수 있겠는가? 사람이 발을 데이지 않고서도 뜨거운 숯불을 맨발로 밟을 수 있겠는가? 이에 대한 대답은 분명하게 '아니오'이다. 이와 같이 사람은 누구나 음란한 여인과 간음했을 경우, 그 어리석은 음행의 대가를 지불해야만 한다. 다시금 현자는 이 문제를 일상적인 것에 관련시킨다. 도둑이 굶주림을 견디지 못하여 도적질을 했을 경우, 우리는 그를 멸시하지 않는가? 음행에 굶주린 호색가는 더욱 그가 가진 모든 것을 빼앗길 것이다. 현자는 매우 능숙하게 불, 음식, 도둑 등을 음행과 관련시키고 있다. 뿐만 아니라 그는 여인(히, 잇샤)과 불(히, 에이쉬) 사이에 있는 히브리어 상의 비슷한 음성학적 유사성에 착안하여 자신의 교훈을 밀도 있게 전달하고 있는 것이다.

이스라엘의 지혜는 '의인화'되어 표현되어지는 특성이 있고, 또 고대 이스라엘의 지혜에는 여성에 대한 일종의 편견을 보이고 있는 것도 사실이다. 여인들은 선한 창조세계를 비뚤어지게 한 책임이 있는 것으로 묘사된다. 벤 시락은 그의 집회서에서 여인들을 묘사하면서 "모든 가능한 샘으로부터 물을 마시거나 그들의 화살통에 화살을 다 담는다"라고 폄훼하지만 동시에 여인들은 "하나님의 선물이요 남편과 자녀들로부터 찬미 받아 마땅한 영예로운 존재"로도 묘사된다. 또한 고대 이스라엘의 지혜의 또 다른 특성중의 하나는 종교와 윤리의 결합이다. 결국 지혜란 '인간과 사회 공동체의 복지를 확보하는 특수한 방법들을 합리적으로 탐구하는 것이요, 그러한 발전을 일상생활 속에 실천하는 것을 뜻한다'라는 결론에 이를 수 있다.

2. 구약의 지혜서와 다른 성경과의 관계

무엇이든 한 가지를 집착하다보면 균형을 잃기가 쉽다. 지혜에 관해서 연구할 때도 마찬가지이다. 지혜에 관한 학습은 실생활과 직결된 현실적인 문제를 많이 다루고 있기 때문에 그 자체만으로도 독자들은 상당한 유익을 얻게 된다. 그렇게 몰입하다보면 구약의 지혜서가 근본적으로 의도하고 있는 큰 그림을 놓칠 수 있다. 그러므로 구약의 지혜서를 오경, 선지서, 시가서와 연계시켜 읽어가도록 해야 된다. 더욱이 복음과 관계해서 이해하는 것은 두말할 나위도 없다. 먼저 결론적 사고를 하는 것이 좋겠다.

구약 지혜서의 저자들은 창조에 대한 그들의 이해를 바탕으로 하여 그들의 삶을 세워나갔다. 지혜로운 사람들은 인간인 그들 자신과 하나님 그리고 창조자와 피조물의 근본적인 차이를 깊이 인식하는 사람들이다. 삶과 인생에 대한 바른 이해는 바로 그 주님과의 바른 관계 속에서 시작되는 것이다. 이런 관점에서 시작해서 지혜로운 사람들은 삶의 유형들과 주제들 그리고 난해함들을 감지해 갈 수 있었던 것이다. 이런 바른 출발점 없이는 사람들은 하찮은 존재들의 모순 속에서 살게 될 뿐인 것이다. 신약의 기자들은 바로 이런 지혜를 세 가지 관점에서 발전시켜 나갔다.

첫째는 예수님은 가장 뛰어나고 탁월한 지혜자였다(Jesus as the wise person par excellence). 둘째로 예수님의 우리를 위한 죽으심과 부활은 하나님의 지혜의 가장 위대한 표현이었다(Jesus' death and resurrection as the great expression of God's wisdom). 마지막으로 예수님 자신이 바로 하나님의 지혜 그 자체였다는 점이다(Jesus himself as the wisdom of God - Mark Strong, p.103에서 인용).

구약의 주된 주제는 하나님이 창조와 그의 백성들을 향한 '언약' 그리고 그의 백성들을 위한 그분의 주권적 다스리심(왕권)이라 할 수 있다. 그래서 구약에는 그의 백성들을 향한 하나님의 계시가 '언약과 왕권'이라는 틀 속에서 점진적으로 전개되어간다. 예를 들면 아브라함의 선택과 축복 그리고 그의 후손들과 출애굽의 역사, 시내산 언약체결과 가나안 정복, 신정 왕국의 건설과 우상숭배, 패망과 귀환, 유대지파만 남게됨 등의 이스라엘 역사 속에서 하나님은 자신을 계시하시며 말씀하셨었다. 우리는 그런 내용들을 구약의 율법서와 선지서 그리고 시가서등을 통해 공부해왔다. 구약의 다른 문학 양식들과 비교하여 소위 '지혜서'라고 불리는 책들에는 상기의 내용들에 대한 강조가 거의 없는 특징을 보인다. 하나님의 백성으로서의 삶보다는 오히려 이 땅에서 어떻게 유용한 삶을 보낼 것인가에 더 관심이 집중되어 있는 현실적인 필요에만 집착하고 있는 느낌을 지혜서는 준다. 인접해 있는 시편만 보더라도 지혜서는 이스라엘의 역사 속에서 일하시는 하나님의 언약과 왕권을 통한 구원이라는 관점의 메시지가 거의 없어 보인다. 그렇다면 이 지혜서들은 어떻게 하나님의 나라와 관계가 있으며, 하나님의 백성들에게 어떤 거룩한 메시지를 담고 있다고 이해해야 되는가? 특별히 구약의 주제라 할 수 있는 '언약과 하나님의 왕권'이 구약의 지혜와 어떤 상관관계가 있다고 말할 수 있는가?

구약의 지혜서는 그런 수수께끼를 '창조'에 대한 이해로 연결시켜가고 있다. 율법서나 선지서 혹은 시편에서는 '창조'가 언약과 왕권을 이야기 하는 배경으로서 역할을 하지만, 지혜서에서는 '창조'가 이야기의 핵심주제가 되고 있다. 지혜란 다름 아닌 하나님의 창조에 대한 바른 이해이며 창조의 첫 계획으로 돌아가는 삶에 대한 이야기가 바로 지혜라고 해석하는 것이다. 이스라엘 백성들에게 있어서 지혜롭게 된다는 것은 혹은 지혜로운 사람으로 산다는 것으로 바로 그 기초로 돌아가는 사람이 되는 것을 의미하며, 이것은 복음시대를 살고 있는 현대의 독자들에게도 상당히 시사하는 바가 크다. 다른 표현으로 하자면 현명하고 지혜로운 이스라엘 사람(신앙인)이 된다는 것은 바로 주님과의 관계를 통해 자신의 인생을 바라볼 줄 아는 사람이 됨을 말하는 것이기 때문이다.

창조주이신 하나님에 대하여 바르게 이해하고, 바르게 반응하는 사람이 지혜로운 사람이며, 바른 신앙인이 되는 것이다. 하나님과 바른 관계를 갖고 삶을 바라보며 반응하며 사는 것은 인물의 문제도 아니고 가방끈의 문제도 아니며, 출신 성분에 관한 문제는 더더욱 아니다. 그래서 지혜서에서는 하나님을 두려워하며 그분의 왕권 아래 사는 것을 강조함으로 구약의 본류와 합류되는 것이다. 결국 언약과 지혜, 혹은 왕권과 지혜는 타락한 인간으로 하여금 하나님과 바른 관계를 가지고 살아가도록 돕는 상호 연결된 다른 매듭의 끈이며 한 주제의 다른 표현 형식이라 말할 수 있다.

첫 인간 아담과 하와는 원천적으로 '지혜로웠다'. 왜냐하면 그들은 창조주 하나님과의 완벽하고 온전한 관계성 속에서 자신들의 인생을 이해했기 때문이었다. 그러나 그들은 바로 이런 지혜(하나님을 경외하며 관계성을 가지는 삶)를 거부함으로써 스스로 타락(어리석게)하게 된 것이다. 사도 바울도 로마서에서 이런 하나님을 떠한 인간의 어리석음을 강하게 질타하고 있다. 일반적으로 구약의 지혜서들은 고대 이스라엘의 일반 서민들의 지혜에서 시작되었다고 본다. 그런 민간 지혜가 세대와 세대를 거쳐 오면서 이스라엘의 신앙 공동체 안에 자리 잡게 된 것이다. 이런 지혜의 형식은 이스라엘의 정체성과 일어나는 사건들의 목적을 제대로 이해하려는 이유 대문에 역사가 진전되면서 더 명료한 문장으로 다듬어진 것이다. 그것이 다윗의 시대와 솔로몬에 이르러 절정기에 이르렀다고 보인다. 특별히 솔로몬은 성전을 봉헌하면서 이스라엘 온 나라가 하나님을 경외하는 의미로 성전을 봉헌함을 강조했고 그러면서 참 지혜라는 주제를 표현하였다(대하 8:38~43). 물론 선지서에도 많은 지혜문구들이 포함되어 있다. 선지자들은 그들이 선포하는 미래의 희망 속에 지혜를 포함시켰다. 왜냐하면 그들이 선포하는 메시지는 이스라엘이 새로운 피조물로 승화되는 것이었기 때문이다.

지혜의 역할과 영향을 잠언, 욥기, 전도서 등의 책들 밖에서 찾아보려는 논의가 많이 있었다. 예를 들면, 이사야의 몇 몇 본문(사9:6, 11:2 9, 31:2) 등은 지혜와 명철을 대단히 강조하고 있다. 그 이유는 원래 이사야는 이스라엘의 지혜자 그룹 중의 한 사람이었으나 후에 예언의 소명을 받고 선지자로서 사역하였다고 보기 때문이다. 하지만 이사야서에 지혜 문학의 영향이었다고 주장하는 학자들도 이사야가 전문적인 지혜자 집단에 속한 사람은 아니었다고 믿고 있다. 오히려 이사야는 농사짓는 일이나 토라를 설명하면서 지혜에 관한 용어들을 자유롭게 허용했다고 보는 것이다. 지혜가 예언에 대하여 우호적인 입장을 취하고 있다는 것은 잠언 8장에서 잘 나타난다. 여기서 지혜는 성문 앞에서 그 메시지를 외치는 여선지자로 의인화되어있으며 이 시는 지혜와 예언의 관심사인 진리와 공의 그리고 의로움을 함께 묶어서 양자의 기능을 잘 조화시키고 이 둘을 다 함께 왕의 통치에 권위를 주는 것으로 묘사하고 있다. 도한 예레미야 8:8~9절에 근거하여 지혜가 야훼의 말씀을 능가하려고 시도했을 때 선지자들이 지혜를 문제시하게 되었다고 추측하기도 했다. 백성들과 제사장들이 희생제사 자체가 어떤 구속적 가치를 가지고 있다고 주장하면 선지자들은 오히려 희생제사에 대하여 아주 강경하게 비난했던 것이다. 그러나 선지자들이 지혜를 하나님의 속성으로 여겼으며(사28:23~39, 렘2:8, 7:22, 호4:4~6) 또한 선지자들이 메시지를 선포할 때 지혜 문학과 비슷한 스타일을 사용했다는 사실이 선지자들이 지혜를 전적으로 무시하고 사역하지 않았음을 보여주는 예라 하겠다. 또한 구약의 지혜와 율법과의 관계가 창조라는 공통분모를 통해 서로 그 기반을 같이하는 것임은 이미 살펴 본 바 있다.

그런 관점에서 볼 때, 지혜는 율법에서 기원되었으며, 역으로 율법은 지혜로 주어진 것이라 할 것이다. 지혜는 율법과 제사 규례를 보완했다고 할 수 있는데, 지혜는 제사가 할 수 없었던 것들을 이루고자 한 것이다. 즉 성전과 제사장들이 그다지 관심을 쏟지 않았던 것들을 가르쳤다. 이것들은 상호 배타적인 것이 아니며 아마도 이 둘 사이의 교감은 포로 귀환 후 벤 시락의 시대에 돼서야 동반자로 인식하게 된 것이라 볼 수 있다. 이에 대하여 폰 라트는 "포로 이전이건 이후건 지혜의 근본 요소는 하나님을 경외하는 것"이라고 주장했음도 눈여겨 볼 필요가 있다. 지혜서가 계명을 지킬 것과 하나님과 율법에 대하여 신실할 것을 강조했다는 것은 곧 지혜가 종교적 제도를 지지하는 역할을 한 것으로 판단할 수 있는 것이다.

아모스서에 관해서도 비슷한 결론을 내리는 학자들이 있다. 학자들은 아모스를 고향 드고아의 민간 지혜자 그룹에 있었던 자라고 보고 있다. 아모스의 고향 드고아는 고대 이스라엘의 지혜의 중심지로 알려져 있다. 그가 숫자 격언이나 특별한 유형의 언어 현상과 신학적인 강조점을 사용하는 그의 수사학적 기교가 그의 배경에 관한 그런 유추를 가능하게 하고 있는 것이다. 미가와 요나 역시 지혜의 영향 아래 있는 것으로 이해되는데 이는 그들의 메시지가 우주적 보편주의를 받아들이고 있는데다가 그의 책 전체가 하나님의 정의에 관한 주제로 씨름하고 있기 때문이다.

역사서에 있어서 왕위계승 설화(삼하9~20장, 왕상1~2장)가 지혜 저자에게 속한 것으로 알려져 있다. 그는 항구적인 진리를 구현하고 있는 한 이야기를 말함으로써 다양한 격언들의 가르침을 전하려고 노력하고 있다. 야훼 기자의 설화 역시 마찬가지다. 이 설화는 적어도 한 비평가에 의해 지혜와 역사를 결합한 것으로 이해되기도 한다. 이런 놀라운 결론은 요셉 설화가 전문적인 모략가의 모델을 제공하려는 목적을 가진 궁정의 한 현자에 의해 기록되었다는 주장에 크게 의존하고 있는 학설이다. 에스더서가 지혜와 순전함을 겸하여 가지고 있는 자들에게 따르는 보상이 어떠한가를 보여주려는 한 현자에 의해 기록되었다는 결론도 비슷한 배경에서 나온 이야기이다.

성경의 원역사(창1~11장) 역시 그 일부 특히 지식의 나무와 선악과 나무에 대하여 언급하는 타락 이야기가 지혜의 영향을 받은 것으로 여겨지고 있으며, 심지어 어떤 학자는 원역사 전체가 현자들의 작품이라는 극단적인 이론을 펴기도 한다. 지혜의 영향은 이상에서 언급한 큰 단위 외에도 무수한 절들과 장들 속에서 발견된다. 예를 들면 출애굽기 34:6~7절에 있는 장엄한 하나님의 성품 묘사는 요나서에도 언급되어 있는 것으로 현자들에게서 유래한 것으로 여겨지고 있다. 지혜의 영향은 이토록 광범위한 것이어서 마치 히브리 정경 전체가 지혜의 영향권 하에 있는 것으로 보는 학자들도 있다. 묵시 문학 역시 현자들에게서 유래된 것으로 보는 견해도 있을 정도로 지혜의 영향을 광범위하게 구약을 커버하고 있다. 그러나 이렇게 넓게 지혜의 영향의 범위를 잡다보면 오히려 지혜의 의미가 손상되기도 한다.

지혜가 율법을 보완하고 완성하는 차원에서 서로 세워주고 있다는 선까지가 우리가 받아들일 수 있는 지혜의 범위인 것이다.

하나님은 그의 백성 이스라엘에게 율법을 통해 계명과 율례들을 주셨고, 선지자들을 통해 그의 말씀을 주셨으며, 그리고 현자들을 통해 지혜롭게 주님을 따르는 길을 주신 것이다. 오경에서 각 사람들의 율법에 대한 반응에 따라, 선지서에서는 선지자들의 말씀에 대한 반응에 따라 그 사람의 행복과 번영이 결정되는 것처럼 지혜서에서는 신적 계시의 매개체인 지혜에 대한 응답의 여하에 다라 그 각자의 운명이 결정된다는 것이다. 그러므로 그역의 지혜서를 연구하는 동안에 우리는 지혜의 생성 배경, 지혜의 발전과 표현 방식들을 염두에 두어야 하지만, 결국 지혜서의 내용이 구약의 다른 부분들과 어떻게 관련되어 있는가 하는 각도에서 연구가 되어져야 한다. 특별히 신약의 복음과의 관계성 속에서 지혜를 이해하는 것은 가장 근본적인 문제임에도 많은 학자들은 지혜 그 자체만 연구하는 우를 범하고 있어 안타깝다.

종교가 명예로운 휘장이라기보다는 종종 한낱 골칫거리로 여겨지는 문화에서는 진정한 경건이 경멸의 대상이 될 수도 있을 것이다. 그러나 구약의 지혜문학과 시편은 교회로 하여금 진정한 경건을 회복하도록 촉구한다. 경건이란 단지 '빳빳한 정장 안에 자신을 감추는 위선적인 삶의 방식'을 말하는 것이 아니다. 이것을 율법주의가 아니고 오직 사람의 마음에서 우러나와 자신의 의무를 수행하는 것이다. 즉 영적으로 성장하여 하나님을 즐거워하는 성숙한 자세가 경건의 모습가운데 하나인 것이다.

어느 시대에나 경건의 부흥이 없는 교회는 진정으로 새롭게 변화되는 체험을 할 수가 없다. 시편 기자가 잘 보여 주듯이 인간이 하나님께 대하여 갖는 이중의 관계, 즉 창조와 구속의 맥락에서만 인간의 존재의 의미가 살아난다. 시편은 인간의 행복과 내적인 평안은 하나님을 찬양하는 가운데 발견될 수 있다는 진리를 나타낸다. 인간의 운명이 하나님을 찬양하도록 결정되어 있음을 인식하게 된다면, 사사로운 이익 따위는 잊게 되고 그 마음이 하나님을 향하여 높이 날아오르도록 자유롭게 될 수 있다는 것이다. 왜냐하면 오직 하나님이 높임을 받을 때에만 그의 권위 하에서 인간은 우주 안에서 자신의 올바른 위치를 찾을 수 있기 때문이다. 지혜문학에는 이 같은 차원을 표현하는 적절한 말이 있는데 그것은 "야훼를 경외하는 것"이다. 혼탁하고 결점투성이인 현대 사회의 질서를 보면 이러한 성품을 회복하는 것이 절실히 필요하다는 것을 깨닫게 된다.

그렇게도 수많은 세대가
그렇게 많은 실패를 통해 검증된 삶의 결과들을
그들의 사랑하는 후손들에게 물려주면서 내려 왔지만
아직도 우리 인생의 사람은 지혜와는 거리가 먼,
저주와 박복의 대상이 되어 원망하고
괴로움을 안은 채로 신음하며 생을 허비하고 있는 것처럼 보인다.
결국 인간이란?
하나님의 아들로 오신 예수가 없이는 죄인,
쓸모없는 죄인임에 다름이 아니지 않는가!
얼마나 많은 세월이 지나고 세대가 가더라고,
예수 없는 인생은 날마다 그렇게 고통 속에 지내리라
언제 우리가 지혜롭게 자신을 주께 드려
참 행복을 누리며 살 수 있을까?

신구약 중간사 및
남·북 이스라엘의 열 왕과
선지자 연대표

1. 중간사 서론 및 고대 근동의 지리

일반적으로 기독교 신자들은 신약과 구약의 마지막 계시 사이의 기간을 "신구약 중간사"라 부른다. 하지만 실제로 많은 신자들은 이 기간이 어떻게 형성되어 있고, 어떤 중요성이 있는지에 대하여는 피상적인 지식만 가지고 있다. 구약 정경의 계시가 종료되고, 세례 요한을 통하여 신약의 복음이 시작되기까지의 이스라엘을 둘러싼 고대 근동의 역사와 정황을 살펴보는 것은 여러모로 유익한 일이다. 여러 가지 유익이 있겠지만, 첫째는 구약을 좀 더 잘 이해하게 된다는 것이고, 둘째는 신약과 유대인 및 이스라엘에 대한 보다 포괄적이고 전체적인 전망을 갖게 될 것이기 때문이다. 예를 들면 에스더서가 배경으로 하고 있는 지리적 정황은 우리가 흔히 근동이라고 부르는 지역이며, 시대적 배경은 대략 주전 460년대이다. 이 시기의 근동의 패자는 신 바벨론제국을 패망시키고 새로운 그 지역의 강자로 떠오른 페르샤 제국인데, 성경에서는 메대-파사제국이라 명명되어있다. 그러므로 학생들이 에스더서를 보다 의미 있게 음미하려면 이 시대와 지역에 관련된 기본적인 지식을 가지고 공부하면 더 효과적으로 에스더서의 메시지를 파악할 수 있을 것이다. 이와 더불어 그런 대략 500년 어간에 일어난 이스라엘의 정체성 변화도 주의 깊게 살펴보아야 할 것이다. W. 퓌르스터의 지적처럼 이 기간 동안에 이스라엘은 전향적으로 '유대화'되어 갔고, 이스라엘에는 유대주의가 중요한 국가 정체성의 근간이 되었던 것이다. 그것은 왜 구약에는 유대인이란 말이 거의 없는데 반하여 신약에는 유대인이란 특별한 개념이 일반적으로 통용되고 있는가에 대한 답이기도 하다. W. 푀르스터는 이런 포로 후기의 새로운 유대 사회를 건설하는 주된 그룹이 유대지파였음을 지적하고 있으며, 그들은 '경전 중심', '회당 중심', '랍비 중심'의 특성을 근간으로 하는 유대주의에 입각한 새로운 이스라엘을 건설했던 것이다.[103] 이런 시기 동안에 일어났던 일들을 일반적으로 '신구약 중간사'라는 범주로 이해하는 것이다.

우리가 '근동(Near East)'이라고 말하는 지역에 대한 명칭은 유럽인들의 관점에서 규정된 지정학적 명칭이다. 유럽인들은 그들을 중심으로 동쪽을 근동, 중동, 극동으로 분류해 왔다. 극동은 중국, 한국, 일본들이며, 중동은 지금의 이란과 이라크 지역이며, 근동이라 하면 터키와 그리스까지를 포함하는 개념이다. 여기서는 주로 '근동' 지역을 다루게 될 터인데, 이는 지금의 이스라엘을 중심으로 남쪽으로는 이집트와 이디오피아까지, 서쪽으로는 터키와 그리스까지 북서쪽으로는 시리아, 이라크, 이란, 사우디아라비아 등의 지역을 말한다. 그 지역은 현재 아랍족이라 일컫는 민족들이 정착해서 살고 있는 지역이며, 티그리스 강과 유프라테스 강을 중심으로 비옥한 초생달형 옥토를 중심에 가지고 있는 지역이다. 그리고 이 지역은 고대의 4대 문명 발상지 중에 가장 오래된 두 문명의 발상지로서 상당한 고고학적, 문화적 유산을 가지고 있는 의미심장한 지역인 것이다. 중세 시절 마호메트가 알라를 유일신으로 숭배하는 이슬람교를 창시한 이래로 그 지역은 급속도로 이슬람교를 신봉하는 지역으로 돌아섰지만, 그 지역 내에는 일찍부터 유대교를 신봉하는 사람들이 많이 있었다. 종교적으로 보자면 그들은 아주 고대로부터 말둑신을 주신으로 하는 창조 신화와 홍수 신화 등을 가지고 있었으며, 그리스와 로마 신화 등에서 나오는 신들끼리 질투하고 전쟁하고 사랑하기도 하는 그런 고대 다신교의 영향 아래서 지내왔던 것 같다. 이 지역은 일반적으로 메소포타미아(바벨론) 지역, 페르샤(이란)지역, 소아시아(터키 지역)와 헬라(그리스)지역 그리고 팔레스틴(이스라엘, 레바논, 시리아) 지역, 그리고 이집트 지역들로 통상 구분지어 불리곤 한다.

---

103 Forster W., *From the Exile to Christ: A Historical Introduction to Palestinian Judaism*, 문희석 역, 『신구약 중간사』(서울, 컨콜디아사, 2008), pp.15~24.

2. 고대 근동의 왕국들

고대 근동의 중앙에는 우리가 흔히 메소포타미아 지역이라 부르는 바벨론 지역이 있다. 팔레스틴을 중심으로 아래쪽으로 고대 이집트 왕조가 형성되어 있고, 북서쪽으로는 앗시리아 제국이 형성되어 있는데 이런 고대 왕국들을 체계적으로 살펴보도록 하겠다.

1) 고대 바벨론 제국

고대의 메포소타미아 지역의 나라로서, 고고학적으로 고대의 우르 문화권이며, 그보다 조금 후대에 '마리', '누즈' 문화권이 이어진다. 성경의 아브라함이 이 나라 출신이며, 그곳의 우르 땅에서 팔레스틴으로 이주하였다. 위에서 언급된 대로 다신교와 함무라비법전으로 유명한 고대 문화의 발상지이다. 이 시기에 이집트 역시 고대 문화를 형성하고 있었다.

2) 앗시리아 제국

고대 앗수르 제국은 이미 오래전부터 있었던 나라인데 주전 9세기경에 새롭게 발흥하여 주전 8세기에 전성기를 구가하다가 주전 7세기 후반에 신 바벨론에게 망한 나라이다. 그들의 전성기였던 주전 8세기 후반부에 북방 이스라엘을 멸망(주전 722)시킨 나라로서, 고대 근동지역에서 최초로 통합된 왕정체제로 그 지역을 장악한 제국이다. 성경에는 '앗수르'라는 국명으로 나온다.

앗수르는 주전 12세기 초 디글랏발레셋 1세(B.C. 1116~1078)에 의해 국위를 회복하였으나 이후는 넓혀진 국경이 좁아들어 B.C. 966~935년경에는 앗수르의 본토를 겨우 지킬 정도였다. 그러나 디글랏빌레셋 2세는 쇠퇴하건 앗수르를 크게 재흥시켰고 그 이후 앗수르-나실발 2세(B.C. 883~859)는 잔악한 정치와 더불어 수리아를 침략하고 베니게로부터 조공을 받았다(나2~3장). 뒤를 이은 살만에셀 3세(B.C. 855~824)도 정복을 계속하여 B.C. 853년에는 오론테스 강에서 있은 칼칼(Karkar)전투에서 수리아와 동맹한 다메섹 왕과 이스라엘의 아합 군대를 격퇴하고 조공을 받았다. 살만에셀 3세의 사후 다시 쇠퇴일로에서 티글랏-빌레셋 3세(B.C. 745~727)는 아라랏과 수리아의 동맹군을 쳐부수고 북수리아의 도시들을 타파하였으며 블레셋을 침입하고 그 후 2년 동안 다메섹을 쳐 앗수르 영토로 삼았다. 성경에는 이 티글랏-빌레셋을 "불"이라 했는데(왕하15:19), 그는 이스라엘의 므나헴 왕으로부터 많은 금품을 빼앗았다. 유다 왕 아하스도 불의 신복이 되어 많은 조공을 바쳤다(왕하16:7).

디글랏빌레셋 3세가 죽고 살만네셀 5세(B.C. 726~722)가 등극하자 이스라엘의 호세아 왕은 반기를 들었고, 살만에셀은 3년간 사마리아를 포위하였다(왕하17:5). 이때 살만에셀 왕위는 본토에서 정권을 잡은 사르곤 2세에게 찬탈되었다. 사르곤은 반란의 진압을 위해 팔레스타인으로 진격하여 사마리아를 함락시키고 많은 포로들을 다른 곳으로 이주시켰다.

사르곤 2세의 사후 산헤립이 왕으로 오르자 그는 니느웨를 수도로 삼고 B.C. 701년에 반기를 든 유다 왕 히스기야를 공격하여 조공을 받아냈다(왕하18:13~16). 산헤립이 살해 당한 후 에살핫돈(B.C. 680~669)은 애굽을 정복하였으며 성경에 '오스납발'로 나오는(스4:10) 앗수르 바니팔(B.C. 669~626)은 바벨론의 반란군을 진압하고 이를 도운 엘람과 아랍 족속을 학살하고 스스로 바벨론 왕위에 올랐다. 그러나 앗수르 제국은 앗슈르 밧니팔을 기점으로 쇠퇴의 길을 걷게 되었고 그 틈을 타 각처의 앗수르 속국들은 반기를 들었다. 맨 먼저 반기를 든 곳은 애굽 26왕조의 창시자 싸메디커스 1세였고, 그 다음은 갈대아(신 바벨론)였는데 이 갈대아는 메대 왕 사악사레스의 협력을 받아 B.C. 621년 스바냐의 예언대로(습2:13~15) 앗수르의 수도 니느웨를 타파하고 앗수르왕 신샤리슈쿤을 죽임으로써 앗시리아를 멸망시켰다.

앗수르 제국의 왕의 연대

왕	연대(주전)
살만에셀 3세	858~824년
아닷-니라리 5세	810~758년
앗수르-단	772~754년
앗수르-니라리 5세	754~745년
티글랏-빌레셀 3세	745~727년
살만에셀 5세	726~722년
사르곤 2세	722~705년
산헤립	705~681년
엣살하돈	680~669년
앗슈르밧니팔	669~626년

신 바벨론 제국/바벨론은 시리아의 사막으로부터 문명지대인 하부 메소포타미아로 이주해 온 셈족의 한 부류를 이루는 아랍인이 먼저 이곳에 정주하고 있던 같은 셈족 계통의 아모리인에 흡수되어 혼합과 혼혈된 주민이 세운 나라이다. 성경에는 "갈대아"라는 이름으로도 혼용되어 나온다. 그것은 아랍인의 한 부족인 칼투족에서 처음 왕조가 나왔기 때문이며, 고대 바벨론의 함무라비 왕 이후 역사의 중심지인 바벨론의 옛 도시를 부흥시켜 이곳에 수도를 정했기 때문에 신바빌로니아라고도 부른다.

초대왕 '나보폴라살'의 뒤를 이어 왕이 된 '느부갓네살'은 43년의 통치기간 중에 황금시기를 이루어 이집트의 세력을 시리아와 팔레스타인에서 일소시키고 오리엔트 상업의 이권을 차지했다. 이때 유다도 이집트의 영향 하에 있다가 바벨론으로 넘어가 마침내 느부갓네살에게 멸망당하여 3차례에 걸쳐 바벨론으로 유배되었다. 강성하던 신바빌로니아 제국은 나보니두스 시대에 이르러 페르샤의 고레스 왕에게 멸망한다(B.C. 539).

4) 메데-바사 제국(B.C. 559~333) - **페르샤 제국**

바사의 본거지는 인더스, 티그리스 강 사이의 이란 고원으로 이곳에는 B.C. 1500년 경 아리안족이라 하는 인도, 유럽족이 살고 있었는데 이 아리안족은 두 갈래로 나뉘어져 하나는 인도 쪽으로, 다른 하나는 서쪽의 기름진 비옥한 초생달 지역에 이르렀는데, 이곳에서 메데와 파사의 두 왕국이 일어났다. 인도로 간 한 쪽을 빼고, 나머지 한 그룹은 또 두 족속으로 나뉘어 정착하게 되는데 첫째는 메대족이며, 두 번째는 바사족이다. 이 둘은 크게 보면 아랍족과 같이 이슬람을 믿지만 인종적으로는 셈족인 바벨론과는 다른 인도유럽인 계통이며 지금의 이란지역이 그 본거지이다. 그중에 메대족은B.C. 700년경 큰 나라를 이루고 B.C. 612년 시악사레스 왕은 바벨론의 느부갓네살과 연합하여 앗수르의 수도 니느웨를 멸망시켰다.

한편 바사족은 더 남하하여 엘람과 동쪽지대를 점령하였으나 B.C. 650년에는 앗수르의 아슈르바니팔에 의해 파멸되었다가, 같은 동족인 메대와 연합하여 고레스 2세(B.C. 559~530)의 영도 하에 자체의 내란 중에 있는 메대를 제압하고 B.C. 549년에는 메대를 복속시켜 강력한 국가를 건설한다. 그리고 그는 계속해서 소아시아까지 제압하고(B.C. 546) 마침내 신바벨론 제국을 항복시켜(B.C. 539) 대제국을 건설했다. 또한 바벨론의 포로가 되었던 유대 민족과 다른 민족들에게 해방령을 내렸다(B.C. 538, 스1:1~5).

고레스 2세 왕은 8년 만에(바벨론 멸망 9년) 동부지역인 카스피해 동쪽의 유목민 반란을 진압하다가 부상하여 사망했다. 고레스 2세의 사후 왕위에 오른 캄비세스 2세는 B.C. 525년 애굽까지 정복하였으나 귀국길에 사망하고 가우마타가 수산(수사)에서 왕위에 올랐다.

그러나 그도 2개월 만에 귀족들에게 암살당하고 다리오가 귀족들에 의해 왕위에 올랐다. 왕위에 오른 다리오는 유럽의 다뉴브 강까지 이르러 헬라와 충돌했으나 마라톤 전투에서 패했다(B.C. 491).

그러나 다리오 1세 사후 바사(파사)는 사치와 향락에 빠져 쇠퇴의 길로 갔는데 다리오의 뒤를 이은 크세르크세스(B.C. 486~465, 아하수에르, 스1:1, 4:6)는 유대인 여자인 에스더를 왕후로 삼았으며 살라미스 해전에서 크게 패했다. 뒤를 이은 왕은 아닥사스다 1세 롱기마누스(B.C. 465~423)였고 느헤미야는 그의 즉위 27년에 유다 총독으로 예루살렘에 내려와 성곽 수축의 일을 감독하였다(느2:1~12). 이어 다리오 2세(B.C. 423~404) – 아닥사스다 2세 무네몬(B.C. 404~359) – 아닥사스다 3세 오커스(B.C. 359~338) – 알세스(B.C. 338~335)로 이어지다가 다리오 3세(B.C. 335~331) 때 헬라에서 일어난 알렉산더에게 멸망당했다.

5) 그리스 제국(B.C. 333~200)

젊고 용맹무쌍한 탁월한 제왕 알렉산더를 앞세운 그리스가 알렉산더의 후계자들을 통해 근동을 다스리게 된다. 그들은 인도 유럽족이며 근동의 셈족과는 다른 혈통이다. 젊은 알렉산더 대왕이 일찍 죽자, 광활한 제국을 네 개의 지역으로 분할하여 다스렸는데, 트라키아 지역은 루시마쿠스 왕이, 마케도니아 지역은 카산델이, 이집트지역은 톨레미 소텔이 그리고 시리아 지역은 셀루커스(seleucus)가 왕조를 세워 다스렸다. 그런데 이스라엘이 위치한 팔레스틴은 이집트와 시리아의 중간에 있어서 두 왕조가 세력을 다투던 문제의 장소였고, 결국은 이집트가 이겨서 팔레스틴의 패권은 이집트 쪽으로 넘어가게 된다.

그리스는 스스로를 "헬라"라 불렀고 옛적부터 "바다 사람"이라 불릴 만큼 지중해의 패권을 차지하고 해상무역을 발전시켰으며, B.C. 1000년경에서 B.C. 750년까지는 국민회의 형식의 왕정시대를 열었다. 이후 B.C. 750~600년 사이에는 귀족 정치가 이루어졌으며 유명한 올림피아 제전이 열렸고 이때 비로소 자기들을 헬라 사람이라 부르며 헬렌 조상의 후손이라고 믿었다. B.C. 500년 이후 아덴과 스파르타 사이에 동족상잔이 일어났으며 그런 와중아 헬라 북쪽의 필립(B.C. 359~336)은 스파르타를 제외한 헬라 전 지역의 맹주가 되었다. 필립의 뒤를 이은 알렉산더는 20세에 왕위에 올라 테베스를 함락시키고 22세 때 바사에 눌렸던 헬라의 도시들을 해방시켰다. B.C. 333년에는 바사의 다리오 3세를 잇수스(잇소)에서 격파한 후 계속 지중해로 남하하여 수리아와 팔레스타인을 거쳐 애굽까지 진격하여 알렉산드리아를 건설하였다.

그리고 다시 북상하여 초생달 옥토를 따라 티그리스 강을 건너 B.C. 331년에는 바사왕 다리오의 대군을 알벨라에서 대파하고 바벨론에 입성한 후 다리오가 죽은 후 바벨론을 수중에 넣었다. 그러나 알렉산더의 갑작스런 죽음은 그가 정복한 대제국을 혼란으로 몰아넣었다. 40여년간의 세력 다툼이 계속되는 가운데 B.C. 275년경에는 그리스 제국은 3개의 영역으로 나뉘어 분할통치하는 방식으로 합의하게 된다. 우럽의 마케도냐와 그리스 일부는 안티코너스 왕조가, 이집트와 남부 시리아는 톨레미(프롤레마이오스) 왕조가, 에게 해안에서 힌두쿠시에 이르는 아시아 지역은 셀루커스 왕조의 지배에 속하였다. 이들 세 왕조는 로마에 의해 B.C. 146년 고린도가 파멸되고, 이어 B.C. 64년에는 수리아가, B.C. 30년에는 애굽이 멸망되어 희랍은 종달을 고했다. 이리하여 역사의 중심은 로마로 넘어가게 되었다.

6) 이집트의 통치

상기의 협약에 의해 팔레스틴지역(이스라엘)은 셀루커스 왕조의 지배하에 있었으나 일시적으로 이집트의 폴레미 왕조에 밀려 그들에게 주도권을 내어주는 일이 있었다. 그래서 일시적이지만 유대는 이집트의 통치를 받게 된다. 엄밀한 의미에서 이집트 왕조는 이미 그리스의 영향 아래 있었으므로 이집트의 통치는 조만간에 조정되고 B.C. 200년경에는 수리아에 기반을 둔 셀루커스 왕조의 통치로 다시 떨어지게 된다.

7) 마카비의 통치

수리아(다메섹이 수도이며, 안디옥이 그 도시 가운데 하나이다)가 다시 통치하게 되면서 그들은 서방에서 신흥강국으로 등장하는 로마를 견제하는 전쟁을 시작했다가 패배하고 로마로부터 과중한 전비부담금을 강압 받게 된다. 그러자 수리아의 통치자 안디오커스 에피파네스는 그 부담금을 유대인들에게 부담시켰고, 그래서 유대인들은 대제사장 자리까지도 금전으로 대여할 정도로 어려움을 겪게 된다. 그렇게 상황이 악화되자, 유대인들 가운데 독립투사들이 생겨나게 되고 그들의 지도자가 마카비 가문이다. 그리스의 영향 하에 있는 시리아의 통치자는 예루살렘 성전을 제우스 신전으로 전락시켰으며 유다의 제사장들로 하여금 이방제사에 앞장서도록 했다. 그러자 예루살렘에서 멀지 않은 곳에 살던 제사장 마타디아가 안디오커스의 그러한 성전모독의 악행에 반기를 들었으며 정치적 압력 때문에 성전에서 제우스신을 모시려한 많은 유다의 제사장들과 동조자들을 살해해 버린다. 그의 사후에 마타디아의 아들인 유다가 군사적 지략을 발휘하여 안티오커스 군대와 전쟁을 벌리며 소위 말하는 유대인들의 독립전쟁을 지휘한다. 그 독립전쟁에서 승리한 이스라엘은 안디오커스로부터 다시 성전을 정결케 할 수 있다는 재가를 얻게 되고 이스라엘은 종교적으로 다시 야훼신앙과 성전신앙을 회복하게 된다. 마타디아의 다른 아들들이며, 유다의 형제들인 요나단과 시몬도 같은 열정으로 자기 민족의 영적 갱신을 위해 투쟁하며 헌신한다. 그래서 유대의 역사 가운데 이런 마카비 가의 형제들의 투쟁이야기가 문서화되었고 이런 내용들이 바로 마카비가의 독립전쟁 이야기이며, 자세한 내용이 구약외경인 마카비 1, 2서에 기록되어 있다. 이런 상황은 대략 B.C. 167년에서 63년간 대략 100년간 지속되었다. 마카비가의 처음은 대단한 영적 각성으로 이스라엘을 지도했는데 갈수록 그들의 후예들은(시몬의 아들인 죤 후르카누스는 사두개파에 가입함) 그리스의 이방 풍속을 받아들이며 세속화되어 갔고(죤 후르카누스의 아들인 알렉산더 야네우스는 더 악행을 해서 800여명의 바리새파 추종자들을 십자가형에 처하기도 했다) 그러던 와중에 바리새파와 사두개파 사이의 갈등이 이때에 생겨났고 이들 때문에 염증을 느낀 제3의 그룹이 생겨나고 각각이 그룹들은 자기네들의 이해관계 때문에 각각 로마제국에 도움을 요청하게 된 것이다.[104]

8) 로마의 통치

로마가 팔레스틴에 있는 이스라엘에 끼어들게 된 것은 순전히 이 지역에 있는 지도자들의 정치적 야심들 때문이었다. 그들은 서로 나누어 바리새파와 사두개파를 형성했고 그 정치적 계산에 따라 그들의 지도자를 선호했는데 이상하게도 그리스가 힘이 없다는 것을 파악한 그 세 부류들은 일제히 신흥 강국으로 떠오른 로마에 자기들의 문제에 개입해 줄 것을 요청하게 된다. 그래서 로마가 이스라엘을 점령하게 되고, 헤롯이라는 분봉 왕을 세워 위탁통치를 하게 된다. 이 시대에 우리의 주님께서 탄생하는데 그

---

104 안영복, 『구약요람』(서울, 성광문화사, 1981), p.122 ~27.

때의 황제가 바로 옥타비아누스로 알려진 황제 아우구스투스이다(성경에는 "가이사 아구스도"로 나온다. 눅2:1).

3. 고대 근동의 주요 인물들

1) 산헤립 왕

사르곤의 아들이다. B.C. 705~681년어간에 활동한 앗수르의 왕이다. 그는 군인이었으나 능력은 사르곤에 미치지 못했다. 그는 교만하고 잔인한 사람이었으나, 피정복자들을 자기 사람으로 하여 정복을 영속시킬만한 지혜가 없었다. 그가 즉위했을 때 서쪽의 사르곤에 복종하고 있던 사람들 중에 불만과 반항이 일어났다. 당시 유다 왕 히스기야, 블레셋의 아스글론, 에그론의 여러 성읍은 지중해 동안의 대부분의 민족과 함께 그들의 주권자인 앗수르 왕으로부터 벗어나려 했다. 이 탄란을 진압하기 위해 산헤립은 B.C. 701년에 대군을 일으켰고, 이스라엘을 비롯한 수많은 지중해 연안의 팔레스틴 나라들이 멸망당하거나 복속되었으며 유다 왕 히스기야도 앗수르의 왕에게 조공을 바쳤다는 기록이 있다(왕하18:14). 산헤립은 그 후 20년간 앗수르를 통치하며 많은 정복전쟁을 일으키지만 그는 결국 질병으로 수도인 니느웨로 귀환하고, 그의 므자비함과 잔인함을 인하여 그의 아들들에 의해 암살되고 만다.

2) 랍사게 장군

앗수르 왕 산헤립의 명령으로 다르단·랍사리스와 더블어 예루살렘을 치러 왔던 세 장군 중의 한 사람이다. 랍사게는 분명히 다르단(Tartan, 총지휘관) 다음 가는 장군이었다. 왜냐하면, 예루살렘 명도(明渡)에 관한 담판에 있어서, 그는 앗수르 군의 대변자였으며, 또 팔레스틴의 두 말, 즉 히브리어와 아람어를 말할 수 있었기 때문이다. 이들 세 장군은 대군을 거느리고 와서 예루살렘의 윗못 수도 결, 즉 서탁자의 밭에 있는 큰 길에 진을 치고 히스기야 왕에게 항복을 권고했다

3) 나아만 장군

아람 왕 벤하닷 1세(B.C. 900년경)의 군대장관이다. 여기서 아람은 신약시대는 수리아 지역으로 부렸고, 지금의 시리아지역에 세워진 국가이며 수도는 다메섹(다마스커스)이다.

지금의 이스라엘, 레바논 그리고 바로 윗 지역이 시리아이다. 신약시대에는 그곳도 로마제국의 통치하에 있었기 때문에 바울이 그리로 쉽게 갈 수 있었다. 나아만은 유능한 장군으로서, 용사로서, 국왕과 백성들의 경의를 한 몸에 받고 있던 구국공신이다. 그러나 문둥병환자였다가 엘리사의 치유로 병고침을 받은 이방의 장군이다.

4) 느브갓네살 왕

신 바벨론 제국의 전성기를 열어간 왕이며 유다를 점령했다. 갈대아(신 바벨론) 왕(B.C. 605, 562년에 재위)이다. 바벨론 왕 나보볼리살의 아들이며, 후계자이며, 메대 왕의 딸 아무히야와 결혼했다. 갈그미스 회전에서 바벨론의 느부갓네살은 애굽의 바로느고에게 대승하여(렘46:2) 애굽군을 국경선까지 물리치고 이북의 전지(全地)를 정복했다. 느부갓네살 왕의 행적은 예레미야·에스겔·다니엘 등의 선지자에 의해 후대에 전해지는 외에 비문(碑文)이나 바벨론의 역사가 베롯수스(Berossus, B.C. 250년경)의 저서에도 기록되어 있다. 유다도 그때부터 3년간 바벨론에 속하여 공물을 바쳤으나 반역했다(왕하24:1). 그래서 느부갓네살은 직접 이를 진압하여 여호야김 왕을 사로잡아 가고 여호야긴을 왕으로 세웠다. 그러나, 여호야긴도 3개월 후에는 사로잡혀 가고 시드기야가 왕이 되었다(대하 36:5~10). 하나님의 계속된 경고에도 불구하고, 그도 9년째에는 애굽의 협력을 얻어 바벨론(갈대아)에게 반기를 들었다(렘37:5). 마침내 예루살렘은 함락되고, 성전은 불타고, 도성은 약탈당하였고, 백성은 포로가 되었다(B.C. 586). B.C. 561년 그의 아들 이브르 멜로닥에게 양위했다. 그의 지병이었던 정신병(단4장)은 "리간드로삐" 라고 불리는 것인데, 그는 자기가 동물로 되었다는 착각을 일으켜 소가 되어 7년간 들에서 풀을 먹었다. 느부갓네살에 의해 바벨론은 메소포다미아 평원 무역·정치·종교·문학의 주요 중심지로 되었다. 바벨론은 이렇게 느부갓네살에 의해 건설되어 갈대아 왕국의 중심 도시로 되었다. 이렇게 느부갓네살은 함므라비 왕 이래 최대의 군주로서 최대의 판도를 가지고 오만하고 자고하기 그지없었다.

5) 고레스 왕

바사제국의 초대 왕(B.C. 559~529년에 재위)인데 여호와께서는 고레스 원년에 예레미야를 통해 하신 말씀(렘25:11~12, 29:10)을 이루시려고 고레스의 마음을 감동시켜 온 나라에 조서를 내리고 공포하여 예루살렘에 전을 건축하게 하셨다. 그리하여 유다, 베냐민 족장들 그리고 레위 사람들이 모두 하나님으로부터 마음이 감동되어 금은 보물과 짐승 기타 예물을 즐거이 드려 여호와의 전 건축에 다 일어났다. 그는 또한 느부갓네살 당시의 여호와의 전 기명(5400)과 사로잡힌 자를 바벨론에서 예루살렘으로 데리고 갔다(대하 36:22, 23, 스1:1~11). B.C. 536년에 행한 포로의 석방, 귀국은 매우 유명하다.

6) 다리오 왕

바사(페르샤)의 왕(B.C. 522~ 486)이며 캄비세스의 태수이며 장군인 아버지 히스타스페스의 아들이다. 그는 페르시아의 왕가 혈통으로 볼 때 고레스의 방계 자손인데 반란을 제압하고 왕위를 획득하고자 군대를 이끌고 본국으로 진입했으며(이성계의 위화도 회군처럼), 정권을 잡는 데 성공한 후 자기에게 도전하는 제국 내의 많은 반란 혐의자들을 처형함으로 제국을 완전히 장악한다. 그는 그러한 내실의 든든함을 후세에 알리기 위해 엑바타나로 가는 길의 옆에 산의 벽에다 비문을 세워놓았는데 이는 고대어인 아카드어를 연구하는 중요한 기록이 되고 있을 정도이다. 당시 바사 제국의 영토는 동으로 인더스 강, 서로는 에게 해 북안, 남으로는 사하라 사막에 이르는 광대한 것이었다. 다리오 왕은 유능한 정치적 수완으로써 광활한 영토를 20주로 분할하고 각지에 총독을 임명하여 중앙 집권적 정치 조직을 확립했다. 그는 세제 개혁, 군용 국도의 건설, 우편제도의 창설, 화폐경제의 창시 등, 150년간의 바사 제국 존립의 기초를 든든히 했다. 그는 열렬한 조로아스터(배화교) 교도였으나, 유대인 등 피정복민에게 자치와 신교(信敎)의 자유를 허락했다. 특히 바벨론에서 귀환한 이스라엘 인이 성전 재건 공사를 시작했으나, 끈질긴 대적의 방해 때문에 다리오 제2년에 중단하게 되었을 때(4:24), 이를 도운 것은 특기할 만하다. 이 때 다리오 왕은 조서를 내려 바벨론 왕의 보고(寶庫)를 조사시켰던 바 메대 도(道)의 악메다 궁에서 예루살렘 성전 재건에 대한 고레스 왕 원년에 내린 조서가 발견되었다. 그 조서는 성전의 규모, 경비의 출처, 느부갓네살이 예루살렘 전에서 노략하여 바벨론으로 가져간 하나님의 전 금은 기명을 돌려 보내라는 것이었다(스 6:1~5). 다리오 왕 제2년 6월 24일 성전 재건 공사는 재개되었다. 다리오 왕의 명령이 엄하게 내려져 종래의 대적들도 이를 도와 다리오 왕 6년 12월 3일에 성전 건축 공사는 필역하였다(스 6:15). 그는 현 소련의 '돈' 강 부근의 스키바디인과도 전쟁을 했으며, 또 희랍과도 싸워 그의 유명한 두 지휘관을 B.C. 490년 마라돈에서 잃고 패전했다. 1, 2차의 희랍 원정에서 뜻을 못 이룬 그는, 스스로 제3차의 대원정을 계획, 애굽 반란 진정의 진중

에서 전사했다.[105]

7) 아하수에로 왕

고대의 바사어로 '위대한 사람(Khshaya rsha, Mighty man)'이라고 부른 바사 왕인데, 일반적으로는 헬라역의 '크세르크세스(Xerxes, 재위 B.C. 485~465)'라는 이름으로 알려져 있다. 에스더의 남편이며, 에스더서의 주요 인물이다. 에스더서는 그의 호색·변덕·무사려·전제·잔학 등을 기록하고 있는데, 이것은 희랍 역사가의 서술과 일치한다(헤로도투스). 또 수도 수산과 인도에서 에디오피아에 이르기까지 그의 판도도 나카시 루스템에 있는 다리오의 비문과 일치한다. 즉위 후 2년에 애굽을 평정하고, 4년의 준비 기간을 거쳐 대군을 거느리고 헬라 침략을 시도했으나 살라미 해전에서 패배하고, 다음 해 후위장군(後衛將軍) 마르도니오스도 대패하므로써 침략을 단념했다. 후에 두 신복에게 피살되고 아들 아닥사스다 1세(롱기마누스/아르타크세르크세스)가 왕위를 이었다.

8) 아닥사스다 왕

그는 바사(페르시아) 왕 아르타 크세르크세스(롱기마누스, Longimanus) 1세(재위 B.C. 465~424)이며, 아하수에로 왕의 아들이다. 아닥사스다 왕 때에 사마리아인을 중심한 관원들이 그에게 유대인들이 패역하고 악한 성읍을 건축하는데, 만일 이 공사를 마치면 조공과 잡세, 그리고 부세(賦稅)를 바치지 않을 것이라고 사실무근하게 이스라엘 백성을 무고했다. 그들의 상소에 대해 아닥사스다는 즉시 공사 중지 명령을 내리니 다리오 제2년(B.C. 520)까지 10여년간 공사는 중단하게 되었다(스4:17~24). 후에 다리오 왕의 조서가 내리자 대적은 물론 아닥사스다 왕도 협력하게 되었다(스 6:14). 에스라가 성전을 재건했지만, 성벽을 쌓지 못했음으로 외적의 침해 하에 소수의 잔류 이스라엘 백성은 무방비 상태로 환난과 능욕을 당하게 되었다. 느헤미야가 이 문제에 대해 겸손한 회개의 기도를 하자, 하나님께서는 아닥사스다 왕을 감동시켜 느헤미야의 소원을 들어주게 하셨다(B.C. 444). 아닥사스다 왕은 과거에 성전 건축을 방해하던 강 서쪽 총독에게 예루살렘 성 중건에 필요한 재목까지 도 지원하라는 조서를 내려 도와주게 하였다(느 2:1~10).

---

105 레온 우드, 김의원 역, 『이스라엘의 역사』(서울, 기독교문서선교회, 1985), P.433.

9) 안티오쿠스 에피파네스

알렉산더 사후 그의 점령지를 나누어 다스렸던 헬라의 통치자 중에 한 명인데, 셀루 커스 왕조에 속한 왕으로 시리아와 팔레스틴 지역을 다스렸으며 유대인들에게 종교적 수치심을 주기 위해 예루살렘의 성전에서 제우스신에게 분향토록 명했던 포악한 통치 자 중 한 사람이다. 앞에서 설명한 유대인의 독립투쟁(마카비 전쟁)을 야기시킨 헬라의 꼭 두각시 정권의 통치자이다.

4. 포로 귀환 후의 이스라엘의 역사

우리는 이미 유대인들이 바벨론 포로에서 돌아온 뒤의 약 300년간의 상황을 지켜보 았다. 팔레스틴의 예루살렘으로 돌아온 이스라엘 민족은 그 지역의 통수권자가 바뀌 는 상황 가운데서도 성전을 재건하며 민족적 역량을 결집하기 위해 애써왔으나, 번번 이 실패하였다. 느브갓네살이 인도하던 신바빌론제국이 몰락하고 바사제국의 고레스 왕의 칙령으로 유대인들은 본국으로 돌아올 수 있었다. 돌아온 그들은 우상숭배를 배 격하고 철저한 성전중심의 신앙을 재건하게 되는데, 이 시기에 유대교가 본격적으로 그 정체감을 세워 간다. 어떻게 된 영문인지는 확인할 길이 없으나, 열두지파 중에서 믿음의 조상인 아브라함의 후예임을 자랑스럽게 생각하는 지파가 유대지파만 남게 되 었고(혹은 유대지파가 돌아온 이스라엘 사람 중 가장 주류를 형성하게 되었는지는 확인할 수 없다) 귀환 후의 이스 라엘은 아주 급속한 속도로 지금 우리가 보는 유태인/유대인/유태교화(化)가 이루어진 것이다.

그러는 와중에, 페르샤 제국의 통치가 끝나고 이스라엘은 헬라제국의 통치를 받게 되고, 그 헬라제국이 무도하게 백성을 자극하니 마카비 가문에 의해 이스라엘의 독립 투쟁이 일어나고 그러는 와중에 헬라제국도 무너지고 마지막 강자인 로마제국이 예루 살렘을 점령하게 되고 모든 주변국가가 로마의 속국이 되어 한 국가가 되는 가운데, 우 리 주님께서 탄생하신 것이다.

마카비 가문의 후예 중 후르카누스의 두 아들들이 권력투쟁을 벌였다. 그들은 후루 카누스 2세와 아리스토부르스인데, 안티파텔이라는 사람이 이 두 사람의 권력투쟁의 틈새를 공략 하여 로마로부터 유다의 분봉 왕의 지휘를 획득해 버린다. 이 안티파텔이 라는 사람은 얼마 전에 유다의 속국이 된 에돔의 총독으로 파견되었던 사람의 아들이며 물론 유대인이다. 그런데 이 안티파텔의 아들이 바로 예수님 탄생 당시의 '헤롯 대왕'이었던 것은 참으로 주목할 만한 사건이다. 그러니까 정통파 유대인들이 자리다툼을 하고 있을 때, 먼 객지에 총독으로 나간 변방 인사의 아들이 정략결혼과 아부와 뇌물을 통해 본국의 분봉 왕의 자리를 꿰어 차는 데도 정권다툼에 정신 못 차린 유대의 썩은 종교지도자들(대제사장과, 서기관, 바리새인, 사두개인들의 무리들)은 로마에 아부만 하면 자신들의 영달이 보장된다고 생각하고 민족의 정통성이나, 하나님의 나라의 회복 등에는 관심이 없었던 것이다. 바로 그런 때에 주님께서 오신 것이다! 그 어둠을 뚫고 생명의 빛을 주시기 위하여…

5. 남·북 이스라엘의 열 왕과 선지자 연대표

유다 왕	이스라엘 왕	선지자		주변 대국/왕
사울(주전1050~1010) 다윗(주전1010~970) 솔로몬(주전970~931)				
르호보암(931~913) 아비얌(913~911) 아사(911~870) 여호사밧(870~848) 여호람(848~841) 아하시야(841) 아달랴(841~835) 요아스(835~796)	여로보암1세 (931~910) 나답(910~909) 바아사(909~886) 엘라(886~885) 시므리(885) 티브니(885~880) 오므리(885~874) 아합(874~853) 아하시야(853~852) 요람(852~841) 예후(841~814) 여호아하스(814~798) 요아스(798~982)		엘리야 엘리사	시리아/아람 (900~732) 앗수르제국/ 앗슈르바니팔 살만에셀 3세(858~824)
아마샤(796~767) 웃시야 혹은, 아사랴 (767~740) 요담(740~731) 아하스(731~716) 히스기야(716~687)	여로보암 2세 (782~753) 스가랴(753~752) 살룸(752) 므나헴(752~742) 브가히야(742~740) 베가(740~732) 호세아(732~722) *북방 이스라엘의 멸망: 722년 앗수르 제국에 의해	요엘 요나 오바댜 이사야 미가	아모스 호세아	티글랏~빌레셋 3세 (745~727) 사르곤 2세(727~705)
므낫세(697~642) 아몬(642~641) 요시야(641~609) 여호아하스(609) 여호야김(609~598) 여호야긴(598~597) 시드기야(597~587)		나훔 스바냐 예레키야 하박국 에스겔		산헤립(705~681) 앗슈르바니팔 2세(669~626) : 609년에 신 바벨론에게 멸망당함 605-갈그미스전투
*남방유다의 멸망: 587년 신바빌로니아 제국에 의해				신 바벨론제국/ 나보폴라살 느브갓네살(605~562) 나보니두스(556~539) 아멜-마르둑(에빌므로닥) (562즉위)
*포로 귀환 후의 선지자들(539년 고레스 칙령으로 이스라엘의 귀환이 시작됨)		학개 스가랴 말라기		: 539년에 페르샤의 고레스대왕에게 멸망당함 캄비우스(530~522) 다리우스1세(522~486)

참고문헌(Bibliography)

Aalders G. C., *A Short Introduction to the Pentateuch,* London, Tyndale, 1949.

Achtemeier E. R., *Nahum-Malachi Interpretation: A Bible Commentary for Teaching and Preaching,* Atlanta, John Knox, 1986.

Ackroyd P. R., *Exile and Restoration: A Study of Hebrew Thought of the Sixth Century B.C.*, Old Testament library, Philadelphia, Westminster press, 1969.

Ackroyd P., "Isaiah1~12: Presentation of a Prophet", *VTsup29*, 1978.

Adams L. L & Rincher A. C., "The Popular Critical view of the Isaiah Problem in the light of Statistical style Analysis", *Computer Studies 4*, 1973.

Albrektson B., "Studies in the Text and Theology of the Book of Lamentations with a Critical Edition of the Peshitta Text", *Studia Theologica Lundensia21*, Lund, Sweden, Gleerup, 1963.

Albright W. F., *Wisdom in Israel and in the Ancient Near East*, Ed. by North M. & Thomas D. W. Leiden E. J. Brill, 1960.

_____, *Archaeology and the Religion of Israel.* 3rd. Ed. Baltimore, 1953.

_____, "Japheth in the Tents of Shem," 42:692~4, in *the American Scholar*, 1941.

_____, *The Archeology of Palestine.*

_____, *Journal of the Palestine Oriental Society*, vol.V, 1925.

_____, *BASOR*, No.110, 1948.

Alezander R.H., "Ezekiel" in *Expositor's Bible Commentary*, ed. by Gaebelein F. E., Grand Rapids, Zondervan, 1976~1992.

Allen, L.C., *The Book of Joel, Obadiah, Jonah and Micah*, NICOT, Grand Rapids, Eerdmans, 1976.

_____, "Ezekiel", *WBC29*, Dallas, Word, 1994, 20~48.

Allis O.T., *The Five Books of Moses,* 1943.

Alter R., *The Art of Biblical Narrative,* New York, Basic Books, 1981.

Anderson, A. A., "Psalms," 1~72, *the New Century Bible commentary,* Grand Rapids, Eerdmans Publishing, 1989.

Anderson F. I., *Habakkuk,* AB, Doubleday, 2001.

Anderson F. I. & Freeman D. N., *Hosea*, AB, Doubleday, 1980

Armerding C. E., "Nahum" in *Expositor's Bible Commentary,* vol.7, Edited by Gaebelein F. E., Grand Rapids, Zondervan, 1985.

Baldwin J. C., *Haggai, Zechariah, Malachi: An Introduction and Commentary*, Tyndale Old Testament Commentary, Downers Grove IVP, 1972.

Baldwin J. G. D., *1 and 2 Samuel*, Tyndale Old Testament Commentary, Downers GroveⅢ, IVP, 1988.

Ball I. J., "The Rhetorical Shape of Zephaniah" in *Perspecitives on Language and Text*, ed. by Conrad E. and Newing E., Eisenbrauns, 1987.

Baron D., *Days of Messiah's Glory: Christ in the Old Testament,* Grand Rapids, Zondervan, re-printed, 1986.

Baroody W., "Exodus, Leviticus, Numbers and Deuteronomy," In *A Complete Literary Guide to the Bible,* Zondervan, 1993.

Barth C., *God with Us: A Theological Introduction to the Old Testament*, Edit and tr. by Bromiley G. W., Grand Rapids, Eerdmans, 1991.

Barth K., *Kirchliche Dogmatik*, IV, 3.

_____, *Ein fuhrung in die evangelische Theologie,* Zurich, EVZVerlag, 1962.

Beckwith R. T., *The Old Testament Canon of the New Testament Church & Its background in Early Judaism,* Grand Rapids, Eerdmans, 1985.

Bellinger, Jr. W. H., *Psalms*, Massachusetts, Hendricks on publishers, 1990.

Bentzen A., *Introduction to Old Testament,* vol2, Copenhagen, G. E. C. Gad, 1949.

Berry D.K., *An Introduction to Wisdom and Peotry of the Old Testament,* Nashville, Broadman, 1995.

Biddle M. E., "The LiteraryFrame Surrounding Jeremiah," 30:1~33:26, *Zeitschrift fur die-alttestamentliche Wissenschaft 100/3,* 1988.

Bimson J. J., *Redating the Exodus and Conquest*, JSOTS 5, Sheffield, JSOT, 1978.

Block D. I., "Byond the Grave: Ezekiel's Vision of Death and Afterlife," *Bulletin for Biblical Research 2,* 1992.

Blenkinsopp J., *Ezekiel, Interpretation,* Lousiville, John Knox Press, 1990.

Blocher H., *Songs of the Servant,* London, IVP, 1975.

Bright J., *The Kingdom of God,* Nashville, Abingdon, 1953.

Bright J. *A History of Israel*, 2nd ed, Philadelphia, Westminster press, 1972.

Bronner L. L., "The Stories of Elijah and Elisha as Folemics Against Baal Worship," *Pretoria Oriental Series 6,* Leiden, E. J. Brill, 1969.

Bruce F. F., *Second Thoughts on the Dead Scrolls,* 1961.

_____, *New Testament Development of Old Testament Themes,* Grand Rapids, Eerdmans, 1968.

Brueggemann W. A., *Introduction to the Old Testament,* westminster John Knox press, 2004.

_____, *Old Testament Theology: Essays on Structure, Theme, and Text*, ed by P. D. Miller. Jr, Minneapolis, Fortress, 1992.

_____, *The Message of the Psalms,* Augsburg, 1984.

Budde K., *Die Bucher Richter und Samuel, ihre Quellen und ihr Aufbau,* 1890.

Bullock, C. H., *An Introduction to the Old Testament Prophetic Books,* Chicago, Moody Press, 1988.

_____, *"Ezekiel, Bridge Between the Testaments"*

_____, *An Introduction to Thin Old Testament Prophetic Books,* Chicago, Moody Press, 1986.

Butler T.C., *Joshua,* WBC 7, Waco, Texas, Word, 1983.

Westermann C., *Praise & Lament in the Psalms,* Atlanta, John Knox Press, 1981.

Calvin J., *Commentary on the Book of Psalms*, Tr. by Beveridge H., Grand Rapids, Baker, 1979.

_____, *Commentary on Genesis 2*

_____, *Isaiah, Calvin's Commentary,* Grand Rapids, Associated Publisher, n.d.

Campbell Jr. E. F., *Ruth,* AB, Doubleday, 1975.

Carnell E. J., *The case fro Orthodox Theology,* Philadelphia, Westminster Press, 1959.

Carrol R. P., *From Chaos to Covenant: Uses of Prophecy in the Book of Jeremiah,* London, SCM Press, 1986.

Cassuto U., *A Commentary on the Book of Exodus,* Jerusalem, magnes, The Hebrew U, 1976.

Cerny J., *Ancient Egyptian Religion,* 1952

Childs B.S., *Introduction to the Old Testament as scripture,* Philadelphia, Fortress press, 1979.

Childs B.S., *Old Testament Theology in a Cannonical Context,* Philadelphia, Fortress, 1985.

Christoph B., *Introduction to the Psalms*, Tr. by R. A. Wilson, New York, Scribner's Sons Publishing co.1966.

Clements R. E., *Old Testament Theology: A Fresh Approach,* London, Marshall Morgan & Scott, 1978.

_____, *The Prophecies of Isaiah and the Fall of Jerusalem*, VT30, 1980.

_____, "Isaiah 1~39", *New Century Bible,* Grand Rapids, Eerdmans, 1980.

_____, "The Unity of the Book of Isaiah," *Interpretation 36/2*, April 1982.

Clines D. J. A., *The Theme of the Pentateuch JSOTSup*, Sheffield, JSOT press, 1992.

_____, "Story and Poem: the Old Testament as Literauter and as Scriputre," *Int34*, 1980.

Cogan M. & Tadmor H, "2Kings: A New Translation with Introduction. Notes and Commentary," *Anchor Bible 11,* Garden City, N. Y., Doubleday, 1988.

Craigie P. C., Twelve Prophets vol 2. *Daily Study Bible*, Philadelphia, Westminster Press, 1984~85.

Crenshaw J. L. *Ecclesiates*, OTL, Philadelphia, Westminster Press, 1987.

Cross F. M., *Canaanite Myth and Hebrew Epic,* Harvard University press, 1972.

_____, *Canaanite Myth and Hebrew Epic,* Cambridge, Harvard Uni. Press, 1973.

_____, *Ancient Library of Qumran,* New York, Anchor Books, 1961.

Dalglish E. R., *"Judges" in Broadman Bible Commentary,* Ed Clifton J. A., Nashville, Tenn, Broadman, 1969~72.

David M. Howard Jr., *The Structure of Psalms 93~100,* Winona Lake, Ind: Eisenbrauns, 1997.

Davies G. I., *Hosea,* NCB, Eerdmans, 1992.

Dawes S., "Walking humbly: Micah 6: 8 Revisited," *SJT41,* 1988.

Dever W.G., "Archaeological Method in Israel: A Continuing Revolution," *BA43,* 1980.

Delitzsch F., *Biblical Commentary on the Prophecies of Isaiah 2 vols,* Grand Rapids, Eerdmans, 1954.

Delitzsch F., *Commentary on the Song of Songs and Ecclesiates.,* Tr. by. M.G. Easton, Clark's Foreign Theological Library, 1877, Reprint, Grand Rapid, Eerdmans, 1970.

Delitzsch F. J., "The Book of Ecclesiates" in C.F. Keil & F. j. Delitzsch, *Commentary On the Old Testament* vol. 6, Grand Rapids, Eerdmans, 1980.

DeRoche M., "Zephaniah 1:2~3: The Sweeping of Creation," *VT30,* 1980.

Driver S. R., *Isaiah, His Life and Times,* Frances Griffen, 1905.

_____, *Introduction to the Literature of the Old Testament,* New York, Scribner, 1891.

_____, *An Introduction to the Literature of the Old Testament,* 11th ed., Scribner, 1905.

Driver S.R. & Gray G.B., *A Critical and Exegetical Commentary on the Book of Job,* ICC, Edinburgh, T & T Clark, 1950.

Duke R., "Book of Chronicles" in *DOTHB,* Inter-Varsity Press, 2005.

Dumbrell W. J., *Covenant and Creation: A Theology of Old Testament Covenants,* Nashville, Thomas Nelson, 1984.

_____, *The Faith of Israel,* Sydney, Apollos, 1992.

Eerdmans, B. D., *The Hebrew Book of Psalms,* Leiden. E. J. Brill, 1947.

Eichrodt W., *Ezekiel,* tr. by Quin C., OTL, London, SCM Press, 1970.

_____, *Theology of the Old Testament,* Tr. by Baker J. A., 2vols, OTL, Philadelphia, Westminster Press, 1961~67.

Eissfeldt O., *The Old Testament: An Introduction Including the Apocrypha and Pseudepigrapha, and Also Similar Types from Qumran~The History of the Formation of the Old Testament,* Tr. by Ackroyd P. R., 3rd. Ed., New York, Harper & Row, 1965.

_____, *The Old Testament: An Introduction,* Oxford, 1975.

Elder J., *Prophets, Idols and Diggers,* New York, Bobbs Merril, 1960.

Elmer, A. M., *God's Design: A Focus on Old Testament Theology,* Grand Rapids, Baker,1981.

Elmslie W. A. L., *Interpreter's Bible III,* 1952~7.

Emmerson G. I., *Hosea An Israelite Prophet in Judean Perspective,* JSOT, 1984.

Eskenizi T. C., *In an Age of Prose A Literary Approach to Ezra-Nehemiah,* Atlanta, Scholars, 1988.

Ewald H., *Das Hohelied Salomos ubersetzt mit Einleitung, Anmerkungen und einem Anhang,* 1826.

Fensham F. C., "A Few Observations on the Polarisation Between Yahweh and Baal in 1 King 17~19", *Zeitschrift fur die altestamentliche Wissenschaft 92,* 1980.

Ferris Jr. P. W., *The Communal Lament in the Bible and the Ancient Near East,* Scholars, 1992.

Fewell D. N. & Gunn D. M., *Compromising Redemption; Relating Characters in the Book of Ruth,* Westminster John Know, 1990.

Floyd M. H., *Minor Prophets,* Part2, FOTL, Edrdmans, 2000.

Fohrer G., *Introduction to the Old Testament,* Tr. by D. Green, London, SPCK, 1986.

Fokkelman J.P., *"Exodus" in the literary Guide to the Bible,* Massachusetts, Harvard Uni. pres, 1987.

Fox M. V., "The Meaning of HEBEL of Qohelet," *JBL105/3,* 1986.

_____, "Qohelet and His Contradictions," *JSOT Sup.71,* Bible and Literature Series18, Sheffield, Almond, 1989.

Gammie J. G., *Holiness in Israel. Overtures to Biblical Theology,* Minneapolis, Fortress, 1989.

Gerald H. W., "The Editing of Hebrew Psalter," *SBLDS 76,* 1985.

Goldingay J., *Praying the Psalms,* Nottingham, Grove Book, 1993.

Goldsworthy G., *Gospel & Kingdom,* Sydney, Lancer Book, 1992.

Gordis R., *Koheleth-The man and His Word: A Study in Ecclesiates,* 3rd Ed, New York, Schocken, 1968.

_____, *Megillat Eshter: The Masoretic Text with Introduction,* New Translation and Commentary, New York, KTAV, 1974.

Gordon C. H., *Before the Bible,* 1962, p.160; *Ugaritic Literature,* 1949.

_____, *Christianity Today,* IV, no.4, 1959.

Gordon R. P., *I and II Samuel,* Grand Rapids, Zondervan, 1986.

Gottwald N. K., "Studies in the book of Lamentations," *Studies in Biblical Theology 14,* London, SCM press, 1954.

Gow M. D., *The Book of Ruth: Its Structure, Theme and Purpiose,* Leicester, Apollos, 1992.

Gowan D. E., *Genesis1~11,* Grand Rapids, Eerdmans, 1988.

Gray G. B., *A Critical Introduction to the Old Testament,* London, 1913.

Green W., *The Unity of the Book of Genesis,* reprint, Grand Rapids, Baker, 1979.

Greenberg m., Ezekiel1~20, *AB22*, Doubleday, 1983.

Gunkel H. & Begrich. J., *Einleitung in die Psalmen,* Tr. by J. D. Nogalski, Gottingen, Vandenhoeck und Ruprecht, 1933. Macon, Ga.: Mercer University Press, 1988.

Gunn D. M., *"Joshua and Judges" in the Literary Guide to the Bible*, ed. R. Alter and F Kermode, Boston, Harvard Uni. press, 1987.

Habel N. C., *The Book of Job. OTL,* Westminster, 1985

Hals R. M., *The Theology of the Book of Ruth,* Fortress, 1969.

Halpen B., "The Centralizaton Formula in Deuteronomy," *VT31,* 1981.

Hanson P.D., *The Dawn of Apocalyptic: The Historical and Sociological Roots of Jewish Apocalyptic Eschatology*, rev. ed. philadelphia, Fortress, 1986.

Harper W. R., *A Critical and Exegetical Commentary on Amos and Hosea*, ICC, New York, Scribner's, 1905.

Harris R. L, *The Inspiration and Canonicity of the Bible,* Grand Rapids, Zondervan, 1957.

Hartley J. E., *Leviticus,* WBC 4, Dallas, Word Books, 1992.

Hasel, G., *Understanding the Book of Amos,* Baker, 1991.

Hayes J. H., *An Introduction to Old Testament Study,* Nashville, Abingdon Press, 1986.

Hertzberg H.W., *Die Bucher Josua, Richter und Ruth*, Das Alte Testament Deutsch: Neues Gottinger Biblewerk 9, Gottinger, Vandenhoeck und Ruprecht, 1953.

Hillers D.R., *Lamentations,* AB, Doubleday, 1972, rev. ed. 1992.

Hoelscher G., "Hesekiel, der Dicher und das Buch," *BZAW180,* 1924, Berlin, de Gruyter, re-print 1988.

Holladay W. L., *Jeremiah,* 2 vols ed. by Hanson P. D., Philadelphia, Fortress, 1986~89.

Hubbard D. A, *Hosea,* TOTC, IVP, 1989.

_____, *Yoel and Amos,* TOTC, IVP, 1989.

Hubbard Jr. R. L., *The Book of Ruth,* NICOT, Eerdmans, 1987.

Hünn E., *Die Messianischen Weissagungen des Israelitische~Judischen Volkes bis zu den Targumim,* Leipzg, n.p., 1988.

Hyatt J.P., "The Date and Background of Zephaniah,' *JBL7,* 1949.

Imshoot P. van, *Theology of the Old Testament* tr. by Sullivan K. & Buck F., New York, Desclee, 1954.

Jacob E., *Theology of the Old Testament* tr. by Heathcote A. W. & Allcock P. J., New York, Harper & Row, 1958.

Japhet S., "The Supposed Common Authorship of Chronicles and Ezra-Nehemiah Investigated A new in Chronicles," *VT18,* 1968.

Jeppesen K., *New Aspects of Micah Research*, JSOT8, 1978.

Jewett P. K., "Special Revelation as Historical and Personal," *Revelation and the Bible,* Grand Rapids, Baker, 1958.

Kenyon K., *Archaeology in the Holy Land,* 4th. Ed. London, 1979.

Kaiser Jr. W. C., *The Messiah in the Old Testament, Studies in Old Testament Biblical Theology,* Grand Rapids, Zondervan, 1995.

_____, *Toward an Old Testament Theology,* Grand Rapids, Zondervan, 1978.

_____, *A Biblical Approach to Personal Suffering,* Chicago, Moody, 1982.

_____, *Ecclesiates: Total Life,* Chicago, Moody Press, 1980.

Kaiser O., *Introduction to the Old Testament.*

kasher A., *The Book of Isaiah: Characterization of Authors by Morophological Data Processing, Revue de: organizationales pour l'etude des Langues anci par Ordinateur 3,* 1972.

Kaufmann S. A., "The Structure of the Deuteronomic Law," *Maarav1/2,* 1978~79.

Kaufmann Y., *The Religion of Israel,* Chicago, Uni. of Chicago Press, 1960.

_____, *The Religion of Israel: From Its Beginnings to the Babylonian Exile*, Trans. by Moses Greenberg, Chicago, University of Chicago press, 1960.

Keil, C.F. and Delitzsch F., *Biblical Commentary on the OT,* 1949.

_____, *Haggai in Commentary on the Bible,* 10vols, Grand Rapids, Eerdmans, 1980.

_____, *Habakkuk: Commentary on the Old Testament*, 10vols, Grand Rapids, Eerdmans, 1980.

Kennedy A. R. S., *I and II Samuel.*

Kevin. R. O., *JSOR,* Nov 1930.

Kidner D., *Psalms1~72,* London, Tyndale, 1973.

_____, *The Psalms1~72,* Downers Grove, IVP, 1973.

_____, *Genesis Tyndale O.T. Commentaries,* London, Tyndale press, 1967.

Kikawada I. M. & Quinn A., *Before Abraham Was: The Unity of Genesis1~11,* Abingdon, 1985.

Kitchen, *The Bible in Its World,* Nottingham, IVP, 1977.

Kline M. G., *The Treaty of the Great King,* Grand Rapids, Eerdmans, 1963.

Kobayashi Y. "Elkosh" In *Anchor Bible Dictionary*, Vol 2.

Koch K., "Ezra and the Origins of Judaism," *JSS19,* 1974.

Kohler L., *Hebrew Man,* 1956.

Kraus, H. J., *Psalms1~59: A Contiental Commentary*, Tr. by Oswald H. C., Minneapolis, Fortress, 1993.

Krikpatrick, A. F., *The Book of Psalms,* Cambridge, Cambridge Uni. Press, 1951.

Lambert W. G., *BASOR,* 160, 1960.

Lemke L., "The Synoptic Problem in the Chronicle's History," *HTR58,* 1965.

Lamarche P, *Zacharie ix~xiv Structure, Litteraire, et Messianisme,* Paris, J Gabalda, 1961.

Levenson J. D., *Esther*, OTL, Westminster John Knox, 1997.

Levine B. A., *In the Presence of the Lord,* Leiden, Brill, 1974.

Limburg J., *Hosea-Micah Interpretation: A Bible Commentary for Teaching and Preaching,* Atlanta, John Knox, 1988.

Lindsey F. D., *A Study in Isaiah: The Servant Songs,* Chicago, Moody Press, 1985.

Lowth R., *Lectures on the Sacred Poetry of the Hebrews,* 1753, reprinted London, 1835.

Luckenbill D. D., *Ancient Records of Assyria and Babylonia II,* 1926.

Luter A. B. & Davis B. C., *God Behind the Seen: Expositions of the Books of Ruth & Esther, Expositor's Guide to the Historical Books,* Grand Rapids, Baker, 1995.

Luther M., *Vorrede auf den Psalter,* 1534. Translated t in English is "Preface to the Psalter" in Luther's Works, vol.35, Philadelphia, Fortress, 1960.

Maier W. A., *The book of Nahum, A Commentary,* Concordia, 1959.

Martens E. A., *God's Design: A Focus on Old Testament Theology,* Grand Rapids, Baker Book, 1981.

Martin W. J., *New Bible Dictionary.*

Mays J. L., *Micah, Old Testament Library,* Philadelphia, Westminste Press, 1976.

McBride S. D., "Polity of the Covenant People : the Book of Deuteronomy," *Interp3,* 1987.

Mendenhall G.E., The Biblical Archeologist XI, No.1, 1948.

_____, "Covenant Forms in Israelite Tradition," *BA17.*1954.

McCarthy D. J., "The Inauguration of Monarchy in Israel," *Interp27,* 1973.

McConvill J.G., "Law and Theology in Deuteronomy", *JSOT Sup.33,* Sheffield, JSOT, 1984.

_____, "Narrative and Meaning in the Books of Kings," *Bib7,* 1981.

Mckeating H., *Ezekiel,* Sheffield, Sheffield Academic Press, 1993.

McNeile A.H., *The Book of Exodus,* London, Methuen & co, 1917.

Meyers C. & Meyers F., *Haggai, Zechariah1~8: A New Translation with Introduction, Notes and Commentary, Anchor Bible 25B,* New York, Doubleday, 1957.

Milgrom J., *Numbers,* JPS Torah Commentary, Jewish Publicat_oin Society, 1990.

Mintz A., "The Rhetoric of Lamentations and the Representation of Catastrohpe," *Prooftexts 2,* 1982.

Moeller W. E., *Grundriss fur Alltestamentliche Einletiung,* Berlin, Evangelische Verlagsanstalt, 1958.

Morris L. *Judges and Ruth, An Introduction and Commentary,* Tyndale Old Testament Commentaries, Downers GroveIII, IVP, 1968.

Motyer J. A., *The Prophecy of Isaiah: An Introduction and Commentary,* Downers Grove, IVP,

1993.

_____, *The Revelation fo the Divine Name Fewell D.N. & Gunn D.M., Compromising Redemption; Relating Characters in the Book of Ruth,* Westminster John Know, 1990.

Mowinckel S., *The Psalms in Israel's worship1,* tr. by D. R. Thomas, Nashville, Abingdon, 1962.

Muilenburg J., Beyond Form Criticism, *JBL88,* 1969.

Murphy R. E., *A Consideration of th Classification, Wisdom Psalms, in Congress Volume: VTsup.9,* Leiden, Brill, 1963.

_____, *Ecclesiates,* WBC23A, Waco, Word, 1992.

Newsome J. D., *The Hebrew Prophets,* Atlanta, John Know Press, 1984.

Nicholson E. W., *Deuteronomy and Tradition,* Fortress, 1967.

_____, *Preaching to the Exiles,* Oxford, Basil Blackwell, 1970.

North C., *The Suffering Serant in Deutro-Isaiah,* London, Cumberlege, 1956.

North R., "Theology of Chronicler," *JBL82/4,* 1963.

Noth M., *Zeitshchrift des deutschen Palastina-Vereins,* LVIII, 1935.

_____, The Deuteronomistic History, *JSOT15,* Sheffield, JSOT press, 1981.

_____, *Uber lieferun geschichtliche Studien 2nd edition,* Darmstadt, Wissenschaftliche Buch ge-sellschaft, 1967.

Oesterley W. O. E. and Robinson T. H., *An Introduction to the Books of the Old Testament,* 1934.

Olson D. T., "The Death of the Old and the Birth of the New: The Framework of the Book of Numbers and the Pentateuch." *BJS 71,* Chico, Scholars, 1985.

Oswalt J. N., *The Book of Isaiah1-39,* NICOT, Grand Rapids, Eerdmans, 1986.

_____, *Isaiah,* Grand Rapids, Zondervan, 2003.

Paton L. B., *A Critical and Exegetical Commentary on the Book of Esther,* ICC, 1908, reprint in 1976, Edinburgh, T&T Clark.

Patrick D. M. JR., *Interpreting he Psalms,* Philadelphia, Fortress press, 1986.

Payne D. F., *I and II Samuel, Daily Study Bible,* Philadelphia, Westminster press, 1982.

Payne J.B., *An Outline of Hebrew History,* Grand Rapids, Baker, 1954.

_____, *The Theology of the Older Testament,* Grand Rapids, Zopdervan, 1977.

Perdue L.C., *Wisdom and Creation: The Theology of Wisdom Literature,* Nashvill, Abingdon, 1994.

Pfeiffer R. H., *Introduction to the Old Testament,* New York, Harper & Brotheres, 1941.

Phillips J., *Exploring the Minor Prophets,* Grand Rapids, Kregel Publications, 2002.

Pleins J. D., *The Psalms: Songs of Tragedy, Hope, and Justice,* Maryknoll, N. Y. Orbis Press,

1993.

Pope M. P., *Song of Songs,* New York, Doubleday, 1977.

Portnory S. & Peterson D., "Biblical Texts and Statistical Analysis. Zechariah and Beyond," *JBL103,* 1984.

Polzin R.G., *"Deuteronomy" in the Literary Guide to the Bible*, Keil, C.F. and Delitzsch F. Biblical Commentary on the OTIII, ed. R. Alter and F Kermode, Harbard Univ. Press, 1987.

Potter H. D., "The New Covenant in Jeremiah 31:31~34," *VT33/3,* 1983.

Provan I, Long V. P. & LongmanIII. T., *A Biblical History of Israel,* Philadelphia, Westminster John Knox Press, 2003.

Provan I., *Lamentations*, NCB, Eerdmans, 1992.

_____, *Hezekiah and the Books of Kings*, BZAW172, Berlin, de Gruyter, 1988.

Raabe P., *Obadiah*, AB, Doubleday, 1996.

Rad von G., *Studies in Deuteronomy*, westminster, 1953, Tr. by Stalker D. M. G., *studies in biblical Theology 9*, London, SCM, 1963.

_____, *Old Testament Theology.* Tr. by Stalker D. M. G. 1st vol., New York, Harper & Row, 1962~65.

Raddy Y. T., *The Unity of Isaiah in the light of Statistical Linguistics,* Hildesheim, Gerstenberg, 1973.

Raven J. H., *Old Testament Introduction,* New York, Revell, 1910.

Redditt P. L., *Haggai, Zechariah Malachi. New Century Bible,* Grand Rapids, Eerdmans, 1995.

Reid D. & LongmanIII. T., *God is a Warrior,* Grand Rapids, Zondervan, 1995.

Reisel M., *The Mysterious Name of Y.H.W.H.,* 1957.

Renn S. D., *The Covenantal framework of scripture,* Sydney, SMBC press, 1993.

Rendtroff R., *The Old Testament: an Introduciton,* Philadelphia, Fortress press, 1977.

Ridderbos J., *Messiaansche heilsbelofte en de nieuwere Ontdekkingen,* Kampen, Kok, 1918.

Robert J. J. M., *Nahum, Habakkuk and Zaphanieh,* Old Testament Library, Louisbille, Westminster, John Knox, 1991.

Robinson G. L., *The 12 Minor Prophets*, tr. by Jung, I. O., Seoul, CLC, 2005.

_____, *"Zecharia" International Standard Bible Encyclopedia.*

Rogerson J. W., *Old Testament Criticism in the Nineteenth Century: England and Germany,* Philadelphia, Fortress press, 1985.

Rowley, "The Book of Ezekiel in Modern Study", *BJRL36,* 1953.

Rowley H. H., *studies in OT Prophecy Presented to T.H. Robinson,* 1950.

_____, *The Rediscovery of the OT.*

_____, *The Biblical Doctrine of Election,* 1950.

_____, *The Relevance of Apocalyptic: A Study of Jewish and Christian Apocalypses*   *From Daniel to the Revelation,* 3rd ed., 1994 reprint, Greenwood Attic, 1980.

Rudolph W. Die Bucher Ruth, *Hohelied und Klagelieder: Ubersetzt und Erklart,* 2nd ed., Kommentar zum alten testament 17, Gutersloh, Gerd Mohn, 1962.

Sabourin L., *The Psalms, Their Origin and Meaning,* New York, Alba House, 1974.

Sarman N. H., *"Book of Psalms" in Encyclopaedia Judaica Vol13.,* Ed. C. Roth, Jerusalem, Keter Pub. House, 1971.

Schultz R., "The King in the Book of Isaiah," in *the Lord's Anointed: Interpretation of Old Testament Messianic Texts,* ed. Satterthwaite P. E., Hess R. S. and Wenham G. J., Tyndale House Studies, Grand Rapids, Baker, 1995.

Schultz, S. J., *The Gospel of Moses,* New York, Harper & Row, 1974.

Selman, M. J., *1, 2Chronicles: An Introduction and Commentary,* Tyndale Old Testament Commentaries, Downers Grove III, IVP, 1994.

Seybold K., *Introducing the Psalms,* Edinburgh, T & T Clark Ltd., 1989.

Skinner J., *Prophecy and Religion: Studies in the Life of Jeremiah,* Cambridge, Cambridge Uni. Press, 1922.

_____, The Book of the Prophet Isaiah, 2vols *Cambridge Bible Commentary,* 1917, reprint, Cambridge, Cambridge Uni. press, 1963.

Smith B. K. & Page F. S., *Amos, Obadiah Jonah, New American Commentary,* Nashville Broadman, 1995.

Smith J. M. P., *OT and Semitic Studies in Memory of W.R. Harper,* 1908.

Smith L. P. & Lacheman E. R., *Micha-Malachi,* WBC32, Word, 1984.

Smith R. L., *Micah-Malachi,* WBC, Word, 1984.

Soggin J.A., *Joshua.* Trans. Wilson R. A., Old Testament Library, Philadelphia, Westminster press, 1972.

Speiser E. A., *Genesis,* AB1, Doubleday, 1964.

Sproul R. C., *The Holiness of God,* Wheaton, III: Tyndale, 1985.

Story C. J. K., *JBL 64,* 1945.

Stuart, *Hosea-Jonah,* WBC, Texas, Word, 1957.

Szeles M. E., *Wrath and Mercy : A Commentary on the Books of Habakkuk and Zephaniah,* Tr. by Knight A. F. International Theological Commentary, Grand Rapids, Eerdmans, 1987.

Szikazai S., *The Interpreter's Dictionary of the Bible, III,* 1962.

Talmud, *Baba Bathra* 15 a, 14b.

Talmon S., "Wisdom in the Book of Esther," *VT13,* 1960, ed. by Payne J. B, Word, 1970.

Thomas I., *The Saving life of Christ,* London, Oliphants, 1968.

Thompson J. A., *Archaeology,* Grand Rapids, Eerdmans, 1959.

_____, *Deuteronomy*, TOTC, Diowners Grove, IVP, 1975.

_____, *Book of Jeremiah*, NICOT, Grand Rapids, Eerdmans, 1980, Tr. by JSOT under title as The Deuteronomistic History, JSOTS15, Sheffield, JSOT press, 1981.

Unger M. F., *Introductory Guide to the Old Testament,* Grand Rapids, Zondervan, 1952.

Uprichard H., *A son is given,* Durham, Evangelical Press, 1992.

von Voigtlander E., *"A Survey of Neo-Babylonian History,"* Ph.D. Dissertation, Uni. Michigan 1963.

Vos G., *Biblical Theology: Old and New Testaments,* Grand Rapids, Eerdmans, 1948.

Vriezen T.C., *An Outline of Old Testament Tehology,* Newton Centre, Branford, 1966.

Walton J. H., *"Deuteronomy: and Expositon of the Spirit of the Law,"* Grace TJ8, 1987.

Warfield B. B., "The Divine Messiah in the Old Testament," *Biblical and Theological Studies,* Philadelphia, Presbyterian and Reformed Press, 1952.

Watts J. D., *"Zechariah" in BroadmanBible Commentary 7,* Ed. by Allen C. J., Nashville, Broadman, 1969~72.

_____, "Yahweh malak Psalms," *Theologishche Zeitschrift 21,* 1965.

Watts J. D. W., *The Books of Joel, Obadiah, Jonah, Nahum, Habakkuk and Zephaniah,* Cambridge Bible Commentary, Cambridge, Uni. Press, 1975.

Weiser A., *Psalms,* London, SCM, 1962.

_____, *The Old Testament: Its Formation & Development,* New York, 1961.

Welhousen J., *Prolegomena to the History of Israel,* 1885.

Wenham G. J., *The Date of Deuteronomy Linchpin of old Testament Criticism, themelios10,* 1985.

_____, *The Book of Leviticus*, NICOT, Grand Rapids, Eerdmanes, 1979.

_____, *Genesis1 WBC,* Dallas, word publishing, 1987.

Westermann C., *Lamentations: Issues and Interpretation*, tr. by MUenchow C. A., Minneapolis, Fortress, 1994.

_____, *Genesis: A commentary*, tr. by Scullian J. J., Augsburg. Fortress, 1986.

Westphal, A., *Les sources du Pentateuque,* 1988.

Whitelam K. W. *the Invention of Ancient Israel: The Silencing of Palestinian Histroy,* Routledge: London, 1996.

Wildeboer G., *De Profeet Micha,* 1884.

William G. B., *The Midrash on Psalms,* I, 1959.

Williams D. L., "The Date of Zephaniah," *JBL82,* 1963.

Wilson A. J., *PTR*, XXV, 1927.

Wilson R. D., *Princeton Theological Review*, XVII, 1911.

Wolff H. W., *Old Testament: A Guide to Its Writings,* Augsburg Press, 1974.

Wright J. S., "The Historicity of the Book of Esther" in *New Perspectives on the Old.*

Wurthwein E., *The Text of The Old Testament*, Tr. by Rhodes E. F., Grand Rapids, Eerdmans, 1995.

Yamauchi E. M., *Foes from the Northern frontier,* Baker, 1982.

Zimmerli W., *Ezekiel*, 2vols. ed. by Cross F. M., & Baltzer K., tr. by Clements R. E., Philadelphia, Fortress, 1979~1983.

_____, *Old Testament in Outline,* Tr. by Green E., Atlanta, John Knox Press, 1978.

_____, *Old Testament Theology in Outline*, Tr. by Green D. E., Edinburgh, T & T Clark, 1978.

Zoecker, *1, 2Chronicles*: Lange's Commentary.

번역서

Archer Jr. G. L., 김정우, 김은호 공역, 『구약총론(A Survey of Old Testament Introduction)』, 서울, CLC, 2002.

Bullock C. H., 류근상 역, 『시편의 문학적 신학적 개론(Encountering the Book of Psalms)』, 서울, 크리스천서적, 2011.

Clements R. E., 문동학, 강성렬 공역, 『구약성서 해석사(A Century of Old Testament Study)』, 서울, 나눔사, 1988.

Dillard R. B. & LongmanIII. T., 박철현 역, 『최신 구약개론(An Introduction to the Old Testament)』, 서울, 크리스천다이제스트, 2010.

Van Groningen G., 유재원, 류호준 공역, 『구약의 메시아 사상(Messianic Revelation in the Old Testament)』, 서울, CLC, 1997.

Harrison R. K., 류호준, 박철현, 노항규 공역, 『구약서론 상, 중, 하(Introduction to the Old Testament)』, 서울, 크리스천다이제스트, 2007.

House P. R., 장세훈 역, 『구약신학(Old Testament Theology)』, 서울, 기독교문서선교회, 2001.

Robinson G. L., 정일오 역, 『12소선지서 연구(The 12 Minor Prophets)』, 서울, CLC, 2011.

J. H., 류호준 역, 『구약신학(Steak, Studies of Old Testament)』, 서울, 솔로몬, 2000.

Young, E. J., 오병세, 홍반식 공역, 『구약개론(An Introduction to the Old Testament)』, 서울, 개혁주의출판사, 2012.

Forster W., 문희석 역, 『신구약 중간사(From the Exile to Christ)』, 서울, 컨콜디아사, 2008.

한국인 저자 도서

정규남, 『구약개론』, 서울, 개혁주의 신행협회, 2006.

김정우, 『시편주석1』, 서울, 총신대출판부, 2011.

김이곤, 『오경의 자료층들과 그 특성』, 서울, 대한기독교서회, 1975.

문희석, 『오늘의 오경연구』, 서울, 대한기독교서회, 1975.

박종칠, 『구속사적 성경해석』, 서울, 성광출판사, 1986.

박준서, 『이스라엘아 여호와의 날을 준비하라』, 서울, 대한기독교서회, 2001.

송제근, 『시내산 언약과 모압 언약』, 서울, 솔로몬, 2001.

김호남 (Dr. Honam Kim)

고신대 신학과(B.A)와 고려신학대학원(M.Div)을 졸업하였으며, 호주의 시드니선교신학대학교 (Sydney Missionary & Bible College)를 거쳐, 시드니 대학교(University of Sydney)의 Hebrew & Biblical Studies과에서 시편과 히브리어, 우가릿어등 고대어를 전공하여 철학박사(Ph.D, 2000) 학위를 받았다. 지금은 8개의 회원신학교를 거느린 호주의 신학-대학 컨소시엄인 Sydney College of Divinity가 직영하는 The Korean School of Theology(한국신학부)의 학장으로 섬기며 구약을 가르치고 있다. 대양주 한인 예수교 장로회의 총회장을 역임했으며, 시드니 샬롬교회를 섬기고 있다.

새로운 구약 이해

2013년 2월 10일 초판 인쇄
2013년 2월 15일 초판 발행

지은이 | 김호남
펴낸이 | 이찬규
펴낸곳 | 북코리아(Bookorea)
등록번호 | 제03-01240호
주소 | 462-807 경기도 성남시 중원구 상대원동 146-8
　　　 우림2차 A동 1007호
전화 | 02) 704-7840
팩스 | 02) 704-7848
이메일 | sunhaksa@korea.com
홈페이지 | www.북코리아.kr
ISBN | 978-89-6324-281-1 (93230)

값 35,000원